SEGREDOS INTERNOS

STUART B. SCHWARTZ

Segredos internos

Engenhos e escravos na sociedade colonial
1550-1835

Tradução
Laura Teixeira Motta

2ª edição

COMPANHIA DAS LETRAS

Grafia atualizada segundo o Acordo Ortográfico da Língua Portuguesa de 1990, que entrou em vigor no Brasil em 2009.

Título original
Sugar Plantations in the Formation of Brazilian Society: Bahia, 1550-1835

Capa
Alceu Chiesorin Nunes

Imagem de capa
Tiago Sant'Ana, série "Fulgor atlântico" IV, 2025, 87 × 45 × 45 cm. Técnica: açúcar, acrílica sobre gesso, madeira e vidro museu. Reprodução de Filipe Berndt

Índice remissivo
Adelaine Bouças
Maisa Vargas
Maria Claudia Carvalho Mattos

Preparação
Carlos Tomio Kurata

Tradução do prefácio à segunda edição
Érika Nogueira Vieira

Revisão
Pedro G. Ribeiro
Bianca Rocha

Coordenação editorial
Página Viva

Dados Internacionais de Catalogação na Publicação (CIP)
(Câmara Brasileira do Livro, SP, Brasil)

Schwartz, Stuart B.
Segredos internos : engenhos e escravos na sociedade colonial (1550-1835) / Stuart B. Schwartz ; tradução Laura Teixeira Motta. — 2ª ed. — São Paulo : Companhia das Letras, 2025.

Título original: Sugar Plantations in the Formation of Brazilian Society: Bahia, 1550-1835.
Bibliografia.
ISBN 978-85-359-4161-6

1. Bahia (Estado) — História 2. Brasil — História — Período colonial 3. Engenhos de açúcar — Brasil — História — Período colonial 4. Engenhos de açúcar — Brasil, Nordeste — História 5. Escravidão — Bahia (Estado) — História I. Título.

25-280128 CDD-981.42

Índice para catálogo sistemático:
1. Bahia : Estado : História 981.42

Aline Graziele Benitez — Bibliotecária — CRB-1/3129

EDITORA SCHWARCZ S.A.
Rua Bandeira Paulista, 702, cj. 32
04532-002 — São Paulo — SP
Telefone: (11) 3707-3500
www.companhiadasletras.com.br
www.blogdacompanhia.com.br
facebook.com/companhiadasletras
instagram.com/companhiadasletras

Sumário

Prefácio à segunda edição

Há quarenta anos, em 1985, a Cambridge University Press publicou o texto em inglês de *Sugar Plantations in the Formation of Brazilian Society: Bahia, 1550-1835*, e três anos depois, em 1988, como parte do reconhecimento do centenário da abolição da escravatura no Brasil, a Companhia das Letras publicou sua tradução para o português como *Segredos internos: engenhos e escravos na sociedade colonial, 1550-1835*. Sou particularmente grato por depois de quatro décadas minha editora brasileira acreditar que o livro ainda tem valor e utilidade para uma nova geração de leitores interessados na história social e econômica do Brasil.

Acredito que os livros são sempre um produto de seu tempo e de um momento particular do próprio desenvolvimento dos autores, portanto revisar ou atualizar o texto original seria escrever um livro diferente, de um autor de certa forma diferente. Assim, para esta nova edição deixei o texto e o vocabulário originais inalterados. No entanto, também acredito que seria útil neste prefácio indicar trabalhos subsequentes que produzi desde 1985 diretamente relacionados ao tema do livro, apontar áreas que, se escrevesse o livro hoje, eu incluiria ou expandiria, e também identificar alguns dos importantes trabalhos publicados (deixei de fora a maioria das teses de doutorado e dissertações de mestrado) de outros acadêmicos sobre os principais temas do livro que somaram a, debateram com ou corrigiram meus argumentos ou conclusões. Quarenta anos é muito tempo, e alguns de meus contemporâneos, bem como gerações mais novas de historiadores, produziram muito de valor sobre o regime colonial, a importância da escravidão dentro dele e o papel que a agricultura de exportação estabeleceu em tantos dos parâmetros sociais do Brasil dos primeiros tempos. Com base em pesquisas de arquivo e usando novas abordagens teóricas, agora sabemos muito mais sobre diversos aspectos da história colonial brasileira, ou pelo menos dispomos de novas maneiras de pensá-los. Este não é o lugar para revisar e comentar tudo que tem sido feito, mas vou indicar os trabalhos sobre o açúcar e a escravidão e o papel deles naquela história inicial. Primeiro, eu mencionaria meus contemporâneos cujos textos continuaram a influenciar meu trabalho. A análise de Vera Ferlini sobre os lavradores de cana (1988), os estudos de José Jobson de Andrade Arruda sobre a economia do Brasil no fim da era colonial (1980, 2014) e o estudo indispensável de Dauril Alden (1997) sobre os jesuítas portugueses como um todo e especificamente como plantadores de cana (1984) continuaram a guiar meu entendimento do papel do açúcar na história brasileira.

Na esteira da publicação de *Segredos internos*, tive diversas oportunidades de escrever ensaios interpretativos gerais incorporando algumas de suas descobertas e interpretações sobre o açúcar e a escravidão em discussões gerais do Brasil colonial. Meus ensaios "Plantations and Peripheries", em *Cambridge History of Latin America* (1984; tradução para o português, 1999); "A Babilônia colonial: a economia açucareira", em *História da expansão portuguesa* (1998); "O Nordeste açucareiro no Brasil colonial", em Fragoso e Gouvêa, *O Brasil colonial, 1580-1720* (2014); e "A Commonwealth within Itself: The Early Brazilian Sugar Industry, 1550-1670", em *Tropical Babylons* (2004) — todos lançaram mão do conteúdo de *Segredos internos*, resumiram-no, somaram a ele ou apresentaram novas evidências para seus argumentos.

Em muitos aspectos, meu livro *Escravos, roceiros e rebeldes* (São Paulo: Edusc, 2001), originalmente publicado em inglês em 1992, foi um parceiro de *Segredos internos*, com base em pesquisas simultâneas. Ele me permitiu reexaminar mais a fundo ou escrever com mais detalhes sobre a economia açucareira e aspectos da escravidão, como a manumissão (alforria), o apadrinhamento (compadrio) e a resistência (revoltas e quilombos), os quais também foram discutidos em *Segredos internos*. Talvez mais importante neste segundo livro tenham sido os dois capítulos que exploraram áreas ou eventos que não incluí ou desenvolvi plenamente em *Segredos internos*. Um capítulo se concentrou na mão de obra escravizada e discutiu a revolta no Engenho de Santana, em Ilhéus, em 1789, que eventualmente produziu um tratado notável no qual os ex-escravizados demandavam condições sob as quais aceitariam voltar ao trabalho; condições que, se aceitas, teriam negado a essência mesma da escravidão. Essa insurreição e esse documento singular poderiam ter sido incluídos no capítulo final de *Segredos internos*, sobre as revoltas escravas na Bahia, juntamente com um material sobre uma rebelião haussá abortada de 1814 que mais tarde publiquei no Brasil (Schwartz, 1996). Além disso, também incluí um capítulo sobre a produção de mandioca e a existência de uma classe agrícola de pequena escala que documentava e explicava em detalhe o que eu havia escrito sobre a existência de um "campesinato" no Brasil colonial que floresceu às margens da agricultura voltada para a exportação. Era o que Sidney Mintz chamara em seus estudos sobre o Caribe de um "campesinato reconstituído", que não vinha de nenhuma grande tradição indígena e que vivia às margens de uma economia de plantation à sombra da escravidão. Como escrevi em *Segredos internos*: "A agricultura de subsistência em pequena escala sempre existiu em algum grau na colônia, mas essa categoria não cresceu em tamanho ou importância até o século XVIII. Ademais, os pequenos agricultores que mais se aproximaram do clássico camponês europeu foram, muitas vezes, eles próprios, donos de escravos". Eu já havia escrito a seu respeito antes (Schwartz, 1974) e voltei a eles mais recentemente (Schwartz, 2024). A presença de um campesinato no Brasil e a economia interna das exportações da colônia se tornaram uma das principais áreas de pesquisa e debate no período desde a publicação original de *Segredos internos*. Juntos, meus dois livros buscaram enfatizar que o mundo dos proprietários de plantations de açúcar e de trabalhadores escravizados africanos ou afro-brasileiros era muito mais complexo em termos sociais do que havia sido tradicionalmente descrito, e que também incluía indígenas cativos, trabalhadores assalariados, artesãos qualificados, comerciantes, lavradores de cana e pequenos agricultores de produtos alimentícios, bem como produtores para exportação como tabaco e algodão, e que esse mundo havia se transformado ao longo do tempo à medida que a população aumentava e mudava em tamanho, equilíbrio demográfico e composição racial e étnica.

Considerável pesquisa tem sido feita a respeito dos estágios iniciais de produção de açúcar no mundo Atlântico e do papel do Brasil nele (Galloway, 1989; Moscoso, 2017, por exemplo). Os primeiros tempos da história da produção de açúcar no Atlântico português foram resumidos e elucidados por Joaquim Romero Magalhães em um ensaio tipicamente informativo (2009) que incorporou alguns dos conhecimentos inovadores de historiadores como Alberto Vieira sobre a Madeira (1996) e os estudos sobre as Canárias (Viña Brito e Ronquillo Rubio, 2004) e sobre São Tomé (Pinheiro, 2012). Jason Moore (2000) usou o açúcar na Madeira para estudos abrangentes de uma fronteira de commodity e dos efeitos ecológicos do capitalismo primitivo. Genaro Rodríguez Morel escreveu diversos estudos sobre os primeiros tempos da história do açúcar e da escravidão em Española (2012) e publicou muitos documentos (2020) relacionados aos primeiros tempos da economia açucareira do Caribe. Um trabalho similar foi realizado sobre os primeiros tempos de Porto Rico (Gelpi Baez, 2000). Em 2004, organizei e publiquei *Tropical Babylons: Sugar and the Making of the Atlantic World, 1450-1680*, resultado de um simpósio sobre o açúcar no mundo Atlântico antes da dita "Revolução do Açúcar" da monocultura em larga escala com mão de obra escravizada no Caribe que se tem sugerido ser a origem do sistema de plantation capitalista baseado na escravidão. Especialistas produziram ensaios sobre a produção e o consumo de açúcar no mundo Atlântico anterior a 1680, muitos dos quais sugeriram que elementos daquele sistema são anteriores à ascensão de uma economia açucareira em lugares como Barbados e Jamaica no fim do século XVII. Meu ensaio "A Commonwealth within Itself: The Early Brazilian Sugar Industry, 1550-1670" (Schwartz, 2004) está de acordo com essa abordagem, ainda que a questão de quando e onde a revolução do açúcar aconteceu continue em debate. Em meu artigo eu havia adicionado material da crescente literatura sobre o comércio do açúcar português que fora escrito depois de 1985. Essa linha de pesquisa sobre o comércio de açúcar continuou e amadureceu. Aqui eu mencionaria os principais trabalhos de Leonor Freire Costa (2002), Amélia Polónia (2007), Cátia Antunes (2009), Christopher Ebert (2008) e Daniel Strum (2012), muitos dos quais enfatizaram as fronteiras interimperiais daquele negócio, o papel do transporte holandês e dos mercadores sefarditas naquele comércio, e o equilíbrio cambiante entre monopólios estatais como a Companhia Holandesa das Índias Ocidentais e a Companhia do Brasil e negociantes particulares (Antunes e Polónia, 2016).*

Embora *Segredos internos* tenha apresentado o engenho como um espelho e uma metáfora da sociedade baiana, enfatizei que ainda que meu foco fosse a Bahia, pretendia usar aquela região para discutir os efeitos sociais e econômicos do açúcar também nas outras partes do Brasil. Desde sua publicação, a historiografia do açúcar na Bahia e em outras áreas do Brasil colonial e do século XIX também tem crescido. Na própria Bahia, o excelente livro (1998; tradução para o português, 2003) e artigos (1994, 2004) de Bert Barickman estenderam alguns dos temas sugeridos em *Segredos internos* para o século XIX e, lançando mão da documentação mais abundante daquele período, inauguraram novas áreas de análises sociais ou demográficas de populações de fora de engenhos do Recôncavo. Os efeitos do fim da escravidão naquela região foram admiravelmente explorados (Fraga, 2014) em um estudo que revelou o desejo de ex-escravizados de adquirir sua própria terra e juntar-se ao "campesinato". Para Pernambuco, *Olinda restaurada* (1975), de Evaldo Cabral de Mello, o qual juntamente com o trabalho de José Gonsalves de Mello e Gilberto Freyre me influenciou enormemente, foi seguido por uma série de livros e ensaios de sua autoria, muitos dos quais ressaltaram a importância do açúcar e dos senhores de engenhos, tanto durante quanto após o período de ocupação holandesa (Mello, 1987; 1989; 1995; 2010). Enquanto Evaldo questionara as reivindicações de nobreza da "açucarocracia" e expusera as falsas genealogias das elites açucareiras pernambucanas, Kalina Vanderlei Silva seguiu em uma direção contrária (2012, 2014) e escreveu extensamente sobre seus esforços de seguir um estilo de vida nobre e de receber recompensas e um reconhecimento régio equivalente a sua riqueza,

* Citei os principais livros desses autores, mas cada um deles também publicou estudos importantes — numerosos demais para mencionar aqui — sobre temas relacionados aos livros.

poder e pretensões. Houve um interesse similar na formação da economia açucareira do Rio de Janeiro e nas origens de sua aristocracia do açúcar. Aqui os trabalhos de João Fragoso (2000) e Mauricio de Almeida Abreu (2006) foram fundamentais. A importância da jeribita, derivado alcoólico do açúcar, fascinou diversos acadêmicos que estudam o tráfico de escravizados entre Rio e Angola (Curto, 2002; Ferreira, 2012; Miller, 1988). Fragoso e colegas, é claro, foram particularmente influentes ao sugerir o desenvolvimento interno da economia e da sociedade no Brasil, e suas monografias e livros organizados (Fragoso, 1992; Fragoso e Florentino, 1993; Fragoso, Bicalho e Gouvêa, 2001) tiveram um efeito profundo na maneira como a era colonial é vista.

Houve também desdobramentos nos estudos do açúcar e da escravidão em regiões periféricas do Brasil, onde o açúcar também era produzido mas não era uma commodity de exportação importante. No Maranhão e no Pará, o artigo de Chambouleyron (2020), uma dissertação de mestrado de Cunha (2009) e o livro de Torre (2018) demonstraram, juntamente com estudos anteriores sobre São Paulo e Minas Gerais, a presença regional do açúcar, e no Maranhão e no Pará, sua importância em criar uma força de trabalho indígena e então usando a garapa como moeda para pagar por seu suor. O comércio de escravizados da África chegou relativamente tarde (Hawthorne, 2010), mas a formação social e racial que dele resultou lembra, em muitos aspectos, a da Bahia. A pesquisa sobre a história do açúcar no Brasil continua; textos clássicos como o de Antonil foram reeditados e estudados (Tomich, 2023), mas algumas de suas realizações ainda não foram plenamente exploradas. Em 1942, José Honório Rodrigues, o historiógrafo mais impressionante de sua geração no Brasil, começou a publicar estudos sobre a história do açúcar no país e seus historiadores na revista *Brasil Açucareiro*. Embora mais tarde na vida ele costumasse falar sobre reunir esses artigos em um único volume, nunca o fez, e assim é raro eles serem lidos ou citados hoje, ainda que sejam, coletivamente, a mais detalhada história do açúcar no Brasil. Meu livro deveu muito a esse trabalho e a sua bondade e ajuda pessoais.

Talvez a ausência mais óbvia de *Segredos internos* para o leitor de hoje seja a falta de atenção consistente aos efeitos ecológicos da economia açucareira no meio ambiente brasileiro. Há alguma discussão sobre aspectos da história ambiental, como a importância da lenha para a produção do açúcar, e historiadores brasileiros do açúcar, como Wanderley Pinho e José Honório Rodrigues, também deram alguma atenção ao tema, mas, se eu escrevesse o livro hoje, dedicaria um capítulo a esses aspectos ambientais. Estudiosos do açúcar no Caribe, como o cubano Reinaldo Funes Monzote (2008), dedicaram muita atenção ao impacto da monocultura açucareira e sobretudo ao desmatamento, mas o boom de estudos ambientais no Brasil no fim do século xx, começando com *A ferro e fogo* (1995, 1996), de Warren Dean, e *Um sopro de destruição* (2002), de José Padua, ou *Fruitless Trees* (2000), de Shawn

Miller, ofereceu um excelente ponto de partida para essa pesquisa no Brasil colonial. Thomas Rogers, em *The Deepest Wounds* (2010), explorou os efeitos humanos e ambientais da agricultura do açúcar industrializado no Brasil moderno; os efeitos da monocultura de açúcar contemporâneo sobre infestações de insetos (Ferreira Filho, 2024) também foram explorados, mas ainda está por ser levado a cabo um estudo geral dos efeitos no Brasil colonial que leve em consideração a demografia humana (Tadman, 2000), a produção pecuária, a agricultura de subsistência e a poluição da queima de cana, bem como o desmatamento (Miller, 1994) e seus efeitos na biodiversidade. Uma história ambiental do açúcar no Brasil colonial também oferece surpresas e novas oportunidades. Por exemplo, o trabalho do geógrafo Diogo de Carvalho Cabral sobre as destrutivas formigas saúva (do gênero *Atta*) (2014, 2015) revelou que o fato de evitarem solos úmidos para fazer seus ninhos era uma vantagem adicional para plantadores de cana que controlavam terras de massapê e as várzeas dos rios, e uma desvantagem para aqueles que não o faziam ou para todos aqueles que combatiam esses insetos, denominados "reis do Brasil", só para se alimentar. Registros contínuos como os livros de safra dos engenhos de Sergipe do Conde ou de Santana, que fazem comentários sobre eventos climáticos, secas ou chuva pesada, e listam a data em que cada safra começou, poderiam servir de guias para a história do tempo e do clima do Brasil, assim como Le Roy Ladurie usou as datas de colheitas de uvas na Borgonha para escrever a história do clima europeu (Ladurie, 1971; também Labbé et al., 2019).

Apesar de o clima e a ecologia não terem recebido a atenção devida, talvez nenhum tema em *Segredos internos* ou qualquer área de estudo do Brasil colonial tenha sido mais enfocado ou tido mais progresso historiográfico e metodológico do que o da escravidão e do tráfico de escravizados. As exaustivas pesquisas de arquivo, a criação de bases de dados on-line, uma miríade de estudos quantitativos e a presença cada vez maior da história africana e dos estudos culturais enriqueceram nosso entendimento do papel da África e da escravidão na história brasileira (Alencastro, 2000; Thornton, 1992; 1998; Slenes, 1992; Parés, 2019; Castillo, 2011). Entre outros meios, a revista acadêmica *Afro-Ásia* tem publicado com consistência trabalhos importantes nessa área. Espero que algumas das evidências e conclusões deste livro, influenciadas como foram por Pierre Verger, Charles R. Boxer, João José Reis, Philip Curtin e Jan Vansina, todos defensores anteriores da integração da história da África ao estudo do mundo Atlântico, tenham contribuído para esse processo, mas se eu fosse escrever o livro hoje, minha abordagem seria a de dar mais atenção às conexões étnicas, culturais, políticas, religiosas, médicas e comerciais com a África que foram tão ricamente descritas e analisadas na historiografia mais recente. Eu provavelmente ficaria tentado a buscar indivíduos escravizados ou libertos cujas vidas pudessem ser reconstruídas, como foi feito com tanto êxito por Reis (2024), Reis, Gomes e Carvalho (2019), Mott (1993), Sweet (2011), Furtado

(2003) e outros, embora não seja fácil fazer isso com os escravizados de foice e enxada do Recôncavo. As coleções de bases de dados on-line somaram enormemente a nosso conhecimento do tráfico, mas seus resultados são menos confiáveis para o Brasil do que para outras regiões (Wheat, 2024; Silva e Ribeiro, 2020). Mais um resultado da onda recente de estudos sobre escravidão e o tráfico de escravos tem sido o foco em Salvador como um porto atlântico crucial e uma escala para tráfico interimperial até Cartagena, Buenos Aires, Cuba e outros portos hispano-americanos (Krause e Ebert, 2025; Wheat, 2024; Hicks, 2024; Parés, 2005). Tais estudos, assim como algumas das já mencionadas biografias e histórias que conectaram as políticas africanas às realidades brasileiras, enfatizam a natureza cosmopolita de muitos afro-brasileiros, sobretudo aqueles em atividades marítimas. Esse é um reflexo do importante papel que a África desempenha na história brasileira e da agência dos afro-brasileiros em sua própria história, mas a associação com a escravidão ou o tráfico de escravos de muitos desses marinheiros cosmopolitas, ou dos embaixadores africanos que passaram pelo Rio de Janeiro, por Recife ou por Salvador, ou dos retornados que voltaram para a África como negociantes para o Brasil (por exemplo, Cunha, 1985), e dos muitos libertos proprietários de escravos, e até de escravizados baianos que eram eles mesmos donos de escravos (Reis, 2021), destaca a ubiquidade e a complexidade da escravidão como sistema social e econômico, e como característica definidora do Brasil colonial. Esse foi um argumento que *Segredos internos*, assim como muitos outros livros de sua época, também pretendeu sustentar. Termino o livro com uma breve descrição das revoltas de escravos baianas do fim do século XVIII e início do século XIX que tinham fracassado em trazer liberdade. Chamei aquele capítulo de "Ocasiões importantes: a guerra para acabar com a escravidão baiana" e ofereci como explicação para seu fracasso o fato de que a sociedade era tão permeada pela ética da escravidão e convencida de seu valor que a ação heroica não era suficiente para produzir seu fim. Hoje sabemos mais sobre as revoltas, sobre as tentativas legalistas de reduzir a escravidão (Nafafé, 2022) ou as ocasionais tentativas diplomáticas e políticas de monarcas africanos de limitar ou restringir o tráfico de escravos, e sobre as complexidades de cidadania que o Brasil enfrentaria quando a escravidão por fim terminasse (Miki, 2018). Todos esses aspectos destacam a importância fundamental de reconhecer a história emaranhada e entrelaçada entre Brasil e África.

Ao reler o livro, notei que ele contém um volume considerável de informações sobre mulheres, embora nele não haja um capítulo dedicado a questões de gênero. Minha preocupação com a demografia, a família escravizada, as ocupações de maioria feminina no engenho (como a moedeira ou o trabalho das mulheres escravizadas de enfeixar a cana), bem como a discussão sobre mulheres proprietárias de escravizados, senhoras de engenho e lavradoras, poderia ter sido expandida e reorganizada em um capítulo específico para o papel do gênero e suas limitações na sociedade colonial. Muitos trabalhos foram publicados sobre assuntos correlatos (Furtado, 2003; Souza, 1997-8), e importantes monografias foram publicadas sobre herança feminina, dotes e mulheres que atuavam em feiras (Lewin, 2003; Nazzari, 1991; Graham, 2010). Esses estudos com frequência questionam a tradicional ênfase freyriana no patriarcado e na exclusão das mulheres da vida pública. Claramente a reavaliação dos papéis de gênero no mundo dos engenhos ainda está à espera de seus historiadores.

Por fim, como disse anteriormente, o livro foi um produto de sua época e de meus interesses e preocupações enquanto pesquisava e escrevia. Foi a era do movimento dos Direitos Civis nos Estados Unidos. Fui muito influenciado por escritos brasileiros contemporâneos sobre escravidão das décadas de 1960 e 1970 (Emília Viotti da Costa, Fernando Henrique Cardoso, Octavio Ianni, Carlos Guilherme Mota, Katia Mattoso e Fernando Novais) e acadêmicos norte-americanos e europeus como Frédéric Mauro, Herbert Gutman, Sidney Mintz, Frank Tannenbaum e seu aluno Eugene Genovese, mas também estava lendo historiadores do Caribe, como Eric Williams e o cubano Manuel Moreno Fraginals. As questões que eles levantavam sobre a relação do açúcar com a escravidão e a relação da escravidão com o capitalismo e o colonialismo também me preocupavam, assim como o papel dos próprios escravizados nessa história. O leitor de hoje notará que parte da linguagem do livro e alguns termos como "meios de produção" e "modo de produção" refletem os debates marxistas do período. Embora eu tenda a ser materialista, minha relação com uma abordagem estruturalista marxista foi bastante negativa (Schwartz, 2003). O título da edição brasileira do livro é tirado das próprias palavras de Marx em *O Capital*, citadas na epígrafe, segundo as quais o segredo mais recôndito, a base oculta de todo o sistema social, depende dos inúmeros detalhes e das "circunstâncias empíricas diferentes, meio ambiente, relações raciais, influências históricas externas etc.", o que "pode ser avaliado tão somente através da análise das circunstâncias conhecidas empiricamente". Eu acreditava que meu fardo era fornecer aqueles detalhes no caso brasileiro, dando tanta atenção para os escravizados quanto para seus proprietários e as instituições. Era uma abordagem histórica partilhada com outros estudiosos que ofendeu alguns leitores como Gorender (1989), que teoricamente não podiam admitir qualquer agência aos trabalhadores escravizados.

Esses velhos debates e linguagem podem parecer agora desatualizados, mas têm reaparecido de várias formas. A suposta incompatibilidade da escravidão com a modernidade ou a tecnologia foi retomada nos estudos da "segunda escravidão" no século XIX (Marquese, 2020; Tomich, 2017). A ideia de que certas lavouras tornavam a escravidão essencial passou do açúcar para o café (Stein, 1957; Marquese, 2013; Slenes, 2019) e mais recentemente para o algodão, e os historiadores do grupo The New History of Capitalism de Harvard agora inverteram a incompatibilidade da escravidão com o capitalismo para argumentar, em vez disso, que a escravidão e a tecnologia foram essenciais para o sucesso do capitalismo na América do Norte, mas eles nos deixaram imaginando por que, no Brasil, um país ainda mais dependente da escravidão, isso não teve o mesmo efeito. O retorno desses debates me motiva a pensar que as informações apresentadas neste livro podem ser úteis para novos leitores ainda interessados nessas questões.

Para encerrar, gostaria de dizer que uma das experiências mais agradáveis que tive foi uma visita à Universidade Federal do Recôncavo da Bahia (UFRB) em 2009, na qual, após uma palestra sobre outro livro, muitos alunos me pediram que autografasse seus exemplares — já gastos e cheios de anotações nas margens — de *Segredos internos*. Nessas páginas densas, alguns deles encontraram suas próprias histórias e a história de suas famílias e raízes. Fiquei muito satisfeito de ver que meu sonho de juventude de um dia escrever alguma coisa sobre a história brasileira que seria de interesse para os brasileiros foi realizado. Espero que isso ainda seja verdade.

Stuart B. Schwartz

BIBLIOGRAFIA

ABREU, Mauricio de Almeida. "Um quebra-cabeça (quase) resolvido: os engenhos da capitania do Rio de Janeiro, séculos XVI e XVII". *Scripta Nova. Revista Electrónica de Geografía y Ciencias Sociales*, v. X, n. 218 (32). Barcelona: Universidad de Barcelona, 2006.

ALDEN, Dauril. *The Making of an Enterprise. The Society of Jesus in Portugal, its Empire, and Beyond, 1540-1750*. Stanford: Stanford University Press, 1997.

______. "Sugar Planters by Necessity, Not Choice: The Role of the Jesuits in the Cane Sugar Industry of Colonial Brazil, 1601-1759". In: COLE, Jeffrey A. (ed.). *The Church and Society in Latin America*. New Orleans: Center for Latin American Studies, Tulane University, 1984.

ALENCASTRO, Luiz Felipe de. *O trato dos viventes: formação do Brasil no Atlântico Sul, séculos XVI e XVII*. São Paulo: Companhia das Letras, 2000.

ANTUNES, Cátia. *Lisboa e Amsterdão 1640-1705: um caso de globalização na história moderna*. Lisboa: Horizonte, 2009.

______; POLÓNIA, Amélia. *Beyond Empires: Global, Self-Organizing, Cross-Imperial Networks, 1500-1800*. Leiden: Brill, 2016.

ARRUDA, José Jobson de Andrade. *O Brasil no comércio colonial*. São Paulo: Ática, 1980.

______. "Superlucros: a prova empírica do exclusivo colonial". *Topoi*, 15:29, pp. 706-18, 2014.

BARICKMAN, Bert. *A Bahian Counterpoint: Sugar, Tobacco, Cassava, and Slavery in the Recôncavo, 1780-1860*. Stanford: Stanford University Press, 1998. [Ed. bras.: *Um contraponto baiano: açúcar, fumo, mandioca e escravidão*. Rio de Janeiro: Civilização Brasileira, 2003.]

______. "'A Bit of Land, Which They Call Roça': Slave Provision Grounds in the Bahian Recôncavo, 1780-1860". *Hispanic American Historical Review*, 74:4, pp. 649-87, 1994.

______. "Revisiting the Casa-grande: Plantation and Cane-Farming Households in Early Nineteenth-Century Bahia". *Hispanic American Historical Review*, 84:4, pp. 620-59, 2004.

CABRAL, Diogo de Carvalho. "Into the Bowels of Tropical Earth: Leaf-Cutting Ants and the Colonial Making of Agrarian Brazil". *Journal of Historical Geography*, 50, pp. 92-105, 2015.

______. "'O Brasil é um grande formigueiro': território, ecologia e a história da América portuguesa". *HALAC* (Belo Horizonte), v. 3:2, pp. 467-89, 2014.

CASTILLO, Lisa Earl. "Mapping the Nineteenth-Century Brazilian Returnee Movement: Demographics, Life Stories and the Question of Slavery". *Atlantic Studies*, 13:1, pp. 25-52, 2016.

______. "The Exodus of 1835. Àguda Life Stories and Social Networks". In: BABAWALE, Tunde; ALAO, Akin; ONWUMAH, Tony (eds.). *Pan-Africanism and the Integration of Continental Africa and Diaspora Africa*. Lagos: Centre for Black and African Arts and Civilization, 2011.

CHAMBOULEYRON, Rafael. "The 'Government of the Sertões and Indians': Aguardente, Sugar, and Indians in Colonial Amazonia (Seventeenth Century)". *The Americas*, 77:1, pp. 3-39, 2020.

COSTA, Leonor Freire. *O transporte no Atlântico e a Companhia Geral do Comércio do Brasil (1580-1663)*, 2 v. Lisboa: Comissão Nacional para as Comemorações dos Descobrimentos Portugueses, 2002.

CUNHA, Ana Paula Macedo. *Engenhos e engenhocas: atividade açucareira no estado do Maranhão e Grão--Pará (1706-1750)*. 2009. Dissertação de mestrado. Universidade Federal do Pará, Belém, 2009.

CUNHA, Manuela Carneiro da. *Negros estrangeiros: os escravos libertos e a sua volta à África*. São Paulo: Brasiliense, 1985.

DEAN, Warren. *With Broadax and Firebrand: The Destruction of the Brazilian Atlantic Forest*. Berkeley: University of California Press, 1995. [Ed. bras.: *A ferro e fogo: história e devastação da Mata Atlântica brasileira*. São Paulo: Companhia das Letras, 1996.]

EBERT, Christopher. *Between Empires: Brazilian Sugar in the Early Atlantic Economy, 1550-1630*. Leiden: Brill, 2008.

EICHEN, Joshua R. "Cheapness and (Labor-)Power: The Role of Early Modern Brazilian Sugar Plantations in the Racializing Capitalocene". *Environment and Planning D: Society and Space*, 1-18, 2018.

FERLINI, Vera Lúcia Amaral. *Terra, trabalho e poder: o mundo dos engenhos no Nordeste colonial*. São Paulo: Brasiliense, 1988.

FERREIRA, Roquinaldo. *Cross-Cultural Exchange in the Atlantic World: Angola and Brazil during the Era of the Slave Trade*. Cambridge: Cambridge University Press, 2012.

FERREIRA FILHO, José Marcelo Marques. "Human-insect relations in Northeast Brazil's twentieth-century sugar industry". In: CABRAL, Diogo de Carvalho; VASQUES VITAL, André; GASCÓN, Margarita (eds.). *More-Than Human Histories of Latin America and the Caribbean*. Londres: University of London Press, 2024.

FRAGA, Walter. *Encruzilhadas da liberdade: histórias de escravos e libertos na Bahia (1870-1910)*. Rio de Janeiro: Civilização Brasileira, 2014.

FRAGOSO, João Luís Ribeiro. "A nobreza da República: notas sobre a formação da primeira elite senhorial do Rio de Janeiro (séculos XVI e XVII)". *Topoi*, 1:1, 2000.

______. *Homens de grossa aventura: acumulação e hierarquia na praça mercantil do Rio de Janeiro, 1790--1830*. Rio de Janeiro: Arquivo Nacional, 1992.

______; BICALHO, Maria Fernanda; GOUVÊA, Maria de Fátima (orgs.). *O Antigo Regime nos trópicos: a dinâmica imperial portuguesa (séculos XVI-XVII)*. Rio de Janeiro: Civilização Brasileira, 2001.

______; FLORENTINO, Manolo. *O arcaísmo como projeto: mercado atlântico, sociedade agrária e elite mercantil no Rio de Janeiro, 1790-1840*. Rio de Janeiro: Diadorim, 1993.

FUNES MONZOTE, Reinaldo. *From Rainforest to Cane Field in Cuba: An Environmental History since 1492*. Chapel Hill: University of North Carolina Press, 2008.

FURTADO, Júnia. *Chica da Silva e o contratador dos diamantes: o outro lado do mito*. São Paulo: Companhia das Letras, 2003.

FURTADO, Júnia. "Gender in Colonial Brazil". *Oxford Bibliographies* (on-line), 2013.

GALLOWAY, J. H. *The Sugar Cane Industry: An Historical Geography from its Origins to 1914*. Cambridge: Cambridge University Press, 1989.

GELPI BAEZ, Elsa. *Siglo en blanco: estudio de la economía azúcarera en el Puerto Rico del siglo XVI*. San Juan: Universidad de Puerto Rico, 2000.

GOMES, Flávio dos Santos. *A hidra e os pântanos: mocambos, quilombos e comunidades de fugitivos no Brasil (séculos XVII-XIX)*. São Paulo: Polis; Unesp, 2005.

GORENDER, Jacob. *A escravidão reabilitada*. São Paulo: Ática, 1989.

______. *O escravismo colonial*. São Paulo: Ática, 1985.

GRAHAM, Richard. *Feeding the City: From Street Market to Liberal Reform in Salvador, Brazil, 1780-1860*. Austin: University of Texas Press, 2010.

GREEN, Toby. *A Fistful of Shells: West Africa from the Rise of the Slave Trade to the Age of Revolution*. Chicago: Chicago University Press, 2019.

HAWTHORNE, Walter. *From Africa to Brazil: Culture, Identity, and an Atlantic Slave Trade, 1600-1830*. Cambridge: Cambridge University Press, 2010.

HEYWOOD, Linda. *Njinga of Angola: Africa's Warrior Queen*. Cambridge: Harvard University Press, 2017.

HICKS, Mary E. *Captive Cosmopolitans: Black Mariners and the World of South Atlantic Slavery*. Chapel Hill: University of North Carolina Press, 2024.

KRAUSE, Thiago; EBERT, Christopher. "A South Atlantic Counterpoint: Facing the Asiento from Bahia (*c.* 1585-1740)". In: OROZCO CRUZ, Jonatán; HERRERO SÁNCHEZ, Manuel; CARDIM, Pedro (eds.). *The Asiento and the Transatlantic Trade of Enslaved Africans (c. 1580-1750): Trade Networks and Transnational Connectors*. Leiden: Brill, 2025.

LABBÉ, Thomas; PFISTER, Christian; BRÖNNIMANN, Stefan; ROUSSEAU, Daniel; FRANKE, Jörg; BOIS, Benjamin. "The Longest Homogeneous Series of Grape Harvest Dates, Beaune 1354-2018, and its Significance for the Understanding of Past and Present Climate". *Climate of the Past*, 15, pp. 1485-1501, 2019.

LADURIE, Emmanuel Le Roy. *Times of Feast, Times of Famine: A History of Climate since the Year 1000*. Londres: Allen & Unwin, 1971. [Ed. orig.: *Histoire du climat depuis l'an mil*. Paris: Flammarion, 1967.]

LEWIN, Linda. *Surprise Heirs I: Illegitimacy, Patrimonial Rights, and Legal Nationalism in Luso-Brazilian Inheritance, 1750-1821;* e *Surprise Heirs II: Illegitimacy, Inheritance Rights, and Public Power in the Formation of Imperial Brazil, 1822-1889*. Stanford: Stanford University Press, 2003.

LOPES, Kaique Moreira Leo. *O Engenho de Santana em dois tempos (c. 1537-c. 1730)*. Dissertação de Mestrado. Universidade Federal da Bahia (UFBA), 2023.

MAGALHÃES, Joaquim Romero. "O açúcar nas ilhas portuguesas do Atlântico: séculos XV e XVI". *Varia Historia*, 25:41, pp. 151-75, 2009.

MARQUESE, Rafael de Bivar. *Capitalismo e escravidão* e a historiografia sobre a escravidão nas Américas". *Estudos Avançados*, 26:75, pp. 341-54. 2012.

______. "Estados Unidos, Segunda Escravidão e a economia cafeeira do Império do Brasil". *Almanack Brasiliense*, 5, pp. 541-60, 2013.

______. *Os tempos plurais de escravidão no Brasil*. São Paulo: Intermeios, 2020.

MELLO, Evaldo Cabral de. *O Brasil holandês, 1630-54*. São Paulo: Companhia das Letras, 2010.

______. *A fronda dos mazombos: nobres contra mascates, 1666-1715*. São Paulo: Companhia das Letras, 1995.

______. *Imagens do Brasil holandês, 1630-1654*. Rio de Janeiro: Ministério da Cultura, 1987.

______. *O nome e o sangue: uma fraude genealógica no Pernambuco colonial*. São Paulo: Companhia das Letras, 1989.

______. *Olinda restaurada: Guerra e açúcar no Nordeste, 1630-1654*. Rio de Janeiro: Topbooks, 1975.

MIKI, Yuko. *Frontiers of Citizenship: A Black and Indigenous History of Postcolonial Brazil*. Cambridge: Cambridge University Press, 2018.

MILLER, Joseph. *Way of Death: Merchant Capitalism and the Angolan Slave Trade, 1730-1830*. Madison: University of Wisconsin Press, 1988.

MILLER, Shawn. *Fruitless Trees: Portuguese Conservation and Brazil's Colonial Timber*. Stanford: Stanford University Press, 2000.

______. "Fuelwood in Colonial Brazil: The Economic and Social Consequences of Fuel Depletion for the Bahian Recôncavo, 1549-1820". *Forest and Conservation History*, 38:4, pp. 181-92, 1994.

MOORE, Jason W. "Sugar and the Expansion of the Early Modern World-Economy: Commodity Frontiers, Ecological Transformation, and Industrialization". *Review*, 23:3, pp. 409-33, 2000.

MOSCOSO, Francisco. *Orígenes y cultura de la caña de azúcar de Nueva Guinea a las islas del Atlántico*. Río Piedras, Porto Rico: Gaviota, 2017.

MOTT, Luiz. *Rosa Egipcíaca: uma santa africana no Brasil*. Rio de Janeiro: Bertrand Brasil, 1993.

NAFAFÉ, José Lingna. *Lourenço da Silva Mendonça and the Black Atlantic Abolitionist Movement in the Seventeenth Century*. Cambridge: Cambridge University Press, 2022.

NAZZARI, Muriel. *Disappearance of the Dowry: Women, Families, and Social Change in São Paulo, 1600-1900*. Stanford: Stanford University Press, 1991.

PÁDUA, José Augusto. *Um sopro de destruição: pensamento político e crítica ambiental no Brasil escravista (1786-1888)*. Rio de Janeiro: Zahar, 2002.

PARÉS, Luis Nicolau. "Libertos africanos, comércio atlântico e candomblé: a história de uma carta que não chegou ao destino". *Revista de História*, 178, pp. 1-34, 2019.

______. "O processo de crioulização no Recôncavo Baiano, 1750-1800". *Afro-Ásia*, 33:205, pp. 87-132, 2005.

PINHEIRO, LUÍS DA CUNHA. "A produção açucareira em São Tomé ao longo de Quinhentos". Actas do Colóquio Internacional São Tomé e Príncipe numa perspectiva interdisciplinar, diacrónica e sincrónica (2012), pp. 27-46.

POLÓNIA, Amélia. *A expansão ultramarina numa perspectiva local: o porto de Vila do Conde no século XVI*. 2 v. Lisboa: Imprensa Nacional; Casa da Moeda, 2007.

PRIANTE, Mary Eschberger. *Escravos, mãos e pés do senhor de engenho: economia açucareira no período colonial do Brasil*. Porto Alegre: Razão Bureau Editorial, 2004.

REIS, João José. *Domingos Sodré, um sacerdote africano: escravidão, liberdade e candomblé na Bahia do século XIX*. 2. ed. São Paulo: Companhia das Letras, 2024.

______. *Rebelião escrava no Brasil: a história do Levante dos Malês*. 3. ed. São Paulo: Companhia das Letras, 2025.

______. GOMES, Flávio dos Santos; CARVALHO, Marcus J. M. de. *The Story of Rufino: Slavery, Freedom, and Islam in the Black Atlantic*. Oxford: Oxford University Press, 2019.

______. "Há duzentos anos: a revolta escrava de 1814 na Bahia". *Topoi*, 15:28, pp. 68-115, 2014.

______; "'Por sua liberdade me oferece uma escrava': alforrias por substituição na Bahia, 1800-1850". *Afro-Ásia*, 63, pp. 232-90, 2021.

RODRÍGUEZ MOREL, Genaro. *Colección de documentos para el estudio de la industria azucarera de la Española en el siglo XVI*. Santo Domingo: Archivo General de la Nación, 2020.

______. *Orígenes da la economía de plantación de la Española*. Santo Domingo: Editora Nacional, 2012.

ROGERS, Thomas D. *The Deepest Wounds: A Labor and Environmental History of Sugar in Northeast Brazil*. Chapel Hill: University of North Carolina Press, 2010.

SCHWARTZ, Stuart B. *Escravos, roceiros e rebeldes*. São Paulo: Edusc, 2001.

______ (ed.). *Tropical Babylons: Sugar and the Making of the Atlantic World, 1450-1680*. Chapel Hill: University of North Carolina Press, 2004.

______. In: FRAGOSO, João; GOUVÊA, Maria de Fátima (ed.). *O Brasil colonial, 1580-1720*, 3 vols. (Rio de Janeiro: Civilização Brasileira), vol. 2, pp. 337-396, 2014.

SCHWARTZ, Stuart B. "O Antigo Regime nos Trópicos e a cor de seu povo". In: FERREIRA, Roberto Guedes (ed.). *O Antigo Regime nos Trópicos*. Rio de Janeiro, 2024.

______. "'A Babilônia colonial: a economia açucareira". In: BETHENCOURT, Francisco; CHAUDHURI, Kirti (ed.). *História da expansão portuguesa*, 5 v. v. 2. Lisboa: Temas e Debates, 1998. pp. 213-31.

______. "Cantos e quilombos numa conspiração de escravos haussás. Bahia, 1814". In: REIS, João José; GOMES, Flávio dos Santos (ed.). *Liberdade por um fio: história dos quilombos no Brasil*. São Paulo: Companhia das Letras, 1996, pp. 373-406, 1996.

______. "Colonial Brazil, *c.* 1580-*c.* 1750: Plantations and Peripheries". *Cambridge History of Latin America*. Cambridge: Cambridge University Press, 2: pp. 423-500, 1984.

______. "Depois da dependência: caminhos novos da historiografia brasileira". In: SCHWARTZ, Stuart B. *Da América portuguesa ao Brasil: estudos da América portuguesa*. Lisboa: Difel, 2003. pp. 273-304.

______. "Elite Politics and the Growth of a Peasantry in Late Colonial Brazil". In: RUSSELL-WOOD, A. J. R. (ed.). *From Colony to Nation*. Baltimore: Johns Hopkins University Press, pp. 133-54, 1974.

______. "Free Labor in a Slave Economy. The Lavradores de Cana of Colonial Bahia". In: ALDEN, Dauril (ed.). *Colonial Roots of Modern Brazil*. Berkeley: University of California Press, pp. 147-97, 1973.

SILVA, Daniel Domingues da; RIBEIRO, Alexandre Vieira. "Amazonia and North-East Brazil in the Atlantic Slave Trade: An Assessment of the Brazilian Slave Trade North of Rio de Janeiro". *Atlantic Studies*, 17:4, pp. 485-507, 2020.

SILVA, Kalina Vanderlei. "Fidalgos, capitães e senhores de engenho: Humanismo, Barroco e o diálogo cultural entre Castela e a sociedade açucareira (Pernambuco, séculos XVI e XVII)". *Varia Historia*, 28:47, pp. 235-57, 2012.

______. "A monarquia católica e a América portuguesa no século XVII: trajetórias de senhores de engenho no Brasil filipino". *Locus*, 20:1, 2014. Disponível em: https://periodicos.ufjf.br/index.php/locus/article/view/20750.

SLENES, Robert. "Malungu, ngoma vem! África coberta e descoberta do Brasil". *Revista USP*, pp. 48-67, 1992.

______. "Variedades da economia política do capitalismo com escravidão: uma apreciação do ensaio e dos aportes à historiografia brasileira de David Eltis". *Almanack* (Guarulhos), 22, pp. 559-61, 2019.

SOUZA, Laura de Mello e (org.). Cotidiano e vida privada na América portuguesa, v. 1 *História da vida privada no Brasil*, 4 v. Fernando A. Novais (coord.). São Paulo: Companhia das Letras, 1997-8.

STEIN, Stanley J. *Vassouras: A Brazilian Coffee County, 1850-1900*. Cambridge: Harvard University Press, 1957.

STRUM, Daniel. *O comércio do açúcar: Brasil, Portugal e os Países Baixos (1595-1630)*. São Paulo: Versal; Odebrecht, 2012.

SWEET, James H. *Domingos Álvarez: African Healing and the Intellectual History of the Atlantic World*. Chapel Hill: University of North Carolina Press, 2011.

TADMAN, Michael. "The Demographic Cost of Sugar: Debates on Slave Societies and Natural Increase in the Americas". *The American Historical Review*, 105:5, pp. 1534-75, 2000.

THORNTON, John. *Africa and Africans in the Making of the Atlantic World*. Cambridge: Cambridge University Press, 1992. (2 ed.: 1998.)

TOMICH, Dale. "O Engenho de Açúcar: André João Antonil and the Anatomy of the Seventeenth-Century Brazilian Slave Plantation". *Culture & History Digital Journal*, 12:2, pp. 1-12, 2023.

______. "Slavery in Capitalism: Toward a Theoretical History of the Second Slavery". In: TOMICH, D. (ed.). *Slavery and Historical Capitalism in the Nineteenth Century*. Latham: Lexington Books, pp. 37-65, 2017.

TORRE, Oscar de la. *The People of the River: Nature and Identity in Black, Amazonia, 1835-1945*. Chapel Hill: University of North Carolina Press, 2018.

VIEIRA, ALBERTO. "Escravos com e sem açúcar na Madeira". In ______ (Org.), *Escravos com e sem açúcar*. Funchal: Centro de Estudos de História do Atlântico, 1996.

VIÑA BRITO, Ana; RONQUILLO RUBIO, Manuela. "El primer ciclo del azúcar en Canarias. Balance historiográfico". XVI Coloquio de Historia Canario-Americana, Francisco Morales Padrón (ed.). Las Palmas: Cabildo Insular, pp. 1673-96, 2004.

WHEAT, David. *Atlantic Africa and the Spanish Caribbean, 1570-1640*. Chapel Hill: University of North Carolina Press, 2015.

______. "Brasil y Maranhão en el tráfico de esclavos hacia el Caribe español, siglos XVI-XVII". *Revista de Indias*, 84:291, 2024.

SEGREDOS INTERNOS

Este livro é respeitosamente dedicado a quatro intelectuais baianos:
Teodoro Sampaio, filho de uma escrava no Rio Fundo;
Wanderley Pinho, filho de uma família de senhores de engenho;
Luiz Henrique, de Nazaré das Farinhas, no litoral sul;
Katia Mattoso, que veio à Bahia de longe.
O amor deles por sua terra iluminou muitas horas de minha vida.

E à minha família: Nancy, Alison e Lee.

Prefácio

O trabalho forçado, o capitalismo comercial e as tradições e atitudes senhoriais ibéricas entrelaçaram-se na formação de uma complexa estrutura social no Brasil, quase desde seus primórdios como colônia europeia, em 1500, até que se abolisse finalmente a escravidão em 1888 (foi o último país nas Américas a fazê-lo). Desse processo resultou uma sociedade multirracial e estratificada, profundamente influenciada pelo sistema de grande lavoura e pelas hierarquias das diferentes condições sociais inerentes à sua força de trabalho, bem como pela estrutura hierárquica derivada dos códigos jurídico e religioso. Este livro é uma tentativa de examinar o desenvolvimento histórico dessa sociedade na Bahia, importante área de grande lavoura, ao longo de um período de quase trezentos anos. Procura compreender a natureza da economia e sociedade baianas, assim como descrever minuciosamente a formação e o funcionamento dessa sociedade escravista.

Não são raros os livros sobre "açúcar e escravos". Escolha-se ao acaso uma ilha do Caribe, e é grande a probabilidade de já existir um estudo em que açúcar e escravos apareçam no título ou sejam no mínimo objeto de atenção. No Brasil vêm sendo publicados livros sobre esse tema desde a década de 1930, e muitos autores adotam uma interpretação segundo a qual a sociedade brasileira se originou essencialmente da experiência da grande lavoura açucareira. Contudo, apesar da popularidade dessa visão, é relativamente escasso o material disponível sobre açúcar e escravidão em fontes primárias, e assim, durante muito tempo, estudiosos dependeram de uns poucos cronistas do período colonial ou de viajantes do século XIX. O resultado são repetições e análises que frequentemente substituem evidências por afirmações especulativas e teorias.

Neste estudo procurei escrever a história da sociedade da grande lavoura na Bahia fazendo uso das fontes tradicionais, mas acrescentando a elas um conjunto considerável de materiais pouco ou nunca utilizados anteriormente: testamentos, censos, a parca documentação remanescente dos engenhos, registros notariais e paroquiais e correspondências administrativas e particulares, estas últimas de uso mais comum. Concentrei minha atenção na Bahia por ser uma das principais áreas de grande lavoura e um importante ponto terminal do tráfico atlântico de escravos, e porque sua documentação, embora fragmentária e irregular em comparação com a norte-americana do período anterior à Guerra de Secessão, é melhor que a das demais regiões de grande lavoura no Brasil colonial. Precisei valer-me amiúde dos registros de propriedades eclesiásticas, em especial dos engenhos jesuítas de Sergipe e Santana. A certa altura senti-me inclinado a escrever a história exclusivamente dessas duas propriedades, porém decidi tentar um estudo mais amplo utilizando seus documentos, verificando e apoiando seus dados com os de outras fontes, evitando assim a tendência a generalizar a partir de um caso atípico. Apesar de minha análise limitar-se à Bahia, acredito plenamente que o processo e os padrões aqui descritos foram, em essência, os mesmos nas outras áreas brasileiras produtoras de açúcar.

Os estudos sobre a sociedade da grande lavoura no Brasil foram escritos frequentemente sob a perspectiva da varanda da casa-grande, pois os proprietários das terras produziram boa parte da documentação, e muitas vezes os próprios historiadores descendiam de famílias de latifundiários. Embora em minha análise os senhores de engenho figurem como elemento importante, suas genealogias e seus feitos não ocupam o papel central, como em geral se faz. Procurei, ao contrário, deslocar o foco de atenção para a formação e interação dos grupos e categorias sociais mais importantes no contexto de um regime colonial produtor de um gênero para o mercado internacional. Obviamente, um estudo da sociedade da grande lavoura no Brasil é, por definição, um estudo da escravidão, e o leitor concluirá que a profusão de trabalhos sobre o escravismo nas Américas forneceu-me subsídios e estímulo para as pesquisas e as conclusões. Aspectos da vida escrava — condições físicas, família, demografia, cultura, resistência — aparecem copiosamente nas páginas desta obra, não obstante ela não trate da escravidão *per se*, e sim da relação entre a produção do engenho e a estrutura global da sociedade. Em outras palavras, embora a escravidão esteja no cerne deste estudo, ela é encarada como o resultado de certas características econômicas e culturais que sofrem, elas próprias, influência das relações dinâmicas entre escravos e senhores e entre a sociedade escravocrata e a sociedade como um todo. Ou seja, a escravidão é vista aqui como parte de uma estrutura mais abrangente de relações sociais e econômicas.

Estabeleci como núcleo deste estudo os aspectos sociais da produção, as relações entre os detentores dos meios de produção e os trabalhadores e entre estes e o processo produtivo. Nisso segui Marx, procurando naquelas relações o "segredo íntimo" da sociedade e da organização política. Contudo, ao contrário de alguns de seus seguidores, também atentei para o conselho de Marx de examinar empiricamente as infinitas variações possíveis que podem resultar de tais relações. Este é, pois, um livro que procura colocar o trabalho em seu devido lugar, como determinante principal da sociedade escravista, e compreender os grupos, instituições e interações sempre no contexto das relações sociais de produção presentes no engenho. As peculiaridades desse sistema produtivo e a organização e os requisitos da mão de obra constituem-se em um ponto de partida analítico. Porém o leitor descobrirá que não obstante eu tenha mantido as considerações econômicas em primeiro plano, procurei também dar aos fatores culturais e ideológicos a devida atenção. Este livro não é uma análise "marxista", embora eu tenha observado atentamente as interpretações de Marx e de alguns de seus seguidores sobre as sociedades, em especial acerca do desenvolvimento histórico das sociedades europeias nos primórdios da era moderna.

Até certo ponto, as origens deste livro encontram-se na evolução de uma abordagem comparativa dos estudos sobre escravismo e relações raciais. Há comparações em várias partes do texto, quando são diretamente aplicáveis; entretanto, decidi não sobrecarregar as notas com referências a publicações que tratam do mesmo tópico em outras regiões das Américas. Acredito igualmente que a melhor contribuição que este trabalho pode dar à literatura comparativa sobre a escravidão é apresentar um relato preciso e minucioso da sociedade e economia baianas. O Brasil é usado com frequência como referencial de comparação por autores que escrevem sobre os Estados Unidos ou as Antilhas, mas na realidade o material de que tais autores dispõem é muitas vezes enganoso, insuficiente ou incorreto. Espero que esta obra auxilie a reparar parcialmente essa situação.

O estudo da escravidão e da sociedade escravista no Brasil deve muito ao clássico *Casa-grande & senzala*, de Gilberto Freyre (Rio de Janeiro, 1933), obra que revalidou a contribuição africana e indígena para a cultura brasileira ao examinar internamente a vida das famílias patriarcais dos senhores de engenho nordestinos. A ênfase de Freyre na adaptabilidade dos colonizadores portugueses e na integração racial na casa-grande induziu uma visão um tanto cor-de-rosa sobre a escravidão e as relações raciais. Um grupo de historiadores e sociólogos brasileiros, na maioria paulistas, começou a investir vigorosamente contra essa visão em estudos concentrados no sul do Brasil, às vezes em áreas onde os escravos eram uma forma secundária de mão de obra. Esses autores, porém, trouxeram consigo uma estrutura teórica consistente e bem fundamentada, além de um considerável conjunto de dados que corroboram sua nova interpretação da escravidão no Brasil.

Este livro deve sua origem em grande medida tanto a Gilberto Freyre quanto aos autores paulistas. Minha intenção inicial era escrever seguindo os moldes da escola de São Paulo, mas enfocando a economia da grande lavoura no Nordeste, onde a escravidão predominou, concentrando o estudo na era colonial, e não no século XIX. Muito embora originalmente meu propósito fosse provar que Freyre estava enganado, abandonei tal postura por ser estéril e errônea. *Casa-grande & senzala* é um livro sobre a formação da mentalidade brasileira, e embora possa ser criticado em sua metodologia e nos dados comprobatórios, mostra aspectos da criação da sociedade da grande lavoura que compensam largamente suas falhas. Estrangeiro que sou, e raramente havendo pisado no massapê, não poderia ter esperanças de escrever um livro daquela natureza ou de usar a ciência social para substituir a percepção e o conhecimento que provêm de viver totalmente no interior de uma cultura, fazendo parte dela. O francês Élie Halévy, grande historiador da Inglaterra, escreveu certa vez sobre seus sentimentos de insuficiência quando olhava a bandeira da Grã-Bretanha através das janelas do Museu Britânico e pensava em seu esforço imenso para assimilar o que qualquer criança inglesa compreendia com a maior naturalidade. Muitas vezes tive essa mesma sensação ao ler, com inveja, as dedicatórias de livros escritos por autores criados no Brasil rural, que aprenderam a respeito daquele mundo diretamente daqueles que nele viveram.

Assim, procurei realizar um estudo baseado em fontes arquivísticas e impressas, aplicando as modernas técnicas e métodos históricos, informando-me sobre teoria social e empenhando-me, dentro de minhas limitações, em entender os motivos e as ações das pessoas e grupos que examinei. Apesar dos muitos informes quantitativos encontrados nestas páginas, fiz o possível para evitar as armadilhas do personagem dr. Gradgrind, de *Hard Times*, de Dickens, em cujos extraordinários aposentos

> [...] as mais complicadas questões sociais eram somadas, expressas em totais exatos e finalmente solucionadas [...]. Como se um observatório astronômico se fizesse sem janelas, e o astrônomo, em seu interior, organizasse o universo estrelado unicamente com pena, tinta e papel, assim o sr. Gradgrind, em seu Observatório (e há muitos iguais a ele), não precisava lançar um olhar sequer à copiosa miríade de seres humanos à sua volta, mas podia decidir o destino de todos em uma lousa e enxugar todas as lágrimas com um pedaço sujo de esponja.

Meu objetivo, durante todo o trabalho, foi não permitir que os dados quantitativos se tornassem um fim em si mesmos, mas usá-los para melhor compreender o processo histórico e o povo nele envolvido.

Este estudo divide-se em quatro partes. A primeira, "Formações, 1500-1600", trata das origens do sistema de grande lavoura no Brasil e da experiência inicial com indígenas como trabalhadores e escravos, apresentando uma interpretação de como os africanos substituíram os índios. A parte II, "Os engenhos baianos e seu mundo", fornece uma análise minuciosa da vida e do trabalho nos engenhos baianos, discutindo a região, a história da economia açucareira, o processo da fábrica de açúcar e as finanças dos senhores de engenho. A parte III, "A sociedade do açúcar", procura, em seus capítulos, investigar os princípios organizacionais gerais da sociedade dos engenhos e em seguida analisar cada um de seus principais grupos. Incluem-se nesta parte dois capítulos um tanto técnicos sobre demografia e família escrava. Finalmente, na parte IV, "Reorientação e persistência, 1750-1835", são discutidas as tendências políticas e econômicas globais do fim da era colonial e começo do período nacional, como pano de fundo para o exame da escravidão na sociedade baiana. O último capítulo é dedicado aos cativos; discute-se a resistência escrava e em particular a série de rebeliões ocorridas na Bahia no início do século XIX, paralelamente à agitação política da luta pela independência do Brasil. Em seu efeito cumulativo, essas revoltas foram uma guerra malograda contra a escravidão.

Adotei, no decorrer do livro, algumas convenções das quais o leitor precisa inteirar-se. A ortografia portuguesa é um tema confuso, pois as tentativas de padronizá-la no século XX foram malsucedidas e algumas vezes houve mudanças nas regras. Com isso, muitos autores grafaram seus nomes de forma diferente em várias épocas de suas vidas (p. ex., Gonsalves / Gonçalves; Vianna / Viana). Procurei, visando à coerência, usar a grafia mais recente. Também dei preferência à ortografia brasileira contemporânea, e não à portuguesa (p. ex., Antônio em vez de António). A palavra engenho era utilizada em português para referir-se ao que hoje em inglês chamamos *sugar plantation*, termo que uso como sinônimo de uma propriedade agrícola relativamente grande, em região tropical ou semitropical, cultivada por trabalhadores escravos ou forçados e produzindo para o mercado. A palavra *plantation*, em sua acepção moderna, jamais foi usada pelos portugueses durante o período aqui estudado. Utilizei "engenho" e "grande lavoura", todavia, como sinônimos de "*plantation*", embora em alguns pontos também tenha empregado "engenho" em seu sentido mais restrito, significando uma moenda para prensar cana-de-açúcar. Analogamente, usei "senhores de engenho", como sinônimo de "*planters*", mas não empreguei esse termo para os lavradores de cana que não possuíam sua própria moenda. Estes e outros termos usados repetidamente no livro são definidos no Glossário, no final do volume.

A unidade básica da moeda portuguesa era o real (plural, réis), que na verdade era tão somente uma unidade de cálculo. O mil-réis, ou 1000 réis, é normalmente escrito 1$, com frações até três casas decimais (p. ex., 1$460). Vários pesos e medidas portugueses são definidos em uma lista nas páginas seguintes e também no Glossário. Todos os pesos e medidas dados são do sistema métrico, exceto quando mencionados de outra forma.

Dez anos de pesquisa e redação produziram uma quantidade de dívidas de natureza intelectual impossíveis de saldar satisfatoriamente nestas páginas. Diretores e funcionários de quase trinta arquivos e bibliotecas em seis países, citados nas notas deste livro, permitiram-me o uso das instalações e serviços dessas instituições, e muitos deles ofereceram-me hospitalidade e amizade muito além das responsabilidades normais de suas funções.

Alguns amigos e colegas de profissão dedicaram seu tempo e conhecimentos à revisão de capítulos do livro, oferecendo sugestões e, muitas vezes, críticas francas e sem receios. Na ocasião, tal franqueza nem sempre foi devidamente apreciada; contudo, vejo agora o quanto ela contribuiu para melhorar o resultado final. Quero mencionar aqui, particularmente, os que assumiram essa tarefa mais de uma vez. Dauril Alden, Stanley Engerman, Eugene Genovese, Richard Graham e Herbert Klein concederam-me seu conhecimento e seu tempo. Os padres Charles Ronan e Matias Kieman e o professor Manoel Cardoso fizeram a gentileza de responder às minhas questões sobre o catolicismo. Meus colegas da Universidade de Minnesota, Russell Menard e Robert McCaa, prestaram-me especial auxílio quanto aos aspectos demográficos do manuscrito e suportaram minhas incessantes perguntas com paciência e boa vontade. Ward Barrett compartilhou comigo seu conhecimento sobre a história do açúcar. O antropólogo Stephen Gudeman colaborou em um projeto envolvendo compadrio entre escravos, projeto esse do qual alguns resultados aparecem nestas páginas. Vários estudantes contribuíram, no Brasil e em Minnesota, auxiliando quer nas pesquisas arquivistas quer nos aspectos do projeto que envolviam o uso de computador. João Reis, Lowell Gudmundson, Patricia Aufderheide, Robert Ferry, Rosa Maria Peterson e Steve Burmeister, em várias ocasiões e de diversas maneiras, deram sua contribuição para a conclusão do livro.

No Brasil, conversas com Fernando Novais, Antônio Barros de Castro, José Antonio Gonsalves de Mello, Katia M. de Queirós Mattoso, Luiz Henrique Dias Tavares, Neusa Esteves, José Gabriel Costa Pinto e José Honório Rodrigues ampliaram minha visão sobre seu país e por vezes conduziram-me a importante material de pesquisa. Jamais esquecerei a gentileza do falecido sr. Luiz Tavares, que me levou para ver um engenho em funcionamento e guiou-me por estradas remotas do sul do Recôncavo, ou a do agrônomo João Francisco Costa Pinto, cujo jipe transportou-me a canaviais e cidades baianas, e que caminhou comigo por três quilômetros de mangue para visitar as ruínas do Engenho Sergipe. Fui adotado em

Cachoeira por duas crianças, Luiz Carlos e "Gaivota", as quais esperavam do lado de fora da Prefeitura pelo "professor" que dividia o almoço com elas e, em troca, repartiam comigo uma sabedoria muito superior à sua idade. Essas crianças, e outras como elas no Brasil, cujos nomes nunca soube, ensinaram-me muitas coisas que jamais teria aprendido exclusivamente com o estudo.

Ao longo dos anos, tive a felicidade de receber apoio financeiro de várias instituições, para pesquisar e redigir diversos aspectos deste livro. Devo mencionar primeiramente a Universidade de Minnesota, que forneceu verbas para pesquisas e viagens através de seu Departamento de Programas Internacionais e de seu curso de doutoramento. Além disso, recebi verbas para pesquisa do American Council of Learned Societies (1974-5) e da John Simon Guggenheim Memorial Foundation (1979-80). A Universidade da Califórnia, em Los Angeles, propiciou-me excelentes recursos e hospitalidade quando, como acadêmico residente, comecei a escrever o livro em 1975. O Programa de História Quantitativa e Social da Newberry Library permitiu-me dar início, em 1974, à obtenção de conhecimentos sobre os métodos da "nova" história social. Acima de tudo, porém, desejo expressar minha gratidão e débito para com o Institute for Advanced Study em Princeton, onde, como membro em 1982-3, passei um dos mais estimulantes anos de minha vida acadêmica.

Na preparação final do livro, Suzanne Cave e Peg van Sandt encarregaram-se da tarefa de datilografar o manuscrito em seus vários avatares, e toleraram sem protestos minhas revisões e alterações. Frank Smith, editor da Cambridge University Press, incentivou-me, deu sugestões e ajudou a preparar o livro para publicação em sua presente forma.

Como estratégia para escrever um projeto que abrange quase trezentos anos do desenvolvimento de uma sociedade, decidi publicar artigos pormenorizados sobre certos aspectos do estudo, como forma de identificar e responder a alguns dos temas e questões mais interessantes. Em diversos pontos deste livro encontram-se resumos das conclusões de artigos publicados previamente, os quais são citados nas notas. O leitor deve estar ciente, porém, que incorporei material novo a alguns deles, e há casos em que as conclusões foram mudadas. Dois capítulos são versões modificadas de artigos originalmente publicados na *American Historical Review* (Indian Labor and New World plantations: European demands and Indian responses in Northeastern Brazil. *American Historical Review*, 83(1): 43-79, fev. 1978; Patterns of slaveholding in the Americas: new evidence from Brazil. *American Historical Review*, 87(1): 55-86, fev. 1982). Agradeço ao editor dessa publicação pela permissão de reimprimir partes desses artigos.

Abreviaturas

ARQUIVOS

ACMS: Arquivo da Cúria Metropolitana de Salvador
ACS: Arquivo da Câmara Municipal de Salvador
ADB / CSB: Arquivo Distrital de Braga / Coleção São Bento
AGS: Archivo General de Simancas
AHNM: Archivo Histórico Nacional de Madrid
AHU: Arquivo Histórico Ultramarino (Lisboa)
ANRJ: Arquivo Nacional do Rio de Janeiro
ANTT: Arquivo Nacional da Torre do Tombo (Lisboa)
APB: Arquivo Público do Estado da Bahia (Salvador)
APMC: Arquivo da Prefeitura Municipal da Cachoeira
ARSI: Archivum Romanum Societatis Iesu (Roma)
ASCMB: Arquivo da Santa Casa da Misericórdia da Bahia
BA: Bibioteca da Ajuda (Lisboa)
BGUC: Biblioteca Geral da Universidade de Coimbra
BI: Biblioteca do Itamaraty (Rio de Janeiro)
BM: British Museum (Londres)
BNL: Biblioteca Nacional de Lisboa
BNM: Biblioteca Nacional de Madrid
BNRJ: Biblioteca Nacional do Rio de Janeiro
CEB: Centro de Estudos Brasileiros (Universidade de São Paulo)
IGHBA: Instituto Geográfico e Histórico da Bahia
IHGAP: Instituto Histórico, Geográfico e Arqueológico de Pernambuco (Recife)
IHGB: Instituto Histórico e Geográfico Brasileiro (Rio de Janeiro)

LC/Port. Mss.: Library of Congress/Portuguese Manuscripts
MHN/CWP: Museu Histórico Nacional (Rio de Janeiro)/Coleção Wanderley Pinho
NC/GC: Newberry Library (Chicago)/Greenlee Collection
PRO: Public Record Office (Londres)
SGL: Sociedade de Geografia de Lisboa
StL/VFL: Saint Louis University/Vatican Film Library

COLEÇÕES

Bras. : Brasília
Con. Ultra.: Conselho Ultramarino
Corp. cron.: Corpo cronológico
CSJ: Cartório dos Jesuítas
Ord. reg.: Ordens régias
pap. avul.: papéis avulsos
Pres. da Prov.: Presidência da província
sec. jud.: seção judiciária
sec. prov.: secretarias provinciais

TRABALHOS IMPRESSOS E PERIÓDICOS

AAPB: *Anais do Arquivo Público do Estado da Bahia*
ABNR: *Anais da Biblioteca Nacional do Rio de Janeiro*
ACB: *Atas da Câmara. Documentos históricos do Arquivo Municipal*. 6 v. Salvador, 1944-5?
ACCBTSGB: *Anais do Congresso Comemorativo do Bicentenário da Transferência da Sede do Governo do Brasil*. 4 v. Rio de Janeiro, 1963
AH: *Anais da História*. Assis, São Paulo
AHR: *American Historical Review*
AMP: *Anais do Museu Paulista*
CHLA: *Cambridge History of Latin America*. Ed. Leslie Bethell; 2 v. até o presente. Cambridge, 1984-
Col. chron.: *Collecção chronologica da legislação portuguesa*. Org. José Justino de Andrade e Silva. 10 v. Lisboa, 1854-9
CPSNWS: *Comparative Perspectives on Slavery in New World Plantation Societies*. Ed. Vera Rubin e Arthur Tuden. Nova York, 1977
CSPSS: *Calendar of State Papers, Spain*
DH: *Documentos Históricos*. Biblioteca Nacional do Rio de Janeiro. 1928-
DHA: *Documentos para a história do açúcar*. 3 v. Rio de Janeiro, 1954-63
DUP: *Documentação ultramarina portuguesa*. 7 v. Lisboa, 1960-75
EHR: *Economic History Review*
EXEH: *Explorations in Economic History*
HAHR: *Hispanic American Historical Review*
HCJB: *História da Companhia de Jesus no Brasil*. Serafim Leite. 10 v. Lisboa, 1938-50
HCPB: *História da colonização portuguesa do Brasil*. Org. Carlos Malheiro Dias. 3 v. Porto, 1924-6
HGB: *História geral do Brasil*. Francisco Adolfo de Varnhagen. 5 v. em 3 tomos. 7ª ed. completa. São Pauto, 1962

HR/RH: *Historical Reflections/Réflexions Historiques*

JGSWGLA: *Jahrbüch für Geschichte von Staat, Wirtschaft und Gesellschaft Lateinamerikas*. Berlim

JIH: *Journal of Interdisciplinary History*

JSH: *Journal of Social History*

LBR: *Luso-Brazilian Review*

MAN: *Mensário do Arquivo Nacional*. Rio de Janeiro

MB: *Monumenta Brasiliae*. Org. Serafim Leite. 5 v. Roma, 1956-60

NCMH: *New Cambridge Modern History*. 14 v. Cambridge, 1957-79

PVCB: *Primeira visitação do Santo Ofício às partes do Brasil. Confissões: Bahia, 1591-2*. Org. João Capistrano de Abreu. Rio de Janeiro, 1935

RH: *Revista de História*. São Paulo

RIAHGP: *Revista do Instituto Arqueológico, Histórico e Geográfico de Pernambuco*

RIEB: *Revista do Instituto de Estudos Brasileiros*

RIHGB: *Revista do Instituto Histórico e Geográfico Brasileiro*

WMQ: *William and Mary Quarterly*

Pesos e medidas

PESO

arroba: 14,7 quilogramas

MEDIDAS DE CAPACIDADE PARA SECOS

alqueire: 36,3 quilogramas

moio: 2178 quilogramas (medida equivalente a 60 alqueires)

sírio: medida que, na Bahia, variava de 1,75 a 2 alqueires

COMPRIMENTO E ÁREA

braça: 2,20 metros

légua: entre 5555 e 6000 metros

palmo: 0,22 metro

pé: 0,33 metro

tarefa: na Bahia, 30 braças quadradas, ou 4352 metros quadrados

vara: 1,10 metro

É sempre a relação direta dos donos das condições de produção com os produtores diretos — relação que sempre corresponde naturalmente a um estágio definido do desenvolvimento dos métodos de trabalho e, assim, da produtividade social — que revela o segredo mais íntimo, a base oculta de toda a estrutura social e, com ele, a forma política da relação de soberania e dependência; em suma, a correspondente forma específica de Estado. Isso não impede que a mesma base econômica — do ponto de vista de suas principais condições —, devido a inúmeras circunstâncias empíricas diferentes, meio ambiente, relações raciais, influências históricas externas etc., apresente infinitas variações e gradações de aspecto, o que pode ser avaliado tão somente através da análise das circunstâncias conhecidas empiricamente.

Karl Marx, *O Capital*

PARTE I

Formações, 1500-1600

1. A grande lavoura açucareira: do Velho para o Novo Mundo

> [...] *extraordinárias canas, que os habitantes chamam cana de mel, pela doçura de sua seiva. O caldo dessas canas, quando cozido com cuidado até o ponto certo, converte-se em uma espécie de mel; se, por outro lado, passar por um cozimento mais completo e perfeito, condensa-se e torna-se a substância do açúcar.*
>
> Hugo Falcandus (Sicília, *circa* 1170)

A produção do açúcar e as origens das economias coloniais americanas estiveram intimamente ligadas. O cultivo da cana-de-açúcar vinha se deslocando em direção ao oeste por séculos antes de ser introduzido no Novo Mundo pelos portugueses e espanhóis, e sua chegada às Antilhas e ao Brasil foi uma extensão lógica do longo processo histórico.[1] Originária das baixadas de Bengala ou do Sudeste Asiático, a manufatura do açúcar de cana alcançou a Pérsia e dali foi levada pelos conquistadores árabes à costa oriental do Mediterrâneo. Nos reinos estabelecidos pelos cruzados na Palestina, nos séculos XII e XIII, surgiram propriedades notavelmente semelhantes às grandes lavouras que depois existiriam nas Américas, dedicadas ao cultivo da cana-de-açúcar. Por volta do século XIV, Chipre tornara-se importante produtor. No litoral sul dessa ilha, as propriedades açucareiras eram criadas e exploradas pelos frades hospitaleiros e por famílias catalãs e venezianas. Escravos sírios e árabes trabalhavam os campos, ao lado de camponeses locais. Entretanto, tal como havia substituído o Levante como principal fornecedor para o mercado europeu, Chipre foi, por sua vez, eclipsado por um novo rival a oeste.[2]

Assim como em Chipre, em Creta e no norte da África, o açúcar foi introduzido na Sicília com o avanço dos muçulmanos para o ocidente. A cultura floresceu nessa ilha, especialmente na região ao redor de Palermo, mesmo após a invasão normanda no século XII.[3] Os poucos indícios remanescentes da organização interna da economia açucareira siciliana apontam para o conhecido padrão de trabalho escravo ou forçado, propriedades relativamente extensas e comércio de longo alcance bem desenvolvido. Os historiadores, particularmente Noel Deerr e Edmund von Lippmann, os dois grandes estudiosos do açúcar, acreditavam que por volta de 1499 um novo tipo de moenda havia sido introduzido na Sicília; contudo, dados recentes indicam que estavam enganados. Não obstante, onde quer que tal inovação tenha surgido, ela foi importante.[4]

Tradicionalmente, a moenda consistia em uma grande pedra circular que era rolada sobre pedaços de cana cortada. No século XV, em algum lugar na região do Mediterrâneo ou nas ilhas atlânticas, adotou-se uma nova forma de prensa, composta por cilindros engrenados entre si, de modo a poder passar-se a cana no meio. Movida por bois, água ou força humana, essa máquina podia extrair uma proporção maior do suco de cana, além de eliminar a necessidade de cortá-la em pedaços.[5] Dessa forma, não apenas se reduzia o tempo e o trabalho necessários para preparar a cana, mas também se aumentava perceptivelmente a capacidade da moenda. Os pesados cilindros horizontais criavam certas dificuldades, pois todo o peso incidia sobre o cilindro de baixo, e era preciso muita força para impulsionar o mecanismo. Ainda assim, a ideia da moenda de cilindros representou um grande avanço, e nos trezentos anos seguintes não houve inovação que igualasse seu impacto sobre o fabrico do açúcar, exceto talvez a introdução da moenda de três tambores verticais no século XVII. Com essa tecnologia e a organização da produção desenvolvidas no Mediterrâneo oriental, as lavouras canavieiras americanas apenas constituíram outro capítulo no deslocamento do açúcar para o oeste. A inovação no Brasil e nas Antilhas foi a ampliação de escala, tanto das unidades produtivas individuais quanto da indústria como um todo. No entanto, entre a Sicília e o úmido litoral brasileiro, um outro capítulo — de fato um capítulo crucial — estava ainda por ser escrito nas ilhas atlânticas dominadas por Portugal e Espanha.

A cana-de-açúcar vinha sendo cultivada na península ibérica desde o tempo da conquista dos mouros, e já em 1300 vendia-se em Bruges o açúcar da muçulmana Málaga. No século XV, as várzeas irrigadas de Valência e do Algarve comerciavam o açúcar para o sul da Alemanha, os Países Baixos e a Inglaterra.[6] Embora haja alguma dúvida acerca da precedência da Sicília no uso da moenda de cilindros, é bastante evidente que os portugueses encaravam aquela ilha como um modelo a ser seguido. Na década de 1420, o infante dom Henrique mandou trazer de lá mudas de cana-de-açúcar e provavelmente também peritos na técnica do fabrico do açúcar. Portugueses e espanhóis dependiam do Mediterrâneo oriental não só com relação aos modelos técnicos e organizacionais, mas também ao capital e à experiência comercial.

Charles Verlinden e outros autores enfatizaram o papel fundamental dos italianos, especialmente os genoveses, na introdução e comercialização do açúcar em Portugal. Em 1404, Giovanni della Palma obteve concessão real para construir um engenho de açúcar no Algarve, e naquele mesmo século uma próspera indústria produzia excedentes suficientes para permitir aos mercadores genoveses praticarem um ativo comércio com a Itália e o norte da Europa. Comerciantes e capitalistas genoveses, com sólidas bases em Castela e Portugal, não tardaram a explorar novas áreas de investimento com a expansão das atividades europeias nas ilhas do Atlântico. Em certo sentido, os italianos constituíram-se no elo humano de uma corrente que transferiu as técnicas, a administração das propriedades e a organização comercial da produção açucareira do leste para o oeste do Mediterrâneo e, a seguir, além das Colunas de Hércules para a bacia atlântica. Eles forneceram o açúcar e, em certa medida, criaram o gosto pelo produto na Europa ocidental, cuja demanda acabaria por ser satisfeita pelas Américas. É certo que no século XV o açúcar permaneceu como especiaria, utilizado principalmente como remédio ou condimento exótico; porém livros de receitas do século XVI indicam que o produto já estava ganhando lugar na dieta da aristocracia europeia.[7]

EXPANSÃO: ESCRAVIDÃO E COMÉRCIO

A introdução do açúcar no sul da península ibérica estimulou o ressurgimento de uma instituição que já se integrara à vida cotidiana na região. A escravidão não era naturalmente peculiar aos países ibéricos. Após a queda do Império Romano do Ocidente, por toda a Europa medieval persistiram várias formas de escravidão, entretanto elas foram substituídas por outros tipos de servidão ou trabalho forçado em grande parte do continente por volta do século XIII. Foi principalmente nas áreas limítrofes, onde os europeus entraram em contato com povos cultural e muitas vezes etnicamente distintos que a instituição da escravidão continuou a ter certa importância. Nas regiões do mar Negro, mar Cáspio, Mediterrâneo oriental e península ibérica, à fronteira militar sobrepôs-se uma outra, de natureza cultural e étnica, e foi exatamente nessas áreas que a escravidão continuou como instituição viável.[8]

A guerra intermitente, porém contínua, entre muçulmanos e cristãos na península ibérica criava prisioneiros e cativos para ambos os lados e, com isso, era uma fonte constante de escravos. No reino central de Castela, esse contato prosseguiu até a queda de Granada em 1492; entretanto, já antes a reconquista dos reinos cristãos do litoral leste e oeste da península havia interrompido efetivamente fontes tradicionais de escravos. A partir do final do século XIII, Aragão-Catalunha e Portugal passaram a depender de outros fornecedores. Os aragoneses recorreram às suas tradicionais áreas de comércio no Mediterrâneo oriental, trazendo servos e trabalhadores da região do Cáspio e do Levante. Em Portugal, a instituição da escravidão "vegetou" durante um século. Um diminuto fluxo de escravos mouros e africanos muçulmanos continuou a vir da África setentrional, especialmente após a conquista de Ceuta pelos portugueses em 1415; contudo, foi apenas na década de 1440 que a escravidão começou a produzir seu impacto sobre a economia de Portugal.

A expansão portuguesa pela costa ocidental da África à procura de ouro e especiarias acabou por originar um tráfico de escravos africanos. A primeira remessa de cativos da África chegou a Lisboa em 1441, e em três anos formou-se uma companhia no Algarve para explorar esse comércio. Por volta de 1448, mais de mil africanos haviam sido levados a Portugal, e o nível dessa importação cresceu durante todo o século, atingindo provavelmente a média anual de oitocentos a novecentos cativos.[9] A Coroa criou em Lisboa um estabelecimento especial — a Casa dos Escravos — exclusivamente para operar o tráfico, porém Lisboa não era o único ponto de entrada. Entre 1490 e 1496, Lagos, no Algarve, recebeu mais de setecentos escravos africanos, número equivalente a um décimo da população local. O impacto econômico e demográfico desse comércio foi enorme. Por volta de 1551, somente em Lisboa havia 9950 escravos em uma população total de 100 mil habitantes, sem mencionar os cativos existentes no resto do país ou os libertos vivendo em Lisboa e em outros locais. Nessa época funcionavam em Lisboa e Lagos irmandades religiosas negras, e os escravos haviam se tornado parte integrante da estrutura social portuguesa.[10]

Até o século XV, a escravidão em Portugal foi primordialmente uma forma de servidão associada a trabalhos domésticos e ocupações urbanas. Essa tradição pode ser remontada à era da Lusitânia romana, abrandada naturalmente por influência do pensamento cristão posterior. O lugar dos escravos na sociedade, sua posição perante a lei, seu acesso à liberdade e mesmo os termos usados para descrevê-los — tudo isso originou-se de uma base de precedentes romanos e situações urbano-domésticas. No século XV, a conjunção de uma nova fonte de escravos na África ocidental e uma nova demanda de cativos nos canaviais que floresciam no Algarve e, mais tarde, na ilha da Madeira alteraram a natureza da escravidão em Portugal. A tradição urbano-doméstica permaneceu, mas a ela se juntou uma forma mais exigente de utilização de mão de obra, associada à grande propriedade açucareira, unidade produtiva básica no capitalismo comercial que caracterizou a economia europeia em expansão. Significativamente, a escravidão na indústria açucareira associou-se quase apenas aos africanos. As duas tradições, ou antes, tendências, da escravidão ibérica coexistiram e interagiram, acabando por fundir-se, no final do século XV, em uma única instituição repleta de contradições provocadas pela persistência da forma anterior em meio à demanda por aquela surgida posteriormente.

Figura 1. Produção de açúcar no século XVI. Esta imagem, apesar de baseada em relatos das Antilhas, provavelmente retrata práticas mediterrâneas. Observe-se o uso da mó, em vez da moenda de cilindros.

Contudo, foi nas ilhas do Atlântico, e não na península ibérica, que as anomalias e os ajustamentos da escravidão, já presentes nas lavouras canavieiras ibéricas, tornaram-se mais salientes, embora deva ser ressaltado que a união da escravidão negra com a cana-de-açúcar teve sua origem na Europa.

A transferência do cultivo do açúcar da península ibérica para as ilhas do Atlântico foi um processo natural que acompanhou a expansão marítima de Castela e Portugal no século xv. Sem quaisquer surpresas, as técnicas mediterrâneas de fabrico do açúcar e os padrões comerciais para a distribuição do produto restabeleceram-se nessa nova área de atividade europeia (ver Figura 1). Por volta de 1498, comerciantes genoveses e portugueses vendiam açúcar da ilha da Madeira não só em Portugal, mas até em Constantinopla, a leste, e na Inglaterra, ao norte.[11] Juntamente com a extensão desses métodos comerciais e técnicos tradicionais, os ibéricos também transferiram para as ilhas atlânticas o emprego de trabalho forçado ou escravo como característica lógica, e na verdade necessária, da indústria açucareira. Uma força de trabalho controlada e, em geral, etnicamente distinta, associada ao cultivo da cana-de-açúcar, havia surgido na etapa mediterrânea da história desse produto; porém, foi nas ilhas atlânticas que essa forma de organização do trabalho como base de um produto altamente capitalizado e comercializado cristalizou-se no sistema que se transformou no complexo da grande lavoura.

A EXPERIÊNCIA ANTERIOR NAS ILHAS ATLÂNTICAS

Durante os séculos XV e XVI quase todas as ilhas do Atlântico exportaram açúcar para os mercados europeus; mesmo atualmente, a maioria delas produz pequenas quantidades para consumo local. Açores, Canárias, Cabo Verde, São Tomé e Madeira passaram, todas, por períodos de intensa atividade da indústria açucareira, em maior ou menor grau ao longo daqueles séculos. Nos Açores, desabitados quando os portugueses começaram sua colonização em 1439, o açúcar foi rapidamente introduzido, e as ilhas, em especial São Miguel, exportaram pequenas quantidades ainda no século XV. Situando-se no Atlântico Norte, aproximadamente entre 37° e 40° de latitude norte, os Açores possuem um clima variável, não particularmente adequado ao cultivo da cana. Os agricultores açorianos em pouco tempo descobriram que o trigo, para o qual havia sempre demanda em Portugal, proporcionava uma base econômica mais apropriada e segura. Essa cultura, juntamente com o pastel-dos-tintureiros (material corante) e o vinho, tornou-se um dos esteios da economia açoriana.[12]

Na ilha da Madeira, a situação foi bastante diferente. A colonização portuguesa dessa ilha desabitada começou efetivamente sob os auspícios do infante dom Henrique em 1425. Durante os quarenta anos seguintes, dois sistemas agrícolas paralelos competiram pela predominância na economia da ilha. O cultivo tradicional do trigo atraiu um número considerável de modestos camponeses portugueses para a ilha, pois a oportunidade de ser proprietário da terra estimulava a colonização. Simultaneamente, o cultivo de cana-de-açúcar, iniciado e até certo ponto incentivado por mercadores e agentes comerciais genoveses e judeus, competia pelas terras disponíveis. Era, de certa forma, uma luta entre a lavoura dos homens livres, o trigo, e a dos escravos, o açúcar. O produto comercializado em grande escala e mais lucrativo acabou por ganhar o controle econômico na Madeira.[13] A ilha passou a importar o cereal e a exportar açúcar. Em 1460, a Coroa tentou, sem sucesso, estabelecer praticamente um monopólio da produção do açúcar, tendo de contentar-se com as receitas geradas por impostos sobre o produto.[14] No final do século XV, a ilha da Madeira tornou-se o maior monocultor de açúcar do Ocidente.

A agricultura em terras madeirenses era tarefa árdua. Na falta de grandes extensões de campos apropriados e facilmente cultiváveis, os portugueses construíram uma série de terraços montanhosos, que dependiam da água trazida de elevações localizadas em altura superior.[15] Usando em parte escravos guanchos comprados no arquipélago das Canárias, situado nas proximidades, os portugueses construíram um complexo sistema de pequenas faixas agrícolas irrigadas. Isso não só possibilitou a produção do açúcar, mas também a tornou altamente bem-sucedida. Desde o início, os italianos, em especial genoveses, participaram do empreendimento madeirense, sendo provavelmente os responsáveis pela introdução do açúcar na ilha. A princípio, a produção foi limitada pelo uso de prensas manuais (alçapremas), mas uma alteração fundamental ocorreu em 1452, quando Diogo de Teive foi autorizado a construir um engenho movido a água, cuja capacidade produtiva era muito maior.[16] Em 1456 podia-se comprar no mercado londrino o açúcar da ilha da Madeira. A partir daí, a expansão foi rápida. No início da década de 1470 a ilha produziu cerca de 20 mil arrobas, e na primeira década do século XVI a quantidade elevou-se para mais de 177 mil arrobas de açúcar branco e 230 mil arrobas quando se incluíam o mascavado e outras qualidades inferiores. Esse foi o zênite da produção madeirense, e a produção anual posterior nunca superou os níveis atingidos na primeira década do século.[17] O declínio da atividade açucareira na ilha foi tão súbito quanto sua ascensão, e na década de 1530 a produção retornou aos mesmos níveis do século XV. Atribui-se essa decadência tanto a causas locais, como exaustão do solo, colheitas deficientes e problemas com mão de obra, quanto a dificuldades ocasionadas pelos aspectos comerciais internacionais da agricultura açucareira.[18] A entrada no mercado europeu de concorrentes — São Tomé e depois o Brasil — também contribuiu para o declínio da indústria açucareira madeirense. Em 1613, os recursos da ilha da Madeira haviam decaído tanto que agricultores de cana-de-açúcar da região procuraram importar açúcar brasileiro, como única maneira de atrair compradores para o produto local.[19]

Esses dados sobre a produção parecem indicar também que os engenhos na ilha da Madeira, considerados individualmente, eram pequenos em comparação com os que mais tarde existiriam no Brasil. Em 1493, os oitenta engenhos da ilha produziram cerca de 100 mil arrobas, ou seja, uma média de dezoito toneladas por engenho.[20] O maior deles na década de 1590, de propriedade do genovês João Esmeraldo, explorava a mão de obra de oitenta escravos, de ambos os sexos, incluindo africanos, mulatos e guanchos (habitantes das ilhas Canárias).[21] Os guanchos, na verdade, compuseram grande parte da força de trabalho madeirense durante o século XV, até que a Coroa, em 1490 e em 1505, estabeleceu uma legislação que refreou a utilização contínua dessa mão de obra.[22] No final do século XVI, ainda havia guanchos (ou seus descendentes) trabalhando nos canaviais da ilha, juntamente com africanos trazidos depois. Contudo, os engenhos madeirenses pareciam pequenos porque, pelos padrões vigentes nessa mesma época no Brasil, oitenta escravos caracterizariam um engenho de tamanho apenas médio.

A reconstituição da história da produção e dos preços do açúcar na Madeira fornece um excelente quadro da ascensão e do declínio dessa cultura e de sua importância na economia da ilha. Não se tem tanta sorte quando se trata de conhecer a organização interna da economia açucareira madeirense durante seu período de prosperidade. Por esse motivo, é de especial importância o *Livro do almoxarifado das partes de Funchal (1494)*, que relaciona os impostos dos agricultores de cana-de-açúcar da capitania de Funchal e o tamanho de suas propriedades. Essa obra permite vislumbrar o funcionamento da economia açucareira e, usando-a juntamente com outras fontes, permite-nos esboçar algumas conclusões sobre a economia agrícola da Madeira.

O *Livro do almoxarifado* relaciona 221 plantadores de cana na capitania de Funchal, cujas propriedades, em conjunto, eram capazes de produzir mais de 80 mil arrobas. Como Funchal respondia por três quartos do açúcar madeirense, a produção total da ilha, nessa época, deve ter sido em torno de 100 mil arrobas. Embora mencionem-se apenas dezesseis engenhos no *Livro do almoxarifado*, outras fontes indicam que talvez houvesse cerca de oitenta na ilha naquele período. Tais números sugerem que muitos plantadores não beneficiavam a cana que cultivavam, dependendo de um engenho nas proximidades para essa tarefa. Portanto, a indústria açucareira da ilha consistia de um grande número de pequenos e médios lavradores de cana além de uma pequena proporção de proprietários de engenho, alguns bastante opulentos, outros nem tanto.

Quem eram esses pequenos e médios produtores de açúcar, e como operavam? Alguns possuíam foro de nobreza, porém a maioria tinha antecedentes em ocupações artesanais ou em funções administrativas secundárias. Ser dono de um canavial parece ter sido um empreendimento atrativo para homens cuja preparação profissional — e talvez cujos interesses — residiam em outras atividades. O parentesco teve um papel importante no desenvolvimento do setor açucareiro, o que não é de surpreender; a lista constante do livro refere-se com frequência a laços de sangue ou de casamentos entre produtores. Também fica evidente que a grande maioria dos homens e mulheres arrolados têm nomes portugueses. Flamengos e italianos apareciam em pequeno número entre os produtores, mas concentravam suas atividades na comercialização do produto — situação que os tornava abjetos aos olhos dos portugueses.[23]

Os editores do *Livro do almoxarifado* salientaram, judiciosamente, que a obra indica a existência da pequena propriedade no seio da economia agrícola madeirense. Todavia, erraram ao contrastar essa situação com a história subsequente do Nordeste, dominado, segundo acreditavam, com base em Gilberto Freyre, por uns poucos engenhos "industriais".[24] Como veremos, o sistema de poucos engenhos e um grande número de plantadores de cana, ambos dependentes de mão de obra forçada, não só ficou patente através dos registros históricos da ilha da Madeira e das Canárias, mas também foi precisamente a forma de produção introduzida no Nordeste no século XVI. Tratava-se de uma resposta racional da sociedade e da economia a uma situação de terras relativamente baratas e capital escasso.

Os espanhóis interessaram-se tanto quanto os portugueses em tornar lucrativos os seus domínios no Atlântico. As ilhas Canárias haviam passado para o controle de Castela pelo tratado de 1479 firmado com Portugal, embora a presença castelhana no arquipélago datasse do início do século. Nos primórdios da época quinhentista, representantes da ilha de Tenerife escreveram que "as propriedades açucareiras são o que a ilha tem de mais importante [*lo principal de la isla*]".[25] Como não dispunham de água e madeira em abundância como os madeirenses, os colonos de Tenerife e da Grande Canária instalaram os engenhos no litoral úmido. A indústria açucareira criou raízes, e por todo o século XVI as Canárias exportaram açúcar para a Europa, mantendo sua posição na concorrência com as Antilhas espanholas até o século XVII.[26] Assim como a Madeira, as Canárias acabaram por substituir a produção do açúcar pela do vinho ao defrontarem-se com os fortes concorrentes do Novo Mundo.

Em 1526, o inglês Thomas Nichols, ao visitar as Canárias, descreveu o processo de fabrico do açúcar que observara nas ilhas.[27] As técnicas que retratou pouco diferem das que haviam sido empregadas anteriormente na Madeira ou das que seriam usadas mais tarde no Brasil. Um engenho de bom tamanho nas Canárias podia produzir em torno de cinquenta toneladas de açúcar por ano. Na Grande Canária havia cerca de vinte engenhos no auge do boom açucareiro, e a produção máxima anual foi de cerca de mil toneladas (70 mil arrobas). A concorrência com as Américas gradualmente forçou muitos produtores a abandonar a fabricação do açúcar, e no início do século XVII apenas cinco engenhos permaneciam em atividade.[28]

Essa familiar história de ascensão seguida por declínio acarretado por novos concorrentes situados mais a oeste ocorreu nas Canárias paralelamente à também familiar repetição da estrutura interna da indústria açucareira. Os grandes investimentos de capital necessários para o estabelecimento dos engenhos fizeram-se graças a nobres castelhanos, catalães e, uma vez mais, ativos capitalistas-mercadores genoveses como Mateo Viña e Cristóbal d'Aponte. O açúcar das Canárias chegou aos mercados europeus através de portugueses, catalães, castelhanos e especialmente de casas comerciais genovesas, muitos delas representadas por agentes radicados nas Canárias.[29]

Felizmente, no caso das Canárias ainda resta material suficiente para reconstituir-se a organização interna da economia açucareira. Muitos fenômenos sugeridos pelos registros históricos da ilha da Madeira podem ser seguramente documentados quando se trata do arquipélago espanhol. Os proprietários dos engenhos foram homens que possuíram, ou tomaram emprestado, capital suficiente para realizar o grande desembolso inicial. O testamento de um deles, Cristóbal García del Castillo, registrado na Grande Canária em 1518, relaciona entre seus bens uma moenda movida a água, uma casa de moenda, uma residência, uma casa de fornalhas e caldeiras, um curral, um galpão para lenha, uma senzala e uma residência para trabalhadores pagos. García del Castillo também possuía três parelhas de cavalos (doze animais no total), vinte escravos e duas escravas. Exceto pela escala, tal descrição (inclusive considerando-se a desproporção entre sexos dos cativos) poderia aplicar-se à maioria dos engenhos brasileiros da era colonial.[30]

Os proprietários como García del Castillo dependiam de homens livres, em geral portugueses da ilha da Madeira, para a condução das operações técnicas do engenho. *Cañavereros* dirigiam o plantio e o corte da cana, *espumeiros* supervisionavam o processo de cozimento e *mestres de azúcar* dirigiam e coordenavam todas as operações. Esses empregados recebiam salários e, às vezes, uma porcentagem sobre o açúcar produzido. Como na Madeira, o trabalho era feito por escravos. A princípio os guanchos, nativos da ilha, constituíram a força de trabalho necessária, entretanto no século XVI foram quase completamente substituídos por africanos na Grande Canária. Apenas em Tenerife os guanchos continuaram a fazer parte dos grupos de trabalho formados por cativos.[31] Os colonos da ilha não tardaram a descobrir que a administração da escravaria não era tarefa simples. Até 1513, já havia fugido dos engenhos um número de escravos africanos, mouros e guanchos suficiente para arruinar alguns proprietários e obrigar outros a empregar trabalhadores assalariados.[32] Não obstante, a escravidão permaneceu como forma dominante de organização do trabalho nos engenhos das Canárias.

Comerciantes estrangeiros, abastados senhores de engenho, trabalhadores especializados e uma força de trabalho cativa e etnicamente distinta são, todos eles, elementos identificáveis no cenário que o açúcar edificou por todo o mundo ocidental. Assim como na Madeira, porém muito mais claramente delineada pela documentação disponível, existia nas Canárias ainda outra categoria social. Nem todos os colonos tinham condições de custear o investimento necessário para aparelhar um engenho. Os de menor recurso limitavam-se a plantar a cana-de-açúcar que era posteriormente beneficiada em um engenho vizinho. O relacionamento entre esses *labradores* e os proprietários de engenho era regulamentado por lei.[33] O lavrador deveria dividir igualmente com o dono do engenho o produto da sua cana; porém, se este último também fornecesse transporte ou arcasse com outras despesas, teria direito a todos os subprodutos, por exemplo, o melaço. Cada lavrador firmava seu próprio contrato com o proprietário do engenho, e isso frequentemente se constituía em fonte de tensão entre as partes. Em 1508, o *cabildo* (Câmara Municipal) de Tenerife nomeou funcionários especiais para controlar o beneficiamento nos engenhos da cana dos lavradores, a fim de evitar arbitrariedades por parte dos proprietários.[34] No *Livro do almoxarifado* madeirense há fortes indícios da existência dessa categoria de indivíduos naquela ilha, e os *contratos de molienda* remanescentes das Canárias demonstram inquestionavelmente que tal sistema de organização da produção era usado nos engenhos das ilhas atlânticas. Tal sistema seria de suma importância na história subsequente da economia açucareira no Brasil.

Dessa forma, nas ilhas atlânticas portuguesas e espanholas, a organização comercial, técnica e social de um sistema econômico consubstanciou-se no bem-

-sucedido e facilmente transferível complexo denominado engenho de açúcar. Nas Américas, esse sistema atingiria novos níveis de eficiência e êxito. Entretanto, antes da travessia atlântica, ainda uma última etapa seria cumprida: a expansão da escala de produção por meio da contínua incorporação de grandes contingentes de trabalhadores escravos.

As ilhas de Cabo Verde, distando cerca de quinhentos quilômetros da costa africana, pareceram à primeira vista promissoras para a colonização baseada na lavoura em grande escala. Descobertas e em parte colonizadas na década de 1460 por italianos que navegavam sob bandeira portuguesa, essas ilhas, especialmente a maior delas, Santiago, deram mostra, inicialmente, de seguir os precedentes da Madeira. Uma vez mais, capital genovês foi investido na indústria açucareira, e procurou-se estimular a criação de uma economia de grande lavoura. Fatores históricos e naturais, porém, impediram a concretização desse plano. Em primeiro lugar, os colonos portugueses não estavam dispostos a enfrentar a longa e difícil jornada, a não ser que lhes fossem garantidos apoio e certeza de êxito. A aridez do clima e a imprevisibilidade das chuvas dificultavam a cultura canavieira em grande escala, oferecendo pouca segurança aos colonos em potencial. Ademais, de 1475 a 1479, teve lugar uma guerra não declarada, porém encarniçada, entre portugueses e castelhanos, que não desistiam de afirmar seus direitos sobre os mares da Guiné.[35] Os castelhanos saquearam Santiago em 1476 e aprisionaram a maioria dos habitantes. Tais eventos, aliados ao clima desfavorável, impediram o desenvolvimento de uma cultura comercial em grande escala. Na primeira década do século XVI, Cabo Verde exportou apenas 4 mil arrobas anuais de açúcar. No decorrer desse mesmo século, sua economia foi se tornando cada vez mais dependente de sua estratégica posição como entreposto no tráfico atlântico de escravos. Cabo Verde transformou-se em fornecedora de mantimentos e em escala para os navios negreiros, e a produção de açúcar local passou a ser usada para o fabrico de rum, artigo comercializado na costa africana.

Não foi nas ilhas de Cabo Verde, mas na de São Tomé, que o sistema de grande lavoura do Atlântico assumiu sua forma característica. Os portugueses descobriram a ilha em 1471, mas só começaram a colonizá-la na década seguinte. Entre as quatro principais ilhas do golfo da Guiné, Portugal preferiu concentrar suas atividades em São Tomé e Príncipe e não em Fernando Pó, que embora mais próxima da costa africana, já era habitada por povos daquele continente e possuía clima menos favorável à colonização europeia. Para a desabitada São Tomé, a Coroa portuguesa aparentemente planejava uma colonização nos moldes da Madeira e dos Açores. Entre os primeiros colonos incluiu-se grande número de crianças judias apartadas dos pais e enviadas à ilha, em uma tentativa de conversão religiosa forçada. Contudo o que se formou em São Tomé não foi uma sociedade camponesa europeia como nos Açores; foi, isto sim, o mais próximo equivalente no Velho Mundo a uma economia multirracial de grande lavoura.[36]

A colonização da ilha foi, desde o início, associada ao açúcar. A tradicional carta régia de doação recomendava o plantio de canaviais, e os colonos seguiram à risca a sugestão. Com a vantagem da abundante força hidráulica fornecida pelos vários rios da ilha e empregando peritos madeirenses e genoveses no fabrico do açúcar, a indústria cresceu rapidamente. Em 1529, a Coroa determinou a construção de doze novos engenhos, e na década de 1550 um total de 150 mil arrobas foi produzido anualmente por sessenta engenhos.[37] No princípio do século XVII, o número de engenhos havia dobrado, mas a produção não acompanhara esse ritmo; em 1635, a ilha exportou, provavelmente, menos de 25 mil arrobas.[38] Safras malogradas, superprodução, competição do açúcar de qualidade superior da Madeira e do Brasil, saqueadores europeus e a inquietação interna devido às pilhagens realizadas por escravos fugitivos combinaram-se para provocar um forte declínio na exportação de açúcar da ilha.[39]

No começo do século XVI, São Tomé reuniu a perícia técnica e a organização do complexo açucareiro mediterrâneo e aliou-se a um afluxo constante de mão de obra em escala até então impossível. Nesse processo, a vantagem da ilha residia em sua localização. Ao contrário do que ocorreu com a Madeira e os Açores, a proximidade da costa oeste da África, especialmente das feitorias de São Jorge da Mina e Axim, transformou a ilha em um entreposto do tráfico atlântico de escravos para a Europa e a América. Apenas em um único ano, 1516, foram desembarcados mais de 4 mil cativos nos cercados de escravos da ilha; em 1519, a Coroa estabeleceu regulamentos para o tráfico de cativos com destino a São Tomé.[40] Em 1554, a população residente era composta por cerca de seiscentos brancos, talvez o mesmo número de mulatos e 2 mil escravos que trabalhavam na lavoura. Esses habitantes eram suplantados em número pelos 5 a 6 mil cativos em trânsito mantidos em barracões.[41] O provisionamento de escravos acabou por tornar-se a atividade primordial da economia da ilha, e quando, no século XVII, a indústria açucareira enfrentou tempos difíceis, São Tomé voltou-se decididamente para ela.[42]

Como podiam contar com um fornecimento constante de africanos, os engenhos de São Tomé tiveram condição de empregar a mão de obra escrava em escala até então desconhecida no Atlântico. Ao descrever a ilha em 1554, Valentim Fernandes mencionou engenhos com 150 a 300 cativos. Embora uma propriedade com este último número de escravos fosse uma exceção, ela demonstra até que ponto os fatores de produção do açúcar podiam ser ampliados. Não obstante um autor tenha afirmado que o regime de trabalho nos engenhos de São Tomé assemelhava-se mais à servidão que à escravidão, as condições servis na ilha mostravam-se marcadamente semelhantes às da escravidão nas grandes lavouras das Américas. Os escravos provinham de Benin, Angola e Senegâmbia. O regime de emprego dessa mão de obra aparentemente era de cinco dias de trabalho na semana, sendo os sábados e mais quatro outros dias em cada mês dedicados ao cultivo de mantimentos em suas próprias roças, sistema bastante similar ao adotado na Jamaica no século XVIII. Não é claro se os filhos das escravas nascidos na ilha eram considerados livres ou escravos. Se considerados livres, este seria o único desvio significativo das linhas mestras do regime escravista que se verificou na América tropical.[43]

O uso de grande número de escravos africanos nos engenhos fez de São Tomé um precursor dos desenvolvimentos posteriores no Nordeste brasileiro; contudo essa característica não foi a única a ter precedente na ilha. Na falta de uma população numerosa de europeus, criou-se uma situação que encorajou o crescimento de uma significativa categoria de pessoas livres de cor, os mulatos. Muitas posições vitais na ilha foram ocupadas por esses mestiços. Mulatos e africanos livres muitas vezes fizeram parte das tripulações de navios negreiros que faziam a rota entre a Guiné e São Tomé, e durante o século XVI assumiram cada vez mais outras funções na ilha.[44] Todavia, à medida que sua situação melhorou, passaram a entrar em conflito político com os representantes do rei. A Coroa nunca se mostrou segura quanto ao tratamento dispensado a esses homens. Em 1539, foi dada permissão régia para que mulatos "honrados e casados" pudessem ocupar cargos e posições eminentes na municipalidade.[45] Nesses postos, eles lutaram para proteger os interesses locais contra os programas de governadores muitas vezes corruptos. Essas contendas e insubordinações, por fim, levaram a Coroa em 1620 a enviar mulheres portuguesas sentenciadas para São Tomé e Cabo Verde, para que "se extingam, quanto for possível, as castas de mulatos".[46] Tal política fracassou estrondosamente, e durante os séculos XVII e XVIII as disputas entre os governadores nomeados por Lisboa, a Igreja e os mulatos locais levaram à anarquia política.[47]

Ainda uma outra lição seria dada por São Tomé às colônias de grande lavoura da América. A pequena população europeia, o elevado número de escravos africanos e o terreno propício ofereciam grandes oportunidades para a resistência escrava. As origens dos bandos de fugitivos de São Tomé residem, aparentemente, no grupo de escravos angolanos lançados à ilha devido a um naufrágio em 1544, os quais se refugiaram no interior. Esses angolares atraíam os cativos dos engenhos, e um grande ajuntamento de fugitivos desenvolveu-se no monte Cambumbé (pico do Mocambo), na região densamente povoada ao sul da ilha. Em 1574, os angolares desencadearam uma série de ataques contra os portugueses, queimando canaviais e saqueando para obter comida e armas. Os colonos reagiram com uma série de bem-sucedidas expedições punitivas, mas não conseguiram eliminar os fugitivos. As agressões destes se intensificaram em 1595-6, sob a hábil liderança de um homem de nome Amador, entretanto a captura deste diminuiu as atividades dos fugitivos. Mesmo assim, em 1690, quando a economia açucareira já estava há tempos inativa, os angulares ainda efetuavam ataques esporádicos.[48]

Em São Tomé a história do cultivo de açúcar não só repetiu o Mediterrâneo e o Atlântico, mas também antecipou muitas características que se verificariam no

Caribe e no Brasil. Estiveram presentes em São Tomé as técnicas de produção, a organização interna da indústria açucareira, a transferência de tecnologia de outras regiões produtoras mais antigas e o papel dos estrangeiros, especialmente os genoveses, nas áreas comercial e financeira. Havia, porém, características particulares que distinguiam a ilha e prefiguravam o que estava para ocorrer no Novo Mundo. O clima tropical, o padrão demográfico de pequena proporção de colonos, numerosos escravos negros e uma população significativa de mulatos e, sobretudo, uma oferta aparentemente inesgotável de braços africanos encerravam novas condições materiais e sociais, além de novas possibilidades econômicas. Existiram em São Tomé todos os elementos do sistema capitalista de grande lavoura — um sistema econômico orientado para a produção de uma cultura altamente comercializável e, não obstante, capaz de valer-se de uma forma social arcaica, a escravidão, para fornecer a mão de obra necessária. O sistema de grande lavoura, ou regime dos engenhos, havia amadurecido nas latitudes meridionais, e podia, agora, cruzar o Atlântico com trágica desenvoltura.

OS PRIMÓRDIOS NO BRASIL

A abertura do Novo Mundo à colonização e exploração europeia criou oportunidades novas e aparentemente ilimitadas para a expansão da agricultura de exportação em grande escala, da qual o açúcar era o produto mais racional e provavelmente o mais lucrativo. Colombo, que morara e se casara na ilha da Madeira e trabalhara no comércio açucareiro para uma firma genovesa, levou mudas de cana-de-açúcar para as Antilhas em sua segunda viagem, no ano de 1493.[49] A produção do açúcar sofreu as mesmas vicissitudes da colônia como um todo, e apenas nos primeiros anos do século XVI a atividade açucareira começou a prosperar em São Domingos. O momento decisivo aconteceu quando um médico espanhol montou um engenho e custeou a vinda de técnicos na manufatura do açúcar das ilhas Canárias. Em 1530, aquela ilha já possuía 34 engenhos, número que se manteve constante até a década de 1570, e então declinou.[50] Em Cuba, que no século XIX se tornaria um grande produtor, o desenvolvimento da indústria açucareira foi lento; no século XVII, essa ilha produziu quantidades pequenas, principalmente para consumo local. Porto Rico teve mais sucesso, possuindo engenhos em operação já na década de 1520; entretanto sua exportação de açúcar foi mínima.[51]

Nas Antilhas, o desenvolvimento da indústria açucareira no século XVI foi, de modo geral, tolhido pela constante evasão de recursos humanos e financeiros para o continente, onde a atração do ouro e da prata era muito maior que a do açúcar. Ademais, as restrições comerciais, os pesados impostos, a concorrência de Granada e o catastrófico declínio da população nativa contribuíram para a modéstia dos primeiros passos da atividade açucareira.[52] No Brasil, um conjunto diferente de circunstâncias históricas produziu resultados bastante diversos.

Não se conhece a data exata em que os portugueses introduziram a cana-de-açúcar no Brasil. Entre o descobrimento em 1500 e o estabelecimento das capitanias hereditárias em 1533-4, os interesses econômicos da Coroa e dos particulares estiveram, em sua maioria, voltados para a comercialização do pau-brasil, de alto valor na Europa por suas propriedades corantes. Entretanto, já em 1516 a Casa da Índia (órgão de administração colonial) ordenara a vinda de um técnico na manufatura de açúcar, ao qual deveriam ser fornecidos todo o material e recursos necessários para a construção de um engenho.[53] O cronista espanhol Antonio de Herrera escreveu posteriormente que em 1518 havia um engenho em operação no Brasil; embora alguns historiadores tenham posto em dúvida tal afirmação, há indícios, agora, da existência de açúcar brasileiro no mercado de Antuérpia em 1519.[54] Em 1526, a Alfândega de Lisboa recebeu açúcar do litoral do Nordeste. O capitão português Cristóvão Jacques havia estabelecido em Itamaracá um pequeno engenho que foi, porém, pouco tempo depois, em 1530, destruído pelos franceses. Antes dessa data, a indústria açucareira no Brasil foi insignificante, constituída apenas por alguns engenhos pequenos que produziam pouco e esporadicamente. No máximo algumas caixas por ano chegaram aos portos de Lisboa e Antuérpia; a influência do açúcar brasileiro sobre o declínio da produção madeirense nas primeiras décadas do século XVI não pode ter sido significativa.

Foi nas décadas de 1530 e 1540 que a produção se estabeleceu em bases sólidas no Brasil. A expedição de Martim Afonso de Sousa, enviada ao país em 1532 para livrar a costa dos navios franceses e também com fins colonizadores, trouxe mudas de cana. Entre os colonos havia um perito na manufatura do açúcar, bem como vários portugueses, italianos e flamengos com experiência na atividade açucareira da ilha da Madeira.[55] A vitalidade do mercantilismo português começou a vacilar já durante a realização da missão de Martim Afonso. Em 1533, o rei dom João III deu início ao sistema das capitanias hereditárias. Ele dividiu a costa brasileira em quinze parcelas e doou-as a doze fidalgos portugueses para que as administrassem. A esses capitães-donatários foram outorgados certos direitos e privilégios de autoridade soberana, condicionados à obrigação de colonizar, povoar e desenvolver a economia de seus territórios.[56] O resultado do sistema como um todo foi desapontador. Algumas das capitanias não chegaram a ser colonizadas, e outras sofreram com a negligência dos donatários, as desavenças internas e as guerras dos índios. As poucas regiões que obtiveram um certo êxito devem-no a uma feliz combinação de atividade açucareira e um relacionamento razoavelmente pacífico com as tribos indígenas locais.

Plantou-se cana-de-açúcar, na verdade, em todas as capitanias, de São Vicente, no sul, até Pernambuco, no norte. As mudas foram trazidas da Madeira ou de São Tomé, embora aparentemente alguns donatários tenham-nas obtido em capitanias vizinhas.[57] Construíram-se engenhos em Porto Seguro, Ilhéus e na Bahia. Na Paraíba do Sul, o donatário Pero de Góes, que já havia construído engenhos em São Vicente, ergueu duas pequenas moendas de tração animal e, por fim, instalou um engenho movido a água, utilizando-se de capital português.[58] Vasco Fernandes Coutinho, donatário do Espírito Santo, foi um dos mais ativos, e em 1545 sua capitania já possuía sete moendas e outras três em construção.[59] Porém, como em outras áreas, também no Espírito Santo a hostilidade dos índios e outras dificuldades acabaram por resultar na queima de engenhos e no desenvolvimento esporádico ou descontínuo da indústria açucareira.[60]

Duas capitanias foram exceções desse padrão geral. Em ambos os casos, o ativo interesse dos donatários, o investimento de capital europeu em nível suficiente e a solução dos problemas de relacionamento com os indígenas foram fatores cruciais para o estabelecimento da indústria açucareira. Na capitania de São Vicente, doada a Martim Afonso de Sousa, os contatos iniciais com os aborígines foram pacíficos, graças, em grande medida, ao papel de alguns náufragos portugueses que viveram e se casaram entre os habitantes do litoral e do planalto. Vários engenhos foram construídos nas proximidades da vila de Santos, no litoral.[61] Martim Afonso demonstrou um vivo interesse em estimular a produção de açúcar e foi um dos donos de um grande engenho, originalmente chamado Engenho do Governador. Entre seus sócios havia portugueses e estrangeiros, cujas partes na sociedade foram, por fim, compradas por um alemão, Erasmo Schetz (ou Schecter), que estabeleceu seus negócios e os de sua família em Antuérpia. Esse engenho, depois chamado São Jorge dos Erasmos, foi provavelmente o maior do sul do Brasil.[62] Administraram-no, durante muitos anos, feitores alemães e flamengos enviados de Antuérpia por seus proprietários absenteístas. Em muitos aspectos, a história do Engenho São Jorge dos Erasmos foi semelhante à de alguns dos engenhos maiores da ilha da Madeira, caracterizados por serem basicamente um empreendimento mercantil em terras portuguesas, financiado por comerciantes estrangeiros visando a um mercado europeu mais amplo.

São Vicente não estava destinada a tornar-se uma importante área açucareira durante o período colonial, e somente no século XIX essa região brasileira (atual São Paulo) começou a produzir açúcar em grandes quantidades.[63] Não obstante, até os primeiros anos do século XVII a cana-de-açúcar foi importante na região para a produção de aguardente e especialmente como meio de troca.[64] O padre Luís de Grã relatou, em 1556, que açúcar e ferragens eram usados na capitania no lugar de moeda corrente.[65] Ocasionalmente os navios que aportavam em Santos encontravam algumas caixas de açúcar para transportar, e alguns engenhos, como São Jorge dos Erasmos, continuaram a produzir; entretanto, em meados do século XVI, o centro da atividade açucareira no Brasil foi a costa nordestina.[66]

Pernambuco revelou-se a mais bem-sucedida de todas as capitanias.[67] O donatário, Duarte Coelho, instalou-se com a família e dirigiu pessoalmente o povoamento

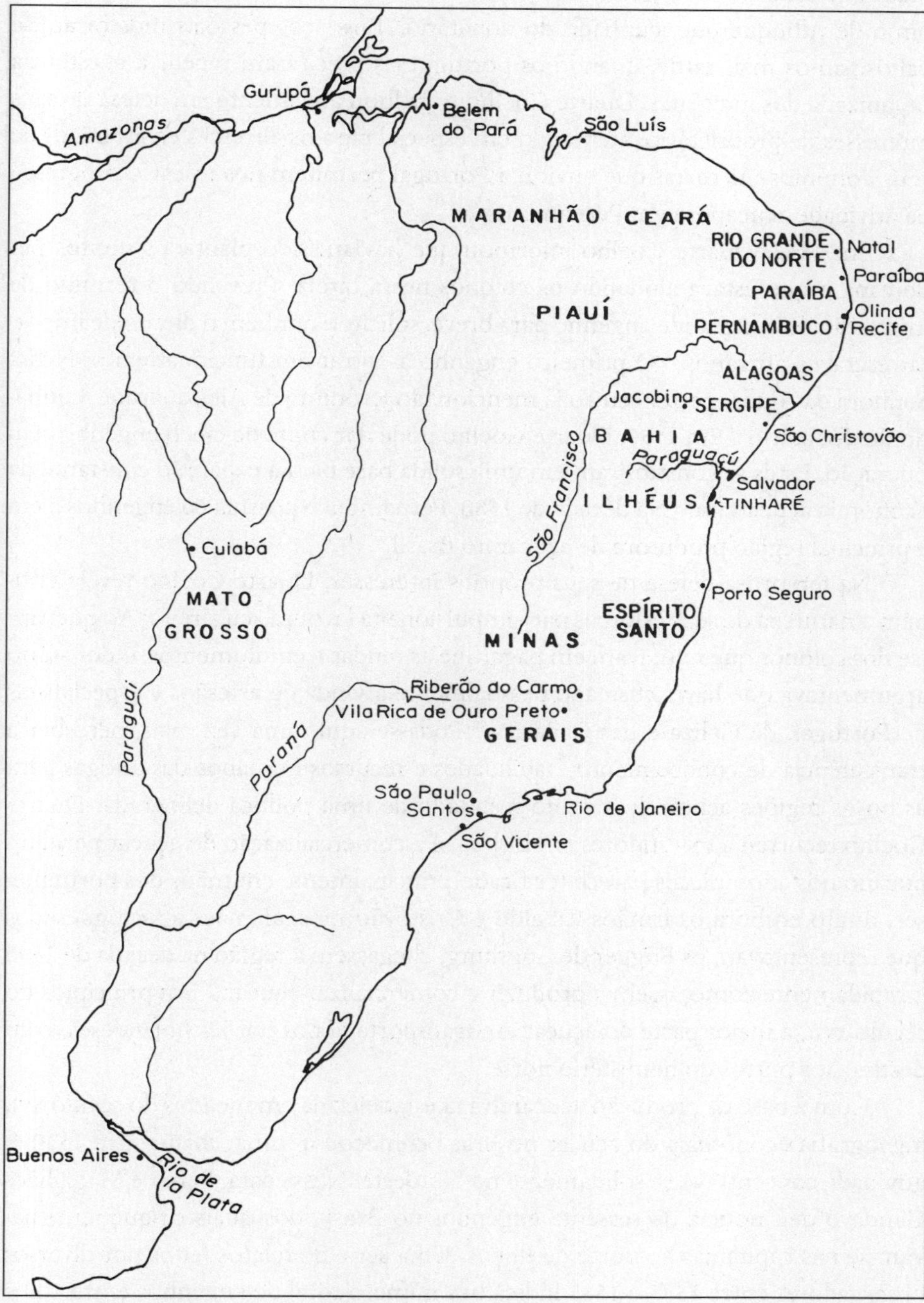

Mapa 1. O Brasil colonial.

e o desenvolvimento da colônia. As relações com os nativos da região foram facilitadas por uma série de uniões entre índias e colonos, entre os quais estava Jerônimo de Albuquerque, cunhado do donatário. Tais laços pessoais mostraram-se valiosíssimos mais tarde, quando os portugueses precisaram repelir a resistência organizada dos indígenas. Duarte Coelho trabalhou ativamente em defesa de seus interesses de proprietário, atentando em especial para os alicerces econômicos de seus domínios. As cartas que enviou a Portugal permitem-nos traçar o progresso da atividade açucareira em Pernambuco.

Em 1542, Duarte Coelho informou que haviam sido plantados muitos pés de cana e que estava ajudando os colonos nessa tarefa. Prevendo o término da instalação de um grande engenho para breve, solicitou também o direito de importar escravos africanos.[68] O primeiro engenho a entrar em funcionamento, Nossa Senhora da Ajuda, pertenceu ao já mencionado Jerônimo de Albuquerque, cunhado do donatário.[69] Em 1550, Duarte Coelho pôde dar conta de cinco engenhos em operação. Estes se constituíram em uma sólida base para a expansão constante da economia açucareira.[70] Na década de 1580, Pernambuco possuía 66 engenhos e era a principal região produtora de açúcar no Brasil.[71]

Na fervorosa defesa de seus próprios interesses, Duarte Coelho revela também a natureza de seus esforços para impulsionar a lavoura açucareira. Ao queixar-se dos colonos que relutavam em pagar-lhe as rendas e emolumentos, o donatário argumentava que havia custeado pessoalmente a vinda de artesãos e especialistas de Portugal, de Galiza e das Canárias.[72] Pode-se aqui, uma vez mais, perceber a transferência de conhecimento, habilidades e recursos humanos das antigas para as novas regiões açucareiras como resultado de uma política deliberada. Duarte Coelho recorreu a investidores em Lisboa, e a comercialização do açúcar pernambucano nos anos iniciais parece ter ficado principalmente em mãos dos portugueses, muito embora os irmãos Cibaldo e Cristóvão Lins, alemães aportuguesados que representavam os Fugger de Augsburg, chegassem à região na década de 1540 e rapidamente começassem a produzir e comercializar açúcar.[73] Em princípios do século XVII, a maior parte do açúcar era transportada nos porões holandeses, com destino aos portos do hemisfério norte.[74]

Com a base da produção açucareira já estabelecida em meados do século XVI, a geografia econômica do açúcar no Brasil começou a tomar forma. Em 1570, a atividade concentrava-se solidamente no Nordeste. Nessa data, Pero de Magalhães Gandavo deu notícia de sessenta engenhos no Brasil, dos quais cinquenta situavam-se nas capitanias ao norte de Ilhéus. Uma série de relatos feitos por diversos observadores entre 1583 e 1585 indica um número total de engenhos entre 108 e 128; a discrepância numérica não afetou, porém, o consenso acerca da preponderância das capitanias nordestinas. Pernambuco suplantava todas as outras regiões, com mais da metade dos engenhos brasileiros. A única capitania que podia fazer-lhe frente era a da Bahia, onde na década de 1580 havia em torno de quarenta engenhos.[75] As duas capitanias eram responsáveis provavelmente por cerca de três quartos de toda a produção brasileira de açúcar.

A Bahia era um caso peculiar, pois compartilhava com Pernambuco muitas das vantagens do meio físico, mas tivera sua colonização e desenvolvimento iniciais truncados, como algumas capitanias do sul. O litoral tropical da Bahia era bem apropriado para o cultivo da cana, porém o centro da lavoura canavieira situava-se na área do Recôncavo, as terras ao redor da baía de Todos os Santos, um grande braço natural de mar que adentra cerca de quarenta quilômetros na costa, dando origem a uma baía de beleza incomparável. Oferecendo um excelente ancoradouro, a baía tornou-se ponto habitual de parada para as primeiras embarcações francesas e portuguesas e para os comerciantes de madeiras tintoriais. Diogo Álvares Caramuru, um náufrago que vivera muito bem entre os índios da região, tivera ali inúmeros filhos, que constituíram, *de facto*, uma presença semieuropeia na baía.[76]

Sob o sistema das donatarias, a área da baía de Todos os Santos tornou-se parte da capitania da Bahia, doada a Francisco Pereira Coutinho, um nobre que prestara bons serviços à Coroa nas Índias. O donatário chegou ao Brasil em 1536, mas, apesar das vantagens asseguradas pela cooperação de Caramuru, revelou-se um administrador medíocre, cuja liderança não foi capaz de controlar a cobiça e o ímpeto dos colonos. As depredações destes últimos levaram os índios a sitiar o pequeno povoado, o que por sua vez provocou dissidências entre os portugueses. Pereira Coutinho e seus seguidores foram forçados a refugiar-se em Porto Seguro, e quando tentaram retornar à baía de Todos os Santos no ano seguinte, um naufrágio levou-os à morte nas mãos dos índios da ilha de Itaparica.[77]

Durante os nove anos em que Pereira Coutinho governou a capitania, pouco se fez para explorar o potencial da região em termos da produção açucareira. Construíram-se dois engenhos. Um deles, de propriedade de João de Velosa, situava-se próximo à enseada de Pirajá. Ambos os engenhos foram destruídos pelos índios durante o confronto da década de 1540. Porém, apesar desse início funesto, a área do Recôncavo oferecia ótimas condições geográficas e climáticas para o cultivo da cana-de-açúcar. A região da baía de Todos os Santos apresentava índices pluviométricos apropriados e solos excelentes, especialmente o negro e argiloso massapê, ao longo de toda a margem norte e oeste.[78] A própria baía proporcionava condições de transporte e comunicação acessíveis e baratas para os engenhos litorâneos, e constituía-se em um ancoradouro seguro para os navios que transportavam açúcar para a Europa. Tais vantagens foram devidamente apreciadas pela Coroa.

O desastre ocorrido com Francisco Pereira Coutinho e o fracasso generalizado do sistema de capitanias levou a Coroa portuguesa a procurar uma nova estratégia para defender suas possessões na América contra a ameaça permanente dos rivais estrangeiros. Em 1548, dom João III decidiu estabelecer um controle régio direto, nomeando um governador e outros oficiais representantes da Coroa, os quais deveriam residir na colônia. Uma grande expedição liderada pelo primeiro governador-geral, Tomé de Sousa, ocupou a semideserta capitania da Bahia em 1549 e imediatamente começou a construir uma capital colonial no litoral da baía de Todos os Santos. A cidade, batizada Salvador da Bahia de Todos os Santos, permaneceu como capital do Brasil até 1763 e foi a sede do governo, da suprema corte (Relação) e dos principais agentes fiscais d'El Rei. Também se tornou um dos mais ativos portos comerciais da colônia. A criação de uma capital diretamente controlada pela Coroa e de instituições para viabilizar o governo colonial não substituiu de imediato o preexistente sistema de donatarias. A Coroa tencionava reaver gradualmente os direitos de governo que concedera aos donatários. Na próspera capitania de Pernambuco a princípio teve pouco sucesso, entretanto a construção de Salvador foi, sem dúvida, um grande passo no processo de aumento do controle exercido pelo monarca.[79]

Logo de início, ficou patente que a criação de uma indústria açucareira era interesse primordial do governo sediado na Bahia. O regimento trazido por Tomé de Sousa incluía diretrizes específicas relativas ao estabelecimento e regulamentação de engenhos de açúcar.[80] O governador recebeu instruções de conceder sesmarias aos homens que tivessem condições de equipar um engenho no prazo de três anos. A esses indivíduos seria exigido que residissem em suas terras ou na cidade de Salvador e que se abstivessem de vender sua propriedade durante pelo menos três anos. Seriam responsáveis pelo desenvolvimento de seu território e pela proteção dos que nele residissem. Deveriam não só estimular o povoamento, mas igualmente erigir uma torre fortificada e fornecer armas para a defesa dos moradores.[81] Além disso, os senhores de engenho teriam de beneficiar a cana dos lavradores que vivessem em suas terras ou nas vizinhanças. Para estimular o investimento e a responsabilidade envolvida na instalação de um engenho, a Coroa ofereceu certos benefícios fiscais, como por exemplo a isenção temporária do dízimo.[82] O provedor-mor da Fazenda tinha ordens de nomear inspetores de qualidade em cada capitania para assegurar a qualidade adequada do açúcar destinado à Europa.[83]

Com essas medidas, a Coroa visava beneficiar-se dos impostos incidentes sobre o açúcar produzido pelo setor privado. Além disso, Tomé de Sousa deveria construir um engenho que seria de propriedade direta da Coroa. Em Pirajá, com recursos do tesouro real e a direção de um mestre de engenhos enviado da Europa ou da Madeira, a Coroa instalou seu próprio engenho, nas mesmas terras onde João de Velosa tentara erguer o seu. Embora arrendado a particulares, em 1580 ele ainda continuava em funcionamento.[84] Sua construção por Tomé de Sousa evidenciou-se como um símbolo da determinação real de transformar a Bahia em importante região açucareira e, talvez, equipará-la a Pernambuco.

O crescimento da indústria açucareira no Recôncavo acompanhou de perto as linhas gerais da expansão política e militar dos portugueses em detrimento dos indígenas da região. Durante as décadas de 1560 e 1570 conquistaram-se novas terras e construíram-se mais engenhos. Esse processo foi particularmente acentuado durante o governo de Mem de Sá (1558-72), que subjugou com energia a maioria das tribos do Recôncavo e levou a cabo um programa de reagrupamento dos índios em povoados controlados pelos jesuítas.[85] Mem de Sá não hesitou em tirar proveito pessoal de seus atos políticos e, ao conceder numerosas sesmarias para a construção de engenhos nas terras recém-conquistadas, garantiu para si próprio um excelente local, no rio Sergipe, bem no coração do Recôncavo.[86] Ali instalou o grande Engenho Sergipe, que se tornaria um dos mais famosos do Brasil colonial.

Na época da morte de Mem de Sá, ocorrida em 1572, a distribuição geográfica da produção açucareira na Bahia já assumira sua forma definitiva. Embora houvesse engenhos em toda a baía, eles se concentravam no litoral a norte e oeste ou ao longo dos numerosos rios de pequeno porte tributários da baía. O rio Paraguaçu, de proporções maiores, abrigava vários engenhos; contudo as terras do sul do Recôncavo eram arenosas ou acidentadas demais para a cana-de-açúcar. Em 1570, havia dezoito engenhos na Bahia. Por volta de 1590, esse número já quase triplicara, ficando entre quarenta e cinquenta; a capitania assumira seu lugar como importante produtora de açúcar, ao lado da de Pernambuco, ainda próspera.[87]

OS ENGENHOS E A SOCIEDADE

As combinações de capital, tecnologia e organização que emergiram no Mediterrâneo e nas ilhas atlânticas como o complexo do engenho transferiram-se para o Brasil quase sem modificações no início do século XVI. Isso foi, em parte, resultado dos contatos humanos, o uso deliberado de pessoas e técnicas já aprovadas na península ibérica, nas Canárias ou na Madeira, todavia até certo ponto era também inerente à natureza mesma da produção açucareira que impunha sua própria lógica organizacional. Visto que mais adiante no texto demonstrarei que essa organização determinou, no caso específico da Bahia, aspectos da estrutura social geral da colônia, é conveniente, aqui, examinar o pouco material remanescente sobre os primórdios da atividade açucareira, em termos da estrutura dos recursos humanos e materiais do complexo do engenho.

Os primeiros engenhos brasileiros foram pequenos. A maioria era do tipo trapiche, movido por cavalos ou bois. Alguns usavam força hidráulica, em geral os construídos pelos próprios donatários; os custos envolvidos na feitura da grande roda-d'água e do sistema de calhas (levada) para conduzir a água até o local apropriado eram elevados demais para a maioria dos colonos, apesar da economia de escala que esse tipo de engenho, mais rápido e eficiente, podia proporcionar. Pode-se ter uma ideia da escala de produção ao considerar-se que os engenhos da Paraíba do Sul eram capazes de produzir, na década de 1540, apenas mil arrobas anuais cada um, ou seja, menos de quinze toneladas.[88] Mesmo o famoso Engenho São Jorge dos Erasmos produzia tão somente essa mesma quantidade no final do século XVI.[89] Contudo, àquela época, no Nordeste, alguns fatores começaram a gerar uma mudança nos níveis da produção. Contribuíram para melhorar o desempenho individual dos engenhos a disponibilidade de capital — originado a partir de lucros obtidos anteriormente ou fornecido por investidores europeus —, a expansão das terras cultivadas, o aperfeiçoamento da capacidade administrativa e uma produtividade maior da força de trabalho. A esses fatores adicionou-se, no início do século XVII, a introdução de melhoramentos técnicos, que também aumentaram a produção global. Nessa época, produziam-se 6 mil arrobas anuais em um engenho médio, ao passo que nos grandes podia-se atingir de 8 a 10 mil arrobas.[90]

Cada donatário havia distribuído terras aos colonos para serem exploradas na forma de roças, fazendas (propriedades maiores, em geral dedicadas ao cultivo de cana, criação de gado ou agricultura de produtos exportáveis, como o gengibre e o algodão) e, finalmente, engenhos. O instrumento de posse então em uso era a carta de sesmaria, título medieval de propriedade de terras que se desenvolvera como um meio de distribuir territórios recém-conquistados ou retomados.[91] No período das donatarias, os colonos que obtinham sesmarias com a intenção de instalar engenhos eram, via de regra, os mais ricos da região. Os próprios donatários, em geral, construíam um engenho, assim como seus parentes próximos. Como vimos, entre os primeiros senhores de engenho havia portugueses e estrangeiros que tinham acesso ao crédito europeu. A necessidade de elevado investimento de capital, de fato, gerou sociedades e parcerias no estabelecimento de alguns dos primeiros engenhos, como no caso do Engenho São Jorge. Pode-se ter uma ideia da posição socioeconômica dos primeiros senhores de engenho examinando-se cinco das primeiras propriedades em Pernambuco. Seus donos eram Duarte Coelho, o donatário, seu cunhado Jerônimo de Albuquerque, Vasco Lucena, almoxarife (oficial de alfândega) de Olinda, e Afonso Gonçalves, capitão e fundador da cidade de Igaraçu. O quinto engenho, Santiago de Camaragibe, foi construído por um cristão-novo chamado Diogo Fernandes, juntamente com "outros companheiros de Viana, gente pobre".[92]

A correspondência de Duarte Coelho e outros documentos contemporâneos também evidenciam a existência de sistemas de arrendamento, parceria e outras formas de associação entre os engenhos e os lavradores que se limitavam a plantar cana, sem transformá-la, eles próprios, em açúcar. Essa forma de organização, preexistente nas ilhas atlânticas, era um modo eficaz de estimular a colonização e o desenvolvimento da economia açucareira, atraindo pessoas que não possuíam recursos financeiros para construir um engenho. A cana-de-açúcar beneficiada no engenho instalado por Duarte Coelho em 1542 era parcialmente, ou talvez totalmente, fornecida por lavradores.[93] Nas cartas de Pero de Góes, da Paraíba do Sul, há indícios da existência desse sistema, embora não sejam conclusivos, pois mencionam-se fazendas e moradores mas não se fala especificamente de contratos com lavradores. O donatário afirmou, porém, que um engenho fora construído com a finalidade precípua de moer a cana dos moradores.[94]

A esse respeito é particularmente instrutiva uma carta, sem indicação de autor, escrita por um representante da família Schetz recém-chegado ao Brasil e descrevendo o estado do Engenho São Jorge dos Erasmos em 1548. O engenho, na época, estava produzindo grande quantidade de açúcar, tanto para o proprietário quanto para os moradores. Estes últimos haviam comprado terras do engenho, ou se instalado como posseiros, devido à negligência de feitores anteriores. O repórter anônimo sugeria ser desvantajoso manter esses plantadores de cana, tendo em vista o alto custo do combustível e dos salários pagos pelo engenho. Sugeria que se passasse a moer unicamente a cana da propriedade e se dispensassem os demais fornecedores. Para esse fim, foram utilizadas força e extorsão na expulsão dos habitantes.[95] Como já vimos, os lavradores eram parte integrante da economia açucareira que se ordenou a Tomé de Sousa estabelecer na Bahia após 1548. Nessa capitania, eles continuaram a ser importantes social e economicamente.[96]

Embora pareça ter havido colonos em número suficiente dispostos a plantar cana nas diversas capitanias, técnicos experientes no fabrico do açúcar e, de fato, artesãos de qualquer tipo eram raros e valiosos no século XVI. O mesmo sucedera nas ilhas atlânticas anteriormente. Na Madeira, quando os canarinos foram expulsos, em 1505, somente os mestres de açúcar foram autorizados a ficar na ilha; legislação portuguesa posterior também proibiu a emigração para a África setentrional de homens que sabiam construir engenhos.[97] Duarte Coelho havia resolvido esse problema custeando pessoalmente a vinda de peritos da península ibérica e das Canárias. Porém, mesmo em Pernambuco, a escassez de mão de obra especializada continuava. Um jesuíta queixou-se, em 1551, de que eles próprios (os jesuítas) precisavam fazer tudo devido à falta de artesãos.[98] Na Bahia, a situação melhorou um pouco após a chegada de Tomé de Sousa em 1549. Sua expedição trazia um grande número de artesãos que se puseram a trabalhar na construção da cidade de Salvador e presumivelmente passaram em seguida a empregar-se na instalação de engenhos na região.[99] Apesar disso, no início do século XVII, a Confraria dos Ofícios Mecânicos estabelecida no Colégio Jesuíta da Bahia contava com apenas oitenta membros.[100] A Coroa tentou de várias maneiras atenuar essa carência. Em julho de 1551, e novamente em 1554, ofereceu, aos artesãos que fossem para o Brasil, isenção do pagamento do dízimo pelo prazo de cinco anos, como fizera para os que estabelecessem engenhos.[101]

Os serviços dos artesãos eram necessários tanto na cidade como no campo. Pedreiros, calafates, tanoeiros, ferreiros, serradores, carreteiros, carpinteiros e outros podiam, todos, ser empregados nos portos e nas cidades, bem como nos engenhos. Estimou-se que no final do século XVI cada engenho possuísse cerca de vinte homens brancos trabalhando em várias especialidades.[102] Obviamente havia também as necessidades peculiares à produção do açúcar. Os especialistas que sabiam construir moendas e rodas-d'água eram muito procurados, assim como os mestres de açúcar que pudessem dirigir as operações no canavial e no engenho. Os que eram capazes de encarregar-se das tarefas de cozer, secar e encaixotar o produto eram altamente valorizados, assim como capatazes e feitores.

Os donatários e senhores de engenho às vezes não poupavam esforços para conseguir tais especialistas. Pero de Góes, donatário da Paraíba do Sul, mandou buscar técnicos no fabrico do açúcar e artesãos em outras capitanias. Um homem foi levado àquela capitania para construir um engenho com um salário de um cruzado (400 réis) por dia. Também foram contratados feitores e um mestre de açúcar, este último com um contrato para receber 60 mil-réis por ano, durante três anos. Pero de Góes estava tão interessado em conservar esse homem a seu serviço que lhe pagou já no primeiro ano, mesmo não estando o engenho em funcionamento; procurou, além disso, encontrar um meio de obrigá-lo legalmente a cumprir o contrato.[103]

Os mestres de açúcar merecem atenção especial. Nos anos iniciais da indústria açucareira no Brasil, os madeirenses que tivessem essa especialização eram altamente valorizados. Altos salários eram oferecidos para atraí-los.[104] O salário anual de um mestre de açúcar madeirense era de cerca de 30 mil-réis, embora, como vimos, Pero de Góes estivesse disposto a pagar o dobro dessa quantia. No final do século XVI, pagavam-se a esses homens 100 mil-réis ou mais, além de casa e comida.[105] Nas palavras do padre Cardim, os mestres de açúcar eram os verdadeiros senhores de engenho, "porque em sua mão está o rendimento e o ter o engenho fama, pelo que são tratados com muitos mimos".[106]

No decorrer deste livro teremos muitas oportunidades de discorrer sobre as tarefas e atividades da produção açucareira; entretanto dois aspectos devem ser salientados aqui. Em primeiro lugar, o fabrico do açúcar e as técnicas então usadas nessa atividade criavam uma demanda por trabalhadores qualificados e semiqualificados difícil de ser suprida durante as primeiras etapas da indústria açucareira. Essa situação era agravada pelo fato de muitas dessas mesmas especializações serem necessárias também em outros lugares além do engenho. O número de artesãos europeus disponíveis para realizar esses trabalhos era limitado, o que impôs uma questão importante à recente indústria açucareira: haveria alguma fonte alternativa de trabalho qualificado que pudesse satisfazer as necessidades da agricultura de exportação?

Em segundo lugar, as demandas da atividade açucareira e as peculiaridades da sua organização contribuíram imensamente para a ordenação da sociedade. Os portugueses, assim como outros colonizadores do Novo Mundo, trouxeram consigo não só uma concepção idealizada de hierarquia social, consagrada e apoiada pela teologia, mas também critérios práticos acerca das relações e posições sociais tais como se apresentavam em Portugal. Esses conceitos e experiências impuseram limitações à maneira pela qual a sociedade se formou no Brasil e, no mínimo, definiram a terminologia da organização social na colônia. Os abastados senhores de engenho do Brasil aspiravam aos títulos, privilégios e regalias da nobreza tradicional, e a maioria dos grupos sociais procurou obter alguma forma de reconhecimento e legitimação de seu status por meios consuetudinários.

A criação de uma sociedade de grande lavoura no Brasil já se pusera em marcha em meados do século XVI. Em 1549, Duarte Coelho descreveu as ocupações de seus colonos e, ao fazê-lo, inconscientemente começou também a definir a hierarquia social de sua capitania:

> [...] uns fazem engenhos de açúcar porque são poderosos para isso, outros canaviais e outros algodões e outros mantimentos que é a principal e mais necessária coisa para a terra, outros usam de pescar que outrossim é mui necessário para a terra, outros usam de navios que andam buscando mantimentos e tratando pela terra [...] outros são mestres de engenhos, outros mestres de açúcar, carpinteiros, ferreiros, pedreiros, oleiros e oficiais [...].[107]

Essa descrição, apesar de não ter sido ordenada conscientemente em uma escala hierárquica da sociedade, continha os elementos dessa ordenação tal como se apresentavam naturalmente em uma economia baseada na agricultura comercial. Os senhores de engenho, donos do principal meio de produção, eram mencionados primeiro. Seguiam-nos os que se dedicavam à agricultura de exportação. Os homens que produziam alimentos para o consumo local vinham relacionados por último, mas suas ocupações recebiam menção especial (assim como, na Europa, o papel dos camponeses era, em geral, prezado por ser essencial à manutenção de todos os demais). Referindo-se apenas rapidamente a barcos e mercadores, Duarte Coelho passou aos artesãos, arrolando-os em ordem aproximada de importância no processo de fabrico do açúcar ou sob outra perspectiva, de acordo com o salário anual que cada um podia esperar receber.

Muito embora não conste da descrição de Duarte Coelho, a maioria dos habitantes da colônia compunha-se dos que forneciam o trabalho indispensável para tornar o açúcar um empreendimento lucrativo. Capital inicial suficiente e feitores experientes e qualificados eram fundamentais para o êxito da atividade. Entretanto, nada se podia fazer sem os trabalhadores, qualificados e não qualificados, que formavam o amplo alicerce sobre o qual se estruturava a sociedade colonial. Como qualquer estudante bem sabe, foram os escravos africanos que desempenharam esse papel em todas as zonas tropicais das Américas, e sua presença deu origem às mudanças de cor na população que complicaram as estruturas sociais. No Brasil, porém, os africanos foram precedidos pelos índios, que não deixaram muitas marcas nas áreas de produção açucareira, mas constituíram-se na base inicial dessa atividade. O papel dos indígenas e a razão pela qual foram substituídos por africanos importados devem ser discutidos antes que possamos dar início a uma análise minuciosa da sociedade açucareira em sua fase madura.

2. Uma geração exaurida: agricultura comercial e mão de obra indígena

> [...] *porque nunca ninguém cuidou, que tanta gente se gastasse nunca, quanto mais em tão pouco tempo.*
>
> Padre José de Anchieta (Bahia, 1564)

Os primórdios da economia açucareira no Brasil foram tragicamente marcados pela história dos contatos entre portugueses e indígenas ao longo da costa. A escravização dos índios e o uso de sua mão de obra no plantio e beneficiamento da cana revelaram-se etapa transitória no desenvolvimento da indústria açucareira, durante a qual se empregou uma força de trabalho relativamente barata e prontamente acessível até que a atividade se encontrasse totalmente capitalizada. Outros trabalhadores viriam substituí-los nas lides do engenho em fins do século XVI e princípios do XVII — os escravos africanos, mercadoria de um rentável ramo do comércio atlântico.[1] Esse foi, porém, um processo gradual e de forma alguma inevitável. A escravização dos aborígines definhou devido às percepções e limitações culturais de índios e europeus, à suscetibilidade dos nativos às doenças do Velho Mundo e ao curso dos eventos históricos. Na Bahia os indígenas constituíram-se na principal fonte de braços durante quase um século, e mesmo após sua substituição por africanos, ainda podiam ser encontrados nos engenhos ou em suas proximidades, na condição de trabalhadores forçados, assalariados ou camponeses.

Este capítulo traçará a história das relações entre os índios e a economia de grande lavoura na Bahia, não só essencial para o entendimento das origens dessa economia mas também interessante sob uma perspectiva mais ampla, pois vem elucidar a noção de que as formas de trabalho específicas que emergiram nas áreas coloniais foram, de certo modo, predeterminadas pela lógica do desenvolvimento capitalista europeu.[2] Tal visão deixa pouco espaço ao papel das condições materiais e tradições culturais objetivas dos povos nas "regiões coloniais" e tende a uma nova forma de eurocentrismo. Através de um exame cuidadoso da escravidão indígena, pode-se questionar diretamente essas teorias. A tentativa de utilizar o trabalho forçado dos nativos não pode ser simplesmente descartada como um "início malogrado". A complexa interação das percepções e do comportamento de europeus e índios condicionou as formas como estes últimos integraram-se — e deixaram de se integrar — na sociedade colonial. A escravidão dos aborígines no Brasil durou pouco em termos legais (aproximadamente de 1500 a 1570); contudo, lançou-se mão de várias formas de coerção, bem depois dessa época, para se obter o trabalho indígena. Mesmo após a introdução de africanos em grande escala, ainda se podia encontrar índios nos engenhos do Nordeste.

OS ÍNDIOS

Nosso ponto de partida deve ser o próprio índio, embora não pretendamos, aqui, apresentar um estudo etnográfico completo dos povos indígenas brasileiros, nem mesmo os da Bahia, às vésperas do contato com os europeus. É mais proveitoso proceder a uma análise dos principais grupos encontrados pelos portugueses no litoral brasileiro, especialmente no que respeita aos aspectos da vida indígena que contribuem para explicar e esclarecer o processo de sua absorção pela sociedade do nordeste litorâneo.

Entre os povos indígenas que entraram em contato com os portugueses nas duas primeiras décadas da história brasileira, os mais numerosos e amplamente dispersos eram os da família linguística tupi-guarani, que, na época do descobrimento, controlavam grande parte do litoral, desde o Maranhão até São Vicente, no sul.[3] O principal grupo tupi na região da futura capitania da Bahia era o tupinambá, um povo poderoso que ocupava uma faixa de 38 quilômetros de largura no litoral compreendido entre Sergipe e Camamu. Ao sul de Camamu outro grupo de língua tupi, os tupiniquins, dominava a costa até o Espírito Santo, embora estivesse em posição precária devido à pressão e às incursões de povos de outro tronco linguístico, especialmente os aimorés (botocudos). Outras tribos tupi espalhavam-se pelo interior da capitania. Os tupinaê (tabajara), por exemplo, haviam habitado a baía de Todos os Santos, mas na época da chegada dos europeus não mais viviam no litoral, tendo sido expulsos pelos tupinambás. No século XVI restavam apenas poucas aldeias dos tupinaê, constantemente ameaçadas pelas tribos não tupi que dominavam o sertão.

Os tupinambás viviam em aldeias de quatrocentos a oitocentos indivíduos, distribuídos em grandes unidades familiares que residiam em cerca de quatro a oito malocas alongadas. O parentesco patrilinear era um importante aspecto organizacional dessa sociedade, embora também se usassem divisões por sexo e idade para definir responsabilidades e privilégios.[4] A guerra e a captura de inimigos para serem finalmente mortos em meio à celebração de um ritual cabalístico eram aspectos integrantes da sociedade tupinambá, pois dessas atividades viris dependiam a obtenção de status, a escolha de esposas e o progresso ao longo das faixas etárias.[5] Essa necessidade de fazer prisioneiros impelia as aldeias tupinambás a manter-se em constante estado de guerra com seus vizinhos mais próximos. Obviamente o canibalismo ritual era abominado pelos portugueses e tornou-se a principal justificativa para a escravização dos tupinambás e de outros povos. Mesmo após a Coroa portuguesa proibir a escravidão indígena, em 1570, o canibalismo continuou a fornecer uma "causa justa" para pô-los em cativeiro.

Apesar de as artes marciais e o canibalismo ritual terem sido, talvez, os aspectos da vida dos tupinambás que conformaram os alicerces de sua concepção do universo e organização social, outras características culturais desse povo são igualmente importantes para a compreensão de suas relações com os portugueses. Ao contrário de alguns de seus vizinhos, os tupinambás praticavam a agricultura, que se adequava bem a seu habitat e às suas necessidades e constituía-se em parte essencial de sua vida. Uma das principais obrigações dos pajés era garantir chuva suficiente para as plantações.[6]

A economia tupinambá era basicamente de subsistência e autoconsumo. Assim, cada aldeia produzia para atender às suas necessidades, havendo poucas trocas de gêneros alimentícios com outras aldeias.[7] A agricultura era sempre combinada às atividades de caça, pesca e coleta, e a importância de cada uma dessas fontes de alimentos variava sazonalmente. Os tupinambás cultivavam diversos produtos, entre eles feijão, milho, várias espécies de tubérculos e abóbora, mas era a mandioca o seu principal alimento. Essa raiz crescia em diferentes tipos de solo, era resistente ao ataque da maioria dos insetos e fornecia calorias em abundância relativamente à área cultivada. A farinha de mandioca tornou-se alimento básico de nativos e euro-brasileiros. Juntamente com a batata e o milho, foi uma das principais contribuições ameríndias à dieta mundial.

Conquanto pouco se saiba a respeito das formas de propriedade das plantações e da distribuição dos produtos, já se tem uma visão razoavelmente completa das técnicas agrícolas dos tupinambás e da divisão sexual do trabalho a elas associada. Esse povo praticava a coivara, usada ainda hoje em algumas partes do Brasil. Aos homens cabia o pesado trabalho de abrir clareiras derrubando as árvores maiores. A seguir incendiava-se a vegetação rasteira, aproveitando-se as cinzas como fertilizante natural. As mulheres da aldeia encarregavam-se do plantio, da colheita e da preparação dos alimentos. Os homens caçavam e pescavam. A agricultura era quase exclusivamente um trabalho feminino. Apenas na árdua tarefa comunitária da abertura das clareiras é que os homens participavam do ciclo agrícola.

Os europeus frequentemente surpreendiam-se com o desinteresse dos índios por excedentes de produção, lucros e certas formas de propriedade.[8] Os tupinambás e muitos de seus vizinhos praticavam uma economia de uso, e não de troca, e supriam suas necessidades sem se preocupar com o lucro no sentido europeu da palavra. Não era preciso produzir até o máximo da capacidade técnica e do tempo disponível, mas apenas para assegurar a subsistência. Em tal economia, o ritmo do trabalho e da produção era intermitente e descontínuo.[9] Gastava-se energia para atender às necessidades vitais, mas sempre havia tempo para lazer, celebrações, guerras e outras atividades "improdutivas". O jesuíta Martim da Rocha comentaria mais tarde: "Estes índios guardam bem o tempo dos Apóstolos [...] porque nenhuma coisa têm como própria, antes tudo lhes é comum". O padre Manoel da Nóbrega fez a mesma observação e acrescentou que os bens "que alguém possui devem ser divididos com os demais, principalmente se forem alimentos".[10]

O litoral brasileiro era um habitat que facilitava tal comportamento, pois era possível obter um suprimento alimentício adequado sem esforços extraordinários. Havia caça em abundância, inúmeras plantas e insetos comestíveis, deliciosos crustáceos no mar e nos rios, e a mandioca, vegetal admirável, nutria o organismo e demandava poucos cuidados após o plantio. Essa disponibilidade relativamente segura de alimentos facilitou aos portugueses na Bahia conseguirem farinha de mandioca e outros mantimentos, por meio do escambo, na época dos primeiros contatos com os índios. Na década de 1550, grandes quantidades dessa farinha foram adquiridas nas aldeias da Bahia e de outras áreas costeiras.[11] Os tupinambás, após satisfazerem suas próprias necessidades, davam pouca importância aos excedentes e estavam dispostos a trocá-los por produtos úteis, em bases restritas. Contudo, ao contrário dos europeus, essa disposição dos tupinambás para a troca era limitada, o que fazia deles uma fonte incerta para a obtenção de alimentos e, futuramente, de trabalho.

A concepção comunitária ou recíproca quanto à produção e ao consumo, a produção de caráter doméstico, uma sociedade na qual o status não derivava da capacidade econômica e a subordinação da economia a outras formas de organização social determinaram a reação dos índios às demandas dos europeus. Os diferentes pontos de vista dos portugueses e dos índios com respeito à natureza e aos objetivos do trabalho e da produção encontram-se subjacentes à mudança no relacionamento entre eles, e contribuem para explicar a história subsequente dos indígenas no regime de grande lavoura.

O que aos olhos dos europeus parecia prodigalidade, falta de interesse em lucros e despreocupação com os excedentes irritava-os, e mais de uma vez tais atitudes foram apresentadas como prova da irracionalidade do índio e, portanto, de sua falta de "humanidade". Escreveu o governador Diogo de Meneses, em 1610: "Estes índios, senhor, é gente mui bárbara a que em si não têm governo nenhum nem por si podem governar e são nisto tão faltos em tudo que nem no que lhe toca a seu sustento guardam para amanhã o que lhe sobeja hoje".[12] Mesmo entre os tupinambás agricultores, os portugueses ficavam abismados ante a "ociosidade" das aldeias, onde os homens pareciam viver recostados, a fumar e a preparar-se para a guerra.[13] Era o confronto de dois povos cujos sistemas econômicos e visões de mundo não poderiam ser mais opostos. A atitude dos portugueses perante a "barbárie" dos tupinambás, um povo cuja prática agrícola já os havia colocado no mínimo em uma fase de transição para uma cultura neolítica, exacerbava-se quando deparava com outros povos indígenas que ainda não haviam atingido aquela etapa. Alguns observadores, especialmente os jesuítas, foram às vezes repórteres perspicazes da vida dos nativos. Infelizmente boa parte da interpretação do que presenciaram sofreu interferência não só de seu próprio viés cultural, mas também do de seus principais informantes, os tupinambás. Como resultado, a imagem que fazemos dos outros grupos indígenas é duplamente distorcida pela refração das informações através de dois prismas culturais.

Os primeiros colonos portugueses adotaram a prática tupinambá de designar todos os aborígines que não falassem o tupi pelo termo genérico "tapuia", ou "os que falam línguas enroladas". Durante muitos anos os antropólogos acreditaram que esses povos pertenciam à grande família linguística jê; tudo indica que isso era mesmo verdade com relação a alguns deles. Estudos recentes demonstraram que os tapuias pertenciam a vários troncos culturais e linguísticos, entre os quais se incluíam, na Bahia, os jês, os caraíbas e os cariris.[14] Como os tupinambás ocupavam o litoral, a maioria desses outros povos habitava o interior, e, portanto, tiveram menos contato com os portugueses durante o primeiro século da colonização. Não obstante as incursões dos europeus pelo sertão, as migrações e as guerras entre as tribos muitas vezes resultavam em cativos tapuias para os canaviais do Recôncavo. Uma vez que a maioria desses povos vivia exclusivamente da caça e da coleta, nossas observações acerca do comportamento econômico dos tupinambás poderiam ser repetidas e intensificadas quanto aos tapuias. Sua concepção de utilização direta dos bens e uma parca cultura material que lhes permitia grande mobilidade tornavam-nos particularmente inaptos para contatos de natureza pacífica com os portugueses. A escravidão na lavoura talvez tenha sido ainda mais insuportável para esses povos do que para os tupinambás.

A diversidade dos povos tapuias impede-nos de apresentar uma explanação geral mais detalhada, entretanto um grupo merece atenção especial por sua importância histórica. Nenhum povo ofereceu resistência mais contínua e eficaz aos portugueses que os aimorés, habitantes de Espírito Santo, Ilhéus e regiões fronteiriças do sul da Bahia.[15] Sua eficiência militar e sua determinação são comparáveis à resistência dos araucanos no Chile. Por mais de dois séculos, os aimorés aterrorizaram as áreas do sul da Bahia e chegaram a atacar as margens meridionais do Recôncavo. O povoamento nessas regiões era arriscado, e mais de uma vez colonos e senhores de engenho queixaram-se de que nem a agricultura nem suas vidas estariam seguras enquanto os aimorés não fossem derrotados; os portugueses às vezes os chamavam "botocudos", nome que na Bahia assemelhava-se ao termo "bugre", usado no sul do país como epíteto de qualquer povo indígena hostil.[16]

Devido à eficácia e à intransigência dos aimorés, a visão que os portugueses formaram de sua vida e de seus costumes é muito mais vaga que a referente aos tupinambás. Os aimorés, aparentemente, pertenciam ao grupo etnográfico jê. Sua cultura material era mais simples que a dos tupinambás ou dos tupiniquins. Não praticavam a agricultura, vivendo exclusivamente da caça e da coleta. Vários observadores portugueses afirmaram que esses índios não tinham habitações e viviam na floresta como animais; porém, dada a aversão que lhes tinham, tais afirmações devem ser encaradas com ceticismo.[17] É provável que a estrutura social dos aimorés, como a de muitos povos jê, fosse bastante complexa, baseada em uma divisão de cada grupo local em *moitiés* (metades tribais). As atividades bélicas intensificaram-se após a chegada dos portugueses, mas parecem ter sido extremamente importantes mesmo antes disso. A hostilidade dos aimorés provocava em colonos, jesuítas e oficiais da Coroa reações que beiravam a paranoia; seus relatos sobre esse povo revelam quase invariavelmente um misto de medo, admiração e repugnância. Outros ameríndios viviam em casas como homens, os aimorés viviam na floresta; os tupinambás comiam os inimigos por vingança, os aimorés porque apreciavam carne humana; e assim por diante. Quando a Coroa promulgou a primeira lei proibindo a escravização do gentio, em 1570, só os aimorés foram especificamente excluídos dessa proteção.[18]

As tradições culturais dos aimorés e dos tupinambás foram as mais importantes encontradas na Bahia pelos portugueses. Ambas sofreriam modificação considerável ao confrontar-se com as demandas da economia exportadora colonial. As atitudes dos portugueses ante a "barbárie" dos povos agricultores eram ainda mais extremadas quando se tratava dos que praticavam tão somente a coleta e a caça. Tais encontros puseram em contato povos cujos sistemas econômicos e visões de mundo eram separados pelo mais profundo dos abismos.

REAÇÕES À ECONOMIA EUROPEIA

Na Bahia, assim como em outras regiões costeiras, a natureza do relacionamento entre europeus e indígenas foi determinada, em grande medida, pela natureza da presença portuguesa, por seus objetivos econômicos e por seus interesses caracteristicamente europeus em três aspectos básicos: alimentação, defesa e mão de obra. As primeiras atividades comerciais dos europeus no litoral consistiam em cortar e exportar o famoso pau-brasil. Já em 1502 concederam-se a particulares contratos para a exploração dessa mercadoria e, durante os trinta anos seguintes, os portugueses e seus rivais, os franceses, estabeleceram feitorias ao longo da costa.

As árvores de pau-brasil não cresciam juntas em grandes áreas; encontravam-se, isto sim, dispersas pela floresta. À medida que essa madeira foi-se esgotando no litoral, os europeus passaram a recorrer aos índios para obtê-la. É importante lembrar aqui que o trabalho coletivo, especialmente a derrubada de árvores, era uma atividade masculina característica da sociedade tupinambá, e como tal o corte do pau-brasil podia-se integrar facilmente aos padrões tradicionais da vida indígena. Eles de fato pareciam bastante dispostos a cortar as árvores e arrastar os pesados toros até as feitorias, onde podiam ser trocados por penduricalhos e outros objetos. Entre 1500 e 1535 o escambo foi o principal meio usado pelos portugueses para obter dos índios o pau-brasil e, em menor grau, a farinha de mandioca. Também foi, indiretamente, um método de obter trabalho. Não sabemos se os tupinambás e outros indígenas atuaram individual ou coletivamente na troca de madeira, farinha de mandioca e trabalho nesse período, entretanto as aquisições realizadas na década de 1540 indicam a segunda alternativa. Se assim foi, então o sistema de escambo funcionou no âmbito das atividades comunitárias e, portanto, teve condições de adaptar-se facilmente ao modo de vida tradicional.

Essa situação começou a mudar radicalmente na década de 1530, com a introdução do sistema de donatarias. O projeto de conceder direitos de propriedade a fidalgos portugueses, que por sua vez desenvolveriam seus territórios instalando colonos e estabelecendo uma base econômica segura, impôs novas demandas aos aborígines. Embora donatários e colonos prosseguissem com o escambo para conseguir pau-brasil, alimentos e até mesmo a força de trabalho de que careciam temporariamente para a construção das cidades, as necessidades da nova cultura colonial, o açúcar, não podiam ser satisfeitas por meio do escambo. Na Bahia, em Pernambuco e outras áreas costeiras, os portugueses passaram a recorrer crescentemente à escravidão como meio de assegurar mão de obra para o plantio e beneficiamento da cana-de-açúcar. Passaram do escambo à escravidão, como tão bem apontado no título do importante livro de Alexander Marchant, *From barter to slavery*.

Segundo Marchant, o sistema de escambo começou a declinar em virtude de uma série de decisões econômicas tomadas pelos portugueses e, em certa medida, também pelos índios. Primeiramente, houve saturação no mercado de quinquilharias. À medida que a demanda dos nativos direcionou-se para ferragens e armas de fogo, artigos mais caros, os custos dos portugueses para abastecer-se elevaram-se consideravelmente. Ademais, o número crescente de colonos e a presença dos contratadores reais de pau-brasil criaram uma situação de competição por mão de obra.

Essa interpretação, embora correta em suas linhas gerais, desconsidera dois aspectos do problema, cruciais para o entendimento da interação das forças culturais e econômicas que moldaram as formas do trabalho indígena no Brasil. Em primeiro lugar, a crise no sistema de escambo foi provocada não só pelo valor dos artigos trocados, mas também pelas próprias características de tais artigos. O uso de machados e armas de fogo devem ter provocado um tremendo impacto sobre a natureza da economia dos silvícolas, ao acarretar mudanças em duas das tarefas mais difíceis e demoradas: a derrubada de árvores e a caça.[19] Os instrumentos de ferro aumentavam a produtividade e reduziam o tempo gasto em certas atividades. Ao permitir aos indígenas satisfazer suas necessidades materiais com maior rapidez, essas ferramentas deixavam-lhes mais tempo para as cerimônias e para a guerra. Tal hipótese faz com que os índios pareçam menos do que "racionais" em termos de maximização econômica, e é essa racionalidade, exatamente, o problema que está subjacente à explicação de Marchant. Em segundo lugar, esse autor supõe que os aborígines eram "homens econômicos", imersos em um mercado de trabalho autorregulável e prontos a tomar decisões com base nos interesses pessoais ou comunitários. Contudo, em muitas "economias" primitivas, a produção e a distribuição de bens são parte de outros aspectos da organização social, como o parentesco, e estão geralmente subordinadas a eles.[20]

Marshall Sahlins manifestou esse posicionamento com precisão tal que merece ser citado: "Até mesmo falar da economia em uma sociedade primitiva é exercitar-se na irrealidade. Estruturalmente, 'a economia' não existe. [...] Economia é uma função da sociedade, e não uma estrutura".[21] O escambo enquadrava-se, de maneira muito simples, nos padrões culturais tradicionais, mesmo quando o que estava sendo trocado era o trabalho coletivo temporário da construção. Já o trabalho na grande lavoura não se ajustava àqueles padrões. Evidentemente as culturas indígenas tinham capacidade de adaptação; todavia o que os portugueses demandavam ia de encontro a aspectos fundamentais da vida e da mentalidade dos nativos. Para estes últimos, agricultura era "trabalho de mulher". Se um homem conseguisse o suficiente para comer e algumas ferramentas e armas novas, por que haveria de desejar ou trabalhar por mais? Essa foi uma situação comum na era colonial, observada e comentada em muitos lugares. O índio — visivelmente capaz de grandes esforços — era considerado um preguiçoso nato e alguém com quem não se podia contar.[22] Levados para os engenhos, recusavam-se a trabalhar; tornavam-se macambúzios e alheios, ou simplesmente fugiam. Recusavam-se a responder às condições objetivas de mercado criadas pelos portugueses. Assim, as formas de produção estabelecidas não foram simplesmente uma questão de escolha por parte dos europeus; sofreram também influência da natureza da sociedade indígena e da dinâmica interna das percepções e necessidades dos nativos. Segundo Gandavo, "se os índios não fossem tão caprichosos e dados à fuga, a riqueza do Brasil seria incomparável".[23]

Os indígenas, sem a interferência dos europeus, negavam-se a responder previsivelmente às condições objetivas do mercado. Para torná-los úteis à economia colonial, quer como fornecedores de alimentos, quer como trabalhadores nos engenhos, os portugueses recorreram a três expedientes. O primeiro, empregado pelos colonos, consistia na coerção direta, sob a forma de escravização. O segundo, experimentado pelos jesuítas, e a seguir por outras ordens religiosas, foi a criação de um campesinato indígena, tornando flexível às demandas europeias por meio da aculturação e destribalização. A terceira estratégia foi aplicada tanto por leigos quanto por religiosos. Consistia em integrar aos poucos os indígenas individualmente como trabalhadores assalariados a um mercado capitalista autorregulável. Os três expedientes representaram, sob certos aspectos, etapas na história das relações entre portugueses e índios na era colonial, porém as divisões entre tais etapas não foram claramente delimitadas e nem sempre o processo foi unidirecional, contínuo e ubíquo. Durante o século XVI e princípios do XVII no Nordeste, os portugueses tentaram aplicar as três técnicas simultaneamente. Em certa medida, a luta entre jesuítas e colonos era um conflito entre duas estratégias diferentes que tinham o mesmo objetivo: a europeização dos autóctones. Em termos econômicos, foi uma polêmica entre a imposição de um regime escravista colonial ou a criação de um campesinato indígena capaz de transformar-se em um proletariado agrícola.

As disputas entre jesuítas e colonos têm sido já objeto de intenso interesse histórico, e não é necessário repetir minuciosamente sua trajetória.[24] Cabe ressaltar, porém, que esse confronto ocorreu em um contexto econômico e teológico específico, o qual estabeleceu limitações a ambas as posições e à resposta da Coroa às duas partes. Por um lado, os monarcas portugueses, tanto os de Aviz como os de Habsburgo, eram impelidos por considerações morais e teológicas a reconhecer a "humanidade" dos índios, a levar a sério a obrigação da Coroa de convertê-los à fé católica e, como súditos de Portugal, proibir sua escravização ilegal. Influenciada pelos jesuítas, a Coroa começou a legislar contra a escravidão indígena em 1570 e, sob os Habsburgo, promulgou leis restritivas em 1595 e 1609. Por outro lado, a cada momento, a metrópole defrontava-se também com a realidade econômica do Brasil, que impunha sua própria lógica. O valor da colônia residia na produção açucareira — ponto que os colonos jamais se cansavam de enfatizar — e o açúcar demandava uma grande força de trabalho. Os senhores de engenho ainda não dispunham de capital e crédito indispensáveis para suprir inteiramente suas necessidades por meio do dispendioso tráfico atlântico de escravos africanos, e, portanto, dependiam de trabalhadores indígenas. Como vimos, por diversas razões culturais, os nativos, de moto próprio, não atendiam às demandas dos colonos. Assim, a Coroa era obrigada a reconciliar sua consciência com os rendimentos de seu tesouro.

Ela resolveu esse problema deixando deliberadamente brechas na legislação que permitiam aos colonos obter cativos em "guerra justa". Determinavam-se distinções, na verdade, entre índios "bons" e "maus" e, muito embora os colonos às vezes não soubessem reconhecer a diferença, a Coroa fazia vista grossa a essa situação. O apoio régio às aldeias jesuíticas era mais uma forma de solucionar os problemas teológicos e econômicos que o Brasil apresentava. Se os padres conseguissem converter os índios e torná-los disponíveis para atividades úteis como plantar alimentos ou trabalhar nos canaviais, preservando ao mesmo tempo sua liberdade, tanto melhor. O que é surpreendente no encaminhamento dessa questão é a determinação dos colonos, especialmente do setor açucareiro, em conseguir seus intentos. Enquanto o Brasil fosse sinônimo de açúcar e os principais insumos econômicos para sua produção adviessem dos próprios colonos, a Coroa não estaria disposta a ameaçar irracionalmente os interesses destes últimos. A eficácia dos senhores de engenho em contrapor aos argumentos morais dos jesuítas seu próprio arrazoado pragmático e em forçar a Coroa a ouvi-los simplesmente ressalta a razão de ser da colônia. Do ponto de vista dos indígenas, tanto a estratégia dos jesuítas quanto a dos colonos eram física e culturalmente destrutivas, embora de maneiras distintas.

O período de 1540 a 1570 marcou o apogeu da escravidão do gentio nos engenhos do litoral brasileiro em geral e, em especial, nos da Bahia. Em 1545, a capitania de São Vicente, no sul, possuía seis engenhos e 3 mil escravos, dos quais a grande maioria eram índios.[25] Nessa época, podia-se encontrar escravos indígenas também nos engenhos de Pernambuco, da Bahia e de Porto Seguro. Durante as décadas de 1550 e 1560, a indústria açucareira do Nordeste entrou em uma fase de rápida expansão, acompanhada de crescimento semelhante no número de trabalhadores cativos. Em 1570, Pernambuco possuía 23 engenhos e tantos escravos índios que o excedente podia ser exportado para outras capitanias.[26] Em 1583, ainda em Pernambuco, havia 66 engenhos e cerca de 2 mil escravos africanos. Dado que cada engenho provavelmente explorava o trabalho de cem cativos, os índios ainda perfaziam dois terços da força de trabalho nos engenhos dessa capitania, mesmo durante o período de transição para a mão de obra africana.[27]

Na Bahia, a expansão da economia açucareira recebeu considerável impulso a partir do estabelecimento do governo-geral em 1549. A escravização dos grupos tribais locais acompanhou essa expansão. Na década de 1550 realizaram-se várias incursões militares no Recôncavo. Durante o governo de dom Duarte da Costa e especialmente o de seu sucessor, Mem de Sá, deu-se proteção aos engenhos já instalados, conquistaram-se terras para novas propriedades e foram obtidos cativos através de uma série de expedições punitivas levadas a cabo pelos portugueses e seus aliados indígenas "domesticados" (ver Figura 2).[28] Em Pernambuco e na Bahia, assim como em outras capitanias, os colonos conseguiam escravos índios "resgatando-os" de outros aborígines, de quem eram prisioneiros de guerra. Con-

Figura 2. A torre contígua a esta casa-grande evidencia a função defensiva dos engenhos nos primórdios da colônia. Os aposentos do proprietário frequentemente situavam-se no segundo andar.

tudo, mais comuns eram os ataques dos portugueses com o propósito específico de obter escravos. Essas incursões (saltos) eram condenadas pelos jesuítas e pela Coroa como ilegais. O regimento de Tomé de Sousa proibia essa prática, porém esse e outros editos subsequentes permaneceram letra morta. Nas palavras de um jesuíta, "de maravilha se acha cá escravo que não fosse tomado de salto".[29]

Infelizmente nossa principal fonte tradicional para o estudo das condições de vida nas plantações durante o período de escravidão indígena são os relatos e observações dos jesuítas. Suas preocupações eram naturalmente tanto espirituais e morais quanto materiais, e com isso suas concepções foram enviesadas naquelas direções. Segundo esses observadores jesuítas, os principais problemas nas fazendas das capitanias nordestinas eram a escravização por meios ilegais e a falta de moralidade sexual tanto dos senhores quanto dos escravos. A organização da vida dos indígenas sob a escravidão, a natureza do regime de trabalho e as condições em que vivia esse povo não mereceram praticamente nenhuma atenção mais detalhada por parte deles.

O caráter intensivo da atividade açucareira e talvez o número aparentemente inesgotável de trabalhadores em potencial contribuíram para o penoso cativeiro suportado pelos povos nativos do Brasil. O regime de trabalho constante e árduo imposto nas plantações de cana e nos engenhos deixava muito pouco tempo para o lazer. O padre Belchior Cordeiro queixou-se de que em Pernambuco não se podia doutrinar os índios porque nenhum senhor concordava em liberá-los de suas penosas lides da semana.[30] Aos domingos, quando a pressão da Igreja e as crenças dos proprietários às vezes desobrigavam os cativos de sua carga usual de esforço, os índios preferiam descansar ou dedicar-se à caça e à pesca para suplementar sua dieta a assistir à missa. O padre Cordeiro culpava os senhores por essa situação, pois só queriam saber do trabalho e usavam os índios "como se fossem animais brutos".[31] Essa mesma observação fora feita quase vinte anos antes pelo padre Manoel da Nóbrega, ao escrever que os colonos no Brasil só se preocupavam com engenhos e riqueza, "ainda que seja com perdição das almas de todo o mundo".[32] O padre Cordeiro, que visitou as zonas açucareiras em 1577, acreditava que as condições na Bahia àquela época eram melhores que as de Pernambuco. Afirmava que os senhores estavam mais preocupados com a condição espiritual de sua gente, que se estava produzindo menos açúcar e, portanto, as exigências de trabalho não eram tão severas e, finalmente, que a presença de cristãos nas aldeias controladas pelos jesuítas dava bom exemplo aos escravos dos engenhos.[33] No Recôncavo, o acesso aos engenhos por transporte hidroviário facilitava as visitas dos jesuítas aos índios escravizados para ministrar-lhes seus ensinamentos. Não obstante, em 1591, o senhor de engenho João Remirão declarou perante a Inquisição que a maioria dos senhores de engenho baianos ignorava os domingos e dias santos e ordenava que se continuasse o trabalho.[34]

Os senhores de engenho, embora recebessem os padres visitantes com pródiga hospitalidade e demonstrações de piedade e devoção, ressentiam-se com a intromissão dos jesuítas na rotina diária do engenho.[35] Os religiosos faziam perguntas constrangedoras. Muitos colonos haviam aumentado sua força de trabalho encorajando uniões, sacramentadas ou não, entre índios livres (forros) e os cativos do engenho.[36] Essa tática expandia a disponibilidade de braços para os colonos, mas ia de encontro aos desígnios e editos da Coroa e do clero. Parece ter havido pouca distinção entre escravos e forros quando estes últimos vinculavam-se às propriedades ou aos domicílios dos portugueses. Na Bahia, os forros eram, às vezes, arrolados juntamente com os escravos, como no caso dos inventários dos engenhos Sergipe e Santana, em 1574-8.[37] Testamentos do início do século XVII em São Paulo legaram índios forros como se não houvesse diferença entre esses indivíduos e outras propriedades.[38] Os jesuítas clamavam contra esse procedimento e, finalmente, em 1566, com a ajuda do governador-geral Mem de Sá, conseguiram que fosse proibido por lei.[39] Infelizmente, porém, a legislação não eliminou a prática.

Se há alguma diferenciação que possa ser feita entre a fase da escravidão indígena em Pernambuco e na Bahia, as duas principais regiões açucareiras, ela tem por base a comparação entre a força e o êxito dos jesuítas. Em Pernambuco, o empreendedor donatário Duarte Coelho, muito antes que os jesuítas começassem a operar em seu território, estimulara a expansão da economia açucareira e incentivara os colonos a dedicar-se a essa atividade. Sintomaticamente não houve aldeias jesuítas nas imediações de Olinda, pois ali os colonos tinham voz ativa.[40] Na Bahia, sede da autoridade régia e das atividades jesuíticas após 1549, os discípulos de Loyola foram muito mais bem-sucedidos na implementação de sua política de proteção aos aborígines. Estabeleceram-se doze aldeias nas décadas de 1550 e 1560, a menor das quais, Santo Antônio, abrigava 2 mil almas. Entre 1559 e 1583, foram batizadas 5 mil pessoas nesse mesmo local, número que multiplicado pelas doze aldeias significa um total de 60 mil índios batizados. Por volta de 1590, quando a peste e os deslocamentos já haviam provocado baixas alarmantes nas aldeias em geral, as da Bahia ainda abrigavam de 3500 a 5 mil indivíduos, o dobro do encontrado nas de Pernambuco.[41]

Apesar dos diferentes níveis do sucesso nas capitanias, a política básica dos jesuítas foi a mesma em todo o Nordeste. Opondo-se à escravização do gentio, eles realizavam um programa de catequização nos pequenos povoados ou aldeias, onde tanto os grupos tribais locais quanto os índios trazidos do sertão pudessem receber instrução e orientação espiritual. Os índios eram educados para viver como cristãos, conceito que incluía não só a moralidade, mas também os hábitos de trabalho dos europeus. Como os jesuítas concordavam com os colonos quanto aos barbarismos da cultura indígena, pouco se fez para adaptar ou preservar o modo de vida nativo. Os padres utilizaram-se de aspectos da cultura tupi que pudessem facilitar a conversão, todavia, ao contrário de suas ações na China e na Índia, houve pouco relativismo cultural em seu modo de proceder no Brasil.[42] Nos limites do possível, instituiu-se nas aldeias uma vida religiosa plenamente católica. Os nativos aceitaram a nova fé seletivamente. As irmandades de leigos e certas festas religiosas como o Domingo de Ramos foram prontamente aceitas, ou pelo menos é o que se depreende dos relatos, às vezes idílicos, deixados pelos jesuítas.[43] Para os índios, contudo, a aculturação forçada das aldeias era simplesmente o menor de dois males.

A escolha entre os rigores da escravidão nos engenhos e a proteção das aldeias jesuíticas parece-nos por demais óbvia, não obstante para os nativos ela não fosse tão evidente. As aldeias, apesar das nobres intenções da Coroa, dos jesuítas e mais tarde de outras ordens religiosas, eram a seu modo tão destrutivas para a vida indígena quanto os engenhos e, de certa forma, ainda piores. A atenção dos padres, voltada aos aspectos morais e espirituais, interferia mais diretamente no modo de vida dos indígenas e revelou-se mais solapadora que o controle dos colonos sobre suas tarefas e seu regime de trabalho. As aldeias pareciam, à primeira vista, permitir uma existência comunitária paralela à organização pré-europeia. A analogia, porém, é ilusória. A comunidade cristã instituída pelos religiosos pouco se assemelhava aos padrões da comunidade aborígine, especialmente porque aspectos primordiais desta última eram eliminados ou transformados. É fácil compreender por que os padres esforçavam-se por eliminar elementos tão fundamentais da vida dos tupinambás como a poligamia, o casamento entre primos, o canibalismo ritual e a guerra. Também é fácil perceber os efeitos dessa política sobre o modo de vida tradicional. Por razões de conveniência para os missionários, as aldeias perdiam muito rapidamente sua integridade cultural, à medida que se misturavam povos de vários grupos tribais e línguas diferentes. Uma língua geral, forma simplificada do tupi, era usada pelos jesuítas como língua franca nas aldeias, constituindo-se em mais um passo na redução da cultura indígena a uma base comum que pudesse ser controlada e manipulada pelos padres. Tais métodos facilitavam a catequização e a conversação, mas com isso aumentavam o ritmo da destribalização.

As culturas do gentio, assim como outras, eram capazes de adaptar-se e sobreviver em situações novas; porém as condições e regras impostas pelos europeus eram tão adversas à persistência do modo de vida autóctone que era praticamente inconcebível um ajustamento dentro de um contexto tradicional. As próprias ações dos indígenas testemunham essa situação. A despeito do tom otimista, cheio de entusiasmo missionário, que permeia muitos dos comentários dos jesuítas sobre as aldeias, o padre Inácio de Azevedo escreveu em 1566: "Muitos índios querem ir com eles [colonos] e servi-los, antes que estar na aldeia".[44]

Embora os efeitos da interferência deliberada dos europeus nas práticas tradicionais sejam bastante evidentes, as aldeias jesuítas também transtornavam os costumes indígenas de maneiras mais sutis. Tomemos, por exemplo, o plano físico. As aldeias jesuítas eram fisicamente organizadas segundo padrões europeus, com uma praça central, uma igreja e fileiras de unidades residenciais flanqueando o espaço aberto.[45] A organização das tabas dos tupinambás era bem diferente, possuindo de quatro a oito malocas alongadas, compartilhadas por muitas famílias com laços de parentesco entre si. Nas tribos jês, a taba dividida em *moitiés* e clãs, com residências separadas para certos grupos etários e por sexo, afastava-se ainda mais do modelo europeu. Os padrões das tabas e das habitações eram representações do cosmos social e religioso. Alterá-los implicava alterar a segurança do universo tradicional e desorientar os indígenas, no sentido literal da palavra. Como salientou Claude Lévi-Strauss, em outro contexto, "todo o sentimento por suas tradições os abandonaria, como se seus sistemas social e religioso [...] fossem tão complexos que não pudessem existir sem o esquema tornado visível no traçado da aldeia e reafirmado no ritmo diário de suas vidas".[46]

Naturalmente, do ponto de vista dos jesuítas, a destruição da cultura indígena simbolizava o sucesso das aldeias e da política metropolitana inspirada por eles. Os religiosos argumentavam que as aldeias não só protegiam os nativos da escravidão e facilitavam sua conversão, mas também forneciam uma força militar auxiliar para ser usada contra tribos hostis, intrusos estrangeiros e escravos rebeldes. "E para trabalhar de graça para os jesuítas", murmuravam os ressentidos colonos. Os padres inacianos defendiam-se dessa acusação afirmando que as aldeias também forneciam trabalho para as propriedades dos colonos. Em 1600, declararam haver

50 mil índios nas aldeias brasileiras disponíveis para a Coroa e os colonos. O que desapareceu relativamente cedo da defesa da política jesuítica em favor do gentio é o argumento de que era uma tentativa de criar um campesinato indígena.

À medida que a colonização portuguesa foi-se alicerçando na exploração agrícola, as disputas com os aborígines pela posse da terra tornaram-se um problema fundamental. Na Bahia, usou-se de força e engodo para expulsar os índios de terras adequadas para os canaviais, especialmente nas áreas norte e oeste do Recôncavo. Os jesuítas, defensores do gentio e também veementes advogados da transformação dos índios em camponeses independentes, rogavam pela proteção das terras das aldeias e mesmo pela restauração de propriedades tomadas ilegalmente. Concediam-se sesmarias às aldeias para impedir que os nativos morressem de fome, mas não em solos de massapê, os melhores para a cana-de-açúcar. Até os jesuítas percebiam que era difícil remar contra a corrente econômica representada pelo açúcar. Em 1558, o padre Manoel da Nóbrega tentou obter terras para a aldeia São Paulo (na região da atual Brotas). Julgava que o dono da terra, o conde de Castanheira, cederia a propriedade porque, carecendo de água para um engenho, tinha muito pouca serventia.[47] Nem mesmo Nóbrega teria tentado obter para os índios terras que pudessem ser usadas para o cultivo da cana.

Para criar um campesinato indígena na colônia brasileira, os portugueses teriam de começar da estaca zero. No Brasil, ao contrário do México, do Yucatán e dos altiplanos andinos, não havia tradição pré-colombiana de agricultura comunitária ligada a um sistema mais amplo de Estado. Assim como no Paraguai, as aldeias jesuíticas do Nordeste brasileiro foram uma tentativa de criar comunidades camponesas onde nada existira antes, pelo menos não em formas que servissem aos interesses da colônia. Os jesuítas não eram apenas os defensores das comunidades indígenas; eram também seus criadores.[48]

Com o apoio da Coroa e de administradores simpatizantes de sua causa, como Mem de Sá, os jesuítas conseguiram assegurar terras para seus tutelados, entretanto sua tentativa de criar um campesinato que não só se autossustentasse, mas também provasse as necessidades da colônia, nunca se concretizou. O primeiro governador-geral, Tomé de Sousa, chegara em 1549 trazendo instruções específicas de criar uma feira semanal onde portugueses e índios pudessem transacionar. Tal sistema visava fornecer os alimentos necessários aos portugueses enquanto protegia os índios dos piores aspectos da extorsão e fraude, proibindo os colonos de entrar nas aldeias quando bem entendessem. Porém, mesmo nessa fase inicial, fizeram-se concessões à classe dos senhores de engenho, pois apenas eles e seus homens tinham permissão para realizar trocas com os nativos para obter comida sempre que lhes fosse conveniente. O sistema de fornecimento voluntário falhou, como vimos, em parte porque os índios não responderam ao mercado. Com exceção do regimento de Tomé de Sousa, quase não há outras referências à feira semanal que ele deveria ter estabelecido.

Haviam-se concedido terras aos aborígines principalmente para assegurar-lhes a subsistência e, assim, sua disponibilidade para a colônia. Mem de Sá deixou bem clara essa posição ao conceder uma sesmaria à Aldeia de Espírito Santo, na Bahia, "vendo quão proveitosos e necessários eles eram a esta Bahia e que não se podiam sustentar sem terem terras, em que pudessem lavrar".[49]

Os senhores de engenho e a Coroa não tinham nenhum desejo de reconhecer o fracasso em criar uma campesinato indígena. Na paisagem perfeita idealizada pelos senhores de engenho, suas propriedades seriam circundadas por canaviais até a maior distância possível. Então, nos limites das suas terras, haveria aldeias de "índios domesticados" que manteriam à distância as tribos selvagens do sertão e também cultivariam grandes quantidades de mandioca e outros alimentos. É claro que se os nativos trabalhassem ocasionalmente nos engenhos, tanto melhor. Mesmo no final do século XVI, a Coroa ainda fazia referências aos benefícios de haver índios cultivando terras vizinhas aos engenhos dos portugueses.[50] É certo que a população dos engenhos às vezes adquiria alimentos de indígenas agricultores, todavia isso era feito esporádica e casualmente. O que acabou por emergir no Recôncavo foi uma divisão geográfica entre o produto exportável, o açúcar, e as culturas alimentícias para o consumo local. A produção em grande escala de mandioca foi deslocada para o litoral sul do Recôncavo e ainda mais para o sul, até Cairu, Camamu e Ilhéus. A classe agrícola que se desenvolveu associada a essa atividade não era indígena, mas uma população mista de mamelucos e mulatos.[51]

Tendo falhado em criar um campesinato indígena, os jesuítas justificaram a continuação de seu controle sobre as aldeias enfatizando o suprimento de força militar e de trabalho que seus tutelados representavam. Na Bahia, no início da década de 1580, as aldeias jesuíticas forneceram cerca de quatrocentos a quinhentos trabalhadores aos colonos, sob um sistema de trabalho contratado. Os índios recebiam um parco salário mensal de 400 réis, que mal chegava a um terço do salário de um barqueiro comum, contudo até mesmo essa quantia muitas vezes nunca era paga.[52] Ainda assim, os senhores de engenho sentiam-se incomodados com o controle de seus trabalhadores por jesuítas.

Os senhores de engenho certamente não eram infensos à contratação de trabalhadores assalariados se pudessem obtê-los em quantidade suficiente e sob condições favoráveis. Já em 1561 colonos da Bahia haviam tentado empregar índios pagando-lhes salários (soldada), e os registros do Engenho Sergipe indicam que os índios de fato prestaram serviços em troca de pagamento, embora geralmente ganhando muito menos que brancos, negros livres ou mulatos.[53] A Coroa, ao legislar sobre o assunto em 1596, demonstrou claramente sua intenção de integrar os índios mansos à colônia como trabalhadores assalariados.[54] Essa lei indica, ao mesmo tempo, a existência de outros padrões em formação. Determina taxativamente que os trabalhadores nativos não poderiam permanecer por mais de dois meses contínuos a serviço do engenho e que não era permitido adiantar-lhes o pagamento. Isso sugere que os senhores de engenho poderiam estar recorrendo a uma forma de escravidão econômica como resposta às suas necessidades de mão de obra. A Coroa proibiu o uso dos índios por jesuítas e colonos, a menos que fossem pagos "como homens livres e como tais tratados".[55] Jamais saberemos se os moradores das aldeias ou outros índios ao alcance do controle português teriam ou não atendido às demandas da indústria açucareira como trabalhadores livres. Os salários que os senhores de engenho estavam dispostos a pagar eram baixos demais para criar um mercado de trabalho adequado, pois havia a alternativa de conseguir outro tipo barato de mão de obra, na forma de escravos índios.[56]

UM CONTATO FUNESTO: REAJUSTAMENTOS ENTRE PORTUGUESES E INDÍGENAS

A dependência dos portugueses com relação aos índios, quer como escravos, quer como tutelados dos jesuítas, estava sujeita a outras limitações. O contato intensivo com os europeus nas aldeias e nos engenhos tornava os índios crescentemente suscetíveis a doenças europeias. Já em 1559 relatava-se a existência de uma peste que assolava a costa brasileira.[57] A doença, provavelmente varíola (bexigas), alastrou-se em direção ao norte. Em 1559 ou 1560, matou mais de seiscentos escravos indígenas no Espírito Santo em tão pouco tempo que precisavam ser enterrados dois corpos em cada cova.[58] Não se tem ideia do número de mortos entre os nativos livres. Em 1561, os efeitos da mortalidade crescente faziam-se sentir no Recôncavo; o padre Leonardo do Vale relatou que era chamado diariamente para tratar de escravos doentes, às vezes em dois ou três lugares diferentes simultaneamente.[59] A epidemia atingiu o auge em 1562. Milhares pereceram. As estimativas são de 30 mil mortos entre os índios sob jugo português, sem mencionar as incontáveis vítimas no sertão, onde a doença se alastrou à medida que os nativos fugiram das condições mortíferas do litoral. O padre Leonardo do Vale escreveu sobre crianças que morriam no seio das mães por falta de leite, sobre pessoas tão debilitadas que não podiam cavar sepulturas para os mortos ou sequer içar água para os vivos. A mortandade atingiu um terço de todos os índios nas aldeias jesuíticas. Nos engenhos os efeitos foram igualmente virulentos. Em algumas propriedades, morreram de noventa a cem escravos.[60] No ano seguinte não houve trégua. Em 1563, uma segunda epidemia, desta vez o sarampo, abateu-se sobre a já combalida população. Talvez mais 30 mil tenham morrido.[61] Naturalmente o sarampo revelou-se muito mais letal para os índios que para os portugueses. Entre estes últimos, o sentimento geral era o assombro, como evidenciado por esta declaração que tanto lembra os testemunhos relativos a catástrofe semelhante ocorrida no México no século XVI: "A gente que de vinte anos a esta parte é gastada nesta Bahia, parece coisa que se não pode crer; porque nunca ninguém cuidou que tanta gente se gastasse nunca, quanto mais em tão pouco tempo".[62]

Os efeitos das epidemias de 1562-3 foram arrasadores para a estrutura social e econômica da colônia. A concentração dos portugueses na produção do açúcar para exportação e sua dependência com relação aos gêneros alimentícios nativos sempre os deixara, mesmo nas épocas mais favoráveis, em situação instável. Desta feita, com a dizimação dos índios, as principais fontes de víveres foram completamente destruídas, e a fome grassou. Portugueses sofreram privações e índios morreram de inanição. Alguns nativos, desesperadamente famintos, preferiram entregar-se voluntariamente à escravidão a perecer. Os que tomaram essa decisão talvez tivessem imaginado que sua servidão seria temporária, mas descobriram depois que tal não sucederia.[63]

Apesar de, em alguns casos, essas crises fatais ocorridas na década de 1560 terem facilitado a escravização de índios ainda ao alcance dos portugueses, elas também tornaram claros os perigos inerentes à dependência com relação à mão de obra autóctone.[64] Os colonos ainda não estavam preparados para abandonar essa fonte de braços para o então crescente número de engenhos, entretanto a instabilidade da saúde e da expectativa de vida do gentio fazia deles um investimento de alto risco. Essa situação contribui para explicar por que os preços dos escravos índios eram muito menores que os dos africanos, por que estes últimos tinham mais chance de serem treinados para tarefas especializadas nos engenhos e por que os colonos não eram totalmente contra o desenvolvimento de um sistema de trabalho assalariado. Nas décadas de 1570 e 1580 vários esquemas foram tentados para trazer índios ainda não submetidos do interior para atender às necessidades de mão de obra dos engenhos. Porém, em face da crescente oposição da Coroa à escravização das demandas cada vez maiores da economia açucareira e do catastrófico exemplo da década de 1560, os colonos voltaram-se para a fonte de braços fornecida pelo tráfico atlântico de escravos. Não foi casual o fato de a importação de grande número de africanos ter começado na década de 1570, seguindo-se à peculiar conjunção de fatores demográficos, econômicos e políticos que evidenciaram os riscos de uma economia alicerçada no trabalho escravo ou forçado de indígenas.

Ainda assim, os colonos persistiram. Quando os habitantes locais eram dizimados por guerras, doenças ou excesso de trabalho, ou quando seu número tornava-se tão reduzido que não mais correspondia às necessidades de mão de obra dos colonos, importavam-se índios de outras regiões. Uma política implícita, porém comum, durante todo o período colonial foi o deslocamento inter-regional forçado de indígenas. Essa política trouxe pelo menos três benefícios evidentes para os portugueses. Primeiro, permitiu aos europeus aproveitarem a habilidade militar de seus aliados nativos, usando-os contra povos ainda não submetidos ao jugo português. Segundo, afastava povos potencialmente perigosos de seu ambiente nativo e colocava-os em um meio estranho, onde seriam menos ameaçadores. Finalmente, permitia aos colonos preencher um hiato sempre crescente na sua força de trabalho.

Foram frequentes as petições para que trouxessem nativos do interior para as zonas açucareiras (descimentos) no final do século XVI e durante o século seguinte, o período de transição do trabalho autóctone para o importado. A lei de 1570 proibindo a escravização sem dúvida serviu de estímulo à procura de novas fontes de mão de obra. Tanto os jesuítas quanto os colonos dedicaram-se à reunião e ao transporte de grupos tribais, por razões muito diferentes ou muito semelhantes, consoante o lado do debate em que nos colocamos. Em 1571 foram levados para as aldeias baianas quinhentos a seiscentos indivíduos. A conquista de Sergipe de El-Rey em 1575-6 resultou em mais 4 mil pessoas conduzidas ao Recôncavo. Operações militares no sertão de Orobó reduziram outros 20 mil aborígines ao controle português.[65]

Um caso específico ilustra o modo como a política de migração forçada ajudou os portugueses a manter e a estimular a indústria açucareira. Em Ilhéus, os ataques incessantes dos aimorés haviam paralisado a produção de açúcar e a situação complicara-se ainda mais devido à ausência de outras tribos que pudessem fornecer mão de obra para os engenhos. A solução encontrada foi trazer de fora índios não hostis e utilizá-los como força defensiva. Segundo o cronista frei Vicente do Salvador, a guerra contra os aimorés só podia ser levada a cabo por "outro gentio, bicho do mato como eles".[66] O povo escolhido para essa tarefa foi o potiguar, um grupo tupi da Paraíba e de Pernambuco que podia arregimentar cerca de 60 mil guerreiros e que já havia auxiliado os portugueses em outras ocasiões. Não escapou aos europeus que esse também seria um expediente para que "divertidos com isto os potiguares e tirados da pátria não tornassem a rebelar-se".[67]

Os potiguares relutaram em aceitar essa missão, e foi devido à intercessão dos jesuítas que oitocentos guerreiros finalmente concordaram em ir, sob a condição de que pudessem retornar tão logo cessassem as hostilidades. Ao chegarem à Bahia, por volta de 1601, a ameaça representada pelos aimorés já se havia abrandado. Mas apesar disso os portugueses mostraram-se relutantes em deixar seus "aliados" partirem. Um grupo de oitenta arqueiros foi mandado para Ilhéus, enquanto o resto foi posto à disposição dos engenhos do Recôncavo. Os potiguares perceberam que haviam sido logrados e ameaçaram sublevar-se, mas a intervenção dos jesuítas novamente evitou derramamento de sangue. Como resultado, os potiguares permaneceram na Bahia, em posições de defesa nas proximidades dos engenhos, porém certamente também como trabalhadores.

Os que foram enviados a Ilhéus não corresponderam às expectativas dos colonos daquela capitania. O senado da câmara de São Jorge reclamou que os guerreiros não tinham ido com suas esposas e famílias e não eram suficientes para atender às necessidades da indústria açucareira. Embora admitissem ter recebido alguns índios do Espírito Santo, achavam que os jesuítas podiam trazer mil arqueiros e suas famílias para suprir a demanda de braços para o trabalho e a defesa dos engenhos.[68] Tais esperanças nunca se concretizaram e, na verdade, a presença dos potiguares revelou-se uma faca de dois gumes. Em 1603, Domingos Fernandes da Cunha, administrador do Engenho Santana, queixou-se de que os potiguares instalados em uma aldeia vizinha não ofereciam nenhuma proteção contra tribos hostis e comiam toda a cana-de-açúcar que lhes caía nas mãos.[69] Não obstante, pensava, como tantos outros que se dedicavam à indústria açucareira, que com a ajuda de Deus e o uso dos índios havia chances de se obterem lucros.

Assim, durante os séculos XVI e XVII, os colonos encararam o controle dos indígenas pelos jesuítas com os olhos cobiçosos de quem vê o lucro fácil a um passo, mas não consegue alcançá-lo. Gaspar da Cunha, feitor do Engenho Sergipe, escreveu em 1585 a seu patrão absenteísta, o conde de Linhares, que as aldeias instaladas nas proximidades protegeriam as fronteiras e ajudariam as operações do engenho, e recomendava que se apresentasse uma petição com essa finalidade.[70] O conde de Linhares, o duque de Aveiro e alguns outros conseguiram obter autorização para que índios se estabelecessem próximos às suas propriedades.[71] A Coroa não era cega aos problemas dos senhores de engenho, nem aos seus próprios interesses de cunho fiscal. Em 1587 emitiu um alvará reconhecendo os benefícios que as aldeias de índios do sertão traziam às fazendas e engenhos de seus súditos, contudo o controle que os jesuítas acabaram por exercer sobre esses povoados impuseram restrições a seu uso, restrições estas que os colonos não estavam dispostos a aceitar.[72] Mesmo assim, persistiram em suas petições ao longo do século XVII e, ocasionalmente, conseguiram fazer progressos com alguns governadores solidários à causa, como Diogo de Meneses (1608-12).[73]

SANTIDADE E RESISTÊNCIA

Enquanto os colonos, o clero e a Coroa debatiam os méritos relativos das várias políticas adotadas, os índios procuraram decidir sua própria sorte. Grupos tentaram, desde o início, resistir à dominação dos portugueses pela fuga ou pelas armas, métodos esses que forneciam aos europeus uma desculpa para escravizá-los alegando a "guerra justa" prevista na legislação régia. Mesmo quando submetidos, muitos índios revelavam-se indóceis. As oportunidades de fugas individuais eram muitas, e sempre que operavam em seu território nativo a vantagem de "estar em casa" tornava difícil controlá-los. Também houve tentativas de resistência coletiva. Em 1567, uma revolta geral abalou o Recôncavo. Em alguns lugares, os senhores foram mortos quando os escravos abandonaram em massa os canaviais. Somente a intercessão dos habitantes das aldeias controladas pelos jesuítas pôs a situação novamente sob controle, devolvendo os cativos a seus donos.[74] Esses movimentos em grande escala foram raros, mas um deles, no sul da Bahia, foi tão duradouro e tão indicativo do choque entre as culturas e economias indígena e europeia que merece atenção especial.

Os portugueses chamavam o fenômeno de "santidade". Foi um clássico exemplo de "religião dos oprimidos", um culto sincrético e messiânico, cujo objetivo era dar início a uma era de bem-aventurança pondo fim ao jugo da escravidão imposta pela dominação e cultura portuguesas. O movimento foi observado primeiramente em São Vicente em 1551, mas assenhoreou-se de Ilhéus e do sul do Recôncavo Baiano, onde floresceu.[75]

De modo geral, o culto da santidade parece ter sido uma combinação da crença dos tupinambás em um paraíso terrestre com a hierarquia e os símbolos do catolicismo. Centrava-se em ídolos feitos de cabaças ou pedra, dos quais se dizia possuírem poderes sagrados. Embora tivessem vários formatos, suas funções e atributos parecem ter sido os mesmos. Dotavam seus seguidores de força contra os brancos, e suas vitórias trariam o mundo perfeito do paraíso tupinambá. As enxadas lavrariam os campos sozinhas, os arcos disparariam floresta adentro à procura de caça enquanto os caçadores descansariam nas aldeias. Os idosos voltariam à juventude, todos poderiam ter muitas esposas e todos os inimigos seriam destruídos ou capturados e comidos. Em honra aos "santos", entoavam-se novos cânticos, realizavam-se cerimônias que podiam durar dias a fio e consumiam-se grandes quantidades de bebida alcoólica e infusões de tabaco. Aparentemente esses rituais visavam induzir transes catatônicos nos participantes.[76]

É patente que o movimento vingou entre os indígenas que tiveram contato com os portugueses. Os líderes principais eram ex-escravos, embora os índios residentes nas aldeias também aderissem ao culto. Pelo menos um dos líderes fora criado pelos jesuítas. Seguidores da santidade constaram de registros históricos em lugares e épocas diferentes. Apesar de algumas variações nos detalhes de sua vida religiosa, fica evidente que foram consideravelmente influenciados pelo contato com o catolicismo. Os símbolos e a hierarquia da Igreja foram adotados. Os líderes proclamavam-se "papas" e nomeavam bispos.[77] Despachavam-se "missionários" para difundir o culto e pregar a resistência contra os portugueses. Fernão Cabral de Ataíde, que em 1585 ou 1586 permitira que um grupo vivesse em terras de sua fazenda, relatou mais tarde à Inquisição que eles haviam instalado um ídolo chamado Maria em uma "igreja" na sua propriedade. Rezavam usando um terço e chegaram mesmo a suspender algumas tábuas gravadas com símbolos dentro da igreja, a título de orações sagradas.[78]

A religião dos europeus, que os ajudara na conquista da terra e na destruição dos costumes tradicionais, seria agora usada contra os opressores. O movimento não era um refúgio no misticismo, mas a base da oposição aos portugueses. Na década de 1560, os engenhos e as fazendas sofreram ataques. Os jesuítas foram forçados a suspender suas atividades ao sul do rio Paraguaçu, e o fato de a grande peste de 1563 ter-se iniciado na região da santidade foi encarado como um sinal da indignação de Deus ante aquela heresia.[79] Por volta do final daquela década a retaliação dos portugueses e a peste aliaram-se para refrear o movimento.

A resistência através da pregação do culto da santidade não desapareceu com a repressão portuguesa da década de 1560. O movimento não trouxe a existência paradisíaca para seus seguidores, mas sua ideologia e objetivos políticos haviam-se desenvolvido o suficiente para sua manutenção em um contexto de hostilidade por parte dos colonos. Os registros históricos desse culto, extremamente fragmentários, indicam que durante todo o período de 1560 a 1627 a santidade sobreviveu no sul da Bahia como um movimento religioso sincrético, no qual inicialmente índios e mais tarde africanos ou crioulos fugidos uniam-se em operações militares contra povoados habitados por portugueses e especialmente contra as plantações de cana-de-açúcar e os engenhos do sul do Recôncavo.[80]

Por várias vezes, o culto pareceu ter sido exterminado pelos oficiais coloniais ou pelos jesuítas. Em 1585, o "papa" de um dos grupos de seguidores foi capturado pelas autoridades quando um grupo de índios aculturados, que fugira para juntar-se ao movimento, decidiu comprar o perdão dos portugueses traindo o líder da seita. O governador retribuiu-lhes o favor deixando que os vira-casacas determinassem a punição do homem. Na aldeia administrada pelos jesuítas em que residiam, eles o arrastaram, arrancaram-lhe a língua e então o enforcaram.[81] O movimento claramente não dependia do carisma de um só homem, pois apenas três anos mais tarde o regimento a Francisco Giraldes mencionava o perigo constante representado por grupos de escravos fugidos e índios hostis em Jaguaripe, a região da santidade.[82]

Na primeira década do século XVII, com o desenvolvimento da indústria açucareira e o aumento da população escrava, o culto tornou-se mais inquietante e ameaçador. O número crescente de escravos africanos fugidos que se juntavam às aldeias dos seguidores da santidade parecia criar uma situação particularmente perigosa. Em 1610, o governador Diogo de Meneses relatou que havia mais de 20 mil índios e escravos fugidos em tais aldeias, onde continuava a nomeação de "bispos e papas". Embora Diogo de Meneses, ferrenho advogado da escravidão do gentio, possa ter exagerado esse número para melhor convencer a Coroa da necessidade de ação militar, não há dúvida de que a santidade ainda existia.[83] Em 1613, a metrópole foi por fim levada a agir diretamente contra os índios e africanos fugidos que "vivem idolatrando e chamando as suas povoações Santidade, saindo delas muitas vezes a roubar e matar nas aldeias e engenhos".[84] Devido aos erros religiosos dos índios, e principalmente aos efeitos que provocaram sobre a indústria açucareira e por consequência sobre o tesouro real, a Coroa propugnou uma guerra de extermínio para destruir as aldeias, devolver os fugitivos a seus legítimos donos e vender os índios como escravos para outras capitanias. A metrópole também expressou o receio de que, sendo os escravos fugidos aculturados (ladinos), eles poderiam induzir as aldeias a cooperar com inimigos estrangeiros, como acontecera no Panamá e nas Antilhas. Em maio de 1613, um segundo comunicado régio ao governador Gaspar de Sousa tornou claro que senhores de engenho em Jaguaripe haviam se aproveitado da preocupação da Coroa para solicitar o retorno das aldeias de índios mansos, que não só podiam proteger a fronteira contra os seguidores da santidade e defender o litoral dos invasores estrangeiros, mas também auxiliar na construção de fortificações, em obras públicas e "outras coisas".[85] A ideia de usar gratuitamente o trabalho indígena ainda não fora abandonada.

Jaguaripe e as regiões fronteiriças do sul da Bahia adentraram o século XVIII ainda em guerra contínua contra o gentio. A última referência específica à santidade foi feita em 1627. Naquele ano, um bando atacou o engenho de Nicolau Soares, matando quatro escravos e um carpinteiro e ferindo mortalmente três homens brancos. Saquearam a propriedade e levaram consigo uma índia e seu filho, além de todos os "instrumentos necessários às operações do engenho". Essa tática pode ter sido mais que um simples desejo de obter ferro, pois também em outras ocasiões fugitivos roubaram maquinaria usada no fabrico do açúcar. Era um ataque à economia da grande lavoura, nesse caso por parte de um povo que sofria particularmente com seu desenvolvimento e expansão. Significativamente, a resposta colonial também foi dada com referência à economia açucareira. O governador Diogo Luís de Oliveira organizou operações militares contra a santidade não só porque a região do Jaguaripe era uma entrada para o sertão, mas também porque fornecia a lenha de que os engenhos do Recôncavo necessitavam para produzir açúcar.[86]

O emprego da mão de obra indígena esteve sujeito a várias restrições e limitações. A tríade mortífera — guerra, doença e fome —, que seguiu na esteira da conquista portuguesa, limitou a natureza e a disponibilidade da força de trabalho indígena. As estratégias concorrentes de jesuítas e colonos com respeito à forma e controle do sistema de trabalho determinaram em grande medida a história das relações entre portugueses e índios, todavia essa rivalidade não deve mascarar o consenso básico entre senhores de engenho e missionários quanto a ser o trabalho indígena vital para o êxito da colônia. Cada lado justificava sua posição à Coroa argumentando que seu controle conduziria mais rapidamente os índios aos padrões europeus de religião, moralidade e costumes, incluindo a integração dos aborígines ao mercado de trabalho. Porém os indígenas, em sua maioria, rejeitaram a ambos. Recusaram-se a ser moldados consoante políticas e processos históricos alienígenas, por mais que isso parecesse inexorável. As ações e respostas dos nativos variaram da resistência armada à acomodação e aculturação e, desse modo, limitaram e definiram a natureza do regime colonial. Ao examinar-se a estrutura interna desses processos em relação ao estabelecimento do regime de grande lavoura e à formação e definição do modo de produção dominante na colônia, é possível definir esse regime e aventar as razões do abandono da escravidão indígena na primeira colônia de grande lavoura bem-sucedida do Novo Mundo.

3. Primeira escravidão: do indígena ao africano

Como os gentios do Brasil não têm por costume o trabalho cotidiano como os da costa da África e só lavram quando têm necessidade, vagando enquanto têm que comer, sentiam de forma a nova vida, o trabalhar por obrigação e não voluntariamente, como usavam na sua liberdade, que na perda dela e na repugnância e pensão do cativeiro morrendo infinitos, vinham a sair mais caros pelo mais limitado preço.

Sebastião da Rocha Pitta (1720)

A grande lavoura açucareira na colônia brasileira iniciou-se com o uso extensivo da mão de obra indígena. Retrospectivamente, a escravidão dos aborígines parece ter sido — e de fato foi — um momento fugaz na história da agricultura colonial de exportação do Nordeste. Contudo, dedicar a essa etapa de formação tão somente um relato sistemático de sua posição no processo de expansão europeia, ou considerá-la simplesmente um preâmbulo do que estava para suceder, é contar apenas uma parte da história. Para as pessoas que viveram naquela época, a inevitabilidade da transição era muito menos óbvia. Os índios que passaram por essa experiência habitavam um mundo cujos perímetros eram muitas vezes definidos por outrem, e os nativos foram forçados a adaptar-se a novos tipos de comportamento. Do ponto de vista dos portugueses, no período de escravidão indígena, o sistema das relações de trabalho era algo que fora pormenorizadamente elaborado. Tal período foi também aquele em que o contato entre os europeus e o gentio começou a criar categorias e definições sociais e raciais que caracterizariam continuamente a experiência colonial. Finalmente, na transição do trabalho indígena para o africano, podemos notar o reflexo das atitudes, percepções e realidades que acabaram por fundamentar o regime do engenho durante toda a sua história subsequente.

Apesar de, no passado, outros historiadores terem reconhecido essa fase de escravidão indígena, eles raramente puderam examinar as verdadeiras condições de vida e de trabalho nos engenhos durante esse período. Os índios brasileiros não deixaram documentos escritos, e os observadores jesuítas geralmente comentavam sobre os abusos e não sobre as condições específicas da mão de obra nos engenhos. Uma outra opção é o estudo da documentação dos engenhos e registros paroquiais.[1] Neste capítulo, fazendo uso de tais fontes documentais, examinaremos as formas, o emprego e as estruturas da mão de obra indígena nos engenhos baianos à época em que o braço escravo tornou-se essencial a essa economia tropical de grande lavoura.

MÃO DE OBRA INDÍGENA: TERMINOLOGIA, AQUISIÇÃO E TIPOS

A terminologia referente à mão de obra indígena por si mesma revela a posição do trabalho nativo nos planos e percepções dos portugueses. Dois pontos devem ser aqui enfatizados. Primeiramente, havia uma tendência de os europeus reduzirem todos os índios, e até certo ponto também os africanos, a uma terminologia comum, o que tende a obscurecer as distinções culturais individuais. Os portugueses reconheciam, na verdade, as diferenças entre congos e minas ou entre tamoios e tupinambás, mas elas eram secundárias em relação a classificações mais gerais. Termos menos precisos como "negro da Guiné", "índio" e "gentio da terra", eram, afinal, expressões criadas a partir das percepções europeias. Em segundo lugar, as categorias de definição e estrutura social no Brasil foram criadas, em grande medida, a partir da natureza da empresa agrícola e pela experiência anterior dos portugueses na Europa e no ultramar. Quaisquer que tenham sido os problemas de cunho filosófico e teológico provocados na Europa pela descoberta de uma nova "raça" de homens, os portugueses no Brasil tenderam a fazer uso de modelos já conhecidos, especialmente os baseados na experiência recente dos contatos com africanos e da lavoura nas ilhas atlânticas.

Essa situação pode ser claramente percebida a partir da expressão "negro da terra", utilizada com frequência tanto por jesuítas quanto por colonos para designar os índios. "Negros da terra" era um termo correlato à denominação dos africanos como "negros da Guiné". Na Idade Média, em Portugal, a palavra "negro" tornara-se quase sinônimo de escravo, e com certeza no século XVI ainda tinha implicações de servilismo. Seu uso para qualificar os índios patenteia o modo como os portugueses encaravam os africanos e indígenas, não tanto com respeito à cor da pele, mas à sua posição social e cultural em relação aos portugueses. No decorrer do século XVI o emprego comum do termo "negro da terra" desapareceu gradualmente à medida que aumentou o número de africanos introduzidos na colônia. Esse desaparecimento foi, na verdade, concomitante à extinção da escravidão indígena.[2]

Várias expressões eram utilizadas para designar os índios não escravizados mas submetidos ao controle e direção dos portugueses. Chamavam-nos "índios aldeados", "índios sob a administração" ou, mais comumente, "forros". Este último termo dá margem a uma certa confusão, pois era igualmente usado para o escravo alforriado, porém, no século XVI a palavra em questão não foi empregada exclusivamente nessa última acepção. "Índios forros" eram não só os libertos, mas também os que, apesar de não terem sido escravizados, estavam submetidos aos portugueses, em especial, embora não exclusivamente, aos jesuítas. Os engenhos da Bahia utilizaram essas três categorias de índios durante o século XVI.

Os engenhos do Recôncavo obtiveram força de trabalho indígena através de três métodos principais: escravização, escambo e pagamento de salários. A lei de 1570 proibia a escravização ilegal de povos nativos, mas permitia a aquisição de cativos resgatando-os através de escambo com seus captores. Teoricamente o resgate objetivava salvar os que já estavam condenados a uma morte cruel nas mãos de seus inimigos tradicionais. Tratava-se, portanto, de um favor, que os nativos deveriam retribuir com trabalho. Essa prática dava margem a muitos abusos, mas assim mesmo decidiu-se, em 1574, proceder com cautela na restrição aos resgates, "dada a necessidade que estas fazendas têm de índios".[3] Uma junta especial de administradores civis, o ouvidor-geral e os jesuítas resolveram-se por essa linha moderada porque "no Brasil não serão fazendas ou comércio sem índios". Assim, o resgate continuou a ser praticado, juntamente com as "guerras justas" contra os que se recusavam a aceitar a soberania portuguesa ou a receber os missionários católicos. Em 1574, o Engenho Sergipe possuía mais de cinquenta índios trazidos recentemente por uma expedição de resgate; um inventário da propriedade feito por volta daquela época continha referências a machados, tecidos e facas destinados à troca por indígenas resgatados.[4] Essa prática permitia aos colonizadores portugueses obter cativos sem precisar denominá-los escravos, e isso possibilitava a continuação de uma forma de trabalho forçado.

Os índios já escravizados podiam ser transferidos de um proprietário a outro e, segundo o procedimento tradicional, os filhos de escravas permaneciam cativos. Entretanto, o crescimento natural — elemento adicional na aquisição de mão de obra indígena — foi mais do que compensado pelo decréscimo populacional devido às guerras intermitentes e às moléstias epidêmicas. Em 1582, uma peste assolou Ilhéus e provocou tantas mortes que os engenhos não puderam funcionar por cinco meses. O despovoamento, combinado aos ataques dos aimorés, prejudicou consideravelmente a economia açucareira dessa região.[5]

Enquanto a labuta e as doenças dizimavam a população nos engenhos, desastres naturais e a pressão dos portugueses traziam do interior novos trabalhadores.

Em 1599, um grupo de tapuias impelidos pela fome apareceu no Engenho Santana, em Ilhéus, e foi usado como mão de obra.[6] Em 1603, novamente havendo escassez de braços, um grupo de dezoito índios foi trazido do sertão; foi também nessa época que os potiguares de Pernambuco foram levados para Ilhéus.[7]

Na década de 1580, a legislação régia e a crescente eficácia dos jesuítas começaram a criar problemas para os que desejavam obter trabalhadores indígenas por meio de resgate e "guerra justa". Após visitar a capitania da Bahia em 1588-9, o jesuíta Cristóvão de Gouveia recomendou que se recusasse o sacramento da confissão a todos os que se envolvessem em resgate de índios.[8] Ademais, a competência dos jesuítas em supervisionar as atividades de índios livres na esfera de influência portuguesa começou a criar dificuldades para os colonos. Em 1598, Rui Teixeira, administrador do Engenho Sergipe, queixou-se a seu empregador absenteísta, o conde de Linhares, de que uma nova lei tornara os jesuítas "senhores dela [da terra] e dos índios que com nome de forro os servem, e são mais seus cativos que os escravos da Guiné". Lamentava que não sobravam índios para o resgate e afirmava perceber que nada podia ser feito a esse respeito. "Não falarei mais disso, pois são assuntos que não têm remédio — que Deus tenha piedade de nós."[9]

Encontrando crescentes dificuldades em obter sem empecilhos a mão de obra nativa, o conde de Linhares e outros proprietários passaram a pedir permissão régia para estabelecer aldeias indígenas nas proximidades de seus engenhos. Alguns conseguiram essa autorização, em geral os casos excepcionais em que o requerente era um fidalgo de prestígio, com grande influência política na Corte. Assim, o fato de o conde de Linhares ter obtido licença para trazer índios do sertão e instalá-los em aldeias sob sua proteção tornou a situação dos engenhos Santana e Sergipe um tanto atípica. Não obstante, outros engenhos utilizavam o trabalho de nativos das aldeias jesuíticas ou contratavam os aborígines diretamente, portanto o emprego de índios livres ou forros não foi desconhecido pelos senhores de engenho do Recôncavo. De fato, a leitura dos registros da Inquisição na Bahia em 1591-2 chama-nos a atenção para a presença de nativos na vida cotidiana da capitania, sua participação em expedições ao sertão e seu papel no Recôncavo.[10]

Os índios livres eram empregados em tarefas específicas nos engenhos. No Engenho Sergipe foram usados principalmente como força de trabalho auxiliar, fazendo serviços de manutenção ou secundários à atividade de produção do açúcar. Foram encarregados de limpar e consertar o sistema hidráulico, trabalhar nos barcos, pescar, caçar e cortar lenha.[11] O acesso aos índios das aldeias permitia aos senhores de engenho concentrar seus escravos nas tarefas fundamentais do fabrico do açúcar, em que os retornos sobre os investimentos eram mais elevados. O proprietário do Engenho Sergipe pagava o dízimo pela aldeia situada nos limites de seu engenho e provavelmente achava essa despesa compensadora.[12] Também foram empregados outros índios livres. No século XVI, os principais ajustes com os trabalhadores baseavam-se em troca de mercadorias pelo cumprimento de tarefas específicas; isso explica o registro da construção de um curral no Engenho Sergipe em troca de algumas lâminas de faca, ou o corte de um canavial por um grupo de tupiniquins no Engenho Santana, aos quais se pagou com machadinhas de ferro.[13] Referências semelhantes são encontradas nos livros contábeis do século XVII.[14] Nessa época, entretanto, os índios trabalhavam por salários (embora com certas limitações). Nos engenhos baianos, a escravidão, o trabalho dos índios das aldeias jesuíticas, o escambo e o assalariamento existiram simultaneamente. A importância relativa da predominância de cada forma de trabalho variou conforme o local e a época, embora a tendência geral tenha sido a passagem da escravidão para tipos de trabalho voluntário remunerado. O acesso à mão de obra de índios livres permitia aos senhores de engenho concentrar o capital investido em escravos nos aspectos fundamentais da produção e onde o trabalho contínuo justificasse o capital fixo que os cativos representavam.

COMPOSIÇÃO ÉTNICA DA POPULAÇÃO ESCRAVA INDÍGENA

As relações de nomes dos escravos índios em inventários de engenhos possibilitam-nos aventar algumas conclusões sobre a composição da força de trabalho escrava indígena na Bahia no século XVI. Conforme o esperado, muitos indivíduos arrolados nos inventários dos engenhos Sergipe e Santana em 1572-4 eram tupinambás, nativos da região litorânea da Bahia. Alguns traziam indicações adicionais de procedência, tais como *taparique* (da ilha de Itaparica), *Tamamaripe*, *tapecuru* (rio Itapicuru) e *Peroaçu* (rio Paraguaçu), ou de termos descritivos tupi-guarani de uso comum, como *açu* (grande) ou *merim* (pequeno). Outros nomes parecem claramente ser de origem tupinambá. A Tabela 1 apresenta alguns dos nomes tupis mais evidentes.

Vários problemas tornam imprecisa uma análise etimológica, alguns dos quais revelam, eles próprios, características da vida no engenho. Sem contar as dificuldades usuais com palavras equivalentes em mais de uma língua, os portugueses que registraram esses nomes transformaram-nos em sons e ortografia adequados a uma língua latina. Permaneceu o que os portugueses ouviram, e não o que os índios disseram. Os próprios portugueses sentiam-se confusos às vezes perante as línguas indígenas, e nem sempre tinham certeza quanto às origens tribais de seus escravos. Frases do tipo "pela língua que não é cristão" indicam que os portugueses estavam inseguros com relação ao tronco linguístico de alguns cativos.[15] No Engenho Sergipe, um dos feitores do campo, Tristão Pacheco, também servia como intérprete da "língua do gentio".[16] Portugueses e mestiços, leigos e clérigos que falavam línguas indígenas tinham, em geral, orgulho desse seu predicado e empenhavam-se em apregoá-lo à Coroa e a outras autoridades, uma vez que era uma habilidade necessária e valiosa no século XVI e início do XVII.[17]

Identificações locais e etnográficas mostram que os engenhos recrutavam cativos indígenas com origens geográficas e culturais bastante variadas. Entre os escravos do Engenho Sergipe encontravam-se não só tupinambás da própria região, mas igualmente povos trazidos de Sergipe de El-Rey, ao norte, do rio das Contas, ao sul, e do sertão do rio São Francisco, a oeste, bem como um grande contingente vindo de Pernambuco. Também foram arrolados carijós, tamoios e caetés, todos do tronco linguístico tupi e provenientes de regiões distantes da Bahia centenas de quilômetros.[18] Embora o número elevado de índios do sul nos engenhos Sergipe do Conde e Santana possa ter sido um caso extraordinário, a existência de trabalhadores nativos não o foi. A Igreja de Nossa Senhora da Purificação, no Engenho Sergipe, arrolou mais de 25 pessoas que empregaram nativos escravos ou forros no período de 1595 a 1626. Os aborígines foram o elemento fundamental da força de trabalho baiana durante esse período.[19]

Nem todos os índios dos engenhos eram tupis. Nos registros da década de 1570 e 1591 dos engenhos Sergipe e Santana, encontram-se amiúde nomes tapuias. Outras referências étnicas aparecem esparsamente, como por exemplo, a menção a alguns ñambipiras. Ambos os inventários da década de 1570 contêm, adicionalmente, muitas informações que aparentam referir-se a origens étnicas ou tribais, embora não se possa afirmá-lo com certeza (tinguá, tarabe, taipe). Infere-se daí que esses dois engenhos em particular e, provavelmente, todos os que na Bahia

TABELA 1 — ETIMOLOGIA DE ALGUNS NOMES PRÓPRIOS EM LÍNGUA TUPI, ENGENHO SERGIPE, 1572-4

NOME	PROVÁVEL DERIVAÇÃO
Pejuira	peju = soprar; ira = separar (interrogativo)
Pedro rari	rari = nascido
Itaoca	Ita = pedra; oka = casa
Ocaparana	Oka = casa, parana = mar
Mandionagem	Mandio = mandioca; nhaê = panela
Antônio Jaguare	Jaguare = iâguara = jaguar
Francisco Tapira	Tapira = tapira = boi
Birapipo	Bira = ybyra = madeira; pipó é um interrogativo
Cunhamocamarava	Kunhãmuku = moça em idade casadora; maravamarabá = filho de índio com forasteiro
Ubatiba	Uba = porto, coxas, ovas de peixe; tyba é uma desinência que indica plural

Fonte: DHA, v. III, pp. 89-103.

dependeram do braço indígena, empregaram mão de obra nativa heterogênea. É questão controversa se essa teria sido uma política deliberada — concebida, como se faria mais tarde com os escravos africanos, para impedir a cooperação entre os indígenas e prevenir rebeliões — ou simplesmente uma resposta à escassez de trabalhadores locais. Os senhores de engenho aparentemente percebiam a vantagem de possuir uma escravaria formada por "estranhos", pois isso dificultava a fuga. Embora pudessem ser encontrados alguns cativos provenientes do sul nos engenhos baianos, a fonte mais usual parece ter sido o interior do Nordeste.[20]

No Engenho Sergipe, índios e africanos ocupavam habitações separadas. Há razões para crer que os duzentos e tantos escravos indígenas não viviam em senzalas, tão comuns nos engenhos do século XVII, e sim em construções semelhantes às malocas dos tupinambás. O inventário menciona "duas casas de palha grandes em que se agasalham os negros [índios]".[21] As longas malocas multifamiliares dos tupinambás, segundo alguns observadores, podiam abrigar mais de duzentas pessoas, sendo, portanto, bem possível que nos engenhos tenham existido construções semelhantes.[22]

A distribuição da massa escrava indígena segundo o sexo foi notavelmente similar à encontrada posteriormente entre os cativos negros. Em geral, cerca de 60% dos indivíduos eram do sexo masculino e, entre esses, havia uma tendência natural de serem adultos jovens. É difícil determinar o estado conjugal dos escravos índios e sua capacidade de manter laços familiares a partir dos inventários dos engenhos Sergipe e Santana, uma vez que os dados conduzem a resultados conflitantes (ver Tabela 2). No Engenho Santana foram arrolados apenas dezoito homens casados em uma população adulta de 109 indivíduos (65 homens e 44 mulheres). No Engenho Sergipe, mais próximo de Salvador e talvez do alcance dos eclesiásticos, o número de homens casados era muito maior: 51, em um total de 92 homens. Não é possível determinar se essa diferença é devida a procedimentos distintos no arrolamento das unidades conjugais escravas ou a uma disparidade na composição do contingente cativo. Mais esclarecedor, talvez, seja o fato de na força de trabalho regular do Engenho Sergipe haver apenas oito mulheres não casadas, das quais três eram viúvas e duas parentes de escravos do engenho. Esses números evidenciam a já esperada preferência dos proprietários de escravos por jovens do sexo masculino.

TABELA 2 — DISTRIBUIÇÃO SEGUNDO SEXO, ENGENHOS SERGIPE E SANTANA, 1572-91

ENGENHO	HOMENS CASADOS	HOMENS NÃO CASADOS	PORCENTAGEM DE HOMENS	MULHERES CASADAS	MULHERES NÃO CASADAS	PORCENTAGEM DE MULHERES
Sergipe, 1572	51	41	61%	51	8	39%
Santana, 1572	18	47	60%	18	26	40%
Sergipe, 1591	17	19	58%	17	9	42%

A despeito dessa preferência, a natureza da escravidão indígena ocasionava a presença de unidades familiares no engenho. Os homens, frequentemente, eram acompanhados na escravidão por esposa, filhos, irmãos ou outros parentes. Esse padrão levava aos engenhos e canaviais, ou às proximidades dos mesmos, muitas pessoas cuja contribuição ao processo do fabrico do açúcar era apenas marginal. O grande engenho dos Schetz, em São Vicente, possuía 130 escravos em 1548, metade dos quais eram crianças ou velhos, de pouca utilidade para os proprietários. Ainda assim, um observador contemporâneo considerou esse contingente escravo como o melhor da região.[23] As listas dos engenhos Sergipe e Santana também indicam uma proporção elevada de escravos semiprodutivos ou improdutivos. No Engenho Santana, cerca de 25% da força de trabalho total consistia de indivíduos muito jovens, muito velhos ou muito doentes para contribuírem razoavelmente para as atividades desenvolvidas na propriedade. Obviamente essa proporção cresceu muito nos anos de doenças epidêmicas.

Mulheres como a retratada na Figura 3 compunham parte significativa da mão de obra indígena, mas não eram, via de regra, consideradas como tendo habilidades diretamente úteis ao fabrico de açúcar. Nos inventários do século XVI, as escravas foram invariavelmente arroladas como sem ocupação, e o valor que lhes era atribuído resultava especialmente de combinações de idade e condições de saúde. Sem dúvida, a suscetibilidade dos nativos a doenças diminuía-lhes o valor reprodutivo. Assim, as mulheres constituíam-se em uma categoria onipresente, mas não particularmente especializada nas operações elementares do engenho. Algumas indicações sugerem o reconhecimento no Engenho Sergipe do papel tradicional da mulher nativa na agricultura de subsistência: uma roça era mantida separadamente para suprir as necessidades alimentares do engenho; cinquenta escravos foram designados para trabalhar nessa roça, dois terços dos quais eram mulheres — proporção muito diversa da razão entre sexos encontrada para a população total do engenho. Isso implica que se reconhecia o papel das mulheres nativas em certos tipos de agricultura.[24]

Mesmo quando as doenças epidêmicas não se manifestavam seriamente, as taxas de mortalidade eram elevadas. Em 1572, ano relativamente livre de epidemias, morreram cinco escravos no Engenho Santana, o que implica uma taxa bruta de mortalidade de 43 por mil. Em 1606 a capela do Engenho Sergipe registrou 32 mortes de índios, e apenas 35 batismos. Tendo em vista que para esse período não há estatísticas precisas que nos permitam apurar as taxas globais de mortalidade, é útil compararmos os dados com os de outras regiões de composição social ou econômica semelhante. A taxa bruta de mortalidade em Pernambuco em 1774 era de quase 33 por mil, e permaneceu em torno desse nível até o final do século XIX.[25] No Maranhão, a taxa bruta de mortalidade dos indígenas em 1798 esteve próxima de 22 por mil, ao passo que para os escravos negros era pouco mais de 27 por mil.[26]

Figura 3. Trabalhadora indígena: mulher tupi "domesticada" e seu filho, com uma casa--grande ao fundo.

Portanto, o percentual encontrado para o Engenho Santana parece elevado, embora não se aproxime da taxa de 70 por mil verificada para os escravos africanos na Jamaica e em Barbados no final do século XVII.[27]

ACULTURAÇÃO E INTERAÇÃO

Para os indígenas que sobreviveram e para seus senhores e empregadores portugueses restavam ainda problemas cruciais: a iniciação no regime da agricultura de exportação em grande escala e a adoção de padrões culturais compatíveis com as suscetibilidades religiosas e sociais dos colonizadores. O ritmo e a intensidade da aculturação são difíceis, se não impossíveis, de estimar. Os nativos não podiam selecionar os aspectos da cultura europeia que julgassem mais adequados às suas necessidades; frequentemente eram forçados a adotar ou adaptar elementos materiais e intelectuais da cultura imposta considerados prioritários pelos portugueses. A crescente utilização dos salários para assegurar o trabalho indígena em princípios do século XVII foi, em certa medida, um símbolo da integração dos nativos à sociedade portuguesa. Contudo, o fato de mesmo ao final desse período tais pagamentos serem muitas vezes feitos em espécie ou com uma mistura de dinheiro e mercadorias é sinal de que o processo ainda não estava completo.

As dificuldades de submeter os nativos ao regime de trabalho dos engenhos foram discutidas no Capítulo 2. Quando possível, os portugueses empregavam os índios em atividades com as quais estes já estivessem familiarizados, mas também era preciso que alguns fossem preparados para a produção açucareira. No Engenho Sergipe, a roça de mandioca parece ter-se prestado a essa finalidade. Entre os escravos índios designados para essa tarefa havia muitos provenientes de outras regiões do Brasil além de nativos outros que não os tupinambás.[28] Essa diversidade de origens sugere que a roça de mandioca servia como introdução ao regime do engenho, um local onde os escravos recém-chegados poderiam adquirir conhecimentos sobre as regras e exigências da grande lavoura.

O primeiro sinal superficial de aculturação era a adoção de um nome português. Os inventários de 1572-4 relacionam muitos indígenas que ainda usavam exclusivamente seus nomes nativos, apesar da tendência dos portugueses de atribuir-lhes nomes que pudessem reconhecer e pronunciar sem dificuldade. Dos 191 índios do Engenho Sergipe, cinquenta ainda usavam seus nomes originais. O inventário do Engenho Santana demonstra que existiu um período de transição em que os portugueses faziam uso de um nome e os indígenas de outro. Tal situação fica evidente em registros como "Capea pela língua e pela nossa Domingas" ou "Salvador pela língua Itacaraíba".[29] A atribuição de nomes portugueses, seu reconhecimento e, por fim, sua aceitação constituíam-se em passos na direção da integração à comunidade do engenho. Quando possível, o processo era formalizado pelo batismo dos ex-pagãos. A adoção de novos nomes fora um aspecto importante na vida dos tupis, marcando mudanças no status social. Os nativos compreendiam facilmente a importância e o significado da cerimônia batismal e a relação entre um novo nome e um novo status.

A tendência, e talvez mesmo o ritmo da aculturação, são indicados por uma comparação entre os inventários do Engenho Sergipe de 1572-4 e 1591. Nos primeiros encontram-se cerca de cinquenta escravos usando unicamente nomes índios, ao passo que no último não há nenhum. Essa comparação provavelmente documenta o fato de que os nativos estavam se conformando aos padrões portugueses e que índios recém-capturados eram relativamente raros nos engenhos baianos no final do século.[30] Seu lugar era ocupado por índios nascidos em cativeiro e batizados naquele período, por índios livres e por um número crescente de escravos africanos.

A religião, naturalmente, era uma das principais vias de aculturação. A disposição dos escravos em participar dos rituais ou aceitar os sacramentos da religião católica é uma medida aproximada de sua integração à estrutura da sociedade portuguesa. Por esse motivo, o registro da capela do Engenho Sergipe é um documento valioso, a despeito de sua condição incompleta e fragmentária. Em seus assentos de casamentos (1600-26), óbitos (1598-1627) e especialmente batismos (1595-1608) evidenciam-se os padrões básicos do intercurso sexual e das responsabilidades ritualmente definidas entre os três principais grupos raciais.[31] O período coberto interessa-nos porque entre 1570 e 1630 os engenhos baianos cristalizaram-se na estrutura social que seria característica da região ao longo dos duzentos anos seguintes.

O registro da capela contém 234 assentos completos de batismos de adolescentes no período de 1595 a 1608, perfazendo cerca de 75% de total dos batizados arrolados. Desses 234 adolescentes, 171 (74%) eram filhos de escravas e, portanto, também cativos. As origens raciais das 234 mães (para as quais foi informada a designação racial) podem servir como um indicador aproximado das proporções étnicas da população, resultando na seguinte distribuição: brancas, 32%; índias, 40%; afro-brasileiras, 28%. Dada a predominância dos homens no tráfico atlântico de escravos, haveria um desequilíbrio na razão entre sexos dos afro-brasileiros, e dessa forma tais números provavelmente subestimam esse segmento da população. Não obstante, os indígenas ainda parecem ter continuado como parcela importante da população dos engenhos nos primórdios do século XVII, igualando ou mesmo superando o número de africanos e seus descendentes. Cada assento de batismo seguia uma fórmula do tipo: "5 agosto Joana menina filha de Tomé de Sousa, solteiro, e de Luísa, índia de Domingos Ribeiro; padrinhos, Brás Dias e Antônia [escravos] do mesmo Domingos Ribeiro". Essa fórmula permite-nos examinar as relações entre cinco indivíduos — o batizado, o pai, a mãe, o padrinho e a madrinha. O padrão desse relacionamento fornece informações adicionais sobre a organização social e as formas de contato entre os indivíduos. A Tabela 3 apresenta uma distribuição por grupo racial/étnico das quatro categorias.

Fica claro que para os escravos o batismo era um fato menos formal do que para as pessoas livres, especialmente os brancos. Enquanto padrinho e madrinha sempre estavam presentes quando se batizava o filho de um casal de brancos, com as crianças escravas nem sempre isso acontecia. Em cerca de 25 casos (13%), a madrinha, o padrinho ou ambos estavam ausentes na cerimônia (ou não foram registrados). Em uma ocasião, um grupo de escravos serviu de padrinhos, e em outra houve dois padrinhos e nenhuma madrinha. Tal assimetria e irregularidade não existiu nos batismos de portugueses do Engenho Sergipe. Quando os adultos pagãos eram batizados, em geral faziam-no em grupos de três ou quatro simultaneamente. Nessas ocasiões, os mesmos padrinhos poderiam servir para todos os indivíduos batizados.

Nos três principais grupos verificou-se uma forte tendência à endogamia, pelo menos nas uniões formais, sacramentadas pela Igreja. Entre 1601 e 1626, em trinta casamentos de escravos para os quais foi possível determinar a origem dos cônjuges, todos foram entre indivíduos da mesma categoria racial, embora nem sempre do mesmo grupo étnico ou linguístico.[32]

Apesar dessa tendência para a endogamia, houve intercurso sexual entre as diferentes categorias raciais. Os homens brancos, por seu papel dominante, podiam mais facilmente selecionar parceiras sexuais no seio das populações escrava e livre. Mais de 11% dos filhos de índias e 8% dos de africanas registrados no Engenho Sergipe tinham pais brancos. Se esses números forem ajustados para incluir os casos em que não se indicou o pai — sinal de ilegitimidade e relação instável ou secreta —, os percentuais elevam-se a 18,5% para as mulheres índias e quase 30% para as afro-brasileiras.

TABELA 3 — DESIGNAÇÕES RACIAIS/ÉTNICAS DE PAIS E PADRINHOS, ENGENHO SERGIPE, 1595-1608

	BRANCO	ÍNDIO	AFRICANO	NEGRO/CRIOULO	MULATO	DESCONHECIDA[a]
Pai	61	42	27	6	0	98
Mãe	43	54	33	8	3	93
Padrinho	132	9	6	7	0	70
Madrinha	59	21	8	7	7	114

(*a*) O grande número de desconhecidos (98) na categoria dos pais é decorrente de uniões ilegítimas e de o pai não estar presente no batizado. Para mães, padrinhos e madrinhas, os casos desconhecidos devem-se à inexistência do registro dessa informação ou a lacuna nos documentos.

Existiam também oportunidades para o contato entre africanos e índios nas habitações dos escravos. Os inventários do Engenho Sergipe arrolam vários exemplos de africanos e indígenas que constituíram unidades familiares permanentes. Foi esse o caso de Domingos Valente, mestre de açúcar, casado com Luísa, gentio da terra, pai de dois filhos; foi igualmente o caso de Marcos, escravo da Guiné, casado com Marta, índia.[33] Entretanto é mais marcante a escassez relativa de uniões desse tipo no registro da capela. Arrolaram-se apenas dois casos de crianças filhas de casais desse tipo; ambos os casais, ao contrário dos mencionados anteriormente, eram de homens índios e mulheres africanas. Parece, portanto, que no período de transição da escravidão indígena para a africana, a maioria dos nativos casou-se ou teve relações sexuais com outros índios e manteve-se, em grande medida, separada sexualmente dos demais. A miscigenação ocorrida foi mais frequentemente entre brancos e indígenas ou entre brancos e africanos.[34] É interessante notar que na Bahia no século XVI não se usavam termos distintos para designar os filhos de índios e africanos. A palavra "mameluco" era empregada para qualquer pessoa de descendência mestiça quando um dos pais era índio.[35] Foi somente no século XVIII que "cafuso" ou "curiboca" passaram a ser utilizados para denominar a prole resultante de uniões entre indígenas e africanos.

Segundo a doutrina e as práticas da Igreja Católica, o papel dos padrinhos era vital para a formação da criança. Os laços entre o afilhado e os padrinhos eram tão fortes quanto entre o filho e os pais. Paralelamente, o conjunto de laços entre pais e padrinhos estabelecia obrigações e dependências mútuas. Ao examinar referidos laços, podemos observar algumas das formas de interação entre escravos e senhores.

O padrinho exercia a importante função de representante da criança no batismo e de seu guardião e protetor em potencial. Apadrinhar alguém implicava verdadeiramente assumir obrigações, e não era raro um afilhado acabar dependendo dos padrinhos para conseguir assistência econômica ou proteção. Adicionalmente, em geral era o padrinho quem pagava as despesas por ocasião do batizado. A posição do padrinho, portanto, era de respeito e prestígio. Não é, pois, surpreendente encontrar um percentual elevadíssimo de brancos como padrinhos nos batizados examinados. Não eram só os pais brancos que escolhiam um padrinho branco, mas também os índios e africanos. Em mais de 80% dos batismos de filhos de mulheres índias os padrinhos foram brancos. Índios serviam de padrinhos em apenas nove casos, e nos seis em que foi possível identificar a origem étnica dos pais, todos eram casais de nativos. Os africanos encontravam-se em posição semelhante à dos índios e, como eles, procuravam continuamente os brancos (ou tinham de aceitá-los) para apadrinhar seus filhos. A predominância dos brancos como padrinhos pode ser vista na Tabela 4.

O padrão que mais se evidencia a partir dos dados referentes aos padrinhos é uma acentuada diferença entre padrinhos e madrinhas. A seleção das madrinhas parece ter sido baseada em critérios diferentes da dos padrinhos, pois é muito mais

TABELA 4 — ÍNDICE DO PRESTÍGIO DOS PADRINHOS

	PAIS	PADRINHOS	RAZÃO
Brancos	104	191	1,84
Índios	96	30	0,31
Afro-brasileiros	64	13	0,20

Fonte: ACMS. Conceição da Praia (Engenho Sergipe), batismos.

comum encontrarmos índias e afro-brasileiras desempenhando aquele papel. As mulheres brancas raramente amadrinhavam crianças escravas. E as mães índias procuravam madrinhas também índias. O padrinho podia ser branco, pois como protetor e benfeitor teria melhores condições de ajudar a criança, mas a madrinha era considerada uma auxiliar na sua criação e a substituta da mãe se porventura esta morresse. Embora tenha havido alguns casos em que índias serviram de madrinhas a filhos de africanas ou mulatas, que por sua vez eram madrinhas de filhos de mulheres indígenas, a grande maioria dos exemplos indica que índios, africanos e brancos escolhiam para comadres mulheres da mesma categoria racial. Em geral, a madrinha escrava pertencia ao mesmo proprietário de um ou de ambos os pais.

Algumas estatísticas mostram claramente essa situação. Enquanto os homens cativos perfaziam menos de 12% do total dos padrinhos arrolados, as mulheres escravas constituíam mais de 30% das madrinhas. Se considerarmos apenas os batizados de escravos e forros, a porcentagem de madrinhas cativas e forras eleva-se a mais de 80% do total. Os laços entre os indígenas eram fortes, e em mais de 60% dos batizados de seus filhos as madrinhas eram também nativas. Quando pai e mãe eram indígenas, esse percentual elevava-se a 90%.

Somente em raras ocasiões um proprietário de escravos ou um seu parente próximo apadrinhava o filho de seu próprio cativo. Nos batismos desse período inicial apareciam esporadicamente um caso como o de Antônio Gonçalves e sua filha, que foram padrinhos do filho de seus cativos indígenas em 1604.[36] Porém tais ocasiões eram raras, e apenas em menos de 4% dos batizados de escravos o proprietário, ou mais frequentemente um parente seu, serviu de padrinho para seu próprio escravo. Mesmo assim essa prática parece ter sido mais característica do período de escravidão indígena. Como será visto no Capítulo 14, no século XVIII os senhores nunca apadrinhavam seus escravos negros e mulatos. O paternalismo não se expressava usualmente na forma de laços de compadrio. Em vez disso, o padrão dominante parece ter sido a escolha de um homem branco que pudesse interceder junto ao proprietário em caso de dificuldades futuras.

Finalmente, o uso de fontes tais como um registro paroquial pode, de certa forma, introduzir vieses na análise, salientando o processo de aculturação por estarem inseridas na estrutura das instituições e da cultura portuguesa. Houve sempre um "outro lado" na história. O culto da santidade demonstrou que a aculturação era muitas vezes pouco consistente ou incompleta e que as ideias de resistência com frequência jaziam bem próximas à superfície da vida.[37] A resistência indígena à escravidão era constante, e os fugitivos dos engenhos constituíam-se em um problema grave, muito embora os portugueses recorressem amiúde a nativos livres ou aldeados para persegui-los.[38] Ademais, a aculturação sempre possuiu o potencial de mover-se na direção inversa. As culturas indígenas ofereciam, ou pareciam oferecer, certas liberdades de pensamento e comportamento a alguns europeus ou aos mestiços.[39] Quanto mais distantes das áreas densamente colonizadas ou das cidades costeiras, maior a tendência de os colonos e seus descendentes adotarem costumes índios. Isso ocorreu especialmente no período anterior a 1600, quando a matriz das normas e estruturas sociais ainda era relativamente fluida. A interação dos portos, dos engenhos e do sertão, juntamente com a mescla entre as populações, criou na Bahia condições geográficas e humanas que contribuíram para a adoção de muitos aspectos da vida e da cultura indígenas.

Nesse contexto, o depoimento de vários mamelucos perante a Inquisição em 1591-2 é bastante esclarecedor. Muitos admitiram que quando estiveram no sertão à procura de índios para as fazendas, haviam se juntado aos nativos para dançar, fumar e beber a "erva sagrada", comportando-se de um modo geral como pagãos.[40] Alguns pintaram os corpos como os índios, e uns poucos confessaram terem se submetido a escarificarão ou tatuagem de braços, pernas e nádegas, como foi o caso de Manoel Branco, Tomás Ferreira, Francisco Afonso Capara e Antônio Dias, um mestre de açúcar.[41] Em alguns dos exemplos, adolescentes mamelucos e portugueses foram convertidos ao culto da santidade. O mameluco Gonçalo Fernandes, agricultor de gêneros de subsistência em Paripe, foi convertido por um índio que lhe pregou os ensinamentos do culto em uma língua indígena que ele "entendeu muito bem".[42] Uma portuguesa, Luísa Barbosa, admitiu ter sido convertida pelos índios com quem conversava em 1566, quando tinha apenas doze anos e podia, segundo argumentava, ser facilmente iludida.[43]

Esse padrão pode ser, talvez, sintetizado na epopeia de Domingos Fernandes Nobre, denominado Tomacaúna. Filho de português e índia e casado com uma mulher branca, viveu, contudo, dos dezoito aos 36 anos mais como índio do que como português. Abandonara o catolicismo e só se confessava quando necessário para evitar ser descoberto. Partia frequentemente para o sertão e em expedições a Pernambuco, Porto Seguro e Paraíba. Viveu com os nativos, possuindo muitas esposas, tatuando o corpo, usando penas nos cabelos e vivendo de modo geral como um índio. Foi ele o homem enviado para fazer contato com a principal aldeia da santidade na década de 1580 e, quando lá esteve, prestou homenagem a um ídolo e aos líderes da religião. Acabou por levar vários seguidores do culto para a fazenda de Fernão Cabral de Ataíde. O caso de Tomacaúna é sem dúvida excepcional, mas indica, de fato, que o intercâmbio entre europeus e indígenas do Nordeste podia ocorrer em ambas as direções.

DOS INDÍGENAS AOS AFRICANOS

A transição da predominância indígena para a africana na composição da força de trabalho escrava ocorreu aos poucos ao longo de aproximadamente meio século. Quando os senhores de engenho, individualmente, acumulavam recursos financeiros suficientes, compravam alguns cativos africanos, e iam acrescentando outros à medida que capital e crédito tornavam-se disponíveis. Em fins do século XVI, a mão de obra dos engenhos era mista do ponto de vista racial, e a proporção foi mudando crescentemente em favor dos africanos importados e sua prole. Nas décadas de 1550 e 1560 praticamente não havia cativos africanos nos engenhos do Nordeste.[44] Em meados da década de 1580, Pernambuco possuía 66 engenhos e, segundo informado, 2 mil escravos africanos. Se estimarmos que em média havia cem escravos por engenho, concluiremos que os africanos perfaziam um terço dos escravos dessa capitania. Em 1577, no Engenho São Pantaleão do Monteiro, próximo a Olinda, havia quarenta cativos, dos quais dois terços eram indígenas e o restante, africanos. Aparentemente essa foi a distribuição que se verificou em média.[45]

Na Bahia, essa mudança pode ser observada na transformação da população de um único engenho ao longo do tempo. Em 1572, o Engenho Sergipe possuía 280 escravos adultos, dos quais apenas vinte (7%) eram africanos. Em 1591, a população cativa do engenho era de 103 indivíduos, 38 (37%) deles africanos. Em 1638, quando a propriedade foi arrendada a Pedro Gonçalves de Matos, havia 81 escravos, todos eles africanos ou afro-brasileiros.[46] A transição para uma força de trabalho africana foi efetuada nas primeiras duas décadas do século XVII, época em que a indústria açucareira experimentava rápida expansão e considerável desenvolvimento interno devido aos altos preços internacionais do açúcar, ao crescimento do mercado europeu e, talvez, à paz nos mares com a trégua dos doze anos entre Espanha e Holanda (1609-21). Uma comparação das posições dos escravos indígenas e africanos pode auxiliar a esclarecer por que ocorreu a transição para o braço africano.

Essa mudança dependeu parcialmente da percepção dos portugueses quanto às habilidades relativas de africanos e indígenas. Uma longa experiência com a escravidão negra na península ibérica, intensificada durante a expansão da indústria açucareira no Atlântico, familiarizara os portugueses com os africanos e suas aptidões. Em fins do século XVI, sua habilidade em dominar as técnicas do fabrico do açúcar na Madeira e em São Tomé já havia impressionado os portugueses. No Brasil, os colonizadores, há tempos habituados ao emprego, em Portugal e nas ilhas atlânticas, de negros em serviços domésticos, como artesãos urbanos e escravos especializados, começaram a pensar na África como uma fonte lógica de homens com tais aptidões. Os primeiros cativos negros vieram para o Brasil como criados particulares ou trabalhadores especializados, e não para lavrar os campos. As relações de escravos remanescentes de três engenhos do século XVI indicam que havia um alto percentual de africanos com várias especializações e que as tarefas mais complexas atribuídas a escravos eram invariavelmente realizadas por africanos. Em 1548, o Engenho São Jorge dos Erasmos, em São Vicente, possuía 130 escravos "da terra" e sete ou oito africanos. Estes últimos eram todos oficiais, ou seja, especializados em várias tarefas, e um deles era mestre de açúcar, a função mais importante na condução de um engenho. O administrador do Engenho São Jorge dos Erasmos escreveu com orgulho aos proprietários absenteístas, a família Schetz de Antuérpia, que os mestres de açúcar na Madeira geralmente recebiam 30$000 por ano, quantia essa que seu engenho agora estava economizando com o emprego desse escravo negro.[47] Outros três africanos exerciam funções em que a capacidade de avaliação era importante; um deles era purgador e os outros dois, caldeireiros.

Situação semelhante verificou-se nas listas dos inventários dos engenhos Sergipe e Santana em fins daquele mesmo século. No Engenho Sergipe, indígenas e africanos foram empregados em atividades diferentes durante o período de transição. Como a propriedade tinha condições de utilizar portugueses nas tarefas de fiscalização e técnicas, a pirâmide ocupacional dos escravos foi truncada. A força de trabalho era predominantemente indígena; de 134 homens cativos, 115 eram índios. Com ocupações específicas, as mesmas proporções de africanos e nativos foram arroladas; contudo, se não incluirmos certas funções como pescadores, caçadores e barqueiros, a participação dos aborígines com ocupações especializadas diminui consideravelmente. Essas diferenças podem ser vistas na Tabela 5.

O inventário de 1572 — feito à época em que os indígenas eram ainda numerosos, e sua obtenção, relativamente barata, em que não se dispunha de africanos em grandes quantidades e, por fim, em que a legislação contra a escravidão do gentio ainda não estava efetivamente em vigor — é representativo de um período específico na história da escravidão indígena. Vinte anos mais tarde, a situação mudara completamente. Por volta de 1591, a economia açucareira do Nordeste expandia-se rapidamente para suprir a crescente demanda europeia. O tráfico atlântico de escravos regularizara-se a um nível em que a oferta de cativos, embora ainda não abundante, era ao menos segura. A maior parcela da escravaria no Engenho Sergipe ainda consistia de nativos, mas agora africanos e afro-brasileiros exerciam quase todas as funções especializadas na propriedade. Cativos de Angola e da Guiné eram empregados como mestres de açúcar, purgadores, ajudantes de purgador,

TABELA 5 — ESTRUTURA OCUPACIONAL, ENGENHO SERGIPE, 1572, 1591

	1572		1591	
	AFRICANOS	ÍNDIOS	AFRICANOS	ÍNDIOS
ESPECIALIZADOS NO FABRICO DO AÇÚCAR				
mestre de açúcar			1	
ajuda do mestre			1	
purgador			2	1
ajuda do purgador	1	2	1	
tacheiro	1	2	3	
escumeiro	1			
ajuda do escumeiro		3		
caldeireiro		6		
moedor		3	2	
prenseiro	1	1		
virador de bagaço		1	1	
caixeiro		2	1	1
dos meles	1	1		
ESPECIALIZADO EM ATIVIDADES ARTESANAIS				
carapina		1		
ferreiro			1	
calafate		1		
falleiro (?)	1	1		
ESPECIALIZADOS EM ATIVIDADES AUXILIARES				
vaqueiro	1	1	2	1
carreiro	1	1		
beieiro				3
pescador		11		
serrador		7		
lenadeiro				1
porqueiro / ovelheiro		2		
"barcas"	1	4		
ATIVIDADES ADMINISTRATIVAS				
feitor		1		
TOTAIS	9(19)[a]	51(115)	15(30)	7(65)

(*a*) O número entre parênteses indica o total de indivíduos da categoria étnica.

ferreiros, caldeireiros e caixeiros. Outros eram utilizados nas operações da moenda e alguns eram vaqueiros. As ocupações dos indígenas eram muito mais rudimentares, e exceto por um caixeiro, apenas três índios foram arrolados com ocupações, sendo um lenhador e dois vaqueiros. Ou seja, sempre que possível, os portugueses recorriam aos africanos como mão de obra escrava especializada. A Figura 4 parece retratar a divisão do trabalho entre indígenas e africanos.

Essa política, assim como o preço relativo de aborígines e africanos, é em certa medida explicada pelas características demográficas e culturais dos dois povos. Muitos negros provinham da África ocidental, de culturas em que os trabalhos com ferro, gado e outras atividades úteis para a lavoura açucareira eram praticados.[48] Esses conhecimentos e a familiaridade com a agricultura a longo prazo os tornavam mais valiosos para os portugueses na escravidão específica da indústria do açúcar. Os africanos sem dúvida não eram mais "predispostos" ao cativeiro do que índios, portugueses, ingleses ou qualquer outro povo arrancado de sua terra natal e submetido à vontade alheia, mas as semelhanças de sua herança cultural com as tradições europeias valorizavam-nos aos olhos dos europeus. A suscetibilidade dos índios de todas as idades às doenças europeias aumentava o risco do investimento de tempo e capital para treiná-los em trabalhos artesanais ou de fiscalização. Naturalmente também os africanos sofriam nas condições ambientais do Brasil, mas as taxas mais elevadas de mortalidade entre os negros eram sempre encontradas entre os recém-chegados (*boçais*) e as crianças. Assim, tão logo um escravo se ambientava e ultrapassava a idade infantil, tinha grandes chances de sobrevivência e, portanto, de ser um investimento seguro.

A saúde e a perícia dos africanos, bem como sua pouca oposição ao cativeiro, podem explicar a relutância dos senhores de engenho em investir no treinamento de escravos indígenas; entretanto isso não esclarece por que o valor do trabalho dos índios, mesmo quando livres e assalariados, era considerado inferior ao dos brancos, mulatos e negros livres. No Engenho Sergipe, um nativo carpinteiro recebia apenas 20% do salário pago aos brancos pela mesma tarefa. Durante o século XVII, os trabalhadores indígenas receberam apenas $020 por dia, e os artesãos especializados, $030. Na década de 1630, a câmara municipal de Salvador pagou a trabalhadores nativos um salário diário de $030, e os aborígines da Paraíba podiam ser pagos com mandioca e tecidos no valor de $015 diários. Os escravos negros, em contraste, podiam ganhar em média $240 réis por dia.[49]

O sistema de assalariamento, constantemente proposto como a forma ideal de integrar o índio à sociedade colonial, foi, portanto, um fracasso. Os nativos frequentemente mostravam-se relutantes em participar do mercado de trabalho; ademais, os portugueses não permitiam que esse mercado funcionasse de maneira realmente livre, uma vez que os salários pagos aos índios eram sempre inferiores aos valores vigentes.[50] Os colonos colocavam os assalariados nativos em uma escala

Figura 4. A divisão dos trabalhos agrícolas mostra os trabalhadores de pele mais escura (africanos?) ocupados em tarefas relacionadas com o fabrico do açúcar, enquanto, na parte superior da gravura, os "índios", de pele mais clara, cultivam mandioca.

de trabalho e pagamento diferente da de outros trabalhadores. No Engenho Sergipe, eles eram geralmente pagos por mês em vez de diariamente, ou até mesmo, mais amiúde, por tarefa. Seus serviços em geral não requeriam tempo específico para serem concluídos, e frequentemente os pagamentos eram em espécie, e não em dinheiro. Farinha de mandioca, tecidos e álcool eram os "salários" usuais dos indígenas, do Maranhão a São Paulo.[51] Fica evidente que os portugueses acreditavam, quaisquer que fossem os motivos, que os trabalhadores nativos não podiam ser tratados como os outros.

Houve, de fato, marcada semelhança entre todos os regimes coloniais do Novo Mundo quanto ao baixo valor atribuído à mão de obra indígena em comparação com a africana. Em épocas e lugares tão diferentes como o México no século XVI, o Brasil no século XVII e a Carolina no século XVIII, espanhóis, portugueses e ingleses apresentaram opiniões semelhantes dos trabalhadores daquelas duas raças. Nas três situações, os colonos geralmente valorizavam os africanos três ou quatro vezes mais que os aborígines.[52] Certamente a disponibilidade no mercado, os padrões demográficos, as oportunidades de fuga e resistência (custos administrativos) e os preconceitos europeus entravam nesses cálculos. Não obstante, apesar das implicações racistas de argumentos sobre a adaptabilidade relativa de um povo ao trabalho nos trópicos em relação a outro, a semelhança de opiniões em todos os regimes escravistas do Novo Mundo indica que havia uma vantagem comparativa, especialmente no período de formação da força de trabalho cativa, em usar africanos em vez de indígenas, e que essa vantagem era baseada na produtividade em termos de retorno sobre o investimento. A afirmação de um observador das Carolinas em 1740 de que "com eles [os índios] não se pode realizar tanto como com os negros" ecoou por todas as partes das Américas.[53]

No Brasil, a posição relativa dos cativos indígenas e africanos na força de trabalho da indústria açucareira pode ser vista em sua forma mais simples e crua nos preços relativos de indivíduos dos dois povos. O preço médio de um africano arrolado com ocupações em 1572 era de 25 mil-réis enquanto o de nativos com as mesmas habilidades atingia apenas 9 mil-réis. Os únicos indígenas especializados cujos preços igualavam os dos africanos, ou aproximavam-se deles, eram os que realmente tinham qualificações em ofícios artesanais — carpinteiros, caixeiros e calafates, por exemplo, ou os que eram empregados em funções especializadas na moenda. A grande maioria dos nativos arrolados com alguma ocupação, mas não com qualificações artesanais, tinha preço muito abaixo do valor médio dos africanos não especializados. Ademais, a diferença de preços entre índios especializados e não especializados era maior que a verificada entre os africanos nessas condições.

Há indicações de que esses valores representavam diferenças reais de produtividade do trabalho de indígenas e africanos. Dados de produção da Bahia no final do século XVI corroboram essa interpretação. Embora existisse alguma discrepância quanto ao número total de engenhos, vários relatos dão conta de cinquenta deles funcionando na capitania da Bahia em 1590.[54] O padre Francisco Soares afirmou que em 1589 havia cinquenta engenhos, 18 mil escravos e 36 mil índios de aldeias jesuíticas.[55] Supondo que dois terços da escravaria fossem empregados nas atividades açucareiras, a razão entre cativos e engenhos seria de 240 para 1. Esse número, que não inclui os índios submetidos que também se constituíam em braços para os engenhos, é extremamente elevado. Ele representa não só os cativos de propriedade direta dos engenhos, mas igualmente os escravos de arrendatários, parceiros e outros. O padre Soares estimou uma produção anual por engenho de 4 mil arrobas, ou 58 toneladas. Assim, cada escravo produzia, na época, quase dezessete arrobas (250 kg) anualmente — um nível muito baixo de produtividade, já que o cálculo posterior para o Brasil com base na mão de obra negra foi de quarenta a setenta arrobas por ano.[56] Mesmo se fizermos um desconto considerando a ocorrência de mudanças tecnológicas e informações inexatas, a única conclusão a que se pode chegar com esses números é que a mão de obra indígena caracterizava-se por ter baixa produtividade.[57]

Na época em que o padre Soares realizou suas estimativas, a Bahia possuía de 3 a 4 mil escravos africanos; portanto, três quartos da massa escrava ainda consistiam de indígenas na última década do século XVI.[58] Dado o baixo nível de produtividade dos nativos, o diferencial de preço entre africanos e aborígines torna-se imediatamente compreensível. Nos inventários de 1572-4, o preço médio dos cativos africanos era de 20 mil-réis, enquanto o de índios adultos era 7 mil-réis.[59] Essa proporção de aproximadamente três para um iguala-se à razão entre as estimativas das produtividades indígena e africana na atividade açucareira. Isso poderia indicar que os portugueses fizeram um cálculo econômico lógico da lucratividade relativa das duas alternativas de mão de obra. Os africanos, sem dúvida, eram mais caros para se obter, mas a longo prazo representavam um investimento mais lucrativo.

Podemos conjeturar que a presença de um grande número de indígenas na fase inaugural permitiu aos engenhos começar a produzir com pequeno desembolso inicial para a aquisição de escravos. A expansão da economia do açúcar nas décadas de 1550 e 1560 fez-se às custas do acesso a essa mão de obra "barata". Durante a década de 1570, porém, a resistência à escravidão, a peste e a legislação antiescravista reduziram a disponibilidade — e a lucratividade — dos indígenas. Os grandes proprietários rurais constataram, então, que o diferencial de custo entre trabalhadores nativos e africanos não mais superava as diferenças de produtividade entre as duas forças de trabalho. Essa disparidade na produtividade global também contribui para explicar por que os portugueses preferiam africanos importados a índios submetidos porém "livres". Embora ocasionalmente surgissem proponentes das concessões de mão de obra na forma das *encomiendas* ou da escravidão econômica induzida pelo débito contínuo dos trabalhadores para com o proprietário das terras, expedientes usados na América espanhola, os colonizadores acreditavam que, em vista da mortalidade elevada e da baixa produtividade dos índios, os africanos representavam um melhor investimento. O historiador e senhor de engenho baiano Sebastião da Rocha Pitta provavelmente sintetizou a opinião majoritária ao observar que os índios sofriam com o trabalhar "por obrigação e não voluntariamente como usavam na sua liberdade, que na perda dela e na repugnância e pensão do cativeiro morrendo infinitos, vinham a sair mais caro pelo mais limitado preço".[60]

Uma discussão da lucratividade em termos econômicos estritamente neoclássicos não bastará para explicar a transição da força de trabalho. Estiveram sempre presentes também determinantes culturais e políticos. Nem todos no Brasil estavam convencidos da sensatez da mudança. Os colonizadores portugueses em geral não se sentiam propensos a renunciar ao controle dos índios, especialmente quando podiam ser obtidos por uma ninharia, e demonstraram essa relutância com protestos e manifestações políticas, particularmente em 1609 e 1640. Gaspar da Cunha, feitor do Engenho Sergipe, escreveu ao conde de Linhares em 1585 "serem [os africanos] de muito custo e prejudiciais à fazenda como à vizinhança[;] não são tão necessários e proveitosos nela como os índios desta terra".[61] Fez então uma petição para que fossem levados mais índios livres para o engenho. Nos primórdios do século XVII, tais solicitações e opiniões já eram muito menos frequentes.[62] A transição para o braço africano já progredira consideravelmente, em especial na região açucareira do Nordeste, onde o capital se acumulara e os padrões de comércio internacional estavam solidamente estabelecidos. A escravidão colonial emergia como o modo de produção dominante, em um processo que fora imposto menos pelo mercado do que pela organização da produção. O regime de trabalho e a natureza da mão de obra foram determinados não só pela Corte, em Lisboa, ou pelos estabelecimentos financeiros de Amsterdam e Londres, mas também nas florestas e nos canaviais da América.

PARTE II

Os engenhos baianos e seu mundo

4. O recôncavo

[...] é certo ser esta capitania uma colônia agrícola e assim convém que seja maiormente sendo tão preciosos os frutos de sua cultura.

Miguel Antônio de Melo (1797)

Cerca de onze horas adentramos a baía de Todos os Santos, em cuja parte norte situa-se a cidade da Bahia ou São Salvador. Seria difícil, antes de presenciar essa visão, imaginar algo tão magnífico. Contudo é preciso a realidade da natureza para fazê-la assim. Se fielmente representada em um quadro, um sentimento de incredulidade brotaria na mente.

Charles Darwin (1832)

Maria Graham, uma aristocrata inglesa que mais tarde se tornaria lady Calcott, era uma observadora perspicaz e escrevia em um estilo leve e animado. Ao entrar na baía de Todos os Santos em 1824, ficou fascinada pela paisagem; com seus companheiros de bordo, divertiram-se a especular sobre em qual das praias que avistavam Robinson Crusoé teria estabelecido sua plantação, já que se supunha ter vivido ali o herói de Defoe.[1] Nenhum viajante que tivesse atravessado a barra de Santo Antônio e passado pelo forte com o mesmo nome que a guarda deixou de impressionar-se com a beleza do panorama que o acolhia. A 13 graus de latitude sul e entre 37 e 39 graus de longitude oeste, um grande braço de mar adentra a linha costeira tropical, formando uma esplêndida baía, ou mar interior, de cerca de oitenta quilômetros de comprimento. Os portugueses, desde os primórdios do século XVI, denominavam o lugar baía de Todos os Santos. Era, como relatou um observador, vasta o suficiente para abrigar "não só todos os navios de Vossa Majestade, mas todas as armadas dos monarcas da Europa".

O cenário era, e ainda é magnífico. Sobre um elevado tabuleiro, à entrada norte da baía, os portugueses erigiram a cidade de Salvador, sede da capitania real da Bahia e capital de toda a colônia brasileira desde sua fundação, em 1549, até 1763, quando o Rio de Janeiro a substituiu. Região de comércio sempre florescente, Salvador permaneceu entre as cidades mais populosas do Novo Mundo, mesmo após a perda de seu status de capital. Por volta de 1800, possuía 50 mil habitantes. A cidade dominava a baía, mas dependia das terras ao seu redor para se abastecer de alimentos, provisões e produtos agrícolas que fizeram de Salvador um dos centros do comércio transatlântico.

As águas azuis da baía pontilhavam-se de ilhas verdes. Em geral calculavam-se entre noventa e cem delas no século XVIII, sendo a discrepância devida a erro na contagem ou à submersão de algumas. Itaparica, em posição transversal na baía, na direção de Salvador, era a maior dessas ilhas, com cerca de trinta quilômetros de comprimento. Por volta de 1700, havia em Itaparica uma aldeia, alguns engenhos e um posto de pesca de baleias. Outras ilhas de algum tamanho eram a dos Frades, a da Maré e a Cajaíba, na foz do rio Sergipe (às vezes chamado Sergimirim ou Sergi). Ao longo das margens meridionais da baía havia dezenas de ilhotas onde o mar avançara sobre a costa. As ilhas maiores eram integradas à praia, servindo como fontes de lenha, cana e gêneros alimentícios. Pequenas embarcações transitavam continuamente entre as ilhas e a costa, e também no percurso de ida e volta a Salvador. Um levantamento realizado em 1775 mencionou 2148 embarcações de vários tipos e mais de 4 mil marinheiros e pescadores, metade dos quais escravos, navegando pelas águas baianas.[2] Os navios maiores podiam encontrar ancoradouro não só na enseada à frente de Salvador, mas também nas angras menores, verdadeiras baías no interior da baía. Nessa categoria estavam a foz do rio Matoim, protegida pela ilha da Maré, e a entrada do rio Paraguaçu. A baía de Todos os Santos, com suas ilhas e enseadas, portos e praias, era um mar mediterrâneo que tornava possível e lucrativo um contato íntimo entre o porto de Salvador e sua hinterlândia agrícola.

Entretanto, se oferecia abrigo contra tempestades e um porto seguro para o ativo comércio de açúcar, fumo e couro da região, a baía também tinha seu lado ruim. O acesso pelo Atlântico era muito vasto e aberto para ser defendido adequadamente. A terra entre a ponta do Padrão e a ilha de Itaparica estendia-se por aproximadamente trinta quilômetros, e apesar de permanente fortificação de Salvador e da instalação de postos de defesa e artilharia em pontos estratégicos, a Bahia sempre esteve sujeita a ataques. Não eram raros os visitantes indesejados.

Corsários franceses ali estiveram na década de 1520; três navios ingleses investiram contra vasos mercantes em 1586; durante quase dois meses, em 1599, embarcações holandesas rondaram pela região à caça de presas; o ataque do holandês Van Caarden deu-se em 1604. Em 1614, piratas franceses capturaram comerciantes na baía e causaram um desastre quando um navio de salvamento armado às pressas afundou e muitas vidas se perderam.[3] Os holandeses tomaram Salvador em 1624 e destruíram engenhos do Recôncavo. Embora forçados a partir no ano seguinte, retornaram em 1627. A Bahia tornou-se um alvo primordial na luta entre portugueses e holandeses. Expedições punitivas penetraram na baía em 1634 e novamente em 1648, tomando navios, queimando engenhos e provocando pânico na região. As sugestões para melhoria das defesas eram contínuas, mas o dinheiro para realizá-las era sempre escasso, e eram intransponíveis as dificuldades geográficas. A dádiva da baía de Todos os Santos não deixou de cobrar seu preço.

Em termos geológicos e geográficos, a baía de Todos os Santos e as terras a seu redor, o Recôncavo, constituíam-se em uma vasta trincheira onde solos dos períodos terciário e cretáceo acumularam-se sobre o embasamento cristalino do litoral.[4] As terras ao redor da baía eram úmidas e baixas, elevando-se suavemente em tabuleiros. A área em geral não se eleva acima de duzentos metros, e a imagem que se oferece ao viajante moderno é feita de campos baixos, com ligeiras ondulações formando tabuleiros, ocasionalmente recortados em uma topografia mais acidentada pelos vários rios tributários da baía. Os ventos predominantemente de sudeste trazem chuvas abundantes; cálculos atuais fornecem uma média pluviométrica anual entre 1800 a 2 mil milímetros, sendo os meses de abril, maio e junho particularmente úmidos. Ao chegarem os primeiros portugueses, o Recôncavo, como a maior parte do litoral nordestino, possuía densas florestas, mas em meados do século XVII a vegetação florestal original fora destruída pela agricultura. Apenas ao sul, próximo a Jaguaripe, permaneceram grandes matas, e essa região, juntamente com o litoral úmido que se estende até Ilhéus, tornou-se a principal fonte de madeira e lenha. Atualmente estima-se que a área do Recôncavo possua entre 10 e 13 mil quilômetros quadrados, pois hoje, como na era colonial, sua extensão permanece definida.

A água dominava essas terras, penetrando em toda a parte e controlando o ritmo e a organização das atividades humanas. O Recôncavo era entrecortado por rios de vários tamanhos, do grande Paraguaçu, sujeito a inundações periódicas, a rios de médio porte, como Sergipe, Açu, Pericoara e Subaé, e ribeirões como Cotegipe, Jacarancanga e Pitanga. Nenhum desses cursos d'água, grandes ou pequenos, eram navegáveis para os grandes navios oceânicos, e na foz de cada um deles desenvolveu-se, quase invariavelmente, uma povoação de pescadores e barqueiros. Cruzando o interior ao norte do Recôncavo, outros rios como Jacuípe, Joanes e Pojuca corriam em direção leste, desaguando não na baía de Todos os Santos, mas no oceano ao longo da costa ao norte de Salvador. Esses rios nasciam nos áridos planaltos do sertão e ocasionalmente secavam por completo durante o verão. Os engenhos, sempre que possível, localizavam-se às margens da baía ou ao longo dos rios, aproveitando-os como meio de transporte e às vezes também como fonte de energia.

O mar exercia sua influência ainda de outras formas. Todas as terras na orla da baía estavam sujeitas à maré, que ao subir podia penetrar até cinco a seis quilômetros rios acima. Muitos trechos litorâneos eram mangue, um problema para os senhores de engenho ansiosos por ocupar com canaviais cada centímetro de terra, mas uma salvação para os escravos que se alimentavam de siris, guaiamus e outros crustáceos. Os senhores de engenho levavam em conta a maré ao instalar suas propriedades. Por exemplo, no Engenho Cajaíba, na ilha do mesmo nome, construíram-se degraus que conduziam da casa grande até a beira d'água, de modo que, na maré alta, o visitante pudesse apear à frente da porta principal sem enlamear os sapatos. Barcos pequenos ou jangadas constituíam equipamentos indispensáveis para a maioria dos engenhos baianos, que dependiam da baía ou dos rios para suprir-se de cana, lenha e mantimentos. "Todo o meneio destas gentes é por água", escreveu Diogo de Campos Moreno, em 1612.[5]

Localizada à entrada desse mar interior, erguia-se a cidade de Salvador. Durante toda a sua existência, Salvador tem-se ligado intimamente à sua hinterlândia, dependendo do Recôncavo para obter alimentos e combustível e servindo de porto de exportação de açúcar, fumo e couro. Apesar dessa íntima associação com o Recôncavo e do fato de os senhores de engenho realizarem com frequência negócios na cidade, manterem ali suas residências e dominarem suas instituições civis e religiosas, mantinham-se distinções. Mesmo hoje em dia, um residente de Salvador que vai a São Francisco ou Santo Amaro diz estar indo para o interior, como se tais lugares se encontrassem muito distantes continente adentro, e não no litoral da baía ou pouco além. Salvador representava a vida urbana e cosmopolita; o interior era perceptivelmente diferente: rústico, remoto, mas também aristocrático, ao menos na era colonial. Porém, na verdade, a maior parte das terras do Recôncavo situava-se a um dia ou menos de viagem de Salvador. Isso era uma dádiva do mar interior e criava uma intimidade entre os engenhos e o porto que era benéfica a ambos.

Ao findar o século XVI, a forma e as funções essenciais da cidade já se haviam definido.[6] Como capital da colônia, Salvador era a sede do governo-geral (o governador-geral passou a ser intitulado vice-rei no século XVIII, da provedoria e da ouvidoria). A Relação, tribunal superior da colônia, formado por juízes régios, foi estabelecida na cidade em 1609 e, apesar da suspensão de suas atividades no período de 1626 a 1652, desempenhou uma série de funções burocráticas e administrativas, além das judiciais. Em 1551, Salvador tornou-se a sede do bispado no Brasil e conservou essa primazia por todo o período colonial. Em 1676, tornou-se a sede do arcebispado. A vida religiosa da cidade era enriquecida pela presença de ordens religiosas. Um colégio jesuíta fora fundado em 1549 e, em fins do século XVI, havia mosteiros dos franciscanos, beneditinos e carmelitas. O primeiro convento, um estabelecimento da Ordem das Clarissas, só surgiu muito mais tarde, em 1677. A irmandade da Santa Casa de Misericórdia mantinha uma igreja e prestava auxílio aos pobres, doentes e abandonados. Faziam parte dessa irmandade membros das famílias mais ilustres, administradores régios, senhores de engenho e comerciantes ultramarinos. O governo local estava a cargo do senado da câmara, ou câmara municipal como das cidades portuguesas. Na Bahia, esse órgão era dominado por senhores de engenho e comerciantes, e em geral representava os interesses dos que se dedicavam à agricultura comercial e ao comércio ultramarino.

As igrejas e os principais mosteiros, bem como o centro administrativo, concentravam-se na cidade alta, no topo de uma escarpa, entretanto o ritmo da cidade era determinado pela vida à beira-mar. No pé da elevação o porto fervilhava de atividade. Os comerciantes mantinham suas lojas naquele local, à sombra da igreja de Nossa Senhora da Conceição da Praia, e no século XVII também funcionavam nas proximidades grandes armazéns e a alfândega. Embora os estabelecimentos dos comerciantes mais abastados da navegação ultramarina também pudessem ser encontrados na parte alta da cidade, as docas e ruas da paróquia de Conceição da Praia na cidade baixa eram as artérias da vida comercial de Salvador. Como muitos portos coloniais, Salvador era uma cidade de burocratas e estivadores, mercadores e prostitutas. Seus habitantes manejavam os papéis do governo, as caixas de açúcar e os rolos de fumo, mas não produziam mercadorias. Com exceção de algumas destilarias, curtumes e um punhado de estabelecimentos de artesãos, era uma cidade sem indústrias. Em 1810, a existência de duas fábricas, uma de vidro e outra de corda, era vista como o principal resultado da abertura dos portos ao comércio exterior, dois anos antes.[7]

Visitantes estrangeiros, como William Dampier, que percorreu a cidade em 1699, falavam com admiração do palácio do governador, do paço municipal, das treze igrejas e dos conventos e capelas; mas àquela época, a alfândega e os trapiches (armazéns de Maciel, Grande, Julião, Bruçanes e outros), onde se guardava a produção agrícola da capitania, eram os edifícios mais importantes da cidade, embora não tão ilustres.[8]

Em 1587 esse modesto porto contava com oitocentos vizinhos, ou chefes de domicílio residentes, o que provavelmente indica a existência de uma população de cerca de 4 mil habitantes. Em 1681, os vizinhos chegavam a 3 mil. Em 1724, Salvador possuía 5 mil domicílios e uma população pouco abaixo de 25 mil habitantes.[9]

Um observador moderno poderia considerar Salvador a base comercial e administrativa a partir da qual se realizou a ocupação do Recôncavo. E assim foi, de fato. Porém, em vez de medir essa ocupação em termos do crescimento populacional, os cartógrafos e eclesiásticos da era colonial utilizavam outros critérios; os mapas e descrições do período inicial davam a ideia de que os engenhos e os santos ocupavam toda a capitania, pois eram a localização dos engenhos e a criação de paróquias a sua preocupação. As terras do Recôncavo foram divididas em sesmarias em meados do século XVI, e umas poucas capitanias particulares foram criadas. Toda a costa sul fora doada a Álvaro da Costa em 1566, e a ilha de Itaparica, ao conde de Castanheira em 1556. As vastas terras de canaviais próximas à atual Santo Amaro (como as da Figura 5) pertenciam ao conde de Linhares, situação que será discutida detalhadamente logo adiante. Essas capitanias particulares no Recôncavo acabaram por desaparecer através de venda, transferência ou alienação, e pouco efeito produziram sobre o desenvolvimento da região após 1600 (embora em termos legais algumas tenham existido até o século XVIII).

A partir da base em Salvador, os santos e os engenhos caracterizaram a colonização da capitania. A primeira paróquia da cidade, Nossa Senhora da Vitória, foi criada em 1549, e logo seguida pela fundação da Sé, em 1552. No litoral mais ao sul, em Ilhéus, estabeleceu-se a paróquia de São Jorge, em 1556, e a de Nossa Senhora da Assunção foi erguida em Camamu, em 1560. Quando, na década de 1560, povoados começaram a desenvolver-se no Recôncavo, com uma população fixa instalada nas imediações dos engenhos, a Igreja reconheceu essa realidade através da criação de paróquias distintas. Datam de 1563 a de Santa Cruz, em

Figura 5. Terras próprias para a cultura da cana no Recôncavo. À distância, tabuleiros e um velho campo sendo queimado, com a fumaça subindo para o céu de junho.

Itaparica, a de Santiago, no Paraguaçu (posteriormente chamada Santiago de Iguape) e a de Santo Amaro de Ipitanga. Mais três paróquias, Nossa Senhora da Purificação de Santo Amaro, São Bartolomeu de Pirajá, e Nossa Senhora do Ó de Paripe, foram criadas em 1578. Outra série de fundações teve lugar em 1610, com a criação de São Miguel de Cotegipe, Nossa Senhora do Socorro, São Sebastião do Passé, Nossa Senhora do Monte e Nossa Senhora da Piedade de Matoim. Esta última não possuiu padres residentes até a década de 1630. A última área a ser organizada no Recôncavo foi o extremo sul, onde foi criada a paróquia de Nossa Senhora da Ajuda, centralizada na cidade de Jaguaripe, porém abrangendo toda a orla meridional da baía.[10] Em 1587 havia na Bahia dezesseis paróquias, nove delas mantidas por estipêndio régio.[11]

As divisões paroquiais não permaneceram fixas, sendo criadas novas paróquias para acompanhar o crescimento ou o deslocamento populacional. A criação de uma nova paróquia por meio da subdivisão de outras mais antigas geralmente acarretava manifestações de desagrado por parte das unidades afetadas. Os habitantes de Nossa Senhora do Passé queixaram-se ao perder um distrito contendo cinco engenhos e 2500 almas devido à criação da nova paróquia de São Sebastião do Passé, em 1729.[12] Em 1724 havia seis paróquias em Salvador e nove no Recôncavo. Estas últimas variavam em tamanho, as maiores incluindo de 5 a 60 mil pessoas e as menores, como Pirajá, menos de mil; a média, porém, parece ter sido entre 2 e 4 mil pessoas. Em fins do século XVIII, em 1792, 92 paróquias existiam na Bahia: dezesseis em Salvador e seus subúrbios, dezessete no Recôncavo, outras dezessete em cidades do sul, na verdade incluindo algumas que eram fisicamente parte do Recôncavo, como Jaguaripe e Pirajuía, e as restantes no sertão ou na subcapitania de Sergipe de El-Rey, ao norte.[13]

As paróquias instituídas pela Igreja estabeleceram a forma básica de organização no Recôncavo por duzentos anos; entretanto em fins do século XVII um sistema de organização secular, baseado em municipalidades, também começou a formar-se. Em 1698, criaram-se no Recôncavo as vilas de São Francisco do Conde, Cachoeira e Jaguaripe; Santo Amaro foi estabelecido em 1727. Jaguaripe foi subdividido em 1724, com a criação da vila de Maragogipe, não sem o costumeiro protesto da municipalidade original.[14] Essas localidades eram pequenas. Na década de 1720, Santo Amaro possuía apenas quatrocentos residentes livres do sexo masculino.[15] As vilas secundárias do Recôncavo limitavam-se a proporcionar um esqueleto administrativo, instalações portuárias e serviços às terras agrícolas onde se estabeleciam. Nelas o governo não era rigoroso e, muitas vezes, era informal. Até princípios do século XIX, a câmara de Santo Amaro não se reunia regularmente, sendo convocada apenas à chegada de correspondência importante de Salvador.[16] Não obstante, essas vilas propiciavam um arcabouço de governo. Continuava, porém, a predominância de Salvador quanto à população, à riqueza e ao poder político.

Pode se ter uma ideia da importância de Salvador examinando os tributos fixados para cada vila, para ajudar a custear a reconstrução de Lisboa após o terremoto de 1755. A contribuição de Salvador foi avaliada em quase três vezes a soma das de todas as vilas da Bahia e de Sergipe de El-Rey. A importância de 29,2 contos, correspondente a Salvador, superou em mais de quinze vezes a de Cachoeira, a vila mais rica do Recôncavo.[17]

Durante a era colonial, vários observadores e viajantes comentaram sobre o Recôncavo e descreveram-no. Temos a boa sorte de possuir descrições minuciosas, embora incompletas, referentes a 1587, por volta de 1724 e a 1757, as quais fornecem um excelente panorama dos contornos demográficos e econômicos dessa região. Examinemos, primeiro, a descrição de Gabriel Soares de Sousa, escrita antes de 1587. Soares de Sousa era senhor de engenho e bandeirante, e escreveu seu relato enquanto procurava obter concessões da Coroa em Madri, contudo era também um observador perspicaz. Seu *Tratado descritivo do Brasil* tem sido usado amplamente por historiadores desde o século XIX, mas suas poucas páginas sobre o Recôncavo são ainda a melhor descrição da região no século XVI.[18] Esse autor informa que havia cerca de 2 mil famílias (portuguesas) no Recôncavo. Suas descrições pormenorizadas das terras e ilhas ao redor da baía preocupavam-se principalmente com a localização e o número de engenhos, a adequação da terra à cultura do açúcar e as possibilidades de crescimento adicional. Soares de Sousa identificou 36 engenhos em funcionamento e outros quatro em construção. Dos engenhos em operação, dois eram engenhos de maior porte movidos a água, os "engenhos reais". Havia ainda oito "casas de meles", unidades menores dedicadas ao fabrico de melado e aguardente. Nessa época, os engenhos do Recôncavo produziam cerca de 1750 toneladas anuais de açúcar para comercialização.[19]

A descrição de Soares de Sousa enfoca sequencialmente as áreas da baía, ressaltando a geografia local, identificando os engenhos e seus proprietários e detalhando as características peculiares de cada sub-região. Fica patente que a maioria dos engenhos localizava-se no litoral da baía ou ao longo dos rios que nela desembocavam. Aproximadamente metade dos engenhos ficavam na zona de Pirajá, Matoim, Paripe e Cotegipe, região situada em um raio de alguns quilômetros ao norte de Salvador, e que, em meados do século XVII, passaria a ser considerada área pertencente àquela municipalidade. Os índios foram removidos dessas terras logo após a fundação da cidade; em fins do século XVI, essa era a parte do Recôncavo mais densamente povoada. Entremeadas com os engenhos havia muitas plantações de frutas e vegetais de espécies europeias e americanas, e outras dedicadas ao cultivo da cana-de-açúcar. As desembocaduras dos rios Pirajá e Matoim também forneciam abrigo para os navios e sustentavam intensa atividade pesqueira.

A segunda maior concentração de engenhos situava-se nas ilhas denominadas Marapé por Soares de Sousa, as quais se tornaram mais tarde as paróquias da vila de São Francisco do Conde. Esse foi o centro da região açucareira, o "berço do massapê", embora na época de Soares de Sousa essas terras estivessem apenas começando a ser exploradas intensivamente. Pouco além do rio Sergipe ficava a propriedade do conde de Linhares e seu famoso Engenho Sergipe, que pertencera anteriormente ao governador-geral Mem de Sá. Esse engenho situava-se a cerca de nove quilômetros da foz do rio e controlava todas as terras que o separavam do mar. Na margem oposta havia muitas fazendas, além de uma igreja beneditina. O Engenho Sergipe também dominava essa região (ver Apêndice A). Boa parte das terras nas cercanias eram propriedade do conde de Linhares, o qual se recusava a permitir que outros as comprassem e estabelecessem seus próprios engenhos, fato apresentado por Soares de Sousa como uma barreira para o desenvolvimento. A área toda veio a ser conhecida como as "terras de Sergipe do Conde".

O sul do rio Sergipe era quase desabitado, pois o solo era "fraco", isto é, impróprio para a cana-de-açúcar. Essa região, que posteriormente comporia as localidades de Acupe, Itapema e Saubara, era usada como pastagem de animais e para a produção de mandioca.[20] Somente às margens do Paraguaçu, o maior rio a desaguar na baía de Todos os Santos, é que novamente se encontravam solos adequados para os canaviais. O Paraguaçu muda de direção bruscamente logo acima de sua foz, formando a península de Iguape (chamada Uguape por Soares de Sousa). Na orla da península havia fazendas e engenhos. Soares de Sousa não menciona o fumo nessa região, mas as terras ao longo do Paraguaçu, com seus solos mais arenosos, tornaram-se o centro da ativa indústria do fumo na Bahia.

Ao sul do Paraguaçu ficavam as terras cedidas a Álvaro da Costa a título de capitania particular. Não eram muito povoadas nem tão boas para o cultivo da cana, apesar de, no século XVI, existirem vários engenhos localizados nesse lado da baía, especialmente nas proximidades dos rios Pirajuía e Jaguaripe. O próprio Soares de Sousa possuía um engenho nessa região, assim como Fernão Cabral de Ataíde, que posteriormente teria problemas com a Inquisição por permitir que seus trabalhadores indígenas celebrassem rituais pagãos.[21] Não obstante a existência de oito ou nove engenhos nas margens meridionais da baía, a região, conhecida depois como Jaguaripe e Maragogipe, não chegou a ser grande produtora de açúcar, e especializou-se principalmente no cultivo de mandioca e no fornecimento de lenha e madeira para Salvador e as demais áreas do Recôncavo.

A descrição de Soares de Sousa é de natureza evidentemente promocional. É impregnada de ufanismo e provavelmente de exageros. É duvidoso que o mais modesto peão da Bahia usasse calções e gibão de damasco, ou que a terra fosse tão agradável como Soares dá a entender se os insetos e o calor do verão de hoje em dia estivessem presentes àquela época; entretanto, a partir de seu relato, pode-se divisar o Recôncavo em suas linhas gerais. Cultivava-se uma grande variedade de vegetais de tipos europeus e americanos, de laranja a feijão, pimenta e mostarda.

Havia claramente uma hierarquia de culturas. As melhores terras destinavam-se, sempre que possível, à cana-de-açúcar; outras culturas de exportação podiam também localizar-se nas terras de melhor qualidade. Solos mais pobres eram usados para o plantio de hortaliças ou mandioca, e as terras menos produtivas eram aproveitadas como pastagens. Muito embora o Recôncavo fizesse jus à sua reputação de região açucareira, na verdade nunca foi completamente tomado pelos canaviais. O tipo de solo, a topografia e o clima determinaram a distribuição das culturas pela baía. Desenvolveram-se essencialmente três zonas. O açúcar concentrou-se na orla norte, estendendo-se até o rio Sergipe e as terras adjacentes à baía. Os solos mais arenosos e situados em terrenos mais elevados de Cachoeira, no rio Paraguaçu, tornaram-se o centro da agricultura do fumo. Finalmente, no sul do Recôncavo, predominou a agricultura de subsistência.

Apesar de o açúcar sempre permanecer como a principal cultura de exportação do Recôncavo, os proprietários de terras e a Coroa vez por outra procuraram encontrar outras fontes de renda na região. No século XVI foram introduzidos o arroz e o gengibre. Este último desenvolveu-se bem e, embora não fosse de qualidade tão boa quanto o cultivado na Índia, em 1573 a Bahia produziu quase seis toneladas para exportação.[22] A concorrência foi excessiva para os comerciantes do gengibre indiano, os quais conseguiram que em 1577 se proibisse a produção no Brasil. A lei foi ignorada em parte, e o gengibre continuou sendo produzido ilegalmente. Por fim, em 1604, a Coroa concedeu aos agricultores brasileiros o direito de cultivar gengibre sob severa regulamentação e pesados impostos. A concorrência da Índia e da ilha de Hispaniola provavelmente acarretou o desaparecimento desse produto na Bahia por volta de 1620.[23] O arroz fora trazido de Cabo Verde, mas apenas no século XVIII se transformaria em alimento importante na Bahia.

Os portugueses procuraram introduzir outros produtos tropicais que pudessem tornar-se culturas comerciais. Em 1665, um governador da Bahia, grande apreciador de chocolate, escreveu ao governador do Pará a fim de que fossem enviadas mudas de cacau à Bahia. Essa tentativa não produziu grandes resultados, e somente no século XIX surgiriam as grandes lavouras baianas de cacau.[24] A pimenta e a canela foram trazidas da Índia, sendo que, no caso desta última especiaria, dois canarins (indianos de Goa) vieram para o Brasil para orientar o plantio. Nenhum desses produtos se transformou em cultura comercial, embora no século XIX fossem trazidos canela e goenses uma vez mais, com a finalidade de diversificar as exportações agrícolas baianas.[25]

A despeito dessas tentativas não muito entusiasmadas de encontrar outras culturas comerciais lucrativas, apenas o fumo conseguiu um lugar ao lado do açúcar no Recôncavo. Os solos de "areias" eram considerados impróprios para a cana, mas com cuidados adequados, especialmente o uso de esterco de gado, podiam ser aproveitados para produzir fumo. Nos campos ao redor da confluência dos

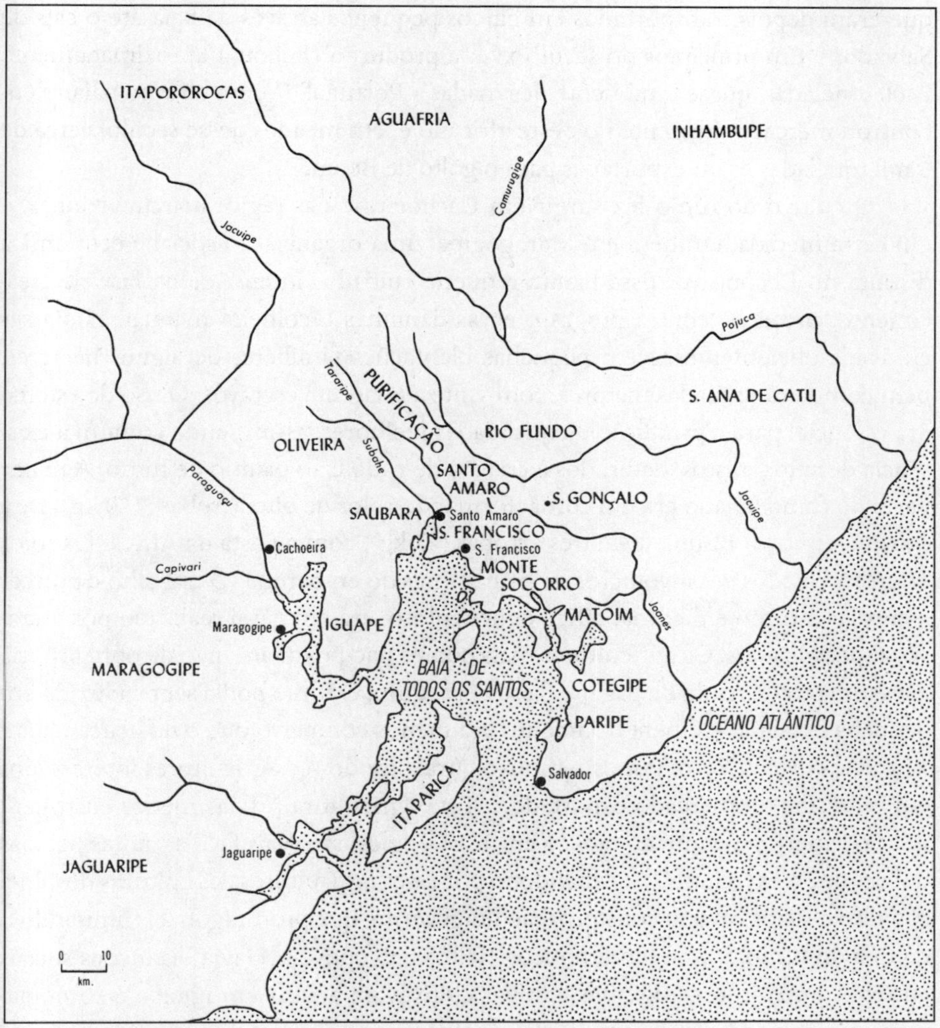

Mapa 2. Recôncavo Baiano: cidades e paróquias.

rios Paraguaçu e Jacuípe e além da orla do Recôncavo, onde se localizariam mais tarde as paróquias de Água Fria, Santo Estêvão de Jacuípe e São Pedro do Monte de Muritiba, pequenos agricultores iniciaram a produção de fumo por volta da segunda década do século XVII.[26] A indústria começou a centralizar-se na vila de Nossa Senhora do Rosário do Porto de Cachoeira, a poucos quilômetros da foz do Paraguaçu, logo acima do limite das marés. Essa vila principiara como ponto de parada das expedições ao interior, uma porta de entrada para o sertão, mas na década de 1670 tornou-se importante como porto para os produtores de fumo. Em 1697, havia em Cachoeira quatro armazéns para guardar os rolos de fumo, que eram depois transportados em barcos pequenos através da baía até o cais de Salvador.[27] Em princípios do século XVII, a produção chegou a aproximadamente 2400 toneladas, quase totalmente destinadas a Portugal. Porém o fumo baiano encontrou mercado crescente no oeste africano e, em meados desse século, cerca de 3 mil toneladas eram exportadas para o golfo de Benin.[28]

O cultivo do fumo fez surgir em Cachoeira e nas regiões circunvizinhas, e em certa medida, também em Maragogipe, uma organização social e econômica distinta no Recôncavo. Essa planta requeria cuidados intensivos na fase de crescimento, proteção contra pragas e ervas daninhas e colheita manual. Podia ser cultivada eficientemente em pequenas plantações familiares de alguns hectares, bem como em unidades maiores, com vinte a quarenta escravos. O uso de esterco era essencial para a produção de qualidades melhores, assim sendo comum a existência de sítios mistos, dedicados à criação de gado e ao plantio de fumo. A maior parte do fumo baiano era em corda, formando rolos de oito arrobas (120 kg), para o comércio com Lisboa, e de três arrobas (45 kg), com a costa da África. Os rolos eram embalados em invólucros de couro antes do embarque. O trabalho de torcer e enrolar o fumo em corda, difícil e meticuloso, era em geral realizado por escravos especializados. Os agricultores mais pobres não possuíam mão de obra própria para essa tarefa, tendo de pagar pela sua execução. O fumo podia ser produzido em pequena escala, e seu beneficiamento era menos complexo que o do açúcar, além de menos dispendioso. Por esse motivo, atraía modestos agricultores interessados em ingressar no mercado exportador. "Esta agricultura [é] das menos custosas", disse o superintendente do tabaco em 1714, "e por isso mais fácil a muitas pessoas pobres que a exercitam".[29] O abandono por esses agricultores das culturas de gêneros alimentícios causou consternação do governo, que promulgou leis limitando o cultivo do fumo, porém com poucos efeitos perceptíveis. Havia distinções sociais entre os agricultores. Algumas famílias cultivavam açúcar em Iguape e combinavam essa atividade à lavoura do fumo nos campos de Cachoeira e à pecuária no interior, constituindo-se na elite da região. Seus sítios podiam produzir entre cinquenta e sessenta toneladas por ano. Ao mesmo tempo, existiam muitos agricultores que produziam uma a duas toneladas anualmente. Em princípios do século XVIII havia cerca de 2 mil agricultores de fumo.

O fumo era um produto de menor prestígio e menos dispendioso, acessível a agricultores mais modestos, mas não era uma "cultura do homem pobre". Alicerçava-se fortemente no braço escravo: a metade da população das paróquias nas imediações de Cachoeira no século XVIII era de cativos, proporção essa menor que a encontrada nas paróquias das áreas açucareiras, porém elevada o bastante para afastar qualquer ideia de uma cultura de pequenos proprietários a lavrar sozinhos sua própria terra. Muito embora açúcar e fumo dependessem do trabalho escravo e dividissem os porões dos navios mercantes destinados a Salvador, em grande medida as duas culturas eram separadas geográfica e socialmente. As principais famílias de senhores de engenho, em sua maioria, não se engajavam na lavoura do fumo, e vice-versa. A região das plantações de fumo era distinta das áreas açucareiras.

No decorrer do século XVII, a população de Salvador e do Recôncavo cresceu, aumentou a área efetivamente ocupada e multiplicou-se o número de engenhos. O problema é que nessa era pré-estatística não houve registro preciso desse progresso ou, pelo menos, nenhum sobreviveu até nossos dias. Entre 1584 e 1612, a taxa anual de aumento do número de engenhos foi de 1% na Bahia. De cinquenta engenhos existentes em 1612, passou-se a oitenta em 1629.[30] Sabemos que em 1663 a Coroa ordenou o recenseamento dos engenhos do Recôncavo, entretanto, se ele chegou a ser realizado, o documento não foi preservado. Em 1676 havia no Recôncavo 130 engenhos.[31] Apenas em princípios do século XVIII começou a haver melhora na documentação. Em 1710 indicou-se a existência de 146 engenhos na Bahia. Em um censo eclesiástico registraram-se, nas seis paróquias de Salvador, 21 601 pessoas aptas à confissão, ou seja, acima de sete anos de idade, o que provavelmente significa um total de 24 193 indivíduos, incluindo as crianças e os escravos recém-chegados.[32]

Segundo a câmara municipal, a população urbana triplicou entre 1647 e 1717. Quanto ao Recôncavo e o restante da capitania, não existem registros para o século XVII.[33] Em 1726 ordenou-se um recenseamento geral, enviado a Portugal no ano seguinte, mas que não sobreviveu até o presente.[34] Felizmente, porém, um censo eclesiástico foi realizado entre 1718 e 1724, e ele proporciona um excelente panorama da população da Bahia e do estado da indústria açucareira àquela época.[35]

Conforme dissertação apresentada pelo padre Gonçalo Soares de França à Academia dos Esquecidos, sociedade intelectual baiana, a capitania possuía em 1724 uma população aproximada de 80 mil pessoas, a maioria concentrada em Salvador e no Recôncavo. Apesar de um movimento populacional em direção ao interior durante o século XVII, as povoações ao longo do rio São Francisco e a zona mineira próxima a Jacobina ainda continham menos de 10% dos habitantes da capitania. A colonização das áreas ao sul — Cairu, Camamu e Ilhéus — já vinha de longa data, mas a região permanecia esparsamente povoada. Havia pelo menos um engenho por lá — o Engenho Santana, próximo ao rio do mesmo nome e à cidade de São Jorge de Ilhéus, entretanto o sul era uma zona de pequenas lavouras produtoras de mandioca. Camamu e seus arredores eram o celeiro de Salvador e do Recôncavo, para onde enviavam tanta farinha de mandioca que a área era conhecia como "a Sicília da Bahia". Apesar da tradição da pequena lavoura no sul da Bahia, cerca de metade da população era escrava. Intimamente ligada ao comércio exportador, a escravidão era também parte essencial de outros setores da economia baiana.

A grande maioria da população — mais de 80% dos habitantes da capitania — continuou a residir em Salvador e no Recôncavo. Salvador possuía 25 mil habitantes, dos quais pouco menos da metade eram escravos (ver Tabela 6). Estrangeiros que visitavam essa cidade às vezes afirmavam que ali os cativos superavam em muito os livres, mas os números de 1724 indicam que isso era um exagero. É mais que provável que os viajantes confundissem a numerosa população livre de cor com cativos e, assim, ampliassem a magnitude da população escrava. A proporção entre sexos da população livre era equilibrada. Em um total de 5209 fogos, a média era de pouco menos de cinco pessoas por fogo.

As paróquias do Recôncavo arroladas pelo padre Soares de França incluíam pouco menos de 40 mil residentes, cerca de metade da população da capitania. Nessa região, a proporção de escravos excedia a 60%, sendo de mais de 70% entre os residentes de paróquias como Matoim, Santiago de Iguape e Santo Amaro da Purificação. Isso não é surpreendente, pois essas paróquias eram o centro das áreas açucareiras do Recôncavo. Soares de França relacionou 106 engenhos no Recôncavo, mas esse total é provavelmente incompleto. Se acrescentarmos os 32 engenhos que ele mencionou para a subcapitania de Sergipe de El-Rey, ao norte, e o Engenho Santana, em Ilhéus, que não incluiu em sua contagem, haveria na Bahia um mínimo de 139 engenhos em 1724, número que se aproxima dos 146 relatados por Antonil em 1710.

A descrição da Bahia por Soares de França é possivelmente incompleta. Ele parece ter se esquecido de mencionar alguns engenhos, e pelo menos duas paróquias são citadas (Nossa Senhora do Rosário de Cachoeira e São Domingos de Saubara) e não discutidas. Não obstante quaisquer deficiências quanto aos números totais, a distribuição regional e a relativa concentração da população parecem precisas e fornecem uma visão do Recôncavo em princípios do século XVIII.

Em meados daquele século, o recenseamento já se tornara procedimento comum na Bahia, contudo o método e a forma empregados no registro dos resultados eram tão imperfeitos que não se pode ter muita fé nos números obtidos.[36] O costume de excluir as crianças menores de sete anos e de utilizar diferentes faixas etárias para homens e mulheres dificulta análises detalhadas sobre esses levantamentos iniciais. As discrepâncias ficam evidentes em dois censos realizados em 1757. Em um deles, a cidade de Salvador possuía 4814 fogos, com 34 472 pessoas com idade superior a sete anos. Já o segundo, feito por um funcionário administrativo local, enumerava 6821 fogos com 37 323 pessoas. Um censo de 1759, levantado a mando do governador, indicava 40 263 pessoas em Salvador, 72 833 no Recôncavo e 215 142 em toda a capitania. Esses números, porém, não incluem índios, clérigos e seus serviçais e crianças com menos de sete anos. Se aumentarmos o total em 12% para compensar as omissões, podemos estimar a população baiana nessa época em cerca de 241 mil pessoas.[37] A população do Recôncavo nesse período perfazia aproximadamente apenas um terço do total da capitania, consequência da estagnação da região e da expansão da mineração e da pecuária no interior. Ambos os processos são dignos de algum comentário.

TABELA 6 — POPULAÇÃO DA BAHIA, POR VOLTA DE 1724

PARÓQUIA	DATA DE FUNDAÇÃO	HOMENS LIVRES	MULHERES LIVRES	CRIADOS[a]	ESCRAVOS	TOTAL	ENGENHOS
SALVADOR							
Sé	1552	2121	1537	186	3992	7836	
Vitória	1549	348	241		338	927	
Conceição	1623	1399	640	79	2820	4938	
S. Antônio	1648	941	1023		1675	3639	
Desterro	1679	714	1116	8	1278	3116	
S. Pedro	1679	1088	1420		2029	4537	
Totais		6611	5977	273	12 132	24 993	
RECÔNCAVO							
Pirajá	1578	133	133	164	381	678	
Paripe	1578	187	118		551	856	1
Cotegipe	1606	190	282	20	898	1390	5
Matoim	1606	234	241	32	1220	1727	6
Passé	1606	713	648	122	2677	4160	8
Socorro	1606	289	315		1442	2046	12
Purificação	1578	950	850	72	4152	6024	39
Monte	1606	895	807	4	3835	5541	19
Santiago de Iguape	1563	362	430	39	2212	3043	16
Pitanga	1563	1225	1234	24	2568	5051	
S. Cruz Itaparica	1563	640	666	8	1390	2704	
S. Amaro Itaparica	1681	160	137	5	407	709	
Maragogipe	1676	955	920	38	1388	1301	
Jaguaripe	1625	720	626	16	1096	2458	
Totais		7653	7438	380	24 217	39 688	106
LITORAL SUL							
Ilhéus	1556	550	388		893	1831	(1)
Boipeba	1616	323	327	25	552	1227	
Camamu	1560	448	250		1032	2230	
Cairu	1610	525	406		1190	2121	
Totais		1846	1371	25	3667	7409	
SERTÃO							
Rio S. Francisco	1682	725	727	56	1266	2774	
Jacobina						(5000)	
Sergipe de El-Rey	1617	1600	1856	20	4200	7676	32
Toda a Bahia — Totais		18 435	17 369	754	45 482	79 864	139

(*a*) O termo "criados" provavelmente significa dependentes residentes ou empregados domésticos.

Como será visto adiante, em meados do século XVIII a economia açucareira baiana passou por um período de estagnação. Demograficamente, esse fato reflete-se em uma taxa menor de crescimento populacional. Pode-se determinar essa taxa comparando-se as populações das paróquias que permaneceram geograficamente idênticas entre 1724 e 1757. Em Maragogipe, por exemplo, o aumento verificado nesse período foi de 1,2% anuais, ou seja, de 3301 para 5040 pessoas; em Purificação, no coração da zona açucareira, a taxa foi de 1,1%. Em paróquias suburbanas como Cotegipe e Paripe, a população foi inclusive menor em 1757 com relação a 1724.

Pode parecer que a taxa anual de crescimento populacional do Recôncavo teria sido de 1,7% entre 1724 e 1759, tendo a população aumentado de 39 688 para 72 833 nesse período, contudo essa porcentagem provavelmente está aumentada em consequência dos resultados incompletos para 1724. Na década de 1770, a população do Recôncavo e a economia exportadora começaram a expandir-se. Em 1774, a população da região era de 85 591 habitantes. Em 1780, crescera para 102 853, o que significa um aumento de 3,1% ao ano, quase o dobro da taxa do período anterior.[38] Em grande medida, essa expansão deve ter sido devida às importações de escravos, muito embora as maiores taxas de crescimento tenham se verificado nas paróquias de Jaguaripe e Maragogipe, não produtoras de açúcar. Os aumentos registrados para essas zonas fronteiriças foram paralelos ao crescimento da importância econômica e populacional do interior situado além do Recôncavo.

Sempre houvera uma fronteira separando o Recôncavo. Na Bahia, a zona de transição, ou agreste, entre o litoral úmido e o interior árido e mais elevado era relativamente estreita e de rápida transição para a caatinga do sertão. O desbravamento deste tivera início na década de 1570, porém foram as incursões contra os indígenas em meados e fins do século XVII que permitiram a colonização de grandes áreas. A atividade principal no interior baiano era a pecuária. Os senhores de engenho do Recôncavo lutaram pela proibição da criação de gado nas áreas agrícolas porque prejudicava os canaviais, e em 1700 promulgou-se finalmente legislação com esse objetivo. Todavia, muito antes disso, rebanhos baianos já haviam penetrado o sertão seguindo o leito dos rios, especialmente o São Francisco, o Itapicuru e o Paraguaçu. Eram comuns as pequenas fazendas de mil a 3 mil cabeças, embora grandes famílias de pecuaristas como os Garcia d'Ávila, com vastas terras ao norte de Salvador, ou o comerciante que se transformou em fazendeiro, João Peixoto Viegas, com rebanhos no curso superior do Paraguaçu, pudessem possuir mais de 20 mil cabeças. Também as ordens religiosas eram proprietárias de fazendas de gado. Em 1703, os beneditinos da Bahia tinham um rebanho de aproximadamente 3 mil animais no São Francisco, e o Colégio Jesuíta de Salvador era dono de cerca de 15 mil cabeças na mesma década.[39] Em 1710, Antonil estimou que o sertão nordestino criava mais de 1,3 milhão de cabeças de gado para suprir as cidades e engenhos litorâneos e as minas que começavam a desenvolver-se no sul da Bahia e em Minas Gerais.

Salvador e o Recôncavo dependiam do sertão. Salvador necessitava da carne que o sertão fornecia. Carne, couro e sebo eram usados na cidade e no campo, e os engenhos precisavam igualmente de bois para o transporte, muitos também como força motriz. Grandes boiadas percorriam às vezes sessenta quilômetros por dia com destino às feiras na orla do Recôncavo, onde um ativo comércio tinha lugar. A primeira dessas feiras foi Capoame, estabelecida por Francisco Dias d'Ávila em 1614. Localizada na paróquia de Santo Amaro de Ipitanga, próxima à atual Camaçari, a feira, realizada às quartas, prosperou e permaneceu a mais importante até a ascensão da feira de Santana, a "Princesa do Sertão", na década de 1820.[40] Na década de 1720, o couro tornou-se importante produto de exportação na Bahia. A frota de 1735, por exemplo, transportou 180 861 meios de sola e mais de 11 mil peças de couro cru.[41] Além disso, a indústria de fumo de Cachoeira dependia do couro para embalar os rolos e, assim, havia também uma demanda constante dentro da própria capitania pelo couro do sertão.

O tipo de carne mais consumido em Salvador e no Recôncavo era a carne bovina. Em Salvador, a carne era vendida em açougues licenciados pela municipalidade, e seu fornecimento dependia das boiadas provenientes do sertão. Quando as Minas Gerais se desenvolveram no início do século XVIII, autoridades baianas ficaram apreensivas, pensando que a nova demanda por carne nas minas poderia deixar a Bahia sem esse alimento. Em 1716, a câmara de Salvador procurou conseguir que o sertão fosse dividido em zonas para que a costa pudesse assegurar um fornecimento constante de carne do interior.[42] Apesar do tabelamento do preço e das tentativas de proibir a especulação, o preço da carne dobrou e triplicou nas décadas de 1720 e 1730, até que Minas Gerais desenvolvesse seu próprio fornecimento local. Todavia, mesmo depois, as secas periódicas no sertão provocavam escassez temporária e elevavam os preços no litoral.[43]

O levantamento eclesiástico de 1724 arrolou apenas cerca de 8 mil pessoas no Sertão, provavelmente subestimando essa população. Entretanto, em 1759, relacionaram-se mais de 75 mil habitantes nos dois distritos administrativos do interior, o "sertão de baixo", ao sul do Itapicuru, e o "sertão de cima", ao norte daquele rio no vale de São Francisco.[44] Os grandes pecuaristas eram verdadeiramente senhores de homens e gado. Não eram raras as sesmarias de centenas de quilômetros quadrados, e o braço da justiça régia dificilmente ia além da costa. Embora a organização social e econômica do sertão não seja um dos objetivos deste livro, a dependência da indústria açucareira com relação ao gado do interior a torna parte essencial de nosso estudo.

Afinal, foi a produção de açúcar que deu à Bahia, e especialmente ao Recôncavo, sua razão de ser e que criou sua sociedade característica. Com início modesto no século XVI, a Bahia veio a tornar-se a segunda região açucareira do Brasil, suplantada apenas por Pernambuco; após o eclipse da liderança desta capitania após a invasão holandesa (1630-54), a Bahia manteve a primazia durante a maior parte

Figura 6. Cidade açucareira. São Francisco do Conde, na baía de Todos os Santos, desenvolveu-se como entreposto e centro administrativo para os engenhos das imediações.

do século XVIII. É difícil estimar o número de engenhos em funcionamento em um dado ano, pois os censos e levantamentos são geralmente incompletos, e porque com frequência havia engenhos de fogo morto (que não mais produziam açúcar) ou temporariamente inativos devido a débitos, má administração ou outras vicissitudes. Nos cem anos decorridos entre 1670 e 1770, o Recôncavo em geral possuiu entre 130 e 150 engenhos, com uma produção total entre 350 e 500 mil arrobas (entre 5 mil e 7300 toneladas). Esse nível de produção parece muito pequeno pelos padrões atuais, mas era elevado para a época. A produção baiana foi maior ou aproximadamente a mesma que a da Jamaica até a década de 1730 e superou ou igualou-se à de Barbados, principal produtor das Antilhas no período, até princípios do século XVIII.[45]

Como vimos, a constituição física da atividade açucareira na Bahia realizou-se por etapas. As terras nas proximidades de Salvador, as paróquias de Paripe, Pirajá, Cotegipe e Matoim, assistiram ao primeiro florescimento da economia açucareira na década de 1560. Alguns dos engenhos nessa sub-região haviam sido instalados em sesmarias distribuídas por Tomé de Sousa na década de 1550; à medida que os índios hostis foram sendo expulsos, os canaviais começaram a expandir-se.[46] O Engenho Freguesia, em Matoim, é um bom exemplo de propriedade desse tipo, estabelecida no século XVI e continuando a operar por toda a era colonial. As campanhas de Mem de Sá, a chamada Guerra do Paraguaçu, desimpediram a maior parte do Recôncavo

Figura 7. Tudo o que resta do Engenho Sergipe do Conde, "Rainha do Recôncavo". (A chaminé foi instalada no século XIX, acompanhando a introdução de moendas a vapor.)

na década de 1570, e no decênio seguinte podia se encontrar engenhos em Marapé, ao longo do Paraguaçu, e no sul do Recôncavo. Esta última região, porém, sofreu ataques dos índios até a década de 1610. A ameaça destes, juntamente com os solos mais pobres, provocou praticamente o abandono da lavoura canavieira em Jaguaripe e Maragogipe, exceto por uns poucos engenhos às margens dos rios.

A segunda área a desenvolver-se, o cerne do Recôncavo açucareiro, foram as zonas próximas aos rios Sergipe e Subaé, posteriormente vilas de Santo Amaro e São Francisco. Mem de Sá dividiu grande parte dessa área em sesmarias, reservando para si próprio um vasto território de três léguas e meia no sentido da costa por quatro léguas em direção ao interior, onde construiu um grande engenho. Em 1587, essa região possuía catorze engenhos. Na década de 1620, os franciscanos erigiram uma capela e um convento em uma colina na orla da baía, e o local tornou-se núcleo de um pequeno povoado, o qual lentamente começou a adquirir funções de cunhos militar, comercial e administrativo. Em 1698, com o crescimento da população e da economia açucareira, a vila de São Francisco do Conde (ver Figura 6) foi criada para atender às necessidades de ambas.[47]

A predominância de São Francisco do Conde foi breve. A cerca de duas horas a cavalo, seguindo pelo rio Sergipe, havia um pequeno povoado que tivera início em 1608. Ali os colonos encontraram solo excelente e madeira em abundância; à medida que a ameaça de ataques dos índios foi sendo eliminada e as terras litorâneas foram se saturando de engenhos, esta área mais distante da costa foi se valorizando. A povoação tornou-se a vila de Santo Amaro em 1727. Sua localização, em meio a terras boas para a cultura da cana e no fim do trecho interiorano navegável do rio Sergipe, trazia-lhe vantagens especiais. Em 1757, Purificação, sua paróquia central, incluía três diferentes zonas de engenhos. Patatiba, na margem sul do rio Sergipe, tinha nove engenhos, entre eles o Petinga, pertencente aos jesuítas, e o Sergipe do Conde (ver Figura 7). Do lado oposto do rio, no distrito de Subaé, havia mais cinco engenhos. Mais para o interior, próximos ao rio Tararipe, outros doze engenhos estavam instalados. Esses últimos eram mais recentes e, em muitos casos, menores, e floresceram no século XVII à medida que a indústria açucareira adentrou o continente. Esse desenvolvimento também se verificou na paróquia de São Pedro de Tararipe e Rio Fundo, mais para o interior.[48] Esta fora criada em 1718 com partes tiradas das paróquias de Purificação e Nossa Senhora do Monte, na vila de São Francisco; em 1757, havia ali quinze engenhos. Em princípios do século XIX, a vila de São Francisco compreendia cinco paróquias com oitenta engenhos, e Santo Amaro tinha quatro paróquias e 85 engenhos.[49] Excetuando-se Iguape, na região de Cachoeira, São Francisco, Santo Amaro e as paróquias em suas imediações foram o coração do Recôncavo açucareiro e o berço da sociedade dos engenhos.

Nem todo o açúcar embarcado na Bahia com destino à Europa era do Recôncavo. No século XVI existiram alguns engenhos na costa meridional, próximos a Cairu e, mais ao sul, em Ilhéus. Tais engenhos sofreram contínuos ataques dos aimorés (como vimos no Capítulo 2), e a maioria deles foi abandonada. O grande Engenho Santana, no rio do mesmo nome, próximo a São Jorge de Ilhéus, continuou a produzir açúcar durante todo o período colonial. As estimativas da produção baiana geralmente incluíam pequenas quantidades provenientes de Ilhéus e, às vezes, de Porto Seguro; entretanto muito mais importante foi o açúcar produzido na área de Sergipe de El-Rey, ao norte, que também fazia parte da produção total baiana.

Desde a década de 1570 os baianos tentaram a conquista de Sergipe de El-Rey, mas a efetiva penetração na área só aconteceu dois decênios mais tarde. A povoação de São Cristóvão foi estabelecida em 1595, e logo transferida para outro local mais vantajoso, na desembocadura do rio Vasabarris. Criadores de gado baianos, como a família Garcia d'Ávila, possibilitaram o desbravamento do interior de Sergipe ao avançarem com seus rebanhos ao longo do São Francisco e de outros rios da região. Engenhos desenvolveram-se mais tarde na foz desses rios — especialmente o Cotinguiba, o Sergipe e o Japarantuba. Quando, em 1637, os holandeses dominaram essa área, havia oito engenhos em funcionamento na capitania. Apanhado em meio à guerra luso-holandesa, Sergipe retornou, por fim, ao controle português, em 1648. O número de engenhos começou a aumentar em fins do século XVII, chegando a 25 na década de 1720. Grandes quantidades de açúcar foram continuamente embarcadas para venda em Salvador.[50] Por todo o período coberto por este estudo, Sergipe de El-Rey permaneceu como capitania subordinada, governada por um capitão-mor sob a autoridade do governador-geral da Bahia, e fazendo parte dessa capitania-geral.

A produção açucareira e o dízimo de Sergipe de El-Rey eram geralmente calculados como parte do total baiano. Sergipe era, de fato, uma extensão da economia da Bahia, contudo havia algumas diferenças. Seus engenhos tendiam a ser menores. Uma relação de propriedades utilizadoras de braço escravo nas paróquias ao redor de São Cristóvão, em 1785, revelou que os engenhos possuíam em média 24 escravos e nenhum deles ultrapassava cem cativos.[51] Existiam, porém, em média quatro lavradores de cana para cada engenho, os quais possuíam em média seis escravos. Em 1798, Sergipe contava com 140 engenhos, muitos deles próximos à foz do rio Cotinguiba.[52] No início do século XIX, foram arrolados 163 engenhos em Sergipe de El-Rey, e sua produção perfazia cerca de 25% do total baiano. A população de Sergipe em 1834 era de 160 452 habitantes, dos quais mais de 90% eram pessoas de cor, e 30%, escravos. Em termos gerais, comparado à Bahia, havia menos brancos, uma proporção maior de pessoas livres de cor e aproximadamente a mesma proporção de escravos.[53]

Embora deva ser considerada a produção açucareira de Ilhéus e Sergipe de El-Rey no cômputo da produção total baiana, foram os engenhos do Recôncavo os maiores produtores e os que estabeleceram os padrões da vida na grande lavoura açucareira. À medida que foram ocupando o território, especialmente no Recôncavo, os engenhos desenvolveram uma existência que transcendia propriedade e tempo ou, pelo menos, tinham potencial para fazê-lo. No século XVI, essas propriedades formavam a linha de frente nas fronteiras, as lavouras de pioneiros nos limites da ocupação europeia, frequentemente sujeitas a ataques dos índios. Os engenhos surgiram antes das vilas e paróquias, e em grande parte do Recôncavo a primeira igreja da paróquia foi a capela de alguma dessas propriedades. Ao estabelecerem-se, os engenhos conferiam identidade ao local. No Recôncavo de nossos dias localidades como Jacu, Terra Nova e Inhatá originaram-se de engenhos, embora eles hoje estejam em ruínas e há tempos tenham desaparecido da memória local. Uma vez instalado um engenho, a tendência era de que perdurasse por muito tempo, frequentemente sob o mesmo nome. Dos 92 arrolados em 1757, apenas sete haviam desaparecido em 1817, sessenta anos mais tarde.[54] Proprietários iam e vinham, filhos esbanjavam fortunas, heranças dividiam a propriedade, má administração ou períodos desfavoráveis traziam a ruína, e às vezes o engenho tornava-se inativo, "de fogo morto", mas não é raro encontrarmos engenhos em arrolamentos com datas separadas por dois séculos. São muitos os casos. O Engenho Jacarancanga, com sua igreja de Santo Antônio, pertenceu a Cristóvão de Barros à época de Gabriel Soares de Sousa. Cerca de um século mais tarde, tornou-se propriedade do desembargador Antônio Rodrigues Banha; em 1798, quando seu dono era Antônio Feliciano de Sá Carneiro, constou do mapa do Recôncavo existente no trabalho de Luís dos Santos Vilhena.[55] O historiador José Wanderley de Araújo Pinho acompanhou a história do Engenho Freguesia, em Matoim, ao longo de quatro séculos; outros engenhos, como o Santana, em Ilhéus, e o Petinga, no Recôncavo, gozaram de extraordinária longevidade.[56]

Os engenhos eram classificados de várias maneiras. Os primeiros, que em geral localizavam-se no litoral ou às margens dos rios, próximos à foz, eram usualmente denominados "à beira-mar". Tendiam a ser mais antigos, maiores e, de certa forma, mais aristocráticos, no sentido de que em fins do século XVIII as famílias mais ilustres da Bahia eram donas de uma proporção relativamente grande (35%) dessas propriedades.[57] Com o crescimento da indústria açucareira, novos engenhos foram construídos mais para o interior, distantes da costa. Estes, chamados "da mata" ou de "terra adentro" eram em geral menores e não tão bem capitalizados, e arcavam com custos de transporte mais elevados devido à sua localização. Além da posição geográfica, os engenhos eram sempre qualificados em termos da força motriz empregada. Os engenhos movidos a água, chamados "engenhos reais", eram maiores, enquanto os impulsionados por cavalos ou, mais comumente, bois eram mais lentos e tendiam a apresentar menor capacidade produtiva. Estes engenhos de tração animal eram denominados trapiches, "engenhocas" ou de "molinotes", sendo os dois últimos termos de certa forma depreciativos.

Finalmente, os engenhos podiam classificar-se segundo três tipos de propriedade: régia, corporativa ou privada. À época da introdução do açúcar no Brasil, alguns engenhos foram construídos com recursos da Coroa. O que funcionava em Pirajá beneficiava a cana plantada por agricultores locais. Em fins do século XVI, foi arrendado a particulares, tendo a Coroa, essencialmente, abandonado o investimento direto nessa atividade, preferindo estimulá-la através da concessão de sesmarias e incentivos fiscais ou outros benefícios econômicos a investidores privados dispostos a construir suas próprias moendas. Na Bahia, como em outras partes do Brasil, alguns engenhos eram propriedade de ordens religiosas. Os carmelitas possuíam o Engenho do Carmo e um outro, de nome Terra Nova, em Passé, bem como canaviais cuja cana era beneficiada em outros engenhos. Os beneditinos a princípio levavam sua cana para moer no Engenho Sergipe, mas por volta de 1656 começaram a instalação do Engenho São Bento dos Lajes. Entre 1720 e 1723, a ordem construiu um segundo engenho, São Caetano de ltaporocas, mais para o interior, e um outro menor em Inhatá, no Rio Fundo, em princípios do século XIX. Os lucros dessas propriedades eram usados para sustentar as atividades das respectivas ordens. Na Bahia, cerca de 30% a 40% da receita anual dos beneditinos era derivada de seus engenhos.[58]

Os jesuítas eram os maiores senhores de engenho entre as ordens religiosas. Seis engenhos na Bahia pertenceram, em uma ou outra época, à Companhia de Jesus. O Colégio Jesuíta de Salvador construiu seu primeiro engenho, Mamão, em Passé, por volta de 1601. Este operou até meados do mesmo século, quando os padres inacianos adquiriram uma propriedade nas imediações, Pitanga, a qual ampliaram e transformaram em um lucrativo empreendimento. Os jesuítas da Bahia também construíram um engenho em Camamu por volta de 1607, porém os holandeses destruíram-no em 1640. O Colégio Jesuíta de Santo Antão de Lisboa acabou por adquirir o Engenho Sergipe, no Recôncavo, e o Engenho Santana, em Ilhéus, após longa batalha judicial no século XVII. A estes, os jesuítas de Lisboa acrescentaram o Engenho Petinga, próximo ao Engenho Sergipe, em 1745. Quando os padres dessa ordem foram expulsos do Brasil, em 1759, seus engenhos foram leiloados a particulares.[59] Diferentes quanto à estrutura de posse, os engenhos de corporações religiosas, não obstante, produziram açúcar com os mesmos métodos de seus equivalentes leigos e dependeram da mesma força de trabalho e dos mesmos mercados internacionais.

A grande maioria dos engenhos baianos era de particulares. Existiam sociedades, embora não fossem comuns. A compra e a venda de engenhos eram constantes e, como após 1663 eles passaram a ser propriedades legalmente indivisíveis, eram legados em testamento de modo a manter sua unidade. Entretanto, não era raro encontrar-se um engenho administrado temporariamente pelos herdeiros do proprietário recém-falecido, até que chegassem a um acordo acerca de qual deles seria o novo dono. Era comum a posse de mais de um engenho; não eram raros os que possuíam dois deles, e houve mesmo casos de proprietários de três ou quatro. Em 1798, 23 proprietários eram donos de 52 dos 215 engenhos do Recôncavo.[60] Até certo ponto, o fenômeno da posse múltipla era causado por pontos de estrangulamento no processo produtivo. Quando a capacidade máxima do engenho era atingida e as despesas de trazer cana de lugares distantes tornavam-se grandes demais, o proprietário podia simplesmente instalar um segundo engenho. Propriedades como o Engenho Novo, Engenho Velho, ou Engenho Baixo, Engenho do Meio, ou Engenho de Cima, espalhadas pela paisagem brasileira, são obras desse processo de divisão.

Do ponto de vista social, algumas linhagens de grandes proprietários acabaram por controlar um grande número de engenhos. O historiador F. W. O. Morton estima que 92 dos 316 engenhos baianos em 1818 (29%) eram propriedade de vinte grandes famílias, entre elas os Góis, Calmon, Fiúza, Costa Pinto, Dória e Rocha Pitta. Essas famílias não só possuíam muitos engenhos, mas também, em geral, os mais bem localizados e maiores. Dos 151 engenhos situados no litoral ou a menos de duas léguas da costa, as famílias aristocráticas de senhores de engenho eram donas de 66 (43%) deles.[61] Uma vez que muitas dessas famílias dominaram a vida social e política até o século XIX e mesmo até o nosso século, não admira que o interesse de historiadores e genealogistas tenha-se concentrado nelas; contudo, colocá-las em primeiro plano criou algumas imagens enganosas. Para cada família como a dos Calmon ou os Costa Pinto, que construíram, sustentaram e conservaram suas propriedades e sua posição social, houve cinco ou dez que fracassaram ou gozaram de sucesso apenas momentâneo. Os engenhos mudavam de mãos rapidamente; uma má colheita, a chegada tardia de uma frota, uma guerra europeia podiam acarretar um desastre. A indústria açucareira não era um investimento seguro, e não faltavam aspirantes a senhor de engenho que fracassavam por pretender demais. Em vez da estabilidade simbolizada pelas grandes famílias de senhores de engenho, um padrão muito mais fluido parece ter sido característico da economia açucareira colonial da Bahia.

Todavia, a despeito da insegurança e rotatividade inerentes à propriedade dos engenhos, ao estabelecer-se o Recôncavo Baiano como região açucareira no século XVI, essa atividade nunca mais foi abandonada. Outras culturas, especialmente o fumo, também existiram no Recôncavo, mas nenhuma delas excedeu o valor ou a importância do açúcar. O mercado desse produto podia sofrer grandes flutuações, e a capitania passar por longos períodos de dificuldades devido à fraca demanda ou aos preços baixos de seus principais produtos agrícolas, mas a Bahia permaneceu, nas épocas boas e más, como importante produtora de açúcar e fumo. O Recôncavo conferiu a Salvador sua existência econômica e estimulou a colonização e o desenvolvimento do sertão; seus senhores de engenho dominaram a vida social e política da capitania por toda a sua história. Falar da Bahia era falar do Recôncavo, e este foi sempre sinônimo de engenhos, açúcar e escravos.

5. Safra: as técnicas do fabrico do açúcar

Agricultura [...] é mais fácil, é mais bonita de escrever do que executar. Prescindindo do rude, do insuportável trabalho de manobra, a lavoura de cana, não obstante as suas vantagens, é muito detrimentosa e cheia de mil incômodos.

José da Silva Lisboa (1781)

As técnicas da produção do açúcar foram essencialmente as mesmas em todas as colônias americanas, como se pode constatar a partir das clássicas e aproximadamente contemporâneas descrições do padre Labat para as Antilhas francesas, de Richard Ligon para Barbados e de André João Antonil para o Brasil. Diferiram, porém, nos detalhes, em resposta às distinções regionais e às condições locais. No Brasil, as técnicas de fabrico do açúcar e a estrutura de produção definiram a estrutura social e econômica da colônia por quase cem anos, até 1650, e depois dessa época exerceram considerável influência em regiões produtoras de açúcar, como Bahia e Pernambuco, apesar do desenvolvimento de outras atividades econômicas.[1] O alicerce em que se assentou a colônia brasileira foi o relacionamento entre senhores e escravos, e este foi inerente às relações de produção engendradas pela economia de grande lavoura. Compreender a natureza da produção açucareira é, pois, entender as necessidades e os desejos da classe que controlava a propriedade essencial, terra, e os escravos, e perceber as condições e restrições sob as quais trabalhavam os que produziam o açúcar.

A indústria açucareira, atividade econômica predominante na Bahia, definiu as preocupações políticas e econômicas de seus administradores e cidadãos mais influentes. Impostos, tarifas, limitações governamentais ao crescimento, abastecimento de gêneros alimentícios, preços de escravos, melhorias tecnológicas, restrições e condições comerciais — tudo isso relacionado ao açúcar ou a outros produtos agrícolas — são temas que se encaixam coerentemente ao se analisar a documentação referente à história da Bahia. De inúmeras formas, o açúcar criou o contexto da vida baiana. A existência de agricultores de cana como categoria social, o relacionamento entre os senhores de engenho e seus credores comerciantes, o papel do Estado na promoção dos interesses dos produtores locais, as atividades dos clérigos dependentes dos dízimos — todos foram aspectos determinados pela economia açucareira. E, acima de tudo, as exigências e condições do trabalho na grande lavoura do açúcar definiram a vida cotidiana da maioria da população baiana, as pessoas para quem a safra do açúcar possuía significado especial. Este capítulo examina os processos, práticas e ritmos específicos da produção açucareira baiana.

A SAFRA

"Botou o engenho a moer." Com essas palavras era registrado o grande acontecimento do ano, o início da safra. Todo ano, no Recôncavo, lá pela primeira ou segunda semana de agosto, deixava-se tudo preparado nos engenhos. Reparava-se o maquinário, substituíam-se caldeiras, renovavam-se contratos de fornecimento de cana e lenha e traziam-se bois dos pastos. Tudo o que a mão do homem pudesse fazer era executado, e ficava faltando apenas a ajuda divina. No dia marcado, o pároco ou capelão residente rezava missa, abençoando o engenho, na presença do proprietário e sua família ou do administrador residente, além de muitos indivíduos livres das áreas vizinhas. Suplicava-se a Cristo, ou ao santo padroeiro do engenho, que protegesse todos os que trabalhavam na propriedade e assegurasse uma boa colheita. No local da moenda, escravos e homens livres reuniam-se para ouvir as preces e assistir à aspersão de água benta sobre a máquina. A um sinal, a moenda era posta em movimento, e o padre e o proprietário passavam as primeiras canas pelos tambores. Os escravos levavam aquilo tão a sério quanto os senhores. Recusavam-se a trabalhar se a moenda não fosse abençoada e, durante a cerimônia, muitas vezes tentavam avançar para receber algumas gotas de água benta no corpo. As caldeiras e os trabalhadores também eram abençoados, assim como, por insistência dos condutores, os carros de bois vindos dos canaviais, enfeitados com guirlandas feitas de canas compridas amarradas com fitas coloridas. Mais tarde, em geral, havia um banquete na casa-grande, e os escravos eram presenteados com garapa para beber.[2] A safra começara.

Era um período de intensa atividade, de idas e vindas: escravos partiam para os canaviais, carros de boi rangendo sob o peso da cana cortada dirigiam-se para a moenda, barcos chegavam ao porto carregados de cana ou lenha dos engenhos ribeirinhos

Figura 8. Engenho real (movido a água), no século XVII. Observe-se a casa-grande e a capela no plano superior. Esta imagem, pintada por Frans Post (paisagista holandês que passou alguns anos no Nordeste), consiste, assim como seus outros trabalhos sobre o Brasil, em um testemunho acurado de alguém que presenciou a cena, algo de que não se dispõe na iconografia portuguesa.

ou do litoral da baía, caldeiras ferviam sobre o fogo aceso dia e noite, escravos revezavam-se em turnos na moenda e na casa de purgar, lavradores de cana apareciam para contratar o beneficiamento de sua produção. E, acompanhando tudo isso, o constante ruído da moenda a extrair da cana o líquido que custava tanto suor e sofrimento e que se cristalizaria não só na doçura do açúcar mas também em riqueza, prestígio e poder.

Muito embora o início da safra fosse uma época de expectativa e agitação para senhores e escravos, as emoções destes últimos logo davam lugar ao cansaço e mesmo à exaustão. Após algumas semanas, contou Henry Koster, que administrou um engenho em Pernambuco na década de 1810, a labuta constante fazia-os adormecer em qualquer lugar onde pudessem apoiar a cabeça. "Dorminhoco como um escravo de engenho" era uma expressão comum.[3] O trabalho em um engenho brasileiro era ininterrupto, sendo as tarefas pertinentes aos canaviais realizadas durante o dia e as atividades da moenda feitas à noite. A moenda ficava em funcionamento normalmente por dezoito a vinte horas, parando por apenas algumas horas para a limpeza do mecanismo. No século XVII, os engenhos baianos, como o da Figura 8, iniciavam a moagem às quatro horas da tarde, prosseguindo durante toda a noite até as dez horas da manhã seguinte. Então limpavam-se as caldeiras e a moenda, que às quatro recomeçava a funcionar.[4] Durante as poucas horas de folga, os escravos tentavam dormir, mas às vezes passavam esses momentos procurando mariscos ou outros alimentos. Como veremos, os que trabalhavam nos canaviais também cumpriam turnos na moenda na época da safra, e como amiúde os engenhos não possuíam trabalhadores em número suficiente, os cativos faziam turnos dobrados. Seu trabalho era "incrível", e tão intenso que "um desses engenhos poderia ser chamado de inferno".[5]

O ritmo implacável do trabalho continuava na Bahia por cerca de oito a nove meses, período em que a cana era cortada e moída e o açúcar, fabricado. A duração da safra no Brasil variava conforme a região, mas na Bahia era comum começar em fins de julho ou em agosto e terminar em maio do ano seguinte. A Tabela 7 apresenta as datas de início e fim das safras do Engenho Sergipe. O padrão ali mostrado significa que a safra se estendia por um período de 270 a trezentos dias e era limitada apenas pela chegada das fortes chuvas de inverno que dificultavam imensamente o corte e o transporte da cana.[6] A prolongada safra dava à Bahia vantagem comparativa na concorrência com os produtores de açúcar das Antilhas, cuja época de safra, no século XVIII, durava em média 120 a 180 dias. A longa temporada de colheita, quando a produtividade dos trabalhadores era extraída até os limites da resistência física, criava também condições particularmente favoráveis ao uso dos escravos. Praticamente sem um "tempo morto" em que os cativos não fossem proveitosamente empregados em preparar ou colher o produto principal, o ciclo açucareiro baiano adaptava-se bem à utilização lucrativa da mão de obra escrava.[7]

TABELA 7 — A SAFRA AÇUCAREIRA BAIANA: DATAS DE INÍCIO E TÉRMINO, BASEADAS NOS LIVROS DE SAFRA DO ENGENHO SERGIPE

ANO	INÍCIO DA SAFRA (BOTOU A MOER)	TÉRMINO DA SAFRA (PEJOU O ENGENHO)	ANO	INÍCIO DA SAFRA (BOTOU A MOER)	TÉRMINO DA SAFRA (PEJOU O ENGENHO)
1611-2	28 jul.	29 mai.	1636-7	25 ago.	
1612-3	21 ago.	19 mai.	1637-8	27 jul.	
1622-3	21 jul.	19 mai.	1643-4	13 ago.	13 mai.
1624-5[a]			1644-5	11 ago.	16 mai.
1625-6	15 ago.		1645-6	30 jul.	4 mai
1626-7	23 jul.		1646-7	6 ago.	8 fev.[b]
1628-9	21 ago.		1650-1	1º ago.	10 mai.
1629-30	27 jul.		1651-2	30 jul.	6 mai.
1630-1	25 jul.		1654-5	5 ago.	29 abr.
1633-4	30 jul.		1668-9[c]	21 ago.	
1634-5	26 jul.				
1635-6	1º ago.				

(*a*) Safra interrompida pela invasão holandesa.
(*b*) Safra interrompida por ataque holandês.
(*c*) Do Engenho Santana, em Ilhéus.

Fonte: Todas as datas do livro de safra do Engenho Sergipe, exceto 1654-5: ANTT, CSJ, maço 56, nº 19; e 1668-9: ANTT, CSJ, maço 68, nº 123.

A partir de registros do Engenho Sergipe, é possível reconstruir a temporada de moagem de um engenho baiano durante quatro safras (1612, 1643, 1650 e 1651) em uma base diária.[8] Nessas quatro colheitas, a temporada da moagem durou em média 291 dias. Durante essas temporadas, perderam-se em média 78 dias (28%) por razões diversas. Avarias e reparos foram responsáveis por 9% desses dias perdidos. O problema mais comum era o aqueduto ("levada") parar de fornecer a água necessária para impulsionar a moenda. O reparo de caldeiras também tomava alguns dias de tempos em tempos. A cana não podia ser cortada e transportada debaixo de chuva, e assim o tempo chuvoso resultava em falta de cana e ausência de moagem. Na safra de 1643, o Engenho Sergipe perdeu dezessete dias devido a tempo chuvoso e falta de cana, mas esse ano foi particularmente ruim. Em média, a escassez da cana custou ao engenho cerca de seis dias de moagem, ou 8% dos dias perdidos. O abastecimento de lenha era outra preocupação fundamental. Sua falta devia-se à incapacidade do engenho de encontrar fornecedores adequados em vários períodos durante a safra. Perderam-se aproximadamente cinco dias por ano em virtude da indisponibilidade de madeira.

Avarias, consertos e escassez, porém, respondiam apenas por um quarto do tempo perdido durante a safra. Muito mais importantes eram os dias perdidos por causa do calendário religioso, com seus domingos e dias santos. Os registros diários do Engenho Sergipe permitem-nos estabelecer o ciclo de observância religiosa. A Tabela 8 relaciona os dias santos guardados regularmente no Engenho Sergipe em meados do século XVII.

Os registros de colheita do Engenho Sergipe documentaram as operações diárias somente durante a safra, não apresentando, pois, um calendário religioso anual completo. Ademais, apenas as festas em que se preceituava a dupla obrigação de assistir à missa e abster-se do trabalho (*festa fori*) foram registradas pelo administrador do engenho. Não obstante em várias áreas os eventos e costumes locais influenciassem o calendário de observância, as festas religiosas guardadas pelo Engenho Sergipe foram essencialmente aquelas da Igreja e do breviário católico-romano. As festas marianas obrigatórias (Assunção, Natividade, Conceição, Purificação e Anunciação) foram todas regularmente observadas.[9] Nossa Senhora da Purificação era particularmente importante, pois era a padroeira na capela do Engenho Sergipe. As festas dos Apóstolos foram sempre celebradas, assim como a Páscoa, o Natal e a Epifania. Sob a administração dos jesuítas, o trabalho nesse engenho parou de 25 de dezembro a 2 de janeiro, em respeito ao Natal e suas primeiras três oitavas, considerados dias de observância, e também pela festa do Nome de Jesus (1º de janeiro). Para os dias intermediários, encontrou-se alguma razão, como tempo ruim ou necessidade de consertos, para não haver trabalho. A única festa especificamente jesuíta foi a de são Francisco Xavier (2 de dezembro), a qual foi celebrada apenas em uma das safras registradas (1650-1). Após 1689, em Salvador, essa festa foi observada regularmente como uma importante procissão.[10]

TABELA 8 — DIAS SANTOS OBSERVADOS NO ENGENHO SERGIPE, SAFRAS DE 1612-3, 1622-3, 1643-4, 1644-5, 1645-6, 1650-1, 1651-2

AGO.
5 N. Sra. das Neves[a]
10 S. Lourenço
15 Assunção
24 S. Bartolomeu[b]

SET.
8 Natividade (Anunciação)
14 (não especificado)
21 S. Mateus
29 S. Miguel

OUT.
28 São Simão e S. Judas

NOV.
1º Todos os Santos
21 Apresentação[c]
30 Sto. André

DEZ.
2 São Francisco Xavier[d]
8 Imaculada Conceição
18 N. Sra. do Ó[e]
21 S. Tomás
25-8 Natal e três oitavas
31 S. Silvestre[f]

JAN.
1º Nome de Jesus
6 Epifania (Dia de Reis)
20 S. Sebastião[g]

FEV.
2 Purificação (Candelária)
24 N. Sra. da Encarnação
25 S. Matias[h]

MAR.
25 Anunciação

ABR.
4 N. Sra. dos Prazeres
Quinta-Feira Santa (móvel)
Sexta Feira Santa (móvel)
Páscoa e três oitavas (móvel)[i]

MAI.
1º S. Felipe e S. Tiago
3 Santa Cruz

(*a*) Não observado após 1650.
(*b*) Não observado após 1645-6.
(*c*) Não observado após 1650.
(*d*) Observado apenas em 1650-1.
(*e*) Não observado após 1650.
(*f*) Observado somente após 1650.
(*g*) Não observado em 1650-1.
(*h*) Alguma variação entre 24 fev. e 25 fev.
(*i*) Páscoa não observada em 1612-3.

Houve uma reorganização no calendário de observância em alguma data entre as safras de 1646 e 1650, de modo que as festas dos anos posteriores a este último diferiram um pouco das observadas em anos anteriores. Essa mudança foi provavelmente resultado da redução das festas realizadas pelo papa Urbano VIII (*Universa per orbem*) em 1642.[11] Por exemplo, o dia de Nossa Senhora das Neves não mais foi considerado de observância, assim como o de Nossa Senhora do Ó. (Esta última era de devoção popular na península ibérica, onde, para os oito dias que antecediam o Natal, o breviário continha antífonas especiais para vésperas, todas começando com Ó. Nossa Senhora da Espera, ou Ó, era de devoção especial para as mulheres grávidas.)

A questão da tipicidade surge imediatamente em face da posse do Engenho Sergipe pelo Colégio Jesuíta de Santo Antão de Lisboa. Certamente deve ter havido algumas pequenas variações no calendário religioso de um engenho para outro. O santo padroeiro da capela de cada engenho era provavelmente homenageado, e podem ter ocorrido outras variações locais. Entretanto a safra registrada em 1612-3, quando o Engenho Sergipe ainda era propriedade do conde de Linhares e não dos jesuítas, indica com apenas ligeiras diferenças que uma programação similar de festas foi observada. O único desvio significativo desse padrão foi não terem sido observadas a Páscoa e suas oitavas naquele ano, mas desconfio de que se trata de um erro de escrituração. Ainda assim, podemos usar os registros do Engenho Sergipe como um caso extremo e supor que a propriedade observasse mais estritamente os domingos e dias de festa do que outros engenhos.

Durante as quatro safras para as quais os registros estão completos, foram observados em média 35 domingos e 26 festas ou dias santos. Portanto, mais de 75% dos dias perdidos em uma safra eram devidos ao calendário religioso. Podemos interpretar esses números como representativos de uma observância rígida e, portanto, de um máximo de interrupções no trabalho em um engenho baiano, supondo que a falta de produtos e as avarias fossem aproximadamente as mesmas nos engenhos de proprietários leigos. A perda por observância religiosa de cerca de 28% dos dias da safra pode ser tomada como limite máximo. Dadas essas paradas, a temporada média de moagem nos engenhos baianos teria compreendido entre duzentos e 220 dias.

A Figura 9 representa o ano produtivo do Engenho Sergipe em 1650-1. São indicados os dias parados por tipo; mostra-se também o número de fôrmas de açúcar produzidas em cada mês. Além disso, foram registradas as estatísticas pluviométricas para o Recôncavo de nossos dias. A integração das atividades de plantio e colheita fica evidente nesse diagrama cíclico, e pode-se ver claramente que apenas com a chegada das chuvas torrenciais de maio o trabalho diminuiu de fato. Mesmo então, havia fôrmas a serem purgadas e açúcar produzido no mês anterior a ser transportado. Vista por esse ângulo, a significância das festividades de junho, ainda hoje tão importantes no ritmo de vida dos baianos, coloca-se logo em primeiro plano. As festas de são João (24 de junho), santo Antônio (13 de junho) e são Pedro (28 de junho) ocorrem todas no mês que coincide com o final da safra açucareira — motivo de celebração para senhores e escravos. Mesmo atualmente, os baianos acham que em nenhum outro lugar o dia de são João é mais alegre e festivo que na zona rural.

O conflito entre o calendário religioso e as obrigações que ele impunha e o desejo de lucro associado à administração do engenho representava uma contradição inerente que se manifestava com clareza. Observadores eclesiásticos queixavam-se de que os senhores de engenho com muita frequência não guardavam o domingo e os outros dias de observância e forçavam seus escravos a trabalhar a semana inteira. Essa prática parece ter sido comum, e foi mencionada por observadores desde o século XVI até o XVIII.[12] Em contraste, os administradores jesuítas do Engenho Sergipe foram instruídos em 1692 para respeitar as obrigações religiosas, mesmo que isso implicasse prejuízo considerável para o engenho.[13] Os senhores leigos argumentavam que dar folga aos escravos encorajava-os a ter maus hábitos,

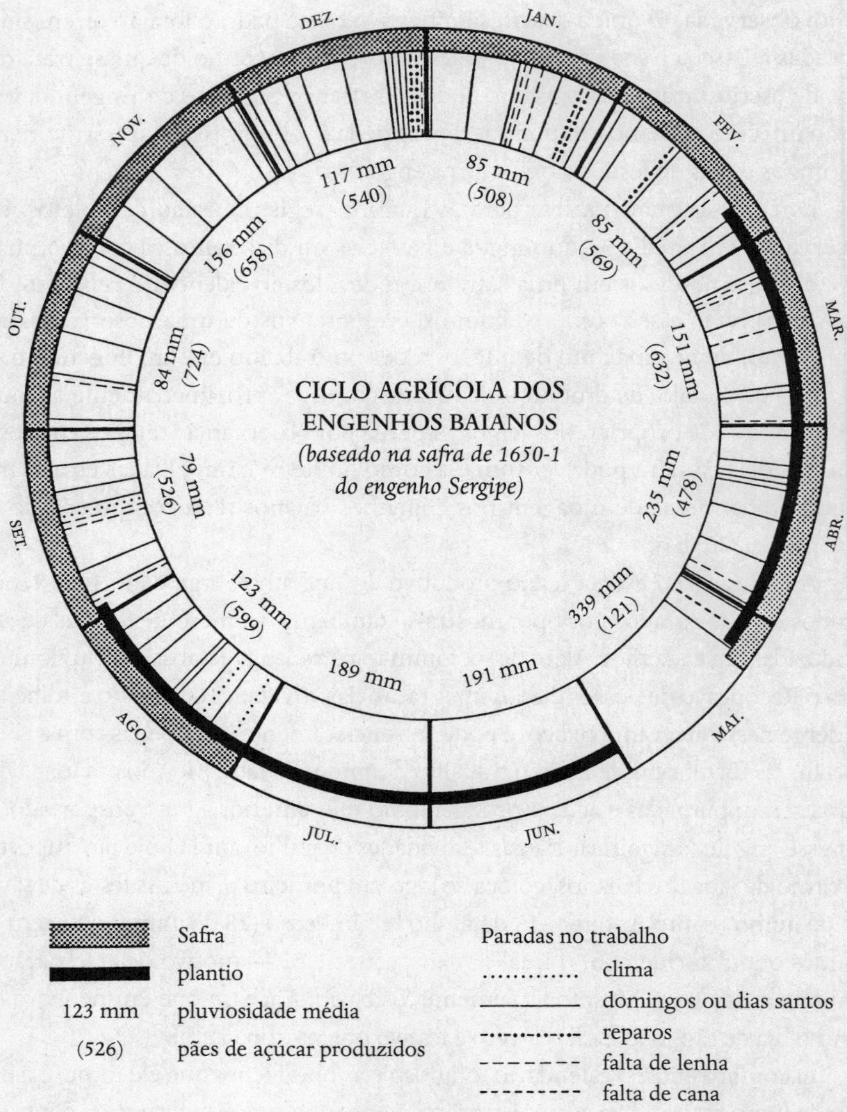

Figura 9. Ciclo agrícola dos engenhos baianos (baseado na safra de 1650-1 do Engenho Sergipe).

bebendo e dançando suas danças lascivas — uma espécie de argumento do tipo "a ociosidade é a mãe de todos os vícios". Mais importante era a afirmação dos proprietários de que a necessidade obrigava-os a violar as restrições ao trabalho. A formulação mais convincente e erudita desse motivo foi a do beneditino Domingos de Loreto Couto, em meados do século XVIII. Como a cana só podia ser cortada e moída efetivamente no verão, disse ele, todo esforço deveria ser feito para que se completasse a colheita antes das chuvas de inverno. Ademais, uma vez cortada, a cana tinha de ser moída dentro de um dia, caso contrário o líquido azedaria. Se o trabalho parasse aos domingos, a cana cortada no sábado ficaria ameaçada, e não haveria cana pronta para ser moída na segunda-feira. Loreto Couto afirmava que, na verdade, a maioria dos senhores de engenho observava as obrigações religiosas, parando várias partes das operações em diferentes horas do dia. A moenda cessava à meia-noite, mas as caldeiras precisavam continuar até as nove da manhã de domingo para completar a fornada.[14] A moagem recomeçava às quatro horas da tarde do domingo, e as caldeiras reassumiam as operações às sete da noite. Assim, uma parte do engenho trabalhava enquanto a outra descansava. Atendia-se tanto à religião quanto à necessidade. O jesuíta Jorge Benci respondeu a esse argumento gasto e hipócrita dizendo que a necessidade de salvar a própria alma estava acima de tudo — para os escravos tanto quanto para os livres.[15]

A observância rigorosa das obrigações religiosas sem dúvida reduzia as demandas de trabalho, entretanto as queixas de vários reformistas indicam que a observância total foi uma exceção e não a regra.[16] Não obstante, o calendário católico parece haver mitigado os rigores da escravidão. Os viajantes alemães Johann von Spix e Karl von Martius, que visitaram o Recôncavo em 1819, concluíram que os domingos, os 35 dias santos e os dezoito outros feriados decretados pelo governo faziam com que a escravidão na zona rural não fosse tão terrível quanto muitos europeus acreditavam. Contudo seus comentários de que, embora o trabalho fosse intenso, a safra não durava muito tempo, que não faltava comida aos escravos e que estes raramente eram sobrecarregados de trabalho indicam pouca familiaridade com os engenhos do Recôncavo e uma aceitação das opiniões de seus anfitriões. Sua breve estada no Engenho da Ponta em Cachoeira e a curta visita ao Engenho Santana em Ilhéus (cujo nome, mais tarde, mencionariam incorretamente) fornecem uma base pequena demais para um relato preciso.[17]

Durante o ciclo da safra, a cana era colhida e imediatamente transformada em açúcar. A combinação de agricultura e beneficiamento necessária à produção açucareira fazia de cada engenho uma verdadeira fábrica no campo e conferia-lhe um caráter industrial distintivo. O capital, a tecnologia e a mão de obra eram insumos que tornavam os engenhos propriedades dispendiosas e grandes para os padrões contemporâneos, e a complexidade das operações tornava-os peculiarmente "modernos".

Curiosamente, em comparação com as numerosas e pormenorizadas descrições das fases industriais da produção açucareira deixadas por observadores contemporâneos, os aspectos agrícolas receberam pouca atenção. Talvez fosse porque aqueles homens da era pré-industrial se impressionassem com o complexo processo técnico na moenda, preocupando-se menos com a etapa agrícola, mais corriqueira e familiar.[18] De qualquer forma não são muitas as informações disponíveis sobre o cultivo da cana e a mão de obra a ele associada, muito embora encerrasse o conjunto das tarefas mais árduas e contínuas e empregasse mais trabalhadores do que as outras atividades.

No Brasil, o cultivo da cana era trabalho relativamente simples, mas bastante penoso, além de exigir muito tempo. Consistia em limpar os campos e a seguir plantar, mondar e cortar a cana usando técnicas e ferramentas rudimentares. O complexo sistema de irrigação utilizado na lavoura da cana do México era desconhecido no Brasil. A adubação com esterco, embora usada nas plantações de tabaco nos solos arenosos do Recôncavo, não era empregada no cultivo da cana. O arado não foi usado regularmente na agricultura canavieira baiana até o final do século XVIII. Machados, enxadas e picaretas limpavam a terra e preparavam o solo para o plantio, e então a cana era cortada com a "fouce de cortar cana", instrumento pesado e de lâmina curta. Essas ferramentas, o suor dos escravos e o açoite produziam a cana para os engenhos baianos.

O tipo de solo disponível desempenhava papel importante na produtividade e preparação dos canaviais. O Recôncavo Baiano foi às vezes chamado o "berço do massapê", como alusão à marga pesada e escura, rica em substâncias orgânicas, preferida pelos senhores de engenho para o plantio da cana. O massapê resultava da decomposição de sedimentos cretáceos e formava um solo espesso e barrento que conservava bem a umidade. Na verdade, conservava bem demais: sob fortes chuvas, o massapê transformava-se em uma lama compacta que impedia o transporte da cana ou do açúcar nos carros de boi então usados. Os senhores de engenho queixavam-se constantemente da morte de bois provocada pelo trabalho penoso no massapê. Esse aspecto provavelmente também foi responsável pela ausência do arado na agricultura canavieira, uma vez que era difícil sulcar a lama pesada e viscosa usando bois como animais de tração. Por outro lado, considerava-se o massapê como tendo outras vantagens. A cana-de-açúcar é uma planta perene; ao plantar-se um campo, quatro a seis boas colheitas podiam ser obtidas antes que fosse necessário o replantio. Os senhores de engenho sentiam um certo orgulho do fato de que bastavam as alimpas durante o ano para se extraírem tantas colheitas de um campo; relataram-se casos de solos de massapê produzindo vinte colheitas sem replantio ou uso de fertilizantes. Dizia a tradição que se fosse possível fincar no massapê a bota até o tornozelo aquele era um solo ideal para a cana.

Além do massapê, outros solos do Recôncavo também eram cultivados com cana-de-açúcar. O salão, solo avermelhado resultante da decomposição de depósitos cristalinos, era mais arenoso e retinha menos umidade que o massapê, mas também era adequado para a cana. Em anos chuvosos, a cana plantada nesses solos era melhor que a do massapê; contudo os senhores de engenho achavam que os salões eram "mais fracos", pois não produziam tantas colheitas com um único plantio e tendiam a esgotar-se mais rapidamente. O engenho ideal seria um misto desses dois tipos de solo. O terceiro tipo encontrado no Recôncavo eram as "areias", solo arenoso, de cor clara, considerado impróprio para o cultivo da cana e em geral destinado à cultura de mandioca e outros gêneros alimentícios.

O terreno virgem de derrubada, a mata, era desflorestado primeiramente com machados e enxadas e a seguir com a queimada. Na Bahia, tocos de árvores e outros obstáculos eram removidos do campo, embora em outras regiões isso não fosse feito. A terra estava, então, pronta para o plantio, que na Bahia era feito em duas épocas diferentes. Terras altas plantavam-se à chegada das chuvas, do fim de fevereiro ou começo de março até fins de maio. Terras baixas, especialmente as várzeas, que conservavam bem a umidade, plantavam-se entre junho e setembro.[19] A cana podia ser plantada em covas em posição vertical, e às vezes essa era a prática adotada; porém mais comum era plantarem-se pedaços de cana com trinta a cinquenta centímetros de comprimento em trincheiras. Em geral colocavam-se dois pedaços lado a lado, para que se desenvolvessem raízes mais fortes e a cana fosse menos suscetível à ação do vento. O plantio em posição vertical não era apreciado porque deixava muito espaço entre as canas e permitia a invasão de ervas daninhas. Se algum pedaço de cana apodrecesse ou não se desenvolvesse, era logo substituído para que as ervas daninhas não tomassem conta do local. As canas usadas como semente eram em geral brotos de raízes mais velhas, cortes mais antigos com produtividade mais baixa, ou "cana brava", cana de primeiro corte de um campo virgem, que frequentemente crescia bem alta e fina e era considerada imprópria para a moagem. Estimava-se que uma carrada de cana usada como semente produziria cinco carradas de cana cortada.[20] No Brasil, os campos recém-desmatados eram às vezes plantados primeiro com legumes e mandioca para "amassar" o solo e prepará-lo para o cultivo da cana. Portanto o costume de deixar que escravos ou gente pobre fizessem roças na orla do engenho tinha uma razão prática do ponto de vista do senhor do engenho.[21]

Em duas semanas começavam a aparecer os brotos e por volta de dois meses a cana atingia a altura de aproximadamente sessenta centímetros. Nesse ponto, começava verdadeiramente a parte mais trabalhosa do cultivo. O canavial era limpo pelo menos três vezes, alguns até mais, para retirar as ervas daninhas. A primeira mondadura era a mais importante, pois uma vez que a cana estivesse bem desenvolvida ela própria tenderia a suprimir as ervas daninhas; além disso, as folhas de cana madura eram ásperas e afiadas e tornavam as mondaduras posteriores tarefa muito desagradável. A limpa dos canaviais era contínua, e quando os escravos completavam outras tarefas eram ordenados a limpar os campos novamente. Muito frio ou pouca chuva eram prejudiciais à cana, assim como os estragos feitos pelo gado, vacum, suíno e caprino. Os senhores de engenho também se queixavam de passantes que com a maior sem-cerimônia cortavam algumas canas para comer. Em 1700, os proprietários conseguiram que se promulgasse legislação autorizando-os a matar qualquer animal encontrado em seus campos; embora a criação de gado fosse limitada a áreas a pelo menos oitenta quilômetros da costa, a necessidade de bois na indústria açucareira e a proximidade dos engenhos provocavam contínuas altercações. Alguns canaviais foram cercados, mas essa prática não parece ter sido comum.[22]

As informações acerca do tamanho e formato dos campos na Bahia são muito esparsas. A despeito das muitas pinturas feitas no período da ocupação do Nordeste pelos holandeses (1630-54), mostrando em detalhes as moendas, existe tão somente um esboço de um engenho onde também os canaviais foram retratados. Carecemos, pois, tanto de descrições minuciosas quanto de iconografia.[23]

A terra na Bahia era medida em tarefas, unidades de trinta braças quadradas. A braça era uma medida equivalente a 2,2 metros, portanto a tarefa era uma área de 4352 metros quadrados, sendo, pois, ligeiramente maior que um acre.[24] Havia, como ainda há, muita confusão acerca da tarefa, porque o termo também poderia ser aplicado ao trabalho por cotas diárias. É comum dizer-se que a tarefa referente à área era simplesmente a quantidade de terra necessária à produção de cana suficiente para manter a moenda em funcionamento durante um dia. Isso seria uma equivalência entre o trabalho da moenda e a medida de área. Tal equivalência pode realmente ter existido, mas as origens daquela medida são muito mais antigas e, ao que tudo indica, provenientes da península ibérica. Várias medidas da Espanha oriental, como o *jornal* da Catalunha (4351 m^2) ou o *jornal* de Lérida (4358 m^2), são aproximadamente do mesmo tamanho da tarefa baiana.[25] As diferenças são irrelevantes e indicam a origem dessa medida em fase anterior à atividade açucareira. A tarefa como medida de terreno também variava regionalmente no Brasil. Assim, a exata relação entre a tarefa como medida de área e o dia de trabalho da moenda permanece uma questão controversa; entretanto fazer o trabalho diário da moenda equivaler a uma área de terra facilitava o estabelecimento de proporções e cálculos de capacidade para os que colhiam e beneficiavam a cana-de-açúcar. Inventários de propriedades açucareiras indicam que via de regra os campos eram cultivados em unidades, ou tabuleiros, de um a dez acres. Eram em geral separados por veredas de cinco a seis metros de largura, que serviam de aceiros e permitiam a passagem dos carros de boi através dos campos. Pessoas pobres às vezes plantavam gêneros alimentícios nesses espaços e colhiam-nos antes que começasse o corte da cana.[26]

A cana recém-plantada necessitava de catorze a dezoito meses para amadurecer até estar pronta para ser colhida para o fabrico de açúcar. Se sobrevivesse aos perigos do vento, do fogo, do clima e de animais invasores, a cana crescia a uma altura entre 1,6 e 1,8 metro, e então estava pronta para o corte. Grupos de escravos, em geral duas ou quatro dúzias de cada vez, compostos de homens e mulheres, eram postados no canavial. Os homens cortavam a cana com a foice, tirando-lhe o topo, removendo as folhas e cortando a haste rente ao chão. A seguir, as mulheres atavam a cana em feixes, que eram colocados em carros de boi e transportados até a moenda ou, se o canavial fosse situado à margem de um rio ou da baía, até pequenos barcos que os levavam para a moenda. Uma vez cortada, a cana produziria novos brotos a cada doze meses aproximadamente, embora a quantidade de líquido que podia ser extraída diminuísse após o terceiro ou quarto corte. A cana crescida após o primeiro corte era chamada "soca"; após o segundo, "ressoca", e então "terceira soca", e assim por diante. Os senhores de engenho e os agricultores de cana prestavam muita atenção à idade, condição e qualidade dos canaviais. Inventários de propriedades refletem os diferentes valores dos tipos de cana. Em 1741, por exemplo, uma tarefa de soca sem mondadura era avaliada em 7 mil-réis, com uma mondadura em 8 mil-réis e com duas, 10 mil-réis. Em 1816, o valor da cana recém-plantada era um terço mais elevado que o da soca.

A programação da colheita de um engenho era um processo complexo, do qual restam poucas informações, mas que era de importância crucial para os proprietários do engenho e os lavradores de cana que para lá transportavam seu produto para beneficiamento. Antonil informou que a cana velha tinha de ser cortada primeiro, lamentando poeticamente que infelizmente a foice da morte não seguia a mesma regra na colheita dos homens.[27] O corte da cana, na verdade, dependia da idade da planta, do clima e do tipo de terra em que era plantada. Dados os diferentes períodos de maturação das canas recém-plantadas e das crescidas após o primeiro corte, o segredo estava em organizar o plantio de modo que os canaviais amadurecessem sucessivamente, permitindo, assim, o corte em sequência e um fluxo constante de cana para os tambores da moenda. A cana deixada por tempo demasiado no campo tornava-se ressecada e quebradiça e não fornecia bom açúcar. Uma vez cortada, precisava ser moída em um ou dois dias, ou o líquido secaria ou azedaria. A necessidade de beneficiá-la imediatamente após o corte e colhê-la em um tempo específico impunha grande pressão aos que trabalhavam nos campos e aos que programavam as operações do engenho. Tal pressão conferia um ritmo em certa medida frenético a toda a safra.

A programação da moagem do engenho era também um ponto crucial de colaboração ou atrito entre senhores de engenho e seus lavradores de cana dependentes. A maioria dos engenhos possuía pelo menos dois ou três desses lavradores, e alguns muito mais. O Engenho Sergipe por vezes dependeu da cana de trinta deles quando, em princípios do século XVII não cultivava canaviais próprios. Essa política foi apontada em 1660 como a principal causa da ausência de lucratividade do engenho. Foi, ademais, considerada como má administração da escravaria, pois durante os meses fora da safra os cativos deveriam ser usados ao máximo no cultivo da cana.[28] Os senhores de engenho ou seus administradores tinham, pois, que projetar não só o período de maturação da cana da propriedade, mas também a que era esperada dos lavradores de cana. O engenho que não pudesse moer o produto colhido pelo lavrador imediatamente após o corte ou não realizasse o corte na época própria poderia arruinar completamente aquele produto. A programação da moagem, portanto, tornava-se problema central. Francisco de Negreiros, que administrou o Engenho Sergipe para o conde de Linhares, queixou-se de que as pessoas só o procuravam para assegurar-se de que sua cana seria moída antes que a dos outros.[29] Durante a safra, era comum os escravos do engenho ajudarem os lavradores dependentes a trazerem sua cana para a moagem, ou os cativos desses lavradores prestarem serviços ao engenho.[30]

A complexa combinação da administração dos campos e das operações de moagem — o saber onde e quando plantar, o tempo de cortar a cana, quantos escravos seriam necessários em um campo e quantos carros de cana uma tarefa produziria — era, de fato, um conhecimento especializado apreendido tão somente com a prática. Nas palavras de Antonil, "o conselho dos velhos, aos quais ensinou muito o tempo e a experiência", era essencial na condução de um engenho.[31] O senhor de engenho, se residisse na propriedade, responsabilizava-se pela supervisão e organização geral; entretanto, como observou o governador do Rio de Janeiro em 1694, havia muitas vezes senhores de engenho que não compreendiam os segredos de se fazer um bom açúcar.[32] Nessas circunstâncias, era o feitor-mor que assumia a direção, dependendo, porém, do conhecimento e da experiência dos feitores que trabalhavam nos canaviais.[33]

A ausência de métodos científicos, o depender da experiência, significava que as estimativas da produtividade da terra e da mão de obra variavam enormemente. Afirmou Henry Koster que tudo no Brasil "é feito a olho".[34] O inglês Koster, contratado para administrar uma propriedade em Pernambuco no início do século XIX, imbuído de um certo espírito científico da época que o levou a muitas críticas aos métodos agrícolas brasileiros, talvez não tenha compreendido exatamente a situação. Os métodos tradicionais de descobrir proporções aproximadas entre terra, mão de obra e produtividade podiam ser aprendidos por experiência e, antes das avaliações científicas, tais métodos mostraram ser um meio relativamente eficiente de administração. As regras práticas podiam mudar de um lugar para outro ou ser alteradas por um novo equipamento, mas as proporções sempre podiam ser reajustadas e reaprendidas. Essas proporções tornaram-se, de fato, elemento essencial para o funcionamento bem-sucedido do engenho. Desde os canaviais até o produto acabado, o fabrico do açúcar era um processo ou sistema de rotinas em que os insumos eram definidos por área, número e tempo. Observando esse sistema integrado, baseado em unidades aproximadamente padronizadas como o tamanho dos carros de boi ou a cota diária de cana que um escravo podia cortar, e dependente até certo ponto da capacidade tecnológica representada pela velocidade da moenda ou pelo tamanho da maior caldeira, administradores e trabalhadores podiam dizer num relance se o fluxo de trabalho e produção estava em bom andamento. Os ritmos e as dimensões eram realmente um meio sistemático de organização do trabalho, imperfeito, sem dúvida, e dependente da habilidade ou maestria do profissional, mas um sistema integrado e útil da mesma forma.[35] Como expôs Bryan Edwards ao descrever as propriedades açucareiras na Jamaica, "um engenho [...] deve ser considerado uma máquina bem construída, composta de várias rodas que giram em direções diferentes, porém contribuindo, todas elas, ao grande objetivo proposto; contudo, se qualquer parte gira demasiadamente depressa ou devagar em relação ao restante, o objetivo final malogra".[36] Assim era nos engenhos baianos.

A dependência com relação à estimativa e à experiência, aliada às variações normais de produtividade conforme o clima, o solo e a perícia administrativa, resultava em estimativas e expectativas grandemente variadas no que respeita à relação entre mão de obra e produção e à relação recíproca entre as diversas unidades de produção. Como não dispomos de dados contínuos sobre a administração dos canaviais para um engenho isoladamente ou para um grupo deles, a variação nas estimativas efetuadas em épocas diferentes não pode ser usada como índice de mudança na produtividade, uma vez que os cálculos diferiam amplamente entre os senhores de engenho. Não obstante uma parte do processo de fabrico do açúcar consistia na sua habilidade e na de seus administradores em estimar racionalmente as capacidades de trabalho dos escravos e a proporção de unidades de campo cultivado para as quantidades de açúcar produzido.

Na Bahia, os senhores de engenho calculavam a produtividade da tarefa em número de carros ou barcos cheios de cana que ela podia produzir. Os administradores beneditinos do Engenho São Bento dos Lajes informaram em 1656 que oito barcadas de cana haviam sido plantadas em um novo campo.[37] Embora essa medida aparecesse de vez em quando na Bahia, onde o transporte aquático era parte integrante das operações do engenho, a medida por carros de boi era muito mais comum. Antonil calculou que um carro podia transportar cerca de 150 feixes de cana, ou aproximadamente 1800 canas, e que 24 carradas equivaliam a uma tarefa (44 200 canas), ou um dia de moagem com a duração de dezoito a vinte horas.[38] Tal cálculo dependia, naturalmente, do tamanho da cana e do carro. Os carros descritos por Antonil eram de oito palmos por sete palmos (176 × 154 cm), e aparentemente eram padronizados, mas havia considerável variação em seu tamanho entre engenhos e regiões.[39] Tendo em vista as estimativas de Antonil, uma moenda movida a água na Bahia prensava cerca de 1,2 carrada de cana ou 2250 canas por hora.

A produção de uma tarefa de cana era calculada em termos do número de pães de açúcar que ela produziria. Dados do Engenho Sergipe e do relato de Van der Dussen sobre Pernambuco indicam que, no século XVI e início do XVII, eram usadas pequenas fôrmas com capacidade para 7,2 a 14,5 quilogramas para fazer os pães, embora quando fosse feito um açúcar particularmente de boa qualidade as fôrmas poderiam conter até 27 quilogramas.[40] Os registros do Engenho Sergipe indicam que em algum momento na década de 1660 houve mudança para o uso de fôrmas maiores, com capacidade de duas a quatro arrobas (29-58 kg). Tais fôrmas aparentemente tornaram-se o padrão na Bahia. No século XVIII, quase todos os observadores acreditavam que uma carrada de cana produziria cerca de um pão de açúcar de 2,5 a 3,5 arrobas do produto (36-50 kg). Também nesse aspecto havia considerável variação, dependendo da qualidade da cana e de outros fatores. Um relato feito por senhores de engenho, preparado em 1752, estimava que uma tarefa de cana produzia quinze pães de açúcar, cada um com 2,5 arrobas, perfazendo um total de 550 quilogramas. Essa estimativa do peso e do número de pães produzidos estava entre as mais baixas das várias possibilidades. José da Silva Lisboa informou em 1781 que uma tarefa produzia dezoito pães de 3,5 arrobas, ou 926 quilogramas.[41] Podem-se encontrar até mesmo pesos maiores em registros reais de produção. O Engenho Buranhaém, na safra de 1801, beneficiou seiscentos carros de cana, os quais produziram 715 pães com peso total de 3754 arrobas (55 toneladas). Cada carrada, portanto, produziu 1,2 pão, cada um pesando quase cinco arrobas, 735 quilogramas.[42] Esse tamanho é incomum, como pode ser visto na Tabela 9.

A quantidade de açúcar produzido por tarefa é também difícil de ser calculada em virtude da variação das outras proporções estimadas e porque as canas de primeiro corte e as crescidas após o primeiro corte possuíam diferentes rendimentos por acre. Se supusermos que uma tarefa fosse aproximadamente igual a um acre, é possível situar as estimativas baianas em comparação com os números compilados por Barrett para as Antilhas. Ao fazê-lo, fica evidente que as estimativas baianas, que variam de 35% abaixo a 22% acima de uma tonelada por dia, incidem no âmbito dos dados coletados por Barrett para o Caribe. Os rendimentos da cana de primeiro corte eram estimados em aproximadamente o dobro do das crescidas após o primeiro corte. Na Bahia, os cálculos de dezoito a 24 pães por tarefa, cada um pesando de 36 a 50,8 quilogramas, produzem uma variação de 438 a 945 quilogramas por acre. Vários observadores nas Antilhas informaram variarem os rendimentos esperados de 484 a 1360 quilogramas.[43] (Ver Tabela 10.)

TABELA 9 — RAZÕES ENTRE AS UNIDADES UTILIZADAS NA PRODUÇÃO AÇUCAREIRA BRASILEIRA, 1584-1862

FONTE	DATA	LOCAL	Nº DE CANAS/ CARROS	TIPO DE MOENDA	TAREFAS	CARRADAS	FÔRMAS	ARROBAS/ FÔRMAS	LIBRAS
A	1584	Bahia			1		65	0,5	1040
B	1624	Pern.			1				2240
		Bahia							
C	1639	Pern.		Boi	1	30*	25	1-1,5	800-1200
				Água	1	45*	50	1-1,5	1600-2400
D	1668	Bahia					3,575	6,690	
E	1689	Bahia	1800			1			
			44 200	Água	1	24			
F	1733	Bahia					1	3,4	
G	1751	Bahia			1	30	15	3,0	1440
						1	1,5		
H	1752	Bahia		Boi	1		15		1200
							1	2,5	
I	1781	Bahia			1	18	18		2016
							1	3,5	
J	1798	Rio				1	1	2,2	
K	1798	Rio	c900-		1	9-10			
			1200			1			
L	1798	Bahia	1800-			1	1	3,7	
			2100		1	12	12	(45)	1440
M	1801	Bahia				600	715		
						1	1,2	4,9	
N	1816	Bahia		Boi	1	18	13	(33)	
							1	2,5	1056
				Água	1	22	18	(63)	
								3,5	2016
O	1865	Bahia			1				
P	1862	Rio	c600			1	1	2,5	
Q		Bahia				1		3,5	

Fontes: (A) CARDIM, Fernão. *Tratados da terra e gente do Brasil (1583)*. São Paulo, 1978, p. 193. (B) COSTA, Joseph Israel da. "Memorial", Algemeen Rijksarchief (Haia) Staten Generaal, West Indische Compagnie Ioketkas 6. (C) DUSSEN, Adriaen van der. *Relatório sobre as capitanias conquistadas no Brasil pelos holandeses (1639)*. José Antônio Gonçalves de Mello. Rio de Janeiro, 1947, pp. 80, 93-6. (D) ADB/CSB, 136, f. 71; os dados são do Engenho de Lajes, safra 1667-8. (E) ANTONIL, André João. *Cultura e opulência do Brasil por suas drogas e minas*. Ed. Andrée Mansuy. Paris, 1965, Liv. 2. (F) Inventário de Luísa Ramos de Flores (1733), APB, sec. jud., São Francisco, maço 7749, nº 5. (G) Câmara de Santo Amaro (3 jul. 1751), ACMS, Cartas do Senado 28.5. (H) Despeza e custo de hum engenho. AHU, Bahia pap. avul., caixa 61 (1751). (I) José da Silva Lisboa (18 out. 1781). *ABNR*, 32:494-505 (1910). (J) Fazenda Santa Cruz — Rio de Janeiro, ANRJ códice 18, fs. 60-1. (K) GOMES, José Caetano, *Memorial sobre a cultura e produtos cana-de-açúcar. Brasil Açucareiro*, 162-75, mar. 1965. (L) SANTOS VILHENA, Luís dos. *A Bahia no século XVIII*. Bahia, 1969, 3 v. v. *I*, p. 178. (M) Engenho Buranhaém (Felix Betancourt Sá), ANRJ, caixa 406, pacote l. (N) SAMPAIO E MELO, Manoel Jacinto de. *Novo método de fazer açúcar*. Bahia, 1816, (O) CARSON, João Monteiro. *Primeiro relatório [...] sobre os melhoramentos da cultura da canna*. Bahia, 1854. (P) BURLAMAQUI, F. L. C. *Monographia da canna d'assucar*. Rio de Janeiro, 1862, estimativa de Gregário de Castro Morais e Sousa, barão de Piraquara. (Q) Ibid., estimativa de José Augusto Chaves.

TABELA 10 — COMPARAÇÃO DA PRODUÇÃO POR ACRE DE ENGENHOS DA AMÉRICA COLONIAL

DATA	LOCAL	ACRES	TONELADAS[a]	TONELADAS / ACRE	LIBRAS / ACRE	QUILOGRAMAS / HECTARE[b]
1649	Barbados	198	268	1,35	2970	3335
1690	Barbados	40	36	0,90	1980	2223
1727	St. Kitts	200	102	0,51	1122	1260
1733	Barbados	200	190	0,95	2090	2347
1755	Barbados	141	122	0,86	1892	2124
1774	Jamaica	99	63	0,64	1 408	1581
1776-96	Jamaica	259	227	0,88	1936	2174
1788	S. Domingos (Haiti)	207	220	1,06	2332	2618
1785	S. Domingos	254	197	1,37	3014	3485
1792-1808	Morelos	247	266	1,07	2354	2643
1822	Morelos	274	339	1,23	2706	3038
1584[c]	Bahia				967	1086
1624	Bahia				2083	2339
1639	Pernambuco				1860	2088
1751	Bahia				1339	1503
1752	Bahia				1116	1253
1781	Bahia				1875	2105
1816	Bahia				1875	2105

(*a*) Calculado na base de 2200 libras.

(*b*) Calculado multiplicando-se libras / acre por 2,47 (acres / hectare) e então dividindo-se por 2,2 lb / kg.

(*c*) Os números para o Brasil foram extraídos da Tabela 9, mas o cálculo de libra / tarefa foi reduzido em 7% para compensar a diferença de tamanho entre tarefa e acre.

Fontes: ver Tabela 9 para as estimativas relativas ao Brasil. Todos os dados para os locais não brasileiros provêm da tabela apresentada em BARRETT, Ward. *The efficient plantation, and the inefficient hacienda*. Minneapolis, 1979, p. 22 [James Ford Bell Lecture nº 16], e das fontes citadas nesse trabalho.

No Recôncavo, a cana era transportada dos campos à moenda em pequenos barcos ou em carros de boi. Estes últimos aparentemente variavam de tamanho, embora sua construção básica fosse semelhante em todo o Nordeste. Koster descreveu os de Pernambuco como possuindo cerca de 180 centímetros de comprimento por 75 de largura, feitos de madeira pesada, com sólidas rodas também de madeira, e puxados por dois ou quatro bois.[44] Ainda se podem ver esses veículos no Brasil rural de nossos dias. A responsabilidade de transportar a cana para o engenho por via terrestre cabia inteiramente ao lavrador; porém, se fosse possível usar barcos, o lavrador simplesmente levava a cana até a doca, onde os barcos do engenho pudessem apanhá-la.[45] O transporte de cana e lenha era uma parte importante do processo de fabrico do açúcar, e a habilidade dos escravos encarregados dessas tarefas era grandemente valorizada. Carreiros e barqueiros aparecem com regularidade nas ocupações arroladas em inventários dos escravos do Recôncavo; as atividades relacionadas ao transporte perfaziam 8% das ocupações declaradas dos cativos.[46]

Os problemas relativos ao transporte eram importantes também sob um outro aspecto. A duração da temporada da colheita no Brasil era parcialmente determinada pela capacidade de conduzir as canas e as caixas de açúcar. Evitava-se fazê-lo nos meses chuvosos de maio, junho e julho por dois motivos: primeiro, a cana ficava molhada e o líquido adquiria alto teor de água, dificultando, assim, o beneficiamento. Segundo, o massapê, sob fortes chuvas, transformava-se em um atoleiro, impedindo a travessia de bois e carros. João Peixoto Viegas afirmou, em 1689, que a safra de oito meses duraria o ano todo se a chuva não estorvasse o transporte, e muitos observadores comentaram sobre o grande número de bois mortos devido à estação das chuvas.[47] O problema complicava-se ainda mais em virtude da falta de estradas adequadas e porque os senhores de engenho não permitiam a passagem através das suas terras. Os engenhos distantes da costa ou dos rios particularmente sofriam com essa situação. Em 1799, o governador da Bahia lamentou-se de que os engenhos no interior haviam produzido cem caixas de açúcar e só puderam enviar dezoito à cidade devido a problemas de transporte. Juntamente com os comerciantes de Salvador, o governador atribuiu a culpa à avareza de alguns senhores de engenho que se recusavam a ceder qualquer trecho de suas terras para estradas públicas ou pastagens de parada para os bois. As tentativas de conseguir estradas à força com uma política de desapropriação para uso público não obtiveram êxito antes de 1830.[48]

A cana trazida pelos carros ou barcos era depositada no principal edifício do pátio da propriedade: a casa do engenho. Esta geralmente era uma grande construção que abrigava os tambores da moenda e o maquinário para impulsioná-la, possuía espaço para grandes quantidades de cana e, no caso das moendas de tração animal, era vasta o bastante para permitir que os animais se movessem sem empecilhos por sua trilha em torno dos tambores. Possuímos excelentes imagens desses edifícios amplos, semelhantes a galpões, nas pinturas do paisagista holandês Frans Post, cujos quadros sobre o Brasil do século XVII incluem amiúde os engenhos, com precisa atenção para os detalhes.[49] Considerava-se essencial que a casa do engenho tivesse pelo menos 7 metros quadrados. A do Engenho Sergipe na década de 1680 era uma das maiores da Bahia, medindo 42 metros de comprimento. Situada à margem de um rio para facilitar a chegada de cana e lenha em barcos e construída sobre suportes de tijolo, esse edifício do Engenho Sergipe era vasto o suficiente para conter aproximadamente oito carradas de cana.[50]

Na moenda, extraía-se o caldo da cana passando-a entre os tambores em feixes que variavam de duas a três canas a uma dúzia delas. O número de vezes que era passada pelos tambores dependia da eficiência destes e do tipo de força motriz.[51] Contudo, passá-la muitas vezes criava problemas, porque as canas que ficavam no fundo absorviam o líquido extraído das de cima e porque, quanto mais fosse prensada, mais pedaços de fibra das hastes e outras impurezas apareceriam no líquido. As moendas no Brasil eram impulsionadas de várias maneiras. As maiores, de maior capacidade, usavam força hidráulica. Tanto as rodas de admissão inferior como superior eram empregadas, mas estas últimas parecem ter sido mais populares. Em geral, construía-se um grande tanque de armazenagem e utilizava-se um aqueduto — a "levada" — para conduzir a água até a roda. O tanque construído em 1625 por Francisco Vaz da Costa para seu engenho na ilha de Itaparica tinha capacidade para fornecer água para trinta ou quarenta tarefas e custava mil-réis, uma soma vultosa.[52] Os engenhos movidos a água eram conhecidos como engenhos reais, provavelmente em virtude de seu tamanho e produtividade; esta, em meados do século XVII, era calculada em torno de cinquenta arrobas (730 quilogramas) diárias, o dobro da apresentada pelos engenhos de tração animal.[53]

Embora não se usassem no Brasil moendas movidas pela energia eólica como as encontradas em algumas partes das Antilhas, vários tipos de tração animal eram empregados. Os bois foram mais comumente usados nos engenhos do Recôncavo nos séculos XVI e XVII. Colocados em grupos de dois ou quatro na extremidade de cada uma das duas ou três barras que moviam os tambores, esses animais movimentavam-se lentamente mas forneciam a força necessária para uma poderosa compressão. No século XVIII, também cavalos e mulas prestaram-se a essa finalidade. Os engenhos movidos por animais eram de construção menos dispendiosa, mas requeriam o uso de condutores, geralmente meninos, para cada grupo de animais; tais engenhos também demandavam pastagem adicional e despesas com os próprios animais. Estimava-se que uma moenda movida por bois necessitava de sessenta deles.

O caldo extraído das canas era recolhido em uma gamela de madeira e então corria por uma bica também de madeira até um grande parol. Dali era retirado com reminhóis ou despejado na primeira caldeira para a etapa seguinte do processo, a clarificação e purificação, feita na casa das caldeiras.[54] Cada engenho possuía um terno, ou conjunto, de caldeiras, paróis e tachas grandes e pequenas, onde o caldo era tratado com o calor do fogo em várias temperaturas, removendo-se a água e o material não sacarino de modo a permitir a ocorrência da granulação no fim do processo. As caldeiras eram dispostas em geral linearmente, diminuindo de tamanho à medida que o volume do líquido ia-se reduzindo. O número de caldeiras utilizadas variava um pouco, mas o normal era entre cinco e oito.[55] Um engenho real de grande porte como o Sergipe, com alta capacidade de moagem, possuía dois ternos de caldeiras para comportar o volume do caldo extraído. Na caldeira maior, chamada "do meio", o caldo era aquecido a uma temperatura inferior à da fervura, e as impurezas afloravam e eram removidas com escumadeiras; o líquido restante era então colocado com reminhóis na próxima caldeira, denominada "de melar", onde era novamente purificado acrescentando-se cinzas ou cal e aumentando-se a temperatura. A escuma formada nessa etapa era usada para fazer garapa, bebida de baixo teor alcoólico, para os escravos, e as de etapas posteriores serviam para preparar uma bebida não alcoólica. O líquido, nessa fase, era chamado "meladura": tornava-se mais puro e era então passado para os paróis, para ser aquecido e coado.

Na última etapa do processo, o líquido era passado às tachas, onde era submetido a calor intenso e "cozido". Ao contrário das escumas anteriores das caldeiras, que podiam voltar à fervura para novo tratamento, as escumas nesta fase eram guardadas e utilizadas para produzir açúcares de qualidade inferior, chamados "escumas". Cada uma das tachas tinha um nome e um papel diferente no processo.[56] Na última delas, a "tacha de bater", o líquido, agora denominado "melado", era mexido com uma grande espátula de madeira manejada com muita destreza, sendo erguido bem alto para observar-se sua consistência. Pelo aspecto, cheiro e tato, o tacheiro e o mestre de açúcar podiam saber se o ponto de bater já fora alcançado, estando, pois, o líquido pronto para ser despejado nas fôrmas.

Todo o processo de clarificação e evaporação dependia da aplicação de calor ao líquido da cana. Assim, associadas à casa da caldeira estavam as fornalhas necessárias para o aquecimento das caldeiras. Em sua forma mais simples, podiam ser apenas fogueiras sobre as quais estas últimas eram penduradas; contudo, na maioria dos engenhos baianos, outro sistema mais complexo era utilizado. Frequentemente, o terno de caldeiras era colocado ao longo de uma parede e disposto em armações de tijolos. A fornalha sob as caldeiras ficava em uma espécie de porão embaixo da casa das caldeiras e podia ser alimentada pelo lado de fora do edifício, pois a boca da fornalha situava-se na parede externa. Essa disposição pode ser observada no edifício restaurado do Engenho Freguesia; vi-a também em 1973 no Engenho do Meio, em Jaguaripe. Antonil mencionou a "casa das fornalhas" no Engenho Sergipe, mas não deixou claro como era posicionada em relação à casa das caldeiras. Os grandes engenhos geralmente possuíam seis fornalhas, cada uma cuidada por um escravo cuja tarefa era alimentá-la com lenha e manter a temperatura adequada. O forno inglês, com uma fornalha única e um canal condutor de calor para reduzir a quantidade de lenha necessária ao processo, não era em geral utilizado no Brasil, provavelmente porque nunca houve dificuldade tão intensa na obtenção de lenha que seu emprego se tornasse necessário, e também devido à dificuldade de controlar as diferenças de temperatura nas caldeiras e tachas com tal sistema.[57] As cinzas de madeira queimada nas fornalhas eram usadas na "decoada", preparado defecante adicionado às caldeiras em vários momentos para auxiliar o processo de clarificação.

O aquecimento dependia de grandes quantidades de lenha, e o suprimento desse item tornou-se uma das preocupações e fontes de despesa principais para a maioria dos engenhos. Eram necessárias cerca de oito carradas de lenha selecionada para beneficiar de dezoito a vinte carradas de cana.[58] Assim, cada fornalha era, segundo comentários de muitos observadores, uma enorme boca aberta e insaciável que demandava alimentação constante à custa de muita despesa e trabalho. O fogo e o calor necessários ao processo de fabrico do açúcar também impunham grande ônus às próprias caldeiras. Estas eram geralmente de cobre; pelo menos as caldeiras e paróis maiores eram provavelmente feitos em seções. Os reparos eram constantes, muitas vezes metade desses utensílios sendo substituídos no final de uma única safra. A necessidade de comprar cobre era, portanto, outro item de peso nas despesas dos engenhos. No Engenho Sergipe, na década de 1690, o peso conjunto do cobre das caldeiras era de 175 arrobas, ou mais de 2,5 toneladas, em cada um dos dois ternos de caldeiras usados na propriedade.[59] Em um conjunto de instruções dadas a um feitor-mor em 1663, as caldeiras (os cobres) foram chamadas "a coisa da mais importância no engenho".[60]

O melado era retirado das tachas em três etapas. No momento apropriado, o "tacheiro", homem encarregado das tachas, sob orientação do "banqueiro", o encarregado da casa das caldeiras, ou do mestre de açúcar, removia um pouco do líquido parcialmente cozido e o colocava em uma caldeira não aquecida para esfriar. Esse líquido era então passado com reminhóis para um grupo de quatro a cinco fôrmas. O processo era repetido mais duas vezes, e a cada vez o líquido recebia cozimento adicional. As fôrmas eram enchidas em etapas porque na Bahia quase todos os engenhos fabricavam açúcar barreado, ou seja, tornado branco por meio de purgações extras das fôrmas, filtrando-se água através do açúcar em cristalização. O encher as fôrmas com melado em várias etapas de cozimento permitia que a água fluísse pelo conteúdo dos recipientes.

As fôrmas tinham o feitio de sino, medindo aproximadamente 77 cm de altura e 508 cm de circunferência na boca. No fundo havia um buraco, tapado com folha de bananeira. Este era essencial ao processo de purgação. Muitos engenhos tinham sua própria olaria e produziam as fôrmas que usavam. Outros compravam-nas de olarias espalhadas pela baía. As do sul do Recôncavo, especialmente de Maragogipinho, tornaram-se famosas. Os graciosos potes de barro vermelho com desenhos pintados em branco que enfeitam tantos lares baianos hoje em dia provêm da mesma argila vermelha de Maragogipinho com que eram feitas as fôrmas de açúcar. Os engenhos pagavam por uma fôrma 60 a 200 réis entre os anos de 1680 a 1710. A falta desses recipientes podia ser um desastre. O marquês de Lavradio, quando governador da Bahia, queixou-se de que em 1769 a grande safra daquele ano perdera-se porque os senhores de engenho não haviam preparado fôrmas suficientes para comportar o açúcar produzido.[61]

Da casa das caldeiras, as fôrmas cheias eram levadas por escravos à "casa de purgar". Esta era em geral um vasto edifício oblongo, separado das casas do engenho e das caldeiras. Ali as fôrmas eram colocadas em andaimes, tábuas dispostas em longas fileiras. A grande casa de purgar do Engenho Sergipe descrita por Antonil media 98 metros de comprimento por dezenove de largura, e sua capacidade era de 2 mil

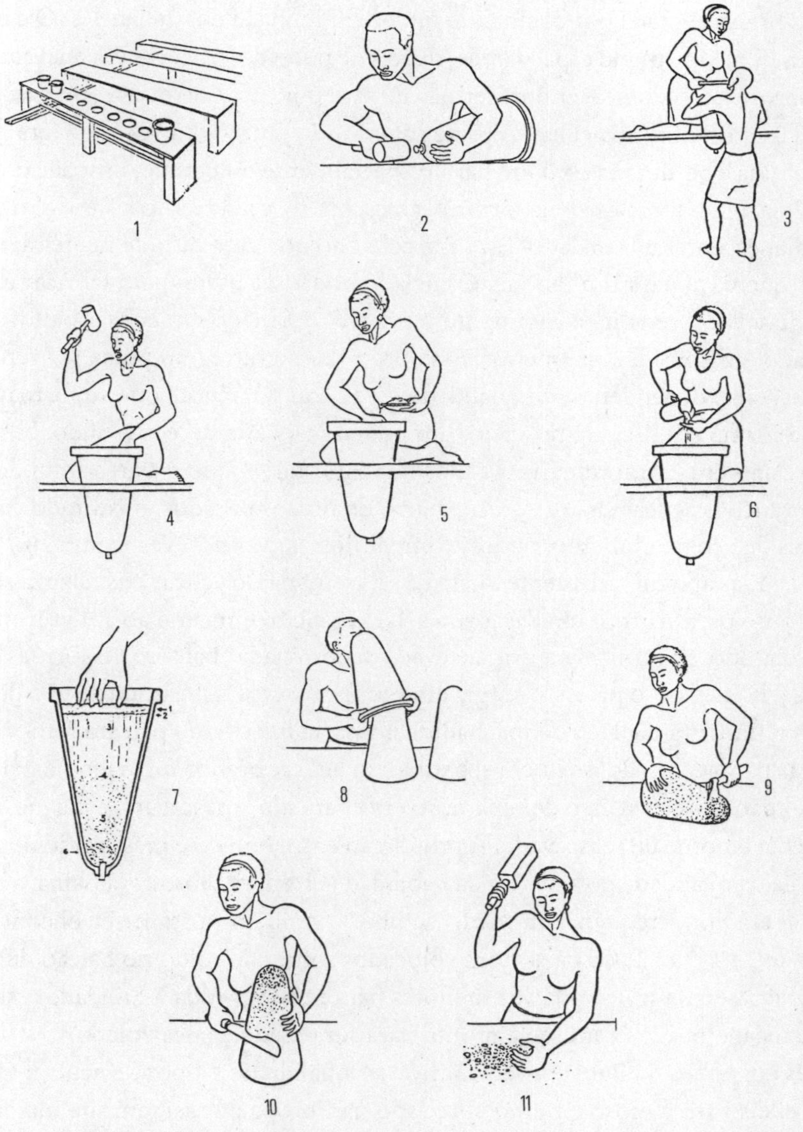

Figura 10. Produção de açúcar "barreado". A Bahia especializou-se na produção de açúcar branco, na qual um processo preliminar de refino era aplicado no engenho. Esta série de desenhos mostra as etapas na casa de purgar: (1) As andainas (tábuas com furos para encaixe das fôrmas) com as bicas sob as fôrmas estão prontas para escoar o melado. (2) As fôrmas são furadas para permitir a drenagem do açúcar em cristalização. (3) Deixadas nas andainas por duas semanas, as fôrmas começam a purgar. (4) Na parte superior das fôrmas, o açúcar é raspado e a seguir batido muito bem com macetes. (5) Barro é aplicado sobre a cara das fôrmas. (6) Após dois ou três dias, derrama-se cuidadosamente água sobre o barro. Esse processo é repetido tantas vezes quanto demandar a qualidade do açúcar. (7) O açúcar cristaliza-se, tornando-se branco na cara da fôrma, ligeiramente pardo (mascavado) no meio e escuro (panela) ou cabucho no pé da forma. (8) Os pães são retirados das fôrmas. (9) Os pés são separados. (10) As caras são separadas. (11) O açúcar é batido e preparado para o acondicionamento em caixas.

fôrmas. Era sustentada por colunas de tijolos e iluminada por 26 janelas. O edifício também tinha um amplo espaço onde, depois de purgado, o açúcar era encaixotado.

Deixava-se o líquido endurecer nas fôrmas por cerca de duas semanas, e então fazia-se um furo no açúcar. A parte superior da fôrma — a "cara" — era então comprimida e besuntada com um barro especialmente preparado, umedecido com água. Essa água filtrava-se pela fôrma e, ao escoar-se, carregava consigo as impurezas remanescentes e o melado. Este era coletado por uma bica de madeira sob as fôrmas que dava para um tanque. O melado podia ser usado para fabricar aguardente ou levado de volta à casa de purgar e transformado em açúcar batido, cuja qualidade era considerada inferior. Esse processo de filtragem podia ser repetido até seis vezes, dependendo da qualidade do açúcar. O açúcar que se formava no topo da fôrma era branco; no meio, um pouco mais escuro, e no fundo, bastante escuro. Não era extraordinário — filosofou Antonil — que o barro imundo tornasse branco o açúcar, assim como o barro de nossos pecados, misturado com as lágrimas de arrependimento, pudesse limpar nossas almas?[62] (Ver Figura 10.)

Passadas aproximadamente quatro a seis semanas, o açúcar cristalizava-se e ficava pronto para ser retirado das fôrmas. Isso era feito em geral ao ar livre, em um dia ensolarado, em uma plataforma elevada denominada "balcão". As fôrmas eram viradas para baixo e o produto surgia em seu formato característico de pão de açúcar. Com uma grande faca ou machadinha, a parte inferior do pão era removida, e o açúcar pardacento do meio era separado do açúcar branco formado na parte de cima do pão. Esse processo de separação era chamado "mascavar", e o açúcar pardo recebia o nome de mascavado. A proporção entre branco e mascavado nos pães dependia da qualidade do açúcar e da habilidade dos purgadores. Na Bahia, a razão de 2 : 1 era com frequência a média, embora também possam ser encontradas razões de 3 : 1 e 4 : 3. Os pães eram colocados sobre um toldo no balcão de secar e quebrados em torrões cada vez menores para remover toda a umidade restante. Após a secagem, o açúcar estava pronto para ser pesado e encaixotado.

Os engenhos da Bahia produziam várias qualidades e tipos de açúcar. O açúcar brasileiro era famoso e muito apreciado na Europa por ser, em sua maior parte, "barreado", produzindo-se com isso o característico açúcar branco, às vezes denominado simplesmente "açúcar do Brasil".[63] Conforme o grau de brancura, classificava-se o açúcar em fino, redondo ou baixo. Também o mascavado era exportado em grandes quantidades para a Europa. Ambos os tipos eram considerados "machos" quando feitos a partir do primeiro beneficiamento do caldo da cana. Como mencionado, os açúcares branco e mascavado preparados com a escuma do primeiro mel escorrido das fôrmas eram chamados batidos e considerados de qualidade inferior devido à granulação mais graúda. Os açúcares de escumas posteriores eram considerados de qualidade ainda mais inferior, sendo raramente exportados. O açúcar do qual o melado não escoara nas fôrmas era chamado "panela" ou, às vezes, "panela preta"; era exportado em pequenas quantidades, especialmente nos séculos XVI e XVII. Finalmente, havia o subproduto do açúcar, o melado.[64] É difícil calcular a razão entre as arrobas de açúcar produzidas e as unidades de melado, porém em 1781 o valor do melado aumentava em torno de 20% o valor de uma tarefa de açúcar.[65] Com o passar do tempo, o crescimento da população tornou a destilação do melado para a fabricação de aguardente uma indústria de certa importância no Brasil. Algumas regiões açucareiras, como Campos e Paraty, no Rio de Janeiro, especializaram-se na produção de aguardente. Alguns observadores acreditavam que os engenhos, sem sofrer prejuízos, não chegavam a auferir lucros com os açúcares branco e mascavado que produziam, sendo as panelas e o melado, que ao contrário dos produtos de qualidade superior não precisavam ser divididos com os lavradores, o que lhes permitia obter uma margem de lucro.

Desde os primórdios da indústria açucareira brasileira, o produto foi remetido para a Europa em grandes caixas de madeira. Em geral eram feitas de jequitibá ou camaçari e mediam, no final do século XVII, cerca de 1,8 por 0,6 metro. A menos que o engenho possuísse sua própria serraria, as tábuas pré-cortadas eram compradas e montadas no engenho. As caixas eram forradas com papel e enchidas com o açúcar solto, que era então pilado na caixa. Cada engenho normalmente empregava um "caixeiro" para dirigir o acondicionamento e manter um controle do número de caixas preparadas, da qualidade do açúcar que continham, do peso da caixa e da divisão do açúcar entre o engenho e os lavradores. Também era tarefa do caixeiro separar o dízimo e coletar dos lavradores a parcela de sua produção devida ao engenho a título de arrendamento da terra.[66] Vários inventários, como o de Manuel Lopes Henriques (1706), mencionam o livro de contas do caixeiro como indicativo da produção e, embora nenhum desses registros tenha aparecido até o presente, a prática de manter tais documentos parece ter sido comum. A função de caixeiro era comumente exercida por pessoas livres, mas ocasionalmente também houve escravos realizando essa tarefa.[67]

O acondicionamento do açúcar para embarque pode parecer algo relativamente simples e direto, porém, na verdade, era fonte de contínuas desavenças entre produtores e comerciantes, frequentemente envolvendo também o governo. O problema girava em torno de duas questões: o peso da caixa e a qualidade declarada do seu conteúdo.

Durante toda a história da indústria açucareira baiana, o problema de padronizar o peso das caixas revelou-se difícil de ser resolvido. No século XVI e início do XVII, o tamanho delas variava consideravelmente. Diversos observadores afirmavam ser de vinte arrobas o seu peso (294 kg), mas havia grande variação de uma para outra.[68] Utilizando-se os registros de embarque do comerciante Miguel Dias de Santiago (1596-1602) e os do Engenho Sergipe (1608-18), é possível estabelecer com alguma precisão o peso das caixas nesse período.[69] Tais registros demonstram que o peso de uma caixa de açúcar branco era de catorze arrobas (205,8 kg), com relativamente pouca variação entre as caixas. O peso das de açúcar mascavado variava mais, embora também fosse em média de catorze arrobas. Os açúcares de panela, de qualidade inferior, eram acondicionados mais irregularmente, cada caixa variando de sete a dezessete arrobas. Portanto, as estimativas dos pesos das caixas dependiam, nesse período, do tipo de açúcar remetido. Em geral, porém, o peso médio de uma caixa cheia era de aproximadamente catorze a quinze arrobas.[70]

No decorrer do século XVII, a tendência foi aumentar o tamanho da caixa. Os holandeses, durante sua ocupação do Nordeste, pareceram preferir as que podiam conter de vinte a 24 arrobas. Caixas com o dobro desse tamanho foram remetidas do Brasil no final daquele século, o que provocou um grande problema na alfândega, pois os trabalhadores recusaram-se a carregar aqueles volumes imensos. A Coroa tomou providências para limitar o peso das caixas em 35 arrobas em 1695, mas devido a queixas dos produtores aumentou o limite para quarenta arrobas três anos mais tarde.[71] Este último peso incluía também o da própria caixa.[72] Qualquer excesso de açúcar acima do limite prescrito estava sujeito a confisco pelo tesouro régio. Antonil mencionou caixas pesando entre 35 e quarenta arrobas, e esse parece ter sido o padrão em princípios do século XVIII (embora às vezes ainda se usassem caixas maiores). Uma lista de caixas embarcadas na Bahia para Lisboa em 1741 indicava em média 39 arrobas de açúcar em cada uma.[73] Além dessas caixas maiores, outras de tamanho menor, os "fechos", eram remetidas em menor número nas frotas que faziam o percurso entre Brasil e Portugal. Os fechos tinham de um terço a metade do tamanho das caixas maiores. Finalmente, "caras", ou pequenas embalagens de açúcar branco fino, eram também enviadas nas frotas como presentes.

Em meados do século XVIII, o peso das caixas parece ter sido padronizado em quarenta arrobas, embora apareçam ocasionalmente referências a caixas mais pesadas. Em 1792, por exemplo, senhores de engenho reclamaram que seus escravos tinham de ajudar os donos de trapiches a pesar as caixas que chegavam, as quais continham de "cinquenta até sessenta e tantas arrobas".[74] Os proprietários dos trapiches negaram o fato e disseram que o peso padrão era de quarenta arrobas; outras referências, porém, parecem confirmar que existiam caixas mais pesadas.

Relacionado ao problema do peso das caixas de açúcar estava o da qualidade declarada do conteúdo. Desde os primórdios do comércio desse produto no Brasil houve reclamações sobre a falsificação do peso e da qualidade. Açúcares de qualidade inferior eram às vezes declarados como brancos, açúcares batidos declarados como machos; o açúcar branco podia ser colocado no topo da caixa, encobrindo o produto de qualidade inferior; às vezes até pedras eram postas no fundo das caixas para aumentar o peso. Os comerciantes de Lisboa queixavam-se de que tais práticas traziam má reputação ao açúcar brasileiro, dificultando sua venda no resto da Europa. Os senhores de engenho argumentavam que as discrepâncias no peso

Figura 11. Algumas marcas de identificação em caixas de açúcar da frota de 1702: (a) Manoel de Chaves, (b) Padres da Companhia de Jesus da Bahia, (c) Cristóvão de Mello, (d) Pedro Barbosa Leal, (e) Cristóvão Coelho Ferreira, (f) Cristóvão de Burgos, (g) Religiosos de Nossa Senhora do Monte do Carmo da Bahia, (h) Colégio de Santo Antão de Lisboa (Jesuítas), (i) Gregório Soares, (j) Antônio da Rocha Pitta.

eram muitas vezes devidas a manipulação inadequada nas docas e que a qualidade também era afetada quando as caixas eram deixadas por muito tempo expostas aos elementos. A partir da década de 1650 o governo tentou resolver o problema. Em 1657, um bando promulgado pelo governador-geral do Brasil, Francisco Barreto, ordenava que cada engenho numerasse suas caixas consecutivamente, marcasse claramente a qualidade do açúcar e indicasse com uma marca específica se o conteúdo da caixa era de açúcar do engenho ou de um lavrador.[75] As marcas individuais deveriam ser registradas na câmara de Salvador. Em 1687, tal sistema foi generalizado, e requereu-se ainda que o tipo (fino, redondo, baixo) também fosse indicado na caixa. Qualquer descrição enganosa resultaria em multa para o caixeiro e sentença de dois anos de exílio penal em Portugal.[76]

A época em que o sistema de frotas brasileiro estava em pleno funcionamento, no final do século XVII, o sistema de marcação já estava padronizado na Bahia. Em 1702, o governador-geral do Brasil observou que tanto o açúcar quanto o tabaco eram adequadamente marcados e que cada trapiche mantinha listas separadas. Algumas dessas listas foram conservadas, e nelas podemos ver as marcas utilizadas. Como as marcas do gado, as das caixas de açúcar muitas vezes combinavam as iniciais do produtor de modo criativo.[77] (Ver Figura 11.)

A padronização da marcação não eliminou os conflitos entre comerciantes e senhores de engenho a respeito do problema. Em 1709, os mercadores novamente reclamaram que as caixas não estavam sendo marcadas honestamente e que a lei de 1687 era em geral ignorada. O governador da Bahia, Lourenço de Almeida, realizou um inquérito e relatou que as queixas dos comerciantes tinham origem em seus interesses egoístas e que as discrepâncias na qualidade não se deviam exclusivamente à manipulação inadequada. Insinuou que, já que os comissários que compravam o açúcar no Brasil sempre verificavam a qualidade, talvez eles próprios, e não os senhores de engenho, fossem os culpados quando caixas com açúcar de qualidade inferior chegavam a Lisboa.[78] Os senhores de engenho constantemente responsabilizavam terceiros: caixeiros, comissários ou os próprios comerciantes. Estes últimos procuravam incriminar os senhores de engenho. A disputa continuou, com os produtores geralmente sendo bem-sucedidos na manutenção do status quo. Em 1763, por exemplo, quando o Conselho Ultramarino indagou se haveria vantagem em remeter o açúcar em barris em vez de caixas, a câmara de Salvador rejeitou terminantemente a ideia.[79]

Em certa medida, a criação de casas de inspeção nos principais portos brasileiros em 1751 foi uma tentativa governamental de lidar com o persistente problema da fraude e manipulação imprópria das remessas de açúcar e outros produtos agrícolas do Brasil. Discutiremos as casas de inspeção e seus objetivos no Capítulo 15, mas sua função como órgão governamental para a liberação e registro do açúcar a ser exportado é importante para nossa discussão aqui. Tanto comerciantes quanto senhores de engenho vociferaram contra a criação desses órgãos, embora por razões diferentes. Os senhores de engenho opuseram-se particularmente aos poderes de fixação de preços das casas de inspeção, mas também não gostaram do novo e mais rigoroso sistema de controle governamental; as reclamações sobre discrepâncias não desapareceram, e agora os senhores de engenho podiam igualmente lamentar-se sobre a cobrança extra feita pelo órgão pela pesagem das caixas. Em 1772, a casa de inspeção ordenou que as caixas fossem pesadas e estabeleceu que os donos dos trapiches poderiam cobrar 480 réis pela pesagem de cada uma delas, quantia essa que correspondia a quase o dobro da autorizada anteriormente pela câmara. Quando, em 1782, a casa de inspeção ordenou, para evitar fraudes, que as caixas fossem pesadas ao entrar e ao sair do depósito e que poderiam ser cobradas taxas a cada pesagem, os senhores de engenho ficaram furiosos.[80] Os comerciantes em Portugal não ficaram menos insatisfeitos com as casas de inspeção. Entre 1798 e 1808, um inspetor de açúcar ("confiteiro") examinou as caixas para verificar a qualidade do conteúdo.[81] As casas de inspeção objetaram veementemente a isso, afirmando que tais funcionários não tinham direitos legais para fazê-lo. O que antes fora uma questão entre senhores de engenho e comerciantes havia-se tornado, ao fim da era colonial, uma disputa entre dois órgãos governamentais.

A BUSCA DE MELHORIAS

O processo que acabamos de descrever, do canavial até a caixa de açúcar pronta, permaneceu essencialmente o mesmo no Brasil, desde fins do século XVI a fins do XVIII, com pouquíssimas modificações. Houve, sem dúvida, uma expansão da produção nas fases iniciais da atividade, à medida que mais terra ou mão de obra foram empregadas, equipamentos aperfeiçoados e técnicas de administração tornadas mais eficientes. A produção média dos engenhos, de mil arrobas segundo Gandavo em 1570, entre 4 e 5 mil arrobas segundo Cardim em 1584, e de 5 a 10 mil arrobas segundo Brandão em 1618, parece refletir essas melhorias.[82] Não obstante, as técnicas básicas do fabrico permaneceram relativamente inalteradas por todo o período. O sistema brasileiro foi considerado o melhor no século XVI, como se evidencia pelo desejo de outras potências coloniais em copiá-lo. Mestres de açúcar e outros especialistas portugueses foram empregados no México no período de 1580 e 1640 e, em Barbados, os ingleses aprenderam a fazer açúcar barreado enviando pessoas a Pernambuco para adquirir o conhecimento necessário.[83] Foi apenas em meados do século XVIII, quando a economia açucareira brasileira estava em crise e os concorrentes das Antilhas desenvolveram algumas técnicas novas, que a indústria açucareira do Brasil começou a adquirir a reputação de ser tradicionalista e atrasada; mesmo então a acusação era imerecida.

A administração dos campos e as técnicas agrícolas permaneceram essencialmente inalteradas durante todo o período em discussão. O sistema de divisão dos canaviais em pequenos quadrados no processo de plantio, usado em Antígua, nas Antilhas dinamarquesas e em outras partes do Caribe, não foi introduzido no Brasil. Críticos do século XVIII, como Santos Vilhena, lamentaram que os senhores de engenho insistissem em empregar o "retrógrado" sistema de enxada. Na verdade, o arado passou a ser empregado no cultivo da cana já na segunda década do século XVIII. Antônio da Fonseca Rego, lavrador de cana no Engenho Velho, na Paraíba, julgado pela Inquisição em 1729, relacionou um arado de ferro entre seus bens.[84] Os padres beneditinos do Rio de Janeiro relatam em 1770 que no Engenho Camorim "plantou-se um novo campo de cana que renderá cem carros de cana cortada; dois campos velhos foram trabalhados com um arado para que pudessem ser plantados novamente".[85] O uso desse instrumento não foi amplamente difundido em regiões como a Bahia em virtude não do atraso de senhores de engenho, mas de ser o massapê um solo úmido, pesado e viscoso, dificílimo de trabalhar com o arado puxado por bois. Em fins do século XVIII, reformistas identificaram na ausência do arado e na continuidade das técnicas agrícolas a causa dos males do Brasil e, como veremos, ofereceram muitas sugestões para mudanças.

Muito embora os produtores brasileiros de açúcar parecessem relativamente satisfeitos com seus métodos de cultivo da cana, houve uma contínua, ainda que malograda, busca de melhorias nos aspectos mais industriais do fabrico daquele produto. A única descoberta importante aconteceu em princípios do século XVII. Até então, a maquinaria usada para fabricar açúcar no Brasil não diferia significativamente da empregada nas ilhas atlânticas e na região do Mediterrâneo. Os primeiros moinhos utilizavam uma grande e pesada mó que era passada sobre as canas após cortadas em pedaços pequenos.[86] Tal método não extraía todo o caldo da cana, e os pedaços eram então colocados em um tipo de prensa de vigas, a "gangorra", onde eram submetidos a nova prensagem. Esse sistema que necessitava de duas prensas era dispendioso, e o líquido produzido era então cheio de impurezas devido à prensagem que necessitava de etapas adicionais no preparo antes que o processo de cozimento pudesse ser iniciado. Igualmente usada no Brasil foi a moenda de cilindros com dois grandes tambores horizontais justapostos, movidos por força hidráulica ou animal. Essa moenda apresentava uma inegável vantagem, a de a cana ser passada diretamente entre os tambores sem precisar ser cortada em pedaços pequenos; entretanto, devido ao modo como era construída, não prensava a cana perfeitamente, sendo necessário usar também a gangorra. A moenda de dois tambores era pesada e desajeitada e, quando movida por tração animal, também dispendiosa. Eram necessários pelo menos cem bois divididos em grupos para impulsionar essa máquina, com tudo o que esses animais representavam em termos de pastos, alimentação, cuidados e substituição. Assim, apesar de a moenda de dois tambores ser um melhoramento em relação a outros métodos de moagem, seu custo e talvez a complexidade de sua construção retardaram sua difusão no Brasil. Nas palavras do historiador Antônio Barros de Castro, "era um meio-avanço, oferecendo uma solução transitória".[87]

Em alguma data entre os anos de 1608 e 1613, um novo tipo de moenda foi introduzido no Brasil.[88] Também se baseava em um sistema de tambores. Porém, em vez de apenas dois deles dispostos horizontalmente, os tambores ficavam agora em posição vertical, estando a fonte de força ligada diretamente a um terceiro tambor, que se tornava uma espécie de eixo motor para impulsionar os outros dois, como pode ser visto na Figura 12. A cana podia ser passada pelos tambores em ambas as direções, aumentando, assim, o ritmo da operação. E, com o peso do mecanismo recaindo sobre uma base (em vez de sobre um dos tambores, como no sistema horizontal), podiam ser usados tambores menores. Por isso, devido ao tamanho reduzido de seus principais componentes, a nova moenda foi às vezes chamada "moenda de palitos". Ela oferecia grandes vantagens: era mais fácil de construir, prensava melhor a cana, eliminando com isso a necessidade de prensas auxiliares, não exigia quantidades tão grandes de animais como força motriz e podia moer a cana a um ritmo mais rápido. O Engenho Sergipe, no Recôncavo, adotou-a em 1617, e logo seu uso difundiu-se por toda a colônia.[89] O aumento de novos engenhos em construção observado após 1612 deveu-se, com toda a certeza, a esse avanço tecnológico e aos custos mais baixos da moenda de três tambores em comparação com o sistema anterior. As

Figura 12. Moenda de três tambores verticais. Reconstrução de uma moenda movida por bois no Engenho Freguesia, no Recôncavo.

implicações financeiras e sociais da nova moenda para o relacionamento entre produtores de açúcar e a Coroa e entre os agricultores de cana e os senhores de engenho são particularmente importantes, e serão discutidas no Capítulo 11.

Não se sabe até hoje quem foi responsável por essa ruptura tecnológica. Frei Vicente do Salvador, o primeiro historiador brasileiro, escreveu em 1627 que um padre espanhol vindo do Peru introduziu a nova moenda durante a administração de dom Diogo de Meneses. Por outro lado, existem as petições de Gaspar Lopes Coelho, solicitando recompensa por ter sido "o inventor do molinete de três paus". Lopes Coelho vivera em Pernambuco, onde ganhara a vida como "mestre de engenhos" (construtor de moendas), e apregoava, entre outros feitos e talentos seus, que sua invenção trouxera novas terras cultivadas e muitas novas receitas para o tesouro régio.[90] A resolução do problema pode ser a sugerida por Antônio Barros de Castro. O padre vindo do Peru provavelmente aprendera as técnicas usadas na trituração de minérios no processo de mineração da prata, as quais explicou a um construtor de engenhos como Gaspar Lopes Coelho que, por sua vez, colocou em prática tais conceitos usando seus conhecimentos de engenharia mecânica. Assim, tanto o relato de frei Vicente do Salvador quanto a afirmação de Lopes Coelho podem ser verdadeiros.[91] De qualquer forma, a introdução da moenda de três tambores verticais foi uma mudança tecnológica fundamental, e a única realmente importante durante quase dois séculos. Os engenheiros baianos na década de 1790 produziram açúcar quase exatamente da mesma maneira que os da década de 1640. (Ver Figura 13.)

"Inventores" e "novos métodos" havia em abundância, mas nenhum que realizasse as mudanças ou melhorias que prometiam. Quase todas as inovações apresentadas antes de fins do século XVIII foram expedientes para diminuir despesas,

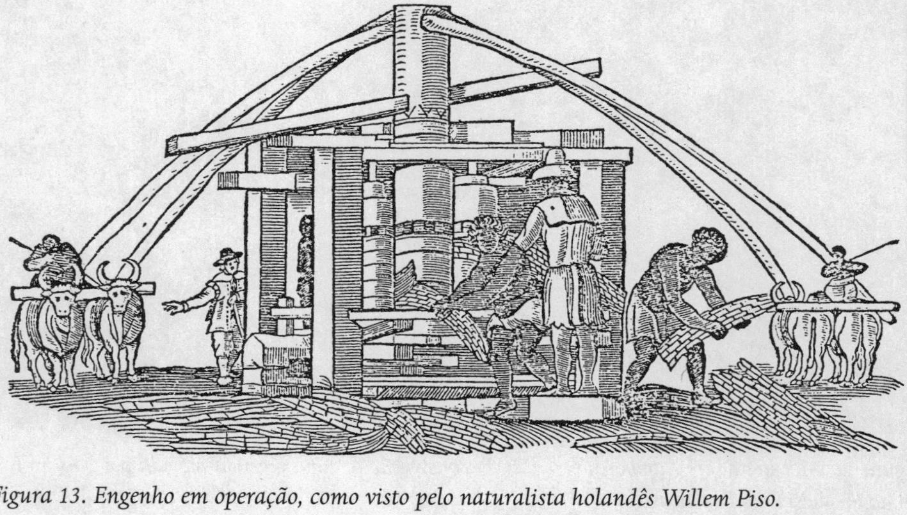

Figura 13. Engenho em operação, como visto pelo naturalista holandês Willem Piso.

visando elevar a margem de lucro dos senhores de engenho e não aumentar a produtividade da moenda. Tais inovações tendiam a concentrar-se na fonte de energia da própria moenda ou no sistema de aquecimento das caldeiras. A documentação disponível não nos permite, na maioria dos casos, examinar em detalhes o que os inovadores pretendiam exatamente; entretanto é possível conjeturar sobre os objetivos de suas proposições.

A primeira inovação que seguiu a introdução da moenda de três tambores foi apresentada por Juan Lopes Sierra à câmara da Bahia, por volta de 1656. Sierra, um espanhol com pretensões literárias, afirmava haver desenvolvido um novo método para cozer o caldo da cana com uso de menos lenha.[92] Como já vimos, as despesas com lenha chegavam às vezes a mais de um terço dos gastos totais de um engenho e, portanto, alegações como as de Sierra sempre encontravam alguém disposto a ouvir. Não existe, porém, indício algum de que o método de Sierra tenha sido adotado ou que produzisse algum efeito. Talvez a mais famosa "invenção" do século XVII tenha sido a proposta à Coroa em 1663 por um certo Cláudio Urrey através do representante régio em Amsterdam.[93] Urrey observou que, dado o baixo preço e o alto custo de produção do açúcar, sua invenção seria altamente benéfica, em especial para os lavradores de cana que não mais precisariam ter sua cana moída por terceiros. A convenção, aparentemente, era uma nova moenda em que a força de dois escravos substituiria o uso de cavalos e bois. Não se sabe se a moenda de Urrey teria ou não estado ligada à comoção política surgida na Bahia a respeito da limitação da construção de novos engenhos, porém, com certeza, sua inovação teria perturbado o equilíbrio social entre senhores de engenho e lavradores de cana. De qualquer forma, não parece haver nenhum indício de que essa moenda menor e mais barata tenha sido amplamente adotada no Brasil. De fato, em 1694, André Pessanha, residente em Salvador, afirmou haver inventado uma nova moenda que prensava a cana sem uso de cavalos ou bois, empregando apenas "dois negros", tal como a moenda que Urrey supostamente teria feito. Pessanha recebeu o equivalente a uma patente, com o direito de cobrar 50 mil-réis de quem adotasse sua invenção; contudo a ausência de indícios de que tais pagamentos tenham sido efetuados põe em dúvida o uso do invento.[94]

Os últimos anos do século XVII e os primeiros do século XVIII foram uma época de interesse crescente em mudanças tecnológicas e poupadoras de despesas. Enfrentando custos operacionais em elevação, especialmente no preço dos escravos, os senhores de engenho e o governo ouviam atentamente, ainda que em vão, a esquemas alternativos como os de Pessanha. Em 1693, Diogo Soares Alemão alegou haver introduzido um novo sistema de fornalhas no Brasil na década de 1680, e queria receber uma compensação daqueles que o adotassem. A Coroa interessou-se o suficiente pelo projeto para ordenar ao governador da Bahia que instituísse uma comissão de mestres de açúcar e senhores de engenho para examinar a inovação. Em 1697, o governador informou à Coroa que o invento era útil porque permitia aos engenhos utilizar pedaços menores de lenha nas novas fornalhas.[95] Embora a Coroa tenha apreciado a inovação, não há indícios de que ela tenha sido largamente adotada ou que os custos de produção tenham sido reduzidos de modo significativo.

Os requerimentos de patentes e o interesse governamental em estimular a indústria açucareira prosseguiram no século seguinte. Os inventores em geral procuravam compensação financeira dos que adotassem suas inovações. Os administradores municipais e régios normalmente atendiam a tais solicitações, embora as supostas melhorias muitas vezes se revelassem apenas temporárias. Em 1702, Dionísio Pinto Passos sugeriu um novo método de moer a cana. Em 1705, um certo Bartolomeu Lorenço, no seminário de Belém, desenvolveu um método de guindar água para ser usada como força para mover as moendas e recebeu por isso uma patente. Nunca mais se ouviu falar novamente a respeito dessas duas inovações.[96] Em 1732, Manoel de Almeida Mar, capitão de infantaria na Bahia, afirmou haver inventado uma moenda que podia funcionar com um único cavalo, sendo precisos, pois, apenas seis cavalos por dia em vez de seis grupos de quatro a oito desses animais. Argumentando que a economia de cavalos, pastagens e escravos para cuidar dos animais seria grande, pediu um pagamento de 400 mil-réis de qualquer engenho que adotasse seu sistema. O governador, conde de Sabugosa, achou que a invenção não corresponderia à pretensão de Almeida Mar, mas que, dadas as grandes despesas enfrentadas pelos senhores de engenho, qualquer coisa que pudesse diminuir custo deveria ser incentivada.[97] Essa era a posição que os administradores coloniais eram obrigados a assumir, enquanto os engenhosos e os gananciosos buscavam incessantemente romper os limites tecnológicos da indústria açucareira colonial.

Foi novamente a força motriz que deu origem ao próximo grupo de inovações propostas. Manoel de Abreu recebeu apoio da câmara de Salvador para o desenvolvimento de um método de impulsionar a moenda usando-se apenas um cavalo; concederam-lhe uma patente dando-lhe o direito de receber 50 mil-réis de cada engenho que adotasse seu método.[98] À sua proposição, seguiu-se em 1766, a de Francisco Machado de Miranda, segundo a qual usar-se-ia apenas uma mula durante a noite e outra de dia, método esse que resultaria em grande economia. Embora a câmara de Salvador tenha atentado para, e mesmo solicitado as opiniões das câmaras de Santo Amaro, Cachoeira e São Francisco no Recôncavo, mais uma vez não há indícios de qualquer efeito do invento sobre a indústria açucareira.[99] O desejo de melhorias e reformas continuou, porém, e tornou-se mais intenso nas últimas décadas do século.

Por mais de três séculos, o ciclo da safra marcou o ritmo da vida no Recôncavo e nas outras regiões produtoras de açúcar. Apesar de as técnicas de cultivo de cana e do fabrico do açúcar terem sofrido poucas mudanças, o anseio por melhorias que reduzissem custos ou facilitassem a produção esteve sempre presente. Não obstante, com algumas notáveis exceções, a manufatura do açúcar permaneceu como atividade relativamente tradicional. Foi, porém, complexa e dispendiosa, e demandou consideráveis habilidades e recursos dos proprietários, administradores e trabalhadores. Combinando grandes quantidades de trabalhadores que labutavam em grupos nos canaviais com a necessidade de mão de obra especializada e experiente na casa do engenho e na de purgar, o engenho criou uma força de trabalho socialmente diferenciada. Contudo, dentro de um regime de várias formas de mão de obra, a escravidão predominou, fixando os parâmetros para todas as outras formas de trabalho e relações sociais e tendendo, por sua própria importância, a desvalorizá-las. A escravidão na grande lavoura baiana não foi improdutiva, nem inerentemente antitética a técnicas inovadoras; todavia, como a Antiguidade clássica, forneceu uma matriz de atitudes e relações sociais com efeitos degradantes sobre toda a força de trabalho.

Muito embora a indústria açucareira tenha caracterizado a formação inicial da economia brasileira, a escravidão acabou por revelar-se uma forma de trabalho adaptável a outras atividades agrícolas, bem como a cenários urbanos. Salvador e outras cidades da colônia dependeram totalmente do braço escravo, e nenhuma área rural passou sem a presença de cativos.

É a adaptabilidade da escravidão que a torna tão difícil de caracterizar e classificar. Escravidão e liberdade podem parecer polos totalmente opostos na definição jurídica e social, mas nunca o foram na realidade brasileira. Assim, embora seja possível discutir teoricamente sobre como os cativos deveriam ter-se comportado dada a situação objetiva de sua mão de obra e condição servil, eles nem sempre agiram da maneira indicada pela teoria, porque podiam ser criadas condições, por seus senhores e às vezes por eles próprios, para mitigar ou modificar aquela situação.

Um exemplo dessa dificuldade teórica é apresentado em uma afirmação como a de Immanuel Wallerstein, de que "os escravos [...] não são úteis em empreendimentos de grande escala sempre que seja necessária especialização". Wallerstein sustenta essa posição por acreditar que "não se pode esperar que os escravos realizem mais do que aquilo que são forçados a fazer. Uma vez que haja necessidade de especialização, é mais econômico encontrar métodos alternativos de controle de mão de obra, pois, caso contrário, o baixo custo corresponderá a uma produtividade muito baixa". A proposição de Wallerstein tem muito em comum com a de Max Weber, mas também é compartilhada por estudiosos marxistas.[100] Para Wallerstein, a escravidão é possível na grande lavoura açucareira porque esta demanda mão de obra para um trabalho rústico e em grupo; contudo um exame atento do processo de fabrico do açúcar indica a existência de uma tecnologia relativamente avançada e complexa em que o cativo participa de todo o processo. A existência de escravidão em empreendimentos de grande escala usando trabalho especializado seria de fato teoricamente difícil se a escravidão fosse apenas um sistema imutável de exploração brutal da mão de obra no qual os senhores só conseguissem extrair trabalho por meio da força. Apesar de a coerção cruel ter estado sempre presente, as exigências da produção açucareira criaram a necessidade e a oportunidade de outros métodos de obtenção de trabalho, mesmo o especializado. Sem dúvida é verdade que trabalhadores livres tendiam a ocupar as funções que demandavam maior especialização nos engenhos, porém nunca chegaram a substituir completamente os escravos e, na verdade, em algumas propriedades os cativos realizavam todas as tarefas. A escravidão na grande lavoura mostrou-se menos rígida do que seus estudiosos muitas vezes a descreveram.

6. Trabalhadores no canavial, trabalhadores no engenho

> [...] *gente toda da cor da mesma noite, trabalhando vivamente, e gemendo tudo ao mesmo tempo sem momento de tréguas, nem de descanso: quem vir em fim toda a máquina e aparato confuso e estrondoso daquela Babilônia, não poderá duvidar, ainda que tenha visto Etnas e Vesúvios, que é uma semelhança de inferno.*
>
> Padre Antonio Vieira (1633)

O elemento crucial na manufatura do açúcar foram os escravos. Suas condições de vida e trabalho são fundamentais para explicar a natureza da sociedade que se originou da economia açucareira. As relações dos cativos com os engenhos e com os meios e processos de produção são de interesse primordial. Muito já se escreveu a respeito das condições materiais da vida dos escravos no Brasil, porém boa parte dos estudos é contraditória. Este capítulo delineia superficialmente essas condições materiais, mas seu assunto principal é o trabalho na manufatura do açúcar, sua natureza e suas exigências, pois isso, acima de tudo, determinou a vida dos homens e mulheres que trabalharam nos canaviais e nas fábricas dos engenhos.

No século XVII, muitos senhores do engenho aparentemente aceitavam a teoria da administração da escravaria mencionada por Antonil, segundo a qual os cativos necessitavam de três PPP, a saber: pau, pão e pano.[1] Observadores estrangeiros, como Johan Nieuhof, que visitou o Brasil naquele século, falavam invariavelmente da brutalidade do regime escravista e informavam que os escravos brasileiros eram mal alimentados, mal abrigados e mal vestidos.[2] Os comentários de observadores cuja nacionalidade ou religião predispunham-nos naturalmente a criticar os portugueses poderiam ser desconsiderados, não fossem as afirmações semelhantes feitas por clérigos portugueses, os quais também acusavam os senhores escravistas de desumanos. De qualquer forma, tanto os clérigos defensores de um melhor tratamento quanto os observadores forasteiros compartilhavam com os proprietários dos cativos uma opinião nada favorável sobre os africanos, achando que a disciplina, o castigo e o trabalho eram a única maneira de sobrepujar-lhes a superstição, a indolência e os maus modos.

COERÇÃO E CONDIÇÕES MATERIAIS

A força física ou as punições eram aspectos integrantes da escravidão na grande lavoura e serviam, quando aplicados ou ameaçados, como incentivo negativo. Entre os mais sagrados mitos sobre o escravismo brasileiro está a crença de que, apesar dos castigos às vezes sádicos e caprichosos infligidos por esposas ciumentas ou feitores bestiais, os cativos não foram em geral sujeitos a coerção ou punições contínuas ou particularmente cruéis.[3] Tal situação supostamente teria ocorrido em virtude das estreitas relações pessoais entre senhores e escravos, da intervenção da Igreja e do Estado e, finalmente, da lógica da posse de escravos, que tornava o maltratar uma valiosa propriedade algo insensato e irracional. Os senhores naturalmente eram muito diferentes uns dos outros, alguns melhores, outros piores; porém as venetas dos sádicos que podiam infernizar a vida de seus cativos não são o assunto ora em discussão. O próprio escravismo criava condições em que era um elemento lógico e, na verdade, essencial do regime o exercício da dominação pela força física ou por punições extremas. Dizia um ditado português que "quem quiser tirar proveito de seus negros, há de mantê-los, fazê-los trabalhar bem e surrá-los melhor; sem isso não se consegue serviço nem vantagem alguma".[4]

Os cativos tinham pouquíssimos recursos contra os castigos recebidos. A menos que a punição resultasse em morte e alguém se dispusesse a informar o caso às autoridades civis, pouco ou nada podia ser feito, os senhores de engenho e os feitores governavam a senzala com muito pouca interferência externa. A maioria dos comentaristas sobre a escravidão na Bahia no mínimo mencionou a crueldade como sendo comum nesse regime. Antonil acreditava que abusos brutais levavam as escravas a provocar aborto para não darem à luz crianças que viveriam em cativeiro.[5] O autor baiano Nuno Marques Pereira comentou sobre a crueldade de inúmeros senhores. Quando um proprietário defendeu seu comportamento afirmando que os escravos eram como demônios, Marques Pereira respondeu que "é certo que o senhor faz ao escravo e não o escravo ao senhor", e lamentou: "Ah, Estado do Brasil, como te temo, e receio um grande castigo, pelo mau governo que têm muitos dos teus habitadores com seus escravos e famílias".[6]

Fizeram eco a tais sentimentos vários eclesiásticos que tiveram oportunidade de observar de perto a instituição da escravidão na Bahia. O jesuíta italiano Jorge Benci, que ali viveu em princípios do século XVIII, escreveu e publicou um livreto exortando os senhores a tratar humanamente seus cativos. A sua obra *Economia cristã dos senhores no governo de escravos* mencionava vários tipos de "tratamento" e instruía os proprietários a alimentar, vestir, fazer trabalhar e punir seus escravos com caridade cristã.[7] Sem jamais negar a legalidade da escravidão ou a inferioridade dos escravos, Benci argumentava, entretanto, que a "rudeza" ou o barbarismo dos cativos deveria eximi-los de julgamento demasiadamente severo de suas faltas e que os castigos deveriam ser distribuídos com moderação. A situação que o jesuíta observava, porém, era muito diferente. Escravos eram queimados ou chamuscados com cera quente, marcados na face ou no peito, torturados com ferros em brasa, tinham as orelhas ou o nariz decepados ou sofriam bárbaros abusos sexuais em consequência de ciúme. Tal comportamento, perguntava o religioso aos senhores de escravos no Brasil, era racional ou humano?[8] A posição de Benci foi compartilhada por Manuel Ribeiro Rocha, padre secular português que também viveu na Bahia. Seu trabalho *Etíope resgatado*, de 1758, seguia a mesma linha de argumentação e foi ainda mais além nas denúncias contra a escravidão.[9]

Jesuítas e autores de tratados moralistas poderiam não parecer fontes fidedignas na questão dos castigos e abusos físicos infligidos aos escravos, não fosse pelo fato de haver evidências semelhantes em documentos legais ou administrativos contemporâneos. Ocasionalmente, senhores eram presos quando seus crimes contra os cativos tornavam-se públicos. Francisco Jorge foi detido por açoitar até a morte um escravo, mas seu apelo em 1678, dizendo que era um homem pobre com mulher e filhos e que a história era invenção de seus inimigos, conseguiu-lhe o perdão da Relação.[10] Caso semelhante ocorreu em 1737, quando Pedro Pais Machado, proprietário do Engenho Capanema, foi preso por matar dois escravos e um homem livre, um deles pendurado pelos testículos na moenda até a morte. Pais Machado foi libertado após uma investigação judicial que atestou, entre outras coisas, que o réu era "uma pessoa nobre, com obrigações de família". Nesse caso, os escravos eram de outro proprietário, mas Pais Machado aparentemente não relutara em puni-los com a morte pelo crime de haverem ferido um boi.[11]

A recorrência de tais atos levou o governo a instituir regulamentações para fornecer aos escravos alguma proteção legal. Em 1688, promulgaram-se duas leis dando a qualquer um, inclusive aos próprios cativos, o direito de denunciar senhores de escravos cruéis às autoridades civis ou eclesiásticas. Os proprietários poderiam ser forçados a vender seus cativos caso pudesse ser fornecida prova de que se estes continuassem como sua propriedade haveria tratamento injusto.[12]

Um caso no qual se alegavam essas razões surgiu logo após a criação da lei. Dona Ana de Cavalcanti, membro de uma das famílias mais poderosas da Bahia, foi forçada a vender sua escrava, de nome Úrsula.[13] A vigilância do governo sobre tais casos continuou por uma década. Em 1700, a Relação recebeu ordem de investigar denúncias de mutilação, morte por fome e punições excessivas infligidas aos cativos.[14] Uma escrava pediu intervenção do Estado em seu caso, em 1701, quando ocorreu uma acrimoniosa disputa sobre uma alforria contestada.[15] A Coroa deu parecer favorável à petição da escrava e ordenou que o proprietário fosse obrigado a vendê-la, pois a cativa temia por sua vida. O governador da Bahia, dom João de Lencastre, recusou-se a fazer cumprir a ordem da Coroa. Alegou que o caso seria transformado em perigoso precedente, levando os escravos a crer que poderiam obter a liberdade simplesmente movendo um processo contra seus senhores. Tal situação era um risco evidente para toda a ideologia sobre a qual se fundamentava a escravidão e, embora o governador colocasse suas objeções em termos morais, dizendo que temia aumentos na feitiçaria, roubos e ofensas a Deus causados por libertos, seu medo real baseava-se em outras considerações. Recorreu, portanto, à velha fórmula dos vice-reis espanhóis na América: "obedeço mas não cumpro".[16] Esse tipo de atravancamento da lei por administradores régios que tomavam o partido dos senhores de engenho e outros proprietários de escravos impediu qualquer reestruturação da natureza do escravismo brasileiro vinda de cima.

Ocorreram, com efeito, raros casos em que administradores régios ou os tribunais intervieram para salvar escravos ameaçados por seus senhores ou para punir proprietários que maltrataram ou assassinaram cativos. O senhor de engenho João de Argolo e Meneses foi condenado a cinco anos de exílio penal em 1747 por matar dois de seus escravos.[17] Era mais comum homens livres serem processados por matar ou maltratar escravos de terceiros.[18] Em tais casos, estavam envolvidos direitos de propriedade, e a ação transcendia, pois, o relacionamento entre senhor e escravo. A Relação podia, então, aplicar a pena máxima prevista pela lei, e em raros exemplos decretou a pena capital. Isso aconteceu quando dois homens foram condenados em 1806 por assassinar um escravo pardo.[19] Tais situações eram exceções marcantes. Muito mais comuns eram os exemplos em que homens livres e senhores de escravos acusados de maltratar cativos eram depois perdoados ou absolvidos.[20] A defesa usual era afirmar que as acusações haviam sido forjadas pelos inimigos do proprietário do escravo; se o senhor fosse pessoa influente, com família ou outras responsabilidades, a Corte mostrava-se clemente. Entretanto o que provavelmente acontecia com maior frequência era a ausência de qualquer tipo de ação judicial quando escravos estavam envolvidos. Em uma lista de pessoas levadas a julgamento em Cachoeira entre 1780 e 1838, não aparece nenhum nome de senhor processado por crime contra seus cativos.[21] Tal ausência, ao que tudo indica, reflete mais uma política básica de não interferência ou uma capacidade de ocultar esses abusos do que a inexistência de casos. Essa situação estava fadada a continuar enquanto os cativos fossem efetivamente impedidos de apresentar acusações contra seus senhores. Apesar das sugestões de reformistas para que se permitisse o testemunho dos escravos, estes, na prática, tinham pouquíssima chance de conseguir a atenção dos juízes locais, que amiúde eram, eles próprios, partidários dos interesses dos senhores. Em um caso ocorrido em meados do século XVIII, Garcia d'Ávila Pereira Aragão, herdeiro da Casa da Torre e um dos mais abastados moradores da Bahia, foi denunciado à Inquisição por uma série de revoltantes excessos de natureza sexual e física praticados contra seus escravos. Apesar de vários testemunhos confirmatórios, o tribunal nada fez para puni-lo.[22] Coerção física, maus tratos e por vezes crueldade sádica permaneceram como aspectos extremamente reais na Bahia durante toda a era colonial.

Ainda que punições excessivas refletissem situações extraordinárias, as condições do cotidiano em geral não eram muito melhores. O conforto material dos escravos de engenho era mínimo. As senzalas geralmente consistiam de cabanas separadas, de paredes de barro e telhado de sapé, ou, mais caracteristicamente, de construções enfileiradas divididas em compartimentos, cada um ocupado por uma família ou unidade residencial. Inventários de engenhos evidenciam que as senzalas eram os edifícios menos sólidos da propriedade. No Engenho Água Boa, em 1795, havia catorze senzalas para abrigar 34 escravos. Cada uma dessas unidades foi avaliada em 4 mil-réis, ao passo que a modesta casa de taipa e sapé, sem portas nem janelas, ocupada por um homem livre que residia na propriedade, foi avaliada em 8 mil-réis, o dobro do valor das senzalas.[23] Ocasionalmente os senhores de engenho podiam fornecer construções menos frágeis. Em Santo Amaro, o Engenho de Baixo, pertencente a João Lopes Fiúza, possuía uma senzala construída sobre pilares de tijolo e com telhado de telhas, e uma outra de tipo de construção alongada, com quinze unidades.[24] Um exame do custo relativo das unidades habitacionais dos escravos ao longo do tempo em inventários de engenhos indica pouca melhora nessa situação.

Ao fim do período colonial, a maioria dos observadores ainda concordava em que os escravos eram pessimamente alojados. A recomendação de Santos Vilhena aos senhores para que plantassem coqueiros e dendezeiros à volta das choupanas dos cativos para fornecer-lhes alimentação extra indica que isso não era feito habitualmente.[25] Não obstante os escravos podiam às vezes superar essas condições. Maria Graham, ao visitar uma senzala baiana em 1822, achou os cativos "em maior asseio e conforto" do que esperava. Impressionou-lhe que cada edifício fora dividido em quatro ou cinco compartimentos, cada um ocupado por uma família. "Em suas choupanas", disse, "usufrui-se algo semelhante às bênçãos da liberdade em meio aos laços familiares e à caridade que não lhes são proibidos".[26] Esse foi, porém, um comentário sobre os escravos, e não sobre suas habitações.

A vestimenta fornecida aos cativos era exígua. Observadores do século XVII muitas vezes descreveram os escravos como andando "nus" e constantemente sujeitos às oscilações do clima.[27] Artistas holandeses daquele século, especialmente Frans Post, deixaram imagens mostrando como se vestiam os escravos. Os homens normalmente usavam ceroulas que lhes cobriam até abaixo do joelho, andavam sem camisa e envolviam a testa com um lenço ou uma faixa. Nessas pinturas as mulheres tinham trajes mais completos, com saia, anágua, blusa e corpete, mas tal vestuário pode ter sido usado apenas na hora da venda das cativas, e não no trabalho do campo.[28] Em geral dava-se aos escravos o "pano da serra", um tecido grosseiro de fio cru. No Engenho Santana, os jesuítas normalmente distribuíam o pano na Páscoa, e cada escravo recebia o número de "varas" (medida equivalente a 1,1 metro) relativo ao seu tamanho. Um tecido de algodão e outra variedade rústica denominada "raxeta" era também dado às mulheres para fazerem saias. Em outras propriedades, o costume variava.[29] Um relatório entregue por senhores de engenho baianos afirmava que os escravos recebiam uma nova indumentária a cada dois anos.[30] Santos Vilhena informou que comumente fornecia-se aos escravos um par de camisas, calças ou saia de algodão cru e algumas varas de baeta para roupas de cama.[31] Por volta do século XIX, os comentários e gravuras feitos por viajantes no Brasil deixavam claro que o vestuário dos escravos refletia as diferenças de ocupações e a hierarquia interna da senzala. Os que trabalhavam nos campos eram em geral mais mal vestidos que os servidores domésticos e os artesões. Curiosamente, os turbantes, rendas e os "panos da costa" engomados, hoje em dia tão associados à religião africana no Brasil, não são mencionados na literatura sobre os escravos de engenho.

O modo como os confortos de habitação e vestuário podiam ser usados como incentivo foi evidenciado por Henry Koster, que informou haver um senhor de engenho comprado escravos indóceis a um preço abaixo do de mercado e os transformado em trabalhadores produtivos. Seu método foi mostrar-lhes os instrumentos de castigo, ameaçando-os, e então fornecendo-lhes uma cabana, roupas e outros artigos para seu conforto, "tudo muito limpo e arrumado, e em quantidade maior que o normalmente concedido a escravos de outras propriedades".[32]

Foi, provavelmente, no aspecto da alimentação que a relação entre as condições físicas dos cativos e a operação do sistema escravista por meio de incentivos mais se evidenciou. Os métodos encontrados por senhores e escravos para prover seu sustento foram uma questão de sobrevivência e, de certa forma, um expediente importantíssimo para a organização dos engenhos. Há indicações claras, desde o início da economia açucareira até o fim do período colonial, de que os escravos não recebiam uma ração adequada. Em 1829, Jacques Guinebaud, cônsul francês em Salvador, escreveu que os brasileiros eram muito menos exigentes com seus escravos do que os proprietários de São Domingos, mas admitiu que os cativos não tinham um sustento apropriado.[33] Sua observação foi corroborada por João Imbert, que certamente não era nenhum admirador ou amigo dos africanos; seu *Manual do fazendeiro* salientava que os escravos recebiam alimentação insuficiente e tão grosseira que lhes acarretava muitos problemas estomacais.[34]

Já em 1604 afirmava-se que os escravos dos engenhos passavam fome. Em 1606, a Coroa ordenou aos senhores que dessem comida suficiente a seus cativos. Embora alguns afirmassem que os constantes furtos praticados por escravos eram devidos à sua índole natural, o Conselho da Índia, que administrava o Brasil na época, achava que a fome motivava tais ações e ordenou aos proprietários que plantassem gêneros alimentícios suficientes para sustentar seus cativos. Simultaneamente o Conselho discutiu sobre a legalidade de obrigar os senhores a conceder à escravaria um dia por semana para cultivarem suas próprias roças.[35] Em fins do século XVII, muitos proprietários já haviam adotado a política de permitir que um dia por semana, geralmente sábado, os cativos plantassem seus próprios alimentos; outros, porém, exigiam que se usassem os domingos para esse propósito.[36] Os clérigos objetaram a essa violação dos domingos e, em 1701, as autoridades de Lisboa decretaram que os senhores deveriam fornecer alimentação adequada aos escravos ou conceder-lhes um dia para plantarem sua própria comida.[37] Essa lei não foi imediatamente obedecida. Em 1703, a Irmandade do Rosário, formada por negros, dirigiu petição às autoridades baianas, visando a uma injunção para forçar os proprietários de escravos a cumprir a lei.[38] Embora alguns senhores, como os beneditinos, levassem a sério a proibição de obrigar os escravos a trabalhar no dia do Senhor, outros seguiam o princípio de que se os cativos comiam aos domingos, tinham que trabalhar também nesses dias.[39]

Os escravos comiam tudo o que lhes caísse nas mãos. Além de sua cota de ração, os escravos adulavam, mendigavam e roubavam por mais alimento. No Engenho Santana, eram frequentes os furtos de mantimentos em canaviais e roças praticados pelos cativos. Em 1731, o padre Pedro Teixeira queixou-se de que um campo com capacidade para setecentos alqueires de mandioca só conseguia produzir cem devido aos roubos. Seus sucessores apresentaram reclamações semelhantes.[40] Nada que fosse comestível escapava aos cativos. Os canaviais estavam infestados de ratos, e todos os que eram apanhados iam para a panela.[41] Porém o alimento básico da escravaria, bem como para os homens livres no Brasil, era a farinha de mandioca. A ração típica em meados do século XVIII foi calculada em aproximadamente um alqueire desse produto a cada quarenta dias por escravo.[42] Também eram fornecidos carne seca e peixe, mas galinha e carne fresca eram consideradas por muitos senhores como alimentação especial para escravos doentes. Desde 1600 consumiram-se bananas, fáceis de plantar e de grande produtividade, e o arroz foi cultivado em Ilhéus por volta da década de 1730, pelo menos.[43] Na Bahia, região de ativa indústria baleeira, também a carne desse animal era dada aos escravos. Durante a safra açucareira, como já vimos, os cativos recebiam aguardente e subprodutos do açúcar para estimular o trabalho e, embora alguns autores tenham afirmado que a safra era um período de negros e animais "gordos e saudáveis", as estatísticas de mortalidade mostram que a história era bem outra.[44]

O *Manual do fazendeiro* publicado por João Imbert em 1832 dá-nos uma ideia da ração de um escravo trabalhador dos campos. Esse autor demonstrava especial orgulho pela alimentação que fornecia a seus cativos e, portanto, podemos supor que ela fosse melhor que a da maioria. Os escravos de Imbert recebiam pão e um copo de cachaça ao saírem para o campo. Às nove da manhã, paravam para uma refeição composta de arroz, toucinho e café. O jantar era comido no campo, e consistia de carne seca e legumes, embora ocasionalmente houvesse carne fresca. Ao anoitecer, comia-se uma ceia de legumes cozidos, farinha de mandioca e frutas.[45] Apesar da existência de alguns registros de engenhos e de muitas referências feitas por observadores, não é possível determinar a quantidade ou o valor nutritivo dos alimentos consumidos pelos cativos: em muitas propriedades eles proviam a própria subsistência ou suplementavam as rações que recebiam, ficando, assim, sem registro o seu consumo alimentar.

Os engenhos adotavam um dos três métodos para manter seus cativos. Em algumas propriedades, os escravos dependiam exclusivamente, ou quase, da ração, ou "tamina", fornecida pelos senhores. Em outras, permitia-se que cultivassem seu próprio alimento, usando dias santos e o tempo livre concedido por seus proprietários. Finalmente, outros engenhos usavam uma combinação desses dois métodos. Como notou um observador, a tamina era normalmente parca e insalubre, e os escravos preferiam trabalhar para seu sustento, mesmo se o esforço estivesse além de sua capacidade.[46] Embora as condições variassem entre os engenhos e as regiões, a reputação da Bahia era particularmente ruim. Em comparação com a vizinha Sergipe de El-Rey, escreveu um observador em 1800:

> Os escravos do Recôncavo da Bahia se nutrem com o escasso e nocivo alimento de carne salgada do Rio Grande [do Sul]; suas pequenas casas são cobertas de palha e mal os agasalham do rigor da estação, quando as senzalas de Sergipe são cobertas de telhas. Os escravos [do Sergipe] são vestidos com algodão manufaturado pelas escravas, quando os do Recôncavo pela maior parte parecem mudos orangotangos.[47]

O TRABALHO NO CAMPO E NA FÁBRICA

As condições físicas sob as quais labutavam os escravos estabeleceram o contexto de suas vidas, mas foi seu próprio trabalho que determinou seu papel no processo produtivo e o modo como funcionaram os engenhos. O trabalho nos canaviais foi o aspecto central da escravidão nos engenhos. A maioria dos cativos passava quase todo o tempo no campo; apesar de outros aspectos da produção açucareira e do escravismo terem recebido mais atenção de observadores contemporâneos e, mais tarde, de historiadores modernos, foram sempre os trabalhadores dos canaviais os que definiram a essência da produção. O trabalho nos campos, no Brasil, foi principalmente realizado em grupos. Koster descreveu o processo de abertura dos buracos para o plantio: os cativos postavam-se lado a lado. Cada um cavava a terra à sua frente com a enxada, formando uma pequena trincheira. A seguir toda a fileira de escravos recuava e repetia o processo, até que o campo fosse todo revolvido.[48] A labuta era às vezes acompanhada por cantos, para manter o ritmo do grupo, "suavizando o jugo do trabalho".[49] Um inglês que viajou ao Brasil em 1820 deixou-nos a seguinte descrição sobre os escravos nos campos:

> Em um vasto alqueire, em meio a este anfiteatro verde, estavam de oitenta a cem negros de ambos os sexos; alguns com crianças atadas às costas, em filas, sulcando o solo com enxadas para novo plantio. [...] Com isto [enxada] todos eles golpeavam com a regularidade de soldados exercitando-se e partiam a terra em blocos quadrados de tamanho aproximadamente duas vezes maior que o de um tijolo. Conduzia-os um feitor de cor parda, usando jaqueta de algodão e grande chapéu de palha, com uma vara comprida na mão, com a qual dirigia o trabalho e castigava os ociosos. Toda a cena à minha frente apresentava um quadro tão completo de uma fazenda tropical, onde tanto o aspecto da natureza quanto o produto e forma de cultivo eram objetos tão incomuns aos olhos do europeu, que fiquei algum tempo sentado em meu cavalo, contemplando-a.[50]

A despeito dessa um tanto pitoresca descrição do reverendo Walsh, o trabalho nos canaviais era árduo e contínuo, começando cedo e terminando tarde. No Engenho Santana, os cativos levantavam-se por volta de cinco horas da manhã e faziam as orações matinais antes de seguirem para o campo. Tinham um pequeno café mais ou menos às nove, três ou quatro horas depois almoçavam ali mesmo no campo, e continuavam trabalhando até o anoitecer.[51] Um observador do século XIX afirmou que os escravos trabalhavam das seis da manhã às seis da noite, com meia hora para o café e duas para o almoço quando a moenda não estava em funcionamento. Chegada a safra, as demandas de trabalho aumentavam, e os cativos na fábrica do engenho precisavam almoçar a toda pressa enquanto o trabalho continuava.[52]

Preparar o campo e cavar os buracos para o plantio de cana era trabalho penoso, especialmente em um solo pesado como o massapê. Um inquérito parlamentar britânico em 1832 ouviu uma testemunha que apontou essa tarefa como "espantosamente dura" e ressaltou que na época da safra, quando os escravos eram postos em turnos noturnos no engenho, os efeitos desse trabalho eram ainda piores.[53] A mondadura era menos pesada, mas desagradável.[54] Havia também o perigo das picadas de cobra nos canaviais. Além disso, mondar era um trabalho contínuo. Os senhores de engenho muitas vezes ordenavam aos escravos que procedessem à alimpa após terminarem outras tarefas. Ao contrário de muitos serviços exigidos

dos cativos nos engenhos, distribuídos na base de cotas, a mondadura era uma operação de sol a sol.

O corte da cana era feito aos pares, ou "fouces", nome derivado do instrumento utilizado. Cada fouce geralmente consistia de um homem e uma mulher.[55] O homem cortava as canas e sua companheira atava-as em feixes, usando as folhas da própria cana para amarrá-las, como se vê na Figura 14. O corte era feito na base de cotas. Atribuíam-se aos escravos um certo número de "mãos" de cana a ser cortada, como sua tarefa diária. No Engenho Sergipe, exigia-se no fim do século XVII sete mãos de cana por dia de cada cativo. Cada mão consistia de cinco dedos, cada dedo continha dez feixes, e cada feixe, doze canas. Portanto a cota diária era de 7 mãos × 5 dedos × 10 feixes × 12 canas, ou seja, 4200 canas no total.[56] A quantidade, porém, variava conforme local e época. No Engenho Santana, em fins do século XVIII, a tarefa esperada de um cortador de cana era de seis mãos; quando os cativos daquele engenho procuraram uma diminuição de sua carga de trabalho, solicitaram que lhes dessem tarefas de cinco mãos com apenas dez canas em cada feixe. Isso significava um total de somente 2500 canas por dia, cerca de 60% da cota do Engenho Sergipe no século anterior.[57] Ao completar a "tarefa de corte", o escravo estava livre para usar o tempo como quisesse. Boa parte do trabalho nos engenhos baianos era atribuído por tarefas, não só no corte da cana, mas na moenda, na olaria e em outras partes.

Figura 14. Continuidade: o corte da cana ainda hoje é feito manualmente, aos pares, ou "fouces". Nesta figura, o homem corta a cana e o menino amarra-a em feixes.

Um trabalho semelhante em muitos engenhos e plantações de cana era o corte de lenha para uso nas fornalhas da casa das caldeiras. Frequentemente, engenhos e lavradores compravam madeira das regiões florestais do sul do Recôncavo, por não possuírem matas em suas próprias terras e porque o trabalho era penoso e perigoso para seus próprios cativos.[58] Entretanto a maioria dos senhores de engenho e lavradores cortava alguma madeira por conta própria, especialmente a "capoeira", mato nascido após a derrubada de mata virgem. Um escravo deveria cortar uma cota diária de lenha, uma pilha de 20 metros de altura e 22 metros de comprimento, unidade equivalente a um carro cheio ou 725 quilogramas. Eram necessárias oito carradas para beneficiar uma tarefa de cana. Portanto, precisava-se de oito escravos para suprir as necessidades diárias de um grande engenho baiano.

Os horários e condições de trabalho descritos até este ponto, por mais árduos que possam parecer, não representam a totalidade do trabalho exigido dos cativos dos engenhos. Além dos serviços "normais" de um dia na plantação, os escravos eram obrigados a construir cercas e outras benfeitorias, cavar fossos, preparar mandioca e a outras tarefas diversas. Esses serviços extras, conhecidos como "quinguingu", podiam aumentar em mais quatro a oito horas o dia de trabalho.[59] Ademais, em muitas propriedades os cativos podiam cultivar seus próprios alimentos, o que lhes dava certa independência, mas também lhes tomava todo o tempo livre de que podiam dispor. O escravo ou escrava que cumprisse sua cota de cana cortada podia, então, passar o resto do dia em sua própria roça. No Engenho Sergipe, cada um recebia um machado, uma picareta e uma enxada, devidamente marcados com o símbolo do Colégio de Santo Antão, e tornava-se responsável pelas ferramentas recebidas. Finalmente, na época da safra, quando a moenda entrava em funcionamento, os cativos eram divididos para trabalhar em turnos na fábrica do engenho à noite, além de cumprirem suas tarefas no canavial durante o dia. Em geral havia dois turnos de seis a oito horas. O efeito de tal rotina de trabalho era extenuante e, considerando-se o tipo de máquinas da casa do engenho e das caldeiras, também perigoso. Do ponto de vista dos senhores de engenho, era o nível ótimo de aproveitamento da mão de obra.

Os proprietários, com efeito, atentavam muito para a produção dos escravos de campo nos vários serviços a eles atribuídos. Estimava-se que um cativo podia plantar cinco carradas de cana. Para as duras obras de desmatamento, a capacidade diária de trabalho de um escravo era fixada em 6,6 metros quadrados.[60] A câmara de Santo Amaro em 1753 calculou que seriam necessários trinta escravos para mondar uma tarefa em um dia, e vinte fouces (ou seja, quarenta escravos) para cortar uma tarefa de cana diária.[61] Como o *jornal* de um escravo "de enxada" alugado era fixado em 120 réis, o "custo" total da produção de uma tarefa de cana para entrega ao engenho era:

Plantio	10$000
Mondadura, 3 × 30 escravos × 120 réis	10$800
Corte, 40 escravos × 120 réis	4$800
Transporte, 30 escravos × 200 réis	6$000
Total	31$600

Tais cálculos eram, de certa forma, apenas hipotéticos, pois os escravos não eram alugados ou pagos, mas comprados. Uma vez adquirido o cativo, o dono tinha de pagar por sua manutenção e controle.

A labuta no canavial era acompanhada pelo uso da força, e o feitor e seu açoite eram parte integrante do processo de trabalho. Isso acontecia tanto nas propriedades seculares quanto nas eclesiásticas. Um jesuíta no Engenho Santana queixou-se de que, para dirigir uma propriedade escravista, palavras não bastavam, pés eram necessários, e ele andava "de contínuo com o diabo na boca e o pau nas costas dos pobres".[62] Joseph Israel da Costa, que viveu na Bahia, afirmou que a chibata era usada para forçar os escravos e mantê-los atemorizados, pois os brancos eram minoria e sem esse terror premeditado um branco sozinho em um canavial não conseguiria controlar os trinta a quarenta escravos trabalhando sob suas ordens.[63] Embora mesmo os eclesiásticos que criticavam o tratamento dado aos cativos no Brasil acreditassem que a punição corporal fosse necessária, eles, e muitos observadores estrangeiros, comentaram sobre os péssimos tratos infligidos aos escravos dos engenhos. Eles trabalhavam desde a madrugada até a noite, ficavam expostos ao sol e à chuva, malvestidos e mal-abrigados, e eram pessimamente alimentados. O trabalho de campo era brutal. O protagonista do tratado moral cuja ação se passa na Bahia, escrito por Nuno Marques Pereira e publicado em 1720, comenta que os camponeses em Portugal tratavam melhor os seus bois que os senhores de engenho aos seus escravos, os quais, no Brasil, não só eram obrigados a "trabalhar de dia, se não ainda de noite, rotos, nus e sem sustento".[64]

O trabalho na fábrica do engenho era uma combinação de tarefas especializadas e semiespecializadas, executadas sob constante supervisão de homens livres ou mesmo de escravos. Na moenda empregavam-se sete a oito cativos. Várias funções eram, muitas vezes, mas não invariavelmente, desempenhadas por mulheres. Duas ou quatro escravas eram usadas para passar a cana pelos tambores externos. Do lado oposto, outra cativa passava a cana de volta pelo outro tambor. Se fossem quatro cativas, trabalhavam aos pares nos dois tambores. Adicionalmente, segundo Antonil, mais três escravas eram empregadas para trazer as canas para as que as passavam pelos tambores ("moedeiras"), e outras duas para levar para fora o bagaço da cana moída, que servia de alimento ao gado ou era jogado fora. Uma mulher cuidava das candeias de óleo de peixe ou baleia, e outra (chamada "calumbá") mantinha limpos os recipientes para o caldo da cana e derramava água sobre as engrenagens da moenda para reduzir o atrito. Finalmente, havia uma escrava "guindadeira" para remover o caldo da cana e guindá-lo* à casa das caldeiras. Como em outras partes do engenho, na moenda os cativos trabalhavam em turnos, em geral dois durante as dezoito a vinte horas do dia de trabalho. Supervisionava-os durante o dia o feitor da moenda e à noite o subordinado deste, o "guarda", que no século XVIII era muitas vezes escravo.

O trabalho nos tambores, apesar de repetitivo, demandava alguma habilidade e muita atenção. A cana precisava ser passada na velocidade e em quantidade certas, caso contrário os tambores poderiam quebrar-se ou a cana não ser prensada com perfeição. Outrossim, havia a possibilidade de um "acidente de trabalho". A força de prensagem da moenda era tremenda.[65] Uma escrava inexperiente, ou que se tornasse desatenta por haver trabalhado demais ou se embriagado com a garapa distribuída aos cativos durante a safra, podia facilmente ter a mão esmagada pelos tambores, junto com a cana. Se tal acontecesse em uma moenda de grande porte, o corpo inteiro poderia seguir-se ao braço. Foi esse o caso ocorrido com uma jovem mulata no Engenho Mussurepe, em Pernambuco, que foi apanhada e "moendo-a como a mesma cana".[66] Era preciso tomar precauções. Em moendas movidas por força hidráulica, deixava-se sempre à mão uma tábua para desviar a água da roda. Além disso, quase todos os observadores que escreveram pormenorizadamente sobre os engenhos brasileiros notaram que um pé de cabra e uma machadinha eram mantidos próximos à moenda para, no caso de um escravo ser apanhado pelos tambores, estes serem separados e a mão ou braço amputado, salvando-se a máquina de maiores estragos.

Escravas com apenas um braço eram uma visão tristemente corriqueira. No Engenho Santana, na década de 1730, uma delas era Marcelina que, tendo perdido um braço na moenda, continuou a trabalhar como calumbá.[67] O viajante francês Tollenare descreveu o caso particularmente comovente de uma bela jovem de nome Teresa, que fora rainha em Cabinda. Caída em desgraça, fora vendida como escrava e no Engenho Sibiró, em Pernambuco, foi colocada para trabalhar na moenda quando as moedeiras adoeceram. Inexperiente, teve uma das mãos apanhada quando tentou libertar-se, a outra mão também foi esmagada. Amputaram-lhe os dois braços.[68] As moendas movidas por bois ao que parece eram as mais seguras, pois funcionavam lentamente e os bois podiam ser parados com facilidade. O perigo das movidas por cavalos era que, devido aos gritos do escravo acidentado, os animais corressem mais rápido. As moendas movidas a água, por sua velocidade e tamanho, eram as mais perigosas para os trabalhadores.

As cenas presenciadas na casa das caldeiras e nas fornalhas imprimiram a imagem característica do trabalho dos engenhos na mente dos observadores da era pré-industrial. O estrépito das fornalhas a arder sob as caldeiras borbulhantes que lançavam calor e vapores em profusão lembrou a muitos a visão do inferno. Para

* Segundo Antonil, o caldo era guindado em caldeirões, "com roda, eixo e correntes". (N. T.)

Antonil, natural da Itália, o cenário era como o dos vulcões Etna e Vesúvio, mas para o padre Vieira parecia-se muito mais com o reino de Satanás. Muito embora a descrição do trabalho em um engenho feita pelo padre Vieira tenha sido citada por muitos, sua retórica é digna de repetição:

> E verdadeiramente quem vir na escuridade da noite aquelas fornalhas tremendas perpetuamente ardentes: as labaredas que estão saindo a borbotões de cada uma pelas duas bocas ou ventas, por onde respiram o incêndio; os etíopes, ou ciclopes banhados em suor tão negros robustos que subministram a grossa e dura matéria ao fogo, e os forcados com que o revolvem e atiçam; as caldeiras ou lagos ferventes com os cachões sempre batidos e rebatidos, lá vomitando espumas, exalando nuvens de vapores mais de calor, que de fumo o ruído das [...] rodas, das cadeias, da gente toda da cor da mesma noite, trabalhando vivamente, e gemendo tudo ao mesmo tempo sem momento de tréguas, nem de descanso: quem vir em fim toda máquina e aparato confuso e estrondoso daquela Babilônia, não poderá duvidar ainda que tenha visto Etnas e Vesúvios, que é uma semelhança de inferno.[69]

O fato de que boa parte dessa faina acontecia à noite tornava a imagem ainda mais formidável aos olhos dos que assistiam às lides do engenho e dos que nele trabalhavam. De muitas formas, era aquilo um preâmbulo do futuro industrial, e abalou os que puderam vislumbrar o que estava por vir.

Eram sobretudo as fornalhas e as caldeiras ferventes os responsáveis pela imagem do inferno. Em geral, cada fornalha era alimentada por um escravo, o "metedor", embora Santos Vilhena, em fins do século XVIII, dissesse serem às vezes usados menos cativos.[70] O serviço ali era duro, perigoso e desagradável. O calor das chamas, aliado à umidade e ao calor do verão baiano, era esgotante. Os cativos alimentavam as fornalhas conforme as instruções dos caldeireiros, que gritavam ordens por mais ou menos calor. O risco de cair nas chamas estava sempre presente, apesar de em muitos engenhos a boca das fornalhas ser construída de modo a impedir que tal ocorresse. Aparentemente nessa função apenas homens eram usados. Embora apareçam em inventários alguns cativos arrolados com essa ocupação, isso não era comum.[71] Os que sofriam de bouba eram escalados para as fornalhas na esperança de que o calor os fizesse expelir a doença pelo suor. Na verdade, Antonil afirmou que a fornalha era local para punições. Cativos fujões ou recalcitrantes eram acorrentados e mandados para lá, a fim de quebrar-lhes a resistência. Nem sempre esse método produziu os resultados almejados. Em 1626, o feitor do Engenho Santana capturou um fugitivo e postou-o na fornalha para subjugá-lo à disciplina do engenho. O escravo suicidou-se, atirando-se às chamas.[72]

Enquanto o trabalho nas fornalhas não parece ter sido considerado uma ocupação especializada, achava-se que os cativos que trabalhavam nas caldeiras e tachas possuíam conhecimentos ou habilidades especiais. Os inventários distinguiam entre caldeireiros e tacheiros, e as duas ocupações aparentemente não eram consideradas intercambiáveis. De fato, às vezes aparecem designações ainda mais específicas dessas funções. Por exemplo, caldeireiro de melar, referindo-se à segunda caldeira da série normal, é mencionado em vários inventários e indica especialização adicional entre os cativos que lidavam na casa das caldeiras. Em um grande engenho real como o Sergipe do Conde, havia quatro caldeireiros e dois tacheiros em cada turno. Também nesse caso o trabalho era definido em termos de tarefa ou cota. Cada caldeireiro devia purificar três caldeiras de líquido. A última delas era denominada "de entrega", porque era entregue semicompleta ao cativo do turno seguinte. Durante o dia de trabalho, a equipe de caldeireiros revezava-se em turnos de aproximadamente três a quatro horas nas caldeiras borbulhantes. Também os tacheiros trabalhavam por tarefa. Sua cota era encher quatro ou cinco fôrmas. Finalmente, na casa das caldeiras, uma escrava, a "calcanha", era responsável por manter as candeias acesas e retirar as escumas e colocá-las de volta na primeira caldeira para serem novamente cozidas.[73]

Os cativos empregados na casa das caldeiras eram em geral mulatos ou crioulos, que podiam ser ensinados desde bem novos para sua ocupação. Tanto os comentários de Antonil quanto os inventários de engenhos indicam o uso de escravos nascidos no Brasil nessas funções. O conhecimento e a experiência necessários para manter a temperatura adequada em cada caldeira e saber quando acrescentar cal, cinza ou água e como escumar o caldo eram adquiridos exclusivamente pela experiência. Embora houvesse um feitor na casa das caldeiras (como visto na Figura 15), o mestre de açúcar durante o dia e o banqueiro à noite, dava-se muito valor aos caldeireiros que soubessem tomar decisões. Essa era uma função em que tanto escravos quanto homens

Figura 15. Processo de fabrico do açúcar: um mestre de açúcar dirige o cozimento e a remoção de escumas do caldo de cana nesta imagem do século XVII.

livres podiam ser empregados. No Engenho Sergipe, durante o século XVII, normalmente contratou-se um caldeireiro livre por um salário considerável. No engenho de Antônio de Sá Dória, na ilha de Itaparica, havia uma escrava da Guiné e um homem livre trabalhando como caldeireiros de melar.[74] Em uma ação judicial pela tutela de um menino mulato, em 1804, um residente do Engenho Nazaré alegou que criara o rapaz, ensinara-o a ler e a escrever e a exercer o ofício de caldeireiro.[75] Não obstante o fato de os homens empregados na casa das caldeiras terem sido uma espécie de elite entre os trabalhadores, seu serviço também era desagradável e às vezes perigoso. Antonil afirmou ter visto cativos designados para as caldeiras como castigo, trabalhando acorrentados; ocasionalmente podiam acontecer acidentes também nesse local.

Os serviços da casa de purgar e os relativos à separação e embalagem do açúcar eram um tanto mais leves e menos desagradáveis ou arriscados que os de outras etapas da manufatura do açúcar. O transporte das fôrmas que entravam e saíam era geralmente feito por homens, mas muitas das tarefas dessa etapa eram realizadas por mulheres. Segundo o relato de Antonil, no Engenho Sergipe havia quatro purgadeiras, que aplicavam o barro às fôrmas de açúcar para dar início ao processo de purgar. Uma das ocupações mais incômodas era a do preparo do barro, tarefa atribuída a um escravo desafortunado. Nos balcões de mascavar e secar, cerca de dez mulheres trabalhavam sob a direção de duas escravas conhecedoras e experientes chamadas "mães de balcão". As caixas eram montadas conforme as instruções de um "caixeiro", e então o açúcar era solidamente acondicionado por grupos de homens e mulheres que o pilavam nas caixas, como pode ser visto na Figura 16 (topo). Muitas dessas tarefas eram executadas por trabalhadores do campo que, durante a safra, cumpriam também um turno na fábrica.

A cada etapa do processo de fabrico do açúcar, havia supervisores e feitores para conduzir as operações da moenda, da casa das caldeiras e da de purgar. Tanto livres como escravos exerciam essas funções e, como veremos no Capítulo 12, acabou por ocorrer um amplo debate acerca da economia e eficiência relativas de livres e escravos nessas ocupações. Nos canaviais, os escravos de cada campo trabalhavam sob a supervisão de um feitor, muitas vezes escravo ou homem de cor livre. Na moenda, o feitor da moenda cuidava da moagem da cana e era responsável por garantir que a cana fosse prensada adequadamente e que a máquina fosse parada em caso de acidente. Na época em que Antonil visitou o Engenho Sergipe, o feitor era aparentemente um homem livre, mas nem sempre isso acontecia. No Engenho Barbado, na paróquia de Passé, em 1769, dois escravos, um pardo e um mulato, revezavam-se nessa função, um trabalhando de dia e outro à noite.[76] Na casa das caldeiras, o mestre de açúcar dirigia as operações, assegurando-se de que a capacidade de cada caldeira era utilizada, supervisionando o processo de escumar o caldo e conduzindo em geral as tarefas. Essas eram consideradas as mais importantes da manufatura do açúcar, e os mestres de açúcar, quando homens livres, eram os em-

Figura 16. Do Brasil a Portugal. Acima: escravos em um engenho brasileiro acondicionam açúcar em grandes caixas. Embaixo: nesta imagem de uma praça ribeirinha em Lisboa no século XVII, veem-se, em segundo plano, caixas de açúcar sendo pesadas e vistoriadas.

pregados mais bem pagos depois do administrador, caso o engenho possuísse um. O mestre de açúcar tinha um assistente que o substituía à noite, o "banqueiro", que realizava essencialmente o mesmo serviço e que, por sua vez, era auxiliado pelo "soto-banqueiro", geralmente um escravo. O soto-banqueiro que fosse cativo normalmente recebia algum pagamento como estímulo para trabalhar bem.

Nas derradeiras fases do processo de fabrico do açúcar, o trabalho era dirigido pelo "purgador" e o "caixeiro". O purgador controlava o processo de purgar e supervisionava as purgadeiras. Também era sua responsabilidade coletar o melado e decidir entre mandá-lo de volta à casa das caldeiras para a feitura de açúcar batido ou guardá-lo para fabricar aguardente, se o engenho possuísse alambique. O caixeiro não só supervisionava o acondicionamento do açúcar, mas também era responsável por manter um registro da produção, dividindo-a entre os lavradores e o engenho e deduzindo o dízimo. Dizia-se que os engenhos funcionavam melhor quando o mestre de açúcar e o caixeiro não se davam bem um com o outro, pois assim vigiavam-se mutuamente.

Obviamente o sucesso das operações do engenho dependia da qualidade e da perícia dos supervisores e especialistas. Um bom mestre de açúcar ou purgador podia melhorar muito o rendimento e a qualidade do açúcar feito de cana de má qualidade, ao passo que um trabalho malfeito podia arruinar uma boa colheita. O problema da mão de obra para ocupar cargos de supervisão foi explicitado pelo padre Pedro Teixeira, que assumiu a administração do Engenho Santana em 1731. Ele queixou-se de que o mestre de açúcar estava muito velho e não possuía muita perícia, mas era mantido por não existirem substitutos e, mesmo se um outro pudesse ser persuadido a ir para Ilhéus, custaria um salário de 100 mil-réis. Não havia banqueiro para rendê-lo durante a noite, e os outros "oficiais" eram cativos que "tudo fazem como quem o faz o diabo".[77] Não havia, de fato, função que não pudesse ser exercida por escravos, e a tendência ao longo do tempo foi seu uso crescente em ocupações de supervisão e nas especializadas. Quando Jerônimo Rodrigues de Castro vendeu o Engenho Cruz das Torres em 1715, a venda incluiu escravos que serviam como banqueiro, purgador e caixeiro.[78] O padre Francisco Ribeiro, queixando-se das despesas do Engenho Sergipe, afirmou em 1660 que escravos crioulos e mulatos poderiam substituir os trabalhadores livres assalariados da propriedade com grande economia, e informou que isso foi exatamente o que fizera Francisco Gil, proprietário de um engenho vizinho. Gil passara a pagar apenas três homens livres, sendo todo o restante do trabalho realizado por seus próprios escravos, ao passo que o Engenho Sergipe empregava quinze ou dezesseis homens livres.[79] As sugestões do padre Ribeiro foram por fim adotadas no Engenho Sergipe e em muitas outras propriedades. Com o surgimento da administração científica em fins do século XVIII, porém, os senhores de engenho brasileiros passaram a atribuir seus insucessos à "rudeza" dos supervisores e artesões cativos que eles próprios haviam criado.

FORÇA DE TRABALHO: TAMANHO E ORGANIZAÇÃO

O número de escravos necessário para se operar um engenho variava consideravelmente conforme o tamanho e o tipo da moenda e a quantidade de trabalhadores livres empregados. Os dados fornecidos por Antonil são um tanto confusos, pois o Engenho Sergipe mantinha dois ternos de caldeiras funcionando simultaneamente para comportar o volume do caldo, e também porque Antonil nem sempre foi claro com respeito à divisão dos turnos. Não obstante, a partir de seus comentários, podemos calcular que um turno demandava no mínimo sete a oito cativos na casa da moenda para trazer a cana, passá-la pelos tambores, levar embora o bagaço, cuidar das candeias e da roda-d'água e levar o caldo às caldeiras; quatro a seis escravos para alimentar as fornalhas; quatro caldeireiros, quatro tacheiros e duas mulheres para cuidar das candeias e transportar as escumas; na casa de purgar, quatro purgadeiras, dois homens para carregar as fôrmas e um para preparar o barro; e, finalmente, cerca de doze escravos nas atividades de acondicionamento. Portanto, só para os processos de moagem e cozimento eram necessários aproximadamente vinte a 25 cativos em cada turno.[80] Adicionalmente, escravos às vezes também ocupavam funções de supervisão. Nos engenhos maiores, com força escrava de mais de cem adultos, eram possíveis três turnos, e alguns aparentemente permitiam que um turno tivesse folga noite sim, noite não. Engenhos menores não possuíam mão de obra suficiente para permitir tal coisa. Embora existissem alguns engenhos que operassem com menos de quarenta escravos, na Bahia a maioria deles possuía entre sessenta e oitenta, número esse que podemos supor como sendo o mínimo necessário para o funcionamento eficaz.[81]

A estrutura da massa escrava dos engenhos variava consideravelmente conforme o tamanho da propriedade, a habilidade dos senhores e, provavelmente, as aptidões dos próprios cativos, embora este último elemento seja difícil de ser avaliado, em virtude das restrições impostas pelo próprio escravismo. A Tabela 11 procura fornecer um perfil esquemático da força de trabalho de um engenho. Cerca de oitenta ocupações ou especializações diferentes foram arroladas para 1900 escravos da zona rural em inventários de cinquenta engenhos e lavouras de cana, cobrindo o período de 1713 a 1826.[82] Em aproximadamente 3% dos casos examinados, os cativos foram arrolados com mais de uma ocupação. Tomando-se a amostra completa de mais de 1400 escravos empregados em engenhos, é possível fazer algumas observações gerais sobre a distribuição relativa das tarefas nessas propriedades.

Os trabalhadores "de enxada" eram sempre a maioria e perfaziam mais da metade do total de cativos arrolados com ocupação. Se considerarmos que, dos listados sem ocupação, talvez metade fosse de indivíduos jovens ou velhos demais para trabalhar, então o restante pertenceria mais provavelmente à categoria dos trabalhadores de enxada, e portanto a produção dessa categoria seria em torno de dois terços do total da escravaria. Essa distribuição é corroborada, em certa medida,

TABELA 11 — ORGANIZAÇÃO DA MÃO DE OBRA EM UM ENGENHO BAIANO

(PROPRIETÁRIO: SENHOR DO ENGENHO; ADMINISTRADOR GERAL: FEITOR-MOR

HIERARQUIA DA MÃO DE OBRA	PROCESSO PRODUTIVO				
	CAMPO	CASA DO ENGENHO	CASA DAS CALDEIRAS	CASA DE PURGAR	ENCAIXOTAMENTO
Supervisores	Feitores da fazenda	Feitor da moenda – dia Feitor da moenda ou guarda – noite	Mestre de açúcar Banqueiro Soto-banqueiro	Purgador	Caixeiro
Especializados	Carreiros Barqueiros Arrais	Moedoras	Caldeireiros (caldeireiro de melar, caldeireiro de escumas, escumeiro) Tacheiros	Purgadeiras	Mães de balcão
Semiespecializados ou sem especialização	De enxada Boieiro	Calumbá Tangedor Guindadeira Carregadores de bagaço	Metedores de lenha Calcanha	Massador de barro	Carregadores

por uma análise dos indivíduos saudáveis do sexo masculino na faixa etária de catorze a 45 anos (ver Tabela 12). A pirâmide ocupacional referente ao sexo feminino mostra-se mais truncada e menos diversificada. Quase um quarto das escravas arroladas com ocupações eram servidoras domésticas, como cozinheiras, rendeiras, costureiras ou outras funções afins, ao passo que nenhuma foi listada em atividades de supervisão, artesanais ou de transporte.

A Tabela 12 também indica que a idade tinha papel importante na distribuição das ocupações. A discrepância entre o número total de escravos arrolados em um grupo ocupacional e o número de homens e mulheres na faixa etária de 14-45 anos encontrados naquele grupo explica-se, em grande medida, pela idade. As maiores taxas de diferença são encontradas nas categorias das funções de supervisão e relativas ao beneficiamento da cana, nas quais idade e experiência devem ter sido fatores importantes. As menores taxas de diferença estão nas categorias dos escravos de enxada e nos que trabalhavam com o transporte em que se valorizavam, com certeza, a força e a juventude.

TABELA 12 — ESTRUTURA E VALORES MÉDIOS DA ESCRAVARIA EM ENGENHOS BAIANOS

GRUPO OCUPACIONAL	HOMENS SAUDÁVEIS ENTRE 14-45 ANOS			MULHERES SAUDÁVEIS ENTRE 14-45 ANOS			TODOS OS ESCRAVOS[b]		
	Nº	%	VALOR MÉDIO[a]	Nº	%	VALOR MÉDIO[a]	Nº	%	VALOR MÉDIO[a]
Supervisão	3	0,8	250	0	0	–	10	1,1	205
Artesãos	26	6,9	194	0	0	–	60	6,9	153
Domésticos	8	2,1	180	32	24,6	132	96	10,9	121
Fábrica	43	11,4	165	14	10,7	119	140	16,0	125
Transporte	61	16,3	177	0	0	–	100	11,4	157
Campo	234	62,4	150	84	64,6	128	469	53,6	129
Não registrados	(44)			(52)			(582)		

(*a*) Valores médios expressos em mil-réis.
(*b*) "Todos os escravos" inclui crianças e os arrolados como "velhos".
Fonte: Conjunto de Dados A, Escravos de inventários.

Embora a historiografia tenha dedicado mais atenção aos escravos domésticos, aos artesãos e aos poucos supervisores e feitores, esses grupos perfaziam menos de um quinto da escravaria dos engenhos. O valor relativo desses cativos era alto em comparação com os trabalhadores de enxada. Os escravos especializados que trabalhavam na fábrica do engenho compunham apenas cerca de 10% do total, mas também eram altamente valorizados e equiparavam-se com os escravos domésticos em termos de seu preço médio. Também valiosos eram os barqueiros, canoeiros e carreiros, sendo seu preço médio nos inventários equivalente ao dos artesões. Os que trabalhavam nos canaviais eram arrolados sob diversas denominações (de enxada, de machado, de roça, de campo, de lavoura etc.). Eram o elemento essencial da produção e perfaziam três quintos ou dois terços da força de trabalho dos engenhos. O mundo do açúcar era verdadeiramente o mundo dos que trabalhavam nos canaviais.

Finalmente, a origem e a cor influenciavam a colocação dos cativos na escala ocupacional. Os mulatos eram favorecidos com oportunidades de adquirir especializações ou assumir funções na casa-grande. Embora constituíssem apenas cerca de 6% da população escrava dos engenhos no século XVIII, os mulatos ocupavam mais de 20% das funções de supervisão, artesanais e domésticas. Os crioulos apresentavam essencialmente a mesma distribuição ocupacional que os africanos, com uma pequena vantagem na execução de serviços domésticos (ver Tabela 13). Essas evidências quantitativas confirmam a ideia da situação vantajosa dos mulatos, presente nos trabalhos dos observadores do regime dos engenhos.

TABELA 13 — ESTRUTURA OCUPACIONAL SEGUNDO LOCAL DE NASCIMENTO OU COR EM ENGENHOS BAIANOS NO SÉCULO XVIII

OCUPAÇÃO	AFRICANOS *N*	%	CRIOULOS *N*	%	MULATOS *N*	%
Supervisão	2	(3)	5	(1,0)	3	(4,1)
Artesãos	15	(1,9)	15	(3,0)	12	(16,2)
Domésticos	33	(4,4)	36	(7,1)	13	(17,6)
Fábrica	76	(10,1)	49	(9,7)	1	(1,3)
Transporte	58	(7,7)	25	(5,0)	4	(5,4)
Campo	569	(75,6)	374	(74,2)	41	(55,4)
Totais	753		504		74	

REQUISITOS DE TRABALHO E O REGIME ESCRAVISTA

Não é de admirar que os contemporâneos se referissem aos engenhos como fábricas, pois essas propriedades eram, em muitos aspectos, precursoras das indústrias modernas em termos de sua organização. Com as possíveis exceções da mineração e da construção naval, nenhuma outra atividade do século XVI elaborou um processo tão complexo através da integração de tecnologia, administração e mão de obra sob condições marcadamente semelhantes à moderna linha de montagem. O fato de esse processo complexo, que requeria considerável especialização em vários aspectos, ter dependido da mão de obra escrava, a qual, segundo Marx e outros observadores, era inerentemente antitética à organização industrial e à tecnologia avançada, dá origem a uma série de questões que merecem ser discutidas.[83]

Examinemos, primeiramente, a natureza da organização da mão de obra nos engenhos em termos mais gerais. Tanto nos aspectos agrícolas quanto nos industriais da manufatura do açúcar, houve uma divisão do trabalho segundo o sexo relativamente nítida. Homens e mulheres foram usados no campo e na fábrica, mas houve uma separação das funções por sexo. Trabalhos de campo mais pesados — cavar, desmatar, cortar lenha — eram feitos por homens; as mulheres trabalhavam ao lado destes na mondadura e no corte da cana.

Minha descrição anterior sobre o trabalho nos engenhos, assim como as dos outros, baseou-se fundamentalmente no relato de Antonil. Devemos ter em mente que Antonil descreveu as condições que encontrou no Engenho Sergipe e que, embora procurasse delinear um quadro mais amplo, o que viu não foi necessariamente a situação em todos os engenhos. Não obstante, a comparação de seu relato com inventários de engenhos permite-nos vislumbrar a organização da mão de obra segundo o sexo. Na casa do engenho, a maioria das funções era realizada por mulheres. Raramente apareceram homens arrolados como moedores. Meninos dirigiam os bois ou cavalos que impulsionavam a moenda. As tarefas de moagem e transporte do bagaço e os trabalhos associados à moenda eram geralmente atribuídos a mulheres; isso não ocorreria com os serviços da casa das caldeiras. Trabalhar nas fornalhas, caldeiras e tachas era exclusivamente para os homens, e às mulheres ali apenas cabia manter as candeias acesas. Na casa de purgar, as mulheres faziam o delicado trabalho de aplicar barro às fôrmas e o de mascavar o açúcar. Em oito engenhos baianos em 1739, apenas mulheres foram arroladas como purgadeiras.[84] As funções de supervisão na Bahia eram invariavelmente realizadas por homens.[85] A divisão sexual do trabalho refletia as variações nas necessidades de força e precisão, com os homens designados para as tarefas que demandavam a primeira dessas exigências e as mulheres, a segunda. Fica evidente, porém, que as mulheres eram parte essencial da força de trabalho cativa e exerciam ocupações cruciais para o processo. A desproporção entre os sexos na população trabalhadora dos engenhos parece resultar das demandas de trabalhadores de enxada ou de problemas de oferta no tráfico de escravos, e não das necessidades das etapas de beneficiamento da cana.

Um segundo ponto a ser mencionado é que, nos engenhos, os trabalhadores de enxada e os escravos domésticos também realizavam tarefas de beneficiamento da cana em turnos noturnos. Por conseguinte, as costumeiras distinções entre os três grupos de funções — casa, campo e fábrica — são um tanto enganosas. Embora seja verdadeiro que as ocupações especializadas — caldeireiros, purgadeiras etc. — não fossem atribuídas a escravos de enxada, estes últimos também trabalhavam na fábrica carregando cana ou lenha, transportando fôrmas e mascavando e encaixotando o açúcar. O mesmo vale para os cativos domésticos. Em 1736, a câmara de Salvador defendeu a opinião de que mesmo os escravos domésticos dos senhores de engenho deveriam ser isentos de confisco por dívidas porque durante a safra seus serviços eram necessários dia e noite e também porque "no tempo das moagens até os [escravos] de casas se ocupam nos engenhos".[86]

Não foi possível, até o presente, saber se os escravos com ocupações especializadas eram empregados no plantio e na mondadura quando a moenda não estava em funcionamento. Ao que parece, o esquema temporal de atividades da safra utilizava os cativos diretamente na produção do gênero principal por boa parte do ano, usava essa mão de obra durante um dia de trabalho extremamente longo e integrava seus trabalhadores o mais completamente possível a todos os aspectos da produção.[87]

Como na indústria moderna, os trabalhadores no processo do fabrico do açúcar eram escalados para serviços específicos e distintos, além de serem separados do produto final de seu trabalho. Esses foram, é claro, exatamente os aspectos do trabalho industrial que atraíram a atenção de Marx. Organizados dessa forma, como salientou Antônio Barros de Castro, os cativos não produziam o açúcar; apenas o "engenho" o produzia, enquanto cada escravo apenas repetia indefinidamente a mesma tarefa no processo.[88] O fabrico do açúcar era uma atividade complexa, mas cada parte do processo era simplificada para o trabalhador individual em uma série de tarefas distintas.

Apenas o mestre de açúcar e o feitor-mor tinham de acompanhar e organizar todas as etapas do começo ao fim. As séries de tarefas necessárias à produção do açúcar eram executadas individualmente, mas integravam-se ao próprio processo, sendo "sucessivas no tempo e simultâneas no espaço".[89] A utilização de grande número de trabalhadores em turnos no canavial e na fábrica nivelava as diferenças em habilidades, de modo que o resultado final era um produto do trabalho relativamente homogêneo ou, como denominou Marx, "trabalho de qualidade social média".[90] Nesse aspecto, o engenho foi o precursor da fábrica moderna.

Ainda assim, não deixava de haver problemas, pois essa "industrialização" precoce teve lugar com a mão de obra escrava. Muitas das tarefas demandavam atenção e cuidado, e todo o processo podia ser arruinado em muitas etapas por negligência ou sabotagem. Ademais, o crescente emprego de cativos como técnicos ou "artesãos" e supervisores era algo oposto ao seu uso em um processo produtivo que os separava do resultado de seu trabalho. Tal contradição é subjacente à frequentemente citada incompatibilidade da tecnologia ou da industrialização com o escravismo.

Como já vimos, a coação física, o açoite e as ameaças de castigos piores eram parte integrante da condução do trabalho no campo, porém Antonil e os demais que comentaram sobre as operações dos engenhos jamais mencionaram feitores usando chicotes no interior da fábrica. Ali esse tipo de coerção física teria sido contraproducente; embora os senhores pudessem forçar os cativos a cumprir certas tarefas desagradáveis no processo de beneficiamento, a maioria encontrava meios melhores e mais eficazes de assegurar a execução adequada do serviço e de prevenir interrupções intencionais na produção.

A atribuição de trabalho por cotas ou tarefas em muitos aspectos da operação do engenho parece ter sido uma forma de estímulo à produtividade da mão de obra. No campo e na mata, o corte e o plantio da cana e o preparo da lenha realizavam-se com base em cotas, havendo concordância em que, completada a parte que lhe cabia, o escravo podia usar o resto do tempo para descansar ou praticar outras atividades, como cuidar de sua roça. Tal sistema servia como incentivo contra a diminuição intencional da produção ou a simulação de doenças para escapar ao trabalho. Na moenda, na casa das caldeiras e na casa de purgar, tais cotas também eram empregadas para definir a rotina de trabalho — tantas caldeiras a escumar, tantas fôrmas a encher etc. —, mas, na realidade, os turnos de oito a nove horas eram determinados não pela velocidade do trabalhador individualmente, e sim pelo próprio processo de fabrico do açúcar, o qual dependia da tecnologia empregada e da capacidade do equipamento.[91]

As moendas movidas por bois realizavam aproximadamente uma rotação por minuto, as movidas por mulas, uma e meia, ao passo que as de força hidráulica podiam executar de duas a quatro ou mais rotações nesse mesmo tempo.[92] As caldeiras podiam comportar apenas um volume específico, talvez duas "pipas" (uma tonelada) a maior delas; portanto, quando tanto a primeira caldeira quanto o parol do caldo estavam cheios, a moenda parava de funcionar.[93] Loreto Couto indica que no século XVIII em Pernambuco extraía-se caldo em quantidade suficiente para encher as caldeiras em três horas de funcionamento da moenda, e que demorava cerca de sete horas para esse caldo ser passado da caldeira do meio às últimas fôrmas.[94] O processo, porém, era contínuo, e nunca se deixavam vazias as caldeiras enquanto o dia de trabalho não fosse completado. Para os que dirigiam o processo, o segredo estava em manter as várias atividades em progresso uniforme e em saber distinguir, pela experiência, através das proporções entre os vários elementos, se qualquer uma das partes estava andando devagar ou depressa demais. Não se regulava o trabalho com relógios. Estes raramente aparecem em inventários de engenhos e só começam a ser mencionados em meados do século XVIII. O Engenho Santana adquiriu seu primeiro relógio em 1745, e o engenho dos beneditinos em Camorim, no Rio de Janeiro, só começou a usar um por volta de 1770.[95] Para os cativos, sobretudo, o ritmo do trabalho era determinado pelo próprio processo.

O ritmo podia ser regulado da forma descrita acima, mas e quanto à qualidade do trabalho? Esse era um problema especial na manufatura açucareira, pois o processo inteiro podia facilmente ser arruinado em vários pontos. Por exemplo, bastava espremer suco de limão em uma caldeira de melado para impedir qualquer cristalização em açúcar. Sabotagem era algo facílimo. Trabalhadores recalcitrantes e coagidos não eram adequados para as tarefas mais especializadas. Os senhores de engenho precisavam encontrar outras formas de extrair a qualidade necessária para esses serviços. O método usado consistia de incentivos.

Na operação dos engenhos brasileiros e no sistema escravista como um todo no Brasil, os incentivos positivos tornaram-se uma técnica comum para obter-se dos cativos ao menos uma cooperação temporária. Tais incentivos podiam assumir formas diversas. Antonil enfatizou que em várias etapas do fabrico do açúcar, subprodutos líquidos e garapa alcóolica eram distribuídos aos escravos em recompensa pelo serviço. A distribuição era feita metodicamente, com os da casa do engenho recebendo sua parte em certos dias, e os da casa das caldeiras e das fornalhas, em outros. Também os barqueiros e os que procuravam mariscos, e até o escravo encarregado da desagradável tarefa de preparar o barro para purgar as fôrmas, recebiam sua parte, "para que todos os que sentem o peso do trabalho cheguem também a ter o seu pote, que é a medida com que se reparte este seu desejado néctar e ambrosia".[96] A bebida também podia ser trocada por gêneros alimentícios com outros escravos que não tinham acesso a ela. A importância dessa distribuição é salientada pela instrução dada em 1663 por João Fernandes Vieira a seu feitor-mor, "não lhe falte com ela por nenhum modo".[97]

Outros incentivos para um bom desempenho também podiam ser usados, tanto para escravos quanto para trabalhadores livres. Os mestres de açúcar e outros técnicos ou feitores geralmente recebiam salários, mas às vezes também lhes era dada uma porcentagem da produção.[98] Na época da visita de Antonil ao Engenho Sergipe, o soto-banqueiro era um cativo, e seu desempenho era recompensado pelo pagamento na forma de pequenas quantidades de açúcar, que ele presumivelmente podia vender por conta própria. Creio que incentivos semelhantes podem ter sido oferecidos a escravos que serviam em funções de supervisão em várias propriedades. Com efeito, o uso de incentivos monetários ou outras gratificações parece ter sido comum. Os livros de contas do Engenho Sergipe estão repletos de registros de pequenos pagamentos feitos a escravos por vários serviços secundários. Em 1743, no Engenho Santana, o padre Antônio Fernandes escreveu a seu superior, agradecendo-lhe as verônicas (medalhas religiosas) enviadas para "contentar os escravos para os animar a mais puxarem pelo serviço que agora com os novos canaviais não falta".[99]

Ainda sobre o sistema de incentivos, devemos, por fim, considerar três outros "privilégios" concedidos a escravos nos engenhos baianos, que favoreceram as operações dessas propriedades. Primeiramente, o uso de cativos em funções especializadas, como feitores, criava uma imagem de possibilidade de mobilidade social. O fato de um banqueiro, um feitor da moenda ou mesmo um mestre de açúcar poder ser um escravo servia de exemplo a todos os cativos. Tais ocupações não requeriam educação especial, apenas experiência, habilidade e disposição para assumir funções de supervisão. Como os capatazes das fábricas do século XIX, esses homens em postos administrativos ou semiadministrativos compunham partes essenciais da pirâmide da organização da mão de obra.[100] A oportunidade de alcançar tais posições era um incentivo à cooperação e produtividade dos cativos. Não deve nos surpreender o fato de que nem todos os escravos respondessem a tais estímulos, mas também não é de admirar que alguns o fizessem. Dessa e de outras formas, o clássico modelo da escravidão como trabalho forçado revelou-se muito mais flexível e adaptável do que alguns de seus intérpretes posteriores.

Também dentro do contexto dos incentivos, o chamado sistema brasileiro de permitir aos cativos cultivar seus próprios alimentos teve seu papel. Quase todos os que comentaram sobre a escravidão no Brasil observaram que em muitas propriedades permitia-se aos escravos cultivar suas próprias roças e dispor dos produtos como bem entendessem. Em 1663, instruções a um feitor em Pernambuco fazem menção a roças de escravos, e Charles Darwin notou-as em uma propriedade do Rio de Janeiro em 1832.[101] Os relatos diferem quanto ao tempo concedido aos cativos. Antonil afirmou que era comum dar-se um dia por semana; outros observadores, mais críticos, objetaram ao fato de os escravos trabalharem aos domingos e dias santos. Vários documentos evidenciam que os cativos apreciavam a "independência" que tal sistema lhes propiciava. Essa era uma das poucas oportunidades que tinham para adquirir coisas de que necessitavam ou acumular dinheiro que poderia no futuro ser usado para comprar a liberdade para si próprios ou para seus filhos. Alguns autores aventaram constituir-se essa participação dos escravos na agricultura em pequena escala e em mercados locais uma "brecha camponesa" no sistema escravista. Entretanto, as roças de cativos podem ter tido outro objetivo no sistema de incentivos.[102] A organização do trabalho por cotas e a permissão dada aos escravos de enxada para que usassem seu tempo livremente após completarem sua parte no serviço faziam sentido se o senhor de engenho pudesse ficar relativamente seguro de que os cativos dedicariam esse tempo a trabalho produtivo em suas próprias roças. Muito embora os escravos pudessem dispor do produto como quisessem, eles estavam, na verdade, trabalhando para seu próprio sustento. Ademais, saber que os cativos ansiavam por obter a "liberdade" implícita nessas roças proporcionava aos senhores outra forma de estímulo ao trabalho. Para conseguirem o tempo extra para suas próprias roças, os escravos completavam suas cotas, havendo redução na simulação de doenças para escapar ao trabalho. Quando os escravos do Engenho Santana, em Ilhéus, apresentavam uma lista de reivindicações em 1789, muitas de suas preocupações giravam em torno de oportunidades de cultivar e comercializar seus próprios produtos. Com efeito, no Engenho Santana era comum os escravos venderem sua produção ao engenho, que a comprava a um preço cerca de um terço abaixo do de mercado.[103]

Havia, finalmente, o incentivo supremo da liberdade por meio da alforria. Como veremos, isso não era exatamente uma "miragem", pois as manumissões no Brasil eram comuns e podiam ser obtidas não só com bom comportamento, mas também por compra; a alforria estava, pois, relacionada à capacidade do escravo de acumular capital. Um cativo mulato ou crioulo com ocupação especializada ou experiência em supervisão no engenho não só podia ter esperanças de finalmente um dia tornar-se livre, mas também podia ter relativa certeza de conseguir emprego após liberto. Em um comentário particularmente franco, um administrador jesuíta do Engenho Sergipe relatou em 1623: "os mulatos e crioulos [...] ficaram mui voluntários e todos com pretensões de alforria e perdoe os quem lhes levantou o pensamento mas já graças a Deus os tenho em bom foro".[104] A realidade da manumissão pode ter sido relativamente insignificante em termos numéricos, provavelmente ultrapassando raras vezes a 1% ao ano durante todo o período aqui estudado, mas isso foi, ao que parece, o bastante para produzir o desejado incentivo positivo.

A virtude relativa da coerção e dos incentivos positivos originou acirrado debate no contexto da escravidão norte-americana.[105] Aceitar a presença de incentivos positivos em forma de remuneração não nega a ameaça subjacente da força nem necessariamente transforma os cativos que a eles respondem em "capitalistas protestantes". Contudo, ignorar o uso de incentivos positivos significa desprezar um aspecto essencial da escravidão brasileira que foi, provavelmente, de especial importância para as atividades mais avançadas tecnologicamente da manufatura do açúcar. O costume generalizado no Brasil de permitir aos escravos formar um pecúlio próprio e de garantir a alforria espontaneamente ou por compra deve ter-se prestado a uma finalidade no seio do escravismo. A escravidão na grande lavoura brasileira não foi um "modelo", e sim um sistema adaptável e flexível de organização do trabalho. Os senhores de engenho não eram obtusos nem retrógrados e sabiam muito bem que um misto de incentivos positivos e negativos podia ser usado para atingir seus objetivos. A combinação desses elementos podia variar conforme a personalidade do proprietário, as demandas de mão de obra específica, os costumes da região ou as condições de mercado, mas o objetivo de extrair uma quantidade ótima de trabalho dos cativos geralmente resultava em uma mistura dos dois elementos.

Também os cativos usaram a imaginação na tentativa de sobrepujar as restrições do escravismo e de manipular as combinações de incentivos positivos e negativos do modo mais vantajoso possível. No Engenho Santana, distante do Recôncavo, havia sempre escassez de pessoas livres para exercer as funções especializadas, e em geral o mestre de açúcar era o único homem branco. Em 1670, todos os outros "oficiais" nas ocupações especializadas da manufatura açucareira eram escravos negros considerados pelo administrador como sendo "piores que escravos das galés". Na década de 1730, quando esse engenho ficou sem feitor para vigiar a produção durante a noite, os cativos simplesmente pegaram o que quiseram.[106] Nessa propriedade, os escravos continuamente forçavam ao máximo os limites da instituição escravista e com frequência barganhavam por melhores condições. O administrador, num acesso de desespero, escreveu na década de 1750:

> o tempo de serviço de todos não chega a cinco horas no dia, em muito menos quando o serviço é longe: a multidão é o que faz alguma coisa, como o formigueiro semelhança que eu lhe proponho: dizem quando os repreendo com o exemplo dos brancos que trabalham bem e dos seus escravos e alegam que os brancos trabalham e ganharão dinheiro; eles nada; que da mesma sorte os escravos porque seus senhores lhes dão de comer e vestir.[...] Deus sabe quanto sofro por necessidade não procedendo ao castigo para evitar a fuga dos escravos e as suas repostadas quando os repreendo com diligência maior apontando para o ventre dizem da "barriga puxe o boi", dando a entender que eu lhes não dou sustento [...] meus pecados são a causa de eu vir para tal engenho.[107]

Evidentemente, os escravos desse engenho, e os de outros, aprenderam que muitas vezes havia espaço para manobras no âmbito das restrições da escravidão na grande lavoura.

Os cativos do Engenho Santana são motivo para um último comentário a respeito dessa situação. Após a expulsão dos jesuítas em 1759, a propriedade foi vendida a um particular, e em 1789 seu dono era Manoel da Silva Ferreira. Naquele ano, um grupo de escravos (alguns dizem ter sido cinquenta, outros, a maioria dos trezentos residentes na propriedade) matou o feitor e fugiu sob a liderança de um "cabra" (mestiço de mulato e negro) de nome Gregório Luís. Provocaram a paralisação do engenho por dois anos, porém atacados por expedições militares, foram finalmente levados a propor um tratado de paz, estabelecendo as condições sob as quais retornariam à servidão. Silva Ferreira fingiu aceitá-las e prometeu alforriar o líder, mas quando os rebeldes retornaram, conseguiu que fossem presos. Os líderes foram vendidos no Maranhão, e Gregório Luís foi para a prisão.[108]

O tratado proposto fornece-nos uma rara oportunidade de conhecer as aspirações dos cativos e de formar uma imagem de sua percepção da vida em um engenho. A maior parte das reivindicações referia-se a condições de trabalho específicas e a necessidades mínimas de conforto material. Procurava-se limitação das tarefas desagradáveis, redução de cotas de trabalho e um número mínimo de trabalhadores em determinados serviços. O castigo corporal não era mencionado, e evidenciava-se a rivalidade entre crioulos e africanos. A preocupação maior dos escravos era ter sua própria terra, cultivar seu próprio alimento e comercializar o excedente. Pediam as sextas-feiras e os sábados livres para dedicarem-se a seus próprios afazeres, o direito de plantar arroz e cortar madeira sempre que desejassem e de serem-lhes dadas redes e canoas. Demandavam, ademais, que Silva Ferreira construísse um barco para carregar sua produção a Salvador e não precisassem pagar fretes.

Essas exigências assemelham-se, em muitos aspectos, às de modernas negociações trabalhistas, mas no contexto do escravismo havia outras que eram profundamente revolucionárias. Queriam escolher seus próprios feitores e manter o controle dos equipamentos do engenho. Tais demandas teriam feito da escravidão uma farsa, daí o desafortunado fim dado aos rebeldes. Finalmente, nesse documento tão voltado para o trabalho, os fugitivos não esqueceram outros aspectos. Exigiram o direito de "brincar, folgar e cantar em todos os tempos que quisermos sem que nos impeça e sem que seja preciso licença". Dentro do contexto da escravidão na grande lavoura, não é estranho encontrar preocupações com liberdade cultural associadas a condições específicas de trabalho.

No complexo relacionamento inerente à produção dos engenhos, tanto proprietários quanto trabalhadores procuraram realizar seus interesses como melhor puderam, dentro das limitações das realidades cultural, econômica e política. Os senhores de engenho descobriram que a melhor maneira de obter a desejada quantidade e qualidade do trabalho era com um misto de punições e recompensas; os escravos perceberam que em tal sistema havia oportunidade para melhorarem sua vida. Se encararmos as relações sociais de trabalho dessa sociedade como seu segredo íntimo, fenômenos que parecem não ser relacionados podem ser explicados em um contexto mais amplo.[109] A alforria, por exemplo, pode possuir significados religiosos e sociais fora do contexto trabalhista, mas sua persistência e difusão indicam que tais significados não conflitaram com o papel da manumissão no seio da organização do trabalho. O mesmo pode ser dito sobre as roças de escravos, o sistema de cotas ou a mobilidade vertical na hierarquia do engenho. A adaptabilidade do escravismo conferiu longevidade ao sistema, mas também deu aos cativos alguma esperança.

7. O comércio de açúcar na Bahia até 1750

Até o presente, todos os nossos açúcares vinham de Portugal, e calculava-se que nos custavam anualmente cerca de 400 mil libras. Agora essa grande vazão foi estancada, e quase não compramos nenhum dos açúcares de Portugal ou do Brasil.

Groans of the plantations (Londres, 1689)

Notório é a todos os moradores desta capital e seu Recôncavo o calamitoso e deplorável estado em que se acham os senhores de engenho e os lavradores do país, que são os nervos do corpo político e civil. [...] *Todos o sentem, todos se queixam e todos se lamentam perdidos; mas sempre enfermos do mesmo mal, não tomam remédio, nem admitem corretivo.*

Wenceslao Pereira da Silva (1732)

No século XVI o açúcar tornou-se o principal produto de exportação brasileiro e não perdeu essa posição predominante até meados do século XIX. Mesmo durante a corrida do ouro no século XVIII, quando o Brasil abarrotou os cofres da Europa com esse metal e, como observou Adam Smith, ajudou a impulsionar a Revolução Industrial, o valor das exportações brasileiras de açúcar sempre excedeu o de qualquer outro artigo. Entretanto a impressão muitas vezes transmitida pela historiografia da economia brasileira é que o açúcar viveu seu apogeu nos primórdios no século XVII e então mergulhou em um longo período de estagnação ou declínio, tornando-se nesse processo praticamente moribundo. Apesar de ser verdade que a concorrência externa reduziu severamente a parcela brasileira no mercado açucareiro internacional após a primeira metade do século XVII, a história subsequente dessa atividade não foi simplesmente marcada pelo declínio. Houve tanto bons como maus períodos e, embora o Brasil nunca recuperasse sua posição relativa como fornecedor de açúcar no mercado internacional, a indústria açucareira e a classe dos senhores de engenho permaneceram dominantes em regiões como Bahia e Pernambuco.

O funcionamento da economia açucareira baiana esteve sempre relacionado ao mercado internacional desse produto e aos mutáveis padrões políticos e econômicos vigentes no mundo atlântico. Para compreendermos a operação do sistema de grande lavoura no Brasil, como e por que os senhores de engenho reagiram à sua situação e como a região foi afetada por seu papel de produtora de gêneros tropicais, é necessário esboçar a história da ascensão, declínio e ressurgimento do comércio baiano de açúcar. Não é tarefa fácil, pois requer um apanhado da própria história econômica do país e, como tal, é um tema que extrapola os objetivos estabelecidos neste livro. Além disso, muitos elementos históricos essenciais, tais como a organização mercantil, os mecanismos de troca e a comercialização do açúcar na Europa, não foram objeto de estudo pormenorizado, a despeito da abundância de fontes.[1] Ademais, a dimensão comercial da indústria açucareira baiana deve ser examinada como parte fundamental da história da região; o cerne de meu exame do comércio desse produto, porém, será a Bahia. Escolhi tal abordagem por acreditar que os aspectos essenciais do desenvolvimento social resultaram primordialmente das relações de produção inerentes à organização e operação dos engenhos. Assim, enquanto no capítulo anterior o trabalho no engenho foi examinado da perspectiva do trabalhador, neste capítulo é do ponto de vista dos senhores de engenho e dos lavradores de cana, o setor açucareiro, que delinearei a história da economia açucareira.

Antes de discutir a história do comércio baiano de açúcar, é importante salientar que ele apresentou três aspectos que complicam qualquer análise sobre decisões e desempenho: sua complexidade e variedade, a ausência de uma indústria doméstica de refino do produto e a produção de aguardente e melado para consumo local. Primeiramente, como já vimos, os açúcares brasileiros começaram a aparecer nos mercados europeus já na década de 1510 (se não antes), mas foi só em meados daquele século que passaram a chegar à Europa em quantidades significativas. O destino principal era, é claro, Lisboa, e em menor grau, Porto; portos menores como Viana do Castelo e Póvoa de Varzim também receberam carregamentos do produto.[2] Em fins do século XVI, a maior parte do açúcar brasileiro destinava-se a portos do norte da Europa, especialmente Londres, Hamburgo e Antuérpia (embora após 1577 Amsterdam substituísse este último, saqueado por tropas espanholas). Embora para comercializar diretamente com o Brasil os navios precisassem de licenças da Coroa portuguesa e normalmente devessem passar por Lisboa para pagar tarifas aduaneiras, embarcações provenientes de Danzig, dos portos hanseáticos, de Ragusa e de Veneza ocasionalmente realizaram transações com o Brasil no século XVI. A Holanda, porém, predominou. Engel Sluiter estima que talvez dois terços do volume comercializado do açúcar do Brasil foram transportados em vasos holandeses no período anterior a 1600.[3] Em fins do século XVIII, a Itália e Hamburgo tornaram-se os principais compradores desse produto brasileiro.

A complexidade e magnitude desse comércio implicam a existência de uma ativa comunidade mercantil, e os comerciantes eram parte importante da estrutura social baiana e pernambucana em fins do século XVI. Forneciam as instalações para o embarque das mercadorias, a organização da comercialização e concediam crédito para o estabelecimento e operação dos engenhos. Contudo, nem todos os senhores de engenho escolhiam tratar com os comerciantes locais, preferindo remeter o açúcar por conta própria. A Coroa ordenou em 1629 que um terço do espaço de carga de todos os navios que saíssem do Brasil para Portugal fosse reservado para os produtores que remetiam diretamente seu açúcar.[4] Os representantes do conde e da condessa de Linhares, do Engenho Sergipe, enviavam a produção diretamente para a Europa, distribuindo-a em pequenos lotes por vários navios, como medida de segurança.[5] Em 1653, o padre Francisco Ribeiro, que examinou as práticas adotadas naquela propriedade, calculou que aproximadamente 800 réis por arroba eram perdidos quando um engenho vendia seu açúcar a comerciantes na Bahia em vez de remetê-lo diretamente a Portugal.[6] Isso significaria uma perda de 16 mil-réis em cada caixa de vinte arrobas. Não é possível calcular o volume do comércio açucareiro realizado diretamente pelos senhores de engenho, mas a prática da consignação perdurou até boa parte do século XVIII, especialmente entre os senhores de engenho mais abastados ou os que se engajavam no comércio e também na produção do açúcar.[7]

Um aspecto peculiar da atividade açucareira no Brasil foi a total ausência de refinarias, não só na colônia mas também na metrópole. O Brasil tornou-se famoso por seu açúcar "barreado", que resultava em açúcares brancos de qualidade superior, e no pardacento e inferior mascavado. Ambos os tipos eram apropriados para o consumo imediato. O açúcar muito grosseiro, com alto teor de melado, denominado panela, não era exportado em grandes quantidades. Essa variedade, porém, passou a ser remetida em grande escala pelas Antilhas após meados do século XVII, sob a designação "mascavado". Ela tornou-se a matéria-prima das indústrias de refinação da Europa setentrional. Por volta de 1650 havia quarenta refinarias em Amsterdam, e em 1770 elas já eram 110.[8] Londres foi outro centro importante, com um lento início no século XVII, mas uma rápida expansão no século XVIII para atender a uma demanda crescente. Em 1753, oitenta das 120 refinarias inglesas e escocesas situavam-se em Londres.[9] A ausência de uma indústria doméstica de refino explicava parcialmente por que os brasileiros concentravam-se na produção de açúcar barreado, embora no século XVI a capacidade de produzir açúcar com essa técnica provavelmente justificasse a ausência de refinarias. De qualquer modo, o mercado açucareiro lisboeta foi sempre menos complexo que os de outras cidades europeias, devido à falta de concorrência entre merceeiros, que demandavam açúcares de qualidade superior para comercialização, e donos de refinarias, que precisavam do produto em bruto.[10]

Finalmente, a discussão sobre o comércio açucareiro internacional deixa de lado um elemento essencial, a produção de aguardente e de melado, subprodutos do açúcar. Estimou-se que cada 45 quilogramas de açúcar barreado produzia cerca de 25 litros de "meles", que podiam ser destilados para fabricar aguardente.[11] As bebidas alcoólicas derivadas da cana, localmente denominadas cachaça ou garapa, eram consumidas em grande quantidade no Brasil, mas os interesses dos vinicultores de Portugal causaram a proibição da exportação daqueles produtos para a metrópole e em várias ocasiões procuraram limitar sua fabricação na própria colônia.[12] No Rio de Janeiro, no século XVIII, era a cachaça e não o açúcar o principal produto dos engenhos, e boa parte da produção era usada no comércio de escravos com Angola. Na Bahia isso ocorreu em escala infinitamente menor. É impossível saber a quantidade de aguardente produzida pelos engenhos baianos, pois a maior parte era vendida e consumida localmente. Como já mencionado, senhores de engenho ocasionalmente afirmaram que a produção de açúcar só pagava suas despesas e que era a venda de aguardente e "meles" o que lhes proporcionava a margem de lucro. Nos engenhos dos beneditinos na Bahia e em Pernambuco, "meles" e aguardente respondiam por 7% a 17% da renda anual. Essa era uma porcentagem significativa, e especialmente em épocas difíceis no mercado açucareiro internacional os senhores de engenho podiam apoiar-se nessa produção para conseguirem sua margem de lucro. A ausência de informações adequadas sobre a consignação de cada senhor de engenho, o papel da aguardente no comércio açucareiro e o problema das refinarias devem deixar nossa análise, assim como qualquer outra, incompleta.

DO CRESCIMENTO AO DECLÍNIO E RESSURGIMENTO

O desenvolvimento da economia açucareira baiana pode ser brevemente resumido. Houve um período de rápida expansão de 1570 a 1620, marcado pelo aumento do número de engenhos e pela elevação constante, bem acima do nível geral de preços, do preço do açúcar. A indústria enfrentou dificuldades na década de 1620 devido a uma queda nos preços do açúcar e à guerra, mas na década de 1630 a recuperação já ocorrera. Com efeito, de 1622 a 1635 os preços desse produto aumentaram em torno de 120%, enquanto os dos produtos locais subiram aproximadamente apenas 45%. Após 1635, entretanto, embora os preços do açúcar permanecessem em níveis elevados, a relação com o nível geral de preços mudou, e entre aquele ano e 1652 o açúcar sofreu uma ligeira queda de preço (7%), enquanto o nível geral elevou-se em quase 40%.[13] A análise do período entre 1650 e 1680 é dificultada pela política europeia, pelas transformações nos mercados açucareiros, pelas políticas fiscal e comercial portuguesas e pela escassez de fontes. Apesar dos problemas e queixas, a economia açucareira baiana parece ter apresentado um desempenho relativamente bom durante esse período, com os preços do açúcar altos o bastante para compensar o custo de reposição dos escravos, item primordial nas despesas dos senhores de engenho.

Na década de 1680 ocorreu uma drástica baixa, com os preços do açúcar em queda enquanto os custos se elevavam. A concorrência externa começou a afetar severamente o setor açucareiro no Brasil. A guerra na Europa, de 1689 a 1713, porém, ressuscitou a demanda pelo açúcar brasileiro e, apesar dos deslocamentos causados pela descoberta de ouro no interior da colônia, a economia açucareira baiana teve bom desempenho naqueles anos. Entretanto, na década de 1720, quando os preços do açúcar começaram a estabilizar, as dificuldades da indústria tornaram-se cada vez mais evidentes. Embora a produção e o preço real do produto tivessem sido elevados nos primeiros anos do século XVIII, os ganhos foram mais do que compensados por uma tendência inflacionária geral, anterior, mas acelerada pela corrida do ouro. Isso aplicava-se mais acentuadamente aos preços dos escravos, mas ocorrera também com os dos gêneros alimentícios. A produção açucareira diminuiu nas décadas de 1720 e 1730, e a indústria ingressou em uma fase de relativa estagnação, interrompida por breves períodos de produção crescente e desenvolvimento durante os conflitos entre as metrópoles europeias dos concorrentes antilhanos do Brasil.

Assim, no período após 1750, houve flutuações de curto prazo na indústria açucareira; às dificuldades do início da década de 1750 seguiu-se uma expansão em princípios da década subsequente, em consequência dos conflitos europeus. Veio, então, uma década de estagnação, seguida novamente de crescimento, desta vez estimulado pelos transtornos ocorridos no mercado açucareiro mundial após 1776, provocados pela Revolução Americana e pelo conflito entre Inglaterra e França. Com a Revolução Haitiana em 1793 e a destruição dessa grande ex-colônia francesa de grande lavoura, um novo estímulo foi dado a todas as demais regiões produtoras de açúcar, e a Bahia, assim como outras áreas brasileiras, experimentou uma rápida expansão nessa atividade. Essa fase durou, com algumas flutuações, até a independência do Brasil. Na década de 1830, os preços internacionais do açúcar baixaram drasticamente, assim como o valor da moeda brasileira em Londres. O resultado foram receitas consideravelmente mais baixas, apesar de grandes colheitas. Após 1835, retornaram a melhora e a estabilidade. Contudo, nessa época, o açúcar brasileiro abastecia apenas 10% aproximadamente do mercado mundial, e sua participação relativa nas exportações brasileiras também estava em declínio.

Em termos gerais, portanto, a periodização da economia açucareira brasileira não se resume a um "século do açúcar" (1570-1670) seguido de estagnação e declínio. É, antes, uma conjuntura em que o evento decisivo é a ascensão dos concorrentes antilhanos e a reação brasileira a essa situação. O período após 1750, em termos econômicos, diferiu pouco do que o precedeu, exceto pelo fato de que, após aquela data, o governo português passou a tentar lidar com a nova situação de concorrência no mercado. Tais esforços, aliados a contextos políticos em transformação e a comoções sociais, criaram tensões no relacionamento colonial e no seio da ordem social da própria colônia. Por esse motivo, abordarei o período pós-1750 separadamente, na Parte IV; neste capítulo, examinarei as principais tendências da economia açucareira anteriores àquela data.

PREÇOS E PRODUÇÃO

Procurarei, agora, detalhar o sumário do item anterior com dados qualitativos e quantitativos, embora estes últimos sejam difíceis de obter. Primeiramente, examinarei o crescimento da economia açucareira em termos do número de engenhos, ou seja, das unidades produtivas. A seguir, serão analisados a produção e os preços do açúcar, desde o século XVI até meados do XVIII. Esses dois elementos permitirão estimar a renda total gerada pela economia açucareira, da perspectiva dos senhores de engenho. Finalmente, procurarei relacionar aquela renda ao nível de custos e despesas de uma maneira geral, usando especialmente o preço dos escravos como medida dos custos de produção. Este último elemento será examinado mais rigorosamente no Capítulo 8, que trata da lucratividade.

Entre 1570 e 1630, vários observadores escreveram descrições da colônia que geralmente incluíam estimativas do número de engenhos existentes em cada capitania. Embora tais estimativas variem e sejam por vezes contraditórias, é possível determinar, a partir delas, a tendência secular da construção de engenhos como indicativo do crescimento da indústria. Os números apresentados na Tabela 14 indicam um período de rápido crescimento de 1570 até por volta de 1585, uma desaceleração de 1585 a 1612 e outra fase de crescimento, menos intenso, de 1612 a 1630.[14]

TABELA 14 — NÚMERO DE ENGENHOS NO BRASIL, 1570-1629

CAPITANIA	(1) GANDAVO, 1570	(2) CARDIM, 1583	TAXA DE CRESCIMENTO DE (1) PARA (2)	(3) CAMPOS MORENO, 1612	TAXA DE CRESCIMENTO DE (2) PARA (3)	(4) CADENA, 1629	TAXA DE CRESCIMENTO DE (3) PARA (4)
Pará, Ceará, Maranhão, Rio Grande				1			
Paraíba				12		24	(4,3)
Itamaracá	1			10		18	(3,5)
Pernambuco	23	66	(8,4)	90	(1,0)	150	(3,1)
Sergipe				1			
Bahia	18	36	(5,4)	50	(1,1)	80	(2,8)
Ilhéus	8	3		5		4	
Porto Seguro	5	1		1			
Espírito Santo	1	6		(8)[a]		8	
Rio de Janeiro		3		(14)[a]	(5,8)	60	(7,9)
São Vicente Santo Amaro	4					2	
Totais	60	115	(5,1)	192	(1,8)	346	(3,6)

(*a*) Dados de Jácome Monteiro (1610) in LEITE, Serafim, *HCJB*, v. VIII, pp. 393-428.

Fonte: MAURO, Frédéric. *Le Portugal et l'Atlantique au XVIIe siècle*. Paris, 1960, pp. 192-211.

Em 1570, Pero de Magalhães Gandavo informou haver sessenta engenhos no Brasil, dois terços deles em Pernambuco e na Bahia. Durante os quinze anos seguintes, o número de engenhos parece haver quase dobrado, segundo relatos escritos entre 1583 e 1585. A taxa de crescimento em Pernambuco, 8,4%, foi consideravelmente maior que a da Bahia, mas o desenvolvimento em ambas as capitanias foi marcante. Por volta de 1600, o Brasil possuía entre 190 e duzentos engenhos, produzindo anualmente cerca de 600 mil arrobas, ou 8 a 9 mil toneladas de açúcar. Em 1625, a produção anual foi estimada em 960 mil arrobas, quase 14 mil toneladas.[15] O preço em ascensão na Europa era um estímulo constante à expansão. Havia disponibilidade de capital, e aumentava a participação do capital português relativamente ao estrangeiro. Em 1551, como incentivo, a Coroa concedera isenção de impostos por dez anos a todos os engenhos recém-construídos, e esse privilégio fora continuamente outorgado.

A indústria conseguiu superar condições negativas. A primeira lei contra a escravização dos índios foi promulgada em 1570 e suplementada posteriormente em 1585, mas os senhores de engenho puderam contornar essa legislação. Em 1609, quando a Coroa tentou estabelecer restrições mais efetivas, o protesto foi tão veemente no Brasil que ela se viu forçada a revogá-las. No início do século XVII, como vimos, ainda havia disponibilidade de trabalhadores indígenas "baratos", embora nessa época o fluxo de escravos negros de Angola e da Guiné já estivesse ganhando ímpeto.

O período entre meados da década de 1580 e 1612 apresentou crescimento menos rápido nas principais capitanias produtoras de açúcar, apesar de o Rio de Janeiro, até então não figurando entre elas, começar a surgir como produtor desse artigo. A taxa global brasileira de construção de engenhos caiu de aproximadamente 5% para menos de 2% anuais. Essa desaceleração foi seguida de um segundo surto expansionista. O relato escrito em 1612 por Diogo de Campos Moreno mencionou noventa engenhos em Pernambuco e 23 nas capitanias vizinhas. Embora esse fosse um aumento significativo em relação aos 66 engenhos computados para Pernambuco em 1583, a taxa de crescimento foi consideravelmente menor que a do período anterior. Na Bahia, o ritmo foi ainda mais lento: de 36 engenhos em 1583 para cinquenta em 1612, apenas 1% de taxa anual de crescimento.[16]

Nos anos seguintes ao do relato de Campos Moreno, a construção de engenhos começou a acelerar-se novamente. A expansão do período pós-1612 não parece ter sido induzida por preços favoráveis, pelo menos na década de 1620, quando o mercado açucareiro estava fraco. Parece, isso sim, que a inovação tecnológica ocorrida com a introdução ou difusão da moenda de três tambores verticais entre 1608 e 1612 foi a grande responsável pelo surto de crescimento. Como vimos no Capítulo 5, a principal vantagem dessa inovação parece ter sido uma redução no custo de instalação dos engenhos, embora também possa ter havido ganhos de produção.[17] Essa moenda extraía o caldo da cana com maior eficiência, eliminando, assim, alguns dos equipamentos antes necessários. Engenhos mais antigos foram convertidos para o sistema mais barato, e muitos outros foram construídos.[18] A construção das moendas menos dispendiosas, às vezes denominadas trapiches, custava tão menos que a Coroa revogou a isenção de impostos por dez anos concedida para essas operações.[19] Mesmo assim, essa inovação parece ter sido a principal responsável pela rápida expansão na construção de engenhos no início do século XVII.

Os efeitos desse crescimento podem ser vistos no relatório de Pedro Cadena de Vilhasanti, escrito em 1629.[20] Vilhasanti computou 150 engenhos em Pernambuco e oitenta na Bahia, o que representa uma taxa de crescimento de 3,1% ao ano na primeira e 2,8% ao ano na segunda capitania, no período de 1612 a 1629. O efeito da moenda de três tambores foi particularmente notável em capitanias como a Paraíba, onde o número de engenhos dobrou para 24, ou o Rio de Janeiro, que em 1629 possuía sessenta engenhos em operação, embora a maioria deles fosse de pequeno porte. À época da invasão de Pernambuco pelos holandeses, em 1630, havia cerca de 350 engenhos funcionando no Brasil.

É muito mais difícil conhecer o número de engenhos em um determinado ano de meados do século XVII, devido à ocorrência de falências, destruição pela guerra, e ao fato de que epidemias, secas ou inundações frequentemente provocaram paralisações temporárias, abandono ou venda. Em 1702, a Bahia remeteu a Portugal 507 697 arrobas de açúcar com marcas de 249 produtores diferentes, mas talvez cem deles fossem lavradores sem moenda própria. O cômputo de Antonil da lista da primeira década do século XVIII indicou 146 engenhos na Bahia, produzindo aproximadamente a mesma quantidade acima mencionada (507 500 arrobas). Em 1755, esse número subiu para 172 e, em 1758, para 180, embora a produção média global por engenho pareça haver declinado nesse período devido à construção de unidades menores. O aumento no número de engenhos baianos entre 1710 e 1758 foi de menos de uma unidade por ano, taxa essa que reflete as dificuldades encontradas pela economia açucareira brasileira no século XVIII.

A capacidade produtiva média dos engenhos não foi definida. As estimativas feitas em várias épocas durante o período colonial variam consideravelmente, do alto nível de 175 toneladas ao baixo patamar de 15. Em certa medida, as discrepâncias refletem informações deficientes, mas também parecem representar uma tendência declinante da produção média por engenho verificada do século XVI ao XVIII. Ademais, a produção anual flutuou muito, dependendo do clima, das chuvas, da administração e da conjuntura internacional. Ambrósio Fernandes Brandão afirmou em 1612 que os engenhos pequenos produziam entre 3 mil e 4 mil arrobas, enquanto os grandes podiam fabricar de 10 a 12 mil (145-175 toneladas).[21] Este último número é muito elevado, e foi atingido apenas por poucas propriedades. No Engenho Sergipe, a produção chegou a 7 mil arrobas em apenas três das cinquenta safras para as quais há documentação disponível, e só se enquadra na faixa produtiva maior se aumentarmos em 60% esse número para incluir o açúcar dos lavradores. Em uma lista dos engenhos pernambucanos de 1624, apenas um deles, o Engenho Magdalena, pertencia à categoria das 10 mil arrobas.[22] Em geral, após 1660, os engenhos baianos parecem ter sido maiores que os do Rio de Janeiro e Pernambuco. Em fins do século XVII, estimava-se que essas propriedades na Bahia tivessem uma capacidade produtiva média de aproximadamente 3700 arrobas, ou cerca de 54 toneladas. Na Tabela 15 sumariam-se essas estimativas.

O número variável de engenhos é um indicador imperfeito das vicissitudes da indústria. Outra medida necessária para avaliar as condições da economia açucareira baiana é o preço ao qual os senhores de engenho vendiam o açúcar e seus subprodutos, o melado e a aguardente. Estabelecer os preços do açúcar não é tarefa fácil por várias razões. As cotações são raras para a maior parte do século XVII. Pelo menos seis qualidades de açúcar eram produzidas na Bahia, e as referências a preços com frequência não distinguem entre os vários tipos de açúcares branco e mascavado. Os preços podiam variar acentuadamente em um dado ano, ou mesmo em um único dia. O abade beneditino frei Antônio da Encarnação Pena afirmou em 1794: "o açúcar muitas vezes no mesmo dia chega a ter vários preços, conforme a abundância dele, a quantidade de embarcações que estão a carga, a pressa com que esta ou aquela que deve partir, a necessidade de dinheiro que tem o senhor do engenho ou o vendedor e outras circunstâncias semelhantes".[23] A complexidade do mercado local, portanto, alia-se às já sérias deficiências nos dados.

TABELA 15 — ESTIMATIVAS DA PRODUÇÃO DE AÇÚCAR E DA PRODUTIVIDADE, 1591-1755

FONTE	DATA	LOCAL	NÚMERO DE ENGENHOS	PRODUÇÃO TOTAL (ARROBAS)	PRODUÇÃO POR ENGENHO (ARROBAS)	PRODUÇÃO POR ENGENHO (TONELADAS MÉTRICAS)
A	1591	Pernambuco	63	378 000	6000	87
B	1610	Bahia	63	300 000	4762	69
C	1614	Brasil	(192)[a]	700 000	3646[a]	53
D	1624	Brasil	(300)	960 000	3200	47
E	1622	Pernambuco	119	544 072	4824	70
F	1632	Bahia	84	313 500	3700	54
G	1637	Brasil	350	900 000	2571	37
H	1737	Brasil	(350)[b]	937 500	2678	39
I	1675	Bahia	69[c]	7500	109	
J	1702	Bahia				
		Sergipe	(249)[d]	507 697	2039	30
K	1710	Brasil	528	1 295 700	2454	36
		Bahia	146	507 500	3476	51
		Pernambuco	246	403 500	1750	26
		Rio de Janeiro	136	357 700	2630	38
L	1751	Pernambuco	276	240 000	1034	15
M	1755	Bahia	172	357 115	2076	30
N	1758	Bahia	180	400 000	2222	32
O	1786	Bahia	150[e]	400 000	2667	39

(*a*) Cálculos baseados no número de engenhos arrolados no relato de 1612 de Diogo de Campo Moreno.
(*b*) Número de engenhos extraído do relato de Pedro Cadena de 1629.
(*c*) Freyre obviamente superestima a produção dos engenhos baianos, a qual situa em 7-8 mil arrobas por engenho. No mesmo ano, Sebastião Cardoso de Sampaio mencionou haver 130 engenhos no Recôncavo. Ver PINHEIRO DA SILVA, José. A capitania da Bahia. *Revista Portuguesa de História*, 8: pp. 44-284; 1959, pp. 180-1.
(*d*) Esse número representa os produtores individuais e deve incluir lavradores de cana além de senhores de engenho.
(*e*) *DUP*, v. II, pp. 213-23.

Fontes: (A) ABREU E BRITO, Domingos de. *Um inquérito à vida administrativa e econômica de Angola e do Brasil*. Org. Alfredo de Albuquerque Felner. Coimbra, 1931. (B) Jácome Monteiro. In: LEITE, HCJB, v. 8, apêndice *I*, p. 404. (C) FARTO DA COSTA, André, AHU, Bahia, caixa 1ª. (D) Ver adiante neste capítulo. (E) Joseph Israel da Costa. In: *Revista do Museu do Açúcar, 1*: 25-36, 1968. (F) Pedro Cadena. In: MAURO, Frédéric. *Le Bresil au XVIIe siécle*. Coimbra, 1963, p. 170. (G e H) Geraldo de Onizio. In: LEITE, Serafim, ed., *Relação diária do cerco da Bahia, 8*, 1941, p. 110. (I) FREYRE, Francisco de Brito. *História da guerra brazílica*. Lisboa, 1678, pp. 75, 163. (J) ANTT, Junta do Tabaco, vários maços. (K) ANTONIL, André João. *Cultura e opulência do Brasil por suas drogas e minas*. Ed. Andrée Mansuy. Paris, 1965, liv. 3, cap. 10. (L) RIBEIRO JR., José. *Colonização e monopólio no Nordeste brasileiro*. São Paulo, 1974, p. 8. (M) CALDAS, José Antonio. *Notícia geral de toda esta capitania da Bahia (1759)*. Bahia, 1951, pp. 429-38. (N) COELHO DE MELLO. In: *ABNR*, XXXI, p. 321. (O) Discurso preliminar. In: PINTO DE AGUIAR, Manoel. *Aspectos da economia colonial*. Salvador, 1957.

Não dispomos de uma série de preços uniforme para o açúcar brasileiro que reflita a quantia recebida pelos senhores de engenho, e isso dificulta o cálculo da renda regional ou individual na indústria açucareira. Contudo, é possível usar várias séries para estabelecer tendências; muito embora haja frequentes lacunas nessas séries, elas podem ser utilizadas para a análise dos rendimentos. A mais importante entre elas para nosso objetivo foi extraída da documentação do Engenho Sergipe, refletindo, pois, os preços recebidos por essa propriedade. Adicionalmente, outra cobrindo o período de 1675 a 1679 foi levantada por Dauril Alden, com base em compras de açúcar feitas pelo hospital da Misericórdia de Salvador. Para os anos de 1750 a 1830, temos o estudo do custo de vida efetuado por Katia M. de Queirós Mattoso. Essa autora desenvolveu uma série de preços do açúcar e, embora não estejam publicados de modo a torná-los imediatamente comparáveis aos de outras séries, seu estudo pode ser usado para análise da tendência básica. Utilizando essas várias fontes, a tendência secular dos preços do açúcar no Brasil pode ser determinada com alguma certeza, embora mais seguramente para alguns períodos do que para outros (ver Apêndice B). Na falta de registros locais adequados, a maioria dos estudos sobre a economia açucareira brasileira fundamentou-se em séries de preços baseadas nos principais mercados europeus, geralmente Londres ou Amsterdam. Apesar de essas séries publicadas serem de fácil acesso e poderem indicar tendências de longo prazo, não são particularmente úteis para a compreensão das condições locais nem das reações dos senhores de engenho e comerciantes às flutuações de curto prazo. Na verdade, as séries de preços europeus em geral induzem a erro, e seus movimentos às vezes foram opostos à tendência na colônia. As guerras, por exemplo, interromperam muitas vezes o comércio atlântico, provocando escassez de açúcar nos portos de Londres e Amsterdam. Em resposta à pequena oferta, ocorria uma alta acentuada dos preços nesses mercados. Enquanto isso, na Bahia, amontoavam-se as caixas de açúcar, sem navios disponíveis para transportá-las ou dispostos a arriscar a viagem. Os preços caíam. Assim, os preços europeus não são um indicador satisfatório para a situação da economia açucareira baiana ou a posição de curto prazo dos senhores de engenho.

A série de preços recebidos pelos engenhos referentes ao açúcar branco, ajustada para compensar a desvalorização monetária de 1688, apresentada no Gráfico 1, representa a tendência secular.[24] É uma tendência ligeiramente ascendente ao longo dos mais de duzentos anos observados, mas a curva é marcada também por pontos de máximo e mínimo extremamente pronunciados, sendo cada ponto de máximo, porém, um tanto mais alto que o anterior. Os preços parecem ter subido acentuadamente até 1620, havendo então um forte declínio até meados da década de 1630. Um novo pico foi atingido após 1640, mas seguiu-se então um período de declínio gradual e uma nova queda na década de 1680. A recuperação na década seguinte foi uma vez mais seguida de declínio gradual, embora o começo do século XVIII

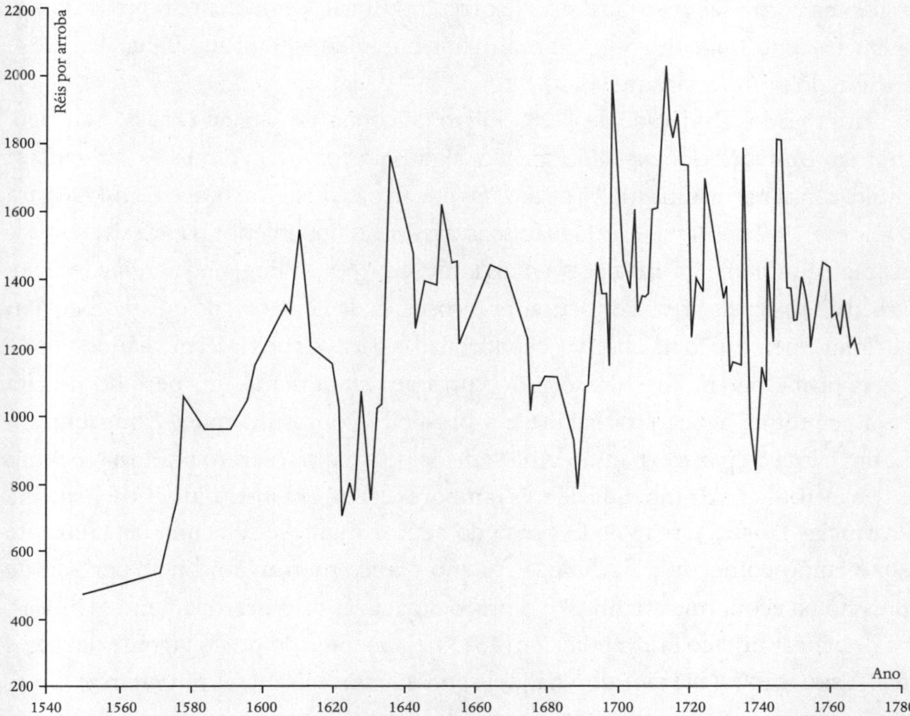

Gráfico 1. Preço ajustado do açúcar branco, recebido pelos engenhos da Bahia, 1550-1768. Fontes discutidas no Apêndice B.

fosse um período de amplas flutuações. Essa série de preços parece indicar três crises — nas décadas de 1620, 1680 e 1730 — com intervalos de aproximadamente cinquenta a sessenta anos. Da perspectiva dos senhores de engenho, porém, era difícil discernir a natureza cíclica dessas crises ou a tendência secular dos preços. Seus horizontes eram muito mais limitados e, como os anos particularmente difíceis eram seguidos por outros melhores, a esperança nascia eternamente de seus corações e cofres.

Existe especial dificuldade em obterem-se os preços locais na Bahia para o século XVI. Há algumas observações esparsas para a década de 1550, mas são registros de vendas ou compras institucionais, e sua repetida cotação de 400 réis por arroba não deve ser representativa dos preços do mercado.[25] Podemos construir uma curta série de preços para o período de 1572 a 1579 a partir do testamento de Mem de Sá e do inventário de seus dois engenhos, o Sergipe e o Santana do Conde.[26] Esses preços apresentam uma forte tendência ascendente, com o preço médio do açúcar branco e mascavado subindo mais de 40% durante esses sete anos. Em Lisboa e Londres, os preços parecem ter subido acentuadamente entre 1578 e 1582, mas não há como saber se o mesmo ocorreu no Brasil. Com efeito, o preço de 880 réis em 1578 no Engenho Sergipe era maior que o de 800 réis na Bahia em 1584, mencionado por um viajante.

Para meados da década de 1590, o livro de contas de Miguel Dias de Santiago, comerciante estabelecido na Bahia, fornece alguns preços do açúcar. Estes apresentam uma alta constante de uma média de 865 réis por arroba de açúcar branco em 1596 para 910 réis em 1597 e 950 réis em 1598; o mascavado e o tipo inferior panela tiveram valorização equivalente.[27] Uma década mais tarde, em 1608, o Engenho Sergipe recebeu em média 1$083 pela arroba do açúcar branco, cerca de 12% mais do que recebera em 1598. Infelizmente, não há observações adequadas para os anos intermediários.

As primeiras décadas do século XVII foram claramente um período de alta para a economia açucareira baiana e a brasileira como um todo. Contribuíram para um clima de paz e expansão uma série de boas safras (exceto por uma seca em 1615), a introdução da moenda de três tambores e a trégua instituída entre Espanha e Províncias Unidas em 1609. O preço do açúcar manteve-se acima de 1$000 até 1620, e então começou a declinar. Esse ano parece marcar um breve período de depressão na economia atlântica, e o preço do açúcar caiu drasticamente. Uma arroba de açúcar branco era vendida em 1623 pela metade do preço vigente dez anos antes. A situação estava tão ruim naquele ano que por seis meses ninguém se ofereceu para arrematar o contrato do dízimo, devido ao "ínfimo preço e má reputação dos açúcares".[28] Só em 1633 o preço do produto recomeçou a subir firmemente, atingindo, por fim, na safra de 1635-6, o nível acima de 1$000 por arroba.

O que acontecera? O senhor de engenho baiano, observando o encaixotamento do açúcar em sua propriedade e sendo informado que, pela primeira vez em vários anos, o preço do produto estava caindo na Europa, deve ter ficado confuso e alarmado. Sem dúvida, observadores mais próximos ao centro da economia europeia em Londres e os *arbitristas* ou memorialistas na Espanha ficavam perplexos com o mesmo fenômeno e não chegaram a um consenso sobre a causa da crise ou retração.[29] A Europa, de fato, estava atravessando um período de depressão que afetou a maior parte do continente entre 1619 e 1622. Suas causas, efeitos e ritmos são muito debatidos pelos historiadores, mas parece que a expansão verificada no século XVI na população, indústrias urbanas, disponibilidade monetária e número de empresários chegara ao fim por volta de 1620 e, nas palavras de um observador inglês, "o comércio, como a lua, estava minguante".[30]

As explicações específicas para essa retração variam de um país para outro, mas alguns fatores gerais estiveram subjacentes ao processo. O começo da Guerra dos Trinta Anos, em 1618, mergulhou a economia da Europa em um período tumultuado, com os governos buscando formas de custear a luta. Houve muita manipulação e desvalorização do meio circulante, pois os governos elevavam ou rebaixavam o valor da moeda de seu país com relação à prata. A confusão resultante causou saldos desfavoráveis na balança comercial de alguns Estados como a Inglaterra, induzindo a uma atitude de extrema precaução no comércio exterior. Aliou-se a essa crise monetária um problema temporário de estocagem, em que os estoques haviam-se acumulado, imobilizando o capital mercantil e reduzindo, assim, os pedidos de mercadorias.[31] Subjacentes a isso estavam problemas talvez mais fundamentais para a base da economia europeia, tais como a diminuição do fluxo de prata proveniente das colônias espanholas na América, que provocara a constante inflação dos preços em fins do século XVI. Entretanto o senhor de engenho baiano não percebia esses problemas estruturais.[32] O que ele sabia — e muito bem — era que, em 1611, 3 mil arrobas de açúcar valiam 3:861$000, enquanto em 1623 essa mesma quantidade valia apenas 1:740$000, redução essa de 45%.

Em 1624, o desarranjo nos mercados europeus já fora superado, e o comércio recuperara-se, dentro do contexto de guerra vigente. O Brasil em geral e a Bahia em particular não conseguiram recuperação tão rápida. Em 1621, a trégua dos doze anos entre Holanda e Espanha terminara, e a companhia Holandesa das Índias Ocidentais fora criada como organização parte comercial e parte militar, visando à continuidade da luta contra a Espanha dos Habsburgo. Portugal e suas possessões, que haviam caído sob o domínio dos Habsburgo em 1580, foram escolhidos pelos holandeses como alvos principais, por não possuírem boas defesas, por haver dúvidas quanto ao entusiasmo dos portugueses pela causa dos Habsburgo e porque os holandeses haviam tradicionalmente sido os intermediários de boa parte do comércio brasileiro, sendo dele excluídos após 1605 pelas políticas comerciais espanholas. Após um trabalho de propaganda para convencer os dirigentes da companhia sobre as vantagens de atacar o Brasil, lançou-se uma expedição contra a Bahia.[33] Salvador caiu em maio de 1624, embora prosseguisse a resistência local no Recôncavo. No ano seguinte, uma grande armada luso-espanhola retomou a cidade, mas os resultados da luta em 1624-5 foram desastrosos para a economia açucareira do Recôncavo.

Conhecemos alguma coisa sobre os efeitos da invasão holandesa e da luta subsequente em engenhos isolados devido à correspondência remanescente.[34] Francisco de Abreu da Costa, proprietário de um engenho na ilha de Itaparica, estava em Portugal por ocasião da invasão. Seus filhos escreveram-lhe do engenho em julho de 1625, informando a situação. A safra do ano anterior fora retardada até outubro porque todos os barcos pequenos e canoas necessários para o transporte, bem como os escravos, haviam sido requisitados pelas forças luso-espanholas. No Engenho Sergipe, a desordem era total. Um relatório escrito também em julho de 1625 afirmava que os holandeses haviam-se apoderado do cobre, tecidos e outros suprimentos pertencentes ao engenho na cidade, e confiscado trinta caixas de açúcar que aguardavam embarque.[35] Os escravos haviam fugido ou morrido, algumas caixas de açúcar escondidas na mata haviam-se estragado e o engenho também sofria com a falta de barcos para transportar as caixas do produto, canas e lenha. O administrador, padre Simão de Sotomaior, fugira quando noticiado o ataque holandês, e a propriedade perdera metade da safra de 1623-4 e toda a de 1624-5. Em 1626 estava novamente em operação, mas era um "hospital de desamparo", tanto quanto a economia brasileira em geral, da qual a Bahia produzia de um terço a dois quintos do valor total da produção.[36]

Mais indícios da severa recessão na economia baiana na década de 1620 podem ser vistos nas quantias pagas pelos contratos de dízimos. O dízimo era um imposto de um décimo de toda a produção pago à Igreja, mas no Brasil era arrecadado pelo monarca em sua condição de grão-mestre da Ordem de Cristo.[37] Na maioria das vezes a Coroa não coletava o imposto, mas cedia-o ao maior licitante, que então procurava coletar uma certa porcentagem superior ao que oferecera como lance. Até 1606, o contrato do dízimo foi arrematado em Portugal, e após essa data passou a sê-lo no Brasil (embora tenha havido ocasiões, posteriormente, em que foram aceitos lances dados em Portugal).[38]

Alguns autores usaram os dízimos como indicadores da produção. Tal uso é errôneo. Os contratos do dízimo são antes uma estimativa, feita por alguém bem-informado, do valor da produção. O contratador tinha uma ideia aproximada da produtividade da região, mas não podia prever secas, inundações ou guerras.[39] Ele tinha provavelmente uma capacidade muito melhor de estimar o preço dos principais gêneros produzidos. Sabia que se a produção dobrasse mas o preço caísse pela metade o valor do contrato não seria maior do que fora antes dessas alterações. Portanto, embora o dízimo não seja uma medida substituta da produção, é uma indicação do valor provável desta última, baseado na melhor estimativa de um observador interessado e, como tal, é um índice razoavelmente bom da situação econômica.[40]

Na Bahia, no século XVII, o contrato do dízimo era lançado anualmente em pregão público sobre toda a produção.[41] Em geral o contrato incluía Bahia, Sergipe de El-Rey, Ilhéus e Porto Seguro. Cobrava-se o dízimo sobre a maioria dos produtos; porém, como o açúcar perfazia 90% do valor arrecadado, esse imposto é um indicador razoável do progresso da indústria açucareira, embora com uma última ressalva. Alguns produtos do açúcar, "meles" e panelas, não pagavam dízimo. Ademais, os engenhos recém-construídos ou reconstruídos também eram, frequentemente, isentos por dez anos do pagamento de impostos. Corporações religiosas, como os jesuítas, afirmavam que suas propriedades também eram isentas, assim como as propriedades de cavaleiros de ordens militares.[42] Tais isenções foram questionadas durante o período colonial, mas são mais uma razão pela qual o dízimo não pode ser usado como medida direta da produção açucareira. Mencionadas as limitações, o Gráfico 2 apresenta os contratos de dízimo de 1612 a 1657.[43] Durante a década de 1610, o contrato foi em geral arrematado por 60 a 70 mil cruzados (o cruzado era uma moeda equivalente a 400 réis). A queda abrupta em 1623-4 deveu-se ao colapso dos preços e à invasão holandesa. A lenta recuperação após essa data reflete o desarranjo da produção, a interrupção das ligações marítimas e um arrefecimento dos preços nos mercados europeus. Somente em 1632-3 a tendência secular do dízimo voltou a apresentar ascensão pronunciada.[44]

A década de 1620 foi, pois, um período de depressão na economia açucareira baiana, originada pelas condições econômicas gerais vigentes na Europa, mas exacerbada pela invasão holandesa e a decorrente luta no Recôncavo e em alto-mar. Segundo estimativas portuguesas, em 1626 e 1627 perderam-se cerca de oitenta navios, com cargas de valor superior a cinco mil contos de réis.[45] Os prejuízos marítimos provocaram desespero tanto em Portugal quanto no Brasil durante a década de 1620; vários autores tentaram identificar os problemas e sugerir soluções, e os relatos que deixaram permitem-nos examinar em linhas gerais a economia açucareira baiana no final desse primeiro ciclo de expansão.

O primeiro trabalho, escrito em Lisboa por volta de 1627, propunha a criação de uma frota de navios-escolta para proteger as embarcações que realizavam o comércio dos produtos brasileiros.[46] Seu autor calculou que entre 1626 e 1627 perderam-se cerca de sessenta dos trezentos navios ligados ao comércio brasileiro. Cada um deles transportava de quatrocentas a setecentas caixas de açúcar, pesando em média dezoito arrobas (265 kg) cada uma. Isso significava uma perda total de 540 mil arrobas, além da receita de impostos sobre esse açúcar. A exposição do autor indica que aproximadamente um quarto dos açúcares remetidos pelo Brasil não pagavam impostos normais devido às várias isenções.

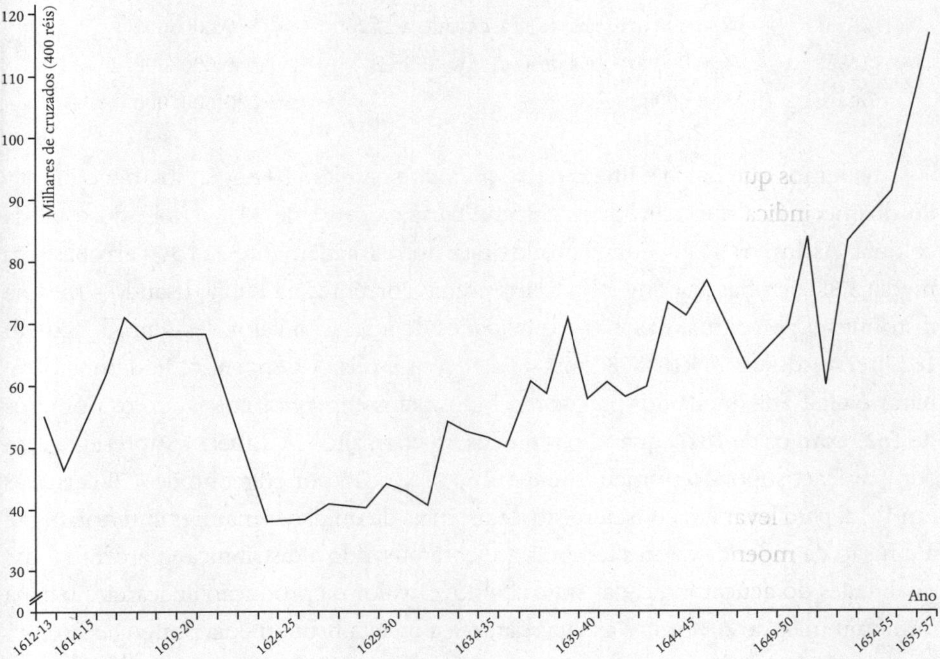

Gráfico 2. Dízimos para Bahia, Ilhéus, Porto Seguro e Sergipe de El-Rey, 1612-57. (Fonte: 1612-24: Joyce [1974]. 1625-56: AHU, Bahia, nº 126 [Fonseca]).

Os açúcares inferiores (panelas, meles) representavam cerca de um quarto do total e não eram integralmente taxados, enquanto o qualificado como macho — tanto o branco como o mascavado — pagava várias taxas, que somavam em média 550 réis por arroba.[47] Em Lisboa, esses açúcares eram vendidos por preços de 40% a 60% acima do preço local no Brasil. Metade das 540 mil arrobas vendidas ao preço de mercado do açúcar branco em Lisboa — 1$500 por arroba — valeria 405 contos de réis; o restante mascavado a 900 réis e o panela a 660 réis renderiam mais 202:500 mil-réis, significando um prejuízo total de 607:500 mil-réis em valor do produto, mais 205 mil-réis em impostos sobre o açúcar e sobre os produtos europeus importados trocados pelo açúcar em Lisboa.

Um outro trabalho, escrito entre 1625 e 1630, descreve em termos mais gerais a magnitude e o valor da produção brasileira e os efeitos da guerra. Os ataques holandeses haviam reduzido o valor da colônia. O contrato do dízimo para todo o Brasil, que antes de 1621 estivera por volta de 135 a 140 mil cruzados, passou a ser arrematado por apenas 100 ou 110 mil cruzados. A produção açucareira anual do Brasil foi estimada em 800 mil arrobas de açúcar branco e mascavado, os qualificados como açúcares machos, e mais 150 mil arrobas de panelas e de outras qualidades inferiores. Das 800 mil arrobas, dois terços (534 mil) eram de açúcar branco. Usando os preços correntes em Lisboa, o autor do trabalho calculou o valor do açúcar produzido:

(56%)	534 000 arrobas de branco a 1$600	854:400$000
(28%)	266 000 arrobas de mascavado a 1$200	319:200$000
(16%)	150 000 arrobas de meles a 400 réis	60:000$000
Totais	950 000 arrobas	1:233:600$000

Sabemos que Bahia e Ilhéus nesse período possuíam 84 engenhos, e o contrato do dízimo indica que a produção baiana perfazia cerca de 33% a 40% do total da colônia. Assim, os 84 engenhos produziram aproximadamente 313 500 arrobas, em média 3700 arrobas por engenho.[48] Aos preços correntes na Bahia, usando a mesma distribuição percentual das várias qualidades de açúcar, o valor dessa produção em 1629 teria sido de 165:183$982, ou seja, 1966 mil-réis por engenho. Podemos comparar o efeito da queda dos preços recebidos pelos engenhos cotejando os números de 1629 com os de 1612, quando os preços estavam altos. A Tabela 16 apresenta essa comparação, supondo primeiramente uma produção por engenho de 4700 arrobas em 1612, para levar em consideração a existência de unidades maiores anteriormente à difusão da moenda de três tambores, e então usando a distribuição percentual das qualidades do açúcar indicadas no trabalho. O valor da produção açucareira baiana diminuiu mais de 20% entre as duas datas, e a receita bruta média por engenho caiu em quase metade. Mesmo se supusermos que a produção média por engenho em 1612 fosse igual à de 1629, o valor seria aproximadamente o mesmo, mas a receita média por engenho ainda seria cerca de 35% menor na segunda dessas datas.

TABELA 16 — ESTIMATIVA DA PRODUÇÃO AÇUCAREIRA BAIANA, 1612 E 1629

ANO	NÚMERO DE ENGENHOS	PRODUÇÃO MÉDIA ESTIMADA POR ENGENHO (ARROBAS)	AÇÚCAR		PREÇO POR ARROBA (RÉIS)	VALOR (RÉIS)
			TIPO	ARROBAS		
1612	55	4 700	Branco	144 760	1,287	186 306$120
			Mascavado	72 380	771	55 804$980
			Panela	41 360	480	19 852$800
			Total	258 500		*Total* 261 963$900
						Média por engenho 4 762$980
1612	55	3 700	Branco	113 960	1,287	146 666$520
			Mascavado	56 980	771	43 931$800
			Panela	32 560	480	15 628$800
			Total	203 500		*Total* 206 226$900
						Média por engenho 3 749$580
1629-30	84	3 700	Branco	174 048	714	124 270$270
			Mascavado	87 024	373	32 459$952
			Panela	49 728	170	8 453$760
			Total	310 800		*Total* 165 183$982
						Média por engenho 1 966$476

Entre 1630 e 1670, a economia baiana apresentou uma série de lucros e prejuízos de curto prazo, provocados pela luta entre a Holanda e os domínios dos Habsburgo da Espanha, que incluíam Portugal e suas colônias, e pelas reações dos preços na Europa à interrupção do comércio colonial. Porém, na mesma época, ignorado pelos senhores de engenho, acontecia o desenvolvimento de um problema potencialmente muito mais sério: a ascensão de novas colônias produtoras de açúcar, que se tornariam concorrentes nos mercados europeus.

Em 1630, os holandeses retornaram ao Brasil e tomaram Olinda, capital de Pernambuco, o maior produtor brasileiro de açúcar. A luta prosseguiu no interior até 1637, com grande destruição de canaviais e engenhos. Acrescentou-se a essas perdas o confisco, pelos holandeses, de 66 engenhos abandonados por proprietários portugueses.[49] Embora muitos deles fossem vendidos a seguir a outros residentes portugueses ou a senhores de engenho holandeses, o resultado global da luta e do confisco foi um drástico declínio da produção açucareira em Pernambuco.[50] A escassez provocada pela guerra no Brasil e o esgotamento dos estoques na Europa levaram ao aumento dos preços do açúcar em Amsterdam, e por volta de 1633 a situação parecia bem melhor para os senhores de engenho baianos.[51] Os preços recebidos pelo açúcar no Engenho Sergipe atingiram um patamar elevado em 1637-8, mas em nenhum momento, durante as décadas de 1640 e 1650, caíram para menos de 1 mil-réis por arroba.

Em certa medida, a prosperidade da Bahia foi conseguida às custas da desventura de Pernambuco. A guerra prejudicara seriamente a capacidade produtiva desta última capitania. O potencial produtivo de Pernambuco era estimado em 15 a 20 mil caixas de açúcar por ano, mas mesmo em um período de relativa paz (1640-5) a capitania mal produziu 7 mil caixas.[52] Ademais, durante a luta da década de 1630, muitos senhores de engenho haviam deixado Pernambuco rumo à Bahia, levando consigo escravos e capital. Talvez 7 a 8 mil brancos e mestiços e 4 mil ou mais escravos negros tenham deixado Pernambuco em direção à Bahia ou ao Rio de Janeiro.[53] Construíram-se alguns novos engenhos em terras baianas, e venderam-se ou alugaram-se escravos a senhores de engenho baianos. Em Pernambuco, os produtores de açúcar defrontaram-se com escassez de mão de obra, devido à imigração e ao fato de muitos cativos aproveitarem-se da desordem para fugir. Apesar dos esforços da Companhia Holandesa das Índias Ocidentais para fornecer crédito e escravos, em 1654, quando os holandeses finalmente foram expulsos do Nordeste, Pernambuco sofrera tanto com as lutas, o esgotamento da mão de obra e uma seca de três anos, que sua produção de açúcar caíra para apenas 10% do total brasileiro. Mesmo no período de paz, entre os anos de 1640-5, sua participação foi somente de cerca de 20%, o que estava muito longe da situação de fins do século XVI, quando o açúcar pernambucano respondeu por cerca de 60% da produção colonial. Durante a ocupação holandesa, a Bahia superou Pernambuco, tornando-se a principal produtora do Brasil, posição essa que manteria nos 150 anos seguintes.

O problema em Pernambuco não era simplesmente a produção. Durante a revolta luso-brasileira (1645-54), que acabou por expulsar do Brasil os holandeses, as campanhas militares foram essencialmente custeadas com arrecadação de impostos sobre o açúcar. Em 1648, mais de 80% dos impostos provieram da produção e comércio açucareiros, e em 1649 só o "donativo de açúcar" representou 36% da receita total da capitania. A "Guerra da Divina Libertação" foi, nas palavras do historiador brasileiro Evaldo Cabral de Mello, não só travada por causa do açúcar, mas também "financiada por ele".[54] Os lucros que porventura fossem auferidos com a manufatura do açúcar eram consumidos pela guerra, impedindo o reinvestimento de capital nessa atividade ou em outros setores da economia. A queima de engenhos e canaviais após 1645 pelas tropas rebeldes e o confisco de engenhos pelos holandeses agravaram o problema. Nas capitanias subordinadas a Pernambuco (Rio Grande, Itamaracá e Paraíba), 55 engenhos permaneceram de fogo morto no período de 1646-54. O término da luta trouxe pouca melhora. A reconstrução de Recife foi financiada pela contínua taxação da economia açucareira, exaurindo com isso o capital necessário para a reposição de estoques e a expansão. Criou-se uma espécie de círculo vicioso: devido ao desarranjo da economia açucareira em Pernambuco, as receitas régias eram baixas, e os fundos para reconstruir a capitania, escassos; a indústria açucareira era a principal fonte de receita, e como tal era tributada, mas isso só fazia reduzir seu potencial de crescimento, fechando, pois, o círculo vicioso.

A Bahia não deixou também de pagar seu preço pela invasão holandesa do Nordeste. Como sede do governo português na colônia, essa capitania foi alvo primordial das ações militares dos flamengos.[55] Embora o governador holandês João Maurício de Nassau reconhecesse a tarefa espinhosa que seria apoderar-se da Bahia, as defesas da capitania não impediram os holandeses de tentar executá-la. Em março de 1627, o capitão holandês Piet Heyn invadiu a baía de Todos os Santos e capturou uma frota de 26 embarcações ali ancoradas. Pelo menos 3 mil caixas de açúcar foram tomadas. O capitão retornou em junho e causou mais prejuízos. Em 1638, Nassau empreendeu um grande ataque, apoderando-se da ilha de Itaparica, em frente a Salvador, e destruindo 27 engenhos no Recôncavo. Em 1646, os holandeses tornaram a ocupar Itaparica, em uma tentativa de interromper todo o comércio dirigido a Salvador. Permaneceram na ilha por quase um ano e, embora o bloqueio falhasse, perderam-se alguns navios e houve escassez de alimentos na cidade. Novamente, em dezembro de 1648 (11 de dezembro de 1648-11 de janeiro de 1649), o Recôncavo foi atacado. Cerca de 23 engenhos foram queimados, e mais de 1500 caixas de açúcar foram apreendidas.[56]

Os senhores de engenho baianos sofreram não só com as depredações dos holandeses, mas também com as medidas defensivas tomadas por seu próprio governo. Navios pequenos e escravos foram requisitados em 1624 para a reconquista da Bahia. Em 1637 houve novamente a mesma ordem e, além disso, como o tesouro não possuísse fundos suficientes, exigiu-se que os senhores de engenho e os lavradores de cana abastados fornecessem, às suas próprias custas, barcos de pequeno porte para a defesa da capitania. O protesto foi tão grande que a Coroa revogou essa ordem do governador em 1639.[57] A metrópole foi forçada a comparar a vantagem de ter uma frota acrescida de pequenas embarcações com a desvantagem do prejuízo que a perda desses barcos causaria à safra. O governador, conde de Torre, fez ver aos senhores de engenho, porém, que se os holandeses conseguissem o controle da entrada da baía de Todos os Santos, o açúcar e outros produtos locais teriam seu valor reduzido e os produtos importados tornar-se-iam extremamente caros. Assim, também os senhores de engenho defrontaram-se com uma escolha difícil: colaborar com a defesa e prejudicar a produção ou não fazê-lo e correr o risco de sofrer com uma queda de preços.[58]

Além dos danos à agricultura causados por amigos e inimigos, os senhores de engenho baianos sofreram com a captura de suas cargas em alto-mar. Embora essas perdas já fossem graves nas décadas de 1620 e 1630, no decênio seguinte tornaram-se arrasadoras. Em 1647 e 1648, perderam-se 130 navios baianos, já carregados ou ainda rumando para a capitania.[59] A chegada a Amsterdam dessas cargas apreendidas diminuía o preço do açúcar naquele local, enquanto em Lisboa a escassez fazia-o subir. Na Bahia, essas perdas tinham efeito negativo, pois a falta de navios provocava acúmulo de estoques nas docas e baixava os preços. Afirmou-se que alguns senhores de engenho haviam abandonado de vez a atividade açucareira devido à insegurança do comércio.

A vulnerabilidade do comércio brasileiro foi, de fato, um problema constante. Piratas argelinos e marroquinos que navegavam entre a Madeira e Lisboa e corsários franceses, holandeses e ingleses que rondavam a costa de ambos os lados do Atlântico, todos eles atacavam os navios que transportavam açúcar. Em 1582 surgiu um novo agravante, quando corsários ingleses passaram a navegar com cartas de corso emitidas por dom Antônio, o pretendente ao trono português.[60] As tentativas dos ingleses de comerciar pacificamente no Brasil haviam sido frustradas pelas políticas exclusivistas dos Habsburgo e, consequentemente, nas décadas de 1580 e 1590, navios que zarpavam do Brasil carregados de açúcar e couros eram as presas mais comuns desses piratas. Foram capturadas 36 dessas embarcações entre 1588 e 1591.[61]

Os ingleses não eram os únicos nesses saques ao comércio luso-brasileiro. Os holandeses haviam sido importantes parceiros comerciais de Portugal, transportando sal e vinho portugueses e açúcar brasileiro em troca de produtos manufaturados, queijos, cobre e tecidos. Embarcações flamengas, especialmente as grandes urcas, carregaram boa parte dos produtos do comércio brasileiro no século XVI; em 1600, os holandeses enviaram 124 navios a Lisboa, dos quais 34 receberam licença para rumar para o Brasil.[62] Em 1605, quando os Habsburgo excluíram os holandeses do comércio em seus domínios, inclusive em Portugal e suas colônias, esse relacionamento de longa data foi prejudicado.[63] Em 1607, corsários holandeses atacavam numerosas caravelas engajadas no comércio brasileiro e vendiam os açúcares apreendidos na Alemanha, na Itália, na África do Norte e na própria Holanda.[64]

Senhores de engenho brasileiros, comerciantes lisboetas e a Coroa preocupavam-se com essas perdas. A alfândega de Lisboa foi reorganizada em 1587, e na década de 1590 foram instituídos impostos de navegação, a *averia* e o *consulado*, para custear a criação de uma guarda costeira e oferecer alguma proteção para as embarcações engajadas no comércio ultramarino.[65] Adicionalmente, a Coroa estabeleceu um imposto de importação de 20% e um de 10% sobre as vendas, apesar das reclamações dos comerciantes e senhores de engenho, que se ressentiam com tais custos. Também passou a ser exigido um seguro para as cargas destinadas a Lisboa.[66] Outros impostos sobre o comércio açucareiro foram estabelecidos no século XVII, e cada um deles suscitou novos protestos dos produtores e comerciantes.

Alguns observadores perceberam que parte do problema residia no tipo de embarcação empregada no comércio com o Brasil. Os portugueses sempre haviam preferido caravelas pequenas e leves, de oitenta a 120 toneladas, que possuíam pouco ou nenhum armamento e tripulação pequena.[67] Eram embarcações resistentes e precisavam de pouco tempo para carga e descarga nos portos. Algumas delas, utilizadas pelo Engenho Sergipe em princípios do século XVII, fizeram duas e até mesmo três viagens em um ano.[68] Os senhores de engenho e os comerciantes não consideravam sua pequena capacidade um obstáculo, e muitas vezes dividiam as cargas por várias embarcações, ignorando qualquer outro tipo de precaução contra perdas. Entretanto, as caravelas tinham suas desvantagens. O padre Vieira chamou-as "escolas de covardia", pois sua única defesa era a fuga, embora até isso fosse difícil, pois elas com frequência navegavam com excesso de carga.[69] Diego Brochado, supervisor do porto de Lisboa, informou ao conselho de guerra da Espanha, em 1608, que vira essas pequenas embarcações tão carregadas que tinham o convés praticamente à flor d'água, e que suas tripulações de dez ou doze homens eram pequenas demais para lidar com uma caixa de vinte arrobas.[70] Em 1632, a Coroa proibiu tais sobrecargas, porém sem resultado.[71] Sem poder lutar ou fugir, as pequenas caravelas eram presa fácil. Mesmo assim, muitos mercadores preferiam-nas às urcas ou naus, os clássicos navios mercantes, maiores e mais bem armados; a capacidade dessas embarcações de maior porte era tão grande que, dado o limitado mercado brasileiro para produtos europeus, a chegada de dois ou três desses navios no porto baixava o preço dos artigos importados a ponto de diminuir muito a margem de lucro dos comerciantes.[72] Apesar dos riscos do comércio com caravelas e da pressão da Coroa para que se usassem vasos maiores ou fosse alterada a maneira como elas eram operadas, poucas mudanças tiveram lugar. Foi somente com as grandes perdas ocorridas em fins da década de 1640 que os comerciantes concordaram com uma alteração no tipo de embarcação utilizado; entretanto essa mudança foi acompanhada de uma modificação na própria natureza do comércio. De uma situação de "livre comércio" com todos os portos portugueses, poucas regulamentações régias e ausência de controle sobre o mercado colonial de importação, passou-se a um novo sistema de comércio centralizado e dirigido, por meio de frotas.

A ideia de um sistema de comboios, ou frotas, para o comércio brasileiro vinha sendo discutida há tempos. Fora sugerida já em 1586, e em 1615 o embaixador espanhol em Londres renovou a proposta. Contudo, os custos e as objeções de comerciantes portugueses eram obstáculos grandes demais para serem superados.[73] Os ataques da Companhia Holandesa das Índias Ocidentais na década de 1620 reavivaram o interesse pelo projeto, mas ainda nada foi feito.[74] O que a Coroa não conseguira, as perdas de 1647-8 tornaram realidade. Sob as instâncias de Salvador de Sá, do padre Vieira e de outros, a Companhia Geral do Estado do Brasil foi criada em 1649, com capital obtido principalmente de cristãos-novos.[75] A Companhia deveria manter uma frota de 36 vasos armados para comboiar navios mercantes que zarpavam e chegavam ao Brasil duas vezes por ano, usufruindo, em troca, do monopólio das importações de vinho, farinha, azeite de oliva e bacalhau na colônia e do direito de estabelecer os preços para esses artigos. Poderia, além disso, taxar os produtos transportados para Portugal. Protestaram contra a Companhia os comerciantes de portos menores, que se ressentiram do controle de Lisboa implícito no novo sistema, os clérigos que odiavam os cristãos-novos e muitas pessoas no Brasil que achavam, e com razão, que o monopólio da importação de gêneros básicos acarretaria alta de preços. Não obstante, após 1650, o antes "aberto" comércio exportador brasileiro foi suplantado pela economia "fechada" do sistema de frotas, centralizado em Lisboa e com poder para controlar o preço das importações. Com essa mudança, a era das caravelas entrou em declínio. Essas embarcações foram proibidas de participar do comércio brasileiro em 1648, e as frotas cada vez mais compuseram-se de navios mercantes maiores, que navegavam protegidos pelos canhões de galeões portugueses.[76]

A Companhia enviou sua primeira frota à colônia em 1650; organizou, a seguir, frotas separadas, que deveriam navegar anualmente rumo a Rio de Janeiro, Recife, Salvador e Maranhão. Em 1694, a Companhia foi transformada em um órgão governamental, a Junta do Comércio, e em 1720 a organização das frotas tornou-se responsabilidade do Conselho da Fazenda.[77] Foram constantes as queixas acerca do sistema. Os senhores de engenho sofreram especialmente nos anos seguintes àqueles em que não houve frotas, pois estas, ao finalmente zarparem, transportaram o produto de duas safras, provocando baixa nos preços. Na Bahia, pelo menos, as frotas operaram com certa regularidade. Entre 1739 e 1763 dezessete frotas zarparam para a Bahia, cada uma incluindo em média 23 navios por ano. O sistema de frotas parecia fornecer uma solução parcial para os males do comércio brasileiro, todavia outros problemas mais sérios estavam surgindo em meados do século XVIII e não poderiam ser resolvidos com essas medidas.

Durante as três décadas de guerra praticamente constante na costa brasileira e nos mares próximos, outro processo vinha ocorrendo, e acabaria por revelar-se ainda mais prejudicial à economia açucareira do Brasil do que as lutas, a desorganização da produção e as perdas marítimas. A ascensão dos preços dos produtos coloniais, especialmente do açúcar, na década de 1630, criou uma nova série de oportunidades para as pequenas ilhas das Antilhas, colônias de Inglaterra, França e Holanda, a maioria das quais foi originalmente colonizada nas décadas de 1620 e 1630. Os colonos em Barbados, Névis e São Cristóvão tiveram sucesso, a princípio, com a plantação do fumo; porém, quando o preço desse produto começou a cair no final da década de 1620 e início da de 1630, os agricultores antilhanos experimentaram culturas alternativas, como o algodão e o índigo. A alta dos preços do açúcar após 1633, provocada pela desorganização da produção em Pernambuco, tornou esse produto um possível substituto. As primeiras experiências com o açúcar em Barbados não tiveram êxito, mas com a importação de conhecimentos e técnicas de Pernambuco, os agricul-

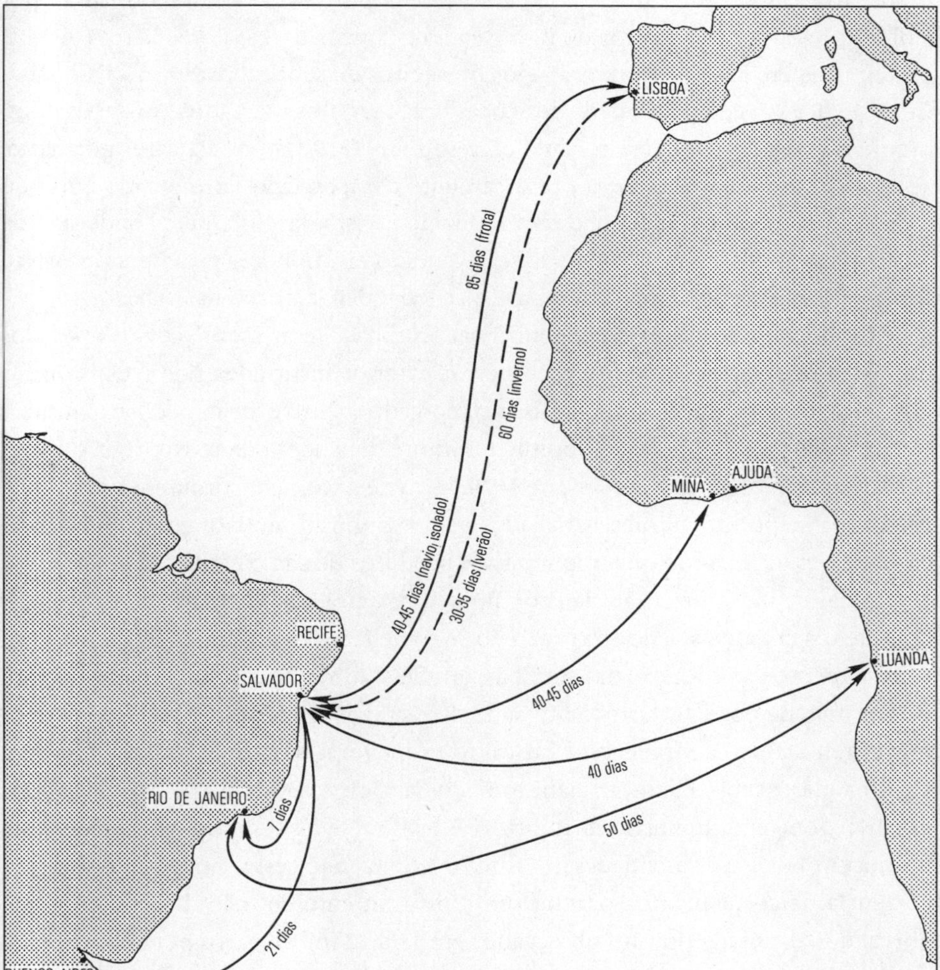

Mapa 3. Duração aproximada das viagens a partir de Salvador nos séculos XVII e XVIII.

tores daquela ilha aprenderam a arte do fabrico do açúcar. Em 1643, o açúcar de Barbados estava à venda na Europa. Os franceses não tardaram a fazer o mesmo; em 1644, quando a lucratividade do açúcar superou a do índigo, os agricultores ingleses e franceses nas Antilhas estavam prontos para realizar a mudança, apoiados pelos altos preços do açúcar na Europa durante a revolta no Brasil holandês. A economia açucareira das Antilhas recebeu um grande impulso após 1654, quando exilados do Brasil holandês e a Companhia Holandesa das Índias Ocidentais transferiram perícia, experiência e capital para a região; porém o desenvolvimento inicial dessa área como produtora de açúcar e concorrente do Brasil foi anterior a essas mudanças.[78]

Com suas próprias colônias produtoras de açúcar estabelecidas nas Antilhas, os principais consumidores europeus, França e Inglaterra, começaram a excluir o açúcar e outros produtos brasileiros de seus portos. A política instituída por Colbert, na França, e os atos de navegação britânicos de 1651, 1660, 1661 e 1673 excluíram efetivamente muitos artigos brasileiros de seus mercados tradicionais.[79] Entre 1650 e 1710, a quantidade de açúcar brasileiro nos mercados europeus diminuiu em cerca de 40%. Josiah Child escreveu em 1669 que os açúcares portugueses mascavado e panela haviam praticamente desaparecido do mercado europeu e que o preço do açúcar branco fora reduzido consideravelmente.[80] Na década de 1630, aproximadamente 80% do açúcar vendido em Londres provinha do Brasil. Em 1670, essa participação caiu para 40% e, em 1690, para apenas 10%.[81]

Embora os senhores de engenho nas Antilhas "gemessem" com os pesados impostos e as restrições sobre o comércio exterior instituídos por seus próprios governos, tinham, em compensação, um mercado seguro e, de fato, em expansão.[82] Portugal, com sua população diminuta, sempre dependera da reexportação como parte do pacto colonial e, a partir de 1670, além de não se constituir em um grande mercado não pôde mais oferecer aliados nem vizinhos receptivos como compensação pela pesada taxação que impunha aos produtos de sua colônia.

Finalmente, a ascensão da economia açucareira nas Antilhas produziu mais dois efeitos negativos de longo prazo no setor açucareiro do Brasil. Primeiro, com o crescimento da produção nas Antilhas, também aumentou nessa região a demanda por mão de obra. Esse novo mercado de escravos em rápida expansão levou os ingleses, holandeses e franceses a buscar fontes seguras de cativos na costa africana. Os holandeses, com efeito, haviam tomado São Jorge da Mina em 1638 e Luanda em 1641, em uma tentativa de suprir o Brasil holandês; embora perdessem esta última em 1648, suas atividades na África ocidental não cessaram. Não só sua concorrência na costa africana prejudicou o fornecimento de mão de obra ao Brasil português, estimado por um observador em 11 a 12 mil escravos por ano somente de Angola, mas o novo mercado para o braço africano também tendeu a elevar o preço dos cativos no Brasil, agravando a subida geral dos custos e aumentando as despesas dos senhores de engenho.[83]

O segundo efeito da concorrência antilhana foi estabelecer limites adicionais à possível reação dos senhores de engenho brasileiros à sua situação. O Brasil ainda era capaz de produzir mais açúcar que todos os seus rivais, porém não mais supria uma parcela tão grande do mercado. Assim, como os compradores podiam encontrar outras fontes de oferta, os senhores de engenho foram perdendo crescentemente a capacidade de lidar com as quedas de preços por meio de suspensão da produção ou da estocagem. As alternativas disponíveis para os produtores brasileiros enfrentarem os tempos difíceis tornaram-se, pois, cada vez mais limitadas.

As décadas seguintes à expulsão dos holandeses foram penosas para o setor açucareiro baiano e para a economia brasileira como um todo devido a problemas locais e à situação internacional. A Bahia sofreu uma série de calamidades naturais. Em 1665, a varíola causou a morte de inúmeros escravos.[84] Em 1667, tempestades retardaram a chegada da frota e baixaram os preços do açúcar vendido pelos senhores de engenho.[85] A safra de 1668-9 foi uma das maiores lembradas na época, mas as esperanças de uma outra grande colheita no ano seguinte foram por água abaixo com as fortes chuvas que encurtaram em dois meses a fase da moagem.[86] Ocorreram secas em 1671 e 1673, sendo que a capitania já fora assolada por um período de cinco anos com pouquíssima ou nenhuma chuva em meados da década de 1660.[87] Entretanto o problema essencial não era a produção. A Bahia ainda possuía as vantagens de um bom solo, facilidade no transporte por via aquática e níveis de tecnologia e perícia adequados. Nesse período, a Bahia produzia mais açúcar do que qualquer outra capitania brasileira ou concorrente antilhano.

Embora os senhores de engenho muitas vezes atribuíssem suas dificuldades às secas, epidemias ou ao atraso das frotas, na verdade os problemas residiram fundamentalmente nas estruturas políticas e econômicas em transformação no mundo atlântico. Os produtores brasileiros de açúcar sofriam igualmente com a guerra e com a paz. O abrandamento das tensões na Europa após 1648 e especialmente o fim das lutas e um período de paz generalizada após 1675 permitiram o desenvolvimento da agricultura tropical nas Antilhas e a regularização do tráfico de escravos africanos. Disso resultaram um aumento da concorrência internacional pelo comércio açucareiro com a Europa e, após 1680, um crescimento na demanda por escravos e no preço dos mesmos.[88] Como não se dispõe de registros do Engenho Sergipe para esse período, é difícil estabelecer uma série de preços do açúcar para a Bahia; mas deve existir pouquíssima dúvida de que eles refletiram o declínio dos preços no mercado de Lisboa. Entre 1659 e 1668, houve nova queda, de 11%.[89] A mesma tendência declinante foi observada no mercado londrino onde, como já vimos, os açúcares antilhanos de qualidades inferiores quase eliminaram o açúcar brasileiro. A paz entre seus concorrentes não foi, evidentemente, uma vantagem para os engenhos do Recôncavo.[90]

Em 1680, Portugal, bem como boa parte da Europa ocidental, estava imerso em uma recessão geral, cujas causas subjacentes parecem ter sido a desaceleração no crescimento populacional, a escassez de capital e o declínio no fluxo de metais preciosos da América. Os teóricos mercantilistas portugueses sugeriram várias soluções, desde novas culturas agrícolas até o desenvolvimento industrial, mas durante a década de 1680 Portugal sofreu com um crônico déficit público causado por seus gastos e pelos baixos preços de seus produtos coloniais. Em 1688, a moeda foi desvalorizada em 20%, em uma tentativa de diminuir o débito e criar uma situação mais favorável.[91]

Nas colônias, a Coroa portuguesa tentava a salvação por todos os meios. Procurou descobrir novas minas, na esperança de repor a perda monetária decorrente da queda das receitas alfandegárias. O governador Afonso Furtado de Mendonça chegou à Bahia em 1671 com amplos poderes para estimular a busca de riquezas minerais. Promoveu uma série de campanhas pelo sertão baiano, destinadas a eliminar a ameaça dos índios ao Recôncavo e assegurar um suprimento adequado de lenha para os engenhos.[92]

Tais ações abriram um novo território para a pecuária e a lavoura do fumo baianas, passo esse importante, pois couros e fumo estavam se tornando artigos primordiais nas frotas brasileiras e, em certa medida, podiam ser considerados a tentativa da capitania de desenvolver produtos alternativos. A indústria baiana do fumo, centralizada nas terras ao longo do rio Paraguaçu, começara a desenvolver-se em meados do século XVII. À medida que o açúcar passou a experimentar dificuldades, aumentou a importância do fumo como produto exportável. A Bahia tornou-se produtora de cerca de 90% do fumo brasileiro e, em 1674, a venda desse artigo em Portugal tornou-se monopólio do governo. Em 1681, a Bahia produziu mais de 18 mil rolos, ou aproximadamente 138 600 arrobas, só para o mercado lisboeta.[93] O Gráfico 3 demonstra o crescimento do comércio de fumo baiano não só com Lisboa mas também com a Costa da Mina, no oeste da África, onde o fumo brasileiro tinha ótima aceitação por holandeses e africanos como artigo de troca.[94]

A paz no Brasil e no Atlântico Sul não trouxera de volta os bons tempos. A expulsão dos holandeses de Angola em 1648 e sua capitulação final no Brasil em 1654 não alteraram de imediato a situação da colônia brasileira, embora a Bahia tivesse mais condições de beneficiar-se do que Pernambuco. A Restauração portuguesa em 1640 criou uma situação de guerra acirrada com a Espanha dos Habsburgo, que durou até 1668. O esforço de guerra era dispendioso, e a tentativa de assegurar aliados implicava custos adicionais. A aliança realizada através do casamento de Catarina de Bragança, filha de dom João IV, e Carlos II da Inglaterra garantiu a Portugal o apoio dos ingleses, mas o dote, que incluiu Tanger, Bombaim e 2 milhões de cruzados, foi uma importância principesca.

Esse dinheiro, assim como o que Portugal concordara em pagar à Holanda como parte do preço pela paz, foi essencialmente levantado com tributação sobre as colônias, e especialmente sobre os produtos coloniais. O dote levado à Inglaterra foi arrecadado das câmaras municipais no Brasil como imposto anual, e então cada câmara tributou a produção em seu território. O açúcar suportou a maior parte desse ônus. Os senhores de engenho baianos podiam queixar-se, em 1673, de que, além do dízimo e de outros impostos sobre a produção, pagavam também 380 réis por caixa de açúcar remetida para o "sustento da infantaria", ou seja, a manutenção da guarnição local, e um adicional de 540 réis em Lisboa para pagar os custos da frota.[95]

A Bahia, como principal produtor na época, arcava com a tributação mais elevada. A câmara da Bahia, em 1672, 1673 e 1674, queixou-se da escassez e do custo dos escravos, dos gastos com suprimentos, do baixo preço do açúcar e dos muitos impostos.[96] Em 1691, a câmara protestou que já pagara 100 mil cruzados de imposto pelo dote; dois anos antes, declarara abertamente à Coroa que quando os tributos eram altos, as receitas eram baixas.[97]

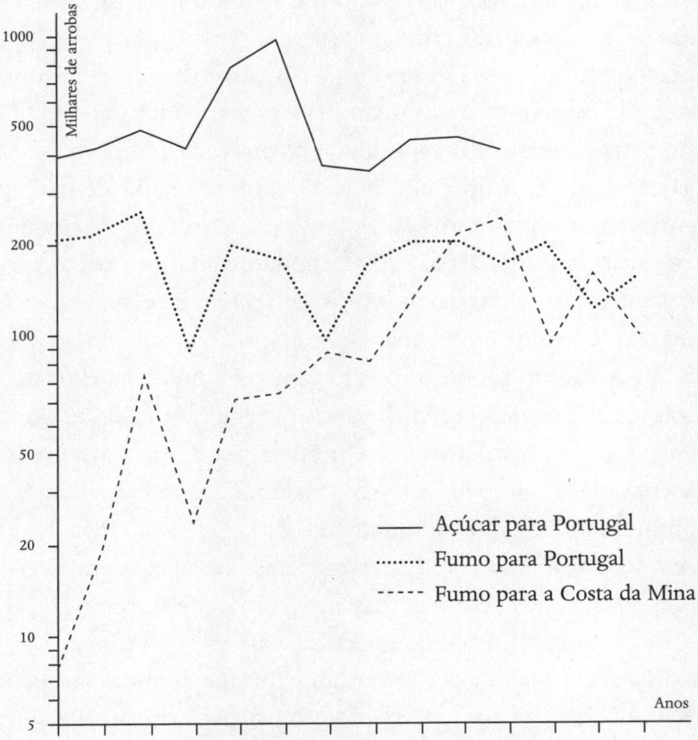

Gráfico 3. Exportações baianas de açúcar e fumo, 1698-1765, calculadas com base em médias quinquenais. Fonte: ANTT, Junta do Tabaco, maços 96A-106, passim. *Reproduzido de BETHELL, Leslie, ed.* The Cambridge History of Latin America. *Cambridge: Cambridge University Press, v. II, p. 459.*

Essa pesada taxação sobre o setor açucareiro poderia não ter sido totalmente negativa se o governo português tivesse usado esse "encadeamento fiscal" para melhorar as condições de transporte, construir armazéns ou estimular novas indústrias para um beneficiamento adicional do produto. A refinação do açúcar no Brasil, por exemplo, teria valorizado o produto brasileiro e também a posição da colônia no comércio exterior, mas tal atividade não foi empreendida.[98] Os fundos arrecadados por Portugal com a tributação do açúcar e de outros produtos coloniais foram canalizados para o pagamento de dívidas diplomáticas e gastos de guerra que nenhum benefício direto trouxeram para o Brasil.

A construção de refinarias no Brasil foi, de fato, uma das medidas sugeridas por João Peixoto Viegas em 1687 em seu tratado escrito no auge da crise da economia açucareira na Bahia. Peixoto Viegas residia há bastante tempo na Bahia e conhecia a fundo a economia da região. Chegara à capitania em 1640 e logo envolvera-se no comércio e na arrecadação de impostos. Foi vereador por três vezes e acabou por comprar o cargo de escrivão da câmara em 1673. Embora desposasse a filha de um importante senhor de engenho, tinha boa parte de seus interesses na lavoura do fumo e na pecuária; assim, ele conhecia todos os aspectos da economia baiana, e suas observações eram particularmente perspicazes.[99]

O fabrico do açúcar, disse ele, era como o ato da procriação, porque o autor só sabia os resultados de seus esforços quando estes viam a luz do dia.[100] O problema do Brasil não provinha de sua incapacidade de produzir um bom açúcar, mas das novas fontes de oferta. O açúcar brasileiro de melhor qualidade não aparecia nos mercados europeus porque os atrasos do sistema de frotas com frequência causavam a deterioração do produto nas caixas, enquanto ainda estava nos armazéns ou nas docas, e a inconstância das frotas levava a uma luta incessante na colônia entre comerciantes e senhores de engenho quanto ao preço adequado do açúcar. A contínua e pesada taxação do produto elevara tanto seu preço na Europa que outras nações criaram suas próprias colônias para suprir-se. O Brasil, que tinha fama de rico, estava na verdade à beira da ruína, e mesmo assim suportava um pesado ônus e contribuía mais para o império do que qualquer província abastada da própria metrópole. Juntamente com o abrandamento da carga fiscal, Peixoto Viegas sugeria que se criassem refinarias no Brasil para competir com as "nações do norte" e que não se remetessem os açúcares mascavo e panela à Europa, privando, assim, essas nações da matéria-prima de que necessitavam para o refino.

O tratado de Peixoto Viegas é importante porque demonstra a percepção que os senhores de engenho e os comerciantes brasileiros tinham de sua situação e sua visão de uma possível solução para seus problemas. Os senhores de engenho muitas vezes demonstravam falta de imaginação em suas respostas às mudanças na conjuntura, e eram muitas vezes levados erroneamente a acreditar que seus problemas eram em essência acidentais ou exógenos, o resultado de epidemias ou secas, guerras ou impostos, em vez de inerentes à estrutura de sua indústria. Temos de admitir, porém, que a escravidão e o sistema comercial centralizado também impunham consideráveis restrições às suas oportunidades e alternativas.

Em fins da década de 1680, tanto Portugal quanto sua principal colônia, o Brasil, pareciam mergulhados em uma severa depressão. O dinheiro escoava-se do Brasil para Portugal para compensar o déficit na balança comercial provocado pelos baixos preços do açúcar, fumo e outros produtos brasileiros.[101] Entre 1686 e 1691, Bahia e Pernambuco foram assolados pela febre amarela, que dizimou a população escrava, acarretando novos gastos que agravaram os problemas dos senhores de engenho. A Coroa procurou reagir. Iniciaram-se alguns projetos visando ao desenvolvimento de uma base industrial na própria metrópole, na década de 1670, em uma tentativa de livrar Portugal da dependência com relação a seus parceiros comerciais do norte. Após muita deliberação, a moeda portuguesa foi desvalorizada, em 1688; o valor nominal das moedas de ouro e prata foi aumentado em 20%, enquanto o valor intrínseco permaneceu o mesmo.[102] Essa medida imediatamente elevou os preços e temporariamente tendeu a aumentar o fluxo monetário da colônia para Portugal e a exacerbar a escassez. Em 1695, foi criada na Bahia a Casa da Moeda (transferida para o Rio de Janeiro em 1698).[103] Sua função era emitir moedas para a colônia, às quais se atribuía um valor 10% acima do de moedas semelhantes na metrópole, procurando estancar o fluxo monetário rumo a Portugal.

O Brasil, bem como outras colônias, foi temporariamente salvo das dificuldades econômicas pela deflagração das hostilidades na Europa em 1689. A guerra do rei Guilherme (1689-97) e a Guerra da Sucessão Espanhola (1701-13) criaram um período de amplas flutuações nos preços, devido às vicissitudes da guerra e à insegurança do comércio marítimo.[104] Em 1692, os preços do açúcar mostraram considerável melhora em seu valor real, e profetas da ruína como Peixoto Viegas aguardavam ansiosamente tempos melhores. O preço de uma arroba de açúcar branco em 1692 elevou-se para 1$200, após ter caído a 800 réis por arroba em 1688-9. Essa tendência continuou, e em 1699-1700 o Engenho Sergipe vendeu seu açúcar branco a 2$200 por arroba. Embora esse patamar caísse, a situação durante a década de 1710 foi favorável, com estabilidade nos preços. Outra alta ocorreu em 1714-5, quando o açúcar baiano foi mais uma vez vendido localmente a mais de 2 mil-réis. Contudo, com o retorno da paz na Europa, a ressurreição da economia açucareira começou a fraquejar. Na década de 1720, os preços do produto estavam novamente em queda e, com exceção dos altos preços em 1736 devido à escassez causada por uma seca de dois anos, o declínio continuou pela década de 1740.[105]

Entrementes, ocorreram outras mudanças importantes na economia luso-brasileira. Entre 1693 e 1695 foram descobertas grandes jazidas de ouro no interior do Brasil, a cerca de trezentos quilômetros da costa do Rio de Janeiro. Seguiu-se uma corrida do ouro, e em vinte anos mais de 20 mil brancos e 80 mil escravos negros foram trabalhar nas regiões mineiras. Em 1701, chegaram a Lisboa 1090 quilogramas de ouro; em 1704, a quantidade superou 4 mil quilogramas. O afluxo populacional criou no Brasil uma demanda crescente por produtos manufaturados europeus, gêneros alimentícios locais e escravos. Essa demanda contribuiu para uma tendência inflacionária, já observada antes da descoberta do ouro.[106] Apenas na década de 1730 a oferta começou a equiparar-se à demanda, e os preços dos artigos locais e importados começaram a baixar.

Para os senhores de engenho, a breve recuperação da década de 1690 foi logo sofreada por um novo rol de problemas associados às descobertas auríferas. O preço dos escravos, já em ascensão devido à demanda antilhana, agora adquiria uma tendência estratosférica, devido à enorme demanda nas zonas mineradoras. Os senhores de engenho queixavam-se não só de que os preços eram altos, mas também de que os comerciantes preferiam vender aos mineradores, que pagavam em ouro, e não a eles, que só podiam pagar em açúcar ou em promessas baseadas na safra do ano seguinte. Acreditavam, ainda, que os melhores cativos eram enviados a Minas Gerais, enquanto para eles próprios só eram remetidos escravos de segunda ou terceira. Suas reclamações contaram com a compreensão dos governadores-gerais do Brasil na primeira década do século XVIII, e esses administradores uniram suas vozes às dos senhores de engenho.[107] A Coroa foi levada a intervir, estabelecendo um limite ao número de escravos que podiam ser vendidos às minas e impondo um certo controle sobre o fluxo de mercadorias e mão de obra para a zona mineira em rápido desenvolvimento.[108] Instituiu-se legislação com essa finalidade em 1701 e 1704, mas ainda em 1719 o governador-geral relatou que a escassez de escravos e seu alto preço haviam provocado a ruína da agricultura.[109]

Na década de 1720, os preços do açúcar entraram em queda novamente, exacerbando as queixas e a angústia dos senhores de engenho. Em 1723, a câmara de Salvador afirmou que o alto preço e a escassez dos escravos levaram à falência 24 engenhos e que as safras, que dez anos antes produziam 18 mil caixas de açúcar, agora produziam tão somente 5 mil, e 8 mil em um ano favorável. Os comerciantes agora cobravam 200 mil-réis por um escravo que antes custava de 40 a 60 mil-réis, e apenas os mineradores podiam comprar cativos a tais preços. Os senhores de engenho tinham de arranjar-se o melhor possível com os escravos que já possuíam, os quais, "por causa da enormidade do trabalho não duram e estão morrendo".[110] Esse lamento geral foi ecoado pelo administrador do Engenho Sergipe. Em 1727, o padre Luís Veloso informou que a safra fora tão ruim que ele mal conseguiria cobrir as despesas; no ano seguinte, afirmou que o engenho produziria apenas cerca de noventa caixas, enquanto no passado a produção fora de 160 ou duzentas. Em muitos engenhos haviam morrido escravos e, embora os localizados no litoral estivessem em melhor situação do que os do interior, muitos enfrentavam problemas (inclusive alguns dos melhores, como o São Bento dos Lajes e o de Pedro Marinho). O padre

Veloso lastimou que "o Brasil está atingindo seu fim por todos os caminhos e não só este engenho declinou mas todos os demais também — cada um sente seus males".[111]

Os senhores de engenho, lavradores de cana e, em certa medida, os plantadores de fumo viram-se enredados pelos preços em baixa de seus produtos e pela tendência inflacionária geral, na qual o drástico aumento do preço dos escravos foi fator fundamental para o agravamento dos custos. Os engenhos, individualmente, ainda podiam produzir tanto quanto no passado, mas tais quantidades, aos preços vigentes, não eram mais suficientes para a obtenção de lucros significativos. O problema da indústria açucareira após a crise de 1680 não foi a incapacidade de produzir, apesar das ocasionais secas, chuvas ou baixos preços do açúcar, e sim a inter-relação entre essas ocorrências e os custos crescentes da mão de obra e de outros fatores produtivos. Essa situação caracterizou a atividade açucareira na Bahia e no Brasil em geral até que as guerras europeias na década de 1750 novamente interrompessem o fornecimento de açúcar antilhano e criassem a escassez nos mercados da Europa. O Gráfico 4 apresenta os valores relativos de um escravo

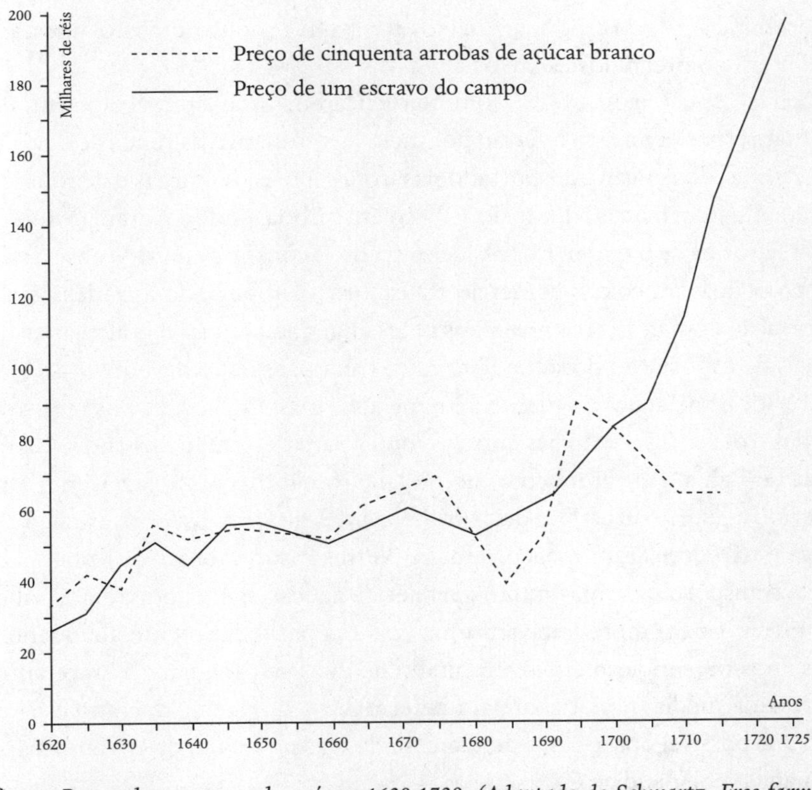

Gráfico 4. Preços de escravos e do açúcar, 1620-1720. (Adaptado de Schwartz. Free farmers in a slave economy. In: ALDEN. Colonial roots of modern Brazil. *Preços de escravos para 1670, 1680 e 1688 de* ALDEN. Commodity price movements, *Tabela 2.)*

do sexo masculino de primeira qualidade e de cinquenta arrobas de açúcar branco, evidenciando o problema central enfrentado pelos senhores de engenho em fins do período seiscentista e no século seguinte.[112]

A cronologia da história econômica brasileira que apresentei até aqui vem sendo aceita pela literatura especializada em geral durante as duas últimas décadas.[113] É patente que a economia açucareira enfrentou dificuldades em meados do século XVII, e mais ainda no período de 1680 a 1690, quando o Brasil, como todas as colônias de grande lavoura nas Américas, sofreu com uma depressão geral no sistema comercial atlântico. O Brasil já se defrontava com custos crescentes antes da corrida do ouro de 1695-1720, e a exploração das Minas Gerais simplesmente acelerou essa alta. Embora algumas fontes mais antigas e alguns trabalhos de história geral ainda atribuam os problemas da agricultura comercial à corrida do ouro, que subtraiu da costa a população, o capital e a mão de obra enquanto provocava a subida dos preços, grande parte da literatura monográfica demonstra que as origens dos problemas antecedem a faina mineradora em pelo menos vinte anos. Os anos de guerra (1689-1713) trouxeram algum alívio, mas no final da década de 1710 o setor açucareiro viu-se novamente vitimado pela fatal combinação de preços mais baixos para seu produto e custos crescentes, especialmente o preço dos escravos.[114]

Qual foi, então, o estado da economia açucareira baiana no século XVIII? Podemos tentar responder a essa questão por meio da estimativa da renda auferida com as exportações do açúcar transportado nas frotas anuais. As cargas das frotas eram regularmente informadas à Junta do Tabaco em Lisboa; também eram de interesse para os relatórios de estrangeiros residentes, como cônsules e outros observadores que se preocupavam com o comércio açucareiro. Combinando as séries de dados de exportação com os preços recebidos pelos engenhos é possível calcular as receitas anuais de exportação do setor açucareiro baiano, às quais devem ser acrescidas as vendas locais de açúcar, aguardente e melado. Existem lacunas nos registros de cargas das frotas e discrepâncias entre as fontes para determinados anos. Ademais, as frotas de Bahia, Pernambuco e Rio de Janeiro não fizeram viagens em alguns anos devido à guerra ou ao fato de os comerciantes de Lisboa já possuírem grandes estoques e não desejarem mais produtos. Nesses casos, a próxima frota a zarpar em geral transportava cargas muito grandes de açúcar, sendo, pois, difícil saber se as numerosas caixas representavam uma colheita particularmente abundante em um dos anos ou simplesmente o resultado de duas safras iguais.[115] Entretanto, se usarmos uma média quinquenal para determinar a renda anual, como é feito no Gráfico 5, é possível observar as mudanças relativas no estado da economia açucareira baiana (ver Apêndice C).

Até 1750, os engenhos da Bahia apresentavam capacidade produtiva máxima de aproximadamente 17 mil caixas de 35 arrobas, ou seja, pouco menos de 600 mil

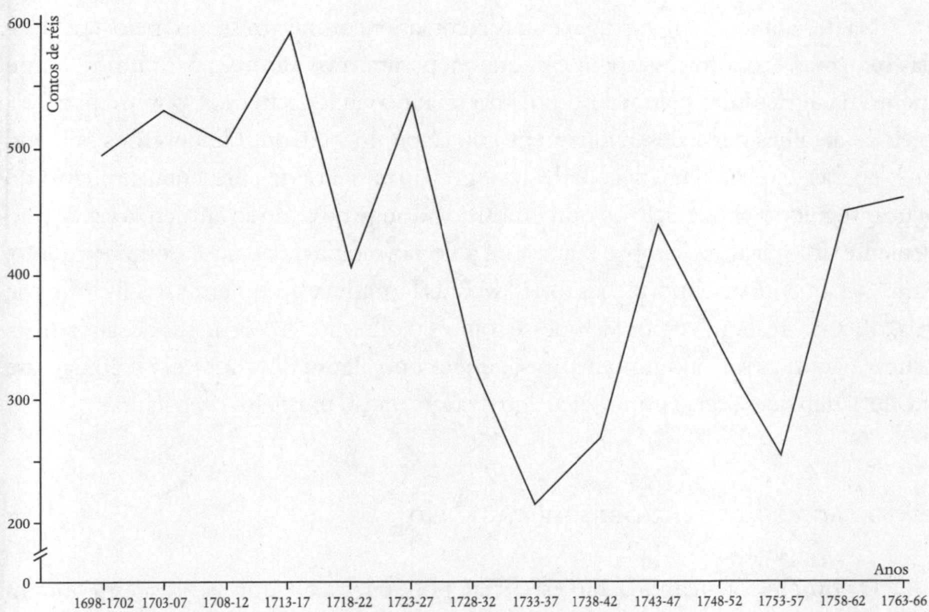

Gráfico 5. Valor médio anual estimado das exportações baianas de açúcar durante períodos quinquenais, 1698-1766. Fontes discutidas no Apêndice C.

arrobas; contudo, em raros anos esse nível de produção foi atingido. Exceto em 1701, nos primeiros anos daquele século não houve queda na produção. Porém, a partir de 1704, as frotas da Bahia passaram a zarpar apenas em anos alternados até 1712, quando o Tratado de Utrecht pôs fim às hostilidades e permitiu maior segurança ao comércio marítimo. A começar de 1714, a produção do açúcar brasileiro passou a minguar, embora os preços favoráveis diminuíssem o impacto da redução da quantidade. Na década de 1720, os problemas apareceram de fato: preços em baixa, frotas intermitentes e produção anual inferior a 12 mil caixas. Essa conjuntura permaneceu no decênio seguinte, mas a deflagração da guerra entre a Inglaterra e a Espanha em 1739 e o agravamento desse conflito, provocando a Guerra de Sucessão Austríaca (1740-8), trouxeram vantagens para Portugal, que permanecera neutro.[116] A produção brasileira reagiu com aumento nas exportações ao subirem os preços do açúcar na Europa, mas os preços recebidos pelos engenhos não refletiram ganhos, e em 1750 os preços europeus começaram a declinar com o restabelecimento da paz. Somente o episódio seguinte da luta pela hegemonia europeia, a Guerra dos Sete Anos (1756-63), trouxe novas oportunidades para o açúcar brasileiro. A produção baiana cresceu de 15 mil caixas em 1761 para 23 mil em 1763. A receita anual baiana auferida com o açúcar foi 46% maior no período de 1763 a 1766 com relação a 1753 a 1757.

Na década de 1760, Portugal e suas colônias encontravam-se em meio a profundas reformas econômicas e políticas, que prepararam os alicerces para um ressurgimento da agricultura colonial no final do século XVIII; deixaremos, porém, para discutir os detalhes desse desenvolvimento no Capítulo 15. Contudo devemos salientar que, apesar de uma tendência na historiografia brasileira de apresentar um ciclo do açúcar seguido por um ciclo do ouro, mesmo no auge do período aurífero a renda proveniente do açúcar foi sempre maior que a do ouro ou a de qualquer outro produto. Em 1760, quando as exportações totais do Brasil foram avaliadas em 4,8 mil contos de réis, o açúcar respondeu por 50% desse total, e o ouro por 46%. Apesar de, após 1680, açúcar não mais ser sinônimo de Brasil, em tempo algum durante a era colonial esse produto deixou de ser o principal artigo de exportação brasileiro ou baiano.[117]

ESTRATÉGIAS DOS SENHORES DE ENGENHO

O comércio açucareiro, tão essencial, pois, para a economia brasileira, foi um fator crucial na determinação da natureza da sociedade baiana. Uma vez esboçada a história desse comércio, podemos agora abordar uma última questão, necessária à compreensão da economia açucareira baiana e da sociedade e da política por ela criadas: como reagiram os senhores de engenho às mudanças de sua sorte e o que fizeram a respeito de sua situação?

Diante de preços instáveis ou declinantes do açúcar, custos crescentes dos escravos e equipamentos, pesados impostos e desastres naturais intermitentes, que escolhas se apresentavam aos senhores de engenho baianos? Uma providência simples, diminuir ou reter a produção para elevar o preço do açúcar, não era de fato uma alternativa, por duas razões. Primeiro, a ascensão dos concorrentes antilhanos, que na década de 1660 eram importantes produtores, significava que qualquer escassez provocada por estocagem ou diminuição da produção no Brasil poderia ser mais do que compensada pelo açúcar estrangeiro. Havia concorrentes demais para tornar viável uma tática desse tipo. Segundo, os senhores de engenho baianos, assim como todos os produtores de açúcar, eram escravos cativos de seu próprio sistema escravista. As unidades agrícolas, dependentes de uma força de trabalho escrava permanente, que precisava ser abrigada, vestida e alimentada o ano todo, durante safra e entressafra, quer se produzisse açúcar ou não, eram forçadas a permanecer produzindo para cobrir seus custos fixos. O custo anual de manutenção e depreciação aparecia com destaque nos cálculos dos senhores de engenho, juntamente com a preocupação acerca da necessidade de controle da escravaria que poderia ser ocasionada pela ausência de rotina. Outrossim, a maioria dos senhores de engenho tinha dívidas, e o serviço desses empréstimos e hipotecas exigia uma colheita anual. A produção de uma outra cultura poderia ter sido tentada, mas a zona litorânea do Nordeste não se prestava a muitas alternativas, além de haver tanto capital imobilizado nos equipamentos do engenho que era limitada a possibilidade de realizar uma transição a curto prazo, ou de ficar repetidamente mudando para outro produto e voltando para o açúcar. Os engenhos estavam enleados com a escravidão e o açúcar em uma complexa rede cultural e econômica que tolhia e limitava suas ações. Quer os preços do açúcar fossem altos ou baixos, os senhores de engenho tendiam a maximizar a produção de seus trabalhadores.

O engenho era semelhante a toda empresa comercial diante de custos fixos e variáveis. Seus proprietários podiam continuar as operações com margens de lucro muito pequenas ou mesmo com prejuízo durante algum tempo, contanto que o preço do açúcar e sua produção lhes permitisse cobrir os custos variáveis (os que variam com a magnitude da produção) e alguma parcela dos custos fixos (os que têm de ser pagos quer haja ou não produção). Interromper a produção e deixar que o engenho se tornasse de fogo morto era uma alternativa, mas significava que a escravaria deveria ser vendida, o que podia implicar perda de status e de posição financeira. Era um último recurso. Os senhores de engenho preferiam continuar produzindo, mesmo com prejuízo, enquanto dispusessem de empréstimos para prosseguir as operações. Havia a eterna esperança de que a safra do próximo ano conseguiria bons preços ou que uma guerra na Europa ou nas Antilhas criasse a escassez, tornando mais valioso o açúcar brasileiro. E tais eventos aconteciam com frequência suficiente para manter viva aquela esperança.

Os senhores de engenho e os lavradores de cana, com poucas condições de controlar a oferta e, em última análise, os preços europeus, concentravam seus esforços em objetivos mais imediatos que pareciam estar ao seu alcance. Sua ideia de utopia era um mundo onde impostos e tarifas governamentais fossem baixos ou inexistentes, onde houvesse sempre um grande número de navios para transportar o açúcar, de modo a reduzir os custos de frete, e onde fosse constante, de boa qualidade e com grande volume a oferta de mão de obra africana, para que os custos dessa mão de obra permanecessem baixos. Mercadores e agentes comerciais, nesse mundo imaginário, participariam como um mal necessário, para fornecer capital e crédito, mas os senhores de engenho sonhavam com uma moratória das dívidas em tempos difíceis ou, pelo menos, com uma limitação da capacidade dos comerciantes de executar dívidas em atraso. Essencialmente, sonhavam com custos e impostos baixos, crédito fácil a juros reduzidos e preços altos para seu produto. Se compreendermos esses objetivos, um amplo conjunto de evidências documentais passa a fazer sentido. A política dos senhores de engenho, se é que se pode falar em tal coisa, era organizada em função desses temas, e qualquer piora nas condições acarretava frequentemente uma intensificação de seus apelos e demandas.

Dada a necessidade que tinham os senhores de engenho de capital de empréstimo, especialmente durante períodos de baixos preços do açúcar, duas das suas principais pretensões eram uma moratória de suas dívidas ou, na falta desta, o reconhecimento de que o engenho, seus escravos, terras e equipamentos formavam uma unidade que não podia ser arrestada em partes para a execução de uma dívida. Já em 1608 ou 1609 houve queixas dos senhores de engenho baianos contra as manipulações dos comerciantes e suas "cruéis" execuções de hipotecas. Os senhores de engenho queriam uma moratória de três anos para as dívidas e um preço fixado oficialmente para o açúcar, para que os comerciantes não pudessem reduzir seu valor quando fosse usado como pagamento de dívidas.[118] Com tal objetivo, eles acolheram com satisfação a chegada do Tribunal da Relação, a suprema corte régia que se instalou na Bahia em 1609, a qual consideraram como a resposta da Coroa aos seus apelos. Os senhores de engenho e os lavradores de cana tiveram êxito em 1612, quando foi instituída uma provisão que autorizava os emprestadores a arrestar somente metade da produção anual de um engenho e dois terços da de um lavrador. Essa medida causou tal comoção entre os comerciantes de Lisboa, muitos dos quais aparentemente estavam entre os emprestadores, que a Coroa revogou a ordem em 1614.[119]

As desavenças entre comerciantes e senhores de engenho afloravam especialmente em períodos difíceis. A destruição causada pela invasão holandesa da Bahia e pela luta decorrente em 1625-6 impossibilitou muitos senhores de engenho de saldar suas dívidas. Em 1632, custos crescentes, preços baixos do açúcar e ausência de embarcações acarretaram outra série de execuções, a preços que os executados julgaram muito inferiores ao valor de mercado dos bens. Os senhores de engenho encaminharam uma petição à câmara de Salvador solicitando auxílio, mencionando dezesseis engenhos que haviam sido perdidos devido às execuções de hipotecas e observando que quando os engenhos deixavam de funcionar não havia trabalho para lavradores de cana, lenhadores e fornecedores de gêneros alimentícios.[120] Requeriam uma lei que autorizasse os credores a arrestar somente a produção dos engenhos e não seu capital produtivo. Conseguiram, por fim, ter êxito nessa tática. Em 1636, o governador-geral ordenou que, se a dívida não fosse aproximadamente equivalente ao valor do engenho como um todo, este não poderia ser apropriado pelo credor e somente a produção poderia ser objeto de direito de retenção. Em qualquer caso, escravos, bois e equipamentos não poderiam ser vendidos aos poucos.[121]

Não se sabe, hoje em dia, por quanto tempo essa ordem permaneceu em vigor; porém, na difícil fase atravessada na década de 1660, os senhores de engenho e os lavradores de cana novamente tentaram conseguir esse tipo de limitação aos credores. Ainda essa vez, a câmara de Salvador serviu de intermediária para o setor açucareiro, e sua petição de 1663 encontrou apoio em Portugal. A lei de 1663 proibindo o embargo em partes dos componentes de um engenho foi reiterada em 1673, 1681, 1686, 1690 e 1700 na Bahia.[122] O mesmo privilégio foi concedido a senhores de engenho de outras capitanias, apesar das reclamações dos comerciantes, cujos empréstimos ficavam assim limitados. Com essa medida, a Coroa proporcionava um certo alívio aos senhores de engenho, com pouca despesa para o tesouro régio. Esse privilégio, porém, não deixava de ter seu custo. Os comerciantes, percebendo que poderia demorar "quarenta ou cinquenta anos" para receberem uma dívida, mostravam relutância em emprestar dinheiro, ou elevavam suas taxas de juros para compensar os riscos.[123] A regalia dos senhores de engenho não era totalmente benéfica. Seu outro objetivo, a moratória das dívidas, não foi alcançado. Em 1745 uma tentativa de obter uma moratória de cinco anos foi categoricamente rejeitada.

O privilégio permaneceu em vigor para senhores de engenho e lavradores de cana na Bahia até 1720, quando a Relação deu ganho de causa a dona Inácia Cavalcanti, que queria receber o dinheiro que emprestara a um lavrador de nome Luís de Sousa de Castro. Essa decisão legal causou uma comoção. O governador pediu a opinião de muitos dos cidadãos influentes, a maioria dos quais afirmou que engenhos e fazendas de cana eram todos parte da mesma agricultura e que sem estas últimas os engenhos não poderiam existir.[124] Nas palavras de um observador, seriam "almas sem corpos". Em 1723, o governador ordenou que os lavradores também fossem isentos de execução parcial de hipoteca e decretou que apenas sua produção anual poderia ser embargada.[125] Embora senhores de engenho e lavradores mais tarde reclamassem que a lei nem sempre era rigorosamente aplicada, ela permaneceu em vigor. Em 1732, Manoel de Araújo de Aragão, que herdara de seu pai os engenhos de Mata e Teraripe, ambos com dívidas, solicitou o direito de operar sem receio de execução hipotecária, conforme a lei.[126] Essa legislação protetora não representava tudo o que os senhores de engenho esperavam, mas era uma vitória sofrível e um reconhecimento da capacidade de influência política do setor açucareiro.

A limitação do crescimento da indústria açucareira no Brasil foi uma solução ainda mais radical aventada na difícil década de 1660. Já que os senhores de engenho haviam perdido a capacidade de controlar a quantidade de açúcar disponível no mercado devido à ascensão de concorrentes estrangeiros, houve algumas tentativas de impedir o desenvolvimento de novos engenhos na própria Bahia. Alguns proprietários argumentaram que se fossem estabelecidos engenhos muito próximos uns dos outros e que se houvesse muitos deles, esgotar-se-iam a lenha, os pastos e a cana em detrimento do bem comum. Em 1660, o juiz do povo na câmara de Salvador, representando certos senhores de engenho, requereu uma injunção contra o estabelecimento de qualquer novo engenho, alegando que muitos lavradores ricos tornavam-se senhores de engenho pobres após instalarem sua própria moenda, e que isso os levava à ruína e acarretava o declínio da indústria como um todo. A questão era complexa, e tais limitações poderiam ter um grande impacto social ou solapar as relações entre lavradores de cana e senhores de engenho; mesmo assim, durante toda a década de 1660 debateu-se esse assunto na Bahia.[127]

À petição original seguiram-se pareceres e relatórios em 1662, 1663 e 1665. Em 1669, um grupo de senhores de engenho escreveu ao governador, protestando que um engenho de grande porte, capaz de produzir 7 mil pães de açúcar, mal conseguira produzir 2 mil quando um engenho pequeno instalara-se nas imediações como concorrente.[128] Requeriam uma limitação às construções. Os administradores régios mostraram-se relutantes em impor tais restrições ao desenvolvimento da indústria, mas em 1681 aprovaram uma lei proibindo a instalação de novos engenhos a um raio de 1500 braças (33 quilômetros) de um engenho já estabelecido.[129] Essa lei permaneceu em vigor até o século XIX e, embora fosse às vezes ignorada ou contornada, permaneceu como mais uma evidência tanto do poder do setor de influenciar a política quanto da natureza de suas soluções.[130]

O sistema de frotas criou outra série de problemas e oportunidades para os senhores de engenho em seus esforços para controlar, em certa medida, a sua sorte. Um sistema de comboio fora desenvolvido já em 1593, mas operara apenas intermitentemente.[131] Os senhores de engenho não o viam com bons olhos, porque limitava a concorrência entre despachantes ou capitães. Em 1641, por intermédio da câmara da Bahia, eles se opuseram vigorosamente ao sistema, mas as perdas marítimas tornaram-no uma necessidade, daí resultando a Companhia Geral do Estado do Brasil, instituída em 1649.[132]

O sistema de frotas alternava o relacionamento entre comerciantes e senhores de engenho, entre devedores e credores, e mudava as regras e as práticas da atividade açucareira. Quando a frota se atrasava, os preços locais do açúcar caíam porque ninguém queria ser surpreendido com um excesso de produto, a possibilidade de não haver frota para transportá-lo, os custos de armazenagem e a deterioração das caixas. Ao chegar a frota, como nenhum capitão desejava retornar de porões vazios, a demanda aumentava e os preços subiam. Os comerciantes amiúde tentavam executar as dívidas bem antes da chegada prevista da frota, pois assim os preços do açúcar estariam baixos. Como podiam confiscar somente a produção, que era então vendida em pregão público, era-lhes obviamente vantajoso consegui-la avaliada a preços baixos. Já em 1652 os senhores de engenho queixaram-se dessa prática, e em 1665 conseguiram obter uma provisão para que seu açúcar só fosse leiloado ao chegar a frota. Esse privilégio foi renovado várias vezes depois disso.[133]

Sem muitas condições de influenciar o preço do açúcar nos mercados europeus, os senhores de engenho concentraram seus esforços em influir no preço local na Bahia. A câmara municipal teve papel importante nessa política, pois possuiu manifestas funções de controle de preços e remunerações e tendeu a representar os interesses do setor açucareiro durante boa parte de sua história. Já em 1626 a câmara foi encarregada de fixar o valor dos fretes e o preço do açúcar. Essa prática prosseguiu no século XVII; após a formação da Companhia Geral do Estado do Brasil, a ideia de fixar o preço do açúcar na colônia tornou-se popular também no seio da comunidade mercantil.[134] Receando a capacidade dos senhores de engenho de reter sua produção até o último momento e então vendê-la a preços altos, a

Companhia asseverou que a "ganância dos produtores" elevaria tanto os preços que o açúcar brasileiro não encontraria compradores na Europa. Argumentaram em 1655 os representantes da Companhia que "muito embora preços fixos sejam em geral prejudiciais ao comércio, que com a liberdade se intensifica, o preço fixo é o único remédio para o Brasil".[135] A Coroa permaneceu indecisa. Em 1677, ordenou à câmara de Salvador que parasse de interferir no preço do açúcar, mas mudou essa política posteriormente.[136] Em 1697, essa prática foi plenamente aceita.[137]

Os senhores de engenho tinham boas razões para desejar um preço fixo. Afirmavam que os comerciantes lhes concediam crédito para adquirir cobre, ferro e outros artigos necessários com a produção da safra seguinte como caução, mas que era frequente subestimarem o valor dessa produção. Assim, mesmo quando o preço foi finalmente fixado pela câmara, os senhores de engenho aceitavam menos da metade do preço oficial, pois "a necessidade não conhece lei". Essa prática começara na década de 1660, e em 1683 um comércio com esse "açúcar de damno" obtido abaixo do preço oficial era levado a cabo por especuladores em Salvador. Os senhores de engenho estavam, pois, ansiosos para melhorar sua posição relativa.[138]

O sistema de fixação foi regulamentado. Os comerciantes e os senhores de engenho elegiam seus representantes. Esses árbitros, chamados "louvados", reuniam-se e negociavam os preços das várias qualidades de açúcar. Quando não chegavam a um acordo, dois juízes da Relação atuavam como árbitros decisivos. Assim aconteceu em 1697 e 1698, além de em vários anos durante o século XVIII.[139] A Tabela 17 apresenta os vários preços sugeridos pelas duas partes em várias datas nas primeiras duas décadas do século XVIII. Comparando esses preços propostos com o preço final arbitrado ou os preços efetivos dos açúcares vendidos pelo Engenho Sergipe, podemos ver como funcionavam as negociações. Os senhores de engenho em geral ofereciam-se para vender a um preço por volta de 30% acima do valor real, e os comerciantes propunham comprar a 50% abaixo. Ambos os lados apresentavam seus argumentos habituais. Os produtores constantemente reclamavam do alto custo dos escravos e alegavam que os preços baixos para o açúcar os tirariam do negócio. Os comerciantes replicavam que se o preço fosse alto demais no Brasil, Barbados tiraria o açúcar brasileiro do mercado.[140] Os senhores de engenho respondiam afirmando que a magnitude da safra baiana determinava realmente o preço, e não a disponibilidade de açúcares estrangeiros.[141] Uma vez estabelecido, o preço era ratificado pela câmara e tornava-se obrigatório a todos. Na verdade, os dois lados provavelmente ganhavam alguma coisa com esse sistema, embora em determinados anos houvesse desvantagem para uma ou outra parte. Com certeza, o preço no mercado internacional definia os limites de negociação.

A questão da fixação de preços é interessante sob vários ângulos, entre os quais ressalta-se a disposição e a capacidade dos senhores de engenho para agir coletivamente. Na Bahia, a produção açucareira estava concentrada nas mãos de um número relativamente pequeno de senhores de engenho e de lavradores de cana dependentes. Dado que entre eles havia os que eram donos de mais de uma propriedade, em qualquer data nos séculos XVII e XVIII não havia mais de 150 ou 250 senhores de engenho, e talvez não mais de mil lavradores de cana (e muitos destes últimos eram produtores bem pequenos). Ao contrário da lavoura do fumo, a produção açucareira centralizava-se em mãos de relativamente poucas pessoas, podendo, assim, ser controlada em certa medida por esse grupo coeso. Como demonstram as várias petições e a seleção dos louvados, o setor açucareiro realmente funcionava como um grupo com interesses próprios, capaz de definir objetivos comuns e lutar por eles.[142] Tinham consciência de sua posição e de seus interesses, e uma forte determinação de alcançar esses interesses. Muito embora os senhores de engenho pudessem conviver socialmente com os comerciantes,

TABELA 17 — PREÇOS PROPOSTOS PARA O AÇÚCAR POR REPRESENTANTES DOS SENHORES DE ENGENHO E DOS COMERCIANTES NA BAHIA, 1700-19 (RÉIS/ ARROBA)[a]

ANO E REPRESENTANTES	BRANCO MACHO	MASCAVADO MACHO	BRANCO BATIDO	MASCAVADO BATIDO
1700				
senhores de engenho	3000	1600		
comerciantes	1400			
1701				
senhores de engenho/comerciantes	2560	1600		
ajustado	1800	900		
1703				
senhores de engenho	2000	1000	1500	700
comerciantes	1100	600	850	320
1705	1560	900	1160	560
1707				
senhores de engenho	1800	900	1200	600
comerciantes	700	450	600	300
1708				
senhores de engenho	1350	950	700	400
comerciantes	1343	640		
1711				
ajustado	1600	800	1028	640
1718	1920	1060	1200	700
1719				
senhores de engenho	2400	1600	2000	1200
comerciantes	1700	900	1200	600

(*a*) Os preços ajustados foram estabelecidos quando comerciantes e senhores de engenho não chegaram a um acordo; foram determinados pela Relação.

Fontes: ACS, liv. 923, fs. 119-24; fs. 188-92; liv. 924, f. 85; liv. 24, f. 400; CEB, Lamego 45, 25, 26; liv. 9.29, fs. 3*v*. 33*v*-4.

aceitá-los como genros e cooperar com eles em instituições governamentais, essa aceitação não implicava a ausência de conflito econômico ou mesmo político entre os dois grupos.

Os senhores de engenho reagiam aos custos também de outras maneiras. Não há dúvida de que a mudança no tamanho das caixas, discutida no Capítulo 5, foi uma resposta à tributação imposta sobre cada uma e ao custo dos pregos e madeira necessários para construí-las. Ao longo dos séculos XVII e XVIII, o peso das caixas basicamente dobrou, passando de cerca de vinte para 35 a quarenta arrobas.[143] Como incidiam vários impostos sobre cada caixa, uma saída simples para diminuir o impacto desses impostos era aumentar a capacidade desses recipientes.[144] Ademais, os armazéns na Bahia cobravam uma taxa de manuseio por caixa, tornando, pois, ainda mais interessante para os senhores de engenho usar caixas mais pesadas. Portanto, caixas maiores com capacidade superior a quinhentos quilogramas foram uma das reações aos custos por parte dos senhores de engenho.

Uma outra forma de reação dos senhores de engenho à sua situação foi uma contínua ênfase na fabricação do açúcar branco barreado. Os portugueses dominaram a técnica de purificar o açúcar com barro, e outras nações europeias tentaram aprender o processo; a maior parte do açúcar exportado das Antilhas para a Europa era mascavado ou de qualidade inferior. Isso provavelmente devia-se à falta de perícia no fabrico do açúcar barreado nos anos iniciais e ao fato de a Inglaterra, a França e a Holanda terem instalado refinarias nas metrópoles, nas quais o mascavado era convertido em açúcares de qualidade superior. Em países como a Inglaterra, tanto merceeiros quanto refinadores compravam o açúcar, e cada um tinha suas preferências quanto à cor e à granulação.[145] Portugal, sem refinarias próprias, possuía um mercado muito menor para o mascavado e as qualidades inferiores. Consumia os açúcares barreados do Brasil e, de fato, essa foi a única variedade que continuou a encontrar compradores nos mercados da Europa setentrional. A já mencionada afirmação de Josiah Child, em 1669, de que os açúcares brasileiros de qualidades inferiores haviam sido excluídos do mercado e que o preço do açúcar branco brasileiro diminuíra é prova de que o açúcar barreado da colônia portuguesa ainda tinha saída nas principais cidades europeias. A proporção do branco para o mascavado na Bahia era em geral dois para um, e o beneficiamento extra necessário para fabricar o açúcar barreado era uma tentativa de adicionar valor ao produto em bruto e assegurar um mercado adequado na Europa. Os engenhos maiores produziam proporções ainda maiores de açúcar branco. No Engenho Sergipe, essa qualidade perfazia entre 70% e 85% da produção anual. No período de 1796 a 1811, o mascavado constituiu 40% a 50% das exportações de açúcar na Bahia, no momento em que os senhores de engenho aproveitavam as novas oportunidades surgidas com as revoluções atlânticas de fins do século XVIII e início do XIX; deixarei, porém, a discussão sobre esse período para o Capítulo 15.[146]

Mapa 4. "Demonstração da Bahia". Mapa do século XVIII, não publicado, que mostra a localização de alguns engenhos (engº). Cortesia de dona Lygia Cunha, Biblioteca Nacional do Rio de Janeiro.

Como todos os agricultores comerciais, os senhores de engenho baianos atentavam cuidadosamente para as variações climáticas, as últimas cotações de preços internos e externos, as notícias de desastres marítimos, os rumores sobre guerras e as informações sobre os campos de batalha. O marquês de Lavradio, governador da Bahia de 1768 a 1769, exasperava-se com as conversas habituais naquela capitania, que só giravam em torno do açúcar, da última safra ou da seguinte, tópicos demasiadamente limitados para um cavalheiro tão refinado como ele.[147] Os senhores de engenho, independentemente de seu status e prestígio, dirigiam empresas familiares e prestavam muita atenção a lucros e prejuízos. Agiam de modo coeso como uma classe com interesses e objetivos próprios, assumindo papéis políticos e procurando influenciar a política régia e municipal. Sua busca de soluções para sua situação financeira em declínio nos séculos XVII e XVIII demonstra sua capacidade de influenciar o governo régio e o local, mas também sua relativa fragilidade como produtores coloniais no mercado açucareiro do Atlântico. Com tão poucas condições de controlar o comércio internacional de que participavam, os senhores de engenho voltaram sua atenção para os problemas imediatos com que se defrontavam. Suas questões fundamentais eram sempre: qual é nossa renda anual? O ano que vem será melhor que o anterior? Como podemos aumentar a margem de lucro? Não se sabe até que ponto eles eram capazes de efetuar tais cálculos e estimativas, e como acontece com boa parte da história dos primórdios da economia brasileira, raramente se dispõe de dados adequados que permitam aos estudiosos procurar responder em nossos dias às questões sobre lucratividade. Ainda assim, no capítulo seguinte prosseguiremos nosso estudo da economia açucareira, passando dos aspectos gerais da indústria aos tópicos específicos do capital, dos custos e da renda dos engenhos.

8. Um negócio nobre: lucros e custos

A lavra, reparação e plantio das doces e domésticas canas de que o açúcar é feito é a atividade mais laboriosa e cara jamais descoberta na terra, e a mais difícil e, ao mesmo tempo, engenhosa [...] não há modo de começar sem uma grande e considerável despesa, em instalação e nas infalíveis reposições em todos os aspectos.

Discurso preliminar (*circa* 1789)

Quaisquer que fossem os privilégios sociais e políticos ou o status proporcionados pela posse de um engenho e de escravos — e, como veremos, eles eram consideráveis — a atividade açucareira era o que era, um negócio. Os engenhos e os canaviais a eles relacionados eram operados como empresas, reagindo a lucros e perdas e sensíveis às alterações do mercado. As questões essenciais que devemos abordar são as que se apresentavam aos próprios senhores de engenho: quanto custava estabelecer um engenho? De quem se poderia obter o capital inicial? Qual era o custo operacional anual, e qual o retorno sobre o investimento? Todas parecem indagações simples, meras questões contábeis, mas nelas reside o problema. O material necessário para responder a muitas delas não existe. Com poucas e notáveis exceções, não há documentação para os engenhos individualmente. Os registros notariais, embora mais numerosos, são esparsos, fragmentários e muitas vezes omissos em aspectos importantes. Finalmente, como problema geral, as práticas contábeis do período estudado continuamente misturavam gastos correntes com aquisições de estoque de capital, disso resultando confusão e permanente incapacidade de calcular os lucros. Reconhecendo todas essas limitações, neste capítulo procuraremos elaborar algumas respostas às principais questões quanto às características de um engenho na Bahia colonial.

Para compreendermos a natureza do engenho de açúcar na Bahia, podemos abordar inicialmente dois aspectos. Primeiro, como vimos no Capítulo 1, a economia açucareira brasileira, desde seus primórdios, caracterizou-se pela presença de um grande número de indivíduos que plantavam a cana mas a moíam em um engenho próximo. Esses lavradores de cana eram, em essência, senhores de engenho em potencial; embora seu objetivo fosse possuir um engenho, nem todos, ou nem mesmo muitos deles, podiam realisticamente ter esperanças de consegui-lo. Não obstante, constituíam uma classe importante e numerosa. Em certas épocas, o Engenho Sergipe contou com 25 lavradores dependentes que forneciam cana. Entretanto, para a maior parte do período colonial, um número médio mais próximo da realidade é entre três e quatro desses lavradores por engenho.[1] Durante a segunda metade do século XVIII, houve aproximadamente de setecentos a oitocentos lavradores de cana no Recôncavo.[2]

Portanto, estruturalmente, o engenho consistia na propriedade principal, que normalmente incluía alguns canaviais em suas próprias terras, mas que também dependia da cana fornecida por lavradores ligados ao engenho, alguns dos quais eram moradores, parceiros ou arrendatários, e outros que eram proprietários independentes. Os senhores de engenho tinham de calcular os custos relativos de usar os dependentes como parte das operações do engenho e comparar esses custos com as vantagens de dividir os riscos e as despesas do plantio com outros produtores. A calamidade provocada por uma safra ruim ou uma queda de preços não recaía, assim, apenas sobre o senhor de engenho, mas era compartilhada por seus lavradores. Estes, por sua vez, estavam dispostos a correr tais riscos porque a cultura da cana podia ser lucrativa e porque eles próprios aspiravam à posição de senhor de engenho e às vantagens que ela proporcionava. A economia da posse de um engenho, porém, era de natureza um tanto diferente da de um canavial, e deve ser examinada separadamente.

O segundo aspecto que complica a análise da condução de um engenho na Bahia é a escassez de moeda circulante na economia, problema esse tanto naquela região como em todo o Império português. A própria metrópole frequentemente sofria com a carência de moeda metálica e, após o século XVI, dependeu do fornecimento espanhol de prata da América. Quando esse suprimento começou a minguar, em meados do século XVII, ocorreu uma grave escassez monetária. No Brasil, a situação foi ainda mais difícil.[3] Embora no século XVI ainda não houvesse na colônia uma casa da moeda, o acesso à prata peruana era conseguido por contrabando com Buenos Aires. Esse fluxo sofreu interrupção na década de 1620 e estancou-se na de 1640. Tal suspensão aliou-se ao declínio do comércio colonial no decênio de 1670, criando uma severa escassez monetária no Brasil. Portugal, com insuficiência de produtos coloniais que compensassem seu déficit comercial, viu sua moeda esgotar-se. Por volta de 1675, cerca de um terço do comércio exterior português era pago em moeda corrente. A desvalorização monetária de 20%, instituída entre 1686 e 1688, visava a deter a saída de moeda do Império. No Brasil, o problema manifestou-se como uma falta de sangue nas veias do comércio. Após 1640, os habitantes apresentaram petições para que a moeda circulante do Brasil fosse desvalorizada, de modo a impedir seu fluxo para Portugal, ou, se isso não funcionasse, que se procedesse à cunhagem de moeda brasileira própria. Em 1670, o governador-geral, em resposta à pressão local, escreveu à Coroa que "este país está sendo perdido por falta de dinheiro".[4] A solução, para ele, era o comércio com a América espanhola, e em certa medida, a criação da Colônia do Sacramento, às margens do rio da Prata, foi uma reação à escassez de moeda. As expedições patrocinadas pelo governo acabaram por conduzir às descobertas auríferas em Minas Gerais, no final da década de 1690, mas os senhores de engenho protestaram que o ouro ia diretamente dos mineiros para os comerciantes, estimulando a inflação e piorando ainda mais a situação da agricultura.[5]

Portanto, o "dinheiro de contado" foi, via de regra, escasso no Brasil, e muitas transações foram realizadas através de várias formas de crédito. Como os comerciantes cobravam um ágio por essas operações, os senhores de engenho consideravam a falta de moeda uma razão fundamental para seu endividamento e procuravam continuamente modos de alterar as condições que a causavam. Em 1692, o governador Câmara Coutinho escreveu na Bahia: "O Brasil [...] de presente fica com a candeia na mão, e com poucas ou nenhumas esperanças de remédio [...] porque lhe falta a moeda que é o essencial; com que todos os pagamentos estão parados, o açúcar nos trapiches, sem haver quem os compre, os senhores deles como devem mais do que têm [...] cada um chora e não sabe por que [...] tão faltos de moeda que não têm com que comprar gênero nenhum".[6] A desvalorização monetária em Portugal incentivou o retorno à Europa do fluxo de moeda brasileiro e elevou os preços das importações na colônia. A Casa da Moeda, estabelecida temporariamente na Bahia (1694-8) e transferida para o Rio de Janeiro, trouxe pouco alívio. Durante todo o século XVIII, os habitantes da colônia procuraram amenizar seu endividamento com o aumento do estoque de moeda.

CAPITAL E CRÉDITO

O crédito, portanto, fundamentou a organização da economia açucareira no Brasil, como já fizera e faria mais tarde com outras agriculturas de exportação.[7] Os contratos de venda e arrendamento geralmente estabeleciam pagamentos em prazos prolongados ou em espécie, ou ainda diferiam o pagamento até a época da safra (quando, presumivelmente, o devedor disporia de dinheiro). O acesso ao crédito era mais importante do que o dinheiro em caixa. Em 1781, estimava-se que um indivíduo podia adquirir um engenho e iniciar as operações com apenas um terço do capital necessário, obtendo o restante com comerciantes ou instituições emprestadoras.[8]

De onde vinham o capital e o crédito aplicados na atividade açucareira? No século XVI, pelo menos parte dos fundos provinha de investidores estrangeiros, flamengos ou italianos, ou da própria metrópole. Porém, no século seguinte, esse padrão parece ter se tornado menos importante, se não desaparecido. Não existem estudos longitudinais que nos permitam delinear as mudanças no acesso ao capital, contudo o trabalho de Rae Flory para o período 1680 a 1725 fornece valiosas informações e sugestões quando combinado a outras fontes.[9] Desde o início, os senhores de engenho dependeram do crédito para iniciar as operações, pagar as despesas e custear a expansão de suas atividades. A quantia emprestada era normalmente em torno de 400 a 800 mil-réis, mas havia até mesmo empréstimos de 4 contos de réis.[10] Os créditos eram frequentemente concedidos para fins específicos, como "comprar um partido", ou "abastecer um engenho". Em troca do dinheiro, o devedor normalmente comprometia-se a pagar o principal dentro de um certo período e a uma taxa predeterminada. Os emprestadores particulares pareciam preferir empréstimos de curto prazo, pagáveis em um ou dois anos, ao passo que as instituições concediam crédito por prazos mais longos. Às vezes requeria-se a assinatura e fiadores nos contratos.

Para o período de 1680 a 1715, Flory analisou trezentos contratos de empréstimo, dos quais os senhores de engenho (61) e lavradores de cana (61) constituíram 41% dos tomadores e receberam cerca de 52% do crédito concedido. Comerciantes ou comerciantes-senhores de engenho compuseram outro grupo significativo, perfazendo 21% dos mutuários e recebendo 22% do capital emprestado.

Os empréstimos ao setor açucareiro em geral eram garantidos por bens imóveis, como engenhos, canaviais ou casas, de modo que a propriedade como um todo tornava-se, em essência, hipotecada. Como já vimos, tal situação existia porque as ações políticas dos senhores de engenho conduziram a leis que os protegiam de execução hipotecária parcial de suas propriedades.[11] Porém, como o valor de um engenho ou de um canavial geralmente excedia o valor do crédito, muitas vezes mais de um empréstimo possuía como garantia a mesma propriedade, o que acarretava dificuldades intermináveis para os credores que tentavam cobrar dívidas em atraso.[12] As restrições da igreja à usura estabeleciam o máximo de 6,25% para a taxa legal de juros; esta permaneceu nesse nível até 1757, quando, em uma tentativa de estimular a economia açucareira e atender às queixas dos senhores de engenho, foi baixada para 5%. Entretanto, embora as instituições emprestadoras aparentemente aceitassem esse teto, os emprestadores particulares encontravam formas de aumentar a taxa de retorno do dinheiro a crédito. A técnica mais popular entre os comerciantes era conceder o crédito com base na próxima safra, a um preço abaixo do esperado para o açúcar. Um exemplo de como funcionava esse expediente é o contrato firmado em 1698 entre o magnata financeiro João Matos de Aguiar e o capitão Pedro da Silva Daltro. O credor emprestou 140 mil-réis em dinheiro, a 4% de juros, contra a hipoteca de uma fazenda de cana. O empréstimo deveria ser pago totalmente em açúcar à época da chegada da frota no ano seguinte, e esse açúcar seria avaliado a um preço abaixo do da praça.[13]

As fontes de crédito na Bahia eram várias. Advogados, clérigos, artesãos e senhores de engenho emprestavam dinheiro, mas as duas principais fontes de crédito eram, de longe, as instituições e os comerciantes. Antes de 1808 não havia bancos no Brasil e, assim, as instituições religiosas de diversos tipos constituíam-se nos principais emprestadores. As ordens religiosas adotavam essa prática. Em 1660, cerca de um sexto da renda dos beneditinos era derivada de juros sobre empréstimos. Irmandades como a Ordem Terceira de São Francisco, a Ordem Terceira do Carmo e outras também eram credoras. O Convento de Santa Clara do Desterro, das Carmelitas Descalças, era outra fonte de fundos, porém a mais importante dessas instituições emprestadoras na Bahia era a irmandade beneficente da Misericórdia, que, sozinha, respondeu por mais de um quarto do crédito concedido na amostra de Flory. A Misericórdia incluía entre seus mutuários algumas das pessoas mais abastadas e influentes da capitania, muitas das quais eram também confrades da própria instituição e frequentemente membros de seu conselho diretivo.[14] Em 1694, a Misericórdia havia concedido créditos totalizando mais de 103:288$000, o que deveria ter produzido um retorno anual de 6:452$000. Contudo, muitos de seus devedores estavam em atraso ou insolventes. Nessa época, a Misericórdia mantinha em sua escrituração contábil 171 empréstimos de vulto, 25 com hipotecas de engenhos e 42 de fazendas de cana; portanto as propriedades açucareiras obtiveram 55% do dinheiro emprestado.[15]

Embora a maior parte dos empréstimos da Misericórdia fossem pequenas quantias, garantidas por hipotecas de propriedades urbanas, os créditos ao setor açucareiro eram mais vultosos. O empréstimo médio para um engenho era pouco mais de 1 conto de réis, e para um canavial cerca de 30% a menos. Em 1727, quando foi efetuada uma nova contabilidade das finanças da Misericórdia, a situação declinante da economia açucareira refletia-se na lista dos devedores dessa irmandade. Àquela época, 234 devedores, mais da metade dos 303 para quem foi possível determinar a ocupação, eram senhores de engenho ou lavradores de cana. A Misericórdia havia concedido acima de 374 contos de réis em empréstimos, mais de três vezes a quantia registrada em 1694.[16]

O Convento de Santa Clara do Desterro era outra fonte institucional de crédito para a indústria açucareira. Seu capital originava-se de legados e dotes pagos pela entrada das mulheres para o convento. A instituição investia esses fundos e, em 1764, havia realizado empréstimos totalizando quase 128 contos de réis, que rendiam perto de 6,5 contos de réis ao ano. Na década de 1790, o convento possuía hipotecas sobre vinte engenhos. Até os jesuítas recorriam às Clarissas para conseguir dinheiro. Em 1749, receberam um vultoso empréstimo de 6,5 contos de réis para desenvolver seu recém-adquirido Engenho Pitanga, em Santo Amaro.[17]

As instituições emprestadoras favoreciam os mutuários que fossem diretamente ligados à instituição como membros ou associados. Assim, os confrades da Misericórdia, especialmente os membros de seu conselho diretivo, eram os tomadores de empréstimo preferidos. Em 1694, a maior dívida contraída junto à Misericórdia era a de Gonçalo Ravasco, filho de um antigo provedor e pertencente, ele próprio, à organização. Membros das famílias ilustres da sociedade baiana aparecem com regularidade nas listas dos que tomavam empréstimos junto às instituições religiosas de Salvador.[18] O status e a condição de associado eram atributos importantes para a concessão de empréstimos.

Aparentemente, a Misericórdia e outras instituições emprestadoras com frequência empenhavam-se em receber apenas os juros vencidos dos empréstimos, sendo pouco zelosas na cobrança do principal. Tendo em vista as considerações e relações pessoais que alicerçavam os empréstimos, essa prática é compreensível, mas a longo prazo acarretava dificuldades financeiras aos credores. Em 1694, mais da metade dos empréstimos da misericórdia estava em atraso, e a irmandade lamentava que mesmo que tentasse exercer seu direito legal de executar as hipotecas, as propriedades o mais das vezes estavam tão sobrecarregadas com outras hipotecas que seria inútil processá-las. O Convento de Santa Clara do Desterro procurava repetidamente os tribunais para cobrar dívidas não pagas. Em 1732, tinha vinte casos levados às cortes e precisava lidar com devedores que usavam todos os meios, desde o suborno até a fuga, para escapar ao pagamento.[19] A cobrança revelava-se um procedimento difícil e dispendioso. Se instituições como a Misericórdia e o Convento do Desterro, que concediam crédito a mutuários escolhidos, com empréstimos de baixo risco e a reduzidas taxas de juros, tinham problemas para receber, a posição dos outros credores era provavelmente pior, em especial nos períodos difíceis para a economia açucareira. Essa situação encarecia e complicava a obtenção de crédito junto aos emprestadores particulares, que procuravam formas de simplificar as execuções hipotecárias para se proteger. Em 1699, João Matos de Aguiar emprestou 250 mil-réis ao desembargador Francisco Rodrigues da Silva, contra a hipoteca de uma fazenda de cana, com uma cláusula estabelecendo que essa propriedade não poderia ser vendida ou alienada a terceiros enquanto a dívida não fosse quitada.[20] Tais disposições tornaram-se prática comum. Em 1817, quando Sotério de Vieira Barroco procurou tomar emprestado 1 conto de réis para efetuar melhorias em seu Engenho Aratu, em Paripe, teve de empenhar o engenho como garantia e comprometer-se a não negociá-lo, arrendá-lo ou aliená-lo sob nenhuma forma até que saldasse sua dívida.[21]

Como pode ser visto na Tabela 18, após as instituições, os comerciantes estabelecidos em Salvador eram a fonte mais ativa de capital e crédito. Já examinamos a estranha simbiose entre comerciantes e senhores de engenho, que resultava em uma relação de constante atração e repulsa. Nenhuma das partes podia viver com — ou sem — a outra. Embora houvesse interação social entre os dois grupos, o que tendia a impedir a formação de barreiras intransponíveis no relacionamento, ambos os lados entendiam admiravelmente bem a natureza de seus próprios interesses e objetivos em assuntos econômicos, e esses dois grupos relativamente pequenos — talvez duzentas famílias de senhores de engenho e cem comerciantes residentes — competitivamente perseguiam suas metas com vigor e discernimento.[22] O fato de, na busca desses objetivos, o bem-estar da Coroa, da colônia, do império e da sociedade ter sido muitas vezes usado como moldura para enquadrar os interesses dessas classes não deve impedir-nos de perceber suas intenções e planos fundamentais.

Os comerciantes ocupavam uma posição particularmente vantajosa e importante no financiamento da economia açucareira. Devido à escassez de moeda metálica, muitas transações eram efetuadas à base de troca ou escambo, com todas as dificuldades inerentes a tal sistema. Os senhores de engenho, em especial, eram afetados por essa situação, em virtude de sua permanente necessidade de adquirir capital operacional, escravos e equipamentos. Dada a falta de dinheiro, os comerciantes estavam em posição ideal para conceder empréstimos sob outra forma que não a monetária, fornecendo as mercadorias necessárias aos senhores de engenho à base de crédito. Os comerciantes simplesmente mantinham contas abertas para os senhores de engenho e lavradores de cana, suprindo-os com produtos importados e então ajustando as contas ao término da safra.[23]

TABELA 18 — FONTES E TOMADORES DE EMPRÉSTIMO NA BAHIA COLONIAL, 1698-1715

	CREDORES			MUTUÁRIOS		
	MIL-RÉIS	%	*N*	MIL-RÉIS	%	*N*
Instituições	110 037	45,3	(125)	2,735	1,1	(3)
Comerciantes	60,277	24,8	(61)	42,167	17,4	(52)
Comerciantes-senhores de engenho	3,473	1,4	(6)	12,275	5,0	(11)
Profissionais	30,311	12,5	(46)	12,565	5,2	(23)
Senhores de engenho	17,624	7,3	(21)	84,929	35,0	(61)
Artesãos	5,820	2,4	(14)	14,916	6,1	(33)
Lavradores de cana, plantadores de fumo, pecuaristas	4,526	1,9	(7)	64,415	26,6	(91)
Legados e capelanias de administração privada	3,286	1,4	(9)			
Desconhecido	7,422	3,0	(11)	8,774	3,6	(26)
Totais de todas as transações	242,776	100,0	(300)	242,776	100,0	(300)

Fonte: FLORY, Rae. *Bahian society in the mid-colonial period: the sugar planters, tobacco growers, merchants, and artisans of Salvador and the Reconcavo, 1680-1725*. Tese de PhD. University of Texas, 1978, pp. 73, 75.

Os comerciantes frequentemente auferiam uma remuneração pelo serviço prestado, negociando receber o pagamento da dívida em açúcar a um preço abaixo do de mercado. Podemos tomar como exemplo o caso dos irmãos Luís e João Ferreira da Rocha, que em 1794 tomaram emprestados 3:974$377 para comprar uma fazenda de cana em Cachoeira, com a intenção de construir ali um engenho. Seu credor exigiu que dois terços do empréstimo fossem pagos à taxa normal de juros, 5%, mas que o restante fosse pago sem juros, em açúcar da próxima safra, avaliado a 100 réis abaixo do preço da praça. Com uma margem de lucro sobre as importações e um desconto como esse sobre o açúcar, os comerciantes podiam contar com obter um bom retorno em suas transações com os produtores de açúcar. Estes, por sua vez, anuíam a essa prática porque, nas palavras de Salvador de Sá, "a necessidade não conhece leis".[24] Portanto, a capitalização da indústria açucareira foi em grande parte proporcionada por crédito mercantil. Como informou José da Silva Lisboa em 1781, "é este ramo do comércio o mais seguro e o mais pingue dos negociantes".[25] Em fins do século XVIII, os empréstimos realizados pelos comerciantes provavelmente tornaram-se mais importantes do que haviam sido até então, devido ao declínio financeiro de importantes instituições emprestadoras como a Misericórdia. Em 1798, o governador da Bahia estimou que cada um dos principais comerciantes contava, em sua escrituração contábil, com doze a vinte senhores de engenho e centenas de lavradores de cana figurando como mutuários.[26]

Somente os senhores de engenho mais abastados e bem estabelecidos tinham alternativas ao crédito mercantil. Os empréstimos de instituições, com suas taxas de juros reduzidas, estavam disponíveis especialmente para os grandes proprietários de sólida reputação. Alguns senhores de engenho procuravam negociar diretamente com a Europa, evitando assim os comerciantes locais. Embora o comércio direto com Portugal facilitasse o acesso ao dinheiro para os senhores de engenho, também significava que eles precisariam assumir outros riscos e encargos. Era um método de efetuar transações não isento de riscos e demandava habilidade e contatos disponíveis a poucos.[27] Com efeito, durante a era colonial, a maioria dos senhores de engenho viu-se forçada a procurar crédito junto à comunidade mercantil local. Quase todos os comerciantes, ou pelo menos os que se autodenominavam "homens de negócio", agiam simultaneamente como agentes comerciais e fornecedores de crédito, assumindo os riscos inerentes a essas funções. Quando o comerciante Manoel Gomes Correia morreu em 1817, constavam em seus registros contábeis 79 concessões de crédito e tinha 29 ações de cobrança em tribunais cíveis.[28]

As execuções de hipotecas eram relativamente comuns, mas apresentavam muitos problemas. As leis de 1663 e 1723 eram usadas eficazmente pelos senhores de engenho para impedir os credores de confiscar os engenhos, e os emprestadores muitas vezes tinham de se contentar com um pagamento parcial em cada safra. Foi esse o caso, em 1785, quando o Engenho Boca do Rio, na paróquia de Paripe, foi arrestado por débito pelo comerciante Manoel de O. Freire. Anteriormente, Freire havia tentado confiscar o engenho, mas o governador impedira a execução da hipoteca. Foi somente quando o pagamento anual deixou de ser efetuado que se permitiu a execução. Porém, a essa altura, o proprietário levara o caso ao tribunal, onde a pendência arrastou-se durante nove anos, tempo em que o engenho permaneceu inativo.[29]

Mesmo quando um engenho era finalmente levado a pregão público para saldar dívidas, os problemas não terminavam. Os maiores lances frequentemente eram dados sem disponibilidade de dinheiro em caixa, mediante promessa de pagamento em futuras prestações; a aceitação dessas condições sujeitava os credores a espera adicional para receber seu dinheiro. Por outro lado, a escassez de dinheiro em caixa na capitania mantinha baixos os lances pelas propriedades leiloadas quando se requeria o pagamento imediato. Em 1692, Francisco de Estrada queixou-se amargamente do juiz Antônio Rodrigues Banha, que forçara a venda do engenho de Estrada para o pagamento de dívidas, insistindo no pagamento em dinheiro, "coisa impossível de assim ser, pois nunca no Brasil se fez".[30] O primeiro lance tinha sido de 18 contos de réis, mas por causa da condição imposta pelo juiz, o engenho foi finalmente vendido à sogra do magistrado por 8 contos de réis, pagos em moeda sonante. Qualquer que fosse o motivo para a atitude de Rodrigues Banha, a Relação da Bahia, em 1709, acabou por sancionar o princípio do pagamento em dinheiro à vista das propriedades arrematadas em leilão, a fim de que as dívidas pudessem ser liquidadas.[31]

Apesar de os senhores de engenho geralmente se retratarem como devedores em situação desvantajosa, também eles encontravam maneiras de usar o sistema creditício em proveito próprio. Na amostra de empréstimos levantada por Flory, cerca de 7% do dinheiro emprestado provinha de senhores de engenho. Para estes, a capacidade de conceder capital ou crédito apresentava não só a vantagem usual de um lucrativo retorno sobre o investimento mas também a oportunidade de adquirir controle sobre subordinados engajados na indústria açucareira. Um procedimento comum era o senhor de engenho conceder empréstimo a um lavrador de cana, que então se comprometia a moer seu produto no engenho do emprestador.[32] Desse modo, a cana tornava-se "obrigada" ou "cativa", e não podia ser beneficiada em outro lugar, mesmo que fossem oferecidas melhores condições, a não ser que se pagasse uma indenização ao credor. Os senhores de engenho sempre procuravam garantir um suprimento de cana que mantivesse o engenho funcionando em plena capacidade; e conseguindo o fornecimento de cana obrigada, as preocupações, o custo e o esforço necessários todo ano para assegurar um suprimento adequado podiam ser evitados. Uma vez obrigado desse modo, o lavrador tinha de levar em conta esse penhor ao realizar qualquer outra transação envolvendo sua propriedade. O resultado era uma complicada trama de contratos que eram frequentemente violados e um enorme cortejo de ações legais à espera de julgamento. O caso de João Gonçalves de Azevedo demonstra bem esses problemas. Ele havia tomado um empréstimo para desenvolver uma fazenda de cana na paróquia de São Francisco e hipotecara a propriedade como garantia do crédito. A cana foi obrigada ao engenho vizinho, pertencente a João da Fonseca Vilas Boas. Incapaz de pagar a dívida, Azevedo foi forçado a vender a fazenda em pregão público, e a propriedade foi então adquirida pelo capitão Jácome Antônio Merelo. O novo proprietário recusou-se a cultivar cana-de-açúcar, o que fez com que Vilas Boas o processasse, alegando que a fazenda estava obrigada ao seu engenho. Merelo argumentou que o contrato anterior apenas exigia que ele fornecesse cana se dispusesse de alguma, mas não requeria que ele a cultivasse se não o desejasse. A morte do capitão não encerrou o caso, e seus herdeiros tiveram de continuar a disputa.[33]

A posição de credor colocava os senhores de engenho em vantagem na concorrência pelo fornecimento de cana, e eles usavam de todos os meios para assumir esse papel. O caso de Francisco de Brito Freire, que herdou o Engenho Santiago na década de 1670, torna isso bem evidente. Em 1678, Brito Freire queixou-se de que seu engenho, localizado em Parnamirim, estava em mau estado e que precisava de pelo menos 600 mil-réis para colocá-lo novamente em pleno funcionamento. Como resultado das más condições do engenho, muitos lavradores das imediações haviam obrigado sua cana a outros engenhos em troca de dinheiro, e Brito Freire acreditava que a falta de cana acabaria por acarretar a ruína total de seu engenho. Sua única esperança era conseguir cana cativa da mesma maneira, e para tal fim pediu à Coroa que lhe concedesse 4 contos de réis, em troca do direito de cobrar uma dívida nesse valor, referente a um empréstimo que ele fizera a terceiros; assim, ele poderia mandar reparar o Engenho Santiago e emprestar dinheiro aos lavradores, sob a condição de obrigarem sua cana.[34] A Coroa acedeu parcialmente a esse pedido, e em três anos, Brito Freire já estava levando a cabo seu programa. Em 1681, emprestou 1,2 conto de réis ao capitão Antônio de Sousa para a aquisição de uma fazenda de cana, com a condição de que a cana fosse obrigada e moída à razão de uma tarefa por semana até que a dívida fosse liquidada. Para cada tarefa de cana que fosse beneficiada em outro lugar, Sousa teria de pagar uma indenização de 8 mil-réis.[35]

Devido à escassez permanente de moeda sonante na Bahia, os senhores de engenho, para obter cana cativa, às vezes concediam crédito na forma de escravos, terras ou equipamentos. Esse foi o caso quando Antônio da Rocha Pitta vendeu uma fazenda de cana a Francisco Machado Passanha. A fazenda foi vinculada ao Engenho Caboto, de propriedade de Rocha Pitta, na paróquia de Matoim, e o contrato determinava que a cana ali produzida permaneceria obrigada "enquanto o mundo durar". Estabeleceu-se uma detalhada programação de moagem, e o pagamento deveria ser efetuado com metade do açúcar que coubesse ao lavrador, até a liquidação da dívida. Com essas técnicas, os senhores de engenho conseguiam conceder empréstimos e obter cana sem a necessidade de possuir dinheiro em caixa.[36]

Assim, o crédito abria o caminho para a participação na atividade açucareira. Sem ele, poucos poderiam estabelecer um engenho ou um canavial, ou conduzir o empreendimento após seu início. Testamentos e inventários revelam que poucas pessoas ligadas à economia açucareira morreram sem algum tipo de dívida ativa ou passiva, e os testamenteiros eram instados a pagar ou cobrar alguma quantia pendente. Embora os senhores de engenho se lastimassem por estarem endividados, o nível da dívida era também um indicador de êxito. Quanto mais rico o senhor de engenho e mais valiosos sua propriedade e outros bens, mais probabilidade havia de os comerciantes ou outros emprestadores concordarem em conceder-lhe crédito. A impressão deixada pelo exame dos testamentos é de que as dívidas raramente excediam o valor da produção de um ano, de modo que, se necessário, elas pudessem ser liquidadas rapidamente. Era quando o endividamento extrapolava esse nível que os senhores de engenho se viam em dificuldades.

As pessoas ingressavam na atividade açucareira de várias formas. O herói de Defoe, Robinson Crusoé, tornou-se senhor de engenho na Bahia começando com a cultura do fumo e de gêneros alimentícios, e então mandando vir da África alguns escravos. Passados dois anos, havia acumulado capital inicial suficiente e, obtendo crédito junto a um comerciante local, estava pronto para assumir o papel de senhor de engenho.[37] Esse era o modelo que os lavradores de cana esperavam imitar, pois de todas as culturas que prometiam lucros, era a própria cana-de-açúcar a que oferecia a maior chance para finalmente se adquirir um engenho. Com capital ou crédito, sempre se podia construir um novo engenho. Porém, na década de 1720, boa parte das melhores terras do Recôncavo já estava ocupada e, a menos que o aspirante se dispusesse a ser pioneiro em paróquias remotas, o ingresso na classe dos senhores de engenho geralmente implicava a aquisição de uma propriedade já estabelecida. Isso frequentemente era feito por meio de herança ou casamento, quando herdeiros e maridos assumiam a responsabilidade pelas propriedades da família. Também era comum a compra direta de um engenho já existente. Os comerciantes muitas vezes financiavam essas aquisições, que eram quase invariavelmente pagas em parcelas. Além disso, havia ocasionalmente execuções de hipotecas, com pregões em praça pública e compra por meio de lances abertos.

A indústria açucareira enfrentou bons e maus tempos, e os engenhos, considerados individualmente, às vezes fracassavam devido a má administração, preços baixos ou recalcitrância dos escravos. Sempre havia riscos, e bastava "o Demônio entrar na cabeça de um dos negros para ele arruinar todo o açúcar fabricado, sem que o senhor ou qualquer outro pudesse fazer coisa alguma até ser tarde demais".[38] O importante, porém, é que sempre existia alguém disposto a, por um preço justo, comprar um engenho, assumir os riscos e produzir açúcar.

Nem todos os que dirigiam um engenho eram proprietários. Os contratos de arrendamento por diversos períodos eram comuns, embora os mais usuais fossem os de três e nove anos. Em 1817, aproximadamente 6% dos engenhos do Recôncavo estavam em mãos de arrendatários; essas propriedades, porém, tendiam a ser menores que a média dos engenhos. Os contratos em geral requeriam que o arrendatário efetuasse pagamentos anuais em açúcar ou em dinheiro sob várias condições. Em fins do século XVIII e início do XIX, quando a expansão da indústria açucareira popularizou tais contratos, o valor da renda em geral era entre 800 e 1400 mil-réis anuais.[39] Podiam-se encontrar rendas maiores ou menores, conforme o estado da propriedade, o número de escravos ou a capacidade potencial do engenho. Do ponto de vista do proprietário, o arrendamento proporcionava uma renda constante, com poucos riscos e problemas. Para o arrendatário, interessava-lhe a chance de lucrar com essa atividade e alcançar o status de senhor sem realizar um grande investimento inicial. Ocasionalmente, os proprietários continuavam a residir na propriedade enquanto ela estava sob o controle de um arrendatário; precisava-se, então, de acordos que organizassem os assuntos de habitação e convivência.[40] Os contratos normalmente requeriam que o arrendatário deixasse a propriedade ao término do prazo contratado, a menos que a renovação fosse de comum acordo. Era prática comum no Brasil que todas as benfeitorias realizadas em uma propriedade rural se tornassem propriedade do dono, porém às vezes eram feitos acordos com cláusulas diferentes dessa.[41]

VALOR DAS PROPRIEDADES

Para os que preferiam adquirir uma propriedade, os custos de instalação de um engenho variavam conforme a época e refletiam a tendência inflacionária geral na colônia, bem como as diferenças de escala entre as unidades produtivas. O Engenho Sergipe, talvez o maior engenho do Recôncavo no século XVII, foi avaliado em 1635 em aproximadamente 47 contos de réis, mas esse valor incluía terras arrendadas a lavradores, além de consideráveis áreas florestais.[42] No extremo oposto estavam engenhos como os leiloados pelos holandeses em Pernambuco na década de 1640, cujo preço médio era de apenas 8 contos de réis, cifra que provavelmente reflete as más condições da propriedade.[43] Não obstante, esse mesmo valor foi citado como preço médio em 1660 pelo juiz do povo na câmara municipal de Salvador.[44] Uma estimativa de Pernambuco em 1751 indicava que o custo de instalação de um engenho de médio porte com capacidade produtiva por volta de 3500 arrobas de açúcar era entre 12 e 16 contos de réis.[45] A partir de uma série de vendas e outras transferências de propriedade realizadas entre 1684 e 1725, a historiadora Rae Flory calculou o valor médio de um engenho baiano.[46] Os dezessete engenhos examinados tinham um valor médio de 15,2 contos de réis, mas esse número não incluía a massa escrava. Assim, Flory ajustou o valor para 20 contos de réis, levando em conta a existência de no mínimo trinta escravos aos preços correntes. Podemos acrescentar algumas outras informações a essa estimativa para o início do século XVIII. Em pregões públicos, cinco engenhos confiscados entre 1724 e 1757 foram comprados em média por 10,435 contos de réis, sem escravos. Se acrescentarmos quarenta escravos a 80 mil-réis cada um, o valor médio subiria para 13,635 contos de reis.[47] Essa cifra é baixa, e provavelmente se deve ao fato de os engenhos estarem em más condições e terem sido leiloados para pagar dívidas pendentes. Entretanto ela também pode refletir a estagnação do mercado de propriedades açucareiras ocorrida em meados do século XVIII. Em outro grupo de dez engenhos avaliados em testamentos entre 1794 e 1827, o valor médio era de 43,567 contos de réis, embora alguns fossem avaliados em mais de 100 contos de réis.[48] A estimativa de Silva Lisboa em 1781 fornecia um valor médio de 24 contos de réis para um engenho de tração animal com oitenta escravos. A estimativa de 40 contos de réis para um engenho médio, feita uma década mais tarde, reflete a elevação do preço das propriedades açucareiras verificada no final daquele século.[49]

As fazendas de cana, próprias ou arrendadas, valiam consideravelmente menos que os engenhos. Os lavradores de cana não necessitavam dos dispendiosos utensílios de cobre, edifícios e maquinário de um engenho, nem empregavam escravos especializados, de preços mais altos, como os usados no beneficiamento do açúcar. O estudo de Flory revela que o valor de uma fazenda de cana média, sem cativos, era de 2,56 contos de réis; adicionando-se a força de trabalho escrava, o valor médio aumentava para 4 contos de réis, cerca de um quinto do valor de um engenho.[50] Em 1620, um lavrador de cana que possuísse vinte escravos mas não tivesse terras precisaria de 1,144 conto de réis para iniciar sua lavoura; um século depois, esse valor aumentara para 3,256 contos de réis. Boa parte dessa elevação pode ser atribuída a um crescimento no preço dos escravos.[51]

Tomando conjuntamente os valores dos engenhos e das fazendas de cana, podemos obter uma estimativa aproximada do capital investido na indústria açucareira baiana. Em 1758, havia 180 engenhos na Bahia, os quais contavam em média com quatro lavradores de cana por engenho. Assim, a 24 contos de réis por engenho, as 180 unidades valiam 4.320 contos de réis, aos quais devem ser acrescidos 2.880 contos de réis para cerca de 720 fazendas de cana a 4 contos de réis cada uma.[52] O valor total do capital, portanto, era de aproximadamente 7.200 contos de réis. Na segunda metade da década de 1750, o açúcar remetido pela Bahia atingiu um valor médio anual de 450 contos de réis. Isso proporcionaria um retorno anual bruto de 6,25% sobre as exportações, do qual deveriam ser então deduzidas as despesas. A taxa bruta de retorno era igual à taxa de juros oficial, mas a taxa líquida era mais baixa que esta última, proporcionando apenas um modesto retorno de talvez 3% para a indústria como um todo. Esse retorno, naturalmente, não se dividia de forma equânime. Cerca de um terço dos rendimentos dos lavradores era apropriado na forma de rendas ou outras despesas pagas aos senhores de engenho. Ainda assim, esses números indicam que estes últimos enfrentaram dificuldades durante a década de 1750.

O que não consta desses cálculos, porém, é a renda gerada pela venda de melado e aguardente, que em sua maior parte eram consumidos localmente na Bahia. Esses subprodutos do açúcar, isentos do dízimo, não eram divididos com os lavradores, tornando-se propriedade dos engenhos. Portanto, às exportações acrescia-se a venda local desses produtos, o que talvez adicionasse 1% ou 2% ao retorno sobre os investimentos. Como às vezes diziam os senhores de engenho, o açúcar permitia-lhes cobrir as despesas e a cachaça proporcionava-lhes o lucro.

O dinheiro investido em um engenho distribuía-se por certos elementos essenciais: edifícios, a moenda, os "cobres" (caldeiras), gado, carros e barcos, pastagens, canaviais e escravos. A esses fatores essenciais adicionavam-se às vezes elementos que tornavam essas propriedades símbolos do conforto de uma vida patriarcal e aristocrática: uma capela bem guarnecida, mobília importada, selas ricamente trabalhadas, cavalos vigorosos e, ocasionalmente, uma pequena biblioteca. Embora o valor dos engenhos variasse consideravelmente, a distribuição relativa dos investimentos em seus componentes também era variável. Não é fácil reconstruir o padrão comum a esses investimentos. Os registros notariais são em geral incompletos, as vendas de escravos eram com frequência lançadas separadamente e os valores e medidas das terras raramente eram fornecidos com precisão antes do século XVII. Àquela época, contudo, o valor relativo da terra era uma parcela tão grande do capital investido em um engenho que qualquer estimativa para os períodos iniciais que não o leve em consideração torna-se bastante questionável.

A partir de um grupo de dez engenhos avaliados entre 1716 e 1816, cujos registros estão relativamente completos, é possível entrever a distribuição relativa do capital em um engenho baiano. Os resultados podem ser vistos na Tabela 19. Fica patente que o principal item nas despesas de capital era a terra, que em vários casos respondia por mais da metade do valor total da propriedade. Quando se acrescenta ao total o valor da cana cultivada nessa terra, a proporção relativa aos bens imóveis eleva-se ainda mais. Esses números contradizem as afirmações feitas por alguns estudiosos de que era a mão de obra, e não a terra, o fator produtivo crucial. Esses historiadores argumentam que, sendo a terra relativamente abundante e pouco valorizada, a sociedade brasileira não poderia ser designada como um "regime feudal". De qualquer forma, sejam quais forem os méritos duvidosos de tal raciocínio, as evidências da Bahia indicam que, dada a importância relativa da terra, ele se baseia em uma falsa premissa.[53] Todavia os escravos não deixavam de ser importantes. A proporção do investimento na escravaria variava de 7% a 37%, sendo a parcela mais comum acima de 20%. Essa é notavelmente semelhante à encontrada nas plantations das Antilhas inglesas.[54] A porcentagem relativamente alta do capital investido em escravos tornava os senhores de engenho sensíveis em particular a alterações no preço dos cativos; porém, em termos reais, a terra invariavelmente era mais valiosa que a escravaria.

TABELA 19 — DISTRIBUIÇÃO DO CAPITAL DE ALGUNS ENGENHOS BAIANOS, 1716-1816 (EM MIL-RÉIS)

ANO	PROPRIETÁRIO / ENGENHO	TERRAS	CANA	ESCRAVOS	ANIMAIS	EDIFÍCIOS	EQUIPAMENTOS	TOTAL
1716	Manoel Martins de Almeida	5200		6731	2338	2862	1467	18 620
1741	Engenho do Baixo	2029	400	5105	896	762	1428	10 598
1741	S. Pedro de Tararipe	5350	676	5155	586	762	1415	13 944
1769	Engenho Barbado	17 240	856	14 310	3144	2800	1672	40 022
1773	Engenho Santo Antônio	10 750	228	4427	941	3805	359	20 510
1779	Engenho Pitanga	7200	1128	4705	1262	10 220	894	25 409
1795	Engenho Agoa Boa	22 000	1163	2509	1964	6473	3219	37 409
1816	Engenhos Trindade, Buraco, Caboçu	100 254	4034	35 815	5364	33 498	9653	188 616 (média 62 872)

Fonte: APB, sec., jud., inventários.

Os equipamentos e instrumentos necessários à operação do engenho, com algumas exceções, não tinham um custo unitário muito elevado. Entretanto a taxa de depreciação desses itens era alta. Machados, enxadas, facões de cortar cana e os vários implementos para o fabrico do açúcar representavam despesas pequenas. O mesmo não se pode dizer, porém, dos carros de boi ou dos barcos, que mesmo velhos e gastos podiam custar entre 6 e 10 mil-réis cada um. Os cobres, ou ternos de caldeiras e recipientes, compunham o item mais caro do equipamento. No século XVIII, o valor dos cobres de um engenho normalmente situava-se entre 1 e 2 contos de réis; o padre Estêvão Pereira escreveu que dificilmente se passava uma safra sem que os fundos das caldeiras precisassem ser substituídos pelo menos uma vez, devido ao calor constante das fornalhas. Os custos de reposição do cobre e do ferro eram especialmente problemáticos e elevados porque todo o suprimento do Brasil era importado da Europa.

Embora hoje em dia a imagem que se tem da casa-grande do engenho seja formada pelas mansões remanescentes da aristocracia baiana do século XIX, na verdade poucas dessas casas-grandes atingiram proporções tão imponentes. Eram comuns as construções de taipa, bem como os telhados de sapé, pelo menos durante o século XVII. Os edifícios com dois andares, visando à segurança e ao conforto, eram bastantes comuns, como demonstram as pinturas de Frans Post para o período holandês. No século XVII foram construídas casas-grandes sólidas, conforme atestam os exemplos das ainda existentes nos engenhos Cajaíba, da Ponta e Freguesia. Contudo essas mansões litorâneas contrastavam com construções mais modestas nas paróquias mais novas do Recôncavo. As habitações dos lavradores eram ainda mais despretensiosas. Os engenhos necessitavam, adicionalmente, de outros edifícios: a casa do engenho, a casa de purgar, o galpão de secar, talvez uma olaria, e senzalas. Mesmo quando a casa-grande era uma mansão, o valor total dos edifícios em uma propriedade açucareira raramente atingia 20% do valor total da propriedade.

Animais eram indispensáveis para o funcionamento do engenho, mas em geral constituíam uma parcela relativamente pequena do investimento de capital. Cavalos de sela, vacas leiteiras, cabras e ovelhas aparecem com regularidade em listas de inventários (porcos não aparecem), mas esses animais representavam apenas uma fração diminuta do valor da propriedade. Muito mais importantes eram os bois ou cavalos, necessários como força de tração para a moenda ou para os carros de boi que transportavam a cana do campo à casa do engenho. Os bois, trazidos do sertão, eram adquiridos nas feiras de gado localizadas nas imediações do Recôncavo. Alguns senhores de engenho criavam seus próprios rebanhos e introduziam novos animais quando preciso. Nenhum engenho, porém, podia dispensar pastagens em suas terras. Os bois carreiros tinham grande valor, sendo seu preço aproximadamente 30% mais alto do que o de animais não treinados. O valor conjunto dos animais do engenho raramente ultrapassava 10% do capital investido.

Além do capital (definido como "o conjunto de ativos capazes de gerar um fluxo econômico de produção"), os senhores de engenho também tinham parte de seus ativos formada por bens de consumo.[55] Joias, prataria, mobília, vestuário, objetos religiosos e livros aparecem com regularidade em inventários dessas propriedades. Apenas em alguns casos a participação desses itens excedeu 10% do valor total do engenho. Os inventários de engenhos e fazendas de cana conservados até nossos dias não transmitem a impressão de prodigalidade e luxo ou de desperdício no uso dos recursos. Para cada opulento barão do açúcar, senhor de homens e terras, amante de bons vinhos e de linho holandês e capaz de pagar por eles, havia perto de uma dúzia de senhores de engenho que lutavam duramente para conseguir equilibrar receitas e despesas.

Esse padrão ressalta-se ainda mais quando se examina um conjunto de avaliações de propriedades de lavradores de cana no período de 1713 a 1824, como demonstrado na Tabela 20. O investimento desses lavradores em bens de consumo era mínimo, raramente atingindo 10% de sua riqueza. Nessa tabela, nas poucas vezes em que aparecem somas vultosas no item "riqueza pessoal", essas quantias representam o valor em dinheiro de açúcar ainda não vendido à época do inventário. Embora a ausência de dinheiro em caixa ou de bens de luxo indique que, com poucas exceções, a classe dos lavradores não vivia na abastança, as dívidas relativamente pequenas da maioria deles contradizem sua própria queixa constante sobre um endividamento esmagador. Houve alguns casos em que as dívidas chegavam a um quarto ou um terço da riqueza total, mas tais casos são contrabalançados por outros em que não havia dívidas pendentes. Assim como para os senhores de engenho, a situação e o padrão de vida dos lavradores de cana refletiram as condições gerais da indústria açucareira, mas ambas as categorias parecem ter administrado suas finanças com cautela e bom senso.

Muitos lavradores eram arrendatários e não possuíam terras nem residências. Quando, porém, entre suas posses havia bens imóveis, a proporção destes no total dos bens era muito menor do que a verificada para os engenhos. Nas catorze propriedades de lavradores de cana analisadas na Tabela 20, o valor conjunto das terras e da cana perfazia 30% do capital. Os escravos eram muito mais importantes, compreendendo 56% do total. Podemos tomar o exemplo de Filipe Dias Amaral, lavrador da paróquia de São Francisco que, em 1804, possuía 21 cativos, 35 bois e um pequeno

TABELA 20 — DISTRIBUIÇÃO DO CAPITAL EM PROPRIEDADES DE LAVRADORES DE CANA, 1713-1813 (EM MIL-RÉIS)

ANO	TERRAS	CANA	ESCRAVOS	(*N*)	ANIMAIS	EDIFÍCIOS	EQUIPAMENTOS	TOTAL	RIQUEZA PESSOAL	DÍVIDAS PASSIVAS
1713	800	60	2090	(24)	342	200	34	3526	49	
1714	1677		1651	(16)	186	150	15	3679	61	808
1722	300	314	2430	(19)			42			
		400	3285	(26)				6771		
1733		250	4115	(34)	101	24	33	4523	457[a]	
1743		60	990	(15)	295	15	38	1398	15	95
1758	600	84	1418	(25)	207	800	19	3128	1413[a]	225
1773	920	175	1363	(18)	145	32	18	2653	12	
1777		229	715	(11)	161		24	1129	24	
1795	1600		2080	(28)		170	12	3862	28	
1797		251	630	(6)	518	200	24	1623	113	
1804	88	746	2660	(21)	680	550	13	4737	25	
1813[a]	5200	129	1860	(18)	228	86	36	7539	50	386
1813[b]	363	182	2090	(21)	449	40	21	3145	1654[a]	1056
1824	1045		1163	(15)	120	40	5	2373	32	

(*a*) Inclui valor de uma safra de cana. Outras propriedades pessoais incluem mobília, prata, dinheiro etc.

Fontes: APB, inventários: 1713 (S. Francisco 7744/5), 1714 (S. Francisco 7745/1), 1722 (S. Francisco 7743/2), 1733 (S. Francisco, 7753), 1743 (S. Francisco 7749/2), 1758 (Cidade 636), 1773 (S. Francisco 7742/4), 1777 (S. Francisco 535/17), 1795 (Cidade 656/2), 1797 (S. Francisco 536/16), 1804 (CWP, pacote II), 1813[a] (Cidade 689/1), 1813[b] (Cidade 688/5), 1824 (Cidade 741/3).

lote de terra. A escravaria compunha quase dois terços do valor total de seus ativos. As elevações nos preços dos cativos afetavam toda a indústria, mas tinham um impacto especialmente negativo sobre lavradores como Dias Amaral, uma vez que parcela tão grande de seu capital operacional estava investida na escravaria.

CUSTOS E RETORNOS

Tendo examinado as fontes e características do capital e do crédito, além da distribuição relativa dos ativos, podemos passar agora ao tópico dos custos operacionais. A questão das despesas e, em última análise, dos lucros, é um assunto altamente complexo que, no contexto das economias de grande lavoura da América do Norte e das Antilhas, gerou um acirrado debate bastante esclarecedor. As perspectivas dos contadores, economistas e senhores de engenho quanto ao problema são diferentes, o que originou interpretações amplamente diversificadas. O senhor de engenho acreditava, por exemplo, que o valor de um ativo era seu preço de mercado corrente, ou seja, o que se obteria com sua venda. A avaliação do contador seria baseada no custo original desse ativo, descontada a depreciação. O economista provavelmente concordaria em que o preço corrente não representa o valor real, mas possivelmente insistiria em que eram necessários cálculos adicionais de produtividade para se chegar a um valor adequado. Os historiadores modernos amiúde constatam a ausência do tipo de informações necessárias para efetuar esses cálculos de lucratividade. Isso não é novidade. Os próprios senhores de engenho defrontavam-se com a incerteza e a dificuldade de cálculo, causadas pela imprevisibilidade climática, pelas mudanças no mercado e nos preços e pelas políticas governamentais, sobre as quais tinham pouco controle. O risco e a incerteza faziam parte da atividade açucareira, e a contabilidade de custos não era um trabalho fácil.[56]

A maioria dos grandes proprietários brasileiros, bem como a dos norte-americanos, "contentava-se com os cálculos e registros mais simples dos lucros e perdas, baseados em receitas e despesas monetárias".[57] Interessavam-se, antes de mais nada, pelo que desembolsavam em comparação com o que vendiam. Os lucros e perdas "no papel", originados de alterações no valor do estoque de capital, geralmente não entravam na escrituração. Sua contabilidade frequentemente misturava gastos correntes em itens como alimentos, madeira e sebo com despesas de capital para a aquisição de novos escravos ou equipamentos. Um único lançamento contábil muitas vezes juntava dispêndios com mão de obra e materiais, de modo a impossibilitar a separação em componentes.

Acima do problema geral da escrituração das propriedades estão os problemas característicos do Brasil: a documentação é escassa em consequência da escrituração deficiente, do subsequente desinteresse, do clima úmido e dos insetos vorazes. Existem apenas duas estimativas globais de lucros e despesas: a análise do Engenho Sergipe feita em 1635 pelo padre Estêvão Pereira, e a avaliação apresentada em 1751 por um grupo de senhores de engenho descontentes. Ambas são exemplos de reivindicações especiais e devem ser utilizadas com cautela. Para as propriedades privadas — centenas de engenhos e milhares de fazendas de cana — não dispomos de quase nenhum livro razão remanescente do período colonial. Os únicos registros contábeis consistentes que nos restam são os dos engenhos dos jesuítas e beneditinos.[58] Estes não são propriedades típicas, mas se descontarmos as despesas um pouco maiores com as contribuições beneficentes, a observância do calendário religioso e o absenteísmo dos proprietários, seus gastos, juntamente com as duas estimativas globais acima mencionadas, podem indicar certos padrões de desempenho para os engenhos baianos.

Para simplificar a análise, as despesas anuais foram divididas em algumas categorias abrangentes. Os custos da mão de obra foram um item crucial nas despesas durante toda a era colonial. Pagavam-se dois tipos de salário: "soldadas", salários anuais que às vezes incluíam alojamento e alimentação, e "salários" ou "jornais", pagamentos de determinadas quantias, por dia de trabalho ou por tarefa. Adicionalmente, a força de trabalho escrava precisava ser reposta ou ampliada e, embora as aquisições de novos escravos fossem, na verdade, um acréscimo ao estoque de capital, os senhores de engenho calculavam essas compras como despesa anual. Ademais, os cativos tinham de ser alimentados, vestidos, abrigados e mantidos. Os desembolsos para essas necessidades, bem como para remédios, parteiras, médicos e cirurgiões-barbeiros eram comuns.[59]

Outras categorias de gastos importantes eram os de combustível, transporte, materiais e os desembolsos para aquisição de escravos, animais e equipamentos. O combustível era um item essencial, e o suprimento de lenha para as fornalhas era tão importante quanto o de cana para o engenho. As propriedades que contavam com áreas florestais eram privilegiadas, pois as que não as possuíam despendiam grandes somas para a aquisição e o transporte da lenha. Os custos de transporte incluíam pagamentos a despachantes e carreiros, taxas de armazenagem e várias tarifas e impostos. As despesas com material e equipamento abrangiam vários itens, desde mourões de cerca e caixas até óleo de baleia para as candeias e placas de cobre para reparar as caldeiras. Os gastos contínuos com a aquisição de cobre estavam entre os mais vultosos, mas a compra ou a construção de um carro de boi ou um barco aumentavam consideravelmente a despesa daquele ano, pois seu custo unitário era elevado. Também neste caso os proprietários não distinguiam entre as aquisições de capital e a sua manutenção, que poderia ser considerada um gasto corrente. Os animais também entravam como despesa corrente e são um bom exemplo dos problemas da contabilidade precisa. Um senhor de engenho que possuísse seu próprio rebanho em uma fazenda no sertão poderia não lançar nenhum dispêndio com animais em determinado ano na escrituração do engenho, ignorando o custo da criação, do gado na fazenda e do transporte dos animais até o engenho. Outrossim, os bois carreiros atingiam preços três ou quatro vezes maiores que os dos animais não treinados, e o trabalho de habituá-los à canga também deveria ter sido calculado. Nada disso era feito e, assim, as presentes tentativas de estimar esses custos baseiam-se em tantas suposições e em dados tão pouco consistentes que qualquer tentativa de obter precisão é no mínimo enganosa.

Finalmente, o custo da cana-de-açúcar, matéria-prima da indústria, quase nunca era calculado pelos senhores de engenho. Eram capazes de estimar o custo do plantio e colheita de uma tarefa de cana. Em 1751, a câmara da Bahia avaliou uma tarefa de cana plantada em 10$000 e o custo total de transformá-la em açúcar em 31$600, mas como a maioria dos engenhos dependia de lavradores de cana para suprir a maior parte da matéria-prima, a aquisição desta raramente era computada como despesa.[60] Na verdade, porém, a parte do produto entregue ao lavrador após o beneficiamento era um custo para o senhor de engenho, embora ele não o identificasse como tal.

Cada engenho era, por definição, distinto, com suas próprias vantagens e desvantagens peculiares que influenciavam as operações. O Engenho Sergipe, por exemplo, situava-se na foz de um rio e mantinha seus próprios barcos e barqueiros para transportar açúcar e suprimentos. Isso aumentava seu dispêndio com salários e equipamentos, mas reduzia os custos de transporte. Por outro lado, esse engenho sempre contou com rebanhos próprios, que forneciam novos bois todo ano, reduzindo, assim, suas despesas com animais. A venda de terra aos lavradores no início do século XVII privara o engenho de boa parte de seu estoque natural de lenha, e o suprimento da mesma era um pesado e contínuo ônus para a propriedade. O Engenho São Bento dos Lajes, dos beneditinos, situado na margem oposta do rio e bem em frente ao Engenho Sergipe, apresentava uma posição semelhante, com baixos custos de animais e transporte e pesadas despesas com lenha. Seu congênere, o Engenho São Caetano, localizado na paróquia de Purificação, mais para o interior, possuía grandes estoques de madeira e nada gastava com esse item, entretanto, defrontava-se com o problema de conduzir os produtos entre o litoral e o interior sem contar com transporte hidroviário. Suas despesas com animais eram sempre elevadas, pois não possuía rebanhos próprios. Essas características distintivas contribuíam para as diferenças observadas no desempenho das unidades produtivas.

Tendo em mente essas várias limitações, passemos ao exame dos registros remanescentes. O primeiro cálculo disponível das despesas operacionais foi efetuado em 1635 pelo padre Estêvão Pereira, que foi administrador do Engenho Sergipe e baseou seu relatório em um conhecimento profundo e direto adquirido no exercício dessa função.[61] Ele estimou o valor dessa propriedade em 46,8 contos de réis, sendo a terra avaliada em 24,8 contos e as construções, escravos e animais, em 22 contos. O engenho produzia anualmente entre 10 e 12 mil arrobas de açúcar, das quais aproximadamente 7 mil, de diversas qualidades, permaneciam como parte que cabia ao engenho. Aos preços da época, o valor do açúcar, melado e aguardente era de 3,874 a 4,888 contos de réis. Adicionalmente, o engenho recebia em espécie alguns pagamentos pelo arrendamento de terras, que também representavam receitas. As estimativas de custos apresentadas pelo padre Pereira alcançavam 3,465 contos de réis anuais.[62] Desses custos, os salários eram fundamentais, constituindo uma parcela maior que a aquisição e manutenção da escravaria. Também altos eram os custos de equipamentos e materiais, perfazendo mais de 30% do total.

A contabilidade "teórica" do padre Pereira pode ser cotejada com a verdadeira escrituração do Engenho Sergipe, referente a 48 safras entre 1611 e 1754. Os registros do período de 1622 a 1654 foram publicados e serviram de base aos estudos de Frédéric Mauro e Mircea Buescu.[63] Entretanto esse período foi uma fase difícil para o Engenho Sergipe e para a economia baiana como um todo. Por esse motivo, usei como amostra mais representativa as nove safras consecutivas entre 1707 e 1716. As despesas anuais referentes a esse período são apresentadas na Tabela 21. Cabem aqui alguns comentários acerca das categorias usadas na Tabela 21. As despesas médicas incluem um salário anual de 30 mil-réis pagos a um médico; essa quantia poderia ser somada aos salários, aumentando, assim, a proporção referente aos custos da mão de obra. Os dispêndios com animais são baixos porque o engenho possuía rebanhos próprios. A coluna de gastos diversos inclui despesas

TABELA 21 — DESPESAS DO ENGENHO SERGIPE, 1707-16

ANO	SALÁRIOS	ESCRAVOS	ALIMENTOS	REMÉDIOS	COMBUSTÍVEL	EQUIPAMENTOS	TRANSPORTE	ANIMAIS	DIVERSOS	TOTAL
1707-8	947	254	158	30	958	38	7	166	112	2670
1708-9	1023	450	177	30	778	742	535	24	1018	4777
1709-10	825	420	213	42	726	400			372	2998
1710-1	690	342	168	34	781	318	287		345	2965
1711-2	797	817	373	33	1068	305	290		92	3775
1712-3	663	1953	944	34	727	292	389	13	524	5539
1713-4	—	—	—	—	—	—	—	—	—	—
1714-5	701	924	812	32	636	192	433		173	3903
1715-6	647	590	1168	32	496	262	524	23	298	4040
Totais	6293	5750	4013	267	6170	2549	2465	226	2934	30 667
Porcentagem	20,5	18,7	13,1	0,8	20,1	8,3	8,0	0,8	9,6	

jurídicas, doações filantrópicas e alguns pagamentos de dívidas. Tomados em conjunto, os nove anos de safra indicam o padrão do desembolso de um grande engenho do Recôncavo no início do século XVIII. Note-se que os custos relativos à mão de obra (salários, alimentos, remédios, escravos) compõem mais de 50% do desembolso anual, ao passo que os gastos de equipamentos perfazem apenas 8% do total. Se os custos da escravaria, dos animais e (arbitrariamente) da metade dos materiais forem considerados conjuntamente como aquisições de capital, cerca de 25% do gasto anual representariam a reposição de capital em um dado ano.

Na Tabela 22, a distribuição de despesas do Engenho Sergipe em 1707-16 é comparada com as de safras anteriores dessa mesma propriedade e de outros engenhos baianos. O custo de combustível do Engenho Sergipe variou muito pouco e permaneceu em torno de 20% do total de cada ano. Suas aquisições de animais também foram de pequena monta durante todo o período. Os custos salariais nesse engenho foram menores no século XVIII em comparação com os de épocas anteriores; tal mudança provavelmente reflete um esforço consciente para substituir trabalhadores livres por cativos. As despesas de transporte foram muito maiores no período de 1707 a 1716, fato que provavelmente se explica pelas taxas de armazenagem mais altas, decorrentes do sistema de frotas.

Documentos dos engenhos São Bento dos Lajes e São Caetano, pertencentes aos beneditinos, podem ser comparados com os do Engenho Sergipe. Os relatórios trienais dos beneditinos da Bahia continham registros financeiros de suas propriedades, que permitem agrupar seus gastos operacionais de modo a confrontá-los com os do Engenho Sergipe.[64] Em ambos os engenhos dos beneditinos, 50% a 60% do desembolso corresponderam invariavelmente a gastos com mão de obra. Cerca de 30% destinaram-se à compra de alimentos. O Engenho São Caetano, que ficava mais distante da costa e utilizava bois como força de tração para a moenda, também apresentou custos elevados de transporte e animais, porém ambos os engenhos tiveram despesas equivalentes com materiais e equipamentos.

Os gastos relativos aos escravos nas propriedades dos beneditinos são particularmente interessantes porque parecem indicar uma diferenciação nas práticas atinentes à escravaria. Especialmente em fins do século XVIII, os beneditinos adotaram uma postura em favor de melhores condições, que se refletiu na grande parcela das despesas referentes à alimentação, na relativamente baixa proporção de gastos com salários, devido ao uso de cativos artesãos e técnicos, e na reduzida taxa de aquisições de escravos, em virtude das boas condições de vida e do crescimento natural da escravaria. De fato, a porcentagem indicada na coluna relativa às aquisições de escravos dos dois engenhos na Tabela 22 representa apenas uma estimativa de máximo, baseada em uma taxa de reposição de 6,25% aos preços médios correntes. Essa estimativa foi feita porque os beneditinos não incluíam as aquisições de escravos nas contas de seus engenhos, registrando-as separadamente como parte do desembolso geral em

TABELA 22 — DISTRIBUIÇÃO PERCENTUAL DAS DESPESAS ANUAIS DE ENGENHOS BAIANOS, 1611-1822

ENGENHO	ANOS	SALÁRIOS	ESCRAVOS	ALIMENTOS	REMÉDIOS	COMBUSTÍVEL	EQUIPAMENTOS	TRANSPORTE	ANIMAIS	DIVERSOS
Sergipe	1611-2	27,0	4,3	16,0	1,3	1,4	30,0	3,0	—	4, 7
Sergipe	1634-5	33,0	4,1	6,0	—	26,0	24,0	3,0	—	3,1
Sergipe	1643-52	26,0	8,2	7,9	—	20,0	35,0	1,1	0,2	—
Sergipe	1669-70	14,0	13,5	3,8	—	18,0	17,2	—	—	—
Sergipe	1707-16	20,5	18,7	13,1	0,8	20,1	8,3	8,0	0,8	9,6
Laje	1711-1800	14,4	14,6	30,0	2,5	19,0	13,5	1,0	3,2	1,4
S. Caetano	1726-1800	13,4	12,3	30,5	0,6	—	14,7	10,0	15,4	3,1
Engenho médio	1751	20,6	18,9	11,3	3,1	11,8	28,0	—	9,6	1,7
Buranhaém	1796-1801	12,1	10,7	21,4	3,9	8,5	11,6	5,9	18,8	7,2
Passagem *et al.*	1822	25,5	(13,5)	12,9	1,9	20,0	10,2	(5,5)	(9,3)	1,3

cada província da ordem. Assim, a verdadeira taxa de reposição pode ter sido ainda mais baixa, refletindo os benefícios de uma atitude mais humana com relação aos cativos. Os registros dos beneditinos, com efeito, indicam períodos de crescimento positivo entre seus escravos, embora não existam dados que permitam o cálculo do valor desse crescimento em termos do estoque de capital.

Infelizmente não há registros operacionais completos de engenhos de proprietários particulares leigos que possam ser comparados com a documentação dos jesuítas e dos beneditinos. Não obstante, existem os polêmicos registros referentes a cinco safras do Engenho Buranhaém (1796-1801), efetuados durante um litígio envolvendo essa propriedade, e ainda um outro conjunto de escriturações parciais realizadas pelo administrador, nomeado pelo tribunal durante o pleito judicial, dos engenhos Passagem, Cachoeirinha e Santa Inês (1822-3). Embora cada um desses registros apresente problemas específicos de uniformidade, precisão e tipicidade, em conjunto eles fornecem uma base de comparação com a documentação mais completa das propriedades eclesiásticas.

A contabilidade do Engenho Buranhaém apresenta um registro notavelmente pormenorizado da administração dessa propriedade por dom Félix de Betancourt e Sá em nome dos outros herdeiros do engenho.[65] Durante um período de prosperidade da economia açucareira baiana, esse engenho apresentou prejuízos, situação que suscitou queixas por parte dos outros herdeiros e levou o administrador a preparar essa escrituração assim minuciosa. Embora os registros sejam tão completos, são também altamente duvidosos. Ademais, durante sua administração, Betancourt e Sá não adquiriu escravos nem animais e, ao contrário do costume generalizado na Bahia, alugou cativos e animais quando necessitou deles para trabalhos no campo, enquanto os 47 escravos residentes foram empregados exclusivamente nos trabalhos de beneficiamento da cana. Os demais herdeiros protestaram contra essa prática e os níveis exorbitantes da manutenção da escravaria e dos salários. Ainda assim, se classificarmos os custos de aluguel de escravos e animais nas categorias de compras de cativos e animais, os registros do Engenho Buranhaém podem-se tornar comparáveis aos demais constantes da Tabela 22. Apesar da discrepância, a escrituração desse engenho demonstra uniformidade na proporção dos gastos com materiais, transporte e salários.

A mesma uniformidade pode ser verificada nos registros mantidos pelo administrador dos três engenhos baianos durante o período que vai de novembro de 1822 a março de 1823. Nesses meses, não se adquiriram escravos, bois ou lenha e nem se gastou nenhum dinheiro com transporte. Para estimar o desembolso relativo a esses itens, atribuí 20% às despesas de combustível e usei o dispêndio médio dos dois engenhos pertencentes aos beneditinos para determinar as outras categorias ausentes dos registros. Isso feito, observa-se na Tabela 22 que os desembolsos desses três engenhos nos itens alimentos, salários e remédios são da mesma ordem dos gastos com esses mesmos itens verificados nos engenhos dos eclesiásticos.[66] As evidências fragmentárias dos engenhos seculares indicam, pois, que eles aparentemente assemelhavam-se mais aos padrões do Engenho Sergipe do que aos dos engenhos dos beneditinos, com seus custos de salários mais baixos e de alimentação mais altos. As informações dos engenhos seculares também mostram que, independentemente de quaisquer particularidades resultantes da posse e administração de engenhos por eclesiásticos, em suas operações voltadas para o fabrico do açúcar as propriedades eclesiásticas assemelhavam-se muito aos outros engenhos. Portanto seus registros propiciam uma excelente visão da indústria como um todo.

Apesar de os registros remanescentes dos engenhos serem tendenciosos ou suspeitos por várias razões, as descrições contemporâneas de caráter mais geral não eram também isentas de vieses ou problemas. A criação das casas de inspeção para controlar a qualidade dos produtos coloniais levou alguns senhores de engenho baianos a preparar um balanço teórico em 1751 para evidenciar suas dificuldades. Procuraram demonstrar que, embora os comerciantes ligados ao tráfico de escravos estivessem auferindo grandes lucros, os senhores de engenho estavam perdendo dinheiro mesmo quando o preço do açúcar estava alto e a safra era boa.

O documento era visivelmente um trabalho reivindicatório. Descrevia as operações de um engenho de médio porte com apenas 44 escravos, não levando em conta ganhos de escala, e abstinha-se de descontar as despesas de capital dos gastos operacionais. De um modo geral, subestimava as receitas e superestimava as despesas, especialmente as referentes à manutenção da escravaria e aos materiais. Ainda assim, as proporções relativas atribuídas a várias categorias e a visão dos próprios senhores de engenho acerca da natureza e do propósito dos custos são úteis quando cotejadas com os registros remanescentes das propriedades açucareiras. Como nos livros do Engenho Sergipe, os senhores de engenho estimaram os custos de aquisição e manutenção da mão de obra em mais da metade das despesas anuais.

Esta última observação suscita duas últimas considerações pertinentes às despesas operacionais. Frédéric Mauro, em um estudo pioneiro sobre este tópico, baseado nos registros do Engenho Sergipe e nas estimativas do padre Estêvão Pereira, concluiu que os custos relativos à mão de obra perfaziam apenas um terço dos custos anuais. A discrepância entre a conclusão de Mauro e a que foi apresentada pelos senhores de engenho, mencionada no parágrafo anterior, reside essencialmente nas categorias de desembolso utilizadas nos dois estudos. Por exemplo, Mauro inclui como "salários" apenas as soldadas anuais, enquanto classificou o dinheiro pago por dia e tarefa nas categorias das despesas com os itens em que foram empregados os trabalhadores que o receberam. Assim, as colunas referentes a "cobres", "barcos" e "obras" têm seus valores aumentados e misturam salários e materiais. Esse procedimento contábil levou Mauro a crer que as despesas com materiais eram aproximadamente dois terços dos custos totais, e a partir daí ele concluiu que nessa distribuição dos desembolsos os engenhos de açúcar eram muito semelhantes a uma usina siderúrgica moderna.

Embora Mauro estivesse correto em crer que, para sua época, os engenhos representavam uma "indústria pesada", a proporção dos custos daquelas propriedades relativos à mão de obra era muito maior do que ele deduziu, o que enfraquece bastante sua analogia com a siderurgia. Outrossim, ao contrário da indústria moderna, em que a mão de obra é essencialmente um custo variável, a escravidão tornava esse fator produtivo — seu suprimento, financiamento e manutenção — um custo fixo. Isso adicionava-se à já elevada proporção dos custos fixos e limitava a flexibilidade de ação dos proprietários. Assim, os engenhos continuavam a operar com prejuízo durante certos períodos, enquanto os custos variáveis e alguma parcela de seus custos fixos fossem cobertos. Agir de outra forma resultaria em um dano ainda maior para suas fortunas.[67]

A mão de obra — sua aquisição, qualidade, manutenção, controle e custo — permaneceu como o tema central da economia açucareira. A interação dos senhores de engenho com seus escravos ou trabalhadores livres dependentes estabeleceu as relações sociais de produção em termos humanos, cuja natureza às vezes transparece nos lacônicos lançamentos contábeis. Os registros evidenciam de várias maneiras o caráter inerente ao paternalismo e à condição de proprietário. Gastava-se dinheiro com presentes e esmolas, com açúcar para ajudar os cativos na celebração de um dia festivo ou com missas e confissões, mas também com grilhões, troncos e capitães do mato. Ficamos sabendo pelos registros que os escravos enfermos quase invariavelmente recebiam uma dieta suplementar especial de frango, ovos ou carne, e que às vezes senhores e escravos trocavam pequenos presentes.[68] Tais atos, porém, eram depois meticulosamente registrados como parte da contabilidade de receitas e despesas, lucros e perdas.

A entrecortada linguagem contábil proporciona não só uma visão da escravidão como um negócio, mas também uma composição da história da vida de pessoas enquanto propriedade. Em meros lançamentos contábeis estão contidas as contradições do escravismo, como demonstram os seguintes registros.[69]

Por um negro chamado Miguel Bamba *ambuilla* comprada a Antônio de Almeida Pinto em 4 de novembro	45$000
Por um negro, irmão do dito Pedro Bamba *ambuilla*, comprada no mesmo dia	45$000
Por 12 sírios [medida] de farinha de mandioca para os negros	7$200
Três peças de algodão com 53 varas compradas [...] a 110 rs [réis] que comprei porque estavam a um bom preço para o uniforme dos escravos para a próxima safra	58$960
Em 24 de novembro dei a uma partideira mulata por partejar duas negras paridas	1$280
Por galinhas, ovos e frangos para os escravos doentes	25$780
Recebi por três negros que [...] foram vendidos a Santos de gastos prejudiciais ao engenho, após despesas	83$720
A um negro que me trouxe um presente	$160
A um capitão do mato que apreendeu ao escravo Caetano	8$600
Para esmola à Irmandade de Nossa Senhora do Rosário [dos escravos]	$080
Para doze varas de algodão para três mortalhas dos escravos mortos	1$680

A produção açucareira com o emprego de escravos era de fato um negócio, mas como tal apresentava-se peculiar, tolhido por atitudes e costumes e pelo toma lá dá cá das relações sociais. No fechamento das contas nem tudo se expressava pelo saldo registrado no final da página. Não obstante, os senhores de engenho jamais deixavam de estar cônscios da relação entre custos e retornos da mão de obra cativa, e concebiam os escravos em termos econômicos tanto quanto sociais. Em 1751, por exemplo, senhores de engenho baianos calcularam que a alimentação, o vestuário e a assistência médica e religiosa de um cativo importavam em cerca de 8$400 anuais, ou seja, 8,4% do valor médio de um escravo adulto. Como os próprios senhores de engenho calcularam que um cativo podia produzir uma renda anual de 35$500, mesmo subestimando a produtividade e superestimando as despesas, seriam precisos apenas três anos e meio para que um escravo rendesse uma quantia equivalente ao seu preço de compra e manutenção anual.[70] Em outro exemplo, o administrador do Engenho Buranhaém afirmou, em 1804, que com cada escravo gastava 40 réis diários em alimentação e 4 mil-réis anuais em vestuário. Outras despesas aumentavam o dispêndio total por escravo para 21$253 anuais. Esse valor relativamente alto foi contestado pelos outros herdeiros do Engenho Buranhaém, que alegaram que as duas camisas, as duas ceroulas de algodão e o pano grosseiro usado como cobertor normalmente fornecidos aos cativos na Bahia custavam apenas 2 mil-réis anuais.[71] Ainda assim, podemos usar os valores informados para o Engenho Buranhaém como um máximo e constatar que os gastos anuais com um escravo chegavam a aproximadamente 12% do preço de um escravo de lavoura do sexo masculino (cerca de 180 mil-réis). Cada um dos 47 cativos produzia em média 78 mil-réis por ano e, portanto, deduzindo-se os custos, ainda assim seriam necessários apenas três anos para recuperar a quantia paga pela compra do escravo. Com tais porcentagens, a escravidão permanecia incontestavelmente como uma forma lucrativa de emprego de mão de obra.[72]

A questão última da administração de um engenho era o lucro. Entretanto, nesse aspecto, como em outros pertinentes à contabilidade dessas propriedades, os registros são confusos ou fragmentários. As estimativas de lucratividade ou retorno do capital variam tanto que é difícil conciliá-las. Obviamente, os níveis de retorno modificaram-se ao longo do tempo e variaram em relação às mudanças nos custos dos fatores produtivos e nos valores dos produtos. Procurando demonstrar os males e iniquidades da economia de grande lavoura, estudiosos de nossa época, fundamentando-se em poucas evidências diretas, calcularam retornos entre 32% e 50% ao ano sobre o investimento em um engenho no século XVII como forma de condenar o açúcar e a escravidão pelas desigualdades sociais do Brasil e pela ausência de um desenvolvimento econômico posterior. Como vimos, porém, é difícil conciliar esses cálculos com os registros e relatórios remanescentes daquele período, os quais indicam números muito menores.[73] Contudo, também esses últimos podem ser questionados, uma vez que reivindicações especiais induziam os senhores de engenho a descrever sua situação com tons invariavelmente sombrios.

O bom senso conduz à conclusão de que, embora os senhores de engenhos fossem constrangidos por uma grande proporção de custos fixos e vez por outra operassem com prejuízo para conseguir pagar as dívidas e outras obrigações, a indústria açucareira baiana como um todo não operou com déficit durante períodos prolongados. Nas Antilhas britânicas, níveis de lucro de 5% eram considerados aceitáveis pelos senhores de engenho, e de 10%, excelentes. Julgo que níveis semelhantes fossem característicos da Bahia, embora em tempos de prosperidade pudessem ser obtidos retornos muito maiores.[74]

No século XVII, um retorno anual de 2 a 3 contos de réis sobre um engenho avaliado em 20 contos de réis, ou seja, um lucro de 10% a 15%, era considerado bastante satisfatório.[75] Tal ganho não era sempre atingido, nem mesmo pelos engenhos de grande porte. O Engenho Santana, em Ilhéus, operou com um nível muito inferior a esse durante o século XVIII. Entre 1730 e 1750, essa propriedade remeteu ao Colégio de Santo Antão, em Lisboa, a quantia de 17:100$522, ao passo que recebeu mantimentos no valor de 7:073$537. Isso implica um saldo anual de 501$349 durante esses vinte anos.[76] Estimando o valor desse engenho em 25:000$000, sua taxa de retorno seria de apenas 2%. Mesmo se dobrarmos esse número para levar em consideração as vendas locais, o retorno sobre o capital não é nada extraordinário. Há indícios, porém, de níveis semelhantes nos dados referentes a 1635 do padre Estêvão Pereira, que calculou um retorno líquido anual de 565$000 a 1:578$000, o que, dividido pelo valor do Engenho Sergipe — 46:800$000 — produz um retorno de 1,2% a 3,4% sobre o capital. Tais retornos são muito baixos e não parecem se coadunar com o rápido crescimento apontado pela história dos primórdios da indústria açucareira, nem com a imagem da opulência dos senhores de engenho esboçada pelos primeiros observadores coloniais.

Boa parte do crescimento inicial da economia açucareira pode, com efeito, ser atribuída a um aumento da riqueza na forma de bens de capital, e não simplesmente ao fluxo de renda. A formação de um engenho era um processo de criação de capital. Muitos dos primeiros colonizadores obtiveram terras gratuitamente, por meio de concessões régias — as sesmarias — outorgadas a título de subsídios, visando especificamente a incentivar a economia açucareira. Após o desmatamento, o crescimento e a instalação de benfeitorias, a terra gratuita transformava-se em um valioso ativo. Erguiam-se construções, instalava-se maquinário e iniciava-se um rebanho. Sempre se podia ordenar aos escravos que desmatassem outra tarefa, construíssem um reservatório para o sistema de águas ou coisas do gênero, e tudo isso aumentava a riqueza do proprietário sem necessidade de limitar o consumo corrente. Não dispomos de dados para calcular a razão entre riqueza e renda de um engenho ou de um grupo de engenhos durante o processo de formação, mas acredito que o valor dos ativos crescia mais rápido do que a renda. Isso indica uma alta taxa de poupança e um rápido aumento da riqueza individual.

Observadores contemporâneos notaram um padrão de acumulação que favorecia os ganhos de capital em detrimento de artigos de luxo ou de valiosos bens móveis. Em 1618, o autor dos *Diálogos das grandezas do Brasil* contrapôs o imigrante nas Antilhas, que retornava à metrópole carregado de riquezas, com o que vinha para o Brasil e acumulava sua fortuna principalmente em bens imóveis. Ao invadirem a Bahia em 1624, os holandeses reclamaram que as presas de guerra eram poucas. O comandante das forças portuguesas que tomaram a cidade no ano seguinte justificou o fato como sendo uma prova de que o investimento voltava-se para a escravaria e os negócios, e não como um sinal de pobreza.

A imagem da metamorfose "dos andrajos à riqueza" e a vida aparatosa dos senhores de engenho, tão profusamente descritas por clérigos e cronistas do século XVI, podem ter sido exageradas, mas existiram fatores nos primórdios da economia açucareira que possibilitaram a acumulação de riqueza. Naquele século, as terras eram geralmente obtidas através de sesmarias, sem basicamente nenhum custo para o concessionário e, como vimos neste capítulo, a terra era muitas vezes avaliada em metade do valor do engenho. Trabalhadores indígenas eram numerosos e baratos na década de 1560 e, embora sua substituição por africanos em fins do século elevasse o custo da mão de obra, isso era aparentemente compensado por aumentos na produtividade. Com a demanda e os preços em ascensão, instalou-se um desenvolvimento rápido que atraiu recém-chegados, os quais se iniciaram na atividade com apenas uma pequena fração do capital necessário para o estabelecimento de um engenho. Isso lhes foi possível porque a terra era obtida por sesmarias e porque os comerciantes dispunham-se a conceder crédito para a aquisição de escravos e equipamentos, sob a garantia representada pela riqueza rapidamente crescente de um engenho em formação. Assim, o cálculo do retorno sobre o capital baseava-se provavelmente não no retorno sobre o valor total dos ativos, mas sobre a renda gerada pelo dinheiro desembolsado.

Fazendo uso novamente do exemplo do Engenho Sergipe em 1635, verificamos que a diferença entre a renda bruta anual e as despesas produzia uma renda líquida de 565 a 1578 mil-réis. Como já expliquei, esse já é um valor subestimado, pois as despesas incluíam gastos de capital. O valor total do engenho na época era calculado em 46:800 mil-réis, porém mais da metade consistia no valor da terra. Em tal situação, o senhor de engenho podia então calcular seu retorno sobre o valor de sua propriedade excluindo a terra — neste caso, 22 contos de réis. Através desse cômputo, o retorno sobre o capital agora não é mais entre 1,2% e 3,4%, mas entre 2,6% e 7,2%. Se, adicionalmente, apenas uma fração do capital operacional fosse paga pelo senhor de engenho e o restante fosse fornecido na forma de crédito, mesmo com o pagamento de juros os lucros aparentes para o proprietário seriam ainda maiores. Entrementes, a riqueza do senhor de engenho crescia como resultado não só das transações comerciais mas também da formação de capital advinda do desenvolvimento da propriedade. Quando o Engenho Sergipe foi arrematado em pregão em 1638, o preço inicial foi o da avaliação original, 48:100 mil-réis, mas o lance vencedor, de Pedro Gonçalves de Matos, foi de 61:200 mil-réis. O valor do engenho aumentara em média 3:272 mil-réis por ano entre 1634 e 1638.[77]

Por volta de 1600 as condições começaram a mudar. Não havia mais terras gratuitas adequadas para a cultura canavieira, a mão de obra indígena estava desaparecendo e os custos aumentavam. Como vimos no capítulo anterior, a taxa de construção de engenhos caiu de 5% para 2% ao ano no Brasil como um todo e para 1% na Bahia no período de 1538 a 1612. Somente a introdução de uma nova tecnologia, mais eficiente e barata, a moenda de três tambores, elevou a taxa de crescimento da fase que vai de 1612 a aproximadamente 1630. Já neste último ano o Brasil sofrera a primeira queda significativa nos preços do açúcar e enfrentava dificuldades causadas pela política e pela guerra. O crescimento após essa data foi intermitente, reagindo às forças de mercado e às ações políticas.

O "MISTÉRIO" DO ENGENHO SERGIPE

A única escrituração que propicia um vislumbre do período inicial do desenvolvimento da economia açucareira é a do Engenho Sergipe. O problema é que ela mostra o funcionamento dessa grande propriedade com prejuízo, ou no máximo com um lucro modesto, em uma época em que, segundo todas as outras indicações, a atividade açucareira ter-se-ia caracterizado por grandes retornos sobre o capital. Apresentei anteriormente como possibilidade a explicação dessa discrepância pela desatenção aos investimentos e ao aumento do capital e pelo confuso sistema contábil. Entretanto, a incongruência entre os registros do Engenho Sergipe ou do relatório do padre Estêvão Pereira e a história observada da indústria açucareira exigem também uma crítica desses próprios documentos, especialmente porque a maioria das análises modernas os vem tomando por base.[78]

O relatório "Dase rezão da fazenda [...]", de Estêvão Pereira, não foi escrito para descrever as operações de um engenho para a posteridade, nem por curiosidade científica.[79] Foi, isto sim, um ato de autodefesa com o intuito de inocentar o autor das acusações de má administração — ou coisa pior — proferidas contra ele por seu sucessor. O padre Pereira administrara o Engenho Sergipe durante cinco anos (quatro safras) de 1629 a 1633. Em março de 1634, seu sucessor, o padre Sebastião Vaz, reclamou que o engenho estava em mau estado, a escravaria ociosa e sem controle, as relações com os lavradores vizinhos hostis, e o mais grave, o engenho sobrecarregado de dívidas, disputas legais contínuas, enormes despesas e pouca receita.[80]

As queixas do padre Vaz e o mau estado do engenho levaram o Colégio de Santo Antão a instaurar um inquérito sobre as atividades do padre Pereira como administrador; este prestou depoimento em 1634, época em que estava vivendo em Coimbra. Adicionalmente, o padre submeteu sua contabilidade anual a uma comissão especial, designada para investigar as acusações contra ele. O relatório "Dase rezão da fazenda que o collegio de Santo Antão tem no Brazil, e de seus rendimentos" foi escrito como parte da autodefesa do padre Pereira, e deve ser considerado com cautela para efeito de seu uso como uma contabilidade imparcial e precisa das operações e despesas de um engenho. Em geral, poderíamos esperar que ele tendesse a subestimar os rendimentos e superestimar as despesas, procurando com isso justificar por que as condições haviam se tornado tão adversas. O padre Pereira foi especificamente acusado de não contabilizar uma quantia de

3:730$810 e cerca de 275 arrobas de açúcar. Além disso, a comissão informou que mais de setecentos alqueires (25 toneladas) de farinha de mandioca e 150 galinhas por ano recebidos como pagamento de arrendamento não haviam sido registrados e não aceitou a explicação do padre Pereira de que, por serem esses itens usados para a alimentação dos cativos do engenho, eles não entraram em sua contabilidade. Ainda mais grave era a enorme dívida de 4:214$978 que permanecera no passivo do engenho, embora o próprio padre Pereira houvesse prometido, em 1633, liquidar todas as hipotecas pendentes.[81] Apesar desse compromisso, foram contraídas novas dívidas, como a de 485 mil-réis junto a um carpinteiro por 22 meses de trabalho, a um exorbitante valor mensal de 22 mil-réis. O relatório do padre Pereira deve, pois, ser considerado no contexto de sua situação pessoal e do contínuo problema dos prejuízos sofridos pelo Engenho Sergipe no século XVII.[82]

Afigura-se fora de dúvida que o padre Pereira foi culpado de negligência na escrituração, ou até de uma certa escamoteação, mas parece improvável que os sucessivos prejuízos do Engenho Sergipe fossem devidos unicamente aos pecados particulares do padre. Com efeito, a própria contabilidade das finanças do engenho efetuada pelo Colégio de Santo Antão demonstrou que, desde a época da aquisição dessa propriedade, ela apresentou continuamente perda de dinheiro e que, na verdade, os pequenos ganhos registrados pelo engenho durante duas das safras na administração do padre Pereira foram exceções em uma história caracterizada pelo prejuízo desde a data da aquisição da propriedade pela ordem. Essa situação levou os jesuítas, na época, e os historiadores, posteriormente, a formularem duas questões. Primeira, por que esse grande engenho, "Rainha do Recôncavo", apresentava prejuízo, e seria isso "típico" de propriedades açucareiras? E segunda, por que, se sofriam prejuízos, os jesuítas continuavam a manter a propriedade?

De certa forma, a primeira questão é mais fácil de abordar do que a segunda. O Engenho Sergipe apresentou prejuízo, ou pouco menos do que isso, durante longos períodos, e isso não ocorreu simplesmente em razão de contabilidade malfeita. Os gastos correntes o mais das vezes excederam as receitas. A má administração pode ter estado subjacente ao problema, pelo menos em parte. Durante a disputa por esse engenho entre os jesuítas da Bahia e os de Lisboa, levantou-se a acusação de que os administradores enviados por Portugal eram inexperientes na condução de empresas agrícolas escravistas e que, quando esses homens finalmente conseguiam aprender alguma coisa, eram substituídos por outro sem experiência. Os administradores atribuíam a culpa a outro fator. O padre Vaz afirmou que o provincial e os reitores às vezes satisfaziam as obrigações do Colégio em detrimento do engenho, dando o seguinte exemplo:

> [...] manda-me um dia chamar o padre provincial ao cubículo; acho nele a um cristão-novo chamado Diogo Ilhoa. E diz-me o padre as seguintes palavras: Bem sabe Vossa

Reverência as muitas obrigações que este colégio tem ao senhor fulano. Pede-me que lhe tome a Vossa Reverência um homem de sua obrigação para caixeiro na cidade do qual eu tinha tão pouca satisfação como tive de João Domingues que tinha sido do padre Estêvão Pereira.[83]

Tais decisões não eram tomadas para maximizar a eficiência e a produção do Engenho Sergipe, mas para satisfazer as outras obrigações e responsabilidades da Ordem dos Jesuítas. Neste sentido, esse engenho deve ser considerado como parte de uma estrutura mais ampla, semelhante, em certos aspectos, a uma companhia moderna, e, como tal, seus déficits podiam ser compensados com ganhos auferidos em outros setores de atividade da companhia.

A questão do mau desempenho do Engenho Sergipe foi reconhecida e analisada primeiramente por Frédéric Mauro, que mostrou que esse engenho operou com déficit em dez das treze safras no período de 1622 a 1635.[84] Esse autor observou a natureza deficitária das operações do engenho e o fato de que as despesas excederam as receitas em cerca de 16% durante aqueles anos. Como vimos no capítulo anterior, esse período foi particularmente difícil para a indústria açucareira baiana, com a queda de preços de 1623, a invasão holandesa de 1624-5 e a subsequente fase de preços baixos até 1633. Aliados a essas dificuldades estavam os problemas peculiares ao Engenho Sergipe: o contínuo litígio e os custos legais acarretados pela disputa pela propriedade de dona Filipa de Sá, a contenda entre os colégios jesuítas e, talvez, a presença de um número excessivo de lavradores de cana que haviam adquirido suas propriedades quando o conde de Linhares vendera grandes extensões das terras circunvizinhas. Esses fatos ajudam a explicar por que os custos eram, talvez, excessivos, e a produção, reduzida. Adicionalmente, existe a questão da confusa contabilização das aquisições de capital, de modo que um déficit de 16% não representa necessariamente uma descapitalização a longo prazo do engenho.[85]

As dificuldades dessa propriedade prosseguiram na década de 1640. Por volta da de 1650, os jesuítas estavam tentando pôr as coisas em ordem. O padre Belchior Pires informou que naquele ano o Engenho Sergipe estava produzindo o melhor açúcar da Bahia e que ele esperava um lucro de mais de 2 contos de réis após o pagamento das despesas.[86] Suas esperanças eram prematuras; pouco tempo depois o padre Agostinho Lousado, provincial do Brasil, sugeriu que o colégio baiano vendesse seus direitos sobre o Engenho Sergipe, devido aos seus maus resultados, e concentrasse seus esforços no Engenho Pitanga, de propriedade exclusiva do colégio baiano.[87]

Em 1660, a principal batalha legal entre os dois colégios jesuítas e a Misericórdia da Bahia já fora decidida, e os jesuítas de Santo Antão passaram a tratar dos problemas mais graves do Engenho Sergipe. O padre Francisco Ribeiro encarregou-se de um exame completo. Afirmou que aquele era um engenho "real" em termos de tamanho, água, canaviais e terras, mas que não fora bem administrado. Sugeriu que todas as terras vendidas fossem "obrigadas" ao engenho para que o suprimento de cana e lenha fosse constante. Achava também que poderia ser poupado muito dinheiro em salários se os homens livres que trabalhavam em funções especializadas no engenho fossem substituídos por escravos mulatos e crioulos, que em dois anos compensariam em lucros o dinheiro gasto com sua aquisição. Criticava, além disso, os administradores anteriores por venderem ou arrendarem terras nas imediações, boas para a extração de lenha ou o cultivo de mandioca, e incorrerem em custos adicionais com a compra desses itens. As aquisições de lenha importavam em 3 mil cruzados por ano, quantia essa que poderia ser consideravelmente reduzida. Porém, para o padre Ribeiro, o problema era sobretudo o engenho conseguir o controle direto dos canaviais, em vez de depender dos lavradores de cana. "O engenho que não tem canas próprias não tem alívio algum, este engenho até agora não teve canas suas, sendo que tem a maior comodidade para as ter que nenhum outro." Argumentava o padre que, durante os quatro ou cinco meses em que o engenho não moía cana, os escravos podiam trabalhar nos canaviais ou em roças de mandioca, nenhum dos quais o engenho mantivera no passado. Até então, o tempo decorrido entre as safras fora de ociosidade para os cativos e prejuízo para a propriedade. "Veja, Vossa Reverência, como ficou administrado este engenho, e há tantos anos."[88]

As sugestões do padre Ribeiro foram ouvidas e, na década de 1660, foi feito um esforço para aumentar a parcela de canaviais controlada diretamente pelo engenho. Até 1655, a propriedade dependera exclusivamente de cana fornecida pelos lavradores; em 1670, 38% do açúcar produzido pelo engenho foi fabricado com cana própria; por volta de 1700, a porcentagem ocasionalmente ultrapassou 80%. Após 1670, o Engenho Sergipe passou a depender dos lavradores de cana para uma proporção muito menor desse produto e, eliminando-os, conseguiu a dupla vantagem de manter uma grande parcela do açúcar produzido e de tornar os escravos mais produtivos e mais plenamente empregados durante todo o ano.[89]

Utilizando os registros não publicados juntamente com os publicados do Engenho Sergipe, é possível desenvolvermos um demonstrativo muito mais completo e revelador de sua lucratividade. A contabilidade existente, analisada na Tabela 23, pode ser agrupada segundo o período anterior à posse pelos jesuítas (1611-21), a época do controle jesuítico (1622-54) para o qual os registros foram publicados, a fase em que esses padres realizaram reformas específicas na administração da propriedade (1699-1723) e, finalmente, as décadas de 1740 e 1750. Apenas durante duas dessas épocas o engenho sofreu prejuízos continuadamente. Em 1669, após grande esforço para reduzir o número de lavradores de cana, aumentando, assim, a quantidade de açúcar controlada diretamente pelo engenho, a propriedade conseguiu um salutar lucro de 1,175 conto de réis. Houve prejuízo em 1680-1, ano de crise, mas em 1699-1700 o engenho voltou novamente a ter saldo positivo. Os registros das safras na Tabela 23 que restaram do período 1704 a 1726 indicam um período de prejuízos nos primeiros anos do século XVIII, mas uma série de boas safras na segunda década desse século. Registrou-se um pequeno lucro na safra de 1722-3, mas em 1725-6 custos elevados provocaram um déficit de quase 1 conto de réis. Isso provavelmente marcou outra fase difícil, em que o Engenho Sergipe, assim como os demais engenhos baianos, sofreu com preços baixos, secas e más colheitas durante a década de 1730. Em 1734, o padre Luís da Rocha, escrevendo do Engenho Sergipe, lamentou que "chegasse o Brasil a tal extremo da miséria que não aparece hoje uma pataca na praça, os frutos geralmente não valem nada. [...] O açúcar ninguém fala já nele. [...] O ouro, se algum vem das minas, é de passagem para Portugal e de Portugal para os reinos estranhos".[90]

TABELA 23 — RECEITAS E DESPESAS DO ENGENHO SERGIPE, 1611-1754

ANO	RECEITA	DESPESAS	SALDO	ANO	RECEITA	DESPESAS	SALDO
1611-2	4478	3663	+ 815	1650-1	5040	7070	- 2030
1612-3	2937	3166	- 229	1651-2-3	7001	7110	- 109
1619-20	4069	3342	+ 727	1669-0	6998	5881	+ 1117
1621-2	6584	4479	+ 2105	1680-1	4791	6193	- 1402
1622-3	3616	4171	- 555	1706-7	4012	5283	- 1271
1623-4	2567	5831	- 3264	1707-8	5050	3912	+ 1138
1624-5	Invasão holandesa			1708-9	3368	4216	- 848
1625-6	3096	4981	- 1885	1709-10	4787	3818	+ 969
1626-7	4928	6491	- 1563	1710-1	3564	3112	+ 452
1627-8	4495	4647	- 152	1711-2	6973	3818	+ 3155
1628-9	3686	5113	- 1427	1712-3	8907	6509	+ 2399
1629-30	6099	7027	- 928	1713-4	6538	5182	+ 1356
1630-1	4565	5311	- 746	1714-5	5533	3875	+ 1658
1631-2	2257	3402	- 1145	1715-6	4112	4008	+ 104
1632-3	4609	3920	+ 689	1722-3	3830	3207	+ 623
1633-4	—	—	—	1725-6	6302	7203	- 901
1634-5	4968	3253	+ 1715	1745-6	1861	2957	- 1096
1635-6	4958	4135	+ 823	1746-8	9780	11 711	- 1931
1636-7	3658	3997	- 339	1748-50	5641	7472	- 1831
1643-4	7339	9585	- 2246	1750-1	4069	5164	- 1095
1644-5	5427	7485	- 2058	1751-2	5472	6758	- 1286
1645-6	3061	2067	+ 994	1752-3	2929	3508	- 579
1647-8	3571	3249	+ 322	1753-4	10 406	11 729	- 1323

Fonte: livros de contas, Engenho Sergipe, todos em ANTT, salvo observação em contrário: 1611-3, maço 14, n°s 4, 19; 1622-53, *Documentos para a História do Açúcar*, v. III; 1669-70, maço 17, nº 24; 1680-1, maço 17, nº 25; 1699-1700, maço 17, nº 27; 1704-6, maço 17, nº 28; 1705-16, maço 17, nº 29; 1722-4, maço 17, nº 30; 1725-6, maço 17, nº 31; 1745-8, maço 54, nºs 30, 31; 1751-4, maço 54, nºs 35, 54, 57.

Os problemas enfrentados nos períodos iniciais parecem, pois, ter sido relacionados com a história peculiar da propriedade, com o absenteísmo e a posse por clérigos resultando em má administração e excesso de lavradores de cana. Na década de 1730, o engenho e o resto da indústria enfrentaram preços desfavoráveis e clima adverso, e a propriedade jamais se recuperou totalmente. Em meados da década de 1740, era ainda um grande engenho, com 184 escravos, mas com um nível declinante de produção. Entre 1745 e 1754, voltou a apresentar déficits continuados.[91]

Apesar de sua importância como fonte de informação, o Sergipe do Conde não foi um típico engenho brasileiro. Não obstante, muitos dos problemas que enfrentou foram comuns a outros engenhos. O Engenho Pitanga, comprado pelo Colégio Jesuíta da Bahia em 1643 e ampliado ao longo dos sete anos subsequentes, também passou por tempos difíceis na década de 1650, e alguns membros da ordem quiseram que fosse vendido em virtude de suas despesas excessivas e da alta taxa de mortalidade entre os escravos.[92] O padre Belchior Pires acorreu em defesa da propriedade, enfatizando que ela possuía terras excelentes e madeira em abundância para caixas e combustível, de modo que, ao contrário do Engenho Sergipe, que gastava 2 contos de réis por ano com esses itens, o Engenho Pitanga era livre desses custos. Esse engenho, afirmou o padre Pires, poderia produzir um lucro líquido de 2,8 contos de réis por ano, mas "posto a vela como um galeão [...] os Superiores que foram se sucedendo o desmastrearam de tal sorte que o puseram no estaleiro por seu pouco zelo e inteligência". Os administradores não haviam cumprido sua obrigação, e o engenho andava permanentemente com escassez de capital, porque os encarregados não percebiam que "gastar o que é necessário para a fazenda render não é gastar, mas aumentar a fazenda". Os senhores de engenho leigos, afirmou ainda o padre, cuidavam muito melhor de suas propriedades, e até mesmo os beneditinos administravam melhor seus engenhos, "tiram deles proveito, e nós dos nossos tiramos muita miséria".[93]

Finalmente, em seu memorando, o padre Pires expressou preocupação com o problema da mortalidade escrava. Embora fosse verdade que morressem numerosos escravos, o padre argumentava que os mortos eram com frequência africanos comprados recentemente e que eram velhos ou fracos ao chegar à propriedade. Outros, segundo acreditava, morriam por não receberem comida suficiente nem conseguirem suas próprias roças. E também era culpa dos próprios escravos.[94] Cinco feiticeiros haviam sido descobertos em Pitanga e eram considerados culpados de diversas mortes. A mortalidade entre os cativos e a própria escravidão atormentavam as consciências de alguns jesuítas, e, quando em 1667 o reitor do colégio baiano propôs a venda do Engenho Pitanga, arrolou entre seus problemas não só os baixos lucros e a dificuldade de encontrar alguém com experiência e energia para administrar um engenho, mas também a própria escravidão. Operar um engenho era inconveniente devido à "inquietação de seu meneio como por ser muito dificultoso tratar com escravos com a piedade que a religiosos convém".[95] Essa hesitação, porém, foi superada, e os jesuítas continuaram a gerir engenhos na Bahia e em outras partes do Brasil até sua expulsão em 1759. Em 1684, o Engenho Pitanga produziu um retorno de 1,2 conto de réis para o Colégio da Bahia, e a parte deste último nos lucros do Engenho Sergipe foi de 600 mil-réis.[96] Durante o século XVIII, as receitas advindas do açúcar perfizeram cerca de um terço dos rendimentos do colégio baiano.[97]

RETORNOS E LUCROS

Os jesuítas olhavam com inveja os engenhos dos beneditinos na Bahia, e não sem razão, pois o Engenho São Bento dos Lajes e, mais tarde, o São Caetano quase nunca operaram com prejuízo, nem mesmo durante o difícil período de meados do século XVIII. Como os jesuítas, os padres de São Bento possuíam, além de engenhos, fazendas de gado e de cana e propriedades urbanas.[98] Cada estabelecimento da ordem no Brasil sustentava suas atividades religiosas, educacionais e beneficentes com base em suas propriedades e investimentos. Os beneditinos da Bahia inicialmente moíam a cana que plantavam no Engenho Sergipe, porém em alguma data após 1604 construíram sua própria moenda. Entre 1720 e 1723 estabeleceram um novo engenho, o São Caetano. Durante o século XVII, as receitas auferidas com o açúcar vez por outra compuseram quase 70% da renda dessa ordem na Bahia. Entretanto, após 1670, quando a indústria açucareira começou a enfrentar dificuldades, os beneditinos diversificaram suas operações, e a parcela dos rendimentos correspondente ao açúcar diminuiu para menos de um terço. Somente com o boom ocorrido em fins do século XVIII a proporção da renda gerada pelo açúcar e pela aguardente elevou-se aos níveis do início do século XVII.

Durante bons e maus períodos, os engenhos dos beneditinos na Bahia em geral apresentaram lucros, embora estes às vezes fossem pequenos. Sua história provavelmente é mais representativa da indústria do que a do Engenho Sergipe. A Tabela 24 apresentava valores de receitas e despesas dos engenhos dessa ordem. O êxito dos beneditinos foi, aparentemente, consequência de boa administração, melhor tratamento dos escravos, resultando em taxas de mortalidade mais baixas e de fecundidade mais altas, e de economia de gastos. Além disso, ao contrário do Engenho Sergipe, as propriedades dos beneditinos também produziram aguardente e melado em grandes quantidades para venda local na Bahia. Essas vendas perfizeram 10% a 20% da renda bruta durante a maior parte do século XVIII. A contabilidade dos beneditinos revela uma queda nas receitas em fins do século XVII, com ligeira melhora durante a recuperação ocorrida nas décadas de 1710 e 1720, após a Guerra de Sucessão espanhola. O declínio nos dois decênios subsequentes foi desastroso. Para as décadas de 1750 e

TABELA 24 — RECEITAS E DESPESAS DE ENGENHOS DOS BENEDITINOS NA BAHIA, 1652-1800

DATAS	ENGENHO	ESCRAVOS	DESPESAS (MIL-RÉIS)	RECEITA	LUCROS	MÉDIA ATUAL
1652-6	Lajes	87	13 373	44 239	30 866	7717
1657-60	Lajes	113	5960	20 020	14 060	4687
1663-7	Lajes	115	5527	14 076	8549	2850
1700-3	Lajes	117	3450	14 356	10 906	3635
1707-10	Lajes	111		9769		
1711-4	Lajes		3234	15 326	12 092	4031
1714-23	Lajes		5018	17 346	13 328	4109
1726-9	Lajes	94	4971	10 848	5877	1959
	S. Caet.	50	2693	13 988	11 295	3765
1732-6	Lajes	79	2723	3296	574	143
	S. Caet.	46	1570	5293	3733	1244
1736-9	Lajes		1715	1160	555	185
	S. Caet.		997	1720	723	241
1764-6	Lajes		723	915	73	37
	S. Caet.		1312	3687	2375	792
1765-8	Lajes		1388	3770	2382	794
	S. Caet.		1761	9168	7407	2469
1769-72	Lajes		1448	2106	658	219
	S. Caet.		1629	7709	6080	2027
1777-80	Lajes		2675	5066	2391	797
	S. Caet.		1626	7426	5800	1933
1780-3	Lajes		4148	6051	1903	634
	S. Caet.		2811	12 118	9307	3102
1783-6	Lajes		1684	4406	2722	907
	S. Caet.		4287	11 459	7172	2390
1786-9	Lajes		2121	3859	1738	579
	S. Caet.		4936	9765	4859	1619
1789-93	Lajes		3453	11 196	7743	2581
	S. Caet.		5335	23 140	17 805	5935
1796-1800	Lajes		2674	6369	3695	924
	S. Caet.		7555	31 703	24 148	6037

Fonte: Arquivo Distrital de Braga, Congregação de São Bento, 136-7.

1760 não há dados disponíveis, mas nos anos 1770 já houve sinais de recuperação. Os últimos dois decênios do século foram anos de grande prosperidade para a indústria, decorrentes de altos preços e de mercados em expansão. As variações observadas na contabilidade dos beneditinos acompanham aproximadamente as tendências da indústria como um todo, delineadas no capítulo anterior.

Por meio de algumas suposições racionais, podemos tentar estimar o retorno sobre o capital dos engenhos dos beneditinos. Supondo que os escravos compusessem cerca de um quarto dos bens de capital de um engenho, podemos calcular o valor da escravaria e, a partir daí, o valor do engenho como um todo. Dividindo a renda líquida anual pelo valor do capital, teremos a taxa de retorno. O Engenho São Bento apresentou um extraordinário retorno de 40,3% em 1652-6, mas em meados da década seguinte a taxa foi de 10,3%, caindo para 8,6% em 1700-3. O Engenho São Caetano superou o Lajes nas décadas de 1720 e 1730, mas a taxa de retorno foi perceptivelmente declinante. Em 1723-6, o São Caetano apresentou uma taxa de retorno de 4,5%, enquanto o Lajes mal conseguiu cobrir as despesas.

Mudando agora de engenhos específicos para os padrões globais das propriedades açucareiras, podemos passar a duas tentativas de determinar a lucratividade da economia açucareira no final da era colonial. Em 1781, José da Silva Lisboa, futuro Visconde de Cairu, homem de múltiplos interesses e ideias liberais, escreveu uma carta longa e pormenorizada a Domingos Vandeli, diretor do Jardim Botânico Real em Lisboa.[99] A carta continha uma descrição da sociedade e da economia baianas, inclusive uma estimativa dos custos e lucros de um senhor de engenho. Silva Lisboa calculou que uma tarefa de cana produzia no mínimo dezesseis pães de açúcar, pesando cada um três arrobas, ou seja, 48 arrobas no total. Aos preços correntes, isso equivalia a 49 mil-réis, aos quais se podiam adicionar 9 mil-réis pelo melado. Se o engenho possuísse um alambique para o fabrico de cachaça, poderia ganhar mais 700 réis. Portanto, uma tarefa de cana produzia 57$700 de renda bruta. Um engenho com oitenta escravos, cinquenta deles plenamente aptos para o trabalho, podia cultivar cem tarefas de cana. O valor de tal engenho seria em média aproximadamente 24 contos de réis.

Embora Silva Lisboa soubesse que à renda bruta de 5:700$000 tinham de ser subtraídas as despesas, ele acreditava que estas eram completamente recuperadas pela divisão do açúcar com os lavradores dependentes e pelo que estes pagavam pelo arrendamento da terra. Assim, calculava a taxa final de retorno com base na renda bruta, obtendo o patamar de 24%. Além dessa taxa, porém, ressaltava também que muitas pessoas iniciavam as operações com um desembolso de apenas 8 contos de réis, e para essas o retorno era muito maior. Infelizmente, a estimativa de Silva Lisboa para os custos operacionais é muito imprecisa, assim como seu cálculo de renda do engenho gerada pelos lavradores. Portanto, seu cômputo de 5:770$000 para a renda líquida é altamente questionável, em especial porque os poucos registros contábeis disponíveis desse período não indicam níveis tão elevados.

A improbabilidade da taxa de retorno estimada por Silva Lisboa é salientada pelo trabalho "Descrição econômica da comarca e cidade do Salvador", escrito por um autor anônimo por volta de 1790.[100] Composto para sugerir formas de incentivar a economia por alguém com evidente experiência direta na Bahia, o trabalho apresenta números redondos que indicam tratar-se de estimativas e não de dados exatos. Não obstante fornece uma base de comparação. O autor anônimo afirmou que a Bahia possuía 170 engenhos, 150 deles em funcionamento. O valor médio de um engenho era de 40 contos de réis e, portanto, o estoque de capital dos engenhos importava em 6 mil contos de réis. A venda anual de açúcar e aguardente produzia uma renda bruta de 974 contos de réis, que, após deduzidas as despesas, resultava em uma renda líquida de 316 contos de réis, ou seja, 2,166 contos por engenho.[101] Isso significa um retorno líquido de 5,4% sobre o capital, ao qual podia se adicionar 1% das vendas locais. Uma vez que a taxa de juros corrente sobre empréstimos era de 5%, a indústria estava ganhando aproximadamente 2% a mais do que isso. Quando, em fins da década de 1790, a renda líquida apresentou alta acentuada, as taxas de retorno mantiveram-se com certeza bem acima de 6,4%, mas tanto as descrições gerais quanto a escrituração dos engenhos indicam um retorno entre 5% e 10% durante boa parte do século XVIII.[102]

Qual foi, então, o retorno sobre o capital da indústria açucareira baiana? A resposta deve ser: um retorno que variou amplamente entre os diversos períodos e entre os engenhos individualmente. Tudo indica que os baixos retornos verificados para os engenhos Sergipe e Santana não caracterizaram a indústria ao longo de períodos prolongados. Fossem quais fossem as vantagens sociais trazidas pela posse de um engenho, os proprietários não teriam permanecido no negócio por muito tempo sob tais condições. Embora houvesse restrições sobre a flexibilidade e a modalidade do capital na economia açucareira que às vezes obrigavam os senhores de engenho a operar com prejuízo, a situação não era tão ruim como eles apregoavam. Por outro lado, apesar de ter havido períodos de grandes lucros que trouxeram crescimento e fortunas à indústria, a imagem de vida luxuosa e inacreditável riqueza é também errônea. A indústria açucareira provavelmente não foi nem tão rica nos bons tempos, nem tão pobre nas épocas difíceis como o descrito por contemporâneos e historiadores.

Ao aumentarem os níveis da produção no século XVI, os estudiosos modernos fizeram parecer ainda mais formidável o declínio da indústria e seus efeitos prejudiciais ao Brasil. A estimativa de produção de mais de 1 milhão de arrobas no Brasil em 1600, apresentada por Simonsen, ou a de mais de 2 milhões calculada por Furtado foram demasiadamente elevadas e conduziram a uma série de erros de cálculo quanto à produtividade, à riqueza e ao desenvolvimento econômico.[103] Furtado, por exemplo, acreditava que no início do século XVII podiam-se obter retornos líquidos sobre o capital superiores a 80% em anos favoráveis, e que o setor açucareiro era um *enclave* com pouquíssima relação com o restante da economia. Achava também que apenas 3% da renda gerada pelo açúcar eram destinados ao pagamento de salários e à aquisição de produtos locais, e que a classe dos senhores de engenho, que controlava 90% da renda, era imensamente rica. Assim, com a riqueza concentrada em suas mãos, esses proprietários gastavam prodigamente em artigos luxuosos e novos escravos, cujo trabalho aumentava seu lucro sem conduzir ao crescimento econômico ou à mudança estrutural. Na visão desse autor, o declínio constante abateu-se sobre essa economia a partir do século XVII, quando o Nordeste brasileiro perdeu sua grande fatia do mercado internacional de açúcar, embora os custos fixos mantivessem os senhores de engenho no negócio.[104]

A imagem de sombria decadência evocada por tal interpretação deve-se em grande medida a erro no cálculo dos lucros do período inicial, bem como à descrição excessivamente negativa das épocas posteriores. O declínio iniciado no século XVII não foi constante. Uma parcela do mercado atlântico permaneceu disponível para o Brasil mesmo na difícil fase de meados do século XVIII, e houve períodos de expansão, como os das décadas de 1760 e 1790, em que as esperanças renasceram. O açúcar brasileiro supriu cerca de 8% da demanda europeia no decênio de 1770, e passou a quase o dobro — 15% — na década de 1790.[105] Em tempo nenhum, de 1600 a 1800, o valor de qualquer outro produto, inclusive o ouro, ultrapassou o valor do açúcar entre as exportações brasileiras. O açúcar permaneceu como a principal atividade econômica da Bahia por todo o período colonial.

A ênfase nas flutuações do comércio açucareiro de exportação concentrou as atenções nos aspectos externos da economia brasileira, mas a atividade açucareira estava inextricavelmente ligada a outras áreas da economia regional.[106] Os engenhos incentivavam a produção primária, consumiam matérias-primas e mão de obra especializada e sem especialização, além de fornecerem, em pequena escala, açúcar e seus subprodutos aos consumidores da própria colônia. Furtado e outros autores menosprezaram essas ligações internas, mas elas são importantes para a compreensão de como a indústria açucareira enfrentou os períodos difíceis sem que ocorressem mudanças radicais em sua estrutura.

À medida que cresceu a população e diversificou-se a economia, as vendas locais de açúcar e seus subprodutos tornaram-se cada vez mais importantes para a indústria. Ao findar o século XVII, 3% a 4% do açúcar produzido na Bahia era consumido localmente. Essa porcentagem com certeza cresceu com o aumento populacional ocorrido no século seguinte.[107] Salvador, a maior cidade brasileira durante boa parte da era colonial e um grande centro urbano ao longo de todo o período, constituiu-se em um mercado concentrado para o açúcar e a aguardente locais. Em 1757, havia 39 destilarias na cidade e mais 32 no Recôncavo, e todas produziam aguardente, boa parte da qual consumida localmente.[108] O melado tornou-se produto essencial nos engenhos baianos. Gonçalo Marinho Falcão afirmou claramente em 1763 que "necessidade de haver neles como todos sabem é notória".[109] Em períodos de preços especialmente baixos para o açúcar, os senhores de engenho podem ter refreado a produção de açúcar branco para concentrar-se no fabrico de melado e aguardente para o mercado local. De certa forma, os baianos bebedores apresentavam-se como alternativa aos açucareiros dos europeus.

A venda de aguardente era apenas uma parte das atividades que crescentemente colocaram o setor açucareiro baiano em posição fundamental no seio da economia da região. Ao contrário das ilhas produtoras de açúcar das Antilhas, onde o nível de importações, inclusive de gêneros alimentícios, permaneceu elevado, o Brasil, com sua vastidão, seu clima e topografia diversificados e seu potencial para expansão, proporcionava condições para um encadeamento cada vez maior entre o setor açucareiro e outras áreas da economia. As importações sempre compuseram parcela significativa dos custos na indústria açucareira, especialmente devido à necessidade de artigos manufaturados e de escravos. Entretanto a escrituração dos engenhos indica que a miríade de artigos produzidos localmente — madeira, tijolos, telhas, fôrmas e óleo de baleia — e o pagamento de mão de obra perfaziam pelo menos dois terços dos gastos anuais. Ademais, a proporção do dispêndio com a aquisição de artigos importados tendeu a declinar, como mostra a Tabela 22. Com exceção dos números inflacionados da estimativa geral para 1751, a contabilidade dos engenhos referente ao final do século XVIII indica níveis mais baixos de custos de materiais que os verificados. Podem explicar essa mudança uma melhor administração e uma crescente capacidade de obter localmente alguns produtos em vez de depender de importações. Embora o cobre, o ferro e o aço nunca fossem obtidos localmente, muitos outros produtos o eram, e os senhores de engenho passaram a depender da mão de obra especializada e dos artigos locais.

As áreas de grandes lavouras açucareiras foram apontadas como exemplos clássicos de economias de *enclave*, nas quais a monocultura agrícola de exportação produziu apenas um impacto mínimo sobre as economias regionais ou nacionais. No caso baiano, é difícil comprovar-se essa interpretação. Os fluxos de renda dos engenhos para outros setores da economia através da aquisição de gêneros alimentícios, mão de obra qualificada, madeira e outros suprimentos representavam grandes transferências de recursos. A pecuária do sertão foi, desde o início, uma atividade subsidiada diretamente pela economia açucareira em desenvolvimento. No século XVIII, a criação de gado já perseguia sua própria trajetória de crescimento, baseada no fornecimento de carne para áreas povoadas e de couro para o mercado externo, bem como na reposição de reses dos engenhos. A indústria do fumo baiano, a mais importante no Brasil, dependia do melado para o beneficiamento do fumo de qualidades inferiores para atender à preferência dos compradores africanos. A disponibilidade desse subproduto do açúcar deu aos produtores baianos uma vantagem comparativa sobre outros fornecedores dos portos da África.

A recusa de muitos senhores de engenho em cultivar alimentos em suas terras incentivou o desenvolvimento de áreas inteiras na parte meridional do Recôncavo e também mais ao sul, onde a agricultura organizou-se em função do mercado representado pelos engenhos do Recôncavo e pela cidade de Salvador. Jaguaripe, Maragogipe e, mais tarde, Nazaré "das farinhas" tornaram-se centros de pequenos e médios produtores, que empregavam de um a dez escravos, muitas vezes juntamente com o trabalho familiar. Essa não foi uma produção camponesa, e sim uma agricultura comercial em pequena escala, acentuadamente voltada para a economia açucareira. Nos engenhos onde se permitia aos escravos cultivar suas próprias roças, parte de sua produção também se dirigia aos mercados locais, ligando os cativos à economia monetária como produtores e consumidores.

Os encadeamentos entre o setor açucareiro e o resto da economia baiana foram variados, contínuos e profundos.[110] Originalmente, a produção do açúcar demandava um alto nível de importações de materiais e mão de obra especializada, e as classes dos senhores de engenho importavam também mobília, vestuário e outros bens "de consumo", mas muitos desses itens passaram a poder ser adquiridos na própria colônia. Em épocas de preços baixos e, portanto, de retornos reduzidos sobre o capital, os senhores de engenho encontravam maneiras de substituir os artigos importados, ao passo que em tempos prósperos, como em fins do século XVIII, a demanda por vinhos finos e pianos ingleses aumentava.[111] Usando a terminologia da teoria do desenvolvimento, os "encadeamentos para trás" entre o setor açucareiro e os produtores dos artigos de que ele necessitava eram sólidos, e o açúcar estimulava o crescimento de outras atividades. Um "encadeamento fiscal" tornava-se possível por meio da taxação do fluxo de renda gerado pelo açúcar, mas as receitas não eram reinvestidas na colônia, sendo usadas para o pagamento das dívidas, guerras e extravagâncias da Corte portuguesa. O governo colonial não usou essas receitas para promover o desenvolvimento econômico. A indústria açucareira baiana também não criou sólidos "encadeamentos para a frente". Não se desenvolveram refinarias na colônia, em parte porque os próprios engenhos as excluíam ao produzirem açúcares barreados, e em parte devido à dependência econômica de Portugal com relação a seus parceiros comerciais europeus. Os senhores de engenho não se esforçaram pela construção de estradas ou outros melhoramentos no transporte, e poucos procuraram, ou puderam, embarcar seu produto por conta própria, sem mencionar assumir os riscos associados à remessa e comercialização. A distância, a tecnologia e a predileção afastaram os produtores de açúcar de uma participação em todos os aspectos da economia desse produto, que poderia ter conduzido a um maior desenvolvimento.

Ponderadas as flutuações da indústria açucareira, esta revelou-se em essência um negócio lucrativo para os senhores de engenho. O fracasso dessa atividade em propiciar um crescimento contínuo resultou, aparentemente, não das deficiências ou ausência de lucratividade da mão de obra escrava, mas da política governamental, que taxava a indústria mas não empregava as receitas a serviço dos objetivos de crescimento contínuo. Resultou também da natureza da organização comercial do produto, que se manteve orientada para a metrópole e dependente desta. A despeito desses obstáculos, a indústria açucareira incentivou uma grande variedade de outras atividades econômicas na colônia, o que produziu uma sociedade que refletia as hierarquias do engenho. Trataremos, a seguir, dessa sociedade.

PARTE III

A sociedade do açúcar

9. Uma sociedade escravista colonial

En América, todo blanco es caballero.

Alexander von Humboldt (1804)

[...] *onde uma pessoa de origem das mais modestas dá-se ares de grande fidalgo.*

Um funcionário régio (1718)

Até agora, acompanhamos a formação da sociedade colonial brasileira por meio do estudo da economia açucareira e do sistema de grande lavoura em que ela se alicerçou. Durante essa etapa de formação, as ações e decisões dos europeus, indígenas e africanos contribuíram para o modo como se deu esse processo histórico e os resultados dele originados. Ademais, a tecnologia e as técnicas da manufatura do açúcar e a posição desse produto no mercado internacional também estruturaram as relações sociais e criaram ou reforçaram posições mantidas por vários grupos: senhores de engenho, comerciantes e escravos. Embora desde o início sempre existissem outros grupos e outras atividades no Brasil português, o açúcar, o engenho e a escravidão desempenharam papéis cruciais na definição e conformação da sociedade brasileira. Assim foi não só porque o açúcar manteve-se como importante atividade econômica, mas também porque os princípios em que se assentou a sociedade açucareira foram amplamente compartilhados, adaptáveis a novas situações e sancionados pela Igreja e pelo Estado. O Brasil colônia foi uma sociedade escravista não meramente devido ao óbvio fato de sua força de trabalho ser predominantemente cativa, mas principalmente devido às distinções jurídicas entre escravos e livres, aos princípios hierárquicos baseados na escravidão e na raça, às atitudes senhoriais dos proprietários e à deferência dos socialmente inferiores. Através da difusão desses ideais, o escravismo criou os fatos fundamentais da vida brasileira.

A partir da minha análise e descrição da economia de grande lavoura, do caráter e das relações sociais da produção açucareira e da economia da indústria e propriedade dos engenhos, deve ficar patente que um tipo peculiar de sociedade desenvolveu-se. Essa sociedade herdou concepções clássicas e medievais de organização e hierarquia, mas acrescentou-lhes sistemas de graduação que se originaram da diferenciação das ocupações, raça, cor e condição social, diferenciação esta resultante da realidade vivida na América. Foi uma sociedade de múltiplas hierarquias de honra e apreço, de várias categorias de mão de obra, de complexas divisões de cor e de diversas formas de mobilidade e mudança: contudo, foi também uma sociedade com forte tendência a reduzir complexidades a dualismos de contraste — senhor / escravo, fidalgo / plebeu, católico / pagão — e a conciliar as múltiplas hierarquias entre si, de modo que a graduação, a classe, a cor e a condição social de cada indivíduo tendessem a convergir.

IDEOLOGIA SOCIAL E REALIDADE BRASILEIRA

Uma visão de mundo sob os prismas político e social derivada essencialmente de teólogos católicos, em especial de santo Tomás de Aquino, serviu de alicerce à sociedade brasileira em formação. Essa visão de mundo definiu o objetivo da vida política como a busca do bem comum através da disposição da sociedade em uma organização hierárquica que incentivava a complementaridade e o equilíbrio enquanto controlava a competição e o conflito.[1] No século XVI, Estado e sociedade eram inseparáveis em termos teóricos; o primeiro representava a ordenação da segunda e tinha um papel fundamental no controle e regulamentação do relacionamento entre os grupos. Em teoria, pelo menos, a sociedade dividia-se em três ordens ou estados tradicionais, cujas posições foram originalmente definidas pelas funções mas posteriormente determinadas por privilégios, leis, costumes e modo de vida. Enquanto o rei governava como cabeça do organismo político, a nobreza era os braços que o defendiam, o clero, o coração que guardava sua alma, e o povo, o que lhe fornecia energia e sustento para a sobrevivência.[2] A divisão tripartida havia sido uma simplificação óbvia mesmo na época em que fora codificada no pensamento europeu no século XI, e, na verdade, a sociedade era muito mais variada e complexa.[3] Existiam graduações e subcategorias entre a nobreza e na hierarquia do clero, e a presença de profissionais liberais, comerciantes e artesãos entre o povo criava também importantes distinções. A divisão da sociedade em três estados era uma supersimplificação óbvia, mas ao mesmo tempo pecava pelo excesso de complexidade; de certa forma, a distinção mais importante era entre os "peões" e as "pessoas de mor qualidade".[4] Essa distinção refletiu-se em algumas das primeiras leis formuladas para o Brasil colônia.

A sociedade por ordens ou estados era efetivamente um arcabouço estatutário ou jurídico que viabilizava legalmente na prática as hierarquias de graduação, privilégio e honra.[5] Sinais exteriores indicativos da graduação, formas de tratamento, insígnias, privilégios e obrigações definiam a posição dos indivíduos. O protocolo e a precedência assumiam importante significado simbólico em eventos públicos e reforçavam a posição e as prerrogativas de cada grupo. Sem mencionar o clero (nos escalões mais altos havia poucos membros, e de certa forma era um mero apêndice da alta nobreza), a nobreza era a ordem mais privilegiada, reverenciada e respeitada. Em compensação pela sua obrigação teórica de providenciar a defesa militar, os nobres tinham direito a isenções fiscais, ao favorecimento legal, a importantes cargos governamentais e à deferência da sociedade.

A nobreza dominava a sociedade e estabelecia os padrões de desempenho e comportamento. Até mesmo os doutos magistrados e os abastados comerciantes, embora de origem burguesa, geralmente aspiravam ao status, títulos e privilégios de aristocracia. As graduações da nobreza portuguesa, dos condes, duques e marqueses aos fidalgos e os que obtinham foros de fidalguia por serviços prestados (os "fidalgos da casa del-rey"), não precisam ser examinadas aqui. Em certo sentido, definia-se a nobreza por aquilo que a pessoa não fazia. Dedicar-se a trabalho braçal, ser dono de loja, artesão e outras ocupações "inferiores" era para os plebeus. Os nobres deviam viver sem recorrer a tais atividades; procuravam antes os rendimentos de aluguéis e cargos públicos, e esforçavam-se por manter um padrão de vida aristocrático, o que em geral significava abrigar um grande número de agregados, parentes e criados. Fortuna, domínio senhorial, autoridade sobre dependentes, manutenção e promoção da linhagem e dedicação às armas ou à política constituíam os elementos do ideal de nobreza que impregnava a sociedade e se apresentava como a meta a ser atingida.

Segundo a concepção original, o campesinato compreendia as pessoas de menor qualidade: a vasta maioria da população instalada no campo, vivendo da agricultura, pecuária ou pesca. Era, porém, uma representação totalmente irreal da sociedade no século XVI. Os artesãos, embora indubitavelmente plebeus, possuíam capital materializado em sua habilidade e lojas, criados e empregados; tinham sua própria estrutura interna de mestres e aprendizes e, através de representantes na câmara municipal, contavam com voz ativa no governo local. O mesmo se pode dizer de outras categorias funcionais, como a dos comerciantes e a dos profissionais da área jurídica, também por definição estatutária membros do terceiro estado, mas que possuíam capacidades, perícia, conhecimentos ou riqueza que os distinguiam do campesinato e lhes facultavam o acesso à nobreza. Essas categorias funcionais distinguiam-se dos estados mas fundiam-se com eles. Os artesãos e comerciantes criavam guildas e outras associações para defender seus interesses comuns, muitas vezes usando irmandades religiosas como base para associações voluntárias. Identificação com uma corporação, qualificação em um dos três estados e associação a uma guilda ou irmandade proporcionavam a base teórica da sociedade, que no governo era expressa pelas "cortes", em que a Coroa regia os três estados.[6]

Acompanhando a divisão da sociedade em ordens jurídicas e categorias funcionais havia outros princípios de organização. A distinção entre cristãos-velhos, cujas famílias já eram católicas antes da conversão forçada de todos os judeus portugueses em 1497, e cristãos-novos, judeus convertidos e seus descendentes, foi mantida até meados do século XVIII. Os descendentes de cristãos-novos encontravam muitas desvantagens, fosse qual fosse a ortodoxia de sua crença. Também a ilegitimidade acarretava problemas na herança do nome e de propriedades e na capacidade de ascender socialmente por meio de ingresso na carreira das armas ou em cargos públicos. A ilegitimidade e a ortodoxia religiosa da família relacionavam-se ao conceito de pureza de sangue. Embora as origens e o significado exato desse conceito sejam muito debatidos, no século XVI ele era usado para distinguir os que, racial e politicamente, enquadravam-se no ideal do português branco e cristão-velho, não contaminado, como se dizia, pelas raças infectas dos "mouros, mulatos, negros ou judeus". Quando à pureza do sangue aliava-se a fidalguia, todas as portas podiam ser abertas na sociedade.[7]

A fidalguia, ou, em termos mais genéricos, um status social mais elevado, não era na verdade algo inatingível. Apesar de a sociedade por ordens ter sido concebida em termos fixos e rígidos, a mobilidade social era, sem dúvida, possível. O desenvolvimento do comércio e a emergência do Estado em Portugal e em outras partes da Europa haviam criado oportunidades para que comerciantes, advogados, funcionários régios e outros conseguissem acesso à riqueza, ao status ou a ambos. Embora as concessões de títulos nobiliárquicos fossem relativamente poucas, as elevações ao status de fidalgo ou equivalente não eram raras no século XVII. Em certa medida, o "modelo de San Gimignano", de Lawrence Stone, de uma grande base populacional da qual se erguem como torres uma série de hierarquias econômicas e sociais mais ou menos independentes, fundamentadas na terra, Igreja, lei, comércio e governo, descreve a sociedade portuguesa na época da formação do Brasil.[8] Entretanto, essas múltiplas hierarquias ainda eram jurídica e teoricamente concebidas nos limites e graduações da sociedade por ordens, com sua divisão fundamental entre nobres e plebeus. O indivíduo podia ascender em uma dessas torres, mas ao alcançar determinada altura haveria sempre uma forte tendência a conciliar sua posição com a hierarquia social mais geral. Esses dois elementos da sociedade portuguesa, a possibilidade de mobilidade e o desejo de conciliar e legitimar o status mais elevado com os outros atributos tradicionais e o estilo de vida da nobreza, são cruciais para a compreensão do caráter do Brasil colonial, um lugar "onde uma pessoa de posses e origens das mais modestas dá-se ares de grande fidalgo".[9]

O ideal de nobreza assenhoreou-se da sociedade brasileira desde seus primórdios e perdurou por todo o período colonial. Ele encerrava atitudes, atributos e tradições que atestavam e mediavam o status nobiliárquico. Fundamentava-se em um conceito de organização social que, como a própria sociedade, era hierárquico, desigual por definição e paternalista. Os nobres viviam sem dedicar-se a trabalho braçal e, portanto, o trabalho braçal era degradante. Os nobres asseguravam a manutenção e a continuidade de sua linhagem e família. Isso era feito por meio da edificação de capelas e celebração de missas em memória de seus ancestrais, do sustento de sua "família" presente — composta dos parentes próximos, agregados, criados e escravos — e da garantia do futuro através do planejamento de casamentos convenientes e de estratégias de transmissão de herança. O objetivo preferido era a propriedade fundiária, valorizada não só por conferir prestígio per se, mas também porque era o modo mais seguro de sustentar a vida nobre. O patriarca da família aristocrata exercia um controle paternalista sobre todos os seus membros. Devia-lhes proteção, e eles lhe deviam lealdade e deferência. Essas famílias podiam incluir parentes distantes de status social inferior, filhos adotados e filhos ilegítimos reconhecidos, cuja posição era secundária em relação à da prole legítima. A condição de nobreza podia alicerçar-se em morgados ou participações em ordens militares, mas era também uma questão de atitudes e valores. Os cavalos puro-sangue, a generosidade desmedida, o ser alfabetizado, a devoção religiosa, a bravura diante do perigo e a capacidade no comando dos subordinados eram as marcas do nobre. Parte não menos importante desse ideal era a organização familiar patriarcal assentada na grande propriedade fundiária sobre a qual o nobre exercia um poder paternalista e autoritário.

As realidades da América transformaram ou atenuaram na colônia brasileira a organização e os ideais da sociedade portuguesa. A estrutura tradicional de estados e corporações existiu, mas tornou-se menos importante no contexto americano. As distinções essenciais entre fidalgos e plebeus tenderam a nivelar-se, pois o mar de indígenas que cercava os colonizadores portugueses tornava todo europeu, de fato, um gentil-homem em potencial. A disponibilidade de índios como escravos ou trabalhadores possibilitava aos imigrantes concretizar seus sonhos de nobreza. Com um punhado de indígenas para caçar ou pescar, qualquer homem podia viver sem recorrer ao trabalho braçal. Com muitos índios, podia desfrutar de uma vida verdadeiramente nobre. O gentio transformou-se em um substituto do campesinato, um novo estado, que permitiu uma reorganização das categorias tradicionais. Contudo, o fato de serem os aborígines e, mais tarde, os africanos diferentes étnica, religiosa e fenotipicamente dos europeus criou oportunidades para novas distinções e hierarquias baseadas na cultura e na cor. Na verdade, pode ser um exagero descrever essas oportunidades como "novas". Houvera negros em Portugal desde o tempo dos mouros e, no século XVI, viviam na metrópole mais de 30 mil deles.[10] Todas as instituições originadas da vida e cultura negras e as reações a elas já existiam em Portugal, sendo, pois, impossível atribuir o sistema brasileiro de discriminação e classificação racial inteiramente ao regime colonial.[11] O que diferenciou o Brasil de Portugal, porém, foi a preponderância que acabou por caracterizar a população de cor, em contraste com sua posição minoritária na metrópole.

Como pagãos, indígenas e africanos ficavam fora dos limites do organismo político. Entretanto, uma vez cristãos, tinham de ser enquadrados de alguma forma. A ortodoxia religiosa e a aceitação da cultura europeia tornaram-se as medidas segundo as quais eram julgados. As distinções entre "gentios" e "índios aldeados" ou entre africanos "boçais" (recém-chegados) e "ladinos" (aculturados) eram essencialmente graduações culturais para demarcar os que se encontravam dentro e fora, ou quase fora, da sociedade. Ao se tornarem parte da sociedade, indígenas e africanos podiam simplesmente ser situados na hierarquia existente, em novas categorias e em posições definidas pela cor. Todavia, introduziram-se complexidades com os índios e crioulos nascidos no seio da sociedade portuguesa e, assim, não tão facilmente discerníveis com base em diferenças culturais; essas complexidades eram ainda maiores quando se tratava de indivíduos mestiços. O problema de situar esses indivíduos na ordem social tradicional levou à criação da peculiar hierarquia social baseada na raça que passamos a associar a muitas colônias do Novo Mundo.

Os índios aculturados, os libertos e os mestiços livres eram definidos tanto pela cor quanto por categoria funcional ou estado tradicional A cor conferia-lhes identidade como um grupo, embora fossem reconhecidas distinções. Desenvolveram-se no Brasil várias classificações, mutáveis de acordo com o tempo e o lugar. Na Bahia era comum as designações mulato, cabra (mestiço de índio e negro), pardo (mulato mais claro) e preto. As pessoas de cor geralmente arcavam com duas marcas de desvantagem. Primeiro, sua cor indicava claramente ascendência africana e, portanto, condição social inferior, presumivelmente a de escravo, em alguma época do passado. Segundo, havia uma insinuação de ilegalidade na existência de uma pessoa mestiça, pois supunha-se que o homem branco normalmente não se casava com mulher de condição racial inferior. Aliavam-se a essas desvantagens os preconceitos sobre as inclinações morais inatas dos mestiços, que amiúde eram tachados de matreiros, ambiciosos e indignos de confiança. Não obstante, tais atitudes e a legislação discriminatória não impediram a população parda de crescer e tornar-se parcela importante das categorias dos artesãos, trabalhadores assalariados e pequenos agricultores.

As pessoas de cor livres formavam, na verdade, um grupo heterogêneo, com elementos de várias origens, locais de nascimento, habilidades, graus de aculturação e cores. Pouco havia de comum que os unisse, exceto a cor. A raça criara um sistema alternativo de estados — branco, pardo, negro, índio — que se fundiu com a sociedade europeia e a transcendeu. Se todos os negros tivessem sido escravos e todos os cativos permanecido cativos, a situação brasileira poderia ter-se ajustado com pouquíssimas alterações aos princípios tradicionais de organização social. A complexidade originou-se da alforria de escravos e do nascimento de indivíduos mestiços, alguns nascidos livres e outros, escravos, estes últimos sendo favorecidos no processo da manumissão. Esses indivíduos criaram novas categorias sociais que precisaram ser ajustadas à hierarquia social.

Um sistema que combinava definições e graduações sociais baseadas em estado, função, identidade corporativa, religião, cultura e cor poderia ter-se revelado tão confuso e sujeito a contradições inerentes a ponto de nem chegar a tornar-se um sistema. Porém não era esse o caso. A tendência era de sempre os vários critérios de graduação consubstanciarem-se correntemente em cada indivíduo. Assim, era mais provável que um africano boçal fosse pagão, negro, não aculturado, sem especialização profissional, trabalhador na lavoura e, sem dúvida, escravo. Um homem branco era supostamente livre e aculturado, definido por estado e função, e tendia a situar-se no topo das várias classificações sociais. Entre esses dois extremos, as pessoas de origens mistas já não eram tão facilmente situadas. O regime de grande lavoura não criou as graduações, mas sua estrutura interna, com a propriedade como apanágio dos europeus, o trabalho forçado proveniente de indígenas e posteriormente de cativos africanos ou crioulos, e as funções artesanais ou administrativas exercidas por brancos mais pobres, negros libertos e pessoas de cor, reforçou a hierarquia social e reafirmou as graduações de uma forma prática e perceptível. O engenho era um espelho e uma metáfora da sociedade brasileira.

UMA SOCIEDADE ESCRAVISTA

Falar do Brasil colonial como uma sociedade escravista tornou-se lugar-comum, mas devemos reconhecer que a base teórica original da colônia foi apenas parcialmente associada à escravidão. Embora essa instituição já existisse na península ibérica antes da colonização do Brasil, ela era relativamente marginal aos princípios essenciais da organização da sociedade por ordens como esta se desenvolveu na Europa. No Novo Mundo, a existência de escravos e a formação de uma população de origem mestiça criaram novas realidades sociais que precisavam ser conciliadas aos princípios portugueses de organização social para cá transferidos. Essa conciliação foi fácil. O Brasil, de certo modo, demonstrou a flexibilidade da sociedade por ordens e sua adaptabilidade a novas categorias e situações sociais. A escravidão da grande lavoura no Brasil transformou e ampliou as categorias tradicionais — transformou em pessoas de qualidade alguns indivíduos que nunca sonhariam em obter essa condição em Portugal, e criou um novo estado de plebeus, formado pelos escravos. Entretanto, ao mesmo tempo, desenvolveu novos princípios de hierarquia baseados na raça, aculturação e condição social. A sociedade escravista brasileira não foi uma criação do escravismo, mas o resultado da integração da escravidão da grande lavoura com os princípios sociais preexistentes na Europa.

A distinção social máxima sobre a qual se assentava a sociedade brasileira era a divisão entre escravos e livres. Essa distinção jurídica essencial, herdada da lei romana, dividia a sociedade em indivíduos com direitos de pessoa e propriedade, que podiam teoricamente exercer direitos de "cidadãos", e indivíduos que não o podiam.[12] Originalmente, tal divisão não se baseara na raça. Os códigos jurídicos portugueses, como as Ordenações Manuelinas (1514), ainda mencionavam escravos brancos e mouros, mas em fins do século XVI, a escravidão no mundo português passou a ser cada vez mais associada aos africanos e seus descendentes.[13] Embora a distinção entre escravidão e liberdade tivesse importantes implicações jurídicas, os antigos precedentes romanos e ibéricos de servidão doméstica, o papel da Igreja Católica na insistência sobre a humanidade dos escravos, a elegibilidade dos cativos como membros da Igreja e, consequentemente, seu direito à participação nos ritos e privilégios e, por fim, a existência de outras formas de subordinação na sociedade foram, todos, fatores delimitadores do relacionamento entre senhores e escravos. Nem mesmo a condição social de escravo estava isenta de variações, pois o costume português no Brasil reconhecia a condição de "coartado", ou seja, o escravo que conseguira o direito, expresso por seu proprietário em testamento ou outro documento, de pagar pela própria alforria; a esse cativo era permitida uma certa liberdade de movimentos ou a capacidade de obter e conservar a posse de bens que lhe permitissem acumular a quantia necessária. Em síntese, o coartado era um escravo em processo de transição para a condição social de livre. Contudo, apesar da existência dessas variações, da tradição ou costume do *peculium* escravo (posse de bens pelo cativo), e de a Igreja aceitar escravos como membros, a distinção entre escravos e livres efetivamente dividia a sociedade. Incapazes de firmar contratos, dispor de suas vidas e possuir bens, defender-se e à sua família dos maus tratos do proprietário, testemunhar contra homens livres, escolher seu trabalho e empregador, e limitados pela lei e pelos costumes de inúmeros outros modos, os cativos permaneceram os elementos em situação mais desvantajosa na sociedade. Em um mundo em que a linhagem proporcionava uma base ao indivíduo, os escravos em geral não possuíam sobrenomes e, efetivamente, nem família reconhecida; em uma sociedade em que a honra refletia o status, pressupunha-se que a escravidão despojava o indivíduo de toda e qualquer honra. As pessoas de cor livres podiam sofrer com incapacidades legais e ultrajes, estar sujeitas a coerção legal e ilegal e ser tratadas com desprezo, mas seu status era infinitamente melhor que o dos cativos. Ao menos, era o que estes achavam. Só isso pode explicar por que tantos escravos brasileiros esforçavam-se com tanto sacrifício para conseguir juntar dinheiro para comprar sua liberdade ou a de seus filhos. Legalmente, a liberdade era importante.[14]

Enfatizo aqui o valor da distinção legal porque pretendo, ao mesmo tempo, negar ênfase à distinção econômica. Se havia no Brasil escravos que cultivavam seu próprio alimento, comercializavam o excedente, exerciam funções especializadas, podiam acumular dinheiro para comprar a liberdade e, na cidade, como "negros de ganho" (escravos de aluguel), viviam e trabalhavam por conta própria; e, simultaneamente, havia no Brasil indivíduos livres que eram sujeitos a coerção, sofriam discriminação, recebiam pouquíssima remuneração por seu trabalho e eram tolhidos pelo costume e pela prática, isso significa que, como caracterizações de um sistema de trabalho, a escravidão e o trabalho livre não são particularmente de grande auxílio para a compreensão do Brasil colonial.[15] Se escravos agiam como camponeses e camponeses eram tratados como escravos, as distinções perdem a importância e a capacidade de conduzir e fundamentar os estudos. Como o proletariado, os escravos estavam separados dos meios de produção, e a mais-valia de seu trabalho era apropriada pelos detentores desses meios de produção. Porém, nos engenhos da Bahia, como em outras partes, tanto os cativos quanto os assalariados viviam sob o controle paternalista do proprietário, que encarava sua força de trabalho livre e escrava como algo mais do que mera mão de obra. Da perspectiva do senhor escravista, mão de obra escrava e livre não eram mundos separados, mas dois pontos ao longo de um continuum, cada qual com suas vantagens e problemas.[16] Uma ou outra podiam ser usadas conforme as condições políticas e econômicas vigentes. A mudança do emprego da mão de obra escrava para a livre nos engenhos nordestinos, ocorrida na década de 1870, antes da abolição da escravidão no Brasil, é um bom exemplo desse fato. A escravidão predominou na Bahia durante o período colonial, mas em geral coexistiu também com várias formas de trabalho assalariado.

Considero importante ressaltar aqui a relativa semelhança e compatibilidade de várias formas de trabalho no contexto do engenho e dos princípios de uma sociedade por estados com múltiplos estratos. Ao mesmo tempo, não pretendo diminuir a importância da escravidão como instituição que medrou nesse contexto e contribuiu para esses princípios. Em certo sentido, Frank Tannenbaum percebera a distinção fundamental, embora ele e seus seguidores não apreendessem imediatamente seu significado. Seu livro *Slave and citizen* (1947) reconhecia no próprio título que a verdadeira diferença em uma sociedade era a distinção legal entre essas duas condições sociais, e que a facilidade com que um indivíduo podia mover-se de uma para outra era um indicador essencial do regime escravista.[17] A diferença entre trabalho escravo e livre era menos importante e, per se, não nos informa sobre as condições de vida dos indivíduos.

O fato de não enfatizar as distinções teóricas entre categorias de trabalhadores não deve, porém, diminuir nossa percepção do Brasil como uma sociedade profundamente influenciada pela escravidão. Neste aspecto, a história teve seu papel, pois não foi simplesmente o escravismo a moldar essa sociedade, mas o escravismo da agricultura monocultora em grande escala, baseada inicialmente no braço indígena e posteriormente no africano, criadora de hierarquias fundamentadas na raça e na cor, que refletiam a organização interna dos engenhos. A escravidão e a raça criaram novos critérios de status que permearam a vida social e ideológica da colônia. A grande lavoura possibilitou a recriação do ideal de nobreza: uma vasta propriedade fundiária onde o dono pudesse exercer um controle patriarcal sobre seus familiares e dependentes. A necessidade de uma numerosa força de trabalho criou um papel para esses dependentes, e o fato de estes serem escravos e racialmente diferentes do proprietário não causou nenhum problema especial para aquele ideal. A sociedade senhorial revelou-se bastante adaptável a esse respeito. Finalmente, a particular necessidade que tinha o engenho de trabalhadores especializados, artesãos e feitores criou oportunidades de diferenciação entre os cativos e funções que podiam ser exercidas por trabalhadores assalariados. Essas ocupações mais vantajosas ofereciam um lugar no regime dos engenhos para os indivíduos livres e os mestiços, produtos da alforria e da miscigenação. A grande lavoura escravista não criou a estrutura da sociedade brasileira, mas ligou-se a ela tão profundamente que as características específicas que introduziu acomodaram-se facilmente naquela estrutura.

As distinções raciais e a escravidão penetraram em toda a sociedade, atingindo os aspectos mais corriqueiros da vida e afetando as ações e percepções de cada um, escravo ou livre, branco, negro, índio ou mestiço. Os inúmeros casos de libertos que possuíam escravos, de posse de cativos até mesmo por agricultores pobres, e até da existência de escravos que adquiriam escravos indicam o poder e a difusão dessa instituição.[18] Embora os africanos ou cativos pudessem conservar seus próprios valores e culturas, eram sempre restritos pela necessidade de agir dentro dos limites da sociedade colonial. No Brasil colônia, ninguém estava livre da presença da escravidão.

UMA SOCIEDADE FEUDAL?

Faz-se necessário, agora, abordar uma questão que perturbou (e emprego essa palavra deliberadamente) a historiografia do Brasil e da grande lavoura nas Américas, qual seja, a natureza feudal ou capitalista da sociedade brasileira. Como salientou Jacob Gorender em 1978, muito do que se escreveu sobre a sociedade brasileira tratou, consciente ou inconscientemente, desse assunto. Assim, a ênfase no aspecto senhorial-patriarcal de autores da década de 1930, como Gilberto Freyre ou Oliveira Viana, foi basicamente uma interpretação do caráter feudal do Brasil, visão essa adotada posteriormente por historiadores marxistas como Nelson Werneck Sodré.[19] Contudo, esse feudalismo sem feudos, sem servos e sem os ritos de lealdade — um feudalismo caracterizado por grandes propriedades que empregaram mão de obra escrava e cultivaram um produto de exportação para o mercado externo durante a transição europeia para o capitalismo — foi questionado por vários autores, que preferem usar termos como "mercantilista", "capital comercial" e "capitalista" para descrever a sociedade do Brasil colonial.[20]

Em certa medida, existem realmente dois pontos nesse debate; por vezes, os expoentes das principais linhas de interpretação referiram-se a coisas diferentes sob a designação única de feudalismo. O debate na historiografia portuguesa e brasileira remonta à década de 1920, quando se ocupava basicamente da natureza jurídica, concentrando-se nas origens da colônia e especialmente no caráter das capitanias hereditárias. A preocupação principal era o relacionamento entre a Coroa e o donatário, os poderes que ela concedia e as obrigações que cabiam a estes últimos.[21] Os capitães-donatários eram, pois, as figuras centrais do debate, e suas cartas de doação eram os documentos cruciais a serem interpretados. Isso, porém, não era tarefa simples, pois existira uma discussão ainda mais antiga, em Portugal mesmo, acerca da existência ou não do feudalismo naquele país durante a era medieval.[22] Os que questionavam sua existência em Portugal também argumentavam, fundamentados no aspecto jurídico, que a ausência de serviço militar prestado em troca dos direitos senhoriais significava que o feudalismo como tal não existira. Embora esse ponto de vista estivesse provavelmente correto em um sentido extremamente restrito, desconsiderava o fato de que o feudalismo variou amplamente de um lugar para outro na Europa e ainda ao longo do tempo. Porém o mais importante é que a natureza da sociedade brasileira não foi evidenciada por esse debate, pois o feudalismo estava ainda sendo usado como descrição de um sistema econômico, o qual, nas palavras de Jacques Heers, "era quase sempre carregado com todas as possíveis implicações do mal".[23] Esse autor, assim como outros medievalistas, alertou-nos para o fato de não ter certeza quanto ao significado exato de "feudalismo", e nem de que este tenha realmente existido.[24]

Para Marx e os marxistas, o debate jurídico dos medievalistas, concentrado nas relações entre o soberano e os senhores, era despropositado. Marx demonstrou que não era necessária a existência do feudalismo como sistema político para haver um modo de produção feudal no qual uma força de trabalho dependente possui algum controle sobre os meios de produção, pagando sua renda obrigatória em dinheiro, espécie ou trabalho. Sua visão do feudalismo enfatizava as relações entre os senhores e camponeses, e não entre o rei e os vassalos. Essa interpretação dá margem à possibilidade de existirem relações sociais feudais em uma organização política não feudal. Era isso que Eugene Genovese e Elizabeth Fox-Genovese tinham em mente ao afirmar que "as economias coloniais e de grande lavoura, baseadas essencialmente na monocultura, incorporam características de duas estruturas econômicas diferentes, e a macroestrutura do setor como um todo pode ter apenas uma relação indireta com a microestrutura das firmas individualmente".[25] Com efeito, eles evitam o termo "feudalismo", preferindo "senhorialismo", porque este não acarreta a confusão que tanto sobrecarrega a palavra feudalismo e porque sua análise preocupa-se com as relações sociais entre senhores e escravos.

O senhorialismo é, de fato, um termo que merece atenção no contexto brasileiro porque as capitanias hereditárias do Brasil são, talvez, mais bem definidas como extensões do conceito português de "senhorio".[26] Porém, como ressaltou Harold B. Johnson, ao transferir-se esse conceito para as ilhas atlânticas e, posteriormente, para o Brasil, certas mudanças ocorreram. "Ao contrário de feudo tradicional, a concessão não dependia da prestação de serviço, militar ou de outro tipo, e sim era dada em recompensa por serviços, prestados no passado, presente ou futuro."[27] À época das doações das capitanias brasileiras, na década de 1530, as próprias concessões eram diferentes de seus precedentes medievais. O foral tradicionalmente outorgado pelo senhor aos habitantes de suas terras era, no Brasil, concedido pela Coroa, refletindo um processo que já vinha ocorrendo desde o século XIV em Portugal, em que a "nova monarquia" reduzira os poderes dos senhores sobre suas terras e dependentes. Embora as formas presentes em Portugal na era medieval fossem transferidas para o Brasil, seu conteúdo reflete novas realidades políticas, com o Estado desempenhando um papel central. Os poderes de exercer a justiça e fazer nomeações nas donatarias, reminiscências dos antigos senhorios, foram rapidamente revogados na colônia, tendo sido bastante diminuídos após a criação do governo-geral do Brasil em 1549. Assim, à época em que começou a florescer a economia açucareira, na década de 1560, o Estado já reduzira muitos dos poderes senhoriais dos capitães-donatários e assumira um papel fundamental na formação social e econômica, ao contrário de seus precedentes medievais.

As capitanias hereditárias foram, pois, expressões do senhorialismo português, mas de um senhorialismo que estava, ele próprio, em transição, e que era cada vez mais controlado por um Estado centralizado e absolutista. Quando o Brasil tornou-se uma colônia de grande lavoura, mesmo na definição jurídica tradicional, pouco restava do passado feudal. O Estado assumira um papel direto na alocação de recursos e, consequentemente, na ordenação da sociedade. Os contemporâneos perceberam que essas mudanças haviam ocorrido. Nas décadas de 1620 e 1630, a Coroa tentou obrigar os donatários no Brasil a desenvolver e defender pessoalmente suas terras.[28] Estes não concordaram, e uma comissão régia, após examinar as cartas de doação, declarou as terras como sendo de "juro e herdade", sem existir a obrigação de serem defendidas pessoalmente. Não existiam, pois, as obrigações "feudais". A Coroa acabou por encontrar um advogado para argumentar que as responsabilidades dos donatários como governantes implicavam prestação de serviço militar.[29] Assim, as funções militares e burocráticas tiveram de ser usadas no lugar da senhorial para mobilizar os donatários. Como escreveu um jesuíta por volta de 1600, "os capitães destas capitanias do Brasil não são os senhores delas da mesma maneira que na Europa o é um homem de seu morgado ou casal".[30]

Em termos marxistas, tais debates eram estéreis, se não inúteis, pois "feudalismo" possui um significado específico como um determinado modo de produção, independentemente da estrutura legal e jurídica em que esteja inserido. Assim, pode haver feudalismo sem a existência do feudo, contanto que estejam presentes os outros critérios, ou seja, uma classe camponesa ou servil sujeita a coerção extraeconômica que limite a liberdade pessoal e os direitos de propriedade, de modo que nem o trabalho nem o produto deste sejam totalmente comercializados. Nesse contexto, é o relacionamento entre o dono da propriedade (senhor) e os trabalhadores (servos) o objeto principal de consideração, e não as relações entre os senhores e o soberano, como na tradição histórico-jurídica.[31]

Tendo em vista as estruturas de cada uma dessas interpretações, parece evidente que os elementos usuais do feudalismo não caracterizaram o Brasil em geral ou a grande lavoura baiana em particular. Quaisquer aspectos senhoriais que possam ter existido nas capitanias hereditárias foram sendo gradualmente extintos com a criação do governo-geral em 1549. A economia baseada no braço escravo que se desenvolveu na indústria açucareira enquadrou-se no critério de um sistema predominantemente agrário em que a unidade produtiva básica era a grande propriedade fundiária, mas não apresentou outras características necessárias, tais como um baixo nível de forças produtivas e de trocas comerciais.[32] Sobretudo, não houve um campesinato, uma vez que a produção foi predominantemente baseada no braço escravo. A agricultura de subsistência em pequena escala sempre existiu em algum grau na colônia, mas essa categoria não cresceu em tamanho ou importância até o século XVIII. Ademais, os pequenos agricultores que mais se aproximaram do clássico camponês europeu foram, muitas vezes, eles próprios, donos de escravos.

Entretanto, a ausência de feudalismo na esfera política e a inaplicabilidade desse termo à designação da organização da produção não nos devem impedir de reconhecer a existência de uma ideologia mantida pelos senhores de engenho e por outros indivíduos naquela sociedade, a qual era essencialmente hierárquica, fundamentada na dominação e graduação, movida ao menos teoricamente pela patronagem e lealdade, e ligada à concepção católica das esferas civil e religiosa. Essas atitudes, quer as denominemos pré-modernas, senhoriais ou feudais, não tiveram origem na colônia, mas em uma sólida base de tradições portuguesas e, verdadeiramente, europeias. Não obstante, prestaram-se bem aos interesses e à posição dos grandes proprietários que, como árbitros do gosto e do estilo e detentores do poder, dominaram as instituições sociais e políticas da colônia. Essas atitudes não significam que os proprietários de escravos no Brasil tratavam melhor seus cativos do que os senhores "capitalistas" do Mississippi no século XIX. Como já vimos, o lucro foi a principal meta durante toda a história da indústria do açúcar, e a natureza da produção açucareira, aliada à principal teoria sobre a administração da escravaria, produziu um regime que era às vezes tão cruel e opressor quanto qualquer outro. Ainda assim, a exploração foi inserida em um contexto ideológico em que predominaram as metáforas da família, obrigação, lealdade e clientelismo. Quando, por ocasião de uma alforria, o senhor afirmava, como muitos o fizeram, que "dou liberdade a minha escrava porque a criei como minha própria filha, em reconhecimento dos muitos anos de servidão leal e pelos 200$000 que me pagou", essa unidade entre lucro e paternalismo tornava-se evidente.[33] Embora possamos achar que isso seja uma contradição, os proprietários de escravos no Brasil não pensavam assim.

Assim como os escravos que cultivavam seu próprio alimento não eram exatamente camponeses, também os senhores de engenho que buscavam o lucro não eram necessariamente capitalistas. As grandes propriedades escravistas do Brasil estiveram incontestavelmente ligadas a um sistema econômico europeu em fase de expansão comercial, àquela época dominado pelo capital mercantil que estava, ele próprio, transformando a vida social e política na metrópole, mas nada havia que impedisse o desenvolvimento de relações com base no trabalho escravo ou forçado de suprir esse sistema comercial. Quer se acredite ou não na interpretação de Wallerstein de que o desenvolvimento de formas arcaicas de trabalho na periferia do sistema internacional europeu era inevitável (o que não acredito), não havia, com toda certeza, contradição inerente na existência da grande lavoura escravista no seio do sistema comercial mercantilista.

A grande preocupação em caracterizar as colônias do Novo Mundo como feudais ou capitalistas provocou um debate amplo, ainda que muitas vezes pouco esclarecedor. Uma tendência recente e racional é evitar a descrição classificatória e dedicar-se à análise das características específicas dessas colônias e especialmente de suas formas de trabalho predominantes. No Brasil, essa abordagem conduziu à definição do regime escravista brasileiro como um "modo de produção escravista colonial" e vários estudiosos têm procurado identificar e analisar suas peculiaridades ou suas características gerais. Até aqui, procurei seguir essa linha, examinando a formação do sistema de grande lavoura no Brasil, seu funcionamento e organização interna e, especialmente, a natureza e as relações sociais de mão de obra. Ao fazê-lo, aceitei a sugestão de Octavio Ianni, de que "é necessário estudar as relações, os processos e as estruturas político-econômicas que lhe conferem [à formação social] realidade e movimento". Como Ianni, acredito que não devemos simplesmente limitar o estudo ao modo de produção, mas temos também de dedicar-nos às questões mais amplas das dimensões sociais, políticas e intelectuais da sociedade como um todo.[34] Acredito que isso seja o que Marx tinha em mente ao afirmar serem as relações sociais de produção "os segredos mais íntimos, a base oculta de toda a estrutura social".[35] A penetração do escravismo em todos os aspectos da vida, sua capacidade de ordenar a sociedade e influenciar o comportamento não só de senhores e escravos mas também de burocratas e camponeses, libertos e livres, brancos, pardos e negros — esse era o poder dessa instituição. Nada se podia fazer ou decidir, nenhum pensamento era expresso sem ao menos o reconhecimento tácito da forma dominante de trabalho e da população servil que ela criara.

O ESTADO E A SOCIEDADE

Não basta caracterizar o Brasil colonial como uma sociedade escravista e nesse ponto terminar o estudo, pois isso significa ignorar o papel fundamental desempenhado por uma forma política específica na formação daquela sociedade. O desenvolvimento do Brasil colonial durante o período em que a Europa moderna vivia suas primeiras experiências com as monarquias centralizadas, os Estados absolutistas, foi marcado de diversas formas. O fato não é simplesmente que as leis, as instituições administrativas e os funcionários régios demarcaram os perímetros da sociedade e criaram o contexto da economia, mas que o próprio Estado era o nível em que finalmente se resolviam as disputas entre grupos e interesses. A ideia weberiana de Estado adotada pela maioria dos estudos sobre o governo colonial na América Latina enfatiza a burocratização do Estado e seu crescente poder político como processo independente de uma base econômica ou social específica.[36] Ao considerar-se esse Estado uma força crescentemente poderosa e, portanto, independente, seu papel como regulador de interesses diversos na sociedade e, em última análise, como expressão do poder de certos grupos ou classes é eclipsado. Até aqui, este livro procurou demonstrar a maneira como os senhores de engenho procuraram controlar as políticas do Estado e usar os poderes governamentais para atingir seus próprios objetivos. A seguir, dedicaremos especial atenção a mudanças na política colonial portuguesa em relação aos interesses de grupos concorrentes na metrópole e na colônia.

Assim como qualquer caracterização da economia ou da estrutura social da colônia como feudal ou capitalista é muito problemática por ser uma supersimplificação, também é questionável tentar tipificar o Estado moderno emergente com um único termo. Foi o Estado absolutista, como aventaram Marx e Engels, um equilíbrio entre uma "nobreza feudal e uma burguesia urbana" e, portanto, de certo modo independente, ou teria Engels chegado mais próximo da verdade ao afirmar que "a ordem política permaneceu feudal enquanto a sociedade tornou-se cada vez mais burguesa"?[37] Perry Anderson acredita que o Estado absolutista era um "aparato reorganizado e reativado da dominação feudal", mas julgo que nesse aspecto ele confunde a continuação da presença dos nobres em posições de autoridade com a posição hegemônica da nobreza.[38] No caso português, alguns consideram a criação de uma monarquia fortemente centralizada após 1385 como uma manifestação da ascensão de elementos mercantis ou burgueses à predominância política. Acredito que também essa ideia seja ilógica, pois atribui a esses elementos um papel excessivamente precoce.

Como sua própria época, os Estados absolutistas eram elementos de transição, e não apresentavam uma correspondência entre a superestrutura política e a esfera econômica. O papel do Estado era levar a cabo a transição até a obtenção daquela correspondência. A monarquia centralizada em Portugal sob as dinastias de Aviz, Habsburgo e Bragança, assim como os Estados absolutistas em outras partes da Europa ocidental, destinava-se não à eliminação da sociedade senhorial, mas, em certa medida, à preservação da mesma. Essa monarquia não foi, de modo algum, revolucionária em seus objetivos e foi, incontestavelmente, conservadora no que tange às relações de produção. Entretanto, em seu poder inerente e em sua estrutura burocrática havia elementos potencialmente perigosos que poderiam originar novas formas. Sob extrema pressão militar ou econômica, certas relações e práticas econômicas poderiam ser consideravelmente alteradas de maneiras potencialmente revolucionárias ou subversoras dos princípios sociais e políticos estabelecidos. A criação de companhias comerciais monopolistas durante a Guerra da Restauração (1640-68), a política de Pombal (1757-76) e as alterações políticas durante e após as Guerras Napoleônicas (1807-20) foram, todas, períodos e casos em questão. Como e quando tais elementos poderiam acarretar o enfraquecimento da sociedade senhorial e incentivar diferentes relações sociais e modos de pensamento e expressão em cada um dos Estados europeus é assunto para análise empírica.

Isso conduz a duas advertências que, espero, guiam minha análise na parte restante deste estudo. Em primeiro lugar, ao examinar o regime dos engenhos na Bahia ao longo de todo o período colonial, percebi que qualquer tentativa de caracterizar o período como um todo com apenas um termo político ou social tende a encobrir ou ignorar a especificidade histórica, a nuance e a dinâmica da mudança. O regime de grande lavoura com mão de obra indígena no século XVI foi, sob alguns aspectos, diferente do regime que empregou escravos africanos no século XVIII. Desconsiderar esse ponto é desconsiderar tudo o que é da alçada da história. Deve-se ter em mente o aviso de Marx: nunca chegaremos à compreensão da história "usando como chave mestra uma teoria histórico-filosófica geral, cuja suprema virtude consiste em ser supra-história".[39] As decisões e ações humanas e os eventos específicos em lugares determinados foram importantes, como sempre são.

Em segundo lugar, também me dei conta de que o papel do Estado na política colonial apresenta um conjunto especial de problemas, porque o aparato estatal não representa necessariamente os interesses do grupo dominante *na colônia*, mas pode refletir as situações e conflitos na metrópole. Ao mesmo tempo, também é possível que possa ser permitido a certos grupos na colônia controlar recursos econômicos e sociais e ser, de fato, dominantes, desde que seu bem-estar beneficie os interesses da metrópole. Os senhores de engenho baianos tinham pretensões ao status de nobreza que nunca foram completamente satisfeitas pela Coroa portuguesa. Porém, durante longos períodos em que os elementos mercantis na própria metrópole foram importantes na formulação da política do Estado, os grandes proprietários do Brasil foram mimados e protegidos. Neste caso, parece ter havido uma unidade de interesses entre uma classe colonial ansiosa por transformar-se em um estado feudal e uma classe mercantil na metrópole que almejava eliminar o poder da nobreza em Portugal. Contanto que o valor da colônia brasileira fosse gerado primordialmente pelo investimento privado no setor agrícola, o Estado dispunha-se a permitir aos senhores de engenho um domínio irrestrito na colônia. Quando, em fins dos séculos XVII e XVIII, a agricultura exportadora enfrentou dificuldades e o ouro tornou-se importante para a economia brasileira (após 1695), o Estado assumiu um papel muito maior na ordenação das forças produtivas coloniais. As ações de Pombal, que examinaremos no Capítulo 15, seriam impensáveis um século antes. As mudanças políticas, as novas formas econômicas e as alterações nas alianças sociais precisaram bater-se contra a inércia, a tradição e os interesses entrincheirados, de modo que a história dos três séculos da era colonial foi essencialmente uma história de persistência em vez de mudança. Contudo, não há dúvida de que a equação social e econômica da vida brasileira em 1620 diferiu consideravelmente da de 1820. Embora o fluxo e o refluxo dos alinhamentos sociais e as mudanças nas políticas governamentais sejam relativamente fáceis de documentar, as alterações nas atitudes são mais difíceis de ser percebidas. Com efeito, a mentalidade senhorial parece ter permanecido fortemente entrincheirada e amplamente difundida por toda a sociedade, mesmo depois de a base original de sua formação ter sido significativamente modificada.

As sociedades de grande lavoura não podem ser reduzidas às relações entre senhores e escravos, devendo ser estudadas com alguma atenção aos contextos políticos e sociais nos quais existiram em um dado momento histórico. O relacionamento entre o governo metropolitano e as hierarquias sociais coloniais poderia, isoladamente, servir de base a um estudo detalhado. Este não é meu objetivo neste livro. Porém, antes de prosseguir a análise, desejo abordar duas questões que se relacionam mais diretamente ao Estado e às forças produtivas coloniais: a criação e execução das leis e o papel da burocracia na colônia.

O crescente poder do Estado português esteve fortemente ligado ao triunfo da lei romana e ao desenvolvimento de uma burocracia judiciária que administrava as leis e atuava a serviço régio em diversas funções governamentais. O sistema legal que essa burocracia criou e impôs proporcionou uma estrutura necessária ao controle da propriedade e do comércio e à distribuição, troca e controle da mão de obra.[40] Os códigos legais portugueses englobaram e ampliaram a tradição legal romana e representaram a vitória de um conceito arraigado de propriedade incondicional e absoluta sobre a ideia da propriedade condicional, ou "posse feudal".[41] Embora a burocracia judiciária administrasse tanto a lei pública quanto a privada, foi no âmbito da lei pública — *lex* —, que regulava as relações entre os súditos e o Estado, que o papel da burocracia como força ordenadora da sociedade mais se evidenciou. A despeito do ideal nobre de controle senhorial sobre dependentes e propriedade, o Estado português e sua burocracia régia penetraram cada vez mais em todos os aspectos da vida ou, pelo menos, possuíram a capacidade de fazê-lo.

Entretanto quando se trata da escravidão, o Estado e seus funcionários mostraram-se notavelmente omissos. Os códigos legais portugueses, como as Ordenações Filipinas (1603) contêm poucas referências à escravidão, e as que existem referem-se claramente às relações sociais de um período anterior de servidão doméstica em que mouros e até brancos ainda eram escravizados. Não tratam primordialmente da escravidão da grande lavoura baseada no braço africano. Com a exceção de algumas admoestações, essas leis destinavam-se essencialmente a limitar as ações e a mobilidade dos cativos e a impor um severo controle sobre a força de trabalho.[42] Elas não interferiam no controle do senhor sobre seus escravos.

No Brasil prevaleceu essa mesma situação, e a Coroa raramente interveio na condução interna do regime escravista colonial. No lugar da lei, foram a organização interna e a operação do engenho, as técnicas de produção, a teoria do controle da escravaria e o relacionamento dinâmico entre senhores e escravos que ordenaram as relações sociais brasileiras e moldaram a natureza da escravidão. A Coroa, em raras ocasiões, interferia. De fins da década de 1680 até 1710 houve vários casos de julgamentos na Bahia em que os maus tratos de escravos pelos senhores foram levados aos tribunais cíveis. Os juízes, porém, tendiam a ser clementes; em um caso, quando a Coroa tentou forçar a venda de um cativo que comprovadamente sofria com as crueldades do proprietário, o governador da Bahia recusou-se a executar a sentença porque isso subverteria toda a estrutura social da colônia.[43] Em suma, a Coroa portuguesa e seus funcionários geralmente revelaram-se inaptos ou não dispostos a interferir no funcionamento do modo de produção dominante ou em suas relações sociais básicas. Foi um caso de perversa negligência.

O governo local — as câmaras —, controlado pelos senhores de engenho, empenhava-se muito mais do que o governo metropolitano em estabelecer os padrões de comportamento e de controle sobre os escravos e as pessoas de cor livres. No tocante à escravidão, a Coroa essencialmente não interferia. Embora houvesse períodos de intervenção régia, como em 1683-1706, sob dom Pedro II, ou a era pombalina, eles eram de alcance relativamente limitado e visavam ao próprio sistema produtivo apenas em raras ocasiões ou sem muita determinação. Muito mais atenção e legislação do que a dedicada às relações entre proprietários e escravos ou empregados eram devotadas à tributação, organização comercial e relacionamento entre comerciantes e senhores de engenho ou entre credores e devedores.

Durante o século XVIII podem ser observadas tanto em Portugal quanto no Brasil uma tendência à intensificação do controle do Estado sobre os senhores de engenho e uma mudança em direção a políticas em favor dos grupos mercantis. Tais políticas, porém, foram sempre limitadas pelas atitudes e interesses comuns a senhores de engenho e comerciantes. Já vimos como, em termos da organização creditícia, o mercado limitava o raio de ação da legislação viável e criava a base para a aliança e cooperação entre as duas partes, apesar dos inerentes antagonismos. Enquanto a agricultura de exportação permaneceu como atividade principal no Brasil, existiu uma certa unidade de interesses entre senhores de engenho, comerciantes e o Estado; este, independentemente de considerações de classe, mostrou-se disposto a conceder aos senhores de engenho uma relativa liberdade de controle sobre a colônia. Isso não foi feito porque o Estado era fraco. Muito pelo contrário, como na colônia o Estado absolutista era relativamente livre do entrave dos direitos feudais, dos organismos representativos ou de antigas liberdades costumeiras, podia exercer uma "autoridade exclusiva e única", restrita apenas pela geografia e pelo mercado. Podia, portanto, favorecer ou proteger quem bem entendesse.[44]

Isso nos leva à última questão: o papel da burocracia na sociedade. Tornou-se popular na historiografia brasileira identificar um conflito inerente entre o Estado e a sociedade, em vez de procurar examinar a maneira como o modo de produção escravista colonial resultou da aliança entre classes ou da cooperação entre grupos. A interpretação mais convincente do conflito é a de Raymundo Faoro, que vê o poder sempre crescente do governo opondo-se aos interesses coloniais ou nacionais.[45] Faoro tende a considerar a burocracia como um estrato independente e autopromotor que usa os objetivos do Estado em benefício próprio. Há razões históricas e teóricas para considerarmos insatisfatória essa visão do papel da burocracia. O poder do Estado não é equivalente ao aparato estatal.[46] As instituições per se não detêm o poder; são os grupos sociais que o exercem através das instituições. A posição de Faoro tende a separar o Estado e a burocracia das relações econômicas que definem a sociedade.

Historicamente, os funcionários governamentais e os burocratas régios não foram uma criação da sociedade dos engenhos, mas seus modeladores e, como seres humanos, estavam potencialmente sujeitos a ser atraídos para o seio daquela sociedade. Faoro subestima a capacidade dos grupos sociais locais de formar alianças com a burocracia para promover os interesses locais — neste caso, os do setor açucareiro.[47] Os burocratas, especialmente os magistrados régios, apresentaram inegavelmente uma certa tendência ao carreirismo e ao empenho em objetivos profissionais, e desenvolveram uma identidade corporativa. Porém, como outros grupos sociais, também aspiravam ao status, às insígnias e aos direitos da nobreza e à participação no modo de vida aristocrático. Também eles compartilhavam a visão senhorial, e muitas vezes consideravam a aliança com a classe dos senhores de engenho como uma forma de concretizar seus desejos. Em vez de assumirem uma postura de oposição às elites locais, os burocratas régios procuravam, através de casamentos, parentesco, sociedade nos negócios e cooperação, forçar alianças com aquelas elites. No Brasil colonial, Estado e sociedade não foram fenômenos antagônicos. O Estado absolutista facilitou e manteve o sistema produtivo predominante e a sociedade nele alicerçada, porque permitiu a essa sociedade uma certa liberdade para desenvolver-se segundo linhas inerentes às relações econômicas predominantes no contexto dos valores e princípios sociais tradicionais.

O restante deste livro procura, portanto, descrever e analisar os grupos sociais criados pelo regime dos engenhos e examinar seu inter-relacionamento no contexto da sociedade escravista. Entretanto, em vez de considerar esses grupos imersos em algum tipo de inércia, espero demonstrar que havia dois processos paralelos em andamento: primeiro, o regime escravista esteve constantemente sujeito a pressões inerentes à sua própria organização e natureza, de modo que a resistência, a alforria, a demografia e o mercado internacional tenderam, todos, de vários modos, a romper a estrutura social. Em segundo lugar, as mudanças na sociedade como um todo, o crescimento de uma população livre e o desenvolvimento de novas políticas econômicas e novas ideias políticas em resposta a novas condições históricas proporcionaram oportunidades para alterações no sistema escravista. A tensão entre a persistente força do escravismo como um sistema social e produtivo e as pressões exercidas sobre ele por sua própria estrutura e características internas e por eventos políticos e comerciais externos constitui a linha histórica dos demais capítulos deste livro.

10. Os senhores de engenho: donos dos homens e da cana

Um engenho é inferno e todos os senhores deles estão condenados.

Andrés de Gouvea (1627)

Nenhum grupo na história brasileira possui uma aura de legendária magnificência tão marcante quanto a dos senhores de engenho no Nordeste. Ainda que no século XIX fosse proverbial dizer "senhor de engenho, morto de fome, cheio de empenho", esses homens mantiveram-se no ápice da hierarquia social, projetando uma imagem de nobreza, fortuna e poder.[1] Essa imagem sustentou-se em seu permanente controle da terra e dos escravos e no tradicional papel de potentado local que muitos deles encarnaram. Entretanto, os senhores de engenho não são simplesmente um tipo social facilmente transposto de uma época a outra; são também uma classe formada ao longo do tempo, que se desenvolveu historicamente e manifestou diferentes características em datas diversas. Houve, ademais, considerável variação dentro da própria categoria, e assim, conquanto muitos aspirassem a atingir o cume da pirâmide social, apenas uma pequena parcela logrou esse objetivo.[2] Os senhores de engenho ditaram os padrões sociais na colônia e foram os que mais se aproximaram dos modelos vigentes na metrópole. Assim, examinando a composição e o comportamento desse grupo, podemos estabelecer a norma com a qual os demais indivíduos na sociedade eram comparados.

A CLASSE DOS SENHORES DE ENGENHO

Tão logo ocorreu a transição da extração de madeiras tintoriais ou de outras atividades extrativas temporárias para a agricultura, os senhores de engenho conseguiram, facilmente, conciliar sua ocupação com o status elevado tradicionalmente associado à posse de terras. Autores clássicos e medievais ecoaram os sentimentos expressos por Cícero em seu conhecido *De officiis*: "De todas as fontes de renda, a vida do agricultor é a melhor, mais agradável, mais lucrativa e mais adequada a um gentil-homem".[3] A posse de vastas extensões de terra, apoiada no controle de numerosos dependentes, caracterizara a nobreza em Portugal, e os colonizadores do Brasil que estabeleciam propriedades açucareiras consideravam-se a nobreza da colônia. Em certo sentido, eles eram uma classe social querendo passar por uma ordem ou estado medieval — novos-ricos que almejavam formas tradicionais de legitimação social.

Em fins do século XVI, época em que havia entre cinquenta a sessenta engenhos no Recôncavo, a maioria dos senhores de engenho, assim como a população branca da colônia como um todo, era nativa da Europa. Para os imigrantes portugueses e um punhado de espanhóis, florentinos e flamengos, a posição de senhor de engenho oferecia, naquele tempo, as vantagens simultâneas de uma atividade lucrativa e dos atributos do status de nobreza associados ao modo de vida senhorial: o grande proprietário, rodeado de escravos e agregados e vivendo do produto de sua própria terra. A maioria dos imigrantes que se tornaram senhores de engenho casou-se no Brasil. Dos cinquenta desses proprietários identificados por Gabriel Soares de Sousa no final da década de 1580, 24 haviam se casado com brasileiras e apenas sete com portuguesas. Esse padrão de jovens imigrantes portugueses que adquiriam um engenho graças à sua riqueza, família ou boa sorte e então casavam-se com brasileiras continuou a existir na Bahia, embora caiba observar que às vezes o próprio casamento conduzia à posse de um engenho.[4]

A primeira geração de senhores de engenho da Bahia tinha origens sociais muito menos ilustres do que as propaladas pelas gerações subsequentes. Se bem que houvesse homens de famílias nobres ou com altos cargos públicos como Mem de Sá, proprietário do Engenho Sergipe, ou Antônio Cardoso de Barros, filho do tesoureiro régio da Bahia e fidalgo da casa de El-Rey, muitos dos primeiros senhores de engenho vinham de origens menos eminentes.[5] Talvez um terço dos engenhos do Recôncavo na década de 1580 fosse propriedade de comerciantes que haviam facilmente trocado o comércio pela atividade açucareira; alguns continuaram a exercer as duas ocupações simultaneamente. Um caso típico é o dos irmãos Pascoal e Dinis Bravo, que chegaram à Bahia vindos do Porto no início do século XVII.[6] Esses dois jovens comerciantes acabaram por adquirir terras do Engenho Sergipe, e passaram a plantar cana e fornecê-la àquele engenho como lavradores de cana. Tempos depois, Dinis, com alguns sócios, comprou terras na ilha de Cajaíba, onde mais tarde estabeleceu seu próprio engenho. Os irmãos Bravo foram citados como cristãos-novos na investigação conduzida em 1618 pela Inquisição.

Na verdade, era comum haver cristãos-novos entre os primeiros senhores de engenho baianos.[7] De 41 engenhos cujos proprietários puderam ter suas origens identificadas no período de 1587 a 1592, doze eram de cristãos-novos. Os autos de 1618 da Inquisição mencionam 34 engenhos, dos quais vinte tinham cristãos-novos como proprietários. Os autos da Inquisição com certeza são uma fonte tendenciosa, pois os inquisidores lidavam mais frequentemente com engenhos de proprietários cuja ortodoxia era questionável; ainda assim deve restar pouca dúvida de que muitos dos primeiros senhores de engenho eram imigrantes cristãos-novos, que vieram para o Brasil em busca de fortuna e para viver suas vidas longe dos olhos vigilantes do Santo Ofício. Alguns, de fato, permaneceram judeus secretamente, e a Inquisição descobriu uma sinagoga em um engenho de Matoim na década de 1590. Esses indivíduos mantiveram as ligações com seus familiares e correligionários em Portugal, Itália e Holanda, e alguns deles, não obstante as dúvidas sobre sua ortodoxia cristã, alcançaram posições importantes e poder na sociedade baiana. Esse foi o caso de Diogo Lopes de Ulhoa, comerciante e senhor de engenho que se tornou importante na área política como próximo do governador, na década de 1620, e como agente de confiança dos jesuítas. Embora denunciado várias vezes à Inquisição e ligado a pessoas queimadas em Portugal por observarem ritos judaicos, Diogo Lopes permaneceu como figura abastada e importante na vida baiana, tão da confiança do governador que seus inimigos chamavam-no "o conde-duque do Brasil", em uma comparação irônica com Olivares, ministro e confidente de Filipe IV da Espanha.[8]

Embora fossem exageradas as alegações, no século XVII, de que a maioria dos engenhos brasileiros era propriedade de cristãos-novos, não há dúvida de que estes últimos desempenham um papel ativo na formação da economia açucareira e foram um importante elemento social entre os primeiros senhores de engenho. De 150 cristãos-novos mencionados em autos da Inquisição na Bahia entre 1620 e 1660, 20% eram senhores de engenho ou lavradores de cana e, como vimos, uma grande proporção dos engenhos estava em mãos de cristãos-novos.[9] Tanto os que permaneceram judeus em segredo quanto os que verdadeiramente abandonaram a fé de seus ancestrais sofreram discriminação e foram desprezados por outros elementos da população, tanto no Brasil como em Portugal. O Brasil, porém, oferecia uma situação em certa medida de menor vigilância, além de uma estrutura mais aberta à ascensão social, o que tornava a colônia particularmente atrativa para os cristãos-novos. A indústria açucareira teve papel fundamental nessa atração. A discriminação contra eles, além disso, não os impedia de unirem-se a cristãos-velhos de linhagem impecável. A cristã-nova Beatriz Antunes praticou ritos judaicos quando casada com um senhor de engenho cristão-velho em Matoim, um viveiro do judaísmo na Bahia do século XVI.[10] Henrique Moniz Barreto, senhor de engenho e filho de um dos fundadores de Salvador, membro de uma das primeiras famílias da aristocracia baiana, desposou uma cristã-nova que acabou por ser processada pela Inquisição.[11] As origens da classe dos senhores de engenho baianos, a despeito de suas pretensões aristocráticas posteriores, apresentaram-se eivadas de elementos da burguesia comercial e de cristãos-novos, dois grupos cujo status na sociedade portuguesa era decididamente inferior.

No século XVII já podiam ser definidas duas categorias de senhores de engenho: um primeiro grupo, que adquirira terras logo em seguida à fundação de Salvador, surgido basicamente nas décadas de 1550 e 1560, e um segundo grupo, chegado à Bahia no decênio de 1580, em uma fase adiantada da prosperidade da atividade açucareira. No período da década de 1620 à de 1660 surgiu outra leva de aspirantes a senhor de engenho. A crise temporária da década de 1620, causada por baixas de curto prazo nos preços do açúcar e pela luta contra os holandeses, trouxe tempos difíceis para alguns proprietários de engenho. Algumas propriedades foram destruídas, outras faliram ou pararam de funcionar, sendo então vendidas. Jovens provenientes dos vários contingentes militares enviados ao Brasil durante a guerra contra os holandeses aproveitaram a oportunidade surgida com a disponibilidade de propriedades açucareiras a preços relativamente baixos. Outras famílias de senhores de engenho originaram-se de Pernambuco, tendo fugido para a Bahia com escravos e capital durante a ocupação holandesa do Nordeste. Linhagens como as dos Brandão Coelho, Ferrão e Argolo e Pires de Carvalho são oriundas desse período: um exame da genealogia de Jaboatão revela outras famílias baianas cujos progenitores chegaram em meados do século XVII.[12]

De oitenta senhores de engenho que viveram na Bahia entre 1680 e 1725, para os quais puderam ser obtidas informações detalhadas, 56 (70%) eram nascidos no Brasil, e 22, filhos de imigrantes. Crescia a preponderância dos senhores de engenho brasileiros, mas ainda mais da metade compunha-se de imigrantes ou filhos de imigrantes. Um século e meio após o início da formação do mundo dos engenhos, os laços com a Europa permaneciam fortes. Famílias ilustres — Argolo, Moniz Barreto, Dias D'Ávila — eram representadas pela quarta ou quinta geração, mas havia também senhores de engenho que eram imigrantes recém-chegados. A maioria dos proprietários brasileiros provinha de famílias já engajadas na atividade açucareira, embora cerca de um terço deles fossem filhos de lavradores de cana e não de senhores de engenho — sinal de mobilidade ascendente naquela economia. Os senhores de engenho filhos de imigrantes tiveram seu ingresso na indústria açucareira facilitado pelas ações dos pais, dos quais mais de dois terços haviam se tornado lavradores de cana ou senhores de engenho. Esses imigrantes que adquiriram propriedades açucareiras haviam exercido anteriormente ocupações mercantis ou profissões qualificadas, como a de advogado ou juiz da Coroa. Era comum os senhores de engenho imigrantes continuarem a praticar sua profissão anterior concomitantemente à posse do engenho, o que parece ter ocorrido em escala bem menor com os proprietários nascidos no Brasil.

Em princípios do século XVII, a classe dos senhores de engenho encontrava-se bem estabelecida e consideravelmente unida por casamentos entre seus membros. Esses proprietários, invariavelmente brancos, ou assim considerados, arrogavam-se o status de nobreza e o direito de exercer o poder localmente. Conquanto os contínuos casamentos entre seus membros reforçassem a predominância e a centralização de um grupo relativamente pequeno de famílias, havia sempre lugar para elementos exógenos, recrutados principalmente entre os magistrados régios, outros funcionários governamentais ou comerciantes de Salvador. Também lavradores de cana ingressavam na categoria de senhores de engenho, geralmente pelo casamento ou pela acumulação de capital através do bom desempenho de suas fazendas de cana. Os senhores de engenho constituíram um grupo em geral aberto ao ingresso de novos membros, embora estes proviessem de uma gama relativamente limitada de ocupações e fossem invariavelmente brancos.

Dois casos caracterizam essas generalizações sobre a formação da classe dos senhores de engenho. Um bom exemplo do imigrante senhor de engenho foi João Lopes Fiúza, português que deixou Viana do Castelo rumo à Bahia para juntar-se ao irmão, um próspero comerciante em Salvador.[13] Logo ao chegar, na década de 1690, Lopes Fiúza encontrou sua carreira facilitada pelas ligações do irmão com a aristocracia do açúcar, através de casamento na família Moniz Barreto. Assim, ele dedicou-se ao comércio de escravos, açúcar e fumo, angariando a reputação de importante homem de negócios na Bahia. Em 1709, casou-se com a cunhada, filha do senhor de engenho Jerônimo Moniz Barreto. Com o casamento, Lopes Fiúza tornou-se proprietário do Engenho de Baixo, em Paramerim; tempos depois, comprou o Engenho São Pedro de Tararipe, situado onde mais tarde seria a paróquia de Rio Fundo. Embora sua ascensão a uma posição de destaque fosse lenta, devido talvez à sua permanente identificação como comerciante, à época de sua morte, em 1741, Lopes Fiúza possuía patente militar, era membro da Ordem de Cristo e das ordens Terceiras dos Franciscanos e Carmelitas, e fora vereador da câmara de Salvador. Sua família manteve uma posição eminente no Recôncavo até o século XIX.

Uma carreira um tanto diferente foi a de Cristóvão de Burgos, nascido na Bahia na década de 1610, filho de um burocrata português que se casara na Bahia e se tornara membro respeitado da sociedade local.[14] Mandado a Coimbra para estudar Direito, Cristóvão retornou ao Brasil como magistrado a serviço da Coroa. Desposou a filha de um importante senhor de engenho na Bahia, Helena da Silva Pimentel, viúva e madrasta de sete crianças que levavam o sobrenome dos Teles Meneses, outro importante clã de senhores de engenho. Assim, Cristóvão de Burgos era muito bem relacionado na sociedade baiana e, ao ser promovido a desembargador dos Agravos e Apelações, houve quem achasse que ele estava muito ligado aos interesses locais e aos seus próprios para ser um juiz imparcial. Possuía grandes propriedades ao longo do rio São Francisco, três engenhos no Recôncavo e os cinco maiores canaviais da paróquia de Passé. Detentor de grande poder, Burgos uniu o alto cargo burocrático aos laços familiares e ao status de senhor de engenho. Contudo, ao contrário de Lopes Fiúza, não deixou descendentes, e seu nome desapareceu da classe dos senhores de engenho.

Em princípios do século XVIII, a elite baiana tornara-se um grupo mais heterogêneo; embora ainda predominassem os senhores de engenho, outros setores da economia e outras profissões propiciavam a ascensão social. Os comerciantes de Salvador haviam sido importantes nas esferas econômica e social já no século XVI, mas por volta de 1700 seu status e influência política eram inegáveis. Conquanto alguns se casassem com membros de famílias de senhores de engenho ou entrassem para a classe destes últimos através da compra de engenhos, outros tornaram-se preeminentes sem associar-se ao setor açucareiro. Havia também os grandes latifundiários do sertão, que desbravaram o interior e receberam imensas sesmarias, de milhares de léguas, em recompensa por seus serviços. Homens como Garcia D'Ávila, estabelecido ao norte de Salvador, e João Peixoto Viegas, com terras ao longo das margens do rio Paraguaçu, desenvolveram grandes propriedades que, em fins do século XVII, constituíam-se em impérios pecuaristas ou, no caso de Peixoto Viegas, também em fazendas de fumo. Embora a tendência fosse de, com o tempo, essas famílias fundirem-se com a elite açucareira do Recôncavo, suas origens eram distintas das desta última. Além disso, juntaram-se às elites de magistrados da Coroa e oficiais militares, a cujas ocupações normalmente se atribuíam grande prestígio e fumaças de nobreza, além de serem consideradas altamente honrosas.

À medida que a elite diversificou-se, também as atividades econômicas dos senhores de engenho tornaram-se mais variadas. No final do século XVI, não eram raros os que realizavam investimentos, pelo menos de curto prazo, em empreendimentos comerciais, ou em compra de navios, hipotecas, fazendas de gado e, ocasionalmente, lavouras de fumo. Esse procedimento foi repetido posteriormente, quando a economia açucareira enfrentou tempos difíceis. Os viajantes alemães Spix e Martius observaram diversificação econômica semelhante entre os senhores de engenho na década de 1810.[15] Essas atividades, porém, permaneceram secundárias. Ao identificarem-se, os senhores de engenho geralmente escolhiam esse título em primeiro lugar, pois ele sempre representava o modo de vida senhorial, a obediência de escravos e dependentes e riqueza em potencial.

A classe dos senhores de engenho formou-se a partir de duas tendências inter-relacionadas que agiram em direções opostas. Em primeiro lugar, um considerável grau de rotatividade, fracasso ao lançar-se no empreendimento, má administração, casamentos infecundos e mortes acidentais, impediu a constituição de linhagens e a obtenção de sucesso pessoal. Frequentemente, a causa foi ambição mal dirigida. Vários observadores lastimaram o fato de que lavradores de cana abastados às vezes investiam em um engenho, tornavam-se senhores de engenho pobres e não possuíam mais recursos para conduzir com êxito seu negócio. Os arrolamentos de engenho sempre incluem alguns de fogo morto, abandonados ou inativos por um ou outro motivo. Como observou F. W. P. Morton, o título de senhor de engenho era um passaporte para a preeminência, não uma garantia de sua obtenção.[16] Os fracassos, porém, foram em geral subestimados, porque não permaneceram nos registros documentais, o que contribuiu para a criação da imagem da classe dos senhores de engenho como um grupo fortemente coeso e relativamente pequeno de famílias inter-relacionadas, bem-sucedidas ao longo de várias gerações. Ainda que um núcleo de famílias enquadre-se nessa descrição, elas não foram as únicas a possuir engenhos em qualquer dada época. Os altos e baixos da economia açucareira criaram constantes oportunidades e dificuldades para outros que também aspiravam ao status das famílias "tradicionais".

Em fins do século XVIII, podia-se observar distintamente a estratificação interna na classe dos senhores de engenho. Àquela época, havia na Bahia cerca de 220 engenhos, de propriedade de 176 indivíduos e duas ordens religiosas. Em 1820, o número de engenhos crescera para 340, distribuídos por 250 proprietários, sinal de uma fase próspera e da capacidade dessa indústria de atrair novos participantes quando as condições mostravam-se favoráveis. Entre os senhores de engenho havia um grupo que poderia ser chamado de a tradicional aristocracia do açúcar, identificáveis pelos nomes e por uma série de características comuns. Todos possuíam no mínimo dois engenhos e provinham de famílias que haviam se estabelecido solidamente na atividade antes da crise de 1680 e dos anos de estagnação após 1730. Seus engenhos eram em geral os maiores, mais antigos e mais bem situados, localizados no litoral do Recôncavo ou na foz de rios de pequeno porte que desaguavam na baía de Todos os Santos. Faziam parte das paróquias açucareiras tradicionais: Cotegipe, Matoim, Passé, São Francisco do Conde e Santo Amaro. A riqueza do solo, os custos de transporte mais baixos e o acesso dos escravos aos peixes e frutos do mar permitiam a esses engenhos resistir a crises temporárias e sobreviver quando outros faliam. Eram os engenhos de maior porte. Em uma lista de engenhos feita em 1757, metade das unidades que produziam 3 mil ou mais arrobas pertenciam às famílias tradicionais, embora seus membros compusessem menos de um terço do total dos proprietários. Em 1818, época em que havia 316 engenhos na Bahia, vinte famílias inter-relacionadas possuíam 92 deles. Apesar de a proporção de engenhos baianos localizados na costa ser inferior a 50%, mais de 70% das propriedades das famílias aristocráticas situavam-se no litoral.[17]

Os nomes dessas "famílias tradicionais" eram reconhecíveis para os contemporâneos, e o são até hoje na Bahia. Muitos relacionavam-se de algum modo com os descendentes de Diogo Álvares, o Caramuru. As famílias Argolo, Moniz Barreto, Aragão, Bulcão, Rocha Pitta e Vilas Boas, por exemplo, eram ligadas por uma complexa trama de laços endogâmicos, de casamentos entre primos em várias gerações e de parentescos secundários criados nos ritos de batismos, crismas e casamentos. Essas famílias compunham um núcleo duradouro da classe dos senhores de engenho baianos, o modelo a ser seguido. Em fins da era colonial, destacavam-se na vanguarda dessas famílias os Pires de Carvalho e Albuquerque. Sua linhagem teve início com Domingos Pires de Carvalho, que chegou em 1660 vindo do norte de Portugal e tornou-se importante comerciante e proprietário de terras. Seu filho, José Pires de Carvalho, casou-se com uma das filhas dos Cavalcanti e Albuquerque, família antiga e ilustre em Pernambuco e na Bahia. Posteriormente, a família ligou-se ao clã dos Dias D'Ávila, da elite pecuarista. Em 1805, seus membros possuíam nove engenhos, milhares de cabeças de gado no sertão e mansões nas cidades, ocupavam altos cargos públicos e, apesar do contínuo casamento entre seus membros, também tinham laços com a maioria dos demais clãs do Recôncavo.

Conquanto fosse difícil o acesso à camada superior das famílias de senhores de engenho, sempre houve alguns que o conseguiram. Assim, com o tempo, novos elementos juntaram-se à elite. Os Calmon, por exemplo, tornaram-se importantes em fins do século XVII, quando adquiriram propriedades em Caípe e criaram laços, por meio de vários casamentos estratégicos, com as linhagens dos Lopes Franco, Aragão e Araújo. Os Costa Pinto, Vieira Tosta e Bittencourt Berenguer remontam a meados do século XVIII. Adquiriram engenhos no litoral ou, como no caso dos Bittencourt Berenguer, estabeleceram engenhos nas novas paróquias de Santana de Catu e São Pedro do Rio Fundo que, embora mais distantes da baía, ainda ofereciam solo virgem de massapê. Em 1807, os Bittencourt Berenguer possuíam três engenhos em Rio Fundo.[18] Ao lado desses exemplos de sucesso, porém, existiram sempre os derrotados, os que adquiriram engenhos, lutaram pelo êxito e fracassaram: homens cujas genealogias não podem ser retraçadas e que aparecem nos registros históricos apenas como compradores e vendedores de engenhos. A história de Antônio Ribeiro de Miguéis, que comprou os engenhos Sergipe e Petinga, outrora propriedades dos jesuítas, não conseguiu cumprir com suas obrigações financeiras e, apesar de vários apelos por extensão de crédito, acabou por perder suas propriedades, é parte da história da classe dos senhores de engenho, tanto quanto a carreira dos Calmon e Bittencourt Berenguer.[19]

Não obstante alguns dos primeiros senhores de engenho pudessem dizer-se nobres em Portugal, a maioria, como vimos, provinha de origens menos ilustres. Cristãos-novos, comerciantes e imigrantes mais pobres foram atraídos para o Brasil porque a colônia parecia oferecer oportunidades sociais e econômicas não facilmente disponíveis em Portugal. A busca bem-sucedida da fortuna no contexto da colônia tropical subverteu as hierarquias portuguesas de status, raça e riqueza e criou uma série de imagens negativas, que negaram aos residentes do Brasil o reconhecimento social pelo qual tanto ansiavam.

A promiscuidade sexual e a avareza ficaram marcadas na memória dos que testemunharam a ascensão das elites coloniais. Magalhães Gandavo escreveu em 1570 que os colonizadores "desfazem-se dos modos humildes que a pobreza e a necessidade os forçaram a usar em Portugal; e seus filhos mestiços desfazem-se de suas peles vermelhas como serpentes e em tudo usam os títulos mais honoríficos".[20] Jesuítas como o padre Manoel da Nóbrega clamavam contra a desobediência daqueles homens aos preceitos da Igreja. Os senhores de engenho, censurou ele, "não têm mais conta que com seus engenhos e ter fazenda, ainda que seja com a perdição das almas de todo o mundo".[21] Entretanto, ao lado dessas opiniões negativas sobre os senhores de engenho, havia o reconhecimento de sua riqueza. A descrição do padre Cardim desses proprietários em Pernambuco, escrita na década de 1580, pode aplicar-se, em menor escala, aos da Bahia: as mulheres vestidas de sedas e damascos, a preferência por vinhos portugueses e cavalos puro-sangue, banquetes nupciais que duravam vários dias, um senso de hospitalidade altamente desenvolvido e um senso muito menos desenvolvido de obrigação religiosa.[22]

A consideração principal a ser ressaltada aqui é que, apesar da aspiração ao status de nobreza, os senhores de engenho constituíram-se essencialmente em uma aristocracia de riqueza e poder, que desempenhou e assumiu muitos dos papéis tradicionais da nobreza portuguesa mas nunca se tornou um estado com bases hereditárias. As mercês de cavaleiros de ordens militares ou de fidalgos da casa de El-Rey eram outorgadas ocasionalmente, em recompensa por serviços prestados — militares ou de outros tipos — ou em troca de pagamento, mas tais concessões não eram herdadas. A classe dos senhores de engenho na Bahia, com seus numerosos imigrantes, o contínuo ingresso de comerciantes e as origens pouco ilustres de muitos de seus membros, permaneceu insegura quanto à sua posição. Essa insegurança refletiu-se de várias maneiras. No século XVII, produziram-se estudos genealógicos em várias partes do Brasil como forma de compensação por deficiências sociais. O *Catálogo genealógico* de frei Antônio de Santa Maria Jaboatão, escrito em 1768, foi criado para louvar as virtudes das principais linhagens de senhores de engenho baianos, mais ou menos trinta famílias que compunham o núcleo da elite.[23] O *Catálogo* criava "nobreza" para famílias por motivo de serem antigas na colônia, procurava qualquer ligação com alguma família fidalga em Portugal para exibir como prova de status nobre e, quando tudo o mais falhava, enfatizava a origem "honrosa" do genearca para criar uma árvore genealógica distinta para a elite local. O livro de Jaboatão, como obras semelhantes de outras capitanias, representava a classificação da elite colonial e, como tal, era um ato de libertação intelectual e autoafirmação.

As origens plebeias na Europa e o intercurso sexual com a população indígena no Brasil tornavam os senhores de engenho sensíveis a qualquer depreciação de sua posição social e ansiosos pelas tradicionais insígnias e aparatos indicadores da nobreza e estirpe ilustre. Um investigador régio, em visita a Pernambuco em 1591, escreveu que os brasileiros eram ricos, mas carentes de honrarias e que a Coroa podia usá-las para mobilizar os coloniais em campanhas militares.[24]

Nobreza, na verdade, era uma questão de onde se vivia e o que se fazia, tanto quanto de um título nobiliárquico. Na falta deste, os senhores de engenho demonstravam seu status de nobreza levando uma vida senhorial, com uma grande propriedade fundiária, muitos escravos e agregados e a responsabilidade de prover a defesa da região. As primeiras doações de sesmarias na Bahia, que impuseram a condição de que os engenhos fornecessem armas e defesa, podem ser vistas como um reconhecimento da função militar dos senhores de engenho pioneiros. Para eles, isso era um símbolo de que sua posição na sociedade baiana era análoga à da nobreza em Portugal. A generosidade para com seus iguais e dependentes, a autoridade sobre a família e os servidores, a hospitalidade e o senso de honra pessoal e familiar permitiam aos senhores de engenho agirem como nobres e, portanto, sê-lo. Levavam uma vida tão aparatosa que se "pareciam com certos condes", segundo a imagem que deles se tinha no século XVI. Antonil foi quem melhor expressou o fato com sua famosa frase: "O ser senhor de engenho é título a que muitos aspiram, porque traz consigo o ser servido, obedecido e respeitado de muitos. E [...] bem se pode estimar no Brasil o ser senhor de engenho, quanto proporcionadamente se estimam os títulos entre os fidalgos do Reino".[25] O título de "senhor", de fato, implicava os poderes jurisdicionais que haviam sido atributos do senhorio em Portugal. Era um título que correspondia às pretensões desses proprietários, e nunca foi substituído pelo de "fazendeiro", que dizia respeito apenas à propriedade (fazenda). Os senhores de engenho queriam algo mais.

O fato, porém, é que a Coroa portuguesa era muito parcimoniosa nas concessões de foros de fidalguias e de títulos de nobreza à classe dos senhores de engenho ou a quaisquer outros indivíduos na colônia. Ao contrário da América espanhola, onde a Coroa acabou por criar uma nobreza de títulos, no Brasil eles nunca foram concedidos. Havia alguns nobres portugueses, como o duque de Monsanto ou o conde de Linhares, que possuíam engenhos no Brasil, mas eles eram proprietários absenteístas. Não se criaram títulos brasileiros nem para nativos ou residentes nas demais colônias portuguesas. Alguns dos primeiros senhores de engenho podiam dizer-se fidalgos. Pertenciam a essa categoria Egas Moniz Barreto, que veio dos Açores na expedição de Tomé de Sousa em 1549, Paulo Dias Adorno, pequeno nobre genovês, que fugiu para a Bahia para escapar a um processo por homicídio, e Gaspar de Barros Magalhães, fidalgo português em exílio na Bahia. Todos eles, porém, pertenciam à pequena nobreza, e nenhum possuía título. Os que não possuíam o status de fidalgo ao chegar encontravam enorme dificuldade de obtê-lo no Brasil. As concessões de fidalguia, morgados e participação nas ordens militares eram sempre almejadas pelos senhores de engenho como símbolos e prerrogativas de seu status. A incongruência entre a evidência de sua posição social eminente e o reconhecimento formal dessa preeminência intensificava a ânsia por aqueles símbolos. Mesmo na década de 1790, quando os conceitos tradicionais de nobreza estavam sendo questionados na própria metrópole, observadores no Brasil ainda zombavam dos coloniais por sua sede de títulos, honrarias e outros símbolos do status de nobreza.[26]

Devemos levar em consideração que a legitimação da posição de nobre implicava desvinculação de qualquer estigma de heterodoxia religiosa, origens em ofícios mecânicos ou ligação com as "raças infectas" dos mouros, judeus ou mulatos (como determinava a proscrição). Algumas das famílias de senhores de engenho na Bahia não estavam, na verdade, livres de tais associações, tendo-se originado de cristãos-novos, comerciantes e, ocasionalmente, até mesmo de artesãos. Em princípios do século XVIII, muitas das famílias inter-relacionadas do núcleo de elite incluíam descendentes do pioneiro colonizador baiano, Diogo Álvares, o Caramuru, especialmente da união com sua esposa índia, Catarina Paraguaçu. Embora o possuir uma tão ilustre "princesa" índia como ancestral pudesse não causar embaraço nos círculos locais, o fato tornava os senhores de engenho particularmente sensíveis às nuances de cor e hierarquias de status que imperavam no mundo colonial português.

Ao tentar distinguir-se o mais possível do resto da população, os senhores de engenho procuravam também salientar sua pureza racial e religiosa. O status de nobre, teoricamente dependente daquela pureza, era um meio de enfatizá-la. As famílias tentavam assegurar-se de que nenhum de seus membros reverteria o processo. O governador Mem de Sá, por exemplo, incluiu em seu testamento uma cláusula que impedia seus descendentes de herdarem se desposassem alguém que não fosse cristão-velho. Jerônimo de Burgos fez o mesmo em 1664. O fundo para dotes legado à Misericórdia por João Matos de Aguiar destinava-se apenas a candidatas cristãs-velhas. Tais providências nem sempre davam resultado.[27] Uniões com cristãos-novos eram relativamente comuns, e ocorriam até mesmo casamentos com negros. Em fins do século XVIII, o casamento de Manoel Dias Lima, senhor de engenho em Inhambupe, com uma ex-escrava de Angola, Josefa, deve ter provocado um escândalo de marcar época.[28] Sem dúvida, pessoas menos preeminentes do que Dias Lima deviam ficar chocadas ante a ideia de tais uniões. Em 1803, Isidoro Gomes de Sá, um indivíduo branco que vivia na ilha da Maré, no Recôncavo, chegou às vias de fato com seu filho por causa de uma escrava com quem o jovem queria casar-se.[29]

Na hierarquia da sociedade brasileira, tal casamento levava ao aviltamento do status, a ser evitado a qualquer custo. Para senhores de engenho com pretensões a constituir-se na nobreza brasileira, era um passo na direção contrária. O que buscavam era isolar-se de qualquer estigma desse tipo e assegurar a posição a que acreditavam ter direito. Entretanto, aos olhos dos portugueses da metrópole, os brasileiros, fosse qual fosse sua posição social, eram sempre um tanto suspeitos. No século XVII, havia quem pensasse que brasileiros não tinham a vocação desejável para a Ordem dos Jesuítas, com o argumento de que o nascimento em um clima debilitante, as origens sociais inferiores, o preconceito contra trabalhos pesados gerado na sociedade escravista e a falta de severidade na educação das crianças tornavam os coloniais inaptos para o sacerdócio. Embora tais observações se dirigissem principalmente a pessoas de origens mestiças, achava-se que mesmo os brancos, amamentados que eram por escravas, acabavam contagiados com os defeitos da raça.[30] Essas atitudes intensificavam o anseio dos senhores de engenho por fundamentar suas pretensões à nobreza.

Finalmente, as pressões da insegurança, que levavam os senhores de engenho a almejar o status de nobreza, aliavam-se às inúmeras vantagens econômicas proporcionadas pela obtenção daquele status. A privilegiada isenção de alguns impostos é uma delas. Os membros das ordens militares eram isentos do dízimo, o que muito interessava aos senhores de engenho. Também essa era uma razão para a relutância da Coroa em conceder essa honra a muitos indivíduos na colônia.

OS SENHORES DE ENGENHO NA SOCIEDADE

Sendo difícil obter um reconhecimento oficial de sua posição, os senhores de engenho procuravam afirmar-se como uma nobreza colonial por meio de funções, atos e modo de vida. Os conceitos medievais de nobreza fundamentavam-se na responsabilidade de prestar serviço militar. Os *bellatores* (guerreiros) eram os guardiães da ordem social sancionada por Deus e, ao desenvolver-se esse conceito, os cavaleiros ou *milites* tornaram-se um estado essencial e reverenciado.[31] No século XVI, as ordens militares portuguesas de Cristo, Aviz e Santiago aceitavam membros que prestavam serviços não só de cunho militar mas também burocrático e financeiro, e as concessões de foros de fidalguia também se regiam por esses critérios.[32] Ainda assim, a profissão das armas era considerada enobrecedora, e os senhores de engenho procuravam exercê-la. As guerras contra o gentio no século XVI e contra os holandeses no XVII propiciaram algumas oportunidades para o serviço militar e a subsequente justificativa para as recompensas. Porém, pode-se dizer que o grau de resposta da Coroa às solicitações de nomeações de fidalgos e cavaleiros nunca satisfizera a demanda.[33]

Os senhores de engenho na Bahia encontraram uma alternativa adequada à profissão das armas da nobreza tradicional: as milícias locais. Desde a década de 1550 sempre existira na Bahia alguma espécie de defesa local, e em 1612 havia no

Recôncavo doze companhias de milícias.[34] As tropas de primeira linha, organizadas após 1626 segundo o modelo dos *tercios* espanhóis (regimentos de aproximadamente 2500 homens), eram geralmente comandadas por soldados profissionais. As unidades de milícias e a terceira linha das unidades locais (ordenanças), ao contrário, eram normalmente comandadas por homens importantes da região — ou seja, senhores de engenho. As milícias do Recôncavo eram organizadas geograficamente e, em contraste com as de Salvador, incluíam soldados de cores diferentes, comandados quase sempre por oficiais brancos.[35] Em 1800, o Recôncavo podia mobilizar seis regimentos de milícias, cujos oficiais mais graduados eram todos senhores de engenho; alguns oficiais subalternos eram senhores de engenho e lavradores. Os proprietários de terras detinham mais de 70% (23 ou 32) dos postos de oficiais nos regimentos do Recôncavo. Algumas famílias da elite açucareira encaminhavam filhos mais novos para a profissão das armas como oficiais de carreira, mas via de regra os senhores de engenho preferiam as milícias, nas quais o prestígio local e a riqueza contavam para a promoção e os deveres podiam ser cumpridos próximo ao lar. Quando isso não ocorria, podiam surgir problemas, como os de João Félix Machado Soares, proprietário de dois engenhos em Santo Amaro, que constatou que seu posto de capitão de um regimento de infantaria afastava-o de suas responsabilidades de senhor de engenho. Em 1744, ele requereu uma licença de seis meses por ano para cuidar de seus negócios.[36] As milícias prestaram-se melhor aos objetivos dos senhores de engenho, e suas unidades tenderam a reproduzir a sociedade do Recôncavo, com esses homens no comando e seus dependentes servindo nos escalões inferiores.[37]

Uma patente de oficial miliciano, assinada pelo rei, proporcionava aos senhores de engenho não só um palco para encenarem suas pretensões de nobreza, mas também uma forma indireta de legitimação de seu status de nobre. Embora não recebessem soldo, os oficiais de milícias eram autorizados a portar espadas e a andar a cavalo, atributos tradicionais da nobreza. Desfrutavam do "foro militar" — privilégios e isenções especiais — e seus filhos podiam tornar-se cadetes, categoria exclusiva para os filhos de nobres.[38] Apesar de a organização militar brasileira não reservar o posto de oficial somente para a nobreza e de existirem algumas promoções de oficiais subalternos, a tendência era sempre favorecer a nobreza e ligá-la o mais estreitamente possível aos interesses da Coroa. Em fins da era colonial, praticamente todos os postos de coronel e muitos dos de capitão nos regimentos do Recôncavo eram ocupados por senhores de engenho. Sua graduação militar era uma extensão lógica e uma confirmação legal de sua posição social; com efeito, combinava perfeitamente com eles. Em 1786, quando Antônio de Bittencourt Berenguer César requereu o posto de coronel, forneceu como prova de sua aptidão 26 anos de experiência militar e a posse de "três engenhos da primeira classe".[39]

Tanto quanto a profissão das armas, a atividade política era considerada pelos senhores de engenho um dever e um privilégio. Como residentes permanentes na Bahia e "homens bons" — honrados e abastados — tinham o direito de ocupar cargos na câmara municipal, o principal órgão de governo local.[40] As diversas funções das câmaras abrangiam muitas áreas de interesse direto para o setor açucareiro: construção de estradas, controle dos escravos, fixação de preços, coleta de impostos e coisas do gênero. Esses órgãos também atuavam como advogados dos interesses locais, dirigindo petições aos governadores ou diretamente à Coroa ao tratar-se de assuntos de interesse imediato. A câmara de Salvador foi a única câmara municipal na Bahia até 1698, quando Jaguaripe, São Francisco e Cachoeira foram elevados a vilas. Entrementes, todas as câmaras foram afetadas pela reforma iniciada em 1696, que colocou a presidência desses órgãos nas mãos de um magistrado nomeado pela Coroa e deu ao governador poderes para nomear vereadores com base em uma lista de cidadãos elegíveis. Essas alterações reduziram a independência das câmaras e tornaram a participação nesses órgãos não tão atrativa. Ainda assim, continuaram a ser os principais órgãos do governo local.[41] Embora presentemente seja impossível determinar com detalhes a composição social das câmaras do Recôncavo, as listas existentes permitem-nos estabelecer a composição da câmara de Salvador. Desde seus primórdios, esse órgão foi dominado pelos proprietários de terra locais, especialmente do setor açucareiro; essa característica manteve-se perceptivelmente durante todo o período colonial, como se vê na Tabela 25. Sempre houve representação da categoria mercantil, mas, como se observa na tabela, essa participação tendeu a aumentar ao longo do século XVIII. Essa mudança refletiu as alterações no governo e na seleção de vereadores ocorridas na década de 1690, e também a disposição dos senhores de engenho em servir nas câmaras do Recôncavo em vez de na de Salvador, manifestada no século XVIII. As câmaras de São Francisco do Conde, Santo Amaro e Cachoeira, mais próximas à localização de seus engenhos, passaram a ser consideradas pelo setor açucareiro como substitutas efetivas para sua atividade política. O senhor de engenho José Pires de Carvalho, por exemplo, participou inicialmente da câmara de Salvador e posteriormente da de Cachoeira, e como ele houve outros.[42] Essa ruralização da vida política não significa uma diminuição do interesse dos senhores de engenho, e sim uma ampliação da estrutura representativa. Em assuntos de interesse comum, como a oposição à criação das casas de inspeção em 1751, as câmaras de Salvador, Santo Amaro e São Francisco uniam-se para fins de representação conjunta ou simultânea junto à Coroa.[43] A câmara de Salvador permaneceu a de maior prestígio, preferida pelas famílias aristocráticas do Recôncavo, embora membros dos clãs Pires de Albuquerque e Calmon constassem nas listas das câmaras do Recôncavo. Comerciantes, advogados e militares aumentaram ligeiramente sua participação nesse órgão em Salvador em fins da era colonial, permanecendo, porém, sempre em posição secundária à do setor açucareiro.

TABELA 25 — OCUPAÇÕES DOS VEREADORES DE SALVADOR, 1680-1729, 1780-1821

OCUPAÇÃO	1680-1729		1780-1821	
	N	%	*N*	%
Senhores de engenho	132	50,8	32	26,5
Lavradores de cana	33	12,7	–	–
Comerciantes proprietários de terras	35	13,5	6	4,9
Profissionais proprietários de terras	8	3,1	11	9,1
[setor açucareiro]		(79.1)		(40,5)
Comerciantes	12	4,6	24	19,8
Profissionais	7	2,7	16	13,2
Pecuaristas e plantadores de fumo	9	3,4	–	–
Não identificados	24	9,2	32	26,5

Fontes: para 1680-1729: FLORY, *Bahian society*, pp. 138-47. Para 1780-1821: MORTON, F. W. O. *The conservative revolution of independence: economy, society and politics in Bahia, 1790-1840*. Tese de PhD. Oxford University, 1974, p. 65. Os dados desses dois autores não foram coletados segundo definições de categoria semelhantes, não sendo, pois, exatamente comparáveis. Em certa medida, a grande porcentagem de vereadores não identificados no estudo de Morton parece relacionar-se à sua exclusão da categoria dos lavradores de cana. Assim, o subtotal para o setor açucareiro em 1780-1821 pode representar apenas um mínimo.

Detentores de status elevado e riquezas, ou pelo menos da imagem desses atributos, do controle das instituições locais e de extensas redes de parentesco, os senhores de engenho compuseram inquestionavelmente o segmento mais poderoso da sociedade baiana. Contudo, seria errado considerá-los como senhores feudais, de autoridade praticamente irrestrita em qualquer época e sobre qualquer assunto. Após a fase inicial de desbravamento do território, no século XVI, a presença de administradores régios e da relação na Bahia estabeleceu certos limites aos poderes dos senhores de engenho. Os funcionários da Coroa raramente interferiam em questões de controle da escravaria, matéria em que os senhores de engenho o mais das vezes possuíam total liberdade; entretanto, as ações destes últimos eram restritas pelo governo régio quando conflitavam com o governo civil ou a administração da justiça. A capacidade da Coroa de controlar o mundo dos engenhos era limitada, porém, pela distância, dificuldades e redes de parentesco e influência que não raro incorporavam os próprios magistrados.

No século XVI, quando os engenhos do Recôncavo eram efetivamente instituições de fronteira, seus proprietários podiam agir — e realmente o faziam — com pouco receio da interferência governamental. Investigações da Inquisição em 1591-3 e 1618 descobriram indivíduos, como André Fernandes Margalho e Fernão Cabral de Ataíde, que haviam assassinado escravos, e como Pedro Garcia, proprietário de quatro engenhos, que submetera à sodomia criados e escravos de suas propriedades.[44]

Apesar de terem conseguido cometer tais crimes, o fato de serem posteriormente denunciados à Inquisição indica que tais assuntos não estavam fora do conhecimento e controle das autoridades civis e eclesiásticas. Com o crescimento da população e a colonização do Recôncavo, o controle efetivo foi-se aperfeiçoando. Os senhores de engenho eram, sem dúvida, homens poderosos, e às vezes podiam proteger indivíduos procurados pela justiça, mas não parecem ter exercido o tipo de controle irrestrito mais característico dos grandes pecuaristas do sertão remoto. Não obstante, em certa medida, consideravam um dever seu a proteção de parentes e agregados. O governo expressava energicamente seu desagrado quanto a tais atividades. O Engenho da Mata foi condenado pelo vice-rei em 1724 como um refúgio de criminosos, e três anos mais tarde o governo mobilizou-se contra um senhor de engenho em Maragogipe que dava asilo a bandidos.[45] À medida que se desenvolveu a estrutura judiciária nas vilas do Recôncavo, as autoridades centrais em Salvador puderam organizar e executar melhor as funções de policiamento. Em 1798, o padre Gonçalo Manoel de São Boaventura fugiu para o engenho de seu irmão, em Iguape, após cometer um crime. O governador, em Salvador, ordenou ao juiz ordinário de Cachoeira que o prendesse.[46] O mundo dos engenhos não esteve completamente fora do alcance da lei, e não só a palavra dos senhores de engenho imperou nessas propriedades.[47]

O grau em que as autoridades civis dispunham-se a exercer um controle e contestar o poder dos senhores de engenho evidenciou-se em um acontecimento extraordinário, revelador da dinâmica social do Recôncavo. Em um domingo, 14 de novembro de 1717, um escravo do Engenho Sergipe encontrava-se na Vila de Santo Amaro quando foi interpelado por João Dornelas, um capitão do mato mulato, que estava bêbado.[48] Discutiram, e um dos insultos proferidos pôs em dúvida a virilidade do senhor jesuíta daquele cativo. Este reagiu, e foi apunhalado e espancado. Dornelas aprisionou-o como fugitivo e colocou-o em um barco para levá-lo a Salvador. Ao saber do ocorrido, o padre Luís Veloso, administrador do Engenho Sergipe, enviou alguns escravos armados, em canoas, para interceptar o capitão do mato. Houve luta, Dornelas foi gravemente ferido e morreu nas docas do engenho. O incidente foi comunicado a Salvador, e o governador enviou uma tropa de infantaria para prender os escravos culpados. Os soldados invadiram a propriedade e roubaram açúcar, e o padre Veloso foi mantido em prisão domiciliar. Os escravos culpados, porém, fugiram, assim como todos os empregados livres. O Recôncavo inteiro foi mobilizado para procurá-los. O Engenho Sergipe foi ocupado e mantido em estado de sítio por quase três semanas.[49]

O padre Veloso não pôde entender por que tanta força fora empregada em um incidente envolvendo um mulato bêbado que fora, ele próprio, escravo (atitude que revela a visão do mundo desse jesuíta). Aquilo não era, afirmou o padre, uma questão de conspiração ou lesa-majestade. O marquês de Angeja, governador da Bahia, esclareceu o contexto da ação ao informar à Coroa que Veloso agira ditatorialmente, e que fora poderoso o suficiente para controlar o Recôncavo e suprimir a verdade. Era preciso dar uma lição aos senhores de engenho. O governador não estava muito longe da realidade dos fatos. Veloso apresentara uma declaração atestando suas virtudes, assinada por 230 indivíduos, inclusive os mais ilustres senhores de engenho do Recôncavo.[50] A autoridade da Coroa estava sendo posta à prova.

Confrontos diretos como esse com o governo eram raros, em comparação com disputas pessoais acerca de propriedades, disputas essas que tendiam a sobrepujar quaisquer interesses comuns entre os senhores de engenho, para consternação dos juízes régios e observadores eclesiásticos. Não raro, parentes impugnavam testamentos, havia até mesmo disputas entre filhos e pais, e era comum a violência contra vizinhos por causa das terras ou água. Os senhores de engenho, nas palavras de Antonil, eram como Caim e Abel, "[...] entre si muito chegados por sangue e pouco unidos por caridade, [...] bastando talvez um pau que se tire ou um boi que entre em um canavial por descuido para declarar o ódio escondido e para armar demandas e pendências mortais".[51] Incidentes violentos entre senhores de engenho podem ser encontrados desde o início da economia açucareira até o fim da era colonial, bem como posteriormente. As investigações da Inquisição em 1591 registraram a queima de canaviais em Passé durante uma disputa, e fatos semelhantes faziam parte da vida no Recôncavo.[52]

Até certo ponto, essas contendas eram endêmicas e sistemáticas, considerando-se que a divisão das terras do Recôncavo lembrava uma colcha de retalhos, e tendo em vista as relativamente poucas estradas adequadas, a competição pela força hidráulica e a necessidade de pastagens para os bois dentro e ao redor dos engenhos. Fronteiras não demarcadas, gado extraviado e abertura de novo curso d'água para impulsionar a moenda geralmente acarretavam conflitos com algum outro proprietário e conduziam a processo legal ou à violência. Clemente Luís Moreira, dono do Engenho Restinga, em Passé, não conseguia manter seus bois longe das plantações de seus vizinhos, porque as terras eram "muito misturadas". Seu gado foi morto e Moreira recorreu aos tribunais, requerendo autorização para comprar todas as terras de seus vizinhos, a um preço justo, determinado pelo arcebispo.[53] Outros achavam que deviam defender suas propriedades por força das armas. Tomé Pereira de Araújo, do Engenho da Cruz, foi atacado três vezes por feitores e escravos de sua vizinha, dona Maria Ana Rita de Meneses, quando tentou construir uma levada para a roda-d'água de seu engenho. Em suas palavras, foi necessário o recurso às armas para enfrentar a "agressão africana" dos cativos de sua vizinha.[54] As propriedades eclesiásticas não estavam livres de ataques. Os jesuítas do Engenho Pitanga tentaram impedir seus vizinhos de cortar lenha naquela propriedade. Houve então um incidente em que um dos padres foi brutalmente espancado por dois homens, a mando dos irmãos Antônio da Rocha e Manoel Barbosa, senhores de engenho moradores nas imediações.[55] Cinquenta anos mais tarde, em

1740, no Engenho Sergipe, o padre Luís da Rocha viu-se envolvido em ocorrência semelhante por uma disputa sobre limites. Seus adversários eram membros do clã dos Caramuru, uma das "casas principais do Brasil", e, embora a questão fosse levada aos tribunais, também ocorreram lutas nos campos.[56]

Poderíamos facilmente multiplicar os exemplos desses conflitos; porém três de seus aspectos recorrentes são particularmente reveladores do caráter da sociedade baiana. Primeiro, embora as ações na justiça fossem comuns e os senhores de engenho mostrassem ser um grupo inclinado ao litígio, eles frequentemente preferiam a ação direta aos tribunais. As ações cíveis eram dispendiosas e "sangradoras de rios de dinheiro" das mãos dos senhores de engenho para os bolsos dos advogados, procuradores e escrivães (sem mencionar os juízes), de modo que, mesmo se bem-sucedidas, as ações eram ganhas muitas vezes a um custo material e espiritual excessivo.[57] Em segundo lugar, a justiça na capitania andava morosamente, controlada que era por juízes com interesses particulares envolvidos no caso, eles próprios senhores de engenho ou lavradores de cana ou, amiúde, ligados a poderosas famílias da elite açucareira, cujos interesses protegiam.[58] Outros eram simplesmente corruptos. Foi informado em 1799 que o senhor de engenho João Pedro enviava algumas caixas pequenas de açúcar todo ano a todos os juízes, como "em todos os tempos se fez e é feito por muitos outros nesta cidade [de Salvador]".[59] Conquanto os que subornavam as pessoas certas ou conseguiam as ligações apropriadas considerassem a receptividade dos juízes um aspecto dos mais positivos da justiça, os que não contavam com aqueles contatos não deparavam com justiça alguma e poucas chances tinham de consegui-la.

Alguns exemplos bastam para evidenciar a natureza do problema e os elementos envolvidos. Antônio Luís Pereira, dono do Engenho Santo Antônio da Boa Vista, em Santo Amaro, foi aos tribunais para que os limites de suas terras fossem demarcados.[60] Seus influentes vizinhos subornaram o juiz enviado para fazer a inspeção, e os juízes da relação também se mostraram parciais no caso. Ainda que o Conselho Ultramarino em Lisboa considerasse que a corrupção judiciária deveria ser severamente punida, também observou que esses argumentos eram comuns no Brasil e que Pereira não conseguira provar suas acusações. Sempre era difícil obter provas em tais casos, e o que geralmente permaneceu nos registros históricos foram as acusações. Em 1732, o coronel Bernabé Cardoso Ribeiro, senhor do Engenho Sítio da Gama, em São Francisco, reclamou que sua propriedade fora levada a pregão público para pagamento de dívidas sem que ele fosse adequadamente notificado. O leiloeiro nomeado pelo tribunal adjudicou a propriedade a seu próprio sobrinho, Miguel Moniz Barreto. Quando Cardoso Ribeiro não aceitou a venda e recusou-se a desocupar a propriedade, o engenho foi atacado, os canaviais queimados e os escravos aterrorizados por Moniz Barreto e seus cativos. Ninguém quis testemunhar contra Moniz Barreto, pois ele era "poderoso e bem aparentado".[61]

Finalmente, as ligações entre as famílias de senhores de engenho e os juízes podia criar uma rede de politicagem e facciosismo capaz de paralisar o funcionamento da estrutura judicial. No final da década de 1670, o capitão Tomé Pereira Falcão envolveu-se em uma disputa de limites com os herdeiros de Belchior Brandão Coelho, proprietários de um engenho vizinho, na paróquia de Iguape.[62] Pereira Falcão solicitara ao tribunal que nomeasse um inspetor, mas depois protestou que o indivíduo nomeado tinha ligações com Antônio de Aragão e Pedro Garcia Pimentel, seus oponentes no caso. Tentou fazer com que o árbitro fosse retirado do caso, mas foi impedido pelo chanceler da relação, outro amigo da facção dos Aragão. Entrementes, quando um elemento do grupo deste último, Manoel Garcia de Melo, foi assassinado em seu engenho, Pereira Falcão foi acusado do crime. Nomeou-se um juiz para investigar o caso, mas também ele era suspeito devido às suas ligações familiares. O Conselho Ultramarino deplorou o fato de não haver juízes suficientes na Bahia para conduzir os casos, pois todos eram parciais a uma ou outra parte naquela disputa. Pereira Falcão, cujas petições acusavam os laços familiares e ligações pessoais entre os juízes da relação e seus oponentes, também não era nenhum inocente. Ele próprio era ex-membro da câmara de Salvador, parente por afinidade da importante família Dias D'Ávila, provavelmente a mais poderosa da Bahia, e homem notório por suas próprias ligações com juízes da relação.[63] Eis um caso de duas prestigiosas famílias de senhores de engenho que mobilizaram influências e usaram de violência para decidir uma disputa, e de instituições controladoras tão subordinadas a laços familiares ou alianças que foram impossibilitadas de agir.

O litígio, portanto, proporcionava um modo de resolver as disputas, mas não era o único meio, e nem o preferido.[64] O uso ou a ameaça da força permaneciam sempre sob a superfície, especialmente nas relações entre os senhores de engenho e seus dependentes ou subalternos, mas também nas relações entre os próprios senhores de engenho. A despeito do senso de nobreza e honra associados à ética patriarcal, os duelos do tipo tradicional entre iguais eram praticamente desconhecidos. Eram sempre os escravos ou dependentes a usar da força, como delegados da violência. Com isso, era mais difícil atribuírem-se responsabilidades por atos criminosos, além de ser infinitamente mais cômodo deixar que os cativos corressem os riscos físicos e legais. Na escala das formas possíveis de proteger ou adquirir propriedade, preferiam-se a influência e a intimidação à violência, mas quando esta se fazia necessária executavam-na os escravos e dependentes.

Donos dos homens e da cana, os senhores de engenho procuravam concretizar o ideal senhorial, em que a autoridade e a dominação eram amplamente exercidas sobre os dependentes, sem a interferência externa do Estado. Possuíam essa autonomia relativamente irrestrita sobre seus familiares e dependentes, mas o governo e a justiça régia podiam intervir — e de fato o faziam — quando estava em jogo a autoridade da Coroa. Contudo, os senhores de engenho sabiam que a amizade, o parentesco e os favores muitas vezes permitiam atingir os objetivos, de modo que os juízes e outros funcionários régios tornavam-se receptivos aos interesses de determinados senhores de engenho e tendiam a dividir-se entre a lei e a situação local. O resultado era um ajustamento, em que a Coroa permitia aos senhores de engenho uma relativa autonomia de controle da organização da produção e de domínio sobre os escravos, mas assumia um papel mais ativo nas disputas entre diferentes setores econômicos ou nas que iam de encontro à autoridade régia.[65]

O MODO DE VIDA DOS SENHORES DE ENGENHO

Dada a disponibilidade de documentação e a presente situação dos estudos, é impossível determinar o desenvolvimento do modo de vida dos senhores de engenho no Nordeste colonial. A melhor descrição desse modo de vida é a de Gilberto Freyre em seu clássico *Casa-grande & senzala* (1933), mas esse autor baseou-se em observações de viajantes do século XIX, as quais transpôs para períodos anteriores, acrescentando ideias sobre a vida nos engenhos fundamentadas em suas próprias experiências de infância.[66] Embora seu livro nos mostre com perspicácia muitos aspectos, seu método não permite traçar a evolução ao longo do tempo, sendo, pois, insuficiente como análise histórica. Não obstante, *Casa-grande & senzala* capturou uma imagem reveladora de uma ampla gama de atitudes e atividades no seio da esfera rural e doméstica dos senhores de engenho e, embora essa imagem possa ser questionada quanto à sua validade para períodos anteriores ou outras classes sociais, ela se tornou o modo como os brasileiros passaram a conceber seu passado rural. Não é preciso, aqui, reproduzir os temas centrais da obra — o contato inter-racial e a fusão cultural na casa-grande —, porém alguns aspectos da vida dos senhores de engenho não abordados em detalhes por Freyre devem ser explicados para permitir a compreensão dos senhores de engenho como categoria social e do relacionamento entre esses indivíduos.

Em primeiro lugar, os senhores de engenho compunham uma classe de proprietários residentes. Assim, com poucas exceções, os donos de engenhos na Bahia viviam no Brasil em vez de na Europa. Isso, porém, não significa que eles permanentemente dirigiam em pessoa seus engenhos. Até a segunda metade do século XVII, esses proprietários parecem ter passado boa parte do tempo em Salvador. Alguns dos mais abastados mantinham residências na cidade, outros iam regularmente a Salvador a negócios, para visitar amigos e tomar parte nas atividades cívicas. Essa participação da oligarquia rural na vida da cidade era possibilitada pela proximidade de muitos engenhos das margens da baía. A viagem de barco de Santo Amaro a Salvador levava apenas duas horas. A presença de senhores de engenho como membros da câmara ou confrades da Misericórdia indica a existência de laços estreitos entre a cidade e o Recôncavo.

Com a expansão da zona açucareira no século XVIII, tais contatos tornaram-se mais difíceis e inoportunos, tomando mais tempo (mesmo hoje, para uma viagem de Salvador a Rio Fundo, é preciso percorrer estradas difíceis). À medida que paróquias como Rio Fundo e Santana de Catu voltavam-se para a atividade açucareira, os senhores de engenho daquelas áreas tornavam-se menos ligados a Salvador. Procuravam eximir-se de responsabilidades militares ou cívicas alegando que seus deveres no interior demandavam sua presença. Entretanto, a ruralização dos senhores de engenho nem sempre significava que cada engenho contava com um proprietário residente. Na elite açucareira, era comum possuir-se mais de uma propriedade, de modo que alguns engenhos eram administrados por feitores ou agentes. Ademais, as famílias da elite em geral possuíam os engenhos maiores e mais antigos nas paróquias litorâneas e, portanto, eram menos afetadas pela ruralização. Assim, é interessante notar que as famílias proprietárias dos grandes engenhos e de numerosa escravaria, ou seja, as que mais se aproximavam do ideal do domínio patriarcal, eram as menos propensas a residir em tempo integral em seus engenhos e conduzir atentamente a vida cotidiana de seus dependentes, familiares e escravos.

Ainda assim, como residiam na capitania, os senhores de engenho baianos mantinham-se em contato com suas propriedades e com a sociedade nas imediações. Como ressalta F. W. O. Morton, a distribuição dos engenhos mostra que os senhores e suas famílias viviam relativamente próximos a seus vizinhos. Isso, naturalmente, era causa de muitas disputas, mas também significava a presença de uma grande pressão sobre o comportamento desses indivíduos, exercida por seus iguais. Os senhores de engenho não viviam no isolamento, e havia certos limites a seu trato com outros e à sua vida pessoal que precisavam respeitar. A opinião pública, a *voz pública*, de fato, desempenhava um papel importante na sociedade brasileira, determinando os graus relativos de honra e desonra, e a afirmação pública do status em rituais cívicos ou religiosos ajudava a criar um mapa social. Assim, o isolamento era não só difícil de se obter, mas também indesejável. Os cargos municipais, exercícios militares e cerimônias religiosas proporcionavam, todos, oportunidades aos senhores de engenho para demonstrar seu status e auferir honrarias; porém também os expunham à censura pública.[67]

Qual era, então, o comportamento que se esperava de um senhor de engenho? Antonil, em seu famoso livro, descreveu a indústria açucareira em vários capítulos que são, essencialmente, modelos de comportamento ideal, de como os senhores de engenho deveriam agir com relação a família, escravos e dependentes. Uma descrição mais sucinta da conduta ideal foi proporcionada pelo padre Luís Veloso quando, ao defender-se perante a lei, apresentou uma declaração, assinada por mais de duzentos residentes das vilas de Santo Amaro e São Francisco do Conde, atestando seu caráter. Se dermos o desconto devido à vocação religiosa desse administrador jesuíta do Engenho Sergipe, o seguinte testemunho mostra-nos o que se considerava próprio para um senhor de engenho:

> [...] ele mantém os escravos do dito engenho bem controlados e instruídos, para que não incomodem ninguém, providencia sobre as confissões e os últimos sacramentos dos vizinhos [...] cuida da boa divisão com os lavradores que dão sua cana ao dito engenho e os ajuda a cortar e transportar a cana, e presta contas do açúcar com grande cuidado e bom proceder; paga aos empregados e trata com eles com pontualidade, assim como faz com todos os outros que fornecem ao engenho.[68]

Essas eram questões de "boa vizinhança", nas palavras de Antonil, que de modo semelhante exortava os senhores de engenho a serem afáveis e amistosos, mas também deixava claro que o senhor de engenho era o elo principal na cadeia de relações sociais e econômicas da vida rural. Examinaremos pormenorizadamente essas relações nos capítulos seguintes; devemos, agora, para concluir, tratar dos próprios senhores de engenho.

Se é que a pouca correspondência remanescente dos senhores de engenho nos fornece um quadro adequado, os problemas da safra do ano em curso e os preparativos para a do ano seguinte ocupavam a vida dos proprietários no engenho. Em 1625, Antônio de Sá Dória escreveu que não podia deixar seu engenho, na ilha de Itaparica, para visitar o pai, porque seu irmão precisava de ajuda e porque "como é engenho não pode só uma pessoa acudir a todos [...]".[69] As correspondências dos Pinto da França, do Engenho Aramaré (1821-4) e de Felisberto Caldeira Brant Pontes, do Engenho da Ponta (1819-21), ressaltam os afazeres constantes da vida rural em um engenho. Suas cartas são povoadas de escravos, vizinhos, agentes, feitores, preços, bois, clima, açúcar e família, que compunham o dia a dia dos senhores de engenho, ocasionalmente pontuadas por casamentos, batizados, funerais e festas do calendário católico.[70]

O catolicismo, com efeito, compunha a base espiritual, moral e social da vida no campo.[71] Os conceitos universais da Igreja Católica, expressos nos ensinamentos dos jesuítas, e o código de conduta estabelecido pela arquidiocese da Bahia eram reconhecidos, mas fundiam-se com um variado conjunto de práticas e crenças populares. O culto dos santos era particularmente importante — são Gonçalo para encontrar um marido, santa Bárbara para proteger das tempestades, santo Antônio para objetos perdidos —, cada qual com poderes determinados. As pessoas temiam o mau-olhado e a feitiçaria, especialmente a praticada por escravos. Os costumes locais eram frequentemente permitidos, mesmo quando as determinações da arquidiocese os proibiam. Em um batizado em Rio Fundo, em 1788, apareceram dois padrinhos e nenhuma madrinha, e o padre observou que aquilo era "contra o Concílio de Trento", mas administrou o sacramento assim mesmo.

Os engenhos eram erguidos sob a invocação dos santos, e muitos possuíam capelas. Em 1830, por exemplo, havia dez engenhos com capela na paróquia de Nossa Senhora do Monte e mais quatro na vizinha São Gonçalo.[72] Contudo, a presença de igrejas não era necessariamente um indicador da influência da religião. Nenhuma das capelas acima mencionadas contava com uma cura residente. Os padres que viviam nas áreas açucareiras eram amiúde filhos mais novos de senhores de engenho ou, eles próprios, lavradores de cana e senhores de engenho, tão preocupados com a colheita de cana quanto com a salvação de almas. Os que não se enquadravam nessas classificações dependiam diretamente dos senhores de engenho para seu sustento, pois o clero secular na Bahia geralmente não contava com dotações. Os preceitos da Igreja que iam de encontro à condução eficiente da propriedade açucareira eram o mais das vezes desrespeitados. Engenhos operavam aos domingos, sacramentos eram negados aos escravos e o acesso destes à missa era às vezes proibido; a esse respeito, os clérigos locais vez por outra protestavam, mas frequentemente aceitavam a situação.[73] Havia concubinatos, desvios sexuais e violações da doutrina da Igreja o bastante para manter ocupados os investigadores eclesiásticos e levar o cônsul francês Guinebaud a escrever que "os aristocratas desta província são tímidos, sem talento e desprezíveis por sua profunda imoralidade". Contudo, os senhores de engenho tiveram condições, na verdade, de observar os preceitos da Igreja mais do que a maioria dos indivíduos naquela sociedade.[74]

Atentos aos negócios, ciosos de sua honra e posição social, sérios em seus deveres sociais e religiosos, especialmente quando estes coincidiam com seus interesses particulares, os senhores de engenho, como um grupo, não eram muito inclinados às atividades intelectuais. Bons conversadores — talvez um dom necessário, considerando o dever da hospitalidade —, os membros da elite baiana no século XIX eram considerados grandes oradores. Na era colonial, porém, não eram dados ao manejo da pena.[75] Havia motivos para fazer isso. A ausência de imprensas e universidades na colônia não incentivava a troca de ideias. Essa foi uma política bem-sucedida, forçando todos os que quisessem publicar algo a fazê-lo sob a vigilância da Coroa e da Igreja na metrópole, e obrigando os que almejavam o nível universitário a estudar nas faculdades de Coimbra, em Portugal. Tal política reforçou constantemente os laços intelectuais e sociais entre a elite colonial e a metrópole.[76] Além disso havia apenas a realidade da vida de senhor de engenho, passada em sua maior parte no campo, cheia de preocupações com o cotidiano da cultura açucareira. Nas palavras de Antonil, "ter filhos sempre consigo no engenho, é criá-los tabaréus, que nas conversações não saberão falar de outra cousa mais que do cão, do cavalo e do boi". A alternativa de mandá-los a Salvador expunha-os ao vício e à licenciosidade, e por isso Antonil aconselhava que fossem enviados à casa de um parente ou amigo grave e honrado que os manteria atentos ao estudo e os controlaria de perto.[77]

A educação dos filhos de senhores de engenho limitava-se o mais das vezes aos rudimentos da leitura, escrita e aritmética. As primeiras lições eram dadas em casa, onde o padre residente ou algum parente alfabetizava a criança. A educação das meninas muitas vezes terminava aí; a dos meninos continuava no Colégio Jesuíta de Salvador, com teologia, latim e as outras matérias do currículo barroco.[78] Os que desejavam prosseguir em estudos mais avançados, geralmente em preparação para carreiras na Igreja ou na magistratura régia, tinham de ir para a Universidade de Coimbra. Não eram muitos os membros da classe dos senhores de engenho que trilhavam esse caminho. A Bahia enviou 230 homens a Coimbra entre 1772 e 1822, mais do que qualquer outra capitania brasileira, mas apenas cerca de vinte deles provinham de famílias ligadas à atividade açucareira ou se tornaram senhores de engenho.[79] Embora entre os autores com obras publicadas pudessem ser encontrados homens como Rocha Pitta ou Borges de Barros, em geral a classe dos senhores de engenho não se ocupava de tal atividade. As efêmeras academias de Salvador, surgidas no século XVIII, eram compostas quase exclusivamente de clérigos, advogados e altos funcionários régios.

Se os testamentos e inventários forem um bom indicador, poderemos concluir que os senhores de engenho dedicavam bem pouco tempo aos livros. O volume que usavam vez por outra em preces ou leituras religiosas aparece nas listas, e os proprietários cristãos-novos do século XVI parecem ter tido acesso a algumas obras religiosas judaicas; as bibliotecas, porém, eram raras. Havia exceções, como o caso de João Lopes Fiúza, proprietário do Engenho de Baixo, em São Francisco do Conde, que deixou uma coleção de mais de cinquenta volumes em latim, espanhol e português ao morrer, em 1741.[80] Esse comerciante-senhor de engenho nascido em Portugal não teve uma educação nos moldes baianos. Apreciava autores clássicos como Virgílio e Cícero e possuía as obras morais e religiosas de costume, mas seus principais interesses parecem ter sido história e literatura. Sua biblioteca incluía Lope de Vega, Cervantes, Sá de Miranda e Francisco Manuel de Melo. Lopes Fiúza foi uma exceção entre os de sua classe.

O desinteresse não significava incapacidade. No século XVIII, o sistema educacional baiano mudou consideravelmente, em especial após uma reforma realizada em 1759. Instituiu-se a educação pública, e em 1800 ministrava-se o curso primário em várias cidades menores na capitania. Em Salvador, estabeleceram-se cátedras de latim, grego, filosofia e retórica, e professores régios, mantidos com impostos sobre a venda de carne e aguardente, encarregavam-se de estudos avançados.[81] Quando o clima de agitação de fins do século XVIII impeliu homens a empunhar a pena para advogar reformas políticas ou econômicas, a classe dos senhores de engenho baiana foi bem representada por Manoel Ferreira da Câmara, Felisberto Caldeira Brant Pontes e Manoel Jacinto de Sampaio e Melo.[82]

FAMÍLIA E PROPRIEDADE

Durante a maior parte da era colonial, portanto, os senhores de engenho preocuparam-se não com abstrações filosóficas, literatura ou leis civis ou divinas, mas com os assuntos práticos ligados à posição social da família, à propriedade e ao poder. A pedra angular do modo de vida senhorial foi a família, entendida em seu sentido mais abrangente, ou seja, "casa" e "linhagem". Os fundamentos dessa atitude podem ser encontrados no pensamento dos Doutores da Igreja, especialmente santo Agostinho, e no conhecido tratado filosófico clássico de Cícero, *De officiis*. Nas palavras desse autor, "na família, a grande amplitude da sociedade humana é condensada em uma unidade compacta e coesa".[83] Os moralistas frequentemente usavam a metáfora da família em seus esforços para melhorar o relacionamento entre pais e filhos, maridos e mulheres, senhores e escravos, rei e súditos, Cristo e sua Igreja. Essa analogia fazia sentido naquela sociedade, pois o ideal patriarcal era amplamente difundido e fortemente arraigado. Assim como o paternalismo, "família" implicava autoridade e hierarquia, com o pai a exigir o respeito e a obediência cega dos filhos, esposa, empregados, escravos e dependentes, em troca do que deveria garantir-lhes sustento, orientação e proteção. Simbolicamente, filhos e escravos deviam "pedir a bênção" ao senhor, e este devia dá-la.

A exposição mais clara das responsabilidades do pai de família na Bahia foi fornecida pelo baiano Nuno Marques Pereira, que em 1728 publicou o seu *Compêndio narrativo do peregrino da América*.[84] O livro descreve uma viagem pelo interior da Bahia, durante a qual o autor sentiu-se inclinado a fazer observações morais e filosóficas acerca do caráter da sociedade. Segundo Marques Pereira, "o pai de família há de ser um espelho limpo e sem mancha, para que sua família se veja nele e emende seus defeitos". As responsabilidades dos membros da casa eram mútuas, pois enquanto os familiares deviam honrar os pais, o pai devia cuidar da disciplina, do bem-estar material e da vida espiritual da família. Como uma joia preciosa, era preciso zelar pela família, pois um mau passo de um dos membros manchava a honra da casa. Marques Pereira lastimou que muitos não viviam segundo esse ideal. Filhos ou escravos que cometiam crimes permaneciam na casa por serem muito estimados ou valiosos, clérigos não cumpriam suas obrigações junto à família, e a educação moral era com frequência pouco rígida. Os baianos pecavam especialmente por idolatrar os filhos e não lhes punirem as faltas. A disciplina era um dever do chefe da família, uma obrigação que ele tinha para com seus dependentes e escravos.

Era esse o tom exortativo usado por escritores e clérigos moralistas ao admoestar os senhores de engenho sobre o comportamento apropriado aos pais. Entretanto, podemos entrever melhor o caráter da vida na casa-grande em um parágrafo de Antonil, que trata não das relações domésticas, mas do perigo de não zelar pelos livros contábeis. Antonil aconselhava os senhores de engenho a não deixar papéis sobre a mesa ou a cômoda da mulher,

> [...] para que depois não seja necessário mandar dizer muitas missas a santo Antônio para achar algum papel importante que desapareceu, quando houver mister exibi-lo.

> Porque lhe acontecerá que a criada ou serva tire duas ou três folhas da caixa da senhora para embrulhar com elas o que mais lhe agradar; e o filho mais pequeno tirará também algumas da mesa para pintar caretas ou para fazer barquinhos de papel em que navegarão moscas e grilos; ou finalmente o vento fará que voem fora da casa sem penas.[85]

Esposas e criadas, filhos a brincar, intimidade com um santo popular, tudo isso mostra que a vida familiar dos senhores de engenho era mais do que disciplina, obediência e honra.

Qualquer que fosse o caráter do relacionamento doméstico nas famílias dos senhores de engenho, estes preocuparam-se muito com a formação e perpetuação dessas famílias durante toda a era colonial. O êxito no processo garantia a continuidade, o insucesso significava obscuridade. O casamento era o ato principal no processo. Os regulamentos permanentes da Igreja, expressos nas constituições da arquidiocese da Bahia (1707) não diferiam fundamentalmente das práticas católicas globais. Os homens deveriam ter pelo menos catorze anos de idade, e as mulheres, doze. A união deveria ser definitiva e dedicada à lealdade e à fidelidade recíproca e à reprodução. Havia vários impedimentos relativos ao parentesco consanguíneo e a outras relações que impediam certos casamentos.[86] Porém, como vimos, a seleção dos cônjuges e os padrões de escolha baseavam-se em uma grande variedade de decisões econômicas e sociais. O casamento de irmãos de uma família com irmãs de outra era uma estratégia relativamente comum e visava a limitar a dispersão da propriedade. O casamento entre primos era mais regra que exceção, e a Igreja com frequência concedia dispensas para uniões desse tipo.[87] Casamentos indesejáveis eram evitados mandando as filhas para o convento, mas contrapunham-se a isso a fuga e a posterior reconciliação.

Não existe um estudo demográfico satisfatório sobre as famílias de senhores de engenho na Bahia, sendo, portanto, difícil determinar seu tamanho e composição. Observadores do século XIX comentaram acerca da grande diferença de idade entre marido e mulher, mas em oito desses casais em Santo Amaro em 1788, a diferença média era de apenas doze anos.[88] As famílias da elite mencionadas na genealogia de Jaboatão possuíam em média seis filhos que sobreviveram além da primeira infância, mas não temos ideia sobre o padrão predominante entre senhores de engenhos menores e lavradores.

As mulheres eram, sem dúvida, os elementos mais importantes na estratégia familiar. A escolha da esposa certa podia dar início ao sucesso; providências convenientes quanto às filhas podiam assegurar a continuidade. As esposas dos senhores de engenho compartilhavam o status e o prestígio dos maridos, mas também eram restritas por seu papel na sociedade paternalista do Brasil colonial. Elas consideravam-se como "a lua entre estrelas menores" em seu relacionamento com as demais mulheres que habitavam o mundo dos engenhos.[89] Frequentemente, possuíam bens materiais inacessíveis às outras e exerciam um controle sobre a vida doméstica dentro da casa-grande. A honra da família era vinculada à honra das mulheres; as filhas deviam manter-se castas, e a esposa, isenta de qualquer boato ou situação comprometedora. Os viajantes na Bahia comentaram sobre a reclusão das mulheres e o ciúme dos maridos portugueses. A lei permitia ao marido matar a mulher se esta o traísse, e os que não desejassem adotar medidas tão extremas podiam encontrar outras formas de controle. Luísa Francisca do Nascimento foi forçada pelo marido a entrar para o Convento da Lapa devido a seu comportamento, e quando, em 1800, apelou para ser libertada, o governador não mostrou compaixão pelo seu caso.[90]

A manutenção da honra da família também dependia da perpetuação da linhagem e da propriedade. As filhas dos senhores de engenho casavam-se com homens escolhidos pelo chefe da família, ou eram mandadas para o convento. No século XVI, isso significava mandar as filhas para Portugal. Após 1677, porém, quando um convento das Clarissas foi fundado na Bahia, passou a haver instituições locais para assumir essa função. Os conventos permitiam à classe dos senhores de engenho isolar as filhas e evitar alianças indesejáveis. Adicionalmente, com o pagamento do dote exigido para o ingresso, a família podia satisfazer os direitos da filha à herança de parte da propriedade sem precisar dividir suas terras. A pressão e a coerção paterna aliavam-se aos motivos religiosos para levar as moças da elite baiana a entrar para o convento, separando-as, assim, do mundo exterior e das estratégias dos engenhos.[91]

Para as que se casavam, o tempo acabava por tornar-se um aliado, embora às vezes indesejável. Os maridos, mais velhos, morriam antes das esposas e, apesar de atitudes em contrário, frequentemente mulheres tornavam-se proprietárias de engenhos e fazendas de cana. Isso era especialmente comum nas famílias tradicionais da elite, infensas a contrair alianças com os que não se constituíssem em cônjuges ideais ou a privar de propriedades os filhos do primeiro casamento em favor do segundo marido e da possível prole da nova união. Em fins do século XVIII e início do XIX, alguns dos mais ricos proprietários de escravos no Recôncavo eram mulheres, especialmente nas áreas mais antigas, como Santo Amaro e São Francisco do Conde, onde, em 1817, 10% das fazendas de cana e mais de 15% dos engenhos pertenciam a mulheres.[92]

A posse de propriedades açucareiras por mulheres ia de encontro às atitudes predominantes e criava uma situação que parecia sempre inerentemente instável e precária. Luís Pereira, que na década de 1790 lutou para conservar a posse de seu engenho, reclamou que, em sua ausência, homens poderosos haviam se aproveitado da administração da propriedade por sua esposa, por serem as "mulher(es) por natureza tímidas e inábeis para tratarem de semelhantes negócios e rodeadas de tenros filhos, falta de proteção e meios para rebater e impedir as poderosas incursões daqueles malvados".[93] Essa era uma expressão clara de uma opinião geral, que as mulheres podiam manipular segundo seus próprios objetivos. Em 1748, dona Teresa Borges de Abreu, viúva que vivia em seu engenho com uma filha, solicitou que seu filho fosse dispensado do serviço militar para dirigir o engenho, porque ela, sendo mulher, não era capaz de fazê-lo.[94] Embora o ideal patriarcal excluísse as mulheres de um papel ativo na administração das propriedades e da estratégia familiar, a realidade parece ter sido mais complexa.

Enquanto as mulheres eram o principal elemento na formação da família, a propriedade era a base da sobrevivência da linhagem. Propriedade e família estavam intimamente vinculadas na concepção dos senhores de engenho. Sua preocupação com a honra, a linhagem e a continuidade da família ligava-se à aquisição e manutenção de riqueza, especialmente de propriedade fundiária. Consideravam esses bens não um fim em si mesmos, mas um meio de assegurar a continuidade da família. João Pedro Fiúza Barreto, dono de sobrenome ilustre e de dois engenhos, afirmou em 1798 que se julgava obrigado a "cuidar nos seus bens ou na sua conservação e aumento para os deixar a seus filhos".[95] Esse era um sentimento amplamente compartilhado.

Na sociedade agrária brasileira, as concepções medievais de terra e propriedade ainda vigoravam. Como o casamento, a aquisição de propriedade fundiária fazia-se acompanhar de um complexo cortejo de atos simbólicos e legais. Requeria-se o registro em tabelionato para todas as transferências, e mesmo a cessão de propriedade (como a alforria de um escravo ou o legado a instituições religiosas) era devidamente registrada para impedir futuras demandas por parte dos herdeiros. Seguiam-se precedentes romanos e medievais nas cerimônias de aquisição de propriedade. Quando terras iam a pregão público, o leiloeiro devia pedir três vezes que se fizessem novos lances e a seguir passar às mãos do arrematador um ramo verde, dizendo-lhe: "bom proveito". Ao tomar posse de um engenho ou outra propriedade, o novo dono tinha de percorrer simbolicamente seus limites acompanhado de um tabelião, além de fechar e abrir as portas das edificações, tudo isso na presença de três testemunhas. Esses atos simbolizavam a posse e ressaltavam o caráter social e público da propriedade.[96]

A principal preocupação dos senhores de engenho quanto à propriedade era sua manutenção, considerando-se partibilidade da herança.[97] A legislação portuguesa não privilegiava o primogênito, exceto em casos extraordinários: morgados, encapelados e vínculos. Ao contrário, todos os filhos reconhecidos tinham direito a partes iguais na divisão da propriedade. No casamento por "dote" e "arras", marido e mulher mantinham separadamente a propriedade com que entraram para a união.[98] Ao morrer um dos cônjuges, o outro retinha sua propriedade, enquanto a outra parte era dividida. O casamento nesses moldes foi relativamente raro no Brasil. Muito mais comum foi o que estabelecia a comunhão de bens. Neste caso, o cônjuge sobrevivente ficava com metade da propriedade. O restante era dividido segundo uma fórmula fixa: dois terços repartidos em partes iguais entre os herdeiros forçados, geralmente os filhos e, em sua ausência, progressivamente, entre os ascendentes em linha direta, os parentes colaterais, o cônjuge sobrevivente ou, finalmente, o Estado. A "terça" restante podia ser legada em testamento segundo a vontade do testador. Era dessa parcela que saíam os donativos beneficentes, as alforrias de escravos e o favorecimento de um filho ou afilhado. Tal sistema não permitia grande flexibilidade à repartição da herança, e a necessidade de dividir igualmente a propriedade entre os herdeiros sempre ameaçava a integridade da mesma.

Para evitar a divisão da propriedade fundiária da família e especialmente a fragmentação de escravaria, gado, equipamentos e terras que compunham o engenho, os proprietários procuravam vincular parte de seus bens. Desde o século XIII existiam várias formas de vínculos na legislação portuguesa, mas a primeira legislação consistente sobre eles data de 1514, com as ordenações manuelinas.[99] No Brasil, os dois vínculos mais comuns eram o morgado, para fins seculares, e a capela, com objetivos eclesiásticos. Tais vínculos, em Portugal, eram geralmente atributos da nobreza e, como em outros aspectos, a Coroa normalmente se mostrava relutante em estender as insígnias e privilégios da nobreza ao Brasil. A instituição de um morgado requeria permissão régia; embora frequentes as solicitações, não há indícios de que tais concessões eram numerosas.[100] Os morgados eram comumente legados ao filho mais velho, e os outros irmãos geralmente opunham-se a eles. Uma lei promulgada em 1770 restringiu drasticamente a criação de morgados, mas no Brasil, de 1820 a 1825, houve um notável aumento nas petições para sua concessão. Após ter sido criticado por algum tempo em Portugal e Brasil por razões morais e econômicas, o morgado foi abolido no Brasil em 1835.[101]

Não sabemos, presentemente, quantos engenhos foram vinculados. No século XVIII, famílias ilustres como os Garcia D'Ávila, Pires de Carvalho, Calmon e Rocha Pitta haviam instituído morgados em suas propriedades, mas o número desses vínculos parece ter sido relativamente pequeno. Henry Koster, que viveu em Pernambuco, afirmou que os morgados eram mais frequentes e maiores na Bahia. Entretanto ele possuía pouca experiência direta sobre esta última capitania, o que pode indicar que foi levado erroneamente a acreditar nisso devido à escassez relativa de morgados em Pernambuco.[102] Em geral, esses vínculos parecem ter sido pouco frequentes na Bahia, e instituídos principalmente pelas famílias mais abastadas ou tradicionais. Contudo, isso não era tão prejudicial quanto poderia ter sido para os senhores de engenho. As políticas régias que os protegiam de execução hipotecária e de embargo de partes de um engenho para pagamento de dívidas funcionavam na prática como um vínculo, protegendo a unidade da propriedade fundiária. Isso não impedia a divisão de um engenho por herança, mas evitava a fragmentação da propriedade durante a vida de seu dono.

Um outro tipo de vínculo, talvez mais comum (embora também isso seja apenas hipótese), era a capela, instituída sobre uma propriedade para fins eclesiásticos. Geralmente destinada à celebração de missas ou construção de capelas, a renda de determinada gleba era deixada a cargo de um administrador, frequentemente o principal herdeiro.[103] Como as capelas eram construídas o mais das vezes no próprio engenho, tais vínculos não implicavam ônus financeiro adicional e protegiam a propriedade vinculada, pois ela não podia ser dividida. Um exemplo da forma e propósito desses vínculos são os criados em 1722 pelo desembargador Dionísio de Azevedo Arevalos. Primeiramente, ele e sua esposa instituíram um "patrimônio" sobre um canavial em Passé, estabelecendo um fundo que forneceria uma renda de 25 mil-réis anuais ao clérigo João Barbosa de Góis. A seguir, o desembargador instituiu, em nome de sua sogra, uma capela no valor de 100 mil-réis sobre o Engenho Jacarancanga, de propriedade desta última, que geraria 6$250 anuais para a construção e manutenção de uma capela naquele engenho.[104] Tais vínculos tornavam complicadas a venda ou hipoteca das propriedades e, quando se tratava de pequenas quantias, também exasperantes. Em 1769, foi autorizada a extinção das capelas inferiores a 200 mil-réis, e em 1796 sua eliminação foi decretada por lei. F. W. O. Morton salientou que, na prática, as restrições às capelas eram frequentemente ignoradas quando assim o desejavam os herdeiros da propriedade. Porém, durante boa parte do período colonial, a capela e o morgado constituíram-se em soluções efêmeras para o problema de manter intacta a unidade das propriedades açucareiras.

As vinculações e as restrições à dissolução da propriedade fundiária, embora almejadas pelas famílias que procuravam manter sua posição e riqueza, permaneceram como exceções. A maioria dos bens imóveis era considerada "bem livre", ou seja, sem restrições à sua transferência, e, portanto, sujeita às leis que regiam a divisão de herança. Esse sistema muitas vezes resultava em posse conjunta de um engenho ou fazenda de cana por irmãos, mas acarretava conflitos. Para evitar disputas, um dos herdeiros podia comprar a parte dos demais, ou podia se vender a propriedade e repartir o dinheiro apurado entre os herdeiros. Esse procedimento facilitava relativamente o ingresso de novos participantes na atividade açucareira e incentivava a transmissão das propriedades, mas em contrapartida dificultava a acumulação de capital. Era raro o filho que podia começar os negócios na mesma situação em que o pai os deixara.

A família era, pois, o contexto em que se apresentava a propriedade. Os conflitos relativos à posse de bens que surgiam entre parentes, embora frequentes, eram prejudiciais à sociedade rural e ocasionavam os sentimentos mais intensos. Em tais disputas, os ideais de sociedade e família eram postos em confronto direto com a base material da vida. Um caso, revelador de atitudes e práticas nessa sociedade, pode ser citado aqui para concluir o assunto, ilustrando esse ponto e o caráter das interações presentes na zona açucareira.

Em 1800 Manoel do Ó Freire e sua irmã, dona Ana Joaquina Freire, entraram com uma ação legal contra sua própria mãe que, por ocasião da morte do marido, fora nomeada tutora e administradora do Engenho Boca do Rio, na paróquia de

Paripe.[105] Alegaram que, devido à senilidade de seu pai, a mãe assumira a administração do engenho e das fazendas de cana vizinhas antes da morte do marido e dilapidara os bens devido às suas ligações íntimas com Luís Pereira Lopes, um lavrador de cana das imediações. Afirmaram que esse relacionamento ilícito permitira a Pereira Lopes alçar-se da pobreza à abastança e que, em detrimento do engenho, sua cana fora moída com prioridade, escravos emprestados para trabalhar em sua fazenda e outros favores concedidos. O juiz designado para o caso, Francisco Sabino Álvares de Costa Pinto, encarregou-se da questão com relutância, percebendo que esses assuntos "são tão domésticos, particulares e inverossímeis que quase não admitem prova". Ademais, "a decência pública e o recato de uma família, que sempre gozou nesta cidade de uma airosa consideração, interessam-se em não tornar lembrança deles nem da leveza e despejo, com que os suplicantes se animarão a referi-los contra sua própria mãe".

Mais de vinte testemunhas prestaram depoimento. Suas declarações tenderam a refutar as acusações, mas também foram reveladoras de atitudes e práticas comuns àquela sociedade. Afirmaram que o falecido mantivera a lucidez até a morte e que sua esposa, na verdade, administrara a propriedade não só no final, "mas em todo o tempo do consórcio de seu marido". Embora alguns concordassem que a propriedade estava em decadência porque "a administração de uma mulher, ainda [que] ativa e eficaz, por via de regra, não é das melhores vantagens", demonstrando, assim, o esperado preconceito contra as mulheres, outros achavam que o problema era a pobreza do solo, a escassez de escravos e outros fatores do gênero. Quanto às acusações de que Pereira Lopes usara escravos do engenho em seus próprios canaviais, três testemunhas asseveraram que a utilização mútua de escravos entre engenhos e fazendas de cana era prática comum. Os filhos reclamaram que a mãe vendera partes da propriedade e permitira ao amante apoderar-se de bens valiosos, mas o juiz não encontrou provas dessa acusação e salientou que o falecido vendera parte da propriedade em 1796-7 para pagar dívidas.

O juiz ficou chocado com o caso, e constatou que o único fruto de sua investigação fora descobrir "onde chega a paixão, desejo e desvario". Não se surpreendeu, porém, com uma disputa interfamiliar por uma propriedade, coisa bastante corriqueira. Eram a natureza das acusações e o fato de a disputa ser entre gerações — no caso, mãe e filhos — que tornavam essa ação em particular tão potencialmente perturbadora da ordem social. As acusações contrapuseram diretamente a autoridade familiar e os direitos de propriedade, dois dos conceitos que os senhores de engenho esforçavam-se por harmonizar. Por fim o fato de um vizinho subalterno, um lavrador de cana, ser envolvido na ação obriga-nos a reconhecer que os senhores de engenho vivam em permanente contato com outros grupos sociais no contexto dos engenhos. O caráter e a composição desses grupos e seu relacionamento com os senhores de engenho criaram a natureza das relações sociais, e é dessas outras categorias da sociedade que trataremos a seguir.

11. Os lavradores de cana

Oh, vida de lavradores!
se eles conhecessem bem
as vantagens que têm
com aqueles santos suores
com que a si e ao mundo mantêm

Sá de Miranda

Aqui ninguém tem interesse em tratar comigo sobre nada, senão para que sua cana seja moída primeiro.

Francisco de Negreiros (1588)

Desde seus primórdios, a economia açucareira do Brasil distinguiu-se das de suas congêneres no Novo Mundo porque grande parte da matéria-prima essencial, a cana-de-açúcar, e da força de trabalho escrava foi controlada não pelos engenhos, mas por lavradores de cana. Essa estrutura existira nas ilhas atlânticas da Espanha e de Portugal, e parece ter sido transferida, no século XVI também para Cuba e Porto Rico, nas Antilhas espanholas. Contudo, até o século XIX, somente no Brasil os lavradores de cana constituíram parte importante da economia açucareira. Talvez no Caribe houvesse muitas atividades econômicas alternativas, ou, quem sabe, a atração exercida pelo México e Peru acabasse por se tornar forte demais para os colonizadores mais pobres em comparação com a lavoura da cana. O Brasil, na fase inicial, oferecia menos opções. Os primeiros esforços da Coroa para incentivar a economia açucareira visavam fornecer ajuda a colonos que não dispunham de capital ou crédito necessários ao estabelecimento de um engenho, mas que desejavam participar da economia exportadora. Os primeiros engenhos, em várias partes do Brasil, dependeram desses lavradores de cana, e o regimento de Tomé de Sousa para a instituição do controle régio na Bahia continha referências específicas a essa categoria. Os lavradores de cana permaneceram como elemento essencial e integrante da economia açucareira baiana durante todo o período colonial, e sua existência emprestou certas peculiaridades à organização social e econômica que influenciaram a vida de escravos e livres na capitania.[1]

O termo "lavrador de cana" requer esclarecimentos. Essa palavra designava simplesmente qualquer pessoa que praticava a agricultura, podendo ser usada genericamente tanto para o mais humilde dos agricultores como para um grande senhor de engenho. Na prática, porém, o termo "lavrador" era geralmente modificado por uma especificação da cultura a que o indivíduo se dedicava, e isso, por sua vez, ao menos na Bahia, também fornecia indicações sobre sua posição social. Os lavradores de cana compunham uma espécie de elite entre os agricultores, sendo muitas vezes classificados logo abaixo dos senhores de engenho, ainda que houvesse entre eles pessoas de condições e recursos muito mais modestos. Embora a ligação com a economia exportadora dominante, os interesses políticos do setor açucareiro e a escravidão proporcionassem aos lavradores de cana uma posição social relativamente vantajosa por todo o período colonial, houve algumas mudanças ao longo do tempo as quais precisaremos abordar. Entre os "lavradores de fumo" incluíam-se alguns indivíduos abastados, donos de grandes extensões de terra; entretanto, como um grupo, não eram tão ricos nem tão prestigiados como os lavradores de cana. Os "lavradores de roça" eram os agricultores de gêneros de subsistência e alguns que plantavam mandioca e outros produtos para o comércio local usando mão de obra escrava em pequena escala. Esses lavradores, como um grupo, desfrutavam de status ou riqueza inferiores aos dos que se dedicavam às culturas de exportação. Adicionalmente, o mundo rural na Bahia assistiu, no século XVIII, ao desenvolvimento de categorias definidas segundo seu relacionamento com um proprietário de terras, e não com a cultura a que se dedicavam. Trata-se dos agregados e moradores, que figurarão com destaque em nossa discussão mais além sobre mudança social. Embora todas as classes agrícolas compartilhassem algumas características e atitudes, os lavradores de cana mantiveram uma certa distância dos demais. Apesar dos antagonismos e conflitos surgidos em seu relacionamento com os senhores de engenho, eles se orgulhavam de seu título e de sua associação com a produção açucareira. As petições às câmaras locais ou régias provenientes do setor açucareiro geralmente incluíam assinaturas de senhores de engenho e lavradores de cana. Estes se consideravam senhores de engenho em potencial, e de fato o eram. Formavam uma parte essencial do mundo dos engenhos. (Ver Figura 17.)

Figura 17. Complexo de um engenho: moenda, casa-grande, capela, canaviais, curral, pastos e, talvez, à distância, residência de um lavrador. Apesar das numerosas ilustrações sobre o maquinário dos engenhos, esta imagem do século XVII é uma das poucas que retratam também canaviais. Observem-se a proximidade do rio e o caminho dos carros de boi entre os canaviais.

POSSE E OBRIGAÇÕES

A terra era o núcleo da existência do lavrador de cana, determinante de sua relação com o engenho e de sua posição social. Os tipos de posse da terra encontrados no Brasil tinham suas raízes em tradições agrárias portuguesas, seguindo precedentes medievais no tocante à forma, embora não necessariamente à proporção ou frequência do uso. Os agricultores em posição mais vantajosa eram os que possuíam a terra em que trabalhavam, adquirida por concessão ou por compra. O fato de serem proprietários independentes permitia-lhes considerável flexibilidade nas negociações sobre a moagem da cana com os senhores de engenho. Embora a divisão do açúcar produzido com essa "cana livre", ou seja, cultivada por um lavrador independente, fosse costumeiramente 50% para o lavrador e 50% para o senhor de engenho, o lavrador de cana independente podia negociar a obtenção de outras vantagens, como o empréstimo de escravos ou bois, o suprimento de lenha para o engenho e o tratamento preferencial na programação da moagem. Um grande lavrador independente que pudesse fornecer trinta ou quarenta tarefas de cana para um engenho estava em excelente posição de barganha, pois o suprimento de cana era fator crucial para o sucesso do engenho. Ao programarem a moagem da cana, os senhores de engenho reservavam um tratamento especial aos lavradores independentes. Estes, com suas próprias terras, escravos e bois, dividiam com os senhores de engenho os riscos da atividade açucareira.

Muitos não dispunham de capital ou crédito necessários para estabelecer fazendas de cana independentes, recorrendo, então, a alguma forma de arrendamento de terras dos engenhos. Os senhores de engenho provavelmente preferiam arrendar a uma taxa fixa, de modo que todos os riscos recaíssem sobre o lavrador, independentemente da produção em qualquer dado ano; entretanto parece ter sido muito mais comum o "partido de cana", ou seja, a terra que o lavrador arrendava do engenho com restrições sobre seu uso e sobre o destino a ser dado à cana produzida. Os senhores de engenho preferiam o "partido de terço" ou o "partido de quarto", em que o lavrador se comprometia a pagar pelo arrendamento da terra um terço ou um quarto da metade que lhe cabia do açúcar produzido com a cana do partido. Isso significa que o lavrador retinha, na verdade, entre 16,5% e 37,5% do açúcar produzido com sua cana.

O contrato do terço impunha um ônus pesado aos lavradores, pois em cada safra ficavam com apenas uma pequena parcela do açúcar produzido com sua cana. Os senhores de engenho, porém, geralmente arrendavam suas melhores terras em grandes glebas à taxa do terço. No Engenho Sergipe, as terras da orla da baía ou ao longo dos rios, onde o solo era bom e o transporte fácil, eram arrendadas a essa taxa, enquanto para as terras desprovidas dessas vantagens, usava-se a taxa do quarto. Manoel de Couto informou à condessa de Linhares, em 1617, que uma fazenda de cana ficava tão distante do engenho que não podia ser arrendada ao terço, porque o lavrador teria de cruzar as terras de outros vinte lavradores para levar a cana até o engenho. Sua sugestão era que se vendessem as terras daquela fazenda.[2] Por outro lado, ele opunha-se vigorosamente à venda de terras localizadas às margens do rio que poderiam ser arrendadas a taxas favoráveis ao engenho. Em 1601, de fato, a condessa de Linhares ordenava especificamente a seu representante no Engenho Sergipe que arrendasse terras ao terço, mas os lavradores locais, que vinham pagando taxas mínimas fixas, mostraram-se relutantes em alterar seus contratos.[3]

Devido às pesadas obrigações, apenas lavradores com consideráveis recursos aceitavam arrendar um grande partido de terço. Os senhores de engenho incentivavam essa situação porque preferiam colocar as melhores terras em mãos de quem as pudesse cultivar do modo mais vantajoso possível. No Engenho Sergipe, Manoel de Couto recusava-se a arrendar terras melhores à taxa do terço a lavradores de cana mais modestos porque, embora estes se dispusessem a aceitar essa taxa, ele achava que suas ofertas eram apenas palavras, "porque eles não têm cabedal, nem posse, nem escravos para plantar os canaviais que se requerem para quem há de trazer canas a terço".[4]

As melhores fazendas de cana, portanto, ficavam com indivíduos que já possuíam algum recurso e podiam arcar com os rigores de contrato do terço. Ter posses, porém, não os livrava de ter de esforçar-se e trabalhar muito. Era proverbial a diligência do lavrador a terço. Em 1612, Bernardo Ribeiro comentou que um lavrador pobre, no Engenho Sergipe, estava "cortando árvores, cavando e semeando a terra a um grande custo para sua bolsa, como se tivesse que prover o terço".[5]

Os contratos variavam conforme o lugar e a época, dependendo não só da qualidade e localização da terra e dos recursos do lavrador, mas também da situação da economia. Na fase próspera de fins do século XVI e início do XVII, os senhores de engenho encontraram muitos indivíduos dispostos a firmar contratos às taxas do terço e do quarto. No final do século XVII, as condições eram outras; na década de 1690, o contrato em Pernambuco era geralmente à razão de um quinto, enquanto na Bahia ficava entre um quinze avos e um vinte avos.[6] As mudanças nas taxas de arrendamento eram um meio de atrair lavradores ou incentivá-los a empenhar-se. Em 1694, Luís Ferreira de Araújo arrendou um partido a Domingos Álvares à taxa de um quinto da cana já plantada, mas prometeu cobrar apenas um décimo sobre toda a cana plantada posteriormente.[7]

O arrendamento de um partido variava quanto ao tempo de posse e as obrigações recíprocas. A esse respeito, a documentação do Engenho Sergipe é bastante esclarecedora, pois essa propriedade dependia de numerosos lavradores e, em certas épocas, as tentativas de renegociar os contratos originaram volumosa correspondência. Conquanto Antonil informasse que, na década de 1680, os contratos eram normalmente de nove ou dezoito anos, no decênio de 1640, preferia-se o contrato de seis anos no Engenho Sergipe.[8] Entretanto havia exceções. Custódio Lobo, que administrara aquele engenho, foi substituído em 1617, mas permitiram-lhe tornar-se um lavrador a terço.[9] Seu contrato evidencia o padrão geral dessa prática. Lobo recebeu um arrendamento por cinquenta anos. Comprometeu-se a plantar novos canaviais e, após os três primeiros cortes, levar sua cana para o Engenho Sergipe, onde ela seria dividida à razão de dois terços para o engenho e um terço para Lobo. Se o administrador do engenho não precisasse da cana em qualquer dado ano, Lobo poderia moê-la em outro lugar, mas o Engenho Sergipe teria mesmo assim direito a um terço do açúcar produzido. O partido não poderia ser subarrendado sem o consentimento do engenho, e somente sob as restrições e condições originais. Ao contrário de muitos dos lavradores do Engenho Sergipe, porém, não se exigia que Lobo fornecesse lenha para essa propriedade.[10]

É interessante notar que uma das cláusulas do contrato de Custódio Lobo determinava que ele ou seus herdeiros entregassem o partido e quaisquer benfeitorias aos proprietários do Engenho Sergipe ao término do arrendamento. Cláusulas desse tipo mantinham grandes parcelas das melhores terras sob o controle dos engenhos, além de contribuir para a transitoriedade dos lavradores. A incapacidade destes de adquirir o direito permanente à posse de boas terras era um obstáculo às suas tentativas de estabelecer bases econômicas sólidas. Uma taxa de rotatividade elevada parece ter caracterizado os lavradores de cana como um grupo. Ao longo de dezoito safras (1622-52), 128 indivíduos aparecem como lavradores de cana no Engenho Sergipe; destes, 53 aparecem em apenas uma safra, e somente 24 forneceram cana em mais de cinco safras.[11] Ainda que tal instabilidade provavelmente fosse característica dos lavradores menores que cultivavam poucas tarefas, a posição precária dessa categoria salienta-se com esse padrão. Quando, em 1609, Pero Brás Rei solicitou ao conde de Linhares que lhe vendesse a terra em que trabalhara durante 25 anos para que pudesse deixá-la para os filhos, ele nos mostrou as dificuldades da vida dos lavradores de cana.[12]

O apelo de Pero Brás Rei revela o forte apego que os lavradores de cana podiam ter aos seus partidos. Manoel de Couto descobriu a intensidade desse sentimento ao tentar expulsar alguns lavradores que, com a longa ocupação, "se fizeram como senhores delas [das terras]".[13] Tais atitudes acarretavam litígios e violências. Manoel Maciel Aranha usou seus escravos e acólitos para rechaçar o feitor do Engenho Sergipe quando este tentou retomar a fazenda.[14] O caso ainda tramitava no tribunal quando Aranha e sua família chegaram à casa e encontraram-na ocupada por estranhos. Atiraram no pasto as coisas dos novos ocupantes, e seguiu-se uma luta quando outros homens apareceram para limpar os canaviais. Maciel e sua família haviam trabalhado naquele partido durante dezoito anos, não sendo de admirar que estivessem dispostos a lutar por ele.

Razões tanto sociais como econômicas moviam os senhores de engenho a manter o controle da terra. O status e o reconhecimento da posição social derivavam, em certa medida, da propriedade da terra, mas havia também importantes considerações de ordem prática. Quando a posse passava permanentemente às mãos de terceiros, perdia-se o controle da terra e ficava-se sujeito ao surgimento da concorrência. Lavradores empreendedores ambicionavam instalar engenhos próprios, e a proliferação de unidades produtivas acarretava a competição por cana, lenha, pastagem e lavradores. Em 1615, o conde de Linhares tentou impedir alguns lavradores, donos de terras que ele lhes vendera, de construírem seus próprios engenhos. Esses homens estavam aproveitando a nova tecnologia surgida com a moenda de três tambores para montar engenhos pequenos. O advogado do conde, Jorge Lopes da Costa, informou-lhe, porém, que, como a venda das terras estava consumada, nada se podia fazer.[15] Como veremos adiante, essa tendência para a divisão da terra foi um problema permanente.

Com solução conciliatória, os senhores de engenho recorreram à enfiteuse, ou seja, ao arrendamento perpétuo, mas com restrições. As terras eram geralmente vendidas com "obrigações" permanentes de vários tipos, sendo as mais usuais as restrições ao destino a ser dado à cana, madeira ou lenha, ou à construção de um novo engenho. Martim Lopes, residente em Salvador, comprou quatrocentas braças de terra nas imediações do Engenho Sergipe, em 1613, comprometendo-se a não instalar um engenho no local, a não ser com autorização por escrito dos proprietários do Sergipe.[16] Mais comuns eram aquisições como a de Francisco Machado Passanha que, em 1701, comprou uma fazenda de cana em Caipé com a obrigação de fornecer toda a cana colhida ao Engenho Caboto, em Matoim, pertencente ao vendedor da fazenda, Antônio da Rocha Pitta.[17] O proprietário do engenho comprometia-se a moer a cana da fazenda segundo uma programação estabelecida, e o lavrador pagaria pesadas multas se a cana fosse entregue a outro engenho. Domingos de Araújo, lavrador em Iguape, adquiriu terras em Patatiba, com a obrigação de fornecer, como parte do pagamento, oitenta tarefas de lenha por ano ao preço de 2 mil-réis por tarefa até a quitação dos 500 mil-réis pedidos pelas terras. Araújo também se comprometeu a fornecer madeira e cana, se as tivesse, ao ex-proprietário.[18] Araújo e outros que adquiriram terras do Engenho Sergipe também pagavam uma renda simbólica, ou "foro", que indicava a continuidade do vínculo com o proprietário original. Essa renda normalmente era paga com algumas galinhas ou medidas de farinha de mandioca. Através dessas práticas, os indivíduos podiam adquirir fazendas de cana, mas, ao mesmo tempo, sua produção tornava-se cativa ao vendedor.[19]

Os exemplos seguintes ilustram a diferença crucial entre a cana livre e a cativa. Em uma venda feita a Simão Borges, em 1602, o vendedor renunciava

> [...] a todos os direitos, ações, pretensões, controle e usufruto e a todos os poderes presentes e futuros que ele ou seus herdeiros possam ter sobre a mencionada terra [...] a qual fica totalmente dada, cedida a transferida ao comprador e a seus herdeiros para que a possuam, transmitam e usem como sua propriedade, que ora se torna por meio deste instrumento.

Compare-se esse contrato com o firmado entre o lavrador de cana Diogo de Leão e o Engenho Sergipe, em 1670, no qual a cláusula acima também constava, porém acrescida da "condição e obrigação de toda a cana plantada na mencionada terra ser perpetuamente obrigada à moagem em Sergipe do Conde, como já é o caso com as [outras] fazendas do comprador".[20]

Ocasionalmente lavradores "compravam a liberdade" para sua cana cativa pagando uma dada quantia ao engenho; porém muitos entregavam ilegalmente sua cana a terceiros. Os senhores de engenho consideravam a alienação de cana cativa uma infração grave e faziam uso da força e dos tribunais para impedi-la. Podem-se citar muitos exemplos dessas disputas, mas foi na difícil fase de fins do século XVII que mais ocorreram violações das obrigações por parte dos lavradores.[21] Em 1699, por exemplo, João Francisco Vilas Boas processou Dinis de Merelo por vender cana obrigada a seu engenho para outras propriedades.[22] Em outro caso, Manoel Álvares Melam possuía uma fazenda supostamente obrigada ao Engenho Sergipe. Na safra de 1679, Melam levou sua cana para o engenho de Miguel Pereira da Costa, e os jesuítas proprietários do Engenho Sergipe processaram-no e exigiram indenização.[23] Podiam surgir complicações. O Engenho Sergipe, em 1602, vendeu uma fazenda obrigada ao padre Gaspar Dias, que instalou seu próprio engenho nas terras da fazenda, vendendo-o posteriormente a Francisco Gonçalves; este, por sua vez, vendeu-o a Pedro de Andrade, em 1618. Andrade transferiu o engenho mais para perto da foz do rio, e então vendeu-o a Duarte Lopes Soeiro. Francisco Gonçalves retivera parte da terra que comprara, e seus herdeiros continuaram a cultivar cana naquela gleba. Quando o engenho de Gonçalves cessou as operações, os herdeiros levaram sua cana a outros engenhos de sua escolha. Afirmaram que se haviam levado a cana para o Engenho Sergipe, fora por "amizade" e não por obrigação, e que sua cana não era cativa.[24] Antonil relatou que as transações ilegais com cana cativa aumentavam nas safras ruins, quando os lavradores tentavam ajudar seus parentes a cumprir as obrigações contratuais.[25]

Os lavradores de cana, portanto, subdividiam-se em categorias, segundo sua relação com a terra que trabalhavam. Os que eram proprietários diretos da terra, livres de obrigações, constituíam-se em um grupo privilegiado. Os que tinham a cana cativa dividiam-se em lavradores de partidos, arrendatários e donos de terra com obrigações. Essas categorias desempenhavam papel importante na determinação das relações dos lavradores de cana com outros grupos na sociedade.

As glebas dos lavradores de cana variavam muito em tamanho e valor. Embora não disponhamos de informações precisas para calcular o tamanho médio de uma fazenda de cana para cada uma das subdivisões da categoria dos lavradores, existem alguns indícios. Na década de 1640, um observador afirmou que um lavrador de cana precisava do dobro da terra que cultivava anualmente. Com isso em mente, podemos efetuar cálculos, baseados em dados de produção. Os 25 lavradores que forneciam cana ao Engenho Sergipe em 1626-7 ocupavam em média 3,07 hectares com seus canaviais, e o dobro disso era o tamanho de sua gleba (6,14 ha).[26] A distribuição, porém, era muito desigual, com dezessete lavradores possuindo menos de três hectares, e apenas quatro deles controlando mais de oito. Estes quatro últimos detinham mais de 52% das terras cultivadas pelos 25 lavradores.

Para os padrões atuais, esses lotes parecem pequenos e, de fato, muitos dos lavradores de cana eram produtores marginais, possuindo apenas alguns escravos e ocupando um pequeno pedaço de terra. Entretanto os números podem ser enganosos. Amostras de vendas de terras indicam a compra, por lavradores de cana, de lotes variando entre trinta e 230 hectares. A discrepância pode ser explicada pela inclusão de vastas extensões de terras impróprias para o cultivo, terras alqueivadas ou pela existência de contratos com mais de um engenho, de modo que os registros de um engenho isoladamente não refletem a produção total de um determinado lavrador. Outro modo de calcular a magnitude das operações de um lavrador de cana é usar os escravos como indicador. A maioria dos observadores usou, como regra prática, a razão de um cativo por tarefa. Em 1817, em um censo parcial dos proprietários de escravos do Recôncavo, foram arrolados 478 lavradores de cana com uma média de dez a onze escravos. A escala variava de um a quarenta cativos por proprietário.[27] Isso produziria glebas de cinco a dez hectares, em média. Qualquer que fosse o tamanho médio da terra dos lavradores de cana, certamente era maior do que os lotes de cinquenta a sessenta braços descritos como sendo característicos dos agricultores de uma região de lavoura de subsistência. A disparidade entre esses tamanhos médios indica a diferença de situação econômica entre um lavrador de cana e um lavrador de roça.

As preocupações dos lavradores de cana eram, além dos escravos, os bois, a lenha e a madeira necessários à produção do açúcar. Bois eram indispensáveis, uma vez que o transporte da cana para o engenho era essencialmente responsabilidade dos lavradores. O número de animais necessários variava conforme a localização, mas Van der Dussen calculou que um lavrador com quarenta tarefas de cana precisava de quatro a oito carros, e de seis bois para cada dois carros. A pastagem do gado era um problema constante e acarretava seguidas disputas. Em 1700 foi finalmente concedido por lei aos lavradores o direito de matar o gado extraviado que pastasse em seus campos; porém, a reiteração da lei em 1709 e 1740 e os litígios em épocas posteriores indicam que o problema não desapareceu.[28] A lenha era um problema permanente, especialmente em meados do século XVII, época em que já se verificava grande desmatamento na vegetação do Recôncavo. Sempre se podia obter madeira das grandes reservas de Jaguaripe e do litoral sul, mas o transporte a encarecia. As práticas relativas ao fornecimento de lenha eram diversas. Cristóvão Barroso afirmou que os lavradores eram responsáveis pelo suprimento do combustível necessário ao beneficiamento de sua cana, e que esse era o "costume da terra", mas havia os que discordavam. Um contrato de 1648 estabelecia que se o lavrador produzisse "lenha, tábuas, caixas e mantimentos", poderia vendê-los, estando as coisas à altura, ao engenho.[29] No século XVIII, o suprimento de combustível ficava em geral por conta dos engenhos. Esse parece ter sido um dos aspectos negociáveis, e provavelmente mudava de acordo com a situação da economia açucareira e a dificuldade de se conseguir lavradores de cana para suprir o engenho. A venda de lenha, caixas e alimentos provavelmente proporcionou uma renda adicional a alguns dos lavradores de cana. Como visto no capítulo anterior, depoimentos prestados em 1800 indicam que o uso recíproco de escravos, bois e carros era prática costumeira.[30]

Em termos sociais, os lavradores de cana podem ser concebidos como senhores de engenho em potencial, possuindo basicamente as mesmas origens sociais e compartilhando as aspirações dos senhores de engenho. Existia, naturalmente, grande disparidade entre um lavrador com duas ou três tarefas e outro com quarenta ou cinquenta e igual número de escravos. Entre os lavradores de cana da Bahia, houve padres católicos, comerciantes cristãos-novos, viúvas ricas e cavalheiros maltrapilhos. Muitos deles eram oficiais milicianos, serviam na câmara ou participavam do conselho diretivo da Misericórdia. Cosme de Sá Peixoto, que ocupava um cargo na municipalidade e cujo nome figura com destaque em petições do setor açucareiro, e o desembargador Cristóvão de Burgos, o mais eminente juiz baiano na década de 1670 eram, ambos, lavradores de cana. Pouco tinham em comum com indivíduos como Pedro de Lima, que, na safra de 1654-5, produziu vinte arrobas de açúcar. Não obstante, todos eles cultivavam cana e muito provavelmente percebiam possuir alguns interesses comuns entre si e também com o setor açucareiro em geral.

Uma petição enviada à Coroa pelos senhores de engenho e lavradores de cana em 1662 revela que nesta segunda categoria encontravam-se homens como dom Pedro d'Eça de Melo, "cavaleiro da Ordem de Cristo", Luís Gomes de Bulhões, "tenente-geral de artilharia e cavaleiro da Ordem de São Bento de Aviz", Luís Álvares Montarroio, "Provedor da Fazenda e Alfândega", e Francisco Negreiros Sueiro, "cavaleiro do hábito de Aviz, juiz [...] vereador muitas vezes, ordinário e lavrador de cana há mais de quarenta anos".[31] Esses homens, sem dúvida, figuravam entre os principais habitantes da capitania e formavam uma categoria seleta entre os lavradores de cana. A indústria açucareira sempre contou com lavradores mais prósperos e eminentes, homens como Filipe Dias Amaral, que morreu em 1804, deixando 27 escravos, 35 bois, outros animais, uma sólida residência, 25 tarefas de pastos melhorados e 42 tarefas de canaviais ligados aos engenhos Pandalunga e Fazenda do Meio. Por outro lado, a maioria dos lavradores possuía recursos muito mais modestos.[32] Em 1817, cerca de 57% dos lavradores do Recôncavo tinham menos de dez escravos, e aproximadamente 25% possuíam menos de cinco. Embora a categoria dos lavradores de cana fosse ampla, socialmente esses homens permaneceram subalternos à classe dos senhores de engenho, possuindo as mesmas origens mas não dispondo de capital para atingir o objetivo de ingressar naquela categoria.[33]

Os dois grupos, na verdade, não só eram socialmente homogêneos, como também muitas vezes possuíam laços de parentesco. Os irmãos do senhor de engenho Afonso da França eram lavradores de cana, assim como os filhos e o cunhado de Manoel Mendes Monforte. Podem ser citados numerosos exemplos, cobrindo todo o período colonial. A historiadora Rae Flory descreve um caso notável de fins do século XVII, relativo ao Engenho da Ponte e à família Araújo de Aragão. Pedro Camelo Pereira de Aragão, proprietário do Engenho da Ponte, tinha onze filhos, dos quais dez tornaram-se senhores de engenho ou lavradores de cana. Em princípios do século XVIII, seu engenho controlava seis fazendas obrigadas nas imediações, três delas de propriedade de parentes seus. Além disso, outras cinco fazendas próximas eram dirigidas por filhos, sobrinhos ou genros dos proprietários do Engenho da Ponte.[34] Esses laços de sangue reforçavam os interesses comuns e mitigavam os conflitos inerentes que também existiam no relacionamento entre senhores de engenho e lavradores de cana.

Como na classe dos senhores de engenho, também entre os lavradores de cana havia instituições religiosas, clérigos individuais e mulheres. Em 1611, os beneditinos já forneciam cana ao Engenho Sergipe, e em 1670 adquiriram mais canaviais obrigados àquela propriedade jesuíta. Por fim, instalaram seu próprio engenho, o São Bento dos Lajes, na margem oposta do rio, bem em frente ao Sergipe. Os carmelitas e os franciscanos também constam entre os fornecedores de cana do Engenho Sergipe, assim como o Colégio Jesuíta de Salvador em fins do século XVII e durante o XVIII. Clérigos individuais estavam entre os produtores relativamente pequenos daquele engenho no século XVII, mas às vezes havia padres que se tornavam grandes lavradores de cana. O relatório de 1639 sobre Pernambuco, de Van der Dussen, menciona um padre com sessenta tarefas de cana.[35] Na Bahia o padre José Carlos Marinho Falcão Pereira, que morreu em 1789 deixando mais de cinquenta escravos, ou o cônego Anselmo Dias da Rocha, que em 1833 possuía trezentas tarefas de massapê, eram exemplos de lavradores-clérigos com grandes lotes de terra.[36] Havia também alguns clérigos que administravam engenhos, e um relatório de 1779 menciona alguns senhores de engenho membros da ordem dos capuchinhos.[37]

Apesar dos preconceitos e estereótipos, mulheres também eram proprietárias e às vezes dirigiam fazendas de cana. No Engenho Sergipe, dificilmente passava-se uma safra sem que houvesse duas ou três lavradoras de cana. Frequentemente, as mulheres herdavam a propriedade e as obrigações dos maridos. Beatriz Delgada, por exemplo, foi uma importante fornecedora do Engenho Sergipe na década de 1620. As pressões para que essas mulheres se casassem novamente eram grandes, dadas as exigências da atividade agrícola e o valor de suas propriedades.

Assim como os senhores de engenho, os lavradores de cana incluíam em sua categoria comerciantes, artesãos e cristãos-novos, e até o século XVIII eram quase invariavelmente brancos. Embora negros livres e mulatos exercessem várias ocupações artesanais e praticassem outros tipos de agricultura, a posição de lavrador de cana parece ter sido quase exclusivamente ocupada por brancos. No Engenho Sergipe, nenhum dos lavradores de cana arrolados é mencionado como preto ou pardo, designações de cores frequentemente observadas quando se listavam os artesãos ou outros trabalhadores nos livros de conta daquele engenho. Rae Flory constatou que, entre os quatrocentos indivíduos que puderam ser identificados como lavradores de cana no período de 1680 a 1725, apenas um era pardo.[38] As exigências da lavoura da cana e os requisitos financeiros parecem ter tornado essa atividade inacessível para a população de cor livre. Contudo, essa situação começou a mudar em fins do século XVIII. Um censo parcial da paróquia de Nossa Senhora da Purificação, em Santo Amaro, revelou em 1788 que, embora os oito senhores de engenho ou administradores fossem brancos, seis dos 34 lavradores de cana eram pessoas de cor.[39] A inclusão de não brancos entre os lavradores parece indicar um declínio da posição social dessa categoria no final da era colonial.

Quantos lavradores de cana possuiu a Bahia em cada fase da era colonial? Essa é uma questão difícil de responder com precisão. A proporção de lavradores por engenho mudou ao longo do tempo e refletiu as condições da indústria do açúcar. Ademais, à medida que se abriram e estabilizaram novas áreas açucareiras, a razão de lavradores por engenho também pareceu alterar-se. Dados de Pernambuco e Paraíba para o início do século XVII indicam uma proporção relativamente alta, entre seis e dezessete lavradores por engenho.[40] Os registros contábeis do Engenho Sergipe também mencionam um grande número de lavradores, especialmente em meados do século XVII, época em que eram arrolados anualmente entre quinze e trinta. Entretanto, nesse aspecto, penso agora que o Engenho Sergipe foi um caso atípico, tendendo, durante a maior parte de sua história, a contar com muito mais lavradores de cana do que o normal na Bahia. Para o período de 1680 a 1725, Flory não encontrou nenhum engenho com mais de oito fornecedores de cana.[41] Em 1817, o número médio de lavradores de cana por engenho no Recôncavo era três, embora houvesse paróquias como Passé e Rio Fundo onde esse número elevava-se para quatro.

Rio Fundo, na verdade, oferece um excelente panorama da complexa estrutura dos engenhos baianos. A Tabela 26 mostra claramente que alguns engenhos não dispunham de lavradores de cana, enquanto outros contavam com até onze, sendo a média de quatro por engenho. Os lavradores possuíam em média dez escravos cada um, ou seja, aproximadamente um terço da escravaria empregada na atividade açucareira daquela paróquia; outros empregados e dependentes do engenho possuíam 9% dos cativos. Assim, embora o número médio de escravos por senhor de engenho em Rio Fundo fosse 62, cada engenho dependia em média de 112 cativos, pois contava com a força de trabalho fornecida pelos lavradores de cana. Essa complexa combinação diferenciava a forma de organização das propriedades açucareiras baianas das de suas congêneres no Novo Mundo, mas não da de outros engenhos brasileiros.[42]

Os senhores de engenho e os lavradores de cana formaram o setor açucareiro, unidos pelo interesse e dependência com relação ao mercado internacional. Eram os "nervos do corpo político e civil", como escreveu em 1738 Wenceslau Pereira da Silva.[43] Os interesses comuns, porém, não asseguravam a ausência de conflitos no relacionamento. Os senhores de engenho consideravam os lavradores de cana

TABELA 26 — ESTRUTURA DOS ENGENHOS DE SÃO PEDRO DO RIO FUNDO, 1788

ENGENHO	ESCRAVOS	LAVRADORES	ESCRAVOS	DEPENDENTES LIVRES	ESCRAVOS	OUTROS	ESCRAVOS	TOTAL DE ESCRAVOS
Rio Fundo	40	9	69	8	15			124
Buraco	22	2	8			9	24	54
Pandalunga	64	3	34			11	101	199
Roçado	61	2	14					75
Paramerim	30	4	46					76
Paranaguá	30	3	12					42
Papagaio	60	4	34			3	12	106
Felipe	114	3	20					134
Mercês	46	2	11					57
Camboata	70	4	34			2	2	106
Jacu	100	9	67	12	19	12	19	186
Canabrava	97	11	159	13	26	1	1	283
Quitanga	138	5	38	2	4			180
Outeiro	51	1	12					63
Coite do Baixo	60	7	67	2	3			130
Coite de Cima	37	5	74	2	3			114
Orobó	33	6	64	1	1	1	1	99
Gameleira	58	3	26					84
Europa	60	5	24					84
Brejo de André	30	4	50	1	2	1	18	100
Brejinho	28	4	12	3	5			45
Bonjardim	97	7	91					188
Gravatá	80							80
Camorogi	185	2	25	23	56			266
Pojuca	37	5	64	3	5			106
Alumiar	60	5	36					96
Terra Nova	110	4	95					205
Santos Apóstolos	32	1	18					50
Periperi	30	3	10	4				40
Jacuípe do Desterro	70	6	71	2	4			145
Jacuípe	75	9	70	10	51			196
Carapia	60	1	8	1	4			72
Picado	36			1	4			40
Taraquari	7			1	7			14
Inhata	45	4	85			5	8	138
Totais dos 35 engenhos	2153	143	1448	73	190	45	186	3977

seus subalternos, que lhes deviam não só cana-de-açúcar, mas também respeito e lealdade. As esposas dos senhores de engenho seguiam o exemplo, tratando como criadas as esposas dos lavradores de cana. Usando pressão, pagamento ou apelo aos laços de parentesco e associação, os senhores de engenho induziam os lavradores de cana a prestar falso testemunho ou a praticar infrações.

Antonil aconselhou os senhores de engenho a tratar bem seus lavradores de cana, pois destes dependia o sucesso de suas propriedades. Os senhores de engenho honestos e prestativos eram muito procurados pelos lavradores. Os menos poderosos revelavam-se os mais justos, emprestando aos lavradores escravos e bois e dividindo com eles o açúcar panela, que por direito pertencia inteiramente ao engenho. Santos Vilhena, em 1798, afirmou que, quanto mais poderoso fosse o senhor de engenho, mais tirânico era seu domínio sobre seus lavradores dependentes.

Mais importante que a personalidade ou a riqueza do senhor de engenho na determinação das relações entre as duas categorias era a situação contratual formal do lavrador de cana. Os senhores de engenho procuravam agradar os lavradores de cana independentes, especialmente na época da safra. Os lavradores sem obrigações podiam negociar com os proprietários de engenho mais ou menos em pé de igualdade. Os lavradores de cana também eram ciosos de sua posição social e podiam revelar-se muito sensíveis. Em 1623, um administrador do Engenho Sergipe escreveu que, para se obter êxito com os lavradores, era preciso ser "agradável e benévolo para com eles porquanto nesta terra tudo são respeitos e fidalguias, e se não se trata com eles desse modo, nada se consegue com eles e não se pode fazer fortuna porque muito depende deles".[44] Os parceiros e os arrendatários estavam em posição muito menos vantajosa, sujeitos aos caprichos e à "servil opressão", como descrito por muitos observadores.

Muitos eram os abusos possíveis. O senhor podia não ser justo na divisão do açúcar em termos de quantidade ou de qualidade e ficar com mais açúcar ou com o de melhor qualidade. Outro desmando comum era o senhor de engenho misturar o açúcar de dois lavradores para igualar a qualidade, com isso privando um deles de receber mais pelo seu açúcar superior e premiando o outro, cujo produto era inferior. O atraso no corte da cana acarretava grandes perdas, mas o mais prejudicial era não moer a cana imediatamente após ter sido cortada. Um desarranjo na programação da moagem podia arruinar toda uma safra. Nas palavras de Santos Vilhena, "o triste lavrador, que em menos de uma semana vê perdido o trabalho de mais de um ano".[45] Antagonismos pessoais e o desejo de dominar os subordinados estavam por trás desse comportamento, mas naturalmente o senhor de engenho não queria, ao mesmo tempo, causar prejuízo a si mesmo. Também a política influenciava o relacionamento. Em 1821, Francisco Manoel da Rocha, lavrador de cana fornecedor do Engenho Coite de Baixo, reclamou que o proprietário do engenho, Antônio Álvares da Silva Pereira, recusava-se a moer sua cana na época certa e chegava a queimar seus canaviais devido ao "rancor que tem concebido entranhavelmente contra todos os brasileiros, chegando ao ponto de fazer despejar das terras de seu engenho a todos os lavradores e rendeiros que não são europeus como ele".[46]

Para a maioria dos lavradores de cana, era dificílimo conseguir levar tais abusos às barras dos tribunais; alguns, porém, o faziam. Um desses casos ocorreu em 1677, quando um lavrador alegou que, em troca do fornecimento de cana ao engenho, este devia "moer também a cana em termo certo e determinado, tantas tarefas por semana com condição [de] que a parte que faltar a tal obrigação pagará à outra toda a perda e dano que lhe causar".[47] Outros contratos também indicam que a obrigação da cana implicava obrigações explícitas ou implícitas também por parte do engenho. Os tribunais, contudo, pouco faziam para amenizar o relacionamento entre os senhores de engenho e seus lavradores de cana dependentes.[48] Entretanto, os lavradores podiam exercer pressão sobre o engenho por meio da retenção de cana ou combustível. Um observador, no século XVII, relatou que não poder confiar a esse respeito nos lavradores acarretava os problemas mais sérios para os senhores de engenho, que viviam "na dependência da vontade dos lavradores de cana".[49] Entretanto a balança do relacionamento entre as duas categorias sempre pendia para o lado dos senhores de engenho.

Animosidades e tensões individuais resultantes de relações entre subordinados e inferiores mantinham-se, em última análise, menos importantes que a percepção de interesses comuns entre senhores de engenho e lavradores de cana. Em muitos casos provenientes das mesmas origens e às vezes possuindo laços de parentesco entre si, os senhores de engenho precisavam dos lavradores para fornecer-lhes cana e dividir com eles os riscos da atividade açucareira, e os lavradores dedicavam-se à sua lavoura para prosperar, muitos deles esperando um dia conseguir instalar seu próprio engenho. Os lavradores de cana eram senhores de engenho em potencial, possuindo escravos, bois, às vezes terras e outros bens, e compartilhando com os senhores de engenho uma ampla gama de atitudes e interesses. Como visto no Capítulo 7, as petições dos proprietários de engenho para obterem moratórias, proteção contra execução da hipoteca, taxas de juros mais baixas e eliminação dos abusos dos comerciantes foram apoiadas também por lavradores de cana. A lei de 1663, que protegia os engenhos de embargo parcial de seus ativos para assegurar o pagamento de dívidas, era extensiva aos lavradores de cana e, em 1720, quando uma ação cujo julgamento serviria como precedente para casos futuros foi levada à Relação da Bahia, tanto senhores de engenho como lavradores de cana exerceram considerável pressão sobre os membros do tribunal. Alegaram "ser tudo a mesma lavoura e a mesma fábrica de açúcar, pois pouco ou nenhum açúcar fariam os engenhos se não houver lavradores que lhes dê a moer neles as canas das suas fazendas".[50] Os senhores de engenho faziam sombra aos lavradores de cana, mas estes também aproveitavam algumas vantagens de viver à sombra protetora dos senhores de engenho.

A década de 1660 foi a época em que o relacionamento simbiótico entre senhores de engenho e lavradores de cana mais se evidenciou. Durante um período em que restrições mercantilistas provocaram a perda de mercados tradicionais para o açúcar brasileiro, os senhores de engenho na colônia defrontaram-se com preços em queda ou estagnados e visível escassez de madeira e outros suprimentos. Esses proprietários conseguiram, de fato, a promulgação da lei de 1663, limitando as execuções de hipotecas, mas também foi sugerida uma outra medida que provocou comoção na Bahia e demonstrou claramente as relações entre os senhores de engenho e os lavradores, revelando, ao mesmo tempo, as motivações destes últimos.[51]

Em uma carta extraordinária, o juiz do povo e os representantes dos artesãos na câmara municipal de Salvador dirigiram uma petição ao Conselho Ultramarino, em Lisboa, em favor de uma injunção régia para impedir a instalação de novos engenhos próximos ao litoral. Afirmaram que somente em direção ao sertão poderiam ser estabelecidos novos engenhos sem prejuízo das operações dos já existentes. A carta observava que indivíduos "deixavam de ser lavradores de cana ricos para tornar-se senhores de engenho pobres, como é quase sempre o caso". Um lavrador que possuísse cem tarefas de cana descobria, ao estabelecer um engenho, que metade de suas terras tinha de ser usada para pastagens e outras atividades, de modo que, além das novas despesas de capital, sua produção era dividida ao meio. Assim, embora aumentasse o número de engenhos, a produção açucareira não acompanhava o ritmo de crescimento.

O homem que estava por trás dessa petição parece ter sido Bernardino Vieira Ravasco, senhor de engenho e secretário do Estado do Brasil.[52] Em sua própria carta, afirmava que a proliferação de engenhos acarretava escassez de cana e combustível e aumento de preços. Isso resultava em perda de produção, de modo que um engenho real, que antes produzia de 6 a 7 mil arrobas, passara a produzir 4 ou 5 mil, e a produção de um engenho movido por animais reduzira-se de 4 para 2 mil arrobas. Em suas queixas, porém, havia um outro aspecto: a alteração do equilíbrio entre lavradores e senhores de engenho. Vieira Ravasco alegava que a criação de engenhos em demasia mudara o relacionamento com os lavradores e com os fornecedores de produtos ou trabalho especializado aos engenhos. Por isso, os salários estavam subindo, os fornecedores de madeira eram "inconstantes" e os senhores de engenho viviam sujeitos a seu "árbitro". Segundo Vieira Ravasco, os proprietários estavam "mendigando pelas portas dos lavradores".[53] Em vez de tirarem proveito dessa situação exigindo condições mais favoráveis, os lavradores buscavam o título de senhor de engenho, motivados por "vaidade de nome ou engenho de cobiça".[54] Com poucas exceções, o resultado geral era um grande número de outrora bem-sucedidos lavradores de cana transformados em senhores de engenho pesadamente endividados.

A postura de Vieira Ravasco suscitou um protesto geral na câmara e uma veemente refutação. Afirmou-se que o juiz do povo era um analfabeto que persuadira outros representantes do povo a assinar a petição sem lhes revelar o conteúdo.[55] Outrossim, Vieira Ravasco teria interesses próprios na questão, tendo administrado mal seus próprios engenhos, e estaria tentando eliminar a concorrência e diminuir suas despesas. A Coroa colheu opiniões de conhecedores do assunto. Lourenço de Brito Correia asseverou que, se havia engenhos com redução de produção, isso devia-se às partilhas de heranças e não à concorrência.[56] Todos buscavam o êxito, explicou ele, e, portanto, ninguém instalaria um engenho onde houvesse cana ou lenha insuficientes, e nem os comerciantes concederiam crédito a alguém com poucas chances de auferir lucros. Seu depoimento foi apoiado por outros, dos quais o mais revelador foi uma petição, assinada por 108 senhores de engenho e lavradores de cana, posicionando-se contra a limitação. Era preciso construir engenhos para aumentar a produção e gerar mais receitas para o Estado. Ademais, os engenhos incentivavam a economia, criando comércio, promovendo a importação de escravos e artigos manufaturados, criando trabalho para os artesãos e ajudando a povoar a zona rural. Sintetizaram sua posição na frase: "O açúcar é a cabeça deste corpo místico do Estado do Brasil".[57]

Contudo, se Vieira Ravasco chamara a atenção para uma consideração de ordem econômica com implicações sociais, ou seja, o relacionamento entre lavradores e senhores de engenho, seus críticos também responderam diretamente a essa argumentação. A proposta destes últimos, permitir o aumento irrestrito da concorrência, só parece fazer sentido se fosse levada em conta a dimensão social. A lavoura da cana sempre fora uma via tradicional de mobilidade social, geralmente acessível a indivíduos já privilegiados pela cor ou recursos. A ascensão de lavradores de cana à posição de senhor de engenho acontecia com frequência suficiente para tornar atrativa essa via, e a esperança de adquirir um engenho era o que levava os indivíduos a assumir as responsabilidades de lavrador. Como afirmaram os peticionários, "é injusto privar o lavrador ou outra pessoa que possua capital para tanto de buscar seu melhor interesse no estabelecimento de um novo engenho, uma vez que é a maior glória para o Estado possuir muitos súditos abastados".[58] Sem a esperança de finalmente adquirir um engenho, seria difícil incentivar as pessoas a tornarem-se lavradores de cana. A porta teria de ser deixada aberta, pelo menos teoricamente, para assegurar a sobrevivência da indústria açucareira.

Se o juiz do povo estivesse certo em sua constatação de que lavradores de cana ricos sempre se tornavam senhores de engenho pobres, isso significa que o erro de cálculo dos lavradores quanto ao aspecto econômico só pode ser explicado pelos benefícios compensadores na esfera social advindos da posse de um engenho.

Para eles, o prestígio do título, a esperança de lucro e os atributos sociais suplantavam as dificuldades econômicas do presente. Sua ambição de tornar-se senhores de engenho fazia-os perceber uma congruência entre seus interesses e os dos que já possuíam engenhos. Os lavradores que, pelo capital e habilidades, tinham maior possibilidade de tornar-se senhores de engenho eram também os mais capazes de exercer uma liderança entre os demais lavradores de cana e outros indivíduos livres da população rural. Os homens mais aptos a desafiar a predominância política dos senhores de engenho provavelmente foram os primeiros a juntar-se a estes últimos. Os objetivos sociais contrabalançavam os possíveis conflitos, e a mobilidade real ou aparente era incentivada pelos senhores de engenho para manter a estrutura da indústria açucareira e as relações sociais que ela gerava. Os lavradores de cana, a quem era permitido ocupar cargos na municipalidade, participar de confrarias prestigiosas, possuir escravos, acumular capital e almejar tornar-se senhores de engenho por mérito próprio, tinham interesse na manutenção da ordem política e social vigente. A realização de seus sonhos dependia da continuidade do vigor e estabilidade da economia açucareira. Não formavam um grupo do qual emergiriam facilmente demandas por amplas mudanças sociais.

Os problemas que geraram essa disputa não desapareceram. Na década de 1660, verificaram-se atividades em muitas frentes, todas elas relacionadas à estrutura interna da indústria e à posição dos senhores de engenho e lavradores. A lei de 1663 limitando as execuções hipotecárias, as tentativas de introduzir nova tecnologia, como a moenda de Urrey, e a restrição à construção de engenhos devem, todas, ser vistas como parte de uma reação geral à mudança da posição do Brasil na economia açucareira do Atlântico. O debate prosseguiu por toda a década de 1660 e, em 1667, quando havia 130 engenhos no Recôncavo, finalmente deu-se o primeiro passo em direção à limitação da instalação dessas propriedades, disso resultando, em 1681, uma lei que restringia a construção de novos engenhos a uma distância mínima de 1500 braças das propriedades já existentes. Outras leis procuraram excluir a cultura do fumo e a criação de gado de áreas próprias para a cana-de-açúcar. A lei de 1681, modificada por uma segunda provisão em 1684, permaneceu em vigor.[59] Isso ocasionou a abertura de novas áreas açucareiras, em paróquias como Inhambupe, Rio Fundo e Catu. Entretanto, ao longo do tempo, a lei foi com frequência ignorada. Esse fato evidenciou-se em 1797, quando Manoel Álvares de São Boaventura, proprietário do Engenho de Conceição, em Cachoeira, tentou impedir José de Araújo Bacelar de construir um novo engenho próximo ao seu. Senhores de engenho de Santo Amaro e Iguape deram seu testemunho de que a lei de 1681 caíra em desuso e que somente em Iguape havia quinze engenhos em um espaço de uma légua (3 mil braças).[60] Em 1801, a lei foi reiterada, estabelecendo o limite de 1500 braças nas áreas próximas ao litoral, mas não no sertão. Uma provisão de 1802 exigiu que os que tencionassem instalar novos engenhos obtivessem uma licença do governo.[61]

É difícil calcular os efeitos das restrições e modificações na economia açucareira sobre os lavradores de cana como um grupo. O Engenho Sergipe, na década de 1660, procurou reduzir drasticamente o número de lavradores que forneciam cana à propriedade, e outros engenhos podem ter adotado o mesmo procedimento. Seguramente, em fins do século XVIII, o número médio de lavradores por engenho declinou comparando com a fase próspera do princípio do século XVII. O problema pode ter sido a oferta. Indivíduos que tinham condições de assumir as obrigações de um partido de terço ou de quarto foram, no século XVIII, atraídos para a lavoura do fumo ou para as minas do interior. A estagnação da economia açucareira tornou a lavoura da cana menos vantajosa, e as limitações legais impostas na década de 1680, embora protegessem os senhores de engenho já estabelecidos, nada fizeram para que surgissem outros. A porta para a posse de um engenho não se cerrara, mas a passagem estreitara-se. Os contratos estabelecendo o pagamento de 7% ou 10% pelo arrendamento da terra eram um modo pelo qual os senhores de engenho tentavam conseguir lavradores de cana, mas tais contratos menos rigorosos podiam ser enganosos.[62] Dona Francisca Maria de Vasconcelos, lavradora do Engenho Macaco, produziu cana para 88 pães de açúcar na safra de 1821. Essa quantidade originou 250 arrobas de açúcar, que foram divididas igualmente entre ela e o engenho. Ela também pagou uma renda de 7%, mas além disso teve de arcar com os custos de encaixotamento e transporte e liquidar um empréstimo. Seu rendimento líquido foi inferior a 30% do açúcar produzido.[63]

No final da era colonial, ainda existiam lavradores de cana prósperos, possuindo numerosa escravaria e cultivando muitas tarefas de cana, indivíduos que possuíam laços de sangue e interesses comuns com os senhores de engenho, e que podiam realisticamente esperar conseguir esse título para si próprios. Contudo eles eram uma exceção. Observadores de fins do período colonial, como Santos Vilhena (1798), na Bahia, e Tollenare (1819), em Pernambuco, referem-se aos lavradores de cana como uma classe em declínio.[64] Exceto os lavradores independentes, os indivíduos dessa categoria são mencionados nessas descrições como dependentes e subservientes sujeitos aos caprichos e venetas dos senhores de engenho e facilmente logrados ou despojados das terras que lavravam. Os senhores de engenho amiúde violavam os contratos firmados apenas oralmente, como se usava, e o lavrador, após realizar melhorias em um canavial, muitas vezes se via desapossado, recebendo apenas uma ninharia pelos melhoramentos que deixara. Devido à instabilidade da posse da terra, os lavradores de cana tendiam a investir em bens móveis, como escravos e bois, e limitar suas despesas de capital em cercas, casas ou terras. Muitos deles trabalhavam a terra, lado a lado com seus filhos e escravos.[65]

Na melhor das hipóteses, eram uma classe à espera. Em termos de raça, permaneceram predominantemente brancos, embora em fins do período colonial fossem quase todos brasileiros. Cada vez mais pessoas de cor tornaram-se lavradores de cana, sinal de sua mobilidade ascendente, mas também indicador de declínio social da categoria. Há um quê de tristeza na descrição que Tollenare deixou dos lavradores de Pernambuco, trabalhando de enxada na mão, mas vestidos com trajes de cidade e montando um bom cavalo para ir à missa aos domingos, as esporas prateadas retinindo nos calcanhares ao deixarem os casebres em que moravam.[66] Em melhor situação econômica que a maioria da população rural livre e ocupando uma posição social ligeiramente mais elevada, os lavradores de cana permaneceram um elemento essencial da sociedade rural, como participantes da economia de grande lavoura, senhores de escravos e, eles, próprios, subordinados. "Esta classe é verdadeiramente digna de interesse", disse Tollenare, "porque possuem algum capital e trabalham".[67]

12. Trabalhadores assalariados em uma economia escravista

A quem faz o açúcar, com razão se dá o nome de mestre, porque o seu obrar pede inteligência, atenção e experiência, e esta não basta que seja qualquer, mas é necessária a experiência local.

André João Antonil (1711)

[*O fabrico do açúcar*] *está entregue à ignorância, e geralmente a pretos estúpidos, que cantam, que não têm medida, regra nem compasso.*

Sampaio e Melo (1834)

No mundo dos engenhos, a mobilidade que permitia a transformação de lavradores em proprietários, escravos em libertos, trabalhadores em patrões, ou simplesmente, de negro em branco, foi mais evidente nas categorias de trabalhadores assalariados, que sempre estiveram presentes no processo do fabrico do açúcar. Muito embora a mão de obra escrava caracterizasse a economia açucareira no Brasil desde seus primórdios até o final do século XIX e os cativos sempre fossem preponderantes como força de trabalho, o caráter da produção açucareira e suas exigências específicas criaram a necessidade de um grupo de assalariados no cerne do processo. Os trabalhadores de campo eram quase sempre escravos, em geral negros, e predominantemente africanos; os senhores de engenho eram invariavelmente livres e brancos. Porém, nas funções intermediárias — administrativas, técnicas e artesanais — havia indivíduos livres, libertos e cativos, brancos, pardos ou negros. Bem no coração da economia açucareira existia um grupo de trabalhadores que por sua própria existência, corroboravam o sistema escravista sobre o qual a indústria açucareira se alicerçava, constituindo-se em exemplos de mobilidade e progresso aos cativos.

As habilidades e os serviços desses trabalhadores eram essenciais à produção do açúcar, e a existência desse segmento da força de trabalho servia de exemplo e objetivo, pelo menos para alguns dos trabalhadores escravos. Mesmo quando os senhores de engenho substituíam trabalhadores livres nessas funções por escravos especializados, uma diferenciação social da mão de obra permanecia como característica da força de trabalho dos engenhos.

Nos capítulos anteriores, examinamos a importância das habilidades necessárias ao fabrico do açúcar para a transição do uso do braço indígena ao africano, os requisitos próprios da mão de obra e as tarefas específicas da produção açucareira, além de alguns aspectos do custo do trabalho assalariado para as operações do engenho. Neste capítulo, trataremos principalmente das características dos trabalhadores especializados como categoria social e da maneira como a cor e a condição social influenciaram a posição desses indivíduos na sociedade açucareira.

CATEGORIAS DE TRABALHADORES ASSALARIADOS

Quatro tipos de trabalhadores assalariados aparecem nos registros contábeis dos engenhos; é importante observarmos as distinções entre essas categorias, pois elas representam diferentes posições na sociedade. A primeira delas consistia de profissionais que atuavam na área de prestação de serviços, que forneciam periodicamente suas habilidades, conhecimentos ou serviços aos engenhos. Advogados contratados eram exemplos desse tipo de profissional. Os advogados eram considerados um mal necessário, complemento inevitável aos negócios, e os engenhos recorriam regularmente a eles. Muitos deles residiam em Salvador ou Santo Amaro, e recebiam honorários anuais de um engenho, embora às vezes prestassem serviços a mais de um engenho no decorrer de um ano. Outro tipo de residente urbano empregado pelos engenhos era o "caixeiro da cidade", que registrava as caixas de açúcar no trapiche local, tratava dos problemas de transporte e tarifas alfandegárias e garantia o envio de suprimentos ao engenho. Ele atuava, na verdade, como agente urbano do senhor de engenho. Os capelães e os médicos, também profissionais empregados pelos engenhos, eram mais frequentemente encontrados na zona rural. Muitos engenhos, contudo, não possuíam um capelão ou padre permanente, sendo estes empregados pelos engenhos maiores. No século XVIII, os capelães muitas vezes eram parentes dos senhores de engenho, e Antonil informa-nos que eles, vez por outra, serviam de preceptores aos filhos do senhor de engenho, bem como de guardiães morais e espirituais aos moradores da propriedade.[1] Como outros profissionais residentes na zona rural, os capelães muitas vezes dedicavam-se à lavoura de cana, juntamente com suas outras atividades.[2] Os que eram empregados para cuidar de escravos doentes e atender às necessidades dos senhores de engenho e suas famílias incluíam uma variedade de elementos que hoje em dia são designados como profissionais da área de saúde. Raros eram os médicos formados em universidade, mas os engenhos usavam também os serviços de enfermeiras, parteiras, cirurgiões-barbeiros e herbanários. Em geral, quando se empregava um médico formado, ele era contratado em base anual, à semelhança de outros profissionais.

Os principais trabalhadores assalariados contratados em base anual eram os especialistas no fabrico de açúcar e os feitores. O mestre de açúcar, seu assistente no turno da noite (banqueiro), o caixeiro do engenho, o purgador, os caldeireiros, os feitores do campo e da fábrica e vários outros trabalhadores (como os timoneiros dos barcos que transportavam cana, lenha e caixas de açúcar) eram geralmente contratados em base anual. Seu salário anual (soldada) era calculado em dinheiro, e faziam-se ajustes se fossem fornecidos alojamento ou alimentação. O salário em dinheiro era conhecido como "soldada seca". No século XVII, o valor da comida e do alojamento era cerca de 110 a 115 réis por dia, e os trabalhadores que tinham esse desconto ganhavam muito menos do que os que não tinham. Em princípios do século XIX, os senhores de engenho afirmaram que é preciso um boi por semana "para sustentação dos capelães, administradores, caixeiros, mestres de açúcar, e mais oficiais de carapinas, pedreiros, ferreiros e doentes que continuamente os há sempre naquelas propriedades".[3]

A remuneração não era necessariamente paga a cada ano, e às vezes concediam-se adiantamentos mensais.[4] Em 1745, o padre Luís da Rocha, do Engenho Sergipe, escreveu que as contas dos empregados assalariados "se não costuma ajustar a todos, só a algum que se despede ou [se] mude para outro engenho; entretanto se vai dando a todos como se pratica em todos os engenhos com que se vistam e sustentem e assim se vem somente a ajustar por inteiro a soldada um de dois em dois ou três anos".[5] Tal sistema fazia sentido em uma economia com escassez crônica de moeda sonante. Aparentemente, os empregados que recebiam soldada precisavam de permissão para trabalhar em outro lugar durante a safra, embora referências ocasionais indiquem que essa prática não era desconhecida. Na década de 1570, Salvador Mirandes, mestre carpinteiro do Engenho Sergipe, obteve permissão para trabalhar em outro engenho. Francisco de Abreu morreu em 1663, devendo dinheiro pelos serviços do feitor de outro engenho.[6] Em 1745, o padre Luís da Rocha observou que ferreiros, carpinteiros, barbeiros e cirurgiões podiam trabalhar para dois, três e até mesmo quatro engenhos.[7]

Os trabalhadores remunerados à base de soldada parecem ter formado um segmento privilegiado da força de trabalho, devido à certeza de emprego no curto prazo e ao relacionamento especial que tinham com os senhores de engenho. Sua posição, especialmente a dos especialistas no fabrico do açúcar, equivalia aproximadamente à dos artesãos tradicionais, sendo chamados de "mestres" os que possuíssem habilidade reconhecida e experiência de longa data. Em certo sentido, essas ocupações constituíam o que J. R. Hicks denominou "ofícios regulares", ou seja, aqueles em que os trabalhadores não mudavam com frequência de empregador e cuja regularidade permitia alguma economia.[8] Havia manifestas vantagens nesse relacionamento, tanto para os senhores de engenho, que necessitavam de trabalhadores especializados e experientes, como para os empregados, que tinham um emprego seguro, com garantia de trabalho por um ano. Esta última aspiração é, talvez, exagerada, pois (como veremos) podiam-se observar altas taxas de rotatividade entre os empregados em algumas ocupações; entretanto, a regularidade dessas funções exerceu, de fato, alguma influência estabilizadora sobre as taxas de salário no decorrer de longos períodos. Não era fácil para os senhores de engenho substituir esses empregados, e estes não podiam mudar de empregador para receber um salário maior sem ter de arcar com custos e dificuldades. Enquanto as oscilações na economia açucareira foram consideradas transitórias, seu efeito de longo prazo sobre o emprego e a remuneração da mão de obra especializada nos engenhos foi mínimo.

As duas últimas categorias de empregados recebiam pagamento por dia ou por tarefa, havendo, porém, considerável diferença entre sua remuneração e sua posição social relativa. Artesãos como ferreiros, carpinteiros, pedreiros, mestres de estaleiro, calafates e caldeireiros prestavam serviços em base constante e periódica. Não passava uma safra sem que se necessitasse de suas habilidades e, em anos de grandes expansões ou reparos, a renda anual desses artesãos podia exceder a dos empregados que recebiam soldada. Na verdade, ferreiros e caldeireiros às vezes trabalhavam por soldada, mas provavelmente preferissem receber por tarefa. Em ambos os casos, ferreiros e caldeireiros por vezes mantinham oficinas próprias nos engenhos, comprando matéria-prima e contratando trabalhadores ou usando mão de obra escrava. Essas atividades demandavam algum capital, e os ferreiros estavam entre os mais prósperos artesãos rurais.

Como um grupo, os artesãos dos engenhos também compunham um segmento da elite dos trabalhadores rurais. Muitos contavam com assistentes, oficiais ou escravos. Em 1626, a câmara de Salvador procurou regulamentar o trabalho dos mestres de açúcar; contudo, tais tentativas permaneceram letra morta, e os empregados dos engenhos trabalharam essencialmente sem a supervisão das autoridades municipais.[9] Estavam presentes os rudimentos de uma estratificação hierárquica da mão de obra, e os termos "mestre", "oficial" e "aprendiz" aparecem nos documentos remanescentes do período. Contudo essas designações não eram tão rigidamente controladas como nas áreas urbanas, que, por sua vez, já eram menos estritas do que seus precedentes portugueses.

Com efeito, as tradições de graduações, guildas e associações que regulavam os ofícios artesanais formaram-se relativamente tarde na própria metrópole e só foram regulamentadas após 1572.[10] No Brasil, como já mencionei, a comunidade dos artesãos foi pequena, demorou a formar-se e mostrou-se relativamente fraca. Em Salvador, a maior cidade da colônia, a representação dos artesãos na câmara municipal, algo comum em Portugal, foi intermitente e efêmera; mesmo no período de 1641 a 1713, quando artesãos participaram daquele órgão, não lhes permitiram ter voz ativa em assuntos importantes que não dissessem respeito a regulamentação de ofícios.[11] Em Salvador não existiram as "bandeiras", ou associações de artesãos, com finalidades cívicas e religiosas, características de Portugal, e o papel das irmandades de artesãos parece ter sido limitado; seus regulamentos e estatutos datam principalmente do século XVIII, indicando um desenvolvimento tardio. A influência da escravidão e dos escravos artesãos no rebaixamento do status dos artesãos e na depressão dos salários no Brasil ainda não foi objeto de estudo.[12]

Os artesãos da zona rural no Brasil foram ainda menos organizados e privilegiados que os artesãos urbanos. Não há indícios de uma extensa organização de irmandades ou da regulamentação de habilitações e salários na zona rural. Parece ter sido praticamente inexistente a mobilização coletiva de artesãos no campo. No Rio de Janeiro, em 1739, houve uma tentativa malograda de isentar do serviço militar os especialistas no fabrico de açúcar, os artesãos e os feitores porque, segundo alegaram, seu trabalho era imprescindível para a economia; na Bahia, porém tal ação não se verificou.[13]

A última categoria de trabalhadores pagos realizava tarefas não especializadas, em bases ocasionais ou de curto prazo, como cavar valas, cortar árvores, levar mensagens, capturar escravos fugidos ou trabalhar em tempo parcial nos campos. Essas tarefas eram impróprias ou perigosas para os cativos, ou eram executadas lado a lado com os escravos de enxada. Os trabalhadores que se dedicavam a essas tarefas recebiam o pagamento mais baixo e, juntamente com os agricultores de subsistência, compunham os pobres da zona rural. Esse elemento da força de trabalho, porém, parece ter estado presente na indústria açucareira desde seus primórdios, proporcionando aos engenhos uma fonte de mão de obra ocasional. A distribuição de trabalho aos pobres livres da zona rural dava aos senhores de engenho a oportunidade de submeter esses trabalhadores ao seu controle pessoal. No século XVIII, numerosos indivíduos foram arrolados como sem ocupação, como residentes dos engenhos ou de suas cercanias. Muitos eram pessoas de cor — libertos, libertas ou seus descendentes, produtos da miscigenação e da alforria.

Embora o número de trabalhadores assalariados fosse pequeno em comparação com o de escravos, aquele elemento da força de trabalho possuiu uma importância que suplantou sua dimensão numérica. Em proporções que variaram ao longo do tempo, trabalhadores livres e escravos executaram muitas das tarefas especializadas e ofícios necessários aos engenhos, muitas vezes trabalhando lado a lado. Os escravos adquiriam habilidades e experiência que podiam ser úteis a eles ou a seus filhos, após a alforria, e eram-lhes claros os benefícios de adquirir qualificações e competência. A existência desse segmento da força de trabalho, ao servir como exemplo e objetivo, justificava a escravidão, fazendo com que o cativeiro parecesse transitório e preparatório. Se os cativos acreditassem que a passagem de escravo a cidadão, ou de escravo a empregado, era verdadeiramente uma possibilidade ao seu alcance, seu desespero abrandava-se. Mesmo para os que não conseguiam obter a liberdade, as condições de vida dos artesãos eram, em geral, melhores que as dos escravos de campo. Entretanto apesar de a existência de mão de obra livre no núcleo de uma economia de grande lavoura fortemente baseada no escravismo parecer oferecer esperança de transição do cativeiro para a liberdade, o segmento remunerado da força de trabalho também foi marcado por sua existência no seio de um regime escravista e multirracial.

TRABALHADORES E SALÁRIOS NO ENGENHO SERGIPE

Mais uma vez, a única série de documentos remanescentes que nos permite visualizar em detalhes as operações internas de um engenho, neste caso o papel e a magnitude da força de trabalho assalariada dos engenhos ao longo do tempo, são os livros de contas do Engenho Sergipe. Embora grandes lacunas nos registros e variações nos métodos de lançamento dificultem o uso para alguns períodos, esses documentos nos fornecem as linhas gerais dos tipos de trabalhadores empregados, dos diferentes níveis de pagamento, da hierarquia das qualificações e da influência da raça e do status sobre a remuneração.[14] Outrossim, com o uso cuidadoso desses registros, podemos construir uma série de salários indicadora dos níveis básicos de remuneração do trabalho ao longo do tempo.

Os registros do Engenho Sergipe confirmam a impressão de que os trabalhadores mais bem pagos eram os poucos cuja posição pode ser melhor descrita como administrativa. Esses eram os homens que dirigiam e supervisionavam a produção do açúcar nas várias fases ao longo da cadeia de atividades, desde a moagem até a purgação e o encaixotamento. Como poderíamos esperar, o mestre de açúcar, valorizado por sua "inteligência, atenção e experiência", e responsável pelo processo do começo ao fim, era o empregado mais bem pago, recebendo um salário anual geralmente superior a 120 mil-réis, quantia essa aproximadamente 60% maior que a recebida pelo empregado com o segundo maior salário.[15] O purgador e o banqueiro (substituto do mestre de açúcar no turno da noite) eram os próximos na escala salarial. Recebiam remunerações mais ou menos equivalentes, que no Engenho Sergipe variaram de 50 a 60 mil-réis durante o século XVII. Embora Antonil informasse que os vários tipos de caldeireiros recebiam salários equivalentes, os registros do Engenho Sergipe revelam variações consideráveis entre os caldeireiros ("de melar", "de escumas"). Como um grupo, contudo, a média de seus ganhos era apenas ligeiramente mais baixa que os do banqueiro. Também o caixeiro recebia um salário equivalente ao do banqueiro no Engenho Sergipe.

Ocasionalmente, outros trabalhadores assalariados eram empregados no processo de moagem e purificação. Os que transportavam cana e lenha para o engenho ou levavam as caixas de açúcar para o porto formavam outro grupo de trabalhadores pagos. No Engenho Sergipe, esse trabalho era feito por barqueiros de várias denominações, cujos salários médios eram ligeiramente menores que os dos caldeireiros.

No campo e na fábrica, os feitores eram essenciais para as operações do engenho. Como explicou Antonil, se cada feitor exercesse um controle independente, o resultado seria como a figura de Cérbero, o mitológico cão de três cabeças; ao mesmo tempo, porém, os feitores tinham de possuir uma certa autoridade para inspirar respeito e conduzir eficientemente o trabalho.[16] Durante o século XVII, o Engenho Sergipe empregou um feitor-mor, cujas responsabilidades incluíam a divisão da força de trabalho, a coordenação e sincronização das atividades e outras funções administrativas. Seu salário só era superado pelo do mestre de açúcar. Na década de 1640, esse cargo foi eliminado, e suas funções foram assumidas por um administrador e, talvez, também pelo mestre de açúcar. O feitor da moenda controlava o processo da moagem, regulando os turnos de trabalho, o fluxo de cana para a moenda e a fonte de tração (água ou bois). Ao longo de dois séculos, os registros do Engenho Sergipe arrolam muitos outros feitores, designados para outras tarefas. Nos séculos XVI e XVII, aparecem nas listas feitores "do curral", "da gente livre" e "dos barcos". No século XVIII, cada uma das fazendas de cana possuía seu próprio feitor para dirigir as operações. Esses feitores de campo recebiam salários anuais médios de cerca de 50 mil-réis, o que tornava seus rendimentos aproximadamente equivalentes aos dos trabalhadores especializados do engenho (exceto o mestre de açúcar).

Faz-se necessário, aqui, examinar os registros do Engenho Sergipe sob uma perspectiva mais abrangente. Embora naquela propriedade a maioria dos feitores fosse de homens livres, em outros engenhos essa função era exercida tanto por escravos como por livres, que podiam ser negros, mulatos ou brancos. Em fins do século XVI, verifica-se claramente que imigrantes recém-chegados, que consideravam essa função como um primeiro degrau na escala social, e mulatos e mestiços brasileiros, que a julgavam uma posição de confiança e autoridade, foram empregados como feitores e capatazes. O padrão referente aos brancos foi posteriormente descrito pelo governador da Bahia que, em 1775, lamentou haver poucos marinheiros porque tantos dos que ali chegavam tornavam-se taverneiros ou feitores de escravos.[17] Os que eram talentosos e diligentes geralmente conseguiam um bom casamento e iniciavam sua escalada para a prosperidade. Para os imigrantes jovens, sem parentes ou perspectivas ao desembarcar, o papel de feitor parecia feito sob medida, pois, em razão de sua cor e origem, possuíam as características básicas que demandavam deferência na sociedade baiana. Muitos deles, porém, descobriam que comandar escravos não era um serviço fácil — o que os senhores de engenho prontamente salientavam. No século XVIII muitos engenhos recorreram a mulatos para trabalharem como feitores e capatazes.

Bons feitores e capatazes eram sempre muito procurados, quer fossem escravos ou livres, e os senhores de engenho lastimavam-se da falta de homens com habilidade e disposição necessárias. Caldeira Brant, proprietário do Engenho da Ponta, em Cachoeira, escreveu que um parente seu havia descoberto um cativo mulato que era tão bom como feitor que "sendo verdade a metade do que se dizia, podia bem canonizar-se". O escravo, avaliado em 600 mil-réis, após alguns meses em experiência revelou-se incapacitado para o cargo.[18] Essa função era também perigosa. Em 1822, quando o feitor de um engenho do Recôncavo foi morto pelos cativos, um observador comentou que aquilo não era novidade.[19]

A posição da autoridade do feitor e seu contato contínuo com os escravos davam-lhe poder e vantagem no aspecto sexual, mas seu status relativamente baixo reduzia a distância social. Duas ações legais envolvendo paternidade revelam muito sobre a posição social dos feitores e seu papel na vida sexual do mundo dos engenhos. O primeiro caso envolvia uma menina, filha de uma escrava parda no Engenho Mombaça. O pai da criança era o feitor de uma fazenda de cana de propriedade do coronel José Pires de Carvalho, cunhado do proprietário daquele engenho. O feitor frequentemente fizera suas refeições na casa-grande do engenho, onde a escrava servia à mesa, e estabelecera com ela um relacionamento. Ao saber que sua amante estava grávida, o feitor pagou ao proprietário da escrava pela liberdade da criança, que nasceu livre. Porém, quando o proprietário mudou-se para outro engenho, levou consigo a cativa e a filha livre. Entrementes, o feitor casou-se com outra mulher. Sua filha ilegítima, mais tarde, processou-o por questões de herança, e na ação queixou-se de que seu pai "era um homem ordinário que servira de feitor e não tinha impedimento para casar com a dita concubina [uma escrava] se quisesse".[20]

Sentimento semelhante foi expresso no caso de José Gonçalves Portela, feitor na paróquia de São Francisco, que "desonrara" uma escrava, a qual deu à luz um filho ilegítimo. Anos depois, o filho entrou na Justiça exigindo o reconhecimento da paternidade, alegando que Portela chegara ao Brasil "descalço de pé e perna" e vivera pobremente de seu salário. O filho afirmou que nada teria impedido Portela de casar-se com a escrava se ele o desejasse, pois na época eram ambos solteiros e "outros muito melhores do que ele [Portela] haviam se casado com mulheres de menos esfera".[21] O resultado dos dois casos não é importante para nosso estudo, mas o fato de ser concebível a união legal entre escravas e feitores livres demonstra a inexistência de uma grande distância social entre as duas categorias. Não obstante os salários relativamente elevados indicados nos registros do Engenho Sergipe, o status dos feitores era inferior.

Os livros de contas do Engenho Sergipe estão repletos de referências a pagamentos específicos a uma ampla variedade de artesãos e artífices. Esses registros frequentemente mencionam nomes, duração do serviço, tarefa desempenhada e valor do pagamento por dia ou por tarefa, revelando, assim, um pouco da dimensão humana do relacionamento dos artesãos com o engenho. Os lançamentos do século XVII são particularmente informativos: "a João Fernandes, pedreiro, por quarenta dias que trabalhou no engenho a 400 réis" (1636); "a Amador Gonçalves, pedreiro, por instalar as caldeiras e outros serviços a 640 réis" (1680); "ao calafate Francisco Pires, para conserto dos barcos no meio da safra, 7$500" (1612). Às vezes, os lacônicos lançamentos revelavam pequenas histórias: "a João Fernandes, mestre ferreiro, pelos dezesseis meses que serviu na ferraria, para ali instruir o mestre negro em alguns trabalhos que ele não sabia fazer, e porque, tendo morrido o dito negro, Fernandes permaneceu os mencionados dezesseis meses [...] à taxa de 40$000 ao ano" (1669).

As práticas contábeis do Engenho Sergipe não são suficientemente consistentes para documentar com segurança a rotatividade ou circulação dos trabalhadores artesãos; entretanto um exame atento proporciona algumas impressões gerais. Apareciam e desapareciam artesãos com considerável frequência, o que indica uma grande movimentação entre eles. Ademais, como vários pagamentos foram feitos a artesãos por períodos de trabalho relativamente curtos, supõe-se que eles prestavam serviços a diversos engenhos durante o ano. Por vezes, o Engenho Sergipe empregou carpinteiros, calafates e ferreiros à base de soldada, com isso assegurando, presumivelmente, exclusividade de seus serviços; contudo julgo que um artesão disposto a correr o risco poderia ganhar mais se trabalhasse para vários engenhos. A vantagem da soldada era a segurança para o trabalhador e, provavelmente, uma redução dos custos para o engenho.

Nos pagamentos a artesãos efetuados pelo Engenho Sergipe, estiveram claramente presentes os elementos de uma hierarquização da mão de obra e de uma remuneração adicional para a habilidade e experiência. Um carpinteiro ganhava menos do que um carpinteiro da ribeira que, por sua vez, ganhava menos do que um calafate. As remunerações vigentes para esses ofícios em 1655 eram: 400 réis para o carpinteiro, 700 para o carpinteiro da ribeira e 740 para o calafate. Esses diferenciais de salário permaneceram relativamente constantes nos séculos XVII e XVIII; eles indicam a existência de graduação e avaliação das habilidades individuais dos trabalhadores. Adicionalmente, as designações de graduação dentro de um mesmo ofício também determinavam o nível de remuneração. Em 1650, por exemplo, um carpinteiro da ribeira — o mestre construtor de embarcações — recebia 700 réis por dia, um oficial, metade dessa quantia, e um aprendiz, 200 réis; contudo, a habilidade e a experiência também tinham seu papel dentro dessas designações. Em 1655, um aprendiz nesse ofício recebia exatamente a metade do salário diário de um trabalhador experiente.

Embora os artesãos que trabalhavam nos engenhos fossem indivíduos livres ou libertos, muitas vezes eles próprios eram empregadores e proprietários de escravos. Os lançamentos do Engenho Sergipe indicam que, em muitos serviços, empregava-se a mão de obra de um artesão, seu assistente, aprendiz ou escravo, e que o valor do pagamento variava segundo o tipo de trabalhador empregado em cada caso. Na safra de 1645, por exemplo, dois calafates e um escravo trabalharam nos barcos durante nove dias, "os homens a 700 réis, o negro a 320 por dia". Em 1680, o pedreiro Amador Gonçalves instalou algumas caldeiras, trabalhando por doze dias a 640 réis, enquanto seu "obreiro" livre dedicou-se à mesma tarefa durante 28 dias a 500 réis. Um "muleque" (escravo jovem), que trabalhou durante dez dias, recebeu 100 réis diários. O engenho, ao menos teoricamente, pagou ao artesão pelos serviços de seu escravo. Não sabemos se o cativo recebeu alguma parcela desse pagamento; contudo, considerando-se a prática de permitir aos cativos ficar com uma parte de seus ganhos, costume esse muito comum nas áreas urbanas brasileiras, é possível que isso ocorresse também entre os cativos artesãos.

Esses salários pagos aos artesãos podem ser avaliados comparativamente em relação às remunerações dos trabalhadores de enxada sem especialização. Em 1669, no Engenho Sergipe, uma mulher livre recebeu 80 réis por dia para trabalhar no campo; para os homens, na época, a remuneração era de 100 réis.[22] Em 1714, o pagamento diário continuava a ser de 100 réis; em 1751, porém, a câmara de Santo Amaro calculou o jornal de um escravo em 6 vinténs, ou seja, 120 réis.[23] Em 1802, no Engenho Buranhaém, libertos recebiam 160 réis diários para trabalhar no campo.[24] Portanto, um construtor de embarcações que recebia 640 réis por dia no século XVIII ganhava cerca de cinco vezes mais do que um trabalhador do campo. Essa proporção parece ter se mantido relativamente constante durante todo o período colonial.[25]

Além de revelarem a existência de uma escala de salários que variava conforme o tipo de trabalho realizado, a habilidade ou experiência do indivíduo e sua condição social (escravo ou livre), os registros do Engenho Sergipe, especialmente os do século XVII, evidenciam a existência de uma hierarquização segundo raça e cor que também influenciava os níveis e as formas de pagamento da mão de obra. Sucintos lançamentos contábeis às vezes mencionam a designação racial de empregados não brancos como justificativa para a quantia paga por um serviço executado. No mercado de trabalho dos artesãos, essas referências a características designativas são de especial importância na diferenciação dos níveis de remuneração. Em sua concepção original, no início do século XVI, uma força de trabalho estruturada segundo a raça era algo plausível. Os portugueses haviam imaginado uma separação de tarefas por raça: os brancos em funções especializadas e administrativas, os negros nos trabalhos do campo, como escravos, substituindo os indígenas, que se tornariam auxiliares designados para tarefas secundárias e intermitentes. Devido à miscigenação e aquisição de habilidades por negros, índios, mulatos e mestiços, essa organização teórica jamais se concretizou. O status ocupacional proporcionava aos que não eram brancos um meio de ascender socialmente, além de remunerações muito superiores às que poderiam esperar receber como trabalhadores sem especialização; ainda assim, as graduações de raça e cor e os preconceitos a elas associados não eram totalmente ignorados.[26]

Já examinamos no Capítulo 3 o papel dos índios na economia açucareira e a transição da mão de obra indígena para a africana em funções especializadas e não especializadas. No século XVII, os aborígines aparecem mais comumente nos documentos do Engenho Sergipe como lenhadores, capitães do mato, barqueiros e outras ocupações do gênero. Muitas vezes eram pagos em espécie além de em dinheiro, geralmente com tecidos ou mandioca, e frequentemente em base mensal ou por tarefa, em vez de por dia, como outros trabalhadores. Isso tudo denota atitudes em relação aos índios como trabalhadores que os colocavam em posição distinta dos padrões europeus.

Não se sabe claramente se essas atitudes refletiam a realidade sobre a produtividade e os hábitos de trabalho dos indígenas ou, simplesmente, a percepção que os europeus tinham desses atributos. Não obstante, em geral, os salários pagos aos índios eram apenas 20% dos pagos a outros trabalhadores por serviços semelhantes. Esse diferencial existia para a mão de obra não especializada, mas mantinha-se também entre os artesãos indígenas e não indígenas. Em 1628, carpinteiros índios ganhavam entre 40 e 75 réis por dia, ao passo que outros carpinteiros recebiam de 320 a 500 réis por trabalho semelhante. Essa desvalorização da mão de obra, bem como a prática comum de não registrar os nomes dos trabalhadores indígenas, designando-os simplesmente como "índios", sugere que eles não eram considerados equivalentes a outros membros da sociedade e que permaneciam em posição inferior e subalterna, apesar da aquisição de especialização.

No século XVII, no Engenho Sergipe, a cor dos outros trabalhadores não brancos também era mencionada com certa regularidade. Lançamentos como "a Damião mulato, pelo tempo que trabalhou nas caldeiras" (1623), "ao crioulo calafate que trabalhou dezenove dias nos barcos" (1636) e "a Álvaro mulato caldeireiro" (1625) indicam que se usava a cor para identificar e classificar os trabalhadores. Porém, à medida que cresceu a população de mestiços e livres, tais designações desapareceram dos registros contábeis. Outrossim, a aquisição de habilidades e experiência, que tornavam o trabalhador valioso para o engenho, tendia a suplantar as designações caracterizadoras e pejorativas. O caso de Álvaro, mulato caldeireiro, é ilustrativo. Em 1625, ele foi mencionado simplesmente como mulato e recebeu 24 mil-réis na safra daquele ano. No ano seguinte, seu salário aumentou para 25 mil-réis, mas ele continuou descrito apenas como Álvaro mulato. Em 1627, tornou-se Álvaro Fernandes e, embora ainda com a mesma remuneração, estava a caminho de ganhar mais.[27] A partir desse ponto, a designação "mulato" desapareceu dos registros, e ele passou a ser chamado Álvaro Fernandes, recebendo 30 mil-réis em 1629, 35 mil-réis em 1633 e 42 mil-réis em 1644. Em 1645, trabalhou apenas parte da safra, e aparentemente morreu ou afastou-se do trabalho naquele mesmo ano.

Durante o mesmo período, o Engenho Sergipe empregou Pedro Álvares, um negro carpinteiro. Homem aparentemente habilidoso e ativo, Álvares recebeu mais de 117 mil-réis em 1636, como artesão qualificado, e no ano seguinte adicionou a seus ganhos 57 mil-réis, vendendo lenha ao engenho. Embora a designação "negro" sempre aparecesse ao lado de seu nome, Álvares esteve entre os trabalhadores mais bem pagos da propriedade naquele período.

Essas histórias de sucesso e mobilidade ascendente não devem ocultar o fato de que elas ocorriam em um contexto de permanente discriminação com base na cor. Nos mesmos anos em que Álvaro mulato tornou-se Álvaro Fernandes, o Engenho Sergipe continuou a pagar 320 réis por dia a um crioulo calafate e 700 réis a brancos na mesma função, ou seja, uma diferença superior a 50%. Em teoria, índios recebiam menos do que negros, e estes, menos do que brancos pelo mesmo serviço; na prática, porém, essa hierarquia era às vezes suplantada pela oferta, demanda e habilidade.

Em 1669, as designações raciais já não eram usadas nos registros do Engenho Sergipe, tanto na descrição dos empregados permanentes que recebiam soldada como na dos trabalhadores artesãos. Podemos supor que provavelmente àquela data, se não antes, as pessoas de cor livres já se haviam tornado parte integrante da força de trabalho especializada, de modo que a necessidade de designá-las pela cor não mais servia a seus propósitos. Em fins do século XVIII, esses indivíduos constituíam uma parcela muito grande da população livre da zona rural e da classe dos artesãos. Nesse período, os engenhos dependiam fundamentalmente de artesãos e especialistas escravos e de numerosas pessoas de cor, livres e libertas, para executar as tarefas especializadas da manufatura do açúcar.

Entretanto a criação de um espaço social para os artesãos e trabalhadores especializados de cor não significou o desaparecimento de uma hierarquização segundo a cor, nem altera o fato de que as relações sociais ainda levavam em conta o tom da pele. Os registros do Engenho Sergipe possuem numerosos lançamentos referentes a pagamentos a trabalhadores não especializados e ocasionais, mencionados unicamente conforme sua cor ou designação racial, por exemplo: "aos índios que trabalharam no canal" (1633), "a um crioulo que trabalhou cinco dias nos barcos" (1636), "pelo dinheiro que dei a um mulato" (1625). Esses pagamentos eram feitos em pequenas quantias e, em alguns casos, tinham mais o caráter de presentes e gratificações do que de salários. O dinheiro pago a alguns índios por capturarem um negro fugido (1629) e por um traje (1634), a um negro, para ajudá-lo na compra de sua liberdade (1669), para pagar pela missa de um escravo morto (1654) e outros desembolsos desse tipo consistiam em um meio de o engenho, simultaneamente, conseguir os serviços de que necessitava e criar laços de cunho paternalista com seus escravos, dependentes e vizinhos pobres. Esses pequenos pagamentos estimulavam a cooperação, recompensando-a com desembolsos como: 100 réis a um negro que trouxe um presente, dinheiro a negros que fizeram o carregamento de caixas para um navio ou trouxeram madeira para o engenho e 320 réis a um escravo que informou sobre a fuga de outro (1644). Foi a partir dessas relações, convertidas para a linguagem contábil, que se erigiu a estrutura da sociedade do açúcar.

Embora o fato de o Engenho Sergipe ser propriedade de eclesiásticos suscite questões sobre sua tipicidade quanto aos padrões de designação racial, observações ocasionais em correspondências seculares e nos poucos registros contábeis remanescentes de propriedades leigas corroboram a tendências verificadas para aquele engenho. Exemplos disso são os engenhos Buranhaém e Cachoeirinha. A contabilidade dessas duas propriedades no período de 1796 a 1800 não menciona designação racial para os artesãos e especialistas pagos à base de soldada, mas indica com frequência a cor ou condição social dos empregados ocasionais. Todos os que cortaram lenha para o Engenho Buranhaém em 1769, por exemplo, receberam 160 réis por dia, mas nos registros foram feitas distinções entre Matias Pinto (presumivelmente branco), um "forro" e um "preto forro".[28] Em fins do século XVIII os senhores de engenho viam-se cercados por um mar de pessoas de cor, a "crioulada".[29] Essa percepção intensificava os antagonismos e os temores de fundo racial.

NÍVEIS SALARIAIS

Em uma economia profundamente influenciada pela escravidão, com uma complexa combinação de aspectos da mão de obra livre e escrava em seu mercado de trabalho criando um conjunto de circunstâncias especiais, é difícil determinar o significado e o nível exato dos salários. Parece evidente que os conceitos medievais de teologia moral influenciaram os salários através da ideia de um salário justo, e que isso, juntamente com práticas costumeiras generalizadas, tendeu a manter estáveis os salários por longos períodos de tempo.[30] A observação de Adam Smith, de que "em muitos lugares, o preço em dinheiro do trabalho permanece uniformemente o mesmo, às vezes até por meio século", parece ser corroborada pelos dados do Engenho Sergipe.[31] É preciso lembrar também que na Bahia, mesmo atualmente, os assalariados muitas vezes têm vários empregos, de modo que o salário registrado em um determinado lugar não representa, necessariamente, a remuneração total do trabalhador.

No Engenho Sergipe, as soldadas apresentaram-se estáveis por longos períodos. Os salários nominais elevaram-se entre 1574-8 e 1611, experimentaram uma grande alta em 1622, com certeza um ano anormal, após o que retornaram aos níveis de 1611. A Tabela 27 apresenta os níveis de salário nominal na Bahia para os mestres de açúcar, purgadores, caixeiros e outros ao longo de aproximadamente um século e meio. Esses salários demonstraram rigidez, mantendo-se em níveis constantes durante longos períodos. Parece ter havido uma elevação em fins do século

XVI, e outra em meados do século XVIII, mas algumas das variações nos registros do Engenho Sergipe, mostradas na Tabela 28, foram devidas a mudanças no pessoal.

Ao que tudo indica, as soldadas parecem ter sido padronizadas para os especialistas no fabrico do açúcar segundo as práticas usuais, e os salários aparentemente não variaram de maneira substancial de acordo com a disponibilidade de mão de obra ou o custo de vida. Não há, aqui, a intenção de dizer que as forças de mercado não exerceram nenhuma influência. Ajustamentos nas expectativas de produtividade, retribuições não monetárias e outros termos contratuais podem ter-se alterado conforme mudanças nas condições econômicas; tais alterações, porém, não podem ser retraçadas. Por outro lado, é possível observar longos períodos em que as soldadas permaneceram inalteradas. Ademais, no Engenho Sergipe, as soldadas parecem ter seguido os níveis usuais de outros engenhos do Recôncavo. Comparem-se, por exemplo, na Tabela 27, as várias estimativas com os desembolsos realmente efetuados pelo Engenho Sergipe no período 1704-14.[32] Levando-se em conta as variações de tamanho, as soldadas eram aparentemente padronizadas de um engenho para outro, além de permanecerem estáveis durante longos períodos.

TABELA 27 — SOLDADA DE EMPREGADOS DE ENGENHOS BAIANOS, 1611-1798 (VALOR PAGO OU ESTIMATIVA, EM MIL-RÉIS)

OCUPAÇÃO	ENGENHO SERGIPE 1611	ESTÊVÃO PEREIRA 1635	1688	ANTONIL	ENGENHO SERGIPE 1704-15	CÂMARA DE SALVADOR 1752	ENGENHO BURANHAÉM 1796-8
Feitor-mor	110	100[a]	80	60			
Mestre de açúcar	140	140	100	100-20	115	100	100
Banqueiro	12	50	50	30-40	46	50	
Caixeiro	40	40	50	30-50	50	50	50
Purgador	40	50	50				
Caldeireiro	30	100	35	25			
Feitor da moenda	40	30-45	48	32	30		
Feitor de campo	60	50	40-45	47[b]			
Médico	30	30					
Escumeiro	80						

(*a*) Recebeu, adicionalmente, um barril de vinho (20 mil-réis) e ração de carne no valor de 16 mil-réis, totalizando no mínimo 136 mil-réis de soldada.

(*b*) Média dos salários de todos os feitores de campo.

(*c*) O documento menciona esse homem como forro; portanto, o salário pode estar rebaixado.

Fontes: Engenho Sergipe, 1611: ANTT, CSJ, maço 14, nº 4; Estêvão Pereira, 1635: *Anais do Museu Paulista*, 4:773-94, 1931; Antonil: ANTONIL, André João. *Cultura e opulência do Brasil*. Ed. Andrée Mansuy. Paris, 1965, apêndice III, pp. 513-28; Câmara de Salvador, 1688: Câmara à Coroa (12 ago. 1688), *Cartas do Senado*, III, 62-73; Engenho Sergipe, 1704-15: ANTT, CSJ, maço 17, nº 28; Câmara de Salvador, 1752: AHU, Bahia pap. avul., caixa 62: Engenho Buranhaém, 1796-8: ANRJ, caixa 406.

TABELA 28 — SALÁRIOS DE ESPECIALISTAS NA MANUFATURA DO AÇÚCAR E DE FEITORES NO ENGENHO SERGIPE, 1704-15 (EM MIL-RÉIS)[a]

	1704	1705	1706	1707	1708	1709	1710	1711	1712	1713	1714
Mestre de açúcar											
Manoel de Abreu	110	....	....	....	....	....	....	....	....	....	....
Manoel Gomes	....	120	120	....	....	....	....	....	....	....	....
Domingos Pinto	....	....	....	110	....	....	....	....	....	....	....
João Rodrigues	....	....	....	....	120	120	120	....	....	....	....
João Fernandes	....	....	....	....	....	....	....	111	....	....	....
Manoel Carneiro	....	....	....	....	....	....	....	....	120	130	(73)
Banqueiro											
José Pinheiro	45	....	....	....	....	....	....	....	....	....	....
Pedro Gomes	....	48	....	....	....	....	....	....	....	....	....
Bernardo Gomes	....	....	45	....	....	....	....	....	....	....	....
Não identificado	....	....	....	46	....	....	....	42	....	....	....
Tomé Pereira	....	....	....	....	45	....	....	....	....	....	....
Manoel Pereira	....	....	....	....	....	50	....	....	....	....	....
Francisco de Brito	....	....	....	....	....	....	40	....	....	....	....
José Lopes	....	....	....	....	....	....	....	....	....	45	45
Feitor da moenda											
Gregório Pires	50	50	50	....	....	....	....	....	....	....	....
João de Castro	....	....	....	40	....	....	....	....	....	....	....
Santos Pereira	....	....	....	....	48	desc.	....	....	....	....	....
Caixeiro											
Rafael da Costa	50	50	50	50	50	50	50	50	50	50	50
Feitor da Fazenda Grande											
Manoel Gonçalves	50	50	....	....	....	....	....	....	....	....	....
Manoel Duarte	....	....	50	50	50	50	....	....	....	....	....
Feitor da Fazenda Nova											
Lourenço Machado	46	46	46	....	....	....	....	....	....	....	....
Manoel Gonçalves	....	....	....	40	45	45	45	45	45	50	50
Feitor da Fazenda Preguiça											
Antônio Nunes	43	43	43	43	43	43	....	....	....	....	....
Manoel Luís	....	....	....	....	....	....	40	40	40	40	40

(*a*) Nesta tabela, procurei indicar os salários pagos a indivíduos em diversas ocupações ao longo de uma década. O esquema da tabela revela grande rotatividade em algumas ocupações. Os salários de cada indivíduo aparecem apenas nos anos em que trabalhou para o engenho. As linhas pontilhadas indicam que o indivíduo não consta nos registros daquele ano.

A partir da detalhada e contínua contabilidade do Engenho Sergipe em 1704-15, é possível examinar as variações no padrão salarial para indivíduos específicos. A Tabela 28 analisa as histórias pessoais de várias ocupações remuneradas à base de soldada durante esse período. Em primeiro lugar, é evidente que houve considerável rotatividade em certas funções e grande estabilidade em outras. O mesmo caixeiro trabalhou para o engenho durante todo o período, sem alteração no salário. Os feitores de campo mudaram em média a cada quatro ou cinco anos, mas os especialistas mais importantes no fabrico do açúcar mudaram mais frequentemente. Durante esses onze anos, o Engenho Sergipe empregou pelo menos três diferentes feitores da moenda, sete banqueiros e seis mestres de açúcar. Estes dois últimos ofícios eram bem remunerados, mas implicavam grande responsabilidade, e uma safra ruim podia significar a demissão. De outra parte, há poucos indícios de que os engenhos competissem entre si por especialistas hábeis e experientes oferecendo salários mais altos.[33] Em segundo lugar, as flutuações nos níveis salariais correspondentes a determinadas funções aparecem mais frequentemente em seguida a uma mudança de pessoal, indicando tanto uma remuneração mais baixa devido à pouca experiência do novo empregado ou um salário mais alto, oferecido às vezes como gratificação. Assim, as soldadas podem ter sido até mais constantes do que as apresentadas nos registros.

Ainda que as soldadas mudassem muito pouco durante longos períodos, os jornais, ou salários diários, embora também demonstrassem rigidez, mudaram com maior frequência e apresentaram uma tendência ascendente. O jornal de um homem sem especialização subiu de 100 réis em 1670 para 120 réis na década de 1750 e 160 réis em 1802.[34] Os salários dos carpinteiros, trabalhadores na construção de embarcações e outros artesãos também demonstraram forte tendência ascendente nos séculos XVII e XVIII, mas o ganho em termos reais foi pequeno devido à alta ainda maior no nível geral de preços. De fato, apesar de os salários dobrarem entre 1622 e 1700, o poder de compra real medido em alimentos foi reduzido em um terço. A Tabela 29 mostra as mudanças no jornal de um carpinteiro medido segundo o preço da farinha de mandioca, o gênero alimentício básico. Fica evidente o declínio do poder de compra. As práticas contábeis do Engenho Sergipe não permitem cálculos semelhantes para a primeira metade do século XVIII, mas o estudo de Mattoso sobre Salvador de 1750 a 1800 indica que, em fins do século, os trabalhadores assalariados estavam novamente sofrendo uma perda em sua renda real.[35]

Usando a contabilidade do Engenho Sergipe, Mircea Buescu calculou um índice de preços não ponderado, na tentativa de estabelecer uma taxa geral de inflação para a segunda metade do século XVII.[36] Ele constatou que os preços subiram mais de 160% entre 1650 e 1703, baseando-se nos registros do Engenho Sergipe para a primeira dessas datas e nas observações de Antonil para a segunda. Comparando os jornais nesses dois anos, o autor também calculou uma perda geral de

TABELA 29 — PODER DE COMPRA DO SALÁRIO DIÁRIO DE UM CARPINTEIRO, MEDIDO EM ALQUEIRES DE MANDIOCA, 1622-99

ANO	SALÁRIO DIÁRIO (RÉIS)	SALÁRIO DE SEIS DIAS	FARINHA DE MANDIOCA (RÉIS / ALQUEIRE)	NÚMERO DE ALQUEIRES EQUIVALENTE AO SALÁRIO SEMANAL
1622	320	1920	165	11,6
1644	400	2400	336	7,1
1650	480	2880	360	8,0
1680	500	3000	–	–
1699	640	3840	480	8,0

Fonte: Livros de Contas, Engenho Sergipe.

poder aquisitivo entre 20% e 35% durante o período, constatação essa coerente com os dados da Tabela 29. Essa evidência sugere que, em uma época de preços declinantes para o açúcar e de dificuldades na economia açucareira, os senhores de engenho transferiram parte de sua perda de lucros para os trabalhadores.

Uma queda na renda real pode, na verdade, ser uma das razões de ter havido nesse período um número crescente de pessoas de cor em ocupações artesanais e especializadas nos engenhos. Os imigrantes brancos, talvez percebendo uma perda de status e remuneração nessas ocupações, procuraram outras oportunidades. Os libertos, por sua vez, ingressaram nas categorias de empregados assalariados dos engenhos, processo esse que, considerando a tradicional desvalorização de sua mão de obra, provavelmente contribuiu para uma redução adicional dos salários.

Paralelamente à perda de poder aquisitivo, durante o século XVII no Engenho Sergipe ocorreram dois outros processos ou mudanças na estrutura da força de trabalho paga que podem ser representativos de transformações na indústria como um todo. Primeiramente, existiu uma tendência, ao longo do tempo, de redução do número de empregados pagos em base anual. No início do século XVII, havia às vezes até 25 pessoas recebendo soldada. No princípio do século XVIII, porém, esse número diminuíra para a metade. Posições como barqueiro, vaqueiro, levadeiro, escumeiro e outras foram eliminadas, sendo seus lugares presumivelmente ocupados por escravos especializados (ver Figura 18). Mesmo posições extremamente importantes desapareceram. Após 1670, o Engenho Sergipe não mais empregou purgadores, e essa função passou a ser desempenhada por cativos especializados, ou suas tarefas designadas para outros empregados. Até 1654, o Sergipe empregou três tipos diferentes de caldeireiros: de melar, do meio e de escumas; porém, no final do século, essas posições já não mais constavam de seus registros. Em parte, o estímulo a essas mudanças originou-se de esforços dos administradores do

Figura 18. Continuidade: um caldeireiro, fotografado na década de 1930.

engenho para reduzir os custos anuais. Ao mesmo tempo, contudo, os artesãos, como ferreiros e carpinteiros especializados, possivelmente preferiram tornar-se empregados remunerados em base diária ou por tarefa, e não mais em soldada; seus serviços eram sempre procurados, e podiam-se conseguir melhores condições contratuais no mercado aberto.

O segundo processo, já mencionado neste estudo, foi a presença crescente de negros e mulatos livres como artesãos, feitores e especialistas nos engenhos. Na década de 1580, um observador, no Engenho Sergipe, afirmou que ali (como em qualquer outro engenho semelhante) eram precisos cerca de vinte brancos para as operações do engenho.[37] No século XVII, porém, essa situação havia mudado. No Engenho Santana, na longínqua Ilhéus, o padre Filipe Franco queixou-se, em 1671, de que "estas terras não são as da ilha da Madeira nem as da Bahia, nem a este degredo dos Ilhéus vem mestre bom e esse só, bom ou mau, é branco. Todos os mais oficiais de açúcar são pretos nossos, piores que forçados de galés".[38] O Engenho Santana era um caso extremo, mas provavelmente o padre Franco exagerou a diferença com relação à Bahia. Também nesta capitania, cada vez mais escravos atuavam em ocupações especializadas, juntamente com um número sempre crescente de pessoas de cor livres. Em 1706, quando a Coroa tentou fazer com que seis mestres de açúcar baianos fossem enviados ao Maranhão, o governador protestou que os mestres de açúcar já eram raros; por esse motivo, muitos senhores de engenho usavam escravos nessa função.[39] No século XVIII, cerca de 20% da escravaria dos engenhos consistia em escravos artesãos ou trabalhadores na fábrica (ver Tabela 12), que viviam e trabalhavam cada vez mais ao lado de uma população crescente de libertos, libertas e seus descendentes.

Em resumo, o número e a diversidade dos trabalhadores remunerados à base de soldada declinaram ao longo do tempo, e com essa redução houve também uma diminuição dos salários reais dos que recebiam por dia ou por tarefa. A composição e a condição social da força de trabalho dos engenhos também mudaram, à medida que brancos livres, que usualmente ocupavam as funções especializadas e administrativas no século XVI, foram gradualmente substituídos por libertos ou escravos. Nesse processo, os senhores de engenho constataram que os custos operacionais podiam ser reduzidos, embora os efeitos a longo prazo sobre a produtividade e a qualidade não pudessem ser calculados. Outrossim, as oportunidades apresentadas aos cativos e libertos de se tornarem trabalhadores especializados do engenho serviram como meio de controle e incentivo à mão de obra. Posteriormente, os senhores acabariam por afirmar que a razão para a sua desvantagem comparativa no mercado açucareiro mundial era a ignorância e a "rudeza" dos escravos e libertos de cor que desempenhavam as tarefas especializadas da manufatura do açúcar. Em outras palavras, as próprias classes que os senhores de engenho haviam criado ou incentivado visando à economia no curto prazo tornaram-se um empecilho ao progresso da atividade açucareira no Brasil.

LIBERTOS E LIBERTAS

Os mulatos e, em menor grau, os crioulos eram preferidos para os serviços domésticos, artesanais ou especializados na produção do açúcar. O favoritismo com relação a eles baseava-se em uma complexa combinação de considerações de cunho racial, ligações pessoais e viés cultural. Os pardos eram considerados capazes de aprender mais rapidamente e mais aptos a dominar as técnicas artesanais dos ofícios do engenho. Quando leais, podiam sê-lo ao extremo. Antonil observou a grande frequência com que os banqueiros possuíam como assistente um escravo de confiança, cujo trabalho era recompensado com um pequeno salário, incentivando-o a bem servir.[40] Os africanos, em contraste, eram estranhos, pagãos ou, na melhor das hipóteses, recém-convertidos, reputados como perigosos ou indignos de confiança, embora certamente houvesse exceções. A Tabela 13 indica que a cor e o local de nascimento influenciavam a atribuição de tarefas aos escravos do engenho, favorecendo os brasileiros e os de pele mais clara.

Havia, naturalmente, os que achavam que a proximidade cultural, a capacidade de atuar com êxito no mundo dos brancos e a mobilidade ascendente dos pardos representavam uma ameaça. O padre Luís da Rocha escreveu do Engenho Sergipe, em 1745: "Em mulatos não há que fiar porque em si são mais infiéis que os mesmos negros".[41] Quase um século antes, outro administrador daquele engenho recusara-se a comprar alguns mulatos, alegando que o prejuízo que causariam subvertendo a ordem entre a escravaria seria maior que o valor de seu trabalho.[42] Tais opiniões não eram exclusivas dos jesuítas. Em 1711, a câmara de Salvador opôs-se a planos de usar libertos mulatos e crioulos para lutar contra os franceses ou patrulhar as estradas do interior porque, segundo afirmaram os vereadores, neles "por natureza se uniu a inconstância e o interesse".[43] Em épocas de agitação política, tais opiniões beiravam a paranoia. Luís dos Santos Vilhena, na primeira década do século XIX, escreveu que os mulatos e crioulos eram "vadios, insolentes, atrevidos e ingratos", estragados por mimos e muitas vezes os mais propensos a atacar seus senhores.[44] Todavia a despeito de opiniões como essas e de muitos outros exemplos de preconceito e discriminação racial, os pardos e, em menor grau, os crioulos foram favorecidos de vários modos.

A principal vantagem dada aos cativos nascidos no Brasil era a preferência na concessão da liberdade. A alforria foi praticada ao longo de toda a história da escravidão brasileira e, embora não houvesse, de fato, nenhuma lei civil ou religiosa que requeresse ou advogasse a manumissão, exceto em circunstâncias extraordinárias, o costume e a economia induziram os senhores a libertar escravos. Era frequente determinar-se em testamento que cativos favoritos fossem libertados após a morte de seu proprietário, e muitos outros escravos recebiam a alforria como um legado do senhor, em recompensa por sua lealdade ou devido a afeição pessoal. Esses eram os procedimentos comuns a um sistema paternalista: a justa retribuição pela submissão e pela cooperação. Outros escravos, porém, eram libertados do cativeiro ao tornarem-se velhos ou doentes demais para trabalhar, ou obtinham autorização para comprar sua liberdade.

Estudos quantitativos sobre a alforria foram realizados recentemente para várias regiões brasileiras; três deles, pelo menos, concentraram-se na Bahia.[45] Desses trabalhos emergem certos padrões que merecem ser mencionados aqui. Em primeiro lugar, o número de mulheres alforriadas era o dobro do de homens. Grande parte das manumissões era de crianças, e entre elas a distribuição por sexo era mais igualitária; após a idade de treze anos, porém, as mulheres eram favorecidas. Uma grande proporção das alforrias era comprada, geralmente pelo próprio escravo ou escrava; essa proporção variou com o tempo, refletindo, talvez, a utilização da manumissão como estímulo à produtividade. Na Bahia, a porcentagem de alforrias pagas elevou-se de 35% para quase 50% no período de 1680 a 1750. Essa foi uma época difícil para a indústria açucareira e para a economia baiana em geral, e o aumento das alforrias pagas pode indicar uma tentativa dos senhores de engenho de estimular a produtividade em tempos adversos, oferecendo crescentes oportunidades de liberdade.[46] Assim como no treinamento para ocupações especializadas, também no processo de manumissão mulatos e crioulos foram geralmente favorecidos, recebendo um número desproporcional de alforrias. No período de 1684 a 1745, os mulatos receberam mais de 45% das alforrias na Bahia, embora constituíssem menos de 10% da população escrava.[47]

Uma vez libertados, os ex-escravos viam suas oportunidades limitadas por várias restrições e barreiras culturais e legais, das quais uma das maiores era a fragilidade da própria carta de alforria. Todas as manumissões eram basicamente revogáveis e dependentes do comportamento adequado dos ex-escravos. Em 1812, Vitoriano, um pardo alforriado pelo senhor de engenho Antônio Bittencourt Berenguer César ao morrer, recusou-se a demonstrar deferência ao filho de seu antigo senhor, que por isso ameaçou reescravizá-lo, "como era seu direito". Vitoriano fugiu.[48] Em disputas acerca de propriedade, os ex-escravos tornavam-se objetos de altercação. O pardo Pedro Gomes de Albuquerque, liberto, foi capturado quando da morte de seu ex-proprietário e levado ao engenho de um homem que tinha direitos sobre a propriedade do falecido.[49] Assim, embora a obtenção da liberdade fosse desejada e os cativos estivessem dispostos a trabalhar arduamente por ela durante anos e anos, uma vez conseguida, a alforria era com frequência condicional e sujeita a várias limitações. Foi o que descobriu o cativo de Angola, Domingos Lopes da Silva, após obter a liberdade. O liberto foi trabalhar para um senhor de engenho como especialista no fabrico de açúcar a 35 mil-réis por ano; entretanto, quando quis receber o pagamento, foi acorrentado e marcado a ferro, e viu-se praticamente indefeso, pois o senhor de engenho era "rico e poderoso".[50]

O número de manumissões em um ano e a probabilidade de um escravo obter a liberdade nunca foram calculados para a Bahia, mas uma estimativa de cerca de 1% ao ano parece plausível, dadas as indicações existentes. Entretanto, as chances de mulheres, mulatos e escravos especializados eram consideravelmente maiores do que uma em cem. À época da Independência, em 1822, a Bahia possuía uma população de aproximadamente 500 mil habitantes, dos quais cerca de um terço eram escravos e metade eram pessoas de cor livres, libertas e seus descendentes. Esse foi um elemento em rápido crescimento no final da era colonial.[51]

POSIÇÕES SOCIAIS

Ainda que, no limitado mundo dos engenhos, o pequeno segmento dos trabalhadores livres especializados constituísse uma elite da força de trabalho, o termo "elite" deve ser usado com cautela. No tocante ao prestígio social e à renda, os artesãos e especialistas da manufatura açucareira ficavam muito aquém dos senhores de engenho, enquanto em termos de status eram amiúde considerados como não muito superiores aos escravos, especialmente se fossem pessoas de cor. Os artesãos dos engenhos estavam em situação bem melhor que os outros trabalhadores e cativos não especializados, mas mesmo em comparação com os artesãos urbanos sua posição era relativamente inferior. Esse fato é evidenciado por petições de brasileiros solicitando o título de Familiar do Santo Ofício, posição de considerável prestígio porque atestava ortodoxia e pureza de sangue e isentava o titular de certas multas e obrigações. No Brasil, onde as oportunidades de obter privilégios legalizados eram poucas, tais distinções eram muito procuradas. No século XVIII, apenas 95 pessoas, 4% das 2153 que solicitaram aquele título no Brasil, eram artesãos. Contudo, com a exceção de quatro caldeireiros e possivelmente alguns dos oito carpinteiros entre os requerentes, não havia artesãos de engenhos envolvidos nessas petições.[52]

Usando indícios do século XVII em Pernambuco, podemos ter alguma ideia dos níveis relativos de distribuição de renda entre as várias ocupações presentes na sociedade da grande lavoura açucareira. As avaliações para fins de taxação, efetuadas visando à arrecadação do dote de Catarina de Bragança e ao tratado com a Holanda (1664-6), possibilitam-nos visualizar uma hierarquização segundo a renda, se supusermos que essas avaliações eram feitas com base na renda real ou esperada. Podemos ver essa distribuição na Tabela 30. Os senhores de engenho pagavam sete vezes mais do que os lavradores de cana, que, por sua vez, pagavam quase o dobro do que os feitores-mor, a categoria mais elevada dos empregados assalariados. Entre os artesãos, os ferreiros eram os que pagavam os tributos mais altos, sendo, presumivelmente, os

TABELA 30 — PAGAMENTO MÉDIO PARA OCUPAÇÕES SELECIONADAS: AVALIAÇÃO ESPECIAL PARA O DOTE DE CATARINA DE BRAGANÇA E A PAZ DA HOLANDA, 1664-6 (PERNAMBUCO)

OCUPAÇÃO	PAGAMENTO (RÉIS)	OCUPAÇÃO	PAGAMENTO (RÉIS)
Senhor de engenho	36 500	Ferreiro	710
Lavrador de cana	5160	Carpinteiro	685
Feitor-mor	2750	Sapateiro	620
Mestre de açúcar	2200	Oleiro	580
Banqueiro	2250	Pedreiro	550
Purgador	1220	Alfaiate	490
Oficial de açúcar	600	Agricultor de subsistência	525
Feitor	525	Pescador	438
Ourives	1330		

Fonte: A finta para o casamento da rainha da Grã-Bretanha e Paz da Holanda (1664-1666). *RIAHGP*, 54: pp. 9-62, 1981. O documento foi editado e publicado por José Antônio Gonçalves de Mello.

mais bem remunerados artesãos dos engenhos. Os pequenos agricultores de subsistência e os pescadores situavam-se quase no fim da escala de renda.

A posição social dos trabalhadores assalariados variava segundo a ocupação, mas também mudava ao longo do tempo. Os feitores-mor e os administradores eram empregados que gozavam de uma posição social relativamente elevada, sendo às vezes representantes diretos de nobres portugueses ou aristocratas locais. Esses homens mantiveram uma posição social de relativo prestígio durante todo o período colonial. Os especialistas na manufatura do açúcar tiveram uma história diferente. A primeira geração desses especialistas, no século XVI, fora composta por homens com experiência adquirida nas ilhas atlânticas de Portugal; eram indivíduos como Baltesar Martins Florença, mestre de açúcar nascido na Madeira que se estabeleceu em Cotegipe, ou Gaspar Rodrigues, mestre de açúcar que se instalou em Ilhéus. Filhos seguiram a carreira dos pais nessas ocupações, e estas ofereceram oportunidades para o tipo de mobilidade que podemos constatar na história de Gaspar Nunes Barreto, um ferreiro que se tornou senhor de engenho em Paraguaçu, no século XVI.[53]

Em meados do século XVII, essa mobilidade parece ter-se tornado bem mais restrita. Ademais, nessa época, entre os especialistas na manufatura do açúcar e os artesãos dos engenhos era sempre crescente a participação de brasileiros e pessoas de cor. Esse era um padrão bastante diverso do verificado para os artesãos urbanos, entre os quais os portugueses continuaram predominantes, perfazendo quase dois terços do total em Salvador por volta do início do século XVIII.[54] Não sabemos ao certo qual a situação quanto ao Recôncavo, mas julgo que, mesmo nessa época, a porcentagem de artesãos nascidos na Europa já começara a declinar.

Um censo parcial de seis paróquias da zona rural baiana, realizado em 1788, revela que as pessoas de cor livres compunham cerca de 57% da população livre naquela região e eram predominantes nas categorias de artesãos e feitores. A Tabela 31 mostra a estrutura ocupacional segundo a cor, apresentada para as paróquias de Purificação e Rio Fundo.[55] Os brancos continuavam no controle da economia açucareira, perfazendo o total dos senhores de engenho e mais de 70% dos lavradores de cana. Os pardos haviam se introduzido na classe dos lavradores, mas, assim como os negros, dedicavam-se mais à agricultura de subsistência e à pesca. Nas ocupações administrativas e especializadas no fabrico do açúcar, os pardos eram maioria. Nas funções de administrador e feitor-mor, os brancos ainda possuíam vantagem considerável, uma vez que tais cargos provavelmente exigiam a alfabetização do indivíduo. A presença de brancos na função de caixeiro possivelmente também se explique pela necessidade de alfabetização, pois esse empregado era encarregado de registrar a divisão do açúcar entre o senhor de engenho e os lavradores, bem como de contabilizar as remessas de açúcar para o porto.[56] Em outras ocupações do engenho, porém, pardos e negros foram maioria.

TABELA 31 — DISTRIBUIÇÃO DAS OCUPAÇÕES SEGUNDO A COR NAS PARÓQUIAS DE PURIFICAÇÃO E RIO FUNDO, 1788

OCUPAÇÃO	BRANCO	PARDO	NEGRO
Proprietário ou trabalhador autônomo			
Senhor de engenho	19	0	0
Lavrador de cana	26	9	1
Agricultor de subsistência	7	5	6
Pescador	0	6	1
Trabalhadores dos engenhos			
Administrador	1	1	0
Feitor-mor	7	0	0
Feitor	0	6	0
Mestre de açúcar	0	8	3
Banqueiro	0	1	0
Caldeireiro	0	1	0
Caixeiro	4	4	0
Artesãos			
Ferreiro	5	6	1
Carpinteiro	2	22	4
Pedreiro	0	2	0
Sapateiro	4	11	2
Alfaiate	1	11	0
Oleiro	0	1	0
Serrador	0	2	0

A predominância de pessoas de cor, especialmente pardos, era ainda maior entre os artesãos. Destes, mais de 80% dos arrolados naquelas paróquias eram pardos ou negros. Se esses números parciais puderem ser considerados indicadores representativos das paróquias açucareiras em geral, a conclusão seria de que os brancos somente continuavam a ser importantes numericamente em alguns ofícios, perfazendo cerca de um terço dos sapateiros e 40% dos ferreiros. O fato de os ferreiros necessitarem de um certo capital para a compra de matéria-prima para suas oficinas provavelmente impedia os pardos e negros mais pobres a ingressarem nesse ofício, deixando, assim, um espaço maior para a continuidade da presença significativa dos brancos. Os resultados do censo de 1788 indicam que, em fins do século XVIII, a clássica divisão por cores nos engenhos já emergira: brancos como proprietários e administradores, negros escravos, em maioria, nos campos, e pardos predominantemente no setor intermediário dos trabalhadores especializados e artesãos.

Os artesãos e trabalhadores de cor livres haviam se tornado um segmento importante da força de trabalho nos engenhos durante o século XVIII, ocupando algumas posições econômicas e sociais de grande significância no mundo da grande lavoura açucareira. As habilidades que adquiriram foram aprendidas como uma arte, através de experiência e treino, e esses homens foram muito valorizados por suas qualificações, ainda que depreciados devido à cor. Em fins do século XVIII, ao serem introduzidas novas tecnologias entre os concorrentes antilhanos do Brasil, os senhores de engenho passaram a considerar a "arte" de seus especialistas na manufatura do açúcar um fator negativo, uma razão da incapacidade do Brasil em competir no mercado mundial. O termômetro, os princípios da química e, por fim, a máquina a vapor eram inovações científicas para as quais os artesãos do engenho, homens sem instrução e os especialistas que dependiam da visão, paladar e olfato, não estavam preparados. No Brasil, surgiram reformadores que advogaram a introdução de métodos e inovações científicas, considerados muito além da capacidade dos pardos e negros ocupantes das funções especializadas nos engenhos.

Os mestres de açúcar foram os mais duramente criticados. Luís dos Santos Vilhena lamentou a tal ignorância dos mestres de açúcar, "mulatos e negros tão estúpidos que não conheci ainda um que soubesse ler ou escrever o seu nome, e se algum branco exercita a arte, nada difere daqueles quanto à instrução".[57] Que progresso podia se esperar de gente como aquela? A indústria açucareira e a escravidão na Bahia haviam criado e treinado uma classe essencial de trabalhadores, e agora treinamento e trabalhadores revelavam-se deficientes. Os feitores e mestres de açúcar que dependiam da experiência e de práticas tradicionais eram acusados de ignorância e resistência às inovações.[58] A ignorância era associada à condição social. Um observador, em 1798, afirmou que os mestres de açúcar e os purgadores eram ineptos e que qualquer um podia arrogar-se esses títulos. Os que o faziam eram geralmente da mais baixa camada social, e os senhores de engenho estavam à sua mercê.[59]

A ausência de regulamentação e controle para os especialistas na manufatura do açúcar foi um tema abordado pelo crítico mais severo dos trabalhadores baianos, Manoel Jacinto de Sampaio e Melo. Proprietário do Engenho Filosofia, no Recôncavo, e um dos principais expoentes da reforma científica da indústria açucareira, Sampaio e Melo deu início em 1809 à publicação de uma série de artigos na *Gazeta da Bahia*, que posteriormente, em 1816, apareceram como o *Novo método de fazer o açúcar*.[60] Esse autor, assim como Santos Vilhena, também lastimou que, enquanto alfaiates e sapateiros tinham de passar por um exame para serem chamados de mestres, os mestres de açúcar eram simplesmente homens inconscientes e preguiçosos, que de mestre nada tinham, exceto o nome. Segundo Sampaio e Melo, "os mestres [de açúcar] só gostam das suas amadas caldeirinhas, e quanto maiores, melhores, que lhes dão mais tempo para estarem deitados, ou peralvilhando pelas senzalas". A fabricação do açúcar era uma ciência que requeria conhecimento e cuidado e demandava homens inteligentes; em vez disso, estava "entregue à ignorância, e geralmente a pretos estúpidos, que cantam, que não têm medida, regra, nem compasso".[61] A economia açucareira criara a classe dos trabalhadores de cor especializados no fabrico do açúcar, originários do contingente escravo ou dos libertos, e agora os culpava pela inépcia do Brasil em fazer frente à concorrência. Para os reformadores e observadores, a ignorância e a cor eram dois lados da mesma moeda.

Os reformadores acreditavam haver identificado o problema, mas os senhores de engenho descobriram que as soluções não eram de rápida obtenção. Felisberto Caldeira Brant também julgava que a ignorância quanto aos processos de cozimento e purgação era a razão última da inferioridade do açúcar baiano. Em 1820, providenciou a vinda de mestres de açúcar das Antilhas para ensinar as técnicas em uso na Jamaica e em Cuba.[62] Dois homens apresentaram-se: um deles era um impostor, e o outro, um bêbado, que morreu três meses depois. Caldeira Brant sugeriu que o pagamento em base percentual aos mestres de açúcar talvez resolvesse o problema, mas não abandonou sua busca por especialistas estrangeiros. Essa procura resultou, em 1821, na contratação de John Gyles, trazido ao Engenho Tijuca para implantar o sistema jamaicano.[63] Convencido da inteligência e capacidade de Gyles, Caldeira Brant deu-lhe carta branca. Gyles empreendeu várias reformas, mandou trazer um pedreiro inglês e três jovens portugueses; estes últimos seriam treinados no plantio da cana, fabrico do açúcar e operação da destilaria, porque os trabalhadores locais (brasileiros) eram imprestáveis. Todas essas medidas contaram com a aprovação de Caldeira Brant. Porém, quando a safra teve início, Gyles quis trabalhar para outros engenhos, Caldeira Brant recusou-se a pagá-lo, e perdeu-se um tempo precioso da safra. A experiência desiludiu Caldeira Brant quanto ao emprego de estrangeiros como meio de reformar os engenhos. O Brasil teria de procurar suas próprias soluções. A economia açucareira baiana continuaria a ser produtora e cativa das relações sociais que formavam o seu cerne.

13. A população escrava na Bahia

Esta Bahia é terra de hotentotes.

Conde dos Arcos (1765)

A classe dos escravos foi sempre pouco prolífica, sendo o número de nascimentos comparativamente pequeno.

Opúsculo agrícola político (Bahia, 1874)

Os escravos constituíram a grande base da sociedade baiana, os alicerces sobre a qual ela se assentou. Em princípios do século XIX, os cativos eram cerca de um terço dos 500 mil habitantes da capitania, atingindo até 70% nas regiões dos engenhos. Já examinamos a natureza do trabalho escravo, as características da organização dos engenhos e alguns aspectos das relações entre senhores e escravos. Neste capítulo, trataremos das características demográficas da população cativa baiana, visando à compreensão de suas experiências de vida e da gama de oportunidades e possibilidades que a ela se apresentavam. Faz-se necessário o uso de uma abordagem demográfica, devido ao anonimato imposto à maioria dos cativos pelos registros documentais. As informações remanescentes são fragmentárias, mas ainda contêm dados suficientes para vislumbrarmos as condições enfrentadas em cativeiro. A partir dos números agregados podemos, talvez, formar alguma ideia sobre as experiências individuais.

Desde o desaparecimento gradual da escravidão indígena na Bahia na segunda e terceira décadas do século XVII até a extinção do tráfico de escravos em 1850, o aspecto primordial da escravidão naquela capitania, assim como no Brasil, foi a origem africana da maioria dos cativos. O regime demográfico adverso, caracterizado por uma taxa de crescimento negativa, significava que para manter ou, em alguns períodos, expandir a população escrava, fazia-se necessária uma constante importação de cativos da África. A Bahia tornou-se e permaneceu um grande terminal do tráfico atlântico de escravos, desenvolvendo-se ali uma classe local de traficantes de homens e de produtos, como o fumo e a aguardente, usados no comércio com a costa africana. A existência de um tráfico negreiro aberto, o acesso geralmente fácil a novos cativos e a constante introdução de africanos influenciaram as percepções e ações dos proprietários de escravos e moldaram a cultura e as atitudes dos cativos. A despeito do louvável trabalho de muitos estudiosos, a história do tráfico negreiro baiano ainda está por ser escrita, carecendo de documentação, especialmente para o período anterior a 1700. Esse é um tópico que extrapola um pouco o escopo deste livro; não obstante, por sua importância na formação da população baiana, devemos tratar sucintamente de seus aspectos gerais.

O TRÁFICO NEGREIRO

Os escravos trazidos da África para o Brasil no século XVI provinham principalmente da região da Senegâmbia, denominada Guiné pelos portugueses. Os traficantes capturavam nativos de vários povos: manjacas, balantas, bijagos, mandingas e jalofos, entre outros. O comércio de escravos concentrava-se em alguns pontos, embora fosse comum a remessa dos cativos através das feitorias portuguesas em São Tomé e Cabo Verde. O volume do tráfico nesse período é desconhecido; entretanto a estimativa de Mauro, de aproximadamente 100 mil escravos exportados durante todo o século XVI, ou seja, uma média de mil por ano, parece racional, considerando que pouquíssimos africanos chegaram ao Brasil antes de 1550 e que, entre 1580 e 1600, o número foi provavelmente superior a 2 mil cativos por ano.[1] Em parte, esse tráfico incluiu também escravos embarcados no porto de Mpinda, no Congo, e na área em contato com esse reino, com o qual os portugueses mantinham um relacionamento de longa data. Em números crescentes, passaram a ser trazidos escravos da região ao sul do rio Dande, que se tornaria conhecida como Angola. Na década de 1620, segundo estimativas dos holandeses, somente Pernambuco recebia 4 mil escravos por ano.[2] A Bahia, possuindo menos engenhos, com certeza apresentava um nível mais baixo de importação na época, sendo razoável uma estimativa de 2500 a 3 mil cativos para aquela capitania.

Em 1575, quando a Coroa portuguesa decidiu colonizar Angola, já florescia ali o tráfico negreiro, e este se intensificou na região a partir daquela data com a fundação de Luanda. Nas últimas décadas do século XVI, desembarcaram anualmente no Brasil entre 10 e 15 mil cativos de Guiné, Congo e Angola. Luanda, Benguela e Cabinda desenvolveram-se como portos do tráfico negreiro no século XVII, à medida que o centro dessa atividade deslocou-se para a região de Angola.[3] A famosa frase do padre Vieira, "quem diz açúcar, diz Brasil, e quem diz Brasil, diz Angola", era, de fato, uma expressão comum. A associação entre açúcar e escravidão, Brasil e Angola, era evidente.

O período da União Ibérica (1580-1640) proporcionou oportunidades que conduziram à intensificação da atividade escravista dos portugueses na costa africana, mas também criou problemas de oferta para os senhores de engenho no Brasil. O vínculo com a Espanha não só permitiu o acesso ao ferro e outros produtos de troca, o que possibilitou aos portugueses monopolizar o tráfico em áreas como o interior da Guiné, mas também ocasionou a criação dos *asientos*, contratos formais de suprimento de escravos aos portos da América espanhola.[4] O primeiro *asiento* foi conferido a um comerciante português em 1587, e entre 1595 e 1640 pelo menos 147 779 cativos foram transportados para a América espanhola por navios registrados em Sevilha.[5] A demanda por escravos nas áreas hispano-americanas, onde eram pagos com prata, causou problemas aos proprietários brasileiros, que só podiam oferecer em troca açúcar e outros produtos agrícolas. Houve uma alta nos preços dos cativos no Brasil e uma reativação temporária da escravização de indígenas naquele período.[6]

Mais grave foi a interrupção do tráfico causada pelos rivais europeus. Os holandeses atacaram São Tomé em 1598-9, mas o fim da trégua dos doze anos entre Espanha e Holanda, em 1621, acarretou uma série de ataques a posições portuguesas na África. São Jorge da Mina caiu em 1637, Luanda e Benguela, em 1641; embora estes dois últimos portos fossem retomados na mesma década, a predominância portuguesa na costa africana foi perdida, especialmente ao norte do Equador, onde os holandeses autorizaram os portugueses a praticar o tráfico na costa do Daomé, sob licença e regulamentação que favoreciam os traficantes brasileiros, que traziam fumo da Bahia, e limitavam a importação de mercadorias europeias transportadas por navios provenientes de Portugal.[7]

As guerras e mudanças políticas de meados do século XVII solaparam os padrões do tráfico negreiro, mas o resultado final foi uma situação que favoreceu os traficantes baianos e promoveu um fluxo relativamente constante de escravos para a capitania. Embora a Coroa portuguesa insistisse no comércio com Guiné, Angola ou Moçambique, os traficantes baianos continuaram a comercializar com a Costa da Mina, pagando tributo aos holandeses em São Jorge da Mina e comprando escravos com fumo ou ouro, este último contrabandeado do interior do Brasil na primeira década do século XVIII. No período de 1701 a 1710, 216 navios provenientes da Bahia aportaram na Costa da Mina.[8] Durante os decênios de 1720 e 1740, comerciantes lisboetas e baianos disputaram arduamente a primazia no tráfico de escravos para o Brasil. Em 1721, os portugueses criaram seu próprio forte em São João Batista de Ajudá (denominado Whydah pelos ingleses), e este, apesar do relacionamento instável com o rei do Daomé, manteve-se como a principal feitoria na costa africana até por volta de 1770. Nessa época, com um deslocamento em direção a Porto Novo e Lagos, na região do golfo de Benin, na costa ocidental da África, passou a ser trazido um número crescente de escravos ioruba, em consequência da demanda e das guerras internas entre os povos daquela área. Esse processo continuou até as primeiras décadas do século XIX, quando os tratados firmados por Inglaterra e Portugal, em 1810 e 1826, tornaram ilegal o tráfico de escravos ao norte (1815) e ao sul (1831) do Equador.[9]

Tanto os traficantes como os senhores de engenho consideravam a união entre tráfico negreiro e agricultura uma constante na existência da colônia. As tensões entre esses dois grupos intensificavam-se nos períodos intermitentes de escassez e preços altos, provocados por guerras estrangeiras, concorrência das Antilhas e de outras regiões brasileiras pelos conflitos usuais entre devedores e credores, mas quase todos na Bahia percebiam o relacionamento simbiótico que unia senhores de engenho e traficantes de escravos. Poucos indivíduos livres na capitania teriam discordado da súplica dos traficantes baianos, que escreveram em 1790:

> Consiste, senhora, a felicidade destas colônias no aumento da sua agricultura, da qual a medida da quantidade de braços que nela se ocupam foi sempre o seu resultado. Os braços dos escravos (pela falta de outros) são os que cultivam os imensos terrenos do Brasil; sem eles não haveria talvez alguns dos artigos ou gêneros tão importantes como o açúcar, tabaco, algodões e outros que se transportaram para a mãe-pátria e que aumentam e enriquecem o comércio nacional e as rendas do erário de Vossa Majestade. Quaisquer objeções ao comércio da escravatura são ataques à população, ao comércio e às rendas de Vossa Majestade.[10]

Opositores ao tráfico de escravos, como João Severiano Maciel da Costa ou José Bonifácio, foram em geral burocratas treinados na Europa cujas críticas principiaram a surgir apenas posteriormente, no século XIX.[11] Depararam com pouco entusiasmo por parte de muitos brasileiros, grande parte deles participantes diretos na instituição da escravidão e, por extensão, no tráfico negreiro.

Deixando de lado a história do próprio tráfico, sua organização, horrores e mudanças ao longo do tempo, permanecem ainda dois aspectos que requerem atenção no contexto do desenvolvimento interno da escravidão baiana. Primeiro, a continuidade verificada no tráfico negreiro para a Bahia e os deslocamentos geográficos dessa atividade na África significavam que um fluxo constante de africanos desembarcava nas docas de Salvador e que, conforme o momento histórico, a maioria deles provinha de diferentes áreas da costa da África. Isso, de fato, significa que no século XVI predominaram os povos da Senegâmbia, no XVII, os de Angola e Congo, e no XVIII, da Costa da Mina e do golfo de Benin. Contudo, apesar de mudanças nas áreas de concentração, a população escrava baiana sempre foi composta por uma mistura de povos. Mesmo no auge do tráfico no golfo de Benin, por volta de 1780 a 1820, quando os jejes, nagôs (iorubas), tapas (nupês), haussás e outros povos "sudaneses" predominaram entre os cativos baianos, cerca de um terço dos escravos nascidos na África provinham de povos bantos de Angola e da África central. Os 26 navios negreiros que aportaram em Salvador em 1803 transportaram 6992 cativos, dos quais 555 (7,9%) morreram na viagem.[12] Dos que chegaram com vida, aproximadamente dois terços eram originários da Costa da Mina e o restante, de Angola. Esse padrão foi, aparentemente, típico do século XVIII e início do XIX, quando os cativos de Angola perfaziam de um quarto a um terço das importações de escravos.

Os senhores de engenho tinham suas preferências e preconceitos com relação a vários povos africanos, sentimentos esses que variaram ao longo do tempo e refletiram a moda e a disponibilidade. Os escravos de Angola foram preferidos no século XVII como bons trabalhadores e depreciados no século XVIII como "de natureza inimigos do trabalho".[13] O senhor de engenho Caldeira Brant podia queixar-se, em 1819, de que "os negros de Moçambique são o diabo", mas isso não o impediu de comprar dois naquele momento.[14] Em geral, os senhores de engenho compravam o que havia disponível e, embora tivessem seus preconceitos, quando a necessidade premia aparentemente compravam o que houvesse no mercado. Idade, saúde e sexo eram certamente determinantes mais importantes do preço de compra e da demanda por um cativo do que sua origem étnica. Ademais, exceto pela preferência demonstrada pelos escravos mulatos e crioulos para a concessão de alforria e o treinamento para funções especializadas, é difícil discernir um padrão de preferência quanto aos cativos africanos com base em suas origens.

Da perspectiva dos escravos, a dependência constante com relação ao tráfico negreiro significava que as formas e tradições culturais eram continuamente reforçadas pela chegada de africanos. Não se pode saber se esse processo teria retardado o ritmo da aculturação às normas europeias, mas não há dúvida de que tradições e práticas africanas persistiram na colônia. A cultura africana na Bahia de hoje, de origem acentuadamente ioruba, data de fins do século XVIII. Antes disso, existiam outras tradições africanas, das quais apenas uns poucos traços permanecem na documentação remanescente, o trabalho de 1728 de Nuno Marques Pereira menciona os *calundus*, ou ritos de profetizarão, e *quinguilla*, ou tabus, ambos de origem angolana, censurando os senhores de engenho brasileiros por tolerarem tais "ritos pagãos" na tentativa de relacionar-se bem com a escravaria.[15] Quando, em fins do século XVII, formou-se o grande quilombo de Palmares, seus habitantes chamaram-no *Angola janga*, ou pequena Angola. A imagem da África mantinha-se vívida para muitos escravos, e isso não passava despercebido aos senhores. Como veremos, desenvolveu-se um acirrado debate entre duas correntes de senhores de engenho e funcionários régios: os que achavam que permitir aos cativos manter suas culturas africanas era um meio de estimular as diferenças entre eles e portanto de exercer um controle social eficaz, e os que pensavam que a persistência daquelas culturas estimulava a rebelião.[16]

TABELA 32 — ESTIMATIVAS DO TRÁFICO BAIANO DE ESCRAVOS, 1681-1830

ANO	1. ALDEN	2. GOULART	3. VERGER	4. ELTIS
1681-90			17 200	
1691-1700			60 800	
1701-10		83 700	86 400	
1711-20		83 700	67 200	
1721-30		79 200	63 400	
1731-40		56 800	49 000	
1741-50		55 000	39 200	
1751-60	63 500	45 900	34 400	
1761-70	29 500	38 700	36 000	
1771-80	31 500	29 800	30 000	
1781-90	24 000	24 200	32 700	
1791-1800	39 000	53 600	53 100	70 500
1801-10		54 900	72 900	75 400
1811-20			59 000	41 400
1821-30			51 800	50 200

Fontes e observações: coluna 1 extraída de ALDEN, Dauril. Late colonial Brazil, 1750-1807. CHLA, v. II, pp. 610-2. Alden baseou suas estimativas em várias fontes. Tomei os dados quinquenais desse autor anualmente e multipliquei-os para obter totais por decênios. As colunas 2 e 3 foram extraídas de MANNING, Patrick. The slave trade in the Bight of Benin, 1640-1890. In: GEMERY, Henry A. & HOGENDORN, Jan S., eds., *The uncommon market. Essays in the economic history of the Atlantic slave trade*. Nova York, 1979, pp. 107-41. A coluna 4 baseia-se em ELTIS, David. *Imports of slaves into the Americas, 1781-1867*. Trabalho não publicado. Para o período posterior a 1810, aceite as estimativas desse autor, que incluem navios que seguramente haviam desembarcado escravos, embora em totais desconhecidos, para os quais Eltis calculou a quantidade de cativos baseando-se na tonelagem média dos navios.

Um segundo aspecto do tráfico negreiro que possui alguma importância para nossa discussão subsequente é o seu volume. Os números para os séculos XVI e XVII são, na melhor das hipóteses, apenas estimativas. Os cálculos de Maurício Goulart, de cerca de 2 mil escravos desembarcados por ano na Bahia na primeira metade do século XVII, totalizando 100 mil no período, embora sejam números mínimos, como todas as suas estimativas, parecem acompanhar o tamanho da indústria açucareira. Entretanto, o crescimento da lavoura do fumo e de subsistência naquele mesmo século dificultam o cálculo com base unicamente nas necessidades da atividade açucareira.[17] O problema torna-se insolúvel após 1695, com a abertura das zonas auríferas no interior. Uma estimativa para a última década do século XVII fornece um número aproximado de 6 mil escravos anuais somente para os da Costa da Mina. Isso indicaria um total de 8 a 9 mil anualmente ao incluírem-se as importações de Angola. Tais níveis refletem a recuperação temporária da economia açucareira após 1689, o crescimento de outras culturas e a exploração das minas.

Conquanto os números para os dois primeiros séculos do tráfico brasileiro de escravos sejam apenas estimativas e suposições aproximadas, os registros do século XVIII, apesar das lacunas e discrepâncias, são mais completos. As estimativas de Patrick Manning quanto às exportações da Costa da Mina para a Bahia na Tabela 32 refletem o declínio da economia açucareira entre 1730 e 1790.[18] As importações de escravos naqueles anos caíram para níveis de 3 a 4 mil anuais. Houve, provavelmente, alguma recuperação na década de 1780, e certamente após 1790, quando a rebelião no Haiti e a destruição da ilha como produtora de açúcar criaram novas oportunidades para os produtores baianos, acompanhadas de nova demanda por trabalhadores. Outra série de estimativas para o período de 1780 a 1830 encontra-se no trabalho de David Eltis. Os cálculos desse autor indicam um aumento na importação de cativos pela Bahia de 20 300 em 1786-90 para 34 300 em 1791-5 e 36 mil em 1801-5. Esses níveis foram em geral mantidos até 1821-5, quando a desorganização causada pela independência do Brasil e pela pressão dos abolicionistas ingleses acarretaram um declínio no tráfico. Contudo, entre 1826 e 1830, o tráfico negreiro na Bahia cresceu novamente, com desembarques de quase 10 mil cativos por ano.[19]

Estimativas recentes como essas por vezes diferem radicalmente dos registros históricos da época, como demonstra a Tabela 33. Esses registros em geral indicam números mais baixos que os cálculos modernos. Os registros de tarifas da alfândega da Bahia, por exemplo, arrolaram a entrada de 40 757 escravos da Costa da Mina no período de 1725 a 1744, enquanto as estimativas de Goulart e Manning são bem mais altas.[20] Esse contraste é comum, mas seja como for, devemos observar as tendências seculares do tráfico, e não os números específicos, que permanecem incompletos e questionáveis. Nesse caso, parece evidente o padrão generalizado de estagnação da década de 1750 à de 1770, seguido de períodos de crescimento após 1785. As importações, mesmo durante o auge do tráfico com a Costa da Mina e do golfo de Benin, sempre incluíram alguns cativos provenientes de portos angolanos.

Finalmente, deve ser lembrado que nem todos os escravos desembarcados em Salvador permaneceram na Bahia, especialmente durante o boom mineiro de 1700 a 1760. Um relatório de 1763 calculou que um terço dos cativos importados eram enviados para as minas. Na década de 1780, os que transferiam escravos para outras capitanias eram obrigados a firmar um compromisso garantindo que estes não seriam levados para colônias estrangeiras. Em 1798, quando já ia longe o auge da atividade mineira, 168 escravos foram enviados de Salvador às minas de Minas Gerais, Goiás e sul da Bahia. É interessante notar que os cativos de Angola eram os preferidos para reexportação. Entre 1778 e 1798, foram mandados de Salvador para o sertão 2844 escravos: 634 minas, 47 nagôs e jejes e 2163 angolas, benguelas e congos.[21] Tais reexportações tornam muito problemáticos os cálculos da produtividade ou mortalidade escrava na Bahia baseados nos números do tráfico negreiro.[22]

TABELA 33 — TRÁFICO TRANSATLÂNTICO DE ESCRAVOS PARA A BAHIA, CONFORME REGISTRADO EM FONTES CONTEMPORÂNEAS, 1731-1810

ANO	MINA			ANGOLA		
	NAVIOS	TOTAL DE ESCRAVOS	MÉDIA ANUAL	NAVIOS	TOTAL DE ESCRAVOS	MÉDIA ANUAL
1731-3[a]	19	5953	5103	9	3169	2716
1733[b]		2749	2998		1850	2018
1741-4[c]		13 425	4475			
1742-3		2616				
1745-6[d]		4872				
1746-8[e]				3820	2084	
1750-1[f]	15	7660	4145			
1750[g]	8	3488				
1751	15	4 028				
1752	8	3649				
1753	12	4288				
1754	5	1843				
1755	10	3853				
1759[h]		4209				
1760		3319				
1761		4071				
1762		4021				
1763		3427				
1764		2651				
1765		2863				
1785-7[i]		12 233	4077			
1792		2934			3327	
1793		3055			3615	
1794		4558			3498	
1795		4170			2910	
1796						
1797		4600			2850	
1798		4903			2151	
1799		8200			300?	
1800[j]		6098			2085	
1801[k]		5250			1450	
1802						
1803		5486			3250	
1804		4214			652	
1805		4615			1747	
1806		6322			2717	
1807		6361			2140	
1808		5443				
1809		7348			95	
1810		7225			893	

Fontes e observações: Dados para os anos diferentes, apresentados na tabela com sobrescritos de *a* a *k*, extraídos de AHU, Bahia pap. avul., salvo observação em contrário: (*a*) 4 dez. 1731 a 22 jan. 1733, caixa 48; (*b*) jan. a nov. 1733, caixa 44; (*c*) 1741-4, 22 nov. 1742 a 29 set. 1743, caixa 49; (*d*) caixa 59; (*e*) 15 out. 1746 a 1º jul. 1748, caixa 55; (*f*) 18 mar. 1750 a 30 dez. 1751, caixa 30, 2ª ser. não catal; (*g*) 1750-5, APB, Ord. reg. 54, 400-5; (*h*) 1759-65 certificado de 26 nov. 1765, citado em VIANNA FILHO, Luís. O trabalho do engenho e a reação do índio: estabelecimento de escravatura africana. In: *Congresso do Mundo Português*. Lisboa, 1940. 19 v. v. x, pp. 11-29; (*i*) 1785-99, documentos 15 151 e 16 157 em BNRJ. Exposição, conforme citado em VIANNA FILHO, op. cit.; (*j*) 1800, APB, Cartas do governo 141; (*k*) 1801-10, ASCMB, Livro de visitas de embarcações 182.1, conforme citado em VIANNA FILHO, op. cit., p. 127.

Em síntese, durante toda a era colonial, o tráfico permaneceu relativamente aberto e atendeu às necessidades dos senhores de engenho, apesar das vicissitudes da guerra e da política no Atlântico. Assim, esses proprietários puderam, em geral, contar com reposição suficiente da mão de obra a preços acessíveis, embora às vezes houvesse períodos de alta muito acentuada. Abastecendo-se em portos diversos, de Senegâmbia a Angola e, ocasionalmente, Moçambique, o tráfico negreiro para a Bahia introduziu uma variedade de povos, de modo que, mesmo sendo sempre predominantemente africana, a população cativa da capitania apresentou grande diversidade de culturas.

SEXO, IDADE E ORIGENS

A dependência baiana com relação ao tráfico de escravos africanos durante toda a era colonial criou duas características na população cativa que produziram amplos efeitos sociais e demográficos para a história da escravidão no Recôncavo. Primeiro, desde o início do tráfico para a Bahia e o Brasil em geral, importou-se maior número de homens do que de mulheres. Não dispomos de dados adequados para o século XVII que permitam determinar o grau dessa desproporção nessa época; para o século XVIII, porém, estudos indicam que em todos os tráficos transatlânticos houve um desequilíbrio em favor dos homens. Em certa medida, a predominância masculina pode ter sido causada pela preferência dos senhores de engenho e pelo fato de, ao menos no Brasil, dar-se pouca importância à capacidade reprodutiva das mulheres, como veremos adiante. Entretanto, há também alguns indícios de que os fornecedores africanos mostravam-se menos dispostos a colocar mulheres e crianças à disposição dos europeus.[23] Em segundo lugar, qualquer que seja o caso, as crianças menores de treze anos provavelmente não perfizeram mais de 2% a 6%, e as mulheres, cerca de 30% a 40% dos escravos transportados no tráfico para a Bahia. Deve ser salientado que essas estimativas baseiam-se em padrões verificados no tráfico para outros portos brasileiros, especialmente Rio de Janeiro, Pernambuco e São Luís, para os quais a documentação é muito melhor do que a de Salvador. Não obstante, dados os padrões de distribuição por sexo e idade que podem ser observados nos engenhos baianos, não há razão para crermos que a Bahia diferia, a esse respeito, de outros terminais brasileiros do tráfico, embora a desproporção fosse provavelmente maior nos engenhos do que em outros lugares.

A razão de masculinidade nos engenhos baianos (expressa como o número de homens dividido pelo de mulheres e multiplicado por 100) parece ter sido consistentemente elevada durante todo o período colonial. Apesar de serem poucos os documentos remanescentes de fins do século XVI e do século XVII, a Tabela 34 apresenta as estruturas de idade e sexo de alguns dos primeiros engenhos baianos.

TABELA 34 — FORÇA ESCRAVA EM ENGENHOS E FAZENDAS DE CANA

REGIÃO	FONTE	TIPO DE PROPRIEDADE	ANO	CRIANÇAS		IDOSOS		ADULTOS		TOTAL	RAZÃO DE MASCULI-NIDADE	% CRIANÇAS (0-13)
				H	M	H	M	H	M			
Santo Amaro	A	Engenho Sergipe	1591		43	64	39	—	—	146	141	29
	B	Engenho Sergipe	1626	5	3	28	18	23	12	89	167	9
	C	Engenho Sergipe	1638	5	6	41	25	2	3	82	141	6
Itaparica	D	Engenho Sá Doria	1662	5	2	23	10	—	—	40	233	18
S. Francisco	E	Engenho S. Bento	1666	15	11	48	41	—	—	115	121	23
Itapororocas	F	Engenho do Mato	1666	13	9	21	—	—	—	71	137	30
Patatiba	G	Fazenda Matos de Aguiar	1685	—	—	37	11	—	—	48	336	—
Jaguaripe	H	Fazenda Querado	1631	2	2	7	3	1	2	17	143	24

Fontes: A, ANTT, CSJ, maço 13, nº 4; B, ANTT, CSJ, maço 14, nº 52; C, ANTT, CSJ, maço 30, f. 1040; D, ASCMB, Liv. I do Tombo, fs. 147-85; E e F, ADB/CSB 136, fs. 47-70; G, ASCMB, Liv. I do Tombo, fs. 491*v*-502*v*; H, ASCMB, Liv. I do Tombo, f. 118.

São apresentadas três listas referentes ao Engenho Sergipe. Em 1591, esse engenho pertencia ao conde de Linhares e sua força de trabalho cativa ainda era predominantemente indígena. Em 1626, era propriedade dos jesuítas e acabara de sofrer com o ataque dos holandeses à Bahia no ano anterior. Em 1638, estava novamente em mãos de leigos, tendo sido vendido a Pedro Gonçalves de Matos. O engenho de Antônio de Sá Doria, situado na ilha de Itaparica, bem como a fazenda de cana de João Matos de Aguiar, era propriedade secular, ao passo que os engenhos São Bento e do Mato pertenciam aos beneditinos de Salvador. Todas essas propriedades, tanto as dos leigos como as dos religiosos, apresentaram uma grande desproporção entre os sexos, com predominância masculina.

Esse mesmo padrão é encontrado em arrolamentos de engenhos do século XVIII. Em um relatório governamental após o confisco de nove engenhos pertencentes à família Rocha Pitta, em 1739, foi preparada uma lista dos cativos residentes; os resultados desta são apresentados na Tabela 35. Novamente, pode-se notar o desequilíbrio, ainda que a razão de masculinidade tenha sido apenas 112,

TABELA 35 — ESCRAVOS CRIOULOS E AFRICANOS EM NOVE ENGENHOS BAIANOS, 1739

ENGENHOS	CRIOULOS[a]		ANGOLA[b]		MINA[c]		% AFRICANOS	TOTAL	
	H	M	H	M	H	M		H	M
São Brás	12	7	12	5	9	17	69,4	33	29
Pitanganha	14	6	8	1	42	40	81,3	65	47
Acotinga	16	7	7	3	7	18	60,3	30	28
Matoim	21	12	5	2	24	24	65,9	50	38
Pindobas	9	3	9	2	24	48	87,4	42	53
Sapucaia	3	5	2	2	14	17	81,4	19	24
Caboto	6	9	3	1	15	23	73,7	24	33
Pojuca	4	1	14	7	27	14	92,5	45	22
Cornubuçu	1	0	0	0	12	11	97,1	13	11
Total	86	50	60	23	174	212	77,4	321	285
(porcentagem de homens)	(53,2)		(72,3)		(45,1)			(52,9)	

(*a*) Inclui crioulos, mulatos, mestiços. (*b*) Inclui angolas, são-tomés, benguelas, congos, gagos. (*c*) Inclui minas, jejes, calabares, ardas.

Fonte: AHU, Bahia pap. avul., caixa 90.

apesar do fato de mais de três quartos dos escravos serem africanos. Aparentemente, em princípios do século XIX, essa desproporção tornou-se ainda maior. Seis engenhos baianos examinados em 1816 apresentaram uma razão de 275 homens para cada cem mulheres e uma estrutura etária em que apenas 14% dos cativos eram crianças com menos de oito anos de idade. Esse padrão do final da era colonial é também confirmado por um estudo baseado em 53 inventários e testamentos remanescentes dos períodos de 1805 a 1806 e de 1810 a 1811 da cidade de Salvador.[24] A razão de masculinidade, para os dois períodos considerados conjuntamente, foi de 193. Um exame de 1913 escravos arrolados em inventários de engenhos e fazendas de cana mostrou uma proporção global semelhante, de 185 homens para cem mulheres, variando de 123 em 1710-50 a 233 durante a expansão da atividade açucareiro após 1793.[25] A Tabela 36 mostra que no século XVIII a razão de masculinidade era mais elevada nos grandes engenhos do que nas fazendas de cana. Os engenhos, com sua demanda constante por braços para o trabalho do campo, bem como para as tarefas especializadas e semiespecializadas, possuíam duas vezes mais homens do que mulheres, ao passo que nas fazendas de cana a predominância do sexo masculino era de 20% a 30%. Naturalmente, quanto mais africanos compusessem a população, maior a desproporção

TABELA 36 — RAZÕES DE MASCULINIDADE EM ENGENHOS E FAZENDAS DE CANA NA BAHIA, 1710-1827

TIPO DE PROPRIEDADE	AFRICANOS H	AFRICANOS M	RAZÃO DE MASCULINIDADE	BRASILEIROS H	BRASILEIROS M	RAZÃO DE MASCULINIDADE	RAZÃO DE MASCULINIDADE GLOBAL
Engenhos	660	257	256	262	196	134	199
Fazendas de cana	146	115	126	146	115	126	126

Fonte: APB, sec. jud. (Conjunto de Dados A).

entre os sexos. Foi somente no período de 1751 a 1789, caracterizado pela depressão e o declínio no tráfico de escravos africanos, que as razões de masculinidade entre os cativos africanos e brasileiros foram semelhantes. Durante esse período, a porcentagem de africanos nas propriedades do Recôncavo esteve em seu patamar mais baixo. Quanto maior a presença africana, menor a dependência com relação ao crescimento natural e maior a razão de masculinidade.

A proporção de mulatos e outros mestiços entre os cativos é, em certo sentido, um indicador do grau de brasileiros entre a população escrava. Os de ascendência mestiça, geralmente agrupados sob a designação de pardos, sempre foram, na Bahia, uma pequena minoria da força de trabalho escrava daquela capitania. Em nossa amostra dos cativos baianos da zona rural, havia apenas 8,4% de escravos de ascendência mestiça, e mesmo admitindo-se uma taxa de alforria mais alta nessa categoria, os pardos provavelmente nunca perfizeram mais de 10% da escravaria baiana no período colonial.[26] Em capitanias com menor dependência direta do tráfico negreiro, essa porcentagem foi consideravelmente maior. Por todo o período de 1600 a 1820, os negros nascidos no Brasil (crioulos) e os pardos aparentemente nunca compuseram mais de um terço da escravaria baiana.

Juntamente com a predominância de africanos e homens, verificava-se uma estrutura etária caracterizada por poucas crianças. É difícil obterem-se informações sobre a idade dos cativos. Além do problema da atribuição de idades "arredondadas" em cinco ou dez anos, as idades mencionadas para os escravos, especialmente os africanos, eram, na melhor das hipóteses, simplesmente uma suposição ou estimativa do senhor de engenho, com base na aparência. As idades das crianças com menos de dez anos eram geralmente registradas com cuidado, porém após essa idade prestava-se menos atenção a esse aspecto, até que o cativo se tornasse "velho", termo usado para os que tivessem por volta de cinquenta anos, dependendo da condição física. Para o historiador, muitas vezes é possível identificar os muito jovens e os muito idosos nas listas de escravos, mas os da faixa intermediária constituem um problema. No Brasil colonial, traficantes de escravos e senhores de engenho usaram vários sistemas de categorias etárias descritivas para resolver o problema da atribuição de idade aos escravos.[27] Na Bahia, "crias de peito" eram os bebês de um ano ou menos, e "crias de pé" eram os bebês que já sabiam andar. "Menino" e "menina" eram usados para crianças de até aproximadamente oito anos, e "moleque" e "moleca" eram aplicados às de até treze ou catorze anos em geral, embora as definições variassem. Os jesuítas do Engenho Santana, por exemplo, arrolaram em 1753 "moleques" de até dezesseis anos e "moleques grandes" de até vinte.[28] O termo "rapaz" ou "rapariga" era muitas vezes usado para adolescentes, mas também era empregado de formas diversas. Neste estudo, como em outros, as discussões a respeito de idades serão imprecisas devido a esses problemas; contudo, em termos gerais, a despeito da imprecisão na separação das categorias etárias, é possível examinarmos a população escrava dividida em crianças até oito ou treze anos, adultos de catorze a cinquenta e idosos com mais de cinquenta anos.

Todas as informações até agora disponíveis confirmam a impressão de que a porcentagem de crianças nos engenhos baianos era muito baixa. Em uma população com mortalidade elevada, que estava se mantendo através do crescimento natural, esperaríamos encontrar cerca de um terço da população com idade abaixo de treze anos.[29] Porém, em nenhum dos engenhos ou fazendas relacionados nas Tabelas 34 e 35 verificou-se tal distribuição etária. Na verdade, os maiores percentuais de crianças foram encontrados no Engenho Sergipe, em 1591, quando nessa propriedade ainda predominava o braço indígena, ou nos dois engenhos beneditinos na década de 1660, conhecidos por suas tentativas de incentivar a autorreprodução da escravaria.[30] Em 1816, seis engenhos baianos possuíam apenas 14% de seus cativos com idades abaixo de oito anos, e mesmo se ampliarmos a faixa etária para catorze anos, esse número provavelmente não chegaria a 20%. Em nossa pesquisa sobre os escravos da zona rural, apenas 13% enquadraram-se nas categorias das crianças menores de catorze anos.[31]

Essas proporções de idade e sexo explicitadas para a Bahia parecem ter caracterizado também outras regiões açucareiras do Brasil. Um levantamento de 51 engenhos na paróquia de Serinhaém, em Pernambuco, realizado em 1788, revelou que dos 3829 escravos, apenas 696 (18%) tinham menos de oito anos. A razão de masculinidade entre essas crianças era 109, e entre os adultos, 221, refletindo os padrões do tráfico negreiro e dos requisitos da mão de obra nos engenhos. Tais proporções assemelharam-se consideravelmente às observadas na Bahia.[32]

Em resumo, observando-se em toda a sua amplitude o período de fins do século XVI até o início do século XIX, os padrões gerais da população cativa baiana parecem claros e, embora as informações disponíveis sejam imprecisas, elas não são, em absoluto, contraditórias. A população escrava baiana sempre foi composta por grande parcela de estrangeiros, provavelmente possuindo em média 70% de africanos desde 1600 até o fim da era colonial. Também foi predominantemente masculina, com razões de masculinidade de aproximadamente 130 ou 150 para a capitania como um todo e níveis muito mais altos, de 200 ou mesmo 300, nos engenhos e fazendas de cana. A dependência com relação ao tráfico atlântico de escravos, no qual eram transportadas poucas crianças, a escassez de mulheres nos engenhos e, como veremos adiante, a baixa fecundidade e a alta mortalidade infantil ou ambos os fatores, tudo isso criou uma população em que havia poucas crianças em comparação com o restante da população cativa.

Ao examinarmos o século XVIII não como um todo, mas em períodos cronológicos conforme a situação da economia baiana, podemos observar algumas variações nos padrões da população cativa que evidenciam as linhas gerais da demografia dos escravos baianos. O período de 1710 a 1750 foi marcado por uma certa recuperação após a desorganização causada pela corrida do ouro em Minas Gerais e a crise agrícola da década de 1680. Um ativo tráfico negreiro foi estabelecido entre Salvador e a Costa da Mina por volta de 1720, e o sistema de frotas entre Lisboa e a Bahia regularizou as exportações de açúcar e fumo para a Europa. Em 1750, porém, um período de depressão ou estagnação teve início, apesar dos esforços da Coroa para superar esses problemas. Tanto a produção agrícola da capitania como o volume do tráfico de escravos declinaram nesse período. Houve alguma recuperação nas décadas de 1770 e 1780, mas foi após 1792, com a grande rebelião escrava em São Domingos (Haiti), ilha produtora de açúcar dominada pelos franceses, que a economia rural da Bahia recomeçou a expandir-se.[33] Com a nova demanda criada pela eliminação de São Domingos do mercado, a produção açucareira baiana cresceu rapidamente, crescimento esse possibilitado por um grande aumento no volume do tráfico negreiro. Entre 1798 e 1807, aproximadamente 60 mil escravos africanos desembarcaram nas docas de Salvador.[34]

A introdução dessa nova onda de africanos exacerbou os padrões já antigos existentes na população baiana e afastou qualquer possibilidade de essa população começar a apresentar uma configuração de idade e sexo que pudesse incentivar a estabilidade ou o crescimento demográfico. A razão de masculinidade no período anterior a 1790 foi de 207, e essa desproporção deveu-se à importação de africanos, que continuaram a perfazer cerca de dois terços da população cativa baiana. A importação de adultos africanos, o desequilíbrio entre os sexos e, talvez, uma baixa taxa de fecundidade foram todos fatores que contribuíram para a escassez relativa de crianças. Havia menos de uma criança com menos de quinze anos para cada escravo adulto. Após 1750, com a diminuição do volume do tráfico, a proporção de africanos na população declinou em cerca de 10%. Se esse padrão tivesse continuado, a razão de masculinidade teria diminuído gradualmente, à medida que crescesse a participação dos cativos nascidos no Brasil. Isso jamais ocorreu de fato na Bahia que, como um terminal importante do tráfico transatlântico de escravos e uma das principais regiões de agricultura de exportação, esteve sempre intimamente ligada às linhas de fornecimento da África.

Após 1793, com a repentina disponibilidade de novas oportunidades para os senhores de engenho, todos os padrões já existentes foram reforçados ou exacerbados. Como demonstrado na Tabela 37, a proporção de africanos na população atingiu novos patamares quando a onda de cativos inundou a capitania. A grande importação de africanos, a maioria dos quais jovens adultos do sexo masculino, acarretou um aumento na razão de masculinidade e uma queda na proporção de crianças na população escrava. Do ponto de vista demográfico, todas essas características foram negativas. As informações da Tabela 36 levam-nos a supor que as proporções referentes a idade e sexo nesse período foram ainda mais desequilibradas nos engenhos do que na capitania como um todo.

Podemos testar nossas conclusões sobre a estrutura da população escrava na Bahia examinando a estrutura dessa população na capitania vizinha, Sergipe de El-Rey. Em áreas menos fortemente ligadas à economia exportadora ou com menor acesso ao tráfico atlântico de escravos, poderíamos esperar encontrar razões de masculinidade menores, menos africanos, mais crioulos e pardos e mais mulheres e crianças do que na Bahia. Essas condições parecem, de fato, ter existido em Sergipe de El-Rey, na fronteira norte da Bahia. Um censo dos engenhos da região açucareira de Ribeira de Vazabarris, na foz do rio Cotinguiba, realizado em 1785, revela que aquela área, produtora de açúcar, mas um tanto afastada do eixo principal do tráfico atlântico de escravos, apresentava uma razão de masculinidade de 119, muito menor que a do Recôncavo.[35] Em grande medida, essa razão de masculinidade mais baixa deveu-se à alta proporção de cativos nascidos no Brasil na população. Os africanos perfaziam apenas um terço da escravaria em Ribeira, ao passo que na Bahia compunham cerca de 60% do total, mesmo nesse período de depressão. Enquanto para os cativos africanos em Sergipe de El-Rey a razão de masculinidade foi de 143, a dos nascidos no Brasil foi de apenas 107. Em termos comparativos, houve um excesso de 185 homens para cada mil mulheres em Ribeira de Vazabarris, ao passo que nas áreas açucareiras do Recôncavo o excesso de homens foi de 1070 para cada mil mulheres. (Ver Tabela 38.)

A situação descrita para esse distrito de Sergipe de El-Rey em 1785 parece ter caracterizado a capitania como um todo, e aparentemente não se alterou no período após 1790. Registros censitários do período de 1825 a 1830 também revelam uma razão de masculinidade de 110 entre os cativos.[36] Ademais, assim como a lista de Ribeira de Vazabarris, o censo de 1825-30 mostra que cerca de um quarto da população escrava era composta de pardos. Essa é uma proporção muito mais alta de escravos de ascendência mestiça do que a existente na Bahia, indicando uma predominância dos nascidos no Brasil entre os escravos de Sergipe de El-Rey. Esses censos não fornecem informações adequadas acerca da estrutura etária da

TABELA 37 — SEXO, ORIGEM E IDADE DA POPULAÇÃO ESCRAVA BAIANA, 1710-1827

	HOMENS	MULHERES	RAZÃO DE MASCULINIDADE	RAZÃO DE AFRICANOS	PROPORÇÃO DE CRIANÇAS (CRIANÇAS/ADULTOS)
1710-89					
Africanos	440	212	207	171	0,47
Brasileiros	170	144	118		
Totais	610	356			
1790-1827					
Africanos	469	164	226	216	0,32
Brasileiros	173	119	145		
Totais	642	283			

população escrava, mas penso que esta era consideravelmente mais jovem que a da Bahia. Em 1834, os pardos perfaziam um terço dos cativos de Sergipe de El-Rey.[37]

Até agora, discutimos uma série de características demográficas que determinaram os parâmetros da escravidão baiana e fixaram os limites dentro dos quais eram tomadas as decisões tanto por senhores como por escravos. Embora esses aspectos da população escrava baiana estabelecessem um contexto, eles não necessariamente eram dados; ao contrário, eram resultado de escolhas culturais e sociais feitas pelos senhores e escravos — influenciadas, é certo, pelas condições de trabalho, clima e morbidez sob as quais viviam. Devido à natureza dos registros documentais, é extremamente difícil separar ou atribuir importância relativa às diversas forças demográficas, econômicas, sociais e culturais que criaram a estrutura da escravidão na Bahia. Neste ponto de nossa discussão, é importante trazer a consideração os aspectos nascimento e morte, pois esses eram assuntos "vitais" para senhores e escravos, bem como para o escravismo como sistema econômico e a escravidão como instituição que determinou as vidas de tantos baianos. Fecundidade e mortalidade são os objetos clássicos da análise demográfica, mas nossa abordagem desses aspectos será inserida em um contexto social e cultural que, embora complique a discussão, pode também esclarecê-la, aproximando-nos da realidade da complexa interação de senhores e escravos.

FECUNDIDADE E CASAMENTO

Em 1623, no Engenho Sergipe, um certo padre Matias informou, com orgulho, que expulsara alguns homens brancos que se haviam reunido na propriedade e causado um tumulto nas senzalas.[38] Durante a noite, por força ou sedução, haviam

TABELA 38 — SEXO E ORIGENS ÉTNICAS DA FORÇA ESCRAVA, RIBEIRA DE VAZABARRIS, SERGIPE DE EL-REY, 1785

ORIGEM	HOMENS	MULHERES	RAZÃO DE MASCULINIDADE	PROPORÇÃO DE AFRICANOS
Brasileiros	*(66,4%)*			
Crioulos	166	152		
Mulatos	69	70		
Mestiços	19	13		
Cabras	10	10		
Totais	264 (51,8%)		245 (48,2%)	107
Africanos (33,6%)				
Minas	41	26		
Angolas	106	77		
Jejes	1	0		
Congos	2	0		
Benguelas	2	3		
Totais	152 (58,9%)	106 (41,1%)	143	507
	(54,2%)	(45,8%)		

Fonte: APB, Cartas ao governo 188.

dormido com algumas escravas, provocando uma inquietação geral na escravaria. Alguns acreditavam que essa situação explicava o porquê de haver tão poucos nascimentos no engenho. Foi dito que as cativas temiam a ira dos homens escravos e, por isso, recusavam-se a dar à luz filhos mulatos, ingerindo "umas coisas" para provocar o aborto.

A breve afirmação do padre Matias salientou, com certeza inconscientemente, três problemas que ocupam os historiadores da vida escrava. Primeiro, o fato de haver tão poucos nascimentos no engenho foi um problema central da escravidão brasileira, não se limitando ao Engenho Sergipe. Historiadores e demógrafos aventam a possibilidade de a desproporção entre os sexos causada pelo tráfico negreiro, exacerbada pela preferência com relação às mulheres na concessão de alforria, além dos níveis extremamente altos de mortalidade infantil, terem sido os principais fatores da taxa negativa de crescimento natural da população cativa brasileira. O padre Matias, porém, mencionou outro aspecto do problema: a própria escassez de nascimentos, provocada, neste caso, por aborto intencional praticado pelas escravas, mas que outros historiadores consideraram resultado da demora em casarem-se as escravas, da instabilidade das uniões e de outras causas sociais e demográficas. Em terceiro lugar, a referência do padre à zanga dos escravos coloca a questão da posição do cativo como pai e marido ou irmão no contexto da vida familiar escrava. Deixarei a discussão deste último aspecto para o capítulo seguinte; é necessário, porém, salientar aqui, no contexto da fecundidade, que as uniões formalmente sancionadas pela Igreja eram raras entre os cativos, e que as taxas de ilegitimidade eram muito altas nessa população.

No século XIX, os senhores de engenho brasileiros às vezes discutiam os benefícios de permitir uniões consensuais entre os escravos, desde que não interferissem com a rotina da propriedade. Alguns manuais da época chegavam a salientar que uniões instáveis acarretavam uma taxa de reprodução mais baixa, em detrimento dos senhores.[39] No período colonial, tais discussões sobre as atitudes dos proprietários com relação ao casamento de escravos eram extremamente raras.

Mais uma vez, as correspondências dos engenhos Sergipe e Santana revelam as condições existentes e as atitudes com relação às mesmas. Em 1634, o padre Sebastião Vaz lamentou que a maioria dos cativos do Engenho Sergipe eram solteiros, disso resultando contínuos pecados contra a moral e inquietação generalizada.[40] Um século mais tarde, na mesma propriedade, a situação permanecia a mesma. O padre Jerônimo da Gama escreveu do engenho, em 1733, que a maioria dos cativos não eram casados. Percebendo a relação entre uniões instáveis e a reduzida taxa de reprodução, perguntava: "Não é melhor ter mais crianças? Haver menos mancebias?".[41] Na verdade, sua questão retórica fora, de certo modo, respondida em 1731, naquele mesmo engenho: "Têm nascido muitos crioulinhos, mas também morrem muitos e custam muito a criar".[42] Até os jesuítas podiam ver que, dadas as altas taxas de mortalidade e o relativamente seguro suprimento de novos escravos por meio do tráfico atlântico, os custos e riscos da gestação e criação de crianças não tornavam o incentivo às uniões estáveis abençoadas pela Igreja um imperativo econômico e moral.

Uma carta particularmente reveladora, escrita no Engenho Santana em 1733, torna claro que havia uma divergência de opiniões entre os jesuítas administradores de engenhos (e, podemos supor, também entre outros senhores de escravos). Dois anos antes, o padre Pedro Teixeira tornara-se encarregado do engenho e dos 178 escravos da propriedade, e lamentou que, nos 27 anos anteriores, quando o padre Manoel de Figueiredo administrara o engenho, houvera apenas 34 casamentos, a maioria dos quais entre cativos idosos que já coabitavam havia longo tempo. O padre Figueiredo achava que escravos não deviam casar-se e defendera ferrenhamente sua opinião. O padre Teixeira, ávido por apontar as falhas de seu antecessor, afirmou que os cativos ainda viviam em pecado e que essa situação reduzia a taxa de reprodução. Insinuou também que o infanticídio era às vezes praticado. Sua declaração final sobre o assunto foi involuntariamente eloquente com relação à sua própria atitude para com os escravos, a atitude destes quanto ao casamento e as realidades demográficas no Engenho Santana:

> Fiz-lhe várias pregações, dei exemplos e demonstrações públicas, exortando-os especialmente a deixarem o pecado e casarem-se. Falei-lhes do casamento, falei-lhes do demônio e alguns que haviam aceito o demônio pareceram libertar-se. De julho de 1730 a julho de 1731, mulheres solteiras deram à luz três crianças, e mulheres casadas, outras três [e de todas estas] duas morreram e quatro estão sendo criadas.[43]

A política em favor de proporções mais equilibradas entre os sexos, casamentos e condições propícias à reprodução, advogada por alguns jesuítas, foi, aparentemente, seguida de modo consistente pelos padres beneditinos no Brasil. A congregação de São Bento possuiu várias propriedades rurais no Brasil colonial, inclusive grandes fazendas de gado e engenhos em Bahia, Pernambuco e Rio de Janeiro. Na Bahia seus bens incluíram canaviais, uma plantação de mandioca, fazendas de gado e, finalmente, dois engenhos: o São Bento dos Lajes, no município de São Francisco, e o São Caetano, na região de Itapororocas. Ao contrário de muitos senhores de escravos no Brasil colônia, os beneditinos parecem ter incentivado a formação de unidades familiares. Tornaram-se, de fato, conhecidos como excelentes administradores de engenho. Em 1662, o padre jesuíta Belchior Pires escreveu que os engenhos dos beneditinos eram muito melhores e administrados com muito menos despesas dos que os da Companhia de Jesus.[44] A capacidade dos beneditinos de contar com crioulos nascidos em suas propriedades para acréscimos e reposições na mão de obra cativa, supostamente uma consequência de seu incentivo aos casamentos de escravos, chamou a atenção dos contemporâneos. Dados da Bahia indicam que havia algo de verdade nessa crença. Um exame das propriedades beneditinas entre 1652 e 1710 revela números relativamente altos de crianças, variando de 20% a 24% de uma a outra propriedade.[45]

Anotações nos registros da congregação beneditina referentes a São Paulo, Pernambuco e Rio de Janeiro também indicam a preocupação especial desses padres com a formação de famílias escravas. Entre 1783 e 1787, 33 mulheres e três homens foram acrescidos à escravaria do Engenho de Vargem, no Rio de Janeiro. No relatório trienal observou-se, em 1787, que "algumas já eram casadas", indicando que o número incomumente grande de adições de mulheres fora deliberado, para equilibrar a proporção entre os sexos e fornecer companheiras aos homens residentes no engenho.[46] Essa fora exatamente a intenção quando sete mulheres foram acrescidas à escravaria do Engenho da Ilha, em 1747-8, "para casarem com os escravos da dita fazenda".[47] Em 1752, uma reunião geral dos beneditinos em São Paulo determinou que os escravos solteiros se casassem, e em 1783 os beneditinos de São Paulo liberaram de trabalhos pesados qualquer escrava com seis filhos vivos.[48]

Os padres beneditinos sem dúvida viram na política de equilíbrio entre os sexos e famílias "estáveis" um meio de promover a diminuição dos pecados e melhorar a vida moral dos cativos, mas o fato de escravos casados poderem ser menos indóceis ou propensos a fugir provavelmente também não lhes passara despercebido. Os relatórios trienais, ou estados, que a Congregação dos Beneditinos do Brasil submetia à sua sede em Tibães, fornecem algumas provas da preocupação com a proporcionalidade entre os sexos e a capacidade dos engenhos de suprir parte de sua necessidade de mão de obra com crioulos nascidos na propriedade. Os registros da congregação de Olinda são particularmente esclarecedores a esse respeito. Em 1715, os dois engenhos de Mussurepe e São Bernardo apresentavam proporção equilibrada entre os sexos e grande número de crianças. Em Mussurepe havia doze casais de escravos casados, 21 cativos e vinte cativas solteiras, além de 24 crianças. São Bernardo era menor, possuindo dez casais, seis homens e seis mulheres solteiros e dezoito crianças. Estados posteriores atentaram para o número de cativos nascidos nas propriedades que entravam em serviço, em comparação com os que eram comprados.[49]

As intenções ou políticas postas em prática pelos beneditinos e ao menos por alguns jesuítas com relação à formação e estabilidade das famílias escravas ou ao incentivo ao crescimento natural da escravaria provavelmente não representam a realidade da vida da maioria da população cativa baiana. A situação em engenhos de proprietários leigos parece ter sido de pouca preocupação em incentivar o casamento e a reprodução escrava. Na verdade, é difícil fazer tal afirmação, dada a raridade dos registros que fornecem informações sobre famílias escravas no Brasil colonial.

Historiadores e demógrafos estudiosos das questões de demografia escrava em geral recorreram a inventários ou registros de propriedades, efetuados por ocasião da morte do proprietário, que listam os cativos por unidades familiares. Nos Estados Unidos, Jamaica, Trinidad e Peru, tais registros foram usados para analisar os padrões residenciais e familiares dos escravos. Para a Bahia (e a maior parte do Brasil colonial), o material necessário a esse tipo de análise é escasso. Inventários de propriedades existem em quantidade considerável, mas apesar de com frequência incluírem cuidadosas menções sobre as qualidades e os valores dos cativos, raramente registram sua situação conjugal, familiar e residencial. O modo mais comum de arrolar escravos em inventários era: primeiro os homens, a seguir as mulheres e, finalmente, as crianças e os doentes. Em outras ocasiões, agrupavam-nos segundo suas ocupações. A própria falta de atenção às unidades familiares revela a pouca importância de tais assuntos para os senhores e seus herdeiros. Os inventários realizados no final da era colonial, no início do século XIX, têm tão pouca consideração pelas unidades familiares dos cativos quanto os do século XVII.

Alguns inventários e listas esparsas de engenhos seculares do Recôncavo indicam um padrão de poucos casamentos sancionados pela Igreja e uma baixa taxa de natalidade. O Engenho Sergipe, em 1591, era uma propriedade secular, ainda pertencente ao conde de Linhares. Àquela época, apenas nove dos 23 africanos adultos eram casados, três deles com índias. A tendência do tráfico africano a importar homens seguramente dificultava o encontro de uma companheira, mas o problema da existência de poucos casamentos parece extrapolar as limitações demográficas.[50] Dados do século XVIII tornam claro o padrão. Pode-se citar o exemplo do inventário da escravaria do Engenho Cinco Rios, feito em 1779. Naquele ano, o engenho possuía 86 escravos, dos quais 49 (57%) eram africanos. Dos oitenta adultos, apenas nove casais foram arrolados como casados, e todos os demais aparecem como "solteiros" ou sem designação do estado conjugal. Havia grande desproporção entre o número de homens adultos (sessenta) e o de mulheres (21), e apenas seis crianças foram identificadas.[51] A situação nessa propriedade, embora extrema, parece ter sido relativamente comum nos engenhos baianos.

O inventário da propriedade de João Lopes Fiúza, feito em 1741, incluiu três propriedades separadas, dois engenhos e uma grande fazenda de cana de cinquenta hectares. A escravaria de cada uma dessas propriedades foi inventariada separadamente, com referências aos casados e à idade, esta geralmente em termos descritivos. Em um dos engenhos de Lopes Fiúza, o de Baixo, em São Francisco, havia 138 escravos, dos quais apenas vinte eram crianças identificáveis. Dos 118 adultos, somente trinta (quinze casais) foram arrolados como casados. No Engenho São Pedro de Tararipe, em Rio Fundo, menor e provavelmente mais novo, Lopes Fiúza possuía 63 escravos, 54 dos quais, adultos. Apenas dois casais foram relacionados nessa propriedade. A situação era consideravelmente melhor em sua fazenda de cana, Nossa Senhora do Monte, onde havia doze casais entre os 44 adultos e mais de 35% dos cativos residentes foram arrolados como crianças.[52]

Como vimos na Tabela 36, a razão de masculinidade era consideravelmente menor nas fazendas de cana do que nos engenhos. As fazendas de cana, que não empregavam cativos com habilidades técnicas ou artesanais, necessários ao fabrico do açúcar mas não à lavoura da cana, não apresentavam tanta desproporcionalidade entre os sexos. Também não havia tanta estratificação ocupacional entre os escravos dessas propriedades. Ainda assim, apesar dessas condições, as oportunidades de vida para os cativos não eram necessariamente melhores nas fazendas de cana do que nos engenhos. Em primeiro lugar, muitos inventários de fazendas de cana indicam extrema desproporcionalidade entre os sexos e baixa fecundidade, embora a situação em geral fosse melhor do que nos engenhos. As fazendas de cana de José Rodrigues Pereira, por exemplo, possuíam vinte homens e apenas sete mulheres por ocasião de seu inventário em 1733. Apenas um casal foi arrolado como casado, e não havia crianças.[53] A fazenda de cana de Filipe Dias do Amaral, em São Francisco, possuía apenas dois crioulos entre seus 21 escravos. Dos dezesseis homens e cinco mulheres, apenas um deles tinha um filho.[54] Esses casos demonstram que as condições demográficas naquelas propriedades menores também podiam ser muito negativas, ainda que no geral a situação das fazendas de cana fosse melhor. Inversamente, como o padrão generalizado na Bahia era impedir os cativos de se casarem ou manterem relacionamentos além das fronteiras da propriedade de seu senhor, as oportunidades de vida podiam ser mais restritas nas fazendas de cana do que nos engenhos. Embora a proporção entre os sexos possa ter sido mais equilibrada em propriedades menores, o número limitado de parceiros disponíveis e o fato de alguns dos residentes na mesma unidade poderem ser parentes limitavam as oportunidades de casamento para os escravos.

Exemplos de outros engenhos e fazendas de cana com padrões semelhantes de desproporção entre os sexos, poucos casamentos formalizados, baixas taxas de reprodução e altos índices de ilegitimidade podem ser citados para várias épocas, mas nossa capacidade de generalizar a partir desses exemplos é, na melhor das hipóteses, limitada. Examinemos, pois, outro tipo de fonte. Em 1788, realizou-se um censo na capitania da Bahia, com fins aparentemente de recrutamento militar ou avaliação para tributação. Os relatórios de seis paróquias foram conservados até nossos dias; desses, apenas três arrolaram a população escrava. Infelizmente os relatórios de paróquias importantes do Recôncavo como Rio Fundo e Santo Amaro de Purificação não trazem informações sobre a população cativa; estas, porém, aparecem nos relatórios de três distritos: Água Fria, Inhambupe e Taperagoa, todos com considerável número de escravos. Água Fria e Inhambupe eram paróquias nas imediações do Recôncavo com propriedades açucareiras, embora esses distritos apresentassem maior diversificação do que as principais paróquias açucareiras. Uma análise dos escravos dessas três paróquias pode fornecer uma ideia geral da estrutura da população cativa da zona rural baiana, embora devamos considerar que, devido à maior diversificação da economia e à data do censo, 1788, anterior ao revivescimento do tráfico negreiro na esteira da revolta haitiana, os índices demográficos deveriam ser mais "saudáveis" do que os de zonas açucareiras durante boa parte do período colonial.

A estrutura das populações escravas das três paróquias revela a razão entre homens e mulheres adultos e, na distribuição etária por percentis, sugere mais uma vez o grande desequilíbrio entre os sexos e indica altas taxas de mortalidade infantil e baixas taxas de fecundidade. A Tabela 39 torna claro que essas características eram mais pronunciadas entre a população escrava do que em outros segmentos da sociedade, brancos ou pessoas de cor livres. A predominância numérica dos homens entre os cativos era muito maior que entre os brancos ou as pessoas de cor livres, atingindo um nível de quase três homens para cada duas mulheres. O impacto do tráfico negreiro é evidente nesse caso, pois a desproporção é maior entre os adultos nas idades mais produtivas. As baixas razões entre crianças e mulheres, apresentadas na Tabela 40, também indicam uma baixa taxa de reprodução. Quaisquer que tenham sido as causas, esses dados reforçam a impressão geral de que a população escrava baiana não se reproduzia e era mantida pela contínua imigração forçada de africanos.

Duas medidas, a razão de dependência e a taxa geral de fecundidade (ou razão criança/mulher, como às vezes é chamada), ajudam a tornar clara a incapacidade de autorreprodução da população cativa na Bahia. A razão de dependência é calculada dividindo pelo número de adultos em idade produtiva (15-44 anos) o número de indivíduos com menos de quinze e mais de 44 anos, supostamente menos produtivos. Quanto menor essa razão, maior a probabilidade de haver alta mortalidade entre os bebês e crianças e baixa expectativa de vida para os adultos.

A Tabela 39 demonstra que os escravos apresentavam as mais baixas razões de dependência de todos os grupos da população, em um nível de menos da metade da verificada para os brancos. Em certa medida, essa comparação é complicada pela introdução de adultos jovens na população cativa através do tráfico atlântico, reduzindo, com isso, a razão de dependência. Contudo a grande disparidade entre os escravos e todos os segmentos da população livre indica que altos níveis de mortalidade e baixa fecundidade também poderiam estar se verificando. A razão de dependência para os escravos pardos, que podemos supor não ser afetada pelas importações, era, não obstante, mais baixa que as da população livre.

As taxas gerais de fecundidade das populações escrava e livre confirmam a baixa taxa de reprodução da primeira. A população cativa, com taxas entre 58 e 72, era incapaz de autorreprodução. As escravas não davam à luz um número suficiente de filhos para que aquela população crescesse ou mesmo se mantivesse estável sem consideráveis acréscimos por meio do tráfico. Finalmente, devemos observar que o excesso de homens na população cativa tendia a aumentar a taxa geral de fecundidade entre os escravos e diminuí-la entre as pessoas de cor livres, em que havia excesso de mulheres. Assim, a Tabela 40 também apresenta uma

TABELA 39 — RAZÕES DE DEPENDÊNCIA EM PARÓQUIAS BAIANAS, 1788

(IDADE)	A (0-14 ANOS)	B (45 OU +)	C (15-44)	RAZÃO (A + B/C VEZES 100)
Livres[a]				
Brancos	474	316	554	143
Pardos	667	285	761	125
Negros	107	156	152	173
Todos os livres de cor	774	441	913	133
Todos os livres	1248	757	1467	137
Escravos[b]				
Pardos	60	11	84	85
Negros	309	203	764	67
Todos os escravos	369	214	848	69
Todos os de cor (livres e escravos)	1143	655	1761	102

(*a*) Inclui seis paróquias: Purificação, Saubara, Rio Fundo, Taperagoa, Inhambupe e Água Fria.
(*b*) Informação disponível apenas para Taperagoa, Inhambupe e Água Fria.

razão criança/mulher ajustada que compensa as razões de masculinidade para cada grupo — brancos, pessoas de cor livres e escravos — e demonstra ainda mais claramente a reduzida fecundidade da população cativa.

Para situar a estrutura dessa população escrava em um contexto comparativo, a Tabela 41 apresenta o índice das populações escrava e livre em comparação com a população branca naquelas três paróquias, segundo o padrão de distribuição etária dos brancos. Tendo em vista o óbvio arredondamento das idades dos escravos, suas faixas etárias foram convertidas em faixas decenais. Os resultados demonstram que até a idade de dez anos a população masculina escrava era quase 40% menor que a branca. Entre os de dez a quarenta anos, porém, a população masculina escrava excedia em muito a dos brancos, obviamente um resultado da importação de adultos jovens pelo tráfico negreiro. A partir da faixa dos cinquenta anos, o desequilíbrio reaparece, com o número de cativos nessas idades atingindo apenas de 50% a 60% do número de brancos. Para as escravas, o padrão é semelhante, embora não tão extremo, em comparação com as mulheres brancas.

A partir do censo de 1788, é possível fazer uma análise mais detalhada dos níveis de fecundidade dos vários segmentos da população e, com base nesses níveis, aventar algumas suposições, ainda não definitivas, sobre a estrutura e as características da população cativa. Na Tabela 42, apresento algumas das razões tradicionais entre faixas etárias na população e entre crianças e mulheres em grupos populacionais. Esses dados demonstram que os escravos, especialmente os negros, tinham as razões mais baixas entre crianças e mulheres na população. Os pardos livres e escravos apresentavam razões consideravelmente mais altas que os negros de condição social semelhante, mas as razões referentes aos pardos são complicadas pelo fato de que tanto mulheres negras como pardas podiam dar à luz filhos pardos.

TABELA 40 — RAZÕES DEMOGRÁFICAS DA POPULAÇÃO DE TRÊS PARÓQUIAS RURAIS DA BAHIA, 1788

	RAZÃO DE MASCULINIDADE (ADULTOS)			RAZÃO DE DEPENDÊNCIA			RAZÃO CRIANÇA/MULHER[d]			RAZÃO CRIANÇA/MULHER AJUSTADA[e]		
PARÓQUIA	B[a]	LC[b]	E[c]	B	LC	E	W	LC	E	W	LC	E
Taperagoa	102	78	135	137	142	57	165	122	72	161	156	53
Água Fria	79	95	134	132	93	69	93	74	49	117	78	37
Inhambupe	92	101	176	109	98	49	59	86	58	64	85	33

(*a*) B, Brancos. (*b*) LC, Livres de cor. (*c*) E, Escravos. (*d*) Calculado dividindo-se o total da população de 0-9 anos pelo número de mulheres de 15-45 anos. (*e*) Razão criança/mulher ajustada é o produto da razão criança/mulher multiplicado por 100 e dividido pela razão de masculinidade dos adultos.

TABELA 41 — ÍNDICE DAS POPULAÇÕES LIVRE E ESCRAVA COMPARADAS COM A POPULAÇÃO BRANCA NA BAHIA, 1788

	BRANCOS		TODOS OS LIVRES		ESCRAVOS		ESCRAVOS POR GRUPOS DECENAIS	
IDADES	%H	%M	%H	%M	%H	%M	%H	%M
0-4	13,7	15,8	89,8	90,5	41,6	59,5		
							60,2	69,3
5-9	10,9	11,6	112,8	110,3	83,5	82,8		
10-4	9,2	11,4	118,5	102,6	107,6	89,5		
							130,7	111,4
15-9	7,1	10,5	129,6	111,4	160,6	135,3		
20-4	6,5	7,0	115,4	93,3	169,2	140,0		
							157,4	123,5
25-9	7,5	9,7	102,6	90,7	146,6	108,2		
30-4	5,7	5,5	91,2	94,5	240,4	141,8		
							149,2	122,3
35-9	6,9	5,7	91,3	103,5	73,9	103,5		
40-4	6,2	4,0	82,3	107,5	109,7	167,5		
							99,2	100,0
45-9	6,0	6,5	128,3	92,3	85,0	88,5		
50-4	5,6	3,0	87,5	93,3	83,9	106,6		
							57,9	98,2
55-9	5,8	2,5	75,9	120,0	32,8	88,0		
60-4	3,4	2,1	64,7	85,7	70,6	90,5		
							49,5	95,7
65+	5,7	2,6	77,2	123,1	36,8	80,8		

Portanto, provavelmente faz mais sentido considerar todas as pessoas de cor livres e todos os negros de cada categoria ou conjunto. Essas medidas tradicionais de fecundidade confirmam a impressão de que as razões eram mais baixas para os cativos do que para outros segmentos da população.

As medidas tradicionais, contudo, são insatisfatórias em virtude do caráter dos dados e das peculiaridades de uma população escrava. O censo de 1788, como a maioria dos censos do Brasil colônia, subenumerou uniformemente o número de crianças pequenas. Esse problema foi ainda mais acentuado entre as populações livre de cor e escrava, onde a mortalidade infantil era elevada e nem os pais nem os proprietários tinham muita certeza quanto à sobrevivência da criança. Essa subenumeração das crianças provavelmente aumenta a razão das mesmas entre os

TABELA 42 — ÍNDICES DE FECUNDIDADE DA POPULAÇÃO RURAL BAIANA COMPARADA COM TÁBUAS-MODELO

POPULAÇÃO	1 (M, 15-44)[a]	2 (P, 0-14)[b]	3 (2/1)	4 (M, 0-14 M, 15-44)	5 (P, 0-4/ M, 15-44)	6 (P, 0-14 P, 15-45)	7 (P, 5-9 M, 20-49)
Modelo							
Oeste-1 (*R*=1)	445	858	1,93	0,964	0,399	0,889	0,352
Oeste-1 (*R*=-0,5)	469	656	1,40	0,700	0,271	0,420	0,4802
Oeste-1 (*R*=-1)	470	590	1,26	0,628	0,237	0,387	0,427
Bahia							
Brancos	321	432	1,320	0,872	0,505	0,749	0,593
Pardos livres	331	661	1,997	0,967	0,312	0,812	0,935
Negros livres	70	98	1,400	0,571	0,586	0,512	0,379
Todos os livres de cor	451	749	1,661	0,785	0,441	0,726	0,703
Pardos escravos	34	60	1,765	0,853	0,412	0,674	1,43
Negros escravos	313	309	0,987	0,447	0,278	0,375	0,383
Todos os escravos	404	377	1,102	0,426	0,213	0,404	0,436

(*a*) M significa mulheres. (*b*) P significa população.

Fontes: As estimativas de população-modelo são baseadas em COALE, Ansley & DEMENY, Paul. *Regional model life tables and stable populations*. Princeton, 1966, p. 26. Os dados da Bahia baseiam-se no censo baiano de 1788, APB, seção histórica, recenseamentos. As colunas 1 e 2 baseiam-se em uma população total de mil.

brancos e a diminui para os cativos e as pessoas de cor livres. Por outro lado, a tendência de importar adultos jovens do tráfico negreiro resultava em um número desproporcional de mulheres jovens na população escrava, e a presença destas tendia a elevar o nível aparente de fecundidade daquela população.

Para salientar o quão negativa era realmente a situação da fecundidade escrava, a Tabela 42 também inclui razões calculadas com base em tábuas-modelo de vida, compiladas por Coale e Demeny. Embora essas tábuas tenham sido organizadas para populações estáveis, muito diferentes da dos escravos baianos, elas são úteis para finalidades comparativas porque fornecem parâmetros de fecundidade. Usei na Tabela 42 dados extraídos de um regime de mortalidade muito elevada (Oeste-1) a três taxas de crescimento ou decréscimo natural (+1% ao ano, -0,5% e -1%). Esses exemplos demonstram que, mesmo com uma taxa anual de perda de 1%, as taxas-modelo eram geralmente mais altas do que as verificadas para a população escrava.

Entretanto mais uma vez as medidas tradicionais de fecundidade não são inteiramente satisfatórias devido às peculiaridades da população escrava e à natureza dos dados. Para compensar esses problemas, calculei a razão entre as crianças de cinco a nove anos e as mulheres de vinte a 49, razão essa que fornece uma medida realmente pura do poder de reprodução da população. Aqui o contraste entre escravos e livres é imediatamente evidente. Enquanto a razão para escravos negros foi apenas 0,383, para os brancos e as pessoas de cor livres as razões foram 0,593 e 0,703, respectivamente. Também notáveis são as razões elevadas verificadas para os pardos, tanto cativos como livres; porém é difícil avaliá-las, uma vez que as crianças pardas também resultavam de uniões entre brancos e negros. Se, contudo, simplesmente compararmos todos os escravos com todas as pessoas livres de cor, ainda fica evidente a razão mais baixa para os cativos.

Essas várias medidas corroboram a impressão geral de que a fecundidade escrava foi reduzida e que, qualquer que fosse o regime de mortalidade infantil e entre as crianças acima de um ano da população como um todo, para os cativos baianos esse regime foi ainda pior. A população escrava baiana simplesmente não estava se reproduzindo, e ao que parece não o fez durante todo o período colonial. Permanece a questão: por que a população cativa brasileira e, durante a maior parte do século XVIII, a das Antilhas apresentaram baixas taxas de fecundidade? Uma ampla variedade de causas foi aventada, incluindo, entre outras, uniões tardias, subnutrição, que retarda a idade da menarca, trabalho exaustivo, desproporção numérica entre os sexos, uniões instáveis e promiscuidade.[55]

Uma das explicações mais interessantes para a fecundidade reduzida entre os escravos dos engenhos é o costume "africano" de prolongar a lactação, o que teria um efeito contraceptivo e prolongaria o período entre as concepções.[56] Dada a origem predominantemente africana dos escravos baianos, a manutenção dessas práticas não seria surpreendente. Existem, de fato, indícios de que essa prática foi seguida no Brasil. João Imbert, em seu guia para administração de fazendas, lamentou que as escravas prolongassem a amamentação por "dois anos ou mais", e que isso, juntamente com outros "erros" africanos, retardasse o crescimento da população cativa.[57]

O prolongamento da lactação, porém, pode ser apenas parte da história. Estudos modernos sobre os iorubas observaram um padrão de abstinência sexual no pós-parto, amplamente difundido na África ao sul do Saara. Essa abstinência estende-se além da lactação por seis a doze meses, de modo que a principal causa da fecundidade reduzida não é a amenorreia no pós-parto em si, mas o longo período sem intercurso sexual. A razão desse tabu é uma crença arraigada de que a saúde da criança seria ameaçada por uma nova gravidez, disso resultando a tentativa de retardar o tempo de desmame da criança, quando ela se torna mais vulnerável devido à desnutrição ou à ausência de anticorpos existentes no leite materno. O tempo de abstinência, embora variável, foi observado entre os minas, jejes e nagôs.[58] Os estudos sobre os iorubas da época atual indicam que longos períodos de abstinência culturalmente aceita reduzem a experiência de intercurso sexual das mulheres a menos da metade de seus anos férteis; contudo, naturalmente, altas taxas de mortalidade infantil contrabalançariam em certa medida esse fato. O resultado desse padrão de relações sexuais é "assegurar um período mínimo de quatro anos entre as gestações". A baixa fecundidade que verificamos entre os cativos baianos pode, pois, ter sido consequência da prática de prolongamento da lactação combinada com a abstinência sexual. Seria paradoxal se, a despeito das muitas observações acerca da promiscuidade entre os escravos, fosse, na verdade, uma ausência deliberada de relações sexuais a causa subjacente à baixa fecundidade.

MORTE NOS TRÓPICOS

É geral o consenso sobre a escravidão ter sido prejudicial à saúde. A expectativa de vida dos cativos parece ter sido invariavelmente mais baixa do que a das pessoas livres vivendo no mesmo meio, e as condições nos engenhos em toda a América aparentemente foram piores do que em outros tipos de propriedades. Embora não haja concordância sobre a taxa de mortalidade, praticamente todos os observadores da escravidão na Bahia colonial estão de acordo sobre o ter a população escrava dessa capitania sofrido uma taxa anual de declínio, ou seja, uma situação em que o número de nascimentos foi constantemente superado pelo número de mortes, de modo que a manutenção da população apenas foi possível com a contínua importação de novos cativos da África.[59]

As primeiras observações sobre a alta mortalidade entre os escravos apareceram no século XVII. Bernardo Ribeiro, representante da condessa de Linhares, escreveu em 1601: "As propriedades de engenhos neste estado são muito laboriosas e dispendiosas, pois dependem de escravos com quem pouco se pode fazer; o trabalho é grande e muitos morrem".[60] Na mesma década, o governador Diogo de Meneses escreveu sobre o custo para os senhores de engenho dos numerosos escravos comprados e pagos antecipadamente, que morriam deixando aqueles proprietários altamente endividados.[61]

Em princípios do século XIX, observadores começaram a apresentar estimativas sobre a taxa de declínio da população escrava. Em 1832, um autor calculou essa taxa em 5% ao ano, o que significa que a força de trabalho escrava seria reduzida à metade em sete anos se não houvesse acréscimos.[62] Outro observador, escrevendo em meados daquele século, calculou o decréscimo em 8% ao ano, com uma perda adicional de 2,75% devida às vendas para províncias ao sul.[63] Embora existisse divergência de opinião sobre a verdadeira taxa de declínio, parece não ter havido dúvidas quanto à situação de decréscimo populacional. Charles Pennell, cônsul britânico em Salvador e partidário da estimativa de declínio de 5% ao ano, escreveu em 1827:

> A mortalidade anual é tão grande em muitos engenhos que, a menos que seus números sejam aumentados com importações, toda a população escrava se tornará extinta no decorrer de aproximadamente vinte anos; os proprietários procedem segundo o cálculo de que é mais barato comprar escravos homens do que criar crianças negras.[64]

Dados provenientes dos próprios engenhos são de difícil obtenção, além de complicados pelo fato de as idades serem muitas vezes registradas em categorias descritivas e não em anos. Novamente, os engenhos Sergipe e Santana oferecem-nos alguns dados. Na década de 1630, o Engenho Sergipe possuía cerca de 85 cativos. O padre Sebastião Vaz informou que entre 1633 e 1636 haviam morrido catorze escravos (neste caso, africanos), a maioria idosos, e quatro ou cinco crioulos. Isso significaria uma taxa bruta anual de mortalidade de 75 por mil, e obviamente não leva em conta a mortalidade infantil. A uma taxa dessa magnitude, toda a escravaria teria de ser reposta em menos de dez anos. Vaz prosseguiu com a informação de que haviam sido comprados quinze novos cativos, dos quais um morrera e "os demais vivem, graças a Deus, e sairão todos bons escravos, Deus conserve".[65]

Arrolamentos de outro engenho dos jesuítas na Bahia, o Santana, indicam que a taxa extremamente alta de mortalidade extraída dos números do Padre Vaz pode ser atípica. Nessa propriedade, entre julho de 1730 e julho de 1731, mulheres solteiras deram à luz três crianças, e mulheres casadas, mais três. Desses seis bebês, dois morreram, o que fornece uma taxa de mortalidade infantil de 333 por mil. Adicionalmente, houve outras cinco mortes: Andreza, de 90 anos, Gregório, de 75, Mariana, de 24, Rosália, de 22, e Maria, uma africana recém-chegada, de 30 anos. No total, portanto, ocorreram sete mortes entre os 178 escravos, ou seja, uma taxa bruta de mortalidade de 39 por mil. Um inventário do Engenho Santana, feito vinte anos mais tarde, em 1752, revela que nos 57 meses decorridos entre 3 de março de 1748 e 13 de novembro de 1752, nasceram 24 crianças e morreram 23 escravos, dos quais sete eram crianças, dez idosos e seis adultos plenamente ativos. Para a população do engenho, de aproximadamente 180 cativos, esses números fornecem uma taxa bruta de natalidade de 28 e uma taxa bruta de mortalidade de 27; contudo não é possível determinar até que ponto os anos de 1730-1 ou 1748-52 foram anos típicos nessa propriedade nem em que medida o Santana foi um engenho típico. Essa propriedade dos jesuítas provavelmente apresentava uma situação um tanto melhor que a existente na maioria dos engenhos baianos. Sem dúvida, dados paroquiais indicam níveis de mortalidade mais altos que os verificados para aquele engenho.

Apesar de as taxas brutas não serem uma medida comparativa particularmente adequada, existe alguma utilidade em apresentar aqui taxas brutas de natalidade e mortalidade para segmentos da população em algumas sociedades escravistas, a fim de estabelecer um contexto comparativo para as taxas baianas. Anteriormente à introdução de métodos de controle da natalidade, as taxas brutas de natalidade na maioria das populações variaram entre 35 e 55 por mil, ao passo que as taxas brutas de mortalidade ficaram em torno de 30 a 40. Em anos de epidemias, taxas de mortalidade superiores a 100 foram registradas para populações europeias no decorrer da história, mas tais níveis foram resultado de tempos difíceis, de pestes ou fome. A Tabela 43 apresenta um resumo dessas taxas. A variação desses números é muito grande e em certa medida representa problemas de sub-registro das mortes, mais do que diferenças reais. Ainda assim, fica evidente, em comparação com outros regimes escravistas, em especial os dependentes do tráfico negreiro e, portanto, provavelmente semelhantes em termos de distribuição segundo o sexo e a estrutura etária, que os dados para a Bahia rural tendem a situar-se no grupo de baixas taxas de natalidade e altas taxas de mortalidade. A taxa bruta de mortalidade da paróquia de Purificação em 1817 baseia-se em uma contagem de registros de óbitos em relação ao número total de escravos na paróquia naquele ano. Supondo uma taxa bruta de natalidade para os cativos dessa paróquia de cerca de 34, semelhante à arrolada para Minas Gerais mais ou menos na mesma época, temos que a taxa de crescimento da população escrava seria negativa, com um declínio de mais de 1,3% ao ano, sem considerar alforrias e fugas. O sub-registro das mortes de crianças com menos de um ano provavelmente diminuiu esse número, e penso que talvez uma taxa de decréscimo de 2,5% a 3,5% anuais provavelmente seja mais correta. Uma taxa dessa magnitude se aproximaria das estimativas não compostas de 5% ao ano feitas por vários observadores.

Vários problemas complicam qualquer tentativa de determinar taxas de mortalidade para a população baiana. As taxas de mortalidade são particularmente suscetíveis à estrutura etária da população. Uma população mais velha (com mais pessoas nas faixas etárias superiores) apresentará uma taxa de mortalidade mais alta do que uma população mais jovem. Esse fato pouco nos esclarecerá a respeito das condições de saúde existentes nas duas populações. A falta de dados adequados sobre as idades específicas da população baiana dificulta, pois, o cálculo das taxas, e o problema torna-se ainda mais complexo devido ao tradicional sub-registro dos óbitos de crianças, natimortos e bebês. As tábuas-modelo de vida também possuem valor limitado, pois são projetadas para populações estáveis, característica que jamais se verificou para a população cativa baiana, constantemente reposta com africanos.[66]

Assim como o ocorrido com a fecundidade, uma série de fatores influenciou a expectativa de vida dos escravos baianos; contudo a inadequação dos dados dos censos, registros e informações de embarque dificultam a avaliação do impacto de cada um dos fatores que contribuíram para a mortalidade. Como vimos, a população escrava baiana era de origem predominantemente africana. Os cativos nascidos na África apresentavam altas taxas de morbidade e mortalidade no Novo Mundo, pois ingressavam em um meio com novas doenças para eles. Não só não dispunham da imunidade adquirida na infância pelos nascidos na terra, mas

TABELA 43 — TAXAS BRUTAS DE NATALIDADE E MORTALIDADE EM VÁRIAS SOCIEDADES ESCRAVISTAS NAS AMÉRICAS, 1633-1861

LOCAL	DATA	POPULAÇÃO	TAXA BRUTA DE NATALIDADE	TAXA BRUTA DE MORTALIDADE
Brasil				
1.Salvador				
Paróquia de Santo Antônio	1775	todos		35,1
Paróquia da Penha	1775	todos		33,9
Paróquia do Passo	1798	todos		34,5
2. São Paulo	1765	homens	64,2	59,2
		mulheres	56,6	51,5
3. São Paulo	1798	todos os livres	54,4	
4. Pernambuco	1775	todos	41,4	32,8
5. Maranhão	1798	brancos	16,3	27,9
		escravos pardos	38	26,7
		escravos negros	24	26,7
		todos os escravos	26,5	26,7
6. Minas Gerais	1815	brancos	36,6	27,4
		livres de cor	41,7	34,3
		escravos	33,4	32,9
7. Minas Gerais	1821	brancos	40	28
		livres de cor	41,5	39,6
		escravos pardos	38	60
		escravos negros	29	65
		todos os escravos	33,7	62,8
8. Espírito Santo	1817	todos	44,2	33,5
9. Brasil	1873	todos os escravos	30	
10. Jamaica	1817-32	todos os escravos	23	26
11. Jamaica	1844-61	todos	40	32
12. Suriname	1826-48	todos os escravos	27,5	50
13. Suriname				
(plantation Caterina-Sofia)	1852-61	todos os escravos	26,8	43,4
14. Sul dos Estados Unidos	1850	brancos	46-50	
15. Sul dos Estados Unidos	1820-60	escravos	60	
16. Cuba	1791-2	todas os negros	52,5	34
	1816-7	todos os negros	50	34,2
17. Antilhas Dinamarquesas	1840-50	todos os escravos	40	50
18. Bahia				
Paróquia de Santo Amaro	1817	escravos		47
Engenho Sergipe	1633-6	escravos		75
Engenho Santana	1730-1	escravos		39
Engenho Santana	1748-52	escravos	28	27
Engenho Petinga	1744-5	escravos		115 (peste)
Fazenda Saubara	1750-60	escravos	17-26	
		escravos homens adultos		115
		escravas adultas		81

Fontes: (1) ATAÍDE, Johildo. *Mortalidade na cidade do Salvador*. Trabalho não publicado, 1972. (2) KUZNESOF, Elizabeth Anne. *Household composition and economy in an urbanizing community: São Paulo, 1765-1836*. Tese de PhD. University of California, Berkeley, 1976, pp. 292-6. (3) MARCÍLIO, Maria Luiza. *A cidade de São Paulo*. São Paulo, 1974, pp. 161-2. (4) *ABNR 43*:20-111, 1923. (5) BNL, Fundo geral. (6) LEFF, Nathaniel & KLEIN, Herbert S. O crescimento da população não europeia antes do início do desenvolvimento: o Brasil no século XIX. *AH*, 6: 51-70. 1974. (7) ESCHWEGE, W. L. von. *Pluto brasiliensis* (1821). Belo Horizonte, 1979. 2 v. v. II, apêndice. (8) IHGB, lata 17.2. (9) SLENES, Robert. *The demography and economics of Brazilian slavery*. Tese de PhD. Stanford University 1976, pp. 341-411. (10) e (11) KLEIN, Herbert S. & ENGERMAN, Stanley. *The demographic study of the American slave population*. Trabalho não publicado, 1976. (12) e (13) LAMUR, Humphrey. The demography of Surinam plantation slaves in the last decade before emancipation. *CPSNWS*, pp. 161-73. (14) e (15) KLEIN & ENGERMAN. op. cit., várias fontes. (16) EBLEN, Jack. On the natural increase of slave populations: the example of the Cuban black population, 1775-1900. In: ENGERMAN, Stanley L. & GENOVESE, Eugene D., eds., *Race and slavery in the Western Hemisphere. Quantitative studies*. Princeton, 1975, pp. 211-48. (17) JOHANSEN, Hans Christian. Slave demography in the Danish West Islands. *Scandinavian Economic History Review, 29*(1):1-20, 1981. (18) ACMS, Livro de Óbitos, 1817; ANTT, CSJ, maço 69, nº 76; maço 15, nº 24; maço 54, nº 42; maço 54, nº 31; ASCMB, B/3ª/213.

também chegavam provavelmente enfraquecidos física e psicologicamente pela travessia atlântica, sendo mais suscetíveis às moléstias.[67] O período de adaptação era crucial. No primeiro ano após a chegada, os escravos africanos não só tomavam conhecimento do que seus senhores esperavam deles e dos rudimentos da língua portuguesa, mas também passavam por um período de alto risco de mortalidade. Assim, o arrolamento de um escravo como ladino ou aculturado, além de ser um comentário sobre suas habilidades, era também um indicador de sua potencial longevidade. A diferença de preço entre africanos ladinos e boçais (recém-chegados) esteve em torno de 155 durante todo o século XVIII.[68] A grande proporção de africanos na população escrava baiana também produziu o efeito de elevar a idade mediana dessa população, devido à tendência de importar adultos jovens, e isso, por sua vez, teria contribuído para uma taxa bruta de mortalidade mais alta.

Há tempos que estudiosos vêm tentando usar dados sobre a mortalidade como um indicador direto do "tratamento", ou seja, das condições físicas sob as quais trabalhavam os cativos. No Brasil, era comum estimar-se a expectativa de vida de um escravo em sete a quinze anos, mas tal cálculo é particularmente enganoso.[69] Para serem de muita utilidade, as estimativas de expectativa de vida devem ser baseadas em taxas de mortalidade por idades específicas. No Brasil, por exemplo, um ajustamento para levar em conta as mortes durante o período de adaptação e a mortalidade infantil e de crianças com mais de doze meses de vida, fatores que contribuíram acentuadamente para a taxa bruta de mortalidade, diminuiriam de forma considerável essa taxa e seriam apenas parcialmente relacionadas às condições de trabalho, embora a mortalidade infantil e a das crianças maiores estivesse, em certa medida, ligada à morbidade e condição nutricional das mães. Não obstante, se uma grande parcela das mortes tiver ocorrido na infância ou logo em seguida à chegada da África, as taxas brutas de mortalidade serão pouco esclarecedoras a respeito do regime de trabalho.

As evidências indicam, de fato, que a mortalidade infantil e a de crianças com mais de doze meses era extremamente alta entre os cativos baianos e provavelmente mais elevada nesse grupo do que em qualquer outro da população baiana. Desconhecendo a estrutura etária, é difícil determinar taxas ou razões de mortalidade significativas; entretanto, algumas evidências encontradas para a paróquia de Purificação são sugestivas. Dado o que já determinamos a respeito da baixa proporção de crianças na população escrava, os dados sobre a mortalidade em Purificação são notáveis. Dos 226 cativos que morreram entre 1816 e 1819 cujas idades foram registradas, mais da metade eram crianças com menos de cinco anos, e um terço eram idosos acima de sessenta anos.[70] A proporção de mortes entre a população livre era inversa, com as crianças menores de cinco anos perfazendo 30% dos óbitos e as pessoas com mais de 55 anos compondo metade das mortes. Embora seja impossível estimar a taxa de mortalidade sem dados para os grupos etários, provavelmente podemos supor com segurança que a porcentagem de crianças com menos de catorze anos era menor entre os escravos do que entre as pessoas de cor livres ou a população branca.[71]

Qual o significado desses números em termos de expectativa de vida para os cativos? Utilizando técnicas para populações semiestáveis, alguns autores tentaram calcular a expectativa de vida por idades específicas no Brasil. Supondo um regime severo de mortalidade, intermediário entre as tábuas-modelo Oeste-1 e Oeste-4, de Coale e Demeny, Robert Slenes estimou que a expectativa de vida ao nascer (e_0) era entre dezenove e 27 anos para os escravos brasileiros em fins do século XIX, número esse um pouco menor do que os 27,08 anos calculados para a população brasileira como um todo em 1879.[72] Ainda assim, esse autor caracterizou essa situação como sendo de mortalidade extremamente elevada, consideravelmente acima da dos escravos do sul dos Estados Unidos em meados do século XIX. Empregando uma técnica um tanto diferente, Pedro Carvalho de Mello chegou a conclusões semelhantes, estimando a expectativa de vida ao nascer para os homens em 18,3 anos, comparados com 27,4 para a população como um todo em 1872. A expectativa de vida ao nascer do escravo do sexo masculino no Brasil era, portanto, 30% menor que a da população como um todo, e apenas metade da verificada para os cativos homens nos Estados Unidos por volta de 1850 ($e_0 = 35{,}5$), que, por sua vez, era apenas 12% menor que a da população norte-americana como um todo.[73]

Empregando o método para população semiestável, Stephen Burmeister estimou a expectativa de vida dos escravos baianos com base no censo de 1788: para os homens, ao nascer, 23 anos, e para as mulheres, 25 anos; mas é provável que esses números estejam magnificados, devido ao fato de a mortalidade infantil nem sempre ser devidamente registrada.[74] Não obstante, são representativos de regiões não açucareiras, devendo, portanto, ser considerados como indicadores das condições ótimas para os cativos baianos. A maioria dos escravos que trabalhavam nos engenhos e canaviais provavelmente tinha uma expectativa de vida ainda mais baixa.

As condições de insalubridade, a subnutrição e a falta de assistência médica afetavam um grande segmento da população livre além dos escravos na Bahia, mas sem dúvida o cativeiro criava certas condições especiais de mortalidade. As aparentemente altíssimas taxas de mortalidade entre recém-nascidos e crianças cativas podem se dever à subnutrição e às exigências de trabalho impostas às mães, bem como aos cálculos dos senhores de engenho que julgavam ser arriscado criar uma criança, dadas suas chances de morrer antes de atingir a idade de trabalho. Essa atitude e as imposições de trabalho sobre as mulheres grávidas podem também ter resultado em uma proporção maior de natimortos entre os cativos do que entre o restante da população. Dados do Maranhão em 1798 revelam uma razão de natimortos para o total dos nascimentos entre os escravos de 10,3, contrastando com a de 5,7 entre os brancos e 6,5 entre os pardos livres.[75]

Ainda que a mortalidade infantil tenha sido, aparentemente, um fator crucial na patologia da demografia escrava, o regime de trabalho, especialmente o imposto pela lavoura açucareira, também teve seu peso. Após a idade de cinquenta anos, os cativos apresentavam taxas de mortalidade mais elevadas do que as pessoas livres. Pelo menos, é o que indicam as distribuições por faixas etárias na Tabela 41. Cerca de seis dos escravos arrolados como doentes em inventários de propriedades açucareiras sofriam de "cansaço".[76] Alguns autores acreditam que o cansaço seria uma doença específica; contudo nunca encontrei nenhum documento em que uma pessoa livre tivesse sido mencionada com essa moléstia no século XVIII. Creio que o cansaço fosse referente a uma condição da escravidão: o desgaste ou a exaustão que levavam à incapacidade. Durante a safra, quando a demanda por trabalho era máxima, havia pouquíssimo tempo para repouso, especialmente na fábrica do engenho. A fadiga podia ter resultados fatais, como foi provavelmente o caso de Francisco, escravo mina, que em 1816 morreu em um engenho em São Francisco após cair em uma caldeira de caldo de cana fervente.[77]

Finalmente havia o efeito psicológico do cativeiro sobre suas vítimas, difícil de medir, mas intensamente real. Livros de contas de engenhos aludem ao infanticídio e ao aborto. O desespero em face da escravidão levava ao suicídio nos navios negreiros e nos engenhos. O capitão de um navio, Filipe Néri, informou de Pernambuco em 1812 que perdera três elementos de sua carga humana quando, ao entrar no rio Zaire, três homens que haviam sido açoitados lançaram-se desesperadamente ao mar.[78] Antonil, que visitou o Recôncavo em fins do século XVII, e Benci, que viveu na Bahia na mesma época, admoestaram os proprietários de escravos a tratar os cativos decentemente, pois a negligência e os maus tratos com frequência os levavam ao suicídio, problema este com graves implicações para os dois clérigos.[79]

VIDA E MORTE NA FAZENDA SAUBARA

As simples estatísticas de nascimentos e mortes não revelam uma imagem abrangente do passado, das vidas e infortúnios das pessoas que sofreram a tragédia da escravidão baiana, das que atentaram para os gritos da vida ou postaram-se solenemente ao pé das sepulturas. Os arrolamentos de engenhos, à semelhança das fotografias, só nos mostram uma única dimensão, estática no tempo. Uma propriedade do Recôncavo, porém, fornece-nos alguns indícios de caráter diferente. A Fazenda Saubara foi uma vasta propriedade da Misericórdia de Salvador. Situada na zona de agricultura de mandioca do Recôncavo, logo ao sul de Santo Amaro, na paróquia de Saubara, essa fazenda produzia gado e mandioca para venda e para fornecimento ao hospital da Misericórdia e outras instituições na Bahia. Possuía, além disso, vasta área florestal. Ao longo dos anos, várias extensões de terra haviam sido arrendadas a lavradores pobres, mas a Misericórdia mantivera o controle direto sobre a maior parte da propriedade e empregara cerca de vinte a trinta escravos. Periodicamente (a cada ano, provavelmente) fazia-se um arrolamento dos cativos, incluindo seus nomes e às vezes outros dados sobre origem, estado conjugal, capacidade de trabalho ou outras características. Existem ainda cinco dessas listas de 1750 a 1760; retraçando a presença de indivíduos ao longo dessas listas, é possível formar alguma ideia do confronto dessas pessoas com a morte no Recôncavo.

Apesar de a Fazenda Saubara ser propriedade de uma instituição religiosa beneficente, sua administração com frequência deixava muito a desejar. Em 1655, o homem contratado para residir na fazenda e dirigir suas operações foi despedido por roubar e marcar os escravos com um ferro de marcar o gado.[80] Seu substituto, Antônio Álvares de Abreu, recebeu uma série de instruções, ordenando-o a manter o hospital da Misericórdia abastecido de farinha de mandioca e lenha, proibir estranhos de cortar madeira na propriedade e cuidar do gado nos quatro currais da propriedade. Quanto aos escravos, Álvares de Abreu foi encarregado de certificar-se de que eles trabalhassem bem, recebessem instrução religiosa e fossem punidos quando necessário. Os cativos deviam ser autorizados a cultivar e vender fumo para vestirem-se.[81] O novo empregado não foi melhor que o anterior e durou apenas um ano. Os problemas continuaram. Em 1664, João Antunes foi despedido como feitor por negligenciar seus deveres e porque sua mulher maltratara barbaramente os escravos domésticos.[82] No final do século, a má administração mostrava seus resultados. O número de escravos mortos e a evidente escassez de nascimentos de cativos pusera em risco a fazenda, e fora preciso comprar novos escravos. Um investigador régio relatou, em 1755, que a má administração arruinara a propriedade e que uma direção melhor levaria a um aumento na venda de gado e ao nascimento de mais escravos.[83] O problema da baixa fecundidade entre os cativos parece ter-se manifestado ali como em outras partes do Recôncavo. Na década de 1750, apenas cinco crianças nasceram, havendo quinze mulheres ainda em idade fértil.

Não obstante a baixa taxa de natalidade, as condições na Fazenda Saubara eram, provavelmente, melhores que na maioria das propriedades baianas. As instruções formuladas para orientação dos feitores da fazenda determinavam que se permitisse aos cativos cultivar suas próprias roças e pomares em capoeira ao longo da costa. Todo escravo doente deveria receber os cuidados necessários por conta da Misericórdia e, caso a moléstia fosse prolongada, deveria ser levado ao hospital daquela instituição em Salvador.[84] Tais medidas, que deveriam ter melhorado as condições para a escravaria na Fazenda Saubara, não foram eficazes. Como demonstra a Tabela 44, dentre os 56 cativos que aparecem nos registros da propriedade entre 1750 e 1760, houve 22 mortes, ou seja, cerca de dois em cada cinco escravos morreram naquele período. Dos quinze escravos do sexo masculino na lista de 1750, apenas quatro sobreviveram até 1760; das oito mulheres constantes no primeiro arrolamento, havia somente três uma década mais tarde. A década de 1750 não parece ter sido excepcional em termos de mortes naquela fazenda. Listas remanescentes de 1727 e 1735 possibilitam-nos retraçar a sobrevivência de indivíduos entre essas duas datas. Dos onze meninos e homens relacionados em 1727 com nomes e características que permitem seguramente sua identificação, só um sobreviveu até 1735. Dentre as mulheres e meninas, três, ou possivelmente quatro, das seis identificáveis em 1727 permaneciam em 1735.[85]

Podemos, com efeito, calcular aproximadamente as taxas gerais de fecundidade e mortalidade para essa população escrava. Para a taxa geral de fecundidade, devemos supor que os nascimentos registrados são um mínimo, uma vez que não há como saber quantas crianças nasceram e morreram no período entre as duas listas. Devemos ainda supor que todas as mulheres estavam em idade fértil na década em consideração, exceto, naturalmente, aquelas cujas idades estavam claramente acima ou abaixo dos anos férteis. Das quinze mulheres capazes de procriar e que aparecem nas listas, podemos considerar cinco filhos nascidos durante a década em estudo. Essas quinze mulheres, dadas suas idades e histórico de mortalidade, viveram 62,5 anos em risco de ter filhos. Portanto, sua taxa geral de fecundidade foi, no mínimo, 80 por mil. Se esse número for aumentado em 50% para compensar as mortes de bebês entre os censos, a taxa eleva-se para 120 por mil.

As condições de fecundidade podem ser expressas de outro modo para fins comparativos. Houve cinco nascimentos na Fazenda Saubara durante aquela década, ou seja, 0,5 por ano. A população média da propriedade durante o período foi pouco superior a 29 cativos. Esses números fornecem uma taxa bruta de natalidade de 17 por mil que, se acrescida em 50% para compensar pelos nascimentos não registrados, produz uma taxa máxima de 26 por mil. Esses números são comparáveis aos 23 por mil calculados para a plantation Worthy Park, na Jamaica, entre 1783 e 1834, e para todas as plantations jamaicanas (1817-29), cuja taxa era 27 por mil.[86] Assim, os números máximos estimados para a Fazenda Saubara atingem os níveis registrados em outro regime escravista caracterizado por grande proporção de africanos, desproporção numérica entre os sexos e agricultura tropical. Os números mínimos da Fazenda Saubara são baixos, mas condizentes com as outras informações que extraímos de registros paroquiais e relatórios censitários. Cinco crianças para quinze mulheres supostamente em idade fértil significam uma taxa geral de fecundidade de 333 por mil, exatamente a média da taxa geral de fecundidade escrava calculada para as três paróquias baianas em 1788. Assim, embora as informações referentes a Saubara indiquem um baixo nível de fecundidade, elas são consistentes com outras informações que apresentei sobre a fecundidade dos escravos baianos.

Os cálculos sobre mortalidade apresentam outros problemas. Aqui estamos falando, na verdade, de uma taxa de desgaste causado por mortes, vendas ou alforrias, mas partirei da suposição de que o desaparecimento de cativos das listas deveu-se

TABELA 44 — MORTALIDADE ENTRE OS ESCRAVOS DA FAZENDA SAUBARA, 1750-60

	IDADE	1750	1753	1757	1758	1760
Homens, 1750						
Alexandre	50	Angola	incapacitado	†[a]		
Ambrósio	50	Angola	…	†		
Antônio	8	Crioulo	…	…	…	†
Diogo	20	Angola	…	…	…	…
Francisco	20	Angola	…	…	…	…
João Teixeira	50	Crioulo	…	…	…	…
João	45	Angola	casado	†		
João	4	Crioulo	…	…	…	…
José	20	Angola	vaqueiro	…	…	†
José Grande	45	…	†			
Luís dos Santos	45	casado, velho	…	†		
Manoel	12	Crioulo	…	…	…	†
Simão	75	…	†			
Simão da Cunha		casado, incapacitado	…	†		
Vicente	3 mes.	Crioulo (bebê)	…	…	…	…
Acrescidos por volta de 1753						
Ignácio, "um menino"			crioulo	…	…	…
Eusébio			pardo, vaqueiro	†		
Acrescidos por volta de 1757						
Antônio				Angola	…	†
Antônio				Mina (novo)[b]	…	…
Cândido				Mulato (jovem)	…	…
Domingos Marques				Mina	…	…
Francisco				Mina (novo)	…	…
João				Mina (novo)	…	…
José				Angola	…	…
Luís				Jeje	…	…
Simão				Angola	…	…
Tomás				Mina (novo)	…	…
Acrescidos por volta de 1758						
Caetano				Mina (novo)	…	…
José				novo	…	†
Acrescidos por volta de 1760						
Bernardo						Mina
Pedro						Mina
Ambrósio						Angola
Severino						bebê
Bastião						

	IDADE	1750	1753	1757	1758	1760
Mulheres, 1750						
Ana	80	....	....	incapacitada	†	
Andreza	50	casada	....	"velha"	†	
Isabel	30	crioula	solteira	....	....	....
Jacinta	27	crioula	"padeira"	†		
Joana	70	crioula	casada	....	....	.... †
Luiza	24	crioula	....	? (crioulinha)	....	....
Maria	18	crioula	casada	....	....	....
Micaela	80		incapacitada	....	†	

Acrescidas por volta de 1753

Joana Jeje .... (velha) ....

Esperança Crioula .... (manca) .... †

Maria de Matos Angola .... †

Acrescidas por volta de 1757

Antônia Jeje (nova) ....

Elena Jeje (nova) ....

Josepha Jeje (nova) ....

Joana Jeje ....

Narciza Crioula (bebê) ....

Rita Jeje nova ....

Acrescidas por volta de 1758

Anita Jeje ....

Isabel Angola (nova) ....

Tomázia Crioula (bebê) ....

Acrescidas por volta de 1760

Ana Crioula (bebê) ....

Andreza Jeje ....

(*a*) O símbolo "†" indica morte.

(*b*) "Novo" indica recém-chegado da África.

exclusivamente a mortes, e não a vendas. Essa parece ser uma hipótese relativamente segura, uma vez que a Misericórdia dispendia quantias consideráveis, segundo os registros, na reposição da escravaria, e parece ter sido antes compradora do que vendedora de escravos. Nenhum cativo foi arrolado como desordeiro ou fujão contumaz, motivos usuais para a venda de escravos residentes. Como não há meios de recuperarmos a história das crianças que nasceram e morreram entre as datas dos arrolamentos, limitarei meus cálculos à taxa geral de mortalidade para homens e mulheres adultos.[87] Dos trinta escravos do sexo masculino com idade acima de oito anos em 1750 ou que provavelmente eram mais velhos do que isso ao aparecerem pela primeira vez nos registros, treze morreram durante aquela década. Os trinta homens viveram um total de 113,5 anos em risco, para uma taxa geral de mortalidade de 115 por mil. A taxa de mortalidade para as mulheres foi consideravelmente mais baixa. As dezenove mulheres em idades equivalentes viveram 98,5 anos em risco e sofreram oito mortes, para uma taxa de 81 por mil. Esse diferencial nas taxas de mortalidade de homens e mulheres foi observado em outras sociedades escravistas e geralmente atribuído ao trabalho mais pesado e perigoso executado pelos homens.

Essas taxas de mortalidade entre os adultos e a taxa geral de fecundidade são espantosas, muito piores do que as verificadas em outros regimes escravistas. Para a Jamaica no século XIX, por exemplo, estimou-se a taxa bruta de natalidade em 23 por mil, e a de mortalidade em 26 por mil. Para os escravos nos Estados Unidos, calculou-se a taxa bruta de natalidade em 50 e a de mortalidade em 23-30 por mil. As taxas de mortalidade dos adultos na Fazenda Saubara, de 115 para os homens e 81 para as mulheres, atingem níveis epidêmicos, embora não haja indicações de que moléstias epidêmicas tivessem sido um problema na década de 1750.[88] Não está claro o motivo de taxas tão elevadas. A Misericórdia realmente cuidava dos cativos doentes e debilitados em seus hospitais em Salvador. Alguns dos escravos comprados já estariam doentes? Aparentemente não, já que muitos dos introduzidos após 1753 foram arrolados como "nova", significando africano recém-chegado. Altas taxas de mortalidade durante o período de adaptação também não parecem ter sido um fator fundamental. Apenas uma morte (José, comprado em 1758) e possivelmente duas outras (Antônio, 1757, e Anita, 1758) parecem ter ocorrido durante a adaptação de africanos recém-chegados. Dezesseis das 22 mortes foram de escravos que já estavam em Saubara em 1750. Destas, dez ou onze foram de adultos com mais de 44 anos. Portanto, a mortalidade extremamente alta parece ser resultado, em certa medida, da estrutura etária, embora o considerar-se um cativo "velho" aos 44 anos (por exemplo, Luís dos Santos) seja, por si, um indicador das condições do cativeiro. O que permanece complicado é a grande porcentagem de mortes de adultos não devidas ao período de adaptação.[89]

Não devemos nos esquecer aqui de que estamos tratando de pessoas e não de números. Conquanto o material de que dispomos forneça apenas uma visão das mais superficiais e unidimensionais da história desses indivíduos, a menção dos mesmos nos registros já é suficientemente comovente. Vejamos o caso de Ambrósio, nascido em Angola por volta do início do século XVIII. Chegado a Saubara pouco depois de 1727, recebeu o nome de Ambrósio, aparentemente para substituir outro escravo com esse nome, um "negro velho" que morrera recentemente. Na Fazenda Saubara, o costume aparentemente era dar aos novos escravos o mesmo nome de cativos que haviam morrido. Assim, temos os exemplos de Maria de Matos, uma parda do Daomé, que aparece na lista de 1727, e de outra Maria de Matos, uma angola comprada antes de 1753. Um cativo idoso, Simão, morreu antes de 1753, e entre essa data e 1757 foi substituído por um natural de Angola que recebeu o mesmo nome.

Em 1750, Ambrósio foi arrolado como tendo cinquenta anos, e em 1757 estava morto. Não sabemos sua verdadeira idade ao morrer, pois a idade de cinquenta anos, registrada em 1750, é, como as demais registradas nessa lista, claramente uma aproximação, ao menos no tocante aos africanos. Acima de cinquenta anos, porém, era uma idade considerada avançada para cativos. Isso fica evidente no caso de Andreza, escrava mina que pertencera a Saubara pelo menos desde 1727, época em que provavelmente tinha vinte e poucos anos. Em 1750, estava casada e foi arrolada como tendo cinquenta anos. Em 1753, foi registrada como "velha", e em 1757 estava morta. Caso parecido de "envelhecimento" precoce é o de Luís dos Santos, arrolado como tendo 45 anos em 1750, denominado "velho" três anos depois e morto em 1757. Com apenas uma exceção, todos os cativos listados como "velhos" ou incapacitados durante o decênio em estudo não sobreviveram até 1760.

Embora o "envelhecimento" ocorresse cedo, também cedo considerava-se o fim da adolescência ou, pelo menos, a classificação do cativo como adulto. Dois meninos crioulos, Manoel (doze anos) e Antônio (oito) foram arrolados em 1750. Em 1753, ambos foram mencionados como "rapaz aliás homem já feito". Nenhum sobreviveu até o final da década. A questão do status de adulto também é importante para as considerações quanto à gravidez. Não dispomos de dados adequados para a maioria das mulheres, mas podemos supor que grande parte dos africanos comprados eram jovens adultos. Não obstante, das cinco crianças que podemos identificar nas listas, quatro eram com certeza nascidas de mães crioulas. As mulheres africanas aparentemente não estavam tendo filhos.

Os altos níveis de mortalidade demandavam reposição aos proprietários da fazenda. O grupo original, de quinze homens e oito mulheres, teve de ser suplementado. Em 1753, foram acrescidos dois novos escravos em substituição a dois outros que haviam morrido. Naquele ano, três mulheres foram levadas para Saubara, para compensar por uma morta e duas incapacitadas. Em 1757, haviam morrido mais dez cativos, e fez-se um grande esforço de substituição ou expansão da escravaria. Dez homens, a maioria minas ou angolas, foram adquiridos, bem como cinco mulheres jejes. Além disso, nasceu Narcisa, filha de Maria, a crioula casada. Durante toda a década, a Fazenda Saubara manteve entre quinze e vinte homens e de oito a quinze mulheres. A média de escravos da propriedade na década foi 29, e a proporção de homens sempre foi maior que a de mulheres.

O que a composição das listas da Fazenda Saubara não pode transmitir é o tipo de mundo e a percepção do mesmo que essas taxas de mortalidade tão elevadas devem ter criado. Aqui estamos em terreno puramente especulativo, mas sem dúvida os escravos percebiam a natureza transitória de sua existência e o risco de morte sob o qual todos viviam. Os poucos que sobreviveram por toda a década em Saubara teriam visto morrer quase a metade de seus amigos, conhecidos e companheiros naquele curto período. Qual teria sido sua reação — desespero, resignação, ressentimento? Não há meios de sabermos, mas pode se presumir que as baixíssimas taxas de natalidade talvez reflitam atitudes e decisões por parte dos escravos, tanto quanto a influência dos percentuais entre os sexos e idades.

14. A família escrava e as limitações da escravidão

Tu, fulano, a seu tempo, casarás com fulana.

André João Antonil (1710)

São casados perante a Igreja, solenemente por palavras André Jeje e Eugênia Jeje, Antônio Nagô com Rita Nagô, todos escravos do capitão Antônio de Araújo Gomes, todos moradores nesta freguesia de Nossa Senhora da Purificação, e logo receberam as bênçãos segundo os ritos e cerimônias da Sagrada Madre Igreja.

Registro da paróquia de Purificação (1785)

Em face da implacável demografia da escravidão baiana e das limitações impostas pela instituição às opções e oportunidades de vida para os que sofriam o cativeiro, os escravos procuraram criar formas sociais e culturais que lhes proporcionassem consolo e apoio naquele mundo hostil. Neste capítulo, olharemos além das estruturas demográficas para examinar as fronteiras culturais que definiram as oportunidades dos cativos, e a seguir estudaremos suas respostas sociais ao serem constantemente confrontados com o poder dos senhores escravistas. A formação da família, em especial através do sacramento do matrimônio, e o nascimento espiritual do indivíduo pelo sacramento do batismo eram dois momentos de extrema importância para qualquer habitante do Brasil colônia, e boa parte de minha discussão será dedicada a esses atos. Entretanto devemos ter em mente desde já que a formação de unidades conjugais e, em última análise, de famílias, não dependia do casamento consagrado pela Igreja, quer para os escravos, quer para os livres. Dizer que um casal não era casado e que seus filhos eram ilegítimos não significa que eles não formavam uma unidade familiar, ainda que legalmente pudessem ser incapacitados sob certos aspectos. Podemos também admitir que o impacto e o significado do casamento e do batismo podem ter sido consideravelmente diferentes para africanos e portugueses e seus respectivos descendentes na colônia. Não obstante, dadas as dificuldades de penetrar no mundo interior dos cativos, o casamento e o batismo são duas portas de entrada que prometem algum retorno.

A importância da família — as pessoas relacionadas pelo sangue ou pelo matrimônio e que reconheciam esses laços — e do parentesco em geral há tempos vem sendo um assunto de grande interesse no Brasil e, embora seja muito enfatizado o impacto dessas relações sobre a vida política e social, existem, na verdade, poucos estudos acerca da organização das famílias e domicílios brasileiros no passado.[1] Isso, apesar de ser aplicável à família brasileira em geral, é ainda mais evidente no que se refere à família escrava, que se supôs praticamente inexistente ou tão deformada pela escravidão que teria sido a principal causa de males sociais posteriores. Mesmo o clássico *Casa-grande & senzala*, de Gilberto Freyre, que estuda as relações entre senhores e escravos no contexto familiar, preocupa-se primordialmente com a família patriarcal da casa-grande e não com a vida familiar dos próprios cativos.[2]

A revolução historiográfica que tem marcado os estudos sobre família escrava nos Estados Unidos e nas Antilhas não encontra equivalentes no Brasil. Neste país, a maioria dos estudiosos concorda com a abordagem que, no contexto norte-americano, caracterizou o trabalho de E. Franklin Frazier ou o Relatório Moynihan de 1965. A escravidão é vista como uma força destrutiva que impediu ou desorganizou a vida familiar dos cativos e contribuiu para uma série de desordens na era pós-escravidão.[3] Podemos citar aqui como principal expoente dessa posição o ilustre sociólogo paulista Florestan Fernandes, que escreveu:

> [...] a família [...] não se constituiu e não fez sentir seu influxo psicossocial e sociocultural na modelação da personalidade básica, no controle de comportamentos egoísticos ou antissociais e na criação de laços de solidariedade moral. Comprova-se isso, historicamente, por uma simples referência à política central da sociedade senhorial e escravocrata brasileira, que sempre procurou impedir o florescimento da vida social organizada e da família como instituição integrada no seio da população escrava.[4]

Essa é basicamente uma visão da família escrava em termos de patologia social que relaciona o comportamento dos cativos diretamente ao poder dos senhores e não deixa nenhum espaço para os escravos como agentes. É uma visão com profundas raízes históricas.

Certamente, por volta do século XIX, abolicionistas e progressistas no Brasil haviam-se unido a escritores eclesiásticos do século XVIII em sua condenação à interferência na vida familiar dos escravos. Como podia uma esposa obedecer ao marido e ao senhor, ou pais cativos protegerem os filhos, ou estes honrarem os pais, perguntou um abolicionista, apresentando as inerentes contradições entre escravidão e relações familiares normais.[5] Outros, como João Imbert, em seu manual do fazendeiro, acreditavam que o incentivo a famílias bem formadas entre os cativos era um bom negócio, pois "de todos os vínculos são os laços de família os que mais fortemente prendem o homem a seus deveres". Imbert advogava que se presenteasse os escravos ao casarem e se prometesse liberdade para os filhos, mas seus comentários exortativos são, por implicação, uma crítica às atitudes da maioria dos senhores.[6] Contudo, o desinteresse dos proprietários e a escassez de casamentos na Igreja não são, de modo algum, uma medida da realidade escrava e da capacidade dos cativos de criar e manter laços de afeição, associação e sangue que tivessem um significado real e permanente em suas vidas. Henry Koster, o viajante inglês que administrou um engenho em Pernambuco na década de 1810, como homem da era romântica, duvidava que pudesse existir o amor verdadeiro em um povo que não atingira um certo estágio de "civilização", mas observou pessoalmente muitos casos em que "punições e outros perigos foram enfrentados a fim de visitar a escolhida, em que viagens noturnas foram feitas após um dia fatigante, em que grande constância tem sido demonstrada, e uma determinação de impedir o controle dos sentimentos do coração".[7] Foi, de fato, exatamente nas relações entre familiares e amigos que a humanidade essencial dos cativos mais se evidenciou para Koster e outros como ele.

Observou esse viajante:

> Os negros são muito afeiçoados às esposas e filhos, a seus outros parentes, quando os possuem, e a seus *malungos*, ou companheiros da viagem que os trouxe da África. É muito agradável ver o respeito que devotam aos idosos. Aos africanos de idade avançada nas propriedades nunca falta o necessário quando está em poder de seus companheiros de cativeiro supri-lo.[8]

As limitações do escravismo eram reais e frequentemente também destrutivas, mas daí a crer, como Fernandes, que a força inerente ao poder dos senhores e o funcionamento da instituição da escravidão determinaram, sozinhos, os parâmetros da vida escrava é deixar de lado o papel essencial dos cativos na criação de sua própria cultura. Para nós, o problema interpretativo reside na atribuição de importância: como pesar o problema dos senhores contra as ações dos escravos? Embora não haja dúvidas de que os desejos dos cativos entrassem na seleção dos cônjuges, organização familiar, decisões quanto à gestação, escolha de padrinhos e outros aspectos da vida familiar, nunca podemos ignorar as esmagadoras restrições da escravidão e das leis e costumes católicos sobre senhores e escravos.

Aqui, portanto, estamos lidando com um curioso contraponto, uma espécie de duelo em um aposento escuro, onde vemos as centelhas dos golpes desferidos pelas vontades dos combatentes mas não conseguimos distinguir quem está golpeando. É precisamente nas questões cotidianas da vida em cativeiro, nos aspectos mais comuns e corriqueiros referentes ao lar, à família, ao trabalho e à recreação, que os documentos em geral silenciam. Pudéssemos ter a oportunidade de falar a um escravo ou escrava qualquer em um canavial em Passé ou Rio Fundo, como os que se veem na Figura 19, e indagar-lhe sobre esses assuntos, receberíamos uma resposta repleta de discernimento e compreensão, que os estudiosos atualmente mal conseguem divisar após anos de pesquisas. Ademais, nosso informante hipotético nos consideraria particularmente obtusos por perguntar tais coisas, que certamente ele ou ela e quaisquer dos seus companheiros poderiam responder como questões sabidas de todos. É precisamente a trivialidade desse conhecimento que o deixou passar sem registro. O que nos restou foram alguns padrões observáveis que podemos documentar, mas cujo significado e função dentro do sistema escravista permanecem hipotéticos.

RESTRIÇÕES SOBRE A FAMÍLIA ESCRAVA

Identifiquemos, primeiramente, as limitações impostas às ações, escolhas e decisões dos cativos pelo escravismo e pelo relacionamento senhor-escravo. Havia, por exemplo, uma política em geral não escrita, mas amplamente praticada de restringir o universo social do cativo, confinando-o, quando possível, ao perímetro do engenho, fazenda de cana ou unidade escravista. Tal política limitava drasticamente as oportunidades familiares para os escravos, especialmente em propriedades menores, onde havia poucos parceiros disponíveis ou onde podiam ser parentes consanguíneos. Em centenas de registros de batizados, casamentos e óbitos, não encontrei nenhum escravo mencionado como casado com cativo de outro senhor.[9] Não é difícil imaginar as complicações que podiam surgir quando esse tipo de união ocorria: residências diferentes, separação forçada, conflitos sobre tratamento humano e direitos de propriedade. Tais casamentos apresentavam problemas concretos para os escravos bem como para seus senhores, mas dado o desequilíbrio na razão entre os sexos em muitas das propriedades do Recôncavo, os cativos que desejassem encontrar companheiros sem dúvida teriam aceito os problemas na falta de alternativas. A escolha, porém, ocorreu raramente, se é que alguma vez foi-lhes permitida.

A mais clara exposição dessa política ficou-nos sob a forma das instruções operacionais dadas em 1692 ao padre Bernabé Soares quando se preparava para administrar o Engenho Sergipe do Conde.[10] Os escravos da propriedade não deviam ser autorizados a participar de irmandades fora do engenho, servir como padrinhos em outro local ou tomar parte em atividades e celebrações religiosas fora da propriedade. Também os escravos e pessoas livres não ligados ao Sergipe não podiam participar dessas atividades naquela propriedade. A limitação ao casamento fora do engenho, portanto, era simplesmente uma extensão dessa política global destinada a restringir o universo dos cativos e limitar-lhes os contatos — isolar a escravaria do

Figura 19. Escravos da zona rural da Bahia em princípios do século XIX. Estes cativos parecem mais bem vestidos do que poderíamos esperar tendo em mente a maioria das descrições de escravos da zona rural.

possível contágio de rebeliões ou cooperação com outros cativos das demais propriedades e torná-la mais diretamente responsiva aos comandos e desejos de seu senhor.

A longo prazo, a política de circunscrição ou isolamento falhou. Os engenhos eram muito próximos uns dos outros. Durante a safra, homens e mulheres em trânsito pelos canaviais com frequência encontravam cativos de propriedades vizinhas. O contato com Salvador era contínuo, e barqueiros e carreiros constantemente deslocavam-se entre a cidade e os engenhos. Como demonstraram posteriormente as revoltas escravas do início do século XIX, as redes de informações e associações dos cativos de fato expandiam-se para além das fronteiras das propriedades rurais. Não obstante as tentativas dos senhores de isolar sua escravaria produziram alguns efeitos. Desenvolveram-se fortes identificações entre os cativos de uma determinada instituição.[11] As rivalidades entre senhores de engenho às vezes refletiam-se em constante hostilidade entre os cativos das respectivas propriedades.[12] Surgiam fortes afeições locais. Por outro lado, a limitação às fronteiras da propriedade restringia de vários modos as oportunidades de vida disponíveis aos escravos.

A política de circunscrição, imposta no contexto de grande desproporção numérica entre os sexos, presente na maioria dos engenhos, criava outro tipo de restrição aos cativos. Não havia mulheres suficientes para o número de homens em quase todas as propriedades. Isso era resultado da preferência dos senhores de engenho quanto à formação de sua força de trabalho e da grande dependência com relação à África para a obtenção de novos braços. O efeito desse padrão, porém, era impedir que muitos homens tivessem a oportunidade de formar uma família. Progressistas lamentavam amargamente essa "cegueira deplorável", pois as mulheres eram necessárias para dar apoio aos homens, educar as crianças e cuidar dos velhos e doentes. Achavam absurdo que os senhores de engenho, em vez de criarem "uma grande e bela população crioula, promovendo a propagação entre seus escravos, não só o não façam, senão a embaracem".[13] Esses argumentos demográficos eram acompanhados de outros, de ordem moral. Muitos observadores julgavam que a culpa pela promiscuidade da escravaria era mais dos senhores do que dos cativos. Koster é muito esclarecedor a esse respeito. Ele acreditava que se houvesse um número adequado de mulheres na propriedade, os escravos se comportariam sexualmente como quaisquer outras pessoas. "Que muitos homens e mulheres queiram ser licenciosos tem sido e ainda é a sina da natureza humana, e não um defeito específico da muito injuriada raça de que falo."[14] Mais uma vez, sua experiência pessoal fornece pungentes evidências de que os cativos também percebiam o problema. Um escravo de um engenho pernambucano, ao saber sobre a infidelidade de sua mulher, queixou-se ao senhor, que ordenou que a açoitassem. Porém, ao começar o castigo, o marido teve pena e implorou que a soltassem, dizendo: "Se há tantos homens e tão poucas mulheres na propriedade, como se pode esperar que elas sejam fiéis? Por que o senhor tem tantos homens e tão poucas mulheres?".[15]

A desproporção entre os sexos e a política restritiva limitavam os horizontes sociais dos cativos que, além disso, sofriam a intrusão direta do senhor em sua vida familiar. O poder do proprietário podia expressar-se no impedimento às uniões, designação de parceiros, determinação da época do casamento e, em última análise, na separação das famílias. Adicionalmente, como Freyre e muitos outros deixam claro, a exploração sexual dos escravos pelos senhores e seus filhos tornou-se um aspecto constante da vida rural, cujos efeitos sobre a família dos próprios cativos eram sem dúvida negativos.

A oportunidade de os escravos formarem uniões permanentes com alguma esperança de que não seriam separados de seus cônjuges e filhos conforme os caprichos do senhor pareceria algo primordial para a família escrava. Como todos os aspectos da vida dos cativos, esse problema é complexo, pois temos de lidar com as formas, estratégias e oportunidades usadas pelos escravos e com as proporcionadas pelos senhores dentro do contexto de uma forte tradição católica, às vezes conflitante com um ainda mais forte desejo de lucro. Casamento e família não estavam necessariamente relacionados no sentido de que a união oficialmente sancionada, o matrimônio sacramentado pela Igreja, era um pré-requisito para escravos ou pessoas livres formarem família. O problema, então, tinha quatro ângulos: as normas legais e canônicas do casamento, a realidade na sociedade, as atitudes a ações dos senhores e as percepções e atuação dos cativos. Todos eram aspectos inter-relacionados, e cada um demanda o uso de diferentes tipos de indícios.

Apesar da ideologia oficial de que o casamento como um sacramento da Igreja era incentivado entre todos os fiéis, indícios de várias espécies indicam uma situação em que se negava ou se desencorajava costumeiramente a união de cativos perante a Igreja. Observadores, na maioria clérigos, registraram sua consternação ante a recusa de senhores a incentivar ou permitir que seus escravos se casassem. Já na década de 1580 condenavam-se as atitudes dos proprietários, e críticas semelhantes foram renovadas durante os dois séculos seguintes.[16] A situação no Recôncavo foi delineada em alguns pormenores em 1619, quando dois jesuítas conduziram uma missão às fazendas e engenhos da região. Relataram terem casado 308 casais escravos que estavam coabitando pecaminosamente, muitos dos quais haviam sido proibidos de casar pelos senhores, que "por algumas razões e inconvenientes inventados pela arte do Diabo os haviam impedido".[17] Os jesuítas insistiram em que se permitisse aos cativos casaram-se e disseram aos senhores que suas responsabilidades eram como as dos "pais de família". Conquanto essa imagem paternal fosse usada com frequência para descrever o relacionamento entre senhores e escravos, para a maioria destes últimos ela possui pouco significado prático.

A Igreja na Bahia dedicou-se a essa questão em 1707, quando realizou um sínodo para estabelecer as regulamentações eclesiásticas para a recém-criada Arquidiocese da Bahia. O código resultante, as *Constituições primeiras*, publicado em

Lisboa em 1719, continha um conjunto de regras concernentes ao casamento entre escravos.[18] Por outro lado, tal código fortalecia o sistema escravista, pois estabelecia que o sacramento do matrimônio não implicava a liberdade para o cativo; ademais, as *Constituições* também facilitavam o casamento, no Brasil, daqueles escravos que haviam recebido esse sacramento na África, anteriormente à sua escravização. Ao mesmo tempo, o sínodo pronunciou-se diretamente contra as práticas comuns dos senhores. O cânon 303 determinava que os proprietários permitissem aos cativos casarem-se sem estorvos ou ameaças, e exortava-os a não impedir o casamento com a separação ou a venda de um dos parceiros.[19]

Três trabalhos publicados no século XVIII evidenciam o fato de essas regulamentações terem produzido pouco efeito sobre as ações dos senhores de engenho. Os jesuítas Andreoni e Benci e o padre secular Ribeiro Rocha condenaram, todos, os contínuos abusos do escravismo, inclusive quanto às restrições aos casamentos de escravos.[20] Nos trabalhos dos dois jesuítas, podemos vislumbrar aqueles abusos e a defesa dos senhores de engenho. Os proprietários argumentavam que, quando se exigia que os cativos casassem na Igreja, o laço tornava-se permanente e, com isso, quando se cansavam do cônjugue recorriam ao envenenamento, já que o divórcio era impossível.[21] Também afirmavam os senhores que os escravos mantinham relações ilícitas após o casamento, o que era uma afronta à Igreja. Os proprietários aceitavam as uniões consensuais como ocorrência na ordem natural das coisas e tendiam a não interferir com os cativos a esse respeito ou arranjar as uniões sem a ajuda do clero. Os clérigos, naturalmente, achavam tal comportamento irresponsável e repreensível. Benci, em sua *Economia cristã* (1705), argumentou com intencional ironia que se o fato de os escravos deixarem suas esposas para manterem relações ilícitas era uma razão para desincentivá-los a casar logo de início, então o fato de muitos senhores abandonarem suas virtuosas e honradas esposas pelos braços de suas próprias escravas deveria ser um argumento contra o casamento dos brancos.[22] Os cativos, achava o jesuíta, deveriam ter plenas oportunidades de casamento. Os trabalhos desses autores eclesiásticos não eram lidos por muitos e, ainda que eles e outros clérigos usassem o púlpito para difundir suas ideias, aparentemente os senhores mantiveram-se inexoráveis. Na década de 1820, os senhores escravistas do Recôncavo ainda tinham a reputação de tratar duramente os cativos e não permitir que casassem.[23]

Para o escravo que chegava a casar-se segundo os preceitos da Igreja, a escolha do cônjugue o mais das vezes não era feita livremente. Antonil deixou bem claro que entre alguns senhores o costume era simplesmente ordenar: "Tu, fulano, a seu tempo, casarás com fulana", e ficava decidido o assunto.[24] Registros de casamento que documentam em uma mesma cerimônia a união de três ou quatro casais escravos pertencentes a um mesmo senhor parecem indicar a intervenção direta do proprietário na seleção e na época dos casamentos. Certamente o modelo paternalista operava nesses casos, pois na sociedade portuguesa os pais muitas vezes tinham a prerrogativa na escolha do cônjugue. Os clérigos viviam a aconselhar os senhores que tratassem seus cativos como membros da família, e nesse aspecto assim era feito. Contudo, dado o tom usado por Antonil e o fato de muitos senhores recusarem sistematicamente a permissão para o casamento de escravos, vemos que, fosse qual fosse a justificativa ideológica para igualar a condução da escravaria à da família, o tratamento dos cativos, na verdade, ficava em esfera muito diferente.

Antes que os africanos pudessem receber o sacramento do matrimônio, tinham de ser aceitos na comunidade da Igreja através do batismo. Porém também aqui os senhores, segundo o clero, eram negligentes em suas responsabilidades. Os proprietários alegavam que os africanos recém-chegados eram demasiadamente incivilizados e ignorantes para aprender os dez mandamentos e outros aspectos básicos do cristianismo, mas Antonil repreendia-os dizendo que muito depois de os boçais terem aprendido a dirigir pedidos a seus senhores ou a saber quanta cana havia na cota diária, continuavam sem receber a instrução necessária para o batismo.[25]

O ritmo lento da cristianização dos cativos começou a preocupar a Coroa no final do século XVII. Em 1697, foi ordenado que, quando possível, o batismo fosse administrado nos portos de embarque e que cada navio negreiro levasse um padre ou um leigo devoto para instruir a escravaria na fé.[26] O Conselho Ultramarino em Lisboa propôs que se pagasse a negros aculturados para essa tarefa, mas uma comissão religiosa na Bahia opôs-se, temendo que se a instrução fosse dada em línguas africanas, os instrutores negros teriam liberdade e poder excessivos. A comissão sugeriu que a instrução ocorresse no Brasil com a ajuda de escravos ladinos e que os senhores que não cumprissem essa determinação fossem punidos.[27] Em 1718, contudo, a Coroa escreveu ao arcebispo da Bahia lamentando o fato de cativos permanecerem sem batismo.[28]

A situação pouco mudara em princípios do século XVIII, como evidencia um relatório enviado à junta das missões em Lisboa por dois jesuítas, padre José Bernardo e padre Francisco de Lima, que visitaram o Recôncavo em 1701. Os padres batizaram 178 escravos angolas que estavam vivendo sem o batismo ou haviam simplesmente recebido água na cabeça, sem nenhuma instrução, antes de deixarem a África. Relataram também que muitos senhores de engenho, lavradores e plantadores de fumo impediam seus escravos de ir à missa aos domingos e dias santos. Para sua satisfação, e supostamente a da junta em Lisboa, observaram que os cativos ignoravam as ameaças e castigos e procuravam os jesuítas visitantes.[29]

A negligência dos senhores quanto à doutrinação da escravaria resultava de vários fatores, mas sua relutância em permitir o casamento de cativos provavelmente baseava-se mais na consideração dos escravos como propriedade do que no desejo de proteger a honra do estado conjugal. Enquanto os cativos permanecessem sem batismo e sem casamento, os religiosos podiam protestar contra o não cumprimento das obrigações morais por parte dos senhores; uma vez havendo o casamento na Igreja, porém passava a haver restrições imperiosas na lei canônica em favor do livre usufruto do matrimônio. A separação dos cônjuges por venda ou outra razão qualquer era condenada como uma ofensa à caridade e à lei natural. Enquanto os cativos permanecessem com suas uniões não sancionadas pela Igreja, tais restrições não podiam ser aplicadas com eficácia.

Devemos, naturalmente, ter sempre em mente que estamos tratando de um regime escravista em que os interesses dos senhores vinham antes dos direitos dos escravos. Apesar de intervenções ocasionais da Igreja e da Coroa a fim de melhorar as condições do cativeiro, a situação normal era o escravo não poder recorrer a outra autoridade que não seu senhor. A lei civil e canônica reconhecia que os escravos, como seres humanos e cristãos, possuíam certos direitos. Isso se aplicara na legislação portuguesa tradicional, e em meados do século XVIII alguns dos preceitos mais liberais do Iluminismo começaram a tornar ainda mais abrangentes essas atitudes.[30] O problema continuava a ser o acesso ao sistema legal. A maioria dos escravos baianos vivia em uma situação em que seu senhor era o árbitro do certo e do errado, da justiça e da injustiça.

Um caso sobre o direito de um escravo ao casamento foi levado ao tribunal em 1770, e é particularmente revelador da atitude da lei quanto ao casamento de cativos no contexto destes enquanto propriedade. Naquele ano, Luísa Fernandes tentou vender João, escravo negro de sua propriedade; este conseguiu queixar-se no tribunal civil contra a venda. A proprietária alegou que a esposa de João, também negra, dera à luz uma criança mulata, prova de infidelidade, e que o marido, furioso, tentara matar a esposa e a senhora. O caso é interessante sob vários aspectos, inclusive a atitude dos cativos quanto à infidelidade. Porém, no contexto do direito dos escravos ao casamento, o julgamento do tribunal é particularmente importante. A opinião da corte foi:

> Ainda que o senhor não deva vender o seu escravo casado para parte remota, de sorte que fique impedido o uso do matrimônio; contudo isso se limita quando [...] se constitui de mau ânimo de sorte que não possa o senhor conservá-lo sem perigo próprio ou de coisa sua porque o direito que o servo casado tem de lhe não ser impedido o uso do matrimônio não se pode guardar no caso em que os delitos do escravo e a necessidade do senhor o obrigam a vendê-lo para fora do lugar em que existe o outro cônjuge, atribuindo-se isso na separação mais a culpa do dito escravo do que o senhor.[31]

Observamos, nesse caso, os elementos básicos do problema: o direito dos cativos de usufruírem do matrimônio, ou seja, de permanecerem juntos, é reconhecido, mas o direito do senhor de proteger sua propriedade também é mencionado.

Podemos pensar que, no regime escravista brasileiro, este último em geral tinha precedência sobre o primeiro.

Existe, é claro, um outro lado nessa questão: o desejo ou disposição do cativo de aceitar o casamento católico como sua forma preferida de consagrar sua união. As alegações de senhores de que os escravos costumavam usar veneno para pôr fim a uma união indesejada eram, com certeza, desculpas; porém, ao mesmo tempo, devemos admitir a possibilidade de os africanos, provenientes de sociedades em que esterilidade, feitiçaria ou outras causas justificavam o divórcio, serem infensos às limitações da indissolubilidade do matrimônio católico. A relutância dos africanos em participar de uniões nos moldes católicos e o desejo dos senhores de evitar a interferência externa na administração da escravaria podem ter sido atitudes que se reforçaram mutuamente. O fato de uma parcela tão grande da população cativa na Bahia ter sido composta de africanos durante toda a era colonial sem dúvida contribuiu para o que era uma situação crônica. Os proprietários mostraram-se relutantes em instruir os escravos, batizá-los ou permitir que casassem na Igreja. Os cativos podem ter sido menos que ansiosos em aceitar as normas católicas.

Qualquer que tenha sido a combinação da relutância de senhores e escravos com respeito ao casamento na Igreja, é clara a indicação de que a maioria dos escravos não se casava segundo o costume católico. Os níveis de ilegitimidade registrados não são necessariamente um indicador da escassez de casamentos, já que os casais que acabavam por casar-se podiam ter filhos fora do matrimônio; entretanto, no agregado, quando usados com outros dados, podem indicar um padrão geral para a frequência de casamentos.

Em primeiro lugar, devemos situar os níveis de ilegitimidade no contexto geral da sociedade brasileira. Estudos têm demonstrado que, embora a taxa geral de ilegitimidade no Brasil fosse alta, entre os cativos ela era ainda mais elevada. O estudo de Marcílio sobre São Paulo entre 1745 e 1845 revela que 39% da população livre nasceu fora de uniões sancionadas pela Igreja. Em Vila Rica, em 1804, 52% da população livre e mais de 98% dos escravos eram filhos ilegítimos.[32] Outros indícios sugerem esse mesmo padrão. Klein mostrou que em São Paulo, em 1800, a proporção de não casados entre os escravos adultos era maior que a entre brancos e pessoas de cor livres.[33] A análise de Slenes sobre a população cativa brasileira em 1872 revela que, embora 27,3% das mulheres livres fossem formalmente casadas, entre as escravas essa porcentagem era de apenas 9%.[34] Todas essas evidências esparsas apontam na mesma direção: conquanto as uniões consensuais sem a bênção da Igreja fossem, e ainda sejam, comuns na América Latina, especialmente entre grupos econômicos mais pobres, os níveis de ilegitimidade criados por tais uniões eram consideravelmente mais altos entre os escravos que entre os livres. Ainda que se possa argumentar que as pessoas livres encontravam dificuldade em cumprir as exigências e conseguir os papéis necessários para provar a ausência de impedimentos como pré-requisito para a publicação dos proclamas, especialmente se fossem nascidas em Portugal ou em outra parte do Brasil, vimos que as *Constituições primeiras* facilitaram essas exigências especificamente para os escravos.[35] A escassez de casamentos entre os cativos deve ser atribuída a outras causas.

Na Bahia colonial, a situação parece ter sido semelhante à descrita para outras áreas do Brasil. Foram examinadas amostras de certidões de batismo de quatro paróquias do Recôncavo, para determinar proporções de ilegitimidade. A Tabela 45 indica que, embora os níveis de ilegitimidade fossem elevados para a população baiana como um todo, para a população escrava eles eram o dobro ou o triplo dos da população livre. A grande maioria dos cativos na zona rural baiana eram filhos de pais não casados segundo os ritos da Igreja Católica. O casamento formal na Igreja não era comum entre os escravos, o que não significa que eles não tivessem família ou que o parentesco não fosse importante em suas vidas.

Finalmente, devo salientar mais uma vez que, embora os proprietários detivessem o poder máximo na determinação das oportunidades de vida e das disposições familiares dos escravos, estes não eram completamente incapazes de influenciar as decisões que afetavam suas vidas. No relacionamento senhor-escravo havia espaço para manobras. Ainda que um cativo não pudesse casar-se na Igreja sem a permissão do senhor, pois sem ela o padre não publicaria os proclamas, os escravos tinham meios de tornar conhecidos seus desejos. Bajulavam, barganhavam ou simplesmente recusavam-se a cooperar, muitas vezes defrontando-se com punição severa. Os senhores às vezes achavam mais fácil ou mais prático anuir aos desejos dos escravos do que ignorá-los.

Nesse caso, o que muitas vezes parecia um ditame do senhor era, na verdade, uma transigência com as estratégias e desejos dos cativos. Em 1745, por exemplo, uma escrava do Engenho Petinga foi vendida a um lavrador de cana da vizinhança.[36] Seu companheiro fugiu para juntar-se a ela, e o assunto não foi resolvido enquanto o lavrador não mandou em troca um outro escravo de igual valor. O casal cativo estava determinado a não ser separado. Henry Koster relatou outra "negociação" desse tipo.[37] Uma escrava procurou ser comprada por um certo senhor de engenho com a permissão de seu proprietário. Isso feito, no dia seguinte ela pediu ao novo senhor que comprasse um escravo de seu ex-dono, provavelmente seu parente ou amante. O novo senhor tentou comprar o escravo, mas o dono não quis vendê-lo. Três dias depois, porém, a venda foi efetuada, pois o cativo em questão recusara-se a trabalhar e ameaçara tirar a própria vida, e o dono, temendo o prejuízo, concordou em vendê-lo. Os cativos tinham, de fato, formas de tornar seus desejos conhecidos por seus senhores.

Em certa medida, quanto maior a propriedade e mais distante e menos íntimo o relacionamento com o senhor, mais liberdade tinham os escravos de tomar suas próprias decisões e fazer seus próprios arranjos. Assim, os escravos de campo teriam

TABELA 45 — LEGITIMIDADE DE CRIANÇAS LIVRES E ESCRAVAS BATIZADAS EM PARÓQUIAS DO RECÔNCAVO, 1723-1816

PARÓQUIA	ANO	CONDIÇÃO SOCIAL	LEGÍTIMOS	ILEGÍTIMOS[a]	PORCENTAGEM DE ILEGÍTIMOS
Saubara	1723-4	Livre	24	10	(29,4)
		Escravo	3	28	(90,3)[b]
Rio Fundo	1780-1 e 1788	Livre	49	19	(27,9)
		Escravo	19	38	(66,6)[c]
Monte	1788-9	Livre	52	22	(29,7)
		Escravo	15	42	(73,7)[d]
São Francisco	1816	Livre	34	13	(27,7)
		Escravo	0	21	(100,0)[e]

(*a*) As taxas para os nascimentos de escravos ilegítimos podem ter sido ligeiramente mais elevadas, pois em cada paróquia alguns expostos (crianças abandonadas) foram aceitos e batizados como livres. Como estes o mais das vezes eram negros ou mulatos, é possível que fossem filhos de escravas. (*b*) Adicionalmente, foram batizados dez cativos adultos. (*c*) Seis cativos adultos. (*d*) Quatro cativos adultos. (*e*) Vinte e dois cativos adultos.

Fonte: ACMS, livros de batismo para as paróquias e anos indicados.

estado menos sujeitos a interferência que os cativos domésticos, e os de unidades maiores teriam tido mais sorte a esse respeito do que os escravos urbanos ou os de propriedade de lavradores e pequenos agricultores. Maria Graham, que visitou a Bahia em 1821, informou que os cativos que, nos grandes engenhos, trabalhavam "portas a fora" estavam em vantagem porque, como um deles supostamente afirmara, "quanto mais o senhor está distante de nós em termos de local e condição, maior a liberdade que desfrutamos".[38] Infelizmente, a grande maioria dos cativos baianos viveu em pequenas ou médias unidades, de modo que poucos possuíram o anonimato proporcionado pelos grandes engenhos com mais de 150 escravos.

FORMAÇÃO DAS FAMÍLIAS

Em 1811, o viúvo Alexandre Francisco, um crioulo forro, estava apaixonado. No Engenho Jacuípe do Brito, em Rio Fundo, onde ele residia, vivia também o objeto de sua afeição, Joaquina Maria do Sacramento, crioula que morava com sua mãe, Ana, uma ioruba (nagô).[39] Alexandre pedira a esta última permissão para casar e tivera sua proposta aceita. Foi recebido em casa, e as futuras esposa e sogra cozinhavam para ele e lavavam suas roupas. Tudo parecia em ordem. Alexandre Francisco ficou chocado ao descobrir, quando tentou fazer publicar os proclamas, que sua futura sogra levantara objeção, alegando que ele era, na verdade, não forro, mas escravo, e já casado. Tais acusações eram falsas, e Alexandre Francisco apresentou documentos para provar isso. A mãe, porém, foi inflexível, e Joaquina Maria ficou tão zangada com a interferência que saiu de casa, procurando refúgio na casa do proprietário do engenho, para fugir às atenções de um outro pretendente que sua mãe arranjara. Por que sua mãe mudara de ideia e causara tanta consternação? Segundo Alexandre Francisco, fora porque ela era nagô e, pertencendo a esse povo, "deixou-se seduzir pelos de sua nação querendo que a filha agora case com um preto nagô".

O caso de Alexandre Francisco sugere que, sob a superfície da vida no engenho e do ritual católico, afinidades culturais e étnicas africanas continuavam a ter um papel na formação de famílias entre os escravos. De maneiras em geral não registradas nos documentos remanescentes, tais afinidades influenciaram as decisões e escolhas de escravos e pessoas de cor livres. Os inventários de engenhos, devido à sua desatenção quanto ao estado conjugal dos cativos, em geral não fornecem muitos indícios sobre essa questão; entretanto, alguns arrolamentos sobreviveram com a estrutura apropriada. Nos três engenhos e fazendas de cana de João Lopes Fiúza, inventariados na década de 1750, podem ser identificados 23 casamentos em que se conhecem as origens dos cônjuges.[40] As preferências étnicas entre certos grupos africanos parecem ter sido fortes. De onze casamentos envolvendo calabares, por exemplo, dez eram entre homens e mulheres desse grupo. Embora houvesse uma tendência entre os povos da área do golfo de Benin ao casamento endogâmico, o arrolamento daquelas propriedades e vários registros paroquiais indicam que cativos ioruba, jeje e akan casavam regularmente entre si e, para quase todos os efeitos, podiam ser considerados como um grupo amplo, possuindo certos atributos comuns e constituindo uma fonte de cônjuges em potencial.[41]

Alguns desses padrões tornam-se mais claros em registros paroquiais. Na paróquia de Purificação, o coração da região açucareira do Recôncavo, 62 casamentos envolvendo escravos foram registrados entre 1774 e 1788.[42] A disposição dessas uniões em uma tabela indica padrões de endogamia. A Tabela 46 demonstra que havia uma forte tendência de indivíduos da África ocidental (Guiné) e do golfo de Benin ao casamento endogâmico, ou pelo menos ao enlace com cônjuges de sua própria região da África, quando não do mesmo grupo étnico. Os cativos de Angola eram muito menos seletivos, casando-se com outros africanos ou crioulos, aparentemente preocupando-se menos com a endogamia. Com efeito, os da África ocidental apresentavam uma propensão cinco vezes maior ao casamento endogâmico do que os da África central. Porém, quaisquer que fossem os padrões de preferência que separaram os vários povos africanos, maiores ainda eram as barreiras entre africanos e crioulos. As chances de cativos brasileiros casarem-se com brasileiros e de africanos casarem-se com africanos eram aproximadamente de onze para um. Esse padrão também é verificado em um estudo da paróquia de

TABELA 46 — ORIGENS DOS CÔNJUGES EM CASAMENTOS DE ESCRAVOS, PARÓQUIA DE PURIFICAÇÃO, 1774-88

	NOIVOS			
NOIVAS	GUINÉ	GOLFO DE BENIN	ANGOLA	BRASIL
Guiné	2	—	1	1
Golfo de Benin	—	19	3	4
Angola	—	3	3	3
Brasil	—	1	2	9

Fonte: ACMS, livro de casamentos, Purificação, 1774-88.

Inhambupe, onde, entre 1750 e 1800, mais de 80% dos casamentos foram entre pessoas da mesma origem ou grupo étnico.[43] Assim, em geral, as origens, línguas e tradições comuns permaneceram como considerações importantes para os escravos africanos na escolha do companheiro. Naturalmente, os oriundos dos grupos predominantes na população da capitania tiveram as melhores chances de encontrar um parceiro de sua própria gente.[44]

Os padrões entre os crioulos e pardos merecem consideração em separado. Os escravos nascidos no Brasil preferiam parceiros que também fossem brasileiros, embora também se casassem com africanos. A cor e o sexo parecem ter influenciado seus padrões de seleção entre os africanos de maneiras não evidentes. Crioulas casaram-se com negros brasileiros e às vezes com pardos, mas via de regra as de pele clara não desposavam negros, preferindo os pardos. Aqui observamos a existência de uma hierarquia segundo a cor, em que as mulheres aparentemente casavam-se com os de situação "superior". A hierarquia racial imposta pelos senhores tornou-se um elemento na escolha, comprovando na prática o axioma de Fanon, segundo o qual os oprimidos com frequência adotam a ideologia do opressor.

Outro aspecto dos padrões de casamento entre os crioulos é digno de nota. Embora escravos de senhores diferentes quase nunca se casassem, não era incomum haver cativos casados com pessoas livres. Na paróquia de Purificação, 21% dos casamentos envolvendo escravos (treze de 63) incluíam um cônjuge forro. O padrão predominante era o de maridos escravos e mulheres forras, e na maioria dos casos os cônjuges eram crioulos. Aparecem casos ocasionais de maridos livres desposando cativas, mas são relativamente raros (ver Tabela 47). Ainda que a amostra seja reconhecidamente pequena, os padrões são os mesmos que os encontrados em um estudo sobre Vila Rica em 1804, no qual 25% dos casamentos envolvendo escravos (cinquenta de duzentos) incluíam um cônjuge forro, novamente com a predominância (19%) de uniões entre escravos e forras. Também Koster observou em Pernambuco não serem raros os enlaces entre cativos e livres.[45]

TABELA 47 — CASAMENTOS ENTRE ESCRAVOS E FORROS, PARÓQUIA DE PURIFICAÇÃO, 1774-88[a]

	MARIDO ESCRAVO		
ESPOSA FORRA	CRIOULO	PARDO	AFRICANO
Crioula	5	2	—
Parda	—	—	—
Africana	3	—	1

(*a*) Adicionalmente, houve duas uniões entre homens livres e escravas. Em ambos os casos, os maridos eram crioulos. Em um deles, a esposa era africana; em outro, crioula.

Fonte: ACMS, livro de casamentos, Purificação, 1774-88.

Os laços matrimoniais entre escravos e forros obviamente violavam, em certa medida, a circunscrição da vida dos cativos pretendida por muitos senhores, mas podem ter servido a outros propósitos, tanto para os cativos como para seus donos. Em Purificação, essa prática parece ter sido incentivada por alguns senhores, mas não por outros. Cinco dos treze casos envolveram cativos de José Pires de Carvalho e Albuquerque, senhor do Engenho Cazumba. Talvez esse proprietário estivesse permitindo aos seus escravos superarem uma severa desproporção numérica entre os sexos com a procura de companheiras entre as ex-escravas e suas descendentes que viviam nas imediações do engenho. Assim, fornecia parceiras aos seus cativos e também obtinha trabalhadoras que se tornariam ligadas à sua propriedade. Do ponto de vista dos escravos, o casamento com uma forra assegurava a liberdade legal de todos os filhos que nascessem, pois a condição social da criança dependia da mãe. Para uma escrava que desposasse um forro, a possibilidade de que ele conseguisse acumular dinheiro o bastante para libertá-la e a seus filhos pode ter sido um fator em consideração.[46]

Uma vez que tão poucos escravos casavam-se na Igreja, os padrões observáveis das uniões entre os dessa condição social fornecem, na melhor das hipóteses, um registro muito fragmentário e limitado da formação das famílias escravas e das escolhas ou opções disponíveis aos cativos. Existem, porém, evidências da atuação de diferentes códigos de comportamento e crença na comunidade escrava. Parece ter existido uma inerente tensão entre as preferências étnicas da África — o desejo de manter laços culturais ou elos com os ancestrais por meio da endogamia — e as demandas das hierarquias segundo condição social e cor imposta pela sociedade escravista dominante. Em face das restrições do poder do senhor e das realidades demográficas da razão de masculinidade e estrutura etária, os afro-brasileiros viam-se em uma encruzilhada entre um passado africano e um presente americano no momento de escolher um companheiro e formar laços familiares. Sua decisão pesava o conforto e a segurança de um passado em comum contra a manipulação do sistema escravista colonial em vantagem própria ou familiar. Em um lugar como a Bahia, as afinidades africanas tinham grande peso; além disso, não é de surpreender que os cativos brasileiros e os africanos desenvolvessem estratégias diversas.

ESTRUTURA FAMILIAR: O EXEMPLO DO ENGENHO SANTANA

Os historiadores da família desenvolveram várias técnicas de análise de registros censitários e outros arrolamentos organizados por famílias ou domicílios a fim de examinar as estruturas de vida residencial e familiar. Em geral, para os escravos no Brasil colônia, o material necessário para tais análises é escasso. O arrolamento de escravos nos censos não é frequente, e quando existe em geral não menciona seus laços familiares. Listas e inventários de engenhos raramente citam as relações sociais dos cativos. Assim, a análise da estrutura das famílias e domicílios no Brasil colonial vem-se dedicando primordialmente aos elementos livres da sociedade.[47] As poucas exceções são verdadeiramente exceções, pois as listas que permitem esse tipo de análise para os escravos são, quase sempre, referentes a propriedades de ordens religiosas ou do Estado e não representam as condições sob as quais vivia a maioria dos cativos. O estudo pioneiro de Richard Graham, por exemplo, que trata dos escravos da Fazenda Santa Cruz, no Rio de Janeiro, inicialmente propriedade dos jesuítas, lida com uma propriedade pertencente ao Estado, com uma imensa força escrava de 1347 pessoas, mais de quatro vezes maior que o maior engenho baiano.[48] Não obstante, o trabalho de Graham e os artigos de Craton, Higman e Laslett sobre as famílias escravas nas Antilhas e nos Estados Unidos fornecem modelos de análises que podem ser usados, de forma limitada, no contexto baiano.[49]

Dispomos de dois arrolamentos da população escrava do Engenho Santana, em Ilhéus, pertencente aos jesuítas; o primeiro foi feito em 1731, e o segundo, 21 anos mais tarde, em 1752.[50] Essas listas estão organizadas por unidade familiar e, embora careçam de algumas informações, como local de nascimento ou de origem étnica dos cativos, ainda assim oferecem uma rara oportunidade para o exame da estrutura das unidades residenciais dos escravos de um engenho.

É claro que, sendo o Engenho Santana naquele período pertencente aos jesuítas, a organização do mesmo dá margem a questões sobre a tipicidade no referente à organização familiar da escravaria e à atenção que os proprietários dedicavam a esse assunto. Aqui porém, talvez estejamos com sorte. De 1704 a 1731, o Santana foi administrado pelo padre Manoel de Figueiredo, e este, como vimos, era de opinião de que os cativos não deviam casar-se.[51] Durante sua gestão, apenas um ou dois casamentos em média ocorreram por ano. Seu sucessor procurou retificar o que considerou uma situação escandalosa. Por volta de 1752, o Engenho Santana já passara pelas mãos de outros administradores. Naquele ano, foi feito um inventário completo da propriedade pelo padre João Cortes, antes de passar a administração ao padre Jerônimo da Gama. Os dois arrolamentos, separados por cerca de vinte anos, podem ser considerados representativos de dois modelos de estrutura residencial. A lista de 1731 foi feita após um longo período durante o qual o casamento de escravos não fora incentivado, ao passo que a de 1752 representa o resultado de esforços conscientes dos administradores para que os cativos formassem unidades familiares "estáveis" com base no matrimônio.

O padre Pedro Teixeira, que assumiu a direção do engenho em 1731, ficou chocado com as condições que encontrou e os escravos que teria de gerir. Eram 178 cativos, "o mesmo que igual número de demônios, ladrões e inimigos", afirmou, em atitude nada patriarcal. Havia 26 casais unidos formalmente, 66 homens solteiros, quatro viúvos, 45 mulheres solteiras e onze viúvas. Dos 111 escravos solteiros, cerca de quarenta tinham menos de doze ou treze anos de idade. No arrolamento da escravaria feito pelo padre Teixeira, foram discriminados 57 grupos residenciais, fornecendo-se a idade, estado conjugal e relação de cada indivíduo com o chefe do grupo residencial ou a mulher mais velha da habitação. Ocasionalmente, foram incluídas também outras informações quanto ao local de nascimento, cor ou utilidade.

O primeiro aspecto digno de nota quanto à composição dos grupos residenciais escravos é que, a despeito de uma política desencorajadora de casamento que existira no Santana ao longo das duas décadas anteriores, a maioria dos escravos vivia em unidades que incluíam um homem e uma mulher declarados como parceiros sexuais ou com idades que tornavam tal relacionamento provável; isso é mostrado na Tabela 48. Quase a metade dos grupos residenciais e mais de 60% dos escravos viviam em unidades duplamente chefiadas, ou seja, com um homem e uma mulher adultos presentes. A unidade composta de homem, mulher e filhos (Tipo D) foi, com larga margem, o tipo modal, e eram conhecidas variações que incluíam a família nuclear acrescida de outros parentes. Podemos tomar como exemplo o caso de Cosme e sua esposa, que viviam com seu filho de dois anos. Residiam com eles também cinco irmãos e irmãs de Cosme, com idades variando de dez a vinte anos. Outro exemplo é o grupo residencial de Policarpo, de trinta anos, que vivia com a esposa, Maria, a filha do casal de dez anos e dois irmãos na casa dos vinte. Está bem claro, pelo menos quanto ao Santana, que os grupos residenciais com ambos os pais presentes constituíam a forma mais comum de experiência de vida familiar compartilhada pelos cativos. Taxas elevadas de ilegitimidade não significam necessariamente que o pai estava ausente durante os anos de formação da criança escrava.

Embora os grupos residenciais encabeçados por mulheres não fossem incomuns, não eram, de maneira alguma, a forma dominante de organização familiar. Das dez unidades residenciais chefiadas por mulheres, seis podem ser definidas como encabeçadas por viúvas, e não solteiras ou pelo menos sem companheiro. Os grupos residenciais com homens e seus filhos ou parentes eram em menor número, como seria de se esperar. Quatro das cinco unidades com homens e seus filhos eram chefiadas por viúvos.

O arrolamento de 1731 do Santana dá origem a algumas questões. Uma delas certamente é a falta de dados indicando a família matrifocal, ou chefiada por mulher, como forma predominante. Nem em termos de unidades nem de pessoas tais grupos residenciais foram característicos da escravaria do engenho. Os tipos predominantes de grupos residenciais foram os do Grupo I, que incluía subtipos, todos com um homem e uma mulher residentes como cochefes da família. Apesar da relatada política de desincentivo aos casamentos, mais de 75% dos grupos

TABELA 48 — GRUPOS RESIDENCIAIS ESCRAVOS, ENGENHO SANTANA, 1731 E 1752

GRUPO	TIPO	1731 UNIDADES	1731 PESSOAS	1752 UNIDADES	1752 PESSOAS[a]
I.	A. Homem e mulher	8	16	13	26
	B. Homem, mulher e outros não aparentados			2	6
	C. Homem, mulher e parentes	1	3	2	10
	D. Homem, mulher e filhos	15	63	16	61
	E. Homem, mulher, filhos e netos	1	11	2	10
	F. Homem, mulher, filhos e parentes	2	13	1	5
	G. Homem, mulher, filhos e outros			5	24
	Totais	27 (46,5%)	106 (61,0%)	41 (72,4%)	142 (79,8%)
II.	H. Mulher e filhos	5	16	1	3
	I. Mulher, filhos e netos	1	3		
	J. Mulher, filhos e parentes	1	6	1	7
	K. Mulher e outros	4	13	1	3
	Totais	11 (17,2%)	38 (20,4%)	3 (5,2%)	13 (17,3%)
III.	L. Homem e filhos	3	9	1	4
	M. Homem, filhos e netos				
	N. Homem, filhos e parentes	1	7	1	7
	Totais	4 (8,6%)	16 (10,2%)	2 (3,4%)	11 (6,2%)
IV.	O. Irmãos	1	2		
V.	P. Solitários, homens	10	10	8	8
	Q. Solitários, mulheres	5	5	4	4
	Totais	15 (25,0%)	15 (8,5%)	12 (20,7%)	12 (6,7%)

(*a*) Foram retirados da lista de 1752 seis escravos; três — um homem, uma mulher e o filho do casal — estavam emprestados ao Engenho Petinga. Três outros, cuja relação entre si não é dada, foram registrados como vivendo em Sauipe, fora do engenho.

residenciais no Santana continham pessoas relacionadas pelo sangue ou casamento. Grupos residenciais incluíam sobrinhas e sobrinhos, avós e netos, irmãos dos chefes do grupo e até mesmo afilhados. O parentesco, em suas várias formas, possuía um evidente significado para os cativos do Santana, fossem quais fossem suas atitudes e acesso em relação ao matrimônio sacramentado pela Igreja.

A escravidão, entretanto, de fato produziu seus efeitos naquele engenho. Um padrão que parece relacionado à experiência do cativeiro é o de grupos residenciais sintéticos, compostos de uma ou mais mulheres idosas e homens jovens solteiros. Esse era o caso de Arcângela, viúva de cinquenta anos de idade, e Andreza, sua companheira, de noventa anos, que viviam com quatro rapazes saindo da adolescência. Em outro grupo, Maria Ganguela, "que foi boa negra", vivia com uma mulher maneta de 28 anos e um cativo solteiro, recém-comprado, de trinta anos. Tais unidades parecem ter envolvido arranjos em que mulheres idosas, menos produtivas, eram designadas para cuidar da moradia e alimentação de homens solteiros recém-chegados. Também havia solitários na propriedade. Dez homens e cinco mulheres viviam sós. Os homens eram de meia idade, com idade média de 46 anos, e não há nenhum indício de que fossem recém-chegados. As mulheres eram mais jovens, com 32 anos em média, se desconsiderarmos uma delas, viúva de oitenta anos. No Santana, os solitários constituíam 25% dos grupos residenciais. Esse número é elevado, se comparado à amostra-padrão levantada pelo grupo de demógrafos de Cambridge, na qual os solitários perfaziam cerca de 9% do total dos aldeões ingleses; também é maior que as porcentagens verificadas em pequenas amostras das Antilhas e do sul dos Estados Unidos no período anterior à Guerra de Secessão.[52] Contudo, é claro que a alta porcentagem de unidades residenciais compostas de solitários é paralela a uma baixa porcentagem de cativos que viviam sós. Assim, apenas 8,5% dos escravos no Santana viviam sozinhos.

As listas do Engenho Santana também nos permitem analisar em microcosmo os padrões de fecundidade discutidos no capítulo anterior. A partir dos arrolamentos, é impossível determinar a idade em que as mulheres começavam a ter filhos. O que podemos fazer é examinar a idade com que as mulheres deram à luz seu filho mais velho sobrevivente e presente na propriedade. Essa medida não leva em consideração os natimortos e a mortalidade infantil, além de não nos permitir determinar os que já não residiam com os pais. Contudo, quando a tornamos uma medida específica por idades, é possível obter um número que permite uma estimativa adequada da idade ao nascer o primeiro filho e, com isso, algumas indicações sobre a fecundidade. Em 1731, a idade média com que as escravas tinham seu primeiro filho sobrevivente e presente era 25,9 anos. Quando examinamos apenas as seis mulheres com menos de trinta anos, a idade média baixa para 20,5 anos. Este segundo número é provavelmente mais preciso, pois as mulheres neste grupo etário teriam menor probabilidade de ter dado à luz filhos que já não viviam com os pais. Em 1731, as mães no Santana haviam dado à luz 64 filhos que ainda residiam com os pais (ver Tabela 49). Isso significa uma média de 2,6 filhos por mãe, mas o número é um tanto enganoso, pois uma das mulheres, Polônia, "que só faz filhos e mais nada", tivera oito deles, e Graça, esposa de José Passube, "honra dos homens casados", possuía sete filhos presentes. Devemos notar que esses comentários sobre a alta fecundidade de mulheres específicas podem ser, involuntariamente, observações sobre a baixa fecundidade. Sete ou oito filhos está longe de ser a plena capacidade reprodutiva de uma mulher saudável. As cinco mulheres arroladas entre as idades de quinze e 34 anos tinham em média 1,3 filho cada uma.

Em 1752, os esforços conscientes para incentivar o casamento haviam transformado os padrões de idade ao ter filhos e de fecundidade. A idade ao nascer o primeiro filho mudara consideravelmente, diminuindo de 25,9 para 19,1 anos; se considerarmos somente as mulheres com menos de trinta anos, esse número cai para 18,6. Mais que o dobro das mulheres em 1752, comparado a 1731, tivera seu filho mais velho presente antes dos vinte anos, e a lista de 1752 inclui até mesmo uma mãe de treze anos de idade. A idade menos elevada quando do primeiro filho implícita nesses números parece representar uma fecundidade crescente nas faixas das mais jovens. As cinco mulheres entre vinte e 29 anos na lista de 1752 tinham em média 2,05 filhos, em comparação com 1,5 para as com idades equivalentes na lista de 1731. Obviamente, é difícil generalizar com números tão pequenos. Porém, como seria de ser esperar, tudo indica que a política de casamento em idades menos adiantadas

TABELA 49 — FILHOS DE ESCRAVAS EM FAIXAS ETÁRIAS DIFERENTES NO ENGENHO SANTANA, 1731 E 1752

	1731			1752		
FAIXA ETÁRIA	*N* MULHERES	*N* CRIANÇAS	$\bar{x}$[a]	*N* MULHERES	*N* CRIANÇAS	$\bar{x}$
15-9	0	0	0,0	0	2	1,0
20-4	2	2	1,0	3	5	1,7
25-9	3	6	2,0	2	5	2,5
30-4	2	3	1,5	6	10	1,7
35-9	0	0	0,0	2	8	4,0
40-4	5	19	3,8	2	8	4,0
45-9	5	19	3,8	2	3	1,5
50+	7	15	2,1	3	3	1,0
Desconhecida	—	—	—	5	17	3,4
Totais	24	64	(2,6)	25	61	(2,3)

(*a*) Número médio de filhos por mulher.

realmente produziu algum efeito sobre a fecundidade. Não obstante, quando consideramos todas as mulheres com filhos, não parece que a mudança da política concernente ao casamento superou a baixa fecundidade anteriormente verificada. Com efeito, o número médio de filhos por mulher caiu ligeiramente entre 1731 e 1752. Embora essa razão seja dependente, em certa medida, da estrutura etária, ainda assim as evidências do Engenho Santana dão respaldo ao argumento, apresentado no capítulo anterior, de que a fecundidade entre os cativos brasileiros era baixa.

A mudança nos padrões de casamento no Santana não parece ter produzido efeito significativo no intervalo decorrido entre o nascimento dos filhos. Em 1731, o intervalo médio entre os filhos sobreviventes e presentes era de quatro anos (mediana: quatro anos), e em 1752 esse número era apenas ligeiramente menor: 3,6 (mediana: 3,5 anos). Sendo as idades registradas exclusivamente em anos inteiros e não havendo meios de calcular a mortalidade entre os recém-nascidos e os natimortos, esses dados sobre o intervalo entre os filhos podem ser, na melhor das hipóteses, apenas sugestivos. O que indicam, porém, é um período relativamente longo, de cerca de quatro anos, decorrido entre os nascimentos e, portanto, uma baixa fecundidade entre os cativos desse engenho, assim como entre os escravos baianos em geral.

Fossem quais fossem as causas, os administradores do Santana estavam cientes da baixa fecundidade da escravaria. O padre Jerônimo da Gama acreditava que uniões mais estáveis poderiam resultar em mais filhos, mas o principal motivador de seus esforços em prol de casamentos de escravos na propriedade aparentemente foi o desejo de evitar a dissolução moral e o pecado. Havia, é claro, uma antiga tradição católica que advogava o casamento o quanto antes como forma de erradicar atos e pensamentos impuros. Para os jesuítas e outros observadores, porém, o Brasil parecia ser um lugar onde as paixões eram desenfreadas, especialmente entre os escravos. Anexa à lista de 1731 havia uma descrição dos cativos, tachando-os de "mais mal doutrinados, ladrões desavergonhados (e especialmente as mulheres) que tenho tratado, despidos do temor de Deus e do serviço que devem a quem os governa". As instruções para a administração de engenhos dos jesuítas determinavam que os escravos fossem trancados em suas habitações durante a noite, mas no Santana trancas e fechaduras não eram de uso comum. Moleques que trabalhavam na casa-grande simplesmente esgueiravam-se pela janela à noite e retornavam pela manhã, informou o padre, horrorizado. Como nas casas do Brasil sobravam "janelas e varandas abertas e baixas", era difícil impedir tais incursões. O padre tentou: "dei a todos uma formosa surra de açoites, veremos a emenda que tal é".[53]

A transferência da administração do Santana em 1730 gerou uma série de acusações e contra-acusações. Embora os padres e irmãos envolvidos discordassem a respeito das qualidades e defeitos recíprocos, pareciam unânimes em sua opinião acerca dos escravos e de sua imoralidade. O padre Pedro Teixeira, que assumiu o controle do engenho após o padre Manoel de Figueiredo, que por sua vez dirigira a propriedade por 23 anos, enxergou nos cativos ladrões e mentirosos que viviam em pecado, parte em consequência das políticas de seus antecessores, o padre Manoel de Figueiredo e, antes dele, o padre Luís Veloso. O padre Teixeira também não gostava de seus auxiliares e não confiava neles. Acusou o irmão Antônio de Figueiredo de roubar da despensa e dar comida a uma mulata purgadeira, com quem se rendia aos apetites na casa de purgar e com quem era visto à noite na senzala, dizendo-lhe "segredinhos". Figueiredo, por sua vez, acusava o outro auxiliar residente, o irmão Mateus de Sousa, de manter relações com uma cativa, Martinha, e ser pai de uma criança mulata.[54] Tanto Figueiredo como Sousa acusavam o padre Teixeira de controlar mal o engenho e deixar que os escravos vivessem desregradamente. Isso devia-se, em parte, à gota, e o padre Teixeira admitiu que muitas vezes via-se acamado e incapaz de supervisionar senzalas. "Para governar estas fazendas de escravos não basta a cabeça, é necessário pés; não basta mandar, é necessário andar", alegou.

Os jesuítas, embora apontando os defeitos uns dos outros, pareciam todos de acordo quanto aos vícios morais e à devassidão dos cativos, especialmente as mulheres. Tais atitudes eram tão comuns no Brasil quanto em outros regimes escravistas e emanavam de uma percepção racista do comportamento dos negros e de uma tradição historiográfica que enfatizava o poder irrestrito dos senhores escravistas. Mesmo os que condenavam os abusos do escravismo, como Nuno Marques Pereira, censuravam os senhores que forçavam tal comportamento, mas não duvidavam da promiscuidade dos cativos.[55]

"Promiscuidade" é, obviamente, um termo definido pela cultura e pelos valores. Como expresso por Sidney Mintz, são "os hábitos sexuais dos outros". As evidências do Engenho Santana, contudo, apesar de não tratarem diretamente dos costumes sexuais entre os escravos, têm algumas implicações importantes. A despeito da escassez de casamentos anteriormente a 1730, as disposições relativas à moradia estavam longe de ser feitas a esmo. As crianças viviam com um ou ambos os pais e, de fato, o tipo mais comum de grupo residencial era de homem, mulher e filhos. As mulheres aparentemente tinham o primeiro filho no final da adolescência ou com pouco mais de vinte anos e, apesar da menção ocasional de algumas mães com treze ou quinze anos de idade, especialmente no arrolamento de 1752, a maioria das cativas, ao que tudo indica, enquadravam-se no padrão de maternidade em idade mais avançada. Conquanto esses números não sejam indicadores diretos da atividade sexual precoce ou antes do matrimônio, eles tendem a sugerir que ou essa atividade não era frequente ou praticava-se desde cedo a contracepção ou controle da natalidade. O intervalo entre o nascimento dos filhos em ambos os arrolamentos indica, além disso, que as uniões eram relativamente estáveis e duráveis.

A Tabela 48 demonstra que em 1752 uma atitude diferente acerca do casamento escravo havia alterado a estrutura dos tipos de grupos residenciais. Àquela data, quase 80% dos cativos viviam em unidades duplamente chefiadas, com homem e mulher presentes. Essas unidades eram de vários subtipos, e nelas viviam parentes, pessoas não aparentadas e filhos. Os dois tipos amplamente dominantes eram o formado apenas pelo casal e o composto pelo casal e filhos. Havia apenas três unidades encabeçadas por mulheres (5,2%), uma redução considerável, em comparação com as dez existentes na propriedade em 1731. O número e a porcentagem de grupos residenciais chefiados por um homem solteiro ou por uma mulher solteira e incluindo filhos, outros parentes ou indivíduos de relacionamento não especificado diminuíram entre 1731 e 1752. O número e a porcentagem de solitários sofreram apenas uma ligeira queda. Todas as mulheres sós, porém, eram viúvas. Em suma, a mudança na política concernente ao casamento ao que parece resultou em aumento do número de grupos residenciais duplamente chefiados, com concentração em famílias nucleares, às quais se acrescentavam parentes e por vezes outros indivíduos de relacionamento não definido.

Uma vez que a mudança de atitude por parte dos proprietários ou administradores jesuítas parece haver alterado a estrutura dos grupos residenciais escravos no Engenho Santana, cabe indagar se essas unidades residenciais eram mesmo compostas por famílias, juntamente ou não com outros elementos, ou se se tratavam de meras unidades criadas por conveniência pelos administradores da propriedade. O exame de dois aspectos das listas parece corroborar minha opinião de que a primeira alternativa é a verdadeira. Em primeiro lugar, a diferença de idade nos casais aparentemente conforma-se a um típico padrão europeu, com os homens em geral mais velhos do que as companheiras. Dos 24 casais unidos formalmente para os quais havia dados sobre a idade a parir de 1731, vinte incluíam homens mais velhos que as mulheres; destes, dois terços tinham dez anos ou menos a mais que a companheira. O diferencial médio de idade era de 7,17 anos a mais para os homens.[56] Para 1752, há informações sobre as idades de vinte casais. Em quinze casos, os homens eram mais velhos que as esposas, com um diferencial médio de idade de 4,1 anos. A principal diferença entre os dois arrolamentos nesse aspecto é a ausência, na lista de 1752, de grandes diferenças entre as idades. Em 1731, um homem era vinte anos mais velho que a esposa; outro, trinta anos. Uma mulher era dezessete anos mais velha que o companheiro. Em 1752, nenhum homem tinha mais de dezoito anos a mais que sua mulher, e não havia nenhuma mulher com mais de cinco anos a mais que o marido. Embora a mudança de política em favor do matrimônio em idade menos adiantada possa ter reduzido o número de casamentos entre parceiros com muita diferença de idade entre 1731 e 1752, em nenhum dos anos os padrões parecem indicar a intervenção da vontade dos senhores na seleção do cônjuge.

O segundo aspecto dos grupos residenciais escravos a depor contra a ideia de os mesmos representarem famílias artificiais é o fato de as crianças neles residentes parecerem, em todos os casos, ser realmente filhos de um ou ambos os residentes adultos arrolados como marido e mulher, ou de um dos filhos destes últimos. Em cada unidade, as crianças foram relacionadas da mais velha para a mais nova. Como não há repetições nas idades dentro de uma mesma unidade, podemos supor que as crianças não teriam sido simplesmente colocadas juntas, por conveniência, aos cuidados dos adultos daqueles grupos residenciais. Mais ainda, as listas da propriedade mencionam explicitamente qual ou quais os residentes são os pais das crianças.

Uma das diferenças mais notáveis entre os arrolamentos de 1731 e 1752 é que neste último registram-se sobrenomes dos cativos. Em 1731, exceto por um certo Francisco das Minas, todos os escravos haviam sido listados apenas com o prenome, segundo o costume no Brasil. Os cativos eram geralmente conhecidos apenas pelo nome de batismo e identificados adicionalmente por sua cor ou local de origem. Uma propriedade com três escravos chamados João poderia ter um João Angola, um João Cabinda e um João Grande, pois características físicas também eram usadas na identificação dos escravos. Documentos oficiais com frequência registravam os escravos simplesmente pelo prenome, adicionando "escravo de fulano de tal". O prenome era adquirido por ocasião do batismo. O avaliador de uma propriedade observou, no fim de um arrolamento de engenho: "em adição, há cinco africanos recém-chegados que não estão relacionados por nome, não sendo batizados".[57] Os nomes escolhidos para os cativos eram os mesmos que os das pessoas livres; adiante farei referência aos padrões de escolha. É notável o fato de nos arrolamentos do Santana não haver casos em que as crianças pareçam ter recebido o mesmo nome dos pais ou avós.

Não se sabe ao certo quando e como os escravos adquiriram sobrenomes no Brasil. Obviamente a aquisição da liberdade ou alforria era um evento que levava à adoção de um sobrenome. Em certo sentido, o sobrenome simbolizava a condição social de livre, porém não inteiramente. Alguns escravos, crioulos e pardos em particular, tinham sobrenomes. Tanto para cativos como para forros, o comum era receber o sobrenome do proprietário ou ex-proprietário. O forro Felix Maciel fora escravo de Belchior Maciel; Josefa Pires era uma escrava crioula pertencente a José Pires de Carvalho, do Engenho Cazumba; os escravos jeje Tomás Marinho e Luísa Marinho, casados em Santo Amaro, eram propriedade do padre Pedro Marinho.[58] Alguns senhores viam na adoção de seu sobrenome pelos escravos uma lisonja gratificante ao seu orgulho e senso de paternalismo, enquanto outros podem ter apreciado menos tal associação. De qualquer modo, era forte a tendência a escolher o nome do senhor.

No arrolamento de 1752, todos os cativos foram registrados com sobrenome. Aqui, novamente, parecem mostrar-se os resultados da política em prol da família que vinha caracterizando o engenho por duas décadas. Procurando regularizar a vida familiar, os administradores jesuítas haviam atribuído sobrenomes ou permitido aos escravos que os escolhessem. Não está claro como e quando os sobrenomes foram adquiridos, mas àquela época praticamente todos os cativos os tinham. Havia perto de 27 sobrenomes em uso no Engenho Santana, mas dos 108 escravos para quem nos foi possível determinar claramente o sobrenome, mais de 70% chamavam-se Figueiredo, Veloso, Teixeira e Fernandes. Esses eram sobrenomes de administradores da propriedade. O padre Manoel de Figueiredo dirigira o engenho de 1704 a 1730 e fora sucedido pelo padre Pedro Teixeira em 1731. O padre Luís Veloso gerira o Santana na década de 1690, e Antônio Fernandes fora administrador de 1736 a pelo menos 1746.[59] Aparentemente, atribuiu-se aos cativos o sobrenome do administrador encarregado da propriedade na época em que foram comprados; os filhos, mais tarde, perpetuaram os sobrenomes. Não há consenso sobre se os escravos reconheciam ou não algum "parentesco" com os que possuíam o mesmo sobrenome mas não eram parentes consanguíneos diretos.

O Engenho Santana não era, obviamente, uma simples comunidade composta de vários grupos residenciais. Era uma grande propriedade agrícola, cuja forma era determinada pelo caráter de suas forças produtivas e de seu objetivo. Isso refletia-se na composição de sua população. A estrutura de sexo e idade da população do Santana, com predominância numérica do sexo masculino, baixa porcentagem de crianças e número excessivo de adultos jovens, enquadrava-se no padrão dos engenhos baianos. A razão dos velhos ou jovens demais para serem plenamente aproveitados em relação aos considerados trabalhadores produtivos era baixa, a despeito de ser aquela uma propriedade de jesuítas. A razão de dependência (população de zero a catorze anos somada à de cinquenta anos ou mais é dividida pela população entre quinze e 49 anos) era 0,41 em 1731 e 0,33 em 1752. Tais números acompanham totalmente as razões de dependência verificadas para paróquias baianas em 1788, discutidas no capítulo anterior.[60]

As baixas razões de dependência refletem a compra de adultos jovens, bem como altas taxas de mortalidade infantil e de crianças acima de doze meses. Com efeito, uma baixa razão de dependência — exatamente o que os proprietários desejavam — denota as penosas dificuldades da vida escrava. O que os senhores de engenho mais tentavam evitar era um aumento na razão de dependência causado por doença temporária. No Santana, em 1752, informou-se que dos 182 cativos apenas 120 eram trabalhadores efetivos, e mesmo esse número incluía alguns escravos velhos e jovens não plenamente produtivos. Dos capazes para o trabalho, porém, somente sessenta ou setenta estavam disponíveis para trabalhar nos campos, pois alguns dos 120 produtivos eram artesãos e outros estavam enfermos ou fingiam estar. O administrador queixou-se de que não passava uma semana sem que "seis, sete ou mais deles venham com suas reclamações, e só com muito esforço consegue-se arrancá-los de casa. A paciência de Jó não basta para aturá-los com suas doenças, que geralmente não passam de um nada e com as quais atormentam e consomem os que os governam".[61]

Não deve surpreender o fato de que escravos tentassem esquivar-se ao trabalho, mas é impossível determinar o quanto suas queixas eram fingimento ou resultado de condições adversas para a saúde. Na Bahia tropical verificava-se um regime de grande morbidez para toda a população, e os cativos eram particularmente suscetíveis a certas moléstias devido à natureza exaustiva de seu trabalho. Do ponto de vista dos proprietários, um aumento na proporção de trabalhadores improdutivos era um mau negócio. Supondo que os 62 escravos em média incapacitados no Engenho Santana fossem adultos produtivos, a força de trabalho da propriedade aumentaria de uma razão de 1,9 trabalhador saudável para cada dependente para 2,9 trabalhadores para cada escravo improdutivo. Não admira que os senhores evitassem, sempre que possível, cativos cronicamente enfermos ou aparentemente propensos a adoecer, e também não admira que a valor inventariado dos escravos doentes e incapacitados estivesse em média 20% abaixo do de indivíduos saudáveis na mesma faixa etária.

A análise estrutural do arrolamento dos escravos de um engenho fornece apenas o esqueleto da vida familiar, carecendo da carne e do sangue que são a interação humana, os costumes e os sentimentos. A família englobava papéis e atitudes, além de um comportamento normativo, que o simples arrolamento raramente reflete. No caso do Santana, entretanto, observações ocasionais de administradores e observadores permitem-nos vislumbrar, no interior da senzala, os costumes e preocupações que regulavam as relações entre homens, mulheres e crianças daquela propriedade.

As senzalas do Engenho Santana situavam-se em um morro íngreme, "como o do castelo de Lisboa". Eram dispostas em três fileiras ou ruas, e não eram visíveis da residência do administrador, situação que deixava os cativos com demasiada liberdade, pelo menos na opinião daquele. Em 1753, o administrador queixou-se da compra de escravos de outros proprietários, já que nunca se vendiam os bons, e observou que escravos novos eram dispendiosos porque "não tendo família, quando adoecem toda a responsabilidade por seus cuidados recai sobre o engenho".[62] Embora o Santana mantivesse uma enfermaria, os cativos preferiam permanecer em casa. Essa observação ressalta o papel das famílias escravas na ajuda a seus membros. Dada a constantemente alta proporção de africanos na população cativa da Bahia, os problemas de formação de famílias e estabelecimento de laços familiares devem ter sido fundamentais para eles.

No Santana, os escravos descobriram serem os problemas físicos e psicológicos uma das mais eficazes formas de fugir da organização da vida na propriedade. Cativas menstruadas não só não lidavam com água, segundo o costume geral, mas também não trabalhavam ou não iam à missa e às vezes ficavam na cama por duas ou três semanas. As mulheres que haviam dado à luz recentemente, os escravos que tinham um dente extraído e os que se recuperavam de doença recusavam-se, todos, a assistir à missa, alegando que o "cheiro dos mortos" era-lhes prejudicial.[63]

Partos eram da alçada da senzala no Santana, como na maioria dos engenhos. Não temos nenhuma descrição direta de um parto naquela propriedade, mas provavelmente havia pouca diferença em relação ao descrito por Imbert: a mãe, ao entrar em trabalho de parto, era cercada pelas parteiras, que não só moviam seus membros em diferentes posições e dirigiam-lhe exortações de "puxa, puxa!" no momento apropriado, mas também davam-lhe suas relíquias a beijar, colocavam-lhe rosários sobre o corpo e obrigavam-na a rezar para a santa que tinha seu nome.[64] Após o nascimento, a cabeça da criança era frequentemente massageada para dar-lhe melhor formato, e o cordão umbilical era cortado a uma boa distância do corpo e besuntado com óleo e pimenta, costume esse que talvez contribuía para a infecção do tétano e o mortal mal de sete dias, responsável pela morte de tantos recém-nascidos no Brasil.

Com o nascimento da criança, entrava em ação o papel dos pais. O pai procurava obter frango, vinho, cebola e outros alimentos preferidos para os bebês com tanta insistência que o feitor muitas vezes não sabia o que fazer para dissuadi-los.[65] Quando se recusava a prover os cativos de alimentos apropriados, estes reclamavam amargamente e ameaçavam fugir para a mata. Os pais escravos obviamente levavam a sério seu papel paterno no Santana e, dentro dos limites impostos pelo cativeiro, faziam todo o possível por suas famílias.

Pouco depois de a lista de 1731 ter sido preparada, ocorreu um violento incidente no Santana que pôs a nu a vida nas senzalas, os papéis de homens e mulheres e as atitudes dos administradores jesuítas. Certo dia, voltando do trabalho ao meio-dia, um jovem crioulo calafate descobriu sua mulher, Francisca, na casa de um amigo. Dominado pelo ciúme, começou a discutir com ela, o que logo levou ao espancamento, que só parou com a intervenção de outros cativos. O casal retornou à sua própria casa, mas ali a discussão continuou e logo depois a jovem apoderou-se de uma faca e golpeou o marido mortalmente no peito.[66] O padre Teixeira, o administrador, mandou para o tronco a jovem, de menos de dezoito anos, e também sua mãe, Cristina, viúva de 42 anos, e sua tia, Marcelina, de 29 anos, uma moedeira que perdera um braço em serviço.[67] O padre Teixeira, empenhado em incentivar o casamento entre os escravos, aparentemente decidiu fazer do caso um exemplo. As três mulheres e o "amigo" suspeito foram mantidos no tronco por três semanas. Todos os escravos do engenho foram então chamados para ouvir as acusações a presenciar o castigo. O suposto amante, a quem periodicamente fizeram passar fome durante o confinamento, foi amarrado a um poste. Cada um dos homens casados da propriedade foi ordenado a dar-lhe duas chicotadas, "para satisfazer do agravo a seu estado [de casados]". A casa do casal foi derrubada e fincou-se no chão uma cruz para servir de monumento. A jovem que matara o marido foi mantida no tronco e açoitada em nove ocasiões diferentes, recebendo quarenta chicotadas por vez.

O destino da mãe e da tia é curioso, pois seu envolvimento no incidente foi questionado na época.[68] O padre Teixeira admitiu não saber se elas teriam estado diretamente envolvidas no assassinato, uma vez que, como disse, "mortos não falam", mas suspeitava que as duas mulheres vendiam seus corpos e encorajavam a jovem

Francisca a fazer o mesmo. A opinião desse padre era baseada em informações a ele fornecidas pelo irmão do assassinado, ele próprio casado com a irmã mais velha de Francisca, e que tentara em vão vingar a morte do irmão. Teixeira, que por princípio tinha má opinião sobre as escravas, estava inclinado a crer nessas acusações muito embora seu assistente, o irmão Mateus de Sousa, delas duvidasse. De qualquer modo, Teixeira determinou como punição o exílio das mulheres, mandando-as para o Engenho Sergipe. Escolheu tal castigo por ser algo que serviria de exemplo e as faria sofrer amargamente, "porque nesta senzala quase todos são seus parentes". Além disso, era preciso contentar a família do marido morto, que também possuía muitos parentes no engenho. Um castigo tão exemplar, disse Teixeira, "tornaria os escravos mais humildes e dóceis, e é melhor ter uns poucos bons do que muitos maus, e aqui temos vários destes últimos, especialmente as mulheres".

Descontando-se a misoginia e as animosidades pessoais do padre Teixeira, ainda assim o incidente revela a intensidade dos sentimentos e a importância dos laços familiares entre os cativos do Santana. O ciúme do marido ante a possibilidade de adultério, a fúria do irmão ao saber do assassinato e sua própria tentativa de vingar a morte, o desejo do administrador de satisfazer os parentes do morto e o uso da expulsão, para longe do engenho e dos parentes, como a punição máxima para a esposa, sua mãe e sua tia, tudo isso ressalta a importância da família e do parentesco na vida dos escravos daquela propriedade. Se os cativos compartilhavam ou não da devoção do padre Teixeira ao sacramento do matrimônio não é a questão; entretanto suas famílias e parentes eram fundamentais em suas vidas de um modo que a mera estrutura dos arrolamentos de grupos residenciais só pode indicar muito superficialmente.

A FAMÍLIA AMPLIADA: PARENTESCO RITUAL

As estruturas dos grupos residenciais que encontramos nos arrolamentos do Engenho Santana ou de qualquer outro engenho fornecem-nos apenas um arcabouço da constituição da família escrava, no sentido dos indivíduos que reconheciam laços mútuos de sangue ou parentesco. Seguramente a "família" estendia-se muito além dos limites de qualquer unidade residencial. É sempre muito difícil recapturar tais laços, mas no ato ritual do batismo e no parentesco religiosamente sancionado do compadrio, que acompanha esse sacramento, temos uma oportunidade de ver a definição mais ampla de parentesco no contexto dessa sociedade católica escravocrata e de testemunhar as estratégias de escravos e senhores dentro das fronteiras culturais determinadas por esse relacionamento espiritual.[69]

O parentesco ritual através do compadrio há tempos vem sendo objeto de interesse entre cientistas sociais. As explicações sobre o mesmo têm-se dividido entre as análises funcionalistas do que faz o compadrio e para que fins ele pode ser usado e as mais preocupadas com o significado da instituição para seus participantes. No contexto da escravidão, porém, existem poucos estudos de qualquer um dos dois tipos.[70] A partir de dados extraídos de quatro paróquias do Recôncavo, especialmente Monte e Rio Fundo na década de 1780, examinaremos a seguir os padrões do compadrio entre a população escrava.[71]

O compadrio criava uma série de laços de parentesco espiritual entre o afilhado ou afilhada e seu padrinho e madrinha, além de laços entre os pais e os padrinhos, que passavam a tratar-se por compadre ou comadre, ou seja, pais suplementares da criança batizada, em reconhecimento à união da essência espiritual e material da criança. Os laços formavam-se na Igreja mas estendiam-se pela vida secular. Henry Koster evidenciou o cerne da questão ao escrever: "esse relacionamento é considerado muito sagrado no Brasil, e creio que em todos os países católicos. É um laço fraternal que permite a um homem pobre dirigir-se a seu superior com uma espécie de afetuosa familiaridade, ligando-os com laços de união, cuja não observância seria sacrílega".[72] O idioma do compadrio só poderia conviver de forma desconfortável com o da escravidão, pois essas duas instituições encerravam relacionamentos aparentemente antitéticos. A disjunção dos dois produzia um profundo impacto sobre a escolha, feita pelos cativos (e senhores), dos padrinhos para as crianças escravas e sobre o modo como os cativos usavam e entendiam os laços criados pelo parentesco espiritual.

O primeiro padrão a emergir claramente do exame dos batizados do Recôncavo é o fato de os senhores não apadrinharem seus próprios escravos. A despeito da argumentação de muitos autores de que o compadrio era usado para reforçar o paternalismo e ligar o cativo ao senhor por laços espirituais adicionados aos econômicos inerentes à escravidão, não há indícios a esse respeito no Recôncavo nem na cidade de Salvador. As relações entre senhores e dependentes podem, em outros contextos, estar envoltas em relações rituais, mas na escravidão baiana esse não foi o caso. Os cativos podiam ter uma pessoa livre como responsável espiritual, mas não o seu proprietário. Se isso era uma questão de os escravos evitarem tal escolha, de os senhores recusarem-se a apadrinhar ou de os escravos perceberem que os senhores se recusariam e, por isso não os escolherem, é algo impossível de responder. O padrão, contudo, é evidente. Henry Koster observou: "nunca ouvi falar de algum senhor no Brasil ser também o padrinho, e nem acredito que isso ocorra; pois a ligação entre duas pessoas que isso supostamente produz é tal que o senhor nunca poderia pensar em mandar castigar o escravo".[73] Essa afirmação é totalmente corroborada pelos registros paroquiais do Recôncavo.

Vimos que em se tratando do casamento, assim como na conversão, a Igreja conseguia conciliar-se com a escravidão. A não escolha de senhores como padrinhos de escravos, porém, era resultado direto de um conflito entre instituições e idiomas diferentes, a Igreja e a escravidão, que, quando forçadas a confrontar-se no singular evento do batismo, só podiam dar-se as costas em silêncio. Quaisquer que fossem as funções sociais do compadrio, a essência do mesmo era espiritual. Como poderia o senhor disciplinar, vender ou explorar irrestritamente sua propriedade viva enquanto assumia as obrigações do compadrio? O batismo representava participação como membro da Igreja e igualdade como cristão. O indivíduo batizado fora salvo da danação, ganhara uma nova e legítima família na Igreja e passara a possuir novos pais e relações fraternais. Para os cativos, isso significava a capacidade de estabelecer laços além dos da família imediata. O batismo, por representar igualdade, humanidade e libertação do pecado, simbolizava qualidades incompatíveis com a condição de escravo e apresentava uma contradição potencial que era resolvida não com a abolição da escravidão ou do batismo, mas com a manutenção em separado desses elementos conflitantes. O renascimento do cativo através do batismo não se dava por intermédio de seu próprio senhor. Outros, escravos, livres ou proprietários de outros cativos, serviam-lhe de padrinho.

A ausência de laços entre escravos e senhores criados através do batismo não significa que não existissem ao menos expressões indiretas de paternalismo. Em 1781, por exemplo, o filho do senhor do Engenho Jacuípe apadrinhou o filho de um casal de escravos de seu pai, e em 1788 um pardo, carpinteiro livre, afilhado do lavrador de cana Clemente Nogueira, apadrinhou um dos cativos deste último. Contudo mesmo essas formas indiretas eram raras. Frequentemente, escravas procuravam "pessoas de consideração para apadrinharem seus filhos, na esperança de que o orgulho das mesmas seria grande demais para permitir que seus afilhados permanecessem em cativeiro"; tal esperança, porém, em geral não se concretizava.[74] Em um estudo sobre alforrias na Bahia entre 1684 e 1745, menos de 1% das manumissões e menos de 2% de todos os casos de alforria obtida por compra resultavam de padrinhos que libertavam seus afilhados. Fossem quais fossem as esperanças e intenções dos cativos, tais casos eram raros.[75]

Para compreendermos o padrão dos batismos de escravos, é necessário considerá-lo também em relação aos batismos que ocorriam entre a população livre. Pessoas livres apadrinhavam tanto crianças livres como escravas, mas cativos somente apadrinhavam os de sua condição social, e não pessoas livres. A própria Igreja não se pronunciou sobre a questão de qual a condição social desejável para um padrinho, mas implícita em muitas de suas leis estava a ideia de que a paternidade espiritual era um laço mais elevado do que a geração física. Os padrinhos eram quase invariavelmente de condição social pelo menos igual à de seus afilhados. Se o compadrio fosse um relacionamento restrito à Igreja, a condição social seria pouco importante. Porém, precisamente porque tais laços estendiam-se ao mundo secular, a consideração sobre a posição social assumia um significado especial. Com raras exceções, cativos não apadrinhavam crianças livres, independentemente de sua cor. A condição social de livre ou escravo da criança em relação à dos padrinhos tornava-se uma consideração primordial. A escravidão impunha-se a esses atos espirituais. Quando crianças escravas foram batizadas, pessoas livres serviram de padrinhos em cerca de 70% dos casos, libertos em 10% e outros escravos em 20% (ver Tabela 50).

Por que existiam tais padrões? Os cativos de fato usavam instrumentalmente o compadrio. Como sugerido por Koster, a escolha de uma pessoa livre como padrinho na esperança de que ela compraria a liberdade da criança às vezes acontecia. Em regiões de grande lavoura, era costume o escravo fugido procurar a intercessão de um "protetor", que pediria que não se castigasse o cativo quando este voltasse ou procuraria fazer com que fossem mudadas as condições causadoras da fuga. Os feitores do Engenho Sergipe tinham ordens específicas de não aplicar o castigo se ocorresse tal intervenção, e em Pernambuco o costume era tão comum que quando um fugitivo retornava sem um protetor dava motivos para suspeita. Assim, para os cativos, possuir um padrinho ou compadre livre nas imediações significava vantagens que podiam sobrepujar as associações íntimas ou o desejo por laços familiares mais amplos que levariam à escolha de outros escravos.

As pessoas livres que apadrinhavam escravos não formavam um grupo homogêneo. As distinções segundo ocupação e cor também influíam no padrão de seleção. Na amostra de batizados de Rio Fundo e Monte não houve casos em que os padrinhos livres de um escravo desfrutavam de status social igual ou superior ao do proprietário do cativo. Escravos pertencentes a senhores de engenho tinham

TABELA 50 — CONDIÇÃO SOCIAL DOS PADRINHOS DE CRIANÇAS LIVRES E ESCRAVAS, PARÓQUIAS DE MONTE E RIO FUNDO, 1780-9

		PADRINHOS				
CRIANÇAS	MADRINHAS	LIVRES	ESCRAVOS	LIBERTOS	NENHUM	TOTAL
Livres	Livres	88[a]	0	0	1	89
	Escravas	1	0	0	0	1
	Libertas	0	0	0	0	0
	Nenhuma	47[b]	0	0	1[c]	48
	Total	136	0	0	2	138
Escravas	Livres	48[d]	0	0	3	51
	Escravas	2	13	4	0	19
	Libertas	0	2	5	0	7
	Nenhuma	29[e]	4	1[f]	1	35[g]
	Total	79	19	10	4	112

(*a*) Inclui três expostos (enjeitados). (*b*) Inclui dois expostos. (*c*) Inclui um exposto. (*d*) Inclui três libertos (alforriados ao nascer). (*e*) Inclui dois libertos. (*f*) Inclui um liberto. (*g*) Inclui um liberto.

como padrinhos outros escravos ou lavradores; escravos de lavradores eram apadrinhados por carpinteiros. Tal padrão reconhecia as distinções de classe entre as pessoas livres e as distâncias sociais percebidas por senhores e escravos. Aqui também a hierarquização segundo a cor na sociedade escravista teve seus efeitos. Dos 32 pardos livres que serviram de padrinhos, quase 70% apadrinharam crianças negras. Crianças pardas livres eram mais propensas a ter padrinhos brancos do que pardos, e quase nunca negros. A cor, portanto, era uma característica adicional que influía, juntamente com a condição social de livre ou escravo, na escolha dos padrinhos. As preferências eram ascendentes na escala somática de preto a branco. Em uma amostra de trinta batizados de crianças pardas, dos sessenta padrinhos e madrinhas quase 90% eram brancos. Escravos negros tendiam a procurar padrinhos de cor mais clara, mas também havia uma grande proporção de padrinhos negros. Como notou Koster, "outros escravos ou pessoas livres de cor são geralmente os padrinhos no Brasil. Mas é melhor, acredito, que escravos pertencentes ao mesmo senhor sejam padrinhos, pois demonstram um considerável interesse por seus afilhados".[76] Isso era um reconhecimento de que os cativos compreendiam o significado do compadrio e tornavam-no parte de sua rede de parentesco.

Adicionava-se às considerações sobre cor e condição social na seleção dos padrinhos a questão do sexo, que atuava em dois níveis — o sexo da criança e o da pessoa escolhida para apadrinhar — na determinação de certos padrões. A despeito de os regulamentos da Igreja exigirem a presença de um padrinho e uma madrinha no batizado, as crianças na Bahia muitas vezes eram batizadas sem um deles. Para crianças livres e escravas, as chances eram de cerca de catorze para um de ser a madrinha a ausente na pia batismal. A presença do padrinho era considerada mais importante que a da madrinha. A condição social também influía no padrão: entre os cativos, quando não havia padrinho, a madrinha era livre, mas quando era esta a ausente, em alguns casos o padrinho era escravo ou liberto. Quando ambos estavam presentes, sua condição social quase sempre era equivalente. Esse padrão foi diferente no século XVIII em comparação ao XVI, discutido no Capítulo 3, quando um padrinho livre era às vezes acompanhado de uma madrinha escrava no batizado.[77]

Em certo sentido, a assimetria entre os sexos refletida nos registros de compadrio simplesmente delineia a existente na sociedade como um todo. Os homens dominavam através do controle de grande parte dos meios de produção e do monopólio, na prática, do poder político. O principal meio de produção era a mão de obra dos homens escravos. O domínio dos homens livres sobre os homens escravos era o relacionamento sobre o qual se assentava a sociedade. Assim, para todos os indivíduos, o homem livre era o padrinho mais procurado; e os meninos escravos eram os que mais necessitavam de sua proteção. Uma diversificação maior verificava-se na seleção de padrinhos para as meninas escravas. Essa intensa identificação da escravidão com indivíduos do sexo masculino, evidente nos registros de batismos, encontra respaldo em outros aspectos da sociedade escravista baiana. A alforria, por exemplo, favorecia o sexo feminino e produzia duas vezes mais forras do que forros. Isso sugere que, se o paternalismo se manifestava, era como uma atitude muito mais comum em relação às mulheres. Um vínculo estreito entre o homem escravo e o senhor não era encorajado, por ser uma ameaça inerente às bases da sociedade.

O batismo de adultos, recém-chegados da África, origina uma outra série de questões. Em primeiro lugar, podemos perguntar se os cativos poderiam ou não simplesmente recusar o batismo como rejeição à religião e cultura do senhor. Embora essa possa ter sido uma possibilidade em casos individuais, havia em geral demasiadas pressões tanto sobre escravos como sobre senhores para permitir que os primeiros permanecessem "pagãos" ou, pelo menos, rejeitassem a entrada formal para a Igreja a despeito de quaisquer outras crenças que pudessem preservar. Já vimos que no século XVII a Igreja promoveu uma campanha contra os senhores que não batizavam seus escravos ou não os instruíam de modo a possibilitar o batismo. Em fins do século XVIII, os escravos que chegavam de Angola em geral já haviam sido batizados em massa antes de desembarcar no Brasil, ao passo que com os provenientes da Costa da Mina isso não ocorria. Os senhores tinham prazo de um ano antes de terem de apresentar esses escravos para batismo na igreja paroquial. "Pagão" era um dos piores epítetos que um cativo podia aplicar a outro, e o africano recém-chegado logo descobria que, de fato, ele ou ela era considerado um bruto "sem nome" e inferior pelo senhor e os demais cativos enquanto se recusasse a aderir, ao menos nominalmente, à fé católica.[78]

É notável a diferença entre os padrões de seleção de padrinhos de escravos crianças e adultos. Enquanto cativos apadrinharam crianças cativas em apenas 20% dos casos examinados, escravos foram padrinhos em 70% dos batizados de escravos adultos, e libertos em 10%. Em outras palavras, cativos apadrinhavam adultos com frequência três vezes maior do que apadrinhavam crianças. Essa situação pode ser interpretada pelo menos sob dois ângulos. Os senhores podem ter indicado mais escravos aculturados ou libertos para servirem de padrinhos a fim de facilitar o ingresso dos africanos recém-chegados na força de trabalho. Também pode ter havido o reconhecimento do proprietário de que o boçal carecia de parentes e que tais laços eram essenciais a seu bem-estar como membro da força de trabalho. Esse mesmo motivo pode ter estado por trás do desejo dos cativos de apadrinhar seus companheiros recém-chegados. O compadrio pode ter sido encarado por eles como uma forma de prover um parentesco fictício a pessoas que necessitavam imensamente de algum tipo de família.

Finalmente, esse exame do compadrio leva-nos de volta à questão da circunscrição e das limitações de parentesco no âmbito das restrições da escravidão. Como a lei canônica proibia o casamento ou relacionamento carnal entre os padrinhos e o pai da criança, a escolha de um escravo da mesma propriedade, especialmente em fazendas de cana ou unidades menores, limitaria futuras possibilidades de matrimônio. Porém, como também já vimos, os senhores procuravam circunscrever os contatos dos cativos aos limites da propriedade, impedindo casamentos com escravos de outras propriedades e, em alguns casos, tentando evitar a participação em irmandades ou em batizados fora de suas terras. Os grandes engenhos podem ter obtido algum êxito nessa política, mas a natureza da propriedade escravista na Bahia, com várias pequenas unidades disseminadas entre as maiores, frustrava as tentativas de isolar os escravos. Registros paroquiais revelam que, entre os cativos que serviram de padrinho, o número dos que pertenciam a outro senhor que não o da pessoa batizada era aproximadamente igual ao de pertencentes ao mesmo senhor. Embora os casamentos com pessoas de fora da propriedade fossem raros, os escravos eram capazes de expandir seus laços de parentesco além desse limite por meio do compadrio. Mais frequentemente, era o padrinho, e não a madrinha, que vivia em lugar diferente do da pessoa batizada. Em qualquer dos casos, a área da escolha era limitada, tanto para escravos como para livres. Mesmo quando o padrinho ou madrinha não residia no mesmo local, geralmente vivia em uma propriedade ou povoado nas imediações ou, raramente, na paróquia mais próxima. Embora entre a elite dos senhores de engenho os padrinhos pudessem percorrer grandes distâncias (ou mandar representantes, quando isso era impossível), entre os escravos isso não ocorria. As fronteiras da propriedade podiam ser transpostas, mas a distância além delas permanecia limitada.

Os escravos da Bahia rural, portanto, viviam em um mundo onde a instituição da escravidão conspirava contra sua capacidade de formar famílias estáveis e permanentes e desfrutar da proteção e socorro que a família e os parentes poderiam proporcionar. Ao mesmo tempo, imperativos culturais inerentes ao catolicismo incitavam os senhores a reconhecer que seus cativos, como seres humanos, deviam ser providos com — ou autorizados a formar — relações "normais" de família e parentesco. As lutas entre as ideologias da Igreja e do escravismo e entre os imperativos dos senhores e os desejos dos escravos duraram séculos; do conflito, porém, resultou uma série de concessões que permitiram aos escravos ter sua própria vida e criar famílias e redes de parentesco. Ainda que sempre ameaçadas pelo próprio caráter da instituição sob a qual viviam os escravos, tais criações possuíram um importante significado em suas vidas.

PARTE IV

Reorientação e persistência, 1750-1835

15. Ressurgimento

Se a abundância tem sido a causa da nossa preguiça, principie a necessidade de ser a causa da nossa indústria.

Sampaio e Melo (1812)

No mundo luso-brasileiro, a segunda metade do século XVIII foi um período de amplas reorientações — de novos líderes, novas ideias sobre economia política e de um contexto internacional em transformação que forçou os portugueses de ambos os lados do Atlântico a reconsiderar o relacionamento tradicional entre a metrópole e sua principal colônia, o Brasil. Mudanças na organização política e, por fim, nas expectativas políticas, reformas nas esferas fiscal e econômica e uma população colonial em crescimento, tudo isso contribuiu para modificações no relacionamento colonial, o que por sua vez alterou as posições e interesses de grupos, classes e facções no Brasil. Contudo, embora inegáveis a reorientação e as mudanças, em certa medida elas tenderam a reforçar e intensificar características essenciais da sociedade e da economia brasileiras. A despeito da inovação, do crescimento e de progressiva maturidade política, por volta de 1808 o Brasil permanecia como fornecedor de gêneros tropicais (ainda que alguns deles fossem novos na colônia) produzidos pelo suor dos escravos. Esse fato básico refletia-se em todos os níveis da sociedade e estabelecia as fronteiras das expectativas e os horizontes da esperança.

Enunciar as reorientações dessa era equivaleria a escrever uma extensa história de Portugal e do Brasil de 1750 a 1830, tarefa essa que extrapola os objetivos deste livro. Por duas décadas, porém, outros autores vêm-se encarregando dessa obrigação e, embora haja ainda muito por fazer, seus trabalhos permitem-me delinear sucintamente as tendências políticas e econômicas mais diretamente relacionadas à lavoura açucareira baiana e, por extensão, à sociedade escravista às vésperas e no alvorecer da independência política.[1]

Os anos entre 1750 e 1830 podem ser convenientemente divididos em dois períodos. O primeiro coincide aproximadamente com a administração de Sebastião José de Carvalho e Melo (após 1770, marquês de Pombal), que dominou a política portuguesa de 1750 a 1777 (em termos puramente econômicos, o meado da década de 1780 é um melhor marco divisório). Essa época caracterizou-se por um dilúvio de reformas em meio a um período de dificuldades econômicas, durante o qual a demanda e o preço das exportações brasileiras estiveram em patamares baixos. O resultado foi uma intensa atividade com pouco progresso perceptível no comércio brasileiro ou nas receitas portuguesas. O segundo período, iniciado na década de 1780 mas intensificado após 1790, foi marcado pela aceleração da vida política e a expansão das exportações brasileiras — o florescimento das sementes plantadas pelas reformas pombalinas e o resultado de novas oportunidades nos mercados do Atlântico. Essa tendência continuou até a segunda década do século XIX, mas nesses anos eventos políticos haviam deixado em segundo plano as flutuações do setor exportador. Em 1808, a Corte portuguesa, fugindo ao exército de Napoleão, procurou refúgio no Brasil sob proteção inglesa, pagando por isso o preço da abertura dos portos brasileiros a embarcações estrangeiras e de uma série de acordos comerciais e políticos entre Portugal e Inglaterra. Por um breve período, o Brasil tornou-se o centro do império português. Quando, em 1820, o monarca, dom João VI, foi forçado a retornar a Portugal, deixou seu filho Pedro como príncipe regente. A pressão das cortes portuguesas para reduzir o Brasil a seu antigo status de colônia, eliminando a igualdade com a metrópole adquirida durante o exílio da Coroa, acarretou a intensificação das intenções separatistas e a ruptura permanente em 1822. Dom Pedro proclamou a independência do Brasil, assumindo o título de dom Pedro I, imperador do Brasil, e permanecendo no trono até sua abdicação, em 1831.

AS REFORMAS POMBALINAS

O marquês de Pombal, arquiteto da reforma e reorganização do Império português no século XVIII, chegou ao poder em 1750, após carreira diplomática em Viena e Londres e um casamento oportuno. Nomeados para a pasta de Estrangeiros e da Guerra por dom José I, o recém-aclamado rei de Portugal, Pombal rapidamente adquiriu poderes quase ditatoriais, conservando-os até sua destituição, em 1777. Autocrático e sagaz, Pombal voltou seu grande talento para a centralização do poder e a redefinição do relacionamento de Portugal com a Inglaterra. Na esperança de compensar o desequilíbrio na balança comercial dos dois países e afrouxar os laços de dependência econômica que vinculavam seu país à Inglaterra desde o tratado de Methuen em 1703, se não antes, Pombal tentou copiar uma página do próprio texto inglês. Atento ao modelo comercial, financeiro e diplomático da Inglaterra, Pombal lançou-se a uma abordagem ativista e intervencionista nos negócios de Estado portugueses. Suas "grandes inovações" amiúde disfarçaram-se com "nomes e roupagens antigas", como salientou o historiador Kenneth Maxwell, mas seu objetivo de diminuir a dependência de seu país manteve-se claro.[2]

Como maior colônia portuguesa, o Brasil figurou preponderantemente nos planos de Pombal. No período de sua gestão, amplas transformações ocorreram na colônia. Em 1751, a estrutura judicial foi alterada, ao estabelecer-se a Relação do Rio de Janeiro, diminuindo, com isso, a autoridade da Relação da Bahia. Em reconhecimento à crescente população no sul do Brasil, à importância da zona mineradora de Minas Gerais e à ameaça militar às fronteiras meridionais da colônia, o Rio de Janeiro tornou-se capital em 1763. A administração fiscal e as práticas contábeis da colônia foram aperfeiçoadas, em um esforço para melhorar a arrecadação tributária e aumentar as receitas régias. Houve especial empenho no sentido de impor um sistema de taxação mais eficiente nas zonas auríferas e de controlar a grande evasão de ouro contrabandeado. O antigo sistema de frotas foi abandonado em 1765 na tentativa de estimular o comércio. Com o mesmo propósito, Pombal criou uma série de companhias monopolistas para fomentar o desenvolvimento e o comércio de certas regiões brasileiras. Instituiu primeiramente a Companhia do Grão-Pará e Maranhão, em 1755, visando ao desenvolvimento econômico do Brasil setentrional. A seguir, usou a mesma tática para ressuscitar a declinante economia do Nordeste, criando em 1759 a Companhia de Pernambuco e Paraíba, destinada a estimular o comércio de açúcar e fumo na região. Com o controle monopolista sobre a importação de escravos e alguns outros produtos, a Companhia foi autorizada a estabelecer os preços e encarregada de prover o transporte seguro dos produtos que entravam e saíam de Pernambuco.[3]

Mesmo hoje é difícil avaliar a eficácia das companhias pombalinas. Os portugueses na metrópole foram especialmente incentivados a investir, embora também estrangeiros pudessem adquirir ações. Poucos brasileiros participaram do investimento. O resultado global da política de inversão nas companhias, porém, foi devolver parte do controle sobre o comércio luso às mãos portuguesas e diminuir o jugo inglês. Ambas as companhias acabaram por promover novas culturas comerciais ou estimular a expansão de outras anteriormente não desenvolvidas. A produção cacaueira no Pará e a algodoeira no Maranhão tornaram-se as principais atividades no comércio da companhia setentrional. Em Pernambuco, as exportações de açúcar e fumo foram acrescidas de algodão e couro. Os esforços das companhias foram acompanhados pelos dos ativos governadores pombalinos do Rio de Janeiro e São Paulo, que também promoveram uma diversificação na agricultura brasileira. Por volta de 1800, índigo, arroz, café, algodão e cacau dividiram o espaço com açúcar, fumo, couros e madeira nos ca rgueiros internacionais que zarpavam do Brasil. Não obstante, as companhias também criaram obstáculos ao crescimento. Nos dezoito anos anteriores ao estabelecimento da companhia em Pernambuco, essa capitania recebera 54 891 escravos, ao passo que nos dezessete anos de existência da companhia apenas 38 157 cativos desembarcaram no porto, e isso em um período de expansão agrícola.[4]

Independentemente dos efeitos de longo prazo das companhias, está claro que elas, como várias das medidas de Pombal, conflitaram diretamente com interesses estabelecidos e transtornaram padrões de comércio, política e vantagens vigentes. Expressar oposição, contudo, era arriscado. Pombal esmagava impiedosamente os oponentes. A resistência da nobreza ao absolutismo régio acarretou julgamentos e execuções exemplares; a oposição de comerciantes às companhias monopolistas provocou fulminante retaliação na forma do desmembramento da guilda mercantil lisboeta. A ordem dos jesuítas, com seus vastos interesses missionários e econômicos no Brasil setentrional, desagradou-se particularmente do monopólio no norte da colônia, opondo-se também às políticas pombalinas nas áreas diplomática, educacional e governamental. A riqueza, o ultramontanismo e a atividade política dessa ordem tornaram-na um alvo especial e provocaram, em 1759, sua expulsão do Brasil e o confisco de suas inúmeras propriedades.[5]

O alvo central da política pombalina, porém, não eram os jesuítas, mas o comércio inglês. Pombal aprendera bem suas lições na Inglaterra, onde observara em primeira mão a maneira como o comércio e o poderio naval daquele país combinaram-se para permitir-lhe o domínio do mundo atlântico. O comércio exterior inglês triplicou entre 1702 e 1772, e Pombal percebera que a Inglaterra emergira da Guerra dos Sete Anos [1756-63] praticamente sem concorrentes. Portugal permanecera em certa medida um dependente inglês nos aspectos diplomáticos e militares, mas Pombal estava determinado a reduzir o fluxo do contrabando de ouro que passava pelas mãos de agentes comerciais ingleses em Portugal ou que era comercializado, com pouquíssimo disfarce, diretamente com o Brasil. Os comerciantes ingleses protestaram, e Pombal pareceu anuir a seus interesses em 1765: aboliu o sistema de frotas e abandonou planos de criar companhias monopolistas para a Bahia e o Rio de Janeiro, onde os interesses ingleses eram maiores. Entretanto, dada a escassez de capital em Portugal, Pombal pode ter-se movido no sentido de parecer flexível quando na verdade não tinha recursos para agir de outro modo. O que ele buscava não era eliminar os laços com a Inglaterra, mas equilibrar o comércio e restabelecer o controle português sobre as receitas coloniais.

A despeito de sua imaginação, energia e inclemência, Pombal pouco pôde fazer para resolver os problemas econômicos fundamentais do Império. Apesar de todos os programas e esforços, o valor das exportações brasileiras em 1777 era apenas metade do que fora em 1760. A produção aurífera, tendo atingido o auge em 1750-60, passou então a declinar persistentemente. A agricultura exportadora experimentou uma série de altos e baixos, mas a tendência dos preços e da produção foi declinante. As flutuações são, em si, interessantes, pois demonstram como a posição de Portugal como espectador e não participante dos principais confrontos europeus determinou o tipo e o volume de suas exportações coloniais. A paz na Europa acarretou a queda nos preços e na produção das exportações brasileiras no início da década de 1750, situação essa que tornou os latifundiários sensíveis aos novos controles governamentais, simbolizados pelas casas de inspeção criadas por Pombal nos principais portos brasileiros. Com o irromper das hostilidades em 1756, a situação brasileira melhorou, havendo grandes ganhos nos preços e na produção do açúcar até a Paz de Paris, em 1763. Enquanto Inglaterra e França estavam em guerra e a navegação para as Antilhas estava interrompida, o Brasil lucrava; ao retornar a paz, o Brasil sofria.[6]

O restabelecimento da paz em 1763, embora temporário, trouxe um período particularmente difícil para as exportações brasileiras. As colônias antilhanas supriram as necessidades de suas metrópoles, e a fatia do Brasil no mercado açucareiro atlântico diminuiu para menos de 10%. Foram experimentadas muitas medidas para inverter essa tendência. A abolição do sistema de frotas decretada por Pombal em 1765 foi uma tentativa de aumentar o volume de comércio. Uma ordem régia, no ano seguinte, observou que "a agricultura e o comércio eram os dois mananciais da riqueza dos povos e que achando-se este livre e franco [...] só lhe restava animar aquele".[7] Tentaram-se várias reformas. Tributos antigos foram eliminados ou reduzidos, e em 1776 os valores dos fretes foram fixados em níveis mais baixos para reduzir os custos para os senhores de engenho e estimular o comércio.

Contudo, apesar das boas intenções, a década seguinte foi desastrosa em quase todos os aspectos. As receitas de mineração sofreram drástica queda na década de 1760, e o retorno dos concorrentes antilhanos fez declinar a demanda e o preço do açúcar brasileiro. Por infelicidade, irrompeu em 1762 a luta contra a Espanha. O conflito desenvolveu-se em uma prolongada guerra latente na fronteira meridional do Brasil, que durou até 1777.[8] A defesa daquela fronteira e as campanhas no Rio da Prata consumiram recursos em um período de receitas decrescentes.

A BAHIA E AS REFORMAS POMBALINAS

Dependendo da força com que foram impostas e dos interesses que prejudicaram, as reformas pombalinas provocaram diversas reações na Bahia, das quais as mais negativas não passaram de protestos. A transferência da capital de Salvador para o Rio de Janeiro causou ressentimento, mas nada havia a fazer.[9] A comunidade mercantil local, porém, juntamente com comerciantes ingleses, teve poder suficiente para impedir a criação de uma companhia monopolista na Bahia nos moldes das de Pernambuco e Maranhão. O fim do sistema de frotas foi bem-vindo por todos, como uma oportunidade de maior abertura e, portanto, de crescimento do comércio exterior. A expulsão dos jesuítas provavelmente foi muito sentida em um lugar como Salvador, mas sofrearam-se as reações, pois politicamente não era prudente levantar objeções em público.

As propriedades jesuíticas na Bahia confiscadas pelo Estado acabaram por ser leiloadas ou vendidas a pessoas da região. Conquanto tais propriedades não fossem mais as melhores da capitania, ainda eram valiosas. À época da expulsão, os jesuítas possuíam cinco engenhos com 698 escravos na capitania da Bahia.[10] O Engenho Sergipe do Conde ainda era uma vasta propriedade, porém não mais a "Rainha do Recôncavo". Operara com prejuízo anual de cerca de um conto de réis na difícil década de 1750, e sua produção em 1754-5 fora registrada em apenas 3 mil arrobas; esses números, porém, podem ser enganosos.[11] Ao ser vendido, em 1760, seu lucro anual foi calculado em 900 mil-réis. Seu congênere, o Engenho Santana, também enfrentara dificuldades, operando com déficit, e seus administradores queixavam-se de indisciplina dos cativos, esgotamento dos canaviais e isolamento. Haviam recorrido à produção de gêneros alimentícios para suplementar as receitas decrescentes do açúcar. Ainda assim, o lucro anual da propriedade foi estimado por avaliadores régios, talvez esperançosamente, em 500 mil-réis. O Colégio de Santo Antão, em Lisboa, era proprietário não só desses dois engenhos, mas também do Petinga, um engenho movido por bois, vizinho do Sergipe, que haviam adquirido em 1745. Os avaliadores régios provavelmente haviam superestimado o valor dessas propriedades. Antônio Ribeiro de Miguéis, que comprou o Sergipe e o Petinga por 54 e 25,6 contos de réis, respectivamente, descobriu que não conseguia pagar suas dívidas nem vender no mercado livre suas propriedades pelo valor estimado.[12] Finalmente, o Colégio Jesuíta de Salvador também possuía dois engenhos, o Pitinguinha e o Santo Antônio de Cotegipe, este último adquirido por doação testamentária na década de 1750, cuja lucro anual fora estimado em 800 mil-réis.[13]

Para a indústria açucareira como um todo, a expulsão dos jesuítas e o confisco de seus bens foi um aspecto relativamente secundário se comparado às implicações das políticas de Pombal de reformas agrícola e comercial. O primeiro e mais direto impacto dessas medidas foi sentido pelos senhores de engenho em janeiro de 1751, com a criação das mesas de inspeção nos principais portos brasileiros, Recife, Rio de Janeiro, São Luís e Salvador.[14] Destinadas a restaurar a confiança na qualidade dos produtos brasileiros por meio da eliminação de abusos na classificação, embarque e financiamento, as mesas, ou casas de inspeção, incumbiram-se de tarefa difícil e impopular. A eliminação das práticas de falsificação das classificações e do encaixotamento do açúcar causou algumas queixas, mas a fixação dos preços do produto e em seguida o aumento das taxas de armazenagem e dos fretes provocaram descontentamento muito maior. Os senhores de engenho reclamaram que, embora os comerciantes operassem livremente em um sistema comercial que não impunha controles sobre suas atividades, os produtores não tinham permissão para cobrar o preço mais alto possível no mercado.[15]

A ideia de fixar o preço do açúcar brasileiro certamente não era nova. Desde 1688, estivera em vigor uma forma de fixação de preço, determinada por negociação entre representantes dos senhores de engenho e dos comerciantes na câmara da Bahia. Em 1737, a Junta do Comércio, em Lisboa, sugeriu um sistema mais rígido de controle de preços, mas as guerras europeias na década de 1740 haviam criado uma demanda pelo açúcar brasileiro suficiente para manter os preços e as vendas em níveis aceitáveis. O sistema instituído em 1751 simplesmente concretizava um plano de longa data, mas isso não o tornava mais aceitável para os senhores de engenho.[16]

Por todo o Brasil, senhores de engenho registraram seus protestos. Os de Pernambuco e Rio de Janeiro escreveram diretamente à Coroa. Os de Sergipe de El-Rey reclamaram que o custo de registro das caixas empobrecia-os ainda mais.[17] Todas as vilas do Recôncavo dirigiram petições diretamente à Coroa e procuraram cooperação mútua para conseguirem uma representação conjunta. A câmara de Santo Amaro preferiu pedir ao reitor do Colégio Jesuíta de Lisboa que representasse seus interesses, julgando que as propriedades açucareiras dos jesuítas na Bahia confeririam àquela ordem interesses semelhantes aos dos produtores baianos.[18] A câmara de Salvador, bem como grupos de senhores de engenho e lavradores de cana bombardeou de pedidos e queixas o Conselho Ultramarino e o governador. Em Lisboa, os conselheiros régios permaneceram irredutíveis a tais petições. Para eles, tratava-se simplesmente de duas abordagens diferentes, duas táticas para atingir o mesmo fim. Todos queriam aumentar a venda dos produtos agrícolas brasileiros. Os grandes agricultores desejavam, compreensivelmente, obter o preço mais alto para seu açúcar e fumo, mas no longo prazo, argumentavam os conselheiros, preços elevados só fariam com que os concorrentes estrangeiros vendessem a preços mais baixos e prejudicassem o comércio brasileiro. Os ganhos de curto prazo dos produtores teriam de ser sacrificados pelo bem da economia.

A profusão de queixas dos produtores contra as casas de inspeção, embora motivadas por interesses próprios e talvez por comodismo, não obstante revela algo da situação da economia açucareira e de como era vista pelos senhores de engenho. Em 1752, um inspetor da mesa observou que, 25 ou trinta anos antes, existiam mais de duzentos engenhos na Bahia, mas agora havia menos de 120 em operação na capitania.[19] O problema principal era o suprimento de escravos e seu custo exorbitante. Os senhores de engenho reclamavam que o preço do açúcar estava sendo fixado em níveis demasiadamente baixos, uma vez que o preço médio dos cativos subira de 25 para 150 mil-réis, e essa era uma despesa inevitável, pois muitos escravos "morriam ou tornavam-se incapacitados por causa do trabalho". Os escravos eram, diziam os senhores de engenho, "os bens mais preciosos e arriscados do Brasil".[20] Enquanto os senhores de engenho lutavam com tamanha desvantagem, porém, quarenta a cinquenta pessoas controlavam os 24 navios registrados usados no tráfico com a Mina, empregando o capital de risco de aproximadamente outros 150 investidores. Com mais vinte desses proprietários em Pernambuco, apenas uns setenta indivíduos tinham a economia a seus pés através do controle monopolista do tráfico com a Mina. A "miséria do Brasil", especialmente a dos senhores de engenho e lavradores de cana, merecia a atenção da Coroa, pois, argumentavam aqueles, "não eram menos portugueses que os que viviam em Portugal e, às custas de seu próprio sangue e fortuna, ou dos de seus ancestrais, haviam conquistado o Brasil para a Coroa".[21] Os senhores de engenho viam-se como enteados de um monarca distante e consideravam as casas de inspeção não um remédio, mas um mal.

Em vão foram as lamentações dos senhores de engenho. A Casa de Inspeção da Bahia não foi abolida; de fato, seus poderes e seu alcance cresceram com o passar do tempo. Seu primeiro diretor, Wenceslau Pereira da Silva, o Intendente do Ouro, tornou-se mais poderoso que o próprio vice-rei, e tendeu a favorecer os interesses metropolitanos. A participação nas casas de inspeção foi posteriormente ampliada para incluir os plantadores de fumo que, como seus colegas senhores de engenho, eram eleitos por uma assembleia de comerciantes e produtores para servirem como inspetores nos trapiches.[22] As queixas dos agricultores sobre a liberdade de operação dos comerciantes logo receberam resposta sob a forma de regulamentação daquela esfera, mas isso trouxe pouco alívio para os produtores. O tráfico negreiro com a Costa da Mina estivera nas mãos dos comerciantes baianos desde o início do século XVIII. A despeito de vários planos dos portugueses para limitar aquele comércio direto, os comerciantes baianos mantiveram sua posição; em 1743, um sistema de controle à navegação foi instituído pela Coroa, permitindo o engajamento de apenas 24 navios da Bahia no tráfico com a Costa da Mina. Com as casas de inspeção, uma nova lei, em 1756, aboliu o sistema controlado de tráfico direto, tornando-o aberto a todos os navios portugueses. Os comerciantes baianos foram os mais prejudicados com esse ataque à sua posição, mas os agricultores também pouco lucraram com a medida. Em vez de diminuir o preço dos escravos na Bahia com o aumento da oferta, as novas disposições provocaram a desorganização do tráfico em Nossa Senhora de Ajuda, o principal porto escravista.[23] Em resumo, nem produtores nem comerciantes viram muitas vantagens nas medidas impostas por Lisboa.

RECUPERAÇÃO DA ATIVIDADE AÇUCAREIRA

Durante todo o século XVIII, apesar do valor da produção aurífera e da crescente importância do fumo, couros, arroz, algodão e outros produtos, o açúcar permaneceu o mais valioso artigo do comércio exportador brasileiro. Em época nenhuma naquele século houve outro produto, inclusive o ouro, que isoladamente excedesse em valor o açúcar (pelo menos no comércio legal). Em 1780, o Brasil já não era simplesmente uma colônia açucareira, mas essa atividade ainda dominava o comércio da colônia. Isso ocorria em todo o Brasil, e especialmente na Bahia. Entretanto, ainda que o açúcar mantivesse sua predominância, a fatia brasileira no mercado açucareiro atlântico diminuiu drasticamente durante os primeiros três quartos do século, como resultado do declínio da produção no Brasil e da ascensão de concorrentes estrangeiros. Faltam estatísticas precisas, mas a tendência parece clara. Uma estimativa do século XIX avaliou a produção brasileira de açúcar em 1730 em aproximadamente 2,5 milhões de arrobas, quantidade essa equivalente a um terço do açúcar produzido nas Américas. Em 1776, a produção caíra para 1,4 milhão de arrobas enquanto a dos concorrentes aumentara, e com isso o Brasil, àquela data, supria menos de 10% do mercado.[24] Uma estimativa inglesa calculou a participação brasileira em apenas 7% em 1787. Conquanto estudiosos não sejam unânimes quanto à intensidade e época desse declínio, não há dúvidas sobre a tendência secular. O açúcar ainda predominava na colônia, e os senhores de engenho ainda detinham o poder regional, mas por volta de 1790, o Brasil era um produtor secundário em termos internacionais.

O problema principal da economia açucareira na segunda metade daquele século não foi tanto a produção, mas o preço, embora os dois sem dúvida estivessem relacionados. Certas variações na magnitude da safra eram comuns, e os governadores atentavam sempre para as condições climáticas, por eles relatadas cuidadosamente nas décadas de 1750 e 1760. Nesses anos, a produção variou entre 1,5 e 2,5 milhões de arrobas para a colônia como um todo; na Bahia, a produção média foi de aproximadamente 400 mil arrobas. O valor do produto, porém, flutuou consideravelmente. Na década de 1720, os preços do açúcar foram baixos, e embora se recuperassem um pouco no decênio de 1740, sofreram violenta queda em 1750. A Guerra dos Sete Anos (1756-63) interrompeu o comércio nas Antilhas, aumentando, assim, os preços do açúcar na Europa, para prazer e benefício dos senhores de engenho baianos. Entretanto um grande declínio seguiu-se ao restabelecimento da paz.

A década seguinte caracterizou-se por preços baixos para o açúcar. Esse período de dificuldades durou o suficiente para abalar o otimismo usual dos senhores de engenho, e a indústria parece ter-se contraído durante aqueles anos. Porém, a partir de 1776, uma nova alta nos preços mais uma vez trouxe esperança. O início das hostilidades na América do Norte, precedendo um conflito mais generalizado nas Antilhas e no Atlântico, novamente trabalhou em favor dos produtores brasileiros. Na Bahia, os preços do açúcar subiram constantemente até 1782, sofreram um grande declínio até 1785 (embora os níveis permanecessem elevados) e a seguir tornaram a subir. Com o irromper da Revolução Haitiana em 1792 e finalmente a eliminação da ilha como produtora de açúcar, a preço desse produto elevou-se tremendamente nos mercados europeus, permanecendo alto até por volta de 1800, quando passou a cair até 1803 e então a recuperar-se até 1809.[25]

Um acontecimento, mais do que qualquer outro, estimulou a recuperação e a expansão da indústria açucareira baiana e criou condições para o crescimento da produção de açúcar e café em outras partes do Brasil (e em lugares como Cuba, Porto Rico e Luisiana, produtores até então relativamente secundários). O evento foi a grande revolta escrava em São Domingos, colônia francesa nas Antilhas, em 1791.[26] Essa rebelião acabou por tornar-se um movimento de independência, e durante um decênio de guerra, São Domingos, o maior produtor de açúcar e café na década de 1780, foi praticamente eliminado como exportador desses produtos. Uma imensa demanda por açúcar esperava para ser suprida por áreas produtoras, tradicionais ou novas. A economia baiana, embora houvesse esboçado alguns sinais de recuperação na década de 1780, com a revolta haitiana conseguiu uma grande expansão da indústria açucareira e, com ela, a intensificação e o crescimento do tráfico negreiro e das tensões e apreensões sociais resultantes de um aumento na população cativa e na proporção de africanos nesta última.

A expansão da economia açucareira baiana pode ser documentada de várias formas. Em 1759, havia 166 engenhos na capitania, dos quais 122 localizavam-se na Bahia propriamente dita e 44 em Sergipe. Em 1798, o total pode ter atingido quatrocentos engenhos, 260 deles na Bahia. Em 1820, o número estava em torno de quinhentas unidades produtoras. Alguns dos novos engenhos devem ter sido pequenos, já que a produção por unidade permaneceu relativamente baixa. Entre 1796 e 1811, a exportação baiana de açúcar foi em média de 652 121 arrobas anuais. Usando a quantidade de 450 engenhos como o número médio no período, a produção média por engenho seria de menos de 1500 arrobas, número esse bem inferior às 3 mil arrobas por unidade estimadas por Antonil em fins do século XVII.[27]

Novas áreas distantes do Recôncavo foram abertas para cultivo, ao mesmo tempo que paróquias açucareiras mais antigas, próximas à baía, intensificaram a produção. Um registro de engenhos inaugurados em 1807 documenta a razão disso. Não só a demanda realmente elevou os preços, compensando assim os crescentes custos de transporte, mas para atenuar o efeito desses custos o governo também proporcionava um subsídio monetário, em escala móvel, conforme a distância do engenho ao porto. Os senhores de engenho cujas propriedades situavam-se próximo à baía recebiam apenas 4,4 mil-réis de subsídio por caixa, mas os de paróquias interioranas, como Inhambupe e Itapororocas, de desenvolvimento recente, recebiam mais de 1 mil-réis para cada légua percorrida por suas caixas até o porto. Esse subsídio obviamente servia de incentivo à expansão da indústria açucareira. Longe do massapê litorâneo, pequenos engenhos surgiam, aproveitando os preços favoráveis e o subsídio governamental. Também no coração das paróquias

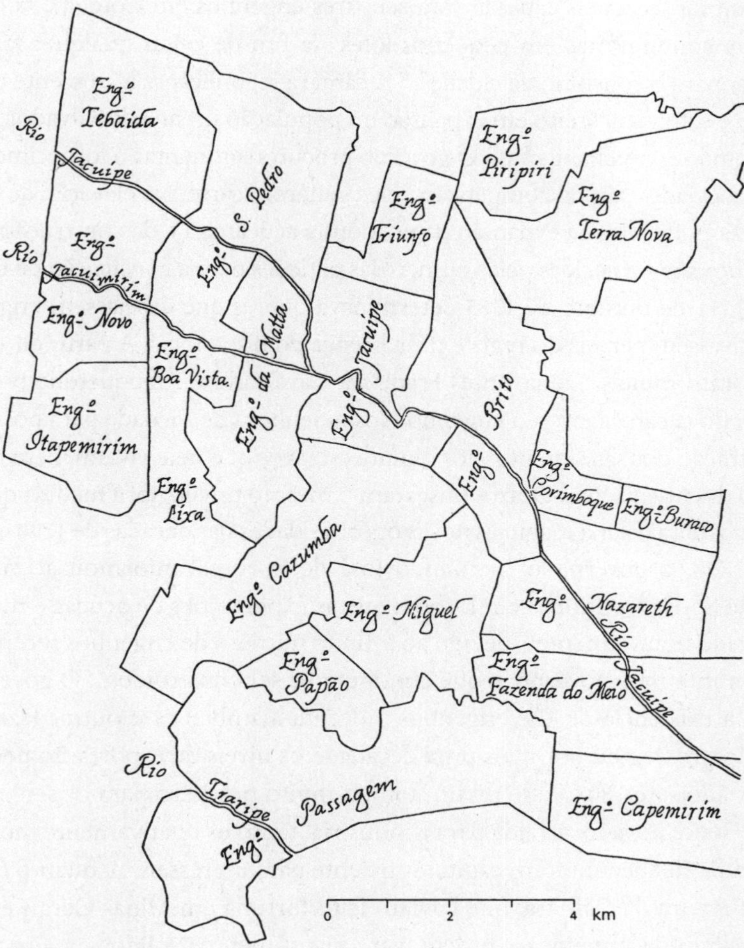

Mapa 5. Fronteiras de engenhos ao longo do rio Jacuípe. (Observe-se a ausência de pequenas propriedades entre os engenhos. Baseado em um mapa de 1864 no Mosteiro de São Bento em Salvador.)

açucareiras houve expansão. Engenhos tradicionais ampliaram suas operações, e novas unidades foram instaladas em antigas fazendas de cana, com a resultante competição por lenha, cana e trabalhadores.

Indícios dessa expansão podem ser observados de várias formas. Numerosas petições foram registradas junto à câmara de Salvador, solicitando permissão para a compra de bois no sertão sem pagamento de indenização à municipalidade, que detinha aquele monopólio. A maioria dessas petições data do período após 1803, e eram semelhantes à de Antônio José de Queirós, que pedia permissão para comprar trinta bois para "a reforma de seu engenho denominado Santo Antônio da Ribeira", no distrito interiorano de Ipitanga.[28] Em 1805, quando o capitão José Ferreira da Costa tentou comprar trezentas cabeças para seus três engenhos em Cotegipe, a câmara autorizou a compra, mas em pequenos lotes, "a fim de evitar qualquer falta que possa haver para o consumo da cidade".[29] A câmara reconhecera a crescente competição entre o setor açucareiro em expansão e a população urbana de Salvador, àquela altura beirando 50 mil habitantes. O governo procurou aumentar o fornecimento de alimentos à cidade, mas tal competição pelos gêneros acarretava elevação de preços.

Outras evidências da expansão da economia açucareira e da construção de novos engenhos são fornecidas pelas numerosas petições para a construção de capelas. Uma lei de 11 de outubro de 1785 determinava que os que desejassem erigir uma capela obtivessem permissão régia e uma licença do bispo local. A partir de 1797, as petições foram muitas. Dona Brites Francisca Cavalcanti e Albuquerque procurou erigir uma nova capela em seu engenho Nossa Senhora de Piedade para possibilitar a administração dos sacramentos aos oitenta escravos que nele viviam, bem como à população das imediações. Outros buscaram o mesmo privilégio, à medida que a indústria açucareira baiana reagiu às novas oportunidades nas décadas de 1790 e 1800.[30]

Em 1798, o governador Fernando José de Portugal informou ao ministro Rodrigo de Sousa Coutinho, em Lisboa, que as exportações de açúcar e fumo haviam crescido notavelmente, "devido ao infinito número de engenhos recém-construídos durante meu governo, e que continuam a ser construídos". O governador informou a existência de 138 engenhos, noventa alambiques e outras fazendas.[31] A expansão prosseguiu por mais uma década, e os níveis de exportação permaneceram elevados até 1808. Esse foi um tempo muito próspero para os senhores de engenho. Gente nova foi atraída para a indústria, tanto os relativamente modestos, que com dificuldade juntaram capital suficiente para ingressarem, quanto famílias como os Ferreira da Câmara, que haviam feito fortuna em Minas Gerais e agora, com o declínio da mineração, procuravam investimentos sólidos na agricultura. Os engenhos antigos também foram beneficiados. Muitas das casas-grandes ainda hoje existentes, como as de Pouco Ponto e Vitória, em Iguape, foram reconstruídas nas primeiras décadas do século XIX.[32] Uma aura de sucesso gradualmente ofuscou o passado de lutas e dificuldades, criando, ao disseminar-se, um mito de riqueza aparentemente contínua desde o século XVI.

Na Bahia e em Sergipe de El-Rey, a indústria continuou a crescer até 1840. Apesar de um desarranjo nas exportações no período de 1808 a 1811, devido a eventos na Europa e a condições locais, a construção de engenhos acelerou-se novamente após 1817. Entre essa data e 1828, foram instalados 110 novos engenhos, e na década seguinte entraram em operação mais 220 unidades. Em 13 de novembro de 1827, uma lei pôs fim à limitação à construção de novos engenhos, tornando-a possível a qualquer um que dispusesse do capital ou crédito necessário para dar início às operações. Entre 1827 e 1834, novos engenhos foram construídos em uma média de 23 por ano. Embora variem as estimativas de produção e as informações sobre o número de engenhos, a tendência expansionista é clara em todos os casos. Uma estimativa de 1818 indicava 325 engenhos na Bahia e 156 em Sergipe de El-Rey, para um total de 511 engenhos. Um relato de 1834 informava um total para ambas as regiões de 603 unidades.[33]

As estatísticas da exportação baiana observadas no Gráfico 6, embora deficientes para o período após 1808 e especialmente após 1822, indicam a mesma tendência. Na década de 1770, a produção anual baiana foi estimada em 10 mil caixas. Esse número elevou-se um pouco no decênio seguinte, mas entre 1796 e 1811 a Bahia produziu em média mais de 16 300 caixas de quarenta arrobas por ano (mesmo incluindo os anos extraordinariamente difíceis de 1808 e 1810-1). Em 1817, a capitania exportou quase 30 mil caixas de açúcar.[34] Conquanto numerosas sugestões para melhoramentos tecnológicos, experiências com novos tipos de cana-de-açúcar e outras reformas surgissem nesse período, o crescimento da economia açucareira deu-se essencialmente através da expansão do número de unidades produtivas e da intensificação do sistema escravista existente. A Bahia experimentou um revivescimento, não uma transformação. E isso não ocorreu somente naquela capitania.

Outras regiões do Brasil ingressaram na atividade açucareira ou expandiram a indústria já existente. Uma companhia monopolista pombalina já estimulara a

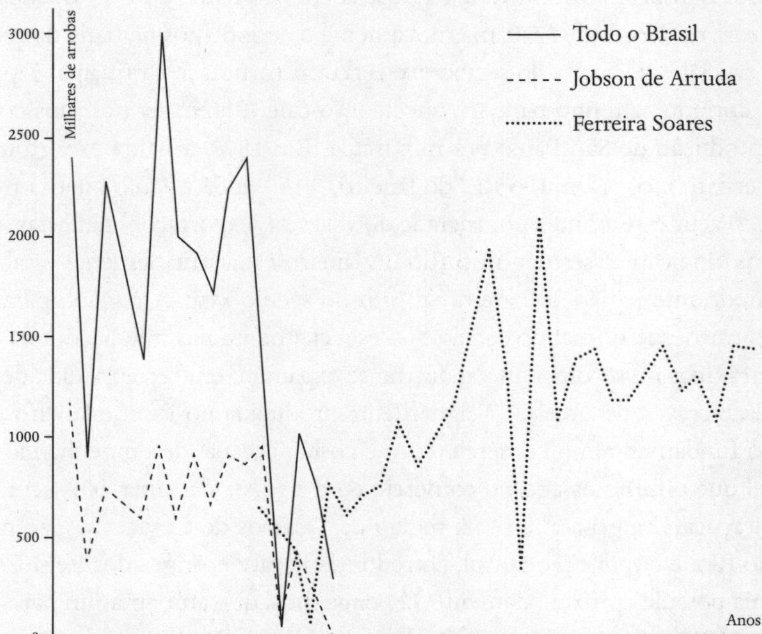

Gráfico 6. Exportações baianas de açúcar, 1796-1836.

produção açucareira pernambucana. Ao ser formada, em meados da década de 1750, o preço do açúcar era favorável. Àquela época, a capitania possuía cerca de 268 engenhos em operação e produzia anualmente talvez 6 mil caixas, ou 3500 toneladas. Em 1762, a companhia estava transportando todo o açúcar exportado legalmente pelas capitanias nordestinas, exportação essa que, no decorrer dos quinze anos seguintes, atingiu em média aproximadamente 9200 caixas anuais. Embora não existam números disponíveis para a Bahia nesses anos, parece que Pernambuco e suas capitanias adjuntas superaram a Bahia no período. Sob o controle da companhia, os preços mantiveram-se relativamente estáveis, com ligeiros aumentos a título de reajuste em 1765, 1770 e 1777, mas a produção após 1762 era cerca de um terço maior que antes de 1750.[35] Na expansão do período pós-haitiano, o nível das exportações açucareiras elevou-se novamente. Entre 1796 e 1811, Pernambuco exportou em média aproximadamente 11 mil caixas anuais. O patamar caiu entre 1811 e 1815 para 9 mil caixas, mas as exportações aumentaram rapidamente ao longo dos quinze anos seguintes. Entre 1826 e 1830, a média anual em Pernambuco foi superior a 28 mil caixas.[36]

Nos decênios intermediários do século XVIII, outras áreas juntaram-se a Bahia e Pernambuco como produtoras açucareiras de alguma importância. Belém, na foz do rio Amazonas, embarcou algum açúcar para a Europa, mas apesar de várias tentativas de incentivar a atividade no norte do país, custos elevados e problemas com a mão de obra sufocaram a produção.[37] No outro extremo, o sul do Brasil, um ativo governador pombalino promovera a indústria em São Paulo após 1765. A expansão ali começara na década de 1770, mas novamente o período pós-haitiano da década de 1790 foi crucial.[38] Por volta do século XIX, o açúcar tornou-se a principal exportação paulista, abrindo caminho para seu sucessor, o café. Porém, em termos comparativos, a produção de São Paulo era minúscula. Em 1808, a Bahia exportou 20 mil caixas, Pernambuco, 14 mil, o Rio de Janeiro, 9 mil, e São Paulo apenas mil. Não obstante, o açúcar respondia por metade do valor das exportações paulistas.[39]

Como indicam esses dados, o Rio de Janeiro estava firmemente estabelecido como importante região açucareira em fins do século XVIII. A região vinha produzindo açúcar desde o final do século XVI, especialmente nas imediações da baía da Guanabara, mas no século XVIII a indústria se expandiu, em certa medida devido ao tráfico de escravos de Angola. A aguardente produzida no Rio de Janeiro tornou-se artigo fundamental no comércio com a costa africana, desempenhando o mesmo papel que o fumo baiano no comércio com a Costa da Mina. No século XVII, a indústria açucareira expandiu-se na região de Campos de Goytacazes, ao norte da cidade do Rio, e em direção ao sul, ao redor de Paraty e Angra dos Reis. Em 1799, a capitania possuía aproximadamente 324 engenhos, que aumentaram para quatrocentos em 1819.[40] Como os de São Paulo, os engenhos do Rio de Janeiro eram, em média, menores que os da Bahia e Pernambuco; embora houvesse algumas grandes unidades com mais de duzentos escravos, o número médio de cativos nos engenhos de Campos em 1788 era de 36. Naquele ano, mais de 60% dos escravos viviam em unidades com menos de cinquenta cativos, e apenas 12% pertenciam a grupos de cem ou mais. Esse padrão repetiu-se em São Paulo, onde até 1822 os engenhos da capitania nunca superaram a produção de mais de 1700 arrobas por unidade.[41]

É importante reconhecer que o ressurgimento do açúcar não se deveu apenas à Revolução Haitiana e às oportunidades por ela criadas, por mais importante que tenha sido esse evento. Também não foi a indústria açucareira a única a expandir-se e desenvolver-se. As políticas de melhoramentos econômicos e diversificação agrícola implantadas por Pombal obtiveram um êxito apenas limitado em virtude das condições desfavoráveis do mercado e das dificuldades políticas. Porém, em muitos casos, as sementes do futuro foram quase literalmente deitadas pelos administradores pombalinos. As reformas educacionais e a fundação da Academia de Ciências de Lisboa, em 1779, pressagiavam mudanças nas atitudes e expectativas dos intelectuais e burocratas portugueses. Uma conspiração malograda pela independência em 1788, em Minas Gerais, e uma crescente agitação no Brasil em favor do livre comércio e de um relacionamento mais equitativo com Portugal levou os administradores régios, na década de 1790, a buscar formas de aperfeiçoar a economia e o relacionamento colonial. Influenciados pelas doutrinas fisiocráticas, muitos de seus esforços voltaram-se para a melhora da agricultura. Realizaram-se pesquisas nas colônias, e os burocratas régios procuraram modos de modernizar e aumentar a produção. Boa parte disso foi feita com crescente conhecimento das técnicas e avanços conseguidos em outras áreas do globo, especialmente nas que concorriam diretamente com as colônias portuguesas.[42]

Entre 1780 e 1830, exportações tradicionais como as de fumo e couros também apresentaram, como o açúcar, grandes aumentos, e a elas juntou-se uma série de produtos relativamente novos. O algodão, cultura do agreste, tornou-se importante nas exportações do Maranhão, Pernambuco e, em menor grau, da Bahia. Impulsionado por altos preços após 1770, o cultivo do algodão expandiu-se enormemente. A maior parte do algodão que Portugal importava do Brasil era reexportado para a Inglaterra e a França, e assim, na década de 1790, 30% das importações inglesas desse produto provinham do Brasil. Somente a concorrência dos Estados Unidos na década de 1830 trouxe o fim do boom. Com o arroz a história foi semelhante. Novas variedades das Carolinas foram introduzidas no decênio de 1760, e a produção — concentrada principalmente no Maranhão, Pará e Rio de Janeiro — começou a crescer na década seguinte. No decênio de 1820, o Brasil dava conta de seu próprio abastecimento de arroz, e supria também Portugal, que por sua vez reexportava grandes quantidades desse grão. Além dessas culturas bem-sucedidas, havia o cacau, o café e o trigo. Este último, cultivado no Rio Grande do Sul, na década de 1790 era vendido em vários portos brasileiros juntamente com charque e couros, os outros produtos importantes da região.

O resultado desse renascimento agrícola foi uma alteração no relacionamento existente entre Brasil e Portugal e entre Portugal e seus parceiros comerciais europeus. Com um comércio com a Europa deficitário de longa data, Portugal conseguiu, após 1796, uma balança comercial positiva, com base principalmente na reexportação de produtos brasileiros. Por volta de 1806, mais de 60% de suas exportações provinham do Brasil. Simultaneamente, Portugal tornou-se deficitário no comércio com sua própria colônia. O fluxo monetário ia da Inglaterra para Portugal e dali para o Brasil. Não é de admirar que os brasileiros começassem a questionar as bases do relacionamento colonial.[43]

O ressurgimento da economia exportadora na década de 1790 originado pela crise de São Domingos foi, em certa medida, promovido e intensificado por um notável grupo de administradores portugueses e intelectuais brasileiros que, ora de acordo, ora em conflito, procuraram fortalecer a economia brasileira.[44] Em certa medida, esses homens eram os afilhados intelectuais das reformas pombalinas e, de fato, a figura central, dom Rodrigo de Sousa Coutinho, que se tornou primeiro-ministro de Portugal em 1790, era literalmente afilhado de Pombal. Ele e seu antecessor eram homens de muitas leituras e experiência própria no Brasil e na Europa. Enviaram missões científicas às capitais europeias a fim de estudar melhoramentos na agricultura e na mineração, procuraram relatórios e estudos sobre inovações comerciais, industriais e agrícolas, além de promoverem em geral um ambiente favorável à experimentação prática. A Bahia recebeu uma série de administradores competentes e ativos nesse período. Homens como dom Fernando José de Portugal, marquês de Aguiar (1788-1801), dom João de Saldanha da Gama, conde de Ponte (1805) e dom Marcos de Noronha e Brito, conde dos Arcos (1810-8) eram enérgicos representantes do governo régio e, como governadores da Bahia, procuraram promover o desenvolvimento econômico enquanto controlavam o descontentamento político e a agitação social.

Esses dinâmicos governadores criaram um clima propício a mudanças institucionais. A primeira companhia seguradora da capitania foi criada em 1808, e em 1821 já havia três em operação. O primeiro banco, a Caixa de Desconto, foi criado pelo conde dos Arcos em 1816 para suprir fundos para o desenvolvimento agrícola; esse administrador foi responsável também pela criação de um câmbio comercial no ano seguinte.[45] Os coloniais estreitamente ligados à grande lavoura e ao comércio exportador reagiram ao estímulo proporcionado pelo governo e pelo mercado. Eram homens como o bispo Azeredo Coutinho, um ex-administrador de engenho que escrevera um memorial contra a regulamentação dos preços do açúcar e posteriormente escrevera em defesa do tráfico negreiro. Embora outros intelectuais brasileiros tendessem a ser menos irredutíveis quanto a essa última questão, a maioria compartilhava a atitude de Azeredo Coutinho a respeito da liberdade de comércio. Manoel Ferreira da Câmara, homem educado na Europa, com laços familiares com a elite de Minas Gerais e da Bahia, e que de 1801 a 1807 administrou o Engenho da Ponte, pertencente à sua família, advogou reformas práticas na mineração, agricultura e fabrico do açúcar. João Rodrigues de Brito, juiz da Relação da Bahia, escreveu contra a existência de quaisquer restrições sobre a liberdade de comércio ou as opções dos senhores de engenho. O douto José da Silva Lisboa, futuro visconde de Cairu, expressou sentimentos semelhantes e desempenhou papel importante ao incentivar a ordem régia de 1808, que abriu os portos do Brasil ao comércio exterior.

Se esses homens eram afilhados de Pombal, eram também enteados de Adam Smith. Sua meta era diminuir as restrições sobre a produção e o comércio a fim de aproveitar as condições favoráveis do mercado. Porém, ainda que esses administradores coloniais intelectuais e dinâmicos buscassem reformas, faziam-no sempre dentro do contexto do sistema colonial. Alguns como Ferreira da Câmara, podiam protestar contra as casas de inspeção ou o celeiro público, mas o que tinham em mente eram irrestritas oportunidades de lucrar com uma situação econômica favorável, e não uma redefinição do relacionamento colonial com Portugal.[46] Entretanto, em 1808, quando os acontecimentos levaram a Coroa portuguesa a abrir os portos brasileiros ao comércio exterior, comerciantes e grandes agricultores coloniais reconheceram imediatamente as vantagens da mudança. A medida não só traria novas oportunidades de comércio, mas poderia também abafar as chamas do jacobinismo, eliminando uma das queixas dos expoentes mais radicais da reforma.[47]

A economia baiana teve grande impulso na década de 1790, estabilizou-se entre 1800 e 1807 e após 1808 ganhou novo ímpeto, que foi mantido por mais uma década. Durante esses anos a elite baiana mostrou-se otimista quanto ao futuro, esperando consolidar os ganhos já conseguidos e assegurar a contínua prosperidade da economia da capitania. Em meio ao movimento generalizado de crescimento e diversificação da agricultura, o açúcar manteve-se como a principal exportação da Bahia.

A prosperidade estimulou a experimentação e a busca de melhoramentos entre os senhores de engenho baianos. Em certa medida, o movimento foi patrocinado pelo governo, mas em grande parte foi gerado pelos proprietários mais esclarecidos e progressistas, que esperavam encontrar formas mais baratas e eficientes de levar seu açúcar ao mercado. Essa procura por melhoramentos ocorreu em várias áreas.

Pode-se citar primeiro a matéria-prima, a cana-de-açúcar. Desde o século XV, o açúcar brasileiro vinha sendo produzido com uma variedade de cana, denominada "cana crioula", trazida da Madeira. Por volta de 1790, um novo tipo de cana do Pacífico, chamada otaiti, foi introduzido no Brasil através da Guiana Francesa, ou Caiena, de onde o nome "cana caiena" que recebeu no Brasil.[48] Plantada na Bahia inicialmente em 1810 no Engenho da Praia, de Manoel Pereira de Lima, a nova variedade pareceu oferecer certas vantagens.[49] Era forte e alta, com um caule fibroso resistente ao vento. A qualidade lenhosa da cana também a tornava preferível para o uso como combustível nas fornalhas do engenho.[50] Antes de sua introdução, os senhores de engenho brasileiros não empregavam o bagaço como combustível. O novo tipo de cana parecia agora tornar isso possível. Senhores de engenho mais esclarecidos experimentaram: em 1820, Caldeira Brant agradeceu a um correspondente inglês por mandar-lhe amostras, observando que plantara com elas um campo experimental para permitir comparações.[51] Não está claro, porém, se a nova variedade foi rapidamente adotada. Surgiram problemas: embora o caule fibroso fosse melhor como bagaço, também dificultava a moagem com tambores de madeira. No sul do Recôncavo, senhores de engenho informaram que a qualidade da nova semente deteriorava-se, de modo que doenças atacavam a cana e, assim, a cada ano a safra era menor que a anterior. Apesar do entusiasmo, a adoção da cana caiena parece ter sido lenta. Outras variedades, como a batavia, a cristalina e a roxa, que passaram a ser difundidas nas Antilhas após 1820, eram conhecidas no Brasil, porém não foram amplamente adotadas até fins do século XIX.[53]

Padrão similar de discussão e experimentação seguidas de adaptação relutante ou rejeição pode ser observado em outros aspectos da produção açucareira: moagem, construção de fornalhas, plantio, uso do bagaço e mudanças no tipo de tratamento da força de trabalho. Como já vimos, nunca faltaram sugestões para melhoramentos técnicos na indústria açucareira baiana, mas o período após 1790 foi especialmente ativo. Luís dos Santos Vilhena propôs um novo tipo de moenda em 1804, e ele foi apenas um dos muitos reformistas do período. Um pouco do caráter da época expressou-se em artigos da *Idade do Ouro*, primeiro periódico baiano, publicado depois de 1813. Artigos e editoriais enfatizavam a necessidade de melhoramentos e da aplicação da ciência à indústria açucareira. Nas palavras de Manoel Jacinto de Sampaio e Melo, "as ciências naturais não se estudam para disputar nas aulas ou conversar nas assembleias, mas para descobrir verdades interessantes ao bem comum".[54] Esse e outros reformistas e senhores de engenho da Bahia desejavam introduzir técnicas modernas, mas acreditavam que tais inovações deviam ser combinadas com a experiência.[55] O problema continuava a ser o fato de que a combinação de experiência no fabrico do açúcar e ciência raramente era encontrada em um mesmo indivíduo. Ainda assim, havia senhores de engenho na Bahia dispostos a experimentar, homens como Felisberto Caldeira Brant Pontes, Ferreira da Câmara e outros, para quem os princípios do Iluminismo eram essencialmente de ordem prática.

Todos os tipos de inovações ou melhoramentos foram sugeridos ou tentados. O comerciante José Maria dos Santos Lopes apresentou planos para uma nova moenda de cinco tambores em 1803 (ver Figura 20). Ferreira da Câmara propôs uma nova estrutura para as fornalhas do engenho a fim de economizar lenha.[56] Outros sugeriram o uso do "forno inglês", com um sistema de canais condutores que permitia o aquecimento de várias caldeiras com uma só fornalha, reduzindo assim a quantidade de lenha necessária. As propostas para o uso do bagaço como combustível e da máquina a vapor como fonte de força também ganharam popularidade.

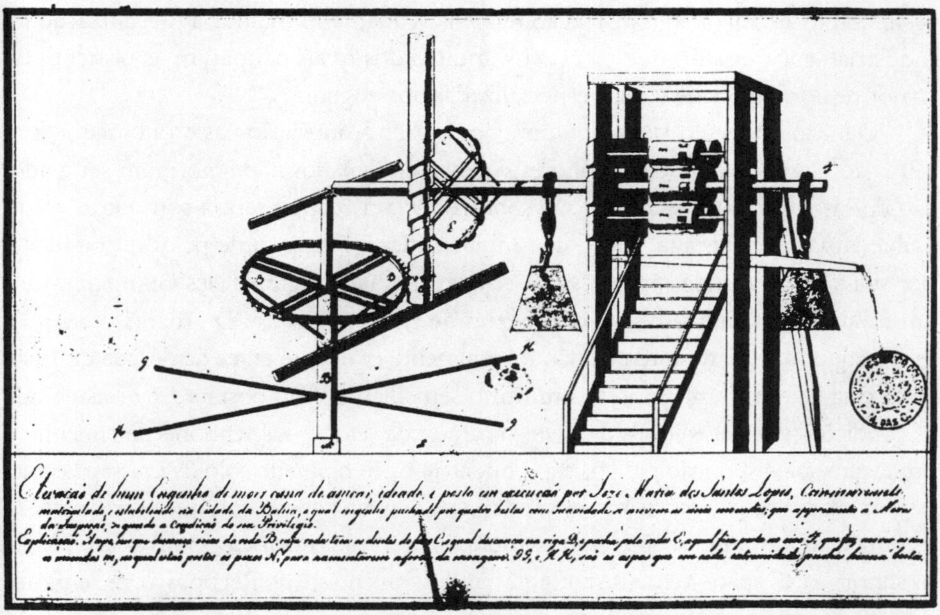

Figura 20. A procura por reformas e melhoramentos: planos de José Maria dos Santos Lopes para um novo tipo de engenho, submetidos ao Conselho Ultramarino em 1803.

A última inovação, o emprego da máquina a vapor para mover a moenda, proporciona uma boa oportunidade para o exame do nível de interesse dos senhores de engenho com respeito à mudança tecnológica e para a avaliação da centenária afirmativa sobre o atavismo e a pouca preocupação com aperfeiçoamentos dos latifundiários brasileiros. Já em 1618, Ambrósio Fernandes Brandão acusava seus colegas da colônia de "sem quererem anadir outras novidades de novo" e de serem "todos padrastos do Brasil, com lhes ser ele madre assaz benigna".[57] Sentimento idêntico foi expresso duzentos anos mais tarde na *Idade do Ouro*, na qual se afirmou que os senhores de engenho baianos eram tão presos às ideias de seus pais que "olhavam com exclusiva indiferença para qualquer inovação".[58] Na verdade, Caldeira Brant e outro senhor de engenho haviam contactado uma firma inglesa em 1810 para obterem uma máquina a vapor. Em 1815, uma moenda a vapor estava em operação na ilha de Itaparica. Os senhores de engenho demonstraram interesse considerável, mas a máquina quebrava com facilidade e os proprietários achavam que a "desatenção dos escravos" tornava seu uso não lucrativo. Com tal alegação, imputavam aos trabalhadores a responsabilidade pela lenta adoção da máquina. Esse, naturalmente, era o argumento usado por outros proprietários de escravos e levou Marx a enxergar uma incompatibilidade entre o progresso tecnológico e a mão de obra escrava. Os historiadores que aceitaram essa interpretação não explicaram por que *coolies* ou ex-escravos sem instrução ter-se-iam adaptado melhor à mecanização da indústria açucareira do que os cativos, muitos dos quais ocuparam as posições de maior responsabilidade e mais especializadas nos engenhos.[59]

O início do século XIX foi um período de grande inovação nas economias açucareiras do Novo Mundo, e os senhores de engenho baianos não ignoravam ser a adoção dessas adaptações vital para sua sobrevivência na concorrência com locais como Cuba, Jamaica e Luisiana. Ainda que muito criticados mais tarde pelos historiadores por sua falta de atitudes progressistas, na verdade havia alguns deles tão interessados em modernização quanto seus congêneres de Cuba e Jamaica. O progresso tecnológico naquelas ilhas, na verdade, não foi realmente marcante antes da década de 1840, e até essa data o Brasil manteve um ritmo semelhante. Não obstante, é verdade que as condições e práticas locais dirigiam o caráter da reação dos senhores de engenho e limitavam sua disposição para os experimentos. Com o pesado solo de massapê característico das paróquias costeiras, os senhores de engenho abastados, que eram também os principais inovadores, não estavam muito interessados no arado. Com a cana local e os suprimentos aparentemente inesgotáveis de lenha no sul do Recôncavo, os senhores de engenho baianos não se interessaram pelo bagaço ou pelo sistema de forno inglês. Quando as condições começaram a mudar, muitos foram lentos no acompanhamento das transformações. Entretanto aqueles homens não eram tolos, e os mais ricos e instruídos entre eles estavam dispostos a fazer ajustamentos. Em 1812, estabeleceu-se no Recôncavo o Engenho da Filosofia, uma propriedade experimental onde pudessem ser testados novas técnicas e materiais. Esse engenho simbolizou a curiosidade da classe dos senhores de engenho baianos, mas se manteve, ele próprio, uma curiosidade. O engenho tradicional e a escravidão haviam feito da Bahia uma colônia açucareira e agora seriam os fatores principais do ressurgimento daquela atividade.

A revitalização da economia açucareira antes de 1840 deu-se essencialmente pela intensificação e expansão da indústria já existente, com pouca alteração na combinação de fatores produtivos ou na organização social da produção. Através do aumento do número de engenhos e da considerável ampliação do nível da importação de escravos, a Bahia reagiu às oportunidades surgidas no comércio atlântico de açúcar na virada do século. Contudo essa política não deixou de ter seus custos, especialmente em um período de tumulto político, crescimento demográfico e potencial agitação social. É desses custos e das tensões que o ressurgimento da economia açucareira originou que trataremos a seguir.

CRESCIMENTO ECONÔMICO E TENSÃO SOCIAL

A população baiana cresceu consideravelmente durante a segunda metade do século XVIII. Salvador permaneceu o maior centro populacional, com mais de 50 mil habitantes em 1808, mas uma considerável expansão de território colonizado no sertão ao longo do rio São Francisco e na área meridional da capitania, em direção às minas de Jacobina e Minas Gerais, foi acompanhada por um crescimento da população naquelas áreas. Também no Recôncavo houve acréscimo populacional e, embora os resultados censitários do início do século XIX não sejam confiáveis nem consistentes, parece claro que na Bahia havia pelo menos 500 mil habitantes por volta da década de 1830.[60] Aproximadamente um terço dessa população compunha-se de escravos, mas a porcentagem de cativos nas paróquias açucareiras do Recôncavo era muito maior. Não só a população baiana crescera consideravelmente na segunda metade do século, mas também novos elementos faziam-se agora presentes ou pelo menos eram tão numerosos a ponto de passar a merecer atenção quando antes eram ignorados. Um censo de 1788 arrolou grandes números de agregados entre a população livre; residiam em domicílios de terceiros, a quem eram ligados de um modo ou de outro. Podiam ser criados, pensionistas, parentes ou outros dependentes, e passaram a constituir um segmento relativamente numeroso da população rural. Adicionalmente, a categoria "morador" começou a aparecer com frequência. Isso aplica-se talvez mais a Pernambuco do que à Bahia, embora também nesta última fossem mencionados moradores. Estes eram pessoas livres, dependentes de uma grande propriedade fundiária, como um engenho. Podiam possuir um ou outro escravo, mas em geral constituíam uma classe de trabalhadores rurais pobres que viviam à sombra dos engenhos, fornecendo trabalho em atividades complementares. Outros eram pequenos agricultores, que produziam para subsistência ou viviam de expedientes. Em grande medida, essa população era composta de pardos, resultado de duzentos anos de alforrias e miscigenação.[61] Agregados, moradores e agricultores de subsistência independentes eram elementos de um campesinato brasileiro que se desenvolvera na segunda metade do século XVIII. Livres, e na maioria indivíduos de cor, essa parcela da população representava um novo fator nos cálculos políticos e sociais.

O temor às agitações ou rebeliões escravas foi endêmico na sociedade baiana, mas em fins do século XVIII as apreensões dos senhores de engenho e comerciantes passaram a incluir também a crescente população de cor livre, boa parte da qual abrangia o campesinato rural. O controle da "mulatada" tornou-se cada vez mais uma preocupação entre as classes proprietárias. Registravam-se queixas contra ciganos e vagabundos, e frequentemente usava-se o alistamento militar como uma forma de lidar com o problema social.[62] Santos Vilhena falou abertamente contra a presunção e a degeneração dos mulatos em termos quase clássicos de intolerância racial, mas ao mesmo tempo foi inteligente o bastante para perceber que o problema não era simplesmente a raça. Suas palavras anteciparam Marx:

> A sociedade política compõe-se de proprietários e dos que não o são; aqueles são infinitamente menores em número do que estes; o que é sabido. Pretende o proprie-

> tário comprar pelo menor preço possível o único do não proprietário, ou jornaleiro, como é o seu trabalho; ele, porém, se esforça pelo vender pelo mais que pode, e neste litígio sucumbe de ordinário o contendor mais débil, apesar de maior em número.[63]

Na Bahia do final da era colonial, o espectro de uma multidão descalça de camponeses ou trabalhadores urbanos pardos que poderiam juntar-se à população escrava criava uma imagem assustadora e impunha severas restrições aos planos e programas de reformistas liberais que buscavam crescente libertação das restrições comerciais e políticas metropolitanas. Juntos, os cativos e as pessoas livres de cor provavelmente constituíam dois terços da população da capitania na década de 1820, e isso pesava tremendamente nos cálculos políticos.

Ademais, essa população era pobre e faminta. A expansão da agricultura de exportação e os lucros a serem auferidos com a cultura da cana ou do algodão exacerbavam outro dos problemas endêmicos na Bahia: a escassez de alimentos. Assegurar um suprimento adequado de farinha de mandioca para alimentar a população urbana de Salvador e os escravos das propriedades açucareiras vinha sendo um problema desde o início do século XVII, e várias medidas haviam sido tomadas para eliminar a escassez que ocasionalmente ameaçava a capitania. Legislação régia em 1688 e 1701 requeria que os produtores de açúcar plantassem mandioca o suficiente para alimentar seus escravos e produzissem um excedente que pudesse ser vendido no mercado local. Providências semelhantes foram adotadas no século XVIII, forçando os comerciantes ligados ao tráfico negreiro a plantar mandioca o bastante para suprir as tripulações e as cargas humanas dos navios. Comerciantes e senhores de engenho objetaram veementemente a essas exigências, e a lei foi com frequência desobedecida. Como já vimos, ocorreu uma certa especialização regional, na qual áreas meridionais do Recôncavo, como Maragogipe e Jaguaripe, cidades ao sul como Cairu e Boipeba e regiões como o Rio Real e o interior de Sergipe de El-Rei, ao norte de Salvador, especializaram-se na produção de alimentos. Isso deixava os senhores de engenho do Recôncavo relativamente livres para plantar apenas o produto exportável.[64] Os administradores régios, de fato, proibiram os agricultores daquelas regiões de cultivar outros gêneros que não a mandioca, tentando assegurar suprimentos adequados de farinha para a capitania.[65] Tais medidas, bem como a fixação governamental de preços a fim de impedir a especulação, mantiveram a situação sob controle até a década de 1770, mas a partir daí surgiram novas tensões. Os produtores, descontentes com o controle de preços e atraídos pela melhora do mercado de fumo e açúcar deslocaram-se para áreas onde eram permitidas tais culturas ou passaram a plantá-las ilegalmente. O juiz da Coroa em Ilhéus afirmou em 1780 que a pobreza daquela área devia-se à "amaldiçoada indolência dos agricultores, que esquecidos das ordens régias e movidos pela ganância haviam plantado cana em vez de mandioca".[66]

Esse problema preocupou as autoridades na década de 1780 devido ao crescente cultivo de açúcar, fumo e algodão mesmo pelos agricultores mais modestos. Realizaram-se vários censos de todos os produtores de mandioca em algumas regiões, do número de covas que cada um plantava e do número de escravos que empregavam, em um esforço de determinar a base da produção de alimentos da capitania.[67] Além disso um celeiro público foi estabelecido em Salvador em 1785. Essas eram medidas apenas provisórias, e com o boom na década de 1790 agricultores mais pobres crescentemente abandonaram a produção de alimentos pelos lucros do açúcar. Os senhores de engenho, é claro, de longa data resistiam a plantar mandioca em qualquer terra que pudesse prestar-se ao plantio da cana. Como explicou Manoel Ferreira da Câmara em 1807, ele não cultivava "um só pé de mandioca para não cair no absurdo de renunciar à melhor cultura do país pela pior que nele há".[68]

O abandono da mandioca e da agricultura de gêneros alimentícios e a crescente concentração em culturas exportáveis, aliados ao crescimento populacional, acarretaram uma alta nos preços de produtos básicos e, muito provavelmente, uma deterioração nas condições materiais dos trabalhadores cativos. O preço da mandioca subiu de 1770 a 1800, declinou ligeiramente na década de 1810 e elevou-se drasticamente por volta de 1825. Sua trajetória foi acompanhada por elevação dos preços da carne, em consequência de secas no sertão em 1774, 1791-3 e 1819-21 e de crescente demanda por gado da parte dos senhores de engenho.[69] A deterioração das condições materiais levou a um crescente sentimento de divisão de classes.

O espectro do conflito de classes ensombreava o horizonte dos principais senhores de engenho e comerciantes, bem como o dos burocratas régios. Santos Vilhena afirmara que "todo o mais povo, com a exceção dos comerciantes e alguns lavradores aparatosos como os senhores de engenho, é uma congregação de pobres".[70] Essa situação ele atribuía à influência negativa da escravidão. Outros, porém, viam na escravidão uma barreira às tensões sociais, pois a distinção entre escravos e livres unia, pelo menos na opinião de alguns, ricos e pobres em aliança contra a população cativa. Após a independência, observadores podiam especular sobre a unidade criada pela nacionalidade e a condição social de livre, embora para fazê-lo tivessem que desconsiderar as profundas distinções de cor. Como expressou o editorial do *Correio Oficial* em 1834:

> [...] a classe dos senhores concentra todo o poder político no Brasil [...] se o proletariado como classe tem pouca importância são [pelo menos] homens livres, e não têm razão de queixa pois possuem todos os direitos e privilégios constitucionais sem quaisquer vieses de casta, cor ou costume. [...] Dois grandes interesses tendem a reunir e juntar todos os membros de uma associação assim constituída [...] o sentimento de nacionalidade e a necessidade de conservar o domínio sobre os escravos.[71]

O sentimento de nacionalidade não era pura retórica. Já vinham de longa data as distinções entre escravos crioulos e mulatos e os nascidos na África, mas o período de ressurgimento intensificou tais distinções e reforçou as percepções sobre os cativos como forasteiros e perigosos. Em meados do século XVIII, importavam-se em média de 4 a 5 mil escravos anualmente, e esses números dobraram na Bahia com o ressurgimento. Entre 1812 e 1830 as importações legais foram em média superiores a 7 mil escravos por ano, apesar de em 1822 e 1823 terem sido muito menores, devido a problemas políticos.[72] Os cativos eram depositados como uma aluvião sobre o estrato já existente no mundo dos engenhos. Chegavam em grandes números, muitos provenientes de uma área bastante restrita do golfo de Benin. Esse foi um período de grande introdução de nagôs, jejes e alguns haussás muçulmanos, grupos que constituíam talvez um terço da população cativa da capitania no início do século XIX.[73] No momento mesmo em que brasileiros especulavam sobre a natureza de sua diferenciação e nacionalidade em relação a Portugal, um mar de estrangeiros, africanos boçais, distintos em sua língua e religião, inundava a capitania. Essa situação permitia aos escravos manter fortes ligações culturais e religiosas, mas também aumentava os temores e apreensões dos senhores escravistas, que viam nessa onda crescente de africanos um perigo trazido do estrangeiro.

A crescente importação de escravos africanos para atender às necessidades da economia açucareira em expansão produziu muitos efeitos. Como vimos, o lento movimento em direção ao equilíbrio demográfico, iniciado em meados do século XVIII, reverteu irrevogavelmente com o reforço do desequilíbrio entre os sexos e da predominância de africanos.[74] A presença de grande número de africanos recém-chegados originava apreensões não sem fundamento, como bem ressaltaram as rebeliões escravas iniciadas na Bahia em 1807. O revivescimento da economia baiana deixava claro o papel da escravidão e tornava os baianos livres, como outros brasileiros, sensíveis às pressões inglesas pela abolição do tráfico negreiro. Tratados entre Portugal e a Inglaterra em 1810, 1815 e 1817 limitaram progressivamente o tráfico e somaram às apreensões dos baianos o receio de que Portugal não mais fosse capaz de defender o interesse da colônia.[75] Ademais, os tratados fizeram subir o preço dos escravos. O valor médio de um cativo na Bahia triplicou entre 1780 e 1830. Somente a grande demanda por açúcar atenuou o impacto dessa alta.[76]

Apesar das pressões inglesas, o tráfico para a Bahia continuou. Entretanto, mesmo os que se recusavam a abandonar a instituição temiam suas potenciais consequências. O tratado de 1810 mencionara as desvantagens de "renovar continuamente uma população estrangeira e sediciosa", e esse argumento acabou por ser adotado pelos poucos brasileiros que advogavam a abolição do tráfico negreiro.[77] "A França, no maior entusiasmo e delírio de sua igualdade republicana, recusou admitir a propagação dos africanos em seu seio; e nós que trabalhemos para fundar nestas deliciosas regiões [...] um reino de Congo", escreveu Maciel da Costa em

1821.[78] Porém, ainda que muitos compartilhassem sua apreensão, poucos se dispunham a aceitar o remédio. A escravidão era por demais predominante, suas raízes muito profundas e seu papel extremamente importante para a vida econômica do Brasil. Se o envolvimento com a escravidão tivesse sido limitado a uns poucos senhores de engenho e comerciantes, teria sido relativamente fácil descartar sua persistência como uma imposição política da classe dominante. Contudo um amplo setor da população participava do regime escravista. A escravidão era uma instituição perniciosa que se infiltrara em cada nível da sociedade. Era um modo de vida que atingia a todos.

16. Estrutura de posse de escravos na Bahia

É prova de mendicidade extrema o não ter um escravo; ter-se-ão todos os incômodos domésticos, mas um escravo a toda lei.

José da Silva Lisboa a Domingos Vandelli (1781)

O ressurgimento da economia açucareira nas últimas décadas do século XVIII e nas primeiras do XIX acompanhou uma intensificação dos padrões tradicionais da sociedade escravista baiana tanto entre os senhores como entre os escravos. A crescente demanda por braços exigia altos níveis de importações de cativos, exacerbando a estrutura demográfica da escravaria e intensificando a presença cultural africana entre cativos. Essa presença e um aumento generalizado na resistência escrava provocavam temor e insegurança entre os proprietários, mas estes também eram perturbados, em certa medida, por seu próprio sentimento crescente de identidade como brasileiros e pelas preocupações com a política colonial. Ainda assim, a ameaça e o perigo criados pelas revoltas escravas levaram os administradores coloniais a adotar medidas extraordinárias: em setembro de 1816, o conde dos Arcos, governador da Bahia, ordenou um recenseamento de todos os proprietários de escravos do Recôncavo, a fim de determinar o tamanho e a localização da população cativa.[1] Essa providência pouco fez para refrear a onda de rebeldia, como veremos no Capítulo 17, mas oferece-nos uma oportunidade de examinar a estrutura e a significância da posse de escravos no Recôncavo no final da era colonial. Isso feito, poderemos comparar essa estrutura com a de outros regimes escravistas americanos e então sugerir o modo como a escravidão e a propriedade de escravos determinaram a forma pela qual a Bahia defrontou seu futuro como parte de uma nação independente.

Os arrolamentos foram compilados entre setembro de 1816 e janeiro de 1817. Exigiu-se que notários atestassem que todos os proprietários de escravos haviam prestado informações completas e precisas. Provavelmente todas as paróquias do Recôncavo apresentaram listas, mas as referentes às paróquias suburbanas de Paripé, Cotegipe, Pirajá e Matoim aparentemente já não existem.[2] Uma lacuna mais séria é criada pelo desaparecimento das listas da vila de Cachoeira e suas paróquias. Centro da economia do fumo no Recôncavo, Cachoeira possuía em 1819 uma população regional de quase 69 mil habitantes e 34 engenhos.[3] Sua ausência das listas e o fato de os arrolamentos de Maragogipe e Jaguaripe, ao sul do Recôncavo, não registrarem a ocupação dos proprietários de escravos são deficiências que complicam minha análise. As listas remanescentes, porém, incluem doze das dezessete paróquias do Recôncavo em quatro das seis principais vilas. Estão representados o cenário rural e o urbano, pois os senhores escravistas das vilas de Santo Amaro, Jaguaripe e Maragogipe foram arrolados separadamente e, o mais importante, dispomos de todas as listas referentes a Santo Amaro e São Francisco, o coração da zona açucareira. As listas remanescentes registram mais de 4 mil proprietários de 33 750 escravos em paróquias que representam todas as principais subáreas fisiográficas e econômicas do Recôncavo. Em 1819, a população cativa total da Bahia era de aproximadamente 147 mil indivíduos, ou seja, cerca de 31% dos 500 mil habitantes da capitania.[4] Perto da metade dos 50 mil que compunham a população de Salvador eram escravos, e talvez mais 30 mil cativos viviam na região de Cachoeira, para a qual não sobreviveram listas. Outros escravos viviam no sertão, nas florestas de Ilhéus e no agreste, zona de transição que atualmente produz algodão para exportação. Assim, as listas disponíveis contêm por volta de 23% dos escravos da capitania e talvez a metade dos que viviam no Recôncavo. Adicionalmente, os senhores e escravos de 165 engenhos, ou seja, de mais de dois terços dos 240 engenhos do Recôncavo e de quase a metade dos 340 da capitania, estão arrolados nas listas disponíveis.[5] Os engenhos de Santo Amaro e São Francisco eram os maiores e melhores da capitania, e devem representar os maiores plantéis* de escravos da Bahia.[6] E se alguma estrutura de posse de escravos no Brasil foi comparável à existente nas ilhas do Caribe, deve ter sido a propriedade de escravos nessas duas vilas.

* O termo plantel é usado aqui como o conjunto de escravos pertencentes ao mesmo proprietário. (N. T.)

PADRÕES DE POSSE DE ESCRAVOS

A distribuição da posse de escravos na Bahia estava relacionada aos padrões de uso da terra na região. Como seria de se esperar, os distritos meridionais do Recôncavo, ocupados principalmente com a agricultura de subsistência ou a produção de mandioca para os mercados locais, caracterizavam-se por plantéis pequenos, o que é refletido pelo número médio de cativos por plantel e pela relação entre a proporção de proprietários e a de escravos arrolados (ver Tabela 51).[7] O tamanho médio dos plantéis era notavelmente menor em Jaguaripe e Maragogipe do que nas paróquias açucareiras de Santo Amaro e São Francisco e, embora as vilas meridionais tivessem mais de metade dos proprietários arrolados (54%), eles possuíam apenas pouco mais de um terço dos cativos registrados (34,1%). Jaguaripe é um exemplo extremo de pouca concentração da posse de escravos e grande distribuição da propriedade.[8] Quase três quartos dos senhores nessa região possuíam menos de cinco escravos, e somente 25 proprietários tinham mais de vinte cativos. Os maiores plantéis eram os dos poucos engenhos da região; estes, porém, eram muito pequenos, e apenas três senhores possuíam mais de cinquenta escravos.

TABELA 51 — POSSE DE ESCRAVOS NO RECÔNCAVO BAIANO, 1816-7

PARÓQUIA	NÚMERO DE PROPRIETÁRIOS	PORCENTAGEM DO TOTAL DE PROPRIETÁRIOS	NÚMERO DE ESCRAVOS	PORCENTAGEM DO TOTAL DE ESCRAVOS	NÚMERO MÉDIO DE ESCRAVOS POR PROPRIETÁRIO	NÚMERO MEDIANO DE ESCRAVOS POR PROPRIETÁRIO
Jaguaripe	1167	25	5071	15	4,5	2,6
Maragogipe	1347	29	6450	19	4,8	3,9
Santo Amaro	(1363)	29	(12 168)	36	(8,9)	(3,3)
Purificação	481		4807		10,0	3,1
Oliveira	252		1303		5,2	2,6
Rio Fundo	491		5178		10,5	4,2
Saubara	139		880		6,3	2,5
São Francisco	(776)	17	(10 061)	30	(12,9)	(4,3)
São Gonçalo	271		2823		10,4	3,6
Socorro	72		854		11,9	2,6
Monte	125		2448		19,5	5,1
Catu	152		1420		9,3	4,4
Passé	156		2516		16,1	5,6
Totais	4653	100	33 750	100	7,2	

Maragogipe, um distrito de transição entre as florestas e roças de mandioca de Jaguaripe e as zonas de cultivo de fumo e açúcar de Cachoeira, possuía uma economia mista que incluía umas seis propriedades açucareiras, mas dependia largamente da agricultura de mandioca e, em menor grau, da de fumo. Como as listas de Maragogipe não incluem as profissões ou ocupações dos proprietários, é difícil avaliar o efeito da presença de plantadores de fumo sobre a estrutura da posse de escravos. Entretanto os números médios e medianos um tanto mais elevados para Maragogipe em comparação com Jaguaripe devem refletir a presença de agricultores de fumo. Adicionalmente, o distrito de Maragogipe incluía dois engenhos de tamanho médio, o Sinunga, de José Alexandre de Queirós, com oitenta escravos, e o Capanema, de Jerônimo da Costa Almeida, com 73 cativos, além de quatro engenhos pequenos, e todos provavelmente se abasteciam de cana fornecida por lavradores de cana arrendatários ou parceiros. Essas unidades maiores associadas à produção açucareira aumentam o número médio de escravos por plantel e ocultam, em certa medida, o grau em que Maragogipe era uma região de plantéis pequenos — dois terços dos proprietários possuíam menos de cinco escravos, embora apenas 29% dos cativos vivessem em unidades desse tamanho. Mais de 11 500 escravos viviam em Maragogipe e Jaguaripe, demonstrando claramente que a agricultura de subsistência não era exclusivamente uma atividade de camponeses livres no Brasil colonial — a mão de obra escrava era uniformemente aplicada nessa agricultura.

As paróquias das vilas de Santo Amaro e São Francisco do Conde, o coração da economia açucareira do Recôncavo, continham os maiores engenhos e a maioria dos escravos. Nem todas as paróquias eram semelhantes em tamanho ou outras características. Saubara, por exemplo, situava-se ao sul dos rios Subaé e Sergi, ao longo dos quais localizava-se a maioria dos engenhos de Santo Amaro. Embora em Saubara houvesse algumas propriedades açucareiras, também se cultivavam ali grandes quantidades de mandioca e outros gêneros alimentícios. As paróquias de São Gonçalo e Rio Fundo, um tanto afastadas da baía de Todos os Santos em direção ao interior, desenvolveram-se como áreas açucareiras em meados do século XVIII. Eram, portanto, distritos açucareiros ainda em formação e tendiam a apresentar menor concentração na posse de escravos e maior diversificação na economia do que as paróquias litorâneas mais antigas de Nossa Senhora do Monte e Nossa Senhora da Purificação. Nestas paróquias açucareiras tradicionais, o plantel de tamanho médio era grande, atingindo quase vinte escravos por unidade em Monte, paróquia com vinte engenhos, três dos quais possuíam mais de 150 escravos. As paróquias das vilas de Santo Amaro e São Francisco do Conde tinham menos da metade dos proprietários arrolados (46%), e contudo esses senhores controlavam quase dois terços dos escravos listados (65,9%). A grande associação entre açúcar e escravidão é certamente corroborada por esses números.

Nesse mundo rural de açúcar, mandioca e fumo, os povoados e vilas eram esparsos, geralmente às margens ou na foz de rios importantes. Vilas como Jaguaripe,

Maragogipe e Santo Amaro, este maior, eram estreitamente integradas à zona rural circunvizinha. Eram mais locais de comércio e administração do que centros de produção e, exceto por alguns alambiques produtores de aguardente e uns poucos estabelecimentos de artesãos, essas vilas derivavam sua renda da agricultura das imediações. A posse de escravos nesse contexto urbano diferia consideravelmente em escala e finalidade da existente no campo. Nas vilas rurais, os escravos eram empregados como carregadores, estivadores, criados e cozinheiros, bem como em outras ocupações domésticas e artesanais. O tamanho médio dos plantéis nas áreas urbanas era pequeno, e a distribuição dos cativos entre os proprietários era mais equitativa do que nas áreas rurais.

Para discutir a estrutura da posse de escravos na Bahia em um contexto comparativo, calculei duas medidas estatísticas que revelam o padrão de distribuição. O coeficiente de Gini é uma medida de desigualdade relativa ou dispersão — neste caso, da riqueza em escravos — a partir de uma situação hipotética de igualdade absoluta. O coeficiente de Gini é expresso ao longo de uma escala que vai de 0,0 (igualdade perfeita) a 1,0 (concentração absoluta). Quanto mais alto o coeficiente de Gini, mais concentrada a posse de escravos ou menos equitativa a distribuição entre escravos e proprietários.[9] Como medida estatística, o índice de Gini mostra a distribuição da riqueza em escravos em um dado ponto no tempo e fornece uma medida para compararmos as distribuições ao longo do tempo e do espaço. Além do coeficiente de Gini, calculei a parcela do total de escravos relativa aos 10% maiores proprietários. Essa medida simples, expressa em forma de porcentagem, é particularmente sensível a mudanças no tamanho dos plantéis maiores.

O impacto de atividades econômicas específicas sobre a distribuição da escravaria fica evidente observando-se essas duas medidas e o tamanho médio dos plantéis de escravos no Recôncavo (ver Tabela 52). A organização dos dados segundo localização e tipo de atividade econômica, em ordem crescente de concentração de posse, revela claramente o grau em que todas as medidas mais baixas estão associadas à escravidão urbana. Em áreas rurais, os índices mais baixos são encontrados nas zonas de cultivo de mandioca para subsistência e comercialização, Jaguaripe e Maragogipe; as medidas ligeiramente maiores para Maragogipe refletem a presença de algumas propriedades açucareiras e produtoras de fumo. A concentração de riqueza em escravos e o tamanho médio dos plantéis aumentam da região produtora de mandioca para as áreas de cultivo misto de mandioca e açúcar e terminam por atingir os níveis mais elevados nas paróquias mais inteiramente ocupadas com a produção açucareira de exportação. Dentre as paróquias tradicionais, todas menos uma das mais recentes como Rio Fundo e São Gonçalo — mais distantes da costa e no extremo do Recôncavo — possuíam menor concentração de riqueza em escravos em comparação com paróquias litorâneas como Socorro e Monte. A Tabela 52 inclui dados de três paróquias do interior baiano extraídos dos censos de

1788.[10] Essas paróquias dedicavam-se principalmente à pecuária e à agricultura de subsistência e representam um estágio intermediário na associação dos níveis de concentração e tamanho com tipos específicos de atividade econômica.

Sem dúvida os aspectos mais notáveis das Tabelas 51 e 52 são a distribuição relativamente uniforme da posse de escravos no Recôncavo Baiano e o concomitante tamanho reduzido do plantel médio. O Recôncavo, apesar de sua diversidade, era uma importante região de grande lavoura açucareira, a principal exportadora brasileira do produto no início do século XIX. Como tal, deve apresentar os limites

TABELA 52 — DISTRIBUIÇÃO DA PROPRIEDADE DE ESCRAVOS NA BAHIA

LOCALIZAÇÃO (CENÁRIO ECONÔMICO)	COEFICIENTE DE GINI	PARCELA DO TOTAL DE ESCRAVOS MANTIDA PELOS 10% MAIORES PROPRIETÁRIOS	NÚMERO MÉDIO DE ESCRAVOS POR PROPRIETÁRIOS
Recôncavo (urbano)			4,0
Maragogipe	0,23	–	
Jaguaripe	0,34	–	
Santo Amaro	0,36	–	
Recôncavo (mandioca)			4,5
Jaguaripe	0,38	–	
Maragogipe	0,45	–	
Sertão (gado, mandioca), 1788[a]			5,2
Inhambupe			
Água Fria	0,48	–	
Taperagoa			
Recôncavo (misto açúcar e mandioca)			6,6
Oliveira	0,52	47%	
Catu	0,55	43%	
Saubara	0,59	56%	
Recôncavos (açúcar)			11,7
Rio Fundo	0,62	53%	
São Gonçalo	0,64	54%	
Passé	0,65	63%	
Purificação	0,67	54%	
Socorro	0,70	58%	
Monte	0,77	78%	

(*a*) Os escravos, no censo de 1788, foram arrolados por domicílio a que pertenciam, e não por proprietário. O coeficiente de Gini é calculado para os domicílios, e o número médio de escravos é dado por chefe de domicílio. Quando são incluídos os cativos de todas as pessoas, o número médio eleva-se para 5,7.

superiores de desigualdade de riqueza e recursos tradicionalmente associados às zonas de grande lavoura. As relativamente baixas concentrações de riqueza em escravos em todas as áreas excetuando-se as paróquias açucareiras litorâneas, as concentrações bastante moderadas mesmo na maioria desses locais e as concentrações muito baixas para o Recôncavo como um todo sugerem que nosso conceito geral acerca da estrutura de posse de escravos no Brasil do fim da era colonial precisa modificar-se consideravelmente.

A produção açucareira tornara-se uma atividade importante em outras partes da colônia, mas os canaviais e engenhos das outras regiões eram geralmente menores que os da Bahia. Um levantamento das propriedades açucareiras do Rio de Janeiro em 1778 arrolou 109 unidades produtivas com uma média de apenas 36 escravos e uma mediana de trinta cativos por propriedade (coeficiente de Gini: 0,35). Os engenhos de São Paulo eram de tamanho semelhante.[11] Assim, os engenhos baianos estavam entre as maiores unidades e possuíam as mais altas concentrações de cativos na colônia. Contudo a maioria dos senhores escravistas não se dedicava à produção açucareira, e sim a outras atividades econômicas, ou viviam na zona urbana, onde a concentração de riqueza em escravos era muito menor. A escravidão como instituição, sistema econômico e forma de riqueza era amplamente distribuída entre a população brasileira. No final da era colonial, nem o Brasil como um todo nem o Recôncavo Baiano eram simplesmente um engenho em tamanho ampliado.

Os proprietários de escravos eram tão diversos quanto os tipos de ambientes onde os cativos eram mantidos. Homens, mulheres e instituições religiosas eram senhores escravistas. Havia proporcionalidade na posse de escravos por homens e mulheres, ou seja, 80% dos proprietários eram homens, e os homens possuíam 80% dos escravos. Subtraindo-se menos de 1% da escravaria, propriedade de instituições religiosas, as mulheres como um grupo detinham uma parcela proporcional de 20% dos cativos; havia, entretanto, grande variação entre as proprietárias. Os arrolamentos registram cuidadosamente as mulheres que usufruíam o tratamento de "dona", termo honorífico de prestígio, geralmente associado a riqueza, respeito e, presumivelmente, à pele branca. O tamanho médio de um plantel para as mulheres sem esse tratamento era de quatro escravos; para as intituladas "donas", 23. Esses números refletem o fato de que as mulheres com esse tratamento possuíam 27 dos engenhos das paróquias açucareiras, que incluíam alguns dos maiores engenhos da Bahia.

A posse de propriedades fundiárias por mulheres atingia seu máximo em Purificação, uma das mais antigas e tradicionais paróquias açucareiras. Ali, treze dos 37 engenhos pertenciam a mulheres, que em alguns casos possuíam mais de uma propriedade. Dona Maria Joaquina Pereira de Andrade, por exemplo, era dona dos dois engenhos antes pertencentes aos jesuítas, o Pitanga (com 164 escravos) e o Sergipe do Conde (com 237 escravos), com o maior plantel individual do Recôncavo. Adicionalmente, era proprietária de dois outros engenhos naquela paróquia, o Botelho (com 66 cativos) e o Santa Catherina (com 87 cativos). Para alimentar sua escravaria, dona Maria Joaquina possuía três fazendas na vizinha Saubara, onde trabalhavam mais 34 escravos. Dona de um total de 588 escravos nas duas paróquias, dona Maria Joaquina possuía a maior escravaria do Recôncavo. Seu caso era extraordinário, mas ela não era de forma alguma a única. Sua vizinha, dona Ana Maria de São José e Aragão, possuía dois engenhos, o São Miguel (com 64 escravos) e o Rosário (com 62 escravos). Outros exemplos de propriedade feminina em grande escala podem ser citados. Nas vilas de Santo Amaro e São Francisco, mulheres possuíam cerca de 16% de todos os engenhos e 10% das fazendas de cana.

A ativa participação de mulheres da elite no controle de terras e escravos contradiz algumas das generalizações comumente feitas a respeito da incongruência entre a realidade da vida dessas mulheres e os papéis que delas se esperavam.[12] Fosse qual fosse a realidade da atividade econômica entre as mulheres da elite, as atitudes sociais quanto àqueles papéis permaneceram negativas.

Conquanto as mulheres da elite que controlavam grandes engenhos fossem vívidos exemplos de poder e atividade femininos, as mulheres perfaziam apenas 20% dos proprietários e, como um grupo, tendiam a possuir plantéis menores que os dos homens. Três quartos das mulheres proprietárias de escravos possuíam menos de cinco cativos, enquanto apenas metade dos homens enquadravam-se nessa categoria. A posse feminina de escravos em pequena escala e provavelmente para uso doméstico verificava-se em particular nas áreas urbanas como a vila de Santo Amaro, onde 30% dos cativos pertenciam a mulheres.

Clérigos e instituições religiosas também se encontravam entre os proprietários de escravos do Recôncavo. Em 1817, as propriedades outrora pertencentes aos jesuítas estavam em mãos de seculares, mas os beneditinos e os carmelitas ainda eram donos de engenhos e canaviais. Os clérigos que possuíam escravos integravam-se perfeitamente à sociedade em que viviam, pouco se distinguindo dos proprietários leigos. Nas cidades, os padres possuíam poucos cativos como mordomos, cozinheiros e outros criados; na zona rural, porém, os clérigos usavam o braço escravo em atividades agrícolas.[13] Como filhos da elite rural, alguns padres adquiriam ou herdavam engenhos e fazendas de cana. Seis padres foram arrolados como senhores de engenho e trinta como lavradores de cana. Em alguns casos, havia disposições que permitiam aos padres cumprir suas funções clericais enquanto participavam da economia açucareira. Essa era a situação do padre Rafael de Sousa Gomes, capelão do Engenho Retiro, que empregava nove escravos no cultivo de cana para aquele engenho.

As listas das vilas de Santo Amaro e São Francisco registram consideráveis informações sobre a ocupação dos 2152 proprietários de escravos e permitem classificar esses senhores segundo o setor produtivo ou econômico a que pertenciam (ver Tabela 53).[14] Tal classificação contém poucas surpresas, embora o que lhes falta seja tão interessante quanto o que está presente.[15] No setor primário da agricultura, a posse ou controle de propriedade mais estreitamente ligada à economia exportadora era o elemento crucial na determinação do tamanho da força escrava. Esse, entretanto, pode ser um argumento um tanto circular, uma vez que certos tipos de agricultura demandavam níveis específicos de emprego de mão de obra. Os senhores de engenho possuíam os maiores plantéis e situavam-se no topo da escala em termos de riqueza em escravos, assim como de prestígio social. Entre eles havia sete homens que eram arrendatários, e não donos, de engenhos, e cujos plantéis de

TABELA 53 — CLASSIFICAÇÃO DE OCUPAÇÕES SEGUNDO A RIQUEZA EM ESCRAVOS

ATIVIDADE OCUPACIONAL	NÚMERO MÉDIO DE ESCRAVOS POR PROPRIETÁRIO	NÚMERO DE PROPRIETÁRIOS	% DO TOTAL DE PROPRIETÁRIOS
Atividades primárias			
Senhor de engenho[a]	65,5	165	7,7
Planador de fumo	19,3	4	0,2
Dono de sítio ou fazenda	13,4	63	2,9
Lavrador de cana	10,5	478	22,2
Plantador de mandioca	6,2	128	5,9
Lavrador de cal	5,9	42	2,0
Arrendatário de fazenda	5,2	125	5,8
Agregado	2,8	85	3,9
Morador	2,4	25	1,2
Pescador	1,7	3	0,1
Atividades secundárias			
Dono de alambique	12,1	23	1,1
Artesão	2,4	18	0,8
Atividades terciárias			
Dono de trapiche	6,0	2	0,1
Padre	4,5	19	0,9
Dono de residência	4,2	41	1,9
Burocrata ou profissional liberal	2,2	11	0,5
Pequeno negociante	2,4	64	3,0
Suas agências	1,9	30	1,4
Feitor	1,5	2	0,1
Sem ocupação arrolada	3,4	824	38,3
Totais		2152	100,0

(*a*) Os dados para os senhores de engenho representam unidades simples de propriedade (engenhos). Em 1816-7 houve quatro casos de propriedade múltipla englobando treze unidades.

escravos eram consideravelmente menores que os dos senhores de engenho como um todo. Nenhum arrendatário possuía mais de 58 cativos, e o tamanho médio do plantel dos arrendatários era de apenas 37 escravos, em contraste com 66 cativos para os senhores de engenho como um todo. A operação de um engenho não era, por si mesma, uma explicação para o nível de riqueza em escravos, e a posse da terra parece ter sido um fator importante na acumulação de riqueza.

Dada a importância da economia açucareira na Bahia e a tradicional posição dos lavradores de cana como senhores de engenho em potencial, poderíamos esperar que os mesmos se classificassem logo abaixo dos senhores de engenho. Em vez disso, ficavam atrás dos plantadores de fumo e outros donos de propriedades agrícolas. Essa anomalia é provavelmente resultado da não sobrevivência das listas referentes a Cachoeira, o centro da economia do fumo, e da crescente preeminência de outros proprietários agrícolas, alguns dos quais produziam cana-de-açúcar em alguma quantidade. Dos quatro plantadores de fumo arrolados nas vilas de Santo Amaro e São Francisco, três possuíam menos de nove escravos, mas um deles era proprietário de sessenta cativos, o que eleva o tamanho médio dos plantéis a níveis inesperadamente altos. Em geral, uma grande plantação de fumo no início do século XIX poderia possuir 25 escravos, e muitas delas contavam com apenas dois ou três. Usando contratos notariais de cem anos antes, Flory constatou que àquela época as plantações de fumo valiam, em média, um terço das fazendas de cana.[16]

Os outros tipos de propriedade agrícola comumente encontrados no Recôncavo eram a fazenda e o sítio.[17] É difícil determinar as distinções entre eles; as fazendas podiam dedicar-se a várias atividades, da pecuária ao cultivo de gêneros alimentícios e ocasionalmente de cana-de-açúcar. "Sítio" era um termo preferido para plantações de fumo, embora não usado exclusivamente nessa acepção. O tamanho, o tipo de cultivo, a tradição e, provavelmente, a preferência pessoal influíam na designação de uma propriedade como fazenda ou sítio. Por conveniência, considerei conjuntamente os 51 proprietários de fazendas e os 12 donos de sítios, resultando em pouco mais de treze escravos o tamanho médio do plantel para essa categoria. Os que arrendavam fazendas ou partes delas eram mais pobres que os proprietários de fazendas e os lavradores de cana, e possuíam apenas cerca de um terço a metade do número de escravos. Portanto, a classificação dos donos e arrendatários de propriedades agrícolas segundo o tamanho dos plantéis tende a confirmar a impressão criada pelos viajantes que visitaram Pernambuco, que descreveram o declínio em riqueza e prestígio da classe dos lavradores de cana, pois um processo semelhante aparentemente ocorreu no Recôncavo Baiano.[18] Os lavradores de cana ainda formavam uma classe substancial de proprietários de escravos na zona rural; entretanto os que possuíam ou controlavam terras em fazendas e sítios aparentemente eram, como um grupo, mais ricos. Ademais, indícios fornecidos pelo censo de 1788 sugerem que os lavradores de cana incluíam cada vez mais em sua categoria pessoas de cor, situação essa que, no Brasil, era sem dúvida um sinal de declínio do prestígio social.[19]

Estavam em uma diferente escala de riqueza os proprietários de escravos não ligados diretamente à principal cultura de exportação ou cujo acesso limitado à terra e ao capital mantinha pequenas suas operações. Os agricultores de mandioca donos de suas próprias roças possuíam em média pouco mais de cinco escravos por plantel, o mesmo ocorrendo com os arrendatários de terras em fazendas. Na paróquia de Boqueirão, alguns indivíduos viviam do preparo de cal, essencial na construção de edificações. Em último lugar entre os proprietários de escravos agrícolas estavam os dependentes dos engenhos e fazendas.[20] No século XIX, observadores contemporâneos sempre descreviam esses indivíduos como os mais pobres da população rural livre, de modo que os arrolados como proprietários de escravos devem ter possuído recursos um pouco maiores que a maioria dos de sua classe. Esse grupo enquadra-se em duas categorias: agregados e moradores. Em 1817, os moradores provavelmente constituíam cerca de 20% da população rural em Pernambuco. Se existiu uma situação semelhante na Bahia, a presença de apenas 25 moradores entre os proprietários de escravos é uma indicação de sua pobreza, não de seu número.

O setor secundário da economia inclui as atividades associadas à manufatura ou ofícios artesanais. Nas listas do Recôncavo, o número de indivíduos nessas ocupações era muito pequeno. Existem várias explicações possíveis para essa situação, algumas estruturais, outras acidentais. Alguns notários podem ter arrolado apenas "propriedades" no sentido de terras ou bens, sem se preocuparem em incluir a ocupação. Havia 824 senhores de escravos arrolados sem designação ocupacional, entre eles podendo estar incluídos alguns artesãos. Uma segunda explicação possível é a de que os artesãos em geral não possuíam escravos, mas isso, como vimos, é improvável. Talvez mais plausível seja a interpretação que ressalta o impacto da própria escravidão sobre os ofícios artesanais. No Recôncavo, muitos dos tradicionais ofícios artesanais eram, nesse período, executados por escravos. A única manufatura nas vilas de Santo Amaro e São Francisco era a destilação de aguardente. Os alambiques variavam em tamanho, de empresas domésticas com quatro a cinco escravos até fábricas com vinte a quarenta trabalhadores cativos.

O setor terciário, ou seja, o das ocupações na área de "serviços", na verdade inclui uma ampla variedade de profissões e atividades, muitas das quais eram associadas às cidades e povoados do Recôncavo. Os dois donos de trapiches obviamente proviam um serviço necessário aos senhores de engenho. Contudo o setor terciário também engloba os que foram arrolados simplesmente como proprietários de uma residência na cidade, para quem a posse de escravos era principalmente uma forma de emprego doméstico. O mesmo provavelmente pode ser dito quanto aos padres que serviam no Recôncavo. Nas categorias dos burocratas e profissionais liberais estão advogados, notários, um médico, coletores de impostos, professores e funcionários administrativos secundários. Talvez de maior interesse no setor terciário sejam os que se dedicavam ao comércio em pequena escala: donos de lojas, mascates e indivíduos que simplesmente viviam "de negócios". Todas essas listas referem-se à vila de São Francisco, o que sugere que os funcionários responsáveis pelos arrolamentos das paróquias de Santo Amaro não se importaram em anotar essas formas de ocupação. Alguns indivíduos registrados como vivendo de "suas agências" provavelmente alugavam seus escravos ou punham-nos a trabalhar nas cidades como vendedores no mercado ou carregadores, e viviam do que ganhavam os cativos. Posteriormente, no mesmo século, Thomas Ewbank observou que, no Brasil, "centenas e centenas de famílias têm um ou dois escravos, vivendo exclusivamente dos ganhos destes".[21]

Não eram os proprietários com um ou dois escravos que determinavam os padrões da sociedade e da economia no Recôncavo, e sim os senhores de engenho, que durante dois séculos e meio haviam dominado a vida baiana. As listas de 1816-7 oferecem uma excelente oportunidade para o exame da posse de escravos por aquela classe sob um aspecto quantitativo e para a análise da organização da economia dos engenhos. Em 1817, os efeitos da expansão da indústria açucareira na esteira da Revolução Haitiana e das Guerras Napoleônicas podem ser vistos no crescente número de engenhos. Àquela data, a Bahia possuía em torno de 316 engenhos, tendo havido um aumento de aproximadamente cem unidades desde 1790.[22] Perto de vinte famílias tradicionais interligadas, como os Calmon, Fiúza Barreto, Costa Pinto e Pires de Carvalho, controlavam cerca de um terço dos engenhos. Essas famílias "aristocráticas" eram especialmente predominantes nas paróquias litorâneas e nas terras a menos de quinze quilômetros da costa. Nesse grupo, havia frequentemente exemplos de proprietários de mais de um engenho. Estavam particularmente bem representados nas listas de Santo Amaro e São Francisco do Conde.[23] Como os maiores engenhos concentravam-se nessas vilas, os 165 engenhos são uma excelente e grande amostra dessas unidades produtivas na Bahia — uma amostra que, se possui algum viés em particular, provavelmente tende a exagerar o tamanho médio da escravaria dos engenhos.

Duas características dos engenhos do Recôncavo sobressaem imediatamente. Primeiro, havia uma distribuição relativamente uniforme do tamanho da escravaria entre os engenhos, ou seja, havia poucos plantéis muito pequenos ou muito grandes (ver Tabela 54). O tamanho mais comum era entre sessenta e cem cativos, mas um número considerável de propriedades operava com vinte a sessenta trabalhadores (e o coeficiente de Gini para a posse de escravos entre os senhores de engenho é baixo). Em segundo lugar, os 165 engenhos arrolados possuíam em média apenas 65 cativos por unidade produtiva, se considerarmos apenas os escravos de propriedade direta dos engenhos. Propriedades com uma escravaria dessa magnitude não parecem enquadrar-se na imagem comum da grande lavoura brasileira como um imenso latifúndio com centenas de escravos trabalhando sob o controle

TABELA 54 — DISTRIBUIÇÃO DA PROPRIEDADE DE ESCRAVOS ENTRE ENGENHOS EM PARÓQUIAS DO RECÔNCAVO, 1816-7

TAMANHO DO PLANTEL	NÚMERO DE PROPRIETÁRIOS[a]	PORCENTAGEM DO TOTAL DE PROPRIETÁRIOS	NÚMERO DE ESCRAVOS	PORCENTAGEM DO TOTAL DE ESCRAVOS	COEFICIENTE DE GINI
VILA DE SÃO FRANCISCO (SÃO GONÇALO, CATU, PASSÉ, SOCORRO, MONTE)					
5-9	0	0,0	0	0,0	
10-19	0	0,0	0	0,0	
20-39	14	17,5	408	7,4	
40-59	18	22,5	862	15,5	
60-99	34	42,5	2759	49,6	
100-149	14	17,5	1531	27,5	
150 ou mais	0	0,0	0	0,0	
Totais	80	100,0	5560	100,0	.21
VILA DE SANTO AMARO (RIO FUNDO, PURIFICAÇÃO, SAUBARA, OLIVEIRA)					
5-9	2	2,4	14	0,2	
10-19	3	3,5	49	0,9	
20-39	24	28,2	745	14,2	
40-59	14	16,5	687	13,1	
60-99	31	36,5	2231	42,5	
100-149	7	8,2	787	15,0	
150 ou mais	4	4,7	740	14,1	
Totais	85	100,0	5253	100,0	.30

(*a*) O número total de proprietários não inclui um cujo engenho estava de "fogo morto", na paróquia de Passé, na vila de São Francisco.

unitário e patriarcal de um proprietário e senhor residente. De fato, apenas o Engenho Sergipe do Conde possuía um plantel de mais de duzentos cativos, e somente cerca de 15% dos engenhos contavam com cem ou mais escravos.

O ponto principal aqui é que a unidade produtiva, o engenho, empregava não só a escravaria de seu proprietário, mas também a de lavradores de cana e às vezes de outros arrendatários e empregados. O número de escravos arrolados para um senhor de engenho não revela completamente o tamanho da força de trabalho associada ao engenho; quando se consideram todos os escravos, chega-se perto do tamanho dos "grandes" latifúndios.[24] Como a posse da força de trabalho estava dividida, os cativos viviam em grupos menores do que vinham pensando os historiadores, e isso provavelmente tinha um impacto considerável sobre a vida de senhores e escravos.

Conquanto seja possível falar de um número médio de escravos em um engenho baiano, é mais proveitoso examinar a escala dessas propriedades em termos de tamanho ótimo. Mais de 80% dos engenhos baianos possuíam entre vinte e cem cativos. Grandes engenhos com controle direto sobre mais de uma centena de escravos concentravam-se ao longo da costa. Eram pouco numerosos e controlavam menos de 30% dos cativos empregados na grande lavoura. Se descontarmos os engenhos com menos de vinte escravos — presumivelmente propriedades em processo de formação ou em decadência — poderemos então definir engenhos pequenos como os que contavam com vinte a 59 cativos, engenhos médios os com sessenta a 99 e grandes engenhos os com mais de uma centena, dos quais os que possuíam 150 ou mais escravos formavam uma subcategoria. Esses grandes engenhos assemelham-se mais à imagem romântica dos engenhos coloniais; entretanto são atípicos, compondo apenas uma pequena fração do total das propriedades e possuindo cerca de 17% dos cativos dos engenhos. Nem o senhor de engenho nem o escravo típico viviam nos grandes engenhos do Brasil colonial. E essas dimensões de plantéis e engenhos eram muito diferentes das existentes em outras zonas de grande lavoura açucareira nas Américas. Na Jamaica, por exemplo, mais da metade dos escravos da ilha em 1832 viviam em unidades de 150 ou mais indivíduos.[25]

A estrutura da grande lavoura açucareira baiana era uma organização complexa, na qual os engenhos eram as unidades produtivas centrais e fundamentais, funcionando como o coração da indústria, mas dependendo das contribuições da população rural livre que vivia à sua sombra. Essa população livre participava de uma variedade de contratos e acordos com os engenhos, fornecendo-lhes escravos, mão de obra e serviços administrativos suplementares, além de uma base ampliada de capital a crédito para a atividade. Essa população não proprietária de engenhos, formada por lavradores de cana, agregados, moradores e arrendatários, que frequentemente detinha propriedade em escravos mas raramente em terras, caracterizava o Recôncavo. A mão de obra como fator de produção não se concentrava tanto nas mãos dos grandes senhores de engenho como em outras regiões do Novo Mundo; assim, os riscos da agricultura açucareira eram mais amplamente compartilhados, o que significa que os efeitos de um desastre natural ou de uma queda de preços não recaíam exclusivamente sobre os senhores de engenho. A existência desses grupos de indivíduos livres que participavam em número significativo da agricultura açucareira tornava a organização dessa atividade mais complexa do que em outras regiões das Américas.

O principal grupo na estrutura da agricultura açucareira baiana era o dos lavradores de cana.[26] Em 1817, havia entre três e quatro deles para cada engenho, embora algumas dessas propriedades dependessem da cana de dez ou mais lavradores, e outras de nenhum. Esses lavradores possuíam seus próprios escravos e gado e controlavam também cerca de um terço de todos os cativos diretamente empregados na agricultura açucareira. Os plantéis dos lavradores variavam muito em tamanho, mas apresentavam um nível relativamente baixo de concentração de escravos (ver Tabela 55). Aproximadamente um quarto (24,5%) dos lavradores de cana eram produtores marginais com menos de cinco cativos, e quase três quintos (57,1%) possuíam menos de dez trabalhadores.

A disparidade entre os lavradores de cana que possuíam um ou dois cativos e os que contavam com mais de quarenta reflete a ampla escala de diversidade social e econômica nesse grupo e sugere razões para sermos cuidadosos ao tratá-los como uma classe homogênea. Estudos anteriores haviam fornecido alguma ideia do tamanho dos plantéis dos lavradores, mas as listas de 1816-7 oferecem pela primeira vez uma oportunidade de examinarmos a distribuição da posse de escravos nesse grupo de maneira abrangente.[27] Nas vilas de Santo Amaro e São Francisco do Conde havia 478 indivíduos que podem ser positivamente identificados como lavradores de cana. Eles possuíam 5010 cativos, com um tamanho médio de plantel de 10,5 escravos. Em ambas as vilas, pouco mais de 60% (61,7%) dos lavradores senhores de escravos possuíam plantéis de cinco a dezenove cativos, e pouco menos de 60% (57,4%) dos escravos pertencentes a lavradores de cana nas duas vilas viviam em unidades daquele tamanho. Essa situação tornava os padrões de posse de escravos na Bahia

TABELA 55 — DISTRIBUIÇÃO DA PROPRIEDADE DE ESCRAVOS ENTRE LAVRADORES DE CANA EM PARÓQUIAS DO RECÔNCAVO, 1816-7

TAMANHO DO PLANTEL	NÚMERO DE PROPRIETÁRIOS	% DO TOTAL DE PROPRIETÁRIOS	NÚMERO DE ESCRAVOS	% DO TOTAL DE ESCRAVOS	COEFICIENTE DE GINI
VILA DE SÃO FRANCISCO (SÃO GONÇALO, CATU, PASSÉ, SOCORRO, MONTE)					
1-4	69	25,4	211	7,6	
5-9	90	33,2	590	21,3	
10-19	75	27,7	977	35,2	
20-39	36	13,3	944	34,1	
40-59	1	0,4	51	1,8	
Totais	271	100,0	2773	100,0	0,37
VILA DE SANTO AMARO (RIO FUNDO, PURIFICAÇÃO, SAUBARA, OLIVEIRA)[a]					
1-4	48	23,2	152	6,8	
5-9	66	31,9	435	19,4	
10-19	64	30,9	875	39,1	
20-39	27	13,0	695	31,1	
40-59	2	1,0	80	3,6	
Totais	207	100,0	2237	100,0	0,37

(*a*) Na paróquia de Oliveira não foram registradas as ocupações. Havia provavelmente 21 lavradores de cana, que possuíam 133 escravos (cerca de 5,6% dos cativos pertencentes a lavradores na vila de Santo Amaro), mas a tabela foi calculada sem esses lavradores e seus respectivos escravos.

bastante diferentes dos de outras áreas açucareiras. Na Jamaica, por exemplo, onde os plantéis pequenos e médios haviam sido eliminados em meados do século XVIII, apenas 11% dos cativos viviam em unidades de cinco a vinte indivíduos na época do registro, em 1832. Em Luisiana, em 1850, menos de 20% dos escravos da grande lavoura açucareira viviam em propriedades com cinquenta ou menos cativos. Mesmo em Trinidad, em 1814, com sua economia mais diversificada não tão devotada ao açúcar, mais de 60% dos escravos empregados na agricultura viviam em grupos de sessenta ou mais, e apenas 17% dos cativos viviam em unidades com menos de vinte indivíduos.[28] Em contraste, 53% de todos os escravos do Recôncavo viviam em plantéis de um a vinte cativos. Essa estrutura de posse reflete a diversidade agrícola da região e o papel dos lavradores de cana na economia açucareira.

A existência dos lavradores de cana como proprietários de escravos com plantéis de tamanho médio cuja escravaria era empregada na indústria açucareira explica a curiosa e distinta estrutura dessa indústria na Bahia (e, por implicação, no Brasil). Os 165 engenhos do Recôncavo contavam em média com três lavradores por engenho, e esses lavradores possuíam em média dez a onze escravos cada um. Portanto cerca de um terço dos escravos diretamente empregados na agricultura açucareira pertenciam não aos engenhos, mas aos lavradores de cana.[29] A divisão da propriedade é essencial para compreendermos a escala das operações da grande lavoura na Bahia. Se a força escrava dos engenhos incluía não apenas os cativos pertencentes aos senhores de engenho mas também os dos lavradores de cana (ver Tabela 56), o número médio de escravos por engenho aumenta para 96, o que se aproxima muito mais dos cem escravos calculados por vários observadores nos séculos XVII e XVIII.[30] Afirmações aparentemente contraditórias, como a da câmara de Salvador em 1751, que estimou o número médio de escravos de um engenho em quarenta, também passam a fazer sentido, tendo em vista a suposição implícita de que havia um suprimento adicional de mão de obra fornecido pelos lavradores de cana através de seus escravos.[31]

Finalmente, deve ser salientado que os arranjos entre os lavradores de cana e os engenhos revelam apenas uma parte, ainda que importante, da complexidade das estruturas de mão de obra dos engenhos. Também residiam nas terras ou nas fronteiras de muitas das propriedades outros indivíduos livres que forneciam serviços pessoalmente ou cujos cativos podiam ser usados pelos engenhos em certas épocas do ano. É difícil saber em que medida esses escravos eram empregados regularmente na agricultura açucareira, e não os incluí em meus cálculos sobre o tamanho dos engenhos até agora. Em algumas paróquias, porém, os proprietários de escravos foram arrolados por residência em relação aos engenhos; assim é possível vermos o relacionamento entre senhores de engenho e outros proprietários de escravos residentes. Na paróquia do Rio Fundo, os 38 engenhos contavam em média com quatro lavradores cada um, bem como com dois agregados e um outro proprietário de escravos residente. Esse grupo de "outros" proprietários escravistas

TABELA 56 — POSSE DE ESCRAVOS POR ENGENHOS E LAVRADORES DE CANA EM PARÓQUIAS DO RECÔNCAVO, 1816-7

PARÓQUIA	NÚMERO DE ENGENHOS	NÚMERO DE ESCRAVOS POSSUÍDOS POR ENGENHOS	PORCENTAGEM DE ESCRAVOS POSSUÍDOS POR ENGENHOS	NÚMERO DE LAVRADORES	NÚMERO DE ESCRAVOS POSSUÍDOS POR LAVRADORES	PORCENTAGEM DE ESCRAVOS POSSUÍDOS POR LAVRADORES	LAVRADORES POR ENGENHOS
São Francisco							
São Gonçalo	19	1298	62,0	62	791	38,0	3,3
Catu	10	182	58,8	41	338	41,2	4,1
Monte	20	1732	74,7	59	588	25,3	3,0
Socorro	9	562	77,0	13	168	23,0	1,4
Passé	22[a]	1486	62,7	96	885	37,3	4,4
Subtotais	80	5260	66,7	271	2770	33,3	3,4
Santo Amaro							
Purificação	38	2560	80,5	54	622	19,5	1,4
Rio Fundo	38	2245	60,4	143	1474	39,6	3,8
Oliveira[b]	6	239	100,0	0	—	0,0	—
Saubara	3	209	59,7	10	141	40,3	3,3
Subtotais	85	5253	70,1	207	2237	29,9	2,4
Totais	165	10 813	68,3	478	5010	31,7	2,9

(*a*) Não inclui um engenho de "fogo morto".
(*b*) Na Paróquia de Oliveira não foram registradas as ocupações. Havia provavelmente 21 lavradoras de cana, que possuíam 133 escravos (cerca de 35,8% dos dos cativos empregados na agricultura açucareira) mas a tabela foi calculada sem esses lavradores e seus respectivos escravos.

compunha-se de moradores, artesãos e feitores. Embora o tamanho médio de um plantel nos engenhos em Rio Fundo fosse 59 se considerarmos apenas os cativos de propriedade direta do engenho, o número eleva-se para 112 quando incluímos os escravos de todos os proprietários associados.

Ao ser "reconstruída" com a agregação dos escravos de todos os dependentes como parte da força de trabalho dos engenhos, a escala dos engenhos baianos aproxima-se mais do tamanho das plantations açucareiras encontradas nas Antilhas e no sul dos Estados Unidos. As complexas disposições referentes à posse de escravos e sua difusão pela economia açucareira tinha importantes implicações para senhores e escravos. Com os plantéis pequenos como característica predominante na Bahia e os médios sendo comuns na economia açucareira, precisamos reexaminar nossas noções de há tempos sobre o relacionamento entre senhores e escravos e a base das difundidas atitudes patriarcais assumidas por muitos senhores.

Nas comunidades escravas, arranjos matrimoniais devem ter sido difíceis quando o plantel era pequeno, a menos que fosse dada facilmente a permissão para o casamento com cativo de outro plantel; se esta fosse normalmente concedida, os laços familiares extensivos devem ter sido tênues, com vários membros da família pertencentes a diferentes senhores. Para os senhores de engenho, uma das maiores preocupações deve ter sido a coordenação da programação do engenho com o uso da força de trabalho existente, boa parte da qual sob controle de terceiros; a habilidade administrativa tornava-se crucial para o êxito de um engenho. Não admira, pois, que muitos senhores de engenho baianos relutassem em deixar a casa-grande e permitir que administradores dirigissem as operações. A estrutura do engenho estabelecia o contexto para as relações sociais de produção.

POSSE DE ESCRAVOS NA BAHIA NO CONTEXTO BRASILEIRO

Os níveis relativamente baixos de concentração de escravos em grandes unidades, a predominância de plantéis pequenos e médios e a aparentemente ampla distribuição da propriedade de escravos entre a população livre revelados pelas listas baianas são fatos que sugerem alguns problemas. O primeiro deles refere-se à "tipicidade". O Recôncavo não era a Bahia, e a Bahia não era o Brasil. Cabe perguntar o que a estrutura de posse de escravos revelada nas listas de 1816-7 representa em termos da colônia como um todo. Como importante área de grande lavoura, a Bahia deveria apresentar os limites máximos de concentração de riqueza e de tamanho médio e mediano de plantéis em comparação com os de outras regiões brasileiras caracterizadas pela agricultura de subsistência, pecuária, algodão ou produtos que usavam mão de obra menos intensivamente que o açúcar. É difícil obter informações que corroborem essa hipótese, mas existem indícios suficientes, tanto diretos como circunstanciais, que sugerem sua validade.

Dispomos de dados quantitativos comparativos para São Paulo e Minas Gerais. Com base em registros locais de impostos e de censos populacionais de cinco localidades em Minas Gerais entre 1718 e 1804, Francisco Vidal Luna demonstrou que o tamanho de um plantel médio era pequeno e que a posse de escravos era amplamente distribuída entre a população. Em Minas Gerais, os proprietários de um a quatro escravos eram predominantes, poucos senhores possuíam mais de quarenta cativos e apenas um contava com mais de cem. Durante o século XVIII, o tamanho médio dos plantéis variou entre 3,7 e 6,5 escravos (coeficiente de Gini: 0,40 a 0,57), dependendo da época e do local. Nas áreas mineiras, portanto, os plantéis eram um tanto menores e menos concentrados do que no Recôncavo. Minas Gerais era uma economia escravista de "pequena propriedade".[32] Situação semelhante caracterizava São Paulo em 1804, onde, apesar da existência de engenhos em algumas regiões, o número médio de escravos por proprietário na capitania era cerca de 5,0, e 72% dos senhores possuíam menos de seis escravos. Mais de 35% dos cativos da capitania viviam nesses plantéis pequenos, e se aumentarmos o limite para dez escravos, a proporção de cativos em tais plantéis eleva-se para quase 60%.[33] A hipótese de que a Bahia representava os níveis superiores de tamanho e concentração da propriedade escrava é apoiada por esse dado e, embora faltem estudos quantitativos semelhantes para outras regiões, outros indícios, não quantitativos, confirmam essa suposição.

A escravidão no Brasil distribuía-se largamente entre a população livre, constituindo-se na base econômica da sociedade como um todo e em uma forma de investimento extremamente comum e acessível. Viajantes frequentemente comentaram a respeito do uso pródigo e generalizado da mão de obra escrava e censuraram seus perniciosos efeitos morais.[34] Um inglês, o reverendo Robert Walsh, por exemplo, descreveu a situação de uma forra livre e sua escrava no Rio de Janeiro:

> A jovem escrava era sua única propriedade, e ela ganhava bem a vida alugando-a como besta de carga a quem a quisesse e para qualquer finalidade. Muitos indivíduos no Rio, negros e brancos, vivem do mesmo modo. Possuem um só escravo, a quem mandam para a rua pela manhã e extraem à noite uma pataca. Eles próprios nada fazem, jazem por aí indolentes e vivem dessa renda.[35]

Outros observadores mencionaram o uso de escravos em grupos, para fazer o trabalho que um só cavalo ou uma roldana poderiam executar mais rápida e eficientemente. A aquisição de cativos por pessoas de poucos recursos e o desperdício no uso dessa mão de obra indicam que essa forma de trabalho era barata, relativamente abundante, fácil de obter e, mais importante, fácil de repor. O importante, aqui, parece ter sido o próprio tráfico negreiro; aberto durante todo o período colonial, operou em níveis não apenas adequados à compensação das perdas naturais, mas em certos períodos, também supriu as demandas criadas pela expansão econômica. Conquanto os senhores de engenho invariavelmente se queixassem de que o preço dos escravos era alto demais, evidências sugerem que a posse de um escravo era um objetivo relativamente acessível que, por razões de prestígio ou ganho econômico, prometia um retorno razoável sobre o investimento.

As observações moralistas de viajantes estrangeiros, alguns dos quais tinham suas próprias causas abolicionistas a promover, nem sempre podem ser tomadas ao pé da letra em se tratando da distribuição da escravaria no Brasil. E, embora listas como as do censo baiano de 1816-7 forneçam excelentes informações sobre a distribuição dos cativos entre os senhores, elas não podem responder a uma outra, e talvez mais importante questão: que parcela da população brasileira participava, por meio da posse de escravos, da instituição da escravidão? Essa questão é mais complexa e difícil do que parece à primeira vista. A documentação censitária do

Brasil colonial é notoriamente deficiente e muitas vezes contraditória, de modo que a simples determinação do tamanho da população não é uma tarefa fácil. Além disso, mudando um pouco a questão em direção aos cálculos da distribuição de riqueza, os cativos devem ser considerados como parte da população "em risco"?[36] Os escravos eram seres humanos, não meras propriedades, e constituíam cerca de 30% da população total no fim da era colonial. Obviamente sua inclusão nas estimativas de distribuição de riqueza afetará os resultados. A falta de dados demográficos confiáveis complica a questão sob outros aspectos. Se a aquisição de riqueza é, de alguns modos, cumulativa, e, portanto, associada à idade, então quanto mais velho um indivíduo, mais provável que possuísse riqueza em escravos e maior seria o número de cativos possuídos. Sem dados demográficos específicos para as idades, torna-se difícil a análise da distribuição dos escravos em uma população.[37]

Considerando-se esses problemas, uma forma útil de abordarmos a questão da difusão da posse de escravos é determinar o número de domicílios com escravos como uma função do número total de domicílios. Essa medida aproximada pode sugerir a penetração da escravidão na sociedade brasileira. A impressão geral que se tem, a partir das listas baianas, de uma ampla difusão da posse de escravos é corroborada por evidências esparsas de outras regiões brasileiras. Cerca de metade dos domicílios nos centros urbanos de São Paulo e Ouro Preto, por exemplo, tinham pelo menos um escravo. Em São Paulo, a porcentagem diminuiu entre 1778 e 1836, mas mesmo nesta segunda data em 46% dos domicílios de pessoas livres na cidade havia cativos. Em Ouro Preto, capital do antigo distrito aurífero de Minas Gerais, essa proporção era de 41% dos domicílios em 1804.[38] Tal nível de difusão em áreas urbanas é confirmado por um censo publicado da paróquia de São Pedro, na cidade de Salvador, em 1775; 47% dos domicílios nessa importante paróquia possuíam escravos.[39] As evidências são esparsas, é certo, mas confirmam a impressão deixada pelos viajantes estrangeiros de que a escravidão era uma instituição ubíqua nas cidades e vilas do Brasil.

É mais difícil estabelecer a proporção de domicílios com escravos nas áreas rurais. Em parte, o problema é a falta de fontes; mas, além disso, a variedade de cenários econômicos e ecológicos no Brasil torna arriscada qualquer tentativa de generalizar a partir de outra região. Evidências anteriores de uma ampla difusão da escravidão são mostradas em um censo da localidade de Mocha, na capitania do Piauí, onde se praticavam a pecuária e a agricultura de subsistência. Dos 302 fogos arrolados na paróquia em 1762, havia escravos em 209 deles (69,2%). Nas fazendas de gado, mais de 90% dos fogos tinham pelo menos um cativo.[40] Não existem evidências semelhantes disponíveis para o Recôncavo, mas o censo de 1788 inclui algumas paróquias pouco distantes dali para as quais pode ser calculada a presença ou ausência de escravos. Inhambupe, distrito que produzia algum açúcar, bem como gado e gêneros alimentícios, possuía 115 fogos de indivíduos livres, dos quais 56 (48,7%) tinham escravos; em Água Fria, apenas seis dos 69 fogos (8,7%) não tinham pelo menos um cativo. Na capitania de São Paulo, região caracterizada em geral por um esparso campesinato rural, cerca de um quarto dos fogos tinham escravos. A proporção diminuiu ligeiramente entre 1798 e 1818, à medida que a capitania mudou para a produção de culturas de exportação e começou a haver uma concentração de riqueza. Plantéis pequenos eram a regra em São Paulo; em suas comunidades agrícolas, aproximadamente 45% dos proprietários de escravos possuíam menos de três cativos, e dois terços, menos de sete.[41]

Finalmente, mais uma demonstração da ubiquidade da posse de escravos e da penetração da instituição são as agora substanciais evidências de posse de escravos por ex-escravos, ou forros. Mahommah G. Baquaqua, proveniente da África ocidental, fora escravo no Brasil antes de ir para os Estados Unidos, onde acabou por publicar sua história, comentando que quase fora comprado por um homem de cor no Rio de Janeiro. Em suas palavras, "a posse de escravos origina-se do poder, e qualquer um com meios para comprar seus semelhantes com reles sobras pode tornar-se proprietário de escravo, não importa sua cor, credo ou país, e [...] o homem de cor escravizaria tanto seu igual como o homem branco, se tivesse esse poder".[42] Embora o abolicionista que registrou a história de Baquaqua possa não ter sabido das funções alternativas que a posse de escravos podia ter para as pessoas de cor, a evidência dessa posse por forros é clara. Um estudo de 259 testamentos deixados por ex-escravos na Bahia no século XIX revela que 207 deles (78,3%) deixaram pelo menos um cativo entre seus bens.[43] Em Minas Gerais, entre 1743 e 1811, os forros perfaziam entre 3,3% e 14,6% dos proprietários de escravos. No distrito diamantífero de Serro do Frio, em 1738, mais de 22% dos proprietários de cativos eram ex-escravos.[44] A grande maioria dos forros proprietários possuía apenas um ou dois cativos, mas sua simples presença como proprietários indica que mesmo o grupo menos privilegiado entre os indivíduos livres podia participar da instituição da escravidão, e assim o fez. Existem até mesmo casos documentados de escravos que "possuíam" escravos.[45]

Examinemos um caso na Bahia, que revela a posse de escravos por ex-escravos e também algo da biografia de um cativo. Em 1752, Gonçalo de Almeida, um negro ex-escravo, fez seu testamento em Pirajá, no Recôncavo.[46] Após as costumeiras declarações de devoção e desejo de morrer no seio da Igreja, o homem relembrou a história de sua vida. Nascido no Congo, viera para a Bahia como escravo e fora mandado para o sertão. Ao morrer Antônio de Almeida, seu senhor, Gonçalo comprou sua liberdade. Quando ainda escravo, casara-se com uma cativa e tivera vários filhos, mas todos eles, bem como a mulher, estavam mortos em 1752. Uniu-se então a uma mulher que fora sua escrava durante algum tempo, desposando-a após alforriá-la. À época de sua morte, Gonçalo possuía seis escravos, a maioria angolas. Entre estes, por ocasião do testamento, havia uma coartada, a quem fora concedido o direito de comprar a liberdade. Entre os demais havia um filho de sua esposa, nascido quando ela ainda era escrava. O testamento de Gonçalo de Almeida indica que mesmo entre os forros proprietários de escravos não existia um padrão único, mas que a instituição era adaptada às necessidades econômicas e familiares.

Essas evidências, esparsas no tempo e no espaço, apontam, todas, na mesma direção. Havia uma ampla distribuição da escravaria pela população livre, e um grande segmento da população participava diretamente do sistema. Nas cidades, a probabilidade de um indivíduo livre viver em uma casa com um escravo era de aproximadamente 50%. Nas áreas rurais, havia maior diversidade, dependendo da economia local; a variação era de cerca de 25% dos domicílios em São Paulo a mais de 90% em algumas paróquias do Nordeste. Ademais, os coeficientes de Gini calculados sobre esses dados esparsos indicam que a concentração da riqueza em escravos era relativamente baixa. Em suma, as evidências existentes sugerem enfaticamente que a escravidão como instituição e forma de propriedade permeou a sociedade brasileira e muitas vezes atingiu e contou com a participação de uma ampla camada da população, inclusive de pessoas de recursos modestos.

A análise que fizemos até agora não se destina a defender um argumento em favor da "democracia econômica" no Brasil colonial. Longe disso. Considerar "grandes" ou "pequenos" os níveis de concentração de riqueza depende das expectativas e de algum tipo de perspectiva comparativa que temos. O nível de concentração de escravos no Recôncavo Baiano resultava em um coeficiente de Gini moderado, 0,59, bastante semelhante ao calculado para o sul dos Estados Unidos e bem diferente do da Jamaica. Esse número, porém, pouco revela sobre a distribuição de riqueza entre o total da população. Não existem atualmente dados que permitam um exame da distribuição geral de riqueza na Bahia. Contudo, esta análise da posse de escravos demonstra que seu nível de concentração era mais baixo do que se poderia esperar de uma economia colonial escravista voltada para a exportação.

POSSE DE ESCRAVOS NA BAHIA E AS AMÉRICAS

As comparações ao longo do tempo, espaço e culturas são problemáticas, é verdade, porém oferecem um contexto em que um caso específico pode ser usado para examinarmos padrões mais gerais — neste caso, a posse de escravos. No Recôncavo, recapitulando, os plantéis dos engenhos eram geralmente menores do que o suposto pelos historiadores, a maioria dos proprietários possuía menos de quatro escravos e mais da metade dos cativos vivia em plantéis com menos de vinte indivíduos — tudo isso em uma região tradicionalmente associada a uma economia de grande lavoura açucareira. O quão surpreendentes são de fato esses padrões torna-se claro quando os comparamos aos de outras regiões escravistas da América. A posse de escravos parece ter sido um pouco mais concentrada no sul dos Estados

Unidos em meados do século XIX do que no Brasil no final da era colonial, e a concentração relativa de terras e escravos parece ter diferido nas duas regiões. Todavia, deixando de lado essas pequenas diferenças, o notável é a semelhança geral dos padrões de posse de escravos na Bahia e nos Estados Unidos, particularmente quando esses padrões são comparados aos regimes escravistas das Antilhas.

Nos Estados Unidos, estudiosos fizeram um exame intensivo dos padrões de posse de escravos entre 1790 e 1860. Seus estudos conduziram a uma série de conclusões acerca da desigualdade de riqueza antes da Guerra Civil, da estrutura da economia sulista e do papel da escravidão naquela economia. Muitos desses trabalhos ressaltaram as consideráveis variações regionais nos padrões de posse de escravos conforme o solo e o tipo de atividade econômica, abordagem essa que salienta a diversidade econômica do Sul. Entretanto, apesar dessa diversidade, as constatações até o presente também tornam claro que antes de 1850 a instituição da escravidão era amplamente difundida por todo o Sul e que a ela se associava cerca de um terço de todos os domicílios através da posse de escravos. A despeito de uma longa tradição historiográfica que se concentrou na plantation e no poder político da classe dos grandes agricultores, estudiosos tão diferentes quanto Lewis Gray, Frank Owsley e Gavin Wright notaram a importância dos pequenos proprietários de escravos e das propriedades agrícolas independentes.[47] Gray mencionou o "grande número de pequenos proprietários de escravos — homens a quem dificilmente se poderia chamar senhores de plantation. [...] Sua principal ambição é produzir algodão e possuir escravos".[48] Wright, embora não desejando exagerar o caso em favor da igualdade de riqueza no Sul, ainda assim constatou que em muitos aspectos havia pouca diferença entre as atitudes dos grandes agricultores e as dos pequenos proprietários de escravos e que a "minoria possuidora de escravos não era, de forma alguma, minúscula — aproximadamente a metade do Sul algodoeiro, mais de um quarto de todas as famílias dos estados escravistas".[49] Apoiando-se nesses números, Wright argumentou convincentemente que o interesse da sociedade sulista no regime escravista possuía amplo embasamento.

A existência de relatórios censitários de 1790 em diante permitiu a historiadores do sul dos Estados Unidos estabelecer uma sólida base quantitativa para a análise da posse de escravos naquela região. A principal meta de muitos estudos foi usar a posse de escravos como medida de riqueza e então comparar a concentração desta com os padrões verificados no norte do país ou ainda traçar as mudanças ao longo do tempo; contudo suas descobertas também revelaram a estrutura de posse de escravos no Sul.[50] Concentraram a atenção nessa estrutura no período anterior à Guerra de Secessão, especialmente nos anos de 1850 a 1860. O trabalho de Lee Soltow, porém, que usa dados de 1790 e 1830, é particularmente útil para comparação com o material de fins da era colonial aqui apresentado. Soltow examinou uma área composta de quatro regiões — Maryland, Carolinas do Norte e do Sul e o Distrito de Colúmbia

— para 1790 e constatou que um plantel de tamanho médio tinha oito escravos e que um terço das famílias possuíam cativos.[51] O coeficiente de Gini foi de 0,60, ou seja, uma concentração moderada. Todos esses indicadores mudam ligeiramente para 1830, quando o tamanho médio do plantel aumenta para 9,6 escravos e o índice de Gini diminui pouquíssimo, ficando em 0,59. Soltow também calculou essas estatísticas para todos os catorze estados sulistas em 1830, descobrindo apenas variações secundárias com relação à sua amostra de quatro regiões. Sua principal conclusão foi haver uma notável estabilidade nos padrões de posse de escravos, ao menos até 1830; dentro desses padrões gerais, porém, existia considerável diversidade regional.[52]

Em marcante contraste com os Estados Unidos estavam as ilhas de grande lavoura das Antilhas. Ali dominavam as grandes plantations, e a proporção de brancos para escravos na população era muito menor do que nos Estados Unidos. A história de como o açúcar tornou negras as ilhas do Caribe já foi contada em outros trabalhos e não precisa ser repetida aqui, mas os resultados são importantes para fins comparativos. No final do século XVIII, as maiores ilhas inglesas e francesas caracterizavam-se por grandes unidades agrícolas e populações escravas em esmagadora maioria. Em Granada, por exemplo, na década de 1780, mais de 91% dos habitantes eram cativos; em São Domingos, em 1779, os cativos perfaziam 86% da população.[53]

A Jamaica, vasta ilha com uma variedade de paisagens, também se enquadra nesse padrão. Uma contagem cuidadosa da população cativa feita durante o período de emancipação permite-nos examinar a estrutura de posse de escravos naquela ilha em 1832. Na Jamaica, os cativos perfaziam 86,5% da população, e mais da metade deles vivia em grandes plantations com mais de 150 escravos.[54] O tamanho médio do plantel era de 25 cativos, e o coeficiente de Gini chegava a 0,83. A Jamaica, para todos os efeitos, assemelhava-se, em suas configurações demográficas globais, a uma gigantesca plantation: os escravos em grandes propriedades predominavam na população, e propriedades muito grandes dominavam a economia. A posse de escravos nessa ilha apresentava-se em escala diferente da existente nos Estados Unidos. Na Jamaica, 61,5% dos escravos viviam em plantations com mais de cem cativos. Nos Estados Unidos, em 1850, apenas 8,6% dos escravos viviam em unidades desse tamanho; mesmo se considerarmos apenas o baixo sul, essa porcentagem aumenta para apenas 14,1%.[55]

Ao compararmos os dados analíticos dos arrolamentos dos proprietários de escravos baianos com o mesmo tipo de dados para o sul dos Estados Unidos e Jamaica, torna-se claro que a estrutura de posse de escravos na Bahia colonial assemelha-se muito mais à do Sul norte-americano de antes da Guerra de Secessão do que à da Jamaica no período pré-emancipação. A proporção de escravos na população total, o tamanho médio de plantel, o coeficiente de concentração da posse de cativos e a porcentagem de escravos que viviam em grandes propriedades agrícolas apresentam semelhança muito maior na comparação entre o Sul norte-americano e o Recôncavo do que na comparação de cada uma dessas regiões com a Jamaica (ver Tabela 57). Sem dúvida, a Bahia, como região de grande lavoura, apresentava um número mediano mais elevado para a posse de escravos — 29,0 — do que o Sul norte-americano em 1850 — 20,6. Entretanto o baixo sul permite melhor comparação em termos de sua estrutura agrícola; ali, a mediana é notavelmente semelhante à da Bahia: 30,9 escravos.[56] Em apenas um aspecto a Bahia provavelmente diferiu muito tanto dos Estados Unidos como da Jamaica e, na verdade, de praticamente todas as outras sociedades escravistas das Américas: a porcentagem da população baiana composta de pessoas de cor livres era, quase sem dúvida, de 40% ou mais.[57] No alto sul dos Estados Unidos, as pessoas de cor nunca compuseram mais de 6% do total da população livre antes de 1850, e no baixo sul a porcentagem ficava em cerca de 3%. Naturalmente, nos Estados Unidos as pessoas de cor livres tinham a alternativa de mudar para o norte do país, mas em 1820 apenas 3,4% do total da população norte-americana compunha-se de pessoas de cor livres. Em 1850, essa porcentagem caíra para 1,8. Na Jamaica, em 1800, com sua diminuta população branca, as pessoas de cor livres perfaziam tão somente 3% da população total, mas compunham um terço dos habitantes livres.[58] Proporções semelhantes eram típicas de outras ilhas britânicas. Apenas nas ilhas de Cuba e Porto Rico, nas Antilhas espanholas, as pessoas de cor livres compunham parcelas da população total que chegavam a aproximar-se das verificadas no Brasil.

A própria economia açucareira impunha certos padrões e estruturas sobre a escravidão e a posse de escravos, e portanto é útil separar Luisiana dos Estados Unidos como um todo e do sul como região para observarmos os padrões daquela área açucareira. Infelizmente não há dados facilmente disponíveis para o início do século XIX; existem, porém, dados para 1850 — trinta anos após os arrolamentos da Bahia. Não surpreendentemente, a estrutura de posse de escravos em Luisiana era, em certos aspectos, mais semelhante à das ilhas açucareiras das Antilhas. Mais de 20% dos cativos viviam em plantéis de mais de cem escravos, em comparação com os 8,5%, verificados para o Sul como um todo. Embora grandes plantéis fossem mais característicos de Luisiana do que de qualquer outro estado, ainda assim mais de um terço dos cativos de Luisiana residiam em plantéis com menos de 20 indivíduos, e mais de metade dos proprietários de escravos possuía menos de cinco cativos.[59] Existem notáveis semelhanças entre a distribuição por percentis dos plantéis nas paróquias açucareiras baianas e em Luisiana. A principal diferença reside na porcentagem maior de cativos possuídos na Bahia nos plantéis de cinquenta a 99 escravos, refletindo o tamanho menor da escravaria dos engenhos, devido à dependência destes em relação aos cativos possuídos pelos lavradores de cana. As plantations da Luisiana, sem uma classe de lavradores de cana, eram maiores, e mais de 20% dos escravos viviam em plantéis com mais de cem cativos.

TABELA 57 — DISTRIBUIÇÃO COMPARATIVA DA POSSE DE ESCRAVOS NA BAHIA, JAMAICA E SUL DOS ESTADOS UNIDOS, 1790-1832

LOCAL E DATA	NÚMERO MÉDIO DE ESCRAVOS POR PROPRIETÁRIO	NÚMERO MEDIANO DE ESCRAVOS POR PROPRIETÁRIO	COEFICIENTE DE GINI	PROPORÇÃO MÉDIA DE FAMÍLIAS PROPRIETÁRIAS DE ESCRAVOS	PORCENTAGEM DE ESCRAVOS NA POPULAÇÃO TOTAL	PORCENTAGEM DE PESSOAS DE COR LIVRES NA POPULAÇÃO TOTAL
Bahia, 1816-7	7,2	29,0	0,590	0,25-0,50	30,8[a]	40,0 (?)
Jamaica, 1832	25,0	—	0,825	—	86,5	3,0 (1800)
Sul dos Estados Unidos						
Área de quatro regiões, 1790	8,0	—	0,602	0,34	33,5	
Área de quatro regiões, 1830	9,6	—	0,599	0,33	—	3,4 (1820)
Todo o Sul, 1830	8,7	20,6[b]	0,597	0,36	33,5	—

(*a*) Dados para a Bahia em 1819 extraídos de Joaquim Norberto de Sousa Silva, conforme apresentados em MARCÍLIO, Maria Luiza. Crescimento histórico da população brasileira até 1872. *Crescimento populacional*. São Paulo, 1974, p. 14. [Centro de Análise e Planejamento, nº 16.]

(*b*) Estimativa de Lewis Gray para 1850; ver GRAY, Lewis. *History of Agriculture in the United States to 1860*. Washington. 1932. 2 v. v. I, p. 500.

Fontes: Para o Sul, ver SOLTOW, Lee. Economic inequality in the United States in the period from 1790 to 1860. *Journal of Economic History, 31*:825-8, 1971; GRAY, op. cit., pp. 482, 529-40. Para a Jamaica, HIGMAN, B. W. *Slave population and economy in Jamaica, 1807-1834*. Cambridge, 1976; pp. 144-5, 374-5; HALL, Douglas. Jamaica. In: COHEN, David W. & GREENE, Jack P., eds., *Neither slave nor free: the freedman of African descent in the slave societies of the New World*. Baltimore, 1972, p. 194. Para a Bahia, ver MERRICK, Thomas & GRAHAM, Douglas H. *Population and economic development in Brazil, 1800 to the present*. Baltimore, 1979. p. 66.

Ao examinarmos a distribuição da posse de escravos segundo o tamanho do plantel para as três regiões, ficam evidentes as semelhanças entre a Bahia e os Estados Unidos e as dessemelhanças entre ambos e a Jamaica (ver Tabela 58). No Sul dos Estados Unidos e no Recôncavo, menos de 10% dos escravos viviam em plantéis de mais de cem cativos, em contraste com mais de 60% dos escravos nas mesmas condições na Jamaica. É provável que seja mais apropriado enfatizar a semelhança entre Estados Unidos e Bahia na base e não no topo da escala dos plantéis, ou seja, no número de escravos e proprietários associados aos plantéis de menos de cinco cativos. Na Bahia, essa categoria englobava 64% dos senhores e 15,4% dos escravos. Presumivelmente, os números para o Brasil como um todo seriam iguais ou maiores, considerando sua diversidade econômica. Para os Estados Unidos, é possível conseguir estimativas comparáveis para 1790, 1830 e 1850. A tendência ao longo desses sessenta anos foi de declínio na proporção de pequenos proprietários de escravos com relação ao total dos proprietários, embora essa proporção tenha permanecido aproximadamente a metade, caindo de 54,9% em 1790 para 50,2% em 1850. Esses pequenos proprietários controlavam cerca de 15% da força escrava em 1790, 13% em 1830 e 10% em 1850. Na Jamaica, os proprietários de menos de cinco cativos compunham 54% dos proprietários, mas controlavam apenas 4,4% dos cativos da ilha. Além disso, a proporção dos que possuíam apenas um escravo em relação a todos os proprietários era metade da existente nos Estados Unidos e na Bahia.

TABELA 58 — DISTRIBUIÇÃO COMPARATIVA DE ESCRAVOS E PROPRIETÁRIOS SEGUNDO TAMANHO DO PLANTEL (EM PORCENTAGENS), 1816-50

TAMANHO DO PLANTEL	BAHIA		JAMAICA	ESTADOS UNIDOS		
	RECÔNCAVO 1816-7	PARÓQUIAS AÇUCAREIRAS 1816-7	1832[a]	SUL 1790[b]	SUL 1830[b]	LUISIANA 1850[b]
Escravos						
1-9	36,3	24,9	8,7	29,9	28,5	20,2
10-9	17,1	15,2	6,3	26,3	27,4	15,0
20-49	17,1	20,6	9,5	28,0	25,3	23,4
50-99	20,2	27,7	14,0	9,3	10,3	20,5
100-99	8,7	10,5	25,6	4,5	6,2	15,5
200 ou mais	0,7	1,1	35,9	1,9	2,2	5,4
Proprietários de escravos						
1-9	83,6	76,5	69,1	79,3	73,4	73,5
10-9	9,5	11,5	11,2	13,5	17,1	12,7
20-49	4,3	6,9	7,5	6,4	7,7	8,5
50-99	2,1	3,7	4,6	1,3	1,4	3,5
100-99	0,5	1,4	4,4	0,4	0,4	1,3
200 ou mais	0,0[c]	0,0[c]	3,2	0,0	0,0[c]	0,5
PROPORÇÃO DE PROPRIETÁRIOS COM APENAS UM ESCRAVO EM RELAÇÃO AO TOTAL DE PROPRIETÁRIOS						
	0,23	0,20	0,11	0,24	0,20	0,23

(*a*) Cálculos para a Jamaica baseados em HIGMAN, B. W. *Slave populations and economy in Jamaica, 1807-1834*. Cambridge, 1976, pp. 724-5. As categorias de tamanho do plantel de Higman são: 1-5, 6-10, 11-20, 21-30, 31-40 etc. Tais divisões aumentam as porcentagens nos plantéis menores. A proporção de proprietários com um escravo em relação ao total de proprietários foi calculada dividindo-se a categoria 1-5 por 5; isso certamente superestima a proporção, já que o número de proprietários com dois escravos excede o dos possuidores de um cativo na maioria das distribuições.

(*b*) Cálculos para o Sul em 1790 e 1830 baseados em SOLTOW, Lee. Economic inequality in the United States in the period from 1790 to 1860. *Journal of Economic History, 31*: p. 825, 1971, usando-se um ponto médio em cada categoria para estimar o número de escravos para cada tamanho de classe. Porcentagens para Luisiana calculadas do mesmo modo, a partir de DEBOW, J. D. B. *Statistical view of the United States* [seventh census]. Washington, 1854, p. 95.

(*c*) Nestes casos, a porcentagem era menor do que 0,1.

Essa análise quantitativa da posse de escravos na Bahia salienta alguns padrões referentes à propriedade e à organização social discutidos em outra parte deste livro, bem como sugere uma série de implicações acerca das ações e percepções de escravos e livres na sociedade baiana. Primeiro, é evidente que as diferenças no tamanho dos plantéis ou na distribuição dos mesmos entre a população já não podem ser postuladas como um elemento de importância crucial na explicação de variações entre os sistemas escravistas dos Estados Unidos e do Brasil. As duas áreas, de fato, eram bastante semelhantes nesse aspecto, e ambas contrastavam marcantemente com a Jamaica e outras ilhas de grande lavoura. Segundo, os complexos arranjos quanto à posse de escravos na produção açucareira, o grande número de plantéis pequenos e médios e a ampla distribuição da propriedade de escravos entre a população livre significavam que aquela não era uma sociedade de meros senhores de engenho e seus cativos. Em vez disso, centenas de indivíduos ou famílias com um ou dois ou mesmo cinco cativos, cujo investimento na escravidão era quantitativamente pequeno, mas cuja vinculação à instituição não era menos real, devem também ser considerados integrantes do sistema escravista. Eles formavam a maioria dos proprietários de escravos e controlavam uma substancial proporção da escravaria. Qualquer discussão sobre vida, aculturação, oportunidades familiares e rebeliões escravas devem levar em conta esse padrão. Os contrastes entre o Brasil e o sul dos Estados Unidos ressaltam-se ainda mais quando se mostra que as diferenças em tamanho e distribuição dos plantéis eram mínimas. Certas semelhanças, porém, tornaram-se compreensíveis.

Em *The world the slaveowners made*, Eugene Genovese apontou o que lhe pareceu uma anomalia: os proprietários de escravos no sul dos Estados Unidos e no Brasil eram muito parecidos.[60] Esse autor afirmou que, apesar das origens burguesas dos senhores sulistas norte-americanos e das tradições senhoriais dos senhores de engenho baianos, "ambos aproximavam-se ao máximo dos padrões de paternalismo que associamos à plantation patriarcal". Atribuiu essa semelhança ao regime de grande lavoura e ao contato entre negros e brancos nele existente, e nisso ele estava provavelmente correto. Porém, o que nem ele nem nenhum outro suspeitava é o fato de as estruturas da posse de escravos no sul dos Estados Unidos e no Brasil serem tão semelhantes. Genovese enfatizou a importância de uma classe de proprietários residentes na formação dessas sociedades patriarcais, mas o que pode ser até mais importante é o fato de a maioria dos senhores viverem em propriedades com menos de cem cativos, lugares grandes o bastante para desenvolverem-se todas as estruturas básicas da vida cotidiana, mas de um tamanho que permitia ao proprietário ou proprietária conhecer seus cativos bem o suficiente para interferir em suas vidas de maneira direta e pessoal. Em contraste, as plantations jamaicanas eram geralmente muito maiores, e mais da metade dos cativos naquela ilha vivia nessas grandes propriedades. Com trezentos a quinhentos escravos, que diferença fazia se a propriedade era dirigida pelo dono ou por um administrador? Nenhum deles poderia conhecer todos os cativos de um modo além do mais geral. Apesar da interpretação essencialmente ideológica de Genovese sobre a semelhança entre essas duas classes de senhores escravistas, a base material de sua existência era, de fato, muito similar.

Parece que o problema na Bahia e nos Estados Unidos não era o fato de o patriarcalismo sofrer as restrições dos plantéis de escravos grandes demais. Muito pelo contrário, a maioria dos senhores e a maioria dos escravos viviam em residências sob condições de trabalho nas quais os ideais do patriarcalismo eram difíceis de manter. As grandes famílias aristocráticas de latifundiários realmente estabeleciam o caráter social das sociedades escravistas. Porém, dada a predominância de pequenos plantéis, a hegemonia das atitudes aristocráticas e sua difusão geral por uma população que não dispunha de base material para sustentá-las simboliza a força do escravismo como ideologia e como sistema econômico. As relações de produção eram tipificadas pelas grandes propriedades agrícolas, mas na verdade nem a maioria dos senhores nem a maioria dos escravos interagia dentro daquele contexto.

Na historiografia brasileira desenvolveu-se uma interpretação do movimento pela independência e seu relacionamento com a mudança social que pode ser chamada de neopopulista. Ora claramente afirmada, ora implícita, essa interpretação sustenta que nos esforços pela obtenção da independência, as estruturas existentes da propriedade e da sociedade não foram seriamente questionadas, porque as principais figuras em tais movimentos, como na Inconfidência Mineira, em 1789, e na revolta republicana em Pernambuco, em 1817, eram representantes das elites de comerciantes e latifundiários, precisamente as pessoas mais fortemente interessadas na continuidade da escravidão.[61] Para eles, as ideias do liberalismo europeu centralizavam-se na liberdade de comércio, na abolição da interferência do Estado através dos monopólios controlados pela metrópole e na inviolabilidade dos direitos de propriedade. Exceto por uns poucos intelectuais europeizados e esclarecidos ou pelos racistas que queriam salvar o Brasil com a extinção da importação de negros, os líderes que buscavam a independência opunham-se a qualquer mudança na organização social brasileira, a qual alicerçava-se na escravidão e era profundamente influenciada por ela. Com efeito, essa interpretação transfere o ônus da decisão política para os grandes agricultores e comerciantes, a elite, e assim exime o "povo" do pecado de perpetuar a escravidão. Sem dúvida a elite determinou a trajetória da independência política, mas o programa que formulou não era extrínseco ao contexto da sociedade brasileira como esta se desenvolvera no período colonial. De fato, um grande número de brasileiros participou da instituição da escravidão, ou ligou-se a ela de outro modo, e desejava — ou até mesmo ansiava por — sua continuidade. Se os únicos defensores da escravidão tivessem sido os membros da elite agrícola e comercial, os esforços dos escravos poderiam ter sido bem-sucedidos, como foram em São Domingos. Entretanto, a escravidão não era um interesse exclusivo de nenhum grupo individual, e nisso residia sua força.

Finalmente, não podemos desconsiderar a influência dos padrões de posse de escravos sobre a vida e a cultura escrava. Muitos cativos na Bahia viviam não em grandes massas com seus companheiros de cativeiro, relativamente isolados do resto da sociedade, e sim na proximidade diária de pessoas livres de várias cores e posições. A aculturação, durante boa parte do período colonial, foi provavelmente facilitada por esse contato. Conquanto poucos tenham questionado a rebeldia dos cativos baianos, já não podemos afirmar que foi o grande tamanho dos plantéis e seu isolamento que estimularam a resistência. Com efeito, a dispersão dos escravos por toda a população, sua presença tanto no contexto rural como no urbano e sua estreita proximidade com a sociedade dos brancos podem tê-los levado diretamente à conscientização ou à percepção política, o que contribuiu para a fuga ou a rebelião. No chafariz da cidade, nas estradas rurais, nos canaviais ou servindo à mesa, os cativos observavam e tramavam. Nos tumultuados últimos anos da era colonial e nos impetuosos porém incertos anos após a independência de 1822, os escravos perceberam oportunidades de resistência bem-sucedida em uma escala antes raramente possível. Aproveitaram o momento e, por um instante, abalaram os alicerces do mundo que os aprisionava.

17. Ocasiões importantes: a guerra para acabar com a escravidão baiana

Mas é verdade, velho Marx
que a história não basta
Ocasiões importantes,
O homem as faz.
É um homem vivo e real que faz, que domina, que luta
A história sozinha não faz nada, caros amigos.
Não faz absolutamente nada.

Herberto Padilla (1971)

Em princípios do século XIX, a sociedade baiana passava por um momento decisivo, em que as contradições políticas e econômicas de um intenso boom nas exportações refreado por restrições coloniais pareciam lançar as sementes sociais e demográficas de sua própria destruição. A rápida recuperação da atividade açucareira após os eventos no Haiti, a expansão do mundo dos engenhos e a crescente onda de importação de africanos combinaram-se às mudanças políticas originadas pela transferência da Corte portuguesa para o Brasil e o subsequente desenvolvimento de sentimentos nacionalistas e republicanos, criando condições de instabilidade e agitação. Entre 1790 e 1837, a Bahia vivenciou uma comoção sem precedentes na história da capitania e do Brasil. Ali se encontrava uma sociedade escravista em meio à desintegração, uma estrutura social solapada por antigas injustiças e presentes animosidades. Mas a despeito das tensões, dos interesses conflitantes, das mudanças políticas e da violência, essa sociedade conseguiu manter-se e sobreviver à crise, atingindo um novo período de relativa estabilidade. Instituições e forças de controle social foram mobilizadas para proteger a ordem constituída, e as hierarquias e divisões que estruturavam a vida social formaram barreiras a qualquer mudança brusca. Atacada, essa sociedade escravista multirracial demonstrou sua força inerente e sua capacidade de erguer-se em defesa própria.

Não foi, porém, por falta de vontade ou coragem que a escravidão persistiu na Bahia. Escravos e forros, em épocas diferentes e ocasionalmente em conjunto, insurgiram-se em desafio ao poder escravocrata. A partir de suas tentativas e de seus fracassos, podemos tirar algumas conclusões sobre o caráter da escravidão e da sociedade na Bahia. Neste derradeiro capítulo, de fato, darei a palavra final aos próprios cativos, não obstante os poucos registros que deixaram. Devemos, pois, buscar sua voz na soma de seus atos.[1]

Esta discussão sobre a resistência escrava encontra-se no final do livro não meramente por conveniência cronológica, mas também porque desejo ressaltar o caráter endêmico da resistência ao cativeiro no Brasil. Procurei, em todo este trabalho, demonstrar que o sistema escravista — que se desenvolveu a partir de precedentes ibéricos e da economia de grande lavoura e acabou por afetar todos os aspectos da vida brasileira — integrou uma ampla variedade de fenômenos sociais, culturais e econômicos em um flexível, adaptável e imaginativo sistema de organização da mão de obra e estratificação social. Força e incentivo, castigo e recompensa, rejeição e favores começaram no local de trabalho e se estenderam à sociedade como um todo; ali, a distinção entre escravo e livre matizou-se de hierarquias baseadas na cor, ocupação e posição. Conquanto em termos de condições materiais muitas vezes poucas distinções houvesse entre escravos e forros, crioulos e africanos, negros e pardos ou mesmo pardos e brancos pobres, as separações jurídicas e as distinções perceptíveis serviam para dividir e, com isso, consolidar a base da ação social. Entretanto, ao salientar as características integrantes do sistema escravista, não pretendo cair em uma armadilha funcionalista, enfatizando em demasia os aspectos do sistema que lhe permitiam operar harmoniosamente e ignorando as numerosas evidências de contínua oposição e resistência provenientes dos próprios cativos.

Sempre houve os homens e mulheres com heroísmo ou temeridade suficientes para enfrentar a considerável força que aquela sociedade escravista podia mobilizar em defesa própria. Em um período crítico, os escravos procuraram criar "ocasiões importantes" e lutaram para fazer sua própria história. Esta questão, não obstante, deve permanecer: por que, apesar da coragem e preponderância dos cativos e pessoas de cor livres na sociedade baiana, eles não obtiveram êxito no longo prazo? Em uma era de revoluções que acendiam as esperanças de homens e mulheres de todas as cores, os escravos na Bahia fizeram uma guerra contra a escravidão. Contudo lutaram com desvantagens militares, sociais e ideológicas que lhes conferiram poucas chances de vitória.

RESISTÊNCIA ENDÊMICA: OS MOCAMBOS

Embora as rebeliões escravas do século XIX tenham absorvido a atenção de estudiosos e a imaginação de ativistas políticos, a insurreição organizada não foi característica da resistência escrava na Bahia até 1790, quando eventos políticos, circunstâncias econômicas e padrões do tráfico negreiro criaram um conjunto de condições que tornaram possíveis tais movimentos. Em vez da insurreição organizada, a resistência escrava na capitania assumiu historicamente outras formas, variando de atos individuais de desespero ou violência a diminuição intencional no ritmo de trabalho e recalcitrância, frequentemente com o intuito de obter melhores condições. Entre as expressões mais comuns de resistência estava a fuga. Os mangues e matas do Recôncavo, as florestas do sul da Bahia, a caatinga e as montanhas do sertão e a crescente população de cor livre de Salvador ofereciam, todos, um ambiente favorável aos fugitivos. Escravos fugidos constavam regularmente em inventários de engenhos e, embora algumas vezes se tratasse de *petit marronage*, ou seja, de ausência temporária para visitar um amigo ou parente ou por outro motivo semelhante, havia outros que fugiam com a firme intenção de escapar de vez ao cativeiro. Alguns escravos angariaram a reputação de fujões contumazes; cerca de 1% dos cativos em inventários de engenhos eram assim designados.[2] Os avaliadores colocavam essa observação juntamente com comentários sobre a saúde porque achava-se que os reincidentes sofriam de uma "doença". Persistentes tentativas de fuga demonstravam que, fossem quais fossem os efeitos do paternalismo ou as tentativas de implantar um sistema escravista adaptável, alguns cativos nunca se deixavam convencer ou aterrorizar a ponto de cooperarem. Para os senhores, tais fugitivos eram doentes. Sua rejeição ao paternalismo ou seu desejo de liberdade eram uma doença.

Escravos fugidos começaram a formar comunidades de fugitivos, a princípio denominadas mocambos e, no século XVIII, quilombos.[3] Embora sob certas condições (por exemplo, as guerras luso-holandesas de meados do século XVII) essas comunidades pudessem atingir as grandes dimensões e a força de aglomerações como o reino quilombo dos Palmares, a maioria era muito menor e relativamente efêmera. Na Bahia, pontilhavam as fronteiras de engenhos e fazendas, escondidas em mangues e matas mas relativamente próximas às plantações e cidades, as quais saqueavam em busca de suprimentos, armas e novos recrutas.[4] Já na década de 1580 havia referências a mocambos na Bahia, e algumas regiões, como o Recôncavo meridional e a área mais ao sul formada por Cairu, Camamu e Ilhéus eram, devido a seu isolamento, particularmente vulneráveis aos ataques dos escravos fugidos.

Enviaram-se expedições em 1663, 1692, 1697 e 1723 para suprimir as atividades dos mocambos naquela região, mas sua própria repetição sugere a dificuldade da tarefa. Camamu foi atacada por escravos fugidos em 1692, e todo o Recôncavo entrou em pânico com a ameaça e o exemplo daqueles homens. Algumas regiões eram cronicamente ameaçadas por fugitivos. Sergipe de El-Rey era uma delas; seu capitão-mor, em 1751, queixou-se de que os fujões eram inúmeros e que a única solução seria o uso de regimentos de negros e pardos para subjugá-los. Em 1767, os fugitivos tiveram a ousadia de marchar cidade adentro, rufando tambores e agitando bandeiras, exigindo cartas de alforria do capitão-mor, que se viu impedido de prendê-los por falta de tropas.[5] Pode-se citar uma longa lista de mocambos conhecidos ao longo do período colonial na Bahia. Eles foram uma característica constante do regime escravista de grande lavoura.

Situados relativamente próximos a centros populacionais e a propriedades agrícolas, a maioria dos quilombos vivia de uma forma de banditismo social ou saques por grupos guerrilheiros. Embora em algumas comunidades de fugitivos possam ser observados aspectos africanos de religião, linguagem e organização social, a maioria dos mocambos não parece ter procurado a recriação de um mundo africano independente; em vez disso, seguiu uma estratégia de sobrevivência nas fronteiras do mundo brasileiro. Assim, os administradores coloniais consideravam tais atividades puramente criminosas e duplamente perigosas, por seu efeito imediato e pela ameaça que seu exemplo representava para a sociedade escravista como um todo. Encontros casuais com um bando de fugitivos eram comuns o bastante para fazer de qualquer viagem ao interior uma aventura arriscada. Uma lei proibindo o uso de armas de fogo na década de 1740 suscitou protestos de muitos que precisavam deslocar-se pelo interior. Em 1745, Domingos Nunes Pereira afirmou que os bandos de negros e mulatos que saqueavam as estradas próximas a Santo Amaro tornavam necessário o porte de armas, e sentimentos semelhantes foram expressos em 1752 por residentes de Maragogipe e Cachoeira.[6] Tais declarações eram frequentes o bastante para indicar que o número de fugitivos era grande e potencialmente perigoso. Ao ser questionado sobre a existência de quilombos em sua região, o governador de Itaparica declarou não ter conhecimento de nenhum, mas acrescentou que roubos noturnos e contínuo desaparecimento de escravos eram claros indícios de incursões de fugitivos. Apesar de não haver provas da existência de quilombos na ilha, afirmou ele, "todavia tem [se] espalhado o terror nas famílias".[7]

A ameaça que representavam e o medo que provocavam os fugitivos levaram a sociedade colonial a procurar proteção e meios de controle. Desde os primórdios da economia açucareira, usaram-se índios na caça aos fugitivos. Os registros do Engenho Sergipe contêm diversos pequenos pagamentos feitos a índios que capturaram fujões. Aldeias indígenas inteiras eram mobilizadas para servirem como tropas antiquilombo, e praticamente todos os esforços militares de vulto empreendidos contra quilombos baianos incluíram auxiliares índios.[8] Essas operações em geral eram dirigidas por uma polícia local criada especificamente para controlar esse problema. A partir do início do século XVII, nomearam-se em áreas rurais capitães do campo, também chamados capitães do mato ou de assalto, para capturar fugitivos e destruir quilombos. A regulamentação promulgada em 1676 deixou claro que tais postos destinavam-se a servir os proprietários de escravos; a renda dos capitães do mato proviria diretamente de pagamentos feitos pelos donos dos fugitivos e não pelo tesouro régio.[9] Esses cargos eram com frequência ocupados por negros e mulatos livres que encontravam no posto alguma autoridade e respeito. Entretanto os próprios capitães do mato às vezes causavam problemas, intimidando os habitantes do campo, prendendo escravos sem motivo ou tentando extorquir dinheiro de senhores de engenho. Tal era o caso do pardo Daniel Dias, que extorquia dinheiro para comprar um posto de capitão do mato em Sergipe de El-Rey e andava bêbado a maior parte do tempo. Esse homem, disse um oficial superior, era uma desgraça para o uniforme que usava.[10] Não obstante problemas como esses, a sociedade colonial não podia dispensar os serviços daqueles homens. Isso ficou dolorosamente claro após 1790, quando a resistência e as atividades insurgentes atingiram novos níveis de intensidade. O capitão do mato Severino Pereira, ao requerer promoção em 1798, relacionou entre seus serviços a captura dos escravos de Bento Simões de Brito, que se haviam revoltado em 1789, a destruição de um quilombo na cabeceira do Rio Jacuípe em 1791, a condução de uma importante expedição contra três quilombos na serra de Orobó em 1796 e a captura de um ladrão de estrada e seu bando — tudo para "proteger a segurança interna do povo e o domínio dos senhores sobre escravos e malfeitores que de outro modo fugiriam todos ou se rebelariam contra o próprio país".[11]

O custo do controle — de unidades de milícias, auxiliares indígenas e capitães do mato — era um preço que os proprietários de escravos pagavam sem muitas queixas, como um gasto necessário à manutenção da escravidão. Cativos saqueadores, estradas inseguras e visitas noturnas às senzalas eram características desagradáveis, mas inevitáveis da escravidão baiana. Em certa medida, era melhor para os senhores que os cativos mais desordeiros deixassem a propriedade em vez de prejudicarem as operações nos canaviais e na fábrica do engenho. Ainda assim, os mocambos causavam consternação e às vezes medo, e os senhores em geral não se mostravam dispostos a buscar qualquer acordo com fugitivos preferindo eliminar decididamente suas depredações. Porém, embora o problema às vezes atingisse proporções ameaçadoras, geralmente era mantido em níveis aceitáveis para os senhores de engenho e outros proprietários de escravos. Era um incômodo, e por vezes mortal, mas um certo grau de resistência e fuga era simplesmente endêmico e aceito como tal. O que ocorreu após 1790, porém, foi um nível de resistência escrava que nenhuma sociedade escravista poderia aceitar e continuar a sobreviver.

AS REVOLTAS: CONTEXTO E CONSCIÊNCIA

O ciclo de revoltas de escravos na Bahia origina importantes e difíceis questões teóricas acerca do caráter da resistência escrava, especialmente quando colocado em uma perspectiva comparativa. Michael Craton, em seu exame das Antilhas inglesas, e Genovese, em um amplo estudo comparativo, salientaram (com certas diferenças entre os dois trabalhos) uma importante mudança na natureza ou tipo de resistência escrava antes e depois do período iniciado aproximadamente em 1776-93, quando as revoluções americana, francesa e haitiana alteraram a substância do discurso político e as expectativas de cativos e senhores.[12] Craton observou uma tradição inicial de rebeliões de negros fugidos nas Antilhas chefiados por africanos não aculturados, mais tarde substituídas por movimentos liderados por escravos crioulos de elite. Genovese vai ainda mais longe e afirma que, após os eventos no Haiti, as rebeliões escravas tornaram-se parte da revolução burguesa, não procurando simplesmente a liberdade sob uma forma de "restauracionismo" africano, mas visando a objetivos mais revolucionários, baseados em um desejo não meramente de escapar à sociedade ou destruí-la, mas de transformá-la. Certos elementos em sua tese são corroborados pelas revoltas baianas; também há muita coisa (admitindo-se as limitadas evidências atualmente disponíveis) que não parece conformar-se ao modelo universal.[13]

A Bahia certamente possuía uma longa história de resistência endêmica, de *marronage*, fugas, recalcitrância e atos individuais de violência ou desespero. Também ocorreu ali, em 1798, o que parece ter sido um caso clássico de movimento inspirado pelos princípios da Revolução Francesa, liderado por mulatos assimilados. Mas, na verdade, a grande série de rebeliões escravas do início do século XIX parece ter consistido principalmente em revoltas étnicas, organizadas em torno de afiliações ou religiões africanas, combinando a rejeição ao cativeiro e à sociedade branca com profundas e persistentes motivações relacionadas não à França ou ao Haiti, mas a sociedades politicamente organizadas e divisões religiosas tradicionais da África.

Isso não significa que o Haiti e a França não houvessem produzido seus efeitos na Bahia; contudo, grupos diferentes na sociedade baiana reagiram de modos diversos às condições e oportunidades surgidas naquele período revolucionário. Os elementos da população escrava e livre de cor mais receptivos ao impacto de acontecimentos e ideias internacionais, os crioulos e mulatos, mantiveram-se notavelmente ausentes de muitas das rebeliões escravas. Com efeito, por vezes, como em 1835, alguns foram mortos por rebeldes porque não se juntaram à insurreição. Em 1808, esses grupos, sem dúvida desejosos de mudanças em seu status e ocasionalmente dispostos a lutar por isso, viram nas transformações políticas que acabaram por conduzir à independência do Brasil em 1822 e no período de organização política que se seguiu, uma oportunidade melhor para atingirem seus objetivos. Alguns dos forros eram, eles próprios, donos de escravos e, embora os brancos sempre temessem a colaboração entre as pessoas de cor livres e os cativos, houve poucas evidências a esse respeito. A sociedade escravista colonial criara um conjunto de divisões de raça e status que interditava efetivamente a cooperação. De uma perspectiva norte-americana, poder-se-ia questionar o fracasso desses vários setores explorados da população em congregar forças por uma causa comum, mas essa é uma aplicação ingênua do esquema de classificação racial existente nos Estados Unidos à sociedade brasileira. As distinções entre crioulos e africanos e entre negros e mulatos não eram simplesmente conveniências ou descrições designativas criadas pelos recenseadores. Eram importantes categorias que descreviam as múltiplas e complexas divisões da sociedade baiana e circunscreviam a ação política.

Parte da confusão na historiografia sobre as revoltas escravas resultou de tratá-las sem considerar a série de agitações de ordem política e social por parte de não escravos ocorridas durante o mesmo período. Foram pouquíssimas as ocasiões em que movimentos de escravos e não escravos se cruzaram. Negros e mulatos livres figuraram amiúde de forma preeminente no movimento pela independência, em várias revoltas de quartéis, em atos de violência nacionalistas e antiportugueses e na agitação republicana. Raramente, porém, uniram-se a escravos em causa comum. Seus planos para o futuro consistiam não em esmagar o regime explorador que os restringia, mas em conseguir acesso aos benefícios que aquela estrutura prometia, especialmente durante um período de rápidas mudanças políticas. As rebeliões escravas, portanto, servem aqui como uma medida não de resistência ou opressão, e sim da consciência e estratégia, bem como do funcionamento dessa sociedade escravista em um momento de crise.

Durante muito tempo, estudiosos tentaram identificar as causas das rebeliões e da resistência escrava. As interpretações variaram de modelos simplistas de reação direta à opressão (dos quais o corolário seria: quanto mais opressivo o regime escravista, mais comum e violenta a resistência) a outras análises que argumentam serem as rebeliões mais comuns em áreas de economia mista ou em cidades, onde as condições físicas dos cativos não eram tão adversas quanto em regiões de grande lavoura. Certamente, a geografia, a demografia, as características étnicas, as estruturas de posse de escravos, as relações entre senhores e escravos, as realidades políticas na sociedade como um todo e a personalidade, tudo isso deve ser considerado na análise da resistência escrava. Já me referi a alguns desses aspectos em outras partes deste livro. Aqui, estabelecendo uma separação não muito realista entre a resistência endêmica e as rebeliões escravas, procuro identificar os fatores que contribuíram diretamente para a intensificação insurrecional após 1800.

O boom açucareiro pós-haitiano, a expansão dos engenhos e, talvez, a intensificação das demandas sobre os trabalhadores, os períodos de escassez de alimentos, os aumentos de preços e as mudanças e agitações políticas criaram, todos, o contexto para a crescente resistência escrava. Essas condições resultaram em padrões dentro da própria comunidade escrava que também influenciaram o nível e o caráter da resistência. Sem dúvida, as situações demográficas dos cativos baianos devem ser levadas em conta como característica que contribuiu para a instabilidade durante o boom pós-haitiano. Como vimos no Capítulo 13, a razão de masculinidade da população escrava em áreas rurais chegava a 200, e o excesso de homens era composto principalmente por africanos jovens. As possibilidades de encontrar uma companheira e formar uma família, jamais tendo sido boas, provavelmente pioraram para os cativos baianos nesse período mais do que em qualquer outro desde o início do século XVII. A proporção de crianças na população escrava diminuiu. O alto nível de importação também alterou a proporção de africanos na população, elevando-a a mais de 60% (Ver Tabelas 36, 37 e 38). Aquela era uma população instável, que não se reproduzia, apresentava altos níveis de importação e tinha poucas oportunidades de estabilidade social. Tais condições certamente criavam uma base para a inquietação, à qual se adicionavam pressões geradas pelas demandas da economia de grande lavoura e as resultantes dificuldades para os cativos.[14]

Não só o volume do tráfico negreiro mas também sua composição teve um papel nos padrões da rebelião. A Bahia por muito tempo recebera seus escravos da África central e ocidental e, mesmo durante o grande período de importação do golfo de Benin, escravos de Angola continuaram a perfazer mais de 40% dos nascidos na África. Ainda assim, após 1790, os números de cativos provenientes do oeste africano que desembarcavam no cais de Salvador excediam de longe os níveis anteriores de importação.

A região do golfo de Benin, em princípios do século XIX, foi sacudida por revoluções políticas e religiosas. Ao norte, Usuman dan Fodio empreendeu uma campanha, com a ajuda dos fulanins muçulmanos, pelo controle do reino haussá na primeira década do século. Mais ao sul, entre as cidades-Estado iorubas, o império de Oyó estava em processo de desintegração. No século XVIII, Oyó exercera influência sobre os reinos de Daomé e Achanti, mas na década de 1790 encontrava-se em decadência política. À medida que províncias subordinadas conquistaram sua autonomia, especialmente após 1817, o número de escravos ioruba levados para a costa aumentou. A desintegração foi além com a revolta separatista da cidade de Ilorin, que era também o centro da penetração muçulmana na região.[15] Esses conflitos civis e religiosos produziram grande número de cativos, que podiam ser segura e lucrativamente vendidos aos traficantes de escravos. O tráfico negreiro de longa data entre a Bahia e a área do golfo de Benin foi especialmente vantajoso para os Estados e facções africanos em guerra. Assim, em uma época em que a demanda baiana por escravos aumentou, a rede do tráfico negreiro esteve bem estabelecida e a oferta de escravos, resultado dos conflitos internos naquela área da África, foi grande.

Essa combinação de oferta e demanda resultou em grande número de escravos haussás, iorubas, jejes e (alguns) tapas (nupês) desembarcados na Bahia. A cronologia de chegada é importante. Os conflitos entre os haussás ocorreram na primeira década do século XIX, e as guerras civis dos iorubas, um pouco mais tarde. Havia alguns nagôs arrolados na Bahia em fins do século XVIII, mas esses africanos só chegaram em números significativos após 1815. Embora não haja meios de cálculo, muitos dos cativos que vieram nesse período devem ter sido homens jovens pertencentes a exércitos derrotados. Os nagôs foram usados desproporcionalmente na cidade de Salvador. De uma amostra de mais de 2 mil escravos na cidade, os nascidos na África compunham dois terços do total, com os nagôs perfazendo 19%, os jejes, 11% e os haussás pouco mais de 6%. Em uma amostra da zona rural, as proporções relativas de jejes e iorubas eram o inverso.[16] Como veremos, as rebeliões baianas foram principalmente organizadas em torno de afiliações étnicas. Não admira que os haussás tenham sido os primeiros a empreender revoltas, e que os nagôs as fizessem mais tarde. Porém, embora seja importante reconhecer as afinidades étnicas e culturais dos cativos baianos e dos escravos revoltosos, também devemos ter em mente que a classificação portuguesa "nagô" pode encobrir profundas divisões religiosas e políticas entre os escravos. As lutas nas terras dos iorubas, afinal, haviam ocorrido entre unidades políticas em guerra e entre a ativa e agressiva expansão islâmica e a religião tradicional dos orixás. Assim, apesar da deficiente etnografia dos portugueses, nem todos os haussás ou nagôs eram semelhantes, sem mencionar as arraigadas animosidades entre grupos como os jejes e os nagôs. Contudo a questão é complexa. Um réu jeje, em 1835, podia alegar, como fez um deles, que não poderia ter-se juntado aos rebeldes, já que eram todos nagôs, inimigos de seu povo, mas essa pode ter sido uma defesa apenas conveniente na ocasião.[17] Em algumas das revoltas, há claras evidências de cooperação entre etnias diferentes de cativos da África ocidental, o que aparentemente ocorreu muito menos entre os do oeste africano e os bantos do Congo e de Angola, que também eram considerável parcela da população escrava baiana. De qualquer modo, a tradição e a associação moldaram a maneira pela qual os escravos africanos viam a si próprios e à sua condição.

A percepção dos cativos nascidos no Brasil derivava de outras bases. O fato de a maioria dos escravos ou forros e forras crioulos e mestiços (pardos, cabras, mulatos) não tomarem parte em rebeliões escravas é uma questão problemática. Os nascidos no Brasil perfaziam talvez de 35% a 40% da população escrava da capitania, e sua ausência nas fileiras rebeldes limitava severamente quaisquer esperanças de sucesso. De fato, eles não só se recusaram a cooperar, mas com frequência milícias formadas por mulatos e negros leais foram usadas contra comunidades de fugitivos ou rebeliões escravas. A relativa ausência de cativos nascidos no Brasil de muitos dos levantes impede qualquer análise desses movimentos como simples insurreições da "classe servil", e o fato de, naquela capitania, a população de cor livre e nascida no Brasil recusar-se, na maioria dos casos, a aderir a esses movimentos implica que sua percepção das realidades e possibilidades era distinta da dos africanos.

Tal percepção deveu-se a dura experiência. Mulatos forros e alguns escravos brasileiros haviam, na verdade, dado início a atividades políticas em fins do século XVIII; em 1798, vários deles envolveram-se em uma trama insurrecionista, em geral denominada Revolta dos Alfaiates.[18] Notícias da França, de natureza mais ou menos revolucionária, infiltraram-se na Bahia na década de 1790, apesar das tentativas governamentais de suprimi-las. O republicanismo revolucionário encontrou alguns partidários na colônia, e em 12 de agosto de 1798 os cidadãos de Salvador acordaram com a cidade coberta por cartazes exigindo independência, liberdade de comércio, fim da discriminação racial e maior soldo para as tropas, entre outras reivindicações. Acabaram presos 46 indivíduos de Salvador e do Recôncavo por atividade sediciosa; quatro foram executados, outros exilados, açoitados ou aprisionados. A maioria dos conspiradores eram artesãos e soldados da classe mais pobre, doze eram escravos e muitos eram alfaiates, artesãos ou soldados pardos. Conquanto apenas três negros livres estivessem envolvidos, e somente um deles fosse africano, havia trinta mulatos. Os cativos eram criados domésticos ou artesãos urbanos, e quase todos eram crioulos. Além disso, cinco brancos da elite instruída foram indiciados e presos.[19] Se chegaram a aderir aos princípios de igualdade racial, parece ter sido apenas superficialmente. "Meu amigo, cuidado com a corja africana", disse em carta Cipriano José Barata de Almeida, um dos conspiradores.[20] Nas investigações judiciais, os prisioneiros brancos, alguns deles proprietários de escravos, demonstraram pouco interesse nas questões relativas a escravidão e discriminação racial e muito mais ardor pelo livre comércio.

A divisão de objetivos entre os conspiradores brancos e os de cor, escravos e livres, tornava qualquer esperança de sucesso uma triste utopia. Os brancos receberam sentenças relativamente brandas; os mulatos e negros foram tratados com muito mais severidade. O mulato João de Deus esperava uma insurreição dos escravos dos engenhos, mas isso era provavelmente ilusão causada por seus próprios anseios. Se, de qualquer forma, isso houvesse ocorrido, senhores de engenho e outros proprietários de escravos do Recôncavo teriam retirado seu apoio, fossem quais fossem suas inclinações políticas. Investigações após as prisões revelam, de fato, que alguns dos conspiradores buscavam o fim da escravidão e o estabelecimento da igualdade independentemente da raça. Tais ideias, porém, teriam sido de difícil divulgação às claras, e provavelmente por isso os objetivos abolicionistas não apareceram nos cartazes públicos. Como salientaram administradores portugueses, havia pouco perigo de um movimento geral pela independência enquanto os detentores de bens e recursos não aceitassem rebeliões escravas ou transformações sociais.[21]

Na Revolta dos Alfaiates, mulatos e crioulos livres mostraram-se dispostos a compartilhar a sorte com brancos e escravos. Porém, ao entrar em ação a justiça, foi sobre os indivíduos de cor livres e escravos que a espada recaiu com mais força. Após 1798, mulatos e negros livres constataram que a aliança com escravos, especialmente com a grande massa de cativos africanos, era uma tática com poucas chances de sucesso e com riscos mortais. Em várias ocasiões, negros e mulatos livres e, vez por outra, cativos crioulos, procuraram melhorar suas condições ou realizar mudanças políticas, mas frequentemente o fizeram sem procurar forjar uma aliança com a população escrava, por vezes distanciando-se o mais possível daquela população.

A conspiração de 1798 foi um evento isolado, após o que os movimentos de escravos e pessoas de cor livres seguiram essencialmente trajetórias separadas. Isso tornou-se claro a partir de um acontecimento no final do período aqui estudado. Na Sabinada, a grande e sangrenta revolução federalista de 1837-8, na qual rebeldes tomaram Salvador e mantiveram o controle da cidade, expulsando o governo imperial, tentativas feitas para integrar cativos em unidades militares rebeldes encontraram oposição não só de proprietários de escravos, mas também de indivíduos de cor livres que objetaram a ser colocados no mesmo nível que os cativos. Ao formarem-se unidades de escravos separadas, apenas crioulos foram autorizados a participar.[22] Mesmo em meio à revolução, as divisões da sociedade escravista não puderam ser superadas.

Ainda que os proprietários de escravos durante muito tempo tenham preferido encarar seus cativos como trabalhadores ignorantes cujos horizontes intelectuais limitavam-se à satisfação de seus objetivos ou necessidades imediatas, há indícios de uma conscientização entre os escravos mais desenvolvida do que os senhores gostariam de admitir. Já em 1710, um grupo de escravos aparentemente dirigiu uma petição à Coroa solicitando sua liberdade, com isso forçando vereadores de Salvador a argumentar que a escravidão era essencial à colônia e que tanto as leis das nações como as de Deus sustentavam sua existência.[23] Os cativos certamente não ignoravam haver nuanças na lei e no costume no seio do sistema que os sujeitava. A abolição da escravidão na própria metrópole por Pombal (em 19 de setembro de 1761) provocou certa agitação entre os escravos brasileiros.[24] Embora Pombal houvesse adotado essa medida para assegurar suprimentos adequados de escravos para as colônias, os cativos brasileiros reconheciam a inerente contradição da abolição do cativeiro em Portugal e da sua continuidade no Brasil. Ocasionalmente os escravos que viajavam de navio até a metrópole tentaram conseguir a liberdade.[25] Uma declaração adicional de Pombal, em 1773, acarretou na Paraíba um movimento entre pardos escravos e livres, no qual procuraram a extensão da abolição ao Brasil. Uma junta formada às pressas não tardou a desiludi-los dessa "opinião errônea", mas estava claro que as implicações das reformas portuguesas e dos eventos europeus não passavam despercebidas a escravos e forros.[26] Eles haviam distinguido claramente a conexão lógica entre sua situação e as mudanças em curso na Europa. Os proprietários de escravos e administradores coloniais não foram menos perceptivos, conscientizando-se das implicações e "calamitosas consequências" implícitas na difusão das notícias.

Assim, embora os senhores se referissem aos escravos como brutos, temiam que os mais perspicazes entre eles, os mulatos e crioulos, tirassem proveito de mudanças legais ou políticas. Esse receio era grande, mas às vezes extrapolava a realidade. Em 1822, em meio à agitação pela independência, o cônsul francês na Bahia escreveu: "As ideias de liberdade continuam a germinar entre os escravos crioulos e mulatos. Tem havido algumas revoltas nos engenhos maiores. Os negros não exigiram a liberdade, mas perpetraram atos de independência, [...] recusando-se a obedecer a esse ou aquele feitor ou proprietário".[27] No mesmo ano, a senhora do Engenho Aramaré misturou bravata a seu medo. Observou que a "crioulada" de Cachoeira tentara obter a liberdade. "Estão tolos, mas a chicote tratam-se". Não obstante avisou seu correspondente em Lisboa que havia os que podiam levar os apelos dos cativos às Cortes portuguesas e que toda a sua correspondência deveria ser destruída devido aos possíveis efeitos se tal notícia chegasse a Aramaré.[28]

Uma conservadora a defrontar-se com o tumulto político da independência, a senhora de Aramaré estava nervosa, mas certamente não era a única com tais sentimentos e receios. Os temores dos brancos haviam-se intensificado muito durante o final do século XVIII, com o crescimento da população de cor livre no Brasil e com a notícia da Revolução Haitiana. A imagem de uma reviravolta em uma colônia de grande lavoura acarretada por uma insurreição de escravos avivou as grandes apreensões dos senhores no Brasil e em todas as partes das Américas. Muitos comentaristas brasileiros e estrangeiros, no início do século XIX, escreveram sobre os perigos de uma reprodução dos eventos do Haiti e da anarquia que poderia resultar de divisões políticas se os cativos se aproveitassem delas.[29] Contudo, apesar de tais receios, a massa da população escrava parece ter sido pouco afetada pela Revolução Haitiana. Em vez dela, foi a população de cor livre que viu no Haiti um paralelo à sua própria situação. Em 1804, milicianos crioulos e mulatos no Rio de Janeiro usavam retratos de Dessalines, o líder haitiano, pendurados no pescoço para consternação dos oficiais locais. Em Sergipe de El-Rey, a elite dos indivíduos de cor livres brindou à igualdade das raças e à grande revolução de São Domingos em um banquete em 1824.[30] No período da Regência (1831-40), o termo "haitianismo" foi usado como um epíteto contra jornais que supostamente representavam os interesses da população de cor livre e abordavam persistentemente a questão racial.[31] Evidências de insurreição incitada por notícias ou pelo exemplo do Haiti não aparecem em nenhum dos inquéritos judiciais durante a repressão das rebeliões escravas na Bahia. Os escravos baianos encontraram a fonte de seus movimentos em suas próprias tradições.

A GUERRA CONTRA A ESCRAVIDÃO BAIANA

Divididos pela cor e local de nascimento, pela condição social e esperança de melhora, escravos e pessoas de cor livres não se uniram, o mais das vezes, em causa comum. A guerra contra a escravidão na Bahia foi levada a cabo ou liderada após

1798 quase exclusivamente por cativos africanos e por forros nascidos na África para quem a etnia era mais vital do que a condição social.

Não é possível determinar uma divisão precisa entre a corrente de resistência endêmica e o irromper das insurreições por volta da virada do século. O levante e a fuga dos escravos do Engenho Santana em 1789 foram, talvez, uma das primeiras manifestações do novo ciclo de resistência, embora nesse caso a liderança fosse de crioulos ou cabras e houvesse claros sinais de competição com africanos.[32] Em 1795, administradores régios e residentes da zona rural demonstravam preocupação com um aumento nas atividades de fugitivos. O estabelecimento de dois quilombos na região de Cachoeira incitou o governo a agir. Havia ocorrido queima de engenhos, roubo de bens e indução à fuga de outros cativos. O governador despachou Severino Pereira, capitão-mor de assaltos de Itapororocas, com duzentos homens, para atacar o bem fortificado mocambo nas montanhas de Orobó. Dois acampamentos, Orobó e Andrá, foram destruídos e treze escravos capturados, mas um grande número escapou para outro quilombo, o Tupim.[33] A expedição era uma resposta tradicional a um problema recorrente, mas tal problema pareceu intensificar-se nos anos iniciais do século XIX. O governador da Bahia, João de Saldanha da Gama, conde da Ponte, lançou uma ativa campanha antiquilombo por toda a capitania. Em Rio das Contas, o capitão de assaltos e uma tropa de índios da missão de Pedra Branca foram enviados para destruir quilombos na região, mas fracassaram. Agricultores pobres acusados de açoitar fugitivos foram julgados e seus bens confiscados.[34] O conde da Ponte tentava estancar a onda de resistência porque percebia sua ameaça potencial à economia e à tranquilidade da capitania.

Embora 1809 seja normalmente considerado o começo do ciclo de rebeliões escravas na Bahia, descobriu-se uma conspiração já em 1807. Os haussás haviam elegido um "governador" que tinha como "secretário" um pardo livre. Este fora enviado ao Recôncavo a fim de aliciar os escravos dos engenhos para uma revolta conjunta; porém, quando a conspiração foi descoberta, o governador postou guardas nas fontes das cidades, devido a uma suposta ameaça de envenenamento da água potável.[35] Os líderes haussás foram julgados por violar os direitos de seus senhores e por perturbar "a segurança e o sossego público de que depende a conservação dos Estados".[36] Um escravo e um forro foram condenados à morte, e outros onze, açoitados. A conspiração fora denunciada por um cativo (presumivelmente não um haussá), e as prisões levaram à descoberta de dois esconderijos de armas. Os rebeldes tentariam realizar a insurreição em 29 de maio, durante as comemorações de Corpus Christi, quando a segurança seria relaxada.

Já nesse princípio do ciclo insurrecionista evidenciaram-se algumas características comuns a muitas das revoltas baianas. A organização do movimento aparentemente se dera ao longo de linhas étnicas, neste caso, haussás. Os conspiradores procuraram tirar proveito das distrações do ciclo religioso da colônia. Corpus

Christi, a Semana Santa e o Natal tornaram-se preferidos pelos que buscavam a liberdade, e durante o Natal os proprietários de escravos mantinham-se particularmente em guarda. Notável já nesse primeiro caso, os insurgentes haviam planejado coordenar um levante na cidade com uma rebelião no Recôncavo. A massa de escravos rurais representava a chave para o sucesso — e tanto cativos como senhores perceberam isso. Salvador propiciava um bom ambiente para a conspiração, pois ali a interação e comunicação entre os escravos eram possíveis e podiam passar despercebidas, e forros e forras de um particular grupo étnico podiam ser aliciados para ajudar. Entretanto a chave definitiva para o êxito estava na massa de escravos dos engenhos e fazendas do campo (ver Figura 21). A vitória dos cativos sobre a escravidão, se chegasse a ocorrer, teria de ser conquistada no Recôncavo.

A insurreição malograda pôs o governo em alerta. O governador da Bahia, conde da Ponte, alarmado pela conspiração frustrada e sendo por inclinação natural um homem sem nenhuma simpatia por escravos, intensificou sua vigorosa campanha contra fugitivos e quilombos. Em Rio das Contas, o capitão de assaltos e uma tropa de índios de Pedra Branca foram enviados contra quilombos, mas os fugitivos foram avisados e a expedição fracassou. A justiça recaiu sobre alguns agricultores pobres, que foram acusados de dar emprego a fugitivos ou de açoitá-los.[37] O capitão de assaltos já atacara dois quilombos na periferia de Salvador, capturando 78 pessoas. Em janeiro de 1809, o conde da Ponte expressou a Lisboa sua preocupação de que o crescente número de fugitivos na cidade e no Recôncavo ameaçava a capitania e de que as repercussões nos engenhos poderiam ser desastrosas. Seguiu-se a repressão. Estabeleceu-se um toque de recolher às nove da noite para os escravos, e proibiram-se os batuques (reuniões de escravos em torno de música, dança e provavelmente religião africana), enquanto o governador tentava conseguir o controle da situação.[38]

As medidas tomadas pelo governador não detiveram a onda de resistência. O primeiro golpe veio em 1808, na época do Natal. Escravos ao sul do Recôncavo, próximo a Nazaré e Jaguaripe, sublevaram-se, queimando canaviais e marchando para Nazaré. Houve uma batalha campal quando algumas centenas de cativos tentaram tomar a cidade, mas os rebeldes fracassaram e foram forçados à retirada com muitas baixas. Em 4 de janeiro de 1809, em consequência de planejamento anterior ou estimulados pelas notícias do levante no Recôncavo, cerca de quatrocentos haussás, nagôs e jejes fugiram de Salvador e tomaram a direção dos rebeldes do Recôncavo, incendiando e matando pelo caminho. Foram surpreendidos por tropas do governo em 6 de janeiro e rapidamente derrotados. Foram feitos 95 prisioneiros, mas muitos outros escaparam na mata.

A preocupação especial do conde da Ponte era que a notícia da derrota e captura dos rebeldes chegasse aos engenhos antes da notícia da insurreição, mas toda a capitania foi tomada por um estado de apreensão. O juiz municipal de Maragogipe

Figura 21. *Em cima: Carregadores escravos transportando um barril de vinho. Embaixo: Europeus que visitaram cidades brasileiras no início do século XIX impressionaram-se com os numerosos escravos nas ruas e com as diferentes marcas e penteados das várias nações africanas.*

informou que grupos de quatro e cinco rebeldes haviam-se infiltrado na cidade e que seu efeito sobre os escravos locais levaria a "resultados funestos". Decretou uma ordenança, em vista dos "escravos principalmente da nação ussá [haussá] com total desconhecimento e resistência às leis da escravidão se tem constituído [em] revolucionários e inconfidentes" e podiam estimular mais revoltas. A ordenança impunha toques de recolher, proibição de batuques e outras reuniões, limites sobre deslocamento e residência escrava e ordem de atirar para matar nos que resistissem.[39] Em fevereiro, a câmara de São Cristóvão, em Sergipe de El-Rey, debateu sobre a ameaça dos fugitivos e o especial perigo representado pela chegada à região de alguns que haviam tomado parte no levante baiano.[40] Em abril, o capitão-mor de Sergipe prendeu alguns jejes suspeitos de terem se envolvido em atividades rebeldes.[41] Em fevereiro de 1810, ocorreu em Salvador mais uma revolta malograda.

Em 1810, o conde da Ponte, falecido no ano anterior, foi substituído por dom Marcos de Noronha, conde dos Arcos, experiente administrador que empreendeu várias reformas na Bahia, inclusive a construção de um prédio para a praça do comércio, um teatro público, melhoramentos das estradas e diversos projetos de reforma agrícola. Contudo, apesar de certas atitudes progressistas, o conde dos Arcos era um conservador em questões políticas e um súdito leal da Coroa portuguesa, como seria demonstrado pela supressão do movimento republicano de 1817 em Pernambuco. A presença do conde dos Arcos aparentemente não produziu efeito sobre o nível de resistência escrava, e entre 1814 e 1816 ele se defrontou com uma contínua série de revoltas na Bahia, Sergipe de El-Rey e Alagoas. A guerra dos escravos prosseguia.

A primeira batalha ocorreu ao norte de Salvador, em Itapoã, estação pesqueira e baleeira. Em 18 de fevereiro, os cativos rebelaram-se, mataram alguns brancos, incendiaram as construções e marcharam para Itapoã. Puseram fogo em dois engenhos e mataram algumas pessoas pelo caminho, apoderando-se de armas e cavalos. O conde dos Arcos enviou contingente de cavalaria e infantaria, que interceptaram os rebeldes e deixaram mais de cinquenta mortos no campo de batalha. Muitos foram presos. O julgamento subsequente determinou severas sentenças, de quatrocentas a quinhentas chicotadas e exílio penal para alguns, ao fuzilamento para quatro dos rebeldes. A punição deveria ser exemplar, mas até naquela situação os escravos perturbaram os procedimentos. Um dos réus, ao ser levado ao tronco para ser açoitado, pôs-se a murmurar que seus amigos na multidão começariam a matar os brancos. A execução da sentença foi suspensa e a multidão dispersada.[42]

Chegou então a vez do Recôncavo. Uma conspiração envolvendo escravos haussás trabalhadores das docas de Cachoeira foi descoberta em 1813. A câmara de Cachoeira solicitou ao conde dos Arcos armas e suprimentos, em preparação para uma presumível revolta liderada por haussás. O governador julgou que se tratava de mera paranoia dos senhores de engenho, da imaginação dos que tratavam cruelmente seus escravos e, portanto, tinham muito a temer. Embora isso possa ter sido verdade, os proprietários de escravos de Cachoeira não sofriam simplesmente de consciência culpada. Em 20 de março de 1814, o juiz da Coroa de Maragogipe foi avisado de que cativos na região de Iguape haviam-se revoltado e estavam reunidos no Engenho da Ponta, propriedade de Felisberto Caldeira Brant Pontes. A milícia foi mobilizada e Iguape mantida sob controle, mas o levante e a lenta reação do conde dos Arcos às solicitações dos senhores de engenho tornaram-no alvo dos proprietários de escravos de Salvador e do Recôncavo. Em dezembro de 1815, descobriu-se uma ameaça de rebelião escrava na cidade de Alagoas; antes ainda, naquele mesmo ano, tropas haviam sido despachadas contra um grande quilombo próximo àquela cidade.

No coração da região açucareira de Santo Amaro e São Francisco do Conde, escravos dos engenhos Caruassu, Guaíba e outros, retornando de uma celebração de domingo, sublevaram-se, ao que parece espontaneamente. Atacaram o Engenho Cassarangongo, queimaram parte da propriedade e partiram em direção ao Engenho Quibaca. Ali, o proprietário rapidamente reuniu um grupo de defesa, com residentes do local e escravos leais. Os rebeldes dirigiram-se para a mata próxima ao Engenho Cabaxi e dali atacaram a vila de Santo Amaro, causando algumas mortes. Os habitantes fugiram e, embora a notícia chegasse a Salvador, o conde dos Arcos não a levou a público, receando pânico generalizado ou um levante na cidade.[43] Somente a rápida ação militar chefiada pelo coronel Jerônimo Muniz Fiúza Barreto, um importante senhor de engenho da região, salvou a situação. O coronel recebeu o título de "Salvador do Recôncavo", em reconhecimento à sua atuação.

Essa onda de insurreições escravas de 1813 a 1816 colocou os proprietários de escravos baianos e o conde dos Arcos em conflito direto acerca do melhor método de controle da escravaria. O conde não era nenhum amigo especial dos cativos, mas achava que os baianos tinham um medo irracional de seus escravos e eram desnecessariamente cruéis. Os senhores viam-no como alguém por demais preocupado com os filhos da África e como padrasto para seus vassalos baianos. Acabaram por chamá-lo, em termos um tanto refinados, de "amante dos negros".

Seu primeiro confronto com os proprietários de escravos fora devido à questão da independência cultural dos cativos, especificamente os batuques. A religião e a cultura africana representavam um antigo problema para as autoridades coloniais e os senhores escravistas do Brasil. O debate era sempre o mesmo. Alguns desejavam que se permitisse aos escravos a liberdade de manter suas tradições africanas, como forma de propiciar-lhes um descanso das condições do cativeiro e como meio de manter as distinções étnicas. Outros encaravam as reuniões de escravos como algo perturbador da ordem social e potencialmente ameaçador, constituindo-se ocasiões em que se podiam tramar conspirações e rebeliões. Em 1790, o conde de Povolide, governador de Pernambuco, recusara-se a proibir os batuques de escravos. Porém não deixou de observar que os que eram feitos em segredo pelos minas, com negras como líderes, altares de ídolos e bênçãos com sangue de galo eram perigosos. Fica evidente que ele se referia às mães de santo e à prática do candomblé, religião dos orixás.[44] O conde de Povolide solicitara aconselhamento de Lisboa e, embora a Inquisição julgasse que tais práticas devessem ser lentamente eliminadas, aconselhou "evitar com este menor mal outros males maiores".[45] Em 1796, houve uma tentativa de impedir os batuques nos engenhos de Goiana, em Pernambuco, mas novamente o governador interveio, argumentando que "é o maior gosto que [os cativos] podem ter em todos os dias da sua escravidão".[46]

Portanto, o debate na Bahia tinha precedentes. O nível crescente de resistência escrava, porém, tornava agora o assunto uma questão de muita preocupação e violentas opiniões. O conde da Ponte adotara uma postura severa quanto ao problema, e especialmente após 1807 opusera-se fortemente às reuniões e batuques de escravos. Seu sucessor, o conde dos Arcos, agira com mais brandura com respeito aos batuques, o que o levou, após a revolta de 1814, a um confronto direto com senhores de engenho e proprietários da capitania. Os comerciantes de Salvador queixaram-se diretamente ao rei de que os batuques permitidos em Graça e Barbalho, na cidade, faziam a região parecer-se com os "sertões da Costa da Mina" e denunciaram o profano descaso pelo catolicismo implícito naquelas danças. Porém, acima de tudo, temiam que nessas reuniões, quando se usavam línguas estrangeiras e sinais secretos, fossem traçados planos para a próxima revolta. Enquanto a autorização dada pelo conde dos Arcos mencionara os batuques como uma libertação do "triste estado" do cativeiro, os proprietários de escravos afligiam-se por achar que os cativos usavam-nas para planejar insurreições e divulgar a notícia do "sucesso fatal da ilha de São Domingos".[47] O governo régio no Rio de Janeiro apoiava o conde dos Arcos mas pediu-lhe que tomasse medidas para abolir gradualmente aquelas atividades.[48] A política do conde não era tanto de cunho humanitário, e sim prático. A desconfiança mútua entre os escravos era a "maior garantia para as cidades do Brasil". Proibir o único ato que promovia a desunião da escravaria seria o mesmo que incentivar sua união, um ato de "consequências desastrosas".[49] O conde percebera a orientação étnica da maioria das revoltas, e esperava limitar a escala daqueles movimentos com o incentivo às divisões étnicas. Aparentemente, os rebeldes de Itapoã haviam marchado aos gritos de "morte aos brancos e mulatos", e outras manifestações desse tipo de divisão podiam ser observadas. Os críticos da política do conde, porém, salientaram que em 1814 escravos de várias nações haviam-se unido, o que consistia em perigoso precedente e prova de que tais políticas não estavam produzindo as esperadas divisões.

Na verdade, o conde dos Arcos tomara medidas rigorosas contra futuras rebeliões. Estabeleceu rondas para patrulhar vários distritos do Recôncavo. Em Sergipe de El-Rey, ordenanças determinaram toques de recolher, passes para os cativos e prisões arbitrárias de forros ou escravos suspeitos de atos criminosos.[50] Como vimos no capítulo anterior, o conde também ordenou um arrolamento pormenorizado de todos os proprietários de escravos do Recôncavo e do número de escravos que cada um possuía, em uma tentativa de controlar a população cativa.

Para os senhores, aquilo não bastava. Em São Francisco do Conde, os principais proprietários de escravos reuniram-se sob a direção de Caldeira Brant para discutir suas dificuldades, compartilhar suas apreensões e exigir a destituição do governador. Queriam o direito de deportar qualquer suspeito rebelde e de enforcar os apanhados em revoltas. Tentavam impor seu domínio. Dada a atitude do governador, nada havia de extraordinário, achavam, na "ousadia dos negros e no medo e confusão dos brancos".[51] Entretanto, embora os senhores de engenho percebessem que seu controle sobre a população servil tinha de ser mais rígido, já estavam dispostos, ao menos em teoria, a demonstrar desejo pelo fim da escravidão. Os temores raciais, a pressão inglesa pela abolição do tráfico e as atitudes progressistas induziam à ideia de extinção do tráfico e de importação de imigrantes europeus.[52]

Não era menor o clamor dos residentes da cidade pedindo a destituição do governador. Em uma carta ao rei, em 1814, salientaram sua própria percepção da situação. Os amedrontados cidadãos escreveram que estavam cercados por um mar de negros, mais de 40 mil no Recôncavo, uma proporção de quase vinte para um em comparação com o número de brancos e mulatos. E aqueles negros eram uma gente bárbara, acostumada à adversidade e a matar por capricho. Só compreendiam a força, e a leniência do governador só fizera estimular crimes maiores. Os escravos, disseram eles, reagiam tão somente ao rigor e ao castigo, não à bondade.[53]

Após a revolta de 1816 e a subsequente repressão, a população escrava entrou em um período de incômoda quietude. Os senhores, sem dúvida, estavam nervosos, e em guarda contra qualquer manifestação ou rumor de rebelião. Em 1818, por exemplo, o senhor do Engenho Maçape, em Sergipe de El-Rey, informou que durante as celebrações em honra de são Benedito era costume entre cativos e forros coroar-se como "reis". Dado os rumores de planos de rebelião, o proprietário perguntava ao governador se seria prudente permitir a realização dos festejos aquele ano.[54]

Na verdade, porém, os baianos foram distraídos da ameaça escrava pelas rápidas mudanças políticas ocorridas entre 1818 e 1824. O retorno da Corte a Portugal, a revolta do Porto de 1820, as ações das cortes de Lisboa e, finalmente, a declaração de independência de setembro de 1822 tiveram repercussões políticas e às vezes induziram a lutas na capitania. A forte guarnição portuguesa em Salvador resistiu à independência, e os simpatizantes realistas tomaram a capital. Forças pró-independência organizaram-se em cidades do Recôncavo, sob a direção dos principais senhores de engenho, que eram também os principais oficiais milicianos. Chegaram tropas do Rio de Janeiro, e a Bahia foi cenário de operações militares durante mais de um ano, até julho de 1823, quando a cidade finalmente foi conquistada pelas forças brasileiras.

Curiosamente, durante esse período em que a sociedade colonial dividiu-se em facções monarquistas e brasileiras, os escravos mantiveram-se relativamente quietos. Houve três incidentes secundários em 1822, dos quais o último, instigado pelos portugueses, acarretou dura retaliação e a execução sumária de cinquenta escravos. Contudo, apesar dessas desordens, os cativos não empreenderam um esforço significativo durante a guerra pela independência. O historiador João Reis judiciosamente salientou que, embora as divisões na sociedade escravista apresentassem o que parecia ser uma excelente oportunidade para os cativos, um ensejo a ser aproveitado, em nenhuma outra época a sociedade baiana esteve mais mobilizada e armada que de 1821 a 1823. Conquanto a rebelião pudesse ser politicamente apropriada, não era taticamente auspiciosa.[55]

Em 1824, as coisas haviam voltado ao normal na agora província da Bahia, no Império do Brasil. "Normal", neste caso, significa um retorno à inflamada e esporádica guerra dos cativos contra a escravidão. A década de 1820 assistiu a dez revoltas na Bahia e cinco em Sergipe de El-Rey. O Recôncavo incendiou-se. Um "rei" dos negros em Cachoeira liderou uma insurreição em agosto de 1826. Em dezembro, travou-se uma batalha campal contra um quilombo em Cabula, nas imediações de Salvador. O quilombo servira como candomblé para as atividades religiosas dos iorubas praticantes do culto dos orixás. Os nagôs passaram a liderar a resistência. Prisões revelaram que as depredações dos quilombolas tinham o intuito de atrair as tropas para fora da cidade, a fim de preparar uma revolta geral. Mais prisões de escravos, forros e até alguns mulatos em Salvador desbarataram o plano. Fugitivos aterrorizavam Abrantes em 1827, e em março daquele ano os escravos do Engenho Vitória e de dois outros engenhos próximos a Cachoeira, todos de propriedade de Pedro Rodrigues Bandeira, sublevaram-se. Tropas foram enviadas, e a rebelião foi sufocada e trinta escravos presos. O fogo continuou, ora latente, ora em chamas, novamente em Cachoeira, em 17 e 22 de abril de 1828, e então em engenhos de Santo Amaro, em dezembro. Em março, em Pirajá, nagôs atacaram alguns engenhos e marcharam para a área pesqueira de Itapoã, que já fora alvo de ataques em 1814. Forças governamentais interceptaram os insurgentes, matando vinte rebeldes. No ano seguinte a situação foi semelhante. Os escravos de três engenhos de José Maria de Pina e Melo revoltaram--se, mataram três pessoas e incendiaram um engenho antes de serem subjugados. Em 1828, os senhores de engenho, com apoio do governo, traçaram planos para aperfeiçoar o preparo militar em face das insurreições escravas. Entretanto, estava claro que pouco podia ser feito para impedir os levantes e que a única esperança era impedir que se alastrassem, tornando-se uma revolta geral.

Com efeito, as rebeliões em Salvador e no Recôncavo podem ter estimulado os escravos em outras partes da capitania a apoderarem-se de seu próprio destino. Isso, pelo menos, era o que acreditavam os senhores de engenho e outros proprietários de escravos. Os engenhos do distrito de Cotinguiba, em Sergipe de El-Rey, foram sacudidos por rebeliões no mesmo período. Em 1824, volantes insurrecionistas em Laranjeiras apregoavam: "Vivam mulatos e negros, e morram os marotos [portugueses] e caiporas [brancos]".[56] Parte dessa agitação parece ter sido de cunho republicano e racial, unindo negros e mulatos livres contra os brancos; contudo não faltaram revoltas escravas mais limitadas. Em setembro de 1827, houve um grande levante. Escravos de no mínimo dez engenhos, a maioria nagôs, mataram proprietários e os que se recusaram a juntar-se ao movimento. A revolta começou a alastrar-se. Uma batalha com forças do governo acarretou a morte de quinze a dezoito cativos, mas muitos fugiram para a mata, e duas semanas mais tarde forças milicianas ainda procuravam capturá-los. Notícias da batalha em Cabula, próximo a Salvador, aparentemente haviam impulsionado a rebelião em Sergipe. Revoltas e rumores de revoltas prosseguiram em Sergipe até pelo menos 1837, e não passava uma época de Natal sem que autoridades locais informassem sobre alguma agitação ou ameaça de rebelião escrava.

Em 1830, os nagôs sublevaram-se novamente em Salvador. Os estivadores apoderaram-se de armas em lojas da cidade e dirigiram-se aos mercados de escravos, onde cerca de cem cativos recém-chegados aderiram à revolta. Um ataque a um posto policial fracassou, e a guarnição saiu para enfrentar os rebeldes. Alguns foram mortos imediatamente, 41 capturados e alguns linchados pelos aterrorizados habitantes da cidade. Após esse levante, foram impostas restrições sobre o deslocamento de escravos e um toque de recolher às nove da noite, mas o nervosismo permaneceu na capitania. Durante o tumulto da abdicação, em 1831, a câmara de Cachoeira informou que os escravos de Pedro Rodrigues Bandeira, que se haviam revoltado em 1827, estavam novamente conspirando, desta vez instigados pela facção pró-portuguesa.[57]

Em qualquer disputa política ou desordem pública, a possibilidade subjacente de uma rebelião escrava permanecia à sombra de todos os outros acontecimentos. O início da década de 1830 foi repleto de revoltas de quartéis, distúrbios urbanos, tumultos nativistas e lutas políticas, mas o espectro da insurreição escrava nunca se fez ausente. O último levante escravo ocorreu em janeiro de 1835, quando africanos muçulmanos de Salvador, a maioria nagôs, mas incluindo alguns haussás, jejes e tapas, atacaram instalações policiais e militares e por dois dias empreenderam uma guerra na cidade. A revolta estava planejada para acontecer durante os festejos de Nossa Senhora de Ajuda, celebrados na Igreja do Bonfim, na área norte da cidade, quando as autoridades civis estariam distraídas. Mais uma vez, a conspiração foi traída por um escravo; porém, quando a polícia procurou aprisionar os conspiradores, a insurreição teve início. Durante dois dias, a cidade foi lançada em tumulto. Os rebeldes foram enfrentados e derrotados em Água de Meninos, na estrada para o Recôncavo. Novamente, os revoltosos perceberam que a chave para o sucesso estava em sublevar a escravaria dos engenhos. Talvez trezentos rebeldes tenham-se envolvido. Cinquenta foram mortos em batalha, e o julgamento dos capturados levou a cinco execuções, "dúzias" de açoitamentos públicos de mais de seiscentas chibatadas, deportação dos africanos livres que haviam participado e um tratamento mais rigoroso generalizado para a escravaria, especialmente a população de africanos.

A extensão dessa rebelião e seus aspectos islâmicos geraram curiosidade e interesse pela "grande insurreição".[58] Para nossos propósitos, porém, ela foi simplesmente a última de uma longa série de revoltas que marcaram a passagem da sociedade escravista baiana ao século XIX. A guerra contra a escravidão na Bahia fracassara; cada mês de agosto, os cativos novamente trilhariam os canaviais e as moendas recomeçariam a funcionar. A desvantagem fora grande demais, as forças defensoras da escravidão, muito fortes, e a sociedade estava tão impregnada pela ética escravista e convencida de seu valor que não pôde ser destruída por atos heroicos. Não obstante as revoltas tornaram mais do que nunca evidentes os perigos e custos da escravidão. Os brasileiros buscaram e consideraram crescentemente outras alternativas para as necessidades de mão de obra e a composição social da nação. Talvez a guerra não tenha sido em vão.

Apêndice A

O problema do Engenho Sergipe do Conde

Cada engenho teve sua história, servindo como um microcosmo onde se desenvolveram as relações entre senhor e escravo, branco e negro, capital e trabalho. Porém, curiosamente, é quase impossível reconstituir a história operacional de qualquer engenho isolado. No fim da era colonial, a Bahia possuía mais de trezentos engenhos, mas já não existem os registros internos de quase nenhum deles. E os senhores de engenho realmente mantinham uma contabilidade. Documentavam a divisão do açúcar com lavradores, registravam a produção para efeito da cobrança do dízimo e, como indicam testamentos, conheciam precisamente suas dívidas ativas e passivas. Tais registros, contudo, não mais existem para propriedades seculares. Escrituras e títulos comprobatórios de posse da terra eram cuidadosamente guardados, mas o mesmo não ocorria com os registros contábeis anuais. O historiador Wanderley Pinho conseguiu realizar sua extraordinária reconstituição da história do Engenho Freguesia, dos Rocha Pitta, inter-relacionando alguns documentos em torno de uma discussão geral sobre o Recôncavo. Entretanto concentrou-se na relação da família com a propriedade, e não na estrutura e nas operações do engenho. É possível, para alguns engenhos, retraçarmos as mudanças de proprietário através de testamentos e registros notariais, e ocasionalmente podemos vislumbrar as operações internas da propriedade a partir de inventários realizados à época da transferência. No entanto, essas são visões momentâneas, instantâneos no tempo, sem continuidade.

Somente para os engenhos pertencentes a ordens religiosas existem registros documentais que nos permitem retraçar as operações e a produção da propriedade ao longo do tempo. Os relatórios periódicos dos estabelecimentos religiosos baianos a seus superiores em Portugal foram, no caso dos jesuítas e beneditinos, conservados em arquivos europeus. Quaisquer que sejam as peculiaridades daquelas propriedades pertencentes a corporações, sua documentação constitui um registro inestimável da história social e econômica do Brasil.

Os registros mais completos são os do Engenho Sergipe do Conde que, instalado por Mem de Sá, pertenceu depois ao conde de Linhares, veio a ser administrado pelos jesuítas de Lisboa e, no século XVII, foi considerado a "Rainha do Recôncavo". Embora sua história e tamanho peculiares façam dele um engenho atípico, seu papel como objeto de disputa entre os colégios jesuíticos de Lisboa e da Bahia originou uma vasta coleção de correspondências, memorandos, citações e decisões legais e registros contábeis anuais que o tornaram o engenho mais bem documentado do Brasil colonial. Uma pequena parte da contabilidade anual, cobrindo o período de 1622 a 1653, foi publicada pelo Instituto do Açúcar e do Álcool do Rio de Janeiro em 1956, como parte dos *Documentos para a história do açúcar*; uma vez que não existem outras contabilidades desse tipo disponíveis em publicações, aqueles registros foram objeto de análises intensivas, em especial por Mauro, Buescu e Amaral Ferlini.[1] A contabilidade publicada é apenas uma pequena parte da documentação existente sobre o Engenho Sergipe e seus congêneres, os engenhos Santana e Petinga, a maioria da qual encontra-se atualmente no Arquivo Nacional da Torre do Tombo, em Lisboa, e no Archivum Romanum Societatis Iesu, em Roma. A historiadora Andrée Mansuy fez uso extensivo do material não publicado em Lisboa, em sua excelente edição de *Cultura e opulência do Brasil*, de Antonil.[2] Neste estudo, procurei fazer pleno uso de tais registros.

Embora o padre Serafim Leite tenha delineado sucintamente a história da disputa pelo Engenho Sergipe entre os colégios jesuíticos em sua *História da Companhia de Jesus no Brasil*, aqueles acontecimentos nunca foram descritos em detalhes. Dada a importância da documentação originada por tal disputa para todas as análises da economia açucareira em geral e para este livro em particular, creio ser útil deslindar a intricada história legal, a fim de inserir esse fundamental conjunto de informações em seu contexto histórico apropriado.

A história do Engenho Sergipe principia nas décadas intermediárias do século XVI, com a chegada do terceiro governador-geral, Mem de Sá. Esse ativo e inteligente soldado e estadista é lembrado como o homem que expulsou os franceses do Rio de Janeiro, livrou o Recôncavo Baiano dos índios e estabeleceu em bases firmes a estrutura legal e administrativa do Brasil durante sua gestão, de 1557 a 1572. Como a maioria dos administradores régios de sua época, Mem de Sá demonstrou uma atitude patrimonial em relação a seu cargo e não teve escrúpulos em prover a si próprio e à família usando seu grande poder na colônia. Essa atitude parece ter sido a origem da doação, em 1559, de uma vasta sesmaria a seu amigo Fernão Rodrigues de Castelo-Branco, o almotacel-mor. Essa sesmaria de duas léguas ao longo da costa por quatro léguas em direção ao interior deveria incluir "as terras e águas do Sergipe", e foi concedida com a expressa finalidade da construção de um engenho. No ano seguinte, Rodrigues de Castelo-Branco renunciou a todos os seus direitos àquela propriedade em favor de Francisco de Sá, filho único de Mem de Sá. Obviamente, concebera-se um acordo que permitisse ao governador adquirir aquelas terras excelentes para si e o filho através de um expediente legal deveras transparente. A doação original foi ampliada por novas sesmarias em 1561 e 1564, e a transferência a Francisco de Sá foi posteriormente reiterada pela Coroa, em 1571.[3]

O problema com todo esse arranjo foi o fato de tanto a doação original como a transferência subsequente serem ilegais segundo o código que regulava a distribuição de sesmarias. Fernão Rodrigues de Castelo-Branco nunca residiu no Brasil, conforme se exigia de todos os que recebiam sesmarias na colônia. Ademais, a carta de doação de sesmarias determinava que elas não fossem transferidas ou alienadas por três anos após a doação original. A renúncia de Castelo-Branco após um ano, bem como o fato de Francisco de Sá também viver em Portugal e não ser residente no Brasil violou aquelas restrições. Finalmente, proibia-se aos governadores conceder morgados a si próprios ou a seus filhos. Portanto, em pelo menos três aspectos as terras doadas de Sergipe assentavam-se em bases ilegais, e essa ilegitimidade de nascimento complicaria a história subsequente daquele que viria a tornar-se no século XVII o maior engenho da Bahia e talvez de todo o Brasil.

Não obstante o título de posse das terras de Sergipe pertencer a Francisco, o filho de Mem de Sá, o governador dispôs das mesmas como se fossem sua propriedade, acrescentando-as às terras que adquirira em Ilhéus e Camamu antes mesmo de vir para o Brasil. Mem de Sá alegou haver gasto 20 mil cruzados na construção de um engenho em Sergipe, e em seu testamento legou o engenho e as terras a seu herdeiro, juntamente com seus outros bens.[4] Mais tarde, surgiria uma questão acerca da capacidade de Mem de Sá para legar as terras a qualquer pessoa. Conquanto seu direito de ceder as benfeitorias feitas nas terras às suas próprias custas não fosse questionado, sua capacidade de dispor da própria terra seria objeto de disputa. Mem de Sá era o dono das terras de Sergipe à época de sua morte, ou elas pertenciam a seu filho? E seriam legítimos os direitos de um e outro, segundo a lei das sesmarias?

Ao morrer, em 2 de março de 1572, Mem de Sá tinha vivos apenas dois filhos. Sua esposa morrera em 1542. Ele perdera um filho em Ceuta lutando contra os mouros, e outro no Brasil, combatendo índios. Também lhe morrera uma filha de doze anos, e só lhe restavam um filho, Francisco, e uma filha, Felipa. Francisco já fora iniciado em carreira eclesiástica quando a morte do pai tornou-o o principal herdeiro. Deixou a vida religiosa para incumbir-se dos bens da família, mas morreu apenas oito meses após seu pai e teve pouco tempo para usufruir a fortuna ou dar continuidade à linhagem. Sem herdeiros, Francisco deixou todas as suas propriedades à irmã, dona Felipa de Sá. Os bens incluíam o Engenho Sergipe no Brasil, que Mem de Sá tomara como sua terça, ou seja, a porção de sua propriedade que ele poderia legar livremente. Francisco recebera o engenho e as terras de Sergipe vinculados em morgado, mas com a condição de que se Francisco e Felipa morressem sem herdeiros a propriedade deveria ser dividida. As propriedades no Brasil deveriam ser vendidas e o dinheiro dividido em terças, entre a irmandade beneficente da Misericórdia de Salvador, o colégio jesuítico daquela cidade e os pobres e órfãos de Salvador. Os bens em Portugal deveriam ser dados à Misericórdia de Lisboa.

Na época em que herdou o Engenho Sergipe, dona Felipa de Sá levava uma vida religiosa no convento dominicano de Santa Catarina de Sena, em Évora. Entrara para o convento em 1560, com doze anos de idade, mas com a morte do irmão e a herança dos bens da família ela agora se tornava uma noiva desejável, responsável pela continuidade da linhagem de sua família. Em 1573, contratou-se seu casamento com dom Fernando de Noronha, herdeiro do título de conde de Linhares.[5] O casamento foi determinado segundo um contrato de "dote e arras e metade dos adquiridos". Com esse arranjo, marido e mulher declaravam as porções e propriedades com que entravam para a sociedade conjugal e podiam limitar o acesso ou controle do cônjuge sobre certas propriedades.[6] Dona Felipa declarou no contrato de casamento que entre seus bens havia o engenho "denominado Sergipe", com 282 escravos, e outro em Ilhéus, com 130 escravos. Essas, como as outras propriedades herdadas de seu pai e seu irmão, deveriam ser consideradas parte do morgado e, portanto, sujeitas às condições e restrições estipuladas nos testamentos de ambos.[7] Percebendo o frágil alicerce legal em que se assentavam os direitos de sua família àquelas propriedades, dona Felipa, através do marido, requereu e recebeu, em 1576, confirmação régia da doação feita originalmente por Mem de Sá e da transferência feita por Francisco Rodrigues de Castelo-Branco a Francisco de Sá.[8]

Entre 1576 e 1618, os engenhos Sergipe e Santana pertenceram ao conde e à condessa de Linhares, proprietários absenteístas, e foram dirigidos por administradores residentes enviados de Portugal. Durante esse período, o primeiro deles ficou conhecido como Sergipe do Conde, ou por vezes, após a morte do proprietário, como Engenho da Condessa. Dom Fernando de Noronha, conde de Linhares, acompanhara o rei dom Sebastião, à malfadada cruzada de 1578 ao Marrocos. Capturado, dom Fernando viu-se forçado a pagar por seu próprio resgate. Retornou a Portugal, onde exerceu o importante cargo de vedor da fazenda. Interessou-se ativamente pelas propriedades da esposa no Brasil, bem como pelas suas próprias, em Portugal, e por seus negócios na Espanha. De 1586 a 1607, o conde de Linhares fez-se representar na Bahia por seu servidor, Francisco de Negreiros, que fora capturado e resgatado juntamente com seu senhor no Marrocos.[9]

Aqueles foram anos difíceis para os engenhos. Tanto o Santana como o Sergipe sofreram ataques do gentio. O Santana foi sitiado na década de 1590, e durante um levante geral dos aimorés em 1601 perdeu escravos e suprimentos.[10] O Engenho Sergipe foi incendiado certa vez na década de 1580 e reconstruído a um custo considerável.[11] Além disso, Francisco de Negreiros, por iniciativa própria ou por ordem do conde de Linhares, vendeu vastas extensões da sesmaria original. Houve pelo menos 81 vendas separadas, totalizando 49$770.[12] Conquanto essas vendas houvessem sido feitas geralmente com o compromisso do comprador de suprir cana-de-açúcar ao Sergipe, observadores mais tarde julgaram que a alienação daquelas terras causou sérios problemas no suprimento de lenha e alimentos ao engenho. Ademais, surgiu depois uma questão sobre a legalidade das vendas se as terras do Engenho Sergipe estivessem realmente vinculadas em morgado, como estipulado no testamento de Mem de Sá.

O conde de Linhares morreu em 1617, e dona Felipa então recolheu-se à sua propriedade em Telheiras, onde, sob a influência de seu confessor, o prior do Lumiar, decidiu dotar uma igreja para o recém-criado Colégio Jesuíta de Santo Antão, em Lisboa.[13] A igreja foi iniciada em 1613. Em 1618, dona Felipa estava muito doente. Em 20 de julho, fez seu primeiro testamento, o qual foi alterado por um segundo, composto em 31 de agosto. Neste, ela deixava todos os seus bens, no Brasil e em Portugal, ao Colégio Jesuíta de Santo Antão. Dona Felipa morreu em 1º de setembro de 1618.[14]

Foi então que complexidades legais referentes aos dois engenhos começaram a multiplicar-se. As já obscuras origens da doação de Mem de Sá a um amigo da corte portuguesa não residente no Brasil e a rápida transferência da propriedade do mesmo ao filho único de Mem de Sá, que por sua vez permitira ao pai fazer uso e beneficiar-se das terras durante sua vida, sujeitaram a propriedade e seus donos a ameaça de processo ou anulação legal de seus direitos de posse. A venda, pelo conde de Linhares, de terras teoricamente vinculadas em morgado criou outra série de incertezas legais. Porém, o problema principal originou-se da decisão de dona Felipa de deixar todos os seus bens ao Colégio Jesuíta de Lisboa. O testamento de Mem de Sá estipulara que se seus filhos morressem sem herdeiros suas propriedades no Brasil deveriam ser vendidas e o dinheiro dividido equitativamente entre a Misericórdia da Bahia, o Colégio Jesuíta da Bahia e os pobres da cidade de Salvador. Seus bens em Portugal deveriam ser legados à Misericórdia de Lisboa. Dona Felipa, ao deixar todos os seus bens aos jesuítas de Santo Antão, ignorou o desejo do pai e criou uma situação em que os engenhos do Brasil eram legados a partes diferentes — por Mem de Sá à Misericórdia, aos pobres e ao Colégio Jesuíta da Bahia, e por sua filha dona Felipa, condessa de Linhares, ao Colégio Jesuíta de Lisboa.

Dona Felipa, na verdade, havia previsto o problema e declarara especificamente em seu testamento que o Engenho Sergipe fora herdado por ela diretamente do irmão, como propriedade deste, e não era afetado pelas limitações estabelecidas no legado de seu pai. Francisco de Sá realmente tinha direito legal ao engenho e às terras através da sesmaria a ele transferida por Fernão Rodrigues de Castelo-Branco, embora esteja claro que como seu pai mantinha o controle sobre os "usos e frutos" daquela propriedade, a posse de Francisco era tão somente "no papel" enquanto seu pai vivesse. Fosse qual fosse o acordo existente entre pai e filho, ele fora, à época da morte de dona Felipa, esquecido. A questão legal agora era: Francisco possuíra diretamente o engenho ou herdara-o, com as respectivas restrições, do pai? A resposta a essa questão determinaria o direito de dona Felipa de dispor do Engenho Sergipe e de suas terras como bem entendesse, sem consideração pelas cláusulas do testamento de seu pai.[15]

A batalha pelos engenhos de Mem de Sá começou quase imediatamente após a morte da condessa de Linhares.[16] Em 6 de setembro, o Colégio de Santo Antão enviou um representante legal para tomar posse do Engenho Sergipe, mas o Colégio Jesuíta da Bahia já ocupara a propriedade quando aquele lá chegou. O Colégio de Lisboa e a Misericórdia da Bahia, as outras partes interessadas, nada puderam fazer. A Misericórdia entrou com uma ação na justiça em 22 de julho de 1621, quando o provedor da instituição processou o padre provincial dos jesuítas na Bahia. O provedor alegou que o testamento de Mem de Sá determinara que sua propriedade fosse vendida e o dinheiro dividido entre os três legatários indicados. Os jesuítas da Bahia não haviam feito isso nem repartiam o lucro anual dos engenhos. No dia seguinte, o padre Manoel do Couto, representando o Colégio de Lisboa, solicitou o direito de entrar na ação como uma terceira parte. Em 24 de julho, os jesuítas baianos apresentaram sua defesa. O juiz dos defuntos e ausentes proferiu sua decisão em setembro de 1622, em favor do Colégio Jesuíta de Lisboa. Começaram então as apelações. A Misericórdia apelou à Relação da Bahia. Tendo falhado ali, levou o caso à Casa da Suplicação em Lisboa, em 1623, que ouviu o caso em 1627 e proferiu a decisão em janeiro de 1629.[17] A Casa da Suplicação determinou que, embora a Misericórdia não houvesse sido prejudicada com a posse forçada pelos jesuítas baianos, justificava-se sua demanda de que o engenho fosse vendido e o produto da venda, dividido.

O Colégio de Santo Antão detivera a posse do Engenho Sergipe desde 1622, mantendo-se na direção da propriedade quando os holandeses destruíram grande parte do engenho e interromperam a produção em 1625. Chegara a vez de Santo Antão apelar. Por três vezes fizeram-se apelações, todas sem sucesso. Durante esse período, realizou-se um inventário do Engenho Sergipe, em preparação para a venda e divisão da propriedade determinadas por sentença legal. A "decisão final" (primeira de várias) foi proferida em 1627. Nessa ocasião, os jesuítas de Santo Antão levantaram outro problema. Se tinha de ser feita uma divisão da propriedade de Mem de Sá, deveria ser da propriedade como ele a deixara. Em outras palavras, as benfeitorias realizadas pelo Colégio de Santo Antão tinham de ser separadas da divisão. Tal posição gerou uma série inteiramente nova de arrazoados e contra-arrazoados quanto às benfeitorias e ao seu valor. O ouvidor-geral da Bahia queria que tudo fosse incluído na divisão. Os jesuítas de Santo Antão queixaram-se à Casa da Suplicação, que lhes deu razão e ordenou que fossem deixados na posse do Engenho Sergipe até que pudesse ser feita uma divisão adequada da propriedade. A decisão chegou à Bahia em janeiro de 1639. A Misericórdia registrou uma queixa, e o ouvidor-geral recusou-se a fazer cumprir a decisão. Apelos contra esta foram levados por duas vezes à Casa da Suplicação, e ambas as vezes rejeitados com uma nova ordem para cumprir-se a decisão. Finalmente, em janeiro de 1642, o Colégio de Santo Antão solicitou e recebeu uma ordem régia requerendo que o ouvidor-geral executasse a sentença da Casa da Suplicação sem demora e lhe devolvesse a posse do Engenho Sergipe.

Embora os jesuítas de Santo Antão estivessem dirigindo suas apelações à Casa da Suplicação em Lisboa após 1637, o ouvidor-geral na Bahia, aparentemente sem simpatia pelos jesuítas lisboetas, estava forçando a decisão no Brasil.[18] Tirou-lhes "violentamente" a posse do engenho e ordenou que este fosse vendido em março de 1638. A morte do ouvidor-geral pouco depois desse acontecimento foi considerada pelos jesuítas de Lisboa uma prova do castigo divino pela injustiça que fizera. Com o apelo daqueles jesuítas ainda tramitando no tribunal de Lisboa e a Misericórdia em posse do engenho, este foi vendido a Pedro Gonçalves de Matos em Salvador, a 30 de março de 1638, que se manteve como proprietário até a safra de 1643.[19]

Entrementes, a Casa da Suplicação determinara que o Colégio de Santo Antão tinha direito a receber pelas benfeitorias que havia feito no Sergipe e que deveria retomar a posse do engenho até que pudesse ser feita uma avaliação justa daquelas benfeitorias. O novo ouvidor-geral interpôs-se e a Misericórdia apelou a Portugal, mas sem sucesso. O ouvidor-geral aceitou, então, uma avaliação das benfeitorias em 8 a 10 mil cruzados, mas recusou-se a fazer cumprir outros aspectos da decisão da Casa da Suplicação. Mais uma vez, o Colégio de Santo Antão apelou, o tribunal de Lisboa decidiu em seu favor e o ouvidor-geral foi forçado a acatar a decisão — obviamente não sem uma nova apelação por parte da Misericórdia, a qual foi em vão. Em 1643, a posse do Engenho Sergipe voltou ao Colégio de Santo Antão, mas isso acarretou uma nova ação legal, iniciada por Pedro de Matos, que fora destituído do engenho que possuíra durante cinco anos. O padre Simão de Vasconcelos, representando os jesuítas baianos, escreveu em outubro de 1643 que apenas o litígio com Pedro Gonçalves de Matos continuava sem solução. Contudo tanto os jesuítas de Lisboa como os da Bahia concordavam que nenhum acordo poderia ser feito com ele ou com a Misericórdia sem antes os dois colégios jesuítas chegarem a um entendimento.[20]

Nesse ponto, a disputa entre os dois colégios jesuíticos, que fora deixada em segundo plano durante o outro litígio, voltou à cena. Os jesuítas perceberam que aquela batalha legal entre dois colégios da mesma ordem não era o que melhor servia a seus interesses nem aos da Companhia de Jesus em geral. De fato, nas etapas iniciais, Fernão Cardim, o jesuíta provincial do Brasil, proibira o representante de Santo Antão na colônia de dar andamento à sua ação legal sem licença expressa do padre geral da ordem.[21] Em 1643, contudo, o Colégio Jesuíta da Bahia entrou com uma ação contra o Colégio de Santo Antão e apelou contra a decisão anterior em favor deste. O ouvidor-geral enviou a apelação a Lisboa, mas mesmo assim o jesuíta provincial na Bahia considerou-o uma parte interessada na questão e tentou sua remoção. Isso foi feito, e seu sucessor reverteu decisões anteriores favoráveis a Santo Antão. Este apelou à Casa da Suplicação, que decidiu em seu favor e reverteu a decisão do ouvidor-geral. O jesuíta provincial da Bahia apelou contra esse resultado, mas sem sucesso. O litígio envolvendo o Engenho Sergipe, em 1645, estivera nos tribunais por quase 25 anos e pouco progresso ocorrera no sentido da resolução dos intricados problemas legais, dos arrazoados e contra-arrazoados. Em vez de resolver as questões, aquele quarto de século trouxera complicações adicionais e novos litigantes.

Em 1648, a batalha entrou em uma nova fase. Em certa medida, as alegações dos jesuítas de Lisboa e da Bahia, bem como as da Misericórdia, haviam todas sido reconhecidas, e agora a questão era: qual o valor da propriedade por ocasião da morte de Mem de Sá? Quais as benfeitorias feitas enquanto o Engenho Sergipe estivera em mãos do Colégio de Santo Antão? Que valor acrescentou este à propriedade e à produção anual?[22] Santo Antão afirmou que o Engenho Sergipe não valia 20 mil cruzados ao morrer Mem de Sá, passando a ter esse valor só mais tarde, quando benfeitorias foram feitas, e que dessa quantia deveriam ser feitas deduções para depreciação, dívidas, mortes e fugas de escravos e manutenção. Ademais, em 1648 nenhum dos edifícios na propriedade datavam da época de Mem de Sá — todos haviam sido reconstruídos pelos jesuítas de Santo Antão a um custo considerável. Em suma, Santo Antão estava tentando reduzir o mais possível a porção da propriedade a ser incluída na divisão ordenada pelo tribunal. Naturalmente, o Colégio da Bahia e a Misericórdia tinham seus próprios argumentos nessas questões. Quando, por exemplo, o Colégio de Santo Antão alegou que existiam apenas 125 tarefas de cana no Engenho Sergipe na época de Mem de Sá e que a cana que excedia essa quantidade era resultado de melhoramentos subsequentemente feitos por lavradores durante a administração de Santo Antão, a Misericórdia salientou que as benfeitorias feitas por lavradores em terras arrendadas sempre se tornavam propriedade do dono da terra, "como era o costume usual no Brasil". A Misericórdia também se queixou de que Santo Antão enviara, durante sua gestão da propriedade, pessoas com poucos conhecimentos ou capacidade para administrá-la, disso resultando que o Engenho Sergipe produzia menos lucros do que propriedades inferiores mas mais bem administradas.[23]

Parte da resolução da batalha legal deu-se na década de 1650. Uma decisão da Casa da Suplicação em maio de 1654 reconheceu as benfeitorias feitas pelo Colégio de Santo Antão no Engenho Sergipe, mas também determinou que o mesmo pagasse uma grande quantia às outras partes na ação, correspondente à parcela destas nas safras ocorridas enquanto Santo Antão estivera de posse do engenho. A decisão também ordenava que o engenho fosse vendido e seu valor, dividido.[24] Tal ordem provavelmente tornou os jesuítas de Lisboa mais dispostos a decidir a questão amigavelmente. Ademais, a Ordem dos Jesuítas, apesar de reconhecer os arranjos financeiros independentes feitos por seus colégios, julgava que uma ação civil entre dois estabelecimentos da ordem não ficava bem, além de promover a desunião.[25] A pressão do padre geral em Roma, bem como os contínuos custos e incertezas acarretados pela ação, levaram a um acordo amigável entre os colégios de Lisboa e da Bahia em 20 de abril de 1655. Concordaram com a propriedade equitativa do engenho, com o colégio baiano nomeando um administrador experiente no fabrico do açúcar e o colégio lisboeta nomeando um assistente para o administrador. Os direitos da Misericórdia seriam resolvidos com o pagamento de parte dos lucros anuais ou com a venda de parte das terras.[26] Em reconhecimento à posição mais vantajosa que o colégio baiano conseguira na ação, Santo Antão concordou em pagar àquele colégio 10 contos de réis em açúcar. Qualquer novo engenho construído nas terras do Sergipe ou qualquer novo canavial plantado teria de obedecer a uma base de 50% para cada parte. Nenhuma terra poderia ser vendida e nenhuma obrigação assumida por lavrador poderia ser dispensada sem o consentimento de ambos os estabelecimentos.[27]

Com a questão agora aparentemente decidida entre os dois colégios jesuítas, as outras partes na ação podiam ser atendidas. Em setembro de 1659, o provedor da Misericórdia foi procurado por nada mais nada menos do que Salvador Correia de Sá, o ilustre militar e administrador cuja família dominava os negócios no Rio de Janeiro. Recentemente nomeado capitão-geral do Sul, vinha de Lisboa a caminho do Rio de Janeiro quando desembarcara na Bahia. As relações de Salvador Correia com os jesuítas haviam sempre sido particularmente estreitas, e não era de admirar que lhe pedissem que servisse de intermediário com a Santa Casa. Em 22 de setembro de 1659, foi convocada uma reunião geral na Misericórdia, e a maioria dos confrades votou "de acordo com sua consciência" pela aceitação do acordo com os jesuítas. Foram levados a essa decisão porque a ação durara quarenta anos e "podia continuar por outros quarenta" e porque "era contra gente poderosa neste Estado e em Portugal", e finalmente porque o resultado final era, de qualquer forma, incerto.[28]

Esse voto da Misericórdia permitiu, então, que o caso progredisse. Em 13 de outubro de 1659, o jesuíta provincial do Brasil, padre Baltasar de Siqueira, o reitor do colégio baiano, padre Sebastião Vaz, e um representante do Colégio de Santo Antão, padre Agostinho Lousada, reuniram-se com membros da administração da

Misericórdia e com o padre Eusébio de Matos, um jesuíta que representava seus parentes, os herdeiros de Pedro Gonçalves de Matos. Chegou-se a um acordo, segundo o qual a Misericórdia receberia uma quantia de 7 contos de réis por sua parte, da qual seriam retirados 600 mil-réis para pagamento dos herdeiros dos bens de Gonçalves de Matos.[29] A 27 de junho de 1660, o saldo pendente foi pago à Misericórdia, cessando assim os direitos da mesma sobre o Engenho Sergipe e suas terras.[30]

Não está claro se a intenção original dos dois colégios jesuítas em 1655 fora vender o engenho e suas terras e dividir o dinheiro apurado, mas em 1663 não se cogitava mais sobre tal venda. Nesse ano, foi dado o próximo passo. O Engenho Sergipe foi dividido em duas partes: as construções e dois grandes canaviais julgados necessários para sua operação foram avaliados em 24 contos de réis; avaliaram-se as demais terras em 16 contos de réis.[31] Foi oferecido ao Colégio de Santo Antão a escolha de uma das partes, com a condição de que pagaria a diferença se escolhesse a primeira. O Colégio de Santo Antão ficou com o engenho, e o Colégio da Bahia, com as terras e com a obrigação do engenho de moer sua cana. Ambas as partes tiveram o cuidado de declarar que tal acordo não prejudicaria nenhuma das reivindicações ainda em litígio, e ambas concordaram que juntas satisfariam os direitos da parte remanescente da ação original, os pobres de Salvador, assim que possível. Os pobres, de fato, estavam sendo representados por um padre jesuíta do Colégio da Bahia que tinha o título de procurador dos pobres.[32]

O padre Serafim Leite, o mais preeminente historiador dos jesuítas no Brasil, escreveu que em 1669 a questão estava decidida. Isso não era exatamente verdade. O Colégio de Santo Antão não entrou em plena posse do Engenho Sergipe senão em 15 de março de 1676, e em 1680 ainda havia questões monetárias não resolvidas completamente entre os dois colégios.[33] Após esta última data, o Engenho Sergipe produziu açúcar para o Colégio de Santo Antão e para o Colégio da Bahia, que possuía extensos canaviais originalmente pertencentes ao engenho. O açúcar de cada colégio era remetido e contabilizado separadamente. O Engenho Sergipe permaneceu em mãos do Colégio de Santo Antão, administrado por padres jesuítas enviados periodicamente de Portugal, até a expulsão do Brasil da Companhia de Jesus em 1759.

Com a partida dos jesuítas, o Sergipe e o Petinga, engenho vizinho adquirido por aqueles padres em 1745, foram a pregão público. O Sergipe foi primeiramente adquirido pelo padre Luís de Sousa Oliveira, e o Petinga pelo dr. Antônio Ribeiro de Miguéis (Guimarães), e Miguéis posteriormente entrou em posse também do Engenho Sergipe. Em 1770, estava atrasado nos pagamentos das duas propriedades. Os engenhos foram então novamente vendidos e passaram pelas mãos de vários donos. Na década de 1790, pertenceram aos irmãos de Gaspar Alvares de Sá. Em 1812, juntamente com três outros engenhos, eram propriedade de Simão Álvares da Silva, e em 1817 foram arrolados como pertencentes a dona Maria Joaquina Pereira de Andrade, uma das mais ricas proprietárias de escravos do Recôncavo.

A história do Engenho Santana é menos movimentada. Pertenceu, ao fim do século XVIII e começo do XIX, a Manoel da Silva Ferreira e passou em 1810 às mãos de Felisberto Caldeira Brant, futuro marquês de Barbacena, importante figura do período da independência. O Sergipe e o Petinga, em meados do século XIX, haviam-se tornado propriedade do barão de Pirajá.[34] Os engenhos outrora de um conde passaram às mãos de um marquês e um barão.

A longa, complexa e por vezes encarniçada ação legal em torno do Engenho Sergipe produziu uma montanha de papéis. Citações, transcritos, cópias autenticadas, escrituras, decisões, apelações, relatórios, inventários e pareceres foram redigidos em português, italiano e latim durante toda a disputa. Esse material, espalhado pelo Brasil, Portugal e Itália, fornece um incrível registro da história do engenho. Mais ainda, devido à disputada posse do engenho e às obrigações testamentárias que o envolviam, mantiveram-se cuidadosos registros contábeis anuais por longos períodos. Esses livros de safra, como eram chamados, também foram provavelmente mantidos por outros engenhos, mas não sobreviveram até nossos dias. Apenas os do Engenho Sergipe e seus congêneres, o Santana e o Petinga, foram descobertos para o período colonial. Juntamente com as outras evidências documentais, essa série de registros contábeis constitui uma fonte indispensável para o entendimento das operações e da dinâmica dos engenhos baianos.

O Sergipe e o Santana não foram absolutamente engenhos típicos. Por esse motivo, deve-se ter muito cuidado ao postular generalizações com base unicamente em seus registros. Fundados por um governador, pertencentes a um conde e, mais tarde, aos jesuítas de Lisboa, seu padrão de propriedade foi diferente do da maioria dos engenhos. O absenteísmo do proprietário não foi, o mais das vezes, característica dos engenhos baianos, mas o Sergipe e o Santana pertenceram quase sempre a absenteístas ou foram administrados por instituições religiosas. No Brasil, assim como no México e no Peru, a posse por jesuítas parece ter proporcionado considerável estabilidade. E as práticas administrativas dos jesuítas privilegiavam políticas seguras, com retornos talvez mais baixos mas menos riscos em comparação às políticas de proprietários leigos.[35] O papel do administrador, as restrições clericais sobre contatos sexuais, a observância de preceitos e obrigações religiosas e talvez, em alguns períodos, um diferente conceito de controle da escravaria podem ter diferenciado esses engenhos. Porém, em última análise, evidências confirmadoras indicam que, em termos de mercado, técnicas agrícolas e práticas administrativas, as semelhanças foram maiores que as diferenças.

Apêndice B

Estimativa dos preços recebidos por engenhos baianos pelo açúcar branco

Esta tabela foi construída combinando-se algumas séries de preços e ajustando-as, na tentativa de criar uma série uniforme de preços recebidos pelos engenhos baianos pelo açúcar branco. Os preços observados são os valores realmente registrados. Após 1675, estes foram baseados principalmente na série criada por Dauril Alden, e são indicados entre parênteses na tabela. Em todos os outros casos, sempre que possível, foi usado o preço médio anual recebido pelo Engenho Sergipe. Foram feitos dois ajustes aos preços observados. Para o período anterior à desvalorização da moeda portuguesa em 1688, fez-se um ajustamento de 20% para cima. Além disso, após 1675 foi feito um ajustamento de 10% para baixo à série de Alden, pois aqueles preços foram baseados em compras feitas pelo hospital de Misericórdia e devem sofrer um certo desconto, representando o que o dono do engenho poderia esperar receber. Quando existiram preços observados tanto para o Engenho Sergipe como para a Misericórdia, o primeiro foi em geral 10% a 20% abaixo do segundo; usei o valor menor para meus cálculos. Todos os valores são em réis por arroba. As fontes para a tabela são: (*a*) PINHO, Wanderley. *História de um engenho do Recôncavo*. Rio de Janeiro, 1946, p. 247 (várias fontes); (*b*) *DHA*, v. III, p. 406 e segs.; (*c*) Miguel Dias de Santiago Papers, PRO, State Papers 1 / 104; (*d*) Contas do Engenho Sergipe, ANTT, CSJ, vários maços; (*e*) ALDEN, Dauril. *Commodity price movements in Brazil*. Trabalho não publicado, 1983.

ANO	PREÇO OBSERVADO	PREÇO AJUSTADO	FONTE
1550	400	480	*a*
1552	400	480	
1572	450	540	
1576	630	756	*b*
1578	880	1056	*b*
1584	800	960	*a*
1592	800	960	*a*
1596	865	1038	*c*
1597	910	1092	
1598	950	1140	
1600			
1607	1100	1320	*d*
1608	1083	1299	
1611	1287	1544	
1613	1147	1376	
1614	1000	1200	
1620	955	1146	
1622	850	1020	
1623	580	696	
1625	675	810	
1626	617	740	
1627	730	876	
1628	896	1075	
1629	810	972	*d*
1630	673	807	
1631	619	743	
1632	780	936	
1633	852	1022	
1634	1042	1250	
1636	1378	1654	
1637	1420	1764	
1643	1218	1462	
1644	1035	1242	
1645	1128	1354	
1646	1157	1388	
1650	1147	1376	
1651	1350	1620	
1654	1200	1440	
1655	1206	1447	
1660	1090	1308	
1665	1200	1440	
1669	1177	1412	

ANO	PREÇO OBSERVADO	PREÇO AJUSTADO	FONTE
1675	(1356)	1220	*e*
1676	(1112)	1001	
1677	(1206)	1085	
1678	(1200)	1080	
1679	(1200)	1080	
1680	(1392)	1109	
1683	(1392)	1109	
1688	(1020)	918	
1689	(864)	778	
1691	(1200)	1080	
1692	(1200)	1080	
1695	(1600)	1440	
1696	(1500)	1350	
1697	(1500)	1350	
1698	(1264)	1138	
1699	(2200)	1980	
1701	(1800)	1620	
1702	(1600)	1440	
1704	(1350)	1215	
1705	1600		*d*
1706	1295		
1707	1343		
1708	1335		
1709	1341		
1710	1600		
1711	1600		
1712	1602		
1713	1760		
1714	2020		
1715	1815		
1716	(2000)	1 620	
1717	(2100)	1890	
1718	(1920)	1728	
1719	(1920)	1728	
1720	(1920)	1728	
1721	(1350)	1215	
1722	(1550)	1395	
1723	(1550)	1395	
1724	(1500)	1350	
1725	1692		*d*
1728	(1663)	1491	
1729	(1575)	1418	

ANO	PREÇO OBSERVADO	PREÇO AJUSTADO	FONTE
1730	(1475)	1327	
1731	(1530)	1377	
1732	(1240)	1116	
1733	(1280)	1152	
1735	(1265)	1138	
1736	(1974)	1777	
1738	(1066)	959	
1739	(914)	823	
1740	(1010)	909	
1741	(1266)	1139	
1742	(1189)	1070	
1743	(1600)	1440	
1744	(1333)	1200	
1745	1800		*d*
1746	1800		
1747	1800		
1748	1273		
1749	1273		
1750	1273		
1751	1255		
1752	1273		
1753	1400		
1754	1400		
1755	(1320)	1188	
1756	(1400)	1260	
1757	(1472)	1325	
1758	(1598)	1439	
1759	(1870)	1429	
1760	(1575)	1420	
1761	(1417)	1276	
1762	(1440)	1296	
1763	(1360)	1224	
1764	(1486)	1337	
1765	(1413)	1272	
1766	(1327)	1194	
1767	(1360)	1 224	
1768	(1294)	1165	

Apêndice C

Valor das exportações baianas de açúcar, 1698-1766

Como o Apêndice B, esta tabela é baseada nos registros de exportação da Junta do Tabaco. Aqui, tomei o número total de caixas exportadas — inclusive os fechos (caixas pequenas) à razão de 3:1 — e supus que em média dois terços das exportações açucareiras baianas eram de açúcar branco e um terço, de mascavado. Multipliquei essas quantidades pelo preço estimado daqueles tipos de açúcar naquele ano na Bahia para obter uma estimativa do valor das exportações de açúcar em um determinado ano. Devido à irregularidade das frotas, existem consideráveis variações nestes valores, especialmente quando, após um ano sem partidas de frotas, a frota seguinte transportou a safra de dois anos. O Gráfico 5 procura compensar essa situação apresentando médias quinquenais. O leitor, porém, pode desejar conhecer os valores anuais, e por essa razão eles são aqui apresentados. O valor total foi arredondado para o mais próximo em mil-réis. Os números entre colchetes são estimativas contemporâneas.

ANO	TOTAL CAIXAS	CAIXAS, BRANCO	CAIXAS, MASCAVADO	PREÇO, BRANCO	PREÇO, MASCAVADO	VALOR TOTAL
1698	9444	6296	3148	1138	683	326 023
1699	11 223	7482	3741	1980	1188	674 053
1700	10 606	7071	3535	2035	1221	654 700
1701	4143	2762	1381	1620	972	203 587
1702	14 397	9598	4799	1440	864	628 861
1703	5844	3895	1948	1362	817	241 378
1704	22 000	14 667	7333	1350	810	900 906
1705				1600	1100	
1706	24 141	16 094	8047	1295	785	950 552
1707				1343	640	
1708	29 096	19 397	9699	1335	657	1 129 353
1709				1341	651	
1710	20 000	13 333	6667	1600	800	933 324
1711		8480		1600	800	
1712	21 383	14 255	7128	1602	900	1 023 810
1713	15 206	10 137	5069	1760	961	734 935
1714	10 488	6992	3496	2020	1248	647 040
1715	10 985	7323	3662	1815	1282	629 508
1716	11 379	7586	3793	1800	1080	647 844
1717	5105	3403	1702	2080	1248	322 082
1718	6377	4251	2126	1928	1037	334 264
1719	8113	5409	2704	1928	1037	425 278
1720				1928	1037	
1721	19 849	13 233	6616	1215	729	731 541
1722	12 843	8562	4281	1395	837	543 452
1723				1395	837	
1724	12 350	8183	4167	1350	810	504 781
1725	25 225	16 817	8408	1539	923	1 630 365
1726	13 000	8667	4333	1428	857	453 145
1727						
1728	9223	6149	3074	1497	898	418 793
1729	10 222	7175	3074	1418	851	446 850
1730	5839	3893	1946	1327	796	235 025
1731	12 927	8628	4309	1377	826	540 400
1732	13 100			1116	670	
1733	17 404	11 603	5801	1152	691	608 130
1734						

ANO	TOTAL CAIXAS	CAIXAS, BRANCO	CAIXAS, MASCAVADO	PREÇO, BRANCO	PREÇO, MASCAVADO	VALOR TOTAL
1735	12 732	8488	4244	1138	683	439 530
1736				1777	1066	
1737	873	582	291	[1000]	[500]	25 462
1738	9123	6082	3041	959	575	265 342
1739	10 905	7270	3635	720	432	238 165
1740	11 000	7333	3667	1000	600	333 662
1741	14 661	9774	4887	1139	683	506 464
1742				1000	600	
1743	12 529	8353	4176	1440	864	547 273
1744				1200	720	
1745	13 441	8961	4480	1800	1080	733 887
1746	8258	5505	2753	1800	1080	450 878
1747	8891	5927	2964	1800	1080	485 440
1748	20 087	13 392	6696	1364	818	831 041
1749				1365	819	
1750	11 398	7599	3799	1255	753	433 909
1751	10 998	7329	3664	1273	764	424 519
1752	12 000	8000	4000	1400	840	509 600
1753	11 198	7465	3733	1400	840	475 535
1754	3853	2575	1278	1325	795	154 976
1755	6486	4324	2162	1188	713	233 745
1756	10 234	6823	3411	1260	756	391 149
1757	10 695	7111	3555			
1758	11 557	7705	3852	1439	863	504 412
1759	12 000	8000	4000	1429	858	520 240
1760				1420	850	
1761	15 000	10 000	5000	1276	765	580 475
1762	17 000	11 333	5667	1296	778	668 377
1763	23 000	15 334	7666	1224	734	853 848
1764	7000	4667	2333	1337	802	283 890
1765						
1766	13 959	9306	4653	1194	716	505 502

Notas

PARTE I. FORMAÇÕES, 1500-1600

1. A GRANDE LAVOURA AÇUCAREIRA: DO VELHO PARA O NOVO MUNDO

1. DEER, Noel. *The history of sugar*. Londres, 1950. 2 v., e LIPPMANN, Edmund von. *História do açúcar*. Rio de Janeiro, 1942, 2 v., são as clássicas histórias do açúcar. Em AZEVEDO, João Lúcio de. *Épocas de Portugal econômico*. 2ª ed. Lisboa, 1947, pp. 223-98, também se encontra uma excelente história do açúcar no Império português.

2. VERLINDEN, Charles. The transfer of colonial techniques from the Mediterranean to the Atlantic. In: *Beginnings of modern colonization*. Ithaca, Nova York, 1970, pp. 18-21. Um sumário é apresentado em GALLOWAY, J. H. The Mediterranean Sugar Industry. *Geographical Review, 67*(2): pp. 177-94, abr. 1977, particularmente útil pela documentação veneziana que incorpora ao trabalho de ASHTOR, E. Levantine sugar industry in the late middle ages: a case of technological decline. In: UDOVITCH, A. L., ed. *The Islamic Middle East, 700-1900: studies in economic and social history*. Princeton, 1981, pp. 91-133.

3. Há alguma possibilidade de que o açúcar fosse conhecido na África setentrional antes das conquistas árabes; porém, com toda a certeza sob os almorávidas, no século IX, o produto já chegara à região. Açúcar marroquino cultivado em terras irrigadas foi esporadicamente comercializado na Inglaterra e na França no século XVI. Guerra, agitação política e a competição da ilha da Madeira e do Brasil acabaram por tirar do mercado internacional o produto marroquino, na década de 1570. Ver BERTHIER, Paul. *Les anciennes sucreries du Maroc et leurs réseaux hydrauliques*. Rabat, 1966. 2 v. pp. 273-4.

4. Em PEREIRA, Moacyr Soares. *A origem dos cilindros na moagem da cana*. Rio de Janeiro, 1955, apresentam-se sérias dúvidas quanto à afirmativa de Lippmann e Deerr de que o *trapetto* siciliano era, de fato, a prensa cilíndrica. O assunto continua em aberto, mas a declaração de Soares Pereira de serem os tambores cilíndricos uma inovação brasileira não pode ser aceita à vista de documentos que indicam ser essa técnica usada nas Canárias já no século XVI. Sobre a Sicília, ver TRASSELLI, Carmelo. Produzione e commercio delle zucchero in Sicilia dal XII al XIX sécolo. *Economia e Storia, 2*: pp. 325-43,

1955. A indústria siciliana do açúcar passou por dificuldades no início do século XVI, mas perdurou até a crise geral da década de 1680. Ver TRASSELLI, Carmelo. Sumário duma história do açúcar siciliano. *Do tempo e da história, 2*: pp. 49-78, 1968, e especialmente REBORA, Giovanni. *Un'impresa zuccheriera del cinquecento*. Nápoles, 1968, que apresenta dados sobre a década de 1580.

5. A melhor discussão sobre esse problema encontra-se em CASTRO, Antônio Barros de. Brasil, 1610: mudanças técnicas e conflitos sociais. *Pesquisa e Planejamento Econômico, 10*(3): pp. 679-712, 1980.

6. VERLINDEN. op. cit., p. 21; WALLERSTEIN, Immanuel. *The modern world system*. Nova York, 1974-78. 2 v. até o presente. v. I, p. 43; RAU, Virgínia e MACEDO, Jorge Borges de, eds. *O açúcar da Madeira nos fins do século XV*. Funchal, 1962, p. 11. Ver também PIKE, Ruth. *Enterprise and adventure*. Ithaca, Nova York, 1966. Sobre Valência, ver VIDAL, José Perez. *La cultura de la cana de azúcar en el Levante español*. Madri, 1973.

7. LIPPMANN. op. cit., v. II, pp. 190-238.

8. VERLINDEN, Charles. *L'esclavage dans l'Europe médieval*. Bruges, 1955. 2 v. O autor resumiu os pontos principais no contexto da expansão ibérica em: Medieval slavery in Europe and colonial slavery in America. In: *Beginnings of modern colonization* [...], pp. 33-51. Ver também BLOCH, Marc. How and why ancient slavery came to an end. In: *Slavery and serfdom in the middle ages*. Berkeley, 1975, pp. 1-32. Um útil sumário é fornecido também em DAVIS, David B. *The problem of slavery in Western culture*. Ithaca, Nova York, 1966.

9. O trabalho de VOGT, John L. The Lisbon Slave House and African trade 1486-1521, *paper* apresentado à Sociedade de Historiadores Espanhóis e Portugueses em 1971, fornece estimativas um pouco menores, de trezentos a setecentos escravos por ano, incluindo os desembarcados em Lisboa e Lagos.

10. LOPES, Edmundo Correia. *A escravatura: subsídios para a sua história*. Lisboa, 1944, pp. 15-18; VERLINDEN, *L'esclavage* [...], v. I, pp. 626-7. Sobre a escravidão no Algarve, ver MAGALHÃES, Joaquim Antero Romero. *Para o estudo do Algarve econômico no século XVI*. Lisboa, 1970, p. 32 passim. O relato mais completo sobre a escravidão portuguesa encontra-se em SAUNDERS, A. C. de C. M. *A social history of black slaves and freedmen in Portugal 1441-1551*. Cambridge, 1982.

11. RAU & MACEDO. op. cit., p. 14; PEREIRA (RODRIGUES), Fernando Jasmins. *Alguns elementos para o estudo da história econômica da Madeira*. Coimbra, 1959; MAURO, Frédéric. *Le Portugal et l'Atlantique au XVIIe siècle*. Paris, 1960, pp. 184-8. Também de interesse geral é o trabalho de MIGUEL, Carlos Montenegro. Um ciclo econômico — o açúcar. *Das artes e da história da Madeira, 5*(19): pp. 13-15, 1955.

12. Ver DUNCAN, T. Bentley. *Atlantic islands*. Chicago, 1972, pp. 7-53, para uma boa discussão da história do período inicial da Madeira e dos Açores.

13. SERRÃO, Joel. Sobre o "trigo das ilhas" no século XV e XVI. *Das artes e da história da Madeira, 1*(2):2-6, 1950. Esse problema também é discutido em GREENFIELD, Sidney. Madeira and the beginnings of New World sugar cave cultivation and plantation slavery: a study in institution building. CPSNWS, pp. 538-52. Esse autor também resume muitas informações em *Plantations, sugar and slavery*. *HR/RH, 6*(1): pp. 85-119, 1979.

14. SERRÃO, Joel. O Infante D. Fernando e a Madeira (1461-1470). *Das artes e da história da Madeira, 1*(4): pp. 10-2, 1950.

15. DUNCAN. op. cit., pp. 30-1.

16. RAU & MACEDO. op. cit., p. 12; MIGUEL, Carlos Montenegro. O açúcar e a sua importância na economia insular. *Das artes e da história da Madeira, 3*(15): pp. 33-5, 1953.

17. A arroba do açúcar na Madeira foi equivalente a 28 arratéis até 1504, quando o peso foi padronizado em 32 arratéis. Todos os números são apresentados aqui no "peso novo" de 32 arratéis por arroba. O arratel equivale a 0,453 quilogramas.

18. Um bom sumário da produção madeirense é apresentado em MAGALHÃES GODINHO, Vitorino. *Os descobrimentos e a economia mundial*. 2 v. 1963-8. v. II, pp. 419-56. O declínio é documentado em SERRÃO, Joel. Rendimento das alfândegas do arquipélago da Madeira (1581-1587). *Das artes e da história da Madeira, 1*(5): pp. 2-5, 1951; *1*(6): pp. 14-8, 1951. Essas conclusões são resumidas em MAURO. op. cit., pp. 186-7. Indispensável para o estudo do século XVI é PEREIRA, Fernando Jasmins. *O açúcar madeirense*

de 1500 a 1537: produção e preços. Lisboa, 1969, que retifica para valores menores as estimativas de produção feitas por Magalhães Godinho.

19. Consulta, Con. da Fazenda, 31 jul. 1613, *AGS* sec. prov. 1472, fs. 284-5. Solicitação semelhante foi feita novamente na década de 1620. DUNCAN. op. cit., pp. 33-5, chama a atenção para o fato de que a Trégua dos Doze Anos (1609-24) reabriu o comércio de açúcar brasileiro e afastou o desastre da Madeira.

20. RAU & MACEDO. op. cit., p. 13.

21. PERES, Damião, ed. *Libro 2º das saudades da terra do Doctor Gaspar Fructuoso*. 2ª ed. Porto, 1926, p. 114. Fructuoso não é uma fonte fidedigna para essa questão. Seu livro sobre a Madeira foi escrito nos Açores, e muitas vezes não há exatidão em assuntos específicos. Rau, Mauro e outros autores puseram em dúvida os números que ele fornece. Fructuoso afirma que no Engenho de Esmeraldo a capacidade anual de produção era de 20 mil arrobas, quase o dobro da dos maiores engenhos brasileiros. Tal produção significaria que cada escravo produzia mais de três toneladas de açúcar, o triplo do calculado para o Caribe e o Brasil.

22. GOUVEIA, Horácio Bento de. A escravatura na ilha da Madeira do fim do século XV até meados do XVI. *Das artes e da história da Madeira, 1*: pp. 9-10, 1950-1. Sobre o comércio de escravos das Canárias, ver também ROS, Leopoldo Pires. *Apuntes para la historia económica social de Valencia durante el siglo XV*. Valência, 1969.

23. RAU & MACEDO. op. cit., pp. 25-6. Houve queixas sobre os mercadores judeus e estrangeiros em todo o decorrer das décadas de 1470 e 1480.

24. Ibid., p. 35. Esse sistema de lavradores também era praticado nos Açores. Ver GIL, Maria Olímpia da Rocha. O porto de Ponta Delgada e o comércio açoriano no século XVII. *Do tempo e da história da Madeira, 3*: p. 75, 1970.

25. "Capitulaciones que presenta al Rey la isla de Tenerife (1513)". Citado em RAFOLS, Elias Serra e ROSA, Leopoldo de la, eds. Acuerdos del Cabildo de Tenerife (1508-1513). In: *Fontes rerum canarium*. La Laguna, 1952, p. 277.

26. No mercado de Bruxelas, na década de 1540, preferia-se o açúcar das Canárias ao de São Tomé e outras áreas. Bruxelas era um importante entreposto açucareiro nesse período, recebendo carregamentos das ilhas atlânticas e do Brasil e exportando-os para a Alemanha e as regiões bálticas. Pode-se saber os preços relativos do açúcar por meio do imposto sobre o centésimo pêni incidente sobre as exportações. Ver ARCHIVES GÉNÉRAUX DU ROYAUME, Chambre des Comptes, nºs 23 357-61, 63, fev. 1543-set. 1545. Devo esta informação a meu colega James Tracy.

27. CAMACHO, Guillermo e PÉREZ GALDOS. El cultivo de la caña de azúcar y la industria azucarera en Gran Canaria (1510-1535). *Anuario de Estudios Atlanticos, 7*: p. 15, 1961. Ver também FABRELLAS, Maria Luisa. La producción de azúcar en Tenerife. *Revista de História* (Tenerife), *18*: pp. 455-87, 1952.

28. Camacho e Pérez Galdos estimam uma tarefa, ou produto diário do trabalho, no valor de cinco toneladas de cana, com um rendimento de 6% de açúcar com relação ao total da cana beneficiada. Com um mês de trabalho de 24 dias, um engenho produziria durante os seis meses de colheita 4320 arrobas (de 11,3 kg), ou 49 toneladas. Ver El cultivo [...], p. 45.

29. RAFOLS. op. cit., pp. IX-X; CAMACHO E PÉREZ GALDOS. op. cit., p. 58; VERLINDEN, Charles. Italians in the economy of the Canary Islands at the beginning of Spanish colonization. *The beginning of modern colonization*. Ithaca, Nova York, 1970, pp. 132-57.

30. CAMACHO E PÉREZ GALDOS. op. cit., pp. 15-6.

31. Ibid. Os espanhóis não só escravizavam os guanchos em suas ilhas nativas, como também os mandavam para a Espanha. Ver CORTÉS, Vincente. La trata de esclavos durante los primeros descubrimientos (1489-1516). *Anuario de Estudios Atlanticos, 9*: pp. 23-50, 1963.

32. "Capitulaciones", pp. 282-3.

33. "Cuadernos de las Ordenanzas del Megarejo", citado in CAMACHO E PÉREZ GALDOS. op. cit., p. 26. Ver também FERNANDES-ARMESTO, Felipe. *The Canary Islands after the conquest*. Oxford, 1982, pp. 84-5.

34. RAFOLS. op. cit., p. 2.

35. DUNCAN. op. cit., p. 21.

36. TENREIRO, Francisco. *A ilha de São Tomé*. Lisboa, 1961, pp. 62-3; OLIVEIRA MARQUES, Antonio de. *History of Portugal*. Nova York, 1972-4, 2 v. v. I, pp. 374-6; RAU, Virginia. *O açúcar de São Tomé no segundo quartel do século XVI*. Lisboa, 1971.

37. TENREIRO. op. cit., pp. 68-9. Ver também GARFIELD, Robert. A history of São Tomé Island, 1470-1655. Tese de PhD. Northwestern University, 1971.

38. A história da produção açucareira em São Tomé é objeto de total controvérsia entre os historiadores. Não existe uma série precisa e contínua de dados sobre a produção, e portanto os autores têm apresentado estimativas, baseadas com frequência em observadores contemporâneos. Oliveira Marques (op. cit., v. I, p. 375) segue os dados de Mauro (op. cit., pp. 190-1), fornecendo os seguintes informes sobre a produção: década de 1570, 20 mil arrobas; 1602, 40 mil; 1610, 23 mil. Em LOPES, Edmundo Correia. *A escravatura*. Lisboa, 1944, os números apresentados são de magnitude muito diferente: 1529, 5 mil arrobas; 1554, 150 mil; 1610, 100 mil; 1630, 60 mil. Francisco Tenreiro (op. cit., pp. 70-3) aproxima-se mais de Correia Lopes, estimando uma produção de 300 mil arrobas na década de 1590 e apenas de 60 mil por volta de 1610.

39. CASTELO-BRANCO, Fernando. O comércio externo de S. Tomé no século XVII. *Studia, 24*: pp. 73-98, ago. 1968, é um relato revisionista no qual se demonstra que, embora a economia açucareira tenha declinado, ela não chegou a beirar a extinção, como afirmado por Tenreiro e outros autores.

40. LOPES. op. cit., p. 29; nas páginas 38-44, esse autor também publicou o "Regimento do negoceo e trato que foy para a ilha de Sam Tome sobre os escravos" (8 fev. 1519). Ver também MALOWIST, Marian. Les débuts du système des plantations dans la période des grandes découvertes. *Africana Bulletin, 10*: pp. 9-30, 1969.

41. A fonte mais comumente utilizada para o século XVI é FERNANDES, Valentim. Navegação de Lisboa à ilha de São Tomé. In: *Colecção de notícias para a história das grandes nações ultramarinas*. Lisboa, 1821, v. 2. Embora Tenreiro (op. cit., pp. 66-7) descreva a população livre existente naquela data como sendo branca, tudo indica que não era esse o caso.

42. RYDER, A. F. C. *Benin and the Europeans, 1485-1897*. Londres, 1969.

43. Essa descrição baseia-se em TENREIRO. op. cit., onde se afirma que o sistema instituído em São Tomé assemelhava-se mais à servidão que à escravidão. Todavia, Francisco Tenreiro era um fervoroso defensor da mística da miscigenação entre os portugueses, portanto não creio que se deva aceitar incondicionalmente suas conclusões nesta questão. Ademais, o problema servidão versus escravidão persistiu em São Tomé até o século XX, quando se tornou motivo de disputa entre a Grã-Bretanha e Portugal. É possível que esse debate mais recente tenha influenciado as considerações históricas feitas por Tenreiro. Ver TENREIRO. op. cit., p. 70. Em RYDER. op. cit., p. 55, demonstra-se que a Coroa usava os escravos em trânsito para trabalhar nos engenhos locais. Esse autor afirma que o medo de que os escravos escapassem para juntar-se aos rebeldes fugitivos levou a Coroa a recomendar uma constante rotatividade da mão de obra nos engenhos.

44. RYDER, A. F. C. An early Portuguese trading voyage to the Forcados River. *Journal of the Historical Society of Nigeria, 1* (4), 1959.

45. TENREIRO. op. cit., pp. 66-7.

46. Carta Régia (20 out. 1620), *Col. chron. III*, p. 31.

47. OLIVEIRA MARQUES. op. cit., v. I, pp. 375-6. Um importante trabalho histórico contemporâneo que documenta essa situação foi publicado em AMBRÓSIO, Antónia. Manuel Rosario Pinto: a sua vida e a sua história de S. Tomé. *Studia, 30-1*: pp. 205-330, 1970.

48. LOPES. op. cit., pp. 66-8; TENREIRO. op. cit., p. 73; CASTELO-BRANCO, Fernando. Subsídios para o estudo dos "angolares" de S. Tomé. *Studia, 33*: pp. 149-59, 1971.

49. SAUER, Carl O. *The early Spanish main*. Berkeley, 1966, pp. 210-1.

50. RATEKIN, Mervyn. The early sugar industry in Española. *HAHR, 34*(1): pp. 1-19, fev. 1954. Sobre a vida de Colombo na Madeira, ver MORRISON, Samuel Eliot. *Admiral of the Ocean Sea*. Boston, 1942, 2v. v. I, pp. 48-53.

51. Sobre Cuba, ver LE RIVEREND, Julio. *Historia económica de Cuba*. Barcelona, 1972, pp. 92-8; MARRERO, Levi. *Cuba: economía y sociedad*. Río Piedras, Puerto Rico e Madri, 1972-8. 7 v. v. II, pp. 305-21.

52. Fontes relevantes são citadas e um oportuno estudo é apresentado em DEERR. op. cit., v. I, pp. 117-33.

53. Encontram-se trabalhos versando sobre os primórdios da indústria açucareira no Brasil em LIPPMANN. op. cit., v. II, pp. 99-112; VARNHAGEN. *HGB*. v. I, pp. 164-91. Ver também MAGALHÃES, Basílio de. *O açúcar nos primórdios do Brasil colonial*. Rio de Janeiro, 1953.

54. MAGALHÃES. op. cit., pp. 17-20; DENSLOW, David. *The first Brazilian sugar cycle, growth and maturity*. Yale University, 1970 (trabalho não publicado). A referência sobre Antuérpia é mencionada em STOLS, Eddy. Os mercadores flamengos em Portugal e no Brasil antes das conquistas holandesas. *AH, 5*: p. 21, 1953.

55. O perito na manufatura do açúcar era Pedro Lopes Silveira. Entre os estrangeiros estavam João Veniste e o genovês João Adorno. Ver MAGALHÃES. op. cit., p. 26.

56. Um estudo um tanto em desuso, porém ainda profícuo, sobre o sistema das donatarias, especialmente valioso pelos vários documentos publicados que encerra, encontra-se nos capítulos de *HCPB*, v. III, pp. 167-271. O debate acerca dos elementos feudais versus capitalistas das capitanias foi consideravelmente elucidado em JOHNSON, Harold B. The donatary captaincy in perspective: Portuguese backgrounds to the settlement of Brazil. *HAHR, 52*(2): pp. 203-14, mai. 1972.

57. MARCHANT, Alexander. *From barter to slavery: the economic relations of Portuguese and Indians in the settlement of Brazil, 1500-1580*. Baltimore, 1942 (reeditado em Gloucester, Mass., 1966), p. 62 [John Hopkins University Studies in Historical and Political Science, ser. LX, 1].

58. HARRISON, W. F. *A struggle for land in colonial Brazil: the private captaincy of Paraíba do Sul, 1533-1753*. Tese de PhD. University of New Mexico, 1970, pp. 19-21.

59. Ambrósio de Meira à Coroa (Espírito Santo, 26 set. 1545). *ABNR, 62*: p. 12, 1940.

60. SOARES DE SOUZA, Gabriel. *Tratado descritivo do Brasil em 1587*. São Paulo, 1971, p. 92. Trata-se de uma reimpressão da edição de 1851, publicada em Madri por Francisco Adolfo de Varnhagen; por ser de fácil acesso, todas as referências que fiz neste livro reportam-se a essa reimpressão, embora o leitor deva ser advertido de que a edição publicada por Pirajá da Silva contém importantes comentários. Ver *Notícia do Brasil*. São Paulo, 1940, 2 v.

61. Os três primeiros engenhos foram construídos pelos irmãos Adorno e pelos irmãos Pero e Luís de Góes. Pero de Góes tornou-se posteriormente donatário de São Tomé (Paraíba do Sul). Ver LAMEGO, Alberto. Onde foi iniciado no Brasil a lavoura canavieira? *Brasil Açucareiro, 5*(32): pp. 165-8, jul.-ago. 1948.

62. Sobre o Engenho São Jorge dos Erasmos, ver LAGA, Carl. O engenho dos Erasmos em São Vicente; resultado de pesquisas em arquivos belgas. *Estudos Históricos, 1*: pp. 14-43, 1963; STOLS, Eddy. Um dos primeiros documentos sobre o engenho dos Schetz em São Vicente. *RH, 76*: pp. 407-20, 1968; STOLS. Os mercadores flamengos [...], pp. 9-54.

63. Ver PETRONE, Maria Thereza Schorer. *A lavoura canavieira em São Paulo*. São Paulo, 1968.

64. QUEIROZ, Suely Robles Reis de. Algumas notas sobre a lavoura do açúcar em São Paulo no período colonial. *AMP, 21*: pp. 109-277, 1967. Ver especialmente pp. 109-28.

65. LEITE, Serafim, ed. *MB*, v. II, p. 292.

66. Os Schetz continuaram como proprietários do engenho até o início do século XVII, mas seu interesse por ele era secundário relativamente a seus outros negócios. Quando, por fim, o status social dos Schetz mudou ao receberem o título de *lord* de Grobbendonk e Hoboken, seu interesse pelo comércio declinou. Este fato, aliado à dificuldade de comunicação com Santos, levou-os a vender o engenho. Ver KELLENBENZ, Hermann. Relações econômicas entre Antuérpia e Brasil no século XVII. *RH, 5*(37): pp. 293-314, 1968.

67. PEREIRA DA COSTA, A. Origens históricas da indústria açucareira em Pernambuco. *Arquivos*. Recife, 1945-51, pp. 257-329; COSTA PORTO. Os primeiros cinco engenhos pernambucanos. *Revista do Museu do Açúcar, 2*: pp. 7-14, 1969; MAGALHÃES. op. cit., pp. 60-5.

68. GONÇALVES DE MELLO, José Antônio & ALBUQUERQUE, Cleonir Xavier de, eds. *Cartas de Duarte Coelho a El Rei*. Recife, 1967, pp. 29-33.

69. Ibid., p. 104, n. 2; COSTA PORTO. op. cit., pp. 7-14.

70. GONÇALVES DE MELLO & ALBUQUERQUE. op. cit., p. 114.

71. MAURO. op. cit., p. 193.

72. Duarte Coelho à Coroa (Olinda, 15 abr. 1549). In: GONÇALVES DE MELLO & ALBUQUERQUE. op. cit., p. 71.

73. GUERRA, Flávio. *Evolução histórica de Pernambuco*. Recife, 1970. 1 v. até o presente. v. I, pp. 148-9. Sobre a família Lins, ver PAES BARRETO, Carlos Xavier. A estirpe dos Lins. *RIAHGP, 46*: pp. 209-16, 1967; WIEDRS PAHN, Henrique Oscar. Dos Lins de Ulm e Augsburgo aos Lins de Pernambuco. *RIAHGP, 46*: pp. 7-98, 1967.

74. SLUTTER, Engel. Os holandeses no Brasil antes de 1621. *RIAHGP, 46*: pp. 188-207, 1967.

75. MAURO. op. cit., pp. 192-6, discute os dados e suas fontes.

76. Encontram-se bons sumários da história dos anos iniciais da Bahia em AZEVEDO, Thales de. *Povoamento da Cidade do Salvador*. 2ª ed. Bahia, 1969, pp. 31-159; ALMEIDA PRADO, J. F. de. *A Bahia e as capitanias do centro do Brasil (1530-1626)*. Rio de Janeiro, 1945-8. 3 v. v. I, passim.

77. AZEVEDO. op. cit., pp. 119-26.

78. HASKINS, Edward. *An economic geography of the Bahian Recôncavo*. Tese de PhD. University of Minnesota, 1956.

79. AZEVEDO, Pedro de. A instituição do Governo Geral. *HCPB*, v. III, pp. 327-83. VARNHAGEN. op. cit., v. I, pp. 232-74. Sobre a luta da Coroa contra os donatários de Pernambuco, ver DUTRA, Francis A. Centralizations vs. donatarial privilege: Pernambuco, 1602-1630. In: ALDEN, Dauril, ed. *Colonial roots of modern Brazil*. Berkerley, 1973, pp. 19-60.

80. O regimento foi publicado em várias obras. Ver, por exemplo, *DHA*, v. I, pp. 45-62. Uma coleção de regimentos, de fácil consulta, está em CARNEIRO DE MENDONÇA, Marcos, ed. *Raízes da formação administrativa do Brasil*. Rio de Janeiro, 1972, 2 v.

81. Podemos constatar claramente que essas instruções de fato foram seguidas nas sesmarias concedidas a Fernão Rodrigues de Castelo-Branco (s.d.). ANTT, CSJ, maço 14, doc. 59, e a d. Antônio de Ataíde, conde de Castanheira, para construir um engenho na ilha de Itaparica (27 abr. 1552). Ver APB, Sesmarias, p. 599.

82. Alvará de 20 jul. 1551 e uma emenda datada de 23 jul. 1554, concedendo isenção do dízimo por cinco anos aos que viessem para o Brasil para reconstruir ou estabelecer novos engenhos. *DHA*, v. I, pp. 111-3.

83. Regimento do Provedor-mor da Fazenda (17 dez. 1548). *DHA*, v. I, pp. 63-72.

84. Alvará (5 out. 1555). *DHA*, v. I, pp. 121-3. Gabriel Soares de Sousa declarou que esse engenho estava em funcionamento em 1587, época em que o arrendatário pagava anualmente 650 arrobas de açúcar branco pelo arrendamento. Ver também PINHO [José], Wanderley [Araújo]. *História de um engenho do Recôncavo*. Rio de Janeiro, 1946, pp. 30-2.

85. WETZEL, Herbert Ewaldo. *Mem de Sá: terceiro governador-geral*. Rio de Janeiro, 1972, pp. 179-224. Ver também os relatos clássicos em VARNHAGEN. op. cit., v. I, pp. 299-348; SALVADOR, Frei Vicente do. *História do Brasil*. 5ª ed., com notas de Capistrano de Abreu, Rodolfo Garcia e frei Venâncio Willeke. São Paulo, 1965, pp. 171-204.

86. PINHO, Wanderley. op. cit., pp. 25-31, descreve com alguns pormenores as conquistas e concessões de terra por Mem de Sá.

87. MAURO, op. cit., pp. 193-5.

88. Pero de Góes a Martim Ferreira (18 ago. 1545). *HCPB*, v. III, pp. 262-3.

89. STOLS. Um dos primeiros documentos [...], pp. 418-20.

90. BARRETT, Ward J. & SCHWARTZ, Stuart B. Comparación entre dos economías azucareras coloniales: Morelos, Mexico y Bahía, Brasil. In: FLORESCANO, Enrique, ed. *Haciendas, latifundios, y plantaciones en America Latina*. México, 1975, pp. 532-72. Para uma estimativa contemporânea da produção dos engenhos no início do século XVII, ver BRANDÃO, Ambrósio Fernandes. *Diálogo das grandezas do Brasil*. José Antonio Gonçalves de Mello, ed. 2ª ed. compl. Recife, 1966, p. 88. Conforme um acordo com Gonçalves de Mello, citei sempre como autor dessa obra Ambrósio Fernandes Brandão.

91. MARCHANT. op. cit., pp. 61-5.

92. COSTA PORTO. op. cit., pp. 7-14; GONÇALVES DE MELLO & ALBUQUERQUE. op. cit., p. 114, n. 56.

93. GONÇALVES DE MELLO & ALBUQUERQUE. op. cit., p. 104, nº 2.

94. *HCJB*, v. III, p. 262.

95. STOLS. Um dos primeiros documentos [...], pp. 418-20.

96. É possível que no século XVI o termo "morador" fosse às vezes usado permutavelmente como "lavrador". Empregava-se "morador" também para designar simplesmente o indivíduo residente. No léxico do Nordeste rural do século XVIII, "morador" significava trabalhador livre, agregado de uma fazenda ou engenho, o que era bastante diferente de um lavrador de cana.

97. GONÇALVES DE MELLO & ALBUQUERQUE. op. cit., p. 112, nº 42; *Arquivo Histórico da Madeira, 12*: pp. 93-5, 1960-1.

98. Antonio Pires aos Irmãos da Companhia (Pernambuco, 2 ago. 1551). In: PEIXOTO, Afrânio, ed. *Cartas jesuíticas. Cartas avulsas 1550-1568*. Rio de Janeiro, 1931, pp. 83-4. As demais referências a essa coleção serão citadas como *Cartas avulsas*. Ver também LEITE, Serafim, ed. *Cartas dos primeiros jesuítas do Brasil*. Roma, 1956-8, 3 v.

99. AZEVEDO, T. de. op. cit., pp. 133-52; MARCHANT. op. cit., p. 92.

100. LEITE, Serafim. *HCJB*, v. 5, p. 110.

101. *DHA*, v. I, pp. 111-3; PINHO. op. cit., pp. 173-4.

102. ANTT, CSJ, maço 13, doc. 15.

103. Pero de Góes a Martim Ferreira (Vila da Rainha, 18 ago. 1545). *HCPB*, v. III, pp. 262-3.

104. Referências sobre a Madeira podem ser encontradas com frequência nesse contexto. Ambrósio de Meira escreveu em 1545 que os peritos na manufatura do açúcar ainda não haviam aprendido as peculiaridades da terra, mas eram de opinião que o açúcar de boa qualidade do Espírito Santo era tão bom quanto o da Madeira. Indivíduos como Baltesar Martins Florença, mestre de açúcar nativo da Madeira, também aparecem nos registros da Inquisição. Ver *ABNR, 57*: pp. 11-13, 1939; *PVCB*, pp. 25-7.

105. STOLS. Um dos primeiros documentos [...], p. 418; cf. CARDIM, Fernão. *Tratados da terra e gente do Brasil (1583)*. Rio de Janeiro, 1925, p. 283. Há uma edição mais recente, de 1978.

106. CARDIM. op. cit., p. 283.

107. Carta de 15 abr. 1549. In: GONÇALVES DE MELLO & ALBUQUERQUE. op. cit., p. 71.

2. UMA GERAÇÃO EXAURIDA: AGRICULTURA COMERCIAL E MÃO DE OBRA INDÍGENA

1. Partes deste capítulo e do seguinte aparecem em Indian labor and New World plantations: European demands and Indian responses in Northeastern Brazil. *AHR, 83*(3): pp. 43-79, jun. 1978.

2. WALLERSTEIN, Immanuel. *The modern world system*. Nova York, 1974. 2 v. até o presente. v. I, pp. 86-90. A bibliografia dessa obra fornece uma excelente introdução à literatura histórica e teórica. Wallerstein adiantou-se às minhas críticas e às observações semelhantes feitas por Domenico Sella, afirmando que "as alternativas disponíveis para cada unidade são limitadas pela estrutura do todo,

mesmo a despeito do fato de que cada gente, ao optar por uma dada alternativa, altera de fato a estrutura do todo". Assim, a diferença entre nossas posições pode ser apenas uma questão de ênfase, embora esteja claro que, para ele, as alternativas são, ainda assim, determinadas pelo sistema e não pelos agentes. Ver WALLERSTEIN, Immanuel. The three stages of African involvement in the world economy. In: GUTKIND, Peter C. W. & WALLERSTEIN, Immanuel, eds. *The political economy of contemporary Africa*. Londres, 1976, p. 30. Ver também SELLA, Domenico. The world system and its dangers. *Peasant Studies*. Londres, 6: pp. 29-32, 1976. Para um importante conjunto de estudos sobre esse problema, ver ASSADOURIAN, Carlos Sempat *et al.*, eds. *Modos de producción en América Latina*. Buenos Aires, 1973 [Cuadernos de Pasado y Presente, 40].

3. Ver estudo apresentado em PINTO, Estevão. *Os indígenas do Nordeste*. São Paulo, 1935-8. 2 v. v. I, pp. 168-246; OTT, Carlos. *Pré-história da Bahia*. Salvador, 1958, pp. 11-33; METRAUX, Alfred. The Tupinambá. In: Steward, Julian, ed. *Handbook of South American Indians*. Washington, 1948. 6 v. v. III, pp. 95-135; MELATTI, Júlio Cezar. *Índios do Brasil*. Brasília, 1960. A melhor fonte individual do século XVI sobre os povos indígenas da Bahia é SOUSA, Gabriel Soares de. *Tratado descritivo do Brasil em 1587*. São Paulo, 1971, pp. 299-341.

4. FERNANDES, Florestan. *Organização social dos tupinambás*. 2ª ed. São Paulo, 1963, pp. 149-308; METRAUX. op. cit., pp. 119-26.

5. FERNANDES, Florestan. *A função social da guerra na sociedade tupinambá*. 2ª ed. São Paulo, 1970.

6. METRAUX, Alfred. *La religion des Tupinambas*. Paris, 1928, pp. 170-1. Esse autor designa os tupinambás como um "povo agrícola", mas fica evidente pelo seu estudo e o de Florestan Fernandes que a agricultura não tinha um valor fundamental no cerimonial da sociedade tupinambá. Cf. FERNANDES, Florestan. *Organização social dos tupinambás* [...], pp. 82-98; RAMOS, Arthur. *Introdução à Antropologia Brasileira*. Rio de Janeiro, 1943. 2 v. v. I, pp. 110-37.

7. FERNANDES, Florestan. *Organização social dos tupinambás* [...], pp. 84-5. As trocas não eram totalmente inexistentes. Para um importante ensaio teórico, ver LÉVI-STRAUSS, Claude. Guerra e comércio entre os índios da América do Sul. *Revista do Arquivo Municipal*, São Paulo, 87: pp. 131-46, dez. 1942.

8. NÓBREGA, Manoel da. Informação das terras do Brasil. *MB*. v. I, p. 153 (Bahia, 1549).

9. Esses comentários baseiam-se em SAHLINS, Marshall. *Stone Age economics*. Chicago, 1972, pp. 1-41. Apesar de a análise desse autor tratar em geral de povos da idade da pedra, é também diretamente aplicável às economias aqui discutidas, conforme se verifica a partir das observações contemporâneas.

10. Martim da Rocha (set. 1576), citado em *HCJB*, v. II, p. 90; NÓBREGA. op. cit., p. 153; *MB*, v. I, p. 153 (1549). Provavelmente, as observações desse tipo não são totalmente corretas. A maioria dos povos indígenas reconhecia a propriedade individual de bens de produção (arcos, machados etc.), porém usava coletivamente os bens de consumo. Ver MELATTI, op. cit., pp. 68-9.

11. *DH*, pp. 37-8, passim; MARCHANT, Alexander. *From barter to slavery: the economic relations of Portuguese and Indians in the settlement of Brazil, 1500-1580*. Baltimore, 1942 (reeditado em Gloucester, Mass., 1966) [John Hopkins University Studies in Historical and Political Science, ser. LX, 1], pp. 87-95.

12. Diogo de Meneses à Coroa (1º set. 1610). ANTT, Fragmentos, caixa 1, nº 6.

13. "São grandes amigos de folgar." Os capítulos de Gabriel Soares de Sousa, *ABNR, 62*: p. 373, 1940. Esse trabalho, editado por Serafim Leite, aparece também em *Ethnos, 2*: pp. 5-36, 1941.

14. OTT. op. cit., pp. 11-33.

15. SOARES DE SOUZA, Gabriel. *Tratado descritivo do Brasil* [...], pp. 78-80.

16. OTT, op. cit., p. 16. É bem provável que o termo "aimoré", assim como "tapuia", tenha se tornado um designativo genérico de qualquer povo hostil na região litorânea central. Os gerens, os cutacho e outros foram, em várias épocas, identificados como aimorés.

17. GANDAVO, Pero de Magalhães. *Histories of Brazil*. Nova York, 1922, pp. 139-40; FRANÇA, Gonçalo Soares da. Dissertações da história eclesiástica. *SGL* (1724), ms. Reservados 1-C-147, pp. 33-5, é um excelente exemplo das atitudes dos portugueses com relação aos aimorés no século XVIII.

18. A lei de 1570 excetuava "aqueles que costumam saltear os portugueses ou a outros gentios para os comerem assim como são os que se chamam aimorés e outros semelhantes". *DHA*, v. I, pp. 225-6.

19. METRAUX, Alfred. The revolution of the ax. *Diogenes, 25*: pp. 28-40, 1959.

20. POLANYI, Karl. *Primitive, archaic, and modern economies*. Ed. George Dalton. Nova York, 1968, pp. 3-37, fornece uma breve introdução à vasta literatura sobre economia primitiva. Ver também DALTON, George, ed. *Tribal and peasant economies*. Nova York, 1967. Assumi conscientemente uma posição independente na controvérsia que ainda permanece acerca da natureza das economias primitivas, porque penso que a força das evidências disponíveis sobre as culturas indígenas brasileiras da era pré-descobrimento não indica que as formas sociais foram criadas a partir dos meios ou modos de produção, ou mesmo por eles. As sociedades indígenas, ao defrontarem-se com uma situação como a do contato com os europeus, foram forçadas a adaptar certas instituições a novos objetivos econômicos e, às vezes, sofreram transformações durante esse processo; contudo, a divergência entre as percepções econômicas de índios e europeus permaneceu grande. Dessa forma, mesmo se os argumentos dos formalistas (para os quais todas as sociedades se organizam em torno de princípios econômicos gerais) ou dos neomarxistas (para os quais as formas de organização social nas sociedades primitivas são respostas às necessidades econômicas) forem, em certa medida, válidos, a continuação da disparidade entre os conceitos e formas econômicas de nativos e europeus, ainda assim, constituíram-se em barreira fundamental para a integração dos aborígines na economia colonial. Para um excelente exame da literatura referente a essa controvérsia, ver PERINBAUM, B. Marie. Homo Africanus: antiquus or oeconomicus? Some interpretations on African economic history. *Comparative Studies in Society and History, 19*: pp. 156-78, 1977.

21. SAHLINS. op. cit., p. 76.

22. NÓBREGA. op. cit., *MB*, v. I, p. 153.

23. GANDAVO. op. cit., p. 153.

24. Em SCHWARTZ, Stuart B. *Sovereignty and society in Colonial Brazil*. Berkeley, 1973, examino de forma razoavelmente detalhada essa luta, especialmente no Capítulo 4, "Judges, Jesuits and Indians", pp. 122-39. Ver também ALDEN, Dauril. Black robes versus White settlers: the struggle for "freedom of the Indians" in Colonial Brazil. In: PECKHAM, Howard & GIBSON, Charles, eds. *Attitudes of Colonial powers toward the American Indian*. Salt Lake City, 1969, pp. 19-46. O melhor estudo sobre a política portuguesa relativa aos índios é THOMAS, Georg. *Die portugiesische Indianerpolitik in Brasilien, 1500-1640*. Berlim, 1968.

25. MARCHANT. op. cit., pp. 63, 72.

26. GANDAVO. op. cit., pp. 132-3.

27. MARCHANT. op. cit., p. 131, com base em várias fontes contemporâneas.

28. ALMEIDA PRADO, J. F. de. *A Bahia e as capitanias do centro do Brasil (1530-1626)*. Rio de Janeiro, 1945-8. 3 v. v. II, pp. 7-123, contém um relato sobre essas ações. A expedição comandada por Mem de Sá, a Guerra do Paraguaçu, foi originada, em certa medida, pelo fato de que os índios daquela região recusaram-se a devolver escravos fugidos aos portugueses. Cf. Carta do padre Nóbrega (Bahia, 5 jul. 1559). In: LEITE, Serafim; ed. *Cartas do Brasil e mais escritos do P. Manoel da Nóbrega*. Coimbra, 1955, p. 343 (doravante citado como *Cartas Nóbrega*). Cf. também WETZEL, Herbert Ewaldo. *Mem de Sá, terceiro governador-geral*. Rio de Janeiro, 1972, pp. 59-68.

29. LEITE. *HCJB*, v. II, pp. 96, 194.

30. LEITE, Serafim. Emformação dalgumas cousas do Brasil por Belchior Cordeiro, 1577. *Anais da Academia Portuguesa de História*, 2ª série, 15: 187, 1965.

31. Ibid.

32. LEITE. *Cartas Nóbrega* (Bahia, 5 jul. 1559), p. 346.

33. LEITE. Emformação [...], pp. 187-8.

34. *PVCB*, pp. 144-5.

35. Padre Ruy Pereira aos irmãos da Companhia em Portugal (Bahia, 6 abr. 1561). *Cartas avulsas*, pp. 283-4, descreve a hospitalidade com que foi recebido em engenhos de Ilhéus. Cf. CARDIM, Fernão. *Tratados da terra e gente do Brasil (1583)*. Rio de Janeiro, 1925, pp. 192-4. A presença dos jesuítas nas fazendas não era apreciada porque perguntavam se os trabalhadores eram livres ou escravos. *HCJB*, v. II, p. 231.

36. Padre Manoel da Nóbrega a dom João III (Olinda, 14 set. 1551). *Cartas Nóbrega*, p. 101.

37. *DHA*, v. II, pp. 64, 350.

38. ZENHA, Edmundo. *Mamelucos*. São Paulo, 1970, pp. 130-4; MACHADO, Alcântara. *Vida e morte do bandeirante*. 2ª ed. São Paulo, 1965, pp. 163-81.

39. LEITE, Serafim. Resoluções da junta da Bahia sobre as aldeias dos padres e os índios. *MB*, v. IV, pp. 354-7.

40. MARCHANT. op. cit., pp. 132-3.

41. SOARES, Francisco. *Coisas notáveis do Brasil*. Rio de Janeiro, 1966, p. 71.

42. AZEVEDO, Thales de. Catequese e aculturação. In: *Ensaios de Antropologia social*. Bahia, 1957 (?), pp. 33-62. Por exemplo, considere-se a seguinte afirmação: "Como esta gente era rude y sin ninguna policia humana". História dos Collegios do Brasil. *ABNR, 19*: pp. 75-144, 1897.

43. CARDIM. op. cit., p. 280; cf. Carta do padre Antônio Pires (Pernambuco, 5 jun. 1552). *Cartas avulsas*, p. 124.

44. Carta de Inácio de Azevedo (Bahia, 19 nov. 1566). LEITE, Serafim. *MB*, v. IV, pp. 369-70.

45. Algumas plantas de aldeias jesuítas foram preservadas no AHU, seção de iconografia. A planta da Vila de Abrantes na Bahia é reproduzida em REIS FILHO, Nestor Goulart. *Evolução urbana do Brasil (1550-1720)*. São Paulo, 1968, fig. 23.

46. LÉVI-STRAUSS, Claude. *Tristes Tropiques*. Nova York, 1961, pp. 203-5. Sua discussão refere-se a uma modificação intencional de uma aldeia bororo por padres salesianos.

47. Nóbrega (Bahia, 8 mai. 1558). LEITE. *Cartas Nóbrega*, p. 292.

48. Regimento de Tomé de Sousa. *DHA*, v. I, p. 53. Ver também a discussão em MARCHANT. op. cit., pp. 90-1. Ver a interessante discussão teórica em GARAVAGLIA, Juan Carlos. Un modo de producción subsidiário: la organización económica de las comunidades guaranizadas durante los siglos XVII-XVIII en la formación regional altoperuana-rioplatense. In: *Modos de producción en América Latina*. Cordoba, 1973, pp. 161-92.

49. LEITE. *MB*, v. III, pp. 530-1. Sobre o apoio de Mem de Sá aos jesuítas, ver WETZEL. op. cit., pp. 205, 215-7.

50. Alvará (21 ago. 1587). *DHA*, v. I, pp. 321-2.

51. FORMAN, Shepard & RIEGELHAUPT, Joyce. Bodo was never Brazilian: economic integration and rural development among a contemporary peasantry. *Comparative Studies in Society and History, 12*: pp. 188-212, 1970.

52. SOARES, Francisco. op. cit., p. 77. O salário anual de um barqueiro no Engenho Sergipe, em 1574, era de 16$500, ou seja, em média 1$365 mensais. Ver BUESCU, Mircea. *300 anos de inflação*. Rio de Janeiro, 1973, pp. 60-1.

53. Moradores da Bahia solicitaram em 1561 que o juiz dos órfãos lhes "desse a soldada os moços e moças órfãs e outros pediam os casados". Padre Luís de Grã ao Padre Miguel de Torres (Bahia, 22 set. 1561). LEITE. *MB*, v. III, p. 431. Sobre os trabalhadores indígenas no Engenho Sergipe, ver SILBERSTEIN, Paul. *Wage earners in a slave economy: the laborers of a sugar mill in Colonial Brazil*. Trabalho não publicado, 1970.

54. *DHA*, v. I, pp. 404-5.

55. Ibid.

56. HARRIS, Marvin. *Patterns of race in the Americas*. Nova York, 1964, pp. 20-1. Harris sugere o argumento de John Phelan de que os ameríndios "passavam a ganhar a vida à moda europeia

quando recebiam compensação adequada". Deve-se ter em mente, porém, que Phelan está-se referindo a povos planaltinos já integrados a estruturas mais amplas de estado quando da chegada dos europeus.

57. Um relato breve, mas preciso, sobre a peste encontra-se em FERNANDES. *Organização social dos tupinambá* [...], pp. 40-1.

58. *Cartas avulsas*, pp. 207-8.

59. Leonardo do Valle aos irmãos da Companhia (Bahia, 23 set. 1561). *Cartas avulsas*, p. 334.

60. Leonardo do Valle a Gonçalo Vaz (Bahia, 12 mai. 1563). *Cartas avulsas*, pp. 378-93.

61. FERNANDES. *Organização social dos tupinambá* [...], p. 40; segundo a História dos Collegios do Brasil. *ABNR, 19*: p. 84, 1897, a peste ocorreu em 1563-4.

62. Citado em FERNANDES. *Organização social dos tupinambá* [...], p. 40.

63. GANDAVO. op. cit., p. 229. Situação semelhante ocorreu em Pernambuco em 1583-4, período de fome no sertão que impeliu de 3 a 4 mil ameríndios para os engenhos litorâneos.

64. A suscetibilidade dos índios às doenças europeias continuou. Em 1565 morreram tantos na aldeia jesuítica de São João, no Espírito Santo, que o local teve de ser abandonado. *MB*, v. IV, pp. 267-8. Em 1616-7, escravos indígenas e africanos foram dizimados pela varíola. Ver BRANDÃO, Ambrósio Fernandes. *Diálogo das grandezas do Brasil*. 2ª ed. compl. Recife, 1966, p. 64. O impacto das moléstias sobre os índios das aldeias jesuíticas não passou despercebido aos colonos. Em 1610, a câmara da Paraíba opôs-se às aldeias exatamente por essa razão. ANTT, Corp. cron. parte 1, maço 115, nº 108.

65. LEITE. *HCJB*, v. II, pp. 182-3; AZEVEDO, Thales de. *Povoamento da cidade do Salvador*. 2ª ed. Bahia, 1969, p. 81.

66. SALVADOR, Frei Vicente do. *História do Brasil*. São Paulo, 1965, livro IV, cap. 35, p. 333. Ver também o relato de SOUTHEY, Robert. *History of Brazil*. Londres, 1810, 2 v. v. I, pp. 404-5.

67. Ibid. Alguns potiguares, sob a chefia de Zorobabé, acabaram por retornar a Pernambuco, onde foram usados contra escravos africanos fugidos.

68. Câmara de São Jorge ao conde de Linhares (30 jul. 1601). ANTT, CSJ, maço 8, nº 108. Também em BA, 51-VIII-48, f. 139-139*v*.

69. Carta de 16 mar. 1603, ANTT, CSJ, maço 8, nº 125.

70. Carta (Bahia, 28 ago. 1585). ANTT, CSJ, maço 8, nº 9.

71. Provisão ao conde de Linhares (1586). ANTT, CSJ, maço 16. O duque de Aveiro, donatário de Porto Seguro, recebeu autorização semelhante de descer índios para duas veces somente". AGS, sec. prov., 1487 (Valladolid, 7 out. 1603), f. 33-33*v*.

72. *DHA*, v. I, pp. 321-2.

73. Sobre o grande apoio de Diogo de Meneses aos colonos, ver sua correspondência em *ABNR, 57*: pp. 37-40, 1939. Esse governador chegou mesmo a transferir o controle de algumas aldeias para os senhores de engenho. A Coroa ordenou a seu sucessor, Gaspar de Sousa, que evitasse esse procedimento a todo custo. Ver BI, Correspondência Gaspar de Sousa, El Rei a Gaspar de Sousa (Lisboa, 28 mar. 1613), f. 207.

74. História dos Collegios do Brasil. *ABNR, 19*: p. 89, 1897.

75. Pedro Correia aos irmãos na África (São Vicente, 1551). *Cartas avulsas*, pp. 97-8. Cf. METRAUX, Alfred. *Religions et magies indiennes d'Amerique du Sud*. Paris, 1967, pp. 12-23.

76. Este parágrafo baseia-se em duas cartas de Nóbrega e na de Pedro Correia citada na nota anterior. Ver *Cartas avulsas*, pp. 97-8; LEITE. *Cartas Nóbrega*, pp. 70-1, 297-8. Também foram usados SOUTHEY. op. cit., v. I, pp. 371-3; PEREIRA DA COSTA, F. A. *Anais Pernambucanos*. Recife, 1951. 7 v. v. I, p. 572.

77. As cartas de Nóbrega fornecem os detalhes. A carta do padre Leonardo do Valle, o grande linguista jesuíta, ao padre Gonçalo Vaz (Bahia, 12 mai. 1563) também contém detalhes interessantes do feiticeiro índio que se proclamava "profeta do céu". *Cartas avulsas*, pp. 378-93.

78. A confissão de Fernão Cabral de Ataíde é muito esclarecedora, pois foi testemunha ocular dos ritos da santidade. Ele havia trazido esse grupo de seguidores do culto para sua propriedade provavelmente com intenção de garantir trabalhadores ocasionais. Ver *PVCB*, pp. 28-9.

79. *Cartas avulsas*, pp. 378-93; LEITE. *MB*, v. IV, p. 9.

80. CALASANS, José. *A santidade de Jaguaripe* (Bahia, 1952) é o estudo mais completo até o presente. O trabalho não inclui o material referente ao século XVII aqui apresentado.

81. PEREIRA DA COSTA. op. cit., v. I, p. 572. O fato ocorreu mais ou menos na mesma data em que Fernão Cabral de Ataíde entregou os líderes da santidade que se encontravam em sua fazenda às autoridades. Talvez esses sejam dois relatos diferentes sobre o mesmo evento.

82. Regimento de Francisco Giraldes. *DHA*, v. I, p. 360. Giraldes não chegou a exercer suas funções no Brasil. Seu navio foi obrigado a retroceder devido ao mau tempo, e ele não mais voltou.

83. Diogo de Meneses à Coroa (Bahia, 1º set. 1610). ANTT, Fragmentos, caixa 1, nº 6.

84. El-Rey a Gaspar de Sousa (Lisboa, 19 jan. 1613). BI, Correspondência de Gaspar de Sousa, pp. 185-185*v*.

85. Ibid. (Lisboa, 24 mai. 1613), pp. 218-218*v*.

86. Provisão de Diogo Luís de Oliveira, ACS, Provisões e portarias 1624-42, Livro 155, fs. 24*v*-26.

3. PRIMEIRA ESCRAVIDÃO: DO INDÍGENA AO AFRICANO

1. Os historiadores do Brasil do século XVI utilizaram-se fundamentalmente de cartas e relatórios de jesuítas e de correspondência e legislação governamental. Os livros contábeis dos engenhos Sergipe do Conde e Santana de 1572-4, 1591 e 1638, juntamente com outros documentos auxiliares são, por esse motivo, particularmente valiosos. Essas fontes revelam muitos aspectos da força de trabalho naquele período. Ademais, a capela do Engenho Sergipe funcionava como paróquia, e seus registros fragmentários remanescentes do período de 1595 a 1626 são outra fonte preciosa sobre as várias formas de relações sociais. Esses documentos, apesar de limitados, permitem-nos ao menos vislumbrar a vida nos engenhos baianos na sua fase inicial de formação. Os engenhos Sergipe e Santana foram construídos pelo governador Mem de Sá e posteriormente tornaram-se propriedade dos jesuítas. Ver Apêndice A para a história dos dois engenhos.

2. O uso do termo "negro da terra" aparentemente persistiu em São Paulo ainda por vários anos do século XVII. Na Bahia, embora empregado ocasionalmente após 1600, foi gradualmente substituído. Cf. ZENHA, Edmundo. *Mamelucos*. São Paulo, 1970, pp. 52-72, passim.

3. Os inventários dos engenhos Sergipe e Santana feitos entre 1572 e 1574 foram impressos juntamente com o testamento de Mem de Sá e outros documentos importantes, em *DHA*, v. III; Inventário Engenho Sergipe (1572), *DHA*, v. III, p. 65; Livro de contas do procurador (1574), *DHA*, v. III, p. 406.

4. ANTT, CSJ, maço 15, doc. 9.

5. Ibid.

6. Feitor do Engenho Santana ao conde de Linhares (15 ago. 1599). ANTT, CSJ, maço 8, doc. 105. O feitor chamava-os "gentis do sertão tapuyas do catingua".

7. Domingos Fernandes da Cunha ao conde de Linhares (Ilhéus, 16 mar. 1603). ANTT, CSJ, maço 8, doc. 125. Fernandes da Cunha fora enviado pelo conde de Linhares para reconstruir o Engenho Santana em 1601. Foi ele que, de comum acordo com Álvaro de Carvalho, trouxe os potiguares e dirigiu-se, uma ocasião, ao Recôncavo para buscar índios submetidos e levá-los para Ilhéus. Ver ANTT, CSJ, maço 8, doc. 108.

8. Biblioteca Nazionale di Roma, Fondo Gesuitico 1367. "O que pareceo ao Padre Visitador Cristóvão de Gouvea ordenar na visita deste Collegio da Bahia. (1º jan. 1589)."

9. Bahia (1º mar. 1589). ANTT, CJS, maço 8, doc. 136.

10. *PVCB*, 1591-2, Capistrano de Abreu, ed. Rio de Janeiro, 1935. Embora índios não prestassem depoimentos, exceto em um caso, muitas das pessoas que compareceram perante os inquisidores falaram de seu relacionamento com indígenas, das aldeias, das entradas no sertão para trazer mais índios para o litoral e da existência de considerável interação. Vários mestiços também admitiram adotar costumes indígenas e falar línguas nativas. Ver, por exemplo, pp. 34, 36-7, 64-5, 93-5, 96-7, 104-5, 123-4, 164-5, 167-72.

11. Sebastião Vaz a Diogo Cardim, provincial do Colégio de Santo Antão (Bahia, 5 jun. 1629). ANTT, CSJ, maço 69, doc. 74. Essa carta revela muito sobre a história dos índios da aldeia próxima a Sergipe do Conde. Haviam sido trazidos com muito custo pelo conde de Linhares, mas à época da morte de sua esposa e herdeira restavam pouquíssimos deles. Quando os jesuítas assumiram o controle do engenho, esses indígenas foram incorporados aos da aldeia jesuíta São Sebastião, localizada nas proximidades. Quando essa aldeia mudou-se para outra região, os índios do engenho foram junto, o que levou Sebastião Vaz a solicitar seu retorno.

12. Safra 1611-2. ANTT, CSJ, maço 14, doc. 4, 24. Os dízimos pela aldeia eram de 10$400 por dois anos.

13. *DHA*, v. III, pp. 406, 102.

14. *DHA*, v. III, pp. 298, 311.

15. *DHA*, v. III, p. 92.

16. *DHA*, v. III, pp. 392-4.

17. *PVCB, 1591-2*, pp. 87, 104-5, 167-72. Ver também a petição de Luís de Aguiar, AGS, *Guerra antigua*, legajo 906.

18. Carijó era o nome dado às vezes aos guaranis do Paraguai e sul do Brasil. Os tamoios habitavam a área próxima ao Rio de Janeiro, e os caetés viveram nas proximidades do rio São Francisco. Contra estes havia sido decretada guerra de extermínio e escravização, por terem matado e comido o primeiro bispo do Brasil. A presença de carijós e tamoios nos engenhos Sergipe e Santana pode ter sido atípica. As expedições de Mem de Sá ao sul provavelmente deram-lhe um acesso aos índios daquela região que outros senhores de engenho na Bahia não tiveram. Ademais, seu filho, Estácio de Sá, havia deixado naquelas propriedades um grupo de escravos que obtivera em suas explorações na área do Rio de Janeiro.

19. O registro da capela do Engenho Sergipe foi, por engano, encadernado com material de outra paróquia. Encontra-se atualmente no ACMS, Conceição da Praia, Baptismos 1649-76. Será citado doravante como registro da capela 1595-1628.

20. ELLIS JÚNIOR, Alfredo. O bandeirismo na economia do século XVIII. In: *Curso de bandeirologia*. São Paulo, 1956, pp. 55-76. Para uma opinião oposta, ver ZENHA. op. cit., pp. 193-6.

21. *DHA*, v. III, p. 58.

22. FERNANDES, Florestan. *Organização social dos tupinambá*. 2ª ed. São Paulo, 1963, pp. 64-74.

23. STOLS, Eddy. Um dos primeiros documentos sobre o engenho dos Schetz em São Vicente. *RH*, *76*: pp. 407-20, 1968.

24. *DHA*, v. III, pp. 348-9.

25. Esses números foram calculados por mim, com base no censo de Pernambuco (1774) em *ABNR*, *40*: pp. 21-111, 1918. Sem dúvida os dados refletem omissões nos registros de mortalidade infantil. Para o século XIX, ver EISENBERG, Peter. *The sugar industry in Pernambuco*. Berkeley, 1974, pp. 148-51; COWELL, Bainbridge. Cityward migration in the nineteenth century: the case of Recife, Brazil. *Journal of interamerican studies and world affairs*, *17*(1): pp. 43-63, fev. 1975.

26. BNL, Fundo geral, Códice 6936.

27. CRATON, Michael. *Sinews of empire*. Nova York, 1974, pp. 194-5.

28. *DHA*, v. III, pp. 348-9.

29. Ibid., p. 93.

30. Inventário de 1591. ANTT, CSJ, maço 13, nº 4.

31. O registro da capela encontra-se atualmente no Arquivo da Cúria Metropolitana de Salvador. Foi encadernado e erroneamente intitulado Livro I de Conceição da Praia. Consultei-o em 1968 e percebi que havia engano no título, mas foi só em 1973, quando David Smith chamou-me a atenção novamente para o documento, que descobri o que ele de fato era. A capela, dedicada a Nossa Senhora da Purificação, funcionou como paróquia da região até que em 1722 foi erigida uma nova igreja paroquial em Santo Amaro. O registro, portanto, contém informações sobre a população de toda a área próxima à paróquia, e não somente do Engenho Sergipe. Infelizmente, há também inconvenientes que limitam sua utilização para fins de análise histórica. Em primeiro lugar, seu estado de conservação é precário. Muitos lançamentos estão ilegíveis porque faltam pedaços das páginas e, na verdade, a maioria das páginas referentes ao século XVI foram perdidas, assim como a maior parte dos assentos de casamento. Também existem problemas originados pelas imprecisões dos registros. O termo negro foi usado tanto para designar índios como afro-brasileiros, e portanto é impossível distingui-los apenas por essa via. Os brancos não foram identificados como tal, de modo que supus serem brancos os indivíduos com nome e sobrenome cristãos e nenhuma outra indicação de raça ou cor. Esse método provavelmente resulta em um ligeiro aumento da categoria dos indivíduos brancos em detrimento da dos mulatos e mestiços; porém, como minha preocupação neste trabalho são os índios e os africanos, essa não é uma distorção grave. Adicionalmente, muitos indivíduos são simplesmente qualificados como "escravo", sem outra identificação específica de cor e origem. Tal problema dificulta a análise e, por esse motivo, os resultados aqui apresentados não são definitivos.

32. Os dados sobre casamentos de escravos no Engenho Sergipe em 1621-6 são: índios-índios, 6; africanos da mesma nação, 7; africanos de nações diferentes, 6; crioulo-crioulo, 1; origens não identificadas, 9.

33. Inventário, Engenho Sergipe, 1591.

34. Esse padrão permaneceu durante todo o período colonial na Bahia. Na paróquia de Inhambupe, entre 1750 e 1800, 80% dos 1294 casamentos arrolados foram de casais da mesma categoria racial. Ver PONDÉ DE SENA, Consuelo. *Relações interétnicas através de casamentos realizados na freguesia do Inhambupe, na segunda metade do século XVIII*. Salvador, 1974. Trabalho não publicado.

35. Cristóvão de Bulhões, que depôs perante a Inquisição em 1591, considerava-se mameluco, apesar de seu pai não ser português e sim mulato. Ver *PVCB*, pp. 104-5.

36. Registro da capela, Engenho Sergipe, 1595-1628, f. 75*v*.

37. Inventário, Engenho Sergipe, 1572-4. *DHA*, v. III, p. 65; ver a discussão em SCHWARTZ, Stuart B. The mocambo: slave resistance in Colonial Bahia. *Journal of Social History, 3*(4): pp. 318-9, verão 1970.

38. Cf. HOLANDA, Sérgio Buarque de. *Caminhos e fronteiras*. Rio de Janeiro, 1957, pp. 15-180.

39. Confissões de Rodrigo Martins, Paulo Adorno, Cristóvão de Bulhões. *PVCB*, pp. 94-5, 104-5, 164-5.

40. Ibid., pp. 96-8. A confissão de João Gonçalves, alfaiate de Ilhéus, é interessante porque revela que vários artesões, mamelucos como ele próprio, também foram procurar os índios.

41. Ibid., pp. 79-87.

42. Ibid., pp. 64-5.

43. Ibid., pp. 167-72. O depoimento de Tomacaúna, descrito no parágrafo seguinte, sobre o culto da santidade, é o mais completo relato de testemunha ocular remanescente nos registros históricos. Ele e outros mamelucos alegaram que praticavam os ritos para enganar aos índios, e que Cristo jamais saíra de seus corações. O fato de essas declarações terem sido feitas durante os processos da Inquisição torna-as um tanto suspeitas.

44. MAURO, Frédéric. *Le Portugal et l'Atlantique au XVIIe siècle*. Paris, 1960, pp. 192-4. Os jesuítas da Bahia solicitaram duas dúzias de africanos em 1558, "e estes podem vir junto com os que El-Rey porventura mandar para o engenho da Coroa porque frequentemente ele manda para cá navios carregados deles". LEITE. *Cartas Nóbrega* (Bahia, 8 mai. 1558), p. 288.

45. PEREIRA DA COSTA, F. A. *Anais Pernambucanos*. Recife, 1951. 7 v. v. I, p. 455.

46. Inventário de Mem de Sá. *DHA*, v. III, pp. 1-22, 73-6. No Engenho Santana verificou-se a mesma distribuição, com sete africanos em uma massa escrava de 107 indivíduos, ou seja, 6,5%; ANTT, CSJ, maço 13, nº 4; Traslado do inventário do Engenho Sergipe. ANTT, CSJ, maço 30, f. 1040.

47. STOLS, Eddy. op. cit., pp. 418-20.

48. O tráfico de escravos português no século XVI estava concentrado na Senegâmbia. Sobre as tradições culturais e agrícolas dos povos daquela região, ver CURTIN, Phillip D. *Economic change in precolonial Africa: Senegambia in the era of the slave trade*. Madison, Wis., 1975, 2 v. v. I, pp. 3-58; e RODNEY, Walter. *A history of the Upper Guinea Coast, 1545-1800*. Oxford, 1970, pp. 1-38.

49. SILBERSTEIN, Paul. *Wage earners in a slave economy*. BNM, Códice 2346, fs. 105-9.

50. Ver GARCIA, Antonio. Regimenes indígenas de salariado: el salariado natural y el salariado capitalista en la historia de América. *América indígena, 8*: pp. 250-87, 1948.

51. SILBERSTEIN. op. cit., baseado em DHA, V. II, passim; LEITE. *HCJB*, v. II, p. 63. Ver também DUSSEN, Adriaen van der. *Relatório sobre as capitanias conquistadas no Brasil pelos holandeses*. Ed. José Antonio Gonçalves de Mello. Rio de Janeiro, 1947, pp. 88-9.

52. LAUBER, Almon Wheeler. *Indian slavery in colonial times within the present limits of the United States*. Nova York, 1913 [Columbia University Studies in History], pp. 298-300, refere-se esparsamente a preços relativos da Nova Inglaterra, Nova York e das Carolinas. CRANE, Verner. *The Southern Frontier, 1670-1732*. Ann Arbor, Mich., 1929, pp. 113-5, fornece dados indicadores de que o valor dos indígenas ficava entre um terço e metade do preço dos escravos negros. WOOD, Peter H. *Black majority*. Nova York, 1974, pp. 38-40, examina a literatura sobre a escravidão indígena na Carolina mas não menciona esse ponto. Ver DUNCAN, John Donald. *Servitude and slavery in colonial South Carolina, 1670-1776*. Tese de PhD. Emory University, 1972, 2 v. Sobre o Canadá francês, ver TRUDEL, Marcel. *L'esclavage au Canada Français: Histoire et condition de l'esclavage*. Quebec, 1960; FREGAULT, Guy. *La civilisation de la Nouvelle-France*. Montreal, 1944, pp. 83-4. PALMER, Colin. *Slaves of the white god: blacks in Mexico, 1570-1650*. Cambridge, Mass., 1976, p. 34, fornece consideráveis evidências para a década de 1520 no México, assim como ZAVALA, Silvio. *Los indios esclavos en Nueva España*. México, 1968. Mais importante é BELTRÁN, Gonzalo Aguirre. *El trabajo del indio comparado con el del negro en Nueva España. México Agrario, 4*: pp. 203-7, 1942.

53. Conforme citado em DUNCAN. op. cit., p. 36. Para os argumentos racistas tradicionais do século XIX, ver MERIVALE, Herman. *Lectures on colonialism and colonies* [1861]. Londres, 1967, p. 283.

54. O relato de Gabriel Soares de Sousa relaciona 36 engenhos na Bahia em 1587, mas também menciona oito "casas de meles". Esse autor computou uma produção anual de 120 mil arrobas para a capitania, ou pouco menos de 4 mil arrobas por engenho. Fernão Cardim também dá conta de 36 engenhos na Bahia, mas José de Anchieta relaciona 46. Usei o número fornecido pelo padre Soares, cinquenta, porque implica a menor taxa de escravos por engenho e, portanto, serve de controle a meu argumento de que a taxa era extraordinariamente elevada. O uso das estimativas de Soares de Sousa ou Cardim implica uma proporção de mais de 333 escravos por engenho. Ver MAURO. op. cit., p. 193; GOULART, Maurício. *Escravidão africana no Brasil*. São Paulo, 1950, p. 100.

55. SOARES, Francisco. *Coisas notáveis do Brasil*. Rio de Janeiro, 1966, p. 11.

56. Ver BARRETT, Ward & SCHWARTZ, Stuart B. Comparación entre dos economías azucareras coloniales: Morelos, México y Bahía, Brasil. In: FLORESCANO, Enrique, ed. *Haciendas, latifundios y plantaciones en América Latina*. México, 1975, pp. 550-5. Ver também BARRETT, Ward. *The sugar hacienda of the Marqueses del Valle*. Minneapolis, 1970, pp. 98-9.

57. GANDAVO, Pero de Magalhães. *The histories of Brazil*. Trad. John B. Stetson. Nova York, 1922, p. 153.

58. GOULART. op. cit., p. 100.

59. BUESCU, Mircea. *300 anos da inflação*. Rio de Janeiro, 1973, pp. 44-5.

60. ROCHA PITTA, Sebastião da. *História da América portuguesa*. 2ª ed. Lisboa, 1880, p. 1880, pp. 196-7.

61. Gaspar da Cunha ao conde de Linhares (Bahia, 28 ago. 1585). ANTT, CSJ, maço 8, nº 9. Para uma opinião semelhante, ver LEITÃO, Martim. *Parecer*. BA, 44-XIV-6, fs. 185-93v, para quem um índio valia quatro escravos da Guiné.

62. Tais solicitações reapareceram de tempos em tempos. Em 1653 sugeriu-se que os tapuias do Maranhão fossem usados no desenvolvimento de engenhos daquela capitania, com isso "adiantando [-os], removendo-os da miséria em que vivem e ensinando-lhes desse modo a progredir com a agricultura". Duarte Ribeiro de Macedo a um amigo (Paris, 20 jan. 1653). LC/Port. Mss. P-271.

PARTE II. OS ENGENHOS BAIANOS E SEU MUNDO

4. O RECÔNCAVO

1. GRAHAM, Maria. *Journal of a voyage to Brazil and residence there*. Londres, 1824.

2. Relação dos navios de diferentes qualidades que há na capitania da Bahia. IHGB, Arq. 1.1.19 (1775).

3. SCHWARTZ, Stuart B. *Sovereignty and society in colonial Brazil*. Berkeley, 1973, pp. 201-2; RODRIGUES, José Honório. *Historiografia del Brasil: siglo XVI*. México, 1957, pp. 70-4.

4. A melhor descrição sucinta da geografia do Recôncavo encontra-se em MATTOSO, Katia M. de Queirós, *Bahia: a cidade do Salvador e seu mercado*. São Paulo, 1978, pp. 5-60. Ver também HASKINS, Edward C. *An agricultural geography of the Recôncavo of Bahia*. Tese de PhD. University of Minnesota, 1956.

5. MORENO, Diogo de Campos. *Livro que dá razão ao estado do Brasil*. Ed. fac-similar. Rio de Janeiro, 1968, p. 39.

6. Sobre Salvador na era colonial, as monografias essenciais são MATTOSO. op. cit.; e AZEVEDO, Thales de. *Povoamento da cidade do Salvador*. 2ª ed. Bahia, 1969.

7. Mesa de Inspeção à Coroa, 8 out. 1810. *ANRJ*, caixa 416.

8. DAMPIER, William. *A voyage to New Holland, etc., in the year 1699*. 2ª ed. Londres, 1709, 3 v. v. II, p. 379.

9. SOARES DE SOUSA, Gabriel. *Tratado descritivo do Brasil em 1587*. São Paulo, 1971, p. 132; PINHEIRO DA SILVA, José. A capitania da Bahia. *Revista Portuguesa de História, 8*: pp. 71-2, 1959. Para os dados de 1724, ver Tabela 7.

10. SOARES DA FRANÇA, Gonçalo, padre. Dissertações da história eclesiástica do Brasil. SGL, Res. 43-C-147, fs. 87-123.

11. SOARES DE SOUSA. op. cit., p. 102.

12. AHU, Bahia pap, avul., caixa 41, 1ª série, não catal.

13. AHU, Bahia pap. avul., caixa 70, 1ª série, não catal. (1792). Documento posterior, de 1808, estimou que a população livre da capitania era de 156 199 pessoas, e que esta se dividia em 66 paróquias, sendo 23 em Salvador e seus subúrbios, 26 no Recôncavo e o restante no interior. Esse cálculo não inclui as quinze paróquias de Sergipe de El-Rey nem as de Ilhéus e as das vilas meridionais. Ver Mapa geral das 4 divisões eleitorais. AHU, Bahia pap. avul., caixa 100, 1ª série, não catal.

14. AHU, Bahia pap. avul., caixa 46 (19 ago. 1732).

15. SOARES DA FRANÇA. op. cit.

16. APB, Cartas ao governo 216 (12 jul. 1809).

17. APB, Ord. reg. 55, f. 248.

18. SOARES DE SOUSA. op. cit., cap. XIX-XXXI.

19. Soares de Sousa menciona 120 mil arrobas, além de várias conservas (doces). O relato, na verdade, designa ou identifica 44 engenhos; quatro deles não são do Recôncavo e sim na costa mais ao sul. Um

mapa com as localizações aproximadas e uma relação dos proprietários pode ser encontrado em RIVERO, Diego Gonzalo. *Brasil: The crucial years 1570-1612*. Tese de PhD. University of Georgia, 1981, pp. 181-2.

20. PEDREIRA, Pedro Tomas. As terras de Acupe, Itapema e Saubara. *MAN*, *7*(4): pp. 22-3, abr. 1976.

21. Sobre Fernão Cabral de Ataíde, ver SIQUEIRA, Sonia A. A elaboração da espiritualidade do Brasil colônia: o problema do sincretismo. *AMP*, *36*: pp. 211-28, 1975; ver também CALAZANS, José. *A santidade de Jaguaripe*. Bahia, 1952.

22. SOUTHEY, Robert. *History of Brazil*. Londres, 1810. 2 v. v. I, p. 339.

23. SCHWARTZ. op. cit., pp. 158-9, e as fontes ali citadas. Houve, porém, depois dessa data, alguma produção de gengibre. Ver LAPA, José Roberto do Amaral. O problema das drogas orientais. In: —. *Economia colonial*. São Paulo, 1973, pp. 111-40.

24. Conde de Óbidos a Paulo Mirandes Garro, 24 abr. 1665. BNRJ, 8, 1, 3, f. 4-44*v*.

25. APB, Ord. reg. 1, nº 45 (Lisboa, 26 mar. 1688); nº 91 (Lisboa, 27 nov. 1690).

26. A melhor descrição da região produtora de fumo em Cachoeira encontra-se em FLORY, Rae Jean. *Bahian society in the mid-colonial period: the sugar planters, tobacco growers, merchants, and artisans of Salvador and the Recôncavo, 1680-1725*. Tese de PhD. University of Texas, 1978. Também de utilidade é LUGAR, Catherine. The Portuguese tobacco trade and tobacco growers of Bahia in the late colonial period. In: ALDEN, Dauril & DEAN, Warren, eds. *Essays concerning the socioeconomic history of Brazil and Portuguese India*. Gainesville, Fla., 1977, pp. 26-70.

27. Relatório de Belchior da Cunha Brochado (Lisboa, 7 dez. 1697). ANTT. junta do Tabaco, maço 96.

28. Ver Gráfico 3.

29. ANTT. Junta do Tabaco, maço 97A.

30. Ver Capítulo 1, seção intitulada "Os primórdios do Brasil".

31. Carta de S. Mgᵉ em que ordena o avisarem do número de engenhos que há no recôncavo desta cidade de Bahia. BNRJ, 7, 3, 53, nº 327; relatório de Sebastião Sampaio. AHU, Bahia pap. avul., caixa 12.

32. *ABNR*, *31*: pp. 130-1, 1909. O melhor sumário das listas de população do século XVIII na Bahia está em AZEVEDO, T. de. op. cit., pp. 181-201. As relações de portugueses encontradas nos censos religiosos fazem distinção entre os "de confissão" (idade superior a sete anos) e os "de comunhão" (acima de nove anos). Aumentei em 12% o número registrado para fornecer uma estimativa aproximada da população total.

33. Citado em SOEIRO, Susan. *A baroque nunnery: the economic and social role of a colonial convent — Santa Clara do Desterro, Salvador, Bahia, 1677-1800*. Tese de PhD. New York University, 1974, p. 58.

34. Carta do arcebispo da Bahia ao Conselho Ultramarino (Salvador, 25 jan. 1733). AHU, Bahia pap. avul., caixa 48, 1ª série, não catal. A carta relata que a ordem original fora datada de 6 nov. 1726, e que o censo seguia anexo à carta. Esse censo está perdido.

35. SOARES DA FRANÇA. op. cit., fs. 87-123.

36. AZEVEDO, T. de. op. cit., pp. 181-200. Ver também MATTOSO. op. cit., pp. 130-5.

37. AZEVEDO informa que o censo de 1759 enumerava 62 833 habitantes para o Recôncavo e uma população total de 250 142; entretanto, no conjunto de instruções fornecido por Martinho Mello e Castro ao novo governador da Bahia (Queluz, 10 set. 1779), a população da capitania em 1759 foi registrada da seguinte forma:

Salvador	6782	40 263
Recôncavo	8315	72 833
Sul	3782	24 982
Sertão de Baixo	4893	38 514
Sertão de Cima	4870	38 550
Totais	28 612	215 142

Ver AHU, Bahia pap. avul., caixa 364. ALDEN, Dauril. The population of Brazil in the late eighteenth century: a preliminary survey. *HAHR, 43* (2): pp. 173-205, mai. 1963, demonstra que a população com menos de sete anos de idade perfazia em média 11,75% em outras capitanias brasileiras.

38. Os dados das paróquias em 1757 encontram-se em *ABNR, 31*: pp. 178-234, 1909. Ajustei os números em 12%, quando necessário, para incluir crianças com menos de sete anos, clérigos e índios. Os dados de 1780 não incluem as paróquias suburbanas; ajustei-os utilizando a taxa de crescimento anual das paróquias de Santo Amaro e São Francisco, vizinhas àquelas, e aplicando-a ao número informado para as paróquias suburbanas em 1774. O censo de 1780 informa nascimentos e mortes em cada município. Estes dados indicam uma taxa de crescimento natural de 1% ao ano no Recôncavo, porém a taxa de crescimento resultante dos números totais de 1774 e 1780 é de 3,3%. Com certeza houve omissões nos registros de nascimentos e mortes, mas provavelmente é seguro supor que pelo menos metade da taxa de crescimento anual do período deveu-se à imigração, principalmente de escravos.

39. Sobre os beneditinos, ver ADB/CSB 136 Estado 1700-3. Sobre as propriedades dos jesuítas, ver ARSI, Brasil 6(1), f. 62.

40. Capoame é discutida em *AAPB, 26*: p. 46, 1945. Ver também AHU, Bahia pap. avul., caixa 46, 1ª série, não catal. (23 jul. 1723). POPPINO, Rollie. The cattle industry in colonial Brazil. *Mid America, 31*(4): pp. 219-47, out. 1949, apresenta o melhor resumo sobre o tópico. Ver também POPPINO, Rollie. *Feira de Santana*. Bahia, 1968; PONDÉ DE SENA, Consuelo. *Introdução ao estudo de uma comunidade do agreste baiano*. Salvador, 1979.

41. Mapa que trouxe a frota da Bahia (1735). NL/GC, ms. 344.

42. El-Rey ao governador da Bahia (24 abr. 1727). APB, Ord. reg. 21, nº 35.

43. ALDEN, Dauril. *Commodity price movements in Brazil before, during and after the gold boom, 1670-1769, the Salvador market*. p 6-7. Trabalho não publicado.

44. AZEVEDO, T. de. op. cit., pp. 318-40; MATTOSO. op. cit., p. 256.

45. Cf. FLORY. op. cit., pp. 26-7; DUNN, Richard. *Sugar and slaves*. Chapel Hill, N. C., 1972, p. 203. Incluí uma tabela com várias estimativas de produção em SCHWARTZ, Stuart B. Colonial Brazil, *c*. 1580--*c*. 1750: Plantations and peripheries. In: *CHLA*. v. II, p. 431.

46. PINHO, Wanderley. *História de um engenho do Recôncavo*. Rio de Janeiro, 1946, pp. 13-23.

47. HUTCHINSON, Harry William. *Village and plantation life in northeastern Brazil*. Seattle, 1957, pp. 25-46.

48. Lista das informações. *ABNR, 31*: pp. 201-5, 1909.

49. SCHWARTZ, Stuart B. Patterns of slaveholding in the Americas: new evidence from Brazil. *AHR, 87*(1):74, fev. 1982.

50. VARNHAGEN. *HGB*. v. II, pp. 29-68.

51. APB, Cartas ao governo, 188.

52. VILHENA, Luís dos Santos. *A Bahia no século XVII*. Bahia, 1969, 3 v. v. II, pp. 569-72. Esse trabalho foi originalmente intitulado "Notícias soteropolitanas e brasílicas".

53. Nosso conhecimento sobre o tamanho e a configuração da população de Sergipe de El-Rey deve-se aos estudos de Luiz R. B. Mott. Ver especialmente MOTT, Luiz R. B. Brancos, pardos, pretos e índios em Sergipe, 1825-1830. *Anais de História, 6*: pp. 139-84, 1974; —. Pardos e pretos em Sergipe, 1774-1851. *RIEB, 18*: pp. 7-37, 1976.

54. Esse cálculo é feito comparando-se o censo de 1757, encontrado em *ABNR, 31*: pp. 178-234, 1909, e o censo dos proprietários de escravos do Recôncavo em 1817, encontrado em APB, Cartas ao governo, maços 232-4.

55. Sobre o Engenho Jacarancanga, consultar SOARES DE SOUSA. op. cit., cap. XXIII, pp. 149-50; SCHWARTZ. *Sovereignty and Society* [...], pp. 333-4; VILHENA. op. cit., v. I, entre p. 44 e 45.

56. PINHO. op. cit., sobre o Engenho Freguesia.

57. MORTON, F. W. O. *The conservative revolution of independence: economy, society and politics in Bahia, 1790-1840*. Tese de PhD. Oxford University, 1974, p. 16.

58. SCHWARTZ, Stuart B. The plantations of St. Benedict: the Benedictine sugar mills of colonial Brazil. *The Americas, 39*(1): pp. 1-22, jul. 1982.

59. ALDEN, Dauril. Sugar planters by necessity, not choice: the role of the Jesuits in the cane sugar industry of colonial Brazil, 1601-1759. In: COLE, Jeffrei A., ed. *The Church and society in Latin America*. New Orleans, 1984, pp. 139-70.

60. MORTON. op. cit., pp. 14-16.

61. Ibid.

5. SAFRA: AS TÉCNICAS DO FABRICO DO AÇÚCAR

1. A descrição moderna mais completa sobre o fabrico do açúcar na América colonial encontra-se em BARRETT, Ward. *The sugar hacienda of the Marqueses del Valle*. Minneapolis, 1970; ver também a discussão desse autor acerca das fontes em Caribbean sugar-production standards in the seventeenth and eighteenth centuries. In: Parker, John, ed. *Merchants and scholars*. Minneapolis, 1965, pp. 147-70. Ver igualmente BARRETT, Ward, *The efficient plantation and the inefficient hacienda*. Minneapolis, 1979 [James Ford Bell Lecture, nº 16].

2. ANTONIL, André João [Andreoni, João Antônio]. *Cultura e opulência do Brasil por suas drogas e minas*. Ed. Andrée Mansuy. Paris, 1965, liv. 1, cap. 9. Existem várias versões modernas, das quais esta, integralmente comentada, é a melhor. Minhas referências reportam-se a ela, mas fiz citações por livro e capítulo. Ver também KOSTER, Henry. *Travels in Brazil*. Filadélfia, 1817, 2 v. v. I, pp. 330-1. Antonil indica claramente que a cerimônia da bênção da moenda era comumente praticada na Bahia. Koster, ao escrever sobre Pernambuco em data posterior, forneceu-nos os detalhes. FREYRE, Gilberto. *The masters and the slaves*. Nova York, 1956, p. 436, faz algumas observações interessantes baseadas em um sermão pregado no século XIX durante a bênção de uma moenda. Ver LUNA, Lino do Monte Carmelo. *A bênção do Engenho Macauassu*. Recife, 1869.

3. KOSTER. op. cit., v. II, p. 119. Outros viajantes fizeram a mesma observação acerca da sonolência dos escravos dos engenhos. Ver os comentários citados em CASTRO, Antonio Barros de. *Escravos e senhores nos engenhos do Brasil*. Tese de doutorado. Universidade Estadual de Campinas, 1976, pp. 11-4.

4. A descrição de um dia de trabalho nos engenhos foi baseada em um relato de Joseph Israel de Costa, que viveu na Bahia e escreveu depois (por volta de 1636) um relatório para a Companhia das Índias Ocidentais holandesa. Ele apresentou muitos aspectos e detalhes interessantes da indústria do açúcar no Brasil. A parte estatística de seu relato foi impressa em GONÇALVES DE MELLO, José Antônio. Uma relação dos engenhos de Pernambuco em 1623. *Revista do Museu do Açúcar, 1*(198): pp. 25-36, mas para o texto do relatório o leitor precisa consultar Algemeen Rijksarchief. (Haia) Staten Generaal, West Indische Compagnie loketkas 6. Em CARDIM, Fernão. *Tratados da terra e gente do Brasil (1583)*. 3ª ed. São Paulo, 1978, o autor, escrevendo sobre 1584, afirma que o dia de trabalho da moenda começava por volta de meia-noite e continuava até as três ou quatro horas da tarde do dia seguinte. Embora divergissem os horários, a duração do trabalho era mais ou menos a mesma. No Engenho Santana, em 1730, o dia de trabalho era de vinte horas. Ver ANTT, CSJ, maço 69, n. 207.

5. Tanto o judeu Costa quanto o jesuíta Cardim usaram a mesma imagem do inferno para descrever o engenho.

6. Estêvão Pereira afirmou em seu relatório de 1635 que o dia tradicional para iniciar-se a safra era 25 de julho, dia de Santiago, e o dia para o término era entre 20 e 25 de abril. Os registros do Engenho Sergipe, contudo, indicam datas de início e término um tanto mais avançadas. Ver "Dase rezão da fazenda que o collegio de Santo Antão tem no Brazil e seus rendimentos". ANTT, CSJ, maço, nº 20 (reimpresso como apêndice em ANTONIL. op. cit., pp. 513-27).

7. GORENDER, Jacob. *O escravismo colonial*. São Paulo, 1978, p. 216, apresenta uma série de argumentos sobre a rigidez do trabalho escravo em face das limitações sazonais, mas erra ao fazê-lo, pois fundamenta seus argumentos no Caribe e tende a desconsiderar outras tarefas "produtivas" nas quais os escravos podiam ser empregados.

8. Referir-me-ei às safras no decorrer do texto pelo ano de seu início ou usarei o método atual, isto é, 1612 ou 1612-3.

9. Para comparação, ver CHRISTIAN JR., William A. *Local religion in sixteenth-century Spain*. Princeton, 1981; e GUDEMAN, Stephen. Saints, symbols and ceremonies. *American Ethnologist, 3*(4): pp. 709-29, nov. 1978. Quero agradecer imensamente ao frei Matias Kieman, a OFM, ao padre Charles Ronan, SJ, e ao professor Manoel Cardozo, amigos e colegas, que compartilharam comigo seu conhecimento sobre o calendário religioso.

10. A devoção a são Francisco Xavier iniciou-se em Salvador durante a peste de 1686, e ele foi então eleito padroeiro da cidade. Ver CAMPOS, João da Silva. *Procissões tradicionais da Bahia*. Salvador, 1941, pp. 210-6.

11. HERBERMANN, Charles *et al.*, eds. *The Catholic encyclopedia*. Nova York, 1906. 15 v. v. VI, pp. 21-3, "feasts".

12. Ver, por exemplo, KOSTER. op. cit., v. II, p. 219; VILHENA, Luís dos Santos. *A Bahia no século XVIII*. Bahia, 1969. 3 v. v. I, p. 186.

13. Instructio abius qui officinam sacchaream administrant servanda data a P. Rector Bernaba Soares (1699), ARSI, Bras. 11.

14. LORETO COUTO, Domingos de. Desagravos do Brasil e glórias de Pernambuco. *ABNR, 24*: pp. 180-6, 1902.

15. BENCI, Jorge. *Economia cristã dos senhores no governo dos escravos*. 2ª ed. Porto, 1954, pp. 171-7.

16. A observância religiosa também tinha seu preço. Thomas Ewbank relata uma conversa com um escravo no Rio que trabalhava na propriedade de uma mulher devota. O hábito dela de acordar a escravaria às duas horas da manhã para as orações levou o cativo a reclamar: "Trabalhar, trabalhar e trabalhar o dia todo, rezar, rezar e rezar a noite inteira. Nenhum negro deveria aguentar isso". Ver EWBANK, Thomas. *Life in Brazil*. Nova York, 1856, p. 75.

17. SPIX, Johann von & MARTIUS, Karl von. *Viagem pelo Brasil*. São Paulo, 1961. 3 v. v. II, p. 172. O original, publicado na Alemanha, data de 1823. Os dois viajantes estiveram em algumas propriedades do Recôncavo e foram hospedados por Manoel Ferreira de Câmara no Engenho da Ponta. Eles mencionam no texto o Engenho Santa Maria em Ilhéus, mas trata-se certamente de um erro; é ao Engenho Santana que se referem. Sua descrição sobre a escravidão urbana é bastante negativa, mas sua visão sobre a condição dos cativos nas propriedades rurais parece ter sido colorida pela informação que lhes forneceram seus anfitriões.

18. A mesma discrepância pode ser observada na literatura sobre o Caribe. Ver BARRETT, Ward. Caribbean sugar production standards in the seventeenth and eighteenth centuries. In: *Merchants and scholars: essays in the history of exploration and trade*. Minneapolis, 1966, pp. 147-70. No Rio de Janeiro, o plantio era efetuado de junho a setembro, para aproveitarem-se as partes de cima das canas colhidas como semente, ou em março, quando as condições climáticas eram mais apropriadas. Ver GOMES, José Caetano. Memória sobre a agricultura e produtos de cana-de-açúcar. *Brasil Açucareiro*, março 1965, pp. 34-47.

19. Em Pernambuco, as terras altas eram plantadas de julho a setembro, e as baixas, de setembro a novembro. Na Paraíba, o plantio acontecia de agosto a outubro ou novembro. Ver KOSTER. op. cit., v. II, p. 115; FERREIRA PINTO, Irineu. *Datas e notas para a história da Paraíba*. 2ª ed. João Pessoa, 1977. 2 v. v. I, pp. 191-2.

20. AHU, Bahia pap. avul. (1751); a proporção de 1:20 foi obtida na Fazenda Santa Cruz, no Rio de Janeiro, na década de 1790, mas era provavelmente incomum. Ver ANRJ, Códice 618.

21. Assento, 27 mar. 1700, BGUC 711, f. 123; ANRJ, Códice 540. Ver o requerimento do capitão Cristóvão Marques de Azevedo, de Jaguaripe, para uma série de queixas; BNRJ, 2-34, 4, 36.

22. Os inventários de engenhos raramente mencionam cercas. Sobre o cercamento de canaviais, ver GONÇALVES DE MELLO, J. A. Um regimento de feitor-mor de engenho, de 1663. *Boletim do Instituto Joaquim Nabuco, 2*: pp. 80-7, 1953.

23. Zacharias Wagner, "Thierbuch". As ilustrações podem ser vistas em BOOGART, E. van den, ed. *Johan Maurits van Nassau Siegen 1604-1679*. Haia, 1979, p. 262.

24. Um acre mede 4050 m^2, ao passo que uma tarefa equivale a 4356 m^2. Portanto a tarefa é 7% maior.

25. O termo "jornal" possui o mesmo duplo significado da tarefa, designando tanto uma cota de trabalho diária quanto uma medida de área. Na Espanha oriental, a origem do jornal pode ser retraçada até o ano 934, sendo então a área que um boi poderia arar em um dia. A medida da Catalunha e de Valença e a de Portugal provavelmente originaram-se do *iugerum* romano. Ver GELCEN, S. Llensa de. Breve historia de las medidas superficiales agrarias de la antigüedad y estudio particular de aquellos cuyo uso es tradicional en Cataluña. *Annales*, Escuela Técnica de Peritos Agricolas. Barcelona, 1951, X, pp. 65-128. Meus agradecimentos a Ward Barrett por ajudar-me a localizar esta informação.

26. VILHENA. op. cit., v. I, pp. 178-9.

27. Inventário; ANTONIL. op. cit., liv. 2, cap. 4.

28. Francisco Ribeiro ao Colégio de Santo Antão (Bahia, 12 mar. 1660), ANTT, CSJ, maço 68, nº 268. Diz Francisco Ribeiro: "O engenho que não tem canas próprias não tira lucro algum".

29. Francisco Negreiros ao conde de Linhares (2 jul. 1588), ANTT, CSJ, maço 8, nº 25.

30. Relatório do Ouvidor Geral do Civel Francisco Sabino Álvares da Costa Pinto, APB, Cartas ao governo (23 set. 1800), "pelo costume practicado geralmente entre os proprietarios dos engenhos e seus lavradores de serem os escravos delles reciprocos no serviço e de o retribuirem nas ocaziões competentes".

31. ANTONIL. op. cit., liv. 2, cap. 2.

32. O comentário foi feito por Antônio Paes de Sande, governador do Rio de Janeiro. Ver SCHWARTZ, Stuart B., ed. *A governor and his image in baroque Brazil: the funeral eulogy of Afonso Furtado do Castro do Rio de Mendonça by Juan Lopes Sierra*. Trad. Ruth E. Jones. Minneapolis, 1979, p. 162.

33. ANTONIL. op. cit., liv. 1, cap. 5.

34. KOSTER. op. cit., v. II, p. 113.

35. Meus comentários a esse respeito baseiam-se nas judiciosas observações de BARRETT. *Efficient plantation...*

36. EDWARDS, Bryan. *The history civil and commercial of the British colonies in The West Indies*. 3ª ed. Londres, 1801. 2 v. v. II, p. 252.

37. ABD/CSB 136, "Estado" de 1562-6 para o Engenho São Bento.

38. Em 24 horas seguidas, uma moenda podia beneficiar 25 a 30 carradas de cana. Isso era denominado uma "tarefa redonda".

39. O melhor estudo sobre o carro de boi no Brasil é SOUZA, Bernardino José de. *Ciclo de carro de bois no Brasil*. São Paulo, 1958.

40. CARDIM. op. cit. observou que na Bahia usava-se uma fôrma de 0,5 arroba, e em Pernambuco, de uma arroba. Registros do Engenho Sergipe confirmam o uso de fôrmas pequenas. O *Relatório* de Van der Dussen mencionou fôrmas de uma arroba em Pernambuco. No século XVIII, as fôrmas maiores, de 2,5 a 3,5 arrobas, eram de uso generalizado.

41. LISBOA, José da Silva. Carta [...] para dr. Domingos Vandelli. *ABNR, 32*: pp. 494-507, 1910.

42. ANRJ, caixa 406, pacote 1.

43. BARRETT. Caribbean sugar production [...], p. 153; *Efficient plantation...*, p. 22.

44. KOSTER. op. cit., v. II, p. 132. Os carros descritos por Koster (180×75 cm = 1,35 m^2) eram muito menores que os vistos por Antonil ($180 \times 157{,}5$ cm = 2,835 m^2).

45. ANTONIL. op. cit., liv. 2, cap. 4.

46. Escravos arrolados em inventários, Conjunto de Dados A.

47. VIEGAS, João Peixoto. Parecer e tratado, feito sobre os excessivos impostos que cairão sobre as lavouras do Brasil. *ABNR, 20*: pp. 214-6, 1898.

48. Carta dos mercadores de Salvador (1797), AHU, Bahia pap. avul. 75, 1ª série, não catal.; APB, Ord. reg., 83, 274-7.

49. A melhor coleção impressa das paisagens brasileiras de Post encontra-se em LARSEN, Erik. *Frans Post, interprète du Brésil*. Amsterdam, 1962.

50. LORETO COUTO. op. cit., p. 174; ANTONIL. op. cit., liv. 2, cap. 5.

51. LORETO COUTO. op. cit., p. 174, e ANTONIL. op. cit., liv. 2, cap. 6, mencionaram serem as canas passadas duas ou três vezes pelos tambores, mas Santos Vilhena (*A Bahia*, v. I, pp. 179-80) falou sobre a necessidade de, com uma moenda impulsionada por cavalos, a cana ser passada dez a doze vezes, chegando a 24 com o uso de bois! Esse autor compara negativamente esses números com a situação nas Antilhas, onde eram necessárias apenas algumas moagens. Um relatório de 1798 sobre a indústria açucareira na Paraíba afirmou que feixes de doze a dezoito canas eram colocados na moenda seis a oito vezes para serem suficientemente prensados. Ver FERREIRA PINTO. op. cit., v. II, p. 193.

52. CUNHA E FREITAS, Eugênio Andréa. Documentos para a história do Brasil, III; Notícias da Bahia em 1625. *Anais da Academia Portuguesa de História*. Lisboa, 2ª série, *21*: pp. 479-80, 1972.

53. DUSSEN, Adriaen van der. *Relatório sobre as capitanias conquistadas no Brasil pelos holandeses*. Ed. José Antônio Gonçalves de Mello. Rio de Janeiro, 1947, pp. 80, 93-6.

54. Esse edifício era às vezes chamado "casa dos cobres" por serem as caldeiras em geral feitas desse metal.

55. Inventários realizados por ocasião de venda ou outras transferências às vezes incluíram uma lista de caldeiras. O Engenho Santa Cruz das Torres foi vendido em 1691 com duas caldeiras, três paróis e sete tachas, juntamente com caldeiras menores também necessárias (APB, notas 3, 47-52A). O Engenho Cachoeirinha em Cotegipe foi vendido em 1757 com uma caldeira, um parol, três tachas e um pote raso "de receber" (APB, notas 99, 233-8). Loreto Couto menciona quatro caldeiras e oito tachas, mas são referentes a dois "ternos", ou grupos, de um grande engenho. Ver LORETO COUTO. op. cit., p. 174.

56. As tachas eram as seguintes: (*a*) "de receber"; (*b*) "da porta"; (*c*) "de cozer"; (*d*) "de bater".

57. Foram feitas várias sugestões no Brasil para aperfeiçoar a forma e o modo de operar das fornalhas. Uma delas era simplesmente reduzir sua altura, com isso diminuindo a necessidade de lenha para produzir a intensidade adequada de fogo. Para exemplos de melhoramentos sugeridos, ver VILHENA. op. cit., v. I, p. 193. Esse autor calcula que as fornalhas tradicionais nos engenhos queimavam uma carrada de lenha por hora, ou cerca de vinte por dia de trabalho.

58. LISBOA, José da Silva. Carta muito interessante para o dr. Domingos Vandelli (1781). *ABNR, 32*: 494-507, 1910; ANTT, CSJ, maço 13, nº 14.

59. Loreto Couto afirma que cada caldeira pesava entre 25 e quarenta arrobas (op. cit., p. 174). ANTONIL. op. cit., liv. 2, cap. 9, pp. 206-13, assim fornece o peso dos cobres: parol do caldo, 20 arrobas; parol da guinda, 20 arrobas; caldeira do meio e caldeira de melar, 60 arrobas; parol de escuma, 12 arrobas; parol de melado, 15 arrobas; parol de coar, 8 arrobas; as quatro tachas, 36 arrobas, ou 9 cada uma; bacia, 4 arrobas. Os números de Antonil são corroborados pelos pesos dos "cobres" arrolados no Engenho Barbado em 1769. Ver APB, sec. jud. São Francisco 535, nº 16.

60. "Regimento do feitor-mor", 85.

61. Lavradio a principal Almeida (1º mai. 1769). In: LAVRADIO, Marquês do. *Cartas da Bahia 1768-1769*. Rio de Janeiro, 1972, p. 158 [Publicação do Arquivo Nacional, 68]. Os senhores de engenho não concordavam sobre a utilidade de possuir uma olaria no engenho. O custo de seis a sete escravos para cumprir essa tarefa, acrescido ao salário do mestre oleiro e da grande quantidade de lenha consumida, era considerado maior que os benefícios de ter os tijolos, telhas e fôrmas produzidos na propriedade. Antonil sugeriu que se colocasse um escravo crioulo na olaria como aprendiz, para que

seu salário ajudasse a custear as despesas com a compra de fôrmas. O Engenho Sergipe não possuía olaria, mas havia uma no Engenho Santana. Ver ANTONIL. op. cit., liv. 3, cap. 4.

62. ANTONIL. op. cit., liv. 3, cap. 12.

63. DAMPIER, William. *A voyage to New Holland etc., in the year 1699*. 2ª ed. Londres, 1709. 3 v. v. 3, pp. 55-6.

64. O melado filtrado do açúcar macho era chamado "mel", e o dos batidos, "remel". Qualquer um deles podia ser transformado em aguardente ou usado para fabricar açúcar batido.

65. LISBOA, José da Silva. op. cit., p. 500.

66. ANTONIL. op. cit., liv. I, cap. 8

67. NOVINSKY, Anita. *Inquisição. Inventários de bens confiscados a cristãos-novos*. Lisboa, 1976, pp. 191-8. Lopes Henriques foi proprietário do Engenho Santa Teresa em Matoim. Seu inventário contém muitas referências ao "livro de razão" de seu caixeiro Agostinho Calheiros.

68. Diogo Brochado ao conselho de guerra (24 out. 1608), AGS, Guerra antigua 690. Ele mencionou caixas de açúcar pesando dezoito a vinte arrobas. Outras fontes são citadas em SIMONSEN, Roberto. *História econômica do Brasil (1500-1820)*. 4ª ed. São Paulo, 1962, p. 110.

69. Os registros de Miguel Dias de Santiago são mantidos em PRO, SP 9/104. Os do Engenho Sergipe são de ANTT, CSJ, maços 11, 14.

70. AUFDERHEIDE, Patricia. *Ships and sugar: quantitative analysis of shipping records, 1595-98, 1608-17*. Trabalho não publicado. 1973.

71. Alvará, 29 out. 1695; Alvará, 20 nov. 1698. Ver APB, Ord. reg. 5, nº 76A.

72. O peso da caixa de madeira fora fixado em 3,5 arrobas (51,5 kg) para efeito de pesagem na Alfândega em 1641. Alfândega de Lisboa, nº 113 (23 mai. 1641).

73. Lista das caixas q. se carregarao [...], ANTT, Junta do Tabaco, maço 101. As 382 caixas tinham em média 38,7 arrobas cada uma. Os oito fechos pesavam em média dezoito arrobas.

74. Appelação civil contra os senhores dos trapiches (1792), APB, Ord. reg. 77, fs. 173-7.

75. Bando (6 dez. 1657), ACS 125.4 Provisões; ACS Livro 159, f. 239.

76. Alvará (15 dez. 1687), BNRJ, 2-33, 28, 27. Ver também VIEGAS. op. cit., pp. 214-6.

77. Ver, por exemplo, ANTT, Junta do Tabaco, maço 96.

78. El-Rey a Lourenço de Almeida (Lisboa, 4 ago. 1709), Almeida à Coroa (16 jun. 1710), APB, Ord. reg. 7, nºs 703, 704.

79. "Termo da resolução sobre os senhores de engenhos nas faltas que ouverem nas caixas de açúcar", ACS 9.29, f. 270-270*v*; "Termo de Vereação (11 ago. 1736)", ACS 9.30, f. 120-120*v*.

80. Ofício de José Diogo de Bastos, BNRJ, 2-33, 19, 27.

81. Mesa da Inspeção (27 mai. 1805), ANTT, Junta do Tabaco, maço 62.

82. CASTRO. op. cit., p. 3.

83. LIGON, Richard. *A true and exact history of the island of Barbados*. Londres, 1673, p. 85; BRIDENBAUGH, Carl & BRIDENBAUGH, Roberta. *No peace beyond the line: the English in the Caribbean, 1624-1690*. Nova York, 1972, esp. Cap. 3.

84. NOVINSKY. op. cit., pp. 46-9.

85. Estado (Rio de Janeiro, 1766-1770), ABD/CSB 135.

86. "Le cane tagliate, le pongono sotto una mola agitata de la acqua [...]." LANDI, Giulio. *La descrittione de l'isola de la Madera*. Piacenza, 1574, p. 26; CASTRO, Antônio Barros de. Brasil 1610: mudanças técnicas e conflitos sociais. *Pesquisa e Planejamento Econômico, 10*(3): pp. 679-712, 1980.

87. Ibid., pp. 689-90. Barros de Castro apresenta uma longa discussão sobre o erro de Deerr e outros em acreditar que a moenda de tambores fosse usada na Sicília no século XV. Outro artigo sobre a tecnologia açucareira no Brasil colonial também valioso é CANABRAVA, Alice P. A força motriz: um problema da técnica da indústria do açúcar colonial. *Anais do Primeiro Congresso de História da Bahia*. Salvador, 1950. 5 v. v. IV, pp. 337-49.

88. SALVADOR, Frei Vicente do. *História do Brasil*. 5ª ed. Com notas de Capistrano de Abreu, Rodolfo Garcia e frei Venâncio Willeke. São Paulo, 1965, pp. 365-6.

89. ANTT, CSJ, maço 13, nº 32. Em carta ao conde de Linhares, o administrador do Engenho Sergipe relatou que um engenho de palitos movido por bois fora construído, e outro, movido a água, estava em construção. Em 1620, Antônio Barrieiros ofereceu-se para construir uma moenda no estilo antigo ou duas do novo tipo (palitos) no Maranhão, em troca de certas concessões da Coroa. Um dos conselheiros régios observou que "todos se dispoem a querer fazelos". Ver AHU, Códice 32, fs. 58-60.

90. Consulta do conselho da Fazenda (Lisboa, 19 jul. 1620), AGS, sec. prov. 1473, fs. 38-9*v*. Ver também AHU, Códice 34, fs. 24*v*-30 (23 fev. 1622).

91. CASTRO. Brasil, 1610 [...], pp. 700-1.

92. Escrevi com certos detalhes sobre a misteriosa figura de Juan Lopes Sierra em SCHWARTZ. op. cit., pp. 27-30.

93. AHU, Bahia pap. avul., caixa 8, 1ª série, não catal. (30 ago. 1663).

94. ACS, Provisões, 124.1, fs. 3*v*-4; Provisões 59, f. 2*v*.

95. APB, Ord. reg. 5, nº 70; Ord. reg. 2, nº 136. Ambas são cartas ao governador-geral do Brasil (23 fev. 1693; 13 nov. 1698).

96. Consulta, Con. Ultra., AHU, Códice 252 (30 jan. 1703); ACS, Liv. 24, fs. 250-1 (12 dez. 1705).

97. APB, Ord. reg. 29, nºs 14A, 14B; AHU, Bahia pap. avul., caixa 48, 1ª série, não catal. (2 jun. 1733).

98. Câmara à Coroa (24 mai. 1766), APB, Cartas do Senado, 132.

99. Câmara à Coroa (12 nov. 1766), APB, Cartas do Senado, 132; Câmara a câmaras de outras cidades, ACS, Cartas do Senado aos governos das Vilas e Capitães, f. 36.

100. WALLERSTEIN, Immanuel. *The modern world system*. Nova York, 1974. 2 v. até o presente. v. II, p. 88. Cf. GORENDER. op. cit., pp. 74-7. Sobre a visão de Max Weber acerca do escravismo, especialmente como se expressou em sua *Theory of social and economic organization*, ver os comentários de PATTERSON, Orlando. Slavery. *Annual review of sociology, 3*: pp. 407-49, 1977.

6. TRABALHADORES NO CANAVIAL, TRABALHADORES NO ENGENHO

1. ANTONIL, André João. *Cultura e opulência do Brasil por suas drogas e minas*. Ed. Andrée Mansuy. Paris, 1965, liv. 1, cap. 9.

2. NIEUHOF, Joan. *Memorável viagem marítima e terrestre ao Brasil (1682)*. São Paulo, 1942, p. 309.

3. Um relato bastante completo, se bem que um tanto desorganizado, sobre punições de escravos no Brasil encontra-se em GOULART, José Alípio. *Da palmatória ao patíbulo*. Rio de Janeiro, 1971. Sobre as condições dos escravos, ver a discussão historiográfica contida em GORENDER, Jacob. *O escravismo colonial*. São Paulo, 1978, pp. 348-58.

4. LAET, Joannes de. História ou anais dos feitos da companhia privilegiada das Indias Occidentaes. *ABNR, 41*(2), 1925, citado em GOULART. op. cit., p. 82.

5. ANTONIL, op. cit., liv. 1, cap. 9.

6. MARQUES PEREIRA, Nuno. *Compêndio narrativo do peregrino da América*. Lisboa, 1765, p. 160.

7. BENCI, Jorge. *Economia cristã dos senhores no governo dos escravos*. Org. Serafim Leite. 2ª ed. Porto, 1954. Esse trabalho foi originalmente publicado em Roma em 1705. Foi escrito no Brasil por volta de 1700 por Benci, jesuíta vinculado ao Colégio em Salvador.

8. Ibid., p. 136.

9. RIBEIRO DA ROCHA, Manoel. *Ethiope resgatado, empenhado, sustentado, corregido, instruido e liberto*. Lisboa, 1758. Ver a discussão em BOXER, C. R. *Some literary sources for the history of Brazil in the eighteenth century*. Oxford, 1967, pp. 12-4 [Taylorian Lecture].

10. Alvará de perdão (26 abr. 1678), APB, Relação 495, f. 75*v*.

11. AHU, Bahia pap. avul., caixa 42, 1ª série, não catal.

12. Provisões (20 mar. 1688, 23 mar. 1688), BGUC, Códice 711, f. 173. Alguns dos documentos relevantes podem ser encontrados em *DH, 67:* p. 174, 1948, e *DH, 68:* p. 160, 1949.

13. El-Rey ao governador da Bahia (11 jan. 1690), BGUC, Códice 706, f. 25; El-Rey ao arcebispo da Bahia (11 jan. 1690), APB, Ord. reg. 1, nº 56.

14. El-Rey ao governador da Bahia (1º mar. de 1700), reimpresso em CERQUEIRA E SILVA, Ignácio Accioli de. *Memorias historicas e politicas da provincia da Bahia*. Org. Braz do Amaral. Bahia, 1925. 6 v. v. II, p. 149. Ver também GOULART. op. cit., p. 28.

15. Petição de Marcelina Diaz Sivestre, APB, Ord. reg. 6, nº 139A.

16. *DH, 34*: p. 217, 1936.

17. AHU, Bahia pap. avul., caixa 53, 1ª série, não catal. Em 1761, dois homens foram deportados do Maranhão para Lisboa por maltratar seus escravos. Ver AHU, Códice Con. Ultra. 593, fs. 27*v*-28. Para um caso em que a Coroa interveio para libertar um cativo que fora maltratado, ver a história de Ignácio Xavier, um artesão pardo, em AHU, Bahia pap. avul., caixa 48, 1ª série, não catal. (21 jun. 1733).

18. AHU, Bahia pap. avul., doc. 24, 011 (1802). Esse caso envolveu um grupo de escravos que entraram sem permissão no Engenho São José, no Recôncavo, e foram então espancados pelo proprietário do engenho.

19. Relatório do ouvidor-geral do crime (Bahia, 1806), BNRJ, I = 32, 28, 25.

20. P. ex. APB, *Livro de perdões* 495, f 75v; 503, fs. 27-8.

21. AUFDERHEIDE, Patricia. *Order and violence: social deviance and social control in Brazil*. Tese de PhD. University of Minnesota, 1976, cap. 6.

22. Apontamentos para huma nova lei dos escravos do Brazil. AHU, Bahia pap. avul., caixa 44, 2ª série, não catal. (sem data, mas aparentemente da década de 1790); MOTT, Luiz R. B. *A tortura dos escravos na Casa da Torre*. Trabalho não publicado, 1984, baseado em ANTT, Inquisição, processo 16 687.

23. Inventário do Engenho Água Boa de Manoel Antônio Campello (1795), APB, secção judiciária 656A.

24. Testamento e inventário de João Lopes Fiúza (1741), APB, secção judiciária 623.

25. VILHENA, Luís dos Santos. *A Bahia no século XVIII*. Bahia, 1969, 3 v. v. I, p. 186.

26. GRAHAM, Maria. *Journal of a voyage to Brazil and residente there*. Londres, 1824, p. 114.

27. "Trabalhar de manhã cedo até tarde da noite, nus e expostos às intempéries." RUITER, Dierick. A tocha da navegação. *RIHGB, 269*: p. 83, 1965. Ver também MARQUES PEREIRA. op. cit., p. 159, que afirmou que no Brasil muitos proprietários forçavam seus escravos a trabalhar dia e noite, "rotos, nus e sem sustento".

28. LARSEN, Erik. *Frans Post, interprète du Brésil*. Amsterdam, 1962, ilustrações 33-6, 46-7.

29. ANTT, CSJ, maço 54, nº 55 (1753).

30. AHU, Bahia pap. avul., caixa 51 (1751).

31. VILHENA. op. cit., v. I, p. 186.

32. KOSTER, Henry. *Travels in Brazil*. Filadélfia, 1817, 2 v. v. II, p. 231.

33. LASOCKI, Barbara Marie-Charlotte Wanda. *A profile of Bahia as seen by Jacques Guinebaud, French Consul General*. Tese de MA, University of California, Los Angeles, 1967, p. 127.

34. IMBERT, João. *Manual do fazendeiro ou tratado doméstico sobre as enfermidades dos negros*. Rio de Janeiro, 1832, p. XX.

35. El-Rey ao Conselho da Índia (30 abr. 1606), BA, 51-VIII-48, fl. 88.

36. ANTONIL. op. cit., liv. 1, cap. 9. Cf. comentários feitos por Israel da Costa e Ruiters de que os cativos passavam suas poucas horas livres à cata de mariscos e outros suplementos.

37. El-Rey a dom João de Lancastre (Lisboa, 31 jan. 1701), APB, Ord. reg. 6, nº 103.

38. MULVEY, Patricia. *The Black lay brotherhoods of colonial Brazil: a history*. Tese de PhD. City University of New York, 1976, p. 80.

39. "O mui reverendo Dom Abbott ordenou a todos os Padres Administradores de nossas fazendas darem um dia por semana a todos os escravos adultos, mesmo em semana com muitos dias santos porque todos os senhores devem sustentar seus escravos." ADB/CSB 135 (Rio de Janeiro, 1763-6); MARQUES PEREIRA. op. cit., pp. 147-51.

40. Pedro Teixeira ao Colégio de Santo Antão (Santana, 11 nov. 1731), ANTT, CSJ, maço 15, nº 26; ANTT, CSJ, maço 54, nº 51 (1753). Para o Engenho Sergipe, sobre o mesmo tema, ver a carta do padre Fernandes (30 jun. 1748), ANTT, CSJ, maço 69, nº 140.

41. KOSTER. op. cit., v. II, p. 116.

42. AHU, Bahia pap. avul, caixa 61 (1751).

43. ANTT, CSJ, maço 15, nº 26.

44. O argumento de que os cativos eram bem alimentados, na verdade melhor até que seus senhores, aparece em FREYRE, Gilberto. *The Masters and the slaves*. Nova York, 1956, pp. 50-4. Tal argumento parece ser baseado nas observações de autores do século XIX que pretendiam comparar a condição dos escravos na grande lavoura com a dos trabalhadores industriais, "cativos de máquina". A isso, Freyre acrescentou sua opinião de que alimentar mal os escravos era irracional. Ver BURLAMAQUI, F. L. C. *Monographia da canna d'assucar.* Rio de Janeiro, 1862, p. 325.

45. IMBERT. op. cit., pp. 366-8.

46. BURLAMAQUI, Frederico Leopoldo C. *Memoria analytica acerca do commercio d'escravos e acerca da escravidão domestica*. Rio de Janeiro, 1837, p. 79.

47. SOUSA, Marco Antonio de. *Memoria sobre a capitania de Serzipe (1800)*. 2ª ed. Aracaju, 1944, p. 17.

48. KOSTER. op. cit., v. II, pp. 112-3.

49. MARQUES PEREIRA. op. cit., p. 68.

50. WALSH, Robert. *Notices of Brazil in 1828 and 1829*. Boston, 1831. 2 v. v. II, pp. 18-9.

51. ANTT, CSJ, maço 15, nº 27.

52. DEERR, Noel. *The history of sugar*. Londres, 1950. 2 v. v. II, pp. 57-8.

53. O testemunho é citado em ibid., v. II, pp. 352-3.

54. ANTONIL. op. cit., liv. 2, cap. 2 e 3; LIGON, Richard. *A true and exact history of the Island of Barbados*. Londres, 1673, p. 88.

55. "Fouce, a saber hum escravo que corta a cana e outro que a vai amarrando em feixes, e pondo em tulhas no agro para o carro correr ao engenho." ACS, Cartas do Senado 28.5 (Carta da câmara de Santo Amaro, 3 jul. 1751). Ver também ANTONIL. op. cit., liv. 2, cap. 4.

56. ANTONIL. op. cit., liv. 2, cap. 4. VILHENA. op. cit., v. I, p. 179, indica que a mesma medida era usada um século mais tarde.

57. SCHWARTZ, Stuart B. Resistance and accommodation in eighteenth-century Brazil: the slaves' view of slavery. *HAHR*, *57*(1): pp. 69-81 (fev. 1979).

58. P. ex., no Engenho Vargem, no Rio de Janeiro, a derrubada era feita por índios contratados antes que os escravos fossem postos a trabalhar no campo. Ver ADB/CSB 135 (estado de 1772-7).

59. DEERR. op. cit., v. II, p. 58

60. A estimativa é da Fazenda Santa Cruz, no Rio de Janeiro (1798). ANRJ, Códice 618, fs. 57-61.

61. AHU, Bahia pap. avul., caixa 61. Provavelmente, o custo foi superestimado intencionalmente ou trata-se de um erro de registro. Se os escravos pudessem cortar 4200 canas por dia, como afirma Antonil, então apenas dez ou onze escravos eram necessários para cortar 44 a 45 mil canas em tarefa. Como tais estimativas foram preparadas visando justificar as queixas dos senhores de engenho quanto aos custos elevados, creio que o erro foi intencional.

62. ANTT, CSJ, maço 69, nº 83 (1629).

63. Memorial de Joseph Israel da Costa. Quase dois séculos depois, o viajante francês Tollenare descreveu uma cena rural: "30 negres et négresses courbés ver la terre et excites à travailler par un commandeur armé d'un fouet, qui punir le moindre repos" (30 negros e negras curvados sobre a

terra e incitados a trabalhar por um feitor armado de um chicote, que pune o menor repouso). Ver TOLLENARE, Louis-François de. *Notes dominicalles*. Ed. Leon Bourdon. Paris, 1972. 3v. v. II, p. 363.

64. Cf. MARQUES PEREIRA. op. cit., p. 159; BENCI, op. cit., pp. 33-62. RUITER. op. cit., pp. 3-84, contém observações sobre o tratamento dos escravos, em tradução do clássico holandês *Toortse der Zee-Vaert* (1623).

65. O engenho trapiche de três tambores passou a ser chamado, em São Domingos, de *quiebra-huesos* (quebra-ossos) devido à sua força.

66. Antônio de Encarnação, administrador do Engenho Mussurepe, ADB/CSB 322.

67. Matias de Souza ao padre Luís Veloso (23 jul. 1733), ANTT, CSJ, maço 70, nº 170.

68. TOLLENARE. op. cit., v. II, pp. 420-1.

69. Padre Antonio Vieira, sermão aos escravos do Engenho Sergipe (1633), citado em CASTRO, Antonio Barros de. *Escravos e senhores nos engenhos do Brasil*. Tese de doutorado. Universidade Estadual de Campinas, 1976, p. III.

70. VILHENA. op. cit., v. I, p. 184.

71. Escravos de inventários, Conjunto de Dados A. Um dos poucos arrolamentos de força de trabalho escravo de um engenho em que os cativos foram agrupados por ocupação foi o do Engenho Sergipe, em 1638, ao ser a propriedade vendida a Pedro Gonçalves de Matos. Nessa época, oito escravos foram listados como metedores de fogo. Ver ANTT, CSJ, maço 30, f. 104.

72. P. Antônio de Gouveia ao provincial (Bahia, 4 mai. 1626), ANTT, CSJ, maço 68, nº 395. *PVCB*, pp. 28-9, relata um incidente ainda mais macabro, quando Fernão Cabral de Ataíde colocou uma escrava próxima a uma fornalha para "assustá-la", mas ela caiu e morreu queimada.

73. As exigências das tarefas são descritas em ANTONIL. op. cit., liv. 2, cap. 10 e 11.

74. ASCMB, Livro do Tombo I, 147-85. No século XVIII, no Engenho Sergipe, essa tarefa foi passada para os escravos.

75. Inventário de Filipe Dias do Amaral (1804), MNH/CWP.

76. Inventário do cel. José da Rocha Dorea, Engenho Barbado (1769), APB, Sec. judiciária São Francisco 535, nº 16.

77. ANTT, CSJ, maço 15, nº 26 (Santana, 11 nov. 1731).

78. APB, Livro das notas 25 (23 mar. 1715), 208-10.

79. Ribeiro ao Colégio de Santo Antão (Bahia, 12 mar. 1660), ANTT, CSJ, maço 68, nº 268.

80. Cf. ANTONIL. op. cit., esp. liv. 1 e 2. VILHENA. op. cit., v. I, pp. 183-4, menciona as várias ocupações e indica alguns números, mas de modo inconsistente.

81. Ver Capítulo 12.

82. Para uma discussão sobre os dados que serviram de base a esta seção, ver pp. 640-2 deste volume.

83. GORENDER. op. cit., pp. 69-77.

84. AHU, Bahia pap. avul., caixa 90 (Treslado das penhoras...).

85. Há raros exemplos de mulheres em funções de supervisão. P. ex., a escrava Mônica foi arrolada como feitora na fazenda jesuíta de São Brás, no Maranhão, na década de 1750. Ver StL/VFL, rolo 161.

86. Câmara a El-Rey (6 set. 1736), APB, Cartas do Senado 131, 117-25.

87. Sobre a questão da duração do dia de trabalho, as observações de viajantes em outras colônias açucareiras são instrutivas. Em Cuba, no século XIX, era comum haver quatro horas e meia de descanso em vinte e quatro horas durante a safra, e uma alteração para seis horas de repouso em uma propriedade em Matanzas foi considerada especialmente "filantrópica". Ver as fontes citadas em MORNER, Magnus. *European travelogues as sources to Latin American history from The late eighteenth century until 1870*. Estocolmo, Instituto de Estudos Latino-Americanos, 1981, nº 30, p. 40.

88. CASTRO. op. cit., pp. 7-8.

89. SANTIAGO, Theo. A manufatura e o engenho de açúcar no Brasil. In: AMARAL LAPA, José Roberto do, org., *Modos de produção e realidade brasileira*. Petrópolis, 1980, pp. 195-205.

90. MARX, Karl. *Capital*. Nova York, 1967. 3 v. v. I, parte IV, cap. 13, pp. 322-4.

91. CASTRO, Antônio Barros de. A economia política, o capitalismo e a escravidão. In: AMARAL LAPA. op. cit., pp. 67-107.

92. Esses cálculos foram feitos por GOMES, José Caetano. Memória sobre a agricultura e produtos de cana-de-açúcar (1798). *Brasil Açucareiro*, mar. 1965, p. 43.

93. SALVADOR, Frei Vicente do, *História do Brasil*. 5ª ed. Com notas de Capistrano de Abreu, Rodolfo Garcia e frei Venâncio Willeke. São Paulo, 1965, p. 366.

94. Loreto Couto fornece essa informação em sua justificativa da continuidade do funcionamento dos engenhos aos domingos. Ver *ABNR*, *24*: pp. 183-4, 1902.

95. ABD / CSB 135 (Rio de Janeiro, 1766-70).

96. ANTONIL. op. cit., liv. 2, cap. 12; RUITERS. op. cit., p. 83.

97. GONÇALVES DE MELLO, José Antônio. Um regimento de feitor-mor de engenho de 1663. *Boletim do Instituto Joaquim Nabuco*, 2: pp. 80-7, 1953.

98. VILHENA. op. cit., v. I, p. 184.

99. ANTT, CSJ, maço 70, nº 104.

100. Ver a discussão sobre os capatazes em NELSON, Daniel. *Managers and workers*. Madison, Wis., 1975, pp. 34-54.

101. GONÇALVES DE MELLO. op. cit., p. 83. BARLOW, Nora, ed. *Charles Darwin's diary*. Cambridge, 1934, p. 55.

102. CARDOSO, Ciro F. A brecha camponesa no sistema escravista. *Agricultura, escravidão e capitalismo*. Petrópolis, 1979, pp. 133-54. Ver também a discussão em CASTRO. Escravos e senhores [...], pp. 17-9.

103. Ver minha discussão em SCHWARTZ. op. cit., pp. 69-81. GORENDER, Jacob. Questionamentos sobre a teoria econômica do escravismo colonial. *Estudos Econômicos, 13*(1): pp. 7-40, 1983, questionou tanto a tipicidade do documento do Engenho Santana usado nesse meu artigo quanto minha interpretação sobre ele. Não obstante, é patente que o sistema desse engenho não foi resultado do paternalismo dos jesuítas, pois havia trinta anos que os padres não eram mais seus proprietários e também porque os jesuítas nada apresentaram de paternalista no Engenho Santana, como indicado pela última citação deste capítulo.

104. Padre Matias (?) ao padre Estêvão da Costa (Bahia, 3 out. 1623), ANTT, CSJ, maço 70, nº 89.

105. FOGEL, Robert W. & ENGERMAN, Stanley L. *Time on the cross: the economics of American Negro slavery*. Boston, 1974. 2 v. v. I, pp. 191-257. DAVID, Paul *et al*. *Reckoning with Slavery*. Nova York, 1976, pp. 69-80. Sobre escravos na indústria, ver LEWIS, Ronald L. *Coal, iron and slaves*. Westport, Conn., 1979.

106. P. Felipe Franco (Santana, 15 mar. 1671), ANTT, CSJ, maço 70, nº 383; P. Pedro Teixeira ao Colégio de Santo Antão (Santana, 11 nov. 1731), maço 15, nº 26; p. Luís da Rocha (1739), maço 69, nº 207 (10 out. 1739), maço 68, nº 413.

107. P. Jerônimo da Gama, "Custumes q. achey e vou emendando [...]", ANTT, CSJ, maço 54, nº 55. Publiquei essa declaração anteriormente em SCHWARTZ, Stuart B. Colonial Brazil: plantation and peripheries, 1580-1750. In: *CHLA*, v. II, pp. 440-1.

108. Meu artigo "Resistence and Accommodation [...]" discute o tratado em detalhes e o reimprime.

109. Vários estudos recentes começam a procurar as interligações entre organização da mão de obra e formas sociais. Ver MAEYAMA, T. The masters *versus* the slaves under the plantation systems in Brazil. *Latin American Studies*. University of Tsukuba, Japão, *3*: pp. 115-41, 1981; MENDES, Claudinei Magno Magre. No mundo do quinguingoo. *AH, 8*: pp. 93-106, 1976. Para comparação, ver MORGAN, Phillip D. Work and culture: the task system and the lowcountry Blacks, 1700-1880. *William and Mary Quarterly*. 3ª ser., *39*(4): pp. 563-99, 1982.

7. O COMÉRCIO DE AÇÚCAR NA BAHIA ATÉ 1750

1. Ver o estudo sobre os registros mercantis remanescentes e outros documentos em ALDEN, Dauril. Vicissitudes of trade in the Portuguese Atlantic empire during the first half of the eighteenth century: a review article. *The Americas, 32*(2): pp. 282-91, out. 1975.

2. MAURO, Frédéric. *Le Portugal et l'Atlantique au XVIIe siècle*. Paris, 1960, pp. 225-32

3. SLUITER, Engel. Dutch maritime power and the colonial status quo, 1585-1641. *Pacific Historical Review, 11*(1): pp. 29-42, mar. 1942. Sobre o comércio alemão de açúcar com o Brasil, ver KELLENBENZ, Hermann. Der Brasilienhandel der Hamburger Portugiesen zu Ende des 16 und in der Ersten Haltte des 17 Jahrhunderts. *Actas III Colóquio internacional de estudos luso-brasileiros, 2*: pp. 277-96, 1957.

4. Alvará (Madri, 7 jun. 1629).

5. ANTT, CSJ, maço 11, nº 5.

6. StL/VFL, rolo 162 (16 jan. 1653).

7. FLORY, Rae Jean. *Bahian society in the midcolonial period: the sugar planters, tobacco growers, merchants, and artisans of Salvador and the Recôncavo, 1680-1725*. Tese de PhD. University of Texas, 1978, pp. 241-2. Sobre os acordos de embarque com comerciantes, ver também NASCIMENTO, Anna Amelia Vieira. *"Letras de risco" e "Carregações" no comércio colonial da Bahia, 1660-1730*. Bahia, Centro de Estudos Baianos, 1977, nota 78.

8. MCCUSKER, John. *The rum trade and the balance of payments of the thirteen continental colonies, 1650-1755*. Dissertação de PhD. University of Pittsburg, 1970, p. 94; ver também DEERR, Noel. *The history of sugar*. Londres, 1950. 2 v. v. II, pp. 449-59.

9. SHERIDAN, Richard B. *Sugar and slavery: an economic history of the British West Indies 1623-1775*. Baltimore, 1974, pp. 29-30.

10. Cf. PARES, Richard. The London sugar market, 1740-1769. *Economic History Review, 9*(2): pp. 254-70, 1956.

11. MCCUSKER. op. cit., p. 94.

12. A proibição da exportação de aguardente, datada de 25 de outubro de 1646, na Bahia, encontrou oposição por parte dos produtores de açúcar, sendo a ordem revogada. Ver Consulta, Con. Ultra., AHU, Bahia pap. avul., caixa 6 (17 fev. 1647).

13. Sobre a relação entre os preços do açúcar e o índice geral de preços, ver BUESCU, Mircea. *300 anos da inflação*. Rio de Janeiro, 1973, pp. 39-68.

14. Essas fontes são relacionadas e discutidas em MAURO. op. cit., pp. 192-211.

15. Essa minha estimativa baseia-se em cálculos efetuados por Mircea Buescu e em meu próprio exame das fontes. Em outro trabalho, questionei seriamente uma estimativa anterior da produção apresentada em SIMONSEN, Roberto. *História econômica do Brasil (1500-1820)*. 4ª ed. São Paulo, 1962, pp. 382-3, que afirma ter sido 1,2 milhão de arrobas a produção em 1600. Tal estimativa é alta demais, como procurei demonstrar em BARRETT, Ward & SCHWARTZ, Stuart B. Comparación entre dos economias azucareras coloniales: Marelos, México y Bahía, Brazil. In: FLORESCANO, Enrique, ed. *Haciendas, latifúndios y plantaciones en América Latina*, pp. 532-72. Ver também BUESCU, Mircea. *História econômica do Brasil*. Rio de Janeiro, 1970, pp. 81-90. A estimativa para 1623 é de Jan Andries Moerbeeck. Ver *DUP*, v. II; pp. 214-23.

16. Apresentei uma discussão mais completa sobre esses dados em SCHWARTZ, Stuart B. Society and economy in Brazil: plantations and peripheries, 1580-1750. *CHLA*, v. IIp.

17. Ver Capítulo 5 (pp. 98-131).

18. CASTRO, Antônio Barros de. Brasil, 1610: mudanças técnicas e conflitos sociais. *Pesquisa e Planejamento Econômico, 10*(3): pp. 679-712, 1980.

19. Carta régia ao governador Gaspar de Sousa (Lisboa, 24 mai. 1614), BI, Correspondência de Gaspar de Sousa, f. 315.

20. Atribuí a Pedro Cadena de Vilhasanti, provedor-mor do Brasil, o relatório anônimo de 1629 intitulado "Descripción de la provincia del Brasil", publicado em MAURO, Frédéric. *Le Brésil au XVIIe siècle*. Coimbra, 1963, pp. 167-91. Exceto pela data, é idêntico ao relatório oferecido por um certo Pedro Cudena (*sic*) ao conde duque de Olivares em 1634. Este último relatório foi impresso por Martin Franzbach, em *JGSWGIA, 7*: pp. 164-200, 1970.

21. BRANDÃO, Ambrósio Fernandes. *Diálogos das grandezas do Brasil*. Org. José Antônio Gonçalves de Mello. 2ª ed. completa. Recife, 1966, pp. 87-90.

22. GONÇALVES DE MELLO, José Antônio. Uma relação dos engenhos de Pernambuco em 1623. *Revista do Museu do Açúcar, 1*: pp. 25-36, 1968.

23. ADB / CSB, 322.

24. Ver Apêndice B para a série de preços. Ela foi construída usando-se o preço médio de venda do açúcar branco no Engenho Sergipe e acrescentando-se a essas observações, para os anos em que não há informações de preços, o preço do açúcar branco computado por Dauril Alden. Como as séries desse autor foram baseadas em aquisições locais, deflacionei-as em 10% para aproximação com os preços recebidos pelo engenho. Adicionalmente, visando à consistência da série, todos os preços para os anos anteriores a 1688 foram inflacionados em 20%, como reajuste devido à reforma monetária efetivada naquele ano. Ver ALDEN, Dauril. *Commodity price movements in Brazil before, during, and after the gold boom, 1670-1769, the Salvador market*. Trabalho não publicado, 1983.

25. Em 1604, a Coroa fez um acordo com os jesuítas para pagar em açúcar a manutenção destes, com base no preço de 1601. AGS, SP 1473, fs. 493-4; SP 1489, fs. 22*v*-3. Ver também PINHO, Wanderley. *História de um engenho do Recôncavo*. Rio de Janeiro, 1946, pp. 243-7; suas cotações para 1601, 1604 e 1621 não são evidentemente preços de mercado.

26. BUESCU. *300 anos de inflação* [...], pp. 41-3.

27. PRO, SP 9 / 104.

28. AHU, Bahia pap. avul., caixa 1, 1ª série, não catal. (9 out. 1623).

29. SUPPLE, Barry E. *Commercial crisis and change in England, 1600-1642*. Cambridge, 1959, pp. 1-22. As palavras "crise" e "retração" são usadas com cuidado aqui, pois existe muita polêmica sobre a natureza, profundidade e significado da depressão. Ver a discussão em WALLERSTEIN, Immanuel. *The modern world system*. Nova York, 1974. 2 v. até o presente. v. II, pp. 13-34.

30. Esse comentário foi feito no Parlamento, em 1621; citado em SUPPLE. op. cit., p. 54; WALLERSTEIN. op. cit., v. II, p. 25.

31. SUPPLE. op. cit., pp. 73-81; VRIES, Jan de. *The economy of Europe in an age of crisis, 1600-1750*. Cambridge, 1976, pp. 21-5. Especialmente importante é ROMANO, Ruggiero. Tra XVI e XVII secolo, una crisi economica: 1619-1622. *Rivista storica italiana, 74*(3): pp. 480-531, 1962.

32. Ver MAURO, Frédéric. Espaces maritimes et économie coloniale brésilienne. *Des produits et des hommes*. Paris, 1972, pp. 72-92, em que esse autor discute a época de 1600 a 1621 como um período de contração, ou fase B, do ciclo de Kondratieff. Para o açúcar, porém, a tendência dos preços na década de 1610 foi fortemente ascendente.

33. MOERBEECK, Jan Andries. *Motivos por que a Companhia das Índias Ocidentais deve tentar tirar ao Rei de Espanha a terra do Brasil (Amsterdam, 1624)*. Rio de Janeiro, 1942.

34. CUNHA E FREITAS, Eugênio Andréa. Documentos para a história do Brasil III: Notícias da Bahia em 1625. *Anais da Academia Portuguesa de História*. 2ª série. Lisboa, *21*: pp. 479-80, 1972.

35. Relação do estado em que achey o engenho de Sergipe (jul. 1625). ANTT, CSJ, maço 14, nº 52.

36. André de Gouveia ao Colégio de Santo Antão (Bahia, 18 abr. 1626). ANTT, CSJ, maço 68, nº 394; ARSI Lusitania 77, fs. 71-7. Em 1613-4, o dízimo da Bahia foi 45 mil cruzados, e o total do Brasil foi 135 mil cruzados.

37. CARDOZO, Manoel. Tithes in colonial Minas Gerais. *Catholic Historical Review, 38* (3): pp. 175-82, 1953; OLIVEIRA, Oscar de. *Os dízimos eclesiásticos do Brasil*. 2ª ed. Belo Horizonte, 1964.

38. MAURO. *Portugal et l'Atlantique* [...], pp. 219-22.

39. Para exemplo de um erro de cálculo, ver a petição de Manoel Rodrigues Sanches, que arrematou o dízimo em 1613-4, quando a Bahia foi assolada por uma seca, e ele não pôde pagar. AHU, Bahia pap. avul., caixa 1, 1ª série, não catal.

40. Ver Capítulo 7, nota 114.

41. O contrato em 1619 foi arrematado por um período de três anos. Ver AHU, Bahia pap. avul., caixa 1-A, nº 147.

42. Ver AHU, Bahia pap. avul., caixa 3 (9 jan. 1681); AHNM, Estado 81, fs. 262-3. A isenção dos jesuítas é discutida em *HCJB*, v. III, pp. 148, 178-9, 240.

43. JOYCE JR., Joseph. *Spanish influence on Portuguese administration: a study of the Conselho da Fazenda and Hapsburg Brazil, 1580-1640*. Dissertação de PhD. University of Southern California, 1974, pp. 266-71, cobre o período de 1608 a 1624. Para os anos subsequentes, ver o relatório de Jorge Seco de Macedo (6 fev. 1656). AHU, Bahia pap. avul., caixa 6, 1ª série, não catal.

44. O dízimo de Pernambuco caiu de 81 mil cruzados em 1622-3 para 51 500 em 1623-4, uma diminuição de 36%. Ver JOYCE JR. op. cit., p. 268.

45. *Livro primeiro do governo do Brasil, 1607-1633*. Rio de Janeiro, 1958, pp. 314-6.

46. Ibid.

47. A versão do *Livro primeiro* indica que havia trezentos navios engajados no comércio brasileiro, mas se estes transportavam em média quatrocentas caixas ou 7200 arrobas, a produção brasileira teria sido superior a 2 milhões de arrobas, quantidade essa muito acima do potencial da colônia. Em 1626, o Conselho de Estado em Espanha discutiu o assunto e observou que 120 embarcações estavam engajadas no comércio do Brasil. Como se estimava que naquela época as caixas pesassem dezoito a vinte arrobas, a exportação anual brasileira teria sido entre 1,08 e 1,2 milhão se cada navio levasse em média 500 caixas. Ver Consulta, Conselho de Estado (23 jul. 1626), Cadaval nº 43.

48. Essa quantidade de 3700 arrobas por engenho é confirmada por uma petição de 1632, na qual a câmara municipal de Salvador relatou que dezesseis engenhos haviam parado de produzir, com uma perda de 6 mil arrobas em dízimos. Isso indica uma produção de 60 mil arrobas para esses dezesseis engenhos, ou seja, 3750 arrobas em média por engenho. Ver ACS, Livro 155, fs. 88-91.

49. Os três trabalhos clássicos sobre esse tópico são BOXER, C. R. *The Dutch in Brazil, 1624-1654*. Oxford, 1957; VARNHAGEN, Francisco Adolfo de. *História das lutas com os hollandezes no Brasil*. Lisboa, 1872; e WÄTJEN, Herman. *O domínio colonial hollandez no Brasil*. São Paulo, 1938, que é uma tradução da edição alemã de 1921.

50. O melhor trabalho acerca do impacto da invasão holandesa sobre a economia açucareira é CABRAL DE MELLO, Evaldo. *Olinda restaurada. Guerra e açúcar no Nordeste, 1630-1654*. São Paulo, 1975.

51. No ano anterior, os senhores de engenho haviam solicitado à câmara uma redução de impostos, devido ao baixo preço do açúcar. ACS, Livro 155, fs. 88-90.

52. Estimativa do marquês de Niza, em CABRAL DE MELLO. op. cit., pp. 123-5.

53. Ibid., pp. 91, 167, 256-7. Para um caso específico, ver ANDRADE, Gilberto Osorio de. D. Catarina Barreto e a retirada de 1635. *Ciência e Trópico, 7*(1), jan.-jun. 1979.

54. CABRAL DE MELLO. op. cit., p. 155. Sob o domínio holandês, os senhores de engenho também se queixaram dos impostos, especialmente sobre o melado, que antes não era taxado. Objetaram também às medidas que os obrigavam a cultivar gêneros alimentícios. Ver GONÇALVES DE MELLO, José Antônio. *Tempo dos flamengos*. Rio de Janeiro, 1947, pp. 175, 180-1, 188-9.

55. Um relato útil, apesar de um tanto confuso, sobre esses eventos encontra-se em CERQUEIRA, Carlos Valeriano de. Histórico da cultura da cana na Bahia. *Anais do Primeiro Congresso de História da Bahia*. Bahia, 1950. 5 v. v. IV, pp. 263-333.

56. No relato desses acontecimentos, segui o trabalho de BOXER. op. cit.

57. O protesto contra a ordem, assinado por cerca de oitenta senhores de engenho e lavradores, encontra-se em BI, Cartas do conde de Torre; liv. 2, nº 102 (28 fev. 1639). Ver também liv. 3, nº 155; ANTT, Coleção de São Vicente, liv. 23, f. 140.

58. BI, Cartas do conde de Torre, liv. 1, nº 166.

59. Um relato sobre as perdas de embarcações encontra-se em LAET, Joannes de. História ou annaes dos feitos da Companhia Privilegiada das Indias Occidentaes. *ABNR, 61-2*: pp. 201-15, 1919-20.

60. ANDREWS, Kenneth, *Elizabethan privateering*. Cambridge, 1964, pp. 133, 201-4.

61. Ibid., pp. 206-7.

62. Ver SLUITER. op. cit., pp. 29-41; MAURO. *Le Portugal et l'Atlantique* [...], p. 463.

63. ANDRADE E SILVA. *Col. chron. 1* (5 jan. 1605): 104.

64. Consulta, Consejo de Estado (13 jan. 1607), AGS, Estado Sicilia 1171.

65. MAURO. *Portugal et l'Atlantique* [...], p. 465.

66. Alvará (15 jan. 1605), ANRJ, Códice 541, f. 116.

67. AUFDERHEIDE, Patricia. *Ships and sugar: quantitative analysis of shipping records, 1595-1598, 1608-1617*. University of Minnesota, 1973. Trabalho não publicado. Essa autora examinou os registros de Miguel Dias de Santiago em PRO, SP 9/104, e os registros de remessa do Engenho Sergipe para 1608-17. ANTT, CSJ, maço 11, nº 5.

68. O Engenho Sergipe usou algumas caravelas capitaneadas por homens do distrito de Alfama, em Lisboa. Cada remessa continha entre quatro e vinte caixas. ANTT, CSJ, maço 11, nº 5.

69. O comentário de Vieira e uma discussão sobre a caravela são encontrados em BOXER, C. R. *Salvador de Sá and the struggle for Brazil and Angola, 1602-1686*. Londres, 1952, pp. 209-91.

70. AGS, Guerra Antigua, 690.

71. AGS, Sec. prov. 1527, fs. 181-181*v* (Madri, 6 out. 1632).

72. CABRAL DE MELLO. op. cit., p. 49.

73. *CSPS* (10 nov. 1586): 651; carta de d. Diego Sarmiento de Acuña discutida em uma consulta ao conselho de Estado (18 jul. 1615), AGS, Estado Inglatierra 2514.

74. AGS, Sec. prov. 1520 (Madri, 11 set. 1626), fs. 107-7*v*; BNM, 2848, f. 165 (5 set. 1626), Memorial (1627), *Livro primeiro*, pp. 314-5. Propostas para a criação de uma *casa de contratacción* como a espanhola foram feitas à mesma época. Ver *BNR*, 1, 2, 35, nº 14 (7 mai. 1627). Sobre uma proposta posterior ver Papel que dio a SMgd. Nicholas Salvago en que offerece hazer una armada de ocho navios para asegurar los açucares del Brasil (1630), BNRJ 1, 2, 35.

75. O trabalho clássico sobre a Companhia é FREITAS, Gustavo de. *A companhia geral do comércio do Brasil (1649-1720)*. São Paulo, 1951, que estuda sua estrutura mas não suas operações. Em inglês, a melhor descrição encontra-se em BOXER. *Salvador de Sá* [...], pp. 290-2. Sobre os cristãos-novos, ver Capítulo 9.

76. AHU, Códice 14, f. 146*v*.

77. Sobre as frotas do Brasil, ver LOBO, Eulália Maria Lahmeyer. As frotas do Brasil. *JGSWGLA*, 4: pp. 465-88, 1967. PINTO, Virgílio Noya. *O ouro brasileiro e o comércio anglo-português*. São Paulo, 1979, é essencialmente um estudo das frotas baseado nos relatórios de cônsules franceses; deve ser confrontado com MORINEAU, M. Or brésilien et gazettes hollandaises. *Revue d'Histoire Moderne et Contemporaine, 25*: pp. 3-59, jan.-mar. 1978, que foi baseado em fontes holandesas.

78. BATIE, Robert Carlyle. Why sugar? Economic cycles and the changing of staples on the English and French Antilles, 1624-54. *Journal of Caribbean History, 8*:1-41, nov. 1976. Ver também EDEL, Matthew. The Brazilian sugar cycle of the seventeenth century and the rise of the West Indian competition. *Caribbean Studies, 9*: pp. 24-44, abr. 1967.

79. Os portugueses protestaram que essas barreiras eram contrárias a seus acordos comerciais com a Inglaterra. Ver cônsul Maynard a *lord* Arlington (Lisboa, 18 abr. 1671), PRO, SP 89/11.

80. CHILD, Josiah, *sir*. *A new discourse on trade*. Londres, 1669, p. 220, citado em SHERIDAN, Richard B. *Sugar and slavery: an economic history of the British West Indies, 1623-1775*. Baltimore, 1974, p. 397.

81. MCCUSKER. op. cit., p. 128.

82. SHERIDAN. op. cit., pp. 45-53.

83. Gaspar de Brito Freire à Coroa (Bahia, 13 ago. 1644), AHU, Bahia pap. avul., caixa 4.

84. AHU, Bahia pap. avul., caixa 10 (3 nov. 1669). Foi informado em 1666 que 16 mil escravos haviam morrido no Brasil. PRO, SP 87/7, f. 319.

85. Ibid. (19 dez. 1667).

86. P. Manuel de Oliveira a P. Manuel Morras (16 jun. 1668 e 11 set. 1668), ANTT, CSJ, maço 68, nº 107, nº 123; AHU, Bahia pap. avul., caixa 10 (3 nov. 1669).

87. ALDEN. *Commodity price movements* [...], pp. 4-5.

88. SHERIDAN. op. cit., p. 404.

89. MAGALHÃES GODINHO, Vitorino. Portugal, as frotas do açúcar e as frotas do ouro, 1670-1770. In: *Ensaios*. Lisboa, 1968-70. 3 v. v. 2, pp. 295-315.

90. MAGALHÃES GODINHO, Vitorino. Portugal and her empire. *New Cambridge modern history*. Cambridge, 1970. 14 v. v. VI, pp. 509-40, especialmente 508-12.

91. HANSON, Carl. *Economy and society in baroque Portugal, 1668-1703*. Minneapolis, 1981, pp. 108-42; WALLERSTEIN. op. cit., v. II, pp. 75-125.

92. Ver minha discussão em SCHWARTZ, Stuart B. *A governor and his image in baroque Brazil: the funeral eulogy of Afonso Furtado de Castro de Rio de Mendonça by Juan Lopes Sierra*. Trad. Ruth Jones. Minneapolis, 1979, pp. 5-17.

93. HANSON. op. cit., p. 240.

94. VERGER, Pierre. *Flux et reflux de la traite des nègres entre le golfe de Bénin et Bahia de Todos os Santos*. Paris, 1968, pp. 97-127.

95. Consulta, Con. Ultra. (24 ago. 1672), Bahia pap. avul., caixa 1ª, n. c.; informou-se que em 1662 a contribuição anual da Bahia foi de 20 mil cruzados. Ver ACS, 4 (24 abr. 1622), 136-140.

96. AHU, Códice 252, f. 5.

97. Cartas do Senado. *Documentos históricos do Arquivo Municipal*. Bahia, 195-3. 3v. v. III, pp. 17, 20, 212.

98. HIRSCHMAN, Albert O. A generalized linkage approach to development with special reference to staples. *Economic Development and Cultural Change, 25*: pp. 67-98, 1975, suplemento.

99. Apresento uma biografia concisa de Peixoto Viegas em SCHWARTZ. *A governor and his image* [...], pp. 165-7.

100. Parecer e tratado feito sobre os excessivos impostos que cahirao sobre as lavouras do Brazil. *ABNR, 20*: pp. 213-23, 1898.

101. HANSON. op. cit., pp. 142-59.

102. BOXER, C. R. *The Portuguese seaborne empire, 1415-1825*. Londres, 1969, pp. 152-4.

103. Para uma análise do efeito da falta de moeda metálica em Portugal, ver Papeles do duque de Cadaval. BM, Additional Ms. 15 170, fs. 201-8 (4 jul. 1692).

104. MAGALHÃES GODINHO. Portugal and her empire [...], pp. 509-12, 523-8.

105. ALDEN. *Commodity price movements* [...], pp. 4-5.

106. MAGALHÃES GODINHO. Portugal and her empire [...], pp. 533-7; PINTO. op. cit., pp. 112-8.

107. Um bom exemplo desse apoio oficial ao setor agrícola é a carta do governador dom João de Lencastre (12 jan. 1701), reproduzida em ANTONIL, André João. *Cultura e opulência do Brasil por suas drogas e minas*. Ed. Andrée Mansuy. Paris, 1965, pp. 586-90. Ver também a carta do governador dom Rodrigo da Costa, APB, Ord. reg. 7, nº 107 (20 jun. 1703), e ord. reg. 6 (28 jun. 1703), f. 59. Cf. Consulta, Con. Ultra. (26 set. 1703), AHU, Códice 252.

108. Uma lei de 17 nov. 1704 proibiu a reexportação na Bahia de artigos portugueses. Em 1706, o governador do Brasil tentou impedir a exportação de gêneros alimentícios da Bahia para o Rio de Janeiro. APB, ord. reg. 7, nºs 402, 403.

109. Alvará (Lisboa, 20 jan. 1701), APB, ord. reg. 6, nº 83. Essa lei limitava os paulistas a adquirir duzentos escravos por ano de Angola, comprados por intermédio do porto do Rio de Janeiro. As tentativas régias de proibir os senhores de engenho de vender cativos às minas encontraram oposição dos que argumentavam que alguns escravos eram inadequados para o trabalho agrícola e deveriam ser disponíveis para venda às minas. Ver APB, ord. reg. 8, nº 66A (Lisboa, 22 fev. 1711). Ver também El-Rey ao conde de Vimioso (Lisboa, 5 mai. 1719), APB, ord. reg. 14, nº 49.

110. Câmara de Salvador à Coroa (15 nov. 1723) APB, Cartas do Senado 131, f. 47-9.

111. P. Luís Veloso ao Colégio de Santo Antão (Engenho Sergipe, 16 jul. 1727), ANTT, CSJ, maço 70, n°s 1, 2 (8 abr. 1728), 3 (16 ago. 1728), 4 (28 set. 1728).

112. BUESCU. *300 anos da inflação* [...], pp. 94-121; BUESCU, Mircea. *Evolução econômica do Brasil*. Rio de Janeiro, 1974, pp. 52, 87, 96-7.

113. MAURO. *Le Portugal el l'Atlantique* [...], pp. 213-57; BOXER. *Portuguese seaborne empire* [...], pp. 150-76; BUESCU. *300 anos da inflação* [...], pp. 39-74; BUESCU. *Evolução econômica do Brasil* [...], pp. 38-57, 96-8; FURTADO, Celso. *The economic growth of Brazil*. Berkeley, 1963, pp. 15-32, 43-50.

114. GALLOWAY, J. H. Northeast Brazil, 1700-1750: the agricultural crisis reexamined. *Journal of Historical Geography, 1*(1): pp. 21-38, 1975, apresenta um argumento revisionista interessante, mas que não considero totalmente convincente. Embora ele esteja com certeza correto em afirmar que o ouro, por si só, não causou a crise agrícola do final do século XVII e início do XVIII, a literatura monográfica já rejeitara essa ideia. O ponto de vista de Galloway de que, na verdade, a crise foi muito exagerada pelas partes interessadas é, porém, discutível. Embora os senhores de engenho e os burocratas régios certamente procurassem influenciar a política da Coroa em favor da agricultura, há muitas evidências que indicam não serem infundadas as suas queixas. Basta examinar o preço relativo do açúcar e dos escravos em princípios do século XVIII para ver que os senhores de engenho estavam sendo pressionados dos dois lados. Galloway salienta que os números referentes ao dízimo não tiveram queda acentuada até a década de 1730 e supõe que na Bahia os senhores de engenho conseguiram neutralizar o aumento no preço dos escravos com os novos lucros auferidos com o comércio do fumo em expansão. Os números referentes ao dízimo são, como vimos, difíceis de usar como um indicador da economia açucareira, especialmente se não conhecemos a proporção do açúcar em relação às outras exportações. Ademais, a correlação entre o setor açucareiro e os agricultores de fumo ainda não foi demonstrada. Existem poucos indícios de que os senhores de engenho também se dedicassem à lavoura do fumo, e as duas culturas eram, inclusive, separadas geograficamente no Recôncavo. Em 1723, cerca de 24 engenhos na Bahia haviam deixado de funcionar devido ao alto custo operacional. Embora ainda se importassem escravos em Recife e Salvador, muitos senhores de engenho não podiam pagar por eles. Os dados sobre importações, do modo usado por Galloway, não contam toda a história. Mesmo na década de 1750, 60% dos cativos que chegaram a Recife foram reexportados para as minas.

115. Essa discussão é baseada em ANTT, Junta do Tabaco, maços 96A-106, que informa as caixas depositadas em trapiches baianos e por eles remetidos e apresenta a discussão de Morineau, Or brésilien et gazettes hollandaises, 26-30; ver também PINTO. op. cit., pp. 190-200.

116. Embora o anônimo "Discurso preliminar, histórico, introductivo com natureza de discrição económica da comarca e cidade do Salvador", publicado em PINTO DE AGUIAR, [Manoel], org. *Aspectos da economia colonial*. Salvador, 1957, delineie essencialmente a mesma história, seus números, frequentemente citados por muitos autores, não são de todo fidedignos. O autor, quem quer que fosse, escreveu na década de 1780, e seu conhecimento sobre a produção e os preços de quatro ou cinco decênios antes era muito vago.

117. ARRUDA, José Jobson de Andrade. *O Brasil no comércio colonial*. São Paulo, 1980, pp. 605-12.

118. Diogo de Meneses a El-Rey (8 mai. 1610), *ABNR, 57*: pp. 67-71; ANTT, Corp. cron., pt. 1, maço 115, nº 105. Ver também SCHWARTZ, Stuart B. *Sovereignty and society in colonial Brazil*. Berkeley, 1973, pp. 120-1.

119. Homens de negócio de Lisboa pedindo para ser revogada a provisão de 1612. AHU, Bahia pap. avul., caixa 1 (28 nov. 1613).

120. Requerimento q. fazem os senhores de engenho e lavradores a Câmara desta cidade (1632). ACS, livro 155, fs. 88-92.

121. Governador Pedro da Silva ao ouvidor-geral (31 ago. 1636). In: CERQUEIRA E SILVA, Ignácio Accioli. *Memórias históricas e políticas da Província da Bahia*. Ed. Braz do Amaral. Bahia, 1925. 6 v. v. II, pp. 93-4. O governador agiu conforme uma decisão da Relação da Bahia.

122. AHU, Bahia pap. avul., caixa 8 (26 set. 1663) Sobre o Rio de Janeiro, ver BNL, Chancelaria D. Pedro II, livro 59, f. 206*v* (1695); livro 25, f. 361 (1700); *Arquivo do Distrito Federal, 2*: pp. 172-3, 1896. A câmara do Rio de Janeiro requereu em 1686 uma prorrogação de seis anos da isenção, citando os precedentes de 1673 e 1681; a autorização foi concedida. Ver *DH*, 92: p. 274, 1951.

123. BNM, 2436, fs. 105-9; Parecer de João Rabelo de Lima (1630), BNRJ, 1, 2, 35; Petição dos senhores de engenho e lavradores de cana da Bahia. AHU, Bahia pap. avul., caixa 53, 1ª série, não catal. (30 out. 1747).

124. A documentação pertinente, inclusive muitas das opiniões escritas, encontra-se em APB, Ord. reg. 15, nº 149-57. Ver também BGUC, 706, fs. 42-3*v*.

125. AHU, Bahia pap. avul., caixa 46, 1ª série, não catal.

126. Ver Capítulo 11, seção intitulada "composição e relações sociais". Ver também a discussão em SCHWARTZ, Stuart B. Free labor in a slave economy: the lavradores de cana of colonial Bahia. In: ALDEN, Dauril, ed. *Colonial roots of modern Brazil*. Berkeley, 1973, pp. 147-97.

127. Os documentos mais importantes foram publicados em ALBUQUERQUE, Maria Izabel de. Liberdade e limitação dos engenhos d'açúcar. *Anais do Primeiro Congresso de História da Bahia*. Salvador, 1950, v. II, pp. 491-9; e em MAURO. *Le Brésil au XVIIᵉ siècle* [...], pp. 270-307.

128. Petições de senhores de engenho podem ser vistas em ACS, 125.4 (fragmento), Bahia (26 jun. 1669 e 27 jun. 1669). Os senhores de engenho já estabelecidos foram liderados nessa oposição por Bernardino Vieira Ravasco e Lourenço de Brito Correia, ambos ocupantes de cargos importantes no governo. Argumentaram veementemente que não deveriam ser construídos mais engenhos no litoral, mas que poderiam ser instalados no interior, contanto que fossem suficientemente separados e não prejudicassem os já estabelecidos.

129. A lei de 1681 foi modificada em 1684. Ver AHU, Códice 252 (7 out. 1681), fs. 69-69*v*.

130. Um caso que envolveu o Engenho da Conceição, em Cachoeira, gerou um grande debate acerca da provisão anterior. Alguns senhores de engenho declararam que as leis de 1681 e 1684 não haviam sido aplicadas com rigor e que em Rio Fundo os Engenhos Santo Antônio, Paciência, Buraco, Pandalunga e Paranaguá foram todos construídos próximos uns dos outros sem efeitos prejudiciais. Em 1800, considerava-se a lei não mais em vigor, mas o caso reavivou o interesse, resultando em uma provisão régia em 13 de maio de 1802 para reiterá-la. Ver AHU, Bahia pap. avul., caixa 51 (1797, 1798); Governador Rodrigo de Sousa Coutinho a d. Fernando José de Portugal (30 abr. 1800), APB, Cartas do governo 140, ff. 19-21; *Provisão* (Lisboa, 13 mai. 1802).

131. LOBO. op. cit., pp. 465-88.

132. AHU, Bahia pap. avul., caixa 2 (27 jul. 1641). O alvará que estabelece a reserva de um terço do espaço de carga de todos os navios para os senhores de engenho que remetiam açúcar em consignação está registrado em ANTT, Chan. Filipe II, liv. 23, f. 121*v*.

133. ACS, 125.4, Provisões (29 ago 1652); Consulta, Con. Ultra., AHU, Códice 252 (5 fev. 1693). O privilégio foi concedido em 1665, 1681, 1689 e 1693.

134. BOXER, C. R. *Portuguese society in the Tropics*. Madison, Wis., 1965, p. 107.

135. AHU, Bahia ap. avul., caixa 6, 1ª série, não catal.

136. BOXER. *Portuguese society in the Tropics* [...], p. 107.

137. El-Rey ao governador-geral (Lisboa, 2 mar. 1697). APB, Ord. reg. 3, nº 98. Ordenou-se que quinze dias após a chegada da nau capitânia da frota o preço fosse determinado por representantes eleitos e que, se após três dias não se chegasse a um acordo, o chanceler e dois juízes imparciais (que não fossem donos de propriedades açucareiras) arbitrassem o preço. Se ainda não pudessem decidir o assunto, adotar-se-ia a média das três propostas.

138. Consulta, Con. Ultra., AHU, Códice 252 (25 set. 1673), fs. 31*v*-2*v*; (16 out. 1683), fs. 86*v*-87.

139. Para algumas dessas negociações, ver conde de Galveas à Coroa (21 abr. 1742), APB, Ord. reg. 36, fs. 30-3.

140. Vereação (5 mai. 1700), ACS, liv. 923, fs. 119-24.

141. Vereação (25 jun. 1718), ACS, 9.29, f. *3v*. Para exemplos de uma petição do setor açucareiro, ver BI, Cartas do conde de Torre, nº 102 (28 fev. 1639); ACS, livro 155.

142. FLORY, Rae & SMITH, David G. Bahian merchants and planters in the seventeenth and early eighteenth centuries. *HAHR, 58*(4): pp. 571-94, nov. 1978, incorrem, em minha opinião, no erro de confundir fusão social com ausência de conflito de classe.

143. Um bom exame desse problema encontra-se em MCCUSKER. op. cit., pp. 805-7.

144. Por exemplo, o imposto instituído na Bahia para manter a guarnição local e o lançado em Lisboa para custear o sistema de frotas foram, ambos, cobrados por caixa. Ver AHU, Códice 252, f. 5.

145. PARES. op. cit., pp. 254-70.

146. Ver os números em ARRUDA. op. cit., pp. 359-64.

147. LAVRADIO, Marquês do. *Cartas da Bahia 1768-1769*. Rio de Janeiro, 1972 [Arquivo Nacional, 68].

8. UM NEGÓCIO NOBRE: LUCROS E CUSTOS

1. SCHWARTZ, Stuart B. Free labor in a slave economy: the lavradores de cana of colonial Bahia. In: ALDEN, Dauril, ed. *Colonial roots of modern Brazil*. Berkeley, 1973, pp. 161-5.

2. SCHWARTZ, Stuart B. Patterns of slaveholding in the Americas: new evidence from Brazil. *AHR, 87*(1): pp. 73-5, fev. 1982.

3. MAGALHÃES GODINHO, Vitorino. Portugal and her empire, 1680-1720. *NCMH*, v. VI, pp. 509-40. MAURO, Frédéric. *Le Portugal et l'Atlantique au* XVIIe *siècle*. Paris, 1960, pp. 425-8. Os capítulos de Mauro sobre o dinheiro são o melhor sumário acerca da oferta de moeda no império português e seus efeitos sobre a economia.

4. MAGALHÃES GODINHO. op. cit., p. 529.

5. LEITE, Alfredo Carlos Teixeira. *Gênese socioeconômica do Brasil*. Porto Alegre, 1963, pp. 195-211.

6. Citado em PINHO, Wanderley. *História de um engenho do Recôncavo*. Rio de Janeiro, 1946, p. 204.

7. Cf. PRICE, Jacob. *Capital and credit in British overseas trade: the view from the Chesapeake, 1700-1776*. Cambridge, Mass., 1980.

8. José da Silva Lisboa a Domingos Vandelli (18 out. 1781), *ABNR, 32*: pp. 494-506, 1910.

9. Parte do capital provinha diretamente de Portugal. O cristão-novo Manuel Teixeira, comerciante em Lisboa, emprestou 1,4 contos de réis a um senhor de engenho na Paraíba, a serem pagos em açúcar. Ver KELLENBENZ, Hermann. Das testament von Manuel Teixeira. *Studia Rosenthaliana, 3*(1): pp. 53-61, 1969. Por outro lado, não há evidências, nos arquivos notariais de Amsterdam, de que os judeus portugueses estivessem financiando a economia açucareira no Brasil antes de 1640. Ver os assentamentos notariais reproduzidos em KOEN, E. M. Notarial records in Amsterdam pertaining to the Portuguese Jews in that town up to 1639. *Studia Rosenthaliana, 1*(1), 1967, e publicados em série nos números subsequentes. Sobre o lado brasileiro, ver FLORY, Rae Jean. *Bahian society in the mid-colonial period: the sugar planters, tobacco growers, merchants, and artisans of Salvador and the Recôncavo, 1680-1725*. Tese de PhD. University of Texas, 1978, pp. 69-80; SOEIRO, Susan. *A baroque nunnery: the economic and social role of a colonial convent – Santa Clara do Desterro, Salvador, Bahia, 1677-1800*. Tese de PhD. New York University, 1974, pp. 115-54.

10. FLORY. op. cit., pp. 68-9.

11. Refiro-me aqui às leis de 1663, renovadas muitas vezes posteriormente. Ver Capítulo 12.

12. Soeiro acredita que cada mutuário estava comprometido com apenas um credor, devido à indivisibilidade das propriedades açucareiras, mas isso é obviamente um erro, como demonstram os testamentos. Alguns engenhos estavam empenhados em dez ou quinze hipotecas. Cf. SOEIRO. op. cit., p. 152.

13. APB, Libro de Notas, 13 (3 jul. 1698). Todas as citações referentes aos Livros de Notas são de Salvador, salvo indicação em contrário.

14. AHU, Bahia pap. avul. (25 jul. 1694). Consultei uma cópia microfilmada na Bancroft Library, University of California, Berkeley. O documento foi reproduzido com comentários por LIMA, America Pires de. A situação da Misericórdia da Bahia no fim do século XVII. Brasília, 5: pp. 556-600, 1959.

15. Outros empréstimos eram garantidos por fazendas de gado, armazéns de açúcar e propriedades agrícolas. O Livro de Notas 18 contém muitos contratos de empréstimos em que fazendas de cana foram hipotecadas à Misericórdia durante 1700-1. O grande número de contratos firmados aproximadamente na mesma época provavelmente indica o período difícil por que passava a economia açucareira na virada do século.

16. A Misericórdia continuou a enfrentar o problema de dívidas não pagas e incobráveis. Ver AHU, Con. Ultra, nº 1265 (1755). O autor agradece a Dauril Alden pelo acesso a esse documento.

17. APB, Livro de Notas, 87, f. 180 (3 fev. 1749).

18. Cf. SOEIRO. op. cit., pp. 115-54; RUSSELL-WOOD, A. J. R. *Fidalgos and philantropists: the Santa Casa da Misericórdia da Bahia, 1550-1755*. Berkeley, 1968, pp. 149-65, passim.

19. SOEIRO. op. cit., p. 146.

20. APB, Livro de Notas, 15 (28 mai. 1699).

21. APB, Livro de Notas, 195, fs. 136*v*-7 (10 set. 1817).

22. FLORY, Rae & SMITH, David. Bahian merchants and planters in the seventeenth and eighteenth centuries. *HAHR, 58*(4): pp. 571-94, nov. 1978.

23. LUGAR, Catherine. *The merchant community of Salvador, Bahia, 1780-1830*. Tese de PhD. State University of New York, Stony Brook, 1980, pp. 157-62.

24. APB, Livro de Notas, 134, fs. 154*v*-6. (20 fev. 1794); Consulta, Con. Ultra., AHU, Códice 252, fs. 31-2.

25. *ABNR, 32*: pp. 494-506, 1910.

26. LUGAR. op. cit., p. 158.

27. SMITH, David G. *The mercantile class Portugal and Brazil in the seventeenth century: a socioeconomic study of the merchants of Lisbon and Bahia, 1620-1690*. Tese de PhD. University of Texas, 1975, pp. 367-8.

28. ANRJ, papéis de Manoel Gomes Correia, caixa 411.

29. AHU, Bahia doc. 25 395 (1803); ver também ANTT, Junta do Tabaco 51 (5 dez. 1803), que trata do Engenho Cinco Rios.

30. BNRJ, II-34, 5, 24; *DH, 34*: pp. 57-60, 1936.

31. Assento (2 mar. 1709), ANRJ, Códice 540, f. 96.

32. ANTONIL, André João. *Cultura e opulência do Brasil por suas drogas e minas*. Ed. Andrée Mansuy. Paris, 1965, liv. 1, cap. 11.

33. Processo do senhor de engenho capitão João da Fonseca Villas Boas contra o lavrador de cana alferes Dinis de Merello (São Francisco do Conde, 18 março de 1699), MNH / CWP, pacote 10. Para um caso semelhante envolvendo uma fazenda de cana em Jacarancanga, ver AHU, Bahia pap. avul., caixa 17 (26 jan. 1689).

34. Petição de Francisco de Brito Freyre, AHU, Bahia pap. avul., caixa 13 (28 nov. 1678). A petição foi aprovada pelo Conselho Ultramarino.

35. Escritura de débito e obrigação que faz capitão Antônio de Sousa ao Francisco de Brito Freyre (21 jun. 1681), APB, Livro de Notas, 3, fs. 26-8.

36. Ibid., Livro de Notas, 18 (4 ago. 1701).

37. "A experiência brasileira de Robinson Crusoé". In: BUESCU, Mircea. *História econômica do Brasil*. Rio de Janeiro, 1970, pp. 132-9.

38. Memoria dos guastos que faz todos os annos. ANTT, CSJ, maço 17, nº 35, s.d.

39. Minha discussão baseia-se em 25 contratos de arrendamento para o período de 1793 a 1830, extraídos de APB, Livros de Notas.

40. No contrato de arrendamento do Engenho São João, na paróquia de São Francisco (8 jun. 1824), o arrendatário, Antônio Joaquim Alvares Pinto de Almeida, comprometia-se a pagar cinquenta

caixas de açúcar por ano, 25 de açúcar branco e 25 de mascavado, cada caixa pesando quarenta arrobas. Metade da renda deveria ser paga diretamente ao proprietário e o restante usado pelo arrendatário para pagar as dívidas pendentes da propriedade. APB, Livro de Notas, 212, fs. 118-9.

41. APB, Livro de Notas, 231, fs. 50v-3 (6 abr. 1830). Nesse contrato, Manoel Joaquim de Vilas Lobos e sua esposa arrendaram seu engenho, mas com a condição de que os donos continuariam a cultivar cana na propriedade e que o arrendatário teria de moer essa cana sempre que eles desejassem.

42. ANTT, CSJ, maço 13, nº 20.

43. MAURO. op. cit., p. 218.

44. PINHEIRO DA SILVA, José. A capitania da Bahia (subsídios para a história da sua colonização na 2ª metade do século XVII). *Revista Portuguesa de História, 8*: pp. 44-284, 1959 p. 183.

45. Carta à Casa de Inspeção (1751), AHU, Pernambuco pap. avul., maço 24.

46. FLORY. op. cit., pp. 64-8.

47. APB, Ord. reg. 58.

48. Dez engenhos selecionados pela totalidade das informações das séries de testamentos e inventários, APB, Judiciária.

49. SILVA LISBOA, José da. Discurso preliminar, histórico, introdutivo com natureza de descrição econômica da comarca e cidade do Salvador. *ABNR, 32*: pp. 494-506, 1910, que está reproduzido em AGUIAR, Manuel Pinto de. *Aspectos da economia colonial*. Salvador, 1957, pp. 35-6.

50. FLORY. op. cit., pp. 64-5.

51. SCHWARTZ. Free labor in a slave economy [...], p. 176.

52. Estimativa baseada em CALDAS, José Antônio. *Notícia geral de toda esta capitania da Bahia*. Fac-símile da ed. de 1759. Bahia, 1951, pp. 425-45.

53. Ver GORENDER, Jacob. *O escravismo colonial*. São Paulo, 1978, pp. 18-22, para um exame da historiografia sobre este tópico.

54. SHERIDAN, Richard B. *Sugar and slavery: an economic history of the British West Indies, 1623-1755*. Baltimore, 1974, pp. 230-1.

55. DEANE, Phyllis. The role of capital in the Industrial Revolution. *EXEX, 10*(4): pp. 349-64, 1972.

56. HALL, Douglas. Incalculability as a feature of sugar production during the eighteenth century. *Social and economic studies, 10*(3): pp. 340-52, set. 1961. Sobre o debate referente às Antilhas inglesas, ver SHERIDAN, Richard B. The wealth of Jamaica in the eighteenth century. *EHR*, 2ª ser., *18*: pp. 292-311, 1965; THOMAS, R. P. The sugar colonies of the Old Empire: profit or loss for Great Britain? *EHR*, 2ª ser., *21*: pp. 30-45, 1968; SHERIDAN, Richard B. The wealth of Jamaica in the eighteenth century: a rejoinder. *EHR*, 2ª ser., *21*: pp. 46-51, 1968; WARD, J. R. The profitability of sugar planting in the British West Indies, 1650-1834. *EHR*, 2ª ser., *21*(2): pp. 197-213, 1978.

57. Minha discussão aqui baseia-se em GOVAN, Thomas B. Was plantation slavery profitable? In: AITKEN, Hugh G. J. *Did slavery pay?* Boston, 1971, pp. 107-32. Ver também LITTLETON, A. C. *Accounting evolution to 1900*. Nova York, 1933, em que se enfatiza o papel de *De computis et scripturis*, de F. Paciolo (1494).

58. Examinei a natureza da escrituração contábil dos beneditinos em SCHWARTZ, Stuart B. The plantations of St. Benedict: the Benedictine sugar mills of colonial Brazil. *The Americas, 39*(1):1-22, jul. 1982. Para os jesuítas, usei a documentação do Engenho Sergipe. Para o Engenho Petinga, existem registros do período de 1745 a 1748, mas essa foi uma fase de reconstrução e, portanto, esses registros apresentam menor comparabilidade. Ver ANTT, CSJ, maço 54, nº 36.

59. Os custos ocasionais referentes à captura de escravos fugidos foram classificados como despesas diversas.

60. Ver Capítulo 6.

61. ANTT, CSJ, maço 13, nº 20. Também foi publicado como um apêndice da edição de Mansuy do livro de Antonil, *Cultura e opulência do Brasil* [...], pp. 513-27.

62. Ver Tabela 22. Tomei por base para as despesas o valor de 3:464$633. Esse número difere dos cálculos do padre Pereira porque este não incluiu a farinha de mandioca recebida pelo engenho em pagamento de arrendamentos da terra e consumida pelos escravos. Cerca de seiscentos alqueires (equivalente a 36,3 kg), no valor de 156$000, devem, pois, ser creditados a receitas e despesas.

63. BUESCU. op. cit., pp. 98-131; *idem. 300 anos da inflação*. Rio de Janeiro, 1973, pp. 39-68; MAURO, Frédéric. Contabilidade teórica e contabilidade prática na América portuguesa no século XVII. In: *Nova história e novo mundo*. São Paulo, 1969, pp. 135-48.

64. São Bento, safras de 1711-4, 1783-6, 1786-1800; São Caetano, 1726-9, 1790-3, 1783-6, 1786-9, 1796-1800, encontram-se em ADB/CSB.

65. ANRJ, caixa 406, pacote (1802). Em 1806, o Engenho Buranhaém foi avaliado em 38 contos de réis. Ver a petição de Francisco Joaquim da Rocha Pitta (27 mar. 1806), ANTT, Junta do Tabaco, 51.

66. "Conta das despezas que tenho feito [...]", APB, Cartas do Governo 196.

67. Comptabilité théorique et comptabilité pratique en Amérique portugaise au XVIIe siècle. In: *Études économiques sur l'expansion portugaise (1500-1900)*. Paris, 1970, pp. 135-50; EDEL, Matthew. The Brazilian sugar cycle of the seventeenth century and the rise of West Indian competition. *Caribbean Studies, 9*: pp. 36-8, abr. 1967.

68. Cf. ADB/CSB, 136-8.

69. Esses registros representativos foram extraídos da escrituração do Engenho Sergipe de 1643-4, 1669-70, 1699-1700 e 1711-2, e do Engenho Buranhaém de 1796-1801.

70. AHU, Bahia pap. avul., caixa 63 (1751).

71. Engenho Buranhaém, ANRJ, caixa 406, pacote 1.

72. GORENDER. op. cit., pp. 188-9, trata do problema teórico do capital investido na compra de um escravo. Ver também BUESCU, Mircea. Notas sobre o custo da mão de obra escrava. *Verbum, 31*(3): 33-4, set. 1975.

73. ver TAYLOR, Kit Sims. The economics of sugar and slavery in Northeastern Brazil. *Agricultural History, 44*: p. 3, jul. 1970.

74. SHERIDAN. *Sugar and slavery* [...], pp. 263-6.

75. ANTT, CSJ, maço 30.

76. "Conta de tudo q. esta Igreja tem recebido pertencente ao Engenho Santana dos Ilhéus desde o anno de 1730 ate o fim do anno 1750". ANTT, CSJ, maço 54, nº 22.

77. Rematação do Engenho Sergipe (20 mar. 1638), ANTT, CSJ, maço 52, nº 15; para comparação, ver MENARD, Russell R., CARR, Lois Green & WALSH, Lorna S. A small planter's profit: the farm accounts of the Cole estate and the growth of the early Chesapeake economy. *WMQ*, 3ª ser., *40*: pp. 171-96, abr. 1983.

78. O documento foi impresso na íntegra em um apêndice da edição de Mansuy do livro de Antonil, *Cultura e opulência* [...], pp. 513-27. Já fora publicado anteriormente em *Anais do Museu Paulista, 4*: pp. 775-94.

79. Os autores que fizeram bom uso do documento deixado pelo padre Pereira são: Alice P. Canabrava, em sua edição de *Cultura e opulência do Brasil* [...], de Antonil (São Paulo, 1967), Mircea Buescu, em *300 anos da inflação*, e especialmente Mauro, em Contabilidade teórica [...], pp. 135-48.

80. Sebastião Vaz ao reitor de Santo Antão (5 mar. 1634), ANTT, CSJ, maço 68, nº 70.

81. "Resposta q. o P. Estevão Pereira deu", ANTT, CSJ, maço 15, nº 17 (30 set. 1635).

82. ANTT, CSJ, maço 68, nº 70.

83. P. Sebastião Vaz ao reitor de Santo Antão (5 mar. 1634), ANTT, CSJ, maço 68, nº 70; maço 68, nº 267.

84. MAURO. Contabilidade teórica [...], pp. 136-9.

85. BUESCU, Mircea. *Exercícios de história econômica do Brasil*. Rio de Janeiro, 1968, p. 32.

86. Belchior Pires ao Colégio de Santo Antão (11 fev. 1650), ARSI, Bras. 3(1), 277-7*v*.

87. Agostinho Lousado, ARSI, Bras. 3(1), 317-7*v*.

88. Padre Francisco Ribeiro ao Colégio de Santo Antão (12 mar. 1660), ANTT, CSJ, maço 68, nº 268.

89. Ver SCHWARTZ. Free labor in slave economy [...], pp. 194-5.

90. Luís da Rocha (Engenho Sergipe, 11 fev. 1738), ANTT, CSJ, maço 69, nº 172.

91. ALDEN, Dauril. Sugar planters by necessity, not choice: the role of the Jesuits in the cane sugar industry of colonial Brazil, 1601-1759. In: COLE, Jeffrey, ed. *The Church and society in Latin America*. New Orleans, 1984, pp. 139-70.

92. Ibid.

93. Padre Belchior Pires aos superiores (Bahia, 26 fev. 1662), ARSI, Bras. 3 (II).

94. Ibid.

95. Padre Joseph de Seixas ao Padre Geral (dez. 1677), StL/VFL, rolo 160 (Bras. 2).

96. StL/VFL, rolo 160, Bras. 2.

97. ALDEN. op. cit., p. 157.

98. SCHWARTZ. The plantations of St. Benedict [...], pp. 1-22.

99. *ABNR, 32*: pp. 500-1, 1910.

100. "Discurso preliminar", 33-6.

101. Se a mesma razão entre custos e renda bruta fosse aplicada à estimativa de Silva Lisboa, a taxa de retorno seria de 16%.

102. Cf. AUFHAUSER, R. Keith. Profitability of slavery in the British Caribbean. *JIH, 5*(1): pp. 45-67, verão 1974.

103. FURTADO, Celso. *The economic growth of Brazil*. Berkeley, 1971, pp. 54-7.

104. Ibid.

105. DRESCHER, Seymour. *Econocide: British slavery in the era of abolition*. Pittsburg, 1975, p. 48.

106. Ver a crítica da análise voltada para as exportações em AMARAL LAPA, José Roberto do. *O antigo sistema colonial*. São Paulo, 1982, pp. 38-47.

107. MONTEIRO, John. *A study of sugar output in seventeenth-century Brazil*. University of Chicago, 1979, estudo não publicado. A indústria de aguardente cresceu na Bahia apesar das objeções dos interesses dos vinicultores portugueses e das queixas das autoridades locais sobre seu consumo. Ver *ACB, 1*(75-6), 1º set. 1627; 16 out. 1627.

108. CALDAS, José Antônio. *Notícia geral desta capitania da Bahia desde a sua origem até o presente anno de 1759*. Edição fac-similar. Salvador, 1959, pp. 169, 445.

109. APB, Cachoeira, inventários (1763).

110. Sobre a teoria do "encadeamento", ver HIRSCHMAN, Albert O. A generalized linkage approach to development with special reference to staples. *Economic Development and Cultural Changes, 25*: pp. 67-98, 1975.

111. O desejo dos senhores de engenho de possuir artigos europeus de luxo foi revelado na correspondência de Felisberto Caldeira Brant Pontes, marquês de Barbacena, a qual cobre o período de 1819-21. Ver *Economia açucareira do Brasil no século XIX*. Rio de Janeiro, 1976.

PARTE III. A SOCIEDADE DO AÇÚCAR

9. UMA SOCIEDADE ESCRAVISTA COLONIAL

1. MCALISTER, L. N. Social structure and social change in New Spain. *HAHR, 43*(3): pp. 349-79, ago. 1963, apresenta uma excelente análise basicamente sobre o mesmo conjunto de problemas apresentados neste capítulo.

2. Por exemplo, SALISBURY, John of. *Policraticus: the statesman's book*. Ed. Murray F. Markland. Nova York, 1979. Ver também LE GOFF, Jacques. A note on tripartite society, monarchical ideology, and economic renewal in ninth- to twelfth-century Christendom. In: *Time, work and culture in the middle ages*. Chicago, 1980, pp. 53-7.

3. LE GOFF. op. cit. afirma que os primeiros teóricos da sociedade medieval já haviam começado a fazer distinções entre o terceiro estado e que o termo *laboratores* possuía um significado mais específico do que normalmente se acredita. Ver pp. 56-7.

4. MAGALHÃES GODINHO, Vitorino. *A estrutura na antiga sociedade portuguesa*. Lisboa, 1971, pp. 59-60.

5. MOUSNIER, Roland. *Social hierarchies*. Londres, 1969, pp. 49-66. Mousnier tornou-se o principal estudioso da sociedade por ordens. Para uma crítica de suas ideias como sendo de origem essencialmente parsonianas, ver ARRIAZA, Armand. Mousnier and Barber: the theoretical underpinning of the society of orders in early modern Europe. *Past and Present, 89*: pp. 34-57, nov. 1980.

6. Sobre a teoria do governo e sociedade no mundo hispânico, ver HOBERMAN, Louisa. Hispanic American political theory as a distinct tradition. *Journal of the History of Ideas, 41*(2): pp. 199-220, 1980; MORSE, Richard M. Toward a theory of Spanish American government. *Journal of the History of Ideas, 15*(1): pp. 71-93, 1954. Especialmente útil para o caso de Portugal é ALBUQUERQUE, Martim de. *O poder político no renascimento português*. Lisboa, 1968.

7. RUSSELL-WOOD, A. J. R. Class, creed and colour in colonial Bahia: a study in prejudice. *Race, 9*(2): 133-57, 1967. Ver também a discussão em LOCKHART, James & SCHWARTZ, Stuart B. *Early Latin America*. Cambridge, 1983, pp. 225-7.

8. STONE, Lawrence. Social mobility in England, 1500-1700. *Past and Present, 33*: pp. 16-55, abr. 1966.

9. *DH, 97*: p. 190, 1928. Essa observação, feita em 1718 por um procurador da Coroa, é mostrada em RUSSELL-WOOD. op. cit., p. 143.

10. SAUNDERS, A. C. de C. M. *A social history of Black slaves and freedmen in Portugal, 1441-1551*. Cambridge, 1982, pp. 59-60. Saunders acredita que havia cerca de 35 mil negros, escravos e livres em Portugal por volta de 1531. Isso significaria que esses indivíduos representavam aproximadamente de 2,5% a 3% da população.

11. Ibid., pp. 89-134, 166-76. O cuidadoso trabalho de Saunders mostra que existiram formas semelhantes de discriminação e hierarquia social em Portugal, onde os negros compunham uma parcela muito pequena da população. Ver também RUSSELL-WOOD, A. J. R. Iberian expansion and the issue of Black slavery: changing Portuguese attitudes, 1440-1770. *AHR, 83*(3): pp. 16-42, jun. 1978.

12. Ver a longa discussão em PATTERSON, Orlando. *Slavery and social death*. Cambridge, Mass. 1982, pp. 77-105, 172-208. Também importante é o estudo apresentado em DAVIS, David B. *The problem of slavery in Western culture*. Ithaca, Nova York, 1966, pp. 62-90.

13. SAUNDERS. op. cit., pp. 113-20.

14. SCHWARTZ, Stuart B. The manumission of slaves in colonial Brazil, Bahia, 1684-1745. *HAHR, 54*(4): pp. 603-35, nov. 1974.

15. Algumas observações que ilustram essa perspectiva encontram-se em MINTZ, Sidney J. *Was the plantation slave a proletarian?* Palestra em 2 fev. 1977 no Fernand Braudel Center, State University of New York, Binghamton, não publicada. Ver também CASTRO, Antônio Barros de. A economia política, o capitalismo e a escravidão. In: LAPA, José Roberto do Amaral, org. *Modos de produção e realidade brasileira*. Petrópolis, 1980, pp. 67-108.

16. EISENBERG, Peter. O escravo e o proletário. *Anais da Semana de Estudos de História Agrária*. Assis, 1982, pp. 31-62. Eisenberg apresenta várias sugestões para comparação em termos de organização do trabalho, custos e resultados.

17. TANNENBAUM, Frank. *Slave and citizen: the Negro in the Americas*. Nova York, 1947.

18. Ver Capítulo 16.

19. GORENDER, Jacob. *O escravismo colonial*. São Paulo, 1978, pp. 15-22.

20. Partes desta discussão foram apresentadas anteriormente em SCHWARTZ, Stuart B. Colonial Brazil: the role of the state in a slave social formation. In: SPALDING, Karen, ed. *Essays in the political, economic and social history of Colonial Latin America*. Newark, Del., 1982, pp. 1-24.

21. MALHEIRO DIAS, Carlos, org. *História da colonização portuguesa do Brasil*. Porto, 1924-6, 3 v; MARCHANT, Alexander. Feudal and capitalistic elements in the Portuguese settlement of Brazil. *HAHR, 22*(3): pp. 493-512, 1942. Ver também a bibliografia em FONSECA, Célia Freire A. *A economia europeia e a colonização do Brasil*. Rio de Janeiro, 1978, pp. 216-7.

22. Ver a discussão em SILBERT, Albert. O feudalismo português e sua abolição. In: *Do Portugal de Antigo Regime ao Portugal oitocentista*. Lisboa, 1972, pp. 85-108. Ver também a exposição de Torquato de Sousa Soares em "Feudalismo em Portugal". *Dicionário de história de Portugal*. Lisboa, 1963-71, 4 v. v. II, pp. 228-30. Para uma visão marxista do feudalismo em Portugal, ver CASTRO, Armando. *Portugal na Europa do seu tempo*. Lisboa, 1970.

23. HEERS, Jacques. The "feudal" economy and capitalism: words, ideas, and reality. *Journal of European Economic History, 3*(3): p. 625, inverno 1974.

24. BROWN, Elizabeth A. R. The tyranny of a construct: feudalism and historians of medieval Europe. *AHR, 79*(4): pp. 1063-88, out. 1974.

25. FOX-GENOVESE, Elizabeth & GENOVESE, Eugene D. *Fruits of merchant capital*. Nova York, 1983, p. 93.

26. VERLINDEN, Charles. *The beginnings of modern colonization*. Ithaca, Nova York, 1970, pp. 203-40. O artigo apareceu originalmente como Formes féodales et domaniales de la colonisation portugaise dans la zone atlantique au XIVe et XVIe siècles et spécialement sous Henri le Navigateur. *Revista Portuguesa de História, 9*: pp. 1-44, 1960.

27. JOHNSON, Harold B. The donatary captaincy in perspective: Portuguese backgrounds to the settlement of Brasil. *HAHR, 52*(2):203-14, mai. 1972, p. 207.

28. Desenvolvi esse argumento com um certo grau de pormenorização em SCHWARTZ. Colonial Brazil: the role of the state [...], pp. 5-8. A Coroa conseguiu mobilizar a nobreza conforme as obrigações tradicionais até a década de 1620, mas no decênio seguinte essa situação mudou consideravelmente. Quando um procurador da Coroa tentou forçar cavaleiros de ordens militares a servir nas colônias, em pessoa ou através de substitutos pagos, eles se negaram terminantemente. A Coroa estava apelando para as tradicionais obrigações militares feudais, e os cavaleiros as estavam renegando. BNM, Papeles de Orden de Christo 938, fs. 202-1-.

29. BNL, Fundo geral 7626, fs. 41-6.

30. Informação de las tierras del Camamu. ARSI, Bras. 15 (StL/VFL, rolo 159).

31. As interpretações marxistas sobre o feudalismo variam amplamente, embora haja certos pressupostos comuns. Ver a discussão em *Sobre o feudalismo*. Lisboa, 1973, especialmente as observações de Charles Parrain. Adicionalmente, uma discussão teórica abrangente é apresentada em HINDESS, Barry & HIRST, Paul Q. *Pre-capitalist modes of production*. Londres, 1975, pp. 221-60. Esses autores salientam o fato de que o feudalismo, ou as relações feudais de produção, não pressupõe a servidão nem os direitos senhoriais do proprietário da terra. Para um interessante ensaio crítico sobre parte da literatura recente, ver FOSTER-CARTER, Aidan. The modes of production controversy. *New Left Review, 107*: pp. 47-77, jan.-fev. 1978. CARMAGNANI, Marcello. *L'America Latina dal' 500 a oggi*. Milão, 1975, apresenta uma veemente defesa da natureza feudal da América Latina colonial, baseada na existência de um mercado dual e de desigualdade nas trocas.

32. KULA, Witold. *An economic theory of the feudal system*. Londres, 1976, p. 9.

33. SCHWARTZ. Manumission [...], pp. 603-35.

34. IANNI, Octavio. *Escravidão e racismo*. São Paulo, 1978, p. 100

35. MARX, Karl. *Capital*. Nova York, 1967. 3 v. v. III, p. 791.

36. Apresentei um sumário de boa parte da literatura sobre a burocracia na América espanhola em SCHWARTZ, Stuart B. State and society in colonial Spanish America: an opportunity for prosopography. In: GRAHAM, Richard & SMITH, Peter. *New approaches to Latin American History*. Austin, Tex., 1974, p. 1, 3-35. BURKHOLDER, Mark A. & CHANDLER, D. S. *From impotence to authority*. Columbia, Mo., 1977, não parecem preocupar-se com as implicações teóricas de seus dados sobre os burocratas régios.

37. ANDERSON, Perry, *Lineages of the absolutist state*. Londres, 1974, p. 23, seguindo ENGELS, Friedrich. *Anti-Duhring*. Moscou, 1947, p. 136.

38. ANDERSON. op. cit., pp. 18-9.

39. Citado em AVINERI, Shlomo. *Karl Marx on colonialism and modernization*. Nova York, 1969, pp. 467-70.

40. POULANTZAS, Nicos. *Political power and social classes*. Londres, 1973, p. 56.

41. ANDERSON. op. cit., pp. 24-7.

42. Ver *Repertório das ordenações e leis do reino de Portugal*. Coimbra, 1857. 5 v. v. II, pp. 146-9.

43. Ver Capítulo 6 para os detalhes desse caso. Importante para esse contexto é AUFDERHEIDE, Patricia. *Order and violence: social deviance and social control in Brazil*. Tese de PhD. University of Minnesota, 1973, especialmente pp. 209-18.

44. AVINERI, Shlomo. *The social and political thought of Karl Marx*. Cambridge, 1968, pp. 48-52.

45. FAORO, Raymundo. *Os donos do poder*. Porto Alegre, 1958. Esse trabalho, a princípio ignorado, foi "redescoberto" e está agora em sua quinta edição.

46. POULANTZAS. op. cit., p. 333.

47. Meu livro anterior, *Sovereignty and society*, examina em detalhes essa integração dos burocratas com a sociedade local.

10. OS SENHORES DE ENGENHO: DONOS DOS HOMENS E DA CANA

1. BURLAMAQUI, Frederico Leopoldo C. *Memória analytica acêrca do commercio d'escravos e acêrca da escravidão doméstica*. Rio de Janeiro, 1837, p. 79.

2. Tomei por base, em grande medida, os estudos de FRANÇA, Eduardo d'Oliveira. Engenhos, colonização e cristãos-novos na Bahia colonial. *Anais: IV Simpósio Nacional dos Professores Universitários de História*. São Paulo, 1969, pp. 182-241, para o século XVI e primeira metade do XVII; FLORY, Rae Jean. *Bahian society in the mid-colonial period: the sugar planters, tobacco growers, merchants and artisans of Salvador and the Recôncavo. 1680-1725*. Tese de PhD. University of Texas, 1978, para a segunda metade do século XVII e primeira do XVIII; MORTON, F. W. O. *The conservative revolution of independence: economy, society and politics in Bahia, 1790-1840*. Tese de PhD. Oxford University, 1974, para a segunda metade do século XVIII e primeira do XIX.

3. HIGGINBOTHAM, John, ed. e trad. *Cicero on Moral Obligations (De Officiis)*. Berkeley, 1967, cap. 42, 93.

4. FRANÇA. op. cit., pp. 192-3.

5. Fazia-se distinção entre o "fidalgo cavaleiro da casa de El-Rey" e o "moço fidalgo" (foro hereditário). Tanto o foro de fidalgo cavaleiro como o de moço fidalgo (como seu exercício na casa real) eram presumivelmente hereditários, isto é, os herdeiros e sucessores de seus detentores podiam requerê-los e normalmente os obtinham. Chamados de foros grandes, em oposição aos foros pequenos, como, por exemplo, o de cavaleiro fidalgo.

6. Os irmãos Bravo aparecem com destaque entre os lavradores de cana do Engenho Sergipe no início do século XVII. Ver ANTT, CSJ, maço 13, nº 6; ver também SCHWARTZ. Free farmers [...], pp. 166-7. Posteriormente, Diogo Lopes Ulhoa empregou seu sobrinho, André Lopes Ulhoa, como administrador de seu engenho na ilha de Cajaíba. A família Lopes Ulhoa espalhava-se por boa parte da região e gozava de importância na vida baiana em princípios do século XVII, mas os genealogistas, posteriormente, preferiram omitir as faltas de seus membros, por razões óbvias. Ver NOVINSKY, Anita. *Cristãos-novos na Bahia*. São Paulo, 1972, pp. 76-138, passim.

7. NOVINSKY. op. cit., pp. 57-102; FRANÇA. op. cit., pp. 217-28; WIZNITZER, Arnold. *Jews in colonial Brazil*. Nova York, 1960, pp. 12-32.

8. NOVINSKY, Anita. A Inquisição na Bahia (um relatório de 1632). *Revista de História, 36*(74): pp. 417-23, 1968.

9. NOVINSKY. *Cristãos-novos* [...], p. 176.

10. WIZNITZER. op. cit., p. 19.

11. COSTA, Afonso. Genealogia baiana. *RIHGB, 191*: pp. 31-2, abr.-jun. 1946. A esposa de Henrique Moniz, Ana Rodrigues, posteriormente morreu na fogueira em Portugal, e seu retrato foi pendurado no portal da igreja paroquial de Matoim e exposto à zombaria pública. A família não pôde suportar isso e provocou grande escândalo ao rasgar o retrato. Ver a exposição em PINHO, Wanderley. História de um engenho do Recôncavo. Rio de Janeiro, 1946, pp. 42-5. Entre outras famílias do Recôncavo com origens cristãs-novas que permaneceram importantes durante o período colonial estavam os Lopes Franco, Ulhoa e Parede.

12. Ver COSTA, Afonso. op. cit., pp. 3-279.

13. Sigo o relato de FLORY. op. cit., pp. 126-8, e o testamento de João Lopes Fiúza, APB, Jud. 623, nº 4 (1741).

14. Forneci mais detalhes à história de Cristóvão de Burgos em SCHWARTZ, Stuart B. *Sovereignty and society in colonial Brazil*. Berkeley, 1973, pp. 354-5. A maioria das informações aqui incluídas foram extraídas de fontes notariais citadas nas páginas acima mencionadas.

15. SPIX, Johann von & MARTIUS, Karl von. *Viagem pelo Brasil*. São Paulo, 1961. 3 v. v. II, pp. 164-6.

16. MORTON. op. cit., p. 20.

17. Ibid., pp. 13-8.

18. Ibid., pp. 19-20.

19. Antônio Ribeiro de Miguéis adquiriu o Engenho Petinga em 1761 e o Sergipe algum tempo depois. Andava constantemente endividado e, em 1779, tornou-se insolvente. Quando a Coroa ordenou que suas propriedades fossem a leilão, ninguém se apresentou para arrematá-las, e Guimarães foi preso por não pagamento das dívidas. Ver APB, Religião 610; AHU, Bahia pap. avul., caixa 62 (31 jul. 1779); caixa 363 (31 jul. 1779).

20. GANDAVO, Pero de Magalhães. *The histories of Brazil*. Trad. John B. Stetson. Nova York, 1922, p. 34.

21. LEITE, Serafim. *Cartas Nóbrega*, p. 346.

22. CARDIM, Fernão. *Tratados da terra e gente do Brasil* (1583). 3ª ed. São Paulo, 1978, pp. 201-2.

23. Em *RIHGB, 52* (1889), foi reproduzido o *Catálogo genealógico* (1768).

24. ABREU E BRITO, Domingos de. *Um inquérito à vida administrativa e econômica de Angola e do Brasil*. Org. Alfredo de Albuquerque Felner. Coimbra, 1931, p. 9.

25. ANTONIL, André João. *Cultura e opulência do Brasil por suas drogas e minas*. Ed. Andrée Mansuy. Paris. 1965, liv. 1, cap. 1.

26. VILHENA, Luís dos Santos. *A Bahia no século XVIII*. Bahia, 1969. 3 v. v. I, pp. 51-2.

27. RUSSELL-WOOD, A. J. R. *Fidalgos and philanthropists: the Santa Casa da Misericórdia da Bahia, 1550-1755*. Berkeley, 1968, pp. 181-8.

28. PONDÉ DE SENA, Consuelo. *Relações interétnicas através de casamentos realizados na freguesia do Inhambupe na segunda metade do século XVIII*. Salvador, 1974. Trabalho não publicado.

29. Petição de Isidoro Gomes de Sá (jun. 1802). APB, Cartas ao Governador 205. O filho de Gomes de Sá, Manoel Gomes, quase o matou por causa de uma escrava, Francisca Josefa do Bonfim, cabra, com quem ele queria casar-se contra a vontade do pai.

30. LEITE, Serafim. *HCJB*, v. 6, pp. 233-5.

31. DUBY, Georges. *The three orders: feudal society imagined*. Chicago, 1981, p. 156.

32. Originalmente, a participação nas ordens militares portuguesas requeria que o indivíduo fosse nobre de nascimento. Porém, com o grande aumento da concessão de honrarias durante o reinado de dom João III (1521-57), essa relação foi invertida, ou seja, a participação em uma ordem militar passou a ser usada como prova de nobreza. No século XVII, as concessões a indivíduos de origem plebeia aconteceram com certa frequência. Cerca de 40% delas eram dadas em retribuição a serviços militares, e aproximadamente 45% em recompensa por serviços prestados a terceiros, como o oferecimento de dotes a mulheres para que elas, por sua vez, pudessem oferecê-los aos

pretendentes. Ver DUTRA, Francis A. *Artisans and the Order of Christ: the search for status in Portugal, 1668-1727*. Trabalho não publicado, 1972; Membership in the Order of Christ in the seventeenth century. *The Americas, 27*(1): pp. 3-25, jul. 1970.

33. Ver CABRAL DE MELLO, Evaldo. *Olinda restaurada: guerra e açúcar no Nordeste, 1630-1654*. São Paulo, 1975, p 243-8.

34. SCHWARTZ, Stuart B., ed. *A governor and his image in baroque Brazil: the funeral eulogy of Afonso Furtado de Castro do Rio Mendonça by Juan Lopes Sierra*. Trad. Ruth Jones. Minneapolis, 1979, pp. 173-8.

35. Havia quatro regimentos em Salvador em fins do século XVIII: o primeiro, composto por comerciantes importantes, o segundo, por brancos livres, o terceiro, por negros livres, chamado Os Henriques, e o quarto, por pardos. Sugeriu-se algumas vezes a formação de unidades semelhantes para o Recôncavo, mas nada se fez a respeito. Em 1721, Antônio José Barbosa, capitão dos Henriques de Salvador, solicitou a criação de uma unidade semelhante em Santo Amaro. AHU, Bahia pap. avul., caixa 70, 1ª série, não catal. (12 jan. 1721).

36. AHU, Bahia pap. avul., caixa 49, 1ª série, não catal. (5 dez. 1744).

37. MORTON, F. W. O. The military and society in Bahia, 1800-1821. *Journal of Latin American Studies, 7*(1): pp. 249-70, 1975. Ver também KENNEDY, John N. Bahian elites, 1750-1822. *HAHR, 53*(3): pp. 415-39, 1973.

38. MORTON. Military and society [...], pp. 252-3. Os governadores nem sempre apreciavam as isenções que o serviço militar proporcionava aos brasileiros ou a relutância de muitos coloniais em servir nos regimentos de primeira linha. Ver governador Manoel da Cunha Meneses a Martinho de Melo e Castro (16 out. 1775), *ABNR, 32*: p. 319, 1919.

39. APB, Ord. reg. 86, f. 198.

40. BOXER, C. R. *Portuguese society in the Tropics*. Madison, Wis., 1965, pp. 77-8; RUY, Afonso. *História da câmara municipal da cidade do Salvador*. Salvador, 1949.

41. BOXER. op. cit., pp. 69-102.

42. FLORY. op. cit., pp. 144-6; MORTON. *Conservative revolution* [...], pp. 63-7. Ao ser instituída, a câmara de Cachoeira incluía entre seus membros Manoel de Araújo de Aragão e Antônio Barbosa Leal, ambos senhores de engenho. APMC, Posturas e vereações (1698).

43. Ver, por exemplo, carta da câmara de Santo Amaro (3 jul. 1751), ACS, Cartas ao Senado 28.5.

44. FRANÇA. op. cit., p. 194; AUFDERHEIDE, Patricia. True confessions: the Inquisition and social attitudes in Brazil at the turn of the XVII century. *Luso-Brazilian Review, 10*(2): pp. 238-9, inverno 1973.

45. Vasco Fernandes César de Meneses à Coroa (13 jul. 1724), APB, Ord. reg. 18, 7A; ouvidor--geral Pedro Gonçalves Cordeiro Pereira (4 jul. 1727), APB, Ord. reg. 21, nº 39. Ver também SCHWARTZ. *Sovereignty and society* [...], pp. 239-62.

46. APB, cartas do Governo 130.

47. Em uma lista de casos a serem investigados, preparada em 1829, alguns deles indicavam a capacidade de intervenção dos tribunais cíveis na vida do engenho, como por exemplo a morte do escravo crioulo Cláudio, no Engenho Subaé (7 ago. 1823) e o assassinato de um homem no Engenho Jacuípe de Brito (5 jan. 1828). APB, Presidência da Província 1425 (*Rol de devassas*).

48. Tratava-se, provavelmente, de João Dornelas de Vasconcelos, escravo mulato alforriado pelo desembargador Miguel de Siqueira Castelo-Branco na véspera de sua partida para Portugal, em 1708. APB, Livro de Notas 22, 67.

49. A versão da história fornecida por Veloso foi relatada em sua carta ao procurador jesuíta Antônio Correa (Engenho do Conde, 26 nov. 1717), ANTT, CSJ, maço 69, nº 13. Ver também AHU, Bahia pap. avul., caixa 27, 1ª série, não catal. (ago. 1722).

50. AHU, Bahia pap. avul., caixa 27, 1ª série, não catal. (16 dez. 1720).

51. ANTONIL. op. cit., liv. 1, cap. 3.

52. *PVCB* (1591), 34.

53. AHU, Bahia pap. avul, caixa 66, 1ª série, não catal. (1756).

54. APB, Pres. da prov. Engenhos, 1824-54 (1819).

55. PINHEIRO DA SILVA, José. A capitania da Bahia (subsídios para a história da sua colonização na 2ª metade do século XVII). *Revista Portuguesa da História, 8*: pp. 45-76, 1959; *9*: pp. 210-45, 1960.

56. ANTT, CSJ, maço 70, nº 247.

57. ANTONIL. op. cit., liv. 1, cap. 2.

58. Tratei amplamente dessa questão em *Sovereignty and society* [...], pp. 341-56.

59. Desembargador Francisco Antônio Moura ao governador (20 jun. 1799), APB, Cartas do Governador 39, 154*v*.

60. Petição de Antônio Luís Pereira (24 abr. 1799), AHU, Bahia pap. avul., caixa 75, 1ª série, não catal.

61. Petição de Barnabé Cardoso Pereira (4 mar. 1732), AHU, Bahia pap. avul., caixa 45, 1ª série, não catal.

62. Consulta Con. Ultra., AHU, Bahia pap. avul., caixa 12, 1ª série, não catal.; Petição de Tomé Pereira Falcão (12 fev. 1680), caixa 14.

63. Ver SCHWARTZ. *Sovereignty and society* [...], pp. 337-8, 347-8.

64. AUFDERHEIDE, Patricia. *Order and violence: social deviance and social control in Brazil*. Tese de PhD. University of Minnesota, 1976, pp. 255-87.

65. SCHWARTZ, Stuart B. Colonial Brazil: the role of the state in a slave social formation. In: Spalding, Karen, ed. *Essays in the political, economic, and social history of Colonial Latin America*. Newark, Del., 1982, pp. 1-24.

66. FREYRE, Gilberto. *The masters and the slaves*. Nova York, 1956.

67. MORTON. *Conservative revolution* [...], p. 30. Sobre o papel dos proprietários residentes, ver GENOVESE, Eugene D. *The world the slaveowners made*. Nova York, 1971, pp. 76-7.

68. AHU, Bahia pap. avul., caixa 17, 1ª série, não catal. (16 dez. 1720).

69. CUNHA E FREITAS, Eugênio Andréa. Documentos para a história do Brasil III. Notícias da Bahia em 1625. *Anais da Academia Portuguesa de História*. Lisboa, 2ª série, *21*: pp. 465-98, 1972.

70. FRANÇA, Antônio de Oliveira Pinto da. *Cartas baianas, 1821-1824*. São Paulo, 1980; BRANT PONTES, Felisberto Caldeira. *Economia açucareira do Brasil no século XIX*. Rio de Janeiro, 1976.

71. O catolicismo rústico no Brasil. In: QUEIROZ, Maria Isaura Pereira de. *O campesinato brasileiro*. Petrópolis, 1973, pp. 72-99.

72. "Rellação das freguesias e capelas filiaes [...] da Vila de São Francisco" (1830), APB, Pres. da Prov., 1433.

73. Sobre a interferência dos senhores nas obrigações religiosas dos escravos, ver APB, Ord. reg. 2, nº 150 (Lisboa, 17 mar. 1698).

74. Relatório de Guinebaud (25 abr. 1825), reproduzido em LASOCKI, Barbara. *A profile of Bahia (1820-1826) as seen by Jacques Guinebaud, French Consul General*. Tese de MA. University of California, Los Angeles, 1967. Ver também MOTT, Luiz R. B. *Os pecados da família na Bahia de Todos os Santos (1813)*. Salvador, 1982.

75. PHILIPS, U. B. *American Negro slavery*. Baton Rouge, 1973, p. 107, afirma o mesmo sobre os grandes proprietários do sul dos Estados Unidos.

76. Discuti esse problema com alguma pormenorização em SCHWARTZ, Stuart B. *The formation of colonial identity in Brazil*. Trabalho não publicado, 1982.

77. ANTONIL. op. cit., liv. 1, cap. 10.

78. Alguns cursos também eram oferecidos pelos carmelitas e franciscanos. Ver LEITE. *HCJB*, v. 5, pp. 69-106, 167-97, para o papel educacional dos jesuítas na Bahia.

79. MORTON. *Conservative revolution* [...], p. 55.

80. APB, sec. jud., maço 623, nº 4.

81. VILHENA. op. cit., v. I, pp. 273-87. O "subsídio literário" foi instituído em 1772 para manter a educação pública.

82. Manoel Ferreira da Câmara Bittencourt e Sá, proprietário do Engenho da Ponta, em Cachoeira, escrevia e publicava obras sobre história natural e recursos naturais; Felisberto Caldeira Brant Pontes, senhor do Engenho Santana, em Ilhéus, e mais tarde marquês de Barbacena, era um homem culto e instruído, cuja correspondência atesta suas qualidades. Desempenhou papel importante no movimento da independência baiano. Manoel Jacinto de Sampaio e Melo, dono de um engenho em Cachoeira, publicou o *Novo methodo de fazer o açúcar* (Bahia, 1816).

83. HIGGINBOTHAM. op. cit., cap. 17, p. 58.

84. MARQUES PEREIRA, Nuno. *Compêndio narrativo do peregrino da América (1728)*. Lisboa, 1765, pp. 164-6.

85. ANTONIL. op. cit., liv. 1, cap. 2.

86. MARCÍLIO, Maria Luiza. Mariage et remariage dans le Brésil traditionnel: lois, intensité, calendrier. In: DUPAQUIER, J., HELIN, E., LASLETT, P. *et al.*, eds. *Marriage and remarriage in populations of the past*. Nova York, 1981, pp. 363-74.

87. Há uma coleção de dispensas no Arquivo da Cúria Metropolitana de Salvador, mas não estavam abertas ao público quando este trabalho foi escrito.

88. APB, Recenseamentos (1788).

89. ANTONIL. op. cit., liv. 1, cap. 3.

90. APB, Cartas do Governo, 140 (13 dez. 1800), f. 222*v*-3.

91. SOEIRO, Susan. *A baroque nunnery: the economic and social role of a colonial convent – Santa Clara do Desterro, Salvador, Bahia, 1677-1800*. Tese de PhD. New York University, 1974, pp. 38-61, 87-114.

92. SCHWARTZ, Stuart B. Patterns of slaveholding in the Americas: new evidence from Brazil. *AHR*, *87*(1): p. 63, fev. 1982.

93. APB, Ord. reg. 86, fs. 234-6.

94. AHU, Bahia pap. avul., caixa 55, 1ª série, não catal. (14 dez. 1748).

95. APB, Ord. reg. 85, fs. 268-9.

96. Por exemplo, ver testamento de Antônio de Sá Dória (1662), in ASCMB, Libro do Tombo I, pp. 147-85.

97. Cf. COOPER, J. P. Patterns of inheritance and settlement by great landowners from the fifteenth to the eighteenth centuries. In: GOODY, Jack, THIRSK, Joan & THOMPSON, E. P., eds. *Family and inheritance*. Cambridge, 1976, pp. 192-327.

98. Ver Capítulo 5.

99. MORAIS, Vera Lúcia Vilhena de. *O morgado de Marapicu*. Tese de mestrado, Universidade de São Paulo, 1977, pp. 5, 12-4.

100. MORTON. *Conservative revolution* [...], pp. 26-7.

101. Os morgados foram abolidos em Portugal em 1863. A clássica crítica sobre essa prática encontra-se em PORTUGAL, Tomás Antônio de Vilanova. Qual foi a origem e quais os progressos e as variações da jurisprudência dos morgados de Portugal. *Memória da Literatura Portuguesa. Academia Real das Ciências*. Lisboa, 1792, *3*.

102. Citado em MORTON. *Conservative revolution* [...], p. 26. Não existe estudo completo sobre o morgado no Brasil em termos quantitativos ou qualitativos. Vilhena de Morais, em *O morgado de Marapicu*, afirma que eram inumeráveis os morgados no Brasil, mas relaciona apenas cinco no Nordeste, cinco no Rio de Janeiro, dois em São Paulo e dois em Minas Gerais. Certamente, havia muito mais do que isso, porém os documentos que essa autora cita em ANRJ são apenas petições, e não concessões. Na verdade, neste caso, "inumeráveis" significa simplesmente não contados. Ver também TEIXEIRA, Cid. *O morgado na Bahia*. Salvador, 1953, para uma breve introdução.

103. MORTON. *Conservative revolution* [...], pp. 25-7.

104. APB, Livro de Notas 37, fs. 91-2*v*, 220.

105. APB, Cartas ao Governador 209 (23 set. 1800).

11. OS LAVRADORES DE CANA

1. O desaparecimento dos lavradores de cana no Caribe não foi objeto de nenhum estudo, embora alguns autores tenham mencionado sua existência nas primeiras fases da atividade açucareira. Ver, por exemplo, MARRERO, Levi. *Cuba: economía y sociedad*. Río Piedras, Puerto Rico e Madri, 1972-8. 7 v. v. II, p. 317. Este capítulo inclui partes extensas de meu artigo anterior: Free lavor in a slave economy; the lavradores de cana of colonial Bahia, In: ALDEN, Dauril, ed. *Colonial roots of modern Brazil*. Berkeley, 1973, pp. 147-97. Nesse artigo, o leitor poderá encontrar uma exposição mais detalhada e um conjunto mais completo de citações. No presente capítulo, porém, adicionei novos dados, extraídos de fontes documentais e estudos auxiliares.

2. Manoel de Couto à condessa de Linhares (3 mai. 1617), ANTT, CSJ, maço 9, n. 241; (20 ago. 1617), maço 13, nº 7.

3. Apontamentos que leva o Cristóvão Barroso que agora mando por feitor da fazenda [...] (Lisboa, 23 mar. 1601), ANTT, CSJ, maço 13.

4. Couto à condessa de Linhares (20 ago. 1617), ANTT, CSJ, maço 13, nº 7.

5. Ribeiro à condessa de Linhares (17 mar. 1612), ANTT, CSJ, maço 8, nº 190.

6. ANTONIL, André João. *Cultura e opulência do Brasil por suas drogas e minas*. Ed. Andrée Mansuy. Paris, 1965, liv. 1, cap. 3. Ver também a discussão sobre as rendas pagas pelos lavradores em GORENDER, Jacob. *O escravismo colonial*. São Paulo, 1978, pp. 397-408.

7. APB, sec. jud., Livro de Notas 9, fs. 110*v*-2 (citado em FLORY, Rae Jean. *Bahian society in the mid-colonial period: the sugar planters, tobacco growers, merchants, and artisans of Salvador and the Recôncavo, 1680-1725*. Tese de PhD. University of Texas, 1978, p. 34).

8. Ver SCHWARTZ. op. cit., p. 156, nº 23.

9. "Treslado de escritura", ANTT, CSJ, maço 12, nº 36.

10. "Arrendamento de Custódio Lobo" (8 ago. 1617), ANTT, CSJ, maço 12, nº 7.

11. BUESCU, Mircea. *História econômica do Brasil*. Rio de Janeiro, 1970, pp. 110-3.

12. Pero Brás Rei ao conde de Linhares (20 abr. 1609), ANTT, CSJ, maço 8, nº 188.

13. "Lembrança para a senhora condessa de Linhares" (Bahia, 20 ago. 1617), ANTT, CSJ, maço 13, nº 7.

14. ANTT, CSJ, maço 52, nº 32.

15. SCHWARTZ. op. cit., p. 158; CASTRO, Antônio Barros de. Brasil, 1610: mudanças técnicas e conflitos sociais. *Pesquisa e Planejamento Econômico, 10*(3): p. 703, 1980.

16. "Venda e obrigação" (Lisboa, 30 out. 1613), ANTT, CSJ, maço 12, nº 31.

17. Escritura de débito e obrigação, APB, Notas 18 (4 ago. 1701), fs. 217-8*v*.

18. Treslado de escritura de venda, ANTT, CSJ, maço 12, nº 36.

19. Essas rendas simbólicas parecem ter sido mais características de contratos com instituições eclesiásticas ou com a nobreza. Assim, são encontradas nas transações entre o conde e a condessa de Linhares e lavradores em princípios do século XVII.

20. Cf. *DH, 62*: pp. 234, 240, 1943; SCHWARTZ. Free labor [...], p. 159.

21. Por exemplo, AHU, Bahia, pap. avul., caixa 15 (23 jan. 1686); caixa 17 (26 jan. 1689).

22. MHN/CWP, pacote 10 (São Francisco do Conde, 18 mar. 1699).

23. *DH, 62*: pp. 220-32, 1943.

24. Ibid.

25. ANTONIL. op. cit., liv. 1, cap. 3.

26. SCHWARTZ. op. cit., pp. 165-7.

27. SCHWARTZ, Stuart B. Patterns of slaveholding in the Americas: new evidence from Brazil. *AHR, 87*(1): p. 74, fev. 1982. Ver também Capítulo 16. Como os dados foram extraídos de uma lista de proprietários de escravos, os que não possuíam cativos não entraram no cálculo.

28. Para detalhes, ver as notas em SCHWARTZ. Free labor [...], p. 168.

29. ANTT, CSJ, maço 13, nº 32.

30. Antônio Joaquim Pires de Carvalho e Albuquerque, proprietário de engenhos, declarou que o uso mútuo de escravos era "prática constantemente observada entre todos os proprietários com os seus lavradores". APB, Cartas ao Governo 209 anexo (14 ago. 1800).

31. ALBUQUERQUE, Maria Izabel de. Liberdade e limitação dos engenhos d'açúcar. *Anais do Primeiro Congresso de História da Bahia*. Salvador, 1950, 6 v. v. II, pp. 491-9.

32. Inventário, Felipe Dias Amaral (1804), registrado em São Francisco do Conde, MHN / CWP, pacote 2.

33. SCHWARTZ. Patterns of slaveholding [...], pp. 72-3. Ver Capítulo 16 para uma exposição completa.

34. FLORY. Race and social control in independent Brazil. *Journal of Latin American Studies, 9*(2): 44-5, 1977, e as fontes que essa autora cita, extraídas dos registros notariais de Salvador e Cachoeira.

35. DUSSEN, Adriaen van der. *Relatório sobre as capitanias conquistadas no Brasil pelos holandeses (1639)*. Org. José Antônio Gonçalves de Mello. Rio de Janeiro, 1947, p. 73.

36. MORTON, F. W. O. *The conservative revolution of independence: economy, society and politics in Bahia, 1790-1840*. Tese de PhD. Oxford University, 1974, pp. 21-2.

37. Relatório sobre a capitania da Bahia (1779), IHGB, 1, 1, 19.

38. FLORY. op. cit., p. 41.

39. Lista dos moradores que compreende a companhia de ordenança nos distritos da Patatiba [...] 1788, APB, Recenseamentos.

40. Para os detalhes, ver SCHWARTZ. Free labor [...], pp. 180-1.

41. FLORY. op. cit., pp. 40-1. Meu artigo "Free labor [...]" aparentemente originou alguma confusão para Flory. Embora eu tenha usado trinta lavradores por engenho como número máximo ao tentar calcular o número total, sugeri que talvez metade ou um terço desse número estivesse mais próximo do valor correto. Flory usou quinze por engenho como base para os cálculos e, ao encontrar muito menos do que isso, supôs que deve ter havido um número elevado de lavradores independentes, não arrolados nos documentos que estava estudando. Julgo que ela foi induzida em erro, e que o número que usou, de quinze lavradores por engenho, é alto demais.

42. SCHWARTZ. Patterns of slaveholding [...]., p. 73. Ver também Capítulo 17.

43. *ABNR, 31*: pp. 27-31, 1909.

44. Mateus (?) ao padre Cristóvão de Castro (8 jun. 1623), ANTT, CSJ, maço 70, nº 87.

45. VILHENA, Luís dos Santos. *A Bahia no século XVIII*. Bahia, 1969. 3 v. v. I, pp. 80-3; cf. Silva Lisboa (1781), citado em PINHO, Wanderley. *História de um engenho do Recôncavo*. Rio de Janeiro, 1946, pp. 311-2.

46. APB, Pres. da Prov. Engenhos 1824-54.

47. Citado em PINHO. op. cit., p. 312, nota.

48. Documento de 1660, reproduzido em MAURO, Frédéric. *Le Brésil au XVII*[e] *siècle*. Coimbra, 1963, p. 293.

49. Cinco lavradores de cana do Engenho Santana, pertencente aos jesuítas, reclamaram que a propriedade estava em mau estado e que não cumpria suas obrigações. Sua carta resultou na visita do padre Filipe Franco, que constatou haver realmente escassez de escravos e caldeiras. Os lavradores haviam parado de plantar cana e a escassez dificultou as cinco safras seguintes. Ver ANTT, CSJ, maço 56, nº 9 (1660).

50. Relatório de José de Araújo Pinto (15 jul. 1722); APB, Ord. reg. 15, 52c.

51. Apresentei esse argumento em "Free labor [...]", pp. 189-93, com base em várias fontes impressas e manuscritas. Uma boa síntese da história encontra-se em BOXER, C. R. *Portuguese society in the Tropics*. Madison, Wis., 1965, pp. 104-6. Também essencial é MAURO. op. cit., pp. 270-307, onde se reproduzem documentos fundamentais, bem como ALBUQUERQUE. op. cit., pp. 491-9.

52. Para uma biografia resumida de Vieira Ravasco, ver SCHWARTZ, Stuart B., ed. *A governor and his image in baroque Brazil: funeral eulogy of Afonso Furtado de Castro de Rio de Mendonça by Juan Lopes Sierra*. Trad. Ruth Jones. Minneapolis, 1979, pp. 163-5.

53. AHU, Bahia, pap. avul., caixa 8, 1ª série, não catal. (8 set. 1660).

54. MAURO, op. cit., pp. 279-307.

55. Isso foi admitido por um representante. Ver ALBUQUERQUE. op. cit., p. 498.

56. Correa ao Conselho Ultramarino (23 mai. 1662), AHU, Bahia, pap. avul., caixa 8, 1ª série, não catal.

57. Carta de 8 jan. 1662, in ALBUQUERQUE. op. cit., pp. 491-9.

58. MAURO. op. cit., pp. 297-307.

59. PINHEIRO DA SILVA, José. A Capitania da Bahia (subsídios para a história da sua colonização na 2ª metade do século XVII. *Revista Portuguesa de História*, 8: pp. 187-9, 1959; conde de Óbidos à Coroa (23 mar. 1665), APB, cartas do Governador 134, fs. 178-9; Consulta, Con. Ultra. (7 out. 1681), AHU, Códice 252, fs. 69-69*v*.

60. AHU, Bahia, pap. avul., caixa 51, 1ª série, não catal. (1797); Rodrigo de Sousa Coutinho a Fernando José de Portugal (30 abr. 1800), APB, Cartas do Governo 140. Os senhores de engenho de Santo Amaro haviam salientado que os engenhos Santos Apóstolos, Rio Fundo, Paciência, Buraco, Paranaguá e Pandalunga ficavam todos próximos uns dos outros.

61. NL/GC, Provisão (Lisboa, 3 nov. 1801); Provisão (Lisboa, 13 mai. 1802). Foi apresentada ao juiz de fora uma petição para instalar um novo engenho. Ver a de Luís Paulinho de Oliveira Pinho e Manoel de Oliveira Mendes em APB, Cartas ao Governo 238 (14 jun. 1819).

62. Cf. CASTRO. op. cit., p. 710.

63. MHN/CWP, pacote 1 (Inventário, 19 out. 1825).

64. VILHENA. op. cit., v. I, pp. 180-2; TOLLENARE, Louis-François de. *Notas dominicais tomadas durante uma viagem em Portugal e no Brasil em 1816*. Bahia, 1956, pp. 93-5. Ver também SCHWARTZ, Stuart B. Elite politics and the growth of a peasantry in late colonial Brazil. In: RUSSELL-WOOD, A. J. R., ed. *From colony to nation*. Baltimore, 1975, pp. 133-54.

65. COSTA, João Severiano Maciel da. *Memória sobre a necessidade de abolir a introdução dos escravos africanos no Brasil*. Coimbra, 1821, pp. 74-5, afirma: "Muitos destes lavradores não têm outro auxílio senão o de seus braços e de seus filhos".

66. TOLLENARE. op. cit., p. 95.

67. Ibid., p. 94.

12. TRABALHADORES ASSALARIADOS EM UMA ECONOMIA ESCRAVISTA

1. ANTONIL, André João. *Cultura e opulência do Brasil por suas drogas e minas*. Ed. Andrée Mansuy. Paris, 1965, liv. 1, cap. 4.

2. Em 1798, o padre José da Fonseca Neves, capelão dos engenhos de Paulo de Teive e Argolo, em Nossa Senhora do Monte, queixou-se de um médico e um músico, que viviam nas imediações como lavradores de cana, e cujas ações eram ofensivas à dignidade da Igreja. Ver APB, Ord. reg., 128, f. 259.

3. Livro de Contas, 1669-70. Nessa safra, um calafate recebeu 750 réis por dia, sem alimentação inclusa, ou 640 com alimentação. ACS, Livro de requerimentos das partes 1787-1814, fs. 344*r*-5.

4. Por exemplo, Antônio de Sá Dória morreu devendo salários a um mestre de açúcar, um caixeiro e um caldeireiro. Ver ASCMB, Livro I do Tombo, fs. 147-85 (1663). Ver também Contas Engenhos Passagem, Cachoeirinha, Santa Ignes (1822), APB, Cartas ao governo 196, para pagamentos mensais de soldadas.

5. Luís da Rocha (22 mai. 1745), ANTT, CSJ, maço 70, nº 124.

6. *DHA*, v. III, p. 393; ASCMB, Livro I do Tombo, fs. 199-201.

7. ANTT, CSJ, maço 70, nº 124.

8. HICKS, J. R. *The theory of wages*. Nova York, 1932, pp. 69-71.

9. *ACB*, v. I, p. 6.

10. BOXER, C. R. *Portuguese society in the Tropics*. Madison, Wis., 1965, pp. 76-7; ver também OLIVEIRA, Antônio de. *A vida econômica e social de Coimbra de 1537 a 1640*. Coimbra, 1971. 2 v. v. I, pp. 443-556.

11. Sobre Portugal, ver LANGHANS, Franz-Paul. *As corporações dos ofícios mecânicos*. Lisboa, 1943, 2 v. v. I, pp. X, XII-LXXXIII.

12. FLEXOR, Maria Helena. *Oficiais mecânicos na cidade do Salvador*. Salvador, 1974, pp. 20-4. FLORY, Rae Jean. *Bahian society in the mid-colonial period: the sugar planters, tobacco growers, merchants, and artisans of Salvador and the Recôncavo, 1680-1725*. Tese de PhD. University of Texas, 1978, pp. 291-300.

13. BERNSTEIN, Harry. The White workingman in Brazil from Dom Pedro I through the regency. *RIHGB, 301*: pp. 234-53, 1975.

14. As citações de exemplos específicos nesta seção serão feitas segundo o ano de início da safra. O leitor deve consultar a bibliografia para a localização específica dos registros contábeis de cada safra do Engenho Sergipe.

15. ANTONIL. op. cit., liv. 1, cap. 6. Estêvão Pereira informou, em 1635, que o salário do mestre de açúcar era estimado em 100 mil-réis em dinheiro, um barril de vinho no valor de 20 mil-réis e uma arroba de carne por semana, ou 16 mil-réis por ano. Portanto, a remuneração total era de 136 mil-réis anuais. Ver o apêndice de Mansuy em ANTONIL. op. cit., pp. 513-27.

16. ANTONIL. op. cit., liv. 1, cap. 5.

17. Manoel da Cunha de Meneses à Coroa (3 mar. 1775), LC/Port. Mss. P-21.

18. ANRJ, papéis de Caldeira Brant, caixa 20A, 188-90 (Bahia, 19 set. 1820).

19. Maria Bárbara a Luís Paulino (23 mai. 1822). In: FRANÇA, Antonio d'Oliveira Pinto da. *Cartas baianas, 1821-1824*, p. 60.

20. MNH/CWP, pacote 1 (Santo Amaro, 1766).

21. Juiz dos órfãos de São Francisco (1760), IHGBA, pasta 27, nº 9.

22. De fato, um crioulo que trabalhou por algum tempo na ferraria recebeu 100 réis por dia durante a safra de 1669-70.

23. Testamento de Maria da Silva (1714), APB, sec. jud. 619; ACMS, Cartas ao Senado 28:5 (3 jul. 1751).

24. ANRJ, caixa 146.

25. MATTOSO, Katia M. de Queirós. Sociedade e conjuntura na Bahia nos anos de luta pela independência. *Universitas, 15-16*: pp. 5-26, 1973.

26. Este aspecto foi examinado em SILBERSTEIN, Paul. *Wage earners in a slave economy: the laborers of a sugar mill in colonial Brazil*. University of California, Berkeley, 1970. Trabalho apresentado em seminário, não publicado.

27. A contabilidade impressa traz o nome Gonçalves, mas provavelmente trata-se de um erro de registro.

28. Contas do Engenho Buranhaém, ANRJ, caixa 406.

29. FRANÇA. op. cit., p. 36.

30. Sobre o conceito do salário justo, ver ROCHA, Manuel. *Les origines de Quadragesimo anno; travail et salaire à travers la scolastique*. Paris, 1933; HEALY, James. *The just wage, 1750-1790*. Haia, 1933.

31. Citado em PHELPS-BROWN, E. H. & HOPKINS, Sheila V. Seven centuries of building wages. *Economica*, n. ser., *22*: pp. 195-206, 1955. Ver também seus trabalhos complementares: Seven centuries of the prices of consumables, compared with builder's wage-rates. *Economica*, n. ser., *23*: pp. 296-314, 1956; Wage-rates and prices: evidence for population pressure in the sixteenth century. *Economica*, n. ser., *24*: pp. 289-306, 1957.

32. Antonil, de fato, fornece classes de salários dependentes da natureza das incumbências e do tamanho do engenho. Os engenhos que produziam entre 4 e 5 mil pães de açúcar por ano pagavam mais aos purgadores, caixeiros e outros empregados.

33. Em 1706, a câmara de Salvador alegou que as soldadas dos mestres de açúcar haviam subido acentuadamente, mas na contabilidade do Engenho Sergipe não há indicação de tal aumento. Ver PINHO, Wanderley. *História de um engenho do Recôncavo*. Rio de Janeiro, 1946, p. 175.

34. Jan de Vries demonstrou que os salários na Holanda também atingiram um ponto máximo no início do século XVII e a seguir estabilizaram-se. Além disso, no decorrer dos séculos XVII e XVIII, os salários dos mestres em Antuérpia acompanharam menos a inflação do que os dos trabalhadores sem especialização. Ver An inquiry into the behavior of wages in the Dutch Republic and the Southern Netherlands from 1580 to 1800. In: AYMARD, Maurice, ed. *Dutch capitalism and world capitalism*. Cambridge, 1982, pp. 75-92.

35. MATTOSO. op. cit., pp. 21-2.

36. BUESCU, Mircea. *300 anos da inflação*. Rio de Janeiro, 1973, pp. 74-7.

37. ANTT, CSJ, maço 13, nº 15.

38. P. Filipe Franco ao provincial (Santana, 15 mar. 1671), ANTT, CSJ, maço 70, nº 383.

39. Governador da Bahia à Coroa (6 nov. 1706), APB, Ord. reg. 7, nºs 440, 441.

40. ANTONIL. op. cit., liv. 1, cap. 6.

41. Rocha ao padre Francisco Guerra (25 set. 1745), ANTT, CSJ, maço 70, nº 109.

42. P. Agostinho Lousada ao Colégio de Santo Antão (17 mar. 1660), ANTT, CSJ, maço 68, nº 132.

43. Registro da proposta que fizeram o povo e os homens de negócio (3 dez. 1711), ACMS,124: p. 7, Provisões, fs. 171-3.

44. VILHENA, Luís dos Santos. *A Bahia no século XVIII*. Bahia, 1969, 3v. v. I, pp. 135-7.

45. SCHWARTZ, Stuart B. The manumission of slaves in colonial Brazil, Bahia, 1684-1745. *HAHR*, *54*(4): pp. 603-35, nov. 1974; MATTOSO, Katia M. de Queirós. A propósito das cartas da alforria na Bahia, 1799-1850. *AH*, *4*: pp. 23-52, 1972; KESSLER, Arnold. *Bahian manumission practices in the early nineteenth century*. American Historical Association, 1973. Trabalho não publicado. Ver as notas em SCHWARTZ. op. cit., para outra bibliografia importante.

46. SCHWARTZ. op. cit., p. 624. Cabe notar que a ocupação do escravo raramente é mencionada nas cartas de alforria baianas. Os padrões de idade, sexo e cor observados foram os mesmos para escravos das zonas rural e urbana em ibid.

47. KESSLER. op. cit., encontrou uma proporção muito elevada de alforrias de africanos no início do século XIX. As razões dessa diferença não estão claras.

48. Juiz de fora de Santo Amaro ao governador (21 nov. 1812), APB, Cartas ao governo, 241.

49. Pedro Gomes à Coroa (17 nov. 1747), AHU, Bahia pap. avul., caixa 53, 1ª série, não catal.

50. El-Rey ao governador da Bahia (Lisboa, 25 jan. 1695), APB, Ord. reg. 3, nº 59.

51. Ver ALDEN, Dauril. Late colonial Brazil, 1750-1807. *CHLA*, v. II, pp. 602-62.

52. SIQUEIRA, Sônia Aparecida. Artesanato e privilégios. Os artesãos no Santo Ofício no Brasil do século XVII. *III Simpósio dos Professores Universitários de História (França)*. São Paulo, 1967. Ver também ESTEVES, Neusa, org. *Irmãos da Santa Casa de Misericórdia da Bahia, século XVII*. Salvador, 1977, em que não aparece nenhum indivíduo designado como artesão de engenho entre os confrades da Misericórdia.

53. PVCB, 1591, 25-7, 125-6; ANTT, Inquisição de Lisboa, processo 11 705. A correspondência de Filipe Dias do Amaral, feitor-mor do Engenho do Meio (1799-1803), é indicadora das responsabilidades dessa função. Ver IHGBA, pasta 27.

54. FLORY. op. cit., p. 302. Em uma amostra de 125 artesãos residentes em Salvador, 64% eram nascidos em Portugal ou nas ilhas atlânticas no período de 1680 a 1725.

55. APB, Recenseamentos. Os resultados para essas paróquias são apenas parciais.

56. MHN/CWP, pacote 14, Inventário de José Rodrigues Pereira (1733), menciona o registro do caixeiro do engenho de Francisco da Cunha Barbosa. Em um litígio, em 1744, o caixeiro do Engenho Pitinga prestou depoimento "com uma letra rústica" (MHN/CWP, pacote 1). O inventário de Manoel Lopes Henriques (1706), proprietário do Engenho Santa Teresa, em Matoim, faz muitas referências aos registros mantidos por seu caixeiro. Ver NOVINSKY, Anita. Fontes para a história econômica e social do Brasil. Inventário dos bens confiscados pela Inquisição. *Revista de História*, *48*(98): pp. 359-92, 1974.

57. VILHENA. op. cit., v. I, p. 189. Ver também PINHO. *op cit.*, pp. 173-7.

58. BRITO, João Rodrigues de. *Cartas econômico-políticas sobre a agricultura e comércio da Bahia*. Lisboa, 1821; NIZZA DA SILVA, Maria Beatriz. Os senhores de engenho e a cultura científica. *Ciência e Cultura, 31*(4): pp. 389-94, 1979.

59. PINTO, Irineu Ferreira. *Datas e notas para a história da Parahyba*. 2ª ed. João Pessoa, 1977, 2 v. v. I, p. 197.

60. SAMPAIO E MELO, Manoel Jacinto de. *Novo methodo de fazer o açúcar*. Bahia, 1816, pp. 39-42. DEERR, Noel. *The history of sugar*. Londres, 1950. 2 v. v. II, pp. 534-95, apresenta a melhor exposição das mudanças tecnológicas da indústria açucareira.

61. SAMPAIO E MELO. op. cit., p. 42.

62. Caldeira Brant ao sr. Branford (19 maio 1820), ANRJ, papéis de Caldeira Brant, caixa 20A. Ver as cartas dessa coleção, publicadas com o título *Economia açucareira do Brasil no século XIX*. Rio de Janeiro, 1976.

63. Caldeira Brant a John Gyles (24 jun. 1821), Ibid., caixa 20A.

13. A POPULAÇÃO ESCRAVA NA BAHIA

1. GOULART, Maurício. *Escravidão africana no Brasil*. São Paulo, 1950, pp. 98-104. Para estimativas recentes baseadas em portos africanos de origem, ver LOVEJOY, Paul E. *Transformations in slavery*. Cambridge, 1983, pp. 44-65.

2. Ibid.; sobre o tráfico posterior com a Guiné e os povos envolvidos, ver "Mapa dos costumes [...]", BNL, Códice 6938. Ver também MAURO, Frédéric. *Le Portugal et l'Atlantique au XVIIe siècle*. Paris, 1960, pp. 147-52.

3. BOXER, C. R. *The Portuguese seaborne empire, 1415-1825*. Londres, 1969, pp. 100-4. Ver também MILLER, Joseph C. The slave trade in the Congo and Angola. In: KILSON, Martin & ROTBERG, Robert, eds. *The African diaspora: interpretive essays*. Cambridge, Mass., 1976, pp. 75-113. KLEIN, Herbert. The Portuguese slave trade from Angola in the eighteenth century. *Journal of Economic History, 32*(4): pp. 894-918, 1972. Ver também MARTIN, Phyllis M. *The external trade and the Loango Coast 1576-1870*. Oxford, 1972.

4. RODNEY, Walter. Portuguese attempts at monopoly on the Upper Guinea Coast. *Journal of African History, 6*(1): pp. 307-22, 1965.

5. BOKER. op. cit., p. 104. Sobre os *asientos* nesse período, ver VILAR, Enriqueta Vila. *Hispano-América y el comercio de esclavos. Los asientos portugueses*. Sevilha, 1977, e o ainda importante e extenso artigo de GARCIA, Rozendo Sampaio. Contribuição ao estudo do aprovisionamento de escravos negros da América espanhola (1580-1640). *AMP, 16*: pp. 7-196, 1962.

6. Discuti em linhas gerais esse assunto em SCHWARTZ, Stuart B. Colonial Brazil: plantations and peripheries, 1580-1750. *CHLA*, v. II, pp. 423-99.

7. BOXER. op. cit., pp. 109-16. DANTZIG, Albert van. *Les hollandais sur la cote de Guinée à l'époque de l'essor de 1'Ashanti et du Dahomey*, 1680-1740. Paris, 1980.

8. O melhor estudo sucinto desses desenvolvimentos encontra-se em VERGER, Pierre. *Bahia and the West Coast trade (1549-1851)*. Ibadan, 1964.

9. Ibid., p. 31.

10. "Homens de negócio da praça da Bahia" à Coroa (sem data), APB, Ord. reg. 83, fs. 135-6.

11. COSTA, Emília Viotti da. *A abolição*. São Paulo, 1982, pp. 19-21.

12. ACS, Liv. 182.1.

13. IMBERT, João. *Manual do fazendeiro ou tratado doméstico sobre as enfermidades dos negros*. Rio de Janeiro, 1832, p. 2. Ver também BARLEUS, Gaspar. *Rerum per octennium in Brasilia*. Clèves, 1660.

14. ANRJ, Arquivo particular de Caldeira Brant, caixa 20A (Bahia, 25 nov. 1819).

15. MARQUES PEREIRA, Nuno. *Compêndio narrativo do peregrino da America (1728)*. Lisboa, 1765, pp. 115-28.

16. Ver Capítulo 17.

17. GOULART. op. cit., pp. 112-28.

18. MANNING, Patrick. The slave trade in the Bight of Benin, 1640-1890. In: GEMERY, Henry A. & HOGENDORN, Jan S., eds. *The uncommon market. Essays in the economic history of the Atlantic slave trade.* Nova York, 1979, pp. 107-41.

19. ELTIS, David. The direction and fluctuaction of the transatlantic slave trade, 1821-1843: a revision of the 1845 parliamentary paper. In: GEMERY & HOGENDORN. op. cit., pp. 273-99. Outros dados provêm de um manuscrito não publicado de Eltis sobre o tráfico atlântico, que me foi fornecido e pelo qual fico grato. Ver também ALDEN, Dauril. Late colonial Brazil, 1750-1807. In: Bethell, *CHLA*, v. II, pp. 611-2, que apresenta estimativas diferentes, mas também demonstra uma recuperação no volume em fins do século XVIII.

20. "Relação de todas as parcelas de receita e despeza dos tezoureiros q. servirao na Alfândega desta Cidade de 19 de Junho de 1725 até 29 de Abril de 1744 pelo q. respeita aos direitos de 3500 reis q. pagao por entrada os escravos vindos da Costa da Mina em direitura a esta Bahia", AHU, Bahia, pap. avul., caixa 59.

21. APB, Ord. reg. 65 (fev. 1753); APB, termos de fiança 1765-1824; ANTT, Erário régio, livro 91 (1788); APB, passaportes; catálogo de alvarás (1779-98).

22. KLEIN, Herbert. *The middle passage*. Princeton, 1978, pp. 34-5. Em uma amostra de quinze navios que transportaram cativos entre a Guiné e o Maranhão e Angola-Pará ou Angola-Maranhão entre 1758 e 1765, havia 2314 escravos do sexo masculino e 976 do sexo feminino. As escravas, portanto, perfaziam 30%. Ver CARREIRA, Antônio. *As companhias pombalinas de navegação, comércio e tráfico de escravos entre a costa africana e o Nordeste brasileiro*. Bissau, 1969, pp. 161-9. Ver também RIBEIRO JR., José. *Colonização e monopólio no Nordeste brasileiro*. São Paulo, 1976, pp. 130-2.

23. KLEIN. op. cit., pp. 35-7, 49-50.

24. MATTOSO, Katia M. de Queirós. Os escravos da Bahia no alvorecer do século XIX. *Revista de História, 97*: pp. 109-35, 1974.

25. Esses números baseiam-se em uma amostra de 1914 escravos arrolados em inventários anexos a testamentos. Todos são extraídos de engenhos e fazendas de cana do Recôncavo entre 1710 e 1827. Para uma discussão mais completa sobre esse material, ver o tópico Conjunto de Dados A, no início da seção Fontes e Bibliografia Selecionada, neste volume.

26. MATTOSO. op. cit., p. 119. Essa autora encontrou uma porcentagem de pardos de 7,1 no período 1805-6 e 6,3 na amostra de 1810-1. Alguns dados comparativos interessantes para Minas Gerais podem ser encontrados em LUNA, Francisco Vidal & COSTA, Iraci del Nero da. Algumas características do contingente de cativos em Minas Gerais. *AMP, 29*: pp. 79-98, 1979. Luna e Costa demonstram que a porcentagem de africanos caiu de cerca de 80 em 1718 para 40 em 1804. Nessa capitania, os pardos nunca chegaram a perfazer mais de 12% dos cativos nascidos no Brasil. Embora nesse artigo as informações acerca das idades não sejam apresentadas de maneira útil aos nossos propósitos, fica evidente que havia escassez de crianças.

27. LISANTI, Luís. *Negócios coloniais*. Brasília, 1973, 5 v. v. I, p. CLVIII, apresenta outro esquema de idades descritivas, com base em correspondências mercantis. Esse autor relaciona escravos "velhos" com idade de 36 anos ou mais. Essa atribuição não parece aplicável aos cativos na grande lavoura baiana. A mais precoce designação como "velho" que encontrei aplicada a um escravo de quem se conhecia a verdadeira idade foi 48 anos.

28. ANTT, CSJ, maço 54, nº 51.

29. Utilizando as tábuas de vida de Coale e Demeny em Oeste-7, a uma taxa de crescimento de 0,5% ao ano, 32,42% da população teria quinze anos ou menos de idade e 16% oito anos ou menos. Se supusermos um regime demográfico ainda mais desfavorável e usarmos Oeste-1 a uma taxa de declínio de 1% ao ano, ainda assim mais de 18% da população teria oito anos ou menos. Ver COALE, Ansley J. & DEMENY, Paul. *Regional model life tables and stable populations*. Princeton, 1966.

30. Henry Koster, que visitou o engenho carmelita de Camaçari, em Pernambuco, escreveu: "As propriedades dos frades empregam quase exclusivamente negros que nelas nasceram. Tudo corre bem ali. Se muito se faz, mais satisfeito fica o superior naquele momento; se, ao contrário, pouco se obtém, ainda assim prosseguem as atividades da comunidade. KOSTER, Henry. *Travels in Brazil*. Filadélfia, 1817. 2 v. v. I, p. 313.

31. Conjunto de Dados A.

32. IHGAP, Estante A, gaveta 5 (1788).

33. Uma boa discussão sobre as etapas econômicas na história da Bahia em fins do período colonial encontra-se em MATTOSO, Katia M. de Queirós. Conjoncture et société au Brésil à la fin du XVIIIe siècle. *Cahiers des Amériques Latines, 5*: pp. 3-53, 1970.

34. Tabela 32.

35. "Mapa feito pelo capitão da ordenança Francisco Xavier de Oliveira [...] a respeito das mandiocas q. ha plantadas em a Ribeira de Vasabarris, termo deste cidade de Sergipe de El-Rey (1785)", APB, Cartas ao Governo 188.

36. MOTT, Luiz R. B. Brancos, pardos, pretos e índios em Sergipe, 1825-1830. *AH, 6*: pp. 139-84,1974.

37. MOTT, Luiz R. B. Pardos e pretos em Sergipe, 1774-1851. *Revista do Instituto de Estudos Brasileiros,18*: pp. 7-37, 1976.

38. P. Matias a P. Estêvão da Costa (Bahia, 3 out. 1623), ANTT, CSJ, maço 70, nº 89.

39. STEIN, Stanley J. *Vassouras*. 2ª ed. Nova York, 1970, p. 155.

40. Vaz ao Colégio de Santo Antão (Bahia, 5 mar. 1634), ANTT, CSJ, maço 68, nº 7.

41. Gama ao Colégio de Santo Antão (Engenho Sergipe, 20 set. 1733), ANTT, CSJ, maço 70, nº 428.

42. ANTT, CSJ, maço 70, nº 390 (15 jan. 1731).

43. Estado do Engenho Santana, ANTT, CSJ, maço 15, nº 23.

44. ARSI, Bras. 3 *II* (II) (Bahia, 26 fev. 1662). Ele escreveu que os "bentos" administravam melhor seus "engenhos" e por isso "tiram deles muito proveito e nos das nossas tiram muita miséria".

45. ADB, CSB, 136-7.

46. Ibid., 135 (Estado 1783-7).

47. Ibid., 134 (Estado 1747-8).

48. Ibid., 135 (Estado 1763-6); MSSB, Liv. 18, visitas e juntas de São Paulo.

49. ADB/CSB, 139 (Estados 1778-80, 1784-6, 1789-93).

50. ANTT, CSJ, maço 3, nº 4.

51. PINHO, [José] Wanderley [Araújo]. Uma partilha de bens no Recôncavo da Bahia em 1779, com informações de caráter econômico, social e industrial. *ACCBTSGB*, I, pp. 315-7.

52. APB, sec. jud., Testamento e inventário de João Lopes Fiúza, maço 623, nº 4.

53. MHN/CWP, pacote 14.

54. Ibid., pacote 2.

55. Boa parte da literatura foi competentemente resumida em FOGEL, Robert & ENGERMAN, Stanley. Recent findings in the study of slave demography and family structure. *Sociology and Social Research, 63*: pp. 566-89, 1978-9; ENGERMAN, Stanley L. The realities of slavery: a review of recent evidence. *International Journal of Comparative Sociology, 20*(1-2): pp. 46-66, 1979.

56. KLEIN, Herbert S. & ENGERMAN, Stanley. Fertility differentials between slaves in the United States and the British West Indies: a note on lactation practices. *William and Mary Quarterly*, 3ª ser. *35*(2): pp. 357-74, abr. 1978.

57. IMBERT. op. cit., pp. 254-5.

58. CALDWELL, J. C. & CALDWELL, Pat. The role of marital abstinence in determining fertility: a study of the Yoruba in Nigeria. *Population Studies, 31*(2): pp. 193-217, jul. 1977. Ver também LORIMER, Frank. *Culture and human fertility*. Paris, 1954, estudo para a UNESCO; CALDWELL, John C., ed. *Population growth and socioeconomic change in West Africa*. Nova York, 1975.

59. Também houve diminuição da população escrava por alforrias e fugas.

60. Ribeiro à condessa de Linhares (27 set. 1601), ANTT, CSJ, maço 8, nº 152.

61. ANTT, Corpo cronológico, parte 1, maço 115, nº 113.

62. Em uma estimativa feita para Barbados em 1689, a taxa de declínio foi calculada em 8% a 10% ao ano. A perda esperada para os escravos recém-chegados durante a adaptação era de um terço. Acidentes, bem como suicídios, eram comuns, "e às vezes sobrevém uma mortalidade que arrasta grande parte deles". Ver *Groans of the plantations*. Londres, 1689, pp. 17-8.

63. A estimativa para 1832 encontra-se em um manuscrito anônimo. BNL, F. G. Códice 599. CARSON, João Monteiro. *Primeiro relatório apresentado a Presidência da Bahia sobre os melhoramentos da cultura da cana e do fabrico do assucar*. Bahia, 1854, p. 7, doravante citado como *Os melhoramentos*. Todas essas afirmações acerca da taxa de perda foram feitas sem considerar números compostos. O cálculo de que a força escrava desapareceria em vinte anos implica uma taxa de perda anual composta de 3,6%.

64. Citado em BETHELL, Leslie. *The abolition of the Brazilian slave trade*. Cambridge, 1970, pp. 41-2.

65. Sebastião Vaz (Bahia, 2 dez. 1636), ANTT, CSJ, maço 69, nº 76.

66. A melhor exposição dos problemas técnicos associados às estimativas de mortalidade para os escravos brasileiros encontra-se em SLENES, Robert. *The demography and economy of Brazilian slavery, 1850-1888*. Tese de PhD. Stanford University, 1976, pp. 341-411.

67. CURTIN, Philip. *The Atlantic slave trade: a census*. Madison, Wis., 1969, p. 19; CURTIN, Philip. Epidemiology and the slave trade. *Political Science Quarterly, 83*: pp. 190-216, 1968; MENARD, Russell. The Maryland slave population, 1658 to 1730: a demographic profile of Blacks in four counties. *William and Mary Quarterly*, 3ª ser. *32*(1): p. 45, jan. 1975.

68. A diferença percentual baseia-se em cálculos feitos no Conjunto de Dados A: Escravos de inventários.

69. A estimativa de sete a quinze anos pode ser encontrada em trabalhos de vários autores. Ver a exposição em SLENES. op. cit., pp. 361-2, 400-1.

70. ACMS, Livro de Óbitos, Santo Amaro da Purificação.

71. Essa hipótese baseia-se em minha discussão sobre o censo baiano de 1788 e em evidências de outras capitanias. Por exemplo, em um censo de Sergipe de El Rey, feito em 1834, a porcentagem de crianças entre zero e dez anos para cada segmento da população foi: brancos, 26,2%; pessoas de cor livres, 21,9%; índios, 24,5%; escravos pardos, 21,9%; escravos negros, 16,6%; todos os escravos, 18,3%. Ver MOTT. Pardos e pretos em Sergipe [...], pp. 7-37.

72. Slenes usa os regimes de mortalidade Oeste-1 a Oeste-4 como os parâmetros da mortalidade. Como o tráfico de escravos terminara e uma proporção maior da força escrava brasileira era nascida no Brasil, acredito que a população estudada por Slenes em fins do século XIX experimentou taxas mais favoráveis de mortalidade e fecundidade do que as que caracterizaram os cativos baianos durante a era colonial. Sua estimativa é muito próxima à de Eduardo E. Arriaga para o Brasil em 1879. Ver *New life tables for Latin American populations in the nineteenth and twentieth centuries*. Berkeley, 1968, p. 29. Cf. SLENES. op. cit., pp. 348-53.

73. As estimativas de Pedro Carvalho de Mello foram feitas em um trabalho não publicado, utilizado em MERRICK, Thomas W. & GRAHAM, Douglas H. *Population and economic development in Brazil*. Baltimore, 1979, pp. 56-7, aparecendo posteriormente em MELLO, Pedro Carvalho de. Estimativa da longevidade de escravos no Brasil na segunda metade do século XIX. *Estudos Econômicos, 13*(1): pp. 151-81, jan.-abr., 1983.

74. BURMEISTER, Stephen. *The slave population in three Bahian parishes: a profile and comparisons*. Trabalho não publicado, University of Minnesota, 1980.

75. AHU, Maranhão, pap. avul., caixa 37.

76. Conjunto de Dados A.

77. ACMS, Livro de Óbitos, São Francisco (1816).

78. Cartas de Felipe Nery a Antônio Estes da Costa (Pernambuco, 6 ago. 1812), BNL, F. G. caixa 224, nºs, 31-3.

79. ANTONIL, André João. *Cultura e opulência do Brasil por suas drogas e minas*. Ed. Andrée Mansuy. Paris, 1965, pp. 128-31. Para documentação sobre suicídios de escravos no século XIX, ver GOULART, José Alípio. *Da fuga ao suicídio*. Rio de Janeiro, 1972, pp. 123-30.

80. ASCMB, "Assento que se despidisse a Luís de Araújo", Liv. 13.

81. ASCMB, Liv. 13, fs. 51-2, 57-8.

82. ASCMB, Liv. 13, fs. 101-2 (19 out. 1664).

83. Relatório do desembargador Antônio José de Affonseca Lemos (16 mai. 1755), APB, Cartas do Senado 152.

84. "Cópia do regimento que há de seguir o feytor de Fazenda de Saubara que administra a casa da Santa Misericórdia [...]", ASCMB, B/3ª/213.

85. ASCMB, B/3ª/213. Existem listas para 1713, 1727, 1735, 1750, 1753, 1757, 1758 e 1760.

86. CRATON, Michael. *Searching for the invisible man*. Cambridge, Mass., 1978, p. 95.

87. Não sabemos a data da morte dos escravos arrolados. Assim, considerei, tanto para os cálculos de fecundidade como para os de mortalidade, o ano situado no ponto médio entre o ano do último aparecimento do cativo nas listas e o ano em que ele deixou de aparecer nas mesmas como o período em que o escravo estava em risco.

88. KLEIN, Herbert S. & ENGERMAN, Stanley L. *Demographic study of the American slave population*, 3.

89. Estou supondo, aqui, que todos os escravos comprados após 1750 eram adultos na melhor idade produtiva, salvo observação em contrário.

14. A FAMÍLIA ESCRAVA E AS LIMITAÇÕES DA ESCRAVIDÃO

1. Para um exame sobre a literatura, ver TRUJILLO, Maria Salete Zulzke. A família brasileira. *Notícia bibliográfica e histórica, 67*:139-46, mai. 1975.

2. FREYRE, Gilberto. *Casa-grande & senzala*. Rio de Janeiro, 1933.

3. As principais questões na história da família escrava são discutidas por Herbert Gutman, Barry Higman e Stanley Engerman em *HR/RH, 6*(1): pp. 183-212, verão 1979. Um estudo interessante sobre a família escrava no sul do Brasil é SLENES, Robert. *Slave marriage and family patterns in the coffee regions of Brasil, 1850-1888*. Trabalho não publicado, 1978. Para uma perspectiva comparativa, ver TAYLOR, Quintard. *Slave family life on the fazenda and plantations: a comparison of Brazil and the United States, 1750-1850*. Trabalho não publicado, 1979; RUSSEL-WOOD, A. J. R. The black family in the Americas. *JGSWGLA, 16*: pp. 267-309, 1979.

4. FERNANDES, Florestan. *The negro in Brazilian society*. Nova York, 1969, p. 84.

5. BURLAMAQUI, Frederico Leopoldo C. *Memória analytica acêrca do commercio d'escravos e acêrca da escravidão doméstica*. Rio de Janeiro, 1837, p. 8.

6. IMBERT, João. *Manual do fazendeiro ou tratado doméstico sobre as enfermidades dos negros*. Rio de Janeiro, 1832, pp. 358-9.

7. KOSTER, Henry. *Travels in Brazil*. Filadélfia, 1817, 2 v. v. II, p. 203.

8. Ibid., v. II, p. 242.

9. Cf. SLENES. op. cit., que descreve um padrão similar, especialmente em grandes propriedades.

10. Instructio abius qui officinam sacchaream administrant servenda data a P. Rectore Bernaba Soares (27 dez. 1692), ARSI, Bras. 11(1), 132-4. Uma série suplementar foi emitida em 18 jan. 1693.

11. KOSTER. op. cit., v. I, p. 322, fornece uma série de exemplos de Pernambuco.

12. Richard Price, em seu "Commentary" sobre o trabalho de Monica Schuler, "Afro American slave culture [...]", sugere esse desenvolvimento também no Suriname. Ver *HR/RH, 6*(1): p. 144, 1979.

13. MACIEL DA COSTA, João Severiano. *Memória sobre a necessidade de abolir a introdução dos escravos africanos no Brasil*. Coimbra, 1821.

14. KOSTER. op. cit., v. II, p. 204.

15. Ibid.

16. Ver a discussão em MORNER, Magnus. Los Jesuitas y la esclavitud de los negros. *Revista Chilena de Historia y Geografía, 35*: pp. 92-109, 1967; SWEET, David. Black robes and "Black destiny": Jesuit views of African slavery in seventeenth-century Latin American. *Revista de Historia de América, 86*: pp. 87-133, jul.-dez. 1978.

17. Relato sobre uma missão no Recôncavo (1619), StL/VFL, rolo 159.

18. VIDE, Sebastião Monteiro da. *Constituições primeiras do arcebispado da Bahia*. Lisboa, 1719. Ver a discussão em TITTON, Gentil Avelino. O sínodo da Bahia (1710) e a escravatura. *Trabalho livre e trabalho escravo*. São Paulo, 1973, 3 v. v. I, pp. 285-306; AZEVEDO, Thales de. *Igreja e Estado em tensão e crise*. São Paulo, 1978, pp. 78-80.

19. TITTON. op. cit., p. 300.

20. ANTONIL, André João. *Cultura e opulência do Brasil por suas drogas e minas*. Ed. Andrée Mansuy. Paris, 1965, pp. 120-34, aborda, no livro I, cap. 9, o tratamento dos escravos; BENCI, Jorge. *Economia cristã dos senhores no governo dos escravos*. 2ª ed. Porto, 1954. Essa edição vem acrescida de notas do padre Serafim Leite e da introdução à edição original de 1705. ROCHA, Manoel Ribeiro. *Ethiope resgatado, empenhado, sustentado, corregido, instruido e liberto*. Lisboa, 1758.

21. ANTONIL. op. cit., pp. 124-5.

22. BENCI. op. cit., pp. 82-5.

23. SOUSA, Marco Antônio. *Memória sobre a capitania de Sergipe (1800)*. 2ª ed. Aracaju, 1944, conforme citado em MOTT, Luiz R. B. Brancos, pardos, pretos e índios em Sergipe, 1825-1830. *Anais da História, 6*: pp. 174, 1-974.

24. ANTONIL. op. cit., p. 124.

25. Ibid.

26. El-Rev a dom João de Lancastre (Lisboa, 5 mar. 1697), APB, Ord. reg. 4, nº 100.

27. PINHEIRO DA SILVA, José. A capitania da Bahia (subsídios para a história da sua colonização na 2ª metade do século XVII). *Revista Portuguesa de História, 8*: p. 126, 1959; *AAPB, 24*: pp. 89-91, 1943.

28. AHU, Con. Ultra. 247, f. 73*v*.

29. StL/VPL, rolo 160 (Bras. 10).

30. MACLACHLAN, Colin M. Slavery, ideology, and institutional change: the impact of the Enlightenment on slavery in late eighteenth-century Maranhão. *Journal of Latin American Studies, 11*(1): pp. 1-17, 1979.

31. APB, sec. jud., maço 638, nº 6; MARCÍLIO, Maria Luiza. *A cidade de São Paulo. Povoamento e População*. São Paulo, 1974, pp. 157-9, discute a ilegitimidade.

32. COSTA, Iraci del Nero da. *Vila Rica: população (1719-1826)*, p. 249; MARCÍLIO. op. cit., pp. 157-9.

33. KLEIN, Herbert. Nineteenth-century Brazil. In: COHEN, David e GREENE, J. P., eds. *Neither slaves nor free*. Baltimore, 1973, p. 321.

34. SLENES, Robert. *The demography and economics of Brazilian slavery, 1850-1888*. Tese de PhD. Stanford University, 1975, pt. II, pp. 412-20.

35. NIZZA DA SILVA, Maria Beatriz. Casamentos de escravos na capitania de São Paulo. *Ciência e Cultura, 32*(7): pp. 816-21, jul. 1980, mostra que dificuldades canônicas e burocráticas também surgiam ao tratar-se de casamentos de escravos.

36. Luís da Rocha ao padre Francisco da Guerra, ANTT, CSJ, maço 70, nº 124 (22 mai. 1745).

37. KOSTER. op. cit., v. II, p. 203.

38. GRAHAM, Maria. *Journal of a voyage to Brazil and residence there*. Londres, 1824, p. 114.

39. MOTT, Luiz R. B. Revendo a história da escravidão no Brasil. *MAN, 11*(7): pp. 21-5, 1980, reproduz na íntegra esse documento.

40. APB, sec. jud., maço 623, nº 4 (1741).

41. As "nações" jeje e nagô começaram a chegar à Bahia em certas quantidades por volta de meados do século XVIII, e em grande número após 1790. Isso verificou-se especialmente para os nagôs, com a desintegração do Estado de Oyo na década de 1790. As línguas ioruba e jeje são línguas afins, e havia muitas outras semelhanças culturais entre os dois grupos. Ver ADETUGBO, Abiodun. The Yoruba language in Yoruba history. In: BIOBAKU, S. O., ed. *Sources of Yoruba history*. Oxford, 1973, pp. 176-204. Sobre os jejes, ver ELLIS, A. B. *The Ewe-speaking peoples of the Slave Coast of West Africa*. Oosterhout, 1970, que é uma reprodução da edição original de 1890.

42. ACMS, Livro de casamentos, Purificação, 1774-88.

43. PONDÉ DE SENA, Consuelo. *Relações interétnicas através de casamentos realizados na freguesia do Inhambupe, na segunda metade do século XVIII*. Trabalho não publicado, 1974. Esse artigo baseia-se em uma análise de 1294 casamentos. Infelizmente, a autora usou a categoria geral "africanos" e não informou resultados por "nação".

44. Essa observação também é feita em HIGMAN, Barry. African and Creole slave family patterns in Trinidad. In: CRAHAN, Margaret E. & KNIGHT, Franklin W., eds. *Africa and the Caribbean*. Baltimore, 1979, pp. 41-65. O artigo de Higman, dos que conheço, é o único a tratar desse problema. Seus dados permitem-lhe mostrar diferenças entre padrões familiares de africanos e crioulos. Essa é uma questão instigante, com amplas implicações no caso baiano, mas irrespondível com os dados hoje disponíveis.

45. COSTA, Iraci del Nero da. op. cit., pp. 34-6. KOSTER. op. cit., v. II, p. 202. Na paróquia de Purificação, entre 1774 e 1788, houve treze uniões registradas de indivíduos escravos com livres. Destas, onze eram entre homens escravos e mulheres livres, e sete envolviam casamentos em que ambos os cônjuges eram nascidos no Brasil. Apenas em dois casos homens livres desposaram escravas, e em ambos os homens eram crioulos.

46. Essas explicações são sugeridas em TUTINO, John. *Slavery in a peasant society: Indians and Africans in colonial Mexico*. St. Olaf College, 1978. Trabalho não publicado. Tutino refere-se a esse padrão como "casamento emancipacionista", enfatizando-o como uma razão para o declínio da população escrava.

47. RAMOS, Donald. City and country: the family in Minas Gerais, 1804-1838. *Journal of Family History, 3*(4): pp. 361-75, inverno, 1978; KUZNESOF, Elizabeth Anne. *Household composition and economy in an urbanizing community: São Paulo, 1765-1836*. Tese de PhD. University of California, Berkeley, 1976; RAMOS, Donald. Marriage and the family in colonial Vila Rica. *HAHR, 55*(2): pp. 200-25, mai. 1975; MARCÍLIO. op. cit.

48. GRAHAM, Richard. Slave families on a rural estate in colonial Brazil. *Journal of Social History, 9*(3):382-402, 1976.

49. CRATON, Michael. Changing patterns of slave families in the British West Indies. *JIH, 10*(1): 1-34, verão 1979; HIGMAN, Barry. Household structure and fertility on Jamaican slave plantations: a nineteenth--century example. *Population Studies, 27*: pp. 527-50, 1973; *Idem*. Slave family and household in the British West Indies, 1800-1834. *JIH, 6*(2): pp. 261-87, 1975; LASLETT, Peter. Household and family on the slave plantations of the USA. In: *Family life and illicit love in earlier generations*. Cambridge, 1977, pp. 233-60.

50. "Estado em que achey e faz este entrega do Engenho de S. Anna dos Ilheus o Padre Manoel de Figueiredo aos 7 de agosto de 1731", ANTT, CSJ, maço 15, nº 24; "Informe do estado pasado e presente de Engenho de S. Anna dos Ilheus ano 1753", ANTT, CSJ, maço 54, nº 42. Existe também uma lista feita um pouco mais tarde, em 1753, e datada de 13 de junho, em ANTT, CSJ, maço 54, nº 55.

51. Capítulo 13, seção intitulada "Fecundidade e casamento".

52. LASLETT. op. cit., p. 250.

53. ANTT, CSJ, maço 15, nº 23.

54. Cartas do P. Pedro Teixeira (11 nov. 1731; 10 ago. 1732), ANTT, CSJ, maço 70, nº 405, 469.

55. MARQUES PEREIRA, Nuno. *Compêndio narrativo do peregrino da America (1728)*. Lisboa, 1765, p. 162.

56. Esses números são semelhantes aos informados por Ramos para a população de Vila Rica em 1804. Ver RAMOS. Marriage and family [...], pp. 200-25.

57. APB, sec. jud., São Francisco 535.

58. Os exemplos foram extraídos de assentos de casamento de Nossa Senhora da Purificação de Santo Amaro, 1778-90.

59. As informações sobre os homens que serviram no Engenho Santana em anos determinados provêm do "Catalogus tertibus trienallis", supostamente emitido a cada três anos para a província jesuíta do Brasil. Ver StL/VFL, rolo 160, que inclui materiais de ARSI, Bras. 6A, 6, 11, 8.

60. Ver Capítulo 13, seção intitulada "Fecundidade e casamento".

61. ANTT, CSJ, maço 54, nº 55.

62. Padre Jerônimo da Gama (Santana, 20 out. 1753), "Informe do estado pasado e presente do Engenho Santana", ANTT, CSJ, maço 54, nº 51.

63. Jerônimo da Gama, ANTT, CSJ, maço 54, nº 55.

64. IMBERT. op. cit., pp. 249-50.

65. ANTT, CSJ, maço 54, nº 55.

66. Minha descrição do incidente baseia-se em padre Pedro Teixeira a padre Simão Estevens (Santana, 20 ago. 1733), ANTT, CSJ, maço 70, nº 425, e em um relato alternativo contido na carta do irmão Mateus de Sousa ao padre Luís Vellozo (Santana, 23 jul. 1733), ANTT, CSJ, maço 70, nº 170.

67. As idades e outras características foram extraídas do arrolamento de 1731 do Santana. A perda de um braço pelas mulheres que passavam a cana pela moenda era um acidente comum. Ver Capítulo 6, seção intitulada "O trabalho no campo e na fábrica".

68. O irmão Mateus de Sousa julgou que o padre Teixeira agira injustamente e com rigor excessivo. Sobre suas contínuas contendas, ver ANTT, CSJ, maço 70, nºs 405, 420.

69. Stephen Gudeman e eu discutimos em detalhes os aspectos teóricos do apadrinhamento e escravidão em Baptismal godparents in slavery: cleansing original sin in eighteenth-century Bahia. In: SMITH, Raymond, ed. *Kinship ideology and practice in Latin America*. Chapel Hill, N. C., 1984, pp. 35-58. Ver também GUDEMAN, Stephen. The *compadrazgo* as a reflection of the natural and spiritual person. *Proceedings of the Royal Anthropological Institute*, pp. 45-71, 1971. Boa parte da discussão que se segue foi extraída de GUDEMAN & SCHWARTZ. op. cit., que inclui uma apresentação mais detalhada dos dados.

70. RAMOS, Donald. *A social history of Ouro Preto: stresses of dynamic urbanization in colonial Brazil*. Tese de PhD. University of Florida, 1972, pp. 242-55; SMITH, David. *Cor, ilegitimidade e compadrio na Bahia seiscentista: os livros de batizado de Conceição da Praia*. Terceiro Congresso da História Baiana, 1973. Trabalho não publicado. SLENES, Robert & MELLO, Pedro Carvalho de. *Paternalism and social control in a slave society: the coffee regions of Brazil, 1850-1888*. Novo Congresso Mundial de Sociologia, Upsala, Suécia, 1978. Trabalho não publicado; SLENES, Robert. *Coping with oppression: slave accommodation and resistance in the coffee regions of Brazil, 1850-1888*. Southern Historical Association, 1978. Trabalho não publicado. Sobre um período anterior na Bahia, ver SCHWARTZ, Stuart B. Indian labor and New World plantations: European demands and Indian responses in Northeastern Brazil. *American Historical Review, 83*(3): pp. 43-79, jul. 1978.

71. Foram consultados assentos de batismos de ACMS, Saubara, 1723-4 (75 registros); Rio Fundo, 1780-1, 1788-9 (131 registros); Monte, 1788-9 (133 registros); São Gonçalo, 1816-7 (92 registros). Todas as análises quantitativas e porcentagens baseiam-se em 264 casos de Rio Fundo e Monte (Conjunto de Dados C).

72. KOSTER. op. cit., v. I, p. 316.

73. Ibid., v. II, p. 196.

74. Ibid.

75. SCHWARTZ, Stuart B. The manumission of slaves in colonial Brazil, Bahia, 1684-1745. *HAHR*, *54*(4): pp. 603-35, nov. 1974.

76. KOSTER. op. cit., v. II, p. 196.

77. Ver Capítulo 3, seção intitulada "Aculturação e interação".

78. KOSTER. op. cit., v. II, p. 199.

PARTE IV. REORIENTAÇÃO E PERSISTÊNCIA, 1750-1835

15. RESSURGIMENTO

1. A historiografia do período de 1750 a 1822 vem experimentando um notável desenvolvimento desde 1960. A melhor pesquisa sucinta é ALDEN, Dauril. Late colonial Brasil, 1750-1807. *CHLA*, v. 2, pp. 601-60. Entre as monografias essenciais e estudos mais amplos estão MAXWELL, Kenneth. *Conflicts and conspiracies: Brazil and Portugal, 1750-1808*. Cambridge, 1973; NOVAIS, Fernando A. *Portugal e Brasil na crise do antigo sistema colonial (1777-1808)*. São Paulo, 1979; ARRUDA, José Jobson de Andrade. *O Brasil no comércio colonial*. São Paulo, 1980. MOTA, Carlos Guilherme. *Nordeste 1817*. São Paulo, 1972; PINTO, Virgílio Noya. *O ouro brasileiro e o comércio anglo-português*. São Paulo, 1979; RIBEIRO JR., José. *Colonização e monopólio no Nordeste brasileiro*. São Paulo, 1976; ALDEN, Dauril. *Royal government in colonial Brazil*. Berkeley, 1968.

2. MAXWELL, Kenneth. Pombal and the nationalization of the Luso-Brazilian economy. *HAHR*, *48*(4): p. 631, nov. 1968.

3. Sobre as companhias monopolistas, ver RIBEIRO JR. op. cit., sobre Pernambuco, e DIAS, Manuel Nunes. *Fomento e mercantilismo: a Companhia Geral do Grão-Pará e Maranhão (1755-1778)*. Belém, 1979. 2 v.

4. Cf. CARREIRA, Antônio. *As companhias pombalinas*. Lisboa, 1983, pp. 232-4.

5. ALDEN, Dauril. Economic aspects of the expulsion of the Jesuits from Brazil. In: KEITH, Henry H. & EDWARDS, S. F., eds. *Conflict and continuity in Brazilian society*. Columbia, S. C., 1969, pp. 25-65.

6. Ver BUESCU, Mircea. *História econômica do Brasil*, pp. 96-103.

7. A afirmação foi feita por Pombal em 22 de julho de 1766. Ver QUEIROZ, Suely Robles Reis de. Algumas notas sobre a lavoura do açúcar em São Paulo no período colonial. *AMP*, *22*: p. 129, 1967.

8. Ver ALDEN. *Royal government* [...], pp. 83-116, 176-246.

9. FERREZ, Gilberto. *As cidades do Salvador e Rio de Janeiro no século XVIII*. Rio de Janeiro, 1963.

10. Chanceler Tomas Rubi de Barros ao Conselho Ultramarino (5 abr. 1760), IHGB, Arquivo 1.1.19, f. 124; Sequestros dos bens dos jesuítas, APB, Religião 610.

11. ALDEN, Dauril. Sugar planters by necessity, not choice: the role of the Jesuits in the cane sugar industry of colonial Brazil, 1601-1759. In: COLE, Jeffrey, ed. *The Church and society in Latin America*. New Orleans, 1984, pp. 152-3. Alden enfatiza as más condições do Engenho Sergipe, mas a produção da propriedade, aproximadamente 2600 arrobas, pode ser atípica, considerando-se que uma investigação feita por volta de 1750 afirmou que o engenho produzia 160 caixas anualmente, das quais apenas de quarenta a cinquenta pertenciam a lavradores. Isso significaria que o engenho ficaria com cerca de 4800 arrobas próprias (ver ANTT, CSJ, maço 54, nº 62). O mesmo relato informava: "Da barra de Santo Amaro ao redor da Bahia é bem sabido pelo Recôncavo que não há melhor engenho que o [Sergipe do] Conde".

12. AHU, Bahia pap. avul., caixa 62 (31 jul. 1779).

13. AHU, Bahia pap. avul., nº 5584 (1º out. 1761); "Relação dos bens sequestrados da Companhia", nº 6120.

14. A legislação pertinente é datada de 16 e 27 jan. 1751 e 2 abr. 1751. Ver ALDEN. *Royal government* [...], p. 12.

15. Câmara de Salvador à Câmara de Santo Amaro (6 nov. 1751), ACS, Cartas do Senado aos governadores das vilas; "Representação dos senhores de engenho" (1751), AHU, Bahia pap. avul.,

caixa 60; caixa 61 (26 out. 1751); IHCB, Arquivo 1.1.17, fs. 40-8. ver também RODRIGUES, José Honório. Dois documentos sobre o açúcar no século XVIII. *Brasil Açucareiro, 20*(2): pp. 159-69, 1942, em que se apresenta um bom resumo sobre as operações das mesas de inspeção.

16. Relatório de Wenceslau Pereira da Silva (26 out. 1751), AHU, Bahia pap. avul., caixa 61.

17. Câmara de Sergipe de El-Rey à Coroa (30 abr. 1753), AHU, Bahia pap. avul., caixa 61; APB, Cartas da Câmara 132 (2 jul. 1751).

18. Consulta, Con. Ultra. (23 nov. 1752), IHGB, Arquivo 1.1.17.

19. Parecer de Manuel de Saldanha (1752?), AHU, Bahia pap. avul. caixa 63.

20. Petição de senhores de engenho (jan. 1751), AHU, Bahia pap. avul., caixa 60.

21. Petição de senhores de engenho e lavradores de cana (1753), AHU, Bahia pap. avul., caixa 63.

22. AZEVEDO, João Lúcio de. *Novas epanáforas*. Lisboa, 1932, pp. 34-9.

23. VERGER, Pierre. *Bahia and the West Coast trade (1549-1851)*. Ibadan, 1964, pp. 18-23, apresenta um breve resumo.

24. BURLAMAQUI, F. L. C. *Monographia da cana d'assucar*. Rio de Janeiro, 1862, pp. 329-31; RAFFARD, Henri. *A indústria saccharifera no Brasil*. Rio de Janeiro, 1882; DRESCHER, Seymour. *Econocide: British slavery in the era of abolition*. Pittsburgh, 1977, pp. 15-37, 200.

25. MATTOSO, Katia M. de Queirós. Conjoncture et société au Brésil à la fin du XVIIIe siècle. *Cahiers des Ameriques Latines, 5*: pp. 3-53, 1970.

26. DRESCHER. op. cit., pp. 65-91; ver o clássico relato de JAMES, C. L. R. *The Black Jacobins*. 2ª ed. Nova York, 1963.

27. MORTON, F. W. O. *The conservative revolution of independence: economy, society and politics in Bahia, 1790-1840*. Tese de PhD. Oxford University, 1974, fornece o melhor resumo sobre a economia baiana nesse período. Tomei por base sua análise.

28. ACMS, Livro de requerimentos das partes, 1787-1814, fs. 186-7 (18 jun. 1804).

29. Ibid., f. 191 (24 abr. 1805). Cf. MATTOSO, Katia M. de Queirós. *Bahia: a cidade do Salvador e seu mercado*. São Paulo, 1978, pp. 295-302.

30. APB, Ord. reg. 281 (Lisboa, 29 nov. 1797), Ord. reg. 83, fs. 245-78.

31. APB, Cartas ao governo 170, fs. 310-13 (24 mai. 1798).

32. Ver AZEVEDO, Paulo O. D., coord. *Inventário de proteção do acervo cultural da Bahia*. Salvador, 1978-80. 4 v. especialmente v. 2, 2 e v. 3, 3, sobre o Recôncavo.

33. MORTON, op. cit., pp. 207-8; GÓES CALMON, Francisco Marques de. *Vida econômico-financeira da Bahia*. Bahia, 1925, edição fac-similar. Salvador, 1979.

34. Os dados de exportação do Gráfico 6 foram extraídos de duas fontes: ANDRADE. op. cit. fornece dados de exportação para a Bahia e todo o Brasil extraídos dos registros oficiais do comércio exterior submetidos a Lisboa. A série proveniente de SOARES, Sebastião Ferreira. *Notas estatísticas sobre a produção agrícola e carestia dos gêneros alimentícios no império do Brasil*. 2ª ed. Rio de Janeiro, 1977, pp. 228-9, é menos fidedigna, tendo sido levantada após o fato (1860), mas também se baseou em registros oficiais da província. Ver também SPIX, Johann von & MARTIUS, Karl Von. *Viagem pelo Brasil*. São Paulo, 1961. 3 v. v. II, p. 148.

35. Cf. Relação dos engenhos (por volta de 1751), ANTT, mss. do Brasil nº 43, que arrolou 275 engenhos, dos quais 43 eram de fogo morto; RIBEIRO JR. op. cit., pp. 132-45.

36. Esses números foram calculados a partir dos trabalhos de ANDRADE. op. cit., pp. 372-9, e EISENBERG, Peter. *The sugar industry of Pernambuco*. Berkeley, 1974, p. 16. Objetivando a padronização, calculou-se o peso das caixas em quarenta arrobas ou 588 quilogramas cada uma.

37. A "Relação dos engenhos [...] de Belém", IHGB, lata 44, nº 10, arrolou dezessete engenhos e 36 engenhocas (engenhos pequenos movidos por animais) produtores de açúcar de qualidades inferiores e cachaça em princípios do século XIX.

38. PETRONE, Maria Thereza Schorer. *A lavoura canavieira em São Paulo*. São Paulo, 1968, é o melhor estudo até o presente, embora não forneça detalhes sobre a produção.

39. SIMONSEN, Roberto. *História econômica do Brasil (1500-1820)*. 4ª ed. São Paulo, 1962, p. 235, citado em QUEIROZ. op. cit., pp. 109-67; PETRONE. op. cit., p. 155.

40. BAUSS, Rudolph W. *Rio de Janeiro: the rise of late colonial Brazil's dominant emporium, 1777-1808*. Tese de PhD. Tulane University, 1977, pp. 93-6. Para a região de Campos, ver "Relações parciaes apresentadas ao Marquez de Lavradio (1778)", *RIHGB, 76*: pt. 1, 290-360, 1913; "Mappa dos engenhos [...]", ANTT. mss. do Brasil, nº 4, fl. 291.

41. Ver PETRONE. op. cit., pp. 106-9.

42. Ver ALDEN. Late colonial Brasil [...], pp. 627-48; GALLOWAY, J. H. Agricultural reform and the Enlightenment in late colonial Brazil. *Agricultural History, 55*(4): pp. 763-79, out. 1979.

43. ALDEN. Late colonial Brazil [...], pp. 651-3, fornece um bom apanhado geral. Ver também NOVAIS. op. cit., pp. 287-303.

44. MAXWELL, Kenneth R. The generation of the 1790's and the idea of Luso-Brazilian empire. In: ALDEN, Dauril, ed. *Colonial roots of modern Brazil*. Berkeley, 1973, pp. 107-44.

45. PINTO DE AGUIAR. *Bancos no Brasil colonial*. Salvador, 1960.

46. MAXWELL. The generation [...], p. 126.

47. Ibid., pp. 128-31; MORTON. op. cit., pp. 108-12.

48. DE CARLI, Gileno. Geografia econômica e social de canna de açúcar no Brasil. *Brasil Açucareiro, 10*(1): pp. 24-41, set. 1937; MORTON. op. cit., p. 199.

49. O Engenho da Praia localizava-se em Iguape. De Carli indica a data de introdução como 1810, e Morton como 1816.

50. Cf. FRAGINALS, Manuel Moreno. *The sugarmill*. Nova York, 1976, p. 86; DEERR, Noel. *The history of sugar*. Londres, 1950. 2 v. v. I, p. 19.

51. Caldeira Brant a Robert Graham (7 ago. 1820), ANRJ, caixa 20A.

52. Senhores de engenho de Nazaré ao presidente da província da Bahia (s.d., provavelmente fins da década de 1820), BNRJ, II-33-38-69.

53. PINHO, Wanderley. *História de um engenho do Recôncavo*. Rio de Janeiro, 1946, pp. 174-5.

54. NIZZA DA SILVA, Maria Beatriz. *A primeira gazeta da Bahia*: *"Idade d'Ouro do Brasil"*. São Paulo, 1978. Ver também dessa autora "Os senhores de engenho e a cultura científica". *Ciência e Cultura, 31*(4): 389-94, 1979.

55. SAMPAIO E MELO, Manoel Jacinto de. *Novo método de fazer o açúcar*. Bahia, 1816. Ver também CASTRO, Antônio Barros de. *Escravos e senhores nos engenhos do Brasil*. Tese de PhD. Universidade Estadual de Campinas, 1976, pp. 68-90.

56. AHU, Iconografia 28 366; MORTON. op. cit., pp. 160-5.

57. BRANDÃO, Ambrósio Fernandes. *Diálogos das grandezas do Brasil*. Org. José Antônio Gonçalves de Mello. 2ª ed. completa. Recife, 1966, v. IV, p. 123; NIZZA DA SILVA. Os senhores de engenho [...], p. 391.

58. Citado em NIZZA DA SILVA. Os senhores de engenho [...], p. 394. Sobre a questão da mudança tecnológica, ver MORTON. op. cit., pp. 329-35; ver também PANG, Eul-Soo. Modernization and slavocracy in nineteenth century Brazil. *JIH, 9*(4):667-88, primavera 1979.

59. FRAGINALS. op. cit., pp. 40-1; NIZZA DA SILVA. *A primeira gazeta* [...], pp. 95-8.

60. A população do Brasil em fins da era colonial é discutida em ALDEN. Late colonial Brazil [...], pp. 602-10; os números para o período não são fidedignos, mas a maioria dos autores concorda que de um terço a metade da população da capitania compunha-se de escravos e por volta de dois terços a três quartos eram pessoas de cor, livres e escravas.

61. Tratei dessa questão com certo detalhe em Elite politics and the rise of a peasantry. In: RUSSELL-WOOD, ed. *From colony to nation*. Baltimore, 1975, pp. 133-54. Ver as notas nesse artigo para referências adicionais.

62. Para exemplos desse período, ver APB, Cartas ao governo 210 (Sergipe de El-Rey, 19 jan. 1807); 235 (Vila Real, 10 mar. 1817). Durante a agitação política da década de 1830, entraram em vigor

medidas e regulamentos mais rigorosos estabelecendo horas de recolher. Ver a ordem do juiz de paz de Santo Amaro (20 set. 1831), APB, Pres. da Prov., juízes 2580.

63. VILHENA, Luís dos Santos. *A Bahia no século XVIII*. Bahia, 1969. 3 v. v. III, p. 919. Sobre a crescente apreensão das classes proprietárias baianas, ver REIS, João José. A elite baiana face os movimentos sociais: Bahia, 1824-1840. *RH, 108*: pp. 341-84, 1976.

64. Ver minha discussão em SCHWARTZ, Stuart B. Colonial Brazil: the role of the state in a slave society formation. In: SPALDING, Karen, ed. *Essays in the political, economic, and social history of Colonial Latin America*. Newark, Del., 1982, pp. 462-5.

65. Por exemplo, APB, Cartas do governo 188, f. 36 (22 dez. 1786).

66. *Provisão* (1780), APB, Cartas ao governo 180.

67. Esses censos nunca foram plenamente explorados, considerando-se os muitos dados sociais e econômicos que contêm. Eles indicam que, a despeito das instâncias do governo, muitos senhores de engenho não cultivavam mandioca para seus cativos e que muitos plantadores de mandioca possuíam escravos, embora poucos. Ver as listas em APB, Cartas ao governo 188, que incluem relatórios de Sergipe de El-Rey, bem como os de Cairu em BNRJ, I, 31, 30, 51.

68. Citado em CASTRO. op. cit., p. 62.

69. A situação é discutida em mais detalhes em REIS, João José. *Slave rebellion in Brazil: the African Muslim uprising in Bahia, 1835*. Tese de PhD. University of Minnesota, 1982, pp. 1-57.

70. VILHENA. op. cit., v. III, p. 915.

71. *Correio oficial, 3*: p. 561, 16 dez. 1834.

72. GÓES CALMON. op. cit., pp. 49-50. Ver Capítulo 13 sobre o tráfico negreiro.

73. REIS. op. cit., pp. 197-9, fornece uma exposição sobre as origens étnicas dos escravos em Salvador, com base em testamentos e outras fontes. Seus resultados devem ser comparados com os de MATTOSO, Katia M. de Queirós. Os escravos da Bahia no alvorecer do século XIX. *Revista de História, 97*: pp. 109-35, 1974.

74. Ver Capítulo 13.

75. O clássico relato sobre o papel da Inglaterra na abolição do tráfico negreiro no Brasil é BETHELL, Leslie. *The abolition of the Brazilian slave trade*. Cambridge, 1970. Sobre o papel brasileiro no processo, ver TAVARES, Luis Henrique Dias. O processo das soluções brasileiras no exemplo da extinção do tráfico negreiro. *RH, 71*: pp. 524-37, 1967. Sobre a muito debatida questão a respeito do motivo de a Inglaterra ter-se empenhado pela abolição da escravidão e, primeiramente, do tráfico negreiro, ver ANSTEY, Roger. *The Atlantic slave trade and British abolition*. Londres, 1975.

76. MATTOSO, Katia M. de Queirós. *Ser escravo no Brasil*. São Paulo, 1982, pp. 94-5.

77. Citado em BETHELL. op. cit., p. 8.

78. MACIEL DA COSTA, João. *Memória sobre a necessidade de abolir a introdução dos escravos africanos no Brasil*. Coimbra, 1821, p. 35.

16. ESTRUTURA DE POSSE DE ESCRAVOS NA BAHIA

1. Grande parte deste capítulo, inclusive as tabelas, foi originalmente publicada sob o título Patterns of slaveholding in the Americas: new evidence from Brazil. *AHR, 87*(1): pp. 56-86, fev. 1982.

2. As listas encontram-se em APB, Cartas ao governo, maços 232, 233, 234.

3. Em 1819, as paróquias de Cachoeira possuíam 12 523 domicílios com 77 500 pessoas e 48 engenhos, segundo os viajantes alemães J. B. von Spix e K. F. P. von Martius. Subtraindo-se a área de Santo Amaro, que foi incluída em seus cálculos mas cujas listas já não existem, os totais para Cachoeira são: 10 723 domicílios, 68 700 habitantes e 34 engenhos. Ver SPIX, Johann von & MARTIUS, Karl von. *Viagem pelo Brasil*. São Paulo, 1961. 3 v. v. II, pp. 49-79.

4. MARCÍLIO, Maria Luiza. Crescimento histórico da população brasileira até 1872. In: *Crescimento populacional*. São Paulo, 1974, pp. 1-26. [Cadernos do Centro Brasileiro de Análise e Planejamento

(CEBRAP), nº 16]. Ver também MERRICK, Thomas W. & GRAHAM, Douglas H. *Population and economic development in Brazil*. Baltimore, 1979, pp. 49-79.

5. As paróquias para as quais foram encontradas listas são: Vila de São Francisco, Nossa Senhora do Socorro, São Sebastião de Passé, Santa Ana do Catu, Nossa Senhora do Monte, São Gonçalo, Madre de Deus de Boqueirão (São Gonçalo e Boqueirão foram arroladas conjuntamente e são analisadas da mesma forma neste nosso estudo), Vila de Santo Amaro, Nossa Senhora da Purificação, São Pedro de Rio Fundo, Nossa Senhora de Oliveira, São Domingos de Saubara, Vila de Jaguaripe e Vila de Maragogipe. Para estas duas últimas, os arrolamentos foram feitos por distritos em vez de por paróquias. Para uma breve discussão sobre as cidades do Recôncavo, ver VILHENA, Luís dos Santos. *A Bahia no século XVIII*. Bahia, 1969. 3 v. v. II, pp. 475-86.

6. Existem 166 engenhos arrolados nas vilas de Santo Amaro e São Francisco, mas o Engenho do Campo, na paróquia de Passé, estava inativo e foi, portanto, eliminado de todos os cálculos. Além disso, embora as listas da vila de Maragogipe não identifiquem o tipo de propriedade, a partir dos nomes dos proprietários de escravos é possível reconhecer seis outros engenhos, e assim o número total de engenhos que aparece nas listas sobreviventes é no mínimo 172. Todos os demais cálculos, porém, são baseados nos 165 engenhos em operação nas duas importantes vilas do Recôncavo, Santo Amaro e São Francisco.

7. Usei os plantéis como unidades de propriedade escrava exatamente como registrado nas listas. Isso faz sentido da perspectiva dos escravos, já que tais unidades formavam o contexto em que viviam; contudo não fica resolvido o problema da propriedade múltipla — um indivíduo que possuísse dois ou mais plantéis separados. Os dados não foram codificados conforme o nome dos proprietários, e assim não pude agregar os plantéis de pessoas com dois ou mais deles. Para as unidades maiores, os engenhos, o problema não é grave, pois os notários com frequência arrolaram juntas todas as unidades controladas por um único senhor de engenho, deixando clara a propriedade múltipla. Em quatro casos, porém, isso acarreta o problema oposto, porque o número de escravos é fornecido no total e não por unidade. Nesses casos, tomei simplesmente a média por engenho. Os plantéis possuídos em mais de uma paróquia foram um problema maior, mas não parece ter havido muitos deles. Um proprietário baiano possuía quinhentos escravos e pelo menos mais três controlavam mais de trezentos cativos, mas nenhum plantel individual era composto por mais de 237 escravos.

8. Eliminei dos cálculos cinco proprietários porque o estado dos documentos não permite a leitura do número de cativos que possuíam. As listas baianas registram 4662 plantéis que, devido a quatro casos de registro conjunto, podem ser reduzidos para 4653 "proprietários". Subtraindo-se os cinco proprietários de Jaguaripe cujo número de escravos não pôde ser determinado, o número total de proprietários passa a ser 4648, e estes possuíam 33 750 cativos.

9. Para uma excelente exposição sobre o coeficiente de Gini, ver DOLLAR, Charles M. & JENSEN, Richard J. *Historian's guide to statistics*. Nova York, 1971, pp. 121-6. A fórmula para o cálculo do índice de Gini é:

$$G = 1\text{-}2 \sum^{n} P_i \text{ Cum } Y_i + \sum^{n} P_i Y_i$$

10. APB, Colônia, Mss. Recenseamentos. Esses censos foram agrupados em um maço na seção Colônia depois que os descobri espalhados na seção Cartas ao governo.

11. Baseei os cálculos para o Rio de Janeiro nas "Relações parciaes apresentadas ao Marquez de Lavradio (1778)" *RIHGB, 76*: pp. 289-360, 1913. Para São Paulo, ver QUEIROZ, Suely Robles Reis de. Algumas notas sobre a lavoura do açúcar em São Paulo no período colonial. *Anais do Museu Paulista, 21*: pp. 109-277, 1967.

12. A. J. R. Russell-Wood apresentou, em um contexto diferente, uma breve discussão sobre as práticas referentes a herança; ver RUSSELL-WOOD, A. J. R. Women and society in colonial Brazil. *Journal of Latin American Studies, 9*: pp. 1-34, 1977-8.

13. MATTOSO, Katia M. de Queirós. Párocos e vigários em Salvador no século XIX: as múltiplas riquezas do clero secular da capital baiana. *Tempo e sociedade, 1*: pp. 13-47, 1981.

14. CLARK, Colin. *The conditions of economic progress*. 3ª ed. Nova York, 1960, pp. 490-2. Clark definiu o setor primário da atividade econômica como aquele que fornece os produtos da agricultura e do mar e que depende do uso direto de recursos naturais. O setor secundário produz bens móveis em uma base contínua através de manufatura ou artesanato. O setor terciário inclui transportes, comunicações, comércio, finanças, serviços de profissionais liberais e serviços domésticos, entre uma variedade muito grande de serviços. Segui a aplicação dessas definições para a situação brasileira conforme esboçadas em MARCÍLIO, Maria Luiza. *A cidade de São Paulo. Povoamento e população*. São Paulo, 1974, pp. 129-35.

15. As instruções para a confecção das listas determinavam que os nomes e os bens dos senhores fossem arrolados, mas não eram claras a respeito da profissão desses proprietários. Em algumas paróquias, como Maragogipe e Jaguaripe, não houve nenhuma tentativa de registrar os bens ou as ocupações. Em Oliveira, a lista foi organizada em torno de propriedades rurais, engenhos e fazendas, e assim, por inferência, as ocupações dos donos dessas propriedades podem ser deduzidas; entretanto restam muitas pessoas das quais não há informação sobre a ocupação. Apesar dessas lacunas e problemas, se considerarmos a propriedade de escravos como uma forma de riqueza, torna-se possível classificar as ocupações segundo a riqueza e, com isso, sugerir o poder relativo de classes e grupos na sociedade baiana.

16. FLORY, Rae Jean. *Bahian society in the mid-colonial period: the sugar planters, tobacco growers, merchants, and artisans of Salvador and the Recôncavo, 1680-1725*. Tese de PhD. University of Texas, 1978, p. 182.

17. O termo "sítio" também era usado como sinônimo de "local".

18. Para uma discussão sobre o declínio do prestígio dos lavradores de cana, ver SCHWARTZ, S. B. Elite politics and the growth of a peasantry in late colonial Brazil. In: RUSSELL-WOOD, A. J. R., ed. *From colony to nation*. Baltimore, 1975, pp. 133-54.

19. Na paróquia de Rio Fundo, em 1788, havia treze chefes de domicílio arrolados como lavradores de cana, dos quais quatro eram pessoas de cor. Ver APB, Colônia, Mss. Recenseamentos.

20. SCHWARTZ. op. cit., pp. 150-2.

21. EWBANK, Thomas. *Life in Brazil*. Nova York, 1856, p. 184.

22. O "Quadro dos engenhos das vizinhanças da Bahia" arrolou 354 engenhos na Bahia e em Sergipe; BNRJ, 1-7, 3, 27. Ver também os cálculos em MORTON, F. W. O. *The conservative revolution of independence: economy, society and politics in Bahia, 1790-1840*. Tese de PhD. Oxford University, 1974, pp. 13-9.

23. MORTON. op. cit., pp. 20-9.

24. Para cálculos sobre esse ponto, ver Tabela 26.

25. HIGMAN, Barry W. *Slave population and economy in Jamaica, 1807-1834*. Cambridge, 1976, pp. 274-5.

26. SCHWARTZ, S. B. Free labor in a slave economy: the lavradores de cana of colonial Bahia. In: ALDEN, Dauril, ed. *Colonial roots of modern Brazil*. Berkeley, 1973, pp. 147-97.

27. Ibid., p. 173; FLORY. op. cit., pp. 30-45. Ambos os estudos apresentam estimativas sobre a posse de terras e escravos entre os lavradores de cana baseadas em documentos notariais; oferecem também estimativas corretas sobre a variação no tamanho das unidades; porém, até agora, foi impossível determinar a distribuição do tamanho das unidades entre os lavradores de cana para que pudessem ser feitos alguns cálculos sobre a "tipicidade" e a concentração.

28. HIGMAN. op. cit., pp. 174-5; PITMAN, Frank Wesley. *The development of the British West Indies, 1700-1763*. 2ª ed. reimpressa. Nova York, 1963, pp. 108-27; SCHMITZ, Mark. *Economic analysis of antebellum sugar plantations in Louisiana*. Nova York, 1977, pp. 127-8. As informações sobre Trinidad foram gentilmente fornecidas por Stanley L. Engerman.

29. As listas de 1816-7 podem revelar um processo de concentração na indústria açucareira. Flory sugeriu que cada engenho requeria em média quinze fazendas de cana para a produção

de açúcar no Recôncavo durante o período de 1680 a 1725. FLORY. op. cit., pp. 31-5. Esse número incluiria arrendatários e lavradores que trabalhavam em terras próprias. Se Flory estiver correta, a porcentagem da força escrava total controlada por lavradores era provavelmente maior no início do século XVIII do que no princípio do XIX. Ademais, se a autora estiver correta, aparentemente teria havido um processo de contração e centralização que diminuiu o número de lavradores de cana no Recôncavo, já que o número médio de lavradores declinou de sua estimativa de quinze por engenho para a estimativa apresentada aqui, de entre três e quatro.

30. Para duas dessas estimativas, ver "Discurso preliminar: descrição económica da comarca e cidade do Salvador". In: PINTO DE AGUIAR, org. *Aspectos da economia colonial*. Salvador, 1957, pp. 36-7; RUITERS, Dierick. A tocha da navegação. *RIHGB, 269*: pp. 82-3, 1965.

31. AHU, Bahia pap. avul. (1751), caixa 61.

32. LUNA, Francisco Vidal. *Minas Gerais: escravos e senhores, análise da estrutura populacional e econômica de alguns centros mineratórios*. São Paulo, 1981, p. 57.

33. LUNA, Francisco Vidal & COSTA, Iraci del Nero da. Posse de escravos em São Paulo no início do século XIX. *Estudos Econômicos, 13*(1): pp. 211-22, 1983.

34. Esse tipo de observação e argumentação era característico de muitos viajantes estrangeiros no Brasil do século XIX. Para um guia sobre essa literatura, ver CARDOZO, Manoel. Slavery in Brazil as described by Americans, 1822-1828. *The Americas, 17*: pp. 241-60, 1961.

35. WALSH, Robert. *Notices of Brazil in 1828 and 1829*. Boston, 1831. 2 v. v. II, p. 20.

36. Para uma discussão sobre como contar os próprios escravos nos cálculos de distribuição de riqueza, ver GALLMAN, Robert E. Trends in the size distribution of wealth in the nineteenth century: some speculations. In: SOLTOW, Lee, ed. *Six papers on the size distribution of wealth and income*. Nova York, 1969, pp. 1-24. E para uma interessante abordagem do problema, ver LOWE, Richard & CAMPBELL, Randolph. Slave property and the distribution of wealth in Texas, 1860. *Journal of Economic History, 63*: pp. 316-24, 1976.

37. A questão da distribuição de riqueza originou uma vasta e muito debatida literatura na história dos Estados Unidos. Gloria L. Main identificou algumas das principais tendências e problemas existentes nessa literatura. Ver MAIN, Gloria L. Inequality in early America: the evidence from probate records of Massachusetts and Maryland. *Journal of Interdisciplinary History, 7*: pp. 559-82, 1976-7. Foi-me também útil o trabalho de WILLIAMSON, Jeffrey G. & LINDERT, Peter. Three centuries of American Inequality. In: USELDING, Paul, ed. *Research in Economic History, 1*: pp. 69-123, 1976.

38. KUZNESOF, Elizabeth Anne. *Household composition and economy in an urbanizing community: São Paulo, 1765-1836*. Tese de PhD. University of California, Berkeley, 1976, pp. 135-40; COSTA, Iraci del Nero da. *Vila Rica: população (1719-1826)*. São Paulo, 1979, p. 164.

39. COSTA, Avelino Jesus da. População da cidade da Bahia em 1775. *Actas: V Colóquio Internacional de Estudos Luso-Brasileiros*. Coimbra, 1965. 5 v. I, pp. 191-205.

40. MOTT, Luiz R. B. Estrutura demográfica das fazendas de gado do Piauí colonial: um caso de povoamento rural centrífugo. *Ciência e Cultura, 30*: pp. 1196-1210, 1978.

41. MARCÍLIO, Maria Luiza. Tendências e estruturas dos domicílios na capitania de São Paulo segundo as listas nominativas de habitantes, 1765-1828. *Estudos Econômicos, 2*: pp. 131-44, 1972. Ver também WILLEMS, Emilio. Social differentiation in colonial Brazil. *Comparative Studies in Society and History, 12*: pp. 31-49, 1969-70; ver Tabela 52. Fernando Henrique Cardoso salientou a ausência de concentração de escravos sob controle de poderosos agricultores nos anos iniciais da colonização do Rio Grande do Sul; ver CARDOSO, Fernando Henrique. *Capitalismo e escravidão*. São Paulo, 1962, p. 47.

42. Baquaqua, conforme citado em MOORE, Samuel. *A biography of Mahommah G. Baquaqua, a native of Zooqoo, in the interior of Africa* [...]. Detroit, 1854, p. 48. Baquaqua foi empregado como auxiliar de padeiro e depois como marinheiro em viagens costeiras do Rio de Janeiro a Santa Catarina e Rio de Grande do Sul.

43. OLIVEIRA, Maria Inês Côrtes de. *O liberto: o seu mundo e os outros*. Tese de mestrado. Univesidade Federal da Bahia, 1979, p. 90.

44. LUNA, Francisco Vidal & COSTA, Iraci del Nero da. A presença do elemento forro no conjunto de proprietários de escravos. *Ciência e Cultura, 32*: pp. 836-81, 1980. Os autores salientam que a maioria dos proprietários forros de escravos eram mulheres, mas não fornecem a razão de masculinidade da população forra, e com isso não deixam clara a significância dessa distribuição.

45. Para o fenômeno de escravos "proprietários" de escravos, ver SCHWARTZ, S. B. The manumission of slaves in colonial Brazil, Bahia, 1684-1745. *HAHR, 54*(4): pp. 603-35, nov. 1974.

46. APB, sec. jud., maço 2170, nº 1.

47. Para uma resenha crítica dessa literatura, ver WRIGHT, Gavin. "Economic democracy" and the concentration of wealth in the Cotton South, 1850-1860. *Agricultural History, 44*: pp. 63-94, 1970. Albert W. Niemi Jr. confirmou, para todo o Sul, as conclusões de Wright sobre o Sul algodoeiro. Ver NIEMI JR., Albert W. "Inequality in the distribution of slave wealth: the cotton South and other southern agricultural regions". *Journal of Economic History, 37*: pp. 747-53, 1977.

48. GRAY, Lewis C. *History of agriculture in the Southern United States to 1860*. Washington, 1932. 2 v. v. I, p. 500.

49. WRIGHT, Gavin. *The political economy of the Cotton South: households, markets and wealth in the nineteenth century*. Nova York, 1978, pp. 142, 144.

50. Ver, por exemplo, MAIN. op. cit., pp. 559-82; SOLTOW, Lee. *Men and wealth in the United States, 1850-1870*. New Haven, 1975; WILLIAMSON & LINDERT. op. cit.

51. SOLTOW, Lee. Economic inequality in the United States in the period from 1790 to 1860. *Journal of Economic History, 31*: pp. 822-39, 1971.

52. Ibid., pp. 29-31.

53. WILLIAMS, Eric. *From Columbus to Castro: the history of the Caribbean, 1492-1969*. Nova York, 1970, pp. 104-7, 282-5; HIGMAN. op. cit., pp. 45-61, 274-5.

54. Baseei esses cálculos na tabela existente em HIGMAN. op. cit., pp. 274-5.

55. GRAY. op. cit., p. 530.

56. Ibid., pp. 530-9.

57. Não há um censo adequado da Bahia no período em questão que forneça dados sobre a proporção relativa das populações livre e escrava segundo a cor. Entretanto existem dados para Minas Gerais em 1821, onde as pessoas de cor livres constituíam 40% da população. Observações e comentários de viajantes levam-me a crer que a proporção na Bahia sem dúvida não era menor (provavelmente, era maior) que em Minas Gerais. Ver especialmente KLEIN, Herbert. Nineteenth-century Brazil. In: COHEN, David & GREENE, Jack P., eds. *Neither slave nor free*. Baltimore, 1973, pp. 309-40.

58. Ibid., pp. 335-40.

59. Ver SCHMITZ. op. cit., pp. 127-8; DEBOW, J. D. B. *Statistical view of the United States* (seventh census). Washington, 1854, p. 95.

60. GENOVESE, Eugene D. *The world the slaveholders made*. Nova York, 1971, p. 96. Ver também, desse autor, a vigorosa e informativa defesa de sua posição em GENOVESE, E. D. A reply to criticism. *Radical History Review, 19*: pp. 94-100, 1977.

61. Essa posição é mais claramente afirmada em MAXWELL, Kenneth R. The generation of the 1790s and the idea of Luso-Brazilian empire. In: ALDEN, Dauril, ed. *Colonial roots of modern Brazil*. Berkeley, 1973, pp. 107-44. Indícios dessa posição são encontrados em FERNANDES, Florestan. *A revolução burguesa no Brasil*. Rio de Janeiro, 1974, pp. 35-74; COSTA, Emília Viotti da. The political emancipation of Brazil. In: RUSSELL-WOOD, A. J. R., ed., *From colony to nation*. Baltimore, 1975, p. 86. O relato mais detalhado do processo revolucionário e suas limitações encontra-se em MOTA, Carlos Guilherme. *Nordeste 1817*. São Paulo, 1972.

17. OCASIÕES IMPORTANTES: A GUERRA PARA ACABAR COM A ESCRAVIDÃO BAIANA

1. A historiografia das revoltas escravas na Bahia encontra-se bem desenvolvida, apesar da falta de documentação sobre muitos dos levantes. As linhas gerais são fornecidas em MOURA, Clóvis. *Rebeliões da senzala*. 3ª ed. São Paulo, 1981; FREITAS, Décio. *Insurreições escravas*. Porto Alegre, 1976; PRINCE, Howard. *Slave rebellion in Bahia, 1807-1835*. Tese de PhD. Columbia University, 1972; VERGER, Pierre. *Flux et reflux de la traite des nègres entre le golfe de Bénin et Bahia de Todos os Santos*. Paris, 1968, pp. 324-54. Trabalhos menos extensos, importantes por suas interpretações, são: KENT, R. K. African revolt in Bahia: 24-25 January 1835. *JSH, 3*(4):334-56, 1970; REIS, João José. Slave resistance in Brazil, Bahia, 1807-1835. *LBR* (no prelo). Todos esses trabalhos basearam-se, em certa medida, em estudiosos como Nina Rodrigues, Manuel Querino e E. A. Caldas Brito, que realizaram boa parte do árduo e essencial trabalho arquivístico preliminar, mas em cujas interpretações, apesar de frequentemente repetidas, não se deve confiar. Uma dimensão inteiramente nova foi acrescentada pelos trabalhos de Luiz Mott, que mostram em que medida Sergipe de El-Rey também foi cenário de importantes insurreições escravas no período. Ver especialmente MOTT, Luiz R. B. Pardos e pretos em Sergipe: 1774-1851. *RIEB, 18*: pp. 9-37, 1976; Violência e repressão em Sergipe: notícias sobre revoltas de escravos (século XIX). *MAN, 11*(5): pp. 3-21, mai. 1980.

2. De 1689 escravos rurais arrolados em inventários baianos de 1710 a 1830, doze trazem a designação "fujão".

3. A etimologia do termo quilombo nunca recebeu a devida atenção. A palavra tornou-se comum apenas em fins do século XVII, durante a luta contra Palmares. Parece ter-se referido originalmente a uma adaptação militar imbangala de um campo ovimbundu de iniciação masculina; possuía importantes funções militares e mágicas na sociedade angolana. Apresento uma breve discussão sobre o assunto em SCHWARTZ, S. B. Le Brésil: le royaume noir des mocambos. *L'Histoire, 41*: pp. 38-48, jan. 1981, baseado em MILLER, Joseph C. *Kings and kinsmen*. Oxford, 1976.

4. Uma discussão mais completa sobre a incidência e natureza das comunidades de fugitivos na Bahia encontra-se SCHWARTZ, S. B. The mocambo: slave resistance in colonial Bahia. *JHS, 3*(4): pp. 313-33, 1970.

5. Capitão-mor de Sergipe à Coroa (16 set. 1751), APB, Ord. reg. 76, fs. 178-81. O capitão-mor ressalta a utilidade e importância de regimentos compostos de negros e mulatos "nestas partes da América" para a perseguição a tais fugitivos.

6. Domingos Nunes Pereira ao governador da Bahia (24 jan. 1745), BNRJ, II-34, 6, 32; AHU, Bahia pap. avul., caixa 63 (18 nov. 1752).

7. Antônio de Sousa Lima ao presidente da província (20 jan. 1825), BNRJ, II-33, 26, 35.

8. SCHWARTZ. The mocambo [...], pp. 322-7. Ver também BASTIDE, Roger. *Les Amériques noires*. Paris, 1967, pp. 77-94.

9. Governador da Bahia a Martinho de Mello e Castro (30 abr. 1788), *ABNR, 34*: p. 82, 1913.

10. Manuel Ignácio de Morais de Mesquita Pimentel ao governador da Bahia (16 nov. 1806), APB, Cartas ao governo 208.

11. APB, Ord. reg. 86, fs. 242-5.

12. CRATON, Michael. *Testing the chains: resistance to slavery in the British West Indies*. Ithaca, Nova York, 1982; GENOVESE, Eugene D. *From rebellion to revolution*. Baton Rouge, 1979; DAVIS, David B. *The problem of slavery in Western culture*. Ithaca, Nova York, 1966. A definição do período varia de 1770-90 a 1825 ou 1830.

13. REIS. op. cit. aborda diretamente algumas dessas questões.

14. Um argumento em favor da relação entre demografia e revolta encontra-se em CRATON, Michael. Jamaican slavery. In: ENGERMAN & GENOVESE. *Race and slavery*, pp. 249-84.

15. NINA RODRIGUES. *Os africanos no Brasil*. 5ª ed. São Paulo, 1977. Publicado originalmente em 1905, esse foi um dos primeiros trabalhos a dedicar algum interesse a assuntos internos dos africanos.

REIS. op. cit., pp. 143-81, integra estudos mais recentes. Ver também FAGE, J. D. *A history of West Africa*. Cambridge, 1969, pp. 102-10; LAW, Robin. *The Oyo empire* c. *1600*-c. *1836*. Oxford, 1977. Um breve sumário desses eventos e sua relação com o tráfico de escravos encontra-se em LOVEJOY, Paul. *Transformations in slavery*. Cambridge, 1983, pp. 140-1.

16. MATTOSO, Katia M. de Queirós. Os escravos na Bahia no alvorecer do século XIX. *Revista de História, 97*: pp. 109-35, 1974. REIS, João José. *Slave rebellion in Brazil: the African muslim uprising in Bahia, 1835*. Tese de PhD. University of Minnesota, 1982, p. 198. Minha observação sobre os escravos rurais baseia-se na amostra de 1689 cativos extraída de inventários de engenhos.

17. REIS. *Slave rebellion* [...], pp. 325-47. COSTA LIMA, Vivaldo da. O conceito da "nação" nos candomblés da Bahia. *Afro-Ásia, 12*: pp. 65-90, 1978, apresenta uma útil discussão das diferenças étnicas nos atuais grupos religiosos africanos na Bahia.

18. Os principais estudos sobre a Revolta dos Alfaiates são: RUY, Affonso. *A primeira revolução social brasileira, 1798*. Bahia, 1951; TAVARES, Luís Henrique Dias. *História da sedição intentada na Bahia em 1798*. São Paulo, 1975; MATTOSO, Katia M. de Queirós. *Presença francesa no movimento democrático baiano de 1798*. Bahia, 1969.

19. MORTON, F. W. O. *The conservative revolution of independence: economy, society and politics in Bahia, 1790-1840*. Tese de PhD. Oxford University, 1974, pp. 113-44, apresenta o melhor sumário e interpretação em inglês.

20. Citado em ibid., p. 139. Permanece alguma dúvida sobre o fato de essa afirmação representar o verdadeiro sentimento de Barata de Almeida ou se foi escrita para eximi-lo de cumplicidade na conspiração.

21. MAXWELL, Kenneth R. The generation of the 1790s and the idea of Luso-Brazilian empire. In: ALDEN, Dauril, ed. *Colonial roots of modern Brazil*. Berkeley, 1973, p. 122.

22. MORTON. op. cit., pp. 355-6.

23. Actas, ACS (1710), fs. 79*v*-80.

24. FALCON, Francisco C. & NOVAIS, Fernando A. A extinção da escravatura africana em Portugal no quadro da política econômica pombalina. *Anais do VI Simpósio Nacional dos Professores Universitários de História*. São Paulo, 1973, pp. 405-25.

25. Por exemplo, APB, Ord. reg. 74, f. 38 (22 fev. 1776); AHU, Bahia pap. avul., caixa 42 (8 abr. 1824), 2ª sér., não catal.

26. A documentação sobre a Paraíba encontra-se em SIQUEIRA, Antônio Jorge de, ROCHA, Jaconira Silva & ZAIDAN, Noemia Maria. *Dados para a história da resistência escrava*. Universidade Federal de Pernambuco, 1983, não publicado.

27. Carta de Jacques Guinebaud (Bahia, 22 mai. 1822), citado em LASOCKI, Barbara Marie Charlotte Wanda. *A profile of Bahia (1820-1826), as seen by Jacques Guinebaud, French Consul General*. Tese de MA. University of California, Los Angeles, 1967, apêndice.

28. Maria Bárbara Garces Pinto de Madureira a Luís Paulino d'Oliveira Pinto da França (Bahia, 13 abr. 1822), Cartas Baianas, 36.

29. O tema apareceu constantemente em escritos de muitos brasileiros instruídos do período. Ver os comentários e citações em MOTT, Luiz R. B. A revolução dos negros do Haiti e o Brasil. *MAN, 13*(1): pp. 3-10, 1982.

30. MOTT. A revolução [...], p. 8.

31. FLORY, Thomas. Race and social control in independent Brazil. *Journal of Latin American Studies, 9*(2): pp. 199-224, 1977.

32. SCHWARTZ, S. B. Resistance and accommodation in eighteenth-century Brazil: the slaves view of slavery. *HAHR, 57*(1): pp. 77-81, fev. 1979.

33. APB, Ord. reg. 86, fs. 242-5. Esse documento é um relato dos serviços de Pereira de 1786 a 1798.

34. Devassa, 1806, APB, Quilombos 572-2, caixa 287.

35. Bahia 1806-8, ms., IHGB, lata 399, doc. 2.

36. Conde da Ponte a Fernando José de Portugal (17 mai. e 6 out. 1808), ANRJ, IJJ 317, fs. 205-8.

37. Devassa, 1806, APB, contém a relação dos acusados. Tratava-se obviamente de agricultores de mandioca pobres.

38. REIS. Slave resistance [...], p. 6; FREITAS. op. cit., pp. 36-7.

39. Joaquim Ignácio da Costa ao conde da Ponte (31 jan. 1809), APB, Cartas ao governo 216.

40. MOTT. Violência e repressão [...], pp. 3-22.

41. APB, Cartas ao governo 213.

42. Marquês de Aguiar a conde dos Arcos (Rio de Janeiro, 10 jun. 1814), BNRJ, II-33, 24, 27.

43. PRINCE. op. cit., pp. 117-20.

44. MELLO, J. A. Gonçalves de. Um governador colonial e as seitas africanas. *RIAHGP* (1948-9): 41-5; RIBEIRO, Rene. O negro em Pernambuco: retrospecto de suas práticas religiosas. *Revista do Arquivo Público, 7-8*: pp. 571-88, Recife, 1950-1. Ver também BASTIDE, Roger. *The African religions of Brazil.* Baltimore, 1978, pp. 78-96. O termo "batuque" ainda é usado em Belém do Pará para cerimônias do tipo candomblé.

45. Con. Ultra. a Povolide, s.d., AHU, Códice 583.

46. RIBEIRO. op. cit., p. 580.

47. Corpo do comércio à Coroa (1814), BNRJ, II-34, 6, 57. Ver a carta vertida para o inglês com CONRAD, Robert. *Children of God's fire: a documentary history of Black slavery in Brazil.* Princeton, 1983, pp. 401-6.

48. Marquês de Aguiar a Arcos (Rio de Janeiro, 6 jun. 1814), BNRJ, II-33, 24, 29.

49. RIBEIRO. op. cit., pp. 580-8; REIS. Slave revolts [...], pp. 6-8.

50. APB, Cartas ao governo 229 (7 jan. 1815).

51. Citado em FREITAS. op. cit., p. 47.

52. PRINCE. op. cit., p. 153.

53. CONRAD. op. cit., pp. 404-6.

54. MOTT. Pardos e pretos [...], p. 18.

55. REIS. Slave resistance [...], p. 13.

56. MOTT. Violência e repressão [...], p. 7.

57. APB, Documentos da Vila de Cachoeira (25 abr. 1835).

58. REIS. Slave rebellion in Brazil [...] fornece um estudo em profundidade dessa revolta e uma perceptiva discussão acerca da historiografia anterior. A análise de Reis sobre a investigação judicial que se seguiu à revolta constitui o exame mais completo de registros desse tipo para qualquer das rebeliões escravas nesse período na Bahia.

APÊNDICE A. O PROBLEMA DO ENGENHO SERGIPE DO CONDE

1. MAURO, Frédéric. *Le Portugal et l'Atlantique.* Paris, 1960, pp. 213-9; Contabilidade teórica e contabilidade prática na América Portuguesa no século XVII. *Nova história e novo mundo.* São Paulo, 1969, pp. 135-48; BUESCU, Mircea. *300 anos da inflação.* Rio de Janeiro, 1973, pp. 39-121; FERLINI, Vera Lúcia Amaral. *O Engenho Sergipe do Conde (1622-1653), contar, constar, questionar.* Tese de mestrado. Universidade de São Paulo, 1980.

2. ANTONIL, André João. *Cultura e opulência do Brasil por suas drogas e minas.* Ed. Andrée Mansuy. Paris, 1965.

3. A história legal do Engenho Sergipe foi esboçada em LEITE. *HCJB*, v. V, e mais extensivamente em WETZEL, Herbert Ewaldo. *Mem de Sá: terceiro governador-geral.* Rio de Janeiro, 1972, pp. 225-54. O estudo mais perceptivo é PINHO, [José] Wanderley [Araújo]. Testamento de Mem de Sá. Inventário de seus bens no Brasil. *Terceiro Congresso de História Nacional.* Rio de Janeiro, 1939-44. 10 v. v. III, pp. 5-161.

4. ANTT, CSJ, maço 68, nº 167, P. Simão de Sottomaior a P. Reitor Manoel Fagundes (Bahia, 3 jan. 1622).

5. RIBEIRO, Victor. A fundadora da igreja do Colégio de Santo Antão. *História e memórias da Academia de Ciências de Lisboa*, nova série, 2ª classe, *14*(1): pp. 14-21, 1911.

6. O contrato encontra-se em *DHA*, v. III, pp. 313-21. Uma breve descrição dos dois principais tipos de contratos matrimoniais em Portugal é fornecida em METCALF, Alida C. *Household and family structure in late eighteenth-century Ubatuba, Brazil*. Tese de MA. University of Texas, 1978, pp. 44-6.

7. *DHA*, v. III, p. 320.

8. O conde de Linhares declarou em seu testamento que reconstruíra o engenho e que por seus serviços a Coroa confirmara sua posse das terras do Sergipe, as quais ele então cedeu à sua esposa. *DH, 63*: pp. 19-20, 93-4, 1944.

9. SGL, Dissertações eclesiásticas, f. 2.

10. Domingos Fernandes da Cunha ao conde de Linhares (Santana, 16 mar. 1603), ANTT, CSJ, maço 8, nº 132.

11. Simão de Sottomaior a Roma (Bahia, 22 mai. 1655), ARSI, Lusit. 78, fs. 94-6.

12. Relatório do padre Francisco Ribeiro, s.d., ANTT, CSJ, maço 90, nº 99, 100. Ribeiro informou que havia outras vendas, mas que a invasão holandesa em 1624 destruíra os registros notariais de modo que o número e o valor das mesmas não podiam ser determinados.

13. RIBEIRO. op. cit., p. 18.

14. WETZEL. op. cit., pp. 246-7.

15. LEITE. *HCJB*, v. V, pp. 243-5.

16. A cronologia aqui apresentada segue o relatório sem indicação de autor preparado por volta de 1645 pelo Colégio de Santo Antão. Ver ANTT, CSJ, maço 90, nº 91.

17. ANTT, CSJ, maço 13, nº 21.

18. A Relação da Bahia foi abolida em 1626 e somente restabelecida em 1652. Nesse ínterim, a autoridade judicial suprema na colônia foi o ouvidor-geral.

19. Contrato de venda (30 mar. 1638), ANTT, CSJ, maço 12, nº 37. Pedro Gonçalves de Matos foi avô do famoso poeta baiano Gregório de Matos e Guerra. Ver PERES, Fernado da Rocha. Documentos para uma biografia de Gregório de Matos e Guerra. *Universitas, 2*: pp. 53-66, Bahia, jan.-abr. 1969.

20. ARSI, Bras. 3 (StL/VFL, rolo 160). Os colégios jesuítas vinham buscando um entendimento amigável durante a maior parte da ação. O memorial preparado pelo padre Francisco Pires em 6 de setembro de 1634 demonstra uma tentativa de encontrar a base do acordo. ARSI, Bras. 8 (StL/VFL, rolo 159); Gonçalves de Matos comprara o engenho da Misericórdia, que agora requeria que os direitos de Matos fossem pagos juntamente com os da instituição. A Misericórdia rejeitou um pagamento de 4,8 contos de réis em 1644 e insistiu na quantia de 8 contos de réis. Ver RUSSELL-WOOD, A. J. R. *Fidalgos and philanthropists: the Santa Casa da Misericórdia da Bahia, 1550-1755*. Berkeley, 1968, pp. 89-90.

21. Padre Simão de Sottomaior ao padre Manoel Fagundes (Bahia, 3 jan. 1622), ANTT, CSJ, maço 68, n. 167

22. ANTT, CSJ, maço 30, nº 43, 66.

23. ANTT, CSJ, maço 90, nº 91; *Sentença* (21 mai. 1654), ANTT, CSJ, maço 90, nº 90.

24. ANTT, CSJ, maço 90, nº 90.

25. LEITE. *HCJB*, v. V, p. 248.

26. O contrato do acordo encontra-se em *DH, 62*: pp. 141-59, 1943. Ver também ANTT, CSJ, maço 53, nº 56.

27. Relatório do padre Simão de Sottomaior (22 mai. 1655), ARSI, Lusit. 78, fs. 94-6.

28. ASCMB, assento (12 out. 1659), liv. 13. ver BOXER, C. R. *Salvador de Sá and the struggle for Brazil and Angola: 1602-1686*. Londres, 1952, p. 303.

29. Escritura de composição, *DH, 62*: pp. 159-87, 1943.

30. Ibid., p. 197. A Misericórdia decidira, em 1644, aceitar 20 mil cruzados a título de acordo com o Colégio de Santo Antão, "com a participação e aprovação de Pedro Gonçalves de Matos, sem cujo consentimento nada poderia ser feito [...]". ASCMB, assentos (5 nov. 1644), liv. 13, fs. 1-1*v*.

31. Cópia dos concertos [...] (27 jan. 1663), ARSI, Lusit. 75, f. 64-4*v*; Bras. 11 (StL/VFL, rolo 160).

32. LEITE. *HCJB*, v. V, p. 250.

33. Rationes quibus fundatur iusta PP Brasiliensum querimonia adversus PP Lusitarum nolentes solvere vigintiquinque millia ducatorium [...] (25 abr. 1680), ARSI, Fundo Jesuítico 1453 (Lisboa 33).

34. APB, Religião 610, "Sequestro dos bens dos jesuítas"; AHU, Bahia pap. avul., caixas 52, 353. Para a década de 1790, ver "Quadro dos engenhos das vizinhanças da Bahia", BNRJ, I-7, 3, 27. Dona Maria Joaquina possuía quase setecentos escravos em suas sete propriedades. Sobre o Engenho do Conde em 1859, ver APB, Pres. da Prov., Viação 4795. Sobre o Engenho Santana, ver PINHO. op. cit., pp. 143-61.

35. Sobre a administração de propriedades jesuítas no México e no Peru, ver KONRAD, Herman W. *A Jesuit hacienda in colonial Mexico: Santa Lucia, 1576-1767*. Stanford, 1980, pp. 301-31; CUSHNER, Nicholas B. *Lords of the land: sugar, wine and Jesuit estates of coastal Peru, 1600-1767*. Albany, 1980, pp. 58-80. Ver também o perceptivo ensaio crítico de BAUER, A. J. Jesuit enterprise in colonial Latin America: a review essay. *Agricultural History, 57*(1): pp. 90-104, 1981.

Glossário

Agregado: dependente em um domicílio ou propriedade rural
Aldeia: povoação de índios, especialmente sob controle jesuíta
Almoxarife: oficial da alfândega, especialmente de importação e exportação
Alvará: ato régio em vigor por um ano, mas em geral prorrogado
Angolares: escravos fugidos da Ilha de São Tomé
Areias: solo arenoso, inadequado para a cana-de-açúcar
Arroba: medida de peso; no século xvi, equivalia a 14,75 kg
Averia: imposto de embarque aplicado pelos espanhóis ao comércio português com o Brasil no período de 1580 a 1640
Bagaço: caule de cana-de-açúcar após a moagem, muitas vezes usado como comida para o gado e, nas Antilhas, como combustível
Balcão: plataforma onde o açúcar era seco e separado para encaixotamento
Banqueiro: assistente do mestre de açúcar, que frequentemente dirigia as operações durante o turno da noite na fábrica do engenho
Batido: açúcar feito com escumas reaquecidas do caldo da cana, considerado de segunda qualidade
Bexigas: varíola
Boçal: escravo nascido na África; escravo não aculturado
Braça: medida de comprimento equivalente a 2,2 m
Cachaça: escuma da primeira caldeira, frequentemente dada ao gado como alimento; aguardente
Calafate: trabalhador na calafetagem de embarcações
Calcanha: escrava que cuidava das candeias na fábrica do engenho
Caldeireiro: trabalhador nas caldeiras do engenho; mais raro no Brasil, fabricante de caldeiras
Calumbá: trabalhador que despejava água nas engrenagens da moenda para reduzir o atrito e que cuidava de recipientes para o caldo da cana
Cara: a primeira parte da fôrma de açúcar; a parte mais branca do açúcar da fôrma

Casa das caldeiras: construção que continha a bateria de caldeiras

Casa do engenho: construção que abrigava a moenda

Coartado(a): escravo(a) designado(a) para a alforria, a quem se permitia juntar dinheiro para comprar a liberdade

Decoada: cinzas de madeira adicionadas ao caldo de cana aquecido para purificá-lo

Doação: concessão de terras a um donatário

Engenho real: engenho movido por roda-d'água

Engenhoca: engenho pequeno ou tosco, geralmente movido por animais

Escumeiro: designação anterior de caldeireiro

Fechos: pequenas caixas de açúcar

Feixe: determinada porção de canas, sendo a quantidade destas variável conforme a época e o local

Fino: açúcar da mais alta qualidade

Fogo morto: designação de engenho fora de operação

Foro militar: privilégios e isenções concedidos aos militares

Forro: (1) escravo liberto; (2) índio legalmente livre mas sob controle português

Fouce: (1) foice; (2) par de escravos, geralmente homem e mulher, que cortam a cana e atam-na em feixes

Gangorra: grande prensa manual de vigas para espremer o bagaço e extrair mais caldo da cana-de--açúcar

Garapa: bebida de baixo teor alcoólico feita de escuma aquecida de cana-de-açúcar; outra designação de cachaça

Guinda: aparelho para guindar o caldo da cana da moenda às caldeiras

Guindadeira: escrava responsável pela guinda

Ladino: escravo aculturado

Levada: aqueduto para conduzir água à roda-d'água de um engenho

Levadeiro: trabalhador responsável pelos trabalhos e reparos da levada

Louvados: representantes de comerciantes e senhores de engenho, escolhidos para determinar um preço justo para o açúcar

Macho: açúcar feito do primeiro processo de aquecimento e purificação, considerado de qualidade superior aos batidos, feitos do reprocessamento de escuma e melaço do primeiro beneficiamento

Mães de balcão: escravas que retiravam o açúcar das fôrmas e preparavam-no para a secagem

Malungo: companheiro de viagem; termo africano para designar um parentesco fictício entre cativos que chegaram no mesmo navio

Mameluco: mestiço de índio e europeu

Mascavado: açúcar de cor parda, considerado de segunda qualidade, inferior ao açúcar branco

Massapê: solo pesado, escuro e argiloso, preferido para a cana-de-açúcar

Meios de sola: couro preparado para a confecção de calçados

Melado: caldo de cana transformado em xarope por aquecimento

Meladura: caldo de cana após atingir consistência mais espessa através de purificação na segunda caldeira

Meles: melado filtrado das fôrmas de açúcar; pequenas quantidades eram exportadas, e o restante era usado no fabrico de aguardente

Mestre de açúcar: o encarregado da direção geral das operações na fábrica do engenho

Moço: designação etária usual de escravo jovem

Moedeira: mulher que passava a cana pelos tambores da moenda

Molinete: engenho pequeno

Moradores: (1) habitantes; (2) residentes de uma cidade; (3) dependentes agrícolas com permissão para morar em uma propriedade

Panela: açúcar escuro de qualidade inferior

Partido: área plantada por um lavrador de cana

Purgadeira: escrava designada para purgar as fôrmas de açúcar na casa de purgar

Regimento: ordem ou instruções permanentes

Resgate: processo de escravização "temporária" de índios "libertados" de indígenas inimigos

Ressoca: cana-de-açúcar crescida após o segundo corte

Salões: solos avermelhados, menos adequados que o massapê para o cultivo de cana-de-açúcar, mas com frequência altamente produtivos

Saltos: incursões em busca de cativos indígenas

Santidade: culto ou movimento religioso que salientava a resistência indígena contra os portugueses

Soca: cana-de-açúcar crescida após o primeiro corte

Soldada: salário anual

Tacha: pequena caldeira para cozimento do caldo da cana

Tacheiro: trabalhador que cuidava das tachas

Vara: medida de comprimento, equivalente a 1,10 m

Vizinho: chefe de domicílio residente em uma comunidade

Fontes e bibliografia selecionada

Em anos recentes, vem ocorrendo na historiografia da América Latina uma tendência a rejeitar a tradicional dependência com relação à documentação administrativa produzida por funcionários do governo em favor de fontes locais mais "primárias", como registros notariais, testamentos, registros paroquiais e outros documentos do gênero. Embora este estudo tenha feito uso em grande medida desse material local, procurei também utilizar toda a variedade possível de documentação. No Brasil colonial, Estado e sociedade não podem ser separados, assim como as evidências documentais não podem ser basicamente associadas a um ou à outra.

Em virtude de ser a história do açúcar e do regime de grande lavoura tão intimamente ligada à história geral do Brasil, a documentação para este estudo encontra-se amplamente distribuída em todos os principais arquivos e coleções que tratam da história do Brasil colonial. Tais arquivos e bibliotecas estão relacionados no índice de abreviaturas no início deste livro. Em um trabalho anterior, *Sovereignty and society in colonial Brazil*, Berkeley, 1973, discuti a natureza das posses em muitos desses mesmos arquivos, mencionando os principais roteiros de pesquisa; recomendo ao leitor a consulta desse livro para uma exposição mais detalhada. Entretanto, algumas coleções arquivísticas, diretamente relacionadas à história do açúcar e da sociedade baiana, foram usadas de forma ampla neste trabalho, merecendo, pois, ser comentadas aqui.

No Brasil, o arquivo mais importante para este estudo é o Arquivo Público do Estado da Bahia (APB), em Salvador. Sua seção *colônia* contém uma vasta coleção de correspondência de funcionários do governo sobre uma grande variedade de tópicos.

Cartas de e para governadores, registros da Relação e a série de ordens régias foram particularmente úteis. Na seção judiciária encontram-se duas fontes fundamentais. A primeira é a grande, porém incompleta coleção de registros notariais de Salvador e das vilas do Recôncavo, que contém escrituras de venda, registros de transferências, cartas de alforria e registros de tomadas e concessões de empréstimos. Tais documentos foram particularmente importantes para este estudo. A segunda fonte é uma grande, ainda que organizada a esmo, série de testamentos e inventários classificados por distrito. Muitos deles estão em precário estado de conservação, e apenas com a leitura de cada um pode-se determinar a natureza da propriedade em questão. Não obstante, o arrolamento das propriedades e seus valores existente nesses documentos possibilita análises acerca do valor de engenhos, riqueza dos proprietários, posse de escravos e outros aspectos afins. Ademais, a partir dos inventários é possível obter consideráveis informações sobre a composição da escravaria.

Em Portugal, o Arquivo Histórico Ultramarino, em Lisboa, mantém-se na posição de mais importante repositório de documentos da era colonial. Usei extensivamente suas coleções, em especial a série de papéis avulsos, organizada por capitania, e as consultas do Conselho Ultramarino. Para este estudo foi indispensável a coleção de documentos do Cartório dos Jesuítas, do Arquivo Nacional da Torre do Tombo. Essa coleção contém os papéis e a contabilidade dos engenhos Sergipe do Conde e Santana, bem como milhares de documentos relacionados. Parte da contabilidade do Engenho Sergipe foi publicada pelo Instituto do Açúcar e do Álcool, e muitos trabalhos utilizaram exclusivamente essa publicação parcial. Entretanto a coleção é muito mais rica do que sugerem os limitados registros contábeis publicados. Documentos suplementares sobre as atividades açucareiras dos jesuítas foram consultados no Archivum Romanum Societatis Iesu, em Roma. Meu trabalho ali foi grandemente facilitado por uma consulta prévia à excelente coleção microfilmada na Vatican Film Library, na Universidade de Saint Louis, na cidade do mesmo nome. Finalmente, a coleção de relatórios trienais enviados pelos beneditinos do Brasil à sua sede em Tibães, hoje conservada em Braga, revela muito sobre a economia açucareira e fora anteriormente ignorada por estudiosos da história social e econômica do Brasil.

A partir de várias fontes arquivísticas, foi possível construir algumas séries de dados que permitem a análise quantitativa. Os testamentos e inventários no APB frequentemente arrolaram os escravos com informações sobre idade, cor, origem, ocupação, condição de saúde e valor. Informações sobre 1194 cativos arrolados em engenhos e fazendas de cana entre 1710 e 1827 (Conjunto de Dados A) foram usadas para análise da composição e características da força escrava empregada na atividade açucareira. Os registros notariais para Salvador, também naquele arquivo, fornecem uma série de 1015 cartas de alforria (Conjunto de Dados B) para o período de 1684 a 1745, a qual permitiu uma análise quantitativa daquela prática na

Bahia. Esse exame foi efetuado como parte de um projeto paralelo, no qual a professora Katia Mattoso, na Bahia, estudou um conjunto semelhante de documentos para o século XIX. No Arquivo da Cúria Metropolitana, em Salvador, foi usada uma série de registros paroquiais para exame de alguns fenômenos sociais e demográficos. Meu trabalho concentrou-se nas paróquias de Monte, Rio Fundo, Purificação, São Gonçalo e Saubara. Para uma análise do compadrio (Conjunto de Dados C), utilizei 264 assentamentos de Rio Fundo e Monte para os períodos de 1780 a 1781 e 1788 a 1789; com fins ilustrativos, consultei outros 167 assentamentos de Saubara e São Gonçalo. Empreguei esse material em conjunto com um censo não publicado de 1788 do Arquivo Público da Bahia (Conjunto de Dados D). Esse censo inclui porções de seis paróquias baianas e arrola 5275 indivíduos, mas infelizmente, para três paróquias localizadas no Recôncavo, não foram incluídos os escravos. Não obstante, o censo fornece consideráveis informações acerca da estrutura social, demográfica e racial da Bahia rural, e foi usado em várias partes deste livro. Finalmente, o arrolamento de proprietárias de escravos efetuado em 1817 (Conjunto de Dados E), que serviu de base ao Capítulo 16, encontra-se no APB.

O melhor guia para a literatura e história do açúcar no Brasil é a excelente e por muito tempo ignorada série de artigos escritos por José Honório Rodrigues para as páginas de *Brasil Açucareiro* entre 1942 e 1945. Infelizmente, tais artigos foram publicados em série, em breves excertos, o que torna difícil seu uso, e não foram reunidos em um único volume, como merecem. Para mim, foram particularmente úteis os seguintes artigos: A literatura brasileira sobre açúcar no século XVIII, *20*(1): pp. 6-25, 1943; A literatura brasileira sobre açúcar no século XIX, *19*(5): pp. 16-38, 1942; Notas à literatura brasileira sobre açúcar no século XVII, *25*(5): pp. 420-4, 1945; Agricultura e economia açucareira no século XVII, que aparece em todo o volume *26*(1945); e O açúcar segundo o depoimento de José da Silva Lisboa, *25*(3): pp. 45-52, 1945.

DOCUMENTOS PUBLICADOS E TRABALHOS CONTEMPORÂNEOS

ABREU E BRITO, Domingos de. *Um inquérito à vida administrativa e econômica de Angola e do Brasil*. Org. Alfredo de Albuquerque Felner. Coimbra, 1931.

ANDRADE E SILVA, José Justino de, ed. *Collecção chronológica da legislação portuguesa*. Lisboa, 1854-9. 10 v.

ANTONIL, André João [João Antônio Andreoni]. *Cultura e opulência do Brasil por suas drogas e minas*. Ed. Andrée Mansuy. Paris, 1965.

______. *Cultura e opulência do Brasil por suas drogas e minas*. Ed. Alice P. Canabrava. São Paulo, 1967.

BARLEUS, Gaspar. *Rerum per octennium in Brasilia*. Clèves, 1660.

BENCI, Jorge. *Economia cristã dos senhores no governo dos escravos*. Ed. Serafim Leite. 2ª ed. Porto, 1954.

BRANDÃO, Ambrósio Fernandes [suposto autor]. *Diálogos das grandezas do Brasil*. Ed. José Antônio Gonçalves de Mello. 2ª ed. compl. Recife, 1966.

BRANT PONTES, Felisberto Caldeira. *Economia açucareira do Brasil no século XIX*. Rio de Janeiro, 1976.

BURLAMAQUI, F. L. C. *Monographia da canna d'assucar*. Rio de Janeiro, 1862.

BURLAMAQUI, Frederico Leopoldo C. *Memoria analytica acêrca do commercio d'escravos e acêrca da escravidão doméstica*. Rio de Janeiro, 1837.

CALDAS, José Antônio. *Notícia geral de toda esta capitania da Bahia*. Ed. fac-similar de 1759. Bahia, 1951.

CAMPOS MORENO, Diogo de. *Livro que dá razão do estado do Brasil*. Ed. fac-similar. Rio de Janeiro, 1968.

______. *Livro que dá razão do estado do Brasil (1612)*. Ed. Hélio Viana. Recife, 1955.

CAPISTRANO DE ABREU, João, ed. *Primeira visitação do Santo Ofício às partes do Brasil. Confissões da Bahia, 1591-92*. Rio de Janeiro, 1935.

CARDIM, Fernão. *Tratados da terra e gente do Brasil (1583)*. 3ª ed. São Paulo, 1978.

CHILD, Josiah. *A new discourse on trade*. Londres, 1669.

CONRAD, Robert Edgar. *Children of God's fire: a documentary history of Black slavery in Brazil*. Princeton, 1983.

CUNHA E FREITAS, Eugênio Andréa. Documentos para a história do Brasil III: Notícias da Bahia em 1625. *Anais da Academia Portuguesa de História*. Lisboa, 2ª ser. *21*: pp. 465-89, 1972.

DAMPIER, William. *A voyage to New Holland, etc., in the year 1699*. 2ª ed. Londres, 1709. 3 v.

DUSSEN, Adriaen van der. *Relatório sobre as capitanias conquistadas no Brasil pelos holandeses*. Ed. José Antônio Gonçalves de Mello. Rio de Janeiro, 1947.

ESTEVES, Neusa Rodrigues, ed. *Irmãos da Santa Casa de Misericórdia da Bahia: século XVII*. Salvador, 1977.

GANDAVO, Pero de Magalhães. *The histories of Brazil*. Versão para o inglês de John B. Stetson. Nova York, 1922.

GONÇALVES DE MELLO, José Antônio. Um regimento de feitor-mor de engenho de 1663. *Boletim do Instituto Joaquim Nabuco, 2*: pp. 80-7, 1953.

GONÇALVES DE MELLO, José Antônio & ALBUQUERQUE, Cleonir Xavier de, eds. *Cartas de Duarte Coelho a El-Rey*. Recife, 1967 [Documentos para a História do Nordeste, II].

GRAHAM, Maria. *Journal of a voyage to Brazil and residence there*. Londres, 1824.

Historia dos Collegios do Brasil. ABNR, 19:75-144, 1897.

IMBERT, João. *Manual do fazendeiro ou tratado doméstico sobre as enfermidades dos negros*. Rio de Janeiro, 1832.

INSTITUTO DO AÇÚCAR E DO ÁLCOOL. *Documentos para a história do açúcar*. Rio de Janeiro, 1954-63. 3 v.

KOSTER, Henry. *Travels in Brazil*. Filadélfia, 1817, 3 v.

LAET, Johannes de. História ou annaes dos feitos da Companhia Privilegiada das Indias Occidentaes. *ABNR, 61-2*: pp. 201-15, 1919-20.

LANDI, Giulio. *La descrittione de l'isola de la Madera*. Piacenza, 1574.

LAVRADIO, Marquês do. *Cartas da Bahia 1768-1769*. Arquivo Nacional, publicação nº 68, Rio de Janeiro, 1972.

LEITE, Serafim, ed. *Cartas do Brasil e mais escritos do P. Manuel da Nóbrega (opera omnia)*. Coimbra, 1955.

______. *Cartas dos primeiros jesuítas do Brasil*. Roma, 1956-8. 3 v.

______. Emformação d'algumas cousas do Brasil "por Belchior Cordeiro" 1577. *Anais da Academia Portuguesa da História*. 2ª série, *15*: pp. 175-202, 1965.

______. *Monumenta Brasiliae*. Roma, 1956-60. 5 v.

______. Os capítulos de Gabriel Soares de Sousa. *Ethnos, 2*: pp. 5-36, Lisboa, 1941.

LISANTI, Luís, ed. *Os negócios coloniais*. Brasília, 1973. 5 v. *Livro primeiro do governo do Brasil, 1607-1633*. Rio de Janeiro, 1958.

LORETO COURO, Domingos do. Desagravos do Brasil e glórias de Pernambuco. *ABNR, 24*: pp. 1-611, 1902.

MACIEL DA COSTA, João. Severiano (marquês de Queluz). *Memória sobre a necessidade de abolir a introdução dos escravos africanos no Brasil*. Coimbra, 1821.

MALHEIRO DIAS, Carlos, ed. *História da colonização portuguesa do Brasil*. Porto, 1924-6. 3 v.

MAURO, Frédéric. *Le Brésil au XVIIe siècle*. Coimbra, 1963.

MAVE, John. *Travels in the interior of Brazil*. Londres, 1812.

MOERBEECK, Jan Andries. *Motivos por que a Companhia das Índias Ocidentais deve tentar tirar ao Rei da Espanha a terra do Brasil (Amsterdam, 1624)*. Rio de Janeiro, 1942.

MONTEIRO CARSON, João. *Primeiro relatório apresentado à presidência da Bahia sobre os melhoramentos da cultura da cana e do fabrico do assúcar*. Bahia, 1854.

MONTEIRO DE VIDE, Sebastião. *Constituições primeiras do arcebispado da Bahia*. Lisboa, 1719.

MOORE, Samuel, ed. *Biography of Mahommah G. Baquaqua, a native of Zoogoo in the interior of Africa*. Detroit, 1845.

MOTT, Luiz R. B. *Os pecados da família na Bahia de Todos os Santos (1813)*. Salvador, 1982.

NIEUHOF, Joan. *Memorável viagem marítima e terrestre ao Brasil*. São Paulo, 1942.

NOVINSKY, Anita. *Inquisição. Inventários de bens confiscados a cristãos-novos*. Lisboa, 1976.

OLIVEIRA PINTO DA FRANÇA, Antônio. *Cartas baianas, 1821-1824*. São Paulo, 1980.

PEIXOTO, Afrânio, ed. *Cartas jesuítas*. Rio de Janeiro, 1931, v. 2: *Cartas avulsas, 1550-1568*.

PEREIRA, Nuno Marques. *Compêndio narrativo do peregrino da América (1728)*. Lisboa, 1765.

PINHO, [José] Wanderley [Araújo]. Testamento de Mem de Sá. Inventário de seus bens no Brasil. *Congresso de História Nacional*. Rio de Janeiro, 1941. 5 v.

RAU, Virginia & MACEDO, Jorge Borges, eds. *O açúcar de Madeira nos fins do século XV*. Funchal, 1962.

RIBEIRO ROCHA, Manuel. *Ethiope resgatado, empenhado, sustentado, corregido, instruido e libertado*. Lisboa, 1758.

ROCHA PITTA, Sebastião da. *História da America Portugueza*. 2ª ed. Lisboa, 1880.

RODRIGUES DE BRITO, João. *Cartas econômico-políticas sobre a agricultura e comércio da Bahia*. Lisboa, 1821.

RUITERS, Dierick. A tocha da navegação. *RIHGB, 269*: pp. 3-84, 1965.

SALVADOR, Frei Vicente do. *História do Brasil*. 5ª ed. com notas de Capistrano de Abreu, Rodolfo Garcia e frei Venâncio Willeke. São Paulo, 1965.

SAMPAIO E MELO, Manoel Jacinto de. *Novo methodo de fazer o açúcar*. Bahia, 1816.

SCHWARTZ, Stuart B., ed. *A governor and his image in baroque Brazil: the funeral eulogy of Afonso Furtado de Castro de Rio de Mendonça by Juan Lopes Sierra*. Versão Ruth Jones. Minneapolis, 1979.

SILVA LISBOA, José da. Carta muito interessante para o dr. Domingos Vandelli. *ABNR, 32*: pp. 494-507, 1910.

SOARES, Francisco. *Coisas notáveis do Brasil*. Rio de Janeiro, 1966.

SOARES DE SOUSA, Gabriel. *Notícia do Brasil*. Ed. Pirajá da Silva. São Paulo, 1940. 2 v.

______. Os capítulos de Gabriel Soares de Sousa. *ABNR, 62*: pp. 340-81, 1940.

______. *Tratado descritivo do Brasil em 1587*. São Paulo, 1971.

SOUSA, Marco Antônio de. *Memória sobre a capitania de Sergipe (1800)*. 2ª ed. Aracaju, 1944.

SPIX, Johann von & MARTIUS, Karl von. *Viagem pelo Brasil*. São Paulo, 1961. 3 v.

TOLLENARE, Louis-François de. *Notes dominicales. Prises pendant un voyage en Portugal et au Brésil*. Ed. Leon Bourdon. Paris, 1971, 3 v.

VILHENA, Luís dos Santos. *A Bahia do século XVIII*. Bahia, 1969. 3v.

WALSH, Robert. *Notices of Brazil in 1828 and 1829*. Boston, 1831. 2 v.

LIVROS E ARTIGOS

ACCIOLI DE CERQUEIRA E SILVA, Inácio. *Memórias históricas e políticas da província da Bahia*. Ed. Braz do Amaral. Bahia, 1925, 6 v.

ALBUQUERQUE, Maria Izabel de. Liberdade e limitação dos engenhos de açúcar. *Anais do Primeiro Congresso de História da Bahia, 2*: pp. 491-9. 5 v., 1950.

ALDEN, Dauril. Black robes versus White settlers: the struggle for "freedom of the Indians" in colonial Brazil. In: PECKHAM, Howard & GIBSON, Charles, eds. *Attitudes of colonial powers toward the American Indian*. Salt Lake City, 1969, pp. 19-46.

______. Economic aspects of the expulsion of the Jesuits from Brazil. In: KEITH, Henry H. & Edwards, S. F., eds. *Conflict and continuity in Brazilian society*. Columbia, S.C., 1969, pp. 25-65.

______. Late colonial Brazil, 1750-1807. In: BETHELL, Leslie, ed. *The Cambridge History of Latin America*. Cambridge, 1985. 3 v. até o presente. v. 2, pt.2.

______. *Royal government in colonial Brazil*. Berkeley, 1968.

______. Sugar planters by necessity, not choice: the role of the Jesuits in the cane sugar industry of Colonial Brazil, 1601-1759. In: COLE, Jeffrey, ed. *The Church and society in Latin America*. New Orleans, 1984, pp. 139-70.

______. The population of Brazil in the late eighteenth century: a preliminary survey. *HAHR, 63*(2): 173-205, mai. 1963.

______. Vicissitudes of trade in the Portuguese Atlantic empire during the first half of the eighteenth century: a review article. *The Americas, 32*(2): pp. 282-91, out. 1975.

ALMEIDA PRADO, J. F. *A Bahia e as capitanias do centro do Brasil (1530-1626)*. Rio de Janeiro, 1945-8. 3 v.

AMARAL FERLINI, Vera Lúcia. *A civilização do açúcar: séculos XVI a XVIII*. São Paulo, 1984.

AMARAL LAPA, José Roberto. *O antigo sistema colonial*. São Paulo, 1982.

ARRUDA, José Jobson de Andrade. *O Brasil no comércio colonial*. São Paulo, 1980.

AUFDERHEIDE, Patricia. True confessions: the Inquisition and social attitudes in Brazil at the turn of the seventeenth century. *Luso-Brazilian Review, 10*(2): pp. 208-40, dez. 1973.

AUFHAUSER, R. Keith. Profitability of slavery in the British Caribbean. *Journal of Interdisciplinary History, 5*(1): pp. 45-67, verão 1974.

AZEVEDO, João Lúcio de. *Épocas de Portugal econômico*. 2ª ed. Lisboa, 1947.

______. *Novas epanáforas*. Lisboa, 1932.

AZEVEDO, Thales de. *Povoamento da cidade do Salvador*. 2ª ed. Bahia, 1969.

BARRETT, Ward. Caribbean sugar-production standards in the seventeenth and eighteenth centuries. In: *Merchants and scholars: essays in the history of exploration and trade*. Minneapolis, 1966, pp. 147-70.

______. The sugar hacienda of the Marqueses del Valle. Minneapolis, 1970.

BARRETT, Ward & SCHWARTZ, Stuart B. Comparación entre dos economías azucareras coloniales: Morelos, México y Bahia, Brasil. In: FLORESCANO, Enrique, ed. *Haciendas, latifundios y plantaciones en América Latina*. Cidade do México, 1975, pp. 532-72.

BARROS DE CASTRO, Antônio. Brasil, 1610: mudanças técnicas e conflitos sociais. *Pesquisa e planejamento econômico, 10*(3): pp. 679-712, 1980.

______. A economia política, o capitalismo e a escravidão. In: Amaral Lapa, José Roberto, ed. *Modos de produção e realidade brasileira*. Petrópolis, 1980, pp. 67-107.

BASTIDE, Roger. *The African religions of Brazil*. Baltimore, 1978.

BATIE, Robert Carlyle. Why sugar? Economic cycles and the changing of staples on the English and French Antilles, 1624-1654. *Journal of Caribbean History, 8*: pp. 1-41, nov. 1976.

BETHELL, Leslie. *The abolition of the Brazilian slave trade*. Cambridge, 1970.

BOXER, C. R. *The Dutch in Brazil*. Oxford, 1957.

______. *The Portuguese seaborne empire, 1415-1825*. Londres, 1969.

______. *Portuguese society in the Tropics*. Madison, Wis., 1965.

______. *Salvador de Sá and the struggle for Brazil and Angola, 1602-1686*. Londres, 1952.

______. *Some literary sources for the history of Brazil in the eighteenth century*. Oxford, 1967. [The Taylorian lecture].

BUESCU, Mircea. *300 an os da inflação*. Rio de Janeiro, 1973.

______. *História econômica do Brasil*. Rio de Janeiro, 1970.

CABRAL DE MELLO, Ewaldo. *Olinda restaurada. Guerra e açúcar no Nordeste, 1630-1654*. São Paulo, 1975.

CANABRAVA, Alice P. A força motriz: um problema da técnica da indústria do açúcar colonial. In: *Anais do Primeiro Congresso de História da Bahia*. Bahia, 1950. 5 v. v. 4, pp. 337-50.

CARDOSO, Ciro F. S. A brecha camponesa no sistema escravista. *Agricultura, escravidão e capitalismo*. Petrópolis, 1979.

CARDOSO, Fernando Henrique. *Capitalismo e escravidão*. São Paulo, 1962.

CARDOSO, Manoel. Slavery in Brazil as described by Americans, 1822-1828. *The Americas, 17*:241-60, 1961.

CARLI, Gileno de. Geografia econômica e social da canna de açúcar no Brasil. *Brasil Açucareiro, 10*(1): 24-41, set. 1937.

CARNEIRO DE MENDONÇA, Marcos, ed. *Raízes da formação administrativa do Brasil*. Rio de Janeiro, 1972. 2 v.

CARVALHO DE MELLO, Pedro. Estimativa da longevidade de escravos no Brasil na segunda metade do século XIX. *Estudos Econômicos, 13*(1): pp. 151-81, 1983.

CERQUEIRA, Carlos Valeriano. Histórico da cultura da cana na Bahia. In: *Anais do Primeiro Congresso de História da Bahia*. Bahia, 1950. 5 v. v. 4, pp. 263-333.

COSTA, Afonso. Genealogia Baiana. *RIHGB, 191*: pp. 3-279, abr.-jun. 1961.

COSTA, Avelino Jesus da. População da cidade da Bahia em 1775. In: *Actas: V Colóquio Internacional de Estudos Luso-Brasileiros*. Coimbra, 1965, 5 v. v. 1, pp. 191-205.

COSTA, Emília Viotti da. The political emancipation of Brasil. In: RUSSELL-WOOD, A. J. R. *From colony to nation*. Baltimore, 1975, pp. 43-88.

COSTA, Iraci del Nero da. *Vila Rica: população (1919-1826)*. São Paulo, 1979.

COSTA LIMA, Vivaldo. O conceito da "nação" nos candomblés da Bahia. *Afro-Ásia, 12*: pp. 65-90, 1978.

CRATON, Michael. Changing patterns of slave families in the British West Indies. *Journal of Interdisciplinary History, 10*(1): pp. 1-36, verão 1979.

______. *Searching for the invisible man. Slaves and plantation life in Jamaica*. Cambridge, Mass., 1978.

CURTIN, Philip. *The Atlantic slave trade: a census*. Madison, Wis., 1969.

DAVIS, David B. *The problem of slavery in Western culture*. Ithaca, Nova York, 1966.

DE BOW, J. O. B. *Statistical view of the United States*. Washington, 1854 [seventh census].

DEERR, Noel. *The history of sugar*. Londres, 1950. 2 v.

DIAS TAVARES, Luís Henrique. *História da sedição intentada na Bahia em 1798*. São Paulo, 1975.

DRESCHER, Seymour. *Econocide: British slavery in the era of abolition*. Pittsburgh, 1975.

DUTRA, Frances A. Membership in the Order of Christ in the seventeenth century: its rights, privileges, and obligations. *The Americas, 27*(1): pp. 3-25, jul. 1970.

EDEL, Matthew. The Brazilian sugar cycle of the seventeenth century and the rise of West Indian competition. *Caribbean studies, 9*: pp. 24-44, abr. 1967.

EISENBERG, Peter. *The sugar industry of Pernambuco*. Berkeley, 1974.

ELTIS, David. The direction and fluctuation of the trans-Atlantic slave trade, 1821-1843: a revision of the 1845 Parliamentary Paper. In: GEMERY, Henry A. & HOGENDORN, Jan S., eds. *The uncommon market. Essays in the economic history of the Atlantic slave trade*. Nova York, 1979, pp. 273-99.

ENGERMAN, Stanley L. The realities of slavery: a review of recent evidence. *International Journal of Comparative Sociology, 20*(1-2): pp. 46-66, 1979.

FAORO, Raymundo. *Os donos do poder*. Porto Alegre, 1958.

FERNANDES, Florestan. Organização social dos tupinambá. 2ª ed. São Paulo, 1963.

FERREIRA PINTO, Irineu. *Datas e notas para a história da Parahyba*. 2ª ed. João Pessoa, 1977, 2 v.

FLEXOR, Maria Helena. *Ofícios mecânicos da cidade do Salvador*. Salvador, 1977.

FLORY, Rae e SMITH, David. Bahian merchants and planters in the seventeenth and eighteenth centuries. *HAHR, 58*(4): pp. 571-94, nov. 1978.

FLORY, Thomas. Race and social control in independent Brazil. *Journal of Latin American Studies, 9*(2): 199-224, 1977.

FOGEL, Robert W. & ENGERMAN, Stanley L. Recent findings in the study of slave demography and family structure. *Sociology and Social Research, 63*: pp. 566-89, 1978-9.

______. *Times on the cross: the economics of American Negro slavery*. Boston, 1974. 2 v.

FONSECA, Célia Freire A. *A economia europeia e a colonização do Brasil*. Rio de Janeiro, 1978.

FRANÇA, Eduardo d'Oliveira. Engenhos, colonização e cristãos-novos na Bahia colonial. *Anais: IV Simpósio Nacional dos Professores Universitários de História*. São Paulo, 1979, pp. 182-241.

FREITAS, Décio. *Insurreições escravas*. Porto Alegre, 1976.

GALLOWAY, J. H. Agricultural reform and the Enlightenment in late colonial Brazil. *Agricultural History, 53*(4): pp. 763-79, out. 1979.

______. The Mediterranean sugar industry. *The Geographical Review, 67*(2): pp. 177-94, abr. 1977.

______. Northeast Brazil, 1700-1750: the agricultural crisis reexamined. *Journal of Historical Geography, 1*(1): pp. 21-38, 1975.

GENOVESE, Eugene D. *The world the slaveowners made*. Nova York, 1971.

GÓES CALMON, Francisco Marques. *Vida econômico-financeira da Bahia*. Bahia, 1925. Ed. fac-similar. Salvador, 1979.

GONÇALVES DE MELLO, José Antônio. Uma relação dos engenhos de Pernambuco em 1623. *Revista do Museu do Açúcar, 1*(198): pp. 25-36.

______. *Tempo dos flamengos*. Rio de Janeiro, 1947.

GORENDER, Jacob. *O escravismo colonial*. São Paulo, 1978.

GOULART, José Alípio. *Da fuga ao suicídio*. Rio de Janeiro, 1972.

______. *Da palmatória ao patíbulo*. Rio de Janeiro, 1971.

GOULART, Maurício. *Escravidão africana no Brasil*. São Paulo, 1950.

GRAHAM, Richard. Slave families on a rural estate in colonial Brazil. *Journal of Social History, 9*(3): pp. 382-402, 1976.

GUDEMAN, Stephen. The *compadrazgo* as a reflection of the natural and spiritual person. *Proceedings of the Royal Anthropological Institute*, 45-71, 1971.

GUDEMAN, Stephen & SCHWARTZ, Stuart B. Baptismal godparents in slavery: cleansing original sin in eighteenth-century Bahia. In: SMITH, Raymond, ed. *Kinship ideology and practice in Latin America*. Chapel Hill, N. C., 1984, pp. 35-58.

HALL, Douglas. Incalculability as a feature of sugar production during the eighteenth century. *Social and Economic Studies, 10*(3): pp. 340-52, set. 1961.

HANSON, Carl. *Economy and society in baroque Portugal, 1668-1703*. Minneapolis, 1981.

HIGMAN, Barry W. African and Creole slave family patterns in Trinidad. In: CRAHAN, Margaret E. & KNIGHT, Franklin W., eds. *Africa and the Caribbean*. Baltimore, 1979, pp. 41-65.

______. Household structure and fertility on Jamaican slave plantations: a nineteenth-century example. *Population Studies, 27*: pp. 527-50, 1973.

______. Slave family and household in the British West Indies, 1800-1834. *Journal of Interdisciplinary History, 6*(2): pp. 261-87, 1975.

______. *Slave populations and economy in Jamaica, 1807-1834*. Cambridge, 1976.

HIRSCHMAN, Albert O. A generalized linkage approach to development with special reference to staples. *Economic Development and Cultural Change, 25*: pp. 67-98, 1975, suplemento.

HUTCHINSON, Harry William. *Village and plantation life in Northeastern Brazil*. Seattle, 1957.

IANNI, Octavio. *Escravidão e racismo*. São Paulo, 1978.

JOHNSON, Harold B. The donatary captaincy perspective: Portuguese backgrounds to the settlement of Brazil. *HAHR, 52*(2): pp. 203-14, mai. 1972.

KENNEDY, John N. Bahian elites, 1750-1822. *HAHR, 53*(3): pp. 415-39, 1973.

KENT, R. K. African revolt in Bahia: 24-25 January 1835. *Journal of Social History, 3*(4): pp. 334-56, 1970.

KLEIN, Herbert. *The middle passage*. Princeton, 1978.

______. Nineteenth-century Brazil. In: COHEN, David & GREENE, Jack P., eds. *Neither slave nor free*. Baltimore, 1973, pp. 309-34.

______. The Portuguese slave trade from Angola in the eighteenth century. *Journal of Economic History, 32*(4): pp. 894-918, dez. 1972.

LEITE, Serafim. *História da Companhia de Jesus no Brasil*. Lisboa, 1938-50, 10 v.

LIPPMANN, Edmund von. *História do açúcar*. Rio de Janeiro, 1942. 2 v.

LOBO, Eulália Maria Lahmeyer. As frotas do Brasil. *JGSWGLA, 4*: pp. 465-88, 1967.

LUGAR, Catherine. The Portuguese tobacco trade and tobacco growers of Bahia in the late colonial period. In: ALDEN, Dauril & DEAN, Warren, eds. *Essays concerning the socioeconomic history of Brazil and Portuguese India*. Gainesville, Fla., 1977, pp. 26-70.

MACLACHLAN, Colin. Slavery, ideology and institutional change: the impact of the Enlightenment on slavery in late eighteenth-century Maranhão. *Journal of Latin American Studies, 11*: pp. 1-17, 1979.

MAEYAMA, T. The masters versus the slaves under plantation systems in Brazil. *Latin American Studies*, University of Tsukuba, Japan, *3*: pp. 115-41, 1981.

MAGALHÃES, Basílio. *O açúcar nos primórdios do Brasil colonial*. Rio de Janeiro, 1953.

MAGALHÃES GODINHO, Vitorino. *Os descobrimentos e a economia mundial*. Lisboa, 1963-8. 2 v.

______. *A estrutura na antiga sociedade portuguesa*. Lisboa, 1971.

______. Portugal and her empire, 1680-1720. *New Cambridge Modern History, 6*: pp. 509-40, 1970.

______. Portugal, as frotas do açúcar e as frotas do ouro, 1670-1770. In: *Ensaios*. Lisboa, 1967-8. 3v. v. 2, pp. 293-315.

MAGRE MENDES, Claudinei Magro. No mundo do Quinguingo. *Anais da História, 8*: pp. 93-106, 1976.

MANNING, Patrick, The slave trade in the Bight of Benin, 1640-1890. In: GEMERY, Henry A. e Hogendorn, Jan S., eds., *The uncommon market: essays in the economic history of the Atlantic slave trade.* Nova York, 1979, pp. 107-41.

MARCHANT, Alexander. Feudal and capitalistic elements in the Portuguese settlement of Brazil. *HAHR, 22*(3): pp. 493-512, 1942.

______. *From barter to slavery: the economic relations of Portuguese and Indians in the settlement of Brazil, 1500-1580*. Baltimore, 1942; reimpresso Gloucester, Mass., 1966 [John Hopkins University Studies in Historical and Political Science, ser. IX, l].

MARCÍLIO, Maria Luiza. Crescimento histórico da população brasileira até 1872. *Crescimento Populacional, 16*: pp. 1-26, 1974. [Cadernos do Centro Brasileiro de Análise e Planejamento — CEBRAP].

______. Tendências e estruturas dos domicílios na capitania de São Paulo segundo as listas nominativas de habitantes, 1765-1828. *Estudos Econômicos, 2*: pp. 131-44, 1978.

MATTOSO, Katia M. de Queirós. *Bahia: a cidade do Salvador e seu mercado*. São Paulo, 1978.

______. Conjoncture et société au Brésil à la fin du XVIIIe siècle. *Cahiers des Ameriques Latines, 5*: pp. 3-53, 1970.

______. Os escravos da Bahia ao alvorecer do século XIX. *Revista de História, 97*: pp. 109-35, 1974.

______. A propósito de cartas de alforria na Bahia, 1779-1850. *Anais da História, 4*: pp. 23-52, 1972.

______. *Ser escravo no Brasil*. São Paulo, 1982.

______. Sociedade e conjuntura na Bahia nos anos de luta pela independência. *Universitas, 15-6*: pp. 5-26, 1973.

MAURO, Frédéric. Contabilidade teórica e contabilidade prática na América portuguesa no século XVII. In: *Nova história e novo mundo*. São Paulo, 1969, pp. 135-48.

______. *Études economiques sur l'expansion portugaise (1500-1900)*. Paris, 1970.

______. *Le Portugal et l'Atlantique au XVIIe siècle*. Paris, 1960.

MAXWELL, Kenneth. *Conflicts and conspiracies: Brazil and Portugal, 1750-1807*. Cambridge, 1973.

______. The generation of the 1790s and the idea of Luso-Brazilian empire. In: ALDEN, Dauril, ed. *Colonial roots of modern Brazil*. Berkeley, 1972, pp. 107-44.

MENARD, Russell R. The Maryland slave population, 1658 to 1730: a demographic profile of Blacks in four counties. *William and Mary Quarterly*, 3ª sér. *32*(1): pp. 29-54, jan. 1975.

MERRICK, Thomas W. & GRAHAM, Douglas H. *Population and economic development in Brazil*. Baltimore, 1979.

METRAUX, Alfred. The Tupinambá. In: STEWARD, Julian, ed. *Handbook of South American Indians*. Washington, 1948. 6 v. v. 3, 95-135.

MILLER, Joseph C. The slave trade in Congo and Angola. In: KILSON, Martin & ROTBERG, Robert I., eds. *The African diaspora: interpretive essays*. Cambridge, 1976, pp. 75-113.

MORGAN, Phillip D. Work and culture: the task system and the lowcountry Blacks, 1700-1880. *William and Mary Quarterly*. 3ª sér. *39*(4): pp. 563-99, 1982.

MORINEAU, M. Or brésilien et gazettes hollandaises. *Revue d'histoire moderne et contemporaine*, *25*: pp. 3-59, jan.-mar. 1978.

MORTON, F. W. O. The military and society in Bahia, 1800-1821. *Journal of Latin American Studies*, *7*(1): pp. 249-70, 1975.

MOTA, Carlos Guilherme. *Nordeste 1817*. São Paulo, 1972.

MOTT, Luiz R. B. Brancos, pardos, pretos e índios em Sergipe, 1825-1830. *Anais da História*, *6*: pp. 139-84, 1974.

______. Estrutura demográfica das fazendas de gado do Piauí colonial: um caso de povoamento rural centrífugo. *Ciência e Cultura*, *30*: pp. 1196-1210, 1978.

______. Pardos e pretos em Sergipe 1774-1851. *Revista do Instituto de Estudos Brasileiros*, *18*: pp. 7-37, 1976.

______. A revolução dos negros de Haiti e o Brasil. *MAN 13*(1): pp. 3-10, 1982.

______. Violência e repressão em Sergipe: notícias sobre revoltas de escravos (século XIX). *MAN*, *5*: pp. 3-21, mai. 1980.

MOURA, Clóvis. *Rebeliões da senzala*. 3ª ed. São Paulo, 1981.

NIZZA DA SILVA, Maria Beatriz. *A primeira gazetta da Bahia: Idade d'ouro do Brasil*. São Paulo, 1978.

______. Os senhores de engenho e a cultura científica. *Ciência e Cultura*, *31*(4): pp. 389-94, 1979.

NOVAIS, Fernando A. *Portugal e Brasil na crise do antigo sistema colonial (1777-1808)*. São Paulo, 1979.

NOVINSKY, Anita. *Cristãos-novos na Bahia*. São Paulo, 1972.

______. Fontes para a história econômica e social do Brasil. Inventários dos bens confiscados pela Inquisição. *Revista de História 48*(98): pp. 359-92, abr.-jun. 1974.

OLIVEIRA MARQUES, Antônio de. *History of Portugal*. Nova York, 1972-4. 2 v.

PARES, Richard. The London sugar market, 1740-1769. *Economic History Review*, *9*(2): pp. 254-70, 1956.

PATTERSON, Orlando. Slavery. *Annual Review of Sociology*, *3*: pp. 407-99, 1977.

______. *Slavery and social death*. Cambridge, Mass., 1982.

PEREIRA, Fernando Jasmins. *O açúcar madeirense de 1500 a 1537: produção e preços*. Lisboa, 1969.

PEREIRA DA COSTA, F. A. *Anais Pernambucanos*. Recife, 1951. 7 v.

PETRONE, Maria Thereza Schorer. *A lavoura canavieira em São Paulo*. São Paulo, 1968.

PINHEIRO DA SILVA, José. A capitania da Bahia (subsidíos para a história da sua colonização na 2ª metade do século XVII). *Revista Portuguesa de História*, *8*: pp. 44-284, 1959, e *9*: pp. 211-45, 1960.

PINHO, [José] Wanderley [Araújo]. *História de um engenho do Recôncavo*. Rio de Janeiro, 1946.

______. Uma partilha de bens no Recôncavo da Bahia em 1779, com informações de caráter econômico, social e industrial. *ACCBTSGB, 1*: pp. 315-67, 1966.

PINTO, Virgílio Noya. *O ouro brasileiro e o comércio anglo-português*. São Paulo, 1979.

PINTO DE AGUIAR, [Manoel], ed. *Aspectos da economia colonial*. Salvador, 1957.

QUEIROZ, Suely Robles Reis de. Algumas notas sobre a lavoura do açúcar em São Paulo no período colonial. *Anais do Museu Paulista 21*: pp.109-277, 1967.

RAFFARD, Henry. *A indústria saccharífera no Brasil*. Rio de Janeiro, 1882.

RAMOS, Donald. Marriage and the family on colonial Vila Rica. *HAHR, 55*(2): pp. 200-25, mai. 1975.

REIS, João José. A elite baiana face aos movimentos sociais: Bahia, 1824-1840. *Revista de História, 108*: pp. 341-84, 1976.

______. Slave resistance in Brazil, Bahia, 1887-1835. *Luso-Brazilian Review* (no prelo).

RIBEIRO JR., José. *Colonização e monopólio no Nordeste brasileiro*. São Paulo, 1976.

RODRIGUES, Nina. *Os africanos no Brasil*. 5ª ed. São Paulo, 1977.

ROMANO, Ruggiero. Tra XVI e XVII secolo, una crisi economica: 1619-1622. *Revista Storica Italiana, 74*(3): pp. 480-531, 1962.

RUBIN, Vera & TUDEN, Arthur. *Comparative perspectives on slavery in New World plantation societies*. Nova York, 1977.

RUSSELL-WOOD, A. J. R. Class, creed, and colour in colonial Bahia: a study in prejudice. *Race, 9*(2): pp. 133-57, 1967.

______. *Fidalgos and philanthropists: the Santa Casa da Misericórdia da Bahia, 1550-1755*. Berkeley, 1968.

RUY, Afonso. *História da câmara municipal da cidade do Salvador*. Salvador, 1949.

______. *A primeira revolução social brasileira, 1798*. Bahia, 1951.

SAUNDERS, A. C. de C. M. *A social history of Black slaves and freedmen in Portugal, 1441-1551*. Cambridge, 1982.

SCHWARTZ, Stuart B. Le Brésil: le royaume noir des mocambos. *L'Histoire, 41*: pp. 38-48, jan. 1981.

______. Colonial Brazil: plantations and peripheries, 1580-1750. In: BETHELL, Leslie, ed. *The Cambridge History of Latin America*. Cambridge, 1985. 3 v. até o presente. v. 2, pp. 423-99.

______. Colonial Brazil: the role of the state in a slave social formation. In: SPALDING, Karen, ed. *Essays in the political, economic, and social history of Colonial Latin America*. Newark, Del., 1982, pp. 1-24.

______. Elite politics and the growth of a peasantry in late colonial Brazil. In: RUSSELL-WOOD, A. J. R., ed. *From colony to nation*. Baltimore, 1975, pp. 133-54.

______. Free labor in a slave economy: the lavradores de cana of colonial Bahia. In: ALDEN, Dauril, ed. *Colonial roots of modern Brazil*. Berkeley, 1973, pp. 147-97.

______. Indian labor and New World plantations: European demands and Indian responses in Northeastern Brazil. *American Historical Review, 83*(3): pp. 43-79, jun. 1978.

______. The manumission of slaves in colonial Brazil, Bahia, 1684-1745. *HAHR, 54*(4): pp. 603-35, nov. 1974.

______. The mocambo: slave resistance in colonial Bahia. *Journal of Social History, 3*(4): pp. 313-33, verão 1970.

______. Patterns of slaveholding in the Americas: new evidence from Brazil. *AHR, 87*(1): pp. 55-86, fev. 1982.

______. The plantations of St. Benedict: the Benedictine sugar mills of colonial Brazil. *The Americas, 39*(1): pp. 1-22, jul. 1982.

______. Resistance and accommodation in eighteenth-century Brazil: the slaves view of slavery. *HAHR, 57*(1): pp. 69-81, fev. 1979.

______. *Sovereignty and society in colonial Brazil*. Berkeley, 1973.

SHERIDAN, Richard B. *Sugar and slavery: an economic history of the British West Indies, 1623-1775*. Baltimore, 1974.

SIMONSEN, Roberto. *História econômica do Brasil (1500-1820)*. 4ª ed. São Paulo, 1962.

TANNENBAUM, Frank. *Slave and citizen: the negro in the Americas*. Nova York, 1947.

TAYLOR, Kit Sims. The economics of sugar and slavery in Northeastern Brazil. *Agricultural History, 44*(3): pp. 267-80, jul. 1970.

TEIXEIRA, Cid. *O morgado na Bahia*. Salvador, 1953.

THOMAS, George. *Die portugiesische Indianerpolitik in Brasilien. 1500-1640*. Berlim, 1968.

VARNHAGEN, Francisco Adolfo de. *História geral do Brasil*. 7ª ed. compl. São Paulo, 1962. 5 v. em 3.

VERGER, Pierre. *Bahia and the West Coast trade (1549-1851)*. lbadan, 1964.

______. *Flux et reflux de la traite des nègres entre le golfe de Bénin et Bahia de Todos os Santos*. Paris, 1968.

WETZEL, Herbert Ewaldo. *Mem de Sá: terceiro governador-geral*. Rio de Janeiro, 1972.

WIZNITZER, Arnold. *Jews in colonial Brazil*. Nova York, 1960.

TESES E TRABALHOS NÃO PUBLICADOS

ALDEN, Dauril. *Commodity price movements in Brazil before, during and after the gold boom, 1670-1769, The Salvador market*. 1983.

AMARAL FERLINI, Vera Lúcia. *O Engenho Sergipe do Conde (1622-1653), contar, constar, questionar*. Tese de mestrado. Universidade de São Paulo, 1980.

AUFDERHEIDE, Patricia. *Order and violence: social deviance and social control in Brazil*. Tese de PHD. University of Minnesota, 1976.

______. *Ships and sugar: quantitative analysis of shipping records, 1595-1598, 1608-1617*. University of Minnesota, 1973.

BARROS DE CASTRO, Antônio. *Escravos e senhores nos engenhos do Brasil*. Tese de doutorado. Universidade Estadual de Campinas, 1976.

BAUSS, Rudolph W. *Rio de Janeiro: the rise of late colonial Brazil's dominant emporium, 1777-1808*. Tese de PhD. Tulane University, 1977.

BURMEISTER, Stephen. *The slave population in three Bahian parishes: a profile and comparisons*. University of Minnesota, 1980.

DENSLOW, David. *The first Brazilian sugar cycle, growth and maturity*. Yale University, 1970.

FLORY, Rae Jean. *Bahian society in the mid-colonial period: the sugar planters, tobacco growers, merchants, and artisans of Salvador and the Recôncavo, 1680-1725*. Tese de PhD. University of Texas, 1978.

HARRISON, W. F. *A struggle for land for colonial Brazil: the private captaincy of Paraíba do Sul, 1533-1753*. Tese de PhD. University of New Mexico, 1970.

HASKINS, Edward. *An economic geography of the Bahian Recôncavo*. Tese de PhD. University of Minnesota, 1956.

JOYCE, Joseph Newcombe. *Spanish influence on Portuguese administration: a study of the Conselho da Fazenda and Hapsburg Brazil, 1580-1640*. Tese de PhD. University ou Southern California, 1974.

KESSLER, Arnold. *Bahian manumission practices in the early nineteenth century*. American Historical Association, 1973.

LASOCKI, Barbara Marie-Charlotte Wanda. *A profile of Bahia (1820-1826) as seen by Jacques Guinebaud, French Consul General*. Tese de MA. University of California, Los Angeles, 1967.

LUGAR, Catherine. *The merchant community of Salvador, Bahia, 1780-1830*. Tese de PhD. State University of New York, Stony Brook, 1980.

MCCUSKER JR., John James. *The rum trade and the balance of payments of the thirteen continental colonies, 1650-1775*. Tese de PhD. University of Pittsburgh, 1970. 3 v.

MONTEIRO, John. *A study of sugar output in seventeenth-century Brazil*. University of Chicago, 1979.

MORTON, F. W. O. *The conservative revolution of independence: economy, society and politics in Bahia, 1790-1840*. Tese de PhD. Oxford University, 1974.

MOTT, Luiz R. B. *A tortura dos escravos na Casa da Torre*. Sociedade de Estudos da Cultura Negra, 1984.

OLIVEIRA, Maria Inês Cortes de. *O liberto: o seu mundo e os autros*. Tese de mestrado. Universidade Federal da Bahia, 1979.

PONDÉ DE SENA. Consuelo. *Relações interétnicas através de casamentos realizados na freguesia de Inhambupe na segunda metade do século XVIII*. Salvador, 1974.

PRINCE, Howard. *Slave rebellion in Bahia, 1807-1835*. Tese de PhD. Columbia University, 1972.

REIS, João José. *Slave rebellion in Brazil: the African muslim uprising in Bahia, 1835*. Tese de PhD. University of Minnesota, 1982.

SILBERSTEIN, Paul. *Wage earners in a slave economy: the laborers of a sugar mill in colonial Brazil*. Berkeley, 1970.

SLENES, Robert. *The demography and economy of Brazilian slavery*. Tese de PhD. Stanford University, 1976.

SMITH, David G. *The mercantile class of Portugal and Brazil in the seventeenth century: a socio-economic study of the merchants of Lisbon and Bahia, 1620-1690*. Tese de PhD. University of Texas, 1975.

SOEIRO, Susan. *A baroque nunnery: the economic and social role of a colonial convent — Santa Clara do Desterro, Salvador, Bahia, 1677-1800*. Tese de PhD. New York University, 1974.

Fontes das figuras

1. Theodore De Bry, *Das VII Thiel America* (Frankfurt, 1597).

2. Pintura de Frans Post.

3. Pintura de Albert Eckhout, Museu Nacional de Copenhague.

4. *Reysboeck van het rijcke Brasilien, Río de la Plata, Magallanes* (1624).

5. Fotografado pelo autor (1973).

6. Fotografado pelo autor (1973).

7. Fotografado pelo autor (1974).

8. Pintura de Frans Post.

9. Baseado em informações do livro de safra 1650-1, publicado em *Documentos para a história do açúcar*, v. 3, pp. 495-536. Publicado originalmente em *CHLA*, v. II, p. 434.

10. Adaptado de FERNANDES, Hamilton. *Açúcar e álcool: ontem e hoje*. Rio de Janeiro, 1971.

11. ANTT, Junta do Tabaco. Copiado por Nancy Schwartz e redesenhado por Brenda Quale.

12. Fotografado pelo autor (1978).

13. PISO, Willem. *Historia naturalis Brasiliae*. Amsterdam, 1648.

14. Fotografado por David Bowe/Filmakers (Minneapolis), em Pernambuco (1972).

15. PISO, Willem. *Historia naturalis Brasiliae*. Amsterdam, 1648.

16. (a) RIBEYROLLES, Charles. *Brazil pittoresco*. Paris, 1861; (b) Pintura de Dirk Stoop, Museu da Cidade de Lisboa.

17. Zacarias Wagner, *Thierbuch* (1634-41?), reproduzido em BOOGAART, E. van den, ed. *Johan Maurits von Nassau-Siegen (1604-1679)*. Haia, 1979, p. 262.

18. Cortesia da Fundação Joaquim Nabuco, Pernambuco.

19. RUGENDAS, Johann Moritz. *Malerische Reise in Brasilien*. Paris, 1835.

20. AHU, Iconografia 28 366/75.

21. DEBRET, J. B. *Voyage pittoresque et historique au Brésil*. Paris, 1864.

Índice remissivo

1ª EDIÇÃO [1988] 4 reimpressões
2ª EDIÇÃO [2025]

ESTA OBRA FOI COMPOSTA EM DANTE PELA PÁGINA VIVA E IMPRESSA
PELA GRÁFICA PAYM EM OFSETE SOBRE PAPEL PÓLEN NATURAL
DA SUZANO S.A. PARA A EDITORA SCHWARCZ EM SETEMBRO DE 2025

FSC
www.fsc.org
MISTO
Papel produzido a partir de fontes responsáveis
FSC® C133282

A marca FSC® é a garantia de que a madeira utilizada na fabricação do papel deste livro provém de florestas que foram gerenciadas de maneira ambientalmente correta, socialmente justa e economicamente viável, além de outras fontes de origem controlada.